Möbel Europas

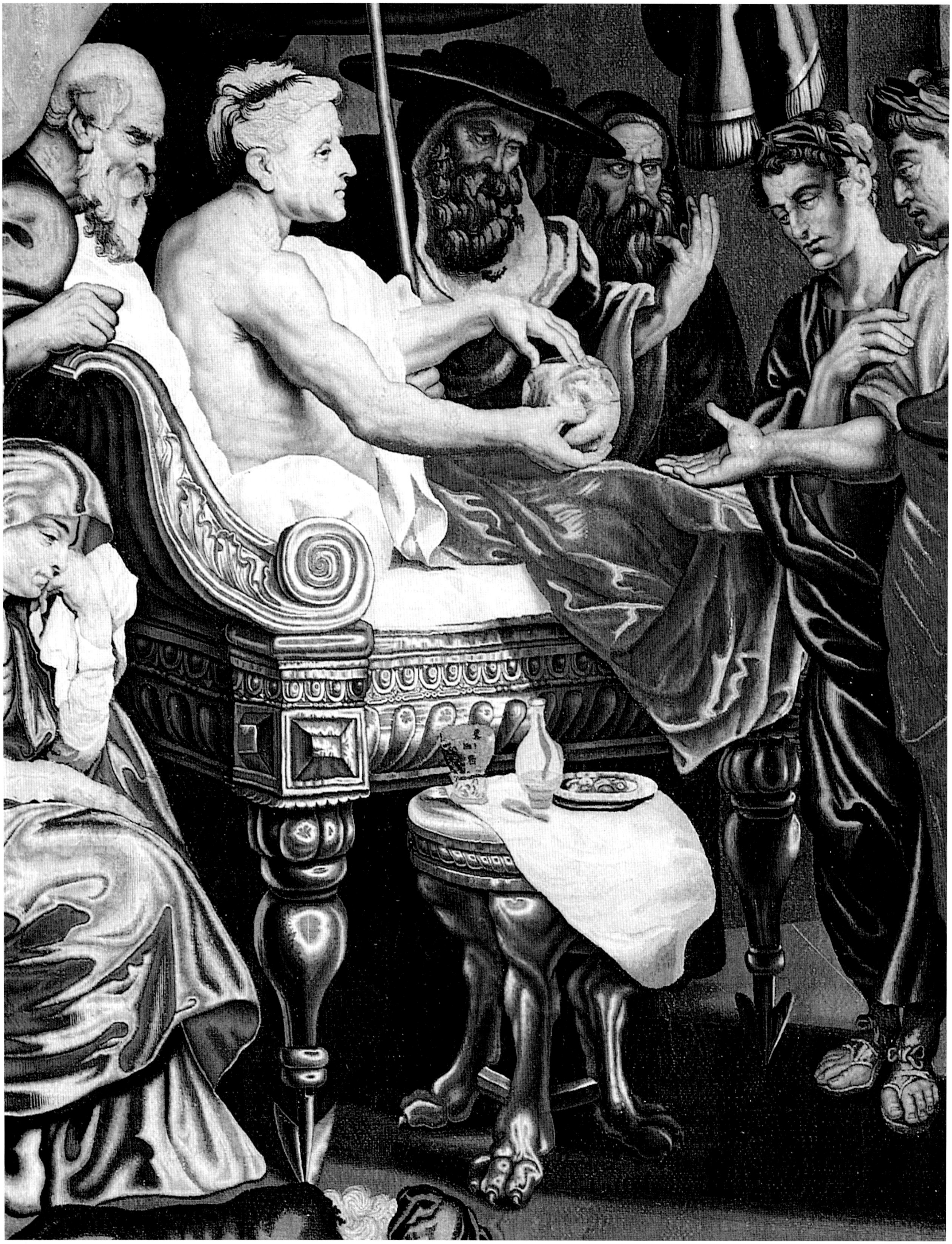

John Morley

Möbel Europas

Von der Antike bis zur Moderne

BATTENBERG

Für meine drei Grazien und Musen: Harriet, Emily und Alice

»Solomon saith, *There is no new thing upon the earth, …*
as Plato had an imagination, *that all knowledge was but remembrance …* »

Sir Francis Bacon, Lord Verulam

» … toujours les formes de l'ameublement se sont trouvées dans un accord parfait avec le génie qui présidait aux inventions de l'architecte, du sculpteur, et du peintre.«

Percier und Fontaine

»Damn the age! I'll write for Antiquity.«

Charles Lamb

Die Deutsche Bibliothek - CIP-Einheitsaufnahme:
Möbel Europas : Von der Antike bis zur Moderne / John Morley. [Übers. aus dem Engl. von Dagmar Lutz u.a.].- München : Battenberg, 2001
Einheitssacht. : Furniture <dt.>
ISBN 3-89441-483-9

Frontispiz Möbelstücke, abgebildet auf der Tapisserie »Der Tod des Konstantin« aus Wolle und Seide mit Gold- und Silberfäden, nach einem Entwurf von Peter Paul Rubens in der Manufaktur St-Marcel, Paris; französisch, 1623–1625. Die Tapisserie zeigt, dass sich die Studien von Gelehrten und Malern nicht in korrekten Kopien antiker Möbel niederschlugen, sondern neuartige Möbel hervorbrachten. Sowohl das Ruhebett als auch der Dreifuß-Tisch mit Löwenbeinen sind im Großen und Ganzen antiken römischen Prototypen nachgebildet, doch ihre Ornamente wurden, obgleich antiken Ursprungs, in der Renaissance neu interpretiert. Das Ruhebett zeigt unter anderem Cabochon-Rosetten, konvexe Godronierung an der Unterseite (ein von den Renaissance-Interpretationen antiker Sarkophage und Metallgefäße hergeleitetes Motiv), und Kannelierung unter der Armlehne, deren Volute falsch interpretiert wurde. Der Tisch wurde mit unpassenden »modernen« Verbindungsstegen ausgestattet. Rubens war ein renommierter Altertumsforscher und Sammler, und diese unsachgemäßen Einfügungen aus der Renaissance stammen mit Sicherheit von der Hand eines einfachen Schreiners und nicht von der eines versierten Künstlers. Die Möbel auf dieser Tapisserie blieben auf das Medium der Textilarbeit beschränkt, doch viele solcher Phantasie-Möbel wurden tatsächlich ausgeführt.

In den Bildunterschriften bezieht sich die angegebene Provenienz auf das Herstellungsland des Stücks, nicht auf das Herkunftsland des Entwerfers oder Kunstschreiners. Stücke aus England und Schottland wurden nach dem Act of Union des Jahres 1707 als »britisch« bezeichnet.

Lebensdaten und Hauptberufe sind, soweit bekannt, im Register aufgeführt.

Titel der englischen Originalausgabe:
John Morley: Furniture. The Western Tradition
Zuerst veröffentlicht 1999 im Verlag Thames & Hudson Limited, 30-34 Bloomsbury Street, London WC1B 3QP, England

Übersetzung aus dem Englischen: Dagmar Lutz, München (Teil I, II, VIII); Edigna Hackelsberger, München (Teil III, IX, XI); Dr. Henriette Graf, München (Teil IV); Eva Kornbichler, München (Teil V); Dr. Anita Eichholz, München (Teil VI, VII); Dr. Eva Dempewolf, Starnberg (Teil X, XII)
Umschlaggestaltung: Steinkämper/Lohmann - Kommunikation, Wörthsee
Redaktion: Helene Weinold-Leipold, Aystetten
Fachredaktion: Dr. Henriette Graf, München; Dr. Horst Weinold, Neusäß
Recherche: Ulrike Frey, München
DTP/Satz: Der Buch*macher,* Arthur Lenner, München

Printed and bound in China

ISBN 3-89441-483-9

Inhalt

Vorwort und Danksagung

Dieses Buch versucht einen Abriss der Möbelentwicklung westlicher Tradition von der Antike bis in die Gegenwart. Es möchte den Leser in die Lage versetzen, Einflüsse zu erkennen, die teilweise mehr als zweitausend Jahre zurückreichen – tatsächlich wurzeln einige der wichtigsten und beständigsten Muster in den frühesten Tagen menschlicher Zivilisation. Die zugrunde liegenden Konzepte methodischer Betrachtung heißen historisches Umfeld, Stil und individueller Entwurf. Unter dem historischen Aspekt wird die besondere Beschaffenheit der jeweiligen Gesellschaft untersucht, für die ein Möbel geschaffen wurde, unter den stilistischen die vorherrschende ästhetische Kultur, die es im Laufe der Zeit weiterentwickelte und veränderte, die Abfolge von Stilformen – wie etwa Gotik, Renaissance und Barock –, die allgemein das Aussehen von Möbeln diktierten. Anhand des Entwurfs schließlich wird beschrieben, wie Entwerfer und Kunsthandwerker die einzelnen Komponenten eines Stils, das heißt seine Formen, Motive und Ornamente, zu einem Möbelstück von individuellem Charakter zusammenfügten.

Da jedes andere Vorgehen den Umfang dieses Bandes bei weitem sprengen würde, liegt der Fokus der Betrachtung auf wichtigen Zentren künstlerischer Kreativität, in denen sich Formen und Motive entwickelten, die später von anderen kopiert wurden, also der griechischen und römischen Antike sowie den neuzeitlichen Kulturen Italiens und Frankreichs seit der Renaissance, wobei auch andernorts immer wieder hervorragende künstlerische Qualität aufscheint. Die Konzentration auf die Hauptpfade bedeutet zwangsläufig, dass viele qualitätvolle oder interessante Nebenwege individueller Prägung vernachlässigt werden: Regionaltypische Möbelfertigung wird völlig außer Acht gelassen, außer in Fällen, in denen sie den »hohen« Stil beeinflusste. Doch bleibt die Hoffnung, dass diese Methode, die darauf angelegt ist, zu erklären, *warum* ein Möbelstück so und nicht anders aussieht, genug Information liefert, damit der Leser diese »Leerstellen« selbst füllen kann.

Ein Blick auf das Inhaltsverzeichnis zeigt, dass die Gliederung eher stilistischen als chronologischen Kriterien folgt, ein vom Autor immer wieder für die Ausstellung nationaler Möbelkollektionen vorgeschlagenes Prinzip, dem sich Möbelfachleute jedoch meist vehement widersetzen. Doch es ist keine Schande, bedeutenden Historikern zu folgen, die bei ihren Untersuchungen »Ordnung und Logik« als sinnvolleres Darstellungsprinzip ansahen als »das zweifelhafte Aneinanderreihen von Daten«. Auch bei der Anordnung der Illustrationen wurde die Chronologie oft außer Acht gelassen; sie erscheinen jeweils dort, wo sie am besten zur Verdeutlichung eines Entwurfs beitragen.

Die verwendeten Quellen bergen zahlreiche Risiken. Archive und Inventare bieten Hilfestellung, ermutigen jedoch aufgrund ihrer unpräzisen Formulierungen und fehlender Abbildungen oft zu wilder Spekulation. Daher wurden auch Vasen, Skulpturen, Elfenbeinschnitzereien, Gemälde, illuminierte Miniaturen und andere Artefakte als Hilfsmittel herangezogen, um einen Eindruck antiken Mobiliars zu vermitteln. Aufgrund der Verheerungen der Zeit oder völligen Verlusts ist dies unabdingbar, hat jedoch auch große Nachteile: So kann es die dominante Technik eines Künstlers unmöglich machen, das von ihm dargestellte Möbelstück zu »entziffern«, vielleicht wurde er auch einfach von seiner Phantasie inspiriert. Mobiliar auf Heiligen- oder Königsdarstellungen kann, statt realistisch zu sein, eher ikonographischen Konventionen folgen. Personen auf Porträts können auf eigenen Wunsch größer (oder kleiner) dargestellt und von imaginären oder Möbeln aus dem Bestand des Ateliers umgeben sein. Innenräume auf Bildern sind oft arrangiert, selbst Fotos bieten hier nicht immer verlässliches Zeugnis; jede Zeitschrift für Inneneinrichtung tut dies vor einer Aufnahme. Nicht einmal altem Mobiliar selbst kann man trauen: Es könnte in Teilen ersetzt oder gefälscht sein oder (was häufig geschah) falsch oder protzig restauriert. Wie sollen wir also das »Jugendbild« eines sehr alten Individuums rekonstruieren, dessen Gesicht unzählige Male geliftet, das mit gewaltigen Materialmengen aufgepolstert, dem ein Arm oder Bein ersetzt wurde?

Zu Beginn der Lektüre mag sich der Leser vielleicht etwas wundern, weshalb um alles in der Welt Beschreibungen bestimmter Dinge so viel Platz eingeräumt wird – ägyptischen Pylonen, griechischen Säulen, römischen Theateraufbauten –, die zunächst scheinbar überhaupt nichts mit Möbeln zu tun haben. Die Antwort ist einfach: Jede Form, jedes Motiv, jedes Ornament, das hier beschrieben wird, wurde, egal wo sein Ursprung lag – in Religion, Architektur, Innenausstattung, Technik oder Hygiene –, irgendwann einmal in den Dienst der Möbelfertigung westlicher Tradition gestellt und immer wieder verwendet. Antike Motive dominierten nicht nur in der Renaissance, sondern wurden immer wieder neu belebt. Die Antike selbst entdeckte die eigenen Archaismen neu, und selbst das erfinderische 19. Jahrhundert ließ archaische Stilformen wiederholt aufleben.

Stark berücksichtigt werden auch modische Vorlieben, die ihren Einfluss auf Inneneinrichtung und Möbel entfalteten. Hochrangiges Mobiliar war in Stil und Entwürfen direkt oder indirekt durch die umgebenden Innenräume inspiriert und auch geeignet, neue Moden innerhalb der sozialen Rangordnung nach unten weiterzugeben. Die Formen von Möbelstücken können daher nicht ohne Referenz auf die wechselnden Launen der Innenarchitektur verstanden werden, besonders während und nach der Renaissance.

Die Entwurfsprozesse sind immer kompliziert, doch die Erklärungsnot wird besonders groß in Zeiten, die große Mengen hochrangiger Arbeiten hervorbrachten, und nur durch Vereinfachung und Generalisieren (zwei unterschiedliche Prinzipien) kann man sich an der Vielschichtigkeit des Problems vorbeimanövrieren – wie mit einer Fackel, die jeweils einen kleinen Ausschnitt eines dunklen Weges erleuchtet: Man sieht genug, um weiterzugehen, doch beiderseits liegen dunkle Zonen, in denen alles Mögliche vor sich geht. Beide Prinzipien sind legitim, vorausgesetzt, der Leser ist sich ihrer bewusst. Und so aufregend es ist, die Adaptionen und wiederholten Wiederbelebungen von Motiven in der Möbelkunst zu verfolgen, die Suche ist voller Fallgruben. Verlässlichkeit bei einer Quelle ist viel seltener, als man bei einem schnellen Blick auf die Abbildungen dieses Buchs annehmen sollte. Gleiche oder ähnliche Motive oder Motivkombinationen tauchen zu verschiedenen Zeiten in verschiedenen Kulturen auf und erscheinen in verschiedenen Bereichen – beispielsweise in Innenausstattung, Bildhauerei und Malerei, auf Gemmen und Mosaiken. Angesichts derartiger Vervielfältigungen benötigt man schon stichhaltige Beweise, um sicher zu sein, woher ein bestimmtes Möbelmotiv stammt. In der Regel kann man daher nur Vermutungen äußern.

Eine Bemerkung sei noch gestattet. Der Autor hat durchweg versucht, sich solcher Schlussfolgerungen zu enthalten, die aus der äußeren Erscheinung von Kunstwerken, aus zeitgenössischen Schriften und historischen Ereignissen gezogen werden könnten. Diese Vorgehensweise mag denjenigen altmodisch erscheinen, die für die Freiheit der Spekulation plädieren. So hielt kürzlich ein Kritiker, der »Grundlagenforschung« als »das Fundament der Wissenschaft« betrachtet, trotzdem »ein wenig Spekulation« für angezeigt: »Ich hätte sogar eine gewagte Psycho-Biographie begrüßt, besonders bei der Frage nach Napoleons Schwert.«[1] Bei Napoleons Möbeln muss man Derartiges nicht befürchten.

Da das Buch eine lange Zeitspanne behandelt, mögen gelegentliche Ausflüge in die Vermutung immerhin verzeihlich erscheinen; es ist sicher nicht frei von Fehlern, Unterlassungen und Fehlurteilen, für die sich der Autor im Voraus entschuldigt. Dank gebührt seiner Frau für die sprachliche Überarbeitung und Präzisierung von Formulierungen. Die *National Gallery* in Washington stellte großzügigerweise unentgeltlich die Diavorlagen zur Verfügung – eine unschätzbare Hilfe in einer Zeit, in der die Gebühren für Bildrechte an Museen und Bibliotheken die Publikation eines solchen Buches für Autor und Verlag sehr erschweren oder sogar unmöglich machen.

Der Autor ist Professorin Elizabeth Simpson zu großem Dank verpflichtet, die Teil I, »Das Altertum«, einer hochnotpeinlichen Vivisektion unterzog, die er zitternd, doch recht unversehrt überstanden hat. Sollten irgendwelche Mängel übersehen worden sein, so sind sie allein seinem Unverständnis und seiner Hartnäckigkeit zuzuschreiben.

Ebenso möchte er folgenden Personen danken: Daniel Alcouffe, Ramón Aparicio, Alberto Bartolomé Arraiza, Stephen Astley, Anthony Beeson, David Beevors, Sofía Rodriguez Bernis, Prof. Dorothy Blair, Dr. Charles Burnett, Stephen Calloway, Giovanni Caselli, Carmen García-Frias Checa, Wendy Cole, Jo Danzker, María del Prado Dégano, Dr. Gabriele Fabiankowitsch, Xabier Caracalla Bugarín Fianó, Philippe Garner, Antonio Sánchez González, Nigel Graves, Håkan Groth, Birgit Harlander, Eileen Harris, Dr. Sabine Heym, Elizabeth Horowitz, Barbro Hovstadius, Victor Hughes, Judy Irwin, Danny Katz, Dámasco de Lario, Dr. Luca Leoncini, Martin Levy, Mr. und Mrs. Ronald Lightbown, Prof. Donald McDowell, Max Oppel, John Partridge, William Rieder, Christopher Riopelle, Scott Ruby, Dr. Sigrid Sangl, Dr. Annette Scherer, Ralph Stoian, Marilyn Symmes, Margitta Tretter, Caroline Whitehead, Mr. und Mrs. Christopher Wightwick, Christopher Wilk, Angus Wilkie, Dr. Paul Williamson, Dr. Christian Witt-Dörring und James Yorke.

Zur Terminologie

Bis ins 19. Jahrhundert wurde der Begriff »antik«, ganz korrekt, nur für Kunstwerke aus der griechischen und römischen Antike verwendet, im erweiterten Sinne auch für solche aus dem Alten Ägypten. Um keine Verwirrung zu stiften, soll dieses Prinzip hier gewahrt bleiben: Das Adjektiv »antik« bezieht sich ausschließlich auf Architektur, Möbel und andere Elemente des griechisch-römischen Altertums oder der altägyptischen Reiche, »modern« auf solche seit der Renaissance und »zeitgenössisch« auf Gegenstände des 20. Jahrhunderts. Die Terminologie folgt eher den Gepflogenheiten der Kunstgeschichte als denen der Archäologie, bevorzugt also den Begriff Wellenband gegenüber dem Laufenden Hund oder Profilleiste für Kymation.

Auch die Verwendung des Begriffs Groteske, geprägt im Italien des 15. Jahrhunderts zur Bezeichnung römischer Wanddekorationen, die man in *grotte* (Höhlen) fand, bedarf näherer Erläuterung. Paradoxerweise wird er heute fest mit nichtantiken modernen Adaptionen von Grotesken verbunden, obwohl er bis zum 20. Jahrhundert für beide Bereiche gebräuchlich war. Auch in diesem Fall soll eine Orientierung an der älteren, umfassenderen Begriffsbedeutung dazu beitragen, terminologische Verwirrungen zu vermeiden.

Groteske als Oberbegriff für römische Innendekoration im Allgemeinen, auch für Mosaiken, zu verwenden ist nicht nur bequemer, sondern auch historisch gerechtfertigt. Fußbodendekorationen wurden zusammen mit anderen grotesken Dekorformen veröffentlicht. Sie besaßen dieselben Schmuckelemente wie Decken und Wände, deren Motive von den neuzeitlichen Künstlern und Kunsthandwerkern gemeinsam adaptiert wurden (schon in der Spätantike verlagerte sich der Schwerpunkt des Dekors zunehmend vom Bodenmosaik hin zu Wand und Decke). Mosaiken etwa wurden 1757 bis 1792 in dem Werk *Antiquities of Herculaneum* publiziert, einem Standardwerk des 18. Jahrhunderts für Grotesken, und die opulenteste aller Publikationen über das Thema, die 1796 bis 1820 von der Königlichen Presse in Neapel verlegt wurde, war Wand- und Fußbodendekorationen im antiken Pompeji gewidmet.

Es sollte hier ausdrücklich darauf hingewiesen werden, dass moderne Vorstellungen von Grotesken sich irrtümlich meist ausschließlich auf die bizarren, manierierten Dekorationen beziehen, die (wie die Raffaels in den Loggien des Vatikan [162]) von den eher dürftigen Vorbildern in Neros Domus Aurea beeinflusst sind, die ihrerseits den modernen Begriff maßgeblich bestimmt haben. Eine typische Lexikondefinition lautet bespielsweise: »Phantasievolle Dekoration, komponiert aus kleinen, lose miteinander verbundenen Motiven … [darunter] menschliche Figuren, Affen, Sphingen, Vögel, Fische«.[2] Dies schließt von vornherein harmonisch geordnete, eher statisch wirkende Dekorationen antiker oder moderner Provenienz aus, denen es zwar an phantasievollen Details mangelt, die man aber – zumindest fünfhundert Jahre lang[3] – unzweifelhaft als Grotesken bezeichnete. Sie wurden von Künstlern wie Algardi, Adam, Percier, Fontaine oder Schinkel imitiert, um nur einige prominente Vertreter des Genres zu nennen.

Für ähnliche Verwirrung sorgen Mauresken oder Arabesken, Begriffe aus der italienischen Renaissance zur Bezeichnung islamischer Ornamente, die auf die beiden unterschiedlich geprägten, jedoch miteinander verwandten islamischen Stilformen der nordafrikanischen Araber und der spanischen Mauren Bezug nehmen. Während der Renaissance wurden beide Termini wahllos verwendet. Im frühen 16. Jahrhundert wurden die Arabesken von den Grotesken absorbiert und beide Begriffe zur allgemeinen Verwirrung austauschbar, auch wenn sie sich in ihrer Motivik erkennbar unterscheiden. Um sämtliche Klarheiten zu beseitigen, wurde der Terminus Arabeske schließlich Ende des 17. Jahrhunderts für jene Synthese grotesker, arabesker und maurester Elemente reklamiert, die direkt ins Rokoko mündete. Eine solche Verwendung soll hier ausdrücklich vermieden werden (außer in Zitaten zeitgenössischer Dokumente, in denen die spezifische Bedeutung erklärt wird). Doch im Grunde sind für dieses Buch die Unterschiede zwischen islamischen Arabesken und Mauresken kaum von Bedeutung, und der Autor verwendete sie synonym. Um jedoch Leser nicht vor den Kopf zu stoßen, die sich näher für eine bestimmte Periode interessieren, hat er sich in solchen Fällen für die Variante entschieden, die auch den akademischen Gepflogenheiten entspricht.

Über die Unterschiede zwischen den Begriffen »Herme«, »Atlant« und »Karyatide« ließen sich ebenfalls scharfsinnige Betrachtungen anstellen, doch auch dies würde den Rahmen sprengen.

Entwicklungslinien

Dieses Werk beschreibt Entwicklung und typische Merkmale der Möbelfertigung westlicher Tradition. Hochrangige Möbelstücke orientieren sich in Form und Ornamentik am Vorbild von Außen- und Innenarchitektur, wobei Ägypten, Griechenland und Rom die wichtigsten Stileinflüsse liefern. In der griechischen Antike hatte sich analog zur Architektur in ihrer Fortentwicklung von archaischer Schlichtheit zu betonter Eleganz im 1. Jahrhundert v. Chr. bereits eine Palette anspruchsvoller Typen herausgebildet, die von den Römern übernommen und eigenen Bedürfnissen angepasst wurden.

Dort dominierten zwei gegensätzliche Richtungen die Ästhetik in Architektur und Ornamentik – die eine bevorzugte die strenge Würde des frühen griechischen Stils, die andere den »barocken«, opulent-orientalisierenden Geschmack des Hellenismus. Die kreativen Spannungen zwischen beiden Auffassungen zeigen sich besonders zwischen den Wiederbelebungstendenzen des griechischen Stils in der römischen Antike, die auch die Möbel erfassten, und den »modernen« orientalisierenden »Grotesken« in Malerei und Stuck, die den hellenistischen Zeitgeschmack beherrschten und neue Möbeltypen hervorbrachten. Der Widerstreit zwischen diesen beiden antiken Schulen, die hier als »klassisch« und »anti-klassisch« kategorisiert werden, lässt sich besonders deutlich in Innenarchitektur und Möbelgeschmack der Jahrhunderte ablesen, die unmittelbar auf die italienische Renaissance folgten. Bei der Verwendung ägyptischer Ornamente im alten Rom zeigt sich erstmals eine Tendenz zum »Exotischen«, als bewusstes Kultivieren ausländischer Motive mit fremdartigem Charakter.

Mit dem Niedergang des Römischen Reiches verschwanden in seinem Westteil auch viele verfeinerte Möbelformen, während man sich im Oströmischen Reich, das tausend weitere Jahre Bestand hatte, und seiner Hauptstadt Konstantinopel an der römischen Spätantike orientierte. Die wenigen Beispiele byzantinischen Mobiliars, die sich erhalten haben, zeigen deutlich, dass man in Konstantinopel drei antike Stilformen pflegte und weiter entwickelte: den griechischen »Enkrustations«-Stil des 5. Jahrhunderts v. Chr., den so genannten »gedrechselten« Stil, der sich in der Spätantike in Rom herausgebildet hatte, und eine Vorliebe für dekorative Verwendung von Menschen-, Tier- und Fabeltier-Motiven, wie sie in der Antike immer beliebt waren. Alle drei Stilformen wurden von den Mächtigen des Frühmittelalters aufgegriffen, die sich geschmacklich am Byzantinischen Reich orientierten.

Der gedrechselte Stil der Byzantinik entwickelte sich weiter zum typischen Möbelstil der Romanik und hat in regionaler Form bis heute überlebt. In größerem Umfang als je zuvor bediente sich die Romanik dabei architektonischer Motive. In Italien bewahrte man den Klassizismus der Spätantike und Byzantinik in der Möbelfertigung die ganze Gotik hindurch bis in die Frührenaissance.

Auch der Islam, der sich im 7. Jahrhundert n. Chr. durchsetzte, orientierte sich in Kunst und Architektur an Byzanz. Typisch für seine Architektur sind die Betonung der Vertikalen und eine Vorliebe für Spitzbogen, für seine Ornamentik die abstrakte Arabeske. Hierin entfaltete er starken Einfluss auf die Gotik, die sich im 12. Jahrhundert in ganz Europa als Archetyp antiklassischer Stilformen herausbildete. In ihrer stark architektonischen Ausrichtung folgte sie der Romanik, und in der Hochgotik wirken die Möbel »architektonischer« als je zuvor. Parallel dazu bestand weiterhin der gedrechselte Stil neben praktischen Formen zum Zerlegen.

Während der Renaissance gelangte in Kunst und Architektur ein neuer Stil zum Durchbruch, der auf die Kunst der römischen Antike rekurrierte. Antikisierende Möbel des 15. Jahrhunderts waren keine Kopien antiker Vorbilder, sondern zeigten ein additives Stilgemisch, das sich aus verschiedensten antiken Quellen speiste. Dazu gehörte insbesondere die römische Architektur mit ihren Triumphbögen, Skulpturen, Sarkophagen und Altären. In Stein gefertigt und von monumentalem Charakter, verlieh sie dem neuen Stil eine »römische Klassik«, die bis ins 16. Jahrhundert hinein beherrschend blieb. Der Klassizismus der Renaissance kulminierte in der Raffael-Schule, die in ihren Gemälden antike Möbelformen abbildete.

Das Ende des 15. Jahrhunderts erlebte auch eine Wiederentdeckung grotesker Dekorationen der römischen Antike, die einen mächtigen Einfluss auf Kunst und Architektur der Hochrenaissance entfalteten. In Kombination mit arabesken und mauresken Ornamenten aus der islamischen Kunst führten sie zu neuen »anti-klassischen« Möbelformen, die sich im Laufe des 16. Jahrhunderts in ganz Europa ausbreiteten. Besonders Frankreich, Flandern und Deutschland beeinflussten ihre Entwicklung, die im Ohrmuschelstil des 17. Jahrhunderts ihre Fortsetzung fand. Unzählige neue Möbelmotive und -muster wurden von der Groteske und Arabeske abgeleitet, darunter Rollwerk, Kartusche und Stillleben. In der Möbelproduktion Italiens fanden auch Manierismus und Frühbarock ihren Niederschlag, besonders der Skulpturenstil Michelangelos und seiner Nachfolger, die ihrerseits von der »barocken« Ästhetik des Hellenismus geprägt waren. Die dominanten Möbelstile des 17. Jahrhunderts waren italienischer Barock und französisches Louis-seize (der französische Barock in seiner klassizistischen Ausformung). Der Einfluss Berninis rechtfertigte die deutliche Prägung italienischer Barockarchitektur, -innenarchitektur und -kunst durch die Ästhetik der Skulptur.

In Frankreich gab sich der Kompromiss zwischen Barock und Klassizismus gegen Ende des Jahrhunderts dem Rokoko geschlagen, einem neuen und zutiefst »anti-klassischen« Stil, den eine Verbindung aus Groteske und Arabeske gebar. Skulptur, Malerei und Innenarchitektur des Rokoko verliehen dem »organischen« Mobiliar dieser Zeit seine geschwungenen Formen, die in der ersten Hälfte des 18. Jahrhunderts in ganz Europa auftauchten. Die Gestaltung der Möbel entfernte sich weitgehend von der antiken Architektur und Ornamentik zugunsten gerollter Formen und Kartuschen. Als neuartiges Gestaltungselement fand Asymmetrie Eingang in das westliche Mobiliar. Das Rokoko ließ sich gut mit Dekorationstechniken und Ornamenten aus China und Japan kombinieren, in England wurde es mit Spielarten der Neogotik verbunden, die dort besonders populär waren. In der ganzen ersten Hälfte des 18. Jahrhunderts wurden englische Häuser im palladianischen Stil mit barock-klassizistischem und antikisierendem Mobiliar ausgestattet.

Nach der Mitte des 18. Jahrhunderts kam es in England, Frankreich und Italien zu einer Wiederentdeckung des Grotesken-Dekors aus Antike und Renaissance, der bis in die vierziger Jahre des 19. Jahrhunderts *en vogue* blieb. Das reine Rokoko machte dem Transition des späten 18. Jahrhunderts Platz, bei dem die Grotesken dreidimensional wurden. Ein neues Interesse an antiker Architektur und antiken Vasen verschaffte *Goût-grec*-Motiven Eingang in die Möbelkunst, die auch im 19. Jahrhundert immer wieder auftauchten.

Diese klassizistischen Stilformen wurden begleitet und abgelöst von »archäologischen« Klassizismen, in deren Folge noch intensiver als während der Renaissance antike Möbelformen aufgegriffen und durchgespielt wurden. Manche Typen waren mehr oder weniger exakte Kopien antiker Möbel. Auch ägyptische Motive und Ornamente fanden Anwendung, und besonders im Biedermeier kamen geometrische Grundformen zum Tragen. All diese Stileinflüsse vermischten sich und wurden miteinander kombiniert.

Das 19. Jahrhundert war vor allem charakterisiert durch die Wiederentdeckung vergangener Stile und einen unkritischen Eklektizismus. Renaissance, Barock, Rokoko und Klassizismus kamen zu neuen Ehren. Ein allgemeiner Verfall des Geschmacks, die Umwälzungen im Zuge der Industrialisierung und eine neureiche, ungebildete Klientel lösten verschiedene Reformbewegungen aus. Der »Japonismus« prägte die Arts-and-Crafts-Bewegung und den Jugendstil maßgeblich, und *Goût-grec-* und Biedermeier-Einflüsse machten sich am Ende des Jahrhunderts in der Wiener Schule bemerkbar, die bereits den Keim der internationalen Moderne des 20. Jahrhunderts in sich trug. Inspiriert durch das Maschinenzeitalter, wurde der Funktionalismus zum neuen Dogma, unter dessen Einfluss Formen und Ornamente auf ein Minimum reduziert wurden: Beibehalten wurde nur, was sich mit der Funktion vereinbaren ließ. Eine allgemeine Vorliebe für Einbaumöbel schränkte die Vielfalt der Gebrauchsmöbel weiter ein. Daneben wurden jedoch auch im 20. Jahrhundert weiterhin historische Stile wieder belebt.

Einführung

Möbel – Versuch einer Definition

Was sind Möbel? Abgeleitet vom französischen Wort *meuble*, das wiederum auf das lateinische Wort *mobilis* (»beweglich«) zurückgeht, sind es laut Brockhaus »die beweglichen Stücke einer Innenraumausstattung«. Diese Definition ist völlig ausreichend, lässt man einmal die Schwierigkeit außer Acht, sehr schweres Mobiliar zu »bewegen«, doch sie schließt indirekt die Teile der Raumdekoration aus, die fest installiert sind.

Der Grundgedanke eines Möbels ist simpel. Und die vielfältigen Typen, die man heute findet – beispielsweise Esstische, Spieltische, Bibliothekstische oder Tischsätze –, sind aufwändige Weiterentwicklungen schlichter Ideen. Dieses einfache Prinzip ergibt sich aus einer Definition, die weniger knapp und umfassend ist als die lexikalische: Möbel sind Objekte, auf denen man Personen und Gegenstände platzieren oder in denen man Objekte verstauen kann: also Stuhl oder Bett in all ihren Formen, vom niedrigen dreibeinigen Melkschemel, auf dem man bequem unter einer Kuh sitzen kann, bis zum Königsthron, der den Monarchen hoch über seine Untertanen erhebt, der Tisch in allen Variationen, vom Gartenklapptisch aus Teakholz bis zum silbernen Konsoltisch des Louis-seize, der Schrank in seinen vielfältigen Ausprägungen, von der gestrichenen Küchenanrichte bis zum Barocksekretär aus Ebenholz mit Schildpatt und Ormoulu. Viele Möbeltypen verbinden mehrere dieser Basisfunktionen – der aufklappbare Stuhl birgt die Geldkassette des Geizkragens, in Schubladen unter dem Bett kann man Decken verstauen –, doch im Großen und Ganzen ist diese Klassifikation stichhaltig.

Funktionalität und Repräsentation

Mit der Frage nach dem Wesen des Mobiliars drängt sich zugleich die seines Nutzens auf. Der Begriff »Funktionalität« wird – auch als Folge der trockenen Funktionalismus-Debatten zu Beginn des 20. Jahrhunderts – oft mit sterilen Möbeln aus der Nachkriegszeit assoziiert. Primitive Funktionalität tendiert zwar zur Nüchternheit – wieder kann der Melkschemel als Beispiel dienen, dessen drei staksige Beine gespreizt sind, sodass er fest auf dem unebenen Stallboden steht –, dennoch impliziert sie nicht zwangsläufig Schmucklosigkeit oder Askese. Vielmehr umschreibt sie die Fähigkeit, einer Funktion zu entsprechen, worin diese auch bestehen mag.

Auch die Demonstration von Macht und Reichtum kann eine Funktion repräsentativer Möbel sein – gleichsam als Waffe im Kampf um sozialen Status. Doch viele Menschen lehnen den Gedanken ab, Nützlichkeit könne sich auch in Schönheit und Pracht verwirklichen. So erregte nichts den Zorn der Gegner des Perikles stärker als die Tatsache, »wie wir mit den Geldern … unsere Stadt vergolden und herausputzen und sie mit kostbaren Steinen … von tausend Talaren behängen wie ein eitles Weib«.[1] Doch der Ruhm genau dieser Tempel und Statuen war fast zweieinhalb Jahrtausende später ein wichtiger Identifikationsfaktor für die Entwicklung eines modernen griechischen Nationalstaats. In Frankreich blieb die Pracht am Hof Ludwigs XIV. unvergessen und trägt nicht unerheblich zum Nationalbewusstsein bei, das sich durch eine bedeutende Kulturepoche herausbildete. Die Jahrhunderte alte Jagd nach Ruhm und Neuerungen ließ Kunstwerke entstehen, die fragil sind oder massiv und protzig, elegant, unpraktisch und schwierig zu reinigen, phantastische Kreationen wie ein fünfeinhalb Meter hohes Barockbett mit Federschmuck [261], schmutzig und voller Wanzen (zumindest zur Zeit seiner Nutzung), oder – als anderes Extrem – einen aufblasbaren Plastiksessel, der aufgrund elektrostatischer Ladung den Staub anzieht wie ein Magnet und jeden Moment durch einen Einstich zusammenschrumpfen kann.

Besonders signifikant ist auch der Einfluss von Religion, Dichtung und Politik, wobei religiöse und weltliche Herrschaft häufig so gut wie identisch waren: Der Pharao war zugleich Gott, der römische Kaiser *pontifex maximus*, und noch im 12. Jahrhundert trug ein politisches Gefüge gleichzeitig die Attribute »Heiliges« und »Römisches« Reich. In den Gesellschaften der Antike entsprangen Religion und Dichtung denselben Wurzeln. Wenn Montaigne sich im 16. Jahrhundert über die Einheit der antiken Götter und der Poesie auslässt,[2] bestätigt er damit, was Herodot bereits im 5. Jahrhundert v. Chr. geschrieben hatte: »Hesiod und Homer haben … den Stammbaum der Götter in Griechenland aufgestellt und ihnen ihre Beinamen gegeben, die Ämter und Ehren unter sie verteilt und ihre Gestalt klargemacht.«[3]

Die religiöse Emblematik, die Mythos und Dichtung durchwehte, fand auch Eingang in Architektur und Ornamentik, Innenarchitektur und Mobiliar. Einige der hervorstechendsten Möbeltypen der Antike waren eng mit der Religion verbunden und in Privathäusern und Tempeln gleichermaßen zu finden. Ein besonders einflussreiches Beispiel ist der antike Dreifuß [10].

Weltliche Hierarchien benutzten Möbel, um den sozialen Status zu unterstreichen. Besonders der Sitz war in diesem Zusammenhang immer signifikant; ihn abzulehnen oder anzunehmen war von ähnlicher Symbolik wie das Abnehmen oder Aufsetzen einer Krone. Im 8. Jahrhundert v. Chr. beschreibt Hesiod, wie Demeter aus Kummer über den Raub ihrer »schlankfesseligen« Tochter Persephone durch den Herrscher der Unterwelt den Privilegien ihres göttlichen Status entsagte: Sie verweigerte »das prächtige Sofa« und blieb demütig daneben stehen, bis »Ianthe ihr fürsorglich einen Faltstuhl [die schlichteste Form eines Sitzes] hinstellte, über den sie ein silbriges Vlies warf«[4] (das sie von dem verschmähten Sofa genommen hatte). Zweitausend Jahre später, im Frank-

2 Papst Pius XII. (reg. 1939–1958), auf der päpstlichen *sedia gestatoria* hoch über der Menge thronend, beschirmt von einem Baldachin und umringt von Herolden, die Zeremonialfächer aus Straußenfedern tragen.

reich des Jahres 1701, machte die Tatsache, dass Madame de Maintenon in Anwesenheit Ludwigs XIV. in ihrem Armsessel sitzen blieb, die heimliche Hochzeit des Königs mit dieser *parvenue* offenkundig, denn die höfische Etikette von Versailles schrieb vor, dass niemand außer der Königin selbst in Anwesenheit des Königs auf einem Sessel sitzen durfte. Liselotte von der Pfalz, die Herzogin von Orléans und Schwägerin des Königs, fragte ihren Gatten unwillig, »wie es möglich ist, dass man mir bei einem Besuch bei Madame [de Maintenon] nur einen Hocker anbietet, während ... man der Dame aufgrund ihrer labilen Gesundheit einen Sessel zugesteht«. Auf diese Weise wird nicht klar, ob die Gastgeberin wirklich die Königin ist oder nicht, aber gleichzeitig beansprucht sie deren Rang.[5] Bei einem anderen Vorfall wurde der geschmähte Hocker seinerseits zum Rangzeichen, als Herzoginnen in Gegenwart des Königs darauf sitzen durften, während andere stehen bleiben mussten: Madame de Sévigné nannte ihn daraufhin »das göttliche Tabouret«.[6]

Viele Möbelformen haben sich so wenig verändert, dass sogar Formen, die im Zusammenhang mit heidnischen Kult- und Adelsriten entstanden, bis heute in Gebrauch sind. Ein solches Würdesymbol, das erst vor kurzem abgeschafft wurde, war die *sedia gestatoria*, ein tragbarer Thron mit Baldachin und Lambrequins [2], der den Adel antiker kleinasiatischer Reiche in Ninive und Tyros vor der sengenden Sonne geschützt hatte. Im Zuge der Orientexpansion war er auf die römischen Kaiser übergegangen und schließlich vom triumphierenden Papsttum übernommen worden. Erst in den siebziger Jahren wurde damit ein Möbeltyp aufgegeben, den bereits Hammurabi, Dareios, Diokletian und Papst Alexander VI. gekannt hatten. Zeit seines Gebrauchs war er wie ein Schiff über den Gläubigen geschwebt, angekündigt und gefolgt von Wedeln aus hoch aufragenden Straußenfedern – nie hat ein wirkungsvolleres Möbelstück existiert. Ein anderer Zeremonialsessel, ursprünglich zusammenfaltbar wie ein X, hat als Ehrensitz von der griechischen und römischen Antike [60] durch Mittelalter [87, 103], Renaissance, Barock [182, 183] und napoleonisches Frankreich [526] bis in die britische Monarchie und das römische Papsttum überlebt. Als seine Herrschaft ins Wanken geriet, fragte Napoleon: »Glauben Sie, ich betrachte den Thron nur als ein Stück Samt, das über ein Gestell gebreitet wurde?«[7]

Formen aus der Antike wurden innerhalb der sozialen Rangfolge auch popularisiert. So wurde der Krönungsstuhl der englischen Monarchen (in dessen Sockel bis vor einigen Jahrzehnten der *Stone of Scone* integriert war, vermutlich seinerseits ein prähistorischer Krönungsstein) von Stühlen des *Gothic Revival* imitiert, auf denen im 19. Jahrhundert die Würdenträger der Gemeinden und andere »Vorsitzende« Platz nahmen.[8]

Materialien und Techniken

Möbel wurden aus Materialien aller Art hergestellt. Sie können einfach oder luxuriös, schwer oder leicht zu bearbeiten, farbenprächtig oder monochrom sein. Am häufigsten werden Holz und Stein verwendet – von einfachem Kalkstein bis hin zu farbig geädertem Marmor, Quarz oder teurem Porphyr, der so hart ist, dass er sich nur mit Steinwerkzeugen bearbeiten lässt –, Metalle, von Gold, Silber und Bronze bis hin zu Messing und Blei, Häute von Kühen, Schafen, Haien, Antilopen – eine ganze Menagerie von Fischen und Säugetieren, sogar Insekten, Muscheln, Korallen, Elfenbein und Knochen –, Glas, Stroh als Struktur gebendes Material und zum Verkleiden, Papier und Papyrus, Edel- und Halbedelsteine, ja sogar Kohle. Die grundsätzliche Unvereinbarkeit bestimmter Materialien verbietet es, sie miteinander zu kombinieren, obgleich es auch Beispiele gibt, die dabei bis an die Grenzen des Möglichen gehen, wie die Arbeiten André Charles Boulles [255], bei denen Messing und Schildpatt einen starken ästhetischen wie materialbedingten Kontrast bilden.

Für Monarchen und Machthaber kamen nur Möbel aus kostbaren Materialien in Frage. In einer Zeit, in der Gold und Silber rarer waren als später, machte Karl der Große, Erneuerer des Heiligen Römischen Reiches, ein Testament, in dem »drei silberne Tische und ein goldener von ganz besonderer Größe und Schwere« aufgeführt sind. Drei davon werden beschrieben: Der erste, »in viereckiger Form, auf dem der Plan der Stadt von Konstantinopel gezeichnet steht«, sollte an den Papst fallen, der zweite, »runde, der mit einem Bild der Stadt Rom geschmückt war«, an das Patriarchat von Ravenna, der dritte, »der die anderen sowohl an Schönheit der Arbeit, als auch an Schwere des Gewichts weit übertrifft« an seine eigenen Erben.[9] Die Schmuckmotive auf den Tischen – Konstantinopel, Rom und die Welt – waren weit mehr als ein dekorativer »Reisebericht«, vielmehr zeugten sie von politischem Ehrgeiz. Das Silber und Gold, in das sie graviert waren, vermittelten nachdrücklich die Macht des wieder belebten Reiches.

Repräsentatives Mobiliar wurde mit wertvollen Textilien kombiniert. Da sie für den opulenten Eindruck bestimmend waren, unterlagen sie häufig Luxusgesetzen. Gold- und Silberfäden verliehen ihnen zusätzliche Pracht, und während der Französischen Revolution wurden aus diesem Grund die bestickten Tapisserien aus Versailles im Hof verbrannt. Bis ins 19. Jahrhundert waren die feinsten Textilien kostbarer als die geschnitzten und vergoldeten Möbel selbst. Signifikant waren aber auch Farben, Purpur etwa blieb Königen vorbehalten. Als Kaiserin Theodora von ihrem ängstlichen Gatten genötigt wurde, aus dem aufständischen Konstantinopel zu fliehen, erklärte sie ihm, er könne tun, was er wolle, sie selbst finde, »Purpur sei eine gute Farbe für ein Leichentuch«.[10]

Ebenso wichtig wie das Material sind seine Verarbeitungstechniken. Eine Möbelform mag aus einer bestimmten Idee geboren sein, doch erst spezifische Techniken und Materialien verleihen ihr konkrete Form. Handwerker und Entwerfer arbeiten zusammen, nicht selten in Personalunion. Laut Analyse von Francis Bacon (1561–1626) kennzeichnet »die Mechanisierung von Künsten und Waren« den »Niedergang eines Staates«[11] – eine Beobachtung, die im 19. Jahrhundert ihre Bestätigung fand, als die technischen Fortschritte der Industrialisierung mit dem Phänomen einhergingen, das Zeitgenossen »Kommerzialisierung« nannten. Dabei erhielt Handarbeit eine symbolische Bedeutung, im Sinne der Demonstration solider Kunstfertigkeit und als Gegensatz zur Fabrikproduktion, und wurde so zum Selbstzweck.

Die Reaktion auf die unkritische Ornamentwut mündete in einen spezifischen doktrinären Funktionalismus, den man gleichsam moralisch zu adeln versuchte. Das Dogma der Handwerksbewegung hieß, die Konstruktion außen sichtbar zu machen, und jede Anstrengung wurde unternommen, Dekoration »ohne Bedeutung« zu eliminieren. Doch wie ein Stehaufmännchen richtete sich das Ornament immer wieder auf, und die Betonung der Konstruktion, die eigentlich Integrität demonstrieren sollte, wurde ostentativ – und damit selbst ornamental!

Stile und Moden

Eines der Hauptkriterien, Möbel einer Zeit oder einem Land zuzuordnen, ist ihr »Stil« – ein Begriff, der Vielfalt und Wechsel impliziert. Denn bliebe die Form eines Stuhles konstant und unveränderlich, wäre es überflüssig, von seinem »Stil« zu sprechen, der Begriff »Stuhl« würde genügen, so wie das Wort »Gras« für den Durchschnittsgärtner völlig ausreicht, während man in der afrikanischen Savanne angeblich hundert verschiedene Bezeichnungen dafür kennt.

Wachsender Wohlstand in einer Kultur führt zur Differenzierung von Stilen und Typen. Aus den wenigen Begriffen, die die alten Griechen für »Stuhl« kannten, wurden Hunderte, die man heute in Europa benutzt, ergänzt durch immer neue Typen und Bezeichnungen. Ein anderes Beispiel ist der niedrige Couchtisch, der modernen Gepflogenheiten des 20. Jahrhunderts entspringt. Wer Wert auf ein solches Stück aus dem 18. Jahrhundert legt, muss sich etwa ein Bidet »umrüsten« lassen, sofern ihm nicht schon bei dieser Vorstellung die Kaffeetasse aus der Hand fällt. Die Form ist einem ständigen Wandel unterworfen: So wurde der lange, schmale Couchtisch der fünfziger Jahre immer breiter, um Platz für das *coffee-table book* zu schaffen, das nicht nur gelesen, sondern auch effektvoll zur Schau gestellt werden soll.

In den letzten Jahrhunderten hat sich der Stil zunehmend einer besonders anhänglichen Begleiterin unterworfen, um nicht zu sagen prostituiert: der Mode. Impliziert das Wort »Stil« einen Wechsel, so enthält »Mode« den raschen Wechsel, der einem dauernden Wettbewerb unterliegt. Moden, die mit den Anfängen der »Konsum«-Gesellschaft im frühen 18. Jahrhundert aufzukommen begannen, waren zunächst auf die Oberschichten beschränkt. Der Wunsch nach Repräsentation hingegen ist nicht notwendigerweise der Mode unterworfen. Völlig unberührt davon blieben etwa Form oder Ornamente der faszinierenden Grabbeigaben des Tutanchamun [4], und selbst in unserer Zeit sind Monarchien sämtlicher Moden enthoben. Innovationen sind nun einmal nicht von Vorteil für Krönungszeremonien, Gerichtshöfe oder akademische Rituale. Im Alten Ägyptischen Reich blieben die Möbelformen jahrtausendelang unangetastet, im Europa des 19. Jahrhunderts änderten sie sich alle zwölf Jahre, und wenn sich vergängliche Materialien für Möbel ebenso durchsetzen sollten wie für Kleidung, wäre es durchaus vorstellbar, dass modebewusste Haushalte alle paar Jahre – wenn nicht gar Monate – ihr Mobiliar wechseln könnten.

Einflüsse aus der bildenden Kunst

Seit frühester Zeit orientieren sich Möbel an Architektur, Bildhauerei, Malerei und Innenarchitektur – die ihrerseits Motive aus allen Bereichen verbindet. Das größte Potenzial visueller Ideen lieferten bedeutende Maler und Baumeister, deren Vorstellungen von nachgeordneten Künstlern – zum Beispiel Gartenarchitekten, Töpfern, Möbelentwerfern und -tischlern – begierig aufgegriffen wurden. Viele Maler und Architekten haben selbst Möbel entworfen, wahrscheinlich Phidias und Raffael, mit Sicherheit Bernini und David.

Möbel entwickelten sich von Einzelobjekten mit klar definierter Funktion zu Bestandteilen einer bewusst gestalteten Umgebung innerhalb oder außerhalb des Hauses. Bisweilen verlieren sie ihre Funktion völlig und werden zu reinen Dekorationsobjekten – wie manche Kommoden von Adam, die nicht zu öffnen sind. Dem vorherrschenden Stil, der alles durchdringt, werden individuelle Objekte wie Möbel untergeordnet. Seit in der Renaissance ein Interesse an individuellen Künstlerpersönlichkeiten entstand, deren Namen und Werke man nun überlieferte, wurde auch der Herstellungsprozess klarer. Viele Künstler wurden zu »Archetypen« ihrer Zeit: Raffael für den Klassizismus der Hochrenaissance, Michelangelo für den gesteigerten Ausdruck der Gegenreformation, Rubens und Bernini für das Barock des 17. Jahrhunderts, Algardi und Le Brun für ein klassizistisches Barock, Watteau für das französische Rokoko, David für den französischen und Schinkel für den deutschen Klassizismus. Sie alle beeinflussten die Möbelentwürfe. Indem sie Höhepunkt und Abschluss ihrer eigenen Zeit bildeten, trugen sie bereits den Keim für künftige Entwicklungen in sich: Raffael für den Barock, David für die Romantik.

Wie in der Architektur und Malerei werden auch in der Möbelkunst historische Stile wieder aufgegriffen. So schlagen sich architektonische Wiederbelebungen der Antike, Gotik oder Renaissance unmittelbar oder später im Mobiliar nieder. Gewöhnlich gibt es danach einen rapiden Wechsel: Bewusste Archaismen weichen zumeist in Form eines Syntheseprozesses einem neuen Stil, und in einem Stadium äußersten Raffinements (oder auch kreativer Erschöpfung) wird man eklektizistisch und interessiert sich wieder für »Antikes«.

Schönheit und Ästhetik

Neue Stile und Moden setzen sich durch, weil man sie für schön hält. Der ästhetische Impuls scheint dabei von großer Bedeutung zu sein: »Das Schmuckbedürfniss ist eben eines der elementarsten Bedürfnisse des Menschen, elementarer als dasjenige nach Schutz des Leibes.«[12] Selbst im Tierreich gibt es Anzeichen für ästhetische Empfänglichkeit, etwa in Form von Werbungs- oder Imponiergesten bei Vögeln oder Fischen. Auch der Mensch ist nicht anders, und selbst die einfachsten Gegenstände im Haushalt folgen ästhetischen Prinzipien, egal, wie ungeschickt diese auch umgesetzt sein mögen. Schönheit kann sich hinter einfachen oder komplizierten Formen verbergen: hinter dem Klismos [28] oder der Kommode im Queen-Anne-Stil [522], dem äyptischen Thron [4] oder dem Dubois-Sekretär [579].

Zumindest seit Platon verbindet man mit Schönheit die Vorstellung von zeitloser Gültigkeit, die sich allem Modischen widersetzt; »zeitlose Schönheit« wird von jedem verstanden, »zeitlose Mode« hingegen ist ein Paradox. In der griechischen Antike räumte man der Schönheit einen hohen Rang ein: Apoll, der Gott der Künste, war zugleich der Gott der Sonne und des Lichts – unbedingten Vorraussetzungen für das Sehvermögen. Nur von wenigen Möbeln kann man sagen, sie besäßen »zeitlose« Schönheit, da sie selten Bedeutungsträger sind. Das Qualitätsurteil, das die heute übliche Unterscheidung zwischen »bildender« und »angewandter« Kunst impliziert, hat seine Berechtigung. Der ältere Terminus »ornamentale Kunst« ist in gewisser Weise stärker deskriptiv. Ornamente sind ist oft schön, auf jeden Fall zeitloser und weniger einer bestimmten Epoche verhaftet als Formen. Dies ist auch der Grund, warum in diesem Buch der Beschreibung von Ornamenten so viel Raum gewidmet ist.

Das Altertum I

1 *Kapitel 1* Antike Möbel: Typen und Techniken

vorhergehende Seite **3** Griechisches Mobiliar: *Klismos*-Stühle, Thron mit plastischen Eroten, Voluten und Finialen (dekorative Knäufe), gedrechselter Hocker und Hocker mit kreuzförmigem Gestell (mittlere Reihe); Falthocker mit Medusenhaupt, Hocker mit Tisch; Malerei auf einem Volutenkrater, der »Dareios-Vase« [60], apulisch, um 425 v. Chr.

Die wechselseitigen Einflüsse ägyptischer, griechischer und römischer Kunst machen es problematisch, über die Antike als Ganzes zu sprechen. Die ägyptische Kunst zeigt zahlreiche Gemeinsamkeiten mit der griechischen und römischen und wurde in Form adaptierten Dekors in Antike und Neuzeit immer wieder zitiert. Auffällig ist die Tatsache, dass buchstäblich alle nachantiken Möbeltypen europäischer Tradition antike Entwürfe direkt reflektieren oder von diesen abgeleitet sind, selbst innerhalb so eigenständiger Stile wie dem Maurischen, Gotischen und Rokoko. Bei einem großen Teil dieser Möbel sind Formen und Ornamente durch antike Architektur, Skulptur und Inneneinrichtung inspiriert oder durch antikes Mobiliar selbst, wobei häufig Motive aus verschiedenen dieser Quellen kombiniert werden. Zum besseren Verständnis der Möbelgestaltung in späterer Zeit ist es daher wichtig, einiges über antike Möbeltypen zu erfahren.

4 Thron des Tutanchamun, Ebenholz, teilvergoldet, eingelegt mit Elfenbein, Glas, Keramik und Farbsteinen; ägyptisch, um 1320 v. Chr.

Entwicklungslinien

Viele Ähnlichkeiten zwischen ägyptischer, griechischer und römischer Kunst sind auf kulturellen Austausch zurückzuführen. Griechenland und Äypten inspirierten sich gegenseitig und übten ihrerseits Einfluss auf Rom aus. Politische Ereignisse waren ausschlaggebend: Alexander der Große hatte Ägypten seinem Weltreich einverleibt; nach dessen Zusammenbruch bei seinem Tode 323 v. Chr. gelangte dort eine griechische Dynastie an die Macht – die Ptolemäer. Das ehemalige Reichsgebiet Alexanders blieb weiter unter dem Einfluss der »hellenistischen« Kultur mit wichtigen Zentren in Alexandria und Pergamon. Nachdem die Römer bereits die etruskische Kultur absorbiert hatten (die ihrerseits griechische Einflüsse aufwies), unterwarfen sie etwa zwischen 150 und 50 v. Chr. Griechenland und seine italienischen Kolonien, und unter dem ersten römischen Kaiser Augustus wurde Ägypten erobert. Im Römischen Reich, das sich von Mesopotamien bis nach Britannien erstreckte, Völkern verschiedenster Herkunft das Bürgerrecht zugestand und Spanier wie Afrikaner als Herrscher akzeptierte, flossen Merkmale aus all diesen Kulturen zu einer Kunst zusammen, in der bewusst Archaismen und Exotismen gepflegt wurden. Die bildende Kunst erreichte in Griechenland, Ägypten und Rom ein hohes, teilweise sogar ein Spitzenniveau, obwohl die römische Gesellschaft als brutal und dekadent verurteilt wurde – eine Kritik, die den Gräkophilen des 19. Jahrhunderts vermutlich eher zustand als dem 20. Jahrhundert, dessen Brutalität und Dekadenz selbst von den Römern nicht erreicht wurde.

Es fällt nicht leicht, die majestätische Größe und Unveränderlichkeit ägyptischer Kunst und Architektur nachzuvollziehen, die auch auf Gegenstände des Alltags, wie Kleidung und Möbel, wirkte. Grundformen und Ornamente ägyptischer Möbel blieben zwischen 2600 v. Chr. (noch vor dem Bau der Pyramiden) bis zum Ende der Ptolemäerherrschaft (durch den Selbstmord Kleopatras im Jahr 30 v. Chr.) nahezu unverändert. Auch griechisches und römisches Mobiliar weist eine gewisse Kontinuität auf, wenn auch mit Einbrüchen. In der archaischen Periode, die der griechischen Klassik vorausging (7. bis 5. Jahrhundert v. Chr.), begannen neue Möbelformen die aus Ägypten und dem Nahen Osten übernommenen zu ergänzen oder zu ersetzen. In Form und Idee von auffälligem Unterschied, handelt es sich erstmals um eigene griechische Typen, die nur noch wenig mit ihren unmittelbaren Vorgängern aus mykenischer Zeit gemein hatten. Um 500 v. Chr. waren die grundlegenden Formen griechischer Möbel gefunden.

Griechische Formen und Ornamente wurden von den Römern übernommen. Viele Stuhl-, Sofa- und Tischformen, die den vom 6. bis 2. Jahrhundert v. Chr. in Griechenland, Kleinasien, Süditalien und Südrussland gebräuchlichen Typen entsprachen, verbreiteten sich in den ersten drei Jahrhunderten des Christentums in Italien, Gallien, Britannien, Nordafrika und dem Nahen Osten. Römisches Mobiliar weist auch über das Griechische hinausgehende Stileinflüsse auf: etwa etruskische Motive oder solche aus der Ptolemäerzeit. Viele der in Italien tätigen Künstler waren griechische Exilanten, und mancher römische Kaiser förderte bewusst »Gräzismen« im Möbelbau wie auch in anderen Sparten der Kunst (S. 22). Die Griechen stießen sowohl auf Bewunderung wie auf Verachtung bei den Römern, deren Spott über Kaiser Hadrian und seine gräkophilen Neigungen ähnliche Worte fand wie diejenigen, die 1807 über die französischen und italienischen Künstler im Dienst des englischen Königs Georg IV. lanciert wurden: » Wir gestehen, nicht wenig stolz auf den römischen Geist zu sein, der

5 Dreifüßiges bronzenes Kohlebecken auf Satyrbeinen, gefunden in Pompeji; römisch, 1. Jahrhundert n. Chr.

rechts **6** Gedrechselter Thron mit Löwentatzen und geschnitzten Füßen mit »Quasten«, Darstellung auf einem Zeremonialtor; persisch, 6. Jahrhundert v. Chr., publiziert in Paris 1719–1724 von Bernard de Montfaucon (aus: *L'Antiquité expliquée)*

7 Detail eines Liegesofas mit orientalisierendem Ornament, wie persischen Quasten und Schaffellüberwurf, aus einem Ossuar; süditalienisch, 2. Jahrhundert v. Chr.

das Studium dieser verweichlichten Eleganz Sklaven und Ausländern überlässt ...«[13]

Dem Zusammenbruch des Römischen Reiches folgten Wiederbelebungen antiker Stile in umgekehrter Reihenfolge ihrer historischen Chronologie: Zur Zeit Karls des Großen etwa reflektierten sie die Spätantike, in der Renaissance die römische Klassik, im 18. und 19. Jahrhundert griechische Antike und ägyptische Kunst. Das 20. Jahrhundert schließlich entdeckte die primitive Kunst.

Die Herausbildung der Grundtypen

Die Möbelformen, die wir heute kennen, scheinen völlig selbstverständlich zu sein, doch sie waren nicht unausweichlich; noch heute legt man sich vielerorts auf Polster und Teppiche. Betten, Sofas, Tische und Stühle, wie wir sie benutzen, sind ein Erbe der Antike. Sofa oder Bett kannte man in Ägypten bereits um 3000 v. Chr. Dort ruhte oder schlief man auf Liegen, auf die manchmal Matratzen oder Stoffe gebreitet wurden. Im nachhomerischen Griechenland wurde es zum Statussymbol, Speisen liegend einzunehmen, wie später auch bei den wohlhabenden Römern: »Jetzt sind wir jedoch davon [von den Sitten der Makedonier] so weit abgekommen, dass wir die Mahlzeiten liegend einnehmen.«[14]

Der Stuhl – abgeleitet vom ursprünglich lehnenlosen Hocker – erreichte ein Niveau der Verfeinerung, das kaum mehr zu übertreffen war. Der ägyptische Stuhl mit hoher Rückenlehne war um 2800 v. Chr. aufgetaucht, der Typ mit Armlehnen um 2500 v. Chr., und 1800 v. Chr. war die Variante mit schräger Rückenlehne [8] hinzugekommen. Um 1500 v. Chr. hatten sich ein rundes Gestell sowie konkave Rücken- und geschwungene Armlehnen durchgesetzt. Kein Zeremonialstuhl übertraf den ägyptischen an hieratischer Erhabenheit [4], kein Gebrauchsstuhl den griechischen *klismós* [28] an Schönheit und Funktionalität. Die prächtigste Form repräsentierte der Thron, abgeleitet vom griechischen Wort *thrónos*, das zum Synonym königlicher Macht werden sollte. Zu seinen häufigsten Epitheta zählten Begriffe wie: hoch, glänzend, golden, silberbeschlagen, vielfarbig, prächtig, mit Purpurüberwürfen bedeckt.[15] Throne wurden auch in reichen Privathäusern verwendet.[16] Im Zuge der Spezialisierung wurde die Herstellung von Liegen zu einem eigenen Zweig der Stuhlherstellung,[17] eine Aufsplitterung, vergleichbar der gewerblichen Differenzierung im Frankreich des 18. Jahrhunderts.

Hocker und Schemel [29, 4] waren in der Antike weit verbreitet, auch Polster dienten als Fußbank. Lang gestreckte Bänke mit Rückenlehnen wurden ebenfalls verwendet; zwar erscheinen sie nicht auf Vasengemalden, doch in Marmorausfuhrung begegnen sie uns zuweilen in Theatern und Gärten, auch in Form miteinander verbundener *klismoi* oder in einer hübschen Bogenform. Der türkisch klingende Name »Ottomane« verschleiert ihre wahre Herkunft aus Knossos, lange bevor von den Türken die Rede war.

Der Tisch, ebenfalls eine antike Form, wurde bereits früh von Ägyptern und Griechen entwickelt. Da die Griechen nur wenige Besitztümer kannten, war seine formale Differenzierung beschränkt. Die rechteckigen Tische, die man auf Bronzen oder Terrakotten oft neben Sofas dargestellt sieht, hatten meist drei Füße [26]; sie waren tragbar und wurden zum Servieren verwendet. Laut Homer soll der Gott Hephaistos zwanzig dreifüßige Metalltische geschmiedet haben, die zu einem Göttertreffen selbstständig auf goldenen Rädern hin und zurück fuhren.[18] Manche Tische besaßen vier Beine und waren in Ägypten und Griechenland oft mit Stützstreben versehen. Der runde dreifüßige Typ scheint eine griechische Erfindung des 4. Jahrhunderts v. Chr. zu sein. Die Griechen und Römer benutzten eine Menge dreifüßigen Mobiliars, das in der modernen Welt fehlt, dessen Formen jedoch zu Prototypen vieler moderner Nutzgegenstände wurden – den Dreifuß etwa [5, 10, 42], der Kessel oder Kohlebecken trug und im religiösen wie häuslichen Kontext Verwendung fand.

Kommoden (noch ohne Schubladen), Schränke und Anrichten gab es bereits in der Antike [9]. Sie waren teilweise kunstvoll verziert. Pausanias widmet volle drei Buchseiten der Beschreibung jener Truhen im Heratempel in Olympia, in die szenische Darstellungen mit Zedernholz, Gold und Elfenbein eingelegt waren.[19] Auf griechischen und römischen Anrichten wurden kostbare und prächtige Gold- und Silberschalen zur Schau gestellt [25], ähnlich wie später auf den Büffets der Renaissance oder des 18. Jahrhunderts. Etruskische und römische Kerzenleuchter ähnelten bereits modernen Typen [45]. Selbst praktische Annehmlichkeiten zur Erleichterung der Alltagsarbeit waren in Gebrauch, wie das Tablett.[20]

Man könnte auch für heutige Begriffe bequem leben, besäße man nur die Möbel der Zeit vor 2000 Jahren. Die antiken Formen wurden bis in die Gegenwart immer weiter verfeinert. Erst moderne Spezialformen wie der Frisiertisch verbinden mehrere Funktionen in einer Art, wie sie die Antike nicht kannte, doch auch ein Schlafzimmer, das nur mit römischen Möbeln eingerichtet wäre, wäre in seiner Funktionalität völlig akzeptabel und – erstaunlicherweise – auch in seinem Stil; es würde heute vielleicht als individuell empfunden, aber gleichzeitig als »stilvoll« und vornehm.

Techniken und Materialien

8 Ägyptischer Stuhl mit schräg gestellter Rückenlehne

Techniken und Materialien der Möbelherstellung zeigen seit der Antike eine bemerkenswerte Kontinuität. Einfachste Möbel wurden oft aus geflochtenem oder verwobenem Stroh oder Weidenruten hergestellt und sind in denselben Materialien und Formen noch heute in Gebrauch. Die Römer saßen auf Korbstühlen [520], die auch aus heutiger Fertigung stammen könnten. Holz war der Grundstoff, der als erster für stabilere Möbel verwendet wurde, und beim Gedanken an Möbel fällt einem noch heute zuerst Holz ein. Es unterliegt jedoch dem Verfall, sodass antike Holzmöbel nur in seltenen Fällen überlebten – mit Ausnahme ägyptischer, die in großen Mengen unter den exzellenten Konservierungsbedingungen der trockenen Luft ägyptischer Grabkammern erhalten blieben. Antikes Mobiliar in Bronze und Stein nach hölzernen Prototypen ist häufiger überliefert, ebenso Darstellungen auf Steinreliefs oder Statuen, und griechische Keramikvasen lieferten einen fast lückenlosen Nachweis antiker Möbelformen, lange bevor Archäologen auf den Plan traten. Als nach dem Zusammenbruch des Römischen Reiches das Leben der Menschen primitiv und gefährlich wurde, wurde nur mehr wenig Mobiliar hergestellt, und noch weniger hat überdauert.

Holz ist in einer riesigen Bandbreite verfügbar, vom weichen, faserigen Pinienholz bis hin zum exotischen Ebenholz, dicht, glatt und nach dem Polieren dunkel schimmernd. Im reichen Ägypten wurden die verschiedensten Hölzer verwendet – einheimische Arten wie Akazien-, Mandel-, Dattel-, Feigen-, Palmen-, Tamarisken-, Weiden- und Pappelholz ebenso wie importierte Hölzer, darunter »Afrikanisches Ebenholz« *(Dalbergia)*, Zeder, Esche, Buche, Eiche, Eibe, Ulme und Zypresse. Literarische Quellen verweisen auf ein ähnlich breites Spektrum in Griechenland und eine noch größere Auswahl in Rom.

Die wichtigsten Verbindungstechniken unterschieden sich vor 5000 Jahren kaum von den heute gebräuchlichen. Um 3000 v. Chr. verwendete man in Ägypten neben der Verbindung mit Schlitz und Zapfen auch Dübel und Federn sowie Werkzeuge wie Dechsel, Meißel, Säge, Pfriem und Drillbohrer. Metallene Werkzeuge bestanden ausschließlich aus Kupfer, da das erste Mobiliar dort noch vor der Bronzezeit entstand. Mit Entdeckung der Bronze fertigte man Werkzeuge und Nägel daraus. Um 2000 v. Chr. kannte man bereits Schwalbenschwanzzinken, überlappende und abgesetzte Gehrungen sowie Nuten und Grate.[21] Bevor man Leime aus Tierproteinen entdeckte, wurden Gummikleber pflanzlichen Ursprungs verwendet, die bis um 1500 v. Chr. verbreitet waren.

Frühe Möbelstücke wirken erstaunlich zeitlos: Ein Stuhl aus Holz [8] mit Sitz aus Schnurgeflecht, Rückenlehne aus Holzlatten und Verstrebungen zwischen den Beinen, verzapft und mit Dübeln gesichert (die zudem dekorative Kreise bilden), ist nur hinsichtlich seiner Rückenlehne typisch ägyptisch: Sie ist mit einem senkrechten Element verstärkt, das bis zur Sitzfläche herabreicht.

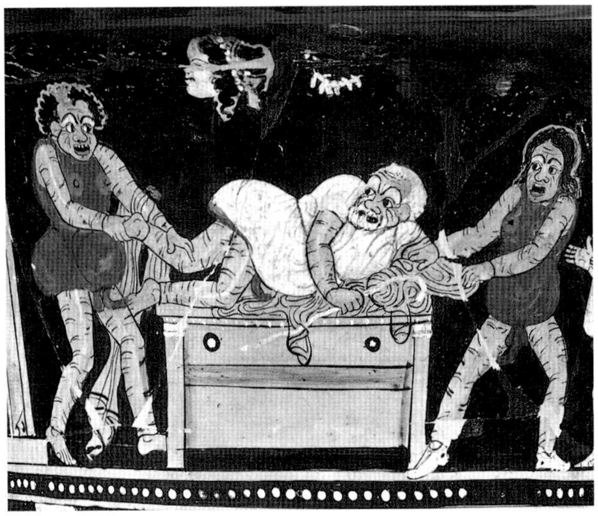

9 Geldtruhe mit einem »schlafenden Geizhals«, Darstellung auf einer Vase (Detail), signiert von Asteas; griechisch (Paestum), um 345 v. Chr.

Die Größe eines Möbelstücks richtete sich zunächst nach der Größe des Baumes, aus dem es gefertigt wurde, doch bereits sehr früh wurde das Furnier entwickelt; es erlaubte die Gestaltung von Flächen, die größer waren als einzelne Holzbretter, und half außerdem, ein Reißen zu vermeiden, wenn sich das Holz durch Schwankungen der Luftfeuchtigkeit zusammenzog oder ausdehnte. Furnier wurde für Holzgegenstände aller Art eingesetzt, von Särgen bis hin zu ganzen Häusern und Inneneinrichtungen. Auch Sperrholz wurde schon früh verwendet: Ein Sarg aus der Stufenpyramide von Sakkara (2700 v. Chr.) besteht aus sechs dünnen Holzlagen mit wechselnder Faserrichtung (wie noch heute üblich), die durch Pflöcke verbunden sind.[22]

Das Drechseln,[23] eine weitere wichtige Technik, unterscheidet sich insofern vom Furnieren, als es zu reinen Dekorations- und nicht zu konstruktiven Zwecken entwickelt wurde (sofern man nicht auch die Reduzierung des Gewichts eines Holzstücks in diesem Sinne verstehen möchte). Bereits im 2. Jahrtausend v. Chr. wurde gedrechselt, und auch von Platon wird eine Drehbank erwähnt.[24] Drillbohrer und Töpferscheibe waren schon den Ägyptern lange bekannt gewesen, und vielleicht wurde das Prinzip irgendwann auf die gedrechselten Beine ägyptischer Hocker übertragen.[25] Bei persischem Mobiliar gelangte es reichlich zum Einsatz [6], und an der Wende vom 6. zum 5. Jahrhundert v. Chr. hatten auch die Griechen im Drechseln von Sofabeinen große Kunstfertigkeit erlangt. Gedrechselt wurden verschiedene Grundformen, etwa schmale Stäbe, Kegel, große, aufgesetzte Kugeln [21] und Wellenleisten [249], auch einfache oder doppelte Spiralen [267, 268]. Die Technik des Drechselns übte offensichtlich eine besondere Faszination aus, der sich selbst Söhne des Hochadels in Antike und Neuzeit hingaben.

Wann das Formen von Holz durch Hitze und Feuchtigkeit mittels Dampf entwickelt wurde, ist nicht bekannt. Einige Tische und Stühle auf ägyptischen Abbildungen sehen so aus, als seien sie auf diese Weise entstanden, doch konkrete Beispiele sind nicht erhalten. Die Bugholztechnik hatte sich möglicherweise in der Zeit durchgesetzt, als der Klismos seine hübsch geschwungenen Beine erhielt[26] (egal, ob man sie schon für diese Möbelform verwendete oder nicht). Gebräuchlich war sie für die Herstellung von Rädern, und im Mittelalter produzierten Stellmacher auch Möbel [73], die wahrscheinlich Teile aus Bugholz besaßen.

Seit frühester Zeit verwendete man auch einfache und edle Metalle zur Herstellung dekorativer Möbel. Eine Keilschrift-Tafel aus der Zeit um 1390 v. Chr., die Mobiliar auflistet, das der König von Ägypten an den Herrscher von Babylonien schickte, erwähnt Betten, Stühle und vergoldete Fußschemel aus Elfenbein, eine andere spricht von Bettstellen aus reinem Silber.[27] Im extravaganten Prachtzelt Ptolemaios' II. Philadelphos (um 309–246 v. Chr.) befanden sich »goldene delphische Dreifüße mit Ständern … an beiden Längsseiten je einhundert goldene Liegen mit Füßen in Form von Sphingen … zweihundert goldene Tische mit drei Beinen für diejenigen, die dort speisten … sie standen auf silbernen Podesten«.[28] Wenn man den Berichten glauben darf, waren einige Möbel von unvorstellbarer Pracht, wie jener »zwölf Ellen lange Tisch aus reinem Silber«, den Athenaios um 230 v. Chr. erwähnt.[29] Weniger aufwändige Möbel wurden aus einfachen Metallen gefertigt. So berichtet Thukydides, nach einer Schlacht im Jahr 427 v. Chr. habe man Betten aus Bronze und Eisen gefertigt und sie der Hera geweiht.[30] Liegen ganz aus Metall scheint man in der Antike noch nicht gekannt zu haben, wegen der Bequemlichkeit wurde immer auch Holz verwendet.[31] Das Metall wurde meist im Hohlguss geformt, die einzelnen Teile wurden zusammengelötet.[32]

Die wirtschaftlichste Methode, Metallmöbeln einen wertvollen Glanz zu verleihen, war das Vergolden, das Überziehen eines

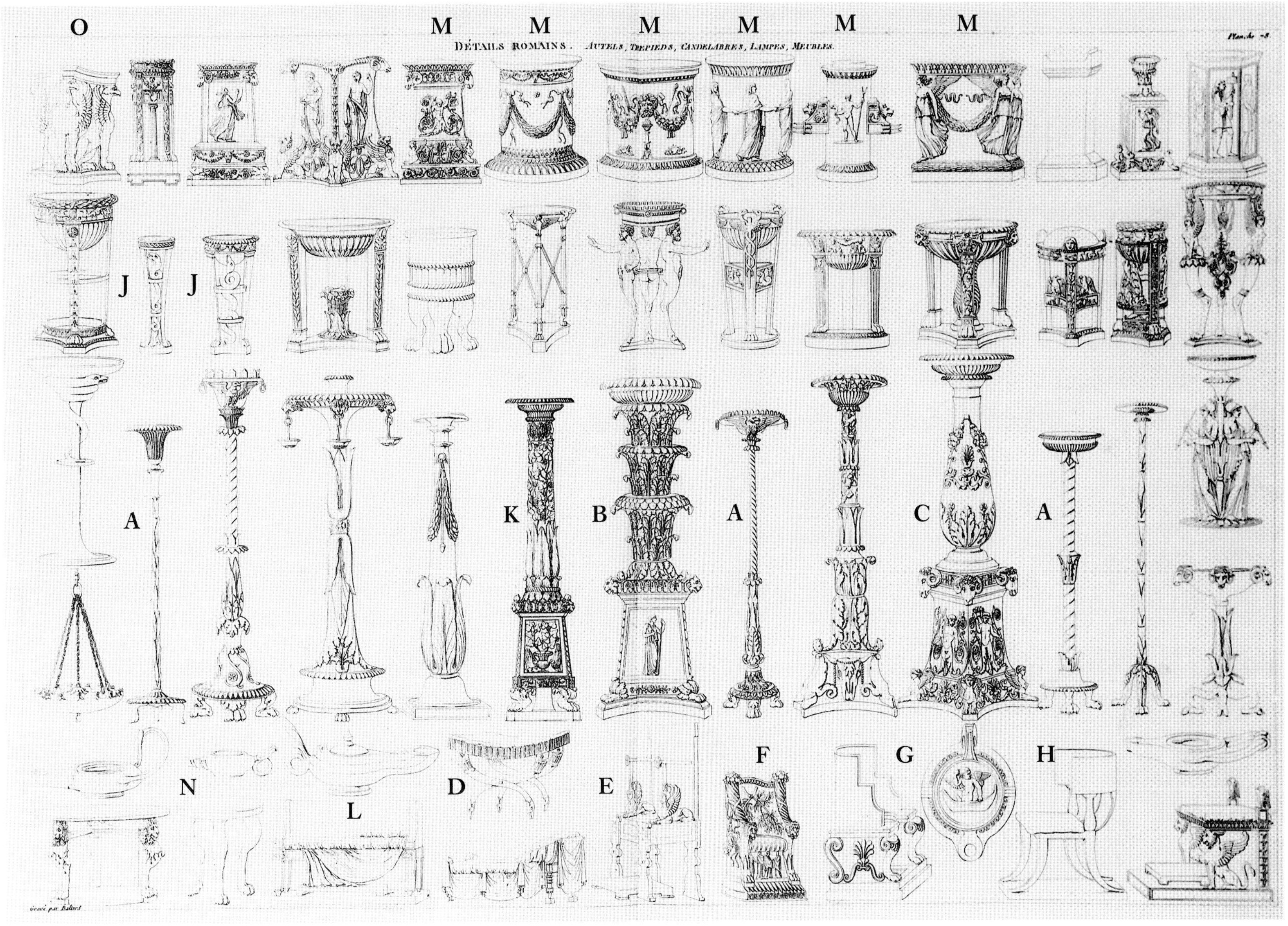

10 Römische Altäre, Dreifüße, Kerzenleuchter, Kerzenhalter und Möbel, publiziert in Paris 1802 von J. N. L. Durand (aus *Recueil et parallèle des édifices de tous genres, anciens et modernes*). Die darüber stehenden Buchstaben beziehen sich auf Erwähnungen im Text.

billigen Metalls mit Blattgold. Blattgold kann man so dünn schlagen, dass es spurlos verschwindet, wenn man es in der Handfläche zerreibt. Die Ägypter waren Meister darin, Edelmetalle hauchdünn zu schlagen, und die Griechen »hämmerten das Silber auch damals schon, bis es wie eine zarte Haut aussah«.[33] Oft verwendete man zum Vergolden nicht Blattgold, sondern die dickere Goldfolie, die eine besonders prächtige Wirkung entfaltet. Die Entdeckung des Grabes des jungen Pharaos Tutanchamun (gest. 1352 v. Chr.) vermittelte neben dem Reichtum an Gold erstmals einen Eindruck von altägyptischem Mobiliar [4], das noch nicht geplündert worden war. Es stammt aus der frühen Bronzezeit, als selbst der ägyptische Pharao nur einen kleinen eisenbeschlagenen Dolch besaß.[34]

Elfenbein wurde besonders geschätzt und schon seit frühesten Zeiten in der Möbelherstellung verwendet. Phönizische Möbelapplikationen aus Elfenbein (die stilistisch unter dem Einfluss Ägyptens standen) wurden häufig mit Halbedelsteinen oder Glas eingelegt und vergoldet. Elfenbeinapplikationen von Liegesofas, die man im Grab Philipps II. von Makedonien fand,[35] verbinden Realismus mit idealer Schönheit. Ein römischer Stuhl mit kreuzförmigem Gestell, der hoch gestellten Personen vorbehalten war, trug die Bezeichnung *sella eburnea*, »Elfenbeinsessel«. Elfenbein war kostbarer als Silber, das wiederum zu bestimmten Zeiten teurer als Gold war. Der römische Satiriker Juvenal, der die Regierungszeit des Kaisers Domitian (81–96) beschrieb, mokiert sich, dass »die reichen Vielfraße« sich auf einem Fest nicht amüsierten, »falls nicht die breiten Tischplatten mächtiges Elfenbein trägt, ein mit offenem Lachen sich hochreckender Panther aus den Stoßzähnen, … die das Tor Syenes schickt … Von daher regt sich der Appetit, dies gibt dem Menschen Kräfte, denn ein Fuß aus Silber ist für sie wie am Finger ein Ring aus Eisen.«[36] Die Kombination von Gold (*chrysós*) und Elfenbein (Adj. *elephántinos*), »Chryselephantin«, war ein besonders exklusives Material, das etwa für die berühmte Phidias Statue des Thronenden Zeus in Olympia verwendet wurde. Das weiß gefasste, goldverzierte Mobiliar in europäischen Palästen und Herrenhäusern ist ein Nachklang dieser majestätischen Verbindung, die so oft in der antiken Literatur verherrlicht wird.

Das Furnieren gehörte zu den wichtigsten Dekortechniken und war bereits um 3000 v. Chr. bekannt. Dabei wurde billiges Trägerholz mit dünnen Schichten ausgesuchter Edelhölzer überzogen, meist unter Verwendung von Leim. Ein Bett aus der Zeit um 1400 v. Chr.[37] trägt Furnier von sechs Millimeter Dicke, das mit Stiften fixiert ist. Bein (Knochen) und Elfenbein wurden ebenfalls häufig verwendet, manchmal zusammen [12]. Edles Schildpatt in Kombination mit Gold, Silber und Edelsteinen diente um 100 v. Chr. zum Verblenden von Sofas, ebenso Ebenholz und andere Holzarten; Vogelaugen-Ahorn galt als besonders kostbar. Die Maserung wurde dabei zur Geltung gebracht, indem man das Holz mit rauer Rochenhaut polierte, die mit duftendem Zedern- oder Wacholderöl getränkt war. Es gab Furniere, die aussahen »wie aus Pfauenfedern«[38]. Cicero investierte eine halbe Million Sesterze – ein Senator musste ein Jahreseinkommen von 40 000 Sesterzen nachweisen[39] – in einen Tisch aus Zitronenholz, »dessen Maserung wellenförmig Spiralen bildete, wie kleine Strudel«.[40]

11 Karierte Textilien, Quasten und ein Tisch mit »Ziegenfüßen«. Detail eines pompejanischen Mosaiks des Dioskurides aus Samos (etwa 100 v. Chr., Kopie eines Gemäldes aus dem 3. Jh. v. Chr.). Es stellt eine Szene mit Sängern aus der Neuen Komödie dar.

unten **12** Gedrechseltes Liegesofa aus Holz, eingelegt mit Bein, geometrischen und floralen Intarsien aus Elfenbein und Glas, mit »architektonischen« Kapitellen und Löwenmasken; aus Boscoreale, vor 79 v. Chr.

Die folgende Beschreibung der Inszenierung eines Tisches aus der Kaiserzeit lässt an ein manieriertes römisches Genrebild Sir Lawrence Alma-Tademas denken oder an einen Hollywood-Schinken aus den fünfziger Jahren: »Aus Afrika schleppen in Scharen / Sklaven die zitrushölzernen Möbel, den leuchtenden Purpur, / der mit schillernden Streifen den Glanz des Goldes verdunkelt.«[41]

Intarsien sind ebenso alt wie Furnier. Ein Stuhl der Königin Hetepheres (um 2500 v. Chr.)[42] ist das früheste Beispiel eines Stuhls; sein zerstörtes Pendant war einst mit in Gold eingelegten Intarsien geschmückt.[43] Homer lässt uns wissen, dass Odysseus sein Bett aus fein gemasertem Olivenholz baute, »das mit Gold und Silber und Elfenbein geschmückt war; / Und durchzog es mit Riemen von purpurfarbener Stierhaut«.[44] Die bemerkenswerten Möbelstücke aus dem 7. Jahrhundert v. Chr., die man im türkischen Gordion im »Grab des Königs Midas« fand, vermitteln einen Eindruck vom hohen Niveau des antiken Holzhandwerks [34].[45] Ein Liegesofa aus Pompeji ist mit Bein geschmückt und trägt Intarsien aus Glas und Elfenbein [12] – Bein diente als preiswerter Ersatz für Elfenbein. Auch Bronzemöbel mit kunstvollen Intarsien sind erhalten [31].

Schon früh spielte man bei der Dekoration mit illusionistischen Effekten, indem man durch Bemalung teurere Materialien vortäuschte. Ägyptische Möbel imitierten zum Beispiel auf diese Weise Elfenbeinintarsien. Bei kostbaren Möbeln und teuren Materialien konnten derartige Trompe-l'œil-Effekte auch äußerst kostbar werden, wie beim Thron Tutanchamuns [4, um 1320 v. Chr.], in den Hieroglyphen und andere Motive aus Edelstein, Keramik und Glas eingelegt sind; die Verstrebungen zwischen den Beinen enden in Entenköpfen aus Ebenholz und Elfenbein, und der mit Ebenholz und Elfenbein eingelegte Sitz ahmt die auffällige Haut einer nubischen Ziege und ein geschecktes Fell nach.[46] Die geschwungenen Kanten ägyptischer Stühle und Betten mögen ursprünglich aus der Imitation drapierten Leders oder Stoffs entstanden sein. Manchmal grenzten derartige Nachahmungen ans

13 Griechische Kline mit gestreiften Kissen, geschmückt mit einem äolischen Kapitell und Intarsien oder Applikationen, die unter anderem den Kampf eines Löwen (?) mit einem Stier darstellen. Das Würfelmuster könnte in Eglomisé-Technik entstanden sein, bei der schwarzer Lack aufgetragen und unter Aussparung von Ornamenten wieder abgekratzt wird. Die drei Füße des Tischchens enden in Löwentatzen. Auf der rechten Seite erkennt man das Gestell eines Falthockers mit Tierfüßen und einem Leopardenfell. Die Darstellung auf einem Becher des so genannten »Brygos-Malers« zeigt Achill mit dem Leichnam Hektors; griechisch, um 490 v. Chr.

Perverse: »Kürzlich unter der Herrschaft Neros hat abenteuerlicher Scharfsinn die Erfindung gemacht, dass man das Schildpatt durch Übermalen verschwinden lassen und teurer verkaufen kann, wenn es wie Holz aussieht.«[47]

Zum prächtigen Aussehen kam der Luxus der sinnlichen Wahrnehmung. Textilien hatten in den frühen Gesellschaften meist eine wichtige Funktion: Matratzen, Polster, Volants und üppig drapierte Stoffe schützten den Körper beim Sitzen vor kaltem Zug [11, 13], und über die Sofas wurden Teppiche gebreitet. Die Stoffe waren oft kunstvoll verziert, und Bettdecken »glitzerten und glänzten, waren mit Goldfäden durchwebt und mit funkelnden Sternen übersät«.[48] Diese Beschreibung wird durch die prächtigen Purpur- und Goldstoffe erhärtet, in die die Gebeine der Gattin Philipps II. von Makedonien gewickelt waren.[49] Catull benötigt insgesamt 200 Verse, um »die mit solchen Bildern herrlich prangende Decke« zu beschreiben, die »das Brautbett [von Peleus und Thetis] ein[hüllte] in reich ausladender Fülle«.[50] Die Ägypter legten gestreifte Matratzen und Polster auf ihre Betten, die Griechen hingegen gestreifte und karierte Kissen mit vielfältigen Mustern auf ihre Klinen [13], eine Mode, die von den Römern später übernommen wurde. Einige griechische Liegen ähnelten Ottomanen und waren ganz mit Stoffen bedeckt, Betten wurden zuweilen mit bestickten Vorhängen an Ringen verhängt.[51]

Die geradezu grotesk dicken Matratzen der Etrusker mögen die Römer zu ihren ebenfalls recht starken Auflagen inspiriert haben, und auf Steinreliefs und Terrakotten kann man erkennen, dass manche spätrömischen Liegesofas vermutlich mit einer festen Polsterung versehen waren.

Schon früh verwendete man Fransen und Quasten. Auf einem mesopotamischen Relief aus Nimrud etwa sind Quasten zu sehen,[52] und die Ägypter verwendeten netzartige Fransen und längliche Troddeln.[53] Auch die Griechen kannten beides, wie Vasenmalereien beweisen; zwei »Götterpolster« (durch die Römer übernommen als *pulvinaria*[54]), auf denen Statuen in griechischen Tempeln platziert wurden, tragen Zierknöpfe und Quasten an den Ecken. Über Stühle drapierte man lässig elegante Stoffe [452]. Ein römisches Mosaik zeigt maskierte Frauen [11] auf gestreiften und karierten Polstern mit Troddeln, und ein Fresko aus Herculaneum gibt die realistische Darstellung eines Stuhls mit Fransen wieder, die ziemlich mitgenommen aussehen.[55]

I *Kapitel 2* Einflüsse und Hintergründe

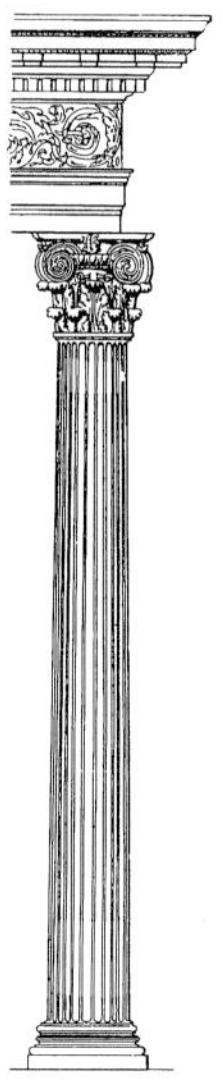

14 Die klassischen antiken Säulenordnungen: dorisch (oben links griechisch, rechts römisch, nicht kanneliert); ionisch und korinthisch (Mitte); Kompositordnung (unten)

Architektonische Vorbilder: Ägypten, Griechenland und Rom

Die monumentalsten Gebäude der ägyptischen Antike waren Tempel und Pyramiden. Wären wir nicht durch die Aktivitäten ägyptischer Grabplünderer der wichtigsten Quellen beraubt und zu äußerster Vorsicht gezwungen, so könnten wir den Gräbern vermutlich den architektonischen Primat gegenüber den Tempeln zusprechen. Pyramiden und Obelisken – beides Erfindungen der Ägypter – standen in Verbindung mit dem Sonnenkult: Die große Pyramide in Giseh (um 2750 v. Chr.) symbolisiert den Aufstieg des Pharaos zur Sonne, und der Obelisk wurde, wie ein römischer Historiker des 4. Jahrhunderts n. Chr. schrieb, »nach und nach schlanker, indem er einen Sonnenstrahl imitierte«.[56] Nicht weit von der Großen Pyramide sitzt der Große Sphinx, der gemeinsam mit anderen Ungeheuern – oft mit Tierköpfen – den ägyptischen Tempel und seinen Temenos bewachte.

Die Charakteristika des ägyptischen Tempels – Pylon und Säule – verkörperten Würde und Macht. Seine Wände waren geböscht [607], was einst der Notwendigkeit entsprang, großen Mengen wenig stabiler Materialien wie luftgetrockneten Ziegeln Stabilität zu verleihen – ein Beispiel für die Neigung, primitive Formen aus Schlamm oder Holz in Stein zu übertragen. Auf dem Areal eines der frühesten Gebäude aus Stein (um 2700–2615 v. Chr.), der Stufenpyramide des Djoser in Sakkara, findet sich eine Steinmauer, die einen Holzzaun imitiert.[57] Und selbst die Monolithen von Stonehenge haben völlig unnötige Zapfverbindungen, die sich von Prototypen aus Holz herleiten. Dieses Prinzip, Formen aus einem Medium, das sie funktional bedingt, in ein anderes zu übertragen, wo sie eigentlich nicht mehr benötigt werden, charakterisiert auch Möbelentwürfe von der Antike bis in die Neuzeit [608].

Die ägyptische Säule konnte verschiedenste Formen annehmen – Palme, Papyrusbündel, Lotus, »Zeltstange«, Papyrussäule mit geöffneter Knospe [613, 614, 619]. Säulen aus der Zeit um 2750 v. Chr. imitieren die Schilfbündel, die man einst als Substruktion des Daches verwendet hatte, Halbsäulen waren von aufbrechenden ovalen Papyrusblüten bekrönt, die Unterägypten symbolisierten.[58] Andere Motive, wie die Perückenkopfreihe, die die ptolemäischen Säulen in Dendera abschließt [607], zeigen Anklänge an die menschliche Figur. Die Hohlkehle diente der »Bekrönung« von Wänden [607] und man vermutet, dass ihr nach außen gerichteter Schwung ein schweres Holzdach nachahmt, das die tragenden Schilfwände nach außen drückt (Holz war ein seltener Baustoff).

In späteren Jahrhunderten bestand die ägyptische Kultur neben der klassisch-griechischen und der hellenistischen, wobei die griechischen Tempel die kraftvolle Würde der ägyptischen übernahmen. Tatsächlich besaß bereits der Grabtempel der Pharaonin Hatschepsut (um 1430 v. Chr.) protogriechische dorische Säulen – und das neunhundert Jahre vor Paestum! In Paestum selbst ist das ägyptische Erbe offenkundig: Die »Basilika« (um 550 v. Chr.) ist einer der ersten griechischen Tempel mit Entasis, jenem leichten »Anschwellen« der Säulen, das an die Wölbung ägyptischer Papyrussäulen erinnert. Die ägyptischen Tempel der Ptolemäer – eine Dynastie, »die makedonisch genannt werden wollte, was auch ihrer Herkunft entsprach«[60] – strahlen einiges von der sanften Anmut hellenistischer Tempel aus (was auch ihre Vorbildfunktion im 18. Jahrhundert erklärt).

Auffälligstes Merkmal des griechischen Tempels waren Säulenordnung [der Aufbau von Säulen und Gebälk; 14] und Giebeldreieck. Falls Möbelmotive die dorische und ionische Ordnung inspiriert hatten, kehrten sie über diese wieder zurück in den Möbelbau [247, 298]. Auch das korinthische Kapitell könnte ursprünglich aus der Innenarchitektur stammen. Im 6. Jahrhundert entwickelt, tauchte es 335 v. Chr. erstmals im Außenbau auf.[61] Andere Elemente des Tempels basieren wiederum auf einfachen Holzkonstruktionen, die in Stein übertragen wurden. Das naturalistisch skulptierte Ornament des klassischen Gebälks hingegen leitete sich nicht von konstruktiven Teilen ab, sondern von Gegenständen, die an den ersten Tempeln aufgehängt wurden: Blattgirlanden, die zweifellos schnell in der sengenden griechischen Sonne verwelkten, mit ihren Bändern und den gebleichten Schädeln von Opfertieren. Am Ende des Giebels saßen Terrakotten oder Steinakroterien auf, die seine Umrisse prächtig und extravagant betonten. Griechische Tempel unterschieden sich von anderen Gebäuden durch ein mathematisch ausgeklügeltes Proportionsschema, das ihnen vollendete Harmonie verlieh. Sie waren ursprünglich bemalt – bunt, nicht schrill, aber auch nicht gedämpft, wie man es aus den in ägyptischen Tempeln erhaltenen Tönen von transparent schimmerndem Lapislazuli- und Kupfersulfatblau oder Gelboxiden kennt. Antike Farben beeinflussten die Kunst erst nach der Renaissance, als sie von der archäologischen Forschung entdeckt worden waren.

Die griechische Kunst entwickelte sich von archaischer Kraft hin zu Leichtigkeit und Anmut. Die strenge dorische Ordnung wurde ergänzt durch die dezent schwellende der ionischen Bewohner Kleinasiens, die ägyptische und anatolische, syrische und persische Einflüsse integrierte. Im 5. Jahrhundert v. Chr. brachte sie der griechischen Architektur eine Verfeinerung, die zwischen der Phantasie des Ostens und der strengen dorischen Würde Athens vermittelte. Die gefällige Rundtempelform der *thólos* hatte sich im frühen 4. Jahrhundert v. Chr. durchgesetzt. Zu den großen öffentlichen Anlagen des Hellenismus gehörte die *agorá*, bei der ein offener Innenhof *(perístylon)* von lang gestreckten offenen Säulenhallen flankiert wurde. Dieses Prinzip fand auch in Privathäusern Anwendung. Die dorischen Säulen wurden mit der Zeit schlanker; im 2. Jahrhundert waren sie so schmal geworden, dass die Entasis weitgehend vernachlässigt wurde. Als dritte wichtige Säulenordnung vermittelte die korinthische geradezu festlichen Glanz und eine entsprechende religiöse Signifikanz, was sie im augusteischen Rom besonders populär machen sollte.

Die Römer errichteten Thermen, Foren, riesige Tempel und Paläste und entwickelten die extravagante Architektur der Theaterkulisse und der *scaenae frons* weiter zu phantasievollen Grotesken-Malereien [32]. Ein praktisches Volk ohne Phantasie, das seine Söhne in der Reihenfolge ihrer Geburt Primus, Secundus … Sextus nannte, frönte zuletzt in Mobiliar, Außen- und Innenarchitektur einer nie dagewesenen Opulenz, wobei es fast alles absorbierte, was die Kunst des klassischen und hellenistischen Griechenland hergab. Man spielte mit ägyptischen Motiven [44] und scheint selbst mit chinesischen dilettiert zu haben [559]. Die technische Innovationskraft der Römer blieb unübertroffen. Der Bogen, den die Griechen gelegentlich als Schmuckmotiv verwendet hatten, wurde von ihnen in Verbindung mit Mörtel zum Gewölbe weiterentwickelt, mit dem sie Gebäude überspannten wie die unvergleichlichen Thermen des Caracalla oder das erhabene Pantheon. Von den Etruskern übernahmen sie die toskanische Säulenordnung, vielleicht auch die Idee, griechische Säulen ohne konstruktiven Zweck ornamental zu verwenden. Beeindruckendstes Beispiel dafür ist wohl die riesige Ellipsenform des Kolosseums mit

15 Ornamentale Details römischer Gesimse und Gewölbe, Tafel publiziert in Paris 1832 von J. N. L Durand (aus *Recueil et parallèle des édifices de touts genres, anciens et modernes)*

16 Detail des Canopus aus der Villa Hadriana in Tivoli, 118–134 n. Chr. Wie bei der folgenden Abbildung erkennt man einen »abgesetzten Bogen« (S. 68).

17 Palast des Diokletian in Split, um 300 n. Chr.

18 Venustempel in Baalbek, Libanon, 3. Jahrhundert n. Chr.

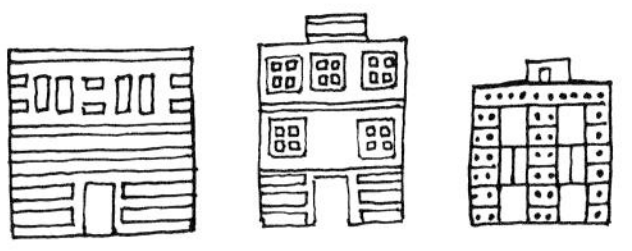

19 Keramikkacheln aus Knossos, vermutlich Ornamente von Möbeln; minoisch, um 1750 v. Chr.

der stufenförmigen Abfolge dorischer, ionischer, korinthischer und Kompositordnung – ein Bauwerk, an dem sich auch eine weitere Entwicklung der Römer studieren lässt: die mächtige Arkadenreihe, die von Säulen getragen wird.

All diese Entwicklungen waren von fundamentalem Einfluss auf das Mobiliar vor und nach der Renaissance [247, 249]. Die Vorliebe für verschwenderische Dekoration wurde in späteren Jahrhunderten gleichbedeutend mit römischer Kunst, gab aber auch Anlass zu Kritik an dieser: Dekorative Pilaster ohne konstruktive Begründung gab es bereits in Griechenland, doch sie gelangten erst in Rom zur Blüte. Das griechische Gebälk mit kontrastierenden planen und ornamentalen Flächen wurde in Rom meist vollständig dekoriert, und das korinthische Gebälk erhielt zusätzlich geschwungene ornamentierte Konsolen und Rosetten [15].

Der römischen Vorliebe für aufwändige Oberflächengestaltung entgegengesetzt war die Betonung der ernsten Würde großer geometrischer und raumgreifender Formen (die durch das Ornamentale verunklärt werden). Im griechischen Tempel verband sich Volumen mit Größe, die im Mittelpunkt griechischen Interesses stand. Aristoteles hatte festgestellt, »alles Schöne beruht auf Größe und Ordnung«,[62] und Archimedes hatte seine Freunde gebeten, »nichts auf sein Grab zu setzen als den Zylinder, der die Kugel einschließt, und die Verhältnisangabe von dem Raumüberschuss des einschließenden Körpers zu dem eingeschlossenen«.[63] Kleinere Gebäude wie das Denkmal des Lysikrates in Athen (um 340 v. Chr.) spielten mit der Geometrie, indem sie die Idee des Zylinders auf einer quadratischen Basis entwickelten. Die Römer verfolgten die Geometrie des Volumens weiter, und ein Großteil ihrer Architektur basiert auf Kubus, Zylinder und Halbzylinder, dem ovalen Segment und der Halbkuppel. Das Mausoleum Kaiser Hadrians in Rom (140 n. Chr.) bestand aus einem Kubus mit aufgesetztem Zylinder sowie einem weiteren Kubus mit Zylinder, bekrönt von einer Pyramide. Erst nachdem es durch die Zeit (und die Päpste) seiner Säulen, Statuen und sonstigen Ornamente beraubt worden war, wurde die großartige Einfachheit seiner Form sichtbar. Das gleiche Gefühl für die Kraft des Geometrischen vermitteln die halbzylinderförmigen Apsiden vieler römischer Bauten, die großen Zylinderformen der isoliert stehenden Monumentalsäulen des Trajan und des Marc Aurel, das Oval des Kolosseums, die Fülle ovaler Segmente am Grabmal des Augustus, römische Pyramiden wie die des Cestius, selbst der Triumphbogen – trotz seiner komplexen Form und prächtigen Ornamentierung.

Allgemeine Einflüsse aus der Architektur

In hoch entwickelten Gesellschaften wird das Mobiliar von Entwicklungen im Bereich der Architektur beeinflusst. Schon in Ägypten wurden seit frühester Zeit Ornamente aus der Architektur in den Innenbereich übertragen. Ein Sarg auf einem ägyptischen Gemälde[64] besitzt vertäfelte Seiten und einen gewölbten Deckel und ahmt damit vermutlich im Kleinen die äußere Form zeitgenössischer Wohngebäude nach,[65] und die Vorderseiten von manchen Truhen auf Gemälden und Reliefs ähneln Hausfassaden – bis hin zu kleinen Fenstern.[66] Farbige minoische Keramikkacheln von etwa 2,5 Zentimetern Länge [19], die vermutlich als dekorative Verkleidung von Holztruhen dienten,[67] sind mit winzigen Quadraten verziert, die Fenster darstellen, kleinen Kreisen, die Balkenenden repräsentieren, und Streifen, die an Wände aus Wechsellagen von Schutt und Holzbalken erinnern. Quadrate, Kreise und Streifen wurden auf ägyptischen Särgen [661] und griechischen Vasen [663] zu abstrakten Mustern kombiniert und erschienen Jahrtausende später erneut auf Möbeln von Charles Rennie Mackintosh oder der Wiener Werkstätte.

Veränderungen in der griechischen Architektur wurden vom Mobiliar aufgegriffen: Zahlreiche Details müssen verbindungslos,

ganz oben **20** Liegesofa mit Armlehnen in Lyra-Form, hoher Rückenlehne und gedrechselten Beinen, verziert mit Akanthusmotiven. Der runde Tisch hat geschweifte Löwenbeine, die sich der *Cabriole*-Form nähern; römisch, publiziert in Paris 1719–1724 von Bernard de Montfaucon (aus *L'Antiquité expliquée)*

Oben **21** Sofa ohne Rückenlehne mit Armlehnen in Lyra-Form und stark gedrechselten Beinen; davor ein einfüßiger Tisch. Basrelief aus Konstantinopel, römisch, 2./3. Jahrhundert

fragmentiert, geschmäcklerisch und verkleinert über die Innenarchitektur Eingang in die Möbelkunst gefunden haben. Analog zu den Tempelsäulen gewannen im 5. Jahrhundert v. Chr. auch die Beine von Liegen, Tischen und Hockern an Schlankheit und Länge. Im 4. Jahrhundert v. Chr. wurde das gedrechselte Bein des griechischen Hockers, das keine offensichtliche Parallele in der Architektur hatte, höher und immer dünner [3, Mitte rechts; 29]. Dann und wann konnte man dem Vorbild von Säulen und Kapitellen offensichtlich nicht widerstehen – mit oft geradezu surrealistischer Wirkung: So zeigen griechische Vasen und Reliefs ganze Kapitelle, die als Sitze benützt werden. Doch nicht nur aus der Architektur fanden Motive Eingang ins Mobiliar, auch der umgekehrte Weg war möglich, etwa beim gedrechselten Bein. Die dorische Säule besaß keine Basis, und die »gedrechselte« der ionischen könnte, ebenso wie das Kapitell, ihr Vorbild im Mobiliar haben (S. 38).[68]

Das griechische Sofa wurde nicht selten einer architektonischen »Behandlung« unterzogen. Homer deutet an, dass Betten möglicherweise fest fixiert worden waren, und Vasenmalereien zeigen Liegen, die auf rechteckigen Plattformen stehen, ähnlich den Stylobaten griechischer Tempel, oder mehr oder weniger unverrückbarer Steinthrone. Im späten 6. Jahrhundert v. Chr. wurden »die Räume in Privathäusern … so angelegt, dass man … Ruhesofas entlang den Wänden aufstellen konnte«,[69] die mit der Dekoration in den Raum integriert wurden [51]. Eine hübsche Neuerung setzte sich kurz vor dem 4. Jahrhundert v. Chr. durch: Die Kopf- und Fußlehnen erhielten eine geschwungene Linie, oft abgeflacht zum Umriss einer Lyra [20, 21]. Diese auswärts geschwungene Linie ähnelt einem Voluten-Kelch (S. 38) und der Kurvung eines ionischen oder korinthischen Kapitells; insgesamt erinnern diese Liegen ein wenig an den Umriss eines Kapitells, besonders als sie um 50 v. Chr. eine Rückenlehne erhielten [20]. In Rom wurde dieses Motiv häufig verwendet, und es wurde auch in Europa und den USA als Charakteristikum des allgegenwärtigen Sofas »im griechischen Stil« wieder belebt.

Die Entwicklung der Fassadenarchitektur im Hellenismus sollte sich entscheidend auf das Mobiliar auswirken, besonders als Möbel, die Gebäudefassaden imitierten, Teil der groß angelegten Inszenierungen der Spätrenaissance und barocker Demonstration wurden [198, 247]: Fassadenarchitektur war auch ein fundamentaler Bestandteil der Grotesken-Malerei, die ihrerseits einen umfassenden Einfluss auf Möbelentwürfe entfaltete.

Wenn es für bedeutende Entwicklungen aus der Architektur so einfach war, ins Ornamentale überzugehen, wie verhält es sich dann mit den simpelsten, niedrigsten Vorrichtungen – dem runden oder quadratischen Dübel oder Riegel, der in den meisten Konstruktionen zwei separate Stücke zusammenhält, egal ob bei einem Tempel, einem antiken ägyptischen Hocker oder einem Tisch aus den fünfziger Jahren? Die hölzernen Riegel, die die Holzplanken der ersten Tempel miteinander verbanden, wurden als Teil des Ornaments für das Gebälk des Tempels aus Marmor übernommen und später auf klassizistische Kaminsimse und andere Möbel übertragen [395]. Dübel stehen häufig heraus, wenn der Untergrund schrumpft – eine Tatsache, die deutsche Möbelentwerfer des 16. Jahrhunderts ornamental nutzten.

Wiederbelebungsstile und »Modernismen«

Das bewusste Wiederaufgreifen früherer Stile kann Sehnsucht nach einem verlorenen Goldenen Zeitalter, Hochachtung für große künstlerische Leistungen oder die Suche nach Neuem ausdrücken, nicht selten auch all diese Bedürfnisse gleichzeitig befriedigen. Schon im Hellenismus entdeckten die Griechen ihre archaische Skulptur neu, und der allumfassende Einfluss griechischer Kunst im antiken Rom wurde durch mindestens zwei klar erkennbare »Gräzismen« überlagert; der devote Eifer römischer Anhänger der griechischen Kunst brachte ihnen sogar die abwertende Bezeichnung »dociles vires« (»servile Kräfte«) ein.[70] Durch römische Vermittlung wurden griechische Formen und Ornamente verbreitet und kopiert, lange bevor sich im 18. Jahrhundert das europäische Interesse wieder auf Griechenland selbst richtete. So wurde eine verfeinerte Form des gerollten griechischen Akanthusblatts, die bei römischen Denkmälern der für griechische Kunsteinflüsse empfänglichen augusteischen Zeit häufig Verwendung fand [52], zum Schlüsselmotiv italienischer Renaissancemöbel [157, 207]. Diese erste als »Wiederbelebung« definierbare Strömung war auch politisch bedingt und sollte dem Imperator und seiner neuen Dynastie einen Anstrich von Respektabilität verleihen. Architektur und Dekor – prächtig und sichtbar auf Repräsentation ausgerichtet – waren von der griechischen Kunst ab dem 5. Jahrhundert v. Chr. inspiriert.

Die offizielle Politik spiegelte auch den privaten Geschmack. Römische Dichter, Dramatiker und Kunstkenner bewunderten und imitierten griechische Literatur, Architektur, Skulptur, Malerei, griechisches Silber und »korinthische« Bronzen. Griechische Gemälde hatte man schon im Ursprungsland eifrig gesammelt – so war in den Propyläen, dem spektakulären Eingang zur Akropolis, eine Pinakothek untergebracht –, und die Römer folgten dem griechischen Vorbild, Kunstsammlungen in Tempeln auszustellen, und ließen Gemälde der klassischen Periode in Massen kopieren. Transportable Bilder sind nicht überliefert, doch schriftliche Zeugnisse und Freskendarstellungen deuten auf eine enorme Nachfrage. Mit dem gesamten Römischen Reich bot sich ein riesiger Markt für original griechische und nachempfundene Statuen, die man in großem Umfang in Griechenland, Italien und Alexandria produzierte; Sarkophage aus weißem Marmor wurden von Rom, Athen und Kleinasien aus exportiert, begleitet von Bildhauern, die sie an ihrem Bestimmungsort fertig stellten.[71] Viele dieser Artefakte blieben trotz Plünderungen, Zerstörungen durch Christen und Vandalismus über die Jahrhunderte hinweg erhalten.

Die bemerkenswerteste Wiederbelebung griechischer Kunst seit Augustus erfuhr die Regierungszeit Kaiser Hadrians (117–138), was wenig überrascht, wenn man bedenkt, dass dieser selbst laut zeitgenössischen Berichten, wie es damals Mode war, ein betont archaisches Griechisch sprach.[72] Die Gräkophilie des Kaisers zeitigte denn auch ein nie da gewesenes Bedürfnis nach Parität in politischer Hinsicht: So erkennt man auf dem prächtigen Brustpanzer seiner kopflosen Statue auf der Agora in Athen die auf der römischen Wölfin stehende Göttin Athena. Seine prunkvolle Villa in Tivoli, eklektizistisch in Form und Aussage, war eine Art frühes Gesamtkunstwerk der antiken Welt,[73] in dem griechische und griechisch orientierte Kunstwerke diejenigen ägyptischer und römischer Provenienz an Menge bei weitem übertrafen. Bei den Säulen dominierte die dorische Ordnung, und unter den zahllosen Kopien griechischer Statuen fanden sich auch die Karyatiden aus der Korenhalle des Erechtheions; ähnlich umfangreich waren vermutlich auch griechische Gemälde vertreten. Doch über den ausgedehnten Gebäuden der Villa Hadriana dämmerte bereits der Nachsommer griechisch-römischer Zivilisation.

Was aber geschah mit dem Mobiliar, das viel leichter zu transportieren war als Skulpturen? Ein einziges Möbelstück aus der griechischen Klassik hat sich, fern von seinem Ursprungsland, unversehrt in einem ägyptischen Grab erhalten,[74] und auch die Römer müssen griechisches Mobiliar importiert haben. Ein eindrucksvoller, typprägender Thron aus Stein hat in drei Versionen überlebt [22]. Sie könnten griechischer oder römischer Provenienz sein, doch ihre Verdreifachung deutet eher auf eine römische Schöpfung im »griechischen« Stil. Entstanden solche Repliken in denselben Werkstätten wie die griechischer Statuen?

Die Anwesenheit griechischer Kunsthandwerker in Rom könnte die Herstellung gräzisierender Möbel erleichtert haben, und Vorbilder dafür fanden sich an allen Hauswänden: Kopien bedeutender griechischer Gemälde wurden in hellenistische Wanddekorationen mit einbezogen, die später die Bezeichnung »Grotesken« erhielten (S. 30ff.) und häufig griechisches Mobiliar im alten Stil zeigten. Die bekannteste römische Kopie eines griechisch-hellenistischen Gemäldes, die »Aldobrandinische Hochzeit«, beinhaltet detailgetreue Möbel aus der Zeit Alexanders des Großen, und aus der Villa Hadriana sind ebenfalls etliche prächtige Stücke aus Stein überliefert. Ein monumentaler Dreifuß [10 J] für eine kannelierte Schale mit Löwenmasken, bestehend aus einem Balusterständer und drei mit Greifen und Eroten geschmückten Pilasterbeinen auf Löwentatzen, an denen sich Reben emporrankten, enthielt offensichtlich genügend Stilzitate, damit ihn Caylus im 18. Jahrhundert als griechisch beschreiben konnte.[75]

22 Marmorthron aus San Gregorio Magno, Rom, dekoriert mit geflügelten Löwen und Akanthusranken, griechisch-römisch

Neben diesen Stücken nach griechischem Geschmack gab es jedoch auch einen modebewussten Möbelstil, der sich der üppig-phantastischen Ornamentik grotesker Wanddekorationen bediente [42]. Prunkvolle Kerzenhalter oder Leuchter [10 B], wie der »Barberinische Leuchter« oder Exemplare, die »auf Störchen« stehen, sind weniger als Wiederbelebung zu verstehen denn als echte Synthese aus der Ornamentik hellenistischer Monumentalarchitektur und Themen römischer Grotesken, wie sie von Bildhauern aus der flavischen Kaiserzeit adaptiert wurden [38]. Mit viel Phantasie restauriert, inspirierten sie Piranesi zu einigen seiner überladensten Tafeln [328].

Einige Formen und Ornamente, die griechisches Mobiliar mit römischem (teilweise auch ägyptischem) verbanden, dienten als Modelle für die nächsten 2000 Jahre, und es wäre einen Versuch wert, diese Traditionsstränge weiter zu verfolgen.

Tiere und Fabelwesen als Ornamente

Animalische Motive auf Möbeln können manchmal eine lächerliche »Wald-und-Wiesen«-Wirkung haben, wie auf manchen historistischen Stücken, die überquellen vor Details von grässlich-banalem Realismus. Doch Tiere und Ungeheuer als Motive waren seit alter Zeit religiös konnotiert, und diese Intention verleiht auch dem Ornament selbst eine numinose Aura. In der Antike genossen besonders Löwen und Stiere Verehrung, bei den Ägyptern und Assyrern standen Möbel häufig auf Stier- oder Löwenbeinen. Stiere waren noch vor den Löwen *en vogue* und beide Motive nicht auf den Herrschaftsbereich beschränkt. Im ägyptischen Abydos entdeckte man geschnitzte Stierbeine aus Elfenbein auf einem Schilfzylinder (um 3100 v. Chr.); die größeren haben Zapfen am oberen Ende, mit denen man sie vermutlich als Möbelbeine befestigte. Stierbeine finden sich häufig an frühen ägyptischen Sofas. Um 2500 v. Chr. begann der Löwe, den Stier in der Popularität zu verdrängen. Aus dieser Zeit stammt der Stuhl der Königin Hetepheres,[77] der auf Löwenbeinen ruht. Die Seitenwände der Armlehnen tragen jeweils drei sorgfältig modellierte Papyrusblüten, die von Schilfbändern zusammengehalten werden. Die Qualität dieses Stückes rechtfertigt die Behauptung des viktorianischen Ornamentspezialisten Owen Jones, »dass die Kunst umso vollkommener, als das Denkmal älter ist«.[78]

Stierbeine tauchen gelegentlich an griechischen Liegesofas auf, ohne jedoch zahlenmäßig an die der Löwen heranzureichen. Sofas und Stühle nahmen manchmal das Aussehen ganzer Tiere an – mit Kopf, Körper, Schwanz und Beinen, wie bei dem ägyptischen Typ, der Vivant Denon als Vorbild gedient haben muss [605, 606]. Löwen wurden um 2500 v. Chr. auch in Seitenteile von Stühlen integriert oder saßen zwischen offenen Armlehnen und Pfosten. In Griechenland und Rom war der Träger oft ein einziger Fuß aus einem Tierkopf mit überproportioniertem Bein, und um 2650 v. Chr. findet man an ägyptischen Möbeln ein schlankes Stierbein.[79] Auch Antilopen- und Ziegenbeine wurden in der Antike allmählich populär – ursprünglich wohl im Zusammenhang mit Tieropfern, besonders wenn es sich um Dreifüße handelte.

Doch auch andere Tiermotive fanden als Dekor Verwendung: in Ägypten Steinbock, Affe und Skarabäus, ein Mistkäfer, von dem man glaubte, dass er die Sonne über den Himmel schiebe. Unter der 18. Dynastie (1567–1320 v. Chr.) kam die heilige Kobra als

23 Marmorthron eines Dionysos-Priesters mit kannelierten, geschwungenen *Cabriole*-Tatzenfüßen, Dionysos-Theater in Athen; griechisch, 1. Jahrhundert v. Chr.

24 Sockel in Form zweier greifenähnlicher Ungeheuer mit Anthemion- und Akanthus-Ornament, Teil eines rechteckigen römischen Tischs; vgl. [36]

25 Konsoltisch mit zwei Rhyton-Trinkgefäßen, getragen von einer tanzenden Nymphe und einem Satyr, Detail eines Silberbechers aus Berthouville, hellenistisch

Bettfuß zu Ehren. Illusionistische Techniken verliehen Säugetieren und Vögeln auf Möbeln ein realistischeres Aussehen: So haben die Enten auf einem ägyptischen Stuhl um 1352 v. Chr. Zungen aus Elfenbein, das rot angemalt wurde, um Fleisch nachzuahmen.[80]

Tierbeine begegnen uns häufig bei griechischen und römischen Dreifüßen, Tischen und Stühlen, selten dagegen an Liegesofas, bei Stühlen auch als Kombination von Tierbeinen (hinten) und gedrechselten Beinen (vorne). Den Typ eines Faltstuhls mit fein ausgearbeiteten Huf- oder Klauenfüßen findet man in Griechenland spätestens seit dem 6. Jahrhundert v. Chr. Schlangen, die Begleittiere von Hermes, Hygieia und Asklepios, sind allgegenwärtig in der griechischen und römischen Kunst und erscheinen häufig auf Dreifüßen [10 J]. Weitere beliebte Motive waren Panther, Elefanten, Schwäne, Kraniche und Eulen[81] – letztere sind zugleich die Wappentiere der Athena [413], der Schutzgöttin der Kunsthandwerker. Tische mit Ziegenbeinen, meist Dreifüße mit runder Platte, erfreuten sich im hellenistischen Griechenland und in der römischen Kaiserzeit größter Beliebtheit [30]: In ihrer gezierten Anmut fügten sie sich hervorragend in die Fin-de-siècle-Atmosphäre römischer Konversationsstücke. Tiermotive in Bronze, seit dem 6. Jahrhundert v. Chr. bei den Etruskern bekannt, beeinflussten besonders römische Kandelaber [10 A, K; 45].

Fabeltiere wurden in die Seitenlehnen massiver Steinthrone mit gerundetem oder geradem Rücken integriert [10 F; 22], ein einflussreicher Typ, der sich, ausgehend vom archaischen Griechenland, zu einem der repräsentativsten Möbelstücke entwickelte. Die Vorderseiten waren häufig mit Tierfüßen oder Monopodien dekoriert, die Beine von Tieren oder mythischen Wesen von Voluten bekrönt, Rücken und Seitenteile mit Voluten [23] und anderen Ornamenten verziert. Ungeheuer schmücken häufig die griechischen Marmortische, die von den Römern in großer Zahl kopiert wurden. Viele scheinen für die Verwendung im Freien bestimmt gewesen zu sein. Diese prächtigen Möbelstücke entfalten häufig ein geradezu archaisches Kräftespiel, wenn etwa bei einem Typus marmorne Monster von imposantem Gewicht wuchtige rechteckige Marmortischblätter tragen, deren massive Seitenansicht ausdrucksvoll mit figürlichen Ranken aus der Wanddekoration [S. 40] skulptiert ist. Andere Tische, häufig rund, wurden von stämmigen Tieren oder Ungeheuern, Fabeltier-Monopodien [61] oder Atlanten getragen, wieder andere von mythologischen Gruppen aus Bronze oder Figuren, die bereits barocke oder noch spätere Möbelformen vorwegnehmen [42, 251]. Hier gab es vielleicht eine Verbindung zur Innenarchitektur, denn Löwenfüße dienten sowohl als Basis griechischer Türpfosten wie auch als Abschluss nach architektonischem Vorbild kannelierter Beine [27]. Solche Beine – Säulen ohne Kapitelle und mit Löwenfüßen versehen –, die einander stark ähneln und doch Jahrhunderte voneinander getrennt sind, fand man in Delphi und Konstantinopel.[82]

Griechisches Mobiliar tendiert auch zur Abstraktion. Altäre bestanden häufig aus schlichten rechteckigen Blöcken, und die auf griechischen Vasenmalereien dargestellten Tierbeine an Tischen und Hockern zeigen einen Grad an Abstraktion, der nur in beschränktem Maße auf Konventionen grafischer Vereinfachung zurückgeführt werden kann. Sie wurden im späten 18. und 19. Jahrhundert in zahlreichen Publikationen reproduziert. Ist Abstraktion als Evolutionsprozess zu verstehen – wenn etwa Tische Voluten in Tierform an der Innenseite ihrer Beine erhalten, die genau genommen formalisierte Ausbildungen des tierischen Hinterteils sind? Vasenmalereien zeigen Tische mit je drei Tierbeinen, bei denen die Muskeln zu lang gezogenen dreieckigen Einkerbungen erstarrt sind [26]. Ein von drei Kugeln bekrönter Hausaltar[83] weist die abstrahierte, gerasterte Form eines Tierbeines auf, und auch das *cabriole leg* ist nichts anderes als das Bein eines Tieres mit scharfer Krümmung am Sprunggelenk, die zu einer abstrakten Kurve geglättet wurde [20]. Man findet es in seiner Urform auf Vasenmalereien und skulpturalen Objekten wie dem Thron des Dionysos-Priesters in Athen [23]. War die scharfe Krümmung des Sprunggelenks beim Tier vielleicht auch Vorbild für das seltsame Motiv des »abgesetzten Bogens«?

Sofas und Stühle mit Sägeschnittmustern

Kein anderes antikes Möbel verbindet im gleichen Maße Schlichtheit mit Extravaganz wie das griechische Liegesofa mit ausgesägten Beinen [13]. Mit seiner in Sägeschnitt-Technik verzierten Oberfläche und den Aussparungen, die von zwei, vier oder sogar sechs Kugeln[84] oder Voluten akzentuiert werden, wirkt es hochgradig exzentrisch, bis zur Unbequemlichkeit manieriert[85] und sehr ästhetisch. Das Motiv ist ähnlich geartet wie das des Volutenkelches (S. 38). Technisch gesehen ging dieses Möbel offensichtlich ganz kompromisslos vom Holzbrett aus und war eine reine Tischlerarbeit – eine Tatsache, die 2000 Jahre später von großem Einfluss sein sollte (S. 225). Oft ist das Ende des Dübels angedeutet, der das Seitenteil mit der flachen Vorderfront verzapfte.[86] Das »herausgearbeitete« Motiv fand auch bei Lehnstühlen Verwendung; auf Vasenmalereien in Seitenansicht dargestellt, zeigen sie dem Betrachter die verzierte Fläche des Seitenbrettes.[87] Die Griechen liebten den Kontrast schmaler und breiter Flächen, der bei »ausgeschnittenen« und gedrechselten Sofas und Stühlen zur Geltung gebracht wurde, aber auch bei Marmortischen mit weit auseinander stehenden, aber schmal dimensionierten Trägern, wie sie von Renaissancetischen aufgegriffen wurden [24, 36, 189]. Hier bestanden die »Ausschnitt«-Muster häufig in reinem Oberflächendekor.

Liegen, die auf Sockeln dargestellt sind, konnten vermutlich nicht von der Stelle bewegt werden. Kopf- und Fußteil waren im Allgemeinen unterschiedlich geformt. Die Frontseite wurde mit Mustern wie Anthemien, Darstellungen von Tieren und Ungeheuern, Zickzack- oder Wellenbändern verziert, eine Bestattungsliege ist ganz mit einem Schachbrettmuster überzogen.[88] Im 6. Jahrhundert v. Chr. waren Sternenornamente populär, die man auch in Ägypten kannte; sie wurden wahrscheinlich aufgemalt oder eingelegt. (In Gordion, Kleinasien, etwa fand man Sterne, die vermutlich als Intarsien gedacht waren.)[89] Lehnstühle mit Ausschnittmustern waren in Rom beliebt, manchmal mit besonders aufwändigem Dekor.[90] Ein römisches Relief zeigt einen Neptunthron, dessen Beine mit Ausschnittmustern verziert sind, in Kombination mit Ranken im gräzisierenden Stil [40].

26 Streng funktionales Liegesofa, davor dreibeinige Tische mit stilisierten Tierfüßen, bei denen die Muskeln durch Einschnitte in Dreiecksform angedeutet sind; griechisch, Detail einer »etruskischen« Vase, publiziert in Paris 1810 von A. L. Millin (aus *Peintures des vases antiques vulgairement appelés étrusques)*

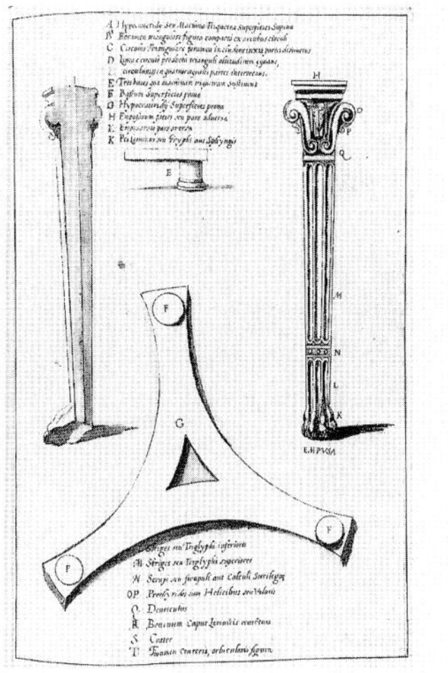

27 Antiker Bronzedreifuß, römisch, im gräzisierenden Stil; Darstellung eines französischen Künstlers, um 1629–1630

28 Klismos mit Rautenmuster auf dem Sitz; griechisch, Detail einer »etruskischen« Vase, publiziert in Paris 1810 von A. L. Millin (aus: *Peintures des vases antiques vulgairement appelés étrusques)*

Doch wie sahen diese Möbel wirklich aus, die man nur als linearen graphischen Dekor auf griechischen Vasen kennt oder erstarrt in der hieratischen Strenge einer steinernen Skulptur? Reste hölzerner Sofas mit Sägeschnittmustern, die man in den Gräbern der makedonischen Könige fand,[91] zeigen, dass sie auf allen Seiten kunstvoll mit Ornamenten verziert waren, meist aus geschnitztem und vergoldetem Elfenbein. Elfenbeinranken, die mit eingelegtem Goldfaden umrahmt sind, verweisen auf die Arbeiten von Boulle [275]. Die antiken Liegen waren ferne Vorfahren der glanzvoll vergoldeten Sofas und Sessel des späten 18. und frühen 19. Jahrhunderts im »archäologischen« Stil und doch viel kraftvoller und eleganter als ihre Nachkommen.

Schlichtere Liegen aus Holz, die wohl mit den gleichen bunten Farben bemalt waren, wie man sie teilweise noch an Steinmobiliar findet, wirkten vermutlich wie Bauernmöbel, denn sie wurden mit gestreiften oder karierten Stoffen kombiniert, die rustikalen Webarbeiten ähneln [11, 13].

Der Klismos

Das bekannteste, schönste und folgenreichste Beispiel eines antiken Stuhls ist der *klismós* [3, Mitte links; 28], eine originär griechische Erfindung. Er wurde von allen antiken Stühlen am häufigsten kopiert, in seiner Originalform [393] oder leicht abgewandelt. Obgleich moderne Ableitungen durchaus elegant und anmutig wirken, konnten weder Hinzufügung noch Weglassen von Details die klassische Form wirklich verbessern. Eingeführt im 6. Jahrhundert v. Chr., hatte er sich um 400 v. Chr. als beliebteste Stuhlform durchgesetzt. Seine typischen nach außen geschwungenen Beine könnten aus Bugholz oder gebogen gewachsenem Holz bestanden haben, wie bei den Exemplaren von Gordion.[92] (Diese Problemlösung für den Schwachpunkt des Stuhlbeins, die quer verlaufende Holzfaser, übernahm mehr als 2000 Jahre später der dänische Klassizist Abildgaard.) Der Außenschwung des *klismós* umging auf brillante Weise das ungelenke Aussehen des schrägen Beins, das Stühlen auf unebenem Grund Stabilität verlieh. In ihrer elegantesten Form bildeten Rückenlehne und Hinterbeine aus einem einzigen Holzteil eine durchgehende Kurve, die sich zu beiden Enden hin verjüngte, manchmal war das Hinterbein auch zweiteilig.[93] Das vorspringende Ende der Seitenlehnen bildete häufig einen scharfen horizontalen Abschluss, und die Zapfen, mit denen die Beine am Sitzgestell fixiert waren, sind vielfach als feine Ornamentlinie zu sehen (gelegentlich sitzt dabei ein runder innerhalb eines quadratischen Zapfens[94]). Der Stuhl konnte auch einen vertikalen Stützpfosten in der Mitte der Rückens aufweisen, und der Sitz war gewöhnlich leicht unter den Rand des Gestells versenkt. Ab dem 4. Jahrhundert v. Chr. wurde die Lehne breiter bei deutlich stärkerem Schwung, und oft erhielt eine Stütze in der Mitte den Vorzug vor zwei Seitenholmen mit Stützstreben in der Mitte. Die Römer übertrieben diese Grundform so weit, bis sich die Rückenlehnen wie Flügel blähten [392]. Zuweilen war der Rücken auch als durchgehende massive Rundung gestaltet.

Der griechische *klismós* war gar nicht oder sehr zurückhaltend ornamentiert, gelegentlich auftauchende Kreuzmuster auf dem Seitengestell [28] könnten Lederriemen imitieren, und manchmal wurden Stoffe darüber drapiert. Variiert wurde er eher durch Abwandlungen der Grundform. Von einem Typ mit geradem Vorderbein und der klismostypischen Rücken-Bein-Partie ist nur ein antikes Beispiel auf einer Vasenmalerei bekannt.[95] Griechische *klismoí* waren so leicht, dass man sie gut tragen konnte [521],[96] römische dagegen weniger fein geschwungen und schwerer [10 H]; beide konnten bemalt oder mit Einlegemustern verziert sein. Auf griechischen Vasen und Skulpturen sieht man Männer darauf sitzen, doch die Römer scheinen sie als Damenstühle betrachtet zu haben.[97] Klismos-Beine findet man auch an römischen Tischen, und ein Fresko mit Girlanden windenden Eroten aus Pompeji zeigt Schemel mit klismosartigem Beinschwung, wie sie uns auch in den Loggien Raffaels begegnen.

Falthocker, -stühle und -tische

Der Falthocker oder -stuhl mit kreuzförmigem Gestell gehört zu den ältesten Möbelformen. Die Griechen schrieben einem uralten Faltstuhl im Tempel der Athena Polias zu Athen dem mythischen Erfinder Daidalos zu.[98] Der Falttisch könnte ebenso alt sein.[99] Der Stuhl, der seinen Ursprung vermutlich im Nahen Osten hat, war bereits um 1500 v. Chr. im alten Ägypten verbreitet, ebenso auf Kreta und in Mykene. In den meisten antiken Gesellschaften scheinen ihn jedoch nur Männer benutzt zu haben.[100] Dort hatte dieser gewöhnlich tragbare Stuhl eine hierarchische Bedeutung, wie bei den Athenern: »Und ihre Sklaven folgten ihnen mit Faltstühlen, damit sie, wenn sie sich zu setzen wünschten, nicht ohne angemessene Sitzgelegenheit wären.«[101] Heute erweckt der Faltstuhl eher Assoziationen an Demokratie und Massenkultur, wenn er etwa als Liegestuhl die Strände der modernen Welt pflastert.

Ägyptische, griechische und römische Faltstühle haben Gemeinsamkeiten, unterscheiden sich jedoch auch in einigen Details. Das Exemplar aus der Grabkammer des Tutanchamun [4] etwa

29 Gedrechselter Stuhl mit eingelegtem oder appliziertem Dekor aus Tupfen und Flechtwerk; griechisch, Detail einer »etruskischen« Vase, publiziert in Paris 1810 von A. L. Millin (aus: *Peintures des vases antiques vulgairement appelés étrusques)*

gegenüber **31** Detail eines »gedrechselten« Liegesofas aus Bronze mit Gussornamenten und eingelegtem Dekor in Silber; aus Amiternum, römisch, 1. Jahrhundert n. Chr.

30 Gedrechselter Stuhl mit spitz zulaufendem Fuß, rechts ein Tischchen mit Ziegen- oder Antilopen-Beinen. Fresko *Die Einkleidung der Priesterin* aus Herculaneum; römisch, vor 79 n. Chr.

kombiniert einen Hocker mit einer später hinzugefügten Lehne. Ägyptische Faltstühle waren oft schlicht und besaßen Löwenbeine und Entenköpfe als Fußenden. Nur Faltstühle durften aus Tierhäuten bestehen, die eine symbolische Bedeutung besaßen, insbesondere in Kombination mit Löwenbeinen. Der griechische Typ [3, Mitte rechts, unten links] hatte ebenfalls häufig Löwenbeine und Sitze aus Tierhaut. Die Variante mit überkreuzten Löwenbeinen ist am weitesten verbreitet, daneben finden sich jedoch auch Ziegen-, s-förmige, gerade und scherenförmig angeordnete Beine – letztere waren besonders in der Renaissance populär [182]. Anders als der ägyptische besaß der griechische Typ in der Regel keine Fußleiste. Besonders schlanke Stuhlglieder verraten häufig die Verwendung von Eisen oder Bronze.

Bei den Römern wurde der Falthocker *(sella curulis)* von Kaisern und höheren Magistraten benutzt. Man hatte ihn vermutlich von den Etruskern übernommen[102] – zusammen mit anderen Herrschaftsinsignien: *fasces* (Rutenbündeln als Amtsabzeichen), Lorbeerkranz, Elfenbeinzepter mit Adler und Toga mit Purpurstreifen. Eine einfachere Version für militärische Zwecke bildete der »Lagerschemel« *(sella castrensis)*, der von den Imperatoren auf Feldzügen verwendet wurde, jedoch seinem aufwändigeren zivilen Pendant an symbolischer Bedeutung in nichts nachstand – eine Tatsache, die sich noch Tausende von Jahren später für Propagandazwecke nutzen ließ [526]. In Ausnahmefällen wurde die *sella curulis* auch aus Gold gefertigt oder vergoldet; eine solche *sella aurea* (Goldstuhl) wurde Caesar zuerkannt: »[Die Senatoren] stimmten dafür, seine *sella aurea* und seine vergoldete Krone, die mit Edelsteinen besetzt war, ins Theater zu tragen wie die von Göttern.«[103]

Die überkreuzten Beine der *sella curulis* wurden mit Zapfen aus Bronze oder Eisen fixiert; diese waren oft mit Scheiben unterlegt, die sich zum Ornament entwickelten und auch am Ende des Seitengestells angebracht wurden. Auf Münzen findet man solche Hocker häufig mit zwei gekreuzten Beinpaaren, die, von der Seite nach vorne verschoben, unter dem Sitzgestell angeordnet sind [447] – eine Verdrehung, die im späteren 18. Jahrhundert für Fehlinterpretationen sorgte. Römische Monumente haben zuweilen die Form einer abstrahierten *sella curulis*, eine kryptische Form, die man bei klassizistischen Tischen nachahmte. Das Faltstuhlprinzip gelangte auch bei Tischen und Dreifüßen zur Anwendung, eleganten, entmaterialisiert wirkenden Objekten mit geraden Beinen aus Bronze oder Eisen, die sich auseinanderziehen ließen, oder extrem schlanken Beinen von Mischwesen aus Mensch und Tier und geradem, schmucklosem Gestell [10, 519]. Ihre große Beliebtheit, die sie auch später wieder erlangen sollten [368], beweisen die vielen erhaltenen Stücke.

Gedrechselte Sitz- und Liegemöbel

Das Drechseln war in gemäßigter Form in Ägypten, in übertriebener in Persien verbreitet [6]. Die Griechen ließen sich wohl von den Ägyptern beeinflussen, doch mögen die Verlockungen orientalischer Pracht und theatralischer Inszenierung eine noch größere Rolle gespielt haben. Königsgeschenke halfen vermutlich bei der Vermittlung. So sandte der Perserkönig Artaxerxes an Entimos von Gordion »eine Liege mit silbernen Füßen, eine Zierdecke, ein Zelt, das mit Sternenhimmel und Blumen bemalt war, einen silbernen Thronsessel, einen vergoldeten Sonnenschirm«.[104] Teile sämtlicher Objekte – die Beine des Sofas, die Stangen von Baldachin und Sonnenschirm – waren wahrscheinlich gedrechselt oder ahmten in anderen Materialien gedrechselte Holzteile nach.

Seit dem 8. Jahrhundert ist die Technik in Griechenland nachweisbar, neben der Aussägetechnik, die sie nach und nach verdrängte. Ab dem 5. Jahrhundert wurden die Beine von Sofas, Stühlen und Hockern in der Regel gedrechselt, wobei elegant in die Länge gezogene konkave Abschnitte in der Mitte oft eine Verdickung bildeten und sich zum Boden hin wieder extrem verjüngten – ganz anders als das persische Vorbild. Kunstvolle Objekte dieses Typs wurden später mit Bambus kombiniert [29]. Um 300 v. Chr. wurden die Beine weiter verfeinert, wobei sie in den verschiedensten konkaven und konvexen Formen auftauchen. Für Liegesofas verwendete man zusätzlich Schmuckmotive wie Tierklauen, Sphingen und Akanthusblätter, wodurch sie sich wieder persischen Vorbildern näherten [6, 7]. Spätere Beispiele des Typs wurden in Rom nachgeahmt und zur Standardform, oft kunstvoll in Bronze »gedrechselt«. Bei den römischen Sofas wurde das Tragegestell, das auf gedrechselten Beinen auflag, nicht dazwischen eingespannt war, oft verkleidet. Es entwickelte sich zudem eine Liegenform mit gedrechselten Beinen und einfachen Lehnen in »Lyra«-Form [20], wie sie Ende des 18. Jahrhunderts als »Recamière« populär werden sollte. Zuweilen erhielten die Armlehnen auch eine solide senkrechte Form ohne gedrechselte Verzierung [10 L], und die Rückenlehne konnte senkrechte Streben mit horizontalem Abschluss aufweisen, wie bei einer modernen Gartenbank.

Die schwellende, zugleich gestauchte Form gedrechselter Beine, die man in Rom liebte [21, 269], ähnelt persischen Stücken [6], aber auch iberischen Typen des 17. Jahrhunderts [270]. Aus römischer Produktion finden sich zudem äußerst manieriert wirkende Möbel, etwa ein Stuhl mit Darstellung der Juno, der so eigentümlich wirkt, dass man ihn kaum »entziffern«, geschweige denn beschreiben kann.[105] Andere Exemplare wirken anmutig gestelzt, wenn ihre Beine in spitze Füße auslaufen, die an moderne Stilettos erinnern [30]. Die Römer waren sich der femininen Aura dieser Stühle bewusst: So wurde der Thron der Venus fein gedrechselt [452], während man für Throne des Mars [396], Bacchus (Dionysos)[106] und Neptun [40] die »männlicher« wirkende archaisierende Technik des Aussägens wählte.

32 Wandmalerei aus Pompeji mit *padiglioni*, Draperien, Rankenmustern, Vögeln, Landschaften mit Putten, Stillleben, Elefanten, Kolonnaden und Bildern, die in den undekorierten Wandflächen platziert sind; römisch, publiziert in Neapel 1808 (aus *Gli ornati delle pareti e gli pavimenti delle stanze dell'antica Pompeii)*

33 Wandgemälde aus der Domus Aurea in Rom mit »offenen Lauben« und zart schwingenden Girlanden; römisch, publiziert in Rom 1718 von Brenna, Mirri und Smuglewicz (aus *Vestigia delle Terme di Tito)*

I *Kapitel 3*

Möbel und Innenarchitektur

34 Detail einer Einlegearbeit aus Buchsbaum und Wacholderholz auf einem Servierständer aus dem »Grab des Midas« bei Gordion; phrygisch, 8. Jahrhundert v. Chr.

Architektonische Motive der Raumgestaltung

Die Übertragung von Ornamentformen aus Möbelkunst und Inneneinrichtung auf die Außenarchitektur ist selten erkennbar und unterliegt oft der Spekulation, der umgekehrte Prozess hingegen ist häufig und steht außer Frage. Innenwände wurden mit Pfeilern und Säulen, Giebeln und Gebälk aus Stein und Stuck [32, 33, 37] dekoriert, während Stein, Stuck oder Malereien an den Decken [15] die Kassetten der hölzernen Dachbalken antiker Tempel und anderer großer Gebäude nachahmten. Architekturdekorationen spiegelten in Innenräumen häufig die volumetrische Strenge des Äußeren; bemalt und vergoldet, entwickelten sie sich in Rom zu überwältigender Pracht.

Logisch gesehen scheint es absurd: Was nützt ein Giebel im Innern eines Gebäudes, wo es gar nicht hineinregnen kann? Was sollen Säulen und Balken, die gar nichts zu tragen haben? Architektonische Motive im Innenraum wurden mit einer Lässigkeit behandelt, die sie sogar jeder vordergründigen Funktion entkleidete: Säulen etwa wurden verkleinert und in die Wände versenkt, Kanneluren von der Säule auf andere Bereiche übertragen, Zahnschnittfriese vom Profil gelöst, Giebel bogenförmig gewölbt. (In römischer Zeit kehrten einige dieser Motive dann wieder stur aus dem Innenraum in die Außenarchitektur zurück.) Derartige Entwürfe forderten schon immer die strenge Kritik der Rationalisten heraus, die auf Korrektheit pochen und das Konzept des Spielerischen nicht gelten lassen. Architekturmotive auf Möbel übertragen sind demnach noch weit verwerflicher – notwendigerweise ganz und gar Spiel.

Farbe, die einfachste Möglichkeit, Innenräume mit Architekturmotiven zu schmücken, eröffnet die größten Freiheiten. Solche Dekorationen wurden häufig mit dem Pinsel ausgeführt, und man setzte, motiviert durch Sparsamkeit und Unbefangenheit, die Formen der Außenarchitektur in einfacher Art um. Zunehmender Reichtum und geschmackliche Differenzierung ermutigten zu Experimenten und Verletzungen der Architekturregeln. Farbe erlaubt Breite der Darstellung, denn sie ermöglicht Wirkungen, die sich unmöglich oder nur sehr schwer mit plastischen Mitteln erzielen lassen. Illusionistische Architekturmalerei im Besonderen muss keinen Konstruktionsregeln gehorchen [32, 33, 37], kann buchstäblich auf Wolken bauen. Phantastische Ideen lassen sich in Farbe leichter ausführen und akzeptieren als in irgendeinem anderen Medium, zudem ist sie unerreicht im Erzielen opulenter Effekte.

Innenarchitektur in Ägypten und Griechenland

Altägyptische Paläste sind nicht erhalten, und die in den Grabkammern gefundenen vielfältigen Einzelobjekte stehen ohne erkennbaren Bezug zu ihrer Umgebung. Dennoch vermitteln die erhaltenen Wandmalereien und skulptierten szenischen Darstellungen zumindest einen Eindruck vom Charakter ägyptischer Innen- und Außenarchitektur und genügend Erkenntnisse, um sie zu späteren ägyptisierenden Inneneinrichtungen und Möbeln in Bezug zu setzen. Sie zeigen Darstellungen von Gebäuden, Menschen, Tieren und Pflanzen in formalisierter Abfolge und in kontrastreichen bunten, zugleich eleganten, harmonischen Farben [43].

Auch Beispiele griechischer Innenarchitektur haben kaum überlebt: Wanddekorationen in Privathäusern bestehen in Darstellungen von Säulen und Friesen mit leicht abstrahierten Figuren. Wo Mauerwerk nachgeahmt wird, geschieht dies einfach und rationell unter Verwendung des gängigen Architekturvokabulars. Das Nachbarland Phrygien gibt eventuell auch Aufschluss über das Verhältnis von Mobiliar und Innenarchitektur in Griechenland: Die kunstvollen Einlegemuster der außergewöhnlichen Möbel aus dem 8. Jahrhundert v. Chr., die man im »Grab des Midas« bei Gordion fand [34] – sie wirken beinahe wie frühe Musterentwürfe der Wiener Werkstätte –, stehen in enger Verbindung mit den subtilen Ornamenten an den Außenwänden von Kultdenkmälern aus dem 6. Jahrhundert v. Chr. in der phrygischen Hochebene.

Vieles deutet darauf hin, dass in griechischen Innenräumen nicht nur der Grundsatz von Schlichtheit und Nüchternheit herrschte. Mehrere Jahrhunderte vor Beginn der klassischen Periode bestanden Kontakte zum Nahen Osten, und von Beginn bis Mitte des 1. Jahrtausends empfing die griechische Kunst Einflüsse aus Mesopotamien, Nordsyrien, Ägypten und anderen Nachbargebieten. Im 5. Jahrhundert schlug Athen bis weit über Attika hinaus Künstler in seinen Bann. Ädikulen und Heiligtümer auf Vasenbildern zeigen lang gezogene Säulen und konkave Gesimse, die Giebel sind mit Ranken und Sphingen geschmückt. Spiegeln sie aber auch das Vokabular griechischer Innenarchitektur? Sind sie eine Vorstufe der phantastischen Nischeneinfassungen späterer römischer Grotesken? Vollzog sich im Zuge hybrider Stileinflüsse aus der gräko-ägyptischen Stadt Alexandria auch in der griechischen Innenarchitektur eine Entwicklung hin zu dem farbenfrohen, extravaganten, anti-klassischen Orientalismus, der in der römischen Wandmalerei gipfelte?

Die Griechen des Hellenismus zeigten sich besonders von der Kultur der Perser fasziniert. Mit Furcht und Bewunderung beobachteten sie das Persische Reich, das im 6. Jahrhundert v. Chr. zur Großmacht aufstieg, und der Makedonier Alexander der Große. stellte fest: »Alles nimmt dieselbe Farbe an; es ist nicht unvorteilhaft für die Perser, den Gewohnheiten der Makedonier nachzueifern, ebensowenig wie für die Makedonier, die der Perser nachzuahmen.«[107] Griechen und Römer, die die Perser als Verkörperung orientalischer Pracht ansahen, vermittelten diesen Gedanken auch ihren Nachkommen: »Denn sie [die Perser] halten vor allen anderen Menschen Annehmlichkeiten und Luxus in höchsten Ehren;

35 Architektonische Details mit offener Doppelspiralsäule, Girlanden und Ranken. Eine stark überlängte Herme trägt die Basis einer phantastischen Säule. Aus einem Wandgemälde im Haus der Vettii in Pompeji; römisch, um 62 n. Chr.

36 Marmortisch mit Wein kelternden Eroten. Aus einem Wandgemälde im Haus der Vettii in Pompeji; römisch, um 62 n. Chr.

gleichzeitig sind sie am kühnsten und großherzigsten von allen Barbaren.«[108]

Die persische Kunst gab sich kapriziös und war von geradezu barbarischer Verschwendung; da der Staatsgott kaum eine Rolle spielte, konzentrierte man sich weniger auf Tempel als auf den Palastbau. Alexander der Große, der die Perser bezwang, imitierte den persischen Luxus in seinen Quartieren, und das viertägige Hochzeitsfest im Anschluss an seinen Sieg über Dareios III. wurde mit orientalischem Prunk gefeiert.[109] Selbst die harten Spartaner unterlagen den Reizen persischer Verlockungen: »Nachdem Pausanias, der König von Lakedaimon [Sparta], den Umhang der Lakedaimonier beiseite gelegt hatte, wählte er ein persisches Gewand.«[110] Das sprichwörtliche Luxusleben der Ionier war ebenfalls auf persischen Einfluss zurückzuführen; Athenaios erwähnt in diesem Zusammenhang ihre »violetten und purpurfarbenen Kleider [...] und ihre safrangelben Gewänder«, ihre »mit Tieren bestickten Gewänder« und ihre »persischen Kalasires,[111] die weitaus schönsten von allen«.[112] Der Einfluss war wechselseitig. Die ionischen Griechen, die am persischen Königspalast in Persepolis (518–460 v. Chr.) arbeiteten, hinterließen dort Wandmalereien, und die berühmte Hundert-Säulen-Halle zeigte eine eklektizistische Synthese persischer und griechischer Formen [46]. Zu der Zeit, als der Orientalismus in römischer Inneneinrichtung und beim Mobiliar seinen Einzug hielt, war der Weg bereits durch eine ältere griechisch-persische Mischkultur geebnet worden.

Römische Wanddekorationen

Römische Wandgemälde sind in großer Menge erhalten, in Pompeji und Herculaneum stehen sogar noch völlig unversehrte Häuser. Die Griechen waren hoch gebildete Künstler und Kunsthandwerker, die ihre überragenden Talente an die umliegenden Völker verkauften. So schrieb Horaz (65–8 v. Chr.) in einem Widmungsgedicht an den Kaiser Augustus: »Griechisch Land ward erobert; erobernd den rauen Besieger, führt' es die Kunst in Latium ein ... «[113]

Die Wandmalereien des hellenistischen Griechenland lassen sich am besten anhand der künstlerischen Extravaganz von Rom und Pompeji studieren. Viele griechische Künstler, die in Italien arbeiteten, hatten sich in der Antike dort niedergelassen, und ihre Einflüsse werden in der Geschichte wiederholt spürbar. Hat vielleicht ihr kreatives Erbe als vitale Energie in ihren prosaischen Auftraggebern überdauert, bereit, sich bei einer günstigen Gelegenheit voll zu entfalten – wie in der Renaissance und Jahrhunderte danach, als Geschmack und Kunstfertigkeit der Italiener den Stil der griechischen und römischen Antike durch ganz Europa trugen?

Wandgemälde

Raffinement, Originalität und herausragende Ästhetik römischer Wanddekorationen haben nicht ihresgleichen. Die Kombination von flach aufgetragenem plastischem Stuck und Wandfarben bei den monumentaleren Formen der Groteskenmalerei eröffnete einen Mittelweg zwischen der erhabenen Würde des Steins und der völligen Freiheit der reinen Farbe; auch dort, wo sie in der Komposition formalen Mustern folgte, behielt sie eine spontane Lebendigkeit. Verschiedene Phasen wurden im späten 19. Jahrhundert als »Erster«, »Zweiter«, »Dritter« und »Vierter pompejanischer Stil« kategorisiert – nach den Beispielen, die man in der gleichnamigen römischen Provinzstadt ausgegraben hatte. Die Kategorien erfüllen ihren Zweck, doch die Datierungen sind nur Näherungswerte, die Motive wechselnd; sie werden hier nur als praktische beschreibende Kürzel verwendet. Solche Dekorationen, die in der Renaissance die Bezeichnung *grottesche* erhielten, übten tiefgreifenden Einfluss auf die Entwürfe von Möbeln in der Antike aus und erneut nach deren Wiederentdeckung im späten 15. Jahrhundert.

Der Erste pompejanische Stil, der sich im 2. Jahrhundert v. Chr. durchsetzte, reflektiert den konventionellen »Inkrustationsstil«, wie er in Griechenland seit dem 5. Jahrhundert v. Chr. gebräuchlich war. Die Wände wurden mit einfachen, kräftigen Farben bemalt, wobei man Mauerwerk oder Marmorverkleidungen nachahmte. Sie waren horizontal in drei Zonen aufgeteilt: eine Sockelzone (in der auch die Möbel platziert wurden), einen breiten Mittelstreifen mit Gesims sowie einen Fries mit abschließendem Gesims darüber. Die Bemalung betonte die glatte Fläche der Wand, es gab keine illusionistischen Darstellungen, ganz zu schweigen von Trompe-l'œil-Effekten. Diese Dreiteilung, die sich in der klassischen Innendekoration durchsetzen sollte [336, 356, 601], beeinflusste seit der Renaissance grundlegend die Entwürfe von Mobiliar, das bis zum 19. Jahrhundert vor die Wand geschoben wurde.

Der Zweite oder »Architektonische« Stil erlebte um 80 bis 15 v. Chr. seine Blüte. Vor die horizontalen Pseudo-Mauerwerk- oder -Marmorzonen des Ersten Stils wurden Säulen mit Architraven gesetzt, durch die Illusion des Zurücktretens die Mauer optisch geöffnet. Zuweilen begegnen uns groß dimensionierte Darstellungen von Menschen in friesartiger Komposition oder von Säulen und Architraven gerahmte phantastische Architekturszenen mit Gebäude-Ensembles, die bereits unsystematische Ansätze von Perspektive erkennen lassen. Manchmal war der Hintergrund mit kleinen Landschaftsdarstellungen, mythologischen Szenen oder Stillleben [169] durchbrochen. Stillleben (auch Vanitas-Themen) zählten mit häuslichen Szenen, Landschafts- und Tier-Darstellungen zu den originellsten Schöpfungen der hellenistischen Kultur, die um 300 v. Chr. aufgetaucht waren; besonders reizvoll wirken kleine Tiere, Vögel und Insekten, die auf Frucht- und Blumenbildern die Vasen und Körbe flankieren. Auch bei den anderen Elementen – wie Landschaften, mythologischen Sujets, Architekturen – schöpfte man aus älteren griechischen Quellen; letztere Motive sind vermutlich dem antiken Theater entlehnt (nicht umsonst lautet die hellenistische Bezeichnung für Perspektive *skenographia*, »Bühnenmalerei«). Die mythologischen Szenen (meist Kopien bekannter hellenistischer Gemälde) zeigen oft griechische und römische Möbel [30, 269, 392, 444].

Der Dritte Stil, in Mode um 15 v. Chr. bis 70 n. Chr., löste sich vom Realismus; stattdessen wurden die Phantasieszenen durch

37 Wandgemälde mit Säulen in Kandelaberform, bekrönt von kentaurenähnlichen Fabelwesen, Marmorverkleidung und grafischen Ornamenten. Aus einem Gebäude auf dem Grundstück der Villa Negroni, Rom; römisch, hadrianische Zeit (117–138 n. Chr.), publiziert in Rom 1778 von Angelo Campanella

schlanke Säulen in Kandelaberform (S. 41) und exzentrische Baldachine zusammengefasst. Plastische Architekturelemente wie der Eierstab wurden zum grafischen Dekor, Pfeiler und Säulen zu einer geradezu phantastischen Länge und Schmalheit elongiert (ähnlich wie auf griechischen Vasen) und ihre schlanken Schäfte mit einer wilden Mischung nie dagewesenen Zierrats geschmückt. Oft wurde das dominierende Mittelsegment einer Wand mit einem großen Gemälde geschmückt, während die beiden flankierenden Segmente jeweils im Zentrum ein kleineres Bild aufwiesen, minuziös herausgehoben aus einer großen Fläche gleichmäßiger klarer Farbe. Auf diesen kleinen Bildern erkennt man in der Regel Landschaften, Gegenstände nach der Natur, Gebäude sowie Figuren. Manchmal nahmen Landschaften und Gärten – oft mit Spalieren – eine ganze Wand ein, die mittels Halbsäulen unterteilt war.

Der Vierte Stil, der die solide Architektonik des Zweiten mit der Phantastik des Dritten verband, übertraf alle anderen an Phantasiereichtum. Um 70 n. Chr. nachweisbar, wird er besonders mit einem Palast verbunden, der zum Inbegriff schockierenden römischen Luxuslebens werden sollte, der Domus Aurea (»Goldenes Haus«, 64–68 n. Chr.) Kaiser Neros. Die Wände waren überzogen mit einem Rahmenwerk offener Lauben, gefüllt mit neckischen Fabeltieren, Baldachinen und anderen Dekorationen [33]. Zuweilen folgten sie auch einer nüchterneren Aufteilung mit vielen kleinen Segmenten, etwa in Form des *velarium* [39 D]. Ein besonders geschätztes Vorbild aus der Domus Aurea war die *Volta Dorata* (»Goldene Decke«). An weniger exponierten Teilen des Palastes wie den Korridoren verwendete man eine einfachere und preiswertere Variante mit feinem Dekor auf weißem Hintergrund, betont durch vertikale Säulen mit Kandelaber- oder Rankendekor.

Das Ornamenterepertoire, das in der römischen Wandmalerei ausgespielt wurde, war umfangreich und nahm durch die Verwendung von Stuck zum Teil bereits dreidimensionale Formen an – der erste Schritt auf dem Weg zur Befreiung von der Zweidimensionalität, der erst nach dem Rokoko im Klassizismus (S. 197f.) seinen Höhepunkt erreichte [373]. Neben die gedrehte Säule mit einfacher Windung traten phantastische Doppelspiralen [35], die Formen des 17. Jahrhunderts vorwegnehmen. Geometrisches Flechtwerk nimmt Formen an, die an Bérain denken lassen,[114] und ein architektonisches Capriccio verbindet eine Pergola mit Spalieren und Hängegirlanden im Stil von Möbeln des 18. Jahrhunderts [559]. All diese Entwürfe demonstrieren eine Vorstellungskraft, die kaum mehr zu überbieten ist.

38 Aus Akanthus-Ranken wachsendes Mischwesen und Ungeheuer mit greifenähnlichen Zügen. Vom Trajansforum; Rom, um 110 n. Chr.

Um 31 bis 27 v. Chr. stellte der römische Architekt Vitruv frühere und zeitgenössische Architektur in einem Werk einander gegenüber, das Architekten und Entwerfer vom 16. bis 19. Jahrhundert beeinflussen sollte. Er verachtete die zeitgenössische Groteskenmalerei als modern, unnatürlich, bizarr, launenhaft und irrational – kurz gesagt als anti-klassisch: »Itzt bemahlt man die Bekleidung lieber mit Undingen, als mit wahren Abbildungen wirklicher Gegenstände. Anstatt der Säulen stellt man Rohrstängel dar, anstatt der Giebel geriefte Häklein mit krausem Laubwerke und Schnörkeln; ingleichen Leuchter, welche Tempelchen tragen, über deren Giebel aus Wurzeln und Schnörkeln mehrere dünne Stängel sich erheben, worauf, wider alle Vernunft, kleine Figuren sitzen. Auch auf Stängeln blühende Blumen, aus denen halbe Figuren hervorgehen, welche bald mit Menschen-, bald mit Thierköpfen versehen sind: lauter Dinge, dergleichen es weder giebt, noch geben kann, noch jemals gegeben hat.«[115]

Diese satirische Betrachtung basiert auf der Erkenntnis, dass sich die Kunst der Antike in zwei Strömungen gespalten hatte, zwei gegensätzliche Stile, die sich leicht wieder zusammenführen ließen, aber ebenso leicht zwei diametral entgegengesetzte Ideale verkörpern konnten. Das Gegensatzpaar »klassisch« und »anti-klassisch«, zugleich eines der Hauptthemen dieses Buches, korrespondiert mit den beiden Polen griechischer Religion – der harmonisch ausgewogenen Ordnung des Apollon und dem exzessiven Überschwang des Dionysos. Die Unarten des Klassizismus sind Schwerfälligkeit und Pomp, die des Anti-Klassizismus Verschwendung.

Vitruvs Ideal war das der »klassischen« Kunst, die ihren Höhepunkt im Griechenland des 5. Jahrhunderts erreicht hatte, diszipliniert, volumetrisch, rational, leidenschaftslos und statisch. (Edmund Burke etwa meinte in diesem Zusammenhang: »Ein Vogel im Flug ist nicht so schön wie auf der Stange.«[116]) Die klassische Kunst porträtierte den menschlichen Körper ohne Anspannung, Übertreibung oder »Manier« – im »klassischen Naturalismus«, wie man es in letzter Zeit nennt – und verwendete botanische Formen als Ausgangsbasis für ein geordnetes geometrisches Ornament. Klassische Kunst war vor allem »zeitlos«. Diese Qualität ist keine romantische Erfindung, sie wurde schon von Plutarch mit seinem Kommentar über die Gebäude der Akropolis in Worte gefasst: »Umso mehr müssen wir die Bauten Perikles bewundern: In kurzer Zeit wurden sie geschaffen für ewige Zeit. Ihre Schönheit gab ihnen sogleich die Würde des Alters, ihre lebendige Kraft schenkte ihnen bis auf den heutigen Tag den Reiz der Neuheit und Frische. So liegt ein Hauch immerwährender Jugend über diesen Werken, die Zeit geht vorüber, ohne ihnen etwas anzuhaben, als atmete in ihnen ein ewig blühendes Leben, eine nie alternde Seele.«[118]

Als Gegenpol zum »Klassizismus« war die »anti-klassische« alexandrinisch-orientalisierende Strömung irrational, expressiv, phantastisch, oft aufgewühlt, unruhig und erregt, subjektiv, linear, übertreibend, zuweilen aber auch von brutalem Naturalismus. Am extremsten kommt dies in der Groteskenmalerei zum Ausdruck oder in so herausragenden Beispielen hellenistischer und römischer Architektur wie den Grabmälern von Petra oder dem Venus-Tempel von Baalbek aus dem 3. Jahrhundert [18] mit ihren dramatischen Richtungswechseln. Proto-barocke Architektur und phantastische Grotesken spiegeln darüber hinaus Einflüsse antiker Bühnenmalerei.[119] »Barocke« Motive aus der Antike wurden später in Architektur und Möbelkunst des »modernen« Barock nachgebildet und weiterentwickelt, wie es der Baumeister Francesco Borromini ausdrückte: »Ich bediente mich all der bizarren Ornamente, die ich an antiken Gegenständen gesehen hatte.«[120]

In der Flavierzeit funktionalisierten Architekten die von Vitruv geschmähten bizarren Motive in gemäßigter Form für ihre monumentalen Architekturprojekte [38]. So entstand der berühmte Fries am Tempel des Antoninus Pius und der Faustina mit seinem kühlen Pomp, der später an zahllosen Möbelstücken wiederkehrte. Skulpturale Ornamente dieser Art – gegenüber der Groteskenmalerei formal etwas zurückgenommen, doch mit denselben Motiven – sollten besonders das Kunstschaffen der Frührenaissance beeinflussen, fast ein Jahrhundert vor Wiederentdeckung der Groteskenmalerei.

Decken und Mosaikfußböden

Die Decken waren oft ebenso kunstvoll geschmückt wie die Wände. In phantasievollen Details fügte sich der Dekor geometrisch zu wirkungsvollen [39 F], manchmal fast brutal wirkenden Formen. Strahlenförmige Karyatiden, Hermen oder Atlanten, teilweise auf unglaubliche Weise manieriert in die Länge gezogen (und ursprünglich wohl tatsächlich dafür bestimmt, Balken zu tragen), gliederten die Decken der Domus Aurea und der Hadriansvilla [591] – Motive, die nach und nach auch in den Möbeldekor Eingang fanden. Beliebte Muster wurden wiederholt und variiert: So tauchte eine einfache Form des Flechtwerks mit einander schneidenden Kreisen, wovon zahllose Beispiele aus Altägypten erhalten sind, von winzigen Girlanden umrahmt wieder auf und wurde allgemein gebräuchlich für anmutig florale Effekte [39 F]. Viele Muster bemalter Decken sind auch auf die Konstruktion hölzerner Kassettendecken in Steingebäuden zurückzuführen [15], wobei ihre Vielfalt kein Hindernis darstellte, sie später zurück ins Medium des Holzschnitzens zu übertragen. Im Laufe der Zeit wurden die Stuck-Kassetten zunehmend flach, Netzmuster und ähnlicher Dekor kamen auf, oft mit Rosetten und Rauten besetzt und geschmückt mit Ornamenten wie mythologischen Figuren und Fabelwesen.

Für Fußböden verwendete man ähnliche Muster, allerdings waren sie einfacher, zum Teil weil die Mosaiktechnik, die sich im 3. Jahrhundert v. Chr. in Griechenland entwickelt hatte, weniger feine Strukturen ermöglichte als Stuck oder Farbe. Aus dem hellenistischen Raum und aus Rom kennt man verschiedenste Mosaikbodentypen. Sie reichen von Abbildungen zeitgenössischer Wanddekorationen mit phantasievoller Scheinarchitektur oder detailreichen szenischen Kompositionen aus Menschen und Tieren, gerahmt von Säulen und Draperien wie auf dem Proszenium eines Theaters [39 E], bis hin zu geometrischen Mustern [341], Mäandermustern, zuweilen in »changierenden« Farben [334], oder kühlen Abstraktionen des Lotosmotivs [668]; manchmal sind auf Mosaikböden Areale zum Aufstellen großer Möbelstücke markiert, eine Praxis, die man schon aus Griechenland kennt. Sie enthalten reizvolle Vignetten mit Darstellungen wie den berühmten Wasser nippenden Tauben, von denen es aus der Antike mindestens zwölf verschiedene Versionen gibt, oder humorvolle Sujets wie einen schmutzigen Küchenboden, übersät mit Abfällen, die der Koch einfach fallen ließ, beide auf bekannte griechische Gemälde zurückgehend.[121] Viele der Motive kehren auf eingelegten Kommodenfronten aus dem 18. Jahrhundert wieder oder auf Mosaikplatten von Tischen aus Antike und Neuzeit.

Zusammenklang: Möbel und Räume

Wurden antike Möbel je zusammen mit den Innenräumen entworfen? Da die Innenarchitektur fester Bestandteil des kulturellen Lebens war, betrachtete man das Mobiliar vermutlich als Teil eines Gesamtentwurfs – für die Phantasie antiker Hedonisten kein allzu weiter Schritt. Zwei Überlegungen spielen hierbei eine Rolle: Ein ambitionierter Planer konnte beim Entwurf eines luxuriösen Raums für einen Auftraggeber mit subtilem Geschmack kaum auf das Mobiliar verzichten. Zudem konnte er ganz beiläufig Motive der Außen- und Innenarchitektur für die Möblierung adaptieren. Die sich daraus ergebende harmonische Wirkung wäre dann weniger auf die offensichtlichen Aktivitäten des Entwerfers zurückzuführen als auf die Übertragbarkeit von Ornamenten und die für die Antike charakteristische Einheit von Motiv und Zeitgeschmack. Letztere basierte auf einem vertrauten Ornamentvokabular mit vielfachen Verflechtungen und der Geschlossenheit einer Periode, in der Dichtung und Mythos, Religion und Kunst im Großen und Ganzen noch eine Einheit bildeten. Trotz vielfacher Importe persischer Möbel nach Griechenland oder babylonischer nach Ägypten gab es in der Antike noch keine Stilprobleme wie zum Beispiel einen gotischen Stuhl in einem klassischen Raum.

Möbelabbildungen auf griechischen Vasen haben nichts von der sterilen Anmut lexikalischer Antikendarstellungen; oft wirken sie sehr kapriziös oder gar bizarr.[122] War das eine Auswirkung des »orientalisierenden« Geschmacks, für den die Griechen des 4. und 3. Jahrhunderts v. Chr. eindeutig eine Vorliebe hegten? So verwendeten sie persische Zelte mit Einrichtungen von exotischer Dramatik. Alkibiades errichtete ein »persisches Zelt«,[123] und um 170 n. Chr. soll es in Athen ein festes Gebäude gegeben haben, das das Zelt des Xerxes nachahmte.[124] Das berühmte Zelt des Ptolemaios Philadelphos, dessen Hof mit dem Versailles Ludwigs XIV. vergli-

39 Kolumbarien (A), Fassade mit Segmentbogen- (B) und Dreiecksgiebel (C), Velarium (D), antike Draperie (E) und groteske Deckenmalerei (F); römisch, publiziert in London 1721 (aus D. Humphreys Ausgabe von Bernard de Montfaucons *L'Antiquité expliquée)*

40 »Thron des Neptun«: Das Gestell mit Sägearbeiten und Rankendekor, geschmückt mit Akanthusdrachen und Meeresungeheuern, wurde in eine Wanddekoration mit korinthischen Säulen, Dreizacken, Delphinen und Muscheln eingepasst; im Vordergrund spielen Eroten mit Dreizack und Muschel. Römisches Relief publiziert in Paris 1719–1724 von Bernard de Montfaucon (aus *L'Antiquité expliquée)*

rechts **41** Gottheiten und Ornamente auf einer römischen Bronzetafel im ägyptisierenden Stil, *Mensa Isiaca*, publiziert in Amsterdam 1669 (aus *Laurentii Pignorii Patavini Mensa Isiaca)*

unten **42** Dreifüßiges Kohlebecken aus Bronze aus dem Isis-Tempel in Pompeji mit Sphingen, Ranken, Akanthus(?)-Finialen, Girlanden und Tierschädeln; römisch, 1. Jahrhundert n. Chr.

chen wurde,[125] wurde von Säulen gehalten, »worauf das ganze Dach des Speisesaales ruhte. Dieses war in der Mitte mit einem weißen, rotgesäumten Himmelsgewölbe überspannt und hatte an jeder Seite Trageleisten, die mit weißgestreiften, weitfallenden Vorhängen verhüllt waren, auf denen in den Zwischenräumen gemalte Muster in Kassetten angebracht waren. [Hier denkt man unwillkürlich an das riesige quadratische Velarium mit gerafften Draperien an den Ecken auf der *Volta delle Civette* in der Domus Aurea.] Vier von den Säulen waren Palmen nachgebildet, die in der Mitte hatten das Aussehen eines Thyrsos.«[126] Die Griechen kauften persisches Mobiliar und verwendeten persische Stoffe für ihre eigenen Möbel – Liegesofas waren zwischen den Beinen oft mit »weichen persischen Vorhängen« drapiert.[127] Reicht dieses Interesse noch weiter zurück? Eine schwarzfigurige Vase aus archaischer Zeit zeigt Zeus auf einem geschnitzten Thron, dessen Rückenlehne beidseitig mit den Vorderpartien zweier großer, sich aufbäumender Pferde geschmückt ist; ähnliche Motive findet man auch auf anderen Vasen.[128] Die opulenten Säulen der persisch-ionischen »Hundert-Säulen-Halle« in Persepolis [46] zeigen doppelte Stiermotive, die griechischen Möbelornamenten gleichen (sie ähneln gleichzeitig den kleinen hölzernen Trägersäulen ägyptischer Kioske [43], die mit Tierköpfen geschmückt waren[129]). Waren die leichten, lang gezogenen persischen Säulen, die in unterschiedlich dekorierte Abschnitte unterteilt waren, etwa ihrerseits frühe »barbarische« Proben jener kandelaberförmigen Säulen, die man später auf römischen Groteskenmalereien [37] und klassizistischem Mobiliar aus der Zeit nach dem Rokoko [584] findet?

Es gibt weitere Hinweise auf wechselseitigen Einfluss zwischen Innenarchitektur und Möbeldekor. So wurden griechische Throne und Sofas mit Streitwagen, mythologischen oder zeitgenössischen Historienszenen geschmückt, die Ähnlichkeit mit Flachreliefs oder Wandmalereien zeigen. Ranken und andere Ornamente, die plastisch aus den Rahmen griechischer Stühle und Tische hervortreten, Vorläufer der Ranken und Sphingen an dem berühmten Dreifuß aus Pompeji [42], begegnen uns häufig auf römischen Wandmalereien [39 F]. Bei einem Thron aus dem 4. Jahrhundert v. Chr. [3, Mitte] sind plastische Eroten, Ranken und Finialen an einer breiten Rückenlehne angebracht, die wie eine Kassettendecke oder Vertäfelung bemalt ist; Sphingen tragen die Armlehnen, und die Rückenlehne ist seitlich gesäumt von Rankenornamenten. Ein Faltstuhl [3, unten links] mit Maske am Kreuzungspunkt der Beinpaare zeigt ebenfalls Rankenornamente. Ranken und eine Palmette über dem Rahmen eines Thrones[130] erinnern an Schinkel oder Palagi [418], der für seine Möbelentwürfe Details aus dem Etrus-

kischen und Pompejanischen Zimmer übernahm, für die diese Möbel vorgesehen waren [416].

Die Verwendungsmöglichkeit von Motiven für verschiedene Zwecke – hellenistischer Schmuck etwa wurde mit winzigen Eroten dekoriert, die denen auf Stuhllehnen ähneln – sollte vor vorschnellen Schlüssen warnen. Doch ist die Wahrscheinlichkeit hoch, dass in der griechischen Antike Innenraumgestaltung und Möbel bewusst aufeinander abgestimmt wurden, und sie wird durch die nachweisliche Entwicklung in Rom bestätigt, wo reichliche Funde sämtliche Zweifel an einer solchen gegenseitigen Abhängigkeit zerstreuen. Es ist kaum anzunehmen, dass Männer mit künstlerischen Ambitionen wie Maecenas oder Nero sich damit zufrieden gegeben haben sollten, das Aussehen ihrer Möbel der Kunstfertigkeit ihrer Handwerker oder dem Zufall zu überlassen. In der römischen Gesellschaft genossen Signatur und Provenienz eines Stückes ebenso hohen Stellenwert wie heute in einem Auktionskatalog. Narzisstische Redner, die an der allgemeinen *mensarum insania* (»Tischwahnsinn«) litten – ein Begriff, den Frauen ihren Männern entgegenhielten, nachdem diese sie wegen ihrer Vorliebe für Perlen angegriffen hatten[131] –, zahlten durchaus einmal »den Preis eines großen Landguts« für einen Tisch.

Der Geschmack an gestaltetem Mobiliar verbreitete sich auch in den niederen Schichten. Wie die bemalten Wände der Domus Aurea oder Villa Hadriana die Wanddekorationen geringerer Sterblicher beeinflussten, so haben wohl auch ihre Möbel das Mobiliar der Leute inspiriert, die nicht in Palästen lebten.

Es gibt zahlreiche Beispiele für eine Abstimmung zwischen Mobiliar und Innenausstattung in römischer Zeit. Ein prächtiges Relief etwa zeigt den »Thron des Neptun«[132], integriert in eine Reihe korinthischer Säulen, die mit Delphinen, Muscheln und Dreizacken [40] geschmückt sind. Sollte dies eine allgemeine Praxis spiegeln, so müssen Thron und Wand von derselben Person entworfen worden sein. Pompejanische Wandgemälde liefern zahllose Beispiele korrespondierender Möbel und Innenaustattungen. Eine pompejanische Scheintür mit Umrandung ist offenbar mit Schildpatt eingelegt, auch Ovid spricht von »drei reich mit Elfenbein und

43 Holzsäulen von Kiosken aus Theben mit verschiedenen Ornamenten, darunter Volutenkelch, Lotos, Kobra, Rosette und Papyrussäule; ägyptisch, 18.–20. Dynastie, publiziert in Paris 1868–1878 von E. Prisse d'Avennes (aus *Atlas de l'histoire de l'art égyptien)*

44 Tisch im römisch-ägyptischen Stil mit Papyrusblütengestell, Detail einer Platte in *Opus-sectile*-Technik mit Pietra dura und Gold, eingelegt in Obsidian; römisch, augusteische Zeit (27 v.–14 n. Chr.)

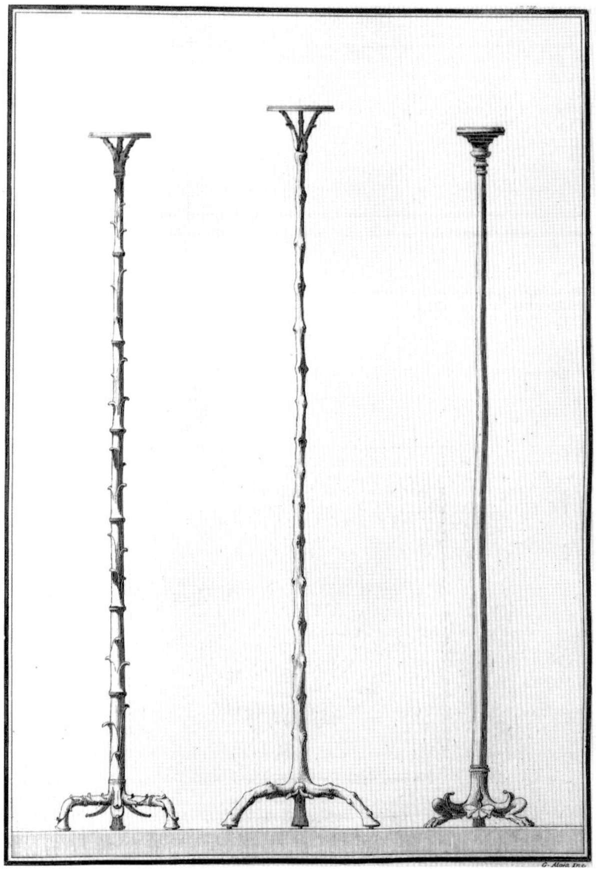

45 Bronzekandelaber, die Bambus (links) und Zweige nachahmen; römisch, publiziert in Neapel 1792 (aus *Delle antichità di Ercolano: Le lucerne ed i candelabri d'Ercolano)*

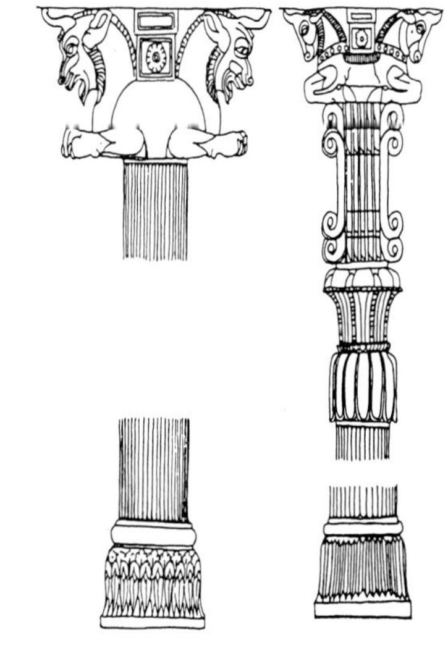

46 Säulen aus dem Palast in Persepolis; persisch, spätes 5. Jahrhundert v. Chr.

Schildpatt geschmückten Räumen«[133] – beides Materialien, die auch im Möbelbau hoch geschätzt wurden.[134] Wie in der Renaissance könnten dieselben Kunsthandwerker Türen, Wände und Möbel gestaltet haben. Die kandelaberförmigen Säulen von Wandmalereien [37] haben verblüffende Ähnlichkeit mit schlanken römischen Kandelabern aus Bronze [45], und die Greifen, Sphingen und Ranken, die man so häufig auf Wandmalereien und Fußbodenmosaiken versammelt sieht, findet man auch auf Bronzemobiliar, meist als Beine oder Dekor an Stühlen, Tischen und Dreifüßen: Bei einem besonders schönen und zart detaillierten Beispiel aus römischer Zeit, einem dreifüßigen bronzenen Kohlebecken aus Pompeji [42], sind die Füße aus geflügelten Sphingen, die auf schlanken, eleganten Klauenfüßen sitzen, mit Streben aus kunstvollen Ranken verbunden; das Becken selbst ist mit einer Girlande umkränzt, die mit Ziegenschädeln geschmückt ist. Der Dreifuß stand im Tempel der Isis, dessen bemalter Innenraum in der Sockelzone Sphingen aufwies neben Säulen, die mit ähnlichen Ranken umwunden waren;[135] ein anderer Raum zeigt Isis auf einem Thron, der mit Ranken derselben Art dekoriert war.[136]

Viele weitere Motive waren gleichzeitig als Möbelschmuck wie als Wanddekoration verbreitet. Menschliche oder animalische Torsi in Verbindung mit Blattwerk und/oder Tierbeinen hatten sich im 2. Jahrhundert v. Chr. auch bei Möbeln durchgesetzt.[137] Ein anderes Beispiel des eben beschriebenen Dreifußtyps zeigt Satyrn anstelle von Sphingen [5]. Nymphen und Satyrn erhielten Trägerfunktion: Auf einem hellenistischen Silberbecher aus Berthouville [25] etwa tanzt ein solches Paar unter einem Konsoltisch. Antike Draperien, ein weiteres Motiv aus der Wandmalerei [39 D], das im klassizistischen Möbelbau ab dem Rokoko weiträumig Verwendung finden sollte, hatte man schon in römischer Zeit mit Mobiliar kombiniert [444, 452], manchmal vermutlich als integralen Bestandteil.[138]

Manche Möbelstücke standen möglicherweise im Zusammenhang mit Innenräumen, die mit Gartenszenen bemalt waren. So finden sich Kandelaber, die Zweige nachahmen [45], bei einem anderen Beispiel von baumähnlicher Form hängen mehrere Leuchter herab.[139] Ein weiterer Ständer mit schwungvollem, astartigem Stamm und hängenden Leuchtern in Muschelform ist allerdings so exzentrisch, dass man ihn als Phantasieprodukt bezeichnen muss.[140]

Exotismus

Ägyptische Gottheiten, Bildmotive und Ornamente waren fester Bestandteil des allgemeinen Motivrepertoires römischer Kunst in der frühen Kaiserzeit – eines der frühesten Beispiele, wie sich eine westliche Gesellschaft im großen Stil die Kunst eines anderen Kontinents mit exotischem Schauder aneignete. Sie schmückten die Wände in der Villa des Augustus, der die ägyptische Königin Kleopatra besiegt hatte, zierten Lampen, kleine Objekte, Obelisken und Heiligtümer. Zahllose Skulpturen im ägyptischen Stil standen in der Villa Hadrians, dessen verstorbener Lieblingsknabe Antinous eine Reinkarnation im prächtigen Pharaonengewand erfuhr – einschließlich Perücke. Zuweilen begegnet uns ägyptisches Mobiliar auch als Motiv ägyptisierender Wandmalerei; entwarf man etwa Möbel im »ägyptischen Stil« (wie den Tisch, den man 1709 auf dem Aventin fand[141]) als passende Einrichtung dazu? Die berühmte *Mensa Isiaca*, eine Tafel (vermutlich keine Tischplatte, wofür man sie zunächst gehalten hat), die in der Renaissance auftauchte[142] und zur mächtigen Inspirationsquelle für Künstler wurde, sollte sich sicherlich ursprünglich in ein solches Ambiente einfügen [41].[143] Eine ägyptisierende Szene auf einer Schale in *Opus-sectile*-Technik aus augusteischer Zeit [44] zeigt einen Metalltisch von eindeutig gräko-römischer Form, der mit den gleichen Papyrusblüten geschmückt ist, wie sie die Hauptfigur in den Händen hält.

Bei den Römern, den ersten Liebhabern von Chinoiserien, war Seide ein (laut Juvenal allzu) bevorzugtes Material, und mit den Stoffen, die über die Seidenstraße aus China eintrafen, verbreiteten sich auch chinesische Ornamente. Man kennt Bronzeleuchter, die offensichtlich Bambus nachahmen [45], und pompejanische Wandgemälde zeigen manchmal geschwungene Dächer mit aufgebogenen Traufen, Drachen und anderen chinesischen Ornamenten [558]. Diese angedeuteten Motive wurden im 18. Jahrhundert begierig aufgegriffen.

I *Kapitel 4* Ornamente und Motive

Ornamente wurden bereits in verschiedensten Zusammenhängen erwähnt, doch ihre Bedeutung lässt es sinnvoll erscheinen, sie erst einmal selbst ins Zentrum der Betrachtung zu rücken. Die Bedeutung antiker Ornamente kann man gar nicht hoch genug einschätzen: Die Geschichte der westlichen Möbelkunst ist zum großen Teil die Geschichte überkommener Formen und unterschiedlich behandelter Ornamente.

Ornamente sind besonders durch zwei Eigenschaften charakterisiert: ihre überwältigende Vielfalt an Motiven und ihre chamäleonhafte Fähigkeit, Gestalt und Ausmaße zu verändern, ohne dabei ihre grundsätzlichen Eigenschaften zu verlieren – eine korinthische Säule wandert vom griechischen Tempel auf einen Fornasetti-Sekretär [678], Girlanden und Schädel wandern vom antiken Tempel auf einen »römischen« Tisch des 18. Jahrhunderts [348], der Sphinx aus dem ägyptischen Wüstensand an eine pompejanische Wand oder einen Biedermeierschrank [611], Akanthusranken vom römischen Sarkophag über eine romanische Miniatur auf eine Tapete von William Morris. Bei jeder »Station« sind die Ornamente deutlich verschieden, aber immer noch noch klar erkennbar. Um das Wesen eines Ornaments zu erfassen, bieten sich zwei verschiedene Vorgehensweisen an: Zum einen lässt sich die Entwicklung eines Ornaments aus der Perspektive des Kunsthistorikers verfolgen. Die Theorie ermöglicht ein allgemeines Verständnis seines Wesens und inspiriert gleichzeitig Künstler und Handwerker in ihrer Arbeit. Selbst Theorien, die sich später als falsch herausstellen sollten – etwa mechanistische Theorien des Ornaments aus dem 19. Jahrhundert –, beeinflussten Kunst und Mobiliar ihrer Zeit. Dieser theoretisch-akademische Zugang erfordert die genaue Untersuchung des einzelnen Ornaments in all seinen Varianten, ein Prozess, der sich auch hier naturgemäß immer wieder vollzieht, wenn man ein Ornament, etwa die Ranke, in einer bestimmten Epoche auf einem Möbelstück betrachtet. Einen anderen Zugang bietet das Auge des Philosophen, Künstlers – und Poeten. Antike Philosophie und Literaturkritik, wie die aristotelische Poetik oder die dem Longinus (210–273 n.Chr.) fälschlich zugeschriebene Theorie über das Erhabene, waren von weit reichendem Einfluss auf bildende Kunst und Möbelentwurf, besonders nach der Renaissance. Vier Meinungen, bei denen sich Theorie und Praxis mischen, werden im Folgenden kurz dargestellt: die von Leon Battista Alberti (1404–1472), Federico Zuccaro (um 1540–1609), Owen Jones (1809–1874) und Christopher Dresser (1834–1904) – alle Entwerfer und Theoretiker.

Alberti, der große Architekt und Theoretiker der italienischen Frührenaissance, definierte Schönheit als »Harmonie aller Teile«. Nichts könnte »hinzugefügt, weggenommen oder geändert werden, ohne dass das Ganze Schaden« nähme. Ornament war für ihn »gleichsam ein die Schönheit unterstützender Schimmer«, der »aber mehr die Natur erdichteten Scheins und äußerer Zutat habe, als innerlicher Art sei«.[144] Dies klingt widersprüchlich, da es impliziert, das Hinzufügen von Ornamenten müsse notwendig die ästhetische Ausgewogenheit beeinträchtigen (diesen Schluss zog zumindest die ornamentfeindliche Fraktion des 20. Jahrhunderts), doch wenn man sich vorstellt, wie ein Paar dunkler Augen, an sich schon perfekt, glänzend und symmetrisch, noch durch einen Kajalstift betont werden kann, versteht man vielleicht, was Alberti meinte. Seine Definition umriss zwei wesentliche Merkmale des Ornaments: seine Funktion als »zusätzlicher Glanz«, der die Schönheit eines Kunstwerks hervorhebe, und seinen Charakter als »Anhängsel«, der unabhängig vom geschmückten Objekt bestehe.

Ähnlich gibt das System von Zuccaro, Spross einer italienischen Malerfamilie des 16. Jahrhunderts, einerseits Aufschluss über die Kunst seiner eigenen Zeit, andererseits wirft es ein bezeichnendes Licht auf das Wesen des Ornaments. Zuccaro teilte die *arti del disegno* (dekorativen Künste) in drei Kategorien: natürlich, künstlich und phantastisch. »Natürliche« Ornamente waren von der belebten und unbelebten Natur abgeleitet, schlossen also Motive wie Sonne [584], Mond [604], Schildkröten [232], Palmen [263] und Muscheln [311] mit ein; »künstliche« Motive stammten von Artefakten, etwa vom ionischen Tempel [298], einer Lyra [397, 442], Trophäen [62] und Baldachinen [261]. »Phantastische« Ornamente wiederum tauchen in vielfältigen Formen auf, von schönen [63] oder hässlichen Fabelwesen [211] bis hin zu prächtigen Interpretationen der Akanthusranke [324]. Zuccaros Definition ist die eines Entwurfskünstlers, indem sie den Charakter des Ornaments nach seiner Verwendung bestimmt.

Die Theorien des viktorianischen Ornamentforschers Owen Jones beeinflussten ganze Generationen von Entwerfern. Mit seinem systematischen Bildwerk *Die Grammatik der Ornamente* (1856) verfolgte er ausdrücklich das Ziel, »den künftigen Fortschritt der Verzierungskunst« zu befördern, »indem man auf die aus der Vergangenheit abgeleistete Erfahrung alle die Kenntnisse pfropft, die zu erlangen sind, wenn man wieder zur Natur Zuflucht nimmt um frische Eingebungen an ihrem Busen zu schöpfen. Jeder Versuch Kunsttheorien aufzubauen oder einen Styl zu bilden ohne Rücksicht auf die Vergangenheit, wäre ein Unternehmen der höchsten Thorheit«.[145] Unter seinen einflussreichen Theoremen finden sich Sätze wie die folgenden: »Die dekorativen Künste haben ihren Ursprung in der Architektur deren unzertrennliche Begleiterinnen sie auch bleiben sollten.« »Alle Ornamente sollten eine geometrische Construction zur Grundlage haben.« »Die Construction sollte verziert; die Verzierung aber nie eigens construiert werden.« »Die Nachahmung der geäderten Holzarten und der verschiedenen farbigen Marmore sind nur da zulässig, wo der Gebrauch der nachgeahmten Substanz selbst nicht unangemessen gewesen wäre.«

Seine Maximen wurden von Designern aller Sparten begierig aufgesogen, etwa: »Es ist auffallend, aber doch ganz wahr, dass diese Äußerung des Geistes [= … das Zeugnis jener … Lust zum Schaffen] sich leichter in den rohen Ornamentsversuchen eines wilden Stammes entdecken lässt, als in den unzähligen Erzeugnissen einer hoch entwickelten Cultur. Die Individualität nimmt ab, im Verhältnis wie das Vermögen des Hervorbringens zunimmt. Wenn die Kunst durch vereintes Bestreben erzeugt wird, und nicht aus der individuellen Machtanstrengung entsteht, so vermisst man darin jene wahrhaften Instinkte die deren grössten Reiz ausmachen.« » … die Aegypter stehen keinem, als sich selbst nach«. »Das Ornament bildete [bei den Griechen] keinen Theil der Construction, wie das bei den Aegyptern der Fall war, ja, man konnte es ganz entfernen, ohne die Construction wesentlich dadurch zu verändern.« Über das Ornament in der pompejanischen Kunst äußert Jones, »dass dieses System bis zur äussersten Grenze der Laune getrieben wurde, so dass es kaum eine Theorie des Colorits oder der Verzierung giebt, zu deren Rechtfertigung man nicht eine Autorität von Pompeji anführen könnte«. »Die Traditionen der byzantinischen Schule … dienten gewissermassen als Basis der ganzen decorativen Kunst des Morgenlandes und des östlichen Europas.«

Jones beeinflusste auch den britischen Designtheoretiker Christopher Dresser, dessen Ornament-Definition in vielem der

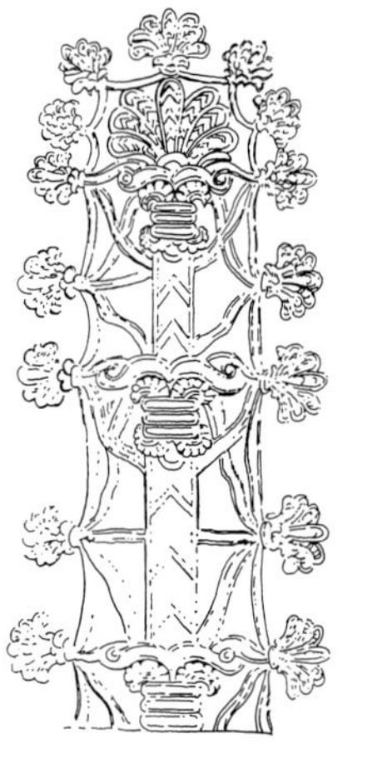

47 Lebensbaum: Detail eines assyrischen Steinreliefs aus dem Palast von Nimrud (Kalchu)

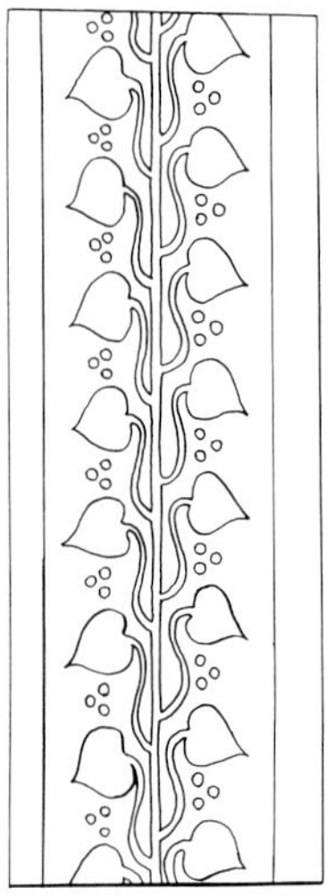

48 Griechisches Rankenornament; nach einem antiken Vasengemälde

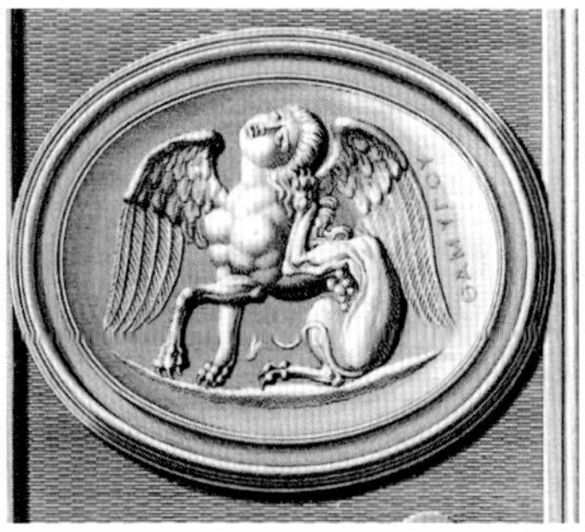

49 Sich kratzender Sphinx: hellenistische Gemme, publiziert in Amsterdam 1724 von Baron Stosch (aus *Pierres antiques gravées)*

von Alberti gleicht; zugleich nimmt bei ihm jedoch erstmals der Gedanke der »Funktionalität« Gestalt an, der eine Zeit lang alles Ornamentale zum Verschwinden bringen sollte (vgl. S. 271): »Ornament ist all das, was [einem Gegenstand] über die reine Funktionalität hinaus einen Grad an Schönheit verleiht, den er ansonsten nicht besäße ... Das Anbringen von Ornamenten an Objekten ist nicht als absolut notwendig zu bezeichnen.« »Nützlichkeit oder Zweckmäßigkeit muss der Verschönerung vorausgehen.« Dresser geht fast so weit, auch Malerei, Bildhauerei und Architektur als »dekorative« Künste zu definieren. Seiner Meinung nach ist »Wissen ... unabdingbar, um Schönes hervorzubringen«: »Je größer der Ausdruck von Geist in einem Kunstwerk jeglicher Art, desto mehr Vergnügen finden wir daran; das Fehlen aller Anzeichen mechanischer Arbeit hat dieselbe Wirkung.« Dresser kategorisiert das Ornament entsprechend seinem »geistigen Potential«, wobei Griechen, Mauren und englische Frühgotik die Liste anführen, an deren Ende Spätgotik sowie diverses chinesisches und indisches Dekor rangieren. Den Schlusspunkt bilden »pompejanische« und »unsere modernen floralen Muster«.[146] Dresser bevorzugt ausdrücklich geometrische Formen nach der Natur, wobei er die Bedeutung von Ordnung, Schema und Wiederholung betont.

Häufig wiederkehrende Motive

Drei Ornamentformen – Fabelwesen, Volutenkelch und Akanthus – sind die wichtigsten Motive abendländischer Möbelkunst. Erstere reicht sehr weit zurück und war besonders beständig; dem Volutenkelch verleiht seine Verbindung mit dem ägyptischen Lotos, dem ionischen und korinthischen Kapitell und Ornamenten wie Anthemion und Palmette besondere Signifikanz; das Akanthusblatt, das mit dem Volutenkelch im korinthischen Kapitell eine Verbindung eingeht und die Basis der figürlichen Ranke bildet, nennt Riegl »das seither weitaus zur größten Bedeutung gelangte vegetabilische Motiv«.[147] Fast ebenso bedeutend ist die Girlande.

Fabelwesen

Fabelwesen seien hier definiert als »Mischwesen, halb Tier, halb Mensch oder zusammengesetzt aus in der Natur vorkommenden Elementen«.[148] Als noch Mammuts über die Erde wanderten, malten Menschen phantastische Ungeheuer auf Höhlenwände, und die Dichter der Antike schufen monströse Wesen zur allegorischen Darstellung religiöser Kultpraktiken. Das Motiv wurde allgegenwärtig und erschien auf Kunstwerken aller Art und jeder Größe.

Überall verbreitet findet man eine der einfachsten Formen: eine menschliche Gestalt mit Flügeln, die von der heidnischen Antike bis in die Neuzeit ihre Form kaum veränderte [446]. Ein ähnliches Wesen, der geflügelte Stier, war im Nahen Osten heilig, und das wohl bekannteste, der Sphinx, in seiner ägyptischen Version halb Löwe, halb Mensch, brütend und Furcht erregend hieratisch: Später erhielt er Flügel und mutierte zum Möbelbeschlag, oft in der populären Form zweier einander heraldisch gegenübersitzender Pendants – ein Motiv, das seinen Ursprung im Nahen Osten hat. Der Greif mit Kopf, Schwingen und Klauen eines Adlers und dem Körper eines Löwen wurde schon in Persien als Motiv für Stuhllehnen verwendet. Zu den antiken Fabelwesen zählten außerdem die Kentauren, halb Mensch, halb Pferd; die Harpyien, Unheil bringende Vogelwesen mit Mädchenköpfen; die griechischen Satyrn mit Schwanz und spitzen Ohren, die die römischen Dichter später mit den Ziegenfüßen ihres eigenen Gottes Faunus versahen [5]; verschiedene Wasser- und Flussgötter wie Dryaden, Nereiden oder Tritonen, oft mit Kopf und Torso eines Menschen und Fischschwanz; und die Hippokampen, bei denen sich Kopf und Vorderpartie mit einem Fischschwanz verbanden.

Die ursprünglich religiöse Bedeutung von Tiermotiven an Möbeln verblasste mit der Zeit, doch die Fabelwesen erwiesen sich als zu attraktiv, als dass man sie hätte aufgeben wollen, und so erfand man neue Phantasiefiguren mit dekorativer Funktion, denen ein mythologischer Hintergrund fehlte. Die archaische Würde der Tier- oder Fabeltierformen glättete sich zum liebenswerten, manchmal humorvollen Ornament. Eine antike Quelle berichtet, dass die Griechen den Großen Sphinx wegen seiner rot gefärbten Wangen *rhodópis* (rosenwangig) nannten und ihn als weiblich ansahen:[149] Das ägyptische »Rätsel im Kopftuch« nahm das »archaische Lächeln« der griechischen Kore an [660] und wurde zum neckischen Haustier, das sich kratzt wie eine Katze auf dem Bettvorleger [49]. Elegant in die Länge gezogene Sphingen als Stützen von Armlehnen [10 E], ein besonders einflussreiches Motiv im antiken und modernen Möbelentwurf, wurden erstmals im 5. Jahrhundert v. Chr. in Griechenland populär; später kehrten sie wieder, wie dekorative Blüten auf den Beinen eines Dreifußes aufsitzend [42].

Im Mobiliar der spätrömischen Zeit reflektierten Tier- und Fabeltierformen weniger religiöse Symbolik als modische Reminiszenzen.

Der Volutenkelch

Der aus dem späten 19. Jahrhundert stammende Begriff des Volutenkelchs[150] wird hier der Bequemlichkeit halber zur neutralen Beschreibung eines abstrakten Blütenornaments verwendet, das wohl aus dem Umriss der Lotosblüte entstand [50]; eine Verbindung mit dem äolischen, ionischen und korinthischen Kapitell ist augenscheinlich. Der Winkel, den seine beiden nach außen gebogenen Blütenblätter bilden, wurde in der Regel mit einem Bogen gefüllt, der von einem Blattfächer bekrönt ist; Variationen waren möglich. Das Ornament, das seinen Ursprung vermutlich in der ägyptischen Kunst hat, verbreitete sich schnell und kommt beispielsweise in Mykene vor. Andere wichtige Motive aus der Architektur sind wohl ebenfalls vom Lotos abgeleitet, etwa Palmette und Anthemion, die die Griechen um 700 v. Chr. entwickelten. Es wurde sogar die Behauptung aufgestellt, dass alternierende Lotosblüten und -knospen für das ionische Kyma mit Eierstabmuster und für das äolisch-lesbische mit Blatt-und-Spitzen-Profil Pate gestanden hätten. Wie auch immer, sie entwickelten sich mit der Zeit zu den beliebtesten Möbelornamenten.

Hier erhebt sich erneut die Frage nach der Beziehung zwischen Möbelkunst, Architektur und Innendekoration, denn der Volutenkelch könnte ebenso gut seinen Ursprung im Mobiliar haben.[151] Eine wichtige Kapitellform mit diesem Motiv, das protoionische so genannte »äolische« Kapitell, taucht oft als Ornament an Ruhebetten auf [13], was zu der Feststellung berechtigt, dass »die früheste [griechische Vasen-]Darstellung von Voluten mit tragender Funktion ... als Kapitell am Bein eines Sofas [vorkommt]«.[152] Ein etruskisches Grab [51], dessen Decke von Stützen mit äolischen Kapitellen getragen wird, enthält eine an der Wand platzierte Liege, die ebenfalls mit äolischen Kapitellen geschmückt ist.[153] Hier wurde die Dekoration der Stützen und der Liege sicher bewusst aufeinander abgestimmt; in weit zurückliegender Zeit könnte das Motiv selbst oder ein Vorläufer vom Mobiliar auf die Wand übertragen worden sein.

Das äolische Kapitell taucht in einer Art »Embryonal-Stadium« inmitten anderer Schmuckmotive auf grafischen Darstellungen ägyptischer Kiosk-»Säulen« auf [43]: Bezeichnenderweise könnten diese »Säulen« auch flach gewesen sein, eine Tatsache, die – über das griechische Liegesofa – 3000 Jahre später Biedermeiermöbel beeinflusst haben könnte (vgl. S. 225).

Akanthus und figürliche Ranke

Die Verknüpfung der horizontalen Wellenlinie mit vegetabilen Ornamenten führte im 5. Jahrhundert v. Chr. zur Entwicklung durchlaufender Ranken als wichtigem Dekorationsmotiv [111], oft verbunden mit einem gerollten Akanthusblatt [52, 53]; früheste Beispiele finden sich in der Skulptur um 450 bis 430 v. Chr.

50 Trinkschale mit Rosetten und Volutenkelch, dem Prototyp des äolischen Kapitells und anderer Ornamente; zypriotisch, um 725–600 v. Chr.

51 Wandliege mit Tisch in der »Tomba dei Rilievi« in Cerveteri (Caere): Die mit »ausgesägten« Ornamenten im äolischen Stil dekorierte Liege ist in einen Alkoven mit äolischen Kapitellen integriert und zeigt einen Fries mit zwei Fabelwesen; davor eine lang gezogene Bank mit Volutenbeinen, daneben ein Kasten mit Polstern; etruskisch, 6. Jahrhundert v. Chr. (?)

Echter Akanthus wächst als Staude mit Bättern ohne Ranken, doch in der Kunst des Hellenismus verband man diese mit bestehenden Rankenornamenten [48],[154] die größere Flächen überzogen, fortlaufend, unterbrochen oder ineinander verflochten [53]. In der Spätantike und in Byzanz kehrte sich die Entwicklung hin zu größerem Naturalismus wieder um. Das Akanthusblatt, ebenso wie andere Naturornamente, wurde zunehmend abstrahiert – ein Prozess, der im völlig abstrakten Schwung islamischer Arabesken [109, 110] gipfelte, die eigentlich bereits in der griechischen Kunst angelegt waren.

Den reinen Schwung des griechischen Rankenornaments, besonders des Akanthusblattes, verwendete man als eleganten Flächendekor, etwa an den Rückenlehnen monumentaler griechischer oder römischer Throne [22]. Das Rankenmotiv fand auch als horizontales oder vertikales Schmuckband Anwendung, in späterer Form ähnelte es ein wenig dem antiken »Lebensbaum« [47]. Auf ornamentalen antiken Skulpturen werden vertikale oder horizontale Ranken nicht selten durch flankierende Säulen oder Friese begrenzt [52]. Selbst schön und vielseitig verwendbar, wurde die Ranke ab etwa 400 v. Chr. zu einem der reizvollsten ornamentalen Motive der Antike verfeinert, der figürlichen Ranke.[155] Bei den Griechen wurde sie mit kleinen Menschendarstellungen, Tieren und Vögeln »bevölkert«, um 200 v. Chr. fügte man auch unbelebte Objekte wie Waffen hinzu und arbeitete im Laufe der Zeit ver-

rechts **52** Akanthusranken mit darüber liegender Mäanderleiste, flankiert von korinthischen Pilastern mit reichem Schmuck. Detail aus der *Ara Pacis Augustae*, Rom; römisch, augusteische Zeit (27 v.–14 n. Chr.)

ganz rechts **53** Hirschjagd, gerahmt von einem Wellenmäander, dazwischen Rankendekor mit Akanthusmotiven: Kieselmosaik des Gnosis aus Pella, Makedonien; griechisch, um 330–300 v. Chr.

54 Rankenwerk einer Weinrebe mit figürlichen Motiven. Dazwischen erkennt man Trauben pflückende Putti und einen männlichen Kopf, vermutlich eine Darstellung Christi. Detail der Mosaikdecke im Mausoleum der Constantia (S. Costanza), Rom; römisch, frühes 4. Jahrhundert n. Chr.

schiedene weitere Gegenstände mit ein. Um 30 v. Chr. hatte das Motiv auch auf die römische Bauplastik sowie auf Wand- und Deckenmalerei übergegriffen, und ganze Scharen von Fabelwesen, Vögeln und anderen Tieren tummelten sich mehr oder weniger dezent im rankenden Blattwerk; man findet sie auch zwischen den flächigen Ranken, die sich auf Wandmalereien um Phantasiearchitekturen winden. Ab etwa 75 n. Chr. wurde das Motiv von Bildhauern in Rom oft verwendet und gehört auch in der Möbelkunst zu den beständig wiederkehrenden Formen [173, 207, 408].

Girlanden, Bänder, Schädel und Füllhörner

Als wichtige Motive wurden im klassischen Griechenland auch Ornamente entwickelt, die aus dem Sakralbereich stammen, wie Girlanden, Bänder und Tierschädel, und über die Römer fanden sie Eingang ins Vokabular moderner Ornamentformen.

Girlanden spielten eine besondere Rolle im griechischen und römischen Alltag: Mit echten Girlanden schmückte man Häuser und Paläste und umkränzte damit Personen. Zudem waren sie Bestandteil des Tafelzeremoniells; echt oder in Stein gehauen dienten sie als Dekor für Tempel, Altäre und Sarkophage. In skulptierter Form können sie leicht und graziös wirken, tendieren jedoch eher zum Gewichtigen, Statischen [10]. Auf Wandmalereien schwingen sie oft schmal und kapriziös frei im Raum [32, 33]. Girlanden wurden oft mit Bändern versehen [169], ein Motiv, das zu phantasievollen Wicklungen und Verschlingungen anregte und wohl auch die ursprüngliche Quelle des an römischen Decken so beliebten Flechtwerks darstellt.

55 Römischer Altar mit Tänzerin, Fruchtgirlanden und Tierschädeln; Zeichnung des frühen 18. Jahrhunderts aus einer englischen Privatsammlung

In engem Zusammenhang mit der Girlande stand das Bukranion [55], der Schädel des Opferrindes, um dessen Nacken man Festons wand. Bukranien – auch in Form von Widder- oder Ziegenschädeln mit Hörnern [42] – nahmen später von Tempelgebälk, Altären und Sarkophagen ihren Ausgang als universales Ornament, das heute noch als typisch für die »klassische Antike« gilt. Das Füllhorn, das man mit der Ziege verband, die den Göttervater Zeus als Säugling genährt haben soll, wurde zum Symbol für Fruchtbarkeit [86].

Motive aus dem Bereich der römischen Groteske

Andere Motive, die ursprünglich nicht aus der grotesken Wandmalerei stammten, begegnen uns dort in großer Fülle und wurden später immer wieder kopiert. Hierzu gehören Akanthus-Wesen, *candeliere, candelabri* und kandelaberförmiger Dekor, Götter und Göttinnen, Karyatiden, architektonische Vignetten, phantasievolle Miniaturgebäude (wie Tempel, Heiligtümer, Altäre, Paläste oder Hütten), Baldachine mit Lambrequins, antike Draperien, Trophäen, Tiere, stilisierte Hermen, »Tier-Protomen« (Oberkörper von Tieren, die beispielsweise aus Akanthus-Ranken herauswachsen, die ihren Unterkörper bilden) und ähnliche Motive.

Akanthus-Wesen

Ein antikes Ornament von ungewöhnlichem Reiz verband das Motiv des Fabelwesens mit dem der Akanthus-Ranke: Es kombinierte in beliebiger Form Kopf und Oberkörper eines Menschen, Tiers oder Fabelwesens mit Ranken und Laub der Akanthus-Pflanze [38], wobei Haare und Bart männlicher Gesichter selbst die Form von Akanthus-Blättern annehmen konnten [343]. Die seltsame Anziehungskraft dieser halb pflanzlichen Monstrosität und die Möglichkeit, ihren vegetabilen Ausläufer in die ungewöhnlichsten Formen zu bringen, machten sie für die verschiedensten Zwecke nutzbar, so auch als Möbel-Ornament [344].

Candeliera, Candelabro und Kandelaberformen

Diese Formen, die schon die Antike beherrschten, prägten die Renaissancekunst und sind noch heute allgegenwärtig. Sie sind äußerst dekorativ, doch ihre Terminologie ist etwas verwirrend. Die Begriffe *candeliera, candelabro* und »kandelaberförmig« beziehen sich auf verschiedene, wenngleich eng verwandte Ornamentformen, nicht jedoch auf jene plastischen Kerzenhalter oder Leuchter, die man gemeinhin als »Kandelaber« bezeichnet.

Candeliera (ital., Plural *candeliere*)[157] bedeutet wörtlich »Kerzenhalter«. In seinem heute unter italienischen Kunsthistorikern üblichen Gebrauch bezeichnet dieser Begriff ein mehr oder weniger symmetrisches vertikales Muster aus Blattwerk, Ranken und anderen Ornamenten – zum Beispiel Füllhörnern, Fabelwesen, Säulen und Giebeldreiecken. Luftige Ranken und Festons winden sich dabei häufig um eine Vase. Meist äußerst kunstvoll, nahm es manchmal geradezu phantastische Züge an, konnte beispielsweise auf einen Wandpfeiler beschränkt sein [52], aber auch unabhängig davon Verwendung finden. *Candeliera*-Motive wurden besonders im Bereich des malerischen Dekors in Antike und Neuzeit zu äußerst komplizierten Schmuckformen weiterentwickelt [375], konnten jedoch in feiner, phantasievoller Form auch in Basreliefs oder Holzschnitzereien umgesetzt werden. Hinsichtlich ihrer Vielseitigkeit und Fähigkeit, die verschiedensten Detailformen zu integrieren, übertrafen sie sogar die Trophäe [62, 375] und konnten auch in Bereichen eingesetzt werden, wo diese nicht passte. Trauben und Weinranken, in denen sich winzige bacchische Faune tummeln und die ursprünglich aus dem östlichen Mittelmeerraum stammen, erscheinen in der späten Kaiserzeit als *Candeliera*-Motive. Sie entwickelten sich zur bevorzugten Form der figürlichen Ranke, nicht nur wegen der dekorativen Wirkung von Laub und Trauben, sondern auch durch Assoziation mit dem Christentum als neuer beherrschender Religion [54]. *Candeliere* profitierten auch von der griechischen Vorliebe für Menschen- und Tierdarstellungen in der Innenarchitektur, wie sie etwa in der figürlichen Ranke deutlich wird. Die mit Palmetten gefüllte vertikale Ranke, eine etwas strengere Ableitung von der *candeliera*, entwickelte sich zu einem eigenen griechischen Motiv.

Der Begriff *candelabro* (ital., Plural *candelabri)* bezeichnet ein Schmuckmotiv in Form eines Kerzenständers oder einer Torchère [57, 164]. Von der *candeliera* unterscheidet sich der *candalabro* vor allem in einem Punkt: Die *candeliera* kann so phantastische Formen annehmen, dass man sie nur noch zweidimensional mit Far-

56 Marmorner Balustertisch mit Bronzefuß, der von drei Tierbeinen getragen wird, und mit Silber und Niello geschmücktem Bronzerand; aus Boscoreale, römisch, 1. Jahrhundert n. Chr.

57 Stich nach einem Relief mit konvex/konkav ausgearbeitetem Kandelaber-Ornament mit Akanthus auf einem Dreifuß aus Tierbeinen; römisch, publiziert in Paris 1719–1724 von Bernard de Montfaucon (aus *L'Antiquité expliquée*)

be, höchstens jedoch als Basrelief darstellen kann, während der *candelabro*, wie phantastisch er auch sein mag, immer auch als dreidimensionales Objekt realisiert werden könnte. In der antiken Skulptur begegnet er uns immer wieder auf Basreliefs und Steinmöbeln, oft in Verbindung mit einer Vase. Sein »gedrechselter« Ständer ähnelt in gewisser Weise den konkav/konvex gedrechselten Beinen griechischer und römischer Klinen [57].

Der einfachere Baluster ähnelt der *Candelabro*-Form und wurde sowohl in der Antike wie in der Neuzeit häufig in diese integriert. Er wurde auch oft als Möbelfuß verwendet, etwa bei einem römischen Tisch aus Marmor und Bronze [56]. In der Renaissance erfanden Baumeister und Bildhauer die so genannte Balustrade, nichts anderes als eine Reihe von Balustern. Sie avancierte besonders im Barock zum beliebten Möbelmotiv [243, 244].

Das Adjektiv »kandelaberförmig« bezeichnet dekorativ in die Länge gezogene Schäfte, die gedrechselt sein können, doch ohne dekorative Ausläufer, wie man sie häufig in pompejanischen Wandmalereien findet [37]. Viele etruskische und römische Bronzekandelaber besitzen diese plastische Form, römische Steinkandelaber dagegen sind in der Regel etwas gestauchter. Kandelaberförmige Ornamente waren stärker architekturgebunden als die *Candeliera*- und die *Candelabro*-Form. Auch der Renaissance-Brunnen, eine eng damit verwandte Form, wurde später oft in den *Candeliera*-Dekor mit einbezogen.

Karyatiden, Atlanten und Hermen

In der antiken Architektur verwendete man plastische Darstellungen der menschlichen Figur als konstruktives Element, etwa um ein Gebälk zu tragen. Eines der bekanntesten Beispiele sind die fein ausgearbeiteten Koren (weibliche Karyatiden) des Erechtheions auf der Akropolis in Athen. Die weiblichen Karyatiden finden ihre Entsprechung in den männlichen Atlanten, abgeleitet von dem mythischen Riesen Atlas, der die Welt auf seinen Schultern trug. Vitruv behauptete, dass diese männlichen Trägerfiguren ursprünglich persische Kriegsgefangene darstellten, die von den Griechen versklavt worden seien. Hermen waren ursprünglich Pfeiler, die den bärtigen Kopf des Gottes Hermes und an der Vorderseite einen Phallus trugen. Sie wurden als Meilensteine und zur Grenzmarkierung benutzt und sollten Unheil abwehren. Auch sie wurden später als tragende oder dekorative Bauglieder verwendet. Alle drei Formen fanden bereits in der Antike als Ornamente für Möbel Verwendung.

Antike Draperien: Velarium, Zelt und Baldachin

Antike Draperien wie Velarium und Baldachin haben ihren funktionalen Ursprung im Bereich textiler Vorhänge. Ungezwungenheit und Reiz des natürlicher Faltenwurfs ließen sich leicht auch extravagant, um nicht zu sagen kühn inszenieren und dadurch auf vielfältige Weise dekorativ einsetzen [261].

Die antike Draperie [39 E][158] bestand aus einem einfachen Vorhang, dessen eleganter Faltenwurf vermutlich durch schmale Stoffbahnen erzielt wurde. Ursprünglich verhängte man die Wände vermutlich, um die Wärme im Haus zu halten. Die Draperie erscheint schon früh als Dekor auf griechischen Vasen, in der römischen Skulptur und Malerei, aber auch auf Wand- und Deckenfresken ebenso wie in der Innenausstattung von Grabmalen, häufig auch als Motiv auf Mosaiken.

Das *velarium* war ein großes Stoffstück, das man wie eine Markise aufspannnte, um Hausbewohner oder Theaterbesucher vor der sengenden Hitze der griechischen oder italienischen Sonnenstrahlen zu schützen, und das sich in unendlich vielen Tönen färben ließ. In Form riesiger Sonnensegel wurde es etwa von den Sybariten verwendet, die sie aus Angst vor den Sonnenstrahlen entlang den Straßen aufstellten, die zu ihren Landhäusern führten.[159] Velarien oder lange Sonnensegel fanden Eingang in die römische Wanddekoration als Fresken oder in Stuck, wobei erstere auf Wänden oder Decken als ganzer, Halb- oder Viertelkreis dargestellt wurden, der jeweils von strahlenförmig verlaufenden Linien unterteilt war. Die Velarien und Markisen der Domus Aurea hatten ihr Vorbild wohl in den hellenistischen Palästen der Ptolemäer in Alexandria (Nero selbst zeigte großes Interesse an gräko-ägyptischer Kunst). Die Ähnlichkeit des Velariums mit einer Muschelschale stiftete oft Verwirrung, und selbst der ausgebildete Altertumswissenschaftler Piranesi bezeichnete es als *conchiglia* (Muschel).[160]

Dies lässt sich umso eher entschuldigen, wenn man weiß, dass es schon in der Antike mit einer Muschel in Zusammenhang gebracht wurde [39 D]: Ein entsprechendes Motiv aus der Villa Hadriana[161] ist halb Muschel, halb Velarium, wenngleich dort Troddeln als Abschluss der »Rippen« es wieder eher wie eine Markise wirken lassen. Das Velarium selbst wurde häufig mit Motiven wie Mäandermustern, Ranken und Fabelwesen dekoriert. Als eines der schönsten Ornamente der Antike geriet es niemals ganz in Vergessenheit, wurde besonders im späten 18. Jahrhundert als Möbeldekoration äußerst populär und fand bis ins 20. Jahrhundert häufige Verwendung.

Wie das Velarium hatte auch der Baldachin ursprünglich die Funktion eines Sonnenschutzes, war jedoch im Gegensatz zu diesem tragbar. Als Zeichen sozialen Ranges [2] ließ sich der hohe Adel des alten Assyrischen und Persischen Reiches damit beschirmen, begleitet von Fächerträgern. Persiens Herrscher saßen auf einem goldenen Thron, »umgeben von vier kleinen Pfeilern aus Gold, eingelegt mit Edelsteinen, worüber eine reich bestickte Purpurdecke gebreitet war«,[163] und die Niederlage des Xerxes wurde beklagt als Verlust eines goldenen Baldachins.[164] Die Konstruktion wird im Prinzip heute noch verwendet, abgesehen natürlich von den Edelsteinen. Die *aediculae*, in denen Liegesofas stehen, auf griechischen Vasenmalereien wirken ähnlich wie die von vier Pfosten getragenen Baldachine des 17. und 18. Jahrhunderts; der einzige Unterschied ist der, dass die Liege nicht im Zusammenhang damit steht.[165]

Velarien und Baldachine haben auch Ähnlichkeit mit Zelten. Diese wurden ebenso wie die Baldachine häufig mit Fransen und Lambrequins geschmückt [196], ein festliches Motiv, das bereits eine längere Tradition hat. Antike Draperien, Velarien, Baldachine, Zelte und Lambrequins wurden bevorzugt verwendete Ornamentformen, und auch das pompöse »Prunkbett«, das man aus der Renaissance und auch aus späterer Zeit kennt, war maßgeblich von diesen antiken Motiven beeinflusst [261, 263, 349, 580]. Ein späterer Abkömmling des Staatsbaldachins ist übrigens auch der fransenbesetzte Sonnenschutz jener prächtigen Kinderwagen, in denen man Säuglinge bis in die siebziger Jahre spazieren fuhr – der inzwischen jedoch durch den zusammenklappbaren Buggy verdrängt wurde, einen weniger noblen Nachfahren des hieratischen Faltstuhls.

Pergolen, Spaliere, Bäume, Vögel, Blumen und Blätter

Spaliere, Pergolen, Brunnen, Vögel und Blumenvasen hatten meist die Funktion, Darstellungen von Pflanzen und Bäumen auf römischen Wandgemälden formal zu gliedern und zu rahmen, doch sie erschienen nicht nur als Wandmotive, denn »viele Böden in den Gemächern der Männer waren von Künstlern mit Blumenmustern eingelegt …«.[166] Spalier begegnet uns in unterschiedlichen Anordnungen, unter anderem in Rautenform.[167] Viele römische Wandfresken mit Gartenmotiven strahlen jenen zwanglosen und lässigen Charme aus, der das Merkmal einer hoch entwickelten Kultur ist. Auch Blumen- oder Fruchtkörbe, Symbole der Fruchtbarkeit, tauchen häufig in diesem Zusammenhang auf [86]. All diese Motive wurden in der Renaissance wieder entdeckt und fanden später besonders in Rokoko und Transition bei der Dekoration von Möbeln reichlich Verwendung.

ganz oben **58** Geometrisches Gittermuster mit pflanzlichen Motiven. Detail eines Deckengemäldes aus Stabiae; römisch

oben **59** Verschlungenes Flechtbandmuster, teilweise gesäumt von vegetabilen Umrandungen; Detail der Mosaikdecke im Mausoleum der Constantia (S. Costanza), Rom, frühes 4. Jahrhundert n. Chr.

60 »Etruskische« Vase, so genannte »Dareios-Vase«, Volutenkrater; apulisch, um 425 v. Chr.; Details der Vasenmalerei vgl. [3]

Motive im Mosaikenverband: Rapport, Gitter und Flechtwerk

Der Terminus »Rapport« bezeichnet die regelmäßige Wiederkehr eines Musters innerhalb einer komplexeren dekorativen Gesamtkomposition.[168] Üblicherweise wird ein Dekor von einem äußeren Rahmen begrenzt. So banal dieses Prinzip auch erscheinen mag, es musste zunächst einmal entdeckt werden. Endlosrapporte auf der Basis geometrischer Grundformen wie Quadrat oder Raute wurden schon seit langem verwendet – etwa in Ägypten [661] –, doch erst als die realistische Darstellungsweise im Hellenismus einen Höhepunkt erreichte, tauchten auch nichtgeometrische Muster in Form von Rapporten in der antiken Kunst auf.[169] Geometrische Rapporte für Wand- und Fußbodendekoration kennt man besonders aus pompejanischer und hadrianischer Zeit [58, 334, 668].

Endlosrapporte in Form geometrischer oder verschlungener Muster, wie sie bevorzugt als Schmuckbänder auf Mosaikböden auftauchen, bildeten auch nach der Antike weiterhin eine wichtige Inspirationsquelle. Auch geometrische Muster waren oft sehr raffiniert und beweisen, dass das geometrische Prinzip Phantasie nicht ausschließen muss: Oft wirkt es geradezu anregend, wie römische Mosaiken demonstrieren, die eine ähnlich verspielte Doppelbödigkeit an den Tag legen wie Wandmalereien mit Scheinperspektive. Manche dieser Mosaikböden wirken geradezu verwirrend »illusionistisch« (im wörtlichen Sinn), indem die ganze Fläche mit einem Wimpernschlag in einer völlig anderen Perspektive erscheint und ebene Flächen sich vexierbildartig zu heben oder zu senken scheinen, je nachdem, wie man sie betrachtet [341].

Noch in der Zeit nach der Renaissance war man sich unter Altertumswissenschaftlern der langen Tradition und Vielfalt des Gitterwerks bewusst, seiner Verwendung im Assyrischen und Persischen Reich und der wichtigen Rolle, die Mosaiken bei seiner Vermittlung spielten.[170]

Eine hübsche neue Variante aus pompejanischer Zeit waren geometrische Gitter – etwa in Form von Rauten oder Kreisen –, die aus Blüten, Rosetten und Blättern gebildet wurden. In diese geometrisch-pflanzlichen Rahmen schloss man oft ornamentale Motive ein, wie mythologische Figuren, Tierdarstellungen oder Rosetten [58]. Botanische Motive wurden gerne zu Spiralen oder regelmäßig geformten Ranken angeordnet. Doch diese zauberhafte Erfindung kam in der Möbelkunst erst voll zum Tragen, als man im Frankreich des 18. Jahrhunderts Sekretäre und Kommoden mit Würfeln und Parketterie zu überziehen begann [340, 363].

Ein fortlaufendes verschlungenes Bandmuster, die Guilloche, die man auch unter der Bezeichnung »Flechtband« findet,[171] hatte man bereits in Mykene, Assyrien, Ägypten und im klassischen Griechenland verwendet. Häufig diente es zur Begrenzung römischer Mosaiken, als geschwungene Alternative zum rechtwinklig gebrochenen geometrischen Band. Bei spätrömischen Mosaiken nahm die Zahl der Bandstränge zu, und sie zogen sich verstärkt von den Rändern bis in die Mitte der Darstellung. Auch danach blieb die Guilloche weiterhin beliebt, so als häufiges Ornament bei William Kent und auf den Möbeln des *Regency Style*.

Ebenfalls bereits aus der Antike stammt ein besonderes Bandmuster aus kühn ineinander verschlungenen Strängen mit kreisförmigen Einschlüssen, das sowohl bei Fußbodenmosaiken häufig zum Einsatz gelangte als auch als festes formales Gerüst an römischen Deckengemälden, wo es feiner ausgearbeitete Details zusammenhielt. Nie ganz außer Gebrauch, begegnet es uns etwa in vereinfachter Form in Santa Costanza [59], war besonders beliebt bei den Kosmaten und wurde, nachdem es in der Renaissance eine Wiederbelebung erfahren hatte, wichtiger ornamentaler Bestandteil von Möbeln des 17. und frühen 18. Jahrhunderts [279].

Weitere formale und ornamentale Anregungen aus der Antike

Einige der oben beschriebenen Motive, etwa die antiken Draperien, waren zunächst selbst Artefakte. Bereits in der Antike zum Ornament erstarrt, wurden sie in dieser Form auch der Nachwelt vermittelt. Manchmal nahmen sie später wieder ihre »physische Gestalt« an, wie bei den antikisierenden Draperien des späten 18. Jahrhunderts [398]. Andere wiederum, die in der Antike selbst noch keine ornamentale Funktion besessen hatten, wurden erst später als Ornament oder Form funktionalisiert, einige davon, indem sie mehr oder weniger vollständig in neue Funktionszusammenhänge eingebettet wurden: So wurde der Steinsarkophag [185] im 16. Jahrhundert zur Truhe im Stil Michelangelos umfunktioniert [186]. Die folgende Auswahl beschreibt besonders solche Motive, die später in der Möbelkunst häufig als Inspirationsquelle für Formen oder Ornamente dienten.

Griechisch-römische Malerei und Skulptur

Dass Malerei und Skulptur schon immer als mächtige Katalysatoren bei der Herausbildung eines Stils wirkten, beweist das Beispiel Griechenlands besonders deutlich. Der Ruhm der bedeutenden griechischen Bildhauer und Maler – der die Werke der letzteren um mehr als 2000 Jahre überdauern sollte – wurde in literarischen Texten der Nachwelt vermittelt, von denen viele das Mittelalter überlebten und von der Renaissance an erneut Maler und Entwerfer inspirierten. Die Werke selbst wurden im ganzen Römischen Reich kopiert und häufig massenhaft in Marmor [251], Terrakotta, Wandgemälde, Mosaiken und andere Medien umgesetzt. Die Qualität dieser Kopien schwankt stark, besonders im Bereich der Malerei – so tauchen bedeutende Gemälde zufällig als Ornament an der Wand eines pompejanischen Hauses auf, oft verzerrt durch die Hand eines drittklassigen Malers –, doch die Intention des Originals bleibt in der Regel klar erkennbar, und im Falle der Skulptur ist die Kopie selbst oft von hervorragender Qualität.

In der römischen Porträtbüste gelang besonders kraftvoll die Verbindung von realistischer Darstellung und Stilisierung: kaiserliche »Majestät«, senatorische »Schwere« und vestalische »Strenge« lieferten hierfür beeindruckende Vorbilder. Büsten inmitten eines Medaillons waren häufige Motive an römischen Grabmalen, und auch die zeitgenössische Literatur beweist hinreichend die Bedeutung von Ahnenbüsten. Sie wurden in der Renaissance wieder aufgegriffen und in den Dienst der Außenarchitektur, Innenausstattung und Möbelkunst gestellt, entweder mit Medaillon wie beim römischen Typus [188] oder frei gestellt.

61 Dreifußtisch aus Marmor mit Herkules-Köpfen, die aus Akanthus-Blättern und Löwenpranken emporwachsen; römisch

rechts **62** Trophäe mit Rüstung, Schilden, Schwertscheiden und Köchern mit Pfeilen; römisch, publiziert in Rom 1753 von G. B. Piranesi (aus *I trofei di Ottaviano Augusto)*

63 Eros; griechische Terrakotta-Statuette, 2. Jahrhundert v. Chr.

Griechische Vasenmalerei

Obwohl weitgehend auf die Verwendung zweier Kontrastfarben beschränkt – Schwarz auf Rot, Rot auf Schwarz und verschiedene Abstufungen von Weiß –, vermitteln Keramikvasen der griechischen Antike [13, 60] einen recht guten Eindruck davon, wie ungezwungen und elegant sich das verlorene Wunder griechischer Malerei aus der Hand der größten Meister ausgenommen haben muss. Götter, Heroen und Hetären sind darauf inmitten von Möbeln, Textilien und Gegenständen wie Hausaltären dargestellt.

Vasenbilder wurden gewöhnlich von rechteckigen, quadratischen oder runden Rahmen begrenzt, die aus den verschiedensten Motiven bestanden, darunter auch linear angeordnete Architekturornamente wie Palmetten, Punkte oder sternförmige Muster. Einige abstrakte Motive erinnern an die traditionellen einander überkreuzenden Formen des Körbeflechtens, wodurch sich eine Nähe zum Gitterwerk ergab, das im 18. Jahrhundert neue Ornamentformen hervorbrachte. Andere Motive, besonders Mäander- und Flechtbandmuster aus einander durchdringenden Kreisen, Rauten und Quadraten, zeigen eine gewisse Ähnlichkeit mit chinesischen und japanischen Ornamenten [561–568].[172] Diese Analogien dienten später als Ansatzpunkte für die Synthese klassischer und orientalischer Stile seit dem späten 17. Jahrhundert. Die Formen der Vasen variierten zwischen würdevoller Rundung und schlanker Eleganz. Wie es d'Hancarville 1785 ausdrückte, lieferten sie dem Entwerfer über 200 neuartige Formen, und das aus der »reinsten Quelle«.[173]

Münzen, Gemmen und Kameen

Münzen, eine Erfindung der Lyder, tauchten erstmals im 7. Jahrhundert v. Chr. auf (in der Renaissance und auch später häufig irrtümlich »Medaillen« genannt) und wurden schon bald in ihrer Gestaltung immer aufwändiger [413]. Die Glyptik, das Schneiden von Schmucksteinen, erreichte in der griechischen Klassik und im Hellenismus ein noch höheres Qualitätsniveau. Gemmen und Kameen wurden von den Römern kopiert und gesammelt, die selbst wundervolle Stücke anfertigen ließen [445]. Sowohl Münzen wie Gemmen enthielten häufig Embleme – Eroten, Vögel und andere Tiere oder Werkzeuge wie Pflüge – oder Abbildungen griechischer Skulpturen. Münzen waren auf die Form eines Kreises beschränkt, während man für Gemmen und Kameen die ovale Form des Skarabäus bevorzugte [49]. Die Tatsache, dass man dem Dekor derartiger kleiner, an eine feste Form gebundener Gegenstände so viel Aufmerksamkeit widmete, erleichterte es später, sie ganz – in Form des antiken Originals oder als Kopie [385] – in Möbel zu integrieren. Münzen zeigten gewöhnlich auf der einen Seite die Darstellung eines Kopfes, römische Münzen das Profil eines Kaisers von so kraftvoller Vitalität, dass sich derartige Motive besonders für Entwerfer aus der Zeit während und nach der Renaissance als attraktiv erweisen sollten.

Götter, Heroen, Bacchanten, Eroten

Götter und Heroen aus der Mythologie sind ein häufiges Motiv antiker Gemälde und Skulpturen. Anders als die tierköpfigen Götter des Ägyptischen Reiches (die im augusteischen Rom zum Ornament wurden, 1800 Jahre bevor sie Piranesi wieder entdeckte) waren die Hauptgötter des Olymp recht wohlgestaltet, und die menschliche Gestalt in ihrer schönsten Ausprägung diente als Modell. Da die Menschen nach Ovid »in Gestalt der allversorgenden Götter«[174] gebildet waren, war auch nichts dagegen einzuwenden, wenn die hübsche und reiche Athener Hetäre Phryne als Modell für die Knidische Aphrodite des Praxiteles posierte.[175] In der Gestalt, in der griechische Maler und Bildhauer sie berühmt gemacht hatten, wurden die Götter für ewig in Bildern und Skulpturen, als Figurinen in Bronze und Elfenbein, auf Münzen, Gemmen, Öllampen und anderen Gegenständen festgehalten. Häufig wurden

sie dazu ihrer Staffage beraubt, die symbolische Funktion hatte und nun ihrerseits zu allegorischen Ornamenten wurde, die auf ihre Besitzer anspielten – Donnerkeil und Blitz auf Zeus (griech.)/Jupiter (röm.), der Schild auf Ares/Mars, Tauben und Pfau auf Aphrodite/Venus, Bogen, Köcher und Pfeile auf Eros/Cupido, der Heroldstab auf Hermes/Merkur, die Lyra auf Apollo(n), die Flöte auf Pan, der Thyrsos-Stab auf Dionysos/Bacchus. Weitere Austattungsgegenstände wurden neu erfunden: Zu den hübschesten Standardmotiven römischer Wandgemälde gehören zum Beispiel die Throne von Jupiter, Venus, Mars und Neptun, die sich nicht nur im Aussehen unterschieden – majestätisch, zierlich, einfach und massiv und wiederum majestätisch –, sondern auch mit Symbolen des jeweiligen Gottes geschmückt waren, als ob er seinen Platz nur für einen kurzen Augenblick verlassen hätte [40, 452]. Zu den populärsten Heroen-Gestalten gehörte Herakles/Herkules. Bei einem runden römischen Dreifußtisch aus Marmor [61] bekrönt sein Kopf Beine, die in Löwentatzen auslaufen, und wird seinerseits von einem Löwenhaupt wie von einer Kapuze hinterfangen, das aus Akanthuslaub erwächst – ein prächtiges Motiv, kraftvoll und würdig, das seinen Ursprung im Hermenpfeiler hat.

Mänaden/Bacchantinnen, die rasenden Dionysos-/Bacchus-Begleiterinnen, die Orpheus in Stücke gerissen haben sollen, wurden häufig im Tanz und auf Musikinstrumenten spielend dargestellt, sowohl in Stein [55] als auch auf Gemälden.[176] Zusammen mit Satyrn und Faunen[176] wurden sie zu beliebten Möbelornamenten [402], ähnlich wie Eroten oder Cupidos, die in schlanker [35, 63] oder pummeliger Gestalt [40] auftauchen; später wurden diese in der westlichen Möbeltradition je nach Quelle verschiedentlich variiert. Der englische Möbelentwerfer Thomas Sheraton etwa empfahl in seinen Musterbüchern den schlanken hellenistischen Typ, den er auf Wandgemälden in Herculaneum gesehen hatte [452].

Motive aus dem militärischen Umfeld

Eine der interessantesten Ornamentformen ist die Trophäe [62; 65 B]; sie geht ursprünglich auf die militärische Gepflogenheit der

64 Stiche römischer Weihrauchbehälter, publiziert in Paris 1719–1724 von Bernard de Montfaucon (aus *L'Antiquité expliquée)*

Griechen zurück, die Ausrüstung eines besiegten Gegners an einem Baum aufzuhängen. Die Epheser sollen eine Trophäe aus Messing für Alkibiades errichtet haben.[177] Die Trophäe erfreute sich ungebrochener Beliebtheit, ebenso wie andere Ornamenttypen aus dem Kontext militärischer Triumphe – Siegesgöttin [65 A], Lorbeerkranz, Siegespalme, Krone und Diadem. Trophäen konnten eher schlicht ausfallen – als einfache Stange mit einer bescheidenen Waffensammlung –, aber auch äußerst verschwenderisch, in Form riesiger Anhäufungen von Rüstungen, Schilden, Speeren und anderen Waffen. Die erstgenannte Form entsprach eher dem »griechischen«, letztere dem »römischen« Typus; beide kamen in der Renaissance zu neuen Ehren. Die Trophäe (auch in horizontaler Anordnung) avancierte zum beliebten Motiv in der antiken Architekturplastik und Groteskenmalerei. So hängen etwa auf einem Wandgemälde in Pompeji Trophäen an extrem in die Länge gezogenen, kunstvoll dekorierten »Palmen«-Säulen.[178] Nachdem man sich ihrer im 15. Jahrhundert wieder erinnert hatte, erwiesen sie sich als unendlich vielseitig und wurden besonders von kriegslüsternen Herrschern gerne als Ornament verwendet – den *condottieri* (Söldnerführern) der Renaissance, Ludwig XIV. und anderen ambivalenten Charakteren. Im Rokoko wurde das Motiv mit amourösen und musikalischen, ja sogar mit religiösen Details versehen, und auch moderne Waffen wurden darin integriert. Trophäen wie Waffenhaufen kommen häufig als Möbeldekor vor [65 C; 342].

Schilde (oft in gotischer Form) und Standarten funktionierte man im späteren 18. Jahrhundert zu Standschirmen um, mit der neuartigen Aufgabe, die Gesichter vornehmer Damen vor Funken zu schützen [407]. Der Gedanke, militärische Ausrüstungsstücke als Möbel zu nutzen, wurde noch ausgeweitet: Es gibt ein napoleonisches Tabouret, an dem eine Trommel zur Sitzfläche und Säbel zum Gestell umformuliert wurden.

Altäre, Ossarien und Sarkophage

Nur wenige Gegenstände der antiken Gebrauchskunst entfalteten ähnlich starken Einfluss auf die Möbelkunst der Neuzeit wie Altäre [10 M], Ossarien [7] und Sarkophage [65, 185]. Sowohl in ihrer Form als auch in ihrer Dekoration wirkten sie modellhaft für eine Vielzahl von Objekten, vom Weinkühler über Sofas bis hin zur Kirchenkanzel. Altäre zeigten meist ähnliche Motive wie Tempel – die religiösen Gründe dafür liegen auf der Hand. Antike Sarkophage blieben bis in die heutige Zeit in großer Zahl erhalten, und in Italien fanden sie nicht selten als Altäre oder für bedeutende Tote Wiederverwendung. Sie zeigten häufig eine imposant geschwungene Form [65 D], ähnlich wie die Steinbadewannen, die ihrerseits die Nachwelt zur Nachahmung herausforderten. Girlanden, Palmen, Eroten, Porträtmedaillons, Fackeln und andere Ornamente bildeten meist ihren Schmuck, doch besonders zwei dieser Ornamente sollten sich als einflussreich erweisen.

Zunächst die Strigillierung [65 E; 477], ein Kerbmotiv, das sich vom lateinischen Begriff *strigilis* ableitet, dem Wort für ein gebogenes Schabeisen, das der Hautreinigung bei Toilette und rituellen Waschungen diente – daher erscheint es auch im Zusammenhang mit religiösen Symbolen auf Altären und Sarkophagen. Das zweite Motiv ist die gegenläufige Volute [65 F; 477], eine einzelne stilisierte Ranke, die mit einer anderen, in die entgegengesetzte Richtung gerollten verbunden wird. Allgegenwärtig in der Antike, wurde sie häufig verwendet, um ein horizontales Konstruktionsglied dekorativ abzuschließen. Dieses einfache, aber wirkungsvolle Motiv sollte nach der Renaissance die westliche Kunst enorm bereichern (S. 175).

Urnen, Vasen und anderes

Urnen und Vasen in ihrer beachtlichen Vielfalt wurden schon in der Antike ornamental verwendet; in Kombination mit Draperien und Girlanden nehmen sie Bezug auf antike Bestattungspraktiken.[179] Kanopen, ägyptische Krüge, die Eingeweide von Toten oder kleine Mumien wie die von Katzen aufnehmen sollten, wurden in späteren Jahrhunderten als Möbelornament nachgeahmt [609]. Zu den Gegenständen, die bereits in der Antike ornamental verwendet wurden, gehören Objekte wie Dreifüße, Tempel, Krüge und verschiedenste Werkzeuge. Auch Haushaltsgegenstände aller Art, wie Ständer für Kohlebecken oder Lampen [459] sowie Öllampen in ihrer ganzen bizarren Vielfalt, aber auch Musikinstrumente, sollten zu Möbeldekorationen werden.

Die Geschichte des Mobiliars unserer westlichen Kultur ist größtenteils die der Entfaltung und Wiederentdeckung des antiken Erbes, ganz im Sinne der alten Frau, die angesichts der aus einem leeren Weinkrug aufsteigenden Düfte ausrief: »O suavis anima, quale in te dicam bonum / antehac fuisse, tales cum sint reliquiae!« (Oh süßer Geist, wie prächtig musst du gewesen sein, / wenn noch deine Überreste so herrlich sind!)[180]

65 Römische Standarten, Trophäen, eine Siegesgöttin und Sarkophage. Detail einer Kupfertafel, publiziert in Paris 1802 von J. N. Durand (aus *Recueil et parallèle des édifices de tous genres, anciens et modernes)*. Die darüber stehenden Buchstaben beziehen sich auf die Erwähnungen im Text.

II Der Niedergang der Klassik 300-1450

II *Kapitel 1* Der Fall des Weströmischen Reiches: Kunst und Möbel der »Barbaren«

vorhergehende Seite **66** Vorderfront des Throns des Maximian, Holz mit Tafeln aus geschnitztem Elfenbein (Detail); Konstantinopel (?), um 546–556

Das Weströmische Reich ist in seiner Spätphase im politischen wie im sozialen Bereich von Verfallserscheinungen gekennzeichnet, die auch durch gelegentliche Reformbemühungen nicht aufzuhalten waren. Erst die Gründung des Oströmischen Reiches durch Kaiser Konstantin mit seiner neuen Hauptstadt Konstantinopel im Mai des Jahres 330 stellte einen positiven Impuls dar – ein Ereignis, das nicht nur von großer politischer, sondern auch von ästhetischer Tragweite war, denn damit verlagerte sich das kulturelle Zentrum in Richtung Osten, wo sich eine reiche, seltsam hybride Mischkultur aus antiken und orientalischen Einflüssen entwickelte. Im Westen nahm zur gleichen Zeit die Katastrophe ihren Lauf und kulminierte in der Plünderung Roms durch die Barbaren in den Jahren 390 und 410 sowie der Absetzung des letzten Kaisers, der – Ironie des Schicksals – den Namen Romulus Augustulus trug, durch die Ostgoten im Jahr 476. Das Weströmische Reich lag in Trümmern, hörte allerdings nicht auf zu existieren.

Bereits mehr als ein Jahrhundert vor dem Debakel hatten sich auch im Bereich der römischen Kunst unverkennbar Verfallserscheinungen bemerkbar gemacht. Und selbst herausragende Beispiele spätantiker Architektur, wie der riesige Palast in Split (um 300 n. Chr.), in den sich Kaiser Diokletian zurückzog, um Gemüse anzupflanzen, werden von dem Historiker Gibbons als »nicht weniger symptomatisch für den Verfall der römischen Kunst« angesehen als »für die Größe des Römischen Reiches in der Zeit Diokletians«.[1] Hier finden sich prächtige Exemplare säulengestützter Arkaden [17] – eine römische Entwicklung, die bereits im Landhaus Kaiser Hadrians in Tivoli [16] Anwendung gefunden hatte, seither nicht wieder außer Mode kam und später auch als Schmuckmotiv an Möbeln erscheint [208, 512]. Skulptur und Malerei der römischen Spätantike präsentieren sich hingegen plump und dekadent, und schon in der Renaissance stellten Kritiker wie Raffael fest, dass der Triumphbogen des Konstantin (315 n. Chr.) nicht nur mit wieder verwendeten antiken Skulpturen geschmückt war, sondern auch mit derben, kurzbeinigen und großköpfigen Wesen in Togen, die sich als Werke zeitgenössischer, volkstümlicher Skulptur offenbaren. Erst die Kunstkritik jüngerer Zeit sieht diese Arbeiten mehr als Ausdruck eines bewussten Formwillens denn als Ergebnisse primitiver Herstellung und mangelnden technischen Könnens. Der Kaiser selbst beklagte sich allerdings über einen Mangel an Architekten und verfügte mittels Edikten die Förderung von Bildhauern, Malern, Mosaikkünstlern, Möbeltischlern und Goldschmieden, mit dem Ziel, »größeres Geschick zu erwerben und auch ihre Söhne auszubilden«.[2]

Konstantin befleißigte sich einer extensiven Bautätigkeit, auch wenn der Abriss seiner Basilika zugunsten des Petersdoms im frühen 16. Jahrhundert dazu führte, dass man deren fundamentalen Einfluss lange Zeit unterschätzte. Sie barg unter anderem einen Baldachin mit geschwungenen »Salomonischen« Säulen über den Reliquien des Heiligen, ein antikes Motiv, das sich später auch in der Möbelkunst als bedeutsam erweisen sollte, nicht zuletzt weil Bernini es für seinen Neubau des Peterdoms verwendete [264]. Auch das Mausoleum für Konstantins Tochter Constantia, das um 350 in Rom errichtet wurde, entfaltete mehr als fünzehnhundert Jahre lang beträchtlichen Einfluss auf Architektur und angewandte Kunst [54, 59]. Konstantins Bauwut machte auch vor den Provinzen nicht Halt. In Trier beispielsweise ließ er mit der so genannten Basilika eine Repräsentations-Aula mit nackten Wänden ohne Säulen errichten, deren regelmäßig fortlaufende, prächtige Bogenstellungen bereits die Romanik vorwegnehmen. Seine Gebäude waren weithin bekannt, und Arkaden und Bogen, in der spätantiken Architektur und auf Sarkophagen allgemein gebräuchlich, fanden auch Eingang in die byzantinische Architektur.

Zu den spätantiken Kirchenbauten, die die Zeiten überdauern und spätere Jahrhunderte beeinflussen sollten, zählt auch Santa Maria Maggiore in Rom (432–440), wo die ältere klassische Basilika-Form fortlebte. Die Mosaiken stehen in der großen Tradition der römischen Kaiserzeit, die trotz des Niedergangs nach 500[3] ihre Vorbildwirkung nie ganz verlor. Aufrecht erhalten durch gelegentliche Künstler-»Importe« aus Konstantinopel,[4] fand sie ihre Fortsetzung in den Arbeiten der Cosmaten [107] und entfaltete später großen Einfluss auf die Kunst der Renaissance.

Die Monumentalkunst nördlich der Alpen erlebte zwischen 500 und 700 einen deutlichen Niedergang. Über sechs Generationen hielt diese Phase an, in der grundlegende architektonische Fertigkeiten wie die römische Mörteltechnik, monumentale Gewölbekonstruktionen und städtebauliche Großprojekte weitgehend in Vergessenheit gerieten. In einigen Gebieten Frankreichs und Italiens war die Situation weniger desolat, nicht zuletzt durch den fortgesetzten Austausch mit Konstantinopel. In der Bautradition der Langobarden im 7. Jahrhundert überlebten die römischen Techniken, die die Grundlage für die Romanik bilden sollten. Doch im 11. Jahrhundert war das Bauhandwerk im Großen und Ganzen so weit im Verfall begriffen, dass bei größeren Gebäuden nicht einmal mehr die Statik gewährleistet schien.[5] Erst Einflüsse aus dem Osten gaben hier neue Impulse.

Dieser allgemeine Degenerationsprozess, der von sozialer Orientierungslosigkeit begleitet war, brachte auch den Verfall von Formen und Techniken mit sich. Zwar gab es weiterhin Holzschnitzereien, Malereien und Mosaiken, doch die besten Arbeiten wurden aus Konstantinopel importiert. Der Metallguss überlebte nur zu rein funktionalen Zwecken, doch raffiniertere Techniken wie Einlegearbeiten, die man über unzählige Generationen verwendet hatte, kamen nahezu im gesamten Weströmischen Reich außer Gebrauch – selbst Nut-und-Feder-Verbindungen gerieten weitgehend in Vergessenheit. Möbelformen, die wie der Klismos oder das Liegesofa jahrhundertelang Ausdruck eines kultivierten, luxuriösen Lebensstils gewesen waren, verschwanden völlig. Manches allerdings überlebte in vereinfachter Form, besonders was zur Darstellung von Autorität diente, die man in dieser Zeit so dringend benötigte. Die *sella curulis* etwa avancierte vom Königs- zum Bischofsstuhl, ebenso der antike Steinthron mit runder oder geradliniger Rückenlehne.

Auflösung und Wiedergeburt

Trotz aller politischen und sozialen Katastrophen, die über das Weströmische Reich hereinbrachen, gelang es der großen Kultur der griechisch-römischen Antike in der bildenden Kunst und Literatur des Westens als eine Art Gespenst zu überleben, das sich allerdings als erstaunlich widerstandsfähig erweisen sollte. Teil dieser Kultur waren nicht nur die Päpste, die in Rom selbst auf ihren Faltstühlen thronten, wie der »Geist des hingeschiedenen Römischen Reichs, der im Krönungsornat auf seinem eigenem Grab sitzt«.[6] Sie trugen zum Überleben eines nostalgischen Konservatismus bei, der niemals sterben sollte, und spielten später in der Renaissance eine führende Rolle bei der Wiederentdeckung der antiken Literatur und Kunst. Auch die Goten, germanische Barbaren, die das Weströmische Reich im 5. Jahrhundert überrannten, ahmten die Zivilisation nach, die sie unterworfen hatten, und wurden schnell

67 Keltisches Ornament mit einem »eingesperrten Körper«, Knotenwerk und geometrischen Mustern. Detail aus dem Anfangskapitel des Markus-Evangeliums im *Book of Kells*, entstanden in Lindisfarn oder Iona, um 850–920

68 Verschlungenes romanisches Ornament mit »eingesperrtem Körper«, Fabelwesen und Rankenwerk, das die Initiale »A« bildet. Aus einer Handschrift aus Canterbury; englisch, um 1100–1130

»Römer«. Sogar in dem am wenigsten romanisierten Nachfolgereich, dem der fränkischen Merowinger in Gallien, hielt man im 6. und 7. Jahrhundert an den alten Herrschaftstraditionen fest, und selbst fränkische Laien konnten ein unverfälschtes Latein lesen und schreiben, wie es bis etwa 800 auch allgemein gesprochen wurde. Die Merowinger selbst »waren zu keiner Kunstäußerung fähig, die von denen des Römischen Reiches abwich«.[7]

Nach dem Niedergang des Merowinger-Reiches signalisierte das Verschwinden der Bischöfe im Süden Galliens von etwa 680 an bis ins 10. Jahrhundert ein allgemeines Verlöschen urbanen Lebens, und ab etwa 650 kam die römische Kultur in Europa vollständig zum Erliegen. Die lähmenden Effekte der Barbaren-Invasionen wurden noch verstärkt durch die katastrophalen Auswirkungen der islamischen Expansion. Die Anhänger des Propheten Mohammed, der im Jahr 632 gestorben war, beglückten die Welt mit einem neuen, verheerenden Konzept: dem des »Heiligen« Kriegs. Um 700 war der westliche Teil des Mittelmeerraumes fest in der Hand des Islams, der die Grenzlinie zwischen zwei Zivilisationen bildete, und um 750 umfasste das islamische Herrschaftsgebiet neben Spanien auch den Süden Frankreichs und einen großen Teil des altehrwürdigen Byzantinischen Reichs. Konstantinopel war, wenngleich ohne Erfolg, mehrmals belagert, Rom ein weiteres Mal geplündert und Sizilien im 9. Jahrhundert von den Sarazenen erobert worden.

Der Mittelmeerraum war damit nicht länger ein politisch wie kulturell kohärentes Gebiet und Rom nicht mehr die führende Stadt. Zahlreiche Erschwernisse brachten den Handel fast vollständig zum Erliegen – allerdings nicht ganz, da die Juden weiterhin als ökonomisches Bindeglied zwischen Islam und Christentum fungierten. Sie importierten Textilien aus Konstantinopel und dem Osten nach Spanien, von wo aus sie in die fränkischen Königreiche gelangten.[8] Der östliche Mittelmeeraum wurde weiterhin vom Byzantinischen Reich dominiert, das engen Kontakt zu Venedig hielt. Im 9. Jahrhundert bestanden über Russland auch Handelskontakte zwischen Skandinavien und der islamischen Welt, durch die islamische Handelsgüter bis nach Skandinavien und in die Niederlande gelangten. Die ökonomische Wiedergeburt des 11. Jahrhunderts, die in den Niederlanden und in der Republik Venedig ihren Anfang nahm, wurde nicht unerheblich durch die Kreuzzüge beeinflusst.

Als unmittelbare Folge der islamischen Vorherrschaft begann das Gold knapp zu werden, und es wurden kaum noch Münzen geprägt. Die Geldzirkulation erreichte einen Tiefststand, wodurch Steuerwesen und Handel stark behindert wurden. Exotische Produkte wie Papyrus, Gewürze oder Seide verschwanden ganz von den Märkten oder wurden zumindest äußerst rar. Laien konnten nicht länger lesen und schreiben. Städte wurden zu Festungen ausgebaut, Landhäuser als bäuerliche Betriebe genutzt. Eine primitive Agrarkultur verdrängte zunehmend die kultivierte städtische Zivilisation. Das Unvermögen der Machthaber in ganz Europa, Bevölkerung und Handelswaren wirksam zu schützen, führte zum Aufblühen eines Feudalismus, den man als »grob organisiertes Durcheinander« charakterisieren könnte,[9] und individuelle Gesetzgebung trat an die Stelle übergreifender staatlicher Macht.

Im Jahr 751 setzte der karolingische Hausmeier Pippin d. J. den letzten Merowinger-König ab und gründete eine neue Dynastie. Und als sich im Jahr 800 das Papsttum mit dem Barbaren-Herrscher in einem konspirativen Akt zusammenschloss, um im Westen das alte Römische Reich neu zu etablieren, bedeutete dies letztlich nichts anderes als die seltsame Würdigung eines Gebildes, das bereits 400 Jahre zuvor aufgehört hatte zu existieren. Das neue Reich Karls des Großen signalisierte einen fundamentalen Wandel: Der Norden herrschte nunmehr über den Süden, und die politische und ästhetische Kultur wurde gleichermaßen von germanischen wie römischen Traditionen geprägt. Auch der Begriff »Europa« tauchte erstmals in der Geschichte auf. Doch der alte Bann war noch nicht gebrochen, und das »Heilige Römische Reich« förderte die Wiederbelebung der Antike mit Hilfe angelsächsischer Missionare,[10] die sich im 7. Jahrhundert der griechisch-römischen Kultur angenommen hatten und ein korrektes klassisches Latein sprachen und schrieben.

Die Wiederbelebung des Reichsgedankens unter Karl dem Großen erwies sich später als nicht resistent gegenüber fortschreitenden Störungen, die durch die Angriffe von Wikingern und Magyaren weiter verschärft wurden. Das 9. Jahrhundert markiert einen Tiefpunkt im Schicksal Europas. Nur in den großen Klöstern, die selbst autonome Siedlungen bildeten, wurden die kulturellen Aktivitäten, die in den Städten ganz versiegt waren, weiter gepflegt. Die mächtigen Haushaltungen kirchlicher und weltlicher Fürsten, selbst die der Könige, wurden zunehmend mobil. Mangelwirtschaft und mobile Lebensweise hatten fundamentalen Einfluss auf Möbel und ihren Dekor, denn sie wirkten kaum förderlich für einen eleganten Lebensstil. Textilien lassen sich sehr leicht transportieren, Möbel nicht. Als Folge wurden kunstvollere Möbel nur noch für den dauernden Verbleib in Kirchen gefertigt, während sich das Mobiliar aus Burgen im wörtlichen Sinne dauernd »in Bewegung« befand. Zwar nahmen im 11. Jahrhundert Handel und städtische Kultur langsam einen Aufschwung, doch der Weg auf das frühere Niveau war lang und mühsam.

Kunst und Möbel der »Barbaren«

Die barbarischen Völker des »finsteren Mittelalters« besaßen eine eigene Kultur. Diese verbreitete sich im Zuge des Handels weiträumig und nahm dabei die verschiedensten Wege. Zu den gängigen Ornamenten gehörten Ranken, Fabelwesen, Mäander und Flechtmuster. Letztere lassen sich manchmal buchstäblich nicht unterscheiden von der antiken Guilloche, byzantinischen Zopfmustern, von denen sie stark beeinflusst waren, oder islamischen Motiven, die aus derselben Quelle stammten. Der byzantinische Zopf verbreitete sich über Italien in Richtung Norden und wurde zunächst von den Langobarden und später auch von anderen germanischen Stämmen übernommen. In Verbindung mit dem Knoten entwickelte er sich dort zu einem eigenständigen Motiv. Die Kunst, Knoten zu knüpfen, war eine grundlegende Fertigkeit der barbarischen Nomadenvölker. Sie entwickelten immer differenziertere Knotenformen, die, nachdem die einstigen Nomaden sesshaft geworden waren, auch diejenigen Ornamentformen beeinflussten, die ihre Schöpfer aus anderen Quellen übernahmen.

Auf diese Weise bereicherte und ergänzte man den byzantinischen Zopf durch verschlungene Knotenmotive [67], geometrische Knoten und aus dem keltischen Motivschatz stammende Fabelwesen, die in Knoten verschlungen waren.[11] Diese hybriden Ornamente[12] fanden Eingang in die Hauptströmungen der europäischen Kunst, in der sie nahezu unbegrenzt überlebten. So tauchen sie beispielsweise häufig als Ornament in der Buchmalerei auf [68] und wurden auch von Künstlern der italienischen Renaissance immer wieder verwendet. Nachdem man sie im 19. Jahrhundert in ihrer ursprünglichen Form wieder entdeckt hatte, trugen sie zur Ausbildung neuer, oft sehr individueller Stilformen bei.

Giraldus Cambrensis, ein walisischer Chronist aus dem 12. Jahrhundert, zeigte sich um 1185 vom Knoten fasziniert: »Unglaubliche Kunstfertigkeit war hier am Werke, ohne dass du es bemerkst. Sieh genau hin, und du wirst ins Allerheiligste der Kunst vordringen. Du wird Einzelheiten ausmachen, so köstlich und fein, so exakt und komplex, so voller Knoten und Verbindungsglieder, mit Farben so frisch und lebendig, dass man glauben möchte, dies sei das Werk eines Engels und nicht eines Menschen ...«[13] Er bezog sich damit auf illuminierte Handschriften, eine der bemerkenswertesten Errungenschaften barbarischer Kunst [67], die von irischen und angelsächsischen Mönchen über ganz Europa verbrei-

69 Bronzespiegel aus Desborough, Northamptonshire, mit keltischen Rankenornamenten, die in der Breite variieren; britisch, um 100 v. Chr.–100 n. Chr.

tet wurden. Sie verwendeten Motive aus beinahe allen verfügbaren Quellen, insbesondere aus der Kunst der Kelten und Wikinger, später auch aus der Romanik des ausgehenden 11. Jahrhunderts, sowie geometrisches und geschwungenes Flechtwerk aus der koptischen Kunst, die ihrerseits auf antike Mosaiken Bezug nahm. Koptische Mönche, die vor der arabischen Invasion Richtung Westen geflohen waren, hatten vermutlich auch Bücher mitgebracht.[14] Im Sinne unseres Themas kann man diese Kunst grob gesehen drei Volksgruppen zuordnen: Kelten, Germanen und Wikingern. Allerdings waren die »Barbaren« eine äußerst heterogene Gruppe, in der sich Rassen ebenso wie künstlerische Motive munter mischten.

Die Kelten lassen sich spätestens ab dem 5. Jahrhundert v. Chr. als eigene Gruppe identifizieren. Ihre Herkunft liegt weitgehend im Dunklen, auch die Frage, ob die Sprachen, die man heute als »keltisch« bezeichnet, wirklich mit ihnen in Verbindung gebracht werden können. Vom Zentrum des europäischen Festlandes aus verbreiteten sie sich in alle Richtungen: in Italien, auf dem Balkan und in Anatolien, in Gallien und auf den Britischen Inseln. Die meisten Kelten-Stämme gingen im Römischen Reich auf, nur im äußersten Westen von Irland und Britannien überlebten sie als eigenständige Kultur. Die Kelten entwickelten große Meisterschaft darin, fremde Motive zu imitieren und diese Kopien neu abzuwandeln. Hierzu zählten beispielsweise Sphingen, Greifen und Löwen, die in ihren keltischen Abwandlungen auch den Motivschatz der Germanen und Wikinger bereicherten. Man liebte besonders abstrakte Ornamente, etwa die keltische Ranke, eine der faszinierendsten keltischen Entwicklungen, die aus einer pflanzlichen Form abgeleitet war. Sie ist charakterisiert durch sich verjüngende Enden [69] und ähnelt hierin ganz auffällig einem Rankenmotiv aus der islamischen Kunst [177, 648].[15] Dort findet man zudem eine gewisse Neigung zu Sinnestäuschungen, wie sie sich auch in der keltischen Kunst bemerkbar macht, in Form von abstrahierenden Darstellungen, die gleichwohl nicht völlig abstrakt sind. Andere Motive treten ähnlich »unterschwellig« in Erscheinung, so beispielsweise Vogel- oder Stierköpfe. Diese seltsamen Motive kommen in späteren Zeiten wieder in der europäischen Kunst vor, besonders auffällig im Ohrmuschelstil des 17. Jahrhunderts [239] oder im frühen Jugendstil des 19. Jahrhunderts.

Die germanischen Stämme, die in Europa einfielen – besonders die Franken, die Ost- und Westgoten sowie die Langobarden –, entwickelten keine wirklich eigenständige Kunst. Ihre traditionellen Ornamentformen blieben auf das gemeine Volk beschränkt, während sich ihre Herrscher an den Römern orientierten. (Der Gotenkönig Theoderich etwa hatte zehn Jahre in Konstantinopel verbracht.) So findet man Abbildungen von Tieren, Fabelwesen und andere Ornamente, die mit ihren betonten Umrisslinien an die Technik des Cloisonné erinnern, deren Ursprünge in Persien und Südosteuropa lagen und die die Römer *ars barbarica* nannten. Im späten 19. Jahrhundert wurde sie wieder entdeckt und entfaltete ihren Einfluss auch auf die Möbel.

Die Wikinger oder »Nordmänner«, die aus dem äußersten Norden Europas kamen, siedelten sich zwischen 800 und 1000 in Irland, Britannien und der Normandie an und lebten von einer Kombination aus Terror und Handel. Sie bildeten die gefürchtete Waräger-Garde des byzantinischen Kaisers, und ihre Runenschrift findet man nicht nur in der Hagia Sophia, sondern auch auf dem nordamerikanischen Kontinent. Im späten 11. Jahrhundert befreiten sie Sizilien von den Sarazenen und etablierten dort eine faszinierende islamisch-normannische Mischkultur. Sie erlebte unter dem Stauferkaiser Friedrich II. ihren Höhepunkt, der auch die Proto-Renaissance im Süden Italiens und auf Sizilien förderte.

rechts oben **70** Byzantisches Ornament, das eine kaiserliche Jagdszene mit Löwen und anderen Tieren in heraldischer Gegenüberstellung zeigt. Die Umrandung bildet ein für die byzantinische Kunst typisches Muster mit Tierdarstellungen in medaillonartiger Umrahmung. Detail eines Seidengobelins; Konstantinopel (?), um 800

rechts **71** Geschnitzter Stuhl aus Eichenholz, aus der Kirche in Heddal, Telemark, Norwegen; skandinavisch, 12. Jahrhundert

unten **72** Wikinger-Bank aus geschnitztem Holz aus der Kirche in Kungsara in Västmanland, Schweden; skandinavisch, um 1100

73 Tischplatte aus Eichenholz mit Bemalung aus dem frühen 16. Jahrhundert, Winchester Castle; englisch, Ende des 13. Jahrhunderts (?)

Typische Merkmale der Wikinger-Möbel weist eine Bank aus der Zeit um 1100 auf [72], mit einem Paar prächtig geflügelter und ineinander verschlungener Fabelwesen. Ihre seitlichen Flügel offenbaren jene auffällige Tendenz zur Abstraktion, wie sie für die »Barbarenkunst« charakteristisch ist. Monsterköpfe schmücken ihre Rückenlehne, deren geschwungene Linien an ein Wikingerschiff denken lassen. Die einzelnen Teile werden durch Schlitz-und-Zapfen-Verbindungen zusammengehalten und zeigen einen ähnlichen Grad ornamentaler Raffinesse wie Möbeldarstellungen in zeitgenössischen illuminierten Handschriften. Ein norwegischer Stuhl aus etwa derselben Zeit, ebenfalls mit sichtbaren Schlitz-und-Zapfen-Verbindungen, ähnelt mit seinem Rahmen der Darstellung des Throns der Jungfrau Maria auf einer Bildtafel am Thron des Maximian [79], eine Grundform, die auf die Antike zurückgeht. In ihrer Ornamentik ist sie jedoch ganz der skandinavischen Kunst verhaftet – mit Knoten, geometrischem Flechtwerk und Fabelwesen, die in Ranken verstrickt sind oder einander in heraldischer Form gegenüberstehen. Die Mitte der Rückenlehne nimmt ein »keltisches« Kreuz ein. Ein anderer Stuhl aus Norwegen, der etwa ein Jahrhundert jünger ist [71], zeigt auf der Rückenlehne heraldische Reiterdarstellungen neben abstrahiertem Laubwerk und verschlungenen Ranken, ein Motiv, das seinen Weg vermutlich über die byzantinische Kunst fand [70], sowie äußerst plumpe Spiralsäulen zwischen Sitz und Rahmen – auch dies ein Motiv aus der römischen oder byzantinischen Kunst.[16]

Zerlegbare Möbel und »offene« Konstruktion

Die oben beschriebenen Möbel spiegeln den verfeinerten Geschmack einer Oberschicht. Von den einfachen Gebrauchsmöbeln aus den turbulenten Zeiten des Mittelalters sind jedoch nur sehr wenige Beispiele überkommen, und diese enthalten häufig verdeckte Anspielungen. Ein Stuhl, der zum Gegenstand wissenschaftlicher Kontroversen wurde,[17] der »Thron des Augustinus«, der in der Kathedrale von Canterbury verwahrt wird, könnte just derjenige sein, von dem sich der Heilige unhöflicherweise nicht erhoben haben soll, als sich ihm im Jahr 603 die keltischen Bischöfe näherten, was ein Gemetzel schrecklichster Art und schließlich die Kirchenspaltung auslöste.[18] Ein so wenig einnehmendes Objekt musste schon eine bedeutende Provenienz aufweisen, um über Jahrhunderte hinweg aufbewahrt zu werden. Es handelt sich dabei um einen zerlegbaren Stuhl, den man für den Transport oder eine Predigt im Freien schnell demontieren konnte.

Die unstete Lebensweise in den Familienverbänden und die Notwendigkeit zu flexibler Nutzung der häuslichen Räume förderte die Verwendung solch zerlegbarer Möbel, die über das frühe Mittelalter hinaus bis in Romanik und Gotik und sogar später noch in Gebrauch blieben. Das konstruktive Prinzip tritt hier offen zutage in Form funktionaler, herausziehbarer Stifte und Keile, die deutlich hervorstehen und sich um die Mitte des 19. Jahrhunderts wieder großer Beliebtheit erfreuen sollten [488, 494]. Im Entwurf waren sie zuweilen äußerst konservativ, wie der verbreitete Typus des einfachen, zerlegbaren Tischs aus dem 15. Jahrhundert [495]. Seine drei leicht gespreizten flachen Beine, die zum Boden hin breiter wurden und durch Stege verbunden waren, lassen sich sowohl mit dem Tisch eines römischen Metzgers vergleichen[19] wie auch mit den Beinen ägyptischer und griechischer Schemel.

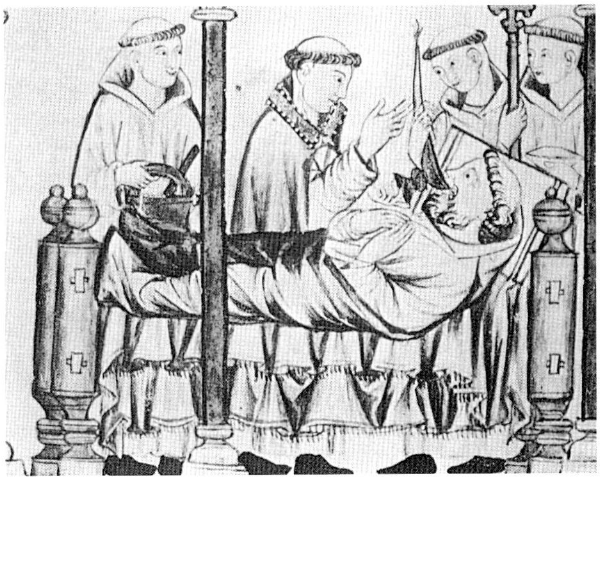

74 Zerlegbares gedrechseltes Himmelbett mit herausziehbaren Stiften; Illustration aus einer spanischen Handschrift des späten 13. Jahrhunderts

Auch andere Charakteristika antiker Möbel scheinen in den zerlegbaren Typen überlebt zu haben, etwa in Betten, Tischen oder Buffets. Ein spanisches Bett beispielsweise [74], an dem sich eine düstere Szene abspielt, besitzt an beiden Enden massive Pfosten mit Zapfen. Diese sind mit Stiften fixiert, die man offensichtlich entfernen kann. Abgesehen von gedrechselten Elementen (S. 60) an Himmel und Sockel unterscheidet es sich kaum von einem häufig vorkommenden antiken Bettentyp, dessen Füße gewöhnlich in einer Spitze auslaufen [269]. Auch in den Wohnräumen der Gotik benutzte man häufig zerlegbare Tische mit zusammenklappbaren Platten auf großen, groben Tischböcken, die mit ihren x-förmigen Gestellen an den antiken Faltstuhl erinnern.

In Winchester, einer Stadt, die als frühe Zeremonialstätte eng mit den Sachsenkönigen verbunden ist, findet man eine runde Tischplatte von 5,5 m Durchmesser [73], die aus mindestens zwölf Eichenstämmen gefertigt ist und ohne Gestell 1 1/4 Tonnen wiegt. Die Überlieferung bringt sie mit König Artus und Königin Guinevere und damit mit dem mittelalterlichen Sagenkreis um Artus' Tafelrunde in Verbindung. Erst in jüngster Zeit durchgeführte Untersuchungen ergaben, dass der Tisch in die Regierungszeit König Eduards I. (1272–1307) zu datieren ist, der Artus im Jahr 1278 nach Glastonbury umbetten ließ. Es könnte sich also sehr gut um einen älteren Typus handeln. Zapflöcher beweisen, dass der Tisch ursprünglich zwölf Beine und eine massive Stützsäule in der Mitte besaß, während die technischen Details darauf hindeuten, dass er aus der Hand eines Stellmachers stammt. Die Platte blieb bis etwa 1522 unbemalt, als Heinrich VIII. sie mit ihrem allegorischen Programm Kaiser Karl V. vorführte. Die Bemalung wurde 1789 erneuert.[20]

Offen sichtbare oder zerlegbare Konstruktionen blieben noch bis ins 15. Jahrhundert an Möbeln gebräuchlich. Ein zerlegbarer Stuhl beispielsweise [103] zeigt Zapfenverbindungen am Quersteg der Rückenlehne und am Sitz sowie Keile am Steg zwischen den Beinen, die dekorativ hervorstehen. Zwar verloren sie später ihre funktionale Bedeutung zugunsten einer rein ornamentalen Wirkung, doch noch in der Zeit um 1470 bis 1480 findet man auf einer polnischen Miniatur die Darstellung eines zerlegbaren Tischs, bei dem die Stifte klar zweckbestimmt und leicht zu entfernen sind.[21]

II *Kapitel 2* Das Oströmische Reich: Möbel im byzantinischen Stil

gegenüber **75** Mobiliar in byzantinischem Stil: giebelgekrönter Schrank mit echten oder nachgeahmten Einlegearbeiten in Form von Pfauen, Kreuzen und anderen christlichen Symbolen, Tisch und Fußschemel sowie ein »gedrechselter« Tisch mit Gestell aus Bronze oder Eisen. Darstellung des Propheten Esra aus dem *Codex Amiatinus*, um 689–716 (S. 55)

76 Schrank auf Klauenfüßen mit aufgemaltem oder eingelegtem Dekor. Detail eines Wandgemäldes aus dem so genannten Haus der Vettier in Pompeji; römisch, um 62 n. Chr.

Schon bald nach seiner Gründung als »Neues Rom« entwickelte sich Konstantinopel, das ehemalige Byzanz, zum Zentrum der christlichen Zivilisation, und als einzige bedeutende Stadt der Spätantike wurde es niemals von den Barbaren eingenommen. Seine Kunst wurzelte gleichermaßen in der Antike wie im Mittelalter, was ebenso in Architektur, Malerei und Mosaiken wie in der Möbelfertigung zum Ausdruck kommt. Die byzantinische Kunst erlebte verschiedentlich Wiederbelebungen, in denen man die historischen Typen bis ins Detail nachahmte.

Die enge Verbindung Konstantinopels mit Rom lockerte sich aufgrund seiner größeren Nähe zu Griechenland, und als auf Beschluss des Kaisers Herakleios im frühen 7. Jahrhundert das Griechische das Lateinische als Amtssprache ablöste, fand damit der bereits vorherrschende Einfluss Griechenlands auch offiziell Anerkennung. Von da an war das Reich »griechisch«, seine Untertanen somit »Griechen«. Die byzantinische Kultur jedoch unterschied sich grundlegend von der des antiken Griechenland. Die Entwicklung von der geordneten Logik der Antike hin zum irrationalen Überschwang des Hellenismus fand in der Byzantinik eine Fortsetzung und erlebte ihren Höhepunkt in einer Gesellschaft, in der Magier und Astrologen das Wort führten. Die byzantinische Kunst war von Orientalismen geprägt, eine Entwicklung, die sich bereits in Rom seit augusteischer Zeit in Kunst und Alltagskultur verstärkt angedeutet und Traditionalisten wie den Satiriker Juvenal in Rage versetzt hatte. Kaiser Elagabal etwa bereitete der syrischen Gottheit, von der er seinen Namen ableitete, »in einem Priestergewand aus Seide und Gold nach der locker herabwallenden Mode der Meder und Phönikier«[22] eine denkwürdige Parade durch die Straßen von Rom. Und in Palmyra und Baalbek, bedeutenden kleinasiatischen Städten während der Römerzeit, hatten sich orientalische und römische Stileinflüsse zu repräsentativen Mischformen verbunden. Orientalischer Geschmack hatte die gesamte Kultur der byzantinischen Zeit durchdrungen, und ihre Kunst, ganz unter dem Einfluss Persiens und persischer Handwerker, die für die oströmischen Kaiser tätig waren, präsentierte sich eher orientalisch als römisch.

Die Kunst des Byzantinischen Reiches mit ihrem hieratischen Reichtum, verschwenderisch, majestätisch und schwelgend in Prunk und Edelsteinen, unterschied sich grundlegend von allem, was bisher da gewesen war. Obwohl zutiefst unklassisch, war sie weniger überschwänglich im Ausdruck als etwa die Kunst der Barbaren, der Gotik oder der nordeuropäischen Renaissance. Sie wirkte mystisch, ohne dabei düster zu sein: »Die Schrecken der Hölle und ihrer Dämonen werden in der byzantinischen Kunst kaum thematisiert. In dieser Hinsicht erwiesen sich die Griechen auch nach ihrer Christianisierung als treue Anhänger der antiken Tradition.«[23] Die byzantinische Ornamentik vermied realistische Darstellungen, war linear, kompakt und flächig. Die ihr eigenen formalisierten Ausprägungen des Akanthus- und figürlichen Ranken-Motivs [105] waren bevölkert mit orientalischen Papageien, Pfauen, Greifen, Löwen, Schlangen und Hirschen, oft in heraldischer Gegenüberstellung [70], ein Motiv, das man bis ins alte Asssyrien zurückverfolgen kann. Baum- oder Blatt-Motive erschienen meist formalisiert und oft kugelförmig zurechtgestutzt [662]. Das einfache Flechtwerk römischer Mosaiken wurde zu hoch komplexen Formen weiterentwickelt, die geometrische und verschlungene Motive mit flachen Zopfmustern verknüpften und häufig mit stilisierten Akanthus-Ranken kombinierten. Doch gegenüber dem »unerschöpflichen Reichthum an heiteren, dekorativen Formen, den die hellenistische und die frühere römische Kaiserzeit angehäuft hatte«,[24] war das byzantinische Formenrepertoire beschränkt.

Die byzantinische Architektur gipfelte im Bau der Hagia Sophia (532–537) durch Kaiser Justinian, die selbst den Tempel Salomons in den Schatten stellte. Während sie sich von außen als Anhäufung von Kuppeln präsentiert, sieht man im Inneren über einer durchgehenden Fensterfront das magische Rund einer großen zentralen Flachkuppel mit Rippenbogen schweben, die über vorspringende Pendentifs mit dem quadratischen Baukörper verbunden ist – ganz anders als bei der schwer vertäfelten halbkugelförmigen klassischen Kuppel des römischen Pantheons, die auf einem zylinderförmigen Unterbau aufsitzt. Die Zentralkuppel wird in der Hauptachse durch zwei größere Halbkuppeln mit je drei Nebenkuppeln gestützt. Solche Halbkuppeln kannte man bereits seit Jahrhunderten in der römischen Kunst: plastisch ausgeführt in Außen- und Innenarchitektur und illusionistisch in grotesken Wandmalereien. Die Wände der Kirche öffnen sich in doppelgeschossigen Arkadenreihen und einer Vielzahl bogenförmiger Fenster, teils in sehr engen Abständen. Die Säulen mit ihren »phantastischen Kapitellen«, »bewundernswert in ihrer Größe und Schönheit«, lassen sich »keiner der klassischen Bauordnungen zuweisen«.[25] Der Reichtum an Bogenstellungen, lange ein vorherrschendes Merkmal der byzantinischen Architektur, begegnet uns wieder am Markusdom in Venedig (1063–94)[26] und fand unweigerlich auch Eingang in die Möbelkunst [84].

Über die Inneneinrichtung byzantinischer Häuser gibt es nur spärliche Zeugnisse,[27] obwohl sich in Konstantinopel als größter Stadt der mittelalterlichen Welt die Adelspaläste gedrängt haben müssen und im Großen Kaiserpalast selbst Werkstätten untergebracht waren, in denen sämtliche Dekorationen hergestellt wurden, die in den kaiserlichen Residenzen Verwendung fanden – ein frühes Modell zentralistischer Organisation, wie man sie aus späterer Zeit von der Gobelinfabrik Ludwigs XIV. kennt. Eine gewisse Vorstellung erhält man durch zeitgenössische Beschreibungen, aber auch durch Interieurs aus späterer Zeit, die restauriert wurden [662]. Die besten Hinweise jedoch vermitteln die Moscheen von Damaskus und Medina, die der Kalif mit Gold und Mosaiksteinen ausschmücken ließ. Die Handwerker hatte ihm ein versöhnungsbereiter byzantinischer Kaiser zur Verfügung gestellt. Besonders die erstaunlich profanen Darstellungen auf den Mosaiken, die sich völlig von den Bildmotiven in byzantinischen Kirchen unterscheiden, entsprechen wohl weitgehend den zeitgenössischen Einrichtungsformen der Paläste in Konstantinopel. Weniger luxuriös gab sich die Einrichtung von einfacheren Gebäuden in einem »hellenistischen pastoral-idyllischen« Stil, der sich heidnischer Motive bediente.[28] Sein Ornamentrepertoire umfasste mit großer Sicherheit auch Motive berühmter antiker Gemälde jenes Typs, den man von pompejanischen Wandbildern kennt, die häufig ältere Möbeltypen aus der Antike abbilden.

Alle Zeugnisse deuten darauf hin, dass man sich die Einrichtungen dieser Zeit äußerst prächtig vorstellen muss, und es ist fast sicher, dass sie im Westen Europas Nachahmung fanden. Obgleich dort die Barbaren herrschten, gab es noch immer einschlägige Handwerksberufe. So spricht Gregor von Tours, ein fränkischer Historiker des 6. Jahrhunderts, von einem »pictor« (Maler) Gondovald, der auf die Inneneinrichtung von Häusern spezialisiert war.[29] Bis zum Entwurf von Möbeln ist es nur ein kleiner Schritt. Entfaltete byzantinisches Mobiliar seinen Einfluss auch in Westeuropa, und wenn ja, inwiefern?

77 Thron des Maximian, Holz mit Tafeln aus geschnitztem Elfenbein; Konstantinopel (?), um 546–556

Byzantinisches Mobiliar

Die Zerstörung des byzantinischen Mobiliars ist eine kulturelle Katastrophe. Was nicht bereits in den Auseinandersetzungen des Ikonoklasmus im 8. und 9. Jahrhundert verloren ging, fiel 1453 der Plünderung Konstantinopels durch die Türken zum Opfer. Ein einzigartiges Relikt ist der prächtige Thron des Maximian[30] aus Ravenna [66, 77, 79]. Er trägt das Monogramm des Maximian, 546–556 Bischof von Ravenna und Statthalter Kaiser Justinians, nachdem dieser Italien zurückerobert hatte. Die Herkunft des Möbels ist strittig – die Spekulationen reichen von Antiochia über Alexandria bis Ravenna –, doch mit Sicherheit entstand es in Zusammenhang mit der *renovatio*, der Wiederherstellung des Reiches, die in die Herrschaftszeit Justinians fiel.[31]

Der Kirchenbau von San Vitale wurde im ersten Jahr des Episkopats von Maximian vollendet, der prächtige Mosaikenschmuck mit Motiven wie Pfauen, Füllhörnern, Fruchtschalen, Blumen und Akanthus-Laub entstand vermutlich in dessen Amtszeit: Zwischen den Heiligen und Kirchenvätern erkennt man Kaiser Justinian persönlich neben seiner düsteren Gattin Theodora. Der Thron, bei dem es sich um ein politisch motiviertes Geschenk des Kaisers an seinen Statthalter handeln dürfte, könnte in den Werkstätten des Großen Kaiserpalastes in Konstantinopel entstanden sein, in denen man wahrscheinlich auch Staatsgeschenke herstellte. Er könnte ohne weiteres den Möbelstil des Großen Kaiserpalasts reflektieren, schließlich hätte sich Mobiliar aus Elfenbein ausgezeichnet vor prächtigen Mosaik- oder Marmorflächen ausgenommen. Einige der Liegesofas im Großen Palast hatten, wie wir aus späterer Zeit wissen, rein symbolische Funktion und waren nicht für den Gebrauch bestimmt.[32] Auch den Thron des Maximian hält man für ein Repräsentationsstück, ein Möbel ohne praktischen Nutzen, das für rituelle Zwecke vorgesehen war, ähnlich wie der Faltstuhl im antiken Rom, der in Venedig noch bis ins 18. Jahrhundert verwendet wurde.

Der hölzerne Thron des Maximian ist mit geschnitzten Elfenbeintäfelchen verkleidet und ähnelt in seiner Form Vorbildern aus der klassischen Antike [22, 23]. Die Bildtafeln auf Rücken- und Seitenlehnen zeigen Szenen aus dem Leben Christi und des heiligen Joseph, die Vorderseite Abbildungen des heiligen Johannes des Täufers und der vier Evangelisten [66]. Letztere stehen in ihrer imposanten ganzfigurigen Darstellung ganz in der Tradition römischer Porträtplastiken mit Toga, wie man sie auch auf spätantiken Sarkophagen findet, während die Felder aus figürlichem Rankenwerk, die die einzelnen Darstellungen umrahmen und reich bestückt sind mit Vögeln und anderen Tieren, eher orientalischen Mustern folgen. Die Ranken mit Trauben und Weinlaub hingegen sind ein Motiv, das auch auf spätantiken Sarkophagen oder in den Deckenmosaiken von S. Costanza vorkommt [54]. Die Anordnung der Elfenbeintafeln ähnelt der auf italienischen und byzantinischen Schatullen aus derselben Zeit,[33] und trotz gewisser Unterschiede in Figurendarstellung und Ornamentik fühlt man sich teilweise an wesentlich ältere Artefakte erinnert, etwa eine Gruppe assyrischer Elfenbeintafeln aus dem 9. oder 8. Jahrhundert v. Chr. [78], die Betten oder Stühle zierten.[34] Gefunden in Nimrud, in der Nähe von Ninive (Nordsyrien), sind sie ein direkter Beleg dafür, dass man schon früh Teile von Möbeln aus Elfenbein herstellte. Bekannt ist auch, dass die byzantinischen Kaiser syrische Handwerker beschäftigten, und in der Antike lebten Traditionen über Jahrhunderte fort. Elfenbeinschnitzereien erfreuten sich lange ausnehmender Beliebtheit, und noch der heilige Philaret von Moskau besaß einen »antiken«, mit Elfenbeintafeln verkleideten Tisch.[35]

Der Thron des Maximian steht als einsamer Zeuge für das Mobiliar einer der opulentesten Zivilisationen, die je existierten. Beim Versuch, andere byzantinische Möbeltypen anhand von Darstellungen auf Skulpturen, Mosaiken, Textilien oder Handschriften zu rekonstruieren, sollte man allerdings vorsichtig sein, denn sie müssen nicht unbedingt »realistisch« sein, sondern können ikonografischen Konventionen eines spezifischen kultischen oder historischen Kontexts entsprechen. Zudem waren die Möbel innerhalb des langen Zeitraums, den diese Bildquellen festhalten, sicherlich Änderungen unterworfen und haben sich weiterentwickelt. Andererseits muss man jedoch auch den beinahe ägyptischen Formalismus in Betracht ziehen, der nicht nur die bildende Kunst der byzantinischen Zeit charakterisiert.

Der am häufigsten abgebildete Möbeltyp ist der Thron, wobei der Extravaganz am byzantinischen Hof offensichtlich keine Grenzen gesetzt waren. Der nüchterne deutsche Bischof Liutprand von Cremona etwa – dessen Worte über jeglichen Zweifel erhaben scheinen, denn später beschrieb er einen byzantinischen Kaiser als

78 Stuhllehne mit geschnitzten Elfenbeintafeln aus Nimrud (Kalchu); assyrisch, 9.–8. Jahrhundert v. Chr.

ganz oben **79** Thron mit hoher, abgerundeter Rückenlehne; geschnitzte Elfenbeintafel mit Darstellung der Madonna mit Kind am Thron des Maximian; Konstantinopel (?), um 546–556

oben **80** Thron mit geschliffenen »Edelsteinen« und Akanthus-Knäufen; Elfenbeinschnitzerei; byzantinisch, 11. Jahrhundert

»Monstrosität von einem Mann ... gehüllt in ein Gewand aus feinstem Linnen, jedoch abgetragen und stinkend und vom Alter völlig ausgeblichen«[36] – berichtet im Jahr 949 anschaulich von seiner spektakulären Einführungszeremonie als Botschafter beim oströmischen Kaiser: »Vor dem kaiserlichen Thron stand ein Baum aus vergoldeter Bronze, in dessen Ästen Vögel saßen, ebenfalls aus vergoldeter Bronze, die je nach Art unterschiedliche Schreie von sich gaben. Der Thron selbst war so prächtig gefertigt, dass er im einen Augenblick niedrig zu sein, sich dann dann wieder hoch in den Himmel zu erheben schien. Unermesslich groß, wurde er von vergoldeten Löwen aus Bronze oder Holz bewacht, die mit dem Schwanz auf den Boden schlugen und mit offenenem Maul und zitternder Zunge ein grässliches Gebrüll ausstießen ... Als ich mich näherte, begannen sie zu brüllen und die Vögel zu kreischen ... Nachdem ich dem Kaiser dreimal meine Ehrerbietung erwiesen hatte, das Gesicht auf dem Boden, hob ich den Kopf, und tatsächlich: Der Mann, den ich eben noch auf einem nicht allzu hohen Stuhl sitzen sah, hatte jetzt sein Gewand gewechselt und eine Position in Deckenhöhe eingenommen ... Ich war weder erschrocken noch überrascht, denn ich hatte zuvor Erkundigungen eingezogen bei Leuten, die sich mit den dortigen Gepflogenheiten auskannten ... «[37]

Dieser Thron, der vermutlich von »Leo dem Mathematiker« für Kaiser Theophilos (829–842) entworfen wurde, orientierte sich möglicherweise an den gleichen Beschreibungen vom Hof des Abbasiden-Kalifen in Bagdad, die auch den Anbau der Zeremonialhalle an den Kaiserpalast unter demselben Herrscher angeregt hatten. Zwar ist uns das Modell selbst nicht überkommen, doch findet man häufig auf Skulpturen, Mosaiken und Buchillustrationen Darstellungen großer Throne, auf denen Christus, Maria oder hohe weltliche Würdenträger sitzen. Am klarsten erkennbar erscheinen sie auf Elfenbeinschnitzereien, die wie Flachreliefs wirken: Man kann dabei im Allgemeinen vier Typen unterscheiden: Throne mit Tierfüßen, mit beschlagenen, bossierten oder eingelegten Holmen und Pfosten, mit gedrechselten Beinen und Lehnen und solche mit betont architektonischen Merkmalen.

Besonders prächtige Throne, die auf Mosaiken mit prismatischem Effekt abgebildet sind – dafür wurden einzelne Steinchen leicht schräg gestellt, sodass sie das Licht brachen –, scheinen mit Edelsteinen und Perlen besetzt gewesen zu sein. Eine ähnliche Form reliefartigen Dekors, bei dem es sich um Edelsteine oder Email handeln könnte, erscheint in plastischer Darstellung auf byzantinischen Elfenbeinschnitzereien [80]. Handelt es sich dabei um tatsächlich existierende Typen? Die außerordentliche Pracht der byzantinischen Hof- und Adelskultur zumindest wird über einen langen Zeitraum von verschiedenen Seiten bezeugt: So nimmt Konstantin selbst einmal Bezug auf einen »wertvollen Tisch aus Gold«, der ihm selbst gehörte.[39] Edelsteinbesetzte Throne finden auch in der Literatur Erwähnung, zum Beispiel bei Marcellinus Ammianus, der sie im 4. Jahrhundert verschiedentlich erwähnt, oder im 8. Jahrhundert in der Biographie Basileios' II., in der von einem langen Tisch die Rede ist, der mit wertvollen Edelsteinen geschmückt war. Um 420 ließ ein Eunuche und Antiquar in seinem Privatmuseum in Konstantinopel die von Phidias geschaffene riesige Elfenbein-Statue des Zeus aus Olympia aufstellen. Sie hatte zu diesem Zeitpunkt bereits Haare und Ummantelung aus Gold eingebüßt, und auch der zugehörige Thron aus Ebenholz und Elfenbein war seines Gold- und Edelstein-Schmucks beraubt. Ließ man die leeren Fassungen so, wie sie waren? Throne mit Edelsteinen hatten in Kleinasien und Griechenland eine lange Tradition, für den persischen Raum ist edelsteinbesetztes Mobiliar bezeugt durch den heiligen Johannes Chrysostomos (um 345–407), den bedeutendsten griechischen Patriarchen.[40] Und zwischen der griechischen, persischen und byzantinischen Kunst gab es zu allen Zeiten enge Verbindungen.

Edelsteine hatten eine Signifikanz, die in trivialisierter Form in den heute noch beliebten »Glückssteinen« weiter lebt. Ihre Verwendung in der christlichen Kunst – etwa als grafische Ornamente in einem antiken Velarium, das über einem byzantinisch inspirierten Kreuzigungs-Mosaik angeordnet ist [105] – wird vom heiligen Thomas von Aquin (um 1227–1274) erläutert, der die drei Eigenschaften aufzählt, die für ihre Schönheit unerlässlich seien: Vollkommenheit (also der Ausschluss von Schäden oder Zerstörung), Symmetrie und *claritas* oder Reinheit.[41] Die *claritas* von Edelsteinen dient auch in der Offenbarung des Johannes als Bild für die Reinheit und das kristallklare Licht Gottes.[42] Alle drei Kriterien verkörpern auch antike Gemmen. Aufgrund ihrer Unzerstörbarkeit überlebten sie in großer Zahl bis in nachantike Zeiten, wo man sie nicht nur wegen ihrer Verbindung mit der Antike besonders schätzte, sondern auch wegen ihrer Schönheit, »ihrer dauerhaften Form als Gegenteil der Zerstörung«.[43]

Mit Edelsteinen verband man auch mystische und magische Assoziationen. Schon bei den Chaldäern hatte ein Astrologe eines der frühesten Lapidarien zusammengetragen, in dem die Steine bestimmten Planeten und Symbolen zugeordnet wurden. Auch das Christentum interessierte sich sehr für die Astrologie, wenngleich dessen brillanteste Vordenker mit Eifer verfolgt wurden, und im Byzantinischen Reich erlebte das bereits im Hellenismus erwachte Interesse an Magie und Mystizismus noch eine Steigerung. Mittelalterlichen Kommentaren kann man entnehmen, dass man Edelsteine sowohl wegen der Eigenschaften verwendete, die man ihnen selbst zuschrieb, als auch aufgrund der Wirkung heidnischer Motive, die viele von ihnen trugen. Antike Gemmen verwendete man zum Schmücken liturgischer Objekte, wo sie festen ikonographischen Mustern folgten.[44] Wie in der Antike waren religiöse und weltliche Macht eng miteinander verbunden. Bereits um 432–440 zeigt ein Mosaik in S. Maria Maggiore Christus als kindlichen *Porphyrogenitus* auf einem edelsteinbesetzten Sofa, umgeben von »Höflingen«.[45] Byzantinische und karolingische Herrscher wählten antike Kameen als Siegel, und »die antike Gemme wurde zum Symbol, das die *regalis potestas* verkörperte und zugleich legitimierte«.[46] Solche Konzepte vertrugen sich anscheinend so gut mit der byzantinischen Vorliebe für mystische Erleuchtung, dass es eher überraschen würde, wenn man antike Gemmen und Edelsteine nicht auch als Schmuck echter Möbel verwendet hätte.

Es gibt genügend Möglichkeiten, weshalb diese Möbel von der Bildfläche verschwunden sind; schließlich ist es noch gar nicht lang her, dass man Schmuck und Kronjuwelen als stille Finanzreserven betrachtete. Auf byzantinischen Elfenbeinschnitzereien findet man eine so breite Palette teilweise exzentrischer Thronformen, dass allein diese Tatsache der Annahme widerspricht, sie folgten in ihrer weltfernen Pracht nur einer ikonographischen Tradition. Zuweilen zeigen sie Ähnlichkeit mit Darstellungen in westlichen Handschriften. Ihre Rückenlehnen sind gerade oder geschwungen und haben mitunter phantasievolle Knäufe, von denen oft mehrere in einer Reihe angeordnet sind. Ein Beispiel könnte mit seiner ungewöhnlich spitzen Rückenlehne beinahe dem buddhistischen Gandhara-Stil entsprungen sein, mit Beinen aus Akanthus, die durch gedrechselte Teile voneinander getrennt sind; bei einem anderen wirkt der Rücken wie abgesteppt, ein Motiv, das man bereits in der Antike findet.[47] Andere Theorien versuchen weniger eindeutig als Juwelen identifizierbaren Möbelschmuck als dicht bestickte und mit Edelsteinen besetzte Stoffe zu erklären, mit denen man hölzerne Flächen überzogen habe. Oder es könnte sich um Einlegearbeiten handeln – die byzantinische Abwandlung eines Dekors, wie man ihn aus römischer Zeit in Form von Glas-Einlagen auf einem mit Bein verkleideten Liegesofa findet [12]. Ein Prinzip, das John Ruskin als wichtigstes Merkmal byzantinischer Kunst hervorhebt, die Inkrustierung,[48] könnte somit auch bei prächtigen Möbeln Anwendung gefunden haben.[49]

ganz oben **81** Thron ohne Rückenlehne mit gedrechselten Beinen; Elfenbeinschnitzerei; byzantinisch, 11. Jahrhundert. Der Hintergrund wurde weggeschnitten, wohl um die Tafel in einen Bucheinband einzupassen.

oben **82** Gedrechselter Thron mit knaufbesetzter Rückenlehne und drapiertem Stoff; Elfenbeinschnitzerei; byzantinisch, 11. Jahrhundert

rechts oben **83** Stuhl mit Löwenfüßen, hinterfangen von einer muschelförmigen Nische; aus einem Elfenbein-Diptychon der *Thronenden Madonna mit Kind*; Konstantinopel, um 550

rechts **84** Stuhl mit arkadiertem Gestell und geschwungener Rückenlehne, Fußschemel, Tisch mit Kassettendekor und Lesepult auf gedrechseltem Fuß; Darstellung des Evangelisten Johannes in einem Evangeliar; byzantinisch, 11. Jahrhundert

Christus, die Jungfrau Maria oder andere herausragende Figuren sind häufig in oder vor einer Nische dargestellt, die nicht selten die Form einer Muschel hat [83]. Man kennt dieses Motiv bereits aus der römischen Kunst, wo es oft auf Sarkophagen vorkommt. Sein eigentlicher Ursprung liegt jedoch in Griechenland, wo die Muschel die Genitalien der Aphrodite symbolisierte. Wenn die Figur sitzend dargestellt ist, neigt das Auge dazu, dieses architektonische Detail als Teil der Rückenlehne zu interpretieren. Diese Tatsache mag zur Entwicklung hochlehniger Throne beigetragen haben, deren abgerundete Rückenlehnen mit Muscheln und ähnlichen Motiven geschmückt wurden. Eine Elfenbeintafel am Thron des Maximian etwa zeigt Maria auf einem Stuhl dieses Typus sitzend [79], die kunstvollere Ausführung eines verbreiteten Typus mit geraden Beinen und gerader Rückenlehnen sowie Stegen. Abwandlungen dieser Form gab es auch mit Armlehnen. In ihrer einfachsten Ausprägung wird diese Stuhlform, die zu den ältesten zählt, die man kennt, bereits von den Handwerkern der ägyptischen Pyramiden verwendet.[50] In der klassischen Antike allgegenwärtig, war sie oft so raffiniert gestaltet, dass die Konstruktion fast völlig verschleiert wurde.

Auch das Drechseln war eine an byzantinischem Mobiliar häufig verwendete Technik. So gibt es byzantinische Throne, an denen die Schmuckelemente ganz oder teilweise auf einer Drehbank entstanden sein müssen. Runde oder ovale Glieder alternieren dabei häufig mit schmalen horizontalen Bandformen. Auf einer Elfenbeinschnitzerei ist ein Sitz abgebildet, bei dem Beine und Pfosten der Rückenlehne schlank und offensichtlich gedrechselt sind [82]. Ein lehnenloser Typ auf einer anderen Elfenbeindarstellung ist deutlich gröber gearbeitet [81]. An beiden sind die Querbretter mit Kerbschnitzereien versehen.

Byzantinische Betten hatten oft birnenförmige Füße, wie auf einer Elfenbeintafel auf dem Einband des Evangeliars Kaiser Ottos III. zu sehen ist [90]. Die Schnitzerei könnte über seine Mutter, die byzantinische Kaisernichte Theophanu, in seinen Besitz gelangt sein.[51] Diese Drechselarbeiten müssen sich von den »geschwollenen« birnenförmigen Füßen römischer Möbel ableiten, die in der Spätantike eine deutliche Vergröberung erfuhren. Man findet sie bereits auf einem Relief aus dem 2. bis 3. Jahrhundert, das aus Konstantinopel selbst stammt [21]. Diese Vergröberung ist möglicherweise orientalischen Einflüssen zuzuschreiben, wobei nicht uninteressant ist, dass gedrechselte Füße bereits beim Mobiliar des Assyrischen und alten Persischen Reichs gebräuchlich waren [6].[52]

Byzantinische Handschriften bilden ein breites Spektrum gedrechselter Möbel ab. Ein Evangeliar aus dem 10. Jahrhundert etwa zeigt einen niedrigen Tisch mit überkreuzten Beinen und zentralem Stützfuß.[53] Falls man diese Elemente auch aus Metall fertigte, wäre er ein früher Vorläufer eines Typus, den man in späterer Zeit auch auf der Iberischen Halbinsel findet. Der Schemel des Evangelisten ist bemalt und mit Einlegearbeiten oder Beschlägen geschmückt. Auf einem Evangeliar aus dem 11. Jahrhundert [84] ist ein Stuhl mit gedrechselten Beinen dargestellt, dessen Gestell von Arkaden gebildet wird. Sein gewölbter Rücken könnte sich möglicherweise von der geschwungenen Form römischer Korbsessel ableiten. Hinter dem geschmückten Fußschemel erkennt man einen Schreibtisch mit integrierten Regalbrettern, schräg gestellter Arbeitsfläche und vertäfelter Front. Das Lesepult hat einen spiralförmig gedrechselten Ständer, wie er bei römischen Leuchtern gebräuchlich war [10 A]. Auf einer anderen Illumination aus der Zeit um 1100 wiederum erkennt man neben einem manieriert wirkenden Stuhl, bei dem der obere Teil des Rahmens der Rückenlehne geschmückt ist, während die Lehne selbst aus Flechtwerk besteht und das Gestell unter dem Sitz von eleganten Arkaden gebildet wird, einen Fußschemel mit hängendem Dreipassmotiv, einen getäfelten Schrank sowie ein mit Knäufen verziertes Pult in der Form eines Fischs (als Anspielung auf Christus).[54]

rechts **85** Thron des Dagobert, Bronzeguss; merowingisch oder karolingisch, mit Rücken- und Armlehnen aus späterer Zeit

86 Überkreuzte Füllhörner über einem Fruchtkorb, Seite eines Elfenbein-Diptychons für den Konsul Flavius Aerobindus; Konstantinopel, 506

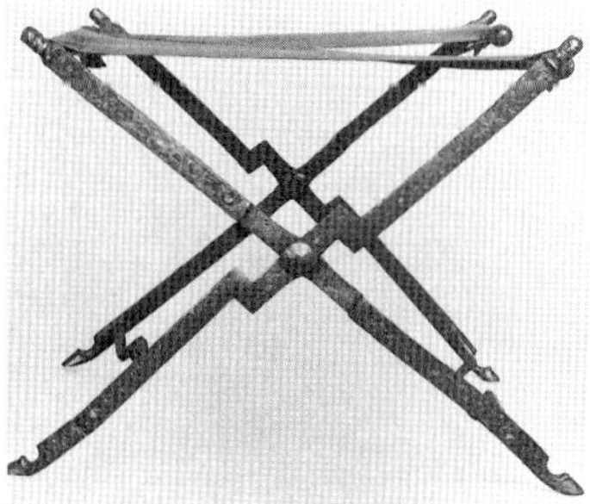

87 Eiserner Faltstuhl mit Einlegearbeiten aus Bronzefäden und Plaketten; norditalienisch oder südfranzösisch, 6. Jahrhundert (?)

Viele byzantinische Handschriften mit Darstellungen von Mobiliar gelangten schon früh in den Westen Europas, wie etwa der *Codex Amiatinus* (um 689–716) mit byzantinischen Illuminationen von hoher Qualität. Eine davon zeigt den Propheten Esra in einer komplett eingerichteten kleinen Wohnung, die Füße bequem auf eine Bank gestellt [75]. Der rechts neben ihm stehende Tisch hat kreuzförmige Stege zwischen den Beinen; er könnte ebenso gut von einem pompejanischen Wandgemälde stammen wie aus einem Vorlagenbuch des englischen Möbeltischlers Thomas Sheraton. Die Form des Schranks ähnelt sehr stark jenem auf einer Darstellung im Haus der Vettier in Pompeji [76]. Er scheint mit Bemalung oder Einlegearbeiten verziert zu sein, ebenso wie Schrank und Hocker des Propheten, auf denen man unter anderem byzantinische Pfauen und Kreuzmotive erkennt, beides religiöse Symbole. Einen ganz ähnlichen Schrank mit Giebel und kassettierten Türen findet man auf einem byzantinischen Mosaik im Mausoleum der Galla Placidia in Ravenna (425–450).

Obwohl Bemalung oft als preiswerter Ersatz diente, um aufwändigeren Dekor nachzuahmen, und uns für die folgende Hypothese konkrete Beweise fehlen, haben wir guten Grund zu der Annahme, dass byzantinisches Mobiliar oft mit kunstvollen Einlegearbeiten geschmückt war, die auf dem Weg über den Islam eine wichtige Hinterlassenschaft im Formenrepertoire europäischen Mobiliars bilden sollten (wenngleich man sie erst im 15. Jahrhundert gebührend zu würdigen wusste, nachdem die »finsteren« Zeiten des Frühmittelalters, die begleitetet waren von sozialem Chaos und mangelnden handwerklichen Fertigkeiten, den Zugang dazu lange versperrt hatten).

Auch andere antike und/oder byzantinische Motive, die nicht unbedingt aus dem Möbelbereich stammen müssen, bildeten eine wichtige Inspirationsquelle für Möbelentwerfer in späterer Zeit. Ein Beispiel sind zwei einander kreuzende Füllhörner, die eine *sella curulis* bilden [86] – ihre Symbolik ist ganz offenkundig. Im 15. Jahrhundert, als man sich nicht scheute, selbst den letzten Ausschuss an »antiken« Motiven zu verwenden, erfand ein Künstler als Dekor einer Wäschetruhe für Alexander den Großen einen phantastischen Faltstuhl aus gekreuzten Füllhörnern, den er auf Löwentatzen setzte [158]. Diese Phantasieform wurde später tatsächlich in die Praxis umgesetzt [446].

Byzantinische Einflüsse auf die westliche Kultur

Bis zur Eroberung Konstantinopels durch den Islam im Jahr 1453 gelangten Handelswaren aus dem Byzantinischen Reich selbst in die abgelegensten Winkel Europas. Der Geschmack des Ostens blieb auch im Westen tonangebend, bis dort im 13. Jahrhundert die eigene Kultur wieder ein entsprechendes Niveau erreicht hatte. Byzantinische Einflüsse spiegeln sich noch bis ins 15. Jahrhundert und darüber hinaus in Architektur und Mobiliar, in Goldschmiedekunst und Kleidung. Die Kreuzzüge und die Errichtung christlicher Königreiche im Heiligen Land sicherten für lange Zeit kontinuierlich die westliche Präsenz im Nahen Osten. Im Zuge der Plünderung Konstantinopels durch die Kreuzritter im Jahr 1204 gelangten riesige Mengen byzantinischen Beuteguts in den Westen, besonders nach Venedig, das sich »ohne zu zögern in die Gewänder der eroberten Stadt hüllte«.[55]

Auch die Barbarenstämme des Mittelalters standen sehr stark unter dem Einfluss der byzantinischen Kultur, wie die Kunst der Langobarden, Germanen und Kelten beweist. Waren, die man direkt in Konstantinopel beziehen konnte, genossen hohe Wertschätzung. Der merowingische König Chilperich (gest. 584) etwa erklärte im Zusammenhang mit einer goldenen Schale, die er in Konstantinopel hatte fertigen lassen, er werde weitere in Auftrag geben, »um das Volk der Franken zu ehren«.[56] Er selbst wurde in einem Sarkophag von der Hand byzantinischer Künstler beigesetzt, die sich in Gallien niedergelassen hatten.[57] Byzantinische Seidenstoffe und andere Textilien wurden in gewaltigen Mengen exportiert. Der fränkische König Dagobert I. (gest. 639) bot der Abtei Saint-Denis orientalische Tuche an,[58] und Papst Hadrian I. (772–795) schenkte den Basilika-Kirchen in Rom 903 Seidentücher, die man in Konstantinopel gewebt hatte.[59] Auch in der romanischen und gotischen Kunst blieb der byzantinische Einfluss vorherrschend. In hoch geschätzten byzantinischen Stoffen, mit denen man auch die Reliquien von Heiligen umhüllte, wurden hohe geistliche und weltliche Würdenträger bestattet, so Papst Clemens II. (gest. 1047) in Bamberg oder Eduard der Bekenner (gest. 1066) in Westminster Abbey.[60] Textilien waren zugleich ein wichtiges Medium für die Übermittlung von Ornamenten [70]. So findet man viele ornamentale Details der romanischen Kunst auf Stoffen aus dem Nahen Osten.

Einheimische Handwerker wurden oft dazu herangezogen, Kunstwerke, die man aus dem byzantinischen Raum importiert hatte, an Ort und Stelle zusammenzusetzen, wie die Säulen und Kapitelle des berühmten Kirchenbaus von S. Vitale in Ravenna. Ein byzantinisches Schiff, das beladen war mit Säulen, Ambo und Kanzelschirmen, einer ganzen Ausstattung, die man für eine europäische Kirche vorbereitet hatte, sank einmal vor der Küste Siziliens.[61] Im 11. Jahrhundert setzte von Italien aus eine verstärkte Nachfrage nach byzantinischen Bronzetüren ein.[62] Was sollte eine Handelsstadt, die in der Lage war, ganze Kirchenausstattungen und schwere Bronzetore zu exportieren, daran gehindert haben, das Gleiche mit Möbeln zu tun? Doch nicht nur die Kunstobjekte selbst, auch Künstler und Handwerker wurden aus dem Byzantinischen Reich nach Europa entsandt: Die griechischen und syrischen Buchmaler am Hof Karls des Großen waren wohl einer ausdrücklichen Einladung gefolgt,[63] die byzantinischen Weber dagegen, mit deren Hilfe der Normannenkönig Robert Guiskard 1147 in Palermo eine Seidenmanufaktur aufbaute, hatte man nach bester Wikingertradition einfach gefangen genommen. Um 1070 wurde in Montecassino eine Werkstätte für byzantinische Mosaiken gegründet. Die Dogen von Venedig »importierten« häufig byzantinische Kunsthandwerker, und auch dem Tross der byzantinischen Prinzessinnen, die als Kaiserinnen oder Königinnen in den fränkischen und germanischen Reichen Einzug hielten, folgten byzantinische Künstler und Handwerker. So hielt der griechische Geschmack Einzug am deutschen Kaiserhof, als die byzantinische Prinzessin und Kaiserinwitwe Theophanu nach dem Tod ihres Gatten, Ottos II., im Jahr 983 die Regentschaft übernahm.

88 »Juwelenbesetzter« Thron Kaiser Karls des Kahlen mit Baldachin; Detail aus dem *Codex Aureus* aus St. Emmeram in Regensburg; karolingisch, spätes 9. Jahrhundert

Mobiliar im byzantinischen Stil

Ein als »Thron des Dagobert« bekannter Faltstuhl [85] besaß noch im frühen 19. Jahrhundert genügend Symbolkraft, um bei der Krönung Napoleons Verwendung zu finden, ebenso bei der Inauguration des von ihm neu gegründeten Ritterordens der Ehrenlegion.[64] Dagobert war ein König der fränkischen Merowinger (reg. 622–638), und der Thron wurde im 11. Jahrhundert von Abt Suger von Saint-Denis als der seine bezeugt. Suger selbst, ein bedeutender Mann, der der Gotik in Europa den Weg ebnete, war alles andere als ein knochentrockener mönchischer Chronist. Schon äußerlich ein Genussmensch, zeigte er höchstes Interesse für die Kunst und vertrat als Neuplatoniker die Überzeugung, die meditative Versenkung in prächtige Kunstwerke weise den Weg zu höheren Wahrheiten.

Der Thron wurde aus Bronze gefertigt und zeigt Reste einer ehemaligen Vergoldung. Seine Beine lassen sich quer zum Sitz zusammenfalten, nicht parallel, wie es bei dem antiken Typus üblich war. Rücken- und Armlehnen stammen offensichtlich aus späterer Zeit. Eine Theorie, die sich auf die Ähnlichkeit mit einem bekannten jüngeren Modell beruft, das man dem heiligen Petrus zuschreibt, besagt, dass sie im 12. oder 13. Jahrhundert von einem römischen Künstler hinzugefügt wurden, der von den Cosmaten beeinflusst war.[65] Über die Datierung des älteren Klappgestells mit den Löwenköpfen hingegen streitet man schon seit fast zweihundert Jahren. Inzwischen geht man davon aus, dass der Thron in der frühen Karolingerzeit entstand,[66] andererseits erscheint es recht unwahrscheinlich, dass es im 12. Jahrhundert noch eine Tradition gegeben haben sollte, die sich auf die Karolinger berief. Wäre es möglich, dass Suger, der Kirchenmann und Politiker, die Herkunft dieses Stuhls aus dem Umkreis Karls des Großen, des Helden der westlichen Zivilisation, wegzulenken wünschte, hin auf einen geistlichen Herrscher aus einer untergegangenen Dynastie? Doch hätte man andererseits eine Provenienz aus dem Umkreis der Karolinger im 12. Jahrhundert wirklich vergessen? Kirche und Könige haben ein gutes Gedächtnis …

Der Hocker oder Stuhl mit Tierbeinen ist eine Form aus der römischen Antike, die nahezu unbegrenzt überlebte.[67] In der byzantinischen Zeit wiederum entdeckte man »eine Vorliebe für Anspielungen auf die Klassik und begann, sich wieder des griechisch-römischen Erbes bewusst zu werden«.[68] Dass es Stühle und Throne vom selben Typus wie dem des Dagobert damals tatsächlich gab, beweist ein Elfenbein-Diptychon aus der Mitte des 6. Jahrhunderts [83], wie man sie zu Ehren hoher öffentlicher Persönlichkeiten häufig findet.[69] Der Typ des Dagobert-Throns ging also weitgehend mit der byzantinischen Tradition konform, innerhalb derer er, wie auch immer er genau zu datieren ist, mit Sicherheit einer antikisierenden Tendenz folgt. Seine massiven Löwenköpfe erinnern deutlich an die Tierbeine römischer Marmortische [10 N] und leiten sich damit eher von Prototypen aus Stein als von solchen aus Metall ab.

Ein Falthocker, vermutlich aus dem 6. Jahrhundert, der keinem König gehörte, ist wesentlich leichter [87]. Er lässt sich zweifach zusammenfalten (ebenfalls quer zum Sitz), besteht aus Eisen, in das Bronzefäden eingelegt sind, ist mit Plaketten geschmückt und stammt vermutlich aus dem Norden Italiens oder aus Südfrankreich. Seine Beine laufen in Hufe aus, die Ecken des Sitzes schmücken vier kleine, bärtige Köpfe.

Eine Vorliebe für »inkrustierte« Throne, die mit Sicherheit den Einfluss des byzantinischen Geschmacks spiegelt, scheint auch im Westen Europas bestanden zu haben. Der Thron als wichtigstes Majestätssymbol war dort fester Bestandteil der königlichen Insignien, zusammen mit Zepter und Reichsapfel, und hatte eine besondere Bedeutung in Wahlmonarchien, wie im Heiligen Römischen Reich, wo man ihn benötigte, um den Status eines nicht durch Erbfolge bestimmten Monarchen zu betonen.[70] Eine illuminierte Handschrift aus der Karolingerzeit zeigt Kaiser Karl den Kahlen in einer Ädikula mit antiker Draperie auf einem solchen Thron sitzend [88]. Über seinen fränkischen Beinkleidern trägt er ein togaartiges Obergewand, Tunika, Gewand und Krone scheinen mit Edelsteinen geschmückt zu sein. Die Rückenlehne des Throns besteht aus gedrechselten Säulchen, die in drei Reihen angeordnet sind, ansonsten entspricht er ganz dem »juwelenbesetzten« Stil (S. 53). Es gibt keinen Grund, daran zu zweifeln, dass diese Steine

89 Gedrechselter Falthocker und Schreibpult; Darstellung des Evangelisten Matthäus aus dem »Krönungs-Evangeliar«; byzantinisch (?), vor 800

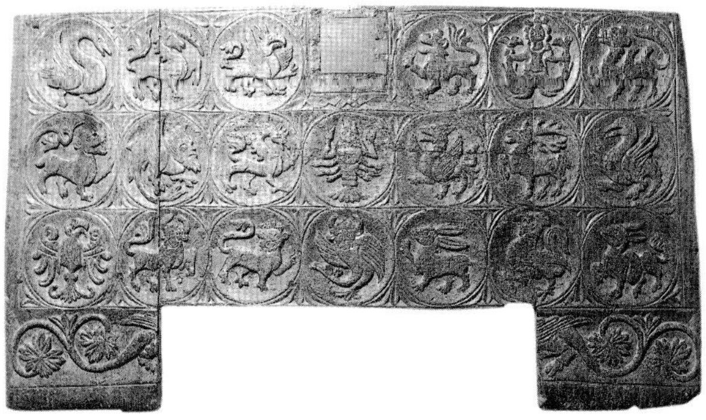

90 Mit Juwelenbesatz gerahmte, geschnitzte Elfenbeinplakette, auf der man in einer Ädikula ein Bett mit gedrechselten Füßen erkennt; Einband des Evangeliars Kaiser Ottos III.; Elfenbeinschnitzerei byzantinisch, Einband ottonisch, 998–1001

91 Geschnitzte Eichentruhe im byzantinischen Stil; westfälisch, um 1300

92 Kleine Truhe aus geschnitztem Zedernholz im byzantinischen Stil mit farbigen Pasten eingelegt; norditalienisch, 15. Jahrhundert

echt waren. Aufwändige Repräsentation war Bestandteil des Hoflebens, und wir wissen, dass Karl der Große Tische aus Gold und Silber besaß (S. 11) und Rubine und Smaragde als Grabbeigaben erhielt.[71] Dennoch gibt es einen auffälligen Unterschied zwischen dem »Juwelenbesatz« der Throne auf byzantinischen Elfenbeinschnitzereien und Mosaiken und jenem am Thron Karls des Kahlen. In den byzantinischen Quellen sind die Steine regelmäßig und systematisch angeordnet [80]. Sie ähneln damit byzantinischen Bucheinbänden mit Email- oder Edelsteinbesatz und Ikonenrahmen.[72] Am Thron Karls des Kahlen hingegen sind sie nach dem Zufallsprinzip platziert, in Arrangements, die ihre unregelmäßige Form noch betonen (dies deutet darauf hin, dass es sich wirklich um Edel- und nicht um Glassteine handelt) – genauso wie auf anderen Objekten der westlichen Kunst, etwa dem kunterbunt besetzten Einband des Evangeliars Ottos III. (998–1001) [90].

Auch der Stil gedrechselter Möbel scheint stark vom Byzantinischen Reich beeinflusst zu sein. Auf einer Illumination kurz vor 800 etwa, vermutlich von der Hand eines byzantinischen Künstlers am Hof Karls des Großen,[73] erkennt man einen gedrechselten Faltstuhl nebst Schreibpult im byzantinischen Stil, die Formen der Romanik vorwegnehmen. In einer anderen byzantinischen Handschrift aus der Zeit um 1000 präsentiert sich der Tisch auf einer Darstellung des heiligen Lukas bereits ganz im romanischen Stil und kontrastiert damit in seiner »modernen« Form umso auffälliger mit der bewusst archaisierenden »Toga« des Evangelisten in der Pose eines antiken Philosophen.[74] Ähnliche Darstellungen gedrechselten Mobiliars findet man auch in Handschriften westlicher Provenienz, und höchstwahrscheinlich wirkten byzantinische Motive wie Arkaden und gedrechselte Beine insgesamt anregend auf die Romanik, wo sie in ähnlicher Form an Stühlen, Betten, Tischen und Truhen auftauchen [96].

Zwei späte Truhen, die eine um 1300 aus Westfalen [91], die andere aus Norditalien, etwa um die Zeit, als Konstantinopel an die Türken fiel [92], beweisen, wie lange der byzantinische Einfluss im Möbelgeschmack Westeuropas vorherrschend blieb. Erstere zeigt Tierdarstellungen in kreisförmiger Umrahmung, deren enge Verwandtschaft mit Motiven aus der byzantinischen Kunst [70, 662] ins Auge sticht.

Die andere, die aus Zedernholz gefertigt ist und für ihre Entstehungszeit etwas altmodisch wirkt, ist mit Schnitzereien in Flachrelief dekoriert, eine Technik, die nördlich der Alpen verbreitet war. Die Kontraste sind hier betont durch farbige Gesso-Malerei auf den vertieften Flächen. Die Form dieser Truhe ist einfach und geradlinig mit sichtbaren Schwalbenschwanzzinken. Die Kontur der Brettfüße mutet gotisch an, doch das vorherrschende Motiv ist eine degenerierte, venezianisch-byzantinische Abwandlung der figürlichen Ranke. Sie umschließt Tierdarstellungen, wie Raubvögel, Fasane, Hirsche, Löwen und Einhörner, die traditionell von einer Vase ausgehen und von einem Band aus Eichenblättern umsäumt sind. Die Unterseite des Deckels ist mit einer groben Verkündigungs-Darstellung in byzantinischer Manier geschmückt. Das Rankenmotiv ist den Mustern venezianischer Seidenstoffe aus dem 15. Jahrhundert verwandt, aber auch dem hübschen Fries unter den Darstellungen von Christus und den Aposteln am Thron des Maximian aus dem 6. Jahrhundert [66]. Doch zu dieser Zeit wirkten die byzantinischen Einflüsse bereits eher entmutigend als inspirierend.

II *Kapitel 3* Romanische Kunst und Ornamentik: Das Mobiliar der Romanik

93 Thron mit gedrechselter, mit Knöpfen besetzter Rückenlehne, vor der ein Vorhang drapiert ist. Sein Sockel ist mit Architektur-Mustern verziert. Darstellung des Evangelisten Johannes aus einer deutschen Handschrift; Fulda, um 970–980

gegenüberliegende Seite, oben **94** Stuhl und Schreibpult im Stil romanischer Architektur; Darstellung des »Schreibers Eadwine« aus dem *Canterbury Psalter*, englisch, um 1150

gegenüberliegende Seite, unten links **95** Eichenschrank (Armoire) im Stil romanischer Architektur aus der Abteikirche von Saint-Etienne in Obazine; französisch, um 1176

gegenüberliegende Seite, unten rechts **96** Truhe aus geschnitzter Eiche mit einem Unterbau im Stil romanischer Architektur; deutsch, 12. Jahrhundert

Den Beginn der Romanik markierte das selbstbewusste Anknüpfen Karls des Großen an die Tradition des Römischen Reiches, wobei man sich in der Motivik ebenso der Spätantike wie der Kunst des Byzantinischen Reichs und der »Barbaren« bediente. Die moderne Bezeichnung spiegelt Wesen und Anspruch eines Stils, der sich – erstmals und teilweise noch unbewusst – im Sinne eines Klassizismus auf die römische Antike bezog. Eine andere, altertümliche Umschreibung ist ebenfalls recht aufschlussreich – die Kunst der »Christenheit«, ein Begriff, der sich im 11. Jahrhundert auf ein fest umrissenes geographisches Gebiet bezog, »welches auf dem Weg über eine Kultur auf lateinischer Basis die Tradition der alten klassischen Vergangenheit erbte«.[75] Karl der Große hatte als fränkischer Herrscher »von Gottes Gnaden« ein neues Königtum begründet. Dieses neue Herrschaftskonzept war von fundamentaler Bedeutung, nicht zuletzt für die Möbelkunst, die in ihrer westeuropäischen Tradition fortan mit der des Christentums verbunden blieb. Als dieses im 16. und 17. Jahrhundert in konkurrierende Parteien zerfiel, blieb auch dies nicht ohne Einfluss auf die Kunst, selbst im Bereich der Möbelfertigung: Die Spaltung wurde überall dort wirksam, wo westliche Tradition Fuß gefasst hatte, wodurch sich selbst so unterschiedliche Phänomene wie Shaker-Mobiliar oder peruanischer Barock erklären lassen.

Die Architektur der Romanik strahlt eine herbe, aber zugleich beeindruckende Erhabenheit aus, in der die ganze Anspannung zum Ausdruck kommt, die Überreste einer Zivilisation unter Aufbietung aller Kräfte in einem großen stilistischen Gesamtkonzept wieder auferstehen zu lassen. Zu ihrer markanten Würde trägt nicht zuletzt eine rohe, verschwenderische Ornamentik bei, die keltische, skandinavische und germanische Motive mit solchen aus Spätantike und Byzantinik mischt. »Barbarisches« Rankenwerk, zwischen dessen Blättern und Spiralen Vögel und andere Tiere eingeschlossen sind, dominiert auf Kapitellen, und Fabelwesen aus grotesken antiken Skulpturen beginnen im Mittelalter bald überall aufzutauchen: an den Dächern von Kathedralen ebenso wie an den Rändern illuminierter Handschriften. Ein typisches Ornament der Romanik ist die Abwandlung des klassischen Akanthus-Motivs, üppig gerollt, schwer und statisch [492].

Weniger geschickt ließen sich Formen und Motive aus der Architektur auf das Mobiliar übertragen. Was dort kraftvoll wirkt, wird hier schwerfällig, erhabene Formen werden plötzlich linkisch, besonders in Kombination mit grob gedrechselten Partien, wie man sie aus der spätantiken und byzantinischen Kunst übernahm. Die üppige, raffinierte Dekoration wird zu einem ungeschickten Mischmasch – Mängel, die sich auch in den neo-romanischen Stilzitaten des 19. Jahrhunderts wieder bemerkbar machen sollten [504]. Mit der Zeit begann sich die romanische Architektur zusehends zu verfeinern und mündete in die Gotik, nur in Italien widersetzte sie sich dieser Strömung und entwickelte sich weiter bis ins 15. Jahrhundert, wo sie im selbstbewussten Klassizismus der Renaissance gipfelte.

Im Vergleich zum kunstvollen Raffinement der antiken und byzantinischen Architektur griff die Romanik in diesem Bereich nur auf eine beschränkte Zahl von Motiven zurück. Die meisten, die in der Architektur im Zusammenhang mit vertikalen Flächen Verwendung fanden, begegnen uns früher oder später auch im Mobiliar.

Am auffälligsten ist das Motiv fortlaufender Arkaden, die von Pfeilern oder Säulen getragen werden, wobei häufig eckige Pfeiler mit runden Säulen alternieren. Zu Beginn wirken sie schwer und statisch, ganz ohne die schwungvolle Dynamik des römisch antiken Vorbilds. Die Säulen waren häufig skulptiert und mit Diaper-Mustern verziert, spiralförmig oder mit zickzackförmigen »Wolfszahn«-Motiven gestaltet (letzteres hat seinen Ursprung in einem antiken Muster des Nahen Ostens, das Wellen symbolisierte). Sie treten in ganz Europa auf, von Monreale auf Sizilien bis Durham im Norden Englands. Ein anderes sehr verbreitetes Motiv ist die Nische mit Rundbogen. Im Laufe der Zeit wurden die Wände von Innenräumen, die mit Pfeilern, Säulen und Nischen gegliedert waren, oft mehrschichtig aufgelöst. Das Schiff des Doms zu Speyer (1030–1060) ist dafür ein hervorragendes Beispiel: Vor riesige zweistöckige Blendarkaden wurden Pfeiler gesetzt, auf denen Halbsäulen befestigt waren. Man hatte sich hier ganz offensichtlich von der Außenfassade der spätantiken Basilika des nahe gelegenen Trier anregen lassen – wobei wieder einmal ein Motiv aus der Außen- in die Innenarchitektur wanderte.

Auch die Fassade mit Doppeltürmen ist ein romanisches Motiv, das vom Außen- in den Innenbereich übertragen wurde und schließlich auch im Mobiliar Verwendung fand. Das antike, ägyptisch-assyrische Motiv der »Zwillings«-Türme wurde von den Römern zu Verteidigungszwecken adaptiert (die Aurelianische Mauer etwa, die 272 bis 275 um die Stadt gezogen wurde, besaß zahlreiche Tore mit Doppeltürmen), und die Doppelturmfassade, ein Merkmal des islamischen Verteidigungsbaus, erschien nach 800 auch in der karolingischen Sakralarchitektur. Romanische Türme waren oft mit Spitzhauben bekrönt, auch dies ein Motiv, das wohl in der islamischen Baukunst wurzelt. Frühe Beispiele von Minarett-Türmen erscheinen dort stark überlängt. Unter dem Einfluss der islamischen Architektur entwickelte die Romanik zunehmend gefälligere Formen – sie war vermutlich auch die Quelle, aus der man bei dem dramatisch in die Höhe strebenden Innenraum der riesigen, Epoche machenden Abteikirche von Cluny in Burgund (1088–1121) mit ihrem Spitzbogengewölbe schöpfte. Schließlich

sollte in der europäischen Architektur die statische Schwere einer zunehmenden Dynamik weichen – mit entscheidenden Folgen für Architektur, Malerei und Möbelkunst.

Einflüsse der Architektur

Schon Jahrhunderte vor der Romanik war das Mobiliar ein Spiegelbild zeitgenössischer Architektur, deren Einfluss sich jedoch in der Regel auf Proportionen und Details beschränkte. In der Spätantike wurde er immer umfassender, und so findet man auf Sarkophagen nicht selten das Motiv fortlaufender Arkaden oder verbundener Nischen, in die man Figuren einstellte. Das Mobiliar der Frühromanik jedoch, wie man es in Handschriften abgebildet findet, und erhaltene Stücke beziehen sich in einem bisher nicht gekannten Maß auf architektonische Formen. Ein Kodex aus Fulda etwa (um 970–980) zeigt einen recht ungewöhnlichen Sessel [93], der schmal gedrechselte Partien, wie man sie von Darstellungen auf byzantinischen Elfenbeinschnitzereien kennt [81, 82], mit Draperien und ungewöhnlichem architektonischem Dekor verbindet, dessen Herkunft sich nicht eindeutig feststellen lässt. Wahrscheinlich wollte der Miniaturist hier ein Muster andeuten, das Architektur nachahmt. Ein anderes Modell begegnet uns in einer englischen Buchmalerei aus dem 12. Jahrhundert [94], die auf einen karolingischen Archetypus zurückgeht:[76] Der Stuhl, auf dem der Schreiber Eadwine sitzt, erinnert mit seinem dreiteiligem Aufbau an eine Kathedrale *en miniature*. Sogar die Fenster sind »verglast«. Das Schreibpult ist analog gestaltet. Ein so phantastisches Möbelstück scheint wenig realistisch, jedoch könnte die Dekoration auch nur aufgemalt sein, denken wir nur an einen sehr viel späteren Sekretär von Fornasetti [678].

Eine prächtige Nussbaum-Truhe aus dem 12. Jahrhundert [96] mit seitlichen Medaillons steht auf romanischen, plastisch geschnitzten Arkadenbogen mit Kerbschnittmustern. Die plastischen Ausschnitte sind nicht weniger kunstvoll gearbeitet als die gemalten Fenstermotive am Stuhl Eadwines und damit direkt vergleichbar. Da sich diese Form der Truhe auf Beinen auch auf steinernen Grabmälern findet, stellt sich die Frage, ob sie etwa von hölzernen Grabmonumenten abgeleitet ist, die vor den feuchten Wänden und auf dem nassen Boden in den Kirchen dem Verfall preisgegeben waren. Oder wurden sie aus Notwendigkeit zur Mobilität entwickelt? Sicher stellte man Reisetruhen im Wohnraum auf einen Tisch oder möglicherweise bereits auf eigene Untergestelle.

Ein weiteres Möbelstück aus dem 12. Jahrhundert, ein großer Armoire aus der Abteikirche von Saint-Etienne in Obazine [95], hat an den Seiten zweigeschossige, reliefierte Arkaden, die im Detail denen im Längsschiff der Kirche ähnlich sind, aus der er

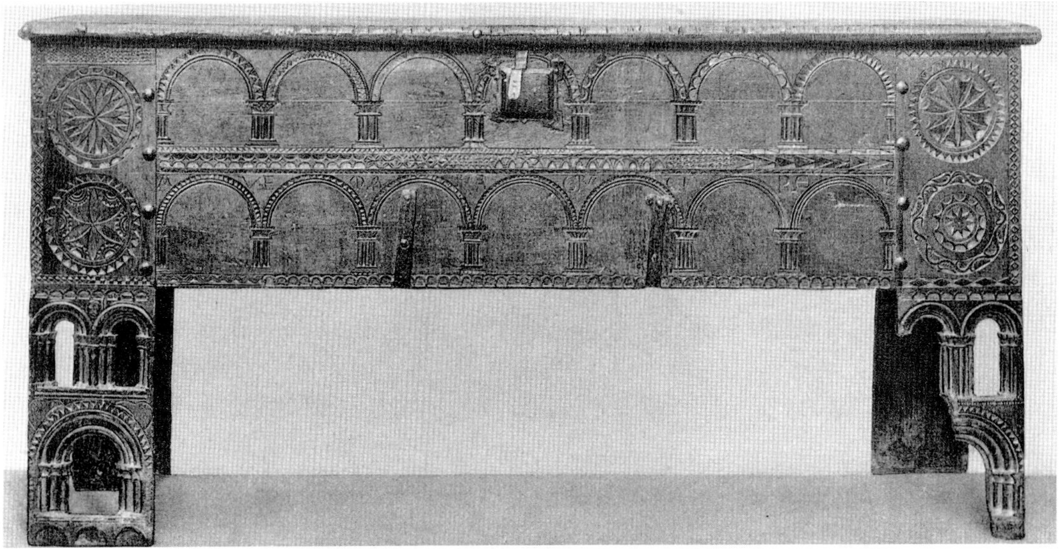

97 Gedrechselte Bank. Die Darstellung aus einer Handschrift der *Moralia in Iob* von Papst Gregor dem Großen zeigt den traurigen Hiob mit seiner Frau, von den Chaldäern beraubt; französisch, 12. Jahrhundert.

98 Thron aus gedrechseltem Eichenholz aus dem Kloster Isenhagen; Niedersachsen, um 1200

stammt.[77] Die Schranktüren sind als Rundbogen gearbeitet, die durch die Stollenkonstruktion aussehen, als ob sie wie Arkaden am Boden stünden. Die eisernen Scharniere enden in einem Fleur-de-lis-Motiv, und der Riegel zum Verschließen zeigt beidseitig einen grotesken Kopf. Dieser Schrank, einer der ältesten seiner Art in Europa, wirkt im Vergleich zu antiken und byzantinischen Exemplaren massiv und nüchtern.

Gedrechseltes Mobiliar der Romanik

Gedrechseltes Mobiliar war während der Romanik in ganz Europa verbreitet. An einem prächtigen skandinavischen Thron etwa [100] ist die Vorderfront nach architektonischem Vorbild arkadenförmig gestaltet, und die gedrechselte Rückenlehne erinnert an den juwelenbesetzten Thron Karls des Kahlen [88], während der Entwurf insgesamt stark byzantinisch anmutet. Ein typisches Beispiel ohne architektonische Elemente ist ein deutscher Sessel aus der Zeit um 1200 [98] mit dicht angeordneten, einfach gedrechselten Spindeln und großen Knäufen. Die Einsätze aus mehreren Reihen kleiner Elemente gleichen ebenfalls jenen am Thron Karls des Kahlen, während die Drechselarbeiten selbst auf Einflüsse aus der Antike zurückweisen. Bis auf die Neigung der Armlehnen sind alle Kanten gerade. Im Typus verwandt erscheint eine skandinavische Sitzgruppe, bestehend aus Schreibpult, Sitzbank und Stuhl, ebenfalls um 1200 [99]. Die Pfosten sind gedrechselt und von Knäufen bekrönt, die Seitenteile mit Einsätzen aus gedrechselten Spindeln geschmückt, die zu quadratischen oder rechteckigen Kompartimenten angeordnet sind. An der Bank ist der giebelartige Abschluss der Rückenlehne mit einem romanischen Bogenmotiv verziert. Die Front des Pultes ist von einem Arkadenmotiv mit Nasen gesäumt, während verschränkte Rundbogen sich über Front und Seitenteile ziehen, wie sie auch auf nordafrikanischen Mosaiken um 400 oder in karolingischen Handschriften vorkommen. Ineinander verschränkte Blendarkaden mit Spitzbogen, ein Motiv islamischen Ursprungs, waren 1154 auch an der Außenwand der Apsis des Doms von Monreale auf Sizilien aufgetaucht, an unserem Schreibpult hingegen ergeben sie sich durch die Schnittkanten der Bogen, die selbst rund sind. Über Handelsbeziehungen mit Sizilien und Konstantinopel[78] mag dieses Motiv bis nach Skandinavien gelangt sein. Beispielsweise tauchen Medaillons in gotisierendem Stil auch in den islamisch-byzantinischen Deckenmosaiken der Sala di Ruggero im Palazzo Reale in Palermo [662] auf.

Stühle, Betten und Wiegen dieses Typs sind in ganz Europa belegt, etwa in Padua, wo im Freskenzyklus Giottos in der Arena-Kapelle der heilige Petrus auf einem gedrechselten Stuhl mit geschwungener Rückenlehne sitzt. Auch ein Lehnstuhl aus der Kathedrale von Hereford, der 1142 zusammen mit einem Fußschemel von König Stephen benutzt wurde, weist gedrechselte Partien und ein romanisches Arkadenmotiv auf; ursprünglich war er zinnoberrot bemalt und vergoldet.[79] Die Technik des Drechselns wurde im Laufe der Jahrhunderte innerhalb der sozialen Rangfolge »demokratisiert« bis hin zu rustikalem Mobiliar, wo sie bis heute populär ist.

Ebenfalls aus dem 12. Jahrhundert stammt die realistische Darstellung eines Throns oder einer Doppelbank [97]. Den oberen Abschluss der mit Schlitz und Zapfen verbundenen Rückenlehne, in die zu Knäufen verdickte Stifte eingedübelt sind, bildet eine Galerie aus gedrechselten Spindeln. Der Sockel könnte von einer Art Arkadenmotiv gesäumt sein.

Antike Reminiszenzen

Wegen ihrer hieratischen Bedeutung überdauerten viele antike Faltstühle die Romanik und Gotik. Auf dem Teppich von Bayeux aus dem späten 11. Jahrhundert ist König Eduard der Bekenner auf einem solchen Sitz abgebildet. Häufig wurde die antike Form auch mit Verzierungen barbarischer Provenienz versehen. Ein prächtiger

99 Möbelgruppe mit Schreibpult, Bank und Stuhl aus geschnitztem und gedrechseltem Holz in der Kirche von Vallstena in Gotland; skandinavisch, um 1200

100 Thron aus geschnitztem Holz im byzantinischen Stil aus der Kirche in Alt-Uppsala, Schweden; schwedisch, um 1200

funktionalen Faltstuhl, einer spätmittelalterlichen Variante des antiken Scherentypus.

Auch steinerne Throne stellen eindeutig Reflexe der Klassik dar. An einem Bischofsthron aus der zweiten Hälfte des 12. Jahrhunderts in der Kathedrale von Avignon etwa sind die massiven Seitenlehnen in antiker Manier von je einem geflügelten Stier und Löwen, den Symbolen der Evangelisten Lukas und Markus, flankiert.[83] An einem deutschen Sakristierschrank des 13. Jahrhunderts [101] finden sich zwar wenige Spuren der Gotik, aber der Bogen ist rund, und die gemalten Figuren mit ihrem Blick nach vorn und dem scharfen Gewandfalten sind so byzantinisch wie nur etwas, wenn man von einer gewissen steifen Längung und dem unklaren Maßwerk absieht.

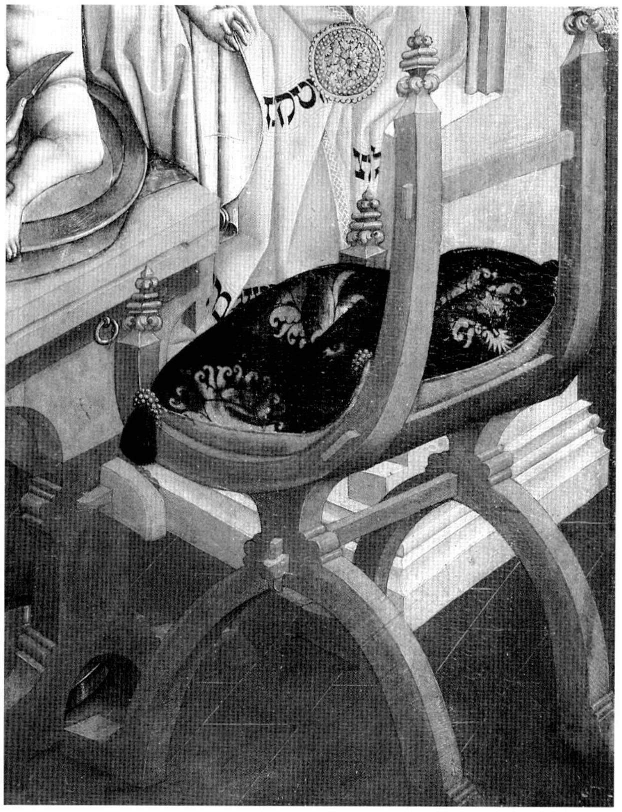

101 Schrank aus bemaltem Eichenholz aus dem Dom zu Halberstadt, 13. Jahrhundert

rechts oben **102** Bemalter Falthocker aus dem Kloster Nonnberg mit Einlegearbeiten und Aufsätzen aus geschnitztem Elfenbein und vergoldeten Bronzefüßen; Salzburg, um 1240

rechts unten **103** Zerlegbarer Stuhl mit x-förmigem Gestell, links angeschnitten ein zerlegbarer Tisch; Detail aus der *Beschneidung* des so genannten Meisters des Tucheraltars; Nürnberg, um 1450

Schemel in Buchsbaumholz aus der Kathedrale im spanischen Huesca etwa zeigt Löwenköpfe und -tatzen und ist mit verschlungenen Knotenmotiven geschmückt.[80] Phantastisch wirkende Illustrationen von Faltstühlen hingegen zeigen diese Eigenheit seltener, wenn man sie mit erhaltenen Beispielen vergleicht. Ein drapierter Faltschemel mit dem heiligen Augustinus auf einer Illumination um 1130[81] weist gierige, unrealistisch wirkende Adlerklauen auf, ähnelt jedoch ansonsten einem im 12. Jahrhundert belegten Typus. Ein Faltschemel aus dem deutschsprachigen Raum wiederum [102], ein Geschenk des Papstes an ein Benediktinerinnenkonvent, ähnelt mit seinen Löwenköpfen dem Schemel des heiligen Augustinus. Die Köpfe sind aus Elfenbein, der Stuhl selbst ist mit geschnitzten Elfenbeinplättchen verziert, die aus früherer Zeit stammen könnten. Der Korpus ist rot bemalt, die Löwentatzen bestehen aus vergoldeter Bronze.[82]

Die eleganten Gemälde des Sienesen Simone Martini (um 1284–1344), einem Freund des Dichters Petrarca, enthalten neben antiken Möbelformen, die bewusste Nachschöpfungen sein könnten, auch solche, die ganz realistisch wirken, wie den Faltstuhl des Kaisers Konstantin. Das Fragment eines Nürnberger Altarbilds um 1450 [103] zeigt einen Stuhl mit Tatzenfüßen und Finialen, und auf einer flämischen Miniatur von 1406/07 sitzt ein Mann, der sich gemütlich die Füße vor dem Feuer wärmt, auf einem durchaus

gegenüberliegende Seite **104** Marmorthron des Erzbischofs Elia in S. Nicola, Bari, 1098

Antike Ornamente überlebten in unterschiedlicher Verkleidung. Ein französischer Armoire um 1290–1320 [106] zeigt ein Muster aus Ranken mit floralen und animalischen Formen, wie Eichen- und Feigenblättern, Erdbeeren, Schweinen und Fabelwesen. Die Ranken erinnern in ihrer außergewöhnlichen Klarheit nicht nur an figürliche Ranken griechisch-römischer Provenienz [52], sondern auch an Motive auf Mosaiken wie die Akanthus-Ranke in S. Clemente in Rom [105].[84] Ähnliche Rankenmotive aus der Zeit um 1294 findet man in S. Maria Maggiore.[85] Derartige Eisenornamente, hergestellt mittels Gussformen aus Stahl oder gehärtetem Eisen, waren in ganz Europa gebräuchlich.

Italienische Romanik und »klassisches« Mobiliar

Italien erwies sich mit wenigen Ausnahmen als treuer Anhänger der Klassik, indem es die Formen der Spätantike bis in die Renaissance beibehielt. Unterschiedliche Kräfte drängten es in eine Richtung, die es von den gesamteuropäischen Entwicklungen ausschloss. Da war zum einen Rom selbst, die Hauptstadt des ehemaligen Großreiches, deren zahlreiche antike Gebäude damals sicher nicht jene brüchigen Ruinen waren, die man in der Renaissance vorfand. Roms spätantike Sakralbauten, besonders der ausgedehnte Komplex des Petersdoms, lieferten lebendiges Anschauungsmaterial für Architektur und Ornamentik. Das Papsttum als dynamische und zugleich konservative Institution, das bereits im 5. Jahrhundert ältere antike Bauformen wieder belebt hatte, behielt diesen eingeschlagenen Kurs weiter bei, und sowohl Rom wie der stolze, mächtige Stadtstaat Venedig, der dem Byzantinischen Reich ebenso zugewandt war wie Europa, erwiesen sich das ganze Mittelalter hindurch in architektonischer Hinsicht als konservativ. Dazu muss man sich vor Augen halten, dass es damals aufgrund der beschwerlichen Landwege leichter war, von dort aus nach Konstantinopel zu gelangen als nach Paris.[86]

So erfuhr die italienische Romanik eine eigene Ausprägung. Im 12. Jahrhundert ließ ein reformerisches Papsttum die römischen Kirchen im frühchristlichen Stil wieder aufbauen, der mit demjenigen spätantiker Gebäude identisch war. Ihre äußerst unzeitgemäßen Mosaiken ahmten wesentlich ältere Arbeiten nach [105]. 1256 gab der Papst Anweisung, das Mausoleum der Constantia, der Tochter Kaiser Konstantins, zur Kirche »Santa Costanza« umzubauen [55, 59]. Hier begegnen wir einem begrenzten Klassizismus in Architektur, Malerei, Bildhauerei und angewandter Kunst, der nicht auf Rom beschränkt blieb. In der toskanischen Romanik nahm er solche Ausmaße an, dass selbst gebildete Florentiner Renaissance-Architekten aus dem 15. Jahrhundert glaubten, viele romanische Gebäude, namentlich das Baptisterium und S. Miniato al Monte (um 1060–1150), stammten aus der Antike. Die polychromen Inkrustationen an ihren Außenfassaden, die Formen der Innendekoration nach außen projizierten, fanden auch bei gotisch beeinflussten Gebäuden Verwendung und wurden in der Frührenaissance von dem Architekten Alberti aufgegriffen [154], der sich seinerseits an der Antike orientierte. Auch die Architektenfamilie Lombardo bezog sich im 15. Jahrhundert auf dieses Vorbild. So zitieren die verflochtenen Ornamentmedaillons an der Fassade des Palazzo Dario in Venedig von 1487 solche auf Mosaiken in S. Costanza oder an Pfeilerkapitellen in der byzantinisch beeinflussten Kirche S. Vitale in Ravenna. Später sollten sie auch an Tischplatten und Schränken auftauchen [279, 281].

Im exotischen Königreich Sizilien, wo islamische, byzantinische und normannische Stileinflüsse miteinander verschmolzen, wurde diese Entwicklung auf die Spitze getrieben, und das mächtige Grabmal der Hohenstaufer im Dom zu Palermo gehört sicherlich zu den eindrucksvollsten Zeugnissen dieser antiken Renaissance.

Einen Anhaltspunkt dafür, wie besonders prächtige, italienische Holzmöbel im 11. Jahrhundert ausgesehen haben könnten, geben zwei steinerne Bischofsthrone im süditalienischen Bari [104] und Canosa di Puglia aus der Zeit vor der Renaissance. Beide vermitteln den Eindruck primitiver Kraft und orientieren sich weniger an antiken Steinthronen als an Konstruktionen aus Holz. Der Dekor auf dem Beispiel aus Bari wirkt teilweise wie Kerbschnitt oder die Nachahmung von Mosaiksteinchen, und die betont lineare Tendenz seiner Ornamente bezeugt barbarischen Einfluss. Der

105 Motiv einer Akanthus-Ranke und eines »juwelenbesetzten« Velariums auf einem Mosaik in S. Clemente, Rom, vor 1128

106 Tür eines Armoire mit Eisenornamenten, die ursprünglich vergoldet waren; französisch, um 1290–1320

107 Bischofsthron aus Marmor mit Mosaikintarsien im »Cosmaten«-Stil. S. Balbina, Rom, 12. Jahrhundert

Thron wird von Elefanten getragen, die auch auf islamischen Textilien, Keramiken und Miniaturen häufig als Ornament auftauchen und bei westlichen Potentaten sehr begehrt waren: Sie ließen keine Gelegenheit aus, von ihren islamischen Handelspartnern Elefanten zu kaufen – eine Tradition, die bereits Karl der Große und Harun al-Raschid begründeten. Der Thron aus Canosa dagegen wird von gequälten »Sklaven« getragen, die letztlich von der Antike inspiriert sind. Doch auch hier scheint das Motiv durch islamische Einflüsse gefiltert. So ähneln krauses Haar und Lendenschurz der Sklavenfiguren denen einer tragenden Figur in einem Omaijaden-Palast in Palästina aus dem frühen 8. Jahrhundert, und eine ähnliche Figur mit Turban im Dom von Salerno fungiert als Stützsäule eines Stuhls.[87]

Der wohl bekannteste antikisierende Ornamentstil des Mittelalters verbindet sich mit den Cosmaten, einer auf Architekturdekoration spezialisierten Künstlerfamilie, deren Signaturen über vier Generationen hinweg auf Stücken von unverwechselbarem Charakter erscheinen. Beeinflusst durch die Antike und vermutlich auch die islamische Kunst auf Sizilien,[88] kombinierten sie Mosaiksteinchen aus Glas und Stein mit Einlegearbeiten in Marmor. Ihre Ornamentik umfasst geometrisches und verschlungenes Flechtwerk, gedrehte und spiralförmig gedrechselte Säulen sowie korinthische und byzantinisch inspirierte Kapitelle. Selbst gotische Einflüsse erkennt man zuweilen. Auch ihre skulpturalen Arbeiten, wie heraldische Löwen und Adler, wirken oft klassisch.[89] Ihre Werke, zu denen der Schrein Eduards des Bekenners (um 1268) in Westminster Abbey gehört, fanden in ganz Europa Verbreitung, wobei Mobiliar mit Cosmatenmotiven ebenso auf italienischen Gemälden erscheint wie *in situ* an den prächtigen Bischofsthronen italienischer Kirchen. Das Exemplar in einer römischen Kirche [107] entspricht einem Typus, der im 12. Jahrhundert häufig abgewandelt wurde. Sein Dekor ist flächig angelegt, die stark geometrischen Formen und einfachen Rankenmotive folgen antiken Vorbildern, die sich offensichtlich problemlos auf hölzerne Intarsien übertragen ließen, denn die Formen und Muster setzten sich im Mobiliar der Frührenaissance fort.

Italienische Möbel aus dem 13. und frühen 14. Jahrhundert zeigen klassische und gotische Stileinflüsse in unruhig wirkender Kombination. Nichts an den Thronen der Madonnen von Cimabue[90] oder Duccio di Buoninsegna[91] gemahnt an die Renaissance der Antike, vielmehr sind es kunstvolle und wahrscheinlich komplett der Phantasie entsprungene Abwandlungen des gedrechselten byzantinisch-romanischen Typs. Giotto selbst malte zuweilen gotische Throne,[92] andererseits sind die drapierten Stühle seiner Nachfolger in Assisi reine Funktionsmöbel ohne irgendeinen gotischen Anstrich.

Ein Altarbild der Giotto-Schule mit Szenen aus dem Leben der S. Caecilia (um 1300–1320)[93] zeigt die Heilige auf einem Thron sitzend, der stilistische Merkmale der Proto-Renaissance aufweist, jedoch wird er nicht von Sphingen, sondern von Engeln getragen. Sowohl für Giotto als auch für seinen Schüler Taddeo Gaddi ist belegt, dass sie Schränke dekoriert haben.[94] Zwar weiß man nicht genau, wie diese Möbel aussahen, doch ist es unwahrscheinlich, dass sich die antikisierenden Ambitionen ihrer Schöpfer auf Throne beschränkt haben sollten.

Allem Anschein nach folgte das italienische Mobiliar des Mittelalters dem Vorbild von Außen- und Innenarchitektur. Zwar blieb es nicht völlig unbeeinflusst von der Gotik [139, 140, 141], und byzantinische Motive wurden anscheinend weiterhin ohne starke Abwandlung angewandt [92], daneben wurden jedoch auch klassische spätromanische Stileinflüsse integriert und weiterentwickelt, die im 15. Jahrhundert der Durchsetzung der wesentlich klareren, präziseren und originelleren Neo-Klassik der Renaissance den Weg bereitet haben dürften.

III *Kapitel 1* Islam: die Entwicklung des Arabeskenstils

vorhergehende Seite **108** Detail der Kanzel (1512) von Anton Pilgram im Wiener Stephansdom: spätgotischer, anti-klassischer Expressionismus in höchster Vollendung. Unter den Motiven, die wohl islamischen Ursprungs sind, finden sich Kielbogen mit Nasen sowie verschlungenes, in der Breite wechselndes Maßwerk mit kommaförmigen Öffnungen – eine Art Vorläufer für ähnliche Motive im Jugendstil.

109 Islamische Ornamente, unter anderem verschränkte Spitz- und Kielbogen in der Kuppel über dem Mihrab der Großen Moschee in Taza; marokkanisch, frühes 12. Jahrhundert

Islam und Gotik

Nach dem Tod des Propheten Mohammed im Jahr 632 überzog der erste Ansturm seiner Anhänger weite Teile des zerfallenden Oströmischen Reiches mit Angst und Schrecken. Diese als Nomaden umherziehenden Araber waren von Mobiliar gleichsam unbelastet – sie besaßen auch keine architektonische Tradition –, machten sich jedoch in den eroberten Provinzen sogleich die Wissenschaften der Griechen und die Künste von Rom, Byzanz, Persien und Syrien zu Eigen. Die Vereinigung Persiens, Mesopotamiens und der westasiatischen Provinzen unter der Oberhoheit von Byzanz eröffnete dem Islam den Formenschatz all dieser Völker und Regionen – mitsamt ihren sassanidischen und gandharischen Elementen. Islamische und westliche Stilrichtungen zeigen daher aufgrund ihrer gemeinsamen Wurzeln viele Ähnlichkeiten. Dennoch erlag der Islam nie einer fremden Kultur, wie etwa die Germanen, als sie römisches Territorium betraten; im Gegenteil, bereits nach zwei Generationen hatte er einen neuen, wunderbar originären Stil hervorgebracht.

Ebenso neuartig und ursprünglich war der Stil, der sich in fast allen Teilen Europas im 12. und 13. Jahrhundert rasch ausbreitete. Die Gotik warf die jahrhundertealten Lehrsätze der Architektur und Künste über Bord: An die Stelle solider »Erdverbundenheit« setzte sie spannungsreiches Emporstreben, an die Stelle einer in die Breite zielenden, massiven Bauweise setzte sie die Linie und an die Stelle formalisierter Ornamentik die naturgetreue Darstellung. In der Gotik triumphierte der Geist des Nordens über die antiken Vorstellungen des Mittelmeerraums. Die Ironie der Geschichte will es, dass einige wesentliche Merkmale dieses »christlichen« Stils ihren Ursprung in der islamischen Kunst haben. Dieser Prozess hatte schon lange eingesetzt, bevor die Gotik tatsächlich Fuß fasste: Islamische Einflüsse hatten sowohl aus dem Süden, vom Islam selbst ausgehend, als auch aus der nördlichen Welt der »Goten« (Skythen, wie sie von den Griechen genannt wurden) Eingang in die Romanik gefunden, denn die Goten hatten ihrerseits Impulse direkt aus Persien aufgenommen. Diese von allen Seiten einwirkenden Strömungen haben sicher dazu beigetragen, dass sich die Gotik rasch verbreiten konnte – fast ebenso rasch wie die islamischen Feinde des Christentums[1].

Islamische Architektur

Von Interesse sind hier vorwiegend jene architektonischen Formen, von denen die europäische Bau- und Dekorationskunst – und damit natürlich auch die Möbel – inspiriert wurden.

Am augenfälligsten wird dies beim Spitzbogen: Der früheste Beleg dafür stammt aus dem Jahr 561,[2] doch häufig gebaut wurde er erst im späten 9. Jahrhundert in Ägypten,[3] wo er sich mit dem Rippengewölbe verband und damit der islamischen Vorliebe für vertikale Linien Rechnung trug. Diese dynamischen, anti-klassischen Rippen bildeten die Gliederung der Gewölbe; sie hätten ebenso gut auch allein stehen können – ohne die dünne Schale oder Decke, die den Raum zwischen ihnen ausfüllte –, und genauso streben sie noch heute in den malerischen Ruinenskeletten alter Moscheen und Abteien himmelwärts. Das Rippengewölbe impliziert Leichtigkeit und Bewegung, ganz anders als das schwere römische und romanische Kreuzgewölbe, das – statisch und »klassisch« – nur aus zwei einander rechtwinklig kreuzenden Tonnengewölben besteht. Weitere islamische Formen sind die gegliederten Rundbogen, die ein Spitzgewölbe bilden (häufig zu finden als Schmuck an antik römischen Grotesken-Decken), die gegliederten Spitzbogen und -rippen [109], die Hufeisenbogen (maurischen Bogen) und die gleichseitigen Spitzbogen.[4] Für die spätere Zeit bedeutsam wurde das Maßwerk, die Gliederung der Bogen mit vielfältig ausgeformten Ornamenten [110]; ein Beispiel aus dem Jahr 965 findet sich in der Großen Moschee in Cordoba. Diese aufgeklappten »Fächer« erinnern an Segel; sie stammen von den muschelförmigen Nischen ab, die Byzanz von der Antike übernahm.[5]

Islamische Festungen waren mit Zinnen und mit Pechnasen (Maschikulis) versehen – vorspringenden Galerien mit Ausgussöffnungen, von denen man diverses, zur Abwehr geeignetes Material auf die Köpfe der Feinde herabregnen lassen konnte. Für das islamische Minarett mit seiner schlanken, vertikal betonten Form findet man in der klassischen antiken Architektur außer dem Leuchtturm kein Vorbild. Der Islam brachte auch die Stalaktitengewölbe hervor, ein *muqarnas* genanntes architektonisches Dekor Element mit stalaktitenartig herabhängenden Abschlussteinen; es ist manchmal aus Holz gefertigt und ähnelt etwas der Bienenwabe.

Islamische Verzierungen und Ornamente

Die Arabeske

Die Mosaiken der Großen Moschee in Damaskus (706–715) bieten die großartigsten Beispiele frühislamischer Verzierungskunst. Obgleich sie noch ihre »pompejanischen« und byzantinischen Vor-

Die »zugespitzten« Stile III

110 Vorgotisches islamisches Ornament mit Nasen, Dreipässen und abgesetzten Bogen an einem Torbogen des Palacio de la Aljafería in Saragossa, Spanien; 11. Jahrhundert

111 Rankenwerk mit angedeuteten Knospen oder Blüten, die Vorläufer der in der Breite wechselnden, verschlungenen Arabeske auf einer griechischen Vase, 1766 in Neapel von P.-F. D'Hancarville veröffentlicht (aus *Antiquités étrusques, grecques et romaines)*

läufer erkennen lassen, erzeugen sie eine völlig neue und exotisch anmutende Wirkung: »Eingebettet in Elemente, die unserem an klassische Traditionen gewöhnten Auge vertraut sind, bricht sich die überbordende Pracht orientalischer Vorstellungskraft Bahn, bei der vielerlei fremdartige Motive miteinander konkurrieren: Phantastische Blumen, geschmückt mit Edelsteinen, Goldketten und Perlmuttanhängern, bedecken die Wände. An anderer Stelle sind Halsketten und Diademe mit Blätterranken miteinander verwoben und verleihen der Verzierung dadurch einen barbarischen, aber auch exquisiten Charakter.«[6] Auf die detailreichen Motive

griechisch-römischer und byzantinischer Mosaikkunst legte sich nun als weitere Schicht das orientalische Ornament-Repertoire: Manches davon lässt den Einfluss syrisch-sassanidischer Kunst erkennen, vermutlich weil Künstler aus Syrien und benachbarten Ländern an den Mosaiken arbeiteten (die sassanidische Kunst aus Persien war ihrerseits von der spätantiken römischen Kunst inspiriert worden).[7] Diese Ornamentik fand später auch in den Formenschatz der Wiener Werkstätte Eingang (S. 319).

Die frühe vorislamische Kunst der Damaszener Mosaiken wurde bald von einer ursprünglicheren, verhaltener wirkenden, aber immer noch prachtvollen Neuschöpfung, der Arabeske, abgelöst, die der abendländischen Kunst und dem Möbelbau entscheidende Impulse gab. Ihre Entwicklung vollzog sich im 8. und 9. Jahrhundert, ihre charakteristische Form gewann sie im 12. und zur vollen Reife gelangte sie im 13. Jahrhundert [114, 177]. Sie verbreitete sich in allen Ländern, in die der Islam vordrang, von Spanien bis nach Indien. Ihre Form, die in jeder Hinsicht ganz individuell war, ließ immer noch die Ursprünge in der griechisch-römischen Ornamentik erkennen, was ihre Übernahme in den Formenschatz des Abendlandes im 15. Jahrhundert und später erleichterte. Die Arabeske folgte zwei grundlegenden Konventionen. Die erste ergab sich aus dem islamischen Bilderverbot: Nur abstrakte und lineare Motive fanden Verwendung. Die zweite resultiert aus der islamischen Vorliebe für unendlichen Rapport: Wiederholte – einfache oder komplexe – Ornamente füllen meist die ganze Fläche einer arabesken Dekoration. Keines der Einzelmotive dominiert dabei, was häufig den Eindruck einer regellosen Anhäufung erweckt.

An dieser Stelle ist eine terminologische Klärung notwendig: »Arabeske« und »Maureske« wurden zur Bezeichnung islamischer Ornamente erstmals in der italienischen Renaissance verwendet. Genau genommen beziehen sie sich auf zwei unterschiedliche, aber verwandte islamische Stilrichtungen: auf die der Araber in Nordafrika und die der Mauren in Spanien. Der englische Ornament-Forscher Owen Jones behandelte sie im 19. Jahrhundert in seinem Buch separat und brachte die wesentlichen Unterschiede zwischen dem arabischen und dem maurischen Stil folgendermaßen auf den Punkt: »Der Hauptunterschied … lässt sich in kurzen Worten zusammen fassen: Die constructiven Teile der arabischen Kunst sind großartiger, während die der Mauren einen höheren Grad der Verfeinerung und der Zierlichkeit besitzen.«[8] Für die Zwecke dieses Buches sind die Unterschiede unwesentlich, und der Autor hat die Begriffe synonym gebraucht (s. S. 8).

Im frühen 16. Jahrhundert wurden »arabeske« Motive häufig in grotesken Dekor integriert (S. 102), und die zwei Begriffe wurden, zur allgemeinen Verwirrung, mehr oder weniger austauschbar. So konnte beispielsweise in den späten 1550er Jahren ein Keramiker ein bärtiges Wesen mit Akanthus-Flügeln und -Füßen folgendermaßen beschreiben: »eine ›Arabeske‹ … oder sollen wir es ›Groteske‹ nennen?«[9] Weitere Schwierigkeiten ergeben sich aus dem völlig korrekten modernen Gebrauch der Bezeichnung »Arabeske« für eine Ranke. Im Rahmen dieses Buches ist das besonders verwirrend, da arabesker Dekor vielfach geometrisch ist. Der Begriff »Arabeske«, wie er hier verwendet wird, darf nicht als Ranke verstanden werden, sondern rein als islamisch beeinflusstes Ornament (eine Ausnahme bilden Zitate von Texten aus dem 18. Jahrhundert, da sich im späten 17. und im 18. Jahrhundert weitere terminologische Wandlungen vollzogen, S. 170).

Geometrisches und geschwungenes Flechtwerk – Diapermuster

Es gab sowohl kurvilineare als auch geometrische islamische Arabesken. Die geschwungene Arabeske ist eine mehr oder weniger abstrakte Ranke, die sich ohne feste Form über große Flächen erstreckt. Ihre Vorläuferin war die antike hellenistische Akanthusranke [53, 111], deren Darstellung um 400 n. Chr. bereits viel von

112 Schrank mit geometrischem Flechtwerk im Mudéjarstil aus geschnitztem und bemaltem Holz mit schmiedeeisernen Beschlägen; Kathedrale von León, vermutlich 13. Jahrhundert

ihrer Naturtreue verloren hatte. Antikes und arabeskes Rankenwerk unterscheiden sich dadurch, dass Ersteres fast immer in klaren, ungebundenen und bisweilen asymmetrischen Ranken kreisförmig angelegt ist, während Letzteres aus labyrinthartigen, oval oder exzentrisch geformten Windungen besteht, die sich immer wieder überschneiden.[10] Dieses Flechtwerk nimmt verschiedene Formen an, von verschlungenen Ranken bis hin zu verflochtenen geometrischen Formen samt ihren rautenförmigen Kreuzpunkten.[11] Alle haben, wie bereits erwähnt, eine klare Ähnlichkeit mit den Schlingenmotiven in der keltischen Kunst, vermutlich aufgrund des gemeinsamen Ursprungs im nomadischen »Knoten« (S. 47). Sowohl die islamische als auch die keltische Kunst [69] weisen die charakteristischen Abstufungen zwischen schmal und breit auf, die in der Dekorations- und Möbelkunst der Renaissance und auch im Jugendstil eine wichtige Rolle spielen sollten.

Das islamische geometrische Flechtband, darunter solche Muster, die Ähnlichkeiten mit dem griechischen Mäander aufweisen, hat seine Vorläufer in der Ornamentik der spätantiken Mosaiken und Sarkophage. Eine der auffälligsten Formen islamischer geometrischer Muster ist aus kühn – um nicht zu sagen aggressiv – gewinkelten Gebilden komponiert, die »explosive Sterne« bilden [114], Motive, die schließlich im Maßwerk gotischer Fenster [473] und bei Holzintarsien [116] wieder zum Einsatz kamen. Diese erinnern an Muster in frühchristlichen Mosaiken und anderen Arbeiten aus Nordafrika, die ursprünglich aus Gebieten östlich der heutigen Türkei stammen;[12] ähnliche spätantike Einflüsse aus Nordafrika tauchen, durch den Islam gefiltert, in den byzantinischen und islamischen Mosaiken Siziliens auf [662]. Owen Jones weist darauf hin, dass man erste Beispiele für das Diapermuster [120], das in der Gotik und der indischen Mogul-Kunst und auch als Verzierung bei Möbeln so häufig vorkommt [118], ebenso wie »die Urformen aller arabischen und maurischen Ornamente«[13] bereits an den persisch-sassanidischen Kapitellen ausmachen kann.[14]

Der »abgesetzte Bogen«

Die beiden Formen der geschwungenen und der geometrischen Arabeske verbanden sich vielfach zu einer Figur, zum Beispiel dem »abgesetzten Bogen« [109, 110]. Er findet sich in der spätantiken römischen Architektur, meist an Kolonnaden oder Fassaden, an denen gerades Gesims in eine Bogenform übergeführt wird [16, 17], in den Malerei- und Stuck-Extravaganzen des pompösen Genres römischer Wanddekorationen und bei so ungewöhnlichen und »barock« anmutenden Gebäuden wie dem Venus-Tempel in Baalbek [18] aus dem 2. Jahrhundert n. Chr.

Der »abgesetzte Bogen« avancierte in der islamischen Kunst zum gängigen Stilelement und erscheint meist als Bestandteil flacher geometrischer und geringfügig erhabener Architekturdekoration. Owen Jones weist darauf hin, dass der »einspringende Winkel« in der elisabethanischen Ornamentik wieder aufgegriffen wurde: »Dieselbe Eigenthümlichkeit wurde in die elisabetheische Ornamentationsweise aufgenommen, die, mittelst der Renaissance in Frankreich und in Italien, vom Morgenland abgeleitet wurde, und zwar als Nachbildung der zu jener Zeit so allgemeinen damascirten Arbeit.«[15] Vermutlich dachte er dabei an Bandwerk [213] (S. 120–121): Ein Stich mit Ornamentvorlagen von 1541 [176] veranschaulicht dessen Entwicklung. Kaum ein Motiv hat die abendländische Kunsttischlerei so angeregt und beeinflusst wie der »abgesetzte Bogen«.

Das Akanthus-»Loch« und andere Motive

Die Arabeske birgt noch weitere inspirierende Motive. Dazu gehören ineinander gestellte Akanthuskelche [113 C], die sich aus dem herkömmlichen römischen Akanthus mit seiner naturgetreuen, spitz zulaufenden Form entwickelten. Der Akanthus vollzog eine weitere merkwürdige, für die Zukunft wesentliche Wandlung: Bis dahin von Blattmotiven kreisförmig umrankte Hintergrundflächen wurden schließlich ganz überzogen, und das Innere der Windung bekam als runde oder kommaförmige Öffnungen oder Löcher eine feste Form. Die Entwicklungsschritte hin zu dieser Abstraktion (vermutlich unterstützt durch den Einsatz des Bohrers in der spätrömischen Steinmetzkunst) lassen sich an pompejanischen Wandgemälden ablesen, wo man die Blätter mit tiefen, röhrenartigen Einkerbungen gestaltete; im 9. Jahrhundert war dieser Prozess abgeschlossen [113 B, C].[16] Später sollte diese Gestaltung zusammen mit dem Bandwerk zum charakteristischen Motiv werden [176]. Auch die vertikalen hellenistischen Ornamente von *candelieria* und Kandelaber gingen ein in den Formenschatz der Arabeskendekoration, vielfach in geometrisch stilisierter Form [174].

Ovale und polygonale Formen

Während die abendländische Kunst eine Vorliebe für gerundete Bogen hatte, bevorzugte die islamische Kunst spitz zulaufende Ovale und Polygone [109]. Vorläufer dieser Formen finden sich in der pompejanischen und der spätantiken Kunst. Die Gotik übernahm diese Vorliebe für Spitzbogen und Polygone, daher haben auch später in der Neugotik viele Tische eine achteckige Platte.

Islamische Kunsttischlerei: Stile und Techniken

Schon früh wurden in der Kunsttischlerei des Ostens Möbel mit kunstvollen Einlegearbeiten verziert [4], eine Dekorationsform, die später von den Griechen und Römern übernommen wurde [12]. Intarsien sind von der Konzeption und Fertigung her eng verwandt mit den Mosaiken,[17] und wenn man die Spitzenleistungen byzantinischer Mosaiken betrachtet, darf man annehmen, dass die verwandte Technik der Holzintarsie ebenfalls auf antiken Grundlagen basiert und später in Byzanz auf ein ebenso hohes Maß an Kreativität und handwerklichem Geschick traf.

Zwar sind das Spekulationen, da keine intarsierten Möbel aus Byzanz überlebt haben, doch die meisten erhaltenen Holzeinlegearbeiten aus der Zeit vor dem 15. Jahrhundert finden sich im islamisch geprägten Spanien und in Nordafrika. Meist sind es Zimmermannsarbeiten – Türen, Türrahmen, Kanzeln –, die eine Kombination aus geometrisch gemusterten Schnitz- und Einlege-

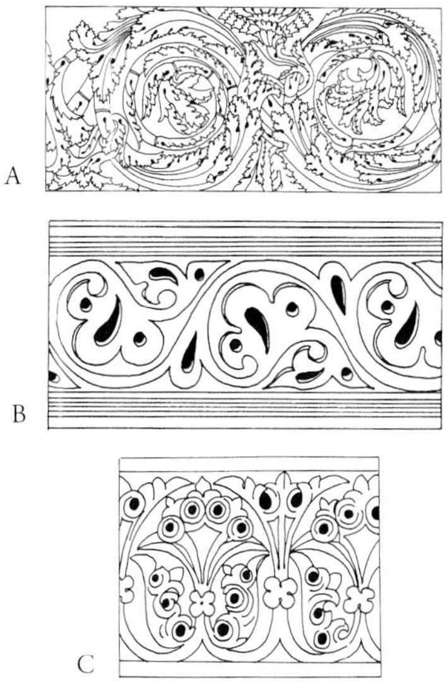

113 Vom römischen Akanthus zum islamischen »Akanthus-Loch«: A, vom Sonnentempel in Rom (nach Owen Jones, *Die Grammatik der Ornamente);* B, Stuckornament der Moschee von Ibn Tulun in Kairo, 878 n. Chr.; C, Fries am Mihrab der Großen Moschee in Córdoba, 965 n. Chr.

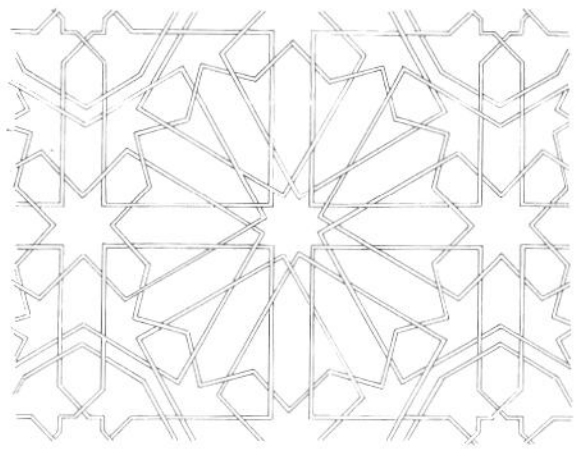

114 Vertäfelung an den Wänden im Hause des Sánchez in der Alhambra von Granada (nach Owen Jones, *Grammatik der Ornamente)*

arbeiten mit arabeskem Rankenwerk aufweisen. Es gilt als sicher, dass diese Verfahren einst in Byzanz entwickelt wurden.

Eine der interessantesten und schönsten spanischen Richtungen, der Mudéjarstil, ist aus einer Vermengung von islamischen und christlichen Motiven hervorgegangen. Ein frühes Beispiel dafür ist ein eindrucksvoller Schrank in der Kathedrale von León[19] [112], dessen Front- und Seitenwände üppig mit vielfältigen geometrischen Mustern verziert sind. An der Vorderseite finden sich unter anderem Diapermuster und an der Seite zwei Reihen Swastiken, eine Sonderform des griechischen Mäandermusters. Eine ganz andere Verzierungsmethode präsentiert der schöne Mudéjar-Schrank aus der ersten Hälfte des 15. Jahrhunderts [116]. Seine Intarsien erinnern sofort an die Muster spätantiker Mosaiken,[19] während das gestufte Ornamentband an der Vorderseite oben auch für das Geländer einer Moschee aus dem 13. Jahrhundert in Kairo[20] verwendet wurde. Es wurde bereits angemerkt, dass sich die Verzierungen des Schrankes von den in Europa üblichen spätgotischen Mustern unterscheiden und er stärker spätantiken Schränken ähnelt, wie wir sie zum Beispiel in den Mosaiken des Mausoleums der Galla Placidia und im *Codex Amiatinus* [75][21] abgebildet finden.

Eine andere Form der geometrischen Arabeske bei Einlegearbeiten zeigt sich auf einer Truhe des 15. Jahrhunderts aus dem Raum Saragossa [115]; verschränkte Rechtecke umgeben und verbinden die Motive in den zentralen Füllungen. Die »blumenblattartige« Verzierung an den Kanten findet man bereits im 9. Jahrhundert auf islamischen Lüsterfliesen.[22]

Eines der charakteristischen Möbel der spanischen Renaissance ist der *vargueño* [117] (ein Begriff aus dem 19. Jahrhundert für das ursprüngliche Wort *escritorio,* »Schreibtisch«). Er besteht aus einer Truhe auf Stützen, oft mit einer Klapptür, hinter der sich viele kleine Schubladen verbergen. Die meisten erhaltenen Stützen und Gestelle sind nicht alt, doch ihre Form erinnert – interessanterweise und vielleicht nicht nur zufällig – an byzantinische Arkaden. Der *Vargueño*-Typ war als Vorläufer des europäischen Kabinettschrankes wegweisend. Das abgebildete Stück zeigt vorne an den Schubladen den islamischen oder gotischen Vierpass.

ganz oben **115** Truhe, eingelegt mit geometrischen Mauresken; Saragossa, 15. Jahrhundert

oben **116** Bemalter und mit geometrischen Intarsien verzierter Schrank im Mudéjarstil; Toledo, um 1400–1450

links **117** *Vargueño* im gotischen Mudéjarstil, teils verziert mit Schnitzdekor, bemalt und vergoldet (das Untergestell ist nicht abgebildet); spanisch, frühes 16. Jahrhundert

III *Kapitel 2* Die Gotik, 1150–1550

118 Thron König Martins von Aragon aus vergoldetem Silber in der Kathedrale von Barcelona; spanisch, um 1400–1450

119 Kriechwerk an der Fassade des Münsters von Beverley, Yorkshire

120 Torbogen der St. Peter's School, York

Die Möbel, die den stärksten Eindruck von Gotik vermitteln, sind die von der gotischen Architektur inspirierten, vornehm anmutenden, oft künstlerisch sehr hochwertigen und nicht selten exzentrisch wirkenden Stücke [118]. Doch noch zwei weitere Gruppen aus früheren Perioden, die häufig nur wenig oder nichts Gotisches an sich haben, lebten weiter: zum einen die zur Grundausstattung gehörenden Gebrauchsmöbel – häufig zerlegbar –, die vermutlich zum größten Teil ein formales Erbe des Mittelalters darstellen [495] (S. 49), und zum anderen die – vielfach gedrechselten – Möbel, welche die spätantike und/oder byzantinische Tradition fortsetzen [102, 103, 106, 122] (S. 60–64). Die Formen gedrechselter Möbel änderten sich im Lauf der Zeit so wenig (S. 60), dass diese oft nur schwer datierbar sind; ihre Unabhängigkeit von Modeströmungen wurde vermutlich unterstützt durch die Tatsache, dass die Gilde der Drechsler im gesamten Mittelalter als eigenständiges Gewerbe anerkannt war.

Die gotische Kunst und die Ädikula

Seit vielen Jahrhunderten fasziniert die Menschen die von der gotischen Architektur ausgehende Erhabenheit. Auch andere gotische Kunstwerke, wie etwa die Möbel, lösen derartige Empfindungen aus. Das Emotionale ist ein wesentliches Attribut des »Anti-Klassizismus«, und für die Theoretiker der Renaissance war die Gotik der anti-klassische Stil *par excellence.* Diesen Status hat sie bis heute behalten, trotz der Konkurrenz durch exotische Stilrichtungen, etwa aus China oder Indien. Der »Gotik-Papst« John Ruskin brachte es 1851 auf den Punkt: Die ganze europäische Architektur, schlechte wie gute, alte wie neue, sei abgeleitet – auf dem Weg über die römische – von der griechischen Baukunst; mit Farbigkeit ausgestattet und zu höchster Vollendung geführt habe sie jedoch der Osten.[24] Der Anti-Klassizismus der Gotik entwickelte sich demnach aus der griechischen und römischen Klassik über die Zwischenstufe der romanischen und islamischen Kunst. Viele gotische Bauwerke wurden unter der Leitung klassischer Baumeister errichtet: Es haben 39 mittelalterliche Texte überlebt, die das ganze Werk oder Teile von Vitruvs Abhandlung über die Architektur enthalten und seine Wiederentdeckung im 15. Jahrhundert vorwegnehmen.[25]

Eine Beziehung zwischen der Gotik und der nicht den Vorgaben Vitruvs entsprechenden orientalisierenden Kunst der Groteske wurde von Künstlern und Kunsttheoretikern des 18. und frühen 19. Jahrhunderts (S. 276) wahrgenommen. Dieser Zusammenhang wurde im 20. Jahrhundert bestätigt: Elegant formulierte Sir John Summerson seine Theorie, die gotische Architektur sei das »wiedergewonnene Erbe« der romanischen Ädikula-Kunst, wie sie sich in den Wandmalereien von Pompeji zeigte: »Der Spitzbogen wurde meines Erachtens eingeführt, da er wie ein Phantasiegebilde anmutet – vielleicht, so darf man wohl annehmen, einer orientalischen Phantasie – die mit der Verwirklichung der ›pompejanischen‹ Idee einherging.«[26] Für Summerson war die Ädikula »der psychologische Schlüssel« zur Gotik[27]. »Das Kreuzrippengewölbe ist vergleichbar mit den luftigen Pergolas, wie sie in der Phantasie-Architektur [von Pompeji] so häufig vorkommen«,[28] und der Strebebogen war »ein Märchen-Viadukt mit einer lächerlichen Ähnlichkeit zu den phantastischen Spielereien mancher pompejanischer Stuckfriese im Museum von Neapel.«[29]

Vitruvs Beschreibung der Grotesken (S. 32) ließe sich nahezu unverändert auf gotische Malereien und Gemälde anwenden, wo die Ähnlichkeiten noch größer sind und viele Darstellungen in märchenhaft anmutende Ädikulen gestellt werden. Der Ausdruck »Ädikula« bezeichnete ursprünglich einen Schrein in einem griechischen oder römischen Tempel und wurde später auf jede Umrahmung angewandt, die aus Säulen oder Pilastern mit Gebälk und einem Giebel bestand. Ädikulen finden sich häufig an Fenstern, Türen oder Nischen. Der religiöse Ursprung dieses Motivs ging nie ganz verloren, obgleich es sozusagen in die Sprache weltlicher Huldigung übertragen und mit der »Staats«-Konnotation des Baldachins und des »Padiglione« (S. 110) vermengt wurde. Von besonderer Bedeutung war sie für die repräsentativeren gotischen Möbelstücke – das Prunkbett [135, 136, 139, 144, 148], den Thron, das Kirchen-Gestühl [138] und die Kredenz [487].

Der Einfluss des Islam

Parallelen zwischen islamischer und gotisch(-christlicher) Architektur wurden bereits seit Jahrhunderten erkannt und beschrieben, unter anderem von Sir Christopher Wren,[30] dem bedeutendsten Baumeister Großbritanniens. Die Gemeinsamkeiten sind sowohl spiritueller wie materieller Natur, was kaum verwundert, da beide Religionen fundamentale Glaubenssätze gemein haben. Sowohl die islamische als auch die europäische Architektur basieren auf der euklidischen Geometrie, die durch ihre arabische Übersetzung im 9. Jahrhundert bewahrt und im frühen 12. Jahrhundert ins Lateinische übersetzt wurde.[31] Auch einige der bedeutendsten Meister der islamischen und gotischen Kunst hatten charakteristische Gemeinsamkeiten: »Man nennt die Perser oft die Franzosen des Orients … [sie haben] eine ähnliche gedankliche Klarheit und emotionale Intensität.«[32]

Die gotische Architektur verdankte der islamischen sowohl bedeutende bauliche als auch ornamentale Grundregeln. Heiden und Gläubige kamen nicht nur in der Schlacht, sondern auch beim Handel in Kontakt, und christliche Pilger reisten durch islamische Länder. Die Einflüsse setzten früh ein: Die karolingische Pfalzkapelle Karls des Großen in Aachen trägt deutliche islamische Züge, ohne Vorbilder aus der Römerzeit.[33] Außerdem stammten zahlreiche wesentliche Elemente der romanischen Architektur direkt aus Mesopotamien und Persien.[34] Einiges kam über Byzanz, und auch der makedonische Hof (867–1056) war vielfach islamisch geprägt.[35] Die einflussreiche Abtei von Cluny (gegründet 910) mit ihren Tochterklöstern in ganz Europa pflegte wiederum enge Beziehungen zu Spanien: 1085 wurde die reiche maurische Stadt Toledo von den Christen eingenommen und ein Cluniazenser zum Erzbischof erhoben.[36] Die neue Kirche von Cluny (1095 eingeweiht) hatte Spitzbogen und einen Altartisch – schon fast eine Art »Möbelstück« –, der 1096 konsekriert wurde und die zugespitzten Bogen[37] aufwies, die als architektonisches Mittel und zu vielerlei Dekorationszwecken erstmals 965 beim Bau der Großen Moschee von Córdoba Verwendung gefunden hatten.[38]

Mit den Kreuzzügen intensivierten sich die Kontakte: Dem ersten Kreuzzug, der europäische Siedler in den zivilisierten Orient führte, waren europäische Erkundungszüge vorausgegangen,[39] die wiederum einen anhaltenden Zustrom von »Sarazenen« ins Abendland zur Folge hatten. Heimkehrende Kreuzritter statteten ihre abendländischen Burgen mit islamischen Pechnasen (Maschikulis) und Zinnen aus. Die Eroberung Siziliens durch die Normannen brachte diesem europaweit umherreisenden Volk die Herrschaft über islamische Künstler. Vermutlich tritt aus diesem Grunde das islamische Kreuzrippengewölbe, das bisweilen rein zu Dekorationszwecken gestaltet war (viele französische Kreuzrippen-

121 Zerlegbarer Tisch aus Eichenholz mit durchbrochener Maßwerkschnitzerei; französisch, um 1480–1500

gewölbe dienen im Wesentlichen als Schmuck), in Europa erstmals in der großen normannischen Kathedrale von Durham 1093 auf. Fünfzig Jahre später baute man es in der Kirche von St. Denis bei Paris, zusammen mit dem Spitzbogen und den riesigen bunten Glasfenstern, die in ihren frühen Formen Muster aus Mosaiken übernahmen. Der Strebebogen, diese außergewöhnliche Erfindung, die den himmelwärts gestreckten Formen der gotischen Architektur durch ein elegantes Rippengerüst Stütze bot, existierte in seiner Urform bereits im 5. Jahrhundert in Persien.[41] Jahrhunderte später verlieh er den Spiegeln an Toilettetischchen der Regency-Zeit ein stilvolles Gepräge.

Die gedrungene Turmkappe der Romanik wurde zur gotischen Fiale (Spitztürmchen). Dieses In-die-Höhe-Streben war ein für Persien und Mesopotamien typisches Architekturmerkmal. Den Keim dazu legte vermutlich der schlanke, facettierte Spitzturm des islamischen Minaretts, wie er bereits 705 bei der Großen Moschee in Damaskus in Erscheinung trat. Gotische Fialen und Zinnen wurden immer exzentrischer und märchenhafter. Sie vermehrten sich – große und kleine – an Kathedralen, Kapellen und Grabmonumenten zu »waldartiger« Dichte. Geschmückt waren sie mit Kriechwerk [119], das trotz seiner klassischen Abstammung [80] in hohem Maße anti-klassisch wirkte.[43] Der Islam verlieh dem niedrigen klassischen Gewölbe eine der Klassik fremde Vertikalität, und der gotische Einfluss verstärkte diese Tendenz weiter; die Kuppel von Brunelleschi in Florenz ist ein Beispiel dafür, ebenso die unzähligen sich kielförmig zuspitzenden »Kuppelchen« der Tudor-Architektur und ihrer Nachahmer [462] im späten 15. und frühen 16. Jahrhundert. Das gotische Gewölbe beherrschte die europäische Architektur sowie die Dekorations- und Möbelkunst bis ins 18. Jahrhundert hinein.

122 Scherenstuhl, Anrichte und anderes Mobiliar: *Januar* aus der Schule des Brüsseler Initialen-Meisters; flämisch, 1406–1407

Der Einfluss der im Vergleich zum Abendland um vieles fortschrittlicheren und künstlerisch höher stehenden islamischen Kultur hatte eine prägende Wirkung auf die gotische Kunst und reichte tiefer als der Einfluss der Arabeske auf die Kunst der Nach-Renaissance (S. 102–104). Dies gilt auch für die Möbel der Gotik.

Einfachheit, Schlichtheit und Mobilität – die Restauration der gesellschaftlichen Ordnung

Im Mittelalter ließ sich der gesellschaftliche Status an der Kleidung sowie am Besitz von Silbergeschirr und Schmuck ablesen: Sie waren stets vorrangig – weit wichtiger als das Mobiliar. Als weiterer Hemmschuh der Vielfalt und künstlerischen Eleganz der frühgotischen Kunsttischlerei wirkte die Kargheit des Alltagslebens, ein Erbe der Entwurzelung der Menschen im Mittelalter. Die Reichen mussten rastlos umherreisen, um sich ihre Pfründe und ihre Macht zu erhalten. In den langen Zeiten der Abwesenheit blieb ihr häuslicher Besitz nicht unangetastet. Wichtigster Bestandteil der Raumausstattung war die textile Dekoration. Sie war vielseitig und effektvoll einsetzbar, zugleich konnte sie leicht aufbewahrt, geschützt und transportiert werden. Der Brauch, rohes Holz unter kostbaren Stoffen zu verbergen, hielt sich sehr lange. Eine parodistische Darstellung aus dem späten 16. Jahrhundert zeigt ein gediegenes Festbankett[44] mit einer Zimmerorgel neben einem verhüllten, auf Böcken liegenden Tisch. Die mit vielen Gold- und Silbergefäßen vollgestellte Kredenz ist noch mit einem Leintuch bedeckt, was darauf hinweist, dass es eine grob gezimmerte Übergangslösung war, und das obgleich schon seit langem aufwändig verzierte Anrichten zum gängigen Mobiliar gehörten [487].

Viele Einrichtungsgegenstände wurden in leder- und eisenbeschlagenen Truhen, den damals gebräuchlichen Gepäckstücken, transportiert. Grob gezimmerte Betten wurden auseinander genommen und andernorts wieder aufgebaut und mit den Draperien behängt, die den gesellschaftlichen Rang ihrer Eigentümer dokumentierten (S. 77). Bis weit in die Gotik hinein sind reich ausgestattete Reise-Klappbetten als Geschenk für Prinzen dokumentiert,[45] und es gab sie bis ins 16. Jahrhundert [175] und darüber hinaus. Auch Stühle wurden auf Reisen mitgenommen. In einer Inventarliste von 1357 ist vermerkt, dass der englische König Edward III. einen »Elfenbeinstuhl mit Lederfutteral«[46] besaß, das vermutlich zu Transportzwecken diente. Selbst als die kargen Zeiten schon weit zurücklagen, hielten sich die alten Gewohnheiten noch lange, beispielsweise wurde ein reich mit Schnitzwerk in Durchbrucharbeit verzierter Frisiertisch aus dem späten 15. Jahrhundert immer noch nach dem alten Falt-Prinzip gefertigt, und erst im 18. Jahrhundert gehörten in den Herrenhäusern in Europa feststehende Esstische zur Einrichtung. Doch nicht jedes Mobiliar war immer auch »mobil«, es gibt viele mittelalterliche Schränke und Truhen, die offensichtlich »unverrückbar« angelegt waren, vielfach standen sie in Kirchen [124]. Bischöfe und Äbte unterhielten einen festen Hausstand, und es besteht die Vermutung, dass bestimmte Möbeltypen speziell für den Gebrauch in Klöstern entwickelt wurden, denn die Mönche waren geradezu berüchtigt für ihren luxuriösen Lebensstil. Darüber hinaus bot die Zelle seit jeher einen kleinen privaten Raum, wie geschaffen für die Konzeption speziell darauf abgestimmten Mobiliars – man muss sich nur die zahlreichen Bilder von Heiligen auf bequemen Sitzmöbeln vor einem Lesepult oder Schreibtisch, manchmal mit einem kleinen Beistelltisch, in Erinnerung rufen [75, 138]. Auch Königs- oder Adelspaläste besaßen einen festen Hausstand: Der Herr, die Herrin und das Gefolge reisten umher, doch der Verwalter blieb am Ort. Obgleich diese Schlösser, was Lebensgenuss und Prunk anbelangt, bei weitem nicht an Rom, Byzanz und die islamischen Höfe heranreichten, verstärkte sich auch bei ihnen der Hang zum Luxus. Zum Beispiel gab es in der Londoner Westminster Hall in der zweiten Hälfte des 14. Jahrhunderts einen fest stehenden Sitz und Tisch aus Marmor.[47] Hoch gestellte Persönlichkeiten gaben ihre Möbel bei bekannten Meistern und Künstlern in Auftrag. Zu nennen wäre der Architekt und Zeichner Villard de Honnecourt, dessen Arbeiten [127] im 19. Jahrhundert den Engländer William Burges [490] inspirierten. Manche seiner Zeichnungen wirken ausgesprochen monumental.

Die Entwicklung der gotischen Möbelkunst geht einher mit der Wiederherstellung sicherer Verhältnisse. Der Wohlstand nahm zu, Handel und Städte lebten wieder auf, eine reiche und kosmopolitische Kaufmannsklasse wuchs heran. Klerus wie Laienschaft traten den Rückzug in einen privaten Bereich an. Mobilität und öf-

fentlich geführtes Leben wichen einem festen Lebensmittelpunkt und privaten Raum, die für den Bedarf an kunstvollen Möbelstücken [146] unabdingbar sind. An die Stelle frei zugänglicher großer Räume traten kleinere Kammern und Gemächer mit Türen und Schlössern, was den früher üblichen Diebereien und dem Missbrauch buchstäblich einen Riegel vorschob. Die Kunsttischlerei entwickelte sich weiter – etwa um 1250 wurde der Hobel als Werkzeug wieder entdeckt (die ältesten Hobel wurden bei den Ausgrabungen in Pompeji gefunden[48]), und es wurden hochwertige Truhen, Betten und Schränke gezimmert und bemalt. Adel und Bürgertum legten bei der Ausgestaltung ihrer Räume immer größeren Wert auf erlesene Möbel: Reich mit Schnitzereien verziertes, vergoldetes und bemaltes Holz wurde zur Schau gestellt und konkurrierte mit den kostbaren Stoffdekorationen. Als neue Statussymbole waren die Möbel nicht länger vom Diktat der Mode unabhängige Holzkonstruktionen, sondern stellten sich in innovativen und extravaganten Formen zur Schau.

Der Einfluss gotischer Architektur und Ornamentik auf die Kunsttischlerei

Die gotische Architektur und Ornamentik sind so reich und fremdartig und nahmen in den letzten zwei Jahrhunderten ihrer Epoche oft derart phantastische Züge an [108, 123], dass man meinen könnte, die Vielfalt der Möbel wäre in der Gotik ebenso groß wie in jeder anderen abendländischen Epoche auch. Das Gegenteil ist der Fall, denn auch die zahllosen unterschiedlichen, von der Architektur angeregten Verzierungen können sich wiederholen und dadurch sehr gleichförmig anmuten. Auch der sakrale Ursprung der wenigen heute noch erhaltenen gotischen Möbelstücke kann einen falschen Eindruck vermitteln, denn Kirchenmobiliar wurde in der Regel im Einklang mit der es umgebenden Architektur und Zimmermannsarbeit gestaltet, insbesondere da die Entwürfe für die großen gotischen Bauwerke meist in den Händen ein und derselben Person lagen. Baumeister und Zimmermann kooperierten im Alltag bei der Ausführung des Lettners, des Throns und der Sakristeischränke. Ein himmelwärts strebender Bischofsthron [123] wurde von 1313 bis 1316 von dem Holzbildhauer Robert de Gameton errichtet, unter der Ägide und vermutlich nach einem Entwurf des Thomas of Winton, der 1313 von Winchester nach Exeter gekommen war. Die geistlichen Herren wussten seinerzeit genau, was sie wollten, und holten sich dazu oftmals ihre Künstler von weit her: Viele berühmte Architekten reisten in fremde Länder und errichteten dort die großartigsten Kathedralen, darunter etwa Canterbury und Burgos. Trotz regionaltypischer Unterschiede war die Gotik länderübergreifend, und anscheinend herrschte damals sowohl in der Möbelkunst als auch in der Architektur derselbe internationale Zeitgeschmack: Von Melrose Abbey in Schottland erging zum Beispiel ein Auftrag für ein Chorgestühl nach Brügge, wobei bestimmt wurde, es solle nach dem Vorbild zweier Kirchen in Flandern gestaltet sein; die Arbeit wurde um 1441 nach Schottland geliefert.[49] Aus solchen Kontakten erklären sich beispielsweise die auffallenden Ähnlichkeiten zweier Truhen aus dem 15. Jahrhundert, einer englischen aus Suffolk und einer spanischen aus Palma de Mallorca.[50]

Ein Grund für die mangelnde Vielfalt des frühgotischen Mobiliars liegt vermutlich auch im eingeschränkten Repertoire an Grundformen, die der Ausgestaltung zur Verfügung standen. War der großartige neue Architekturstil derart betörend, dass man Mühe hatte, Mobiliar zu entwerfen, das so eigenständig und frei (oder nahezu unabhängig) von architektonischen Anleihen war wie der Klismos und die Kline, der antike Sessel und das Ruhebett mit erhöhter Kopfstütze, der Faltstuhl oder der Dreifuß? Die Tendenz, im Möbelbau die Architektur nachzuahmen, bestand seit der byzantinischen und romanischen Epoche, wie eine Fülle von Mosaiken und Buchmalereien belegt [93, 94]. Die gotische Möbel-

gegenüber **123** Bischofsthron mit Baldachin in der Kathedrale von Exeter; mit aufwändigem Schnitzwerk verziertes Eichenholz, englisch, 1313–1316; Kupferstich, 1826, von John Britton (aus *The History and Antiquities of the Cathedral Church of Exeter)*

rechts **124** Eichenholz-Schrank mit Schnitzwerk und schmiedeeisernen Scharnieren und Beschlägen, Brandenburger Münster; deutsch, um 1300–1350

125 Maßwerk im *English Decorated Style* am Altar des Münsters von Beverley, Yorkshire

126 Detail des zerstörten Grabmals Kardinal Jean Cholets (gest. 1292) in St-Lucien, Beauvais (abgebildet in den *Gough Drawings*, Bodleian Library, Oxford)

127 Fensterrose der Kathedrale von Chartres (Nachzeichnung anhand des Skizzenbuchs von V. de Honnecourt)

128 Kleine geschnitzte Eichenholz-Truhe. Solche Möbel wurden von den Nonnen beim Eintritt ins Kloster mitgebracht; Kloster Wienhausen, Deutschland (Niedersachsen), vermutlich 1292

kunst des Mittelalters, speziell der späteren Jahrhunderte, führte diese Tradition noch weiter, vor allem in halb säkular-dekorativen, halb sakral-religiösen Kunstwerken, wie den *Arqueta* von Hans Memling im Sint-Jan-Hospital (Johanneshospital) in Brügge. Dieses Charakteristikum der Gotik, die Überbetonung der Architektur, wurde später im neogotischen Möbelbau des 19. Jahrhunderts wieder aufgenommen [480].

Der verschwenderische, bisweilen überwältigende Ornamentreichtum der Gotik kompensiert ihren Mangel an Grundformen. Neue islamische Einflüsse brachten im späten 13. und frühen 14. Jahrhundert weitere Dekors, darunter vermutlich auch die Diapermuster [120]. Einer englischen Gesandtschaft, die 1291 nach Persien reiste (unter ihnen ein gewisser »Robert Sculptor«[51]), folgten bis 1335 weitere Delegationen. Sie gaben vermutlich den Anstoß für die Innovationen – alle sehr wahrscheinlich islamischen Ursprungs,[52] die dem *English Decorated Style* (dem Verschlungenen Stil) die märchenhafteste Anmutung aller gotischen Stilrichtungen verlieh; dazu gehören der Kielbogen, die Vierpassform sowie verflochtene Kreise und Sechsecke [464]. In anderen Ländern beschritt man ähnliche Wege. Der im 13. Jahrhundert in Frankreich und Deutschland vorherrschende Rayonnant-Stil hat mehr als eine nur oberflächliche Ähnlichkeit mit der auseinander strebenden Form der islamischen geometrischen Arabeske [114]. All diese Motive, auch die vertikalen Linien der englischen Perpendicular-Architektur [120] und die fließenden Schwünge des französischen Flamboyant-Stils, fanden Eingang in die Möbelkunst. Motive, wie sie im Perpendicular-Stil auftreten, erschienen in islamischen Dekors, unter anderem das Gitternetzwerk; und das flammenartig geschwungene Maßwerk des Decorated- und Flamboyant-Stils [125] ist ansatzweise bereits in den Wellen des islamischen Rankenwerks erkennbar, die sich dann in spitz zulaufende Ellipsen wandeln.

Fialen [118, 132], Krabben [124, 132], Giebel [124], Strebepfeiler [132], Zinnenbekrönung [129, 130] und Baldachine [126,138, 467] gingen *en miniature* von Kathedralen und Burgen nun auf die Möbel über. Die Ornamente gotischer Möbel fußten zunächst auf Arkaden. Später kamen vom gotischen Fenster-Maßwerk inspirierte Verzierungen und schließlich die verschiedenen Formen spätgotischer und Renaissance-Vertäfelungen auf, bisweilen wiederum mit Maßwerk geschmückt [137]. An der Gestalt der Fenster konnte man über die Jahrhunderte hinweg die Entwicklung gotischer Stilrichtungen gut verfolgen, und das Maßwerk wurde, entweder durchbrochen [118] oder verblendet [128], als Möbelzierrat eingesetzt [118, 128, 131, 132, 137]. Die Formen des Maßwerks an Gebäuden variierten je nach Land und Epoche, und auch die Möbel spiegeln sie wider. Bei gotischen Fenstern des 13. Jahrhunderts füllte man beispielsweise häufig zwei oder drei einfache Spitzbogen mit einem Arrangement aus einfachen Kreisen, wie man sie aus der Romanik übernommen hatte (und die ihrerseits wiederum ihre Wurzeln in der Antike haben). Bald bekamen die Kreise »Nasen« – vorspringende Spitzen –, nach islamischem Vorbild durch das Zusammentreffen zweier Pässe entstanden, die zum Charakteristikum der Gotik avancierten [127]. Man übertrug diese Form in verfeinerten Varianten sowohl auf freistehende Bogen als auch auf Möbel [118].

Schränke und Truhen

Der gotische Schrank,[53] seiner Grundform nach ein hoher Kasten, war für eine architektonisch geprägte Gestaltung wie geschaffen. Ein Beispiel aus dem Dom von Brandenburg aus der ersten Hälfte des 14. Jahrhunderts hat ein steiles »Dach« mit drei Giebeln, komplett ausgestattet mit angedeuteten Krabben und Fialen [124]. Die »Fenster« zeigen altmodische Rundbogen, und die Vorderseite ist schlicht gehalten, frei von architektonischem Schmuck. Es gibt noch aufwändiger gearbeitete Exemplare, einige mit Zinnenbekrönung, Diapermuster, Maßwerkfenstern und Bemalung.[54] Aus Buchillustrationen weiß man, dass bereits die Romanik mit eindrucksvollen Schränken dieser Art aufwarten konnte.

Frühe mittelalterliche Truhen und Schränke wurden oft durch überreich verzierte Eisenbeschläge zusammengehalten [106]. Zimmerleute und Wagner arbeiteten vielfach so, wenn sie die Holzteile ohne Verzapfung verbinden wollten. Derartige Möbel ohne architektonische Vorbilder sind in großer Zahl noch in Kirchen erhalten, wo sich Kunstschmiedearbeiten auch an den Portalen finden. Es scheint eine enge Verbindung zwischen Tischlern und Kunstschmieden bestanden zu haben, denn die Eisengitter am Grab Edwards IV. in Windsor sind wie Holz verzapft.[55]

Eine deutsche Truhe, vermutlich von 1292 [128], Teil der Sammlung von Aussteuertruhen, in denen die Novizinnen ihre Habe ins Kloster Wienhausen brachten, ist mit verschränkten Rundbogen verblendet, die an der Kreuzung Spitzbogen bilden,

WANN DER MENSCH BEDECHT WER ER WER VND VON WAN ER WER KOMMEN HER ODER WAS AVS IM SOLTE WERDEN SO WVRDE ER FRVMMER

wie in der islamischen Architektur üblich. Darunter liegen eindeutig gotische Bogen, ein Kreis mit einem Sechspass, flankiert von zwei großformatigen, stilisierten Blumen, vermutlich gefüllten Rosen. Einfache, fast naturalistische Rosen sind in die Bogen gestellt. Solche Truhen wurden jahrhundertelang hergestellt; spätere Exemplare, zum Beispiel eine französische Nussbaum-Truhe aus dem 15. Jahrhundert, die in die englische Romsey Abbey gelangte, waren kunstvoller beschnitzt [131]. Ihre Ecken sind durch krabbenbesetzte Pfeiler betont, und die Arkaden-Verblendungen zeigen Stabwerk im Perpendicular-Stil, doch erst die orientalisierenden Kielbogen mit Nasen [109], deren Form in den dynamischen, raffiniert gemusterten Rosetten wieder aufgenommen wird, geben ihr einen eleganten Zug.

Was die Gestaltungskraft anbelangt, so steht die spätgotische deutsche Architektur anderen Ländern nicht nach, und die phantasievollen Spitzbogenformen aus der Gestaltung von Kirchenräumen [108], die fast übertrieben expressionistisch anmuten, finden wir in der Möbelkunst wieder. Ein Schrank von 1452 aus dem Basler Münster [130] zeigt eine flache, vertäfelte Front, deren Füllungen mit verwinkelter spätgotischer Maßwerkschnitzerei verziert sind; das Maßwerk biegt und krümmt sich zu bizarren, dornartigen Gebilden. Die Eisenbeschläge laufen an den Enden in arabeskenartigen Ranken aus. Das Laubwerk oben im Bogen ist verwandt mit einem gängigen spätantiken Motiv, aber die gerundeten Schwünge der antiken Versionen werden hier durch naturalistische Unregelmäßigkeiten ersetzt. Der Bogen trägt eine zinnenartige Bekrönung. Ein ganz ähnlicher Schrank aus derselben Gegend, 1518 datiert, mit zahlreichen Schubfächern für Dokumente ist mit gewundenem gotischem Maßwerk geschmückt,[56] und ein weiterer Schrank aus Ulm (datiert 1569) [129] stellt ein gutes Beispiel für den »gotisch-romanischen Mischstil« dar, wie solche Übergangsformen im frühen 19. Jahrhundert genannt wurden. Die zugrunde liegende gotische Gestalt wird zusammen mit der Zinnenbekrönung und anderen charakteristischen Details beibehalten, doch das Flechtwerk im Sockel mutet nun eher antik an, zudem wurde das Stück mit Renaissance-Intarsien (S. 92) dem Zeitgeschmack angepasst. Solche Möbelstücke mögen zwar attraktiv sein, stilistisch gesehen sind sie jedoch ein »Mischmasch«.

Thronsessel und Stühle

Der Stuhl, vor allem der Sessel, war mit einer gesellschaftlichen Bedeutung befrachtet, die seine Benutzung vorgab: Stühle waren zwar Allgemeingut, doch mit zunehmender Etikette unterlag ihr Gebrauch immer stärkeren Einschränkungen und Vorschriften. Die Art des einer bestimmten Person gebührenden Stuhls hing nicht von deren Status, sondern von der jeweiligen Rangordnung ab, die je nach Anlass und Zusammensetzung der Anwesenden variierte. Ein Bauer allein in seiner Hütte konnte selbstverständlich

gegenüber **129** Fichtenholz-Schrank mit aufwändigen Schnitz- und Einlegearbeiten – Ruinen und andere Motive – aus Kirsch-, Birnen-, Pflaumen-, Ahorn- und Lindenholz, teils grün gebeizt, teils mit heißem Sand nachgefärbt; deutsch (Ulm), 1569

oben **130** Schrank mit Schnitzwerk aus Ahorn, Tanne und Sumpfeiche mit schmiedeeisernen Scharnieren und Beschlägen; Basler Münster, 1452

rechts **131** Die beschnitzte Truhe aus Nussbaumholz (Deckel nachgebildet) steht heute in der Romsey Abbey, Hampshire; französisch, um 1480–1500

132 Gotischer Thron mit Fialen, »Fenster-Paneelen« und Vierblatt-Verzierung: *Der heilige Matthias* von André Beauneveu; französisch, um 1405

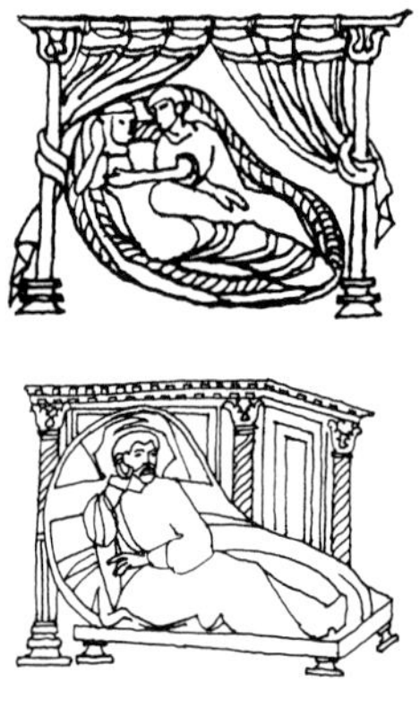

133 In Ädikulen gestellte Betten, nach Mosaiken aus dem 12. Jahrhundert, Markus-Dom, Venedig

in einem Sessel Platz nehmen;[57] hohe Herren in Anwesenheit höher Gestellter mussten sich jedoch mit Bänken und Hockern zufrieden geben. Die Kombination eines Stuhls mit einem Fußbänkchen hingegen dokumentierte seit jeher einen hohen Rang. Der Thron war immer »erhöht«, sowohl buchstäblich auf einem Podest als auch durch seine Form. »Himmel« und Baldachine steigerten seine Bedeutung noch. Thronsessel waren häufig mit Löwen geschmückt, einem uralten Symbol von Macht und Rang, das die christliche Deutung mit König Salomon und daher mit Königswürde und Gerechtigkeit verknüpft hat.[58]

Einige der mit »Fenster«-Maßwerk, dornenartigem Beiwerk und unirdisch wirkender Bemalung verzierten Throne, wie sie spätere gotische Miniaturen und Gemälde zeigen [132], scheinen eher in die Welt der Märchen als ins wirkliche Leben zu passen. Doch wie die in phantastischer Überhöhung dargestellten romanischen Möbel [94] sollten wir diese Abbildungen nicht gleich als unrealistisch verwerfen. Ebenso wie die Kleidung des Adels erreichte die Architektur der Gotik ihre »märchenhaftesten« Züge im 14. und 15. Jahrhundert. Es wäre daher durchaus denkbar, dass diese Entwicklung sowohl sakrales als auch weltliches Mobiliar umfasste. Der hölzerne Bischofsthron in der Kathedrale von Exeter [123] ragt über 17 Meter hoch auf und ist so kunstvoll gestaltet wie eine Stiftungskapelle oder ein Grab-Baldachin. Daneben wirkt der imaginäre Thron des heiligen Matthias [132], mit seiner Bank, die einen Stauraum unter der Sitzfläche vermuten lässt, schlicht und praktisch, ganz anders als der reale Thron König Martins von Aragon [118]. Dieses stark stilisierte, architektonisch gestaltete Möbel aus vergoldetem Silber ist mit Maßwerk-Fenstern, Fialen, Krabben, spitz zulaufenden Bogen und Rautenwerk verziert.

Thronsessel waren die spektakulärsten Sitzmöbel. Weiter unten auf der Skala, aber immer noch eindrucksvoll genug, rangierten solche wie der spanische »Kasten-Stuhl« [137]. Er kombiniert die von antiken Thronen übernommene gerundete Rückenlehne mit gedrehtem spätgotischem Maßwerk; in der Mitte unten prangt ein Wappenschild.

Ädikulen und Baldachine: Betten und Kredenzen

Die Gestalt eines Bettes sagte viel über die soziale Stellung seines Besitzers aus, vor allem wenn es einen Baldachin aus kostbaren Draperien trug. Ein mit Baldachin und hohen Pfosten ausgestattetes Bett besaß große Ähnlichkeit mit einer Ädikula, jener überkommenen Architekturform, die als Vorbild für Prunkbetten und -sessel geradezu prädestiniert war. In späteren Zeiten erlangte sie zusätzliche Bedeutung durch das mit Balustraden versehene Prunkbett, das in einen Alkoven (eine andere Form der Ädikula) gestellt wurde. Die Idee, die Liege und die Ädikula mit ihren Stützen zu einem Bett mit vier Pfosten zu verbinden, muss sehr nahe gelegen haben. Bisweilen lässt sich nur schwer ausmachen, ob es sich bei den Pfostenbetten, wie wir sie von frühen Abbildungen kennen, um in eine Ädikula gestellte Liegen handelt oder ob Pfosten und Bett tatsächlich eine Einheit bilden. Mosaiken aus dem 12. Jahrhundert im Markus-Dom von Venedig, denen ältere Bilder als Vorlagen gedient haben mögen – beispielsweise wurde der Genesis-Zyklus in der Vorhalle vermutlich nach einer Buchmalerei von etwa 400 v. Chr.[59] gestaltet –, zeigen Betten mit vier überdachten Pfosten, verbunden durch Stangen, von denen Vorhänge herabhängen. Die Pfosten spiegeln architektonische Vorbilder, sie sind kanneliert und gleich »Salomonischen« Säulen mit Akanthus-Kapitellen versehen [133].

Baldachine sind für Betten aus dem 12. Jahrhundert belegt, und in den nächsten zweihundert Jahren wurde der »Himmel« ein wesentlicher Bestandteil von Prunkbetten. Eine nach 1240 für König Heinrich III. von England gefertigte Liegestatt, das erste Beispiel eines englischen Prunkbetts, besaß grüne, mit Goldsternen verzierte Pfosten und einen von »Master William« bemalten Baldachin, der vermutlich ganz aus Holz bestand.[60] Zwei nur wenig jüngere Fresken von Giotto in Assisi stellen eine andere Form des Betts dar. Das eine [135] zeigt den Papst, der unter einer frühen Version des Betthimmels liegt, wobei die Aufhängung der Drape-

rechts **134** Eichenholz-Prunkwiege, bemalt und vergoldet; ursprünglich wurde sie von einem Gestell gehalten; flämisch, 1478–1479

135 Baldachinbett: *Der heilige Franziskus erscheint Papst Gregor IX.* von Giotto, in der Oberkirche von S. Francesco, Assisi, um 1300

rien deutlich sichtbar ist. Die kostbaren Stoffe fallen ins Auge (die an der Wand tragen islamisch beeinflusste Flechtwerk-Motive, darunter den islamisch/gotischen »abgesetzten Bogen«, der häufig auf Gesso-Truhen und anderen Möbelstücken aus Italien erscheint). Das andere Fresko zeigt ein Bett in einem mit Vorhängen verdeckbaren Alkoven, das auf mit Maßwerk verzierten gotischen Füßen steht. Auch aus dem frühen 14. Jahrhundert gibt es einige Zeugnisse von hölzernen Himmelbett-Konstruktionen mit vier Pfosten.[61]

Die Größe des Betthimmels war ein Hinweis auf die gesellschaftliche Stellung, ebenso die für die Bettdecke verwendete Fellart; hier gab es Parallelen zwischen den Konventionen für die Bettengestaltung und der in der Öffentlichkeit geltenden Kleiderordnung. 1396 schenkte Richard II. von England dem Herzog von Burgund Draperien aus golddurchwirktem Stoff, darunter einen Bezug für das Kopfteil des Bettes, einen Baldachin sowie eine Überdecke aus Hermelin.[62] Schließlich wurde die Bett-Etikette so sehr stilisiert, dass manche Betten nur noch zu Repräsentationszwecken dienten und nie jemand darin schlief. Auch die Wiege für einen Thronerben hatte ihre Entsprechung in der Prunkwiege zu Schauzwecken – das Wappen auf der hier abgebildeten Wiege [134] zeigt, dass sie 1478 oder 1479 entweder für Philip den Schönen oder für Margarethe von Österreich angefertigt wurde.[63]

Es ist sehr wahrscheinlich, dass das gotische Prunkbett dem gotischen Prunkgrab mit all seinen Extravaganzen in nichts nachstand. Kunstvolle, von vier Eckpfeilern getragene Grab-Baldachine haben eine große Ähnlichkeit mit solchen Prunkbetten – es sind kalte ewige Ruhestätten, reich und prächtig ausgestattet. Derartige Aufbauten waren aus Holz ebenso gut herzustellen wie aus Stein (in der Neogotik dienten Grabmale dann auch als Vorbilder für Betten [474]). Fialen und Krabben waren besonders geeignet, eine gewisse Phantastik auszudrücken. An den Streben der flämischen Prunkwiege [134] fehlen die ursprünglichen Ornamente ebenso wie das Gestell, in dem die Wiege einstmals hin- und herschwang. Einige Prunkwiegen besaßen vermutlich eine Art freistehenden Baldachin, wie etwa das Bett der heiligen Elisabeth [136]. Das vertäfelte und mit Maßwerkbögen verblendete Kopfteil ist unabhängig vom darüber errichteten Baldachin konstruiert. Der heilige Johannes liegt in einer Wiege aus gedrehten Holzteilen in romanischem Stil. Ein Gemälde von Lorenzo und Jacopo Salimbeni aus Urbino von 1416 stellt dieselbe Szene dar [139] und zeigt ein

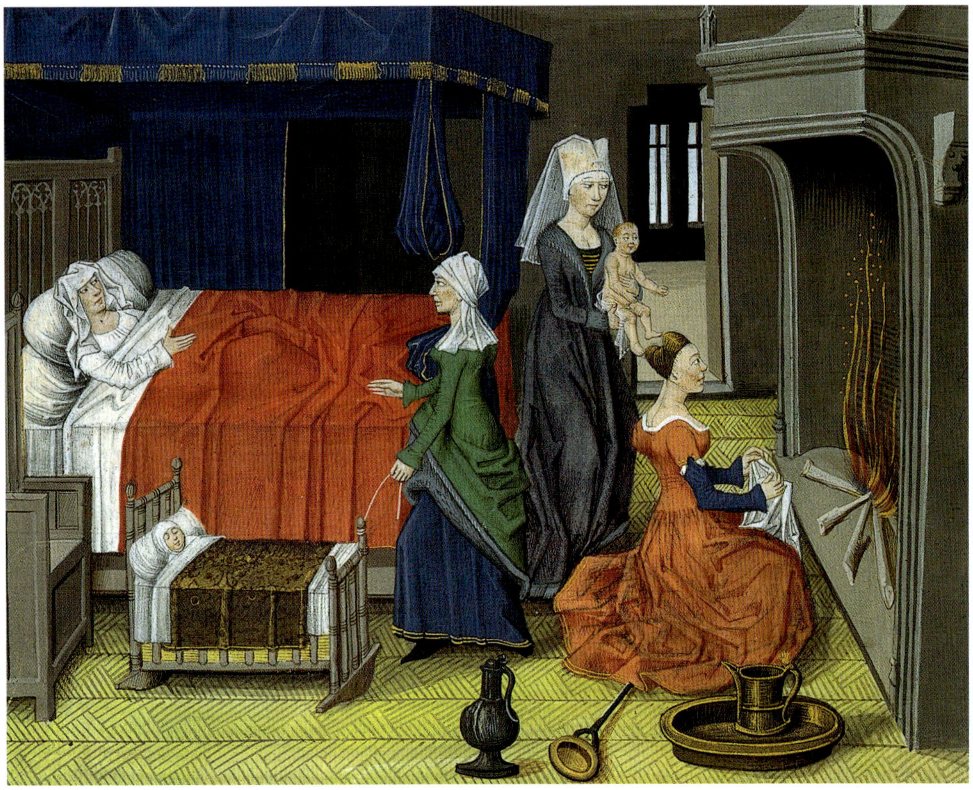

136 Bett, Wiege und Stuhl: *Die Geburt Johannes des Täufers* von Loyset Liedet, aus seiner *Histoire de Sainte Hélène;* französisch, um 1475

137 Teilvergoldeter Stuhl aus Nussbaumholz mit Maßwerk-Paneelen; spanisch, 14.–15. Jahrhundert

138 Gotisches Kirchengestühl, ein Postament-Tisch und eine Anrichte mit Füllungen: *Der heilige Hieronymus* aus *Stundenbuch des Maréchal de Boucicaut;* französisch, 1410–1415

sparsam verziertes gotisches Bett mit einem gegiebelten Baldachin ohne Draperien, der eindeutig mit dem Bettgestell verbunden ist. Sein Zierrat wiederholt sich auf den Stützbalken des eigentümlichen Vordachs über dem Eingang. Verziert sind die Seitenteile des Betts mit schlichten Einlegearbeiten und die Bettdecke mit geometrischen Arabesken, ähnlich denen der gotischen Möbel des spanischen Mudéjar-Stils [116].

Bedeutende Männer und Frauen nahmen unter Baldachinen Platz, und auch der Thron König Martins [118] muss früher einen solchen besessen haben. Heiligen auf Bildern [138] diente er als äußeres Zeichen von Würde. Auch Dichter und Weise wurden in kleinen Ädikulen dargestellt, jede mit eingebautem Tisch oder Lesepult und von der Außenwelt abgegrenzt. Die Jungfrau Maria, wie in einer französischen Miniatur aus dem frühen 16. Jahrhundert dargestellt,[64] empfängt den Erzengel unter einem Ehren-Baldachin, der einen mit Stoff drapierten Tisch und einen Scherenstuhl überdacht. Form und Verzierung des Baldachins sind gotisch, während der Schrank und der mit Tafelwerk dekorierte Stuhl im Hintergrund Renaissance-Motive aufweisen. Solche Ädikulen und Baldachine hatten zweifellos durchaus praktische Vorteile, denn auch die Heiligen und Weisen (einmal abgesehen von Johannes dem Täufer) hatten ein Bedürfnis nach Wärme, und daher ist es höchst unwahrscheinlich, dass die Ädikulen oder die ausgeklügelten Tischchen nur in der Phantasie der Miniaturisten oder Maler existierten. Postament-Tische waren seit dem frühen Mittelalter bekannt, und bis zum späteren Mittelalter hatten sich für weltliche Zwecke Spezialformen herausgebildet. Die Hausrats-Inventarliste einer Schlossherrin von 1426 erwähnt einen »intarsierten Tisch mit Karo- oder Spielfeldern zum Karten- oder Schachspielen«.[65]

Die Kredenz hatte schon seit der Antike einen repräsentativen Charakter, denn darauf wurden die kunstvoll gearbeiteten Gegenstände aus schimmerndem Gold, Silber und edelsteinbesetztem Silberblech zur Schau gestellt, die mehr als alles andere den Wohlstand bezeugten. Die Form des spätgotischen Buffets verriet den gesellschaftlichen Status des Besitzers – der gestufte Sockel war dabei aussagekräftiger als die eigentliche Qualität des Möbelstücks. Ein reich beschnitztes Buffet mit drei Stufen dokumentierte einen wesentlich niedrigeren Rang als ein grob gezimmertes mit fünf Stufen. Der politische Wettstreit der Herzöge von Burgund mit dem König von Frankreich in der zweiten Hälfte des 15. Jahrhunderts gipfelte darin, dass die Herzogin von Burgund eine Kredenz mit fünf Stufen anfertigen ließ, ähnlich dem Buffet der Königin von Frankreich. Dieser »Frevel« rief bei einer portugiesischen Adelsdame tiefe Abscheu hervor: »Madame de Charrolois hatte ein Buffet mit nur vier Stufen, und die Tocher der Herzogin hatte eines mit fünf! Keiner Prinzessin, außer einer aus dem französischen Königshaus, stehen fünf Stufen zu.« Des Weiteren meinte diese Hüterin der Tradition, die Dinge änderten sich zwar täglich, doch »das sollte die althergebrachten Honneurs und gesellschaftlichen Unterschiede, die mit Sinn und Verstand aufgerichtet und verfügt wurden, nicht schmälern oder verwischen.« Nach diesen Regeln hatte die Königin von Frankreich ein Anrecht auf eine Kredenz mit fünf Stufen, Isabella von Portugal auf vier, die Gräfin von Amiens auf drei, die Gattinnen von Bannerherren auf zwei Stufen und Damen niedrigeren Ranges auf Buffets mit nur einer Stufe.[66] Der Usurpator Heinrich VII. von England, der seinen gesellschaftlichen Rang dringend betonen musste, ließ sich ein Buffet mit sieben Stufen anfertigen.

Solche »Status-Möbel« erhielten im Laufe der Zeit stattliche Baldachine [467], die häufig an der Unterseite, wie die Decken von Räumen, mit Rippen und Vertäfelung versehen oder einem Kreuzrippengewölbe nachempfunden waren.

gegenüber, oben **139** Gotisches Bett mit giebelbekröntem Kopfteil: *Geburt und Beschneidung Johannes des Täufers,* von Lorenzo und Jacopo Salimbeni, im Oratorio di S. Giovanni Battista, Urbino; italienisch um 1416

gegenüber, unten **140** Mit Eisenbändern verstärkte Pappelholz-Truhe, überzogen mit in gotischem Stil bemalter Leinwand und Gesso-Figuren; italienisch (Toskana), um 1350

141 Kastenschrank aus Nussbaum und anderen Hölzern für die aufrecht hineingestellten Bücher der Sefer-Torah. Bemalt, mit Schnitzwerk und Intarsien verziert und teilvergoldet, stand früher in einer Synagoge in Modena; italienisch, 1472

Vertäfelung

Es kam auch vor, dass man Möbelstücke aus früherer Zeit im Stil der neuen gotischen Architktur umgestaltete, wodurch sie wie zeitgenössische Originalmöbel wirkten [138], oder es wurden ältere Stücke mit dem neuen architektonischen Zierrat »aufgemöbelt« [128]. In beiden Fällen erzielte man dieselbe Wirkung bisweilen auch mit Bemalung und Paneelierung. Bei der Vertäfelung oder der Methode, die diesen Anschein erweckt, handelt es sich um eine sowohl antike als auch byzantinische Konstruktions- und auch Dekorationsmethode. Die Entwicklung dieser Technik lässt sich nicht mehr im Einzelnen zurückverfolgen, da sie einer anderen stark ähnelt, bei der – wohl angeregt durch die Kassettendecke – ebenfalls Füllungen umrahmt wurden, was sie dann wie Tafelwerk aussehen lässt; ein Beispiel dafür ist der Krönungssessel in Westminster Abbey.[67] Flandern scheint bei der Wiederentdeckung der Vertäfelung im späten Mittelalter eine führende Rolle gespielt zu haben. Zur Dekoration von Paneelen kam in Frankreich und den Niederlanden das neue Ornament des Faltwerks [142] auf, das mit einem Hobel ausgekehlt wurde. Im 15. und 16. Jahrhundert [188] hielt es überall Einzug und nahm vielerlei kunstvolle Formen an. Seine Herkunft ist nicht eindeutig. Da es aussieht wie gefälteltes Leinen – zur damaligen Zeit nannte man das Faltwerk »Draperie-Paneele«[68] –, könnte es sich als stilisierter hölzerner und daher preisgünstiger Ersatz für die kostbaren Wandbehänge oder Portieren entwickelt haben. In dem Gemach der Jungfrau Maria auf einem reizvollen deutschen Gemälde von etwa 1470 [143] hängt an der Wand ein Vorhang mit einem Faltenwurf, der dem des stilisierten Faltwerks sehr nahe kommt. Auch die Lehnen ausladender Sessel wurden innen seit byzantinischer Zeit mit Stoff drapiert. Andere Vermutungen gehen dahin, das Faltwerk habe sich als Imitation von Pergamentrollen und Schriftbändern entwickelt, wie man sie auf Wandbehängen [147] und -gemälden findet, oder sei eine Weiterführung der Nut-und-Feder-Vertäfelung.

Das Faltwerk war nur eine Form des Schmucks von Paneelen. Die Wände eines Schranks [141] von 1472 (zur Aufbewahrung der Thora-Rollen) aus einer Synagoge in Modena bestehen aus Füllungstäfelchen mit gotischem Maßwerkdekor. Sie sind von Intarsienfriesen mit geometrischem Flechtwerk und antikem Bandwerk gerahmt. Die horizontalen Profile sind godroniert, die vertikalen Kanten tragen »Salomonische« (gedrehte) Säulen, die vor allem bei den Cosmaten, aber auch in der gesamten Gotik sehr beliebt waren. Man findet sie auch in den Gestellen von einbeinigen Tischen und Lesepulten. Natürlich besaßen sie für Juden eine andere ikonographische Bedeutung als für Christen (S. 125). Die beiden mittleren Kassettenreihen lassen sich zur Seite hin öffnen, die beiden äußeren sind feststehend. Der Schrank wird seit jeher Cristoforo da Lendinara (S. 92) zugeschrieben; wer auch immer ihn geschaffen hat, war vom venezianischen Stil beeinflusst.[69]

Innovative Vorstöße in der Möbelkunst, wie der Einsatz der Vertäfelung als Dekoration, wurden bisweilen vom konservativen und strengen Reglement der Gilden blockiert, das ganz darauf ausgerichtet war, überkommene Qualitätsstandards aufrecht zu erhalten. So diktierten im 14. Jahrhundert die Statuten der florentinischen *Arte dei Legnaiuoli* (Tischlergilde) Bauweise und Maße (Höhe, Länge und Breite) aller in der Stadt hergestellten Möbel! Eine Vorschrift von 1342 besagte, dass Truhen aus jeweils nur einer Holzart bestehen durften und Verzierungen wie Randleisten und Furnier nicht zulässig seien: Die Oberfläche hatte vollkommen plan zu sein. Nichts konnte Neuerungen stärker im Wege stehen als derartige Einschränkungen – und hätte man sich daran gehalten, hätten die Florentiner Möbel wohl einen Eindruck »di squallore e di monotonia desolante«[70] vermittelt. Doch konnten die Reichen sich mit einer Gebühr von diesem »Korsett« befreien, sodass sich trotz gegenteiliger Vorschriften die Paneelierung, üblicherweise aus zwei Holzarten, bei italienischen Möbeln durchsetzte.

142 Faltwerk-Paneele an einem Kirchengestühl mit Lesepult, beide aus Eichenholz; niederländisch, 15. Jahrhundert

Bemalung und figürliches Schnitzwerk

Bemalung ist ein augenfälliger und zugleich preisgünstiger Dekor für Möbel und wurde in der Gotik europaweit angewandt. Das faszinierende Handbuch von Cennino Cennini (1437), einem italienischen Maler, der in Florenz bei Taddeus Gaddi d. J. gelernt hatte, bietet zahlreiche Belege für das Interesse der Maler an Möbeln (damals schon betonte Cennini den hohen Rang dieser Kunst: »Ihr müsst wissen, dass das Malen auf Holz eine ehrenwerte Sache ist; und einer, der einen Rock aus Samt trägt, kann tun und lassen, was ihm gefällt.«[72]). In seiner Abhandlung über die Bemalung von Schatullen und Truhen[73] weist er darauf hin, dass beim Bemalen von Paneelen das ganze Verfahren sorgfältig abgewickelt werden solle, angefangen bei der Gipsgrundierung. Es gibt dort auch ein eigenes Kapitel über die »Imitation von Samt oder Leinen an Wänden und auch von Seide auf Wänden oder Paneelen«.[74]

Bemalte Möbel (unter anderem mit historischen Themen) waren im italienischen *Trecento* weit verbreitet.[75] In vielen Fällen – bei reichen Auftraggebern fast immer – übernahmen die Künstler neben der Bemalung der Möbel die Gestaltung des gesamten Interieurs: So waren die Füllungen an den Cassoni oft einfach kleinere Versionen der Wandvertäfelung. Die mit Eisenbändern verstärkte Truhe [140] – ursprünglich war es ein an der Wand stehendes Paar – entstand etwa 1350.[76] Die Malereien sind auf Leinwand ausgeführt – mit Azurblau als Ersatz für das teure Lapislazuli und poliertem Zinnblech statt Silber und Gold. Die Figuren sind in *gesso duro* modelliert, einer verfeinerten Gipsmischung.[77] Bisweilen grundierte man damit die gesamte Oberfläche; ab etwa 1400 wurden italienische Hölzer meist unter einer Schicht aus bemaltem oder vergoldetem Gesso verborgen – eine wieder belebte antike Technik. Die Schicht wurde entweder frei modelliert, als Vorarbeit und bei figürlichen Einzeldarstellungen [160], oder in eine Form gegossen und dann auf zuvor präparierte Flächen geklebt.

Italien stand mit seiner Vorliebe für bemalte Möbel nicht alleine, auch in Mitteleuropa waren sie weit verbreitet, allerdings oft in mäßiger Qualität und von Handwerksgesellen auf der Walz bemalt. Ein typisches Beispiel dafür ist ein Sakristeischrank aus Deutschland [101]. Das aufgemalte Ornament an der flämischen Prunkwiege [134] ist hingegen – obgleich abgestoßen und fragmentiert – das Werk eines Meisters. Bemalung diente auch dazu, Verzierungen bei ansonsten naturbelassenen Hölzern aufzuhellen oder hervorzuheben. Es wurde sogar behauptet, gotische Kunsttischlerarbeiten seien fast immer farbenprächtig bemalt gewesen und gotische Möbel ohne Bemalung wären wohl in späterer Zeit abgebeizt worden. Was das 15. Jahrhundert anbelangt, darf man das nicht verallgemeinern. Dass Van Eyck auf einem Altarbild, auf dem sich die heilige Cäcilie verträumt über ihre unbemalte Orgel beugt, jedes Detail der Holzmaserung so liebevoll abbildet, lässt eher darauf schließen, dass er ganz bewusst darauf hinweisen will, wie viel Sinn seine Zeitgenossen für die Schönheit unbemalten Holzes hatten. Vielleicht war diese Vorliebe für unbemalte Oberflächen sogar Ausdruck einer Wertschätzung des »unverfälschten« Materials und seiner Betonung durch eine entsprechende Bearbeitung – eine erstaunlich frühe Vorwegnahme der Arts-and-Crafts-Bewegung des 19. Jahrhunderts? Auf einem Gemälde von etwa 1470 liegt das Buch der Jungfrau Maria auf einem offensichtlich unbemalten gotischen Tisch [143] mit paneelierter Platte, bei der die Maserung dekorativ eingesetzt ist. Das kleine Schränkchen im Hintergrund ist ähnlich gestaltet. Das fürstliche Gemach auf dem Altarbild von Werl [146] birgt ebenfalls Möbel mit unbehandelter Oberfläche.

143 Tisch, Schränkchen mit Unterbau und Bank mit Kissen: *Mariä Verkündigung* des Meisters vom Oberrhein; deutsch, um 1460–1470

144 Baldachinbett, Hohlspiegel mit Miniaturen verziert, Messing-Deckenleuchter und weiteres Mobiliar: *Giovanni Arnolfini und seine Frau Giovanna Cenami* genannt *Arnolfini-Hochzeit* von Jan van Eyck; flämisch, 1434

145 Eichenholz-Truhe mit figürlicher Schnitzerei: der heilige Georg mit dem Drachen; deutsch (Niedersachsen), um 1300–1350

Ein weiterer Möbelschmuck bestand in naturgetreu geschnitzten Figurenszenen, wobei viele davon wohl ursprünglich bemalt waren. Der Korpus einer norddeutschen Truhe aus der ersten Hälfte des 14. Jahrhunderts [145] ist mit einer sehr gotisch anmutenden Darstellung des heiligen Georg mit dem Drachen geschmückt. Ansonsten trägt sie keinen architektonischen oder sonstigen Dekor, ihre Wirkung basiert rein auf dem geschnitzten Bild. Die Qualität entspricht den Arbeiten von Wandergesellen an bemalten Möbeln: Die Komposition des Flachreliefs folgt antiken Vorbildern, etwa den Szenen auf der Trajanssäule in Rom, doch die unverfälschte Ausdrucksstärke atmet den Duft deutscher Wälder.

Weitere gotische Ornamente: Ungeheuer und Naturmotive

Zwei Vorstellungen prägen das landläufige Bild der Gotik: Zum einen die himmelwärts strebende, erhabene, geheimnisvolle und andächtig stimmende Sakralarchitektur, der heilige Schrein gläubiger Inbrunst. Das architektonische Repertoire wurde, wie bereits dargestellt, bald für den Möbelbau adaptiert. Die andere Assoziation bezieht sich auf die Märchenwelt der Gotik, die mit Prinzen und Prinzessinnen, Ungeheuern und Hexen bevölkert ist und in von Gräben umgebenen Schlössern, in Paradiesgärten, dunklen Wäldern und auf sonnenbeschienenen Lichtungen spielt. Diese Phantasiewelt fand zwar kaum Eingang in die gotische Möbelkunst, trat jedoch im 19. Jahrhundert in der Neogotik bei gemaltem Möbeldekor wieder zutage.

Die Palette gotischer Ungeheuer reicht von Furcht erregenden Wasserspeiern bis hin zu skurrilen Kreaturen, wie sie sich an den Seitenrändern illuminierter Manuskripte tummeln, etwa ein Vogel mit gehörntem Menschenhaupt oder ein hasenköpfiger Vogel, der einen Bogen spannt. Diese Motivgruppe entwickelte sich weiter, wandelte sich zum grotesken Ornament in der Malerei und hielt im 16. Jahrhundert schließlich Einzug in die Kunsttischlerei. Sehr beliebt – und bei genauer Betrachtung keineswegs furchterregend – waren Tiere, die menschliches Verhalten parodierten: Ein als Kapuziner verkleideter und auf eine Krücke gestützter Fuchs besucht einen Hasen, oder das Schloss eines Affen, das von Füchsen mit Katapulten und anderen Kriegsmaschinen belagert wird. Schon lange bevor die Chinoiserien (S. 289) in Mode kamen, waren Affen sehr »ergiebig«: Um 1400 waren sie bereits Allgemeingut, und sogar ein Reliquar mit dem Haar der heiligen Katharina wird von vier Affen gestützt.[78]

Naturgetreue botanische Darstellungen finden sich im alten Rom, wo auf Wandmalereien bezaubernde Lustgärten mit identifizierbaren Pflanzen, Bäumen und Blumen, Vögeln, kleinen Tieren, aber auch mit Lauben und Springbrunnen dargestellt sind. Sie bilden Ausnahmen in der normalerweise eher geometrisch-abstrakten antiken Kunst. Die Ornamentik der »Barbaren« jedoch war ganz konsequent abstrakt gehalten, dort gab es keinen Raum für naturgetreue Abbildungen. Im 13. Jahrhundert hielt eine neue, von der Natur inspirierte Gestaltung Einzug in die Gotik: Die Ähnlichkeit zwischen natürlichen Wäldern und den Kathedralen der Hochgotik mit ihren wie Baumstämme und Zweige anmutenden Säulenreihen, ihre sich verzweigenden Gewölbe mit naturgetreuem Blattwerk an den Kapitellen – in der Kathedrale von Reims wurden über dreißig Arten bekannter Pflanzen und Blattformen in Stein gemeißelt[79] – hat man mit der atavistischen Sehnsucht der »Barbaren« nach ihren heimatlichen Lichtungen erklärt. Andere Theorien wollen in der neuen Architektur einen Ausdruck des frühlingshaften Gefühls der Menschen sehen, die froh waren, den Schrecken des finsteren Mittelalters entronnen zu sein [140]. Letztendlich gibt es keine wirklich tragfähige Erklärung für das Aufblühen des gotischen Naturalismus. Bezeichnenderweise verhinderte das klassische Erbe Italiens eine enthusiastische Übernahme der naturgetreuen Darstellung. Fra Angelico (gest. 1455) bei-

rechts **146** Bank und Anrichte: *Die heilige Barbara*, Gemälde vom Meister von Flémalle, Teil des Flügelaltars von Werl; flämisch, um 1430

spielsweise erhielt vom Vatikan die Anweisung, eine naturalistische Landschaft im Hintergrund eines Sakralbildes durch Vergoldung zu ersetzen.[80]

Der anti-klassische, botanische Naturalismus der mittelalterlichen Gotik verankerte sich tief in der europäischen Kunst, und seine Wirkungen waren lange sichtbar. In der Epoche des gotischen Flamboyant-Stils führte das Interesse an pflanzlichen Motiven Formen des Rankenwerks in die Kunst der Dekoration ein. Sie bildeten komplexe Muster ineinander verschlungener Zweige, die manchmal mit symbolischen Dornen versehen waren. Blumen, Blätter, Vögel und Tiere, bisweilen vor einen goldenen Hintergrund gestellt, drängten sich an den kunstvoll ausgestalteten Rändern und Initialen illuminierter Handschriften. Naturgetreue Darstellungen kamen nun auch für die Innenarchitektur in Mode. An den Wänden »wuchsen« Bäume, und um 1360 bemalte man die Galerie in den Gemächern der Königin von Frankreich im Hôtel St Pol in Paris mit einem großen Wald aus Bäumen und Büschen. Er erstreckte sich bis ins Gewölbe, das den Himmel imitierte.[81] Auch die Wände des zeitgleich gestalteten Ankleidezimmers im Papstpalast von Avignon ziert die Darstellung eines Waldes. Französische Tapisserien [147] nahmen den blumenbestreuten Rasen in Botticellis *Primavera* vorweg. Im 15. Jahrhundert wurden Möbel oft mit naturgetreuem Blattwerk geschmückt [130]. Motive ohne klassische Vorbilder, wie Stechpalme und Petersilie, gesellten sich zum klassischen Akanthus und sind von einer natürlichen Dynamik geprägt. Schließlich malten Künstler wie Martin Schongauer (um 1450–1491) ihre Ranken lieber mit Hopfenblüten und Kohlröschen als die klassischen Vorbilder aus Weinlaub, Lorbeer-, Feigen- und Akanthusblättern. Zu Beginn des 16. Jahrhunderts fanden diese Motive Eingang in die Groteske.

Wappentiere stiegen – wie im Märchen – von ihrer hohen Warte herab und betraten natürlich anmutende Gärten [147]. In der Gotik war die Heraldik ein wichtiger Bestandteil des ritterlichen und gesellschaftlichen Lebens; sie wurde in die dekorativen Künste integriert und ins Märchenhafte übersteigert. In der Klassik hatten unirdische Motive, so wirklichkeitsfern sie auch sein mochten, nie derart übersteigert phantastische Züge angenommen wie in der anti-klassischen Märchenhaftigkeit der gotischen Kunst.

147 Blumen und verschlungene Bänder auf einem Wandbehang mit Wappentieren des Königs von Frankreich, Karl VII.; französisch, um 1450

Die geistige Heimat der Gotik war der Norden, und dort erreichte sie im 15. Jahrhundert auch ihre Hochblüte. Ihre Zentren lagen in Burgund und den Niederlanden. Auch Frankreich nahm zwischendurch eine bedeutende Stellung ein, doch hatte es stark unter den verheerenden Auseinandersetzungen mit England sowie unter Bürgerkriegen zu leiden. Burgund entwickelte sich zu einem ernsthaften Rivalen für den französischen Hof und spielte in Westeuropa die Rolle des Vorreiters in Sachen Luxus und Fortschrittlichkeit. Nachdem die Bürger von Flandern diesem Vorbild gefolgt waren, strahlte die flämische Kultur bald auf andere Länder aus, und flämische Maler avancierten nun zu Lehrmeistern der Italiener. Die Unterschiede der regionaltypischen Malstile – des höfi-

148 Baldachinbett, Schränkchen mit Schnitzereien und Altaraufsatz mit kleinen Gemälden, Betbank, Faltstuhl italienischen Typs aus Metall, Deckenleuchter und Wandarm mit Kerze: *Mariä Verkündigung* von Joos van Cleve; niederländisch, um 1525

schen Stils der französischen Miniaturmalerei, des großbürgerlichen Stils der flämischen Kunst und der gotischen Expressivität in Deutschland – zeigen sich auch deutlich im Mobiliar. Die Hansestädte und deutschen Fürstentümer entwickelten eine eigenständige, reiche, spätgotische Kultur, die bis weit ins 16. Jahrhundert hinein bestand [129]. Die wohlhabenden Länder im nördlichen Mitteleuropa bezeugen, wie Kultur und Zivilisation aus den Ruinen des Römischen Reiches auferstanden. Der gewölbte Spiegel (aus geblasenem Glas), von Szenen aus der Passion Christi umrahmt, steht als Symbol und als Motto für das Eheleben der Arnolfini [144]. Das Gemälde an sich ist jedoch auch seit tausend Jahren zum ersten Mal wieder eine Art Abbild eines Lebens mit Annehmlichkeiten und sicheren Strukturen – vergleichbar dem Römischen Reich unter den Antoninen-Kaisern.

Die Welt der Spätgotik unterschied sich in verblüffender Weise und in nahezu allen Aspekten von der Antike – in der Religion, der gesellschaftlichen Ordnung, im Auseinanderdriften der Völkerschaften und in literarischen Konventionen. Am deutlichsten zeigt sich dies im äußeren Erscheinungsbild: mehr vertikal als horizontal, eher spitz als gerundet, individuell als vereinheitlichend, expressiv und himmelstrebend als ausgeglichen und gefällig. Auch an den Möbeln und anderen Gebrauchsgegenständen kann man das ablesen. In den nächsten hundert Jahren sollte sich ein ungeheurer Wandel vollziehen, hervorgerufen durch eine Bewegung, die eine Weiterentwicklung des gotischen Stils zunächst lediglich zum Stillstand brachte, um ihn dann aber völlig zu verwerfen. Die Revolution – denn nichts anderes war es – nahm im Italien des 15. Jahrhunderts ihren Ausgang, wo reiche und kultivierte Kaufleute ihre oberflächliche Hinwendung zur Gotik aufgaben und sich der Klassik der Renaissance zuwandten. Diese »kulturelle Revolution« griff rasch nach Norden über, und ihre Wirkung auf die Möbelkunst lässt sich an der um 1525 geschaffenen Interieurszene eines flämischen Malers ablesen, der von italienischen Einflüssen inspiriert war [148]. Das Schränkchen, immer noch gotisch, ist mit roten und grünen Paneelen verziert und mit einem blütenreinen Tuch bedeckt. Der kleine Altar darüber ist von gotischen Fialen bekrönt, daneben steht ein Faltstuhl aus vergoldetem Eisen mit geflügelten Klauenfüßen in italisierendem Stil mit stoffbezogener Lehne und Polsterung. Das Himmelbett ist mit reich verzierten Lambrequins geschmückt. Zwischen diesem luxuriösen Schlafgemach und den dreihundert Jahren früher abgebildeten schlichten Alkoven liegen Welten.

Die Wiederbelebung der Antike in der Renaissance IV

IV *Kapitel 1* Die italienische Renaissance im 15. Jahrhundert

vorhergehende Seite **149** Intarsie im Groteskenstil, entworfen von Perugino, ausgeführt von Domenico del Tasso, zwischen Pilastern mit Flechtband, aus dem Cambio in Perugia; italienisch, um 1499

Die allgemeine Entwicklung der Renaissancemöbel: »klassisch« und »anti-klassisch«

Viele der in der Renaissance entwickelten Themen und Motive waren richtungsweisend und werden bis heute verwendet. Bedingt durch das Ausmaß und die Vielfalt der Renaissancekunst sind die ihr zugrunde liegenden Motive nicht immer zu erkennen, wodurch die Renaissance die komplexeste aller in diesem Buch behandelten Epochen ist. Da Möbel eher am Ende als am Anfang der Kunstproduktion stehen, bietet ihre Darstellung mehr Probleme als die anderer Kunstwerke.

Durch zwei Merkmale, die in der Architektur der Renaissance verankert sind, kommt man dieser Vielfalt näher. Das eine ist die Fabulierlust, der Sinn für Mythen und Märchen, der sich in seiner Quintessenz in den ekstatischen antiken Träumen der *Hypnerotomachia Poliphili* (S. 90–91) manifestiert. Das andere ist die strenge Intellektualität, wie sie sich am reinsten bei Alberti (1404–1472) zeigt, der die »[Architektur]Regeln als einen mathematischen Mechanismus ›behandelte‹«.[1] Dieser Gegensatz zwischen Intellekt und Phantasie findet sich im Folgenden im weitesten Sinne auch in der Unterscheidung, die zwischen klassischen und anti-klassischen Traditionen gemacht wird, zwischen der Disziplin, die antiken Kunstwerken aus Stein innewohnt, und der Phantastik der Groteske, die orientalischen Ursprungs ist.

Die Trennungslinie darf jedoch aus zwei Gründen nicht zu scharf gezogen werden: Erstens überschneiden sich die Kategorien insofern, als einige antike Bauwerke, die der Renaissance als Vorbilder dienten, einen hohen Grad an erzählerischem Reichtum aufweisen; und zweitens musste die Kunst des Fabulierens (in eher klassischem als gotischem Gewand) nicht die Ausgrabung der antiken Groteske um die 1490er Jahre abwarten[2] – ein kurzer Blick auf die wunderbare Allegorie von Cosimo Tura um 1450 [150] zeigt einen kunstvollen grotesken Thron, dessen Motive alle von antiken Bauwerken abgeleitet sein könnten.[3] Wenn diese Differenzierung jedoch eher als Leitfaden denn als Zwangsjacke verwendet wird, erweist sie sich als durchaus dienlich.

Der folgende kurze kunstgeschichtliche Überblick über die Möbelkunst der Renaissance mag dem Leser als Einleitung in die Entwicklung der Möbelformen dienen.

Während des 15. Jahrhunderts veränderte das allgemeine Interesse für antike Architektur, Skulptur und andere Kunstwerke das Aussehen des italienischen Mobiliars; es wurde monumental und prächtig in einer antiken Manier, die in erster Linie auf der antik römischen Architektur, Skulptur und Sarkophag-Herstellung basierte. Die Entwicklung von Möbeln dieser Art [159] wurde im 16. Jahrhundert fortgesetzt, und sie waren vor allem in Italien und Frankreich verbreitet.

Ein anderer Renaissancemöbeltypus entstand in den 1490er Jahren, als die wieder entdeckte Groteske, eher phantastisch und linear als monumental und prächtig, von Künstlern aller Couleur enthusiastisch aufgenommen wurde [168]. Ihre Fähigkeit, fremdartige Ornamente aufzunehmen, prädestinierte die Groteske zur Verwendung für Dekorationen und Möbel, die höchst anti-klassisch in ihrer Motivik und ihrer Gestimmtheit (einschließlich Arabesken und nordeuropäische Expressivität) waren, bis antike Details in verschwenderischen Groteskenphantasien schier erstickt wurden. Erst langsam entstanden nationale Varianten in diesem gemischten Stil. Während Frankreich italienischen Vorbildern folgte, entwickelten Flandern und Deutschland eigene Groteskenstile.

Die zwei weit gefassten Typen – klassisch und anti-klassisch – variierten antike Motive mehr, als dass sie tatsächlich antikes Mobiliar zur Vorlage gehabt hätten. Jedoch entstanden im 16. Jahrhundert zwei weitere Stilvarianten, die weit reichenden Einfluss erlangen sollten. Zum einen regte die strenge, rein klassische Variante der Hochrenaissance (größtenteils basierend auf römischem Wiederaufleben griechischer Kunst und eng verbunden mit dem Namen des »göttlichen« Raffael) das Kopieren oder Adaptieren wirklich antiker Möbel an. Es entstanden die ersten »archäologisch richtigen« Möbel, jedoch blieb dieser Geschmack in erster Linie auf Italien beschränkt [179]. Gleichzeitig fand die michelangeleske Skulptur, die sich von der Bildhauerkunst des »barocken« Hellenismus ableiten lässt, Eingang in die Möbelformen und beherrschte sie oft völlig [186]. Im 16. Jahrhundert übernahm die Möbelkunst hellenistische, »barocke« Formen, während die Zügellosigkeit der Groteske sowohl Architektur wie bildende Kunst veränderte. Dies führte gegen Ende des Jahrhunderts zum Entstehen proto-barocker Kabinette, wobei die Entwicklung von kleinen Schubladenschränken ausging, die man auf Tische stellte. Sie entwickelten sich hin zu grandiosen Aufbauten aus überwältigend prunkvollen Materialien, die Skulptur, Architektur und Ornament in sich vereinigten. Diese Kabinette sind in ihrem Wesen eine Erfindung der Renaissance, die bis über das 17. Jahrhundert hinaus von Bedeutung war [248].

Die Renaissance des 15. Jahrhunderts

Die italienische Renaissance des 15. Jahrhunderts unterscheidet sich von früheren Renaissance-Epochen. Erst jetzt machte es sich der schöpferische Mensch bewusst zum Ziel, die Antike als Ganzes wieder aufleben zu lassen; eine visuelle wie literarische Gesamtheit sollte die bestehenden Stile durch etwas Vollkommeneres und Schöneres ersetzen. Die zweihundertfünfzig Jahre von 1400 bis 1650, die hier als die Epoche der Renaissance behandelt werden, sind zwar zugegebenermaßen willkürlich gewählt, jedoch geeignet, um die stilistische Entwicklung der Möbelkunst (die hinter Malerei und Architektur herhinkte) darstellen zu können.

Historiker interpretieren die Ereignisse der Vergangenheit gewöhnlich als »Bewegungen«. Sicher gibt es Bewegungen in mehr oder weniger starkem Maße, und Möbel waren grundsätzlich von den großen religiösen und politischen Bewegungen beeinflusst. Jedoch richtete sich der italienische Möbelschreiner des 15. Jahrhunderts mehr nach »modischen« Kunstwerken – einem antiken Sarkophag oder Altar [65], einer neuen Kirche von Alberti, einem Fresko von Filippino Lippi. Und die Entdeckung der antiken Groteske, die ein rein zufälliges Ereignis war, beeinflusste die Dekorations- und Möbelkunst über einen weit längeren Zeitraum, als man das von der überaus wichtigen religiösen und politischen Bewegung der Reformation sagen könnte.

Es ist eine ganz offensichtliche Tatsache, dass die Renaissance die Klassik wieder belebte. Aber welche Klassik? Im Jahre 1400 gab es in Italien eine erkennbare Tradition, die sich – obgleich verändert durch Byzanz, »Barbaren« und die Evolution – direkt von der klassischen Antike ableitete (S. 63–64). Italienische Künstler des 15. Jahrhunderts beriefen sich ständig auf die Antike, aber welche Vorstellungen hatten sie denn von ihr? Die Verwirrung war groß: Antike Teile wurden an neuen Gebäuden wieder verwendet, in der romanischen Architektur bediente man sich fortwährend klassischer Motive. Viele spätantike römische Gebäude, die heute verschwunden sind, darunter die Mutterkirche der Christenheit in

150 Thron mit Muschelbaldachin und phantastischen Ornamenten, die auf antike Quellen zurückgehen: *Allegorie des Frühlings* von Cosimo Tura; italienisch (Ferrara), um 1450

Rom, standen damals noch und brachten die Menschen durcheinander, deren historisches Bewusstsein durch mangelhafte Geschichtskenntnisse beeinträchtigt war. So wurden etwa die spätantiken und frühromanischen Bauten in Rom in der großen Kompilation Ciampinis aus dem späten 17. Jahrhundert als antik subsummiert.[4] Sogar die großen Erneuerer hatten nur nebulöse Vorstellungen von der Antike, indem sie Florentiner Bauten der Romanik für römisch hielten. Brunelleschi (1377–1446), »ein äußerst scharfsinniger Nachfolger des Dädalus«[5], entwarf das berühmte Waisenhaus [151] in einem antikisierenden Stil, der von der Romanik in Florenz und dem konstantinischen Petersdom beeinflusst war. Der unbekannte kleine Maler, der um 1490 auf der Suche nach Grotesken seinen Imbiss in Roms unterirdische Kammern mitnahm und amüsante Knittelverse darüber verfasste, war der Überzeugung, dass Cimabue und Giotto antike Maler gewesen seien (was sie ja in gewisser Weise auch waren) – aber er stellte sich vor, er sehe ihre Werke an den Wänden in Gemeinschaft mit denen des Apelles![6] Trotz solcher Verwechslungen kamen einige Renaissancearbeiten der Antike erstaunlich nahe, besonders in Bezug auf Details wie geschnitzte Akanthusranken. Andererseits muss gesagt werden, dass die Möbel des 15. Jahrhunderts den Geist der Antike nie so sehr in sich trugen wie einige Bronzen und Skulpturen.

Die Wiederaufnahme der Antike in Italien vollzog sich vor allem in einer Stadt: Florenz. Andere Städte, wie etwa Padua, trugen auch dazu bei, jedoch ist die alte Gleichsetzung von Florenz mit Athen durchaus stimmig. An der Wende vom 15. zum 16. Jahrhundert allerdings wechselte das kreative Potential nach Rom (vor allem durch die Abwanderung von Florentiner Künstlern), und von dort aus konnten sich die Ideen in andere Teile Italiens und Europas ausbreiten – besonders nach Frankreich und Flandern. Die bunt gemischte Truppe italienischer, französischer und flämischer Künstler in Fontainebleau erfand eine neue Ornamentik, die die Möbelkunst in ganz Europa beeinflussen sollte. Während des gesamten 16. Jahrhunderts wurden weiterhin die besten und einflussreichsten Renaissancemöbel in Italien hergestellt oder von italienisch beeinflussten Handwerkern in Frankreich, Flandern und Deutschland.

Von welcher Art wieder belebter Klassik waren die Möbelschreiner und Entwerfer angeregt? Der eigentliche Renaissancestil wurde von Künstlern, meist Malern, geschaffen, die oft zugleich Architekten, Bildhauer und Goldschmiede waren. Es waren die frühen antiken Quellen, die für das 15. Jahrhundert formbildend wurden, und zwar vor allem römisch antike Kunstwerke aus Stein, im Allgemeinen Marmor. Sie hatten einen überwältigend »klassischen« Charakter. Diese steinernen Vorbilder gaben den Formen und der Ornamentik früher Renaissancemöbel ihren majestätischen Eindruck von Festigkeit.

Nach der Entdeckung der Groteskendekorationen [33] kam eine andere Facette der Antike zum Tragen, nämlich das Phantastische und Regellose, und sie fand sofort Nachahmer. Darüber hinaus fielen die Ausgrabungen mit der Verbreitung der islamischen Maureske und Arabeske zusammen (S. 102–104). Deren Entwicklung, beide anti-klassische Orientalismen, verlief parallel, und sie gingen schnell in der Hochrenaissance auf, was zu einer außerordentlich kraftvollen und ungewöhnlichen neuen Kunstströmung führte, die all diese Einflüsse zusammenführte und auch die nordische Expressivität integrierte. Diese neue Richtung – der Manierismus – zeigt starke anti-klassische Merkmale, die im 20. Jahrhundert viel Anlass zu Spekulationen bezüglich ihres Ursprungs gaben. Jede Kunst muss ihre Zeit reflektieren, aber die Religiosität des 16. Jahrhunderts, die Zerstörung Roms im Jahre 1527 oder andere große, politische Bewegungen sind nicht geeignet, die expressiven Verrenkungen, die Farbspritzer und die spontane Malweise der *maniera* zu erklären, die in der antiken Groteske wurzelt. Kaum ein Künstler konnte ihr widerstehen, und sie gab den Impuls zu den erotischen Phantasien Giulio Romanos oder Sprangers oder zu den religiösen Ekstasen El Grecos. Diese Freiheit wurde erst durch die Groteske möglich und trug zum Entstehen einer neuen Art von Möbeln bei.

Das Wiederaufleben der Antike: Gelehrte, Architekten und Maler

Vasari hielt Giotto für den Vorreiter der Renaissance, und niemand, der zuerst Giotto und dann Masaccio betrachtet, zweifelt an dem überwältigenden Einfluss dieses Malers. Aber es waren vor allem Gelehrte, die die Renaissance prägten, und die römische Literatur verhalf ihr zum eigentlichen Durchbruch. Die italienische Sprache Mittelitaliens war dem Latein noch sehr ähnlich, und lateinische Literatur wurde an den Universitäten mehr zum Vergnügen als zur Last studiert. Durch die Schwärmerei und geniale Schöpferkraft des ersten Humanisten Petrarca (1304–1374) kam das Lateinische groß in Mode, und aus Konstantinopel geflohene Gelehrte brachten aufregende und unbekannte Schriften mit. Das zeitgenössische Latein veränderte sich: War es bisher christlich, gotisch und unkultiviert gewesen, so wurde es nun heidnisch, antik und klassisch. Sogar die Kirche fasste ihre Liturgien neu in korrekterem Latein ab. Das Heidentum wurde Mode: Ciriacus von Ancona (S. 291) betete in Angst vor einem Schiffbruch zu den Göttern, nicht zu einem Gott.

Die wichtigsten künstlerischen Quellen des frühen 15. Jahrhunderts[7] waren römische Gebäude, Sarkophage, Altäre, Ossarien, Friese, Statuen, Münzen und Gemmen. Mit den römischen Einflüssen kam auch die griechische Kunst, die Rom so sehr beeinflusst hatte, denn viele römische Skulpturen kopieren griechische Originale. Vasari berichtet, wie Brunelleschi 1403 begann, fieberhaft, aber systematisch die römischen Ruinen zu vermessen und zu zeichnen: Tempel, Bäder und Amphitheater. Ob dies den Tatsachen entspricht oder nicht, sei dahingestellt, jedenfalls übernahmen zwischen 1420 und 1450 die Florentiner Künstler die Proportionen und Motive der klassischen Ordnungen, der Säulen und Gebälke, und die Baumeister schufen aus der antik römischen Architektur und deren Ornamentik einen eigenen Architekturstil, der den einzig wirklich wesentlichen Beitrag zur abendländischen Möbelkunst darstellt. Im Folgenden seien einige Charakteristika erläutert.

Einige Elemente sind so offensichtlich, dass sie als Neuerungen leicht übersehen werden – etwa das Übernehmen der antiken Ordnungen, die nicht nur wieder belebt, sondern für den Möbelbau modifiziert verwendet wurden [165]. Andere stellen eine schöpferische Synthese aus antiken und späteren Quellen dar, wie Brunelleschis Umformulierung des römischen Arkadenportikus, als er 1419 die polygonalen Schäfte in unkannelierte Säulen mit korinthischen Kapitellen verwandelte [151].[8] In der Pazzi-Kapelle aus den Jahren um 1440 [152] verwendete er ein Motiv der Hadrians-Villa – eine Rundbogenarkade, flankiert von zwei niedrigeren geraden Jochen [16]–, und nebenbei brachte er an der Aussenfassade die Strigillierung römischer Sarkophage an (S. 44), die zu einem weit verbreiteten Motiv der Möbelkunst werden sollte.

Michelozzo verwendete im selben Jahrzehnt für die Fassade des Medici-Palastes schwere Rustikablöcke. Das war in Florenz zwar nicht neu, sie wurden hier aber so bearbeitet, dass sie aussahen, als handelte es sich um alte, ramponierte Steine. Alberti stellte vor die Fassade des Palazzo Rucellai (1455–1470) [153] klassische Pilaster der drei Ordnungen in drei Reihen übereinander, und an seiner revolutionären Fassade von S. Andrea in Mantua (begonnen 1472) [155] kombinierte er die Tempelfront mit Dreiecksgiebel mit dem dreiteiligen Triumphbogen. Wiederum in Florenz an S. Maria Novella (um 1456–1470) [154] verschleierte er die Seitenschiffe, indem er seitlich des Fassadenaufsatzes zwei riesige Voluten ansetzte, was eine völlig neue Erfindung war.

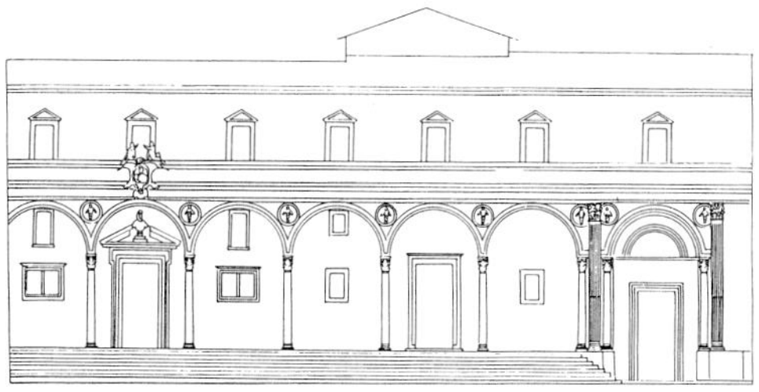

151 Ospedale degli innocenti (Waisenhaus), Florenz, von Brunelleschi, um 1419

152 Pazzi-Kapelle, Florenz, von Brunelleschi, um 1440

153 Palazzo Rucellai, Florenz, von Alberti, um 1455–1470

154 S. Maria Novella, Florenz, von Alberti, um 1456–1470

155 S. Andrea, Mantua, von Alberti, 1472 begonnen

Die Gelehrten und Freunde des klassischen Altertums waren – abgesehen von einigen wichtigen Ausnahmen, wie etwa dem Architekten und Bildhauer Filarete – weit davon entfernt, die Gotik zu verunglimpfen. Der weit gereiste, gebildete und kultivierte Antikensammler Pius II. (Papst 1458–1464), der seine Heimatstadt Pienza im Frührenaissancestil wieder aufbauen ließ, schrieb, dass das Münster von York »eine Kathedrale [sei], in der ganzen Welt berühmt für ihre Bauweise und Größe und für eine besondere Kapelle, deren gläserne Wände von sehr schlanken Säulen zusammengehalten werden«. [9] Das Straßburger Münster war ein »wunderbares Werk, das sein Haupt in den Wolken versteckte«. [10] Zu Beginn des 16. Jahrhunderts hatten sich dann die Ansichten gewandelt. Raffael beispielsweise hielt die Architektur des antiken Rom für die beste überhaupt, die Gotik empfand er als schwerfällig, obwohl er selbst nur die Gotik Italiens kannte.[11]

Motive der antiken Architektur und Bildhauerei wurden in den Innenraum übernommen, den Möbeln einen Schritt näher. Antike Details fanden Eingang in die Malereien und Vertäfelungen, die die Wände schmückten, auch Türrahmen und Kaminummantelungen aus Holz oder Stein waren in antikem Stil gestaltet. Oft übernahmen die Möbel die neuen Motive in reiner Form. Im herzoglichen Palast von Mantua etwa stehen Marmorhocker mit einfachen Balusterbeinen und mit einer Sitzfläche, die mit einem Eierstab dekoriert ist. Antike Ornamente wurden oft in Form dekorativer Zierleisten verwendet.

Wie Alberti schon darlegte, waren die Maler für die Entwicklung des Renaissancestils weit wichtiger als die Architekten: »Stimmt es nicht, dass die Malerei die Herrin aller Künste ist oder ihre grundlegende Zierde? Wenn ich mich nicht irre, dann nahm der Architekt Architrave, Kapitelle, Basen, Säulen, Gebälke und all die anderen Bauteile vom Maler. Der Steinmetz, der Bildhauer und all die anderen Kunsthandwerker [Möbelschreiner wohl eingeschlossen] werden von der Malkunst geführt.«[12] Das mag übertrieben klingen, jedoch ist es die Meinung eines höchst gelehrten Architekten und spiegelt die Renaissancewirklichkeit. Etwas später sollte auch Federico Zuccaro, der die Naturwissenschaften völlig ablehnte, die Malerei als die Mutter und Tochter der Architektur beschreiben.[13]

Maler mussten noch nicht einmal besonders begabt sein, um Einfluss auszuüben. Der eher fade paduanische Maler Squarcione (der Lehrer Mantegnas) eröffnete die erste bisher bekannte Malschule. Ein früher Biograph betont sein systematisches Sammeln von Zeichnungen und Gipsabgüssen aus und nach der Antike als Anschauungsmaterial für seine Schüler,[14] wofür er durch ganz Italien und nach Griechenland reiste. Ein Inventar seines Hauses in Padua von 1455 führt ein *studium* an, »mit Reliefs, Zeichnungen und anderen Dingen«, und ein zweites, kleineres in »dem Haus, das ›Haus der Reliefs‹ genannt wurde«.[15] Da den Malern der Frührenaissance oft nur antike Friese als Vorbilder zur Verfügung standen, blieb ihre Kunst hinter der Bildhauerei zurück, weil sich vergleichsweise viele antike Skulpturen erhalten hatten. Für die Möbelkunst war die Situation ähnlich: Es existierten keine antiken Holzmöbel als Vorbilder; sie waren nur aus der antiken Bildhauerei bekannt. Auch war antikes Mobiliar nicht wie die Malerei durch ausführliche Beschreibungen überliefert, die Renaissancemaler so sehr beeinflusst hatten. Jedoch wurden die wenigen erhaltenen antiken Stücke begierig aufgenommen.

Maler müssen mit ihren fiktiven Möbeln die Schreiner zu deren Arbeiten inspiriert haben. Beispielsweise ist ein Gebetpult [156], das um 1490 von Giovanni Bellini gemalt wurde, mit grazilen Akanthusranken intarsiert, die wiederum stark an die Marmorfassade von S. Maria dei Miracoli in Venedig [157] erinnern – die Kirche beherbergte ursprünglich das Gemälde und stellt selbst das Hauptwerk der Lombardi dar, die die Akanthusranke in besonders reiner und schöner Form verwendeten.

Antike Statuen, insbesondere männliche Akte, lehrten die Künstler die natürliche Anatomie, die überzeugende Darstellung eines Körpers, getragen von einem Knochengerüst und von Muskeln und Sehnen durchzogen. Der Florentiner Bildhauer Donatello (1386–1466) gilt als der Katalysator. Vasari berichtet, dass man seine Arbeiten »den trefflichen Werken der alten Griechen und Römer ähnlicher fand als die irgend eines andern Meisters«.[16] Mit seinen antikisierenden Putten [40] begann die Reihe der pausbäckigen Engelchen, die sich für Jahrhunderte auf allen möglichen Kunstwerken wie auch Möbeln tummeln sollten.

Auch andere Ornamente der Antike fanden schnell Verbreitung. Um 1435 kannte Donatello bereits den Akanthus, Muscheln, Amphoren, Delphine, Festons und Girlanden, die er an römischen Sarkophagen studiert hatte. Die schweren Gebinde antiker Girlanden aus Stein tauchten in ihrer natürlichen Farbigkeit in Gemälden auf, besonders raumgreifend in den Arbeiten der Schulen von Padua und Ferrara. *Candelabro-* und *Candeliera-*Ornamente (S. 40–41) antiker Kunstwerke verwendeten Masaccio, Uccello, Fra Angelico, Piero della Francesca und viele andere. Die Vasenform, die die entscheidende Rolle in der Struktur dieser Motive spielte [164], wurde besonders bevorzugt – sie war gleichsam die »Signatur des Quattrocento«, wie ein Kunsthistoriker des 19. Jahrhunderts bemerkte.[17] Der Antike entlehnte Vasen, Urnen und Kannen werden in der herrlichen Kavalkade in Mantegnas *Der Triumph Cäsars* (um 1486–1494) getragen, diesem Meisterwerk, das das Bild des *Condottiere* von antiker Glorie prägte. Wegen ihrer symbolischen Konnotation des Sieges und begleitet von Trophäen, waren solche Ansammlungen ein weit verbreitetes Motiv der Historienmalerei. Fabelwesen wanderten von Friesen und Sarkophagen auf Gemälde [150]. Andere klassische Details wurden in Intarsien oder Marketerien verarbeitet, wie etwa der Wellenmäander, Konsolen und Rosetten. Alle diese Motive wurden an Möbeln gängige Dekorationen.

Es gibt Motive, deren Ursprung nicht eindeutig ist. Geometrisches Flechtband etwa könnte aus klassischen oder islamischen Quellen stammen. Besonders das antike, sowohl geometrische als auch verschlungene Flechtband hat bemerkenswert unverändert

156 Betpult mit intarsierten Akanthusranken, möglicherweise sollten sie aus Elfenbein und Zedernholz sein: Detail aus der *Verkündigung* von Giovanni Bellini, gemalt für S. Maria dei Miracoli in Venedig; italienisch (venezianisch), um 1490–1500

157 Rankenwerk in Marmor gemeißelt, Detail der Fassade von S. Maria dei Miracoli, Venedig, entworfen von den Lombardi

das frühe Mittelalter überlebt. Im Deutschen wird das Flechtband ab der Renaissance Bandwerk genannt, das in Süddeutschland im 18. Jahrhundert als »Bandlwerk« zu höchster Blüte kommen sollte. Alberti brachte an der Fassade von S. Maria Novella eine vereinfachte Version des Bandwerks an, die er von S. Miniato übernommen hatte. Ein vergleichbares Motiv aus dem Gewölbe der spätantiken Kirche von S. Costanza in Rom [59] findet sich in zwei Skizzenbüchern, die für die Verbreitung der Motive von immenser Bedeutung waren[18] – es sollte vor allem an Gestellen für Kabinette und Tische des 17. und 18. Jahrhunderts Anwendung finden (S. 156).

Seit der Mitte des 15. Jahrhunderts wurden in der angewandten Kunst Norditaliens, besonders in Venedig, Mailand und Padua, alle Formen von Bandwerk geschätzt. An der bahnbrechenden Decke in der *Camera degli sposi* Mantegnas in Mantua findet sich guillochiertes Bandwerk. Sobald die Groteske wieder aufgekommen war, wurden die verschiedensten Formen von Flechtband eingearbeitet. Beispielsweise verwendete Pinturicchio, ein Pionier der Groteske, mit Knoten versehenes Bandwerk an der Decke der Piccolomini-Bibliothek in Siena. In den Borgia-Appartements im Vatikan kombinierte er einfach verflochtene Kreise des S.-Costanza-Typs und Guillochebänder mit komplexen Grotesken. Viele kunstvoll mit Grotesken bemalte antike Decken hatten ursprünglich einen Flechtbandrahmen, der in modifizierter Form noch mehrere Jahrhunderte lang von Einfluss sein sollte [39 F; 288, 289].

158 Sitz aus Füllhörnern, die Füße als Löwentatzen: Detail eines bemalten Cassone, *Die Unmäßigkeit des Scipio;* italienisch, um 1490–1500

Perspektiven, Ruinen, römische Phantasiegebäude

Im 15. Jahrhundert gebar die antik römische Architektur zwei widerstreitende Strömungen: Die eine, die neue klassische Architektur, war rational und hell; die andere, der Ruinenkult, eine emotionale und ästhetische Reaktion auf die spärlichen Überreste einstiger Größe, war irrational und bisweilen düster [217]. Auf dem halben Weg in der Mitte stand das wieder erschaffene antik römische Gebäude.

Durch den katastrophalen Zustand einiger antiker Gebäude in Rom verband man die antiken Ruinen mit der Idee vergangener Größe und einer nostalgischen Schönheit, die sich wesentlich von der perfekt gebauter Häuser unterscheidet. Ruinenromantik war im 15. Jahrhundert nicht neu: Schon die hebräischen Propheten hatten sich einer »Ruinen-Begeisterung« hingegeben,[19] und in römischen Groteskenmalereien sind romantische Ruinen in Landschaften dargestellt. Das Interesse der Renaissance für römische Ruinen führte so weit, dass sie in einem bisher nicht dagewesenen Maße Eingang in Literatur, bildende Kunst, Dekoration und schließlich in die Architektur fanden. Zum ersten Mal in der Geschichte wurden antike Gebäude einschließlich Ruinen aus rein ästhetischen Gründen restauriert – beispielsweise ließ Sixtus VI. den Vesta-Tempel wieder aufbauen.[20]

Malerisch, atmosphärisch und symbolhaft finden sich Ruinen auf vielen Gemälden. Ein frühes Beispiel stellt das Altarbild von Squarcione in S. Girolamo in Padua dar. Die Geburt Christi wurde oft inmitten von antiken Ruinen in Szene gesetzt, und Heilige vollbrachten in solcher Umgebung ihre Wundertaten. Die Holzschnitte des zeitgenössischen Konstantinopel des Pieter Coecke van Aelst von 1553, die wohl für einen Fries oder einen Wandteppich bestimmt waren, zeigen im Hintergrund der exotischen Personen mit Turbanen auf den Köpfen klassische Ruinen.

Für den Ruinenliebhaber des 15. Jahrhunderts waren sie mehr als Dekoration: Das Interesse des Renaissancemenschen hatte eine ebenso philosophische wie romantische Komponente. Beide enthüllen sich in der *Hypnerotomachia Poliphili*, die, wohl um 1467 abgefasst, 1499 in Venedig mit Holzschnitten gedruckt wurde.[21] Die Texte wie auch die Bilder waren immens einflussreich und wurden mehrmals nachgedruckt, übersetzt und neu illustriert. Das Thema des Buches war heidnisch: die »Alten Weisheiten« der »alten Philosophen und der Born der Musen«[22] – der »Born« schließt Kunst und Architektur mit ein. Der Held Poliphilus, ein Mann der Renaissance, beschreibt staunend bewegt von Treib- und Strandgut der Antike Pyramiden, klassische Tempel und Hieroglyphen.[23] Die Annehmlichkeiten der Ruinen werden gegen die Liebe ausgespielt: »Hier bin ich hingerissen und ergriffen von unbeschreiblichem Entzücken im Anblick dieses seltenen und altehrwürdigen Monuments voll Gnade und Bewunderung, sodass ich nicht weiss, wohin ich mich zuerst wenden soll … wenn ich wandere von Ort zu Ort mit bisher unbekannter Freude und starre mit unsäglichem Entzücken, um sie festzuhalten, und starre auf sie mit offenem Mund, kindlich selbstvergessen, meine gierigen Augen niemals befriedigend und meine unersättliche Lust zu schauen und anzusehen die erlesene Vollkommenheit der alten Werke, bin ich verloren und aller Gedanken beraubt, die Erinnerung an meine geliebte *Polia*, oft wiederkehrend, einzig erwartete.«[24] Die Dame betritt die Bühne in letzter Sekunde.

Die Phantasie machte auch vor Gebäuden nicht halt, die noch nicht zu Ruinen verfallen waren. Bereits 1462 hatte Piero de Me-

159 Der »Nerli-Cassone« aus geschnitztem, vergoldetem Holz mit eingesetzten Gemälden; italienisch (Florenz), 1472

dici die antiken Gebäude in Rom bildlich dokumentieren lassen.[25] und Künstler zeichneten regelrechte Porträts der Stadt in der Antike.[26] Die dargestellten Gebäude – manchmal beruhten sie auf Legenden wie etwa der Palast Neros auf dem Vatikan-Hügel – waren sehr von der byzantinischen Vorliebe für Halbkuppeln beeinflusst. Ihre launigen Kuppeln, Laternen, Muschellunetten und halbrunden Kapellen[27] waren ausgesprochen kapriziös. Sie fanden Eingang in die Malerei,[28] und manche Nähe zu qualitätvollen Möbeln des späten 16. Jahrhunderts ist verblüffend. Der Dessinateur Jacques Androuet Du Cerceau (S. 98, 123) baute diese frühen Erfindungen in seine Stiche phantastischer klassischer Gebäude ein.

Natürlich wurden die drei Elemente – antike Architektur, antike Ruinen und antike architektonische Kaprizen – in der Möbelkunst verwendet und sind bis heute von Bedeutung [678, 679]. Wenn ein Handwerker Gebäude exakt abbilden wollte, als Ruinen oder unversehrt, so half ihm dabei die von Brunelleschi um 1425 entwickelte Zentralperspektive, die Alberti 1435 und 1436 darlegte.[29] Die Perspektive wurde zur Manie, und Architekturdarstellungen werden oft schlicht »Pespektiven« genannt. (Bei einigen Marketerien des 16. Jahrhunderts fragt man sich, ob gewisse Künstler und Handwerker immer noch von der zufälligen dekorativen Perspektive der Grotesken beeinflusst waren und deshalb die neuen Errungenschaften außer Acht ließen.)

Die Perspektive in Intarsien und Marketerien

Es war ein Leichtes, Möbel mit Ruinen zu bemalen,[30] aber das verfeinerte Medium war die bildliche Holzarbeit. Die Intarsie, auch *tarsia* genannt (der Ausdruck bezieht sich auf italienische Einlegearbeiten aus Holz im Allgemeinen), wurde im 14. Jahrhundert besonders in Siena gepflegt. Im 15. Jahrhundert übernahm Florenz die führende Stellung, Intarsien wurden jedoch ebenso in Norditalien und Venedig geschätzt. Certosina-Arbeit – von der islamischen geometrischen Arabeske [116] beeinflusste Einlegearbeit – ist eine Technik, bei der kleine Würfel aus Holz, Bein, Elfenbein, Perlmutt und anderen Materialien in geometrischen Mustern in einen Holzgrund eingelegt wurden. Im 15. Jahrhundert fand sie in Italien weite Verbreitung [174], wobei die geometrischen Muster zunehmend größer wurden. Einfache Motive wurden durch klassischen Akanthus, Girlanden und Vasen bereichert. Die Beschreibung eines fiktiven Tisches in der *Hypnerotomachia Poliphili* belegt die Beliebt-

heit eingelegter Bilder: »Ein verschwenderischer Tisch aus weißem Elfenbein gerahmt und kunstvoll eingelegt aus kleinen Teilen aus dem wertvollen Holz der Aloe und verbunden und verleimt und … mit Knospen und Blättern versehen, Blumen, Gefäßen, Ungeheuern und kleinen Vögeln und die Spalten und Lücken ausgefüllt mit schwarzer Paste und einer Mixtur aus Bernstein und Moschus…«[31] Die frühen Arbeiten fanden durch Motive wie Ruinen, klassische Perspektiven und nach 1490 durch die Groteske Bereicherung, und zwischen 1436 und 1445 brachte man im Dom von Florenz perspektivisch intarsierte Vertäfelungen an.[32] Architekturmalereien von Idealstädten werden gerne mit Piero della Francesca in Verbindung gebracht, der selbst Intarsien entwarf und mit den Brüdern Lendinara Umgang hatte: Lorenzo da Lendinara galt als »Bester seiner Zeit auf dem Gebiet der Perspektiven«.[33]

Nach Vasari wurde die Technik »der Zusammensetzung mit verschiedenen Farben gefärbter Hölzer, womit man perspektivische Gegenstände, Laubwerk und andere Phantasien darstellte« zur Zeit Brunelleschis und Ucellos erfunden.[34] Diese Marketerie-Technik besteht aus Furnieren, die nicht in den Untergrund eingelegt, sondern wie ein Puzzle zusammengesetzt und aufgeleimt wurden. Die »Technik ist die des Mosaiks, doch sie wirkt wie Malerei«.[35] Die einzelnen Teile wurden gefärbt und mit Schatteneffekten versehen. Mit den neuen Erfindungen in der Malerei, der Einführung starker Kontraste von Licht und Schatten und der Anwendung der Gesetze der Perspektive weiteten sich die Möglichkeiten der Marketerie beträchtlich aus.[36]

Die Florentiner waren stolz auf ihre neuen Errungenschaften: »Seit der Zeit unserer Vorfahren gab es keine vergleichbaren Meister der Intarsie und Marketerie, von solcher Geschicklichkeit in der Perspektive, die man mit dem Pinsel nicht hätte besser machen können«.[37] Die Technik der Intarsie und Marketerie wurde gleichermaßen in Kirchen wie für säkulare Einlegearbeiten verwendet, wobei dieselben Werkstätten religiöse wie weltliche Themen ausführten. Ihre große Verbreitung wird durch die Vielzahl der erhaltenen Arbeiten bestätigt. Intarsien waren kostspielig: Benedetto da Maiano (1442 bis nach 1498) »blieb in Florenz und widmete all sein Können der Intarsie, wobei er größere Gewinne erzielte, als er sich in einer anderen Kunst hätte sichern können« (gemeint sind Architektur und Skulptur).[38] Die Bildhauer und Architekten Benedetto und sein Bruder Giuliano (1432–1490) lieferten 1473 und 1476 intarsierte *lettucci* (kleine Ruhebetten) an das Königshaus Neapel. Vasari zufolge musste Benedetto einmal ein Desaster aufgrund zu hoher Feuchtigkeit hinnehmen. Er hatte für König Matthias Corvinus von Ungarn, der viele Florentiner an seinen Hof gezogen hatte, ein Paar sehr reich eingelegter Truhen angefertigt, die von zierlichster und schönster Kunstfertigkeit aus gefärbten Hölzern gearbeitet waren. »Als er das Wachstuch hinwegnahm, fielen fast alle Stücke, die auf der Oberfläche des Holzes befestigt waren, zur Erde.«[40] Benedetto war so entsetzt, dass er sich fürderhin einzig der Bildhauerei widmete.

Trotz solcher Nachteile wurde die Marketerie die bevorzugte Technik, um malerische Effekte auf Möbeln zu erzielen [208].

Der Einfluss der Antike auf die Renaissance-Truhe: Bildhauer, Maler und Möbelschreiner

Antike Einflüsse auf italienische Möbel des 15. Jahrhunderts manifestieren sich an der Truhe oder dem *cassone*. Cassoni waren zweckmässige Stücke, die gewöhnlich Braut und Bräutigam zur Hochzeit geschenkt wurden. So ist die Vorderseite eines Cassone, der mit vergoldeter Pastiglia, einer verfeinerten Form von Gesso, dekoriert ist, mit Florenz 1507 datiert. Er ist mit Temperabildnissen von Braut und Bräutigam samt deren Wappen bemalt.[41] Je wichtiger die Familie, desto auffälliger die Truhe, zu der es bisweilen auch ein passendes Gegenstück gab. An Cassoni sind oft Malereien oder Intarsien mit reliefierten Ornamenten kombiniert. Aus welchem Grund wurde der »alte« Stil der Cassoni [92, 140] von dem neuen [159] abgelöst?

Dass der traditionelle Status des Malers, Bildhauers, Stechers und Goldschmieds allmählich schwand, kann Cennino Cennini (S. 81) sowie verstreuten Hinweisen oder Inventaren entnommen werden. Hatten Maler bisher Tafelgemälde angefertigt, so arbeiteten sie nun auch in Räumen und an Möbeln. Beispielsweise freskierte Jacopo Sagramoro 1430 und 1440 am Hof von Ferrara Räume und bemalte und vergoldete zugleich Hochzeitstruhen.[42] Vasari berichtet über den weniger bedeutenden Maler Dello (gest. nach 1455), der immer in einer Brokatschürze arbeitete (in dem Wunsch, »prä-raffaelitisch« zu sein, trug William Morris einen Hirtenkittel!):[43] »Er bemalte für Giovanni di Medici die gesamte Möblierung eines Zimmers.« Es waren »zu jener Zeit überall in den Zimmern der Bürger große, hölzerne Truhen, die nach Art der Särge auf den Deckeln mit mancherlei Zierathe versehen waren [verbreitet] [159] … und außer den Bildern an der vorderen Fläche und an den Nebenseiten wurde an den Ecken, bisweilen auch an andern Stellen, das Wappen oder Zeichen des Hauses angebracht. Die Bilder an den vorderen Seiten stellten gewöhnlich Fabeln aus Ovid und andern Dichtern dar, Erzählungen aus lateinischen und griechischen Schriftstellern, oder sonst nur Jagden, Lustgefechte, Liebesabenteuer und ähnliche Dinge … Ja nicht nur diese Kasten, sondern auch Ruhebetten, Lehnstühle, Geländer und andere ähnliche Verzierungen der Zimmer … wurden in solcher Weise verschönt.«[44]

Die bemalten Flächen der Truhen waren oft gotischer als ihre äußere Form. Manchmal jedoch waren die Malereien »modern«, da berühmte Maler die Räume samt den dortigen Möbeln dekorierten. Hier wären Ucello zu nennen, jener Renaissance-Pionier, der *letucci* und Betten bemalte,[45] Domenico Veneziano, Andrea Mantegna,[46] Sandro Botticelli, Giovanni Bellini und Andrea del Sarto.[47] Die Möbel in den Gemächern Lorenzo des Großen waren »nicht von gewöhnlichen Malern verziert, sondern von ausgesprochenen Meistern bebildert«. Vasari sprach von »vielen [Adeligen] … die jene Dinge nicht haben wegnehmen lassen, um sie mit neuern zu vertauschen«.[48] Früher wären »selbst die besten Maler damit betraut gewesen, solche Dinge zu bemalen und zu vergolden. Und sie schämten sich dieser Aufträge nicht, wie es heute geschehen würde«. Es ist kaum denkbar, dass innovative Maler bei der Bearbeitung der Oberflächen nicht auch die Formen der Möbel beeinflusst haben. Auch weniger begabte Maler verzierten Möbel. Vasari berichtet von dem Florentiner Andrea Feltrini, der sich auf die neue dekorative Groteske spezialisiert hatte, er habe »eine nicht zu sagende Menge Friese, Kästen und Täfelwerk verziert, die ganze Stadt [Florenz] ist voll davon«.[49]

Der Einfluss illuminierter Manuskripte auf die Entwurfskunst im Allgemeinen führt bis weit ins Mittelalter zurück. Miniaturisten gehören zu den stilistischen »Abenteurern« der Frührenaissance [193, 212], darunter Perugino und Pinturicchio. Die italienischen Miniaturmaler des 15. Jahrhunderts hatten oft Kontakt zur Möbelherstellung. Apollonio di Giovanni und Marco del Buono, die die größte Werkstatt für bemalte Möbel im 15. Jahrhundert in Florenz hatten, übernahmen auch Buchillustrationen. Francesco Pesello (oder Pesellino), der die Möbelmaler stark beeinflusste, spezialisierte sich auf exotische Figuren in türkischen und byzantinischen Gewändern und war ebenfalls Miniaturist. Im Hause Medici bemalte er »sehr schön ein Geländer mit Thieren samt einigen Kästen, auf denen in kleinen Bildern Turniere dargestellt sind«.[50] Besonders auf vielen Cassoni werden die antikisierenden Einflüsse der Miniaturisten nachvollziehbar [158].

In der Renaissance trugen die Goldschmiede wesentlich zur Möbelkunst bei. Das Gravieren war eine Goldschmiedetechnik, die auch in der Druckkunst Anwendung fand. Neue Entwürfe wurden vor allem durch Kupferdrucke verbreitet (S. 97–98). Viele

Goldschmiede waren zugleich Maler und Bildhauer, wie Antonio Pollaiuolo, Verrocchio, Pierino da Vinci und Salviati, die alle Möbel entwarfen oder die Entwürfe stark beeinflussten. Diese gegenseitige Abhängigkeit der Künste beschleunigte die Übernahme von Motiven auf Möbel. Viele Werke Mantegnas wurden über Drucke zu Möbeldekorationen. Die Verbindungen zwischen Goldschmieden, anderen Kunsthandwerkern, Architekten und Bildhauern hielt über mehrere Jahrhunderte an und war nicht auf Italien beschränkt.[51]

Die Bildhauerkunst, antik oder neuzeitlich, hat Möbel stark beeinflusst, besonders Cassoni schöpfen von antiken Sarkophagen und reliefierten Friesen. Das antike Flachrelief wurde gerne verwendet und war einfach auf Holzbretter zu übertragen, wodurch die klassische Figurendarstellung Eingang in die Möbelkunst fand. Die *Hypnerotomachia* illustriert die Konzentration, mit der Zeitgenossen die Reliefs, die in die Fronten prächtiger Renaissancekästen und -schränke geschnitzt waren, »ablasen«. Flachreliefs wie plastische Figuren hatten Möbel seit der Antike geschmückt, jedoch fanden sie in der Renaissance in außerordentlichem Maß Verwendung, wodurch sich die Entwicklung beschleunigte.

Antike Statuen wurden mehr oder weniger unverändert auf neuzeitliche Möbel übertragen. Wie auch nicht in einer Epoche, die so hingerissen war von der Antike und sich sofort von spektakulären Ausgrabungen anregen ließ? Die zierlichen paduanischen und venezianischen Bronzen nach der Antike von Künstlern wie Riccio (gest. 1532) waren die Vorläufer der flachen vergoldeten Bronzebeschläge, die augenblicklich in die Möbelkunst übernommen wurden.

Der Prozess der Adaption wird an einem Florentiner Cassone aus Nussbaumholz aus der zweiten Hälfte des 15. Jahrhunderts deutlich, der mit Tugend- und Lasterdarstellungen dekoriert ist [160]. Während die altmodischen Umrisse an die norditalienische Truhe [92] erinnern, stammt die Dekoration doch unmissverständlich aus der Renaissance. Die Schürze ist mit geflügelten Köpfen und Bändern beschnitzt, den Hintergrund bilden geprägte Blumen und Blätter. Die Schauseite zeigt in vergoldeter Pastiglia ein klassisches, reichlich mit antiken Bildmotiven wie Girlanden, Kentauren, Kandelabern und Füllhörnern versehenes Relief. Die Gewänder der vier christlichen Kardinaltugenden – Prudentia, Justitia, Fortitudo und Temperantia – sind im typisch hoch taillierten, wie »nass« wirkenden Stil der hellenistischen Phase der römischen Antike drapiert. Der Entwurf entstand in Anlehnung an die Arbeiten des Malers und Bildhauers Antonio Pollaiuolo (um 1432–1498), der von Donatello beeinflusst war.

Ein Vergleich mit einem fast gleichzeitig, jedoch weit weniger nach der Antike entworfenen Cassone könnte sofort den krassen Unterschied zeigen.[52] Die polychrome Szene in Pastiglia stellt passenderweise eine Hochzeit dar, in unklassischen Gewändern, Haltung und Details (wie einem hervorstehenden Kropf). Klassischer im Duktus sind der vergoldete Pastiglia-Fries – ein Beispiel der skulpturalen Groteske vor deren eigentlicher Wiederentdeckung – und die Verzierung mit kandelaberförmigen Pilastern.

Der bemalte, geschnitzte und vergoldete »Nerli-Cassone« von 1472 [159] zeigt die Pracht des komplett angewendeten Formenkanons, der in der Frührenaissance zur Verfügung stand. Er ist vor der Entdeckung der Domus Aurea entstanden und nicht von den dortigen Grotesken beeinflusst. Rein formal ist er dem besonderen Typus des frei stehenden römischen Sarkophags mit hochgezogenem Rückenbrett verwandt, [53] das hier in ein würdiges Tafelgemälde mit darüber liegendem Gebälk transponiert ist. Hinter dem zurückgezogenen, gemusterten Vorhang erhascht man einen Blick auf eine Szene. Der schwere Deckel wurde mit einem dachziegelartigen Muster beschnitzt, das auch an Sarkophagen zu finden ist [185]. Er liegt auf der Truhe, deren massive dreidimensionale Akanthusranken und Löwenfüße in einem seltsamen Kontrast zu der gotisierenden Kleinteiligkeit der Malereien stehen. Die Haupttafel der Front ist ein Beispiel dafür, dass eine korrekte Anwendung der Zentralperspektive, obwohl seit langem bekannt und von Malern bereits eingesetzt, in der Möbelkunst noch nicht selbstverständlich war.

160 Cassone aus Fichtenholz mit bemalter und vergoldeter Gesso-Arbeit, mit Tugend- und Lasterdarstellungen nach Antonio Pollaiuolo; italienisch (florentinisch), spätes 15. Jahrhundert

IV *Kapitel 2* Groteske und Arabeske

161 Detail aus den Loggien des Vatikan, Rom, unter der Leitung Raffaels ausgeführt und 1519 vollendet; die Zeichnung beinhaltet eine Trophäe mit Musikinstrumenten; italienisch, publiziert in Rom 1772 *(aus Arabesques of the Vatican Loggie)*

gegenüber **162** Die »Logetta« im Vatikan, Rom, unter der Leitung Raffaels ausgeführt; die Grotesken sind von der Domus Aurea Neros beeinflusst, einschließlich des Kryptoportikus (griechischer Mäander), und der Volta Grotta; italienisch, 1519

Die Wiederbelebung der Antike in Italien ließ im 15. Jahrhundert die Renaissance entstehen, die in den ersten Jahren des 16. Jahrhunderts zur vollen Blüte gelangte. Sie lebt von einer wunderbaren Frische, Reinheit und Größe und hat die bedeutendste »klassische« Kunst seit dem antiken Griechenland hervorgebracht: Ihren Gipfel markiert Raffaels *Schule von Athen*, ein Fresko, das er 1511 vollendete. Kurz vorher traten Veränderungen ein, die zum Entstehen einer ganz anderen Kunstrichtung führen sollten, nämlich zum Manierismus des 16. Jahrhunderts. Die Samen fielen nicht auf unbeackerten Boden. Die Ornamentik des 15. Jahrhunderts hatte bereits eine Ader für antike Phantasmen [150] gehabt, die sich in den Gemälden der Schulen von Padua und Ferrara zeigen, in italienischen Miniaturen und in Skizzenbüchern von Künstlern. Ein Skizzenbuch, das aufgrund seiner Bindung wohl als »Präsentationsmappe« für einen größeren Kundenkreis angefertig worden war, nimmt auf anschauliche Art und Weise antike Ornamentmotive (besonders Kandelaberformen und Baluster) vorweg, die auf Möbeln des 16. Jahrhunderts weite Verbreitung finden sollten [163, 164]. Die antiken Phantastereien des 15. Jahrhunderts sind noch von der Gotik geprägt,[54] wieder wird hier die Verbindung zwischen Groteske und Gotik evident (S. 276). Die Verwandtschaft ist sogar so eng, dass man annehmen möchte, die Gotik habe die wieder entdeckten antiken Formen mit grotesken Kaprizen zu einem Zeitpunkt beeinflusst, als diese noch gar nicht entdeckt waren. Ruskin (S. 245–247) unterschied empört zwischen »wahrer« und »edler« mittelalterlicher Groteske und »falscher »und »unedler« Renaissance-Groteske – bei Letzterer tue sich eine ungeahnte »Tiefe der Erniedrigung [auf, in die] der menschliche Geist bei der Beschäftigung mit dieser Abart … gelangen kann«.[55] Mit solchen Unterscheidungen wagte er sich jedoch auf schwankenden Boden.

Viele eindrückliche Grotesken wurden in Kaiser Neros Domus Aurea um 1480–1490 ausgegraben [33]. Auch hatten groteske Elemente Eingang in die antik römische Skulptur gefunden [38] und von dort in die antikisierende Ornamentik des frühen 15. Jahrhunderts. Einige Motive, wie das Velarium, hatten seit der Antike ohne Unterbrechung Bestand [105]. Jedoch war die Groteske im Gewand der Malerei im Grunde neu. Die ersten Archäologen hatten die Räume römischer Paläste für unterirdische Grotten oder Grabräume gehalten, ein Missverständnis, das dazu beitrug, die Grottenromantik des 16. Jahrhunderts entstehen zu lassen, die die Dekorations- und Möbelkunst bis heute nicht losgelassen hat. Raffael, als Leiter der Ausgrabungen, entdeckte, dass das Grabungsfeld der Domus Aurea aus mehreren aufeinander gebauten Häusern bestand. Ein verbreiteter Irrtum war die Annahme, dass die späteren Bäder des Titus, die zum Teil über der Domus Aurea erbaut waren, das gesamte Gebäude eingenommmen hätten, was dazu führte, dass alle Überreste »Bäder des Titus« genannt wurden. Daher wurde die Domus Aurea im späten 18. Jahrhundert [33] als »Bäder des Titus« publiziert. Um 1500 beschrieb Bramante in einem Stadtführer von Rom die gemalten Schemata als *grotteschi*, Grotesken, ein zu diesem Zeitpunkt wohl allgemein verwendeter Ausdruck. Die Künstler kamen in Scharen und schrieben ihre Namen auf die Malereien, das älteste Graffitto stammt von 1493. Es war ein Leichtes, die Decken aus der Nähe zu betrachten, denn die Räume lagen noch lange voller Schutt. Die Gemälde waren von leuchtender Frische, und die Kopien, die die Künstler anfertigten, wanderten von Hand zu Hand. Der *Codex Escurialensis*, ein italienisches Skizzenbuch von 1493/1494, enthält in erster Linie Abbildungen antiker Grotesken, bei denen es sich wohl um Kopien nach Ghir-

163 Zu Kandelabern kombinierte Balusterformen mit Ornamentmotiven aus der Antike, aus einem Skizzenbuch des späten 15. Jahrhunderts, dem *Codex Destailleur*

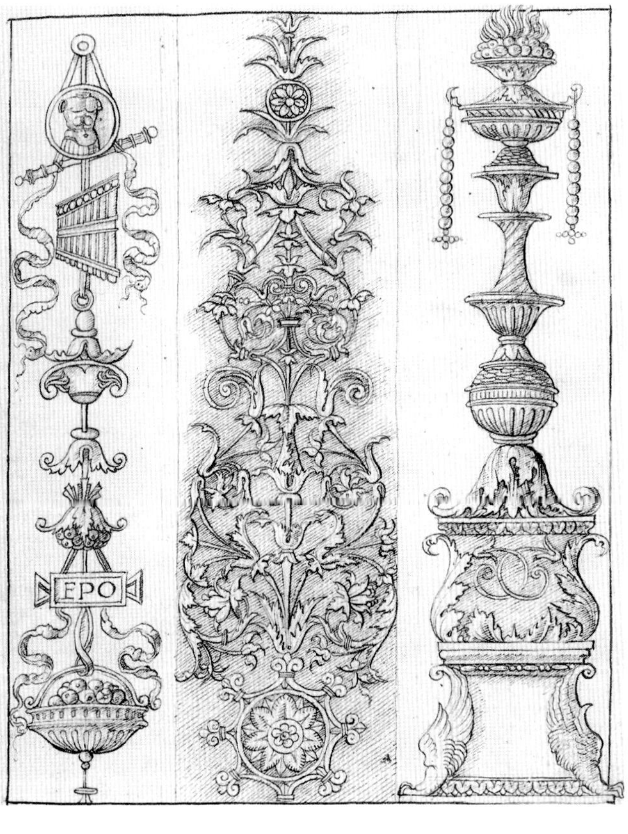

164 Trophäen, *Candeliere-* und Kandelaber-Ornamente, aus einem Skizzenbuch des späten 15. Jahrhunderts, dem *Codex Destailleur*

landaio handelt. Sie illustrieren lebhaft die verschiedenen Quellen, aus denen die Künstler des späten 15. Jahrhunderts ihre Ideen zu »modernen«, antikisierenden Kunstwerken schöpften. Viele der Zeichnungen enthalten Vorlagen, die als Möbelentwürfe dienen sollten, wie groteske Kandelaberformen, Trophäen, den Sarkophag der Cecilia Metella, antike Statuen einschließlich der *Nike*, einen römischen Thron und römische Buchstaben sowie eine Opferungsszene mit einem Dreifuß und antiker Draperie.[56]

Die Wiederverwendung der Groteske in der Malerei

Um 1480 berief Papst Sixtus IV. eine Gruppe von Florentiner Künstlern nach Rom, unter ihnen Pinturicchio, Perugino und Signorelli, um die neu erbaute Sixtinische Kapelle ausschmücken zu lassen. Sie alle wurden zu sehr frühen Vertretern der Groteske. Pinturicchio gilt als der einflussreichste unter ihnen, er fügte der polychromen Heiterkeit antike Motive aus verschiedensten Quellen hinzu, so auch aus illuminierten Handschriften, aus der Gotik und der nordeuropäischen Kunst (wodurch möglicherweise das Burleske in seine Kunst kam). Vor Raffael und seinen Schülern hat niemand mehr für die Verbreitung der Groteske getan als er. Selbst die Bezeichnung erscheint zum ersten Mal in einem Vertrag für Pinturicchios Fresken in der Bibliothek von Siena (1502–1509).[57] Die Mischung der Ornamente in seinen Gemälden antizipiert die Vermengungen, die später in der Möbelkunst auftauchen. Zu nennen ist hier ein bestimmter Typus von Bandwerk mit verflochtenen Knoten,[58] der aus der italienischen Buchmalerei bekannt ist, [59] eingerollte Motive, die in den Räumen der Domus Aurea vorkommen, Pilaster, die mit Kandelabern dekoriert sind,[60] und vieles mehr. Signorelli gilt als derjenige, der die Groteske aus ihrer Beschränkung auf Pilaster, Friese und Pendentifs (Zwickelfelder) befreit hat,[61] eine Entwicklung, die letztlich zu den Arbeiten Berains und Boulles führte. Überraschend schnell verlegten sich Künstler auf die Groteskenmalerei als Hauptbeschäftigung, so wie Morto da Feltre, »der sie zuerst wieder auffand und sein ganzes Studium auf den Zweig der … Grottesken verwandte«.[62] Die Groteskenstile der verschiedenen Künstler unterscheiden sich deutlich voneinander, und die Groteske Vasaris etwa ist ganz anders als die Peruzzis.

Die Raffael'sche Groteske

Bedingt durch ihr Wesen, ihre Kaprizen und ihre Unregelmäßigkeit ist die Groteske offen für fremde Elemente. Mit erstaunlicher Leichtigkeit integriert sie exotische, antike und »moderne« Ornamente. Ihre Geschichte vom 16. bis zum 20. Jahrhundert ist, verursacht durch das Eindringen und Übernehmen unterschiedlichster Motive, die einer Reihe von chamäleonhaften Veränderungen, manchmal bis zur Unkenntlichkeit – wie es im Rokoko geschehen sollte (S. 170). Raffael, sicher der klassischste Künstler der Renaissance, machte sich diese Aufnahmefähigkeit zunutze, um Grotesken von solch vollendeter Schönheit, Lebendigkeit und Vielseitigkeit zu erfinden, dass die Groteske seitdem in mehr oder weniger Raffael'scher Form verwendet wird [161, 162, 365]. Kein Künstler hatte einen vergleichbaren Einfluss auf die europäische Kunstproduktion, insbesondere auf die Möbelkunst des Klassizismus (S. 194–201).

Vasari berichtet über Raffael, er habe nur geringes Interesse an antiken Dekorationen gehabt, wobei die Überlieferung, er habe hoch talentierte Mitarbeiter auf ihren eigenen Spezialgebieten entschieden gefördert, überzeugender klingt. Der Prozess, angefangen vom Übernehmen von Vorbildern bis zum freien Erfinden, der in Raffaels eigenen Gemälden ablesbar ist, zeigt sich deutlich in der Entwicklung seiner Groteske. Am Anfang stand eine Mischung, sowohl von Objekten als auch der Technik, gefolgt von der freien Variation, die reizende neue Motive hervorbrachte und schließlich in Neuschöpfungen mündete, die an Großartigkeit und Vielfalt ihr antikes Original übertrafen.

165 Phantasiekapitelle, in der zweiten Hälfte des 15. Jahrhunderts entstanden; aus einem Skizzenbuch des späten 15. Jahrhunderts, dem *Codex Destailleur*

Die *Stufetta* für Kardinal Bibiena im Vatikan (1516), die früheste einer Reihe von Groteskendekorationen Raffaels, ist das erste neuzeitliche Dekorationssystem, das antike Grotesken nachahmte. Obwohl nicht ohne Erfindungen, ist es archäologisch erstaunlich korrekt. Die Gemälde enthalten antikisierende Figuren, die nicht direkt kopiert, sondern wohl von literarischen Quellen inspiriert sind[63] – Putten vor schwarzem Hintergrund, denen im Haus der Vettier in Pompeji sehr ähnlich [35, 36, 76], fahren Kutschen, die von exzentrischen Rössern gezogen werden. Auf die Arbeiten an der *Stufetta* folgten die Loggien [162], die auf dem Vierten pompejanischen Stil beruhen (S. 31), luftig, zierlich in der Anlage, frei und phantasievoll.

In den Loggien [161, 365], seinen berühmtesten Grotesken, erreichte Raffael eine unvergleichliche Vielfalt. Pinturicchio hatte bereits eine Synthese der Groteske mit verknotetem Flechtwerk geschaffen, eine Kombination, die auch schon in spätantiken Mosaiken zu finden ist. Raffael kombinierte nun die Groteske mit Ornamenten aus verschiedensten antiken Quellen. Zu diesen Motiven zählen Medaillen, Architekturteile, Sarkophage, Schilde, Gemmen, Stillleben und anderes, wobei sich das Spektrum zwischen lyrischer, federhafter Leichtigkeit und schwerer Üppigkeit bewegt. Die Elemente, die sowohl der antiken Bildhauerei als auch der »modernen« michelangelesken Skulptur entliehen sind, verleihen manchen Grotesken skulpturhafte Schwere und eine klar umrissene Kraft, die schliesslich zu den klassischen französischen Grotesken Simon Vouets [272] und den Möbelentwürfen Jean Le Pautres [257] führte.

Giovanni da Udine fügte die herrlichen Vögel, Tiere und Blumen hinzu, die teilweise von der nordeuropäischen und italienischen Buchmalerei und der Kunst der Stickerei abgeleitet sind. Andere vielfach verwendete Motive der antiken Groteske waren blumengefüllte Körbe, Juwelen, Perlen und Perlenketten, die direkt aus den italienischen Miniaturen übernommen sind, und schließlich Motive aus der byzantinischen und sassanidischen Kunst. Alle fanden früher oder später Eingang in die Möbelkunst. Raffael brachte auch den spontanen Farbauftrag der antiken Malerei in seine Grotesken, ein Merkmal, das die gemalten Dekorationen der Möbel des 18. Jahrhunderts noch ziemlich stark beeinflussen sollte.

Die Grotesken der Loggien waren für die Möbelkunst in dreifacher Weise von Bedeutung. Zum einen war es die Strukturierung der Dekorationen in vertikale Streifen, ein außergewöhnliches, aber sehr wirkungsvolles Arrangement, das geradezu für die Verwendung in Innenräumen und an Möbeln erfunden scheint (bei der konkreten Umsetzung manchmal auch horizontal angebracht). Zum zweiten war es die Umformulierung der kleinen Kuppeln, die die europäische Architektur und Dekoration für Jahrhunderte beinflusste: Weinlaub-Pergolen, Vögel und Affen, Kuppeln mit Spalieren und Himmel, mit Eulen und anderen Vögeln, belaubten Bäumen, Flechtwerk und Bändern aus kleinen Achtecken und Rauten, die zu Bogen geformt sind. Und zum Dritten war die Groteske folgenreich durch die konsequente und archäologisch richtige Darstellung antiker Möbeltypen [180, 181, 391].

Groteskenstiche

Die Verbreitung der Ornamente erfolgte vor allem durch gedruckte Kupferstichblätter. Die Ornamentik war immer international, was vor allem in Anbetracht der Gefahren auf Reisen bemerkenswert ist. Künstler reisten weit, aber Drucke kamen noch weiter und wurden kopiert, übernommen und von anderen Stechern weiterverarbeitet. Die Technik des Kupferstichs besteht darin, dass mit dem Grabstichel ein Metallspan aus einer Kupferplatte ausgehoben wird, wobei eine gravierte Linie entsteht. Sie ist viel feiner als die in Holz geschnittene Linie und erlaubt die Wiedergabe selbst zartester Details. Vasari schrieb die Erfindung des Gravierens dem Florentiner Goldschmied Maso Finiguerra um 1460 zu. Die einflussreichsten Drucker waren oft selbst als technisch brillante Handwerker oder große Entwerfer schöpferisch tätig. Der Möbelschreiner schließlich folgte der gedruckten Vorlage und übernahm die Motive in der Regel sehr viel genauer als etwa Maler oder Architekten.

Im 16. Jahrhundert bestand eine enge Verbindung zwischen Kupferdruckern und mit anderen Metallen arbeitenden Künstlern. Bei den Goldschmieden war die Groteske sehr populär, und Groteskenstiche niederländischer und deutscher Goldschmiede wurden in großer Zahl verbreitet, wodurch die Möbelkunst mit ihnen in Berührung kam. Die Groteske vor Raffael, antikisch flach im Stil, wurde schnell von Künstlern wie Giovanni Pietro da Birago, Zoan Andrea und Agostino Veneziano graviert. Ebenso wurde die Raffael'sche Groteske schnell in Stichen verbreitet, seltsamerweise jedoch wurden die Dekorationen des Vatikan erst sehr viel später gestochen (denn die Künstler kopierten sie direkt). Drei Künstler sind hier besonders erwähnenswert, ein Italiener, ein Franzose und ein Deutscher.

Der Italiener Enea Vico (1523–1567) publizierte 1541 eine Sammlung von Groteskenstichen, die in Süddeutschland und Frankreich schnell bekannt wurden. Einige der Grotesken, frühe Anleihen[64] (die Welt der Groteske ist ein Labyrinth – Drucke sind

166, 167 Entwurf einer Groteske und Titelblatt mit Grotesken von Enea Vico aus einer unbekannten Quelle kopiert, 1541 zusammen mit seinen eigenen Entwürfen publiziert; italienisch (aus *Leviores et … extemporaneae picturae quas grotteschas vulgo vocant)*

in verwirrender Weise voneinander abhängig), sind von luftiger Körperlosigkeit, andere, von Vicos eigener Hand, sind kräftiger, raumgreifender und eher bizarr als hübsch.[65] Die Überschrift des Künstlers auf dem Titelblatt[66] macht (mit einem Hauch Selbstironie) aus der Spontaneität eine Tugend, um so eine gewisse Kärglichkeit zu bemänteln. Die Figuren und Ungeheuer, die oft in ausgefeilten fiktiven Architekturen stehen, sind so stark gelängt und knochenlos, dass sie gelegentlich selbst zu Spiralen werden. Die Drucke zeigen faszinierende Motive, die später an Möbeln weiterentwickelt werden, und belegen zu einem frühen Zeitpunkt den Einfluss, den Groteskendekorationen auf dreidimensionale Möbelformen haben sollten: *Candelieri* verwandeln sich in brennende Kerzen [166], ein Motiv, das im 18. Jahrhundert dreidimensional umgesetzt wurde; Figuren im Empirestil liegen auf Sofas unter Baldachinen, ein Motiv, das ebenso in den Loggien verwendet wurde; das Titelblatt [167] zeigt kleine verbundene Tische mit *Candelieri*-Motiven an ihrer Rückseite, die englischen Anrichten aus dem späten 18. Jahrhundert sehr ähnlich sehen.

Um 1550 veröffentlichte der Franzose Jacques Androuet Du Cerceau (1526–1604) Groteskenstiche. Von Vico beeinflusst, überziehen sie in zarter Bizarrerie und Kleinteiligkeit das ganze Blatt, wobei sie Figuren Jacques Callots vorwegnehmen. Leicht und luftig »geben sie den Ton an für den leichteren französischen Klassizismus bis zum Empire«.[67] Vico und Du Cerceau markieren die Hälfte des Weges, der vom Kryptoportikus der Domus Aurea über die Loggien Raffaels zu Berain, Boulle und in das 18. Jahrhundert hinein führt.

Hans Vredeman de Vries (1526–1604), in Friesland geboren, veröffentlichte 1556 eine Sammlung wichtiger Groteskenstiche, die sowohl von Vico als auch von Du Cerceau stark beeinflusst waren (S. 115, 123–125). Er schuf vor allem Architekturbilder und zahlreiche Vorlagen für Baudetails, Gartenanlagen und Möbel.

Die Verwendung der Groteske an Möbeln

Die flachen, gemalten Grotesken fanden in Form von Bemalungen, Intarsien oder Marketerien Eingang in die Möbelkunst. Ghirlandaio, der in seiner Werkstatt auch Cassoni anfertigte, zitierte in einer fiktiven Intarsie eines Freskos in S. Maria Novella von 1488 bis 1490 ein Motiv wörtlich aus dem Kryptoporticus der Domus Aurea, das im *Codex Escurialensis*,[68] dem ihm zugeschriebenen Skizzenbuch, vorkommt. Eine Groteskenintarsie einer Tafel im Cambio, der Wechselstube in Perugia (um 1500), entworfen von Perugino und ausgeführt von Domenico del Tasso, ist stilistisch eng verwandt [149].

Stillleben finden sich in den Dekorationen antiker Steinskulpturen nicht, sind jedoch in der Groteskenmalerei der Antike weit verbreitet [169]. Interessanterweise finden sich intarsierte Stillleben bereits vor der »offiziellen« Entdeckung der Groteske um 1480. Ein berühmtes frühes Beispiel ist das *Studiolo* im herzoglichen Palast in Urbino. Eingebettet in ein strenges architektonisches Rahmensystem sind die Füllungen mit Nischenfiguren, klassischen Architekturveduten, Büchern, Kerzen und Stundengläsern intarsiert und bilden einen Trompe-l'œil-Schrank mit geöffneten Türen, Früchtekörben, Eichhörnchen, Vogelkäfigen, Musikinstrumenten und anderem.[69] All diese Motive finden sich im Ersten und Vierten pompejanischen Stil,[70] wobei die Verquickung von Stillleben und Groteske schon sehr früh diskutiert wurde.[71] Hatten die Entwerfer bereits vor 1475 Gemälde irgendwo in römischen Ruinen gesehen oder waren sie Zeichnungen davon begegnet? Vasari schreibt Donatello groteske Einflüsse zu.[72] Trompe-l'œil-Dekorationen werden in der antiken Literatur erwähnt, und diese für die Renaissance so wichtigen Quellen könnten Auftraggeber und Künstler dazu veranlasst haben, solche Szenen wieder erstehen zu lassen.[73] Es ist jedoch kaum denkbar, dass bloße Beschreibungen zu solch nahen Nach-Erschaffungen geführt haben sollen.

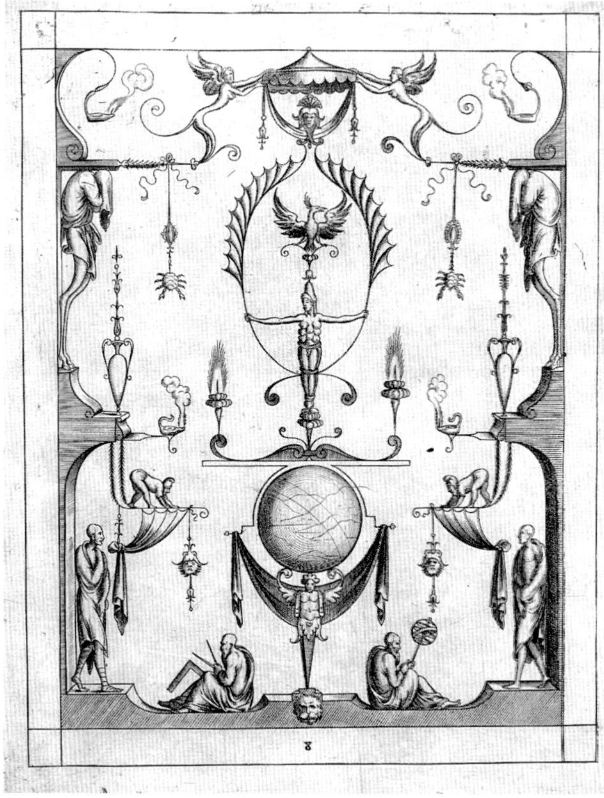

168 Schrank mit gefasster und teilvergoldeter Groteskendekoration, im Fries ein Motto in römischer Schrift (S. 100); italienisch (Florenz), 16. Jahrhundert

Maler konnten die Themen schnell mit dem Pinsel reproduzieren, wodurch ihre Veränderungen und Neuschöpfungen in Holzarbeiten übernommen wurden. Eine Jagd-Trophäe mit Rebhühnern komponierte Jacopo de' Barbari wie ein antikes Stillleben, es ist signiert und 1504 datiert. Trophäen mit Musikinstrumenten aus den Loggien Raffaels [161] wurden noch im späten 18. Jahrhundert nachgestochen.[74] Das früheste bekannte Blumengemälde, ein Zitronenbaum, Blumen, eine Vase mit Groteskenmaske und Eidechse, ist 1538 datiert und nach Giovanni da Udine entstanden, der für Raffael Grotesken malte.[75] So begann die Entwicklung, die zur holländischen Blumenmarketerie des 17. und den französischen Meisterwerken der Einlegekunst des 18. Jahrhunderts führte.

Groteskenmotive, mit denen Möbel dekoriert worden waren, fanden schnell Eingang in die Dekorationsmalerei. Die Renaissanceversionen von Trophäen, Girlanden, *candelieri* und Fabelwesen, die der antiken Groteske entsprungen sind, unterscheiden sich deutlich von solchen aus anderen antiken Quellen, wie etwa der Skulptur. Die Groteske wurde oft an Vertäfelungen und Pilastern verwendet, wie an einem meisterhaften italienischen Schrank [168], dessen antikisierender architektonischer Aufbau die kapriziösen Grotesken unterstreicht. Sie sind durchdrungen von einfachen Vor-Raffael'schen Motiven, die den früher zu datierenden Miniatur-Dekorationen des »Paduaner-Typus«, beeinflusst von Mantegna, verwandt sind. In den Kandelaberformen der Pilaster

169 Detail eines römischen Wandgemäldes aus Pompeji mit Stillleben, die mit geöffneten Läden an einer Wand hängen, mit Girlanden, flatternden Bändern und einer fiktiven Architektur; publiziert in Neapel 1808 (aus *Gli ornati delle pareti ed i pavimenti … dell' antica Pompeii)*

oder der Füllungen gibt es kaum Hinweise auf Einflüsse aus der Bildhauerei, obwohl die Putten selbst skulpturale Züge erkennen lassen. Das strenge Motto in makelloser römischer Schrift (die Orthographie ist weniger makellos) ist vielleicht ein Hinweis darauf, dass der Schrank ursprünglich für Waffen gedacht war und nicht für Lebensmittel: »Man wendet sich eher an den Krieger Mars als an Bacchus« – und die Grotesken bestehen aus Waffen, Schwertern und einem Brustpanzer. Zwei Putten scheinen zu kämpfen, und eine Dame hält einen Schild.

Ein Cassone aus Nussbaumholz (um 1550) [173] hat intarsierte Groteskenranken aus Ahorn- und Platanenholz in einem einfachen und eleganten, linearen Muster, das auf den ersten Blick dem Betpult Bellinis ähnlich ist [156]. Bei genauerem Hinsehen jedoch erweist es sich als weniger dicht komponiert; aus den Spiralenden wachsen groteske Köpfe oder weibliche Akanthuswesen mit Flügeln. Die unschicklich gespreizten Beine der geflügelten Monster sind typisch für die bizarre Groteske. Die Groteskenköpfe der Rollwerkkartusche in der Mitte sind von dem für die Niederlande typischen derben Humor. Flämische Groteskenmaler arbeiteten um die Zeit der Entstehung des Cassone mit Alessandro Allori an den Grotesken der Decken des Uffizien-Korridors in Florenz. Der Cassone in schlichter Sarkophagform steht auf Löwentatzen, der Sockel ist godroniert, eine Dekoration, die sich an antiken Bronzen findet, woran die Renaissance so sehr interessiert war (eine Truhe in Warschau mit exakt den gleichen Intarsien hat eine geschnitzte Godronierung).

Raffael verwendete die Grotesken der Loggien-Gewölbe sehr ähnlich in der Villa Madama in Rom, wo er die erste Kuppel in einem Wohnraum schuf. Es war nur eine Frage der Zeit, bis ein so prächtiges Dekorationsmittel wie die Kuppel von der Decke an das Baldachinbett wandern würde. Ein geschnitztes und eingelegtes Bett mit einer gekuppelten, mit Grotesken bemalten Decke wird Bernardini Pocetti zugeschrieben [171, 172],[76] der als der beste Raumausstatter in Florenz gilt und herrliche Grotesken für den Palazzo Pitti malte. Jedoch wird das zentrale Velarium auf unschöne Weise von den radial ausgehenden Rippen unterbrochen. Der wenig geglückte Entwurf verwundert bei einem Meister seines Fachs. Die oberen Abschlüsse von Betten wurden auch oft aus Textilien angefertigt, die einen Kielbogen bilden – eine Form, die sowohl der Gotik als auch der islamischen Kunst nahe steht.

170 Sitzbank mit Truhe, so genannte *cassapanca* aus geschnitztem Nussbaumholz, entworfen von Adrián Lombart; spanisch, 1553

oben und rechts **171, 172** Geschnitztes, gedrechseltes und eingelegtes Bett, die Kuppel mit Grotesken bemalt, Bernardino Pocetti zugeschrieben; italienisch (Florenz), um 1650

unten **173** Cassone aus Nussbaum mit Grotesken-Intarsien aus Ahorn- und Platanenholz; italienisch (Florenz), um 1650

174 Cassone aus Nussbaumholz in Certosina-Arbeit mit Elfenbein und Perlmutt; norditalienisch, 15. Jahrhundert

gegenüber **175** Feldbett mit Baldachin aus Ebenholz, eingelegt mit Mauresken aus Elfenbein; deutsch (Augsburg), um 1580

Arabeske und Maureske

In den ersten Jahren des 16. Jahrhunderts vollzog sich die Verbindung der Groteske mit der Arabeske (oder Maureske – die Renaissance verwendete den Begriff undifferenziert), eine der fruchtbarsten »Hochzeiten« der Kunstgeschichte. Die klassische Hochrenaissance griff sie an ihrem Höhepunkt auf, wobei die antiklassischen Motive der Arabeske und Groteske verwandte Merkmale zeigten, die sich teilweise durchsetzten.

Die maurensken Motive der iberischen (spanisch-mauresken) Keramik, der frühesten europäischen Keramik seit ihrem Verschwinden nach der Antike, gab im frühen 14. Jahrhundert den Anstoß zur Entwicklung der italienischen Majolika. Eine neuerliche Welle islamischer Kunst beeinflusste Italien zum selben Zeitpunkt, als die Klassik in Architektur und Skulptur wieder entdeckt wurde, und sie fand Eingang durch die dekorativen Muster der importierten islamischen Luxusgüter. Der Zustrom hatte im 14. Jahrhundert begonnen, nachdem 1344 ein päpstliches Einfuhrverbot aufgehoben worden war. Venedig begann sofort einen regen Handel mit Alexandria, viele reisten nach Damaskus, um die hoch geschätzten »Damaszener« Metallwaren einzukaufen, was zur Folge hatte, dass die Flechtbandmuster oft westliche Züge zeigen. Seidenstoffe aus dem Osten wurden in großen Mengen gehandelt, islamische Weber ließen sich in Italien nieder, und türkische kielbogenartige (»Paisley«-)Muster tauchten immer wieder in den Florentiner Seidenstoffen des 15. Jahrhunderts auf. Einer der großen Verbreitungswege der Maureske führte über die Bucheinbände, da islamische Lederarbeiten in Euopa sehr bewundert wurden. 1442 wurde Alfonso V. von Aragon König von Neapel und brachte spanische Lederarbeiter mit nach Italien. Etwa ab der Mitte des Jahrhunderts imitierten neapoletanische Buchbinder persische und mameluckische Bindungen. Die Mode breitete sich nach Rom und Venedig aus, wo auch ägyptische Buchbinder saßen. Im 16. Jahrhundert wurde vor allem marokkanisches Leder für Bucheinbände verwendet.

Es kann kein Zufall sein, dass eben im 15. Jahrhundert die Kunst der Einlegearbeiten in Holz, die in islamischen Ländern seit dem Mittelalter angefertigt wurden (S. 68–69), eine wichtige italienische Handwerkstechnik wurde. Typisch für diese Epoche ist ein norditalienischer Cassone [174]. Die Front setzt sich aus drei Füllungstafeln zusammen, der Deckel ist flach; denkbar wäre ein Sockel, der jedoch verloren ist. Der Cassone ist aus Nussbaum mit Einlagen aus verschiedenen anderen Hölzern, Elfenbein und Perlmutt angefertigt. Seine Ornamente – Sterne, Rauten, strenge Ranken (islamische Ranken zeigen nie Figuren) und geometrisches Flechtwerk, das im Barock und Rokoko zu Gitterwerk wird – sind typisch islamisch. Die ungewöhnliche Fontänenform aus Blüten mit starren, parallel angeordneten Stielen, die auf den beiden inneren Rahmenpilastern aus Behältern entspringen, repräsentieren das formale Erstarren des antiken Kandelabermotivs. Die Gesamtwirkung ist von leuchtender, flächig polychromer Heiterkeit, wobei skulptierte Formen völlig fehlen.

Im späten 15. und frühen 16. Jahrhundert wurden islamische Waren hauptsächlich über Venedig nach Europa gehandelt, die Stadt, die die engsten Beziehungen zu Konstantinopel und dem Nahen Osten hatte. Auf Carpaccios Gemälden venezianischer Paläste zieren Arabesken die pittoresken Kamine,[77] und türkische Teppiche hängen über den Balkons. Gentile Bellini reiste zum Palast des Sultans, um den Herrscher zu porträtieren, und Italiener arbeiteten in Konstantinopel und Alexandria. Damaszener Eisenwaren beeinflussten die Ornamentik europäischer Metallarbeiten stark. Einige Städte wurden zu Zentren, wie Augsburg und Antwerpen, wo die Maureske oft auf Möbeln und Musikinstrumenten verwendet wurde.[78] Möbelschreiner imitierten die Dekorationen islamischer Textilien, Teppiche, Bucheinbände und Lederzeuge: 1528 kaufte Pierre Roffet, ein Buchhändler aus Paris »*ung cabinet de cuir doré a ouvraiges moresques … une boueste aussi de cuir doré, faictes à semblables ouvraiges de moresques, garnie de bandes de fer dorées*« – ein Kabinett aus vergoldetem Leder mit Mauresken … und ein Kistchen, ebenfalls aus vergoldetem Leder, mit ähnlichen Mauresken und mit vergoldeten Eisenbändern verziert.[79] Der orientalische Exotismus der Arabesken hatte besondere Anziehungskraft und unterschied sich für die Handwerker wohltuend von den europäischen Mustern.

Maureskendrucke

Arabesken wie Mauresken wurden vor allem durch Stichwerke verbreitet, wobei die Goldschmiede die gleiche entscheidende Rolle spielten wie bei der Groteske. Da die billigen Drucke so wichtig für die Verbreitung des Wissens über die Arabeske und die Entwürfe oft für Posamentenmacher und Spitzenklöppler gedacht waren, sind die frühen Arabesken eher linear, entweder geometrisch oder geschwungen oder beides. Um 1520 erschien in Augsburg, Köln, Antwerpen, Venedig und Paris eine Reihe von Stichwerken mit einflussreichen Maureskendrucken.[80]

Zwei davon, deren Muster oft für Marketerien verwendet wurden, seien als typische frühe Beispiele vorgestellt. Der *Essempio di recammi* von Giovanni Antonio Tagliente (um 1465–1530) wurde 1527 in Venedig gedruckt und bis 1535 dreimal neu aufgelegt. Dieses früheste italienische Musterbuch für Stickereien enthielt *groppi moreschi et arabeschi*, für die sich auch Leonardo und Dürer

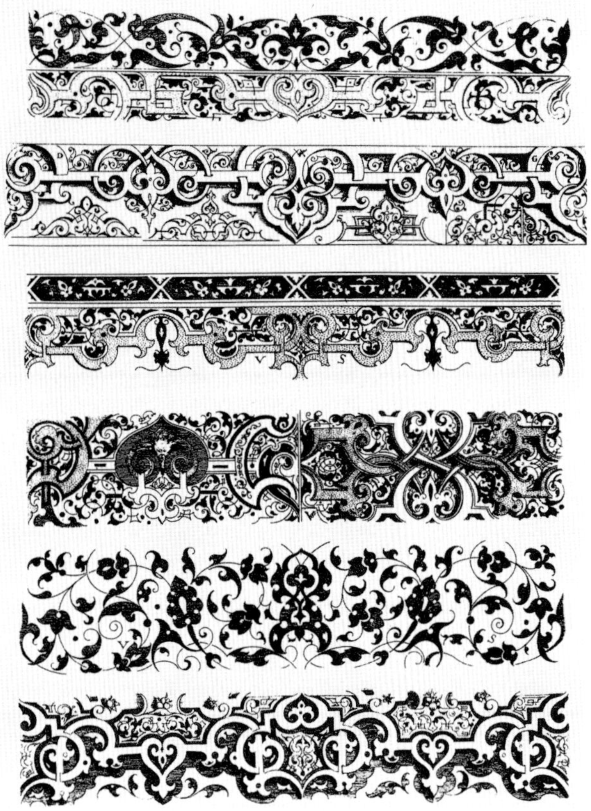

176 Mauresken-Entwürfe von Virgil Solis; deutsch (Nürnberg), 1541

177 Islamisches Flechtwerk: Detail eines Musters aus dem *Quran* des Sultan Mou'ayyed, 1411 datiert

rechts **178** Zweigeschossiger Schrank aus Nussbaum und anderen Hölzern, mit Mauresken-Intarsien und einer Architektur-Perspektive, von dem Monogrammisten »HS« angefertigt; schweizerisch (Thurgau), 1565

interessierten. Viele sind weiß auf schwarzem Grund. In seinem Text erklärt Tagliente das komplizierte Bandwerk, wobei die Kordeln immer abwechselnd über- und untereinander liegen sollten. Das zweite Buch ist von dem Florentiner Francesco Pellegrino[81] 1530 in Paris publiziert und enthält Stickmuster in der *façon arabique et ytalique* mit einer Reihe üppig mauresker Entwürfe. Einige Seiten zeigen ausschließlich Rankenwerk, Flecht- und Bandwerk mit »abgesetzten Bogen«. Pellegrinos Entwürfe wurden vielfach kopiert. In diesen Mauresken tauchen verstohlene Grimassen auf, die sehr an diejenigen erinnern, die sich in keltischem Flechtwerk des Frühmittelalters verbergen.

Um die Jahrhundertmitte wurden auch von anderen wichtige Mauresken veröffentlicht, etwa von Peter Flötner (um 1490–1546),[82] einem für die Möbel- und Goldschmiedekunst wesentlichen Entwerfer, sowie von Du Cerceau und Balthasar Sylvius von Antwerpen, der 1554 eine Sammlung der meistverwendeten Maureskenstiche seiner Zeit herausbrachte.[83]

Die Drucke des erfolgreichen Kupferstechers Virgil Solis [176] zeigen deutlich die enge Verbindung zwischen Maureske und Rollwerk (S. 120–121). Im weiteren Verlauf des 16. Jahrhunderts wurden allmählich naturalistische Motive in die europäischen Adaptionen der abstrakten Spiralen geschwungener Arabesken aufgenommen.

All diese und viele weitere Quellen trugen zur Anwendung der Arabeske auf Möbeln bei, wo sie oft mit anderen Ornamenten verquickt wurde. Ein Schrank von 1565 [178] kombiniert die islamische Maureske mit einer gotisierenden Ruinenperspektive und antiken Kandelaberformen. Ein Sphinx-Tisch [597] hatte ursprünglich ein Silberprofil mit eingravierten Mauresken. Die geradezu neo-attische Eleganz der in Ebenholz, Elfenbein und Amarant eingelegten Mauresken eines hoch entwickelten Augsburger Reisebettes [175] macht die Verfeinerung der Formen deutlich. Die polygonen Bettpfosten in Kandelaberform nehmen Entwürfe des späten 18. Jahrhunderts vorweg. Die architektonischen Voluten an Kopf- und Fußteil sind betonte Kurvierungen mit begrenzenden Rahmen. Sie sind weit entfernt von den Extravaganzen vieler nordeuropäischer Grotesken.

Das arabeske Bandwerk mit Knoten wurde zum grundlegenden Element für Entwürfe von Fußböden, Decken – und von Gartenarchitekturen. Decken wurden oft mit geometrischem Gitterwerk und geschwungenem Bandwerk in Stuck dekoriert, einer Technik, die allmählich von der schweren, antikisierenden Kassettendecke verdrängt wurde. Sie wird in Frankreich mit dem Namen Jean Cotelle (1607–1676) und in England mit Inigo Jones (1573–1652) in Verbindung gebracht. In Deutschland und Italien konnte sich stuckiertes Bandwerk bis zur Mitte des 18. Jahrhunderts [287] halten, wo es als »Bandlwerk« etwa in bayerischen Kirchen zu einem selbstständigen Ornament werden sollte. Sein Einfluss ist sogar noch an den Stuhllehnen des englischen Spätrokoko [288, 290] spürbar.

IV *Kapitel 3* Klassik der Hochrenaissance contra Expressivität des Manierismus

179 Vierbeiniger Tisch aus geschnitztem Nussbaumholz; Italien, 16. Jahrhundert

Die beiden größten Künstler der Renaissance, Raffael und Michelangelo, sind im Abstand von acht Jahren geboren. Ihre gegensätzlichen Temperamente und Richtungen sind legendär. Hätte Raffael länger gelebt, wären die beiden einander vielleicht näher gekommen. Sie haben ihre Zeit und weitere vier Jahrhunderte grundlegend geprägt, und ohne sie wäre die Entwicklung der abendländischen Möbelkunst sicher anders verlaufen. Raffael erfand einen neuen und immens einflussreichen Groteskentypus und studierte antikes Mobiliar sehr genau, um es schließlich »archäologisch korrekt« in seinen Gemälden abzubilden. Michelangelo dagegen verwendete das antike Vokabular, um eine neue expressive Architektur, Skulptur und Malerei zu schaffen. Alle nachfolgenden Richtungen der Möbelkunst (im Kielwasser der höheren Künste), die groteske, die skulpturale (die Barock und Rokoko mit einbezieht) oder die antikisierende, orientierten sich daran, wobei sich wie im Altertum die Wege oft kreuzten.

Raffael: Möbel in antikem Stil

Raffaels Schaffen war grundlegend für die europäischen Klassizismen: den eklektischen Klassizismus der Carracci im 17. Jahrhundert, den Klassizismus des späten 18. Jahrhunderts und den romantischen Klassizismus des 19. Jahrhunderts. Sie alle rekurrieren auf seine Malerei. Die Einflüsse drangen unausweichlich bis in die Möbelkunst, doch hatte Raffael hier auch eine unmittelbare Wirkung. In seine Dekorationen in den Loggien malten seine Schüler kleine Bilder, die von der Groteske weit entfernt und mehr im klassischen Stil der berühmten Wandteppiche für Papst Leo X. gehalten sind mit Szenen aus dem Leben der Apostel. Trotz des kleinen Formats dieser Fresken wurde die so genannte »Bibel Raffaels« ebenso berühmt wie die Teppichserien, und beide Arbeiten wurden über Jahrhunderte gleichsam als »Augenzeugenberichte« biblischer Szenen betrachtet. Darüber hinaus enthalten sie minutiöse Abbildungen antiker Möbel. Diese Bilder sind zwar nicht der erste Versuch in »authentischem« antikem Mobiliar, aber sicher einer der überzeugendsten und objektivsten. Die Gemälde wurden oft reproduziert, und ihre realistische antikische Umgebung beeinflusste andere Künstler. Zu nennen wären so klassisch orientierte Maler wie Rubens und Poussin, wobei die späteren Arbeiten Poussins, die das archäologisch orientierte 18. Jahrhundert stark prägten, auf vielerlei Weise auf den Teppichen und der »Bibel Raffaels« fußen. Ohne Zweifel war Raffaels scharfes Auge (zusammen mit seiner Neugier) entscheidend für seine Genauigkeit und, übertragen auf die antike Skulptur, mag Raffael die Forschungsergebnisse bereits antizipiert haben, zu denen die Archäologen erst drei- bis vierhundert Jahre später gelangten.[84]

180 Bett mit Baldachin und Tisch in antik römischem Stil: Detail einer Vorzeichnung von Gianfranceso Penni für *Isaak und Esau* in Raffaels Loggien im Vatikan; italienisch (Rom), 1519

Unter den antikisierenden Möbeln, die in Raffaels Grotesken abgebildet sind, finden sich der dreibeinige, römische Tisch, der direkt auf antike Vorbilder zurückgreift [180],[85] die Klismos-Sitzbank, ein ungewöhnliches Möbel aus einem Wandgemälde mit spielenden Eroten in Pompeji,[86] ein authentisch aussehendes römisches Liegesofa [181], Faltstühle und Kaprizen, wie ein Klismos mit gedrechselten Hinterbeinen [391] – man mag das für »Kaprizen« halten, aber einige antik römische Möbel waren tatsächlich kapriziös, und möglicherweise gab es eine glaubwürdige Quelle für den Stuhl. Zufällig ist auf einer der Groteskenvertäfelungen im Vatikan ein Bossenquader abgebildet, der zwei Kentauren zeigt, die buchstäblich wie ein Konvexspiegel eines Regency-Entwurfs aussehen. Nach dem Tod Raffaels 1520 und der Verwüstung Roms im Jahre 1527 verstreuten sich seine Schüler und Mitarbeiter. Sie waren eine geradezu kosmopolitische Truppe und verbreiteten Interesse für und Wissen über antikes Mobiliar in ganz Italien und dem übrigen Europa. Die Loggien-Gemälde wurden häufig kopiert [507], und auf dem Umweg über Stichvorlagen verwendete man sie sogar auf Majolika-Arbeiten, wodurch diese möglicherweise wiederum zu Vorlagen für den antiken Möbelstil des 16. Jahrhunderts wurden – ein Vorgang der auch im späten 18. Jahrhundert in Bezug auf Wedgwood-Waren zu beobachten ist. Antikem Mobiliar wurde auch sofort eine gewisse Bedeutungstiefe zugemessen, die Malern durchaus bewusst war: Ein junger Majolika-Maler porträtierte sich auf einem Teller, wie er in seinem Laden auf einem antiken Stuhl sitzt, der mit Details römischer Möbel, wie kandelaberförmigen Ornamenten und antiken Draperien, verziert ist.[87]

Den Grundtypen antiken Mobiliars, wie sie in den Bibelszenen Raffaels dargestellt sind, begegnet man an vielen italienischen »archäologisierenden« Möbeln des 16. Jahrhunderts, schlicht und oft massiv – weit mehr, als hier dargestellt werden kann. Es scheint, dass diese Möbel, die bis auf den Faltstuhl außerhalb Italiens unbekannt waren, Raffaels Schülern und Epigonen viel zu verdanken haben. Der antikisierende Typus des Tisches mit Tierbeinen, massiv und von Marmor-Prototypen beeinflusst, war im 16. Jahrhundert allgemein verbreitet. Es gibt Varianten mit drei oder vier Beinen und mit runder, eckiger oder polygonaler Platte. Die stämmigen Tierbeine waren nicht selten aus einem Brett gearbeitet [179], was sicher ökonomischer ist als das vollrunde Schnitzen. Doch der Entwurf könnte von den Wangentischen beeinflusst sein, denn im Profil zeigen diese Beine große Ähnlichkeit mit den Wangen von Marmortischen [36] oder den Schmalseiten von Sarkophagen [65 D], die mit Akanthus und Voluten ornamentiert sind. Oft wurden solche Dekorationselemente in Grotesken übernommen.

Der Faltstuhl wurde immer hergestellt; er behielt seinen hoheitsvollen Anspruch, obwohl er in Details Veränderungen erfuhr. Im 15. Jahrhundert setzte man Hundeköpfe und Pfoten an Stelle der Löwen, und die Rückenlehne wurde etwas höher gezogen als in der Gotik. Im 16. Jahrhundert wurde er insgesamt breiter mit vertikalen Armlehnen und gedrechselten Handauflagen. Man fertigte ihn sowohl in Metall als auch in Holz an, wobei er in päpstlichem und seigneuralem Typus mit Samt bezogen und mit schweren Quasten und Posamenten verbrämt wurde. Auf den großen Renaissanceporträts wurde er oft in antikem Typus dargestellt mit dem Unterschied, dass er unantike, dicke Polsterauflagen bekam.

181 Bett in antik römischem Stil, dahinter antike Draperie in Renaissance-Interpretation: Detail aus *Joseph und Potiphars Weib* von Giulio Romano in Raffaels Loggien im Vatikan; italienisch (Rom), um 1519

Die Fragwürdigkeit einer übertriebenen Kontinuität wird an einem englischen Faltsessel des späten 17. Jahrhunderts deutlich [183]. Ursprünglich wohl aus dem Palast König James II., ist er mit zeitgenössischem rotem Satin mit mauresken Mustern bezogen.

Der Scherenstuhl erlebte in kaum veränderter Form im 15. und 16. Jahrhundert eine Renaissance. Das venezianische Beispiel [182] trägt gotische Züge wie zum Beispiel die Kielbogenform der Scheren, die mit deutlich antiken Details wie den Löwentatzen kombiniert sind.

Michelangeleske Bildhauermöbel des 16. Jahrhunderts

Michelangelo übte einen völlig anti-klassischen Einfluss aus, jedoch in nahezu perfekter klassischer Sprache. Das Urteil Thomas Hopes, eines bekannten Möbelschöpfers des englischen Regency, zeigt, worum es geht, und ist zugleich Kritik seiner eigenen Zeit: »Michelangelo … sicher ein großer Schöpfer, fehlte es völlig an Geschmack. Auf der Suche nach Neuem verlor er die Proportionen, auf der Suche nach dem Großartigen fand er immer das Gigantische, das Launische, das Affektierte und das Extravagante. Obwohl er die besten antiken Skulpturen direkt vor Augen hatte, wurde er überspannt und ein Manierist. Braucht man sich zu wundern, wenn seine Architektur nur noch ausschweifender wurde, wo er nur die grauenhaften antik römischen Vorbilder hatte?«[88]

182 Scherensessel aus geschnitztem Nussbaumholz mit gotischen Kielbogen; italienisch (wohl Venedig), um 1550

183 Faltsessel mit zeitgenössischem, besticktem Seidenbezug; englisch, wohl um 1685

Michelangelos Einfluss lag im Heroischen seiner Skulpturen, Malerei, Gebäude und Innendekorationen. Kein »moderner« Künstler hat, direkt oder indirekt, die Möbelkunst mehr beeinflusst als er. Die *licenza* seiner Architekturen, innen wie außen, machten den Weg frei für Neuschöpfungen. Seine revolutionären Arbeiten im Inneren der Sakristei von S. Lorenzo in Florenz zeigen antikisierende Motive, die Vasari mit *grottesche* gleichsetzte: Michelangelo habe eine reichere und vielfältigere Dekoration entworfen, als sie je erfunden worden war, weder von antiken noch von »modernen« Meistern. »Die schönen Gesimse, Capitäle, Basen, Thüren, Tabernakel und Grabmäler sind völlig verschieden von dem, was Menschen früher für Maß, Ordnung und Regel geachtet hatten, nach allgemeinem Brauch, nach den Bestimmungen Vitruvs und der Alterthümer … solche Kühnheit ermuthigte diejeinigen, welche Michelangelos Verfahren sahen, ihn nachzuahmen und neue Erfindungen hat man seitdem gesehen, grottesk vielmehr als nach herkömmlichem Gesetze der Ornamentik.«[89]

Vasari bezog sich auf die neuartige Behandlung der Konsolen Michelangelos, seiner Gebälke und Giebel als dekorative und expressive Attribute. Vasaris Urteil war eine Vorhersage: Es war eben diese *licenza* der Groteske, die wesentlich zur Entwicklung von Barock und Rokoko beitrugen, die zwar das klassische Vokabular bemühten, jedoch alle vitruvianischen Regeln außer Acht ließen. Diese *licenza* sollte auch die Möbelkunst erfassen.

Die Skulpturen Michelangelos waren gleichfalls revolutionär. Er übersetzte die hellenistische Expressivität des *Laokoon*, des *Farnesischen Stieres* und des *Torso vom Belvedere* in ein kraftvolles und dramatisches »modernes« Idiom, das sich zum expressiven Barock des 17. Jahrhunderts entwickeln konnte. Innendekorationen und Möbel wurden ebenso mitgerissen. Die unermüdliche Muskelanstrengung, die so viele seiner Figuren aufbieten, selbst wenn sie in Ruhe sind, verlieh der Möbelkunst eine neue Sprache. Sie war wie geschaffen, die schweren Kabinette und Tische zu tragen oder Throne und Kerzenhalter Kraft und Großartigkeit ausstrahlen zu lassen. Diese Verwendung war an sich nichts Neues, Michelangelo verhalf ihr aber zu einer neuen Bedeutung, sodass die Skulptur für die nächsten Jahrhunderte die Möbelkunst in bisher ungeahnte Gefilde trug.

Das asymmetrische Wesen der Bildhauerei und besonders die gehäuften Asymmetrien der »modernen« Arbeiten kommen in den Gartenskulpturen des Florentiner Architekten Bernardo Buontalenti (1531–1608), die er mit Felsformationen zu wilden Gebilden formte, deutlich zum Ausdruck. Damit förderte er die Entwicklung zur Asymmetrie und die Verwendung von Felsartigem in Barockmöbeln. Hier liegen die Verbindungen zum Unterwelt-Naturalismus der Grotten, zu den Sklaven Michelangelos (die in einer Grotte Buontalentis stehen), zu Giulio Romanos Giganten, zu Möbeln der Antike [251] und antiken Skulpturen wie *Tiber* und *Nil*. Michelangelos Einfluss ging in eine andere Richtung und er trug beispielsweise zur Entwicklung der so wichtigen Kartusche bei (S. 120–121).

Vasari beschreibt, wie der geschnitzte Cassone den bemalten ablöste: »Man kam seit Kurzem dazu, reichere Ausschmückungen anzubringen, läßt Nussbaumschnitzwerk vergolden, welches sich sehr prächtig ausnimmt.«[90] Die spärlich bemalten, gotisierenden Oberflächen des 15. Jahrhunderts wurden von geschnitzten Ornamenten verdrängt, die ihren Ursprung in antiken Steinmetzarbeiten haben, in der Groteske oder, wenn Figürliches beteiligt ist, in

184 Detail des Sarkophags des Carlo Marsuppini, von Desiderio da Settignano in S. Croce, Florenz; italienisch, vor 1455

rechts **185** Der »Alexander-Sarkophag«; hellenistisch, um 300 v. Chr.

unten **186** Cassone aus geschnitztem Nussbaumholz, vergoldet, mit Szenen aus dem Leben Cäsars; italienisch (Rom), um 1550–1600

ganz unten **187** Cassone des »Buontalenti«-Typus, aus geschnitztem Nussbaumholz; italienisch, um 1550–1600

Michelangelo. Die vielen antiken Sarkophage waren offensichtlich die Vorbilder für reliefierte Truhen, wobei die Renaissancemodelle römisch, der Grundgedanke jedoch hellenistisch [185] war. Sie wurden mit dicht stehenden, kraftvollen Figuren beschnitzt – im 16. Jahrhundert drängte sich schier die ganze Menschheit auf Truhen. Trotz der engen Verwandtschaft von Sarg und Truhe entdeckten die Schreiner die Sarkophagform (im Gegensatz zu deren Ornamentik) relativ spät. Seit der Mitte des 15. Jahrhunderts war der Sarkophag als Grablege wieder belebt worden: Ein Steinsarg Desiderio da Settignanos in Florenz [184] hat Füße in Form von Löwentatzen, scharf konturierte Akanthusranken und eine gebauchte Form, die von einem antiken Typus abgeleitet ist. Er ist verwandt mit Truhen,[91] die hundert Jahre später in Italien entstanden sind, und antizipiert selbst Kommoden Boulles [275]. Renaissancebetten kombinieren meist den Sockel des Sarkophags mit Säulen und Baldachin – alles Elemente, die auch an Grablegen des 15. Jahrhunderts zu finden sind. Möbelstücke mit solchen Vorbildern reflektieren die Schwere und Strenge antiker Steinarbeiten.

Die antikisierende Absicht der geschnitzten Cassoni ist unmissverständlich. Mitunter wird das verwendete Nussbaumholz patiniert, damit es wie Bronze aussieht. Die Vorliebe für geschnitzte Cassoni nahm in Rom ihren Ausgang, wo sie von ausgewanderten Florentiner Bildhauern (Michelangelo selbst war aus Florenz) angefertigt wurden. Von römischem Typus ist der geschnitzte und vergoldete Cassone aus der zweiten Hälfte des 16. Jahrhunderts (einer von einem Paar), der mit Szenen aus dem Leben Julius Cäsars verziert ist [186]. Cäsar überquert den Rubikon und gibt den Befehl, den Staatsschatz zu plündern. Die klassischen Ornamente über und unter dem Relief sind kräftig, aber statisch und rahmen die heftige Bewegung der Tafel ein. Die grübelnden Eckfiguren, die mehr oder weniger das traditionelle Flachrelief verlassen haben und frei stehen, betonen die ernste Strenge des Möbels in michelangeleskem Stil mit einer Nuance hin zu den weicheren Formen des Manierismus.

Ein besonderer Typus des Cassone, der sich durch Karyatiden an den Ecken und eine sarkophag-ähnliche, nach oben breiter werdende Form definiert, wurde mit einer Zeichnung des Buontalenti in den Uffizien verglichen. Ein hervorragendes Beispiel in Nussbaum aus der Zeit nach 1550 [187] hat Eck-Karyatiden, die aus einem Akanthus hervorwachsen, der sich der schwellenden Form anschmiegt. Ähnliche Figuren wurden im 17. Jahrhundert an Barocktischen verwendet. Die Front ist mit Tritonen und Nereiden geschmückt, die auch an römischen Sarkophagen zu finden und charakteristisch für die Renaissance sind. Zu nennen wären Mantegnas Kupferstich *Kampf der Tritonen* und Raffaels wunderbarer *Triumph der Galathea*, der der wieder belebten hellenistischen Klassik zusätzliche Grazie verlieh. Der Cassone hat eine Rollwerk-Schürze und Füße in Form von Löwentatzen, wobei beide Motive im Vergleich zum Truhenkasten auffallend flach und grob geschnitzt erscheinen.

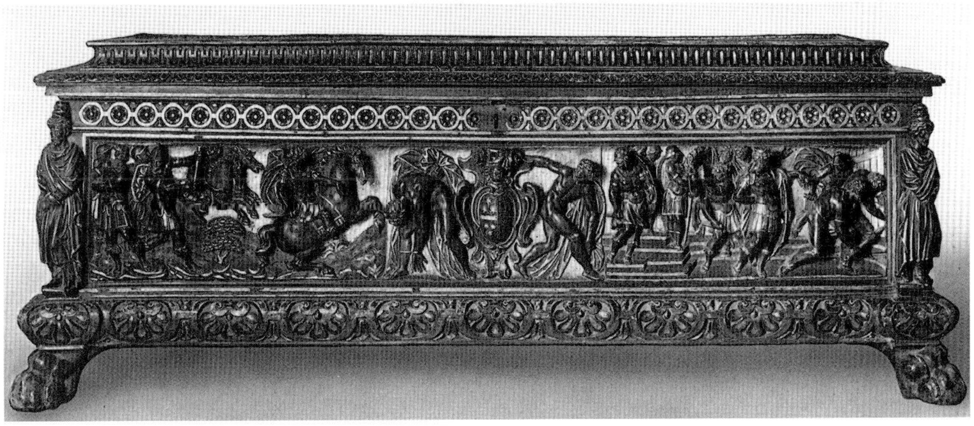

Einige Prunktische (sie waren die einzigen Renaissancemöbel, die in der Mitte des Raumes stehen sollten) haben die Form der antiken Wangentische aus Marmor. Ein besonders eindrucksvolles, der Klassik sehr nahes Beispiel [189] – und ganz anders als französische Varianten mit Grotesken [229] – wurde von dem Architekten Vignola (1507–1573) entworfen und zwischen 1565 und 1573 für den Palazzo Farnese in Rom angefertigt. Auch Michelangelo hatte für den Palast gearbeitet, und frühe Reiseführer bezeichnen die Wangen, die die Tischplatte stützen (obwohl sie von mehreren Händen sind), als »von Michelangelo«.[92] Es wurde darauf hingewiesen, dass ihre Form mehr den antikisierenden Vasen, Kandelabern oder Sockeln verwandt ist, die auf Gemälden von Salviati, Vasari und Zuccaro (alle von Michelangelo beeinflusst) zu sehen sind, als ihren antiken, skulptierten Vorbildern [24, 36].[93] Die Platte ist sowohl in der alten Technik der Marmorinkrustation [44] als auch in der im 16. Jahrhundert entwickelten Pietra-dura-Technik mit verschiedenen Marmorsorten und Halbedelsteinen gestaltet, möglicherweise unter Wiederverwendung von Fragmenten antiker Steine aus den Bädern des Caracalla.[94]

Variationen über antike Themen

Die Italiener waren nie sklavisch in ihrer Antikennachahmung. Da die Anzahl mehr oder weniger »korrekter« Imitationen von Neuschöpfungen, die antike Formen und Ornamente verarbeiteten, weit übertroffen wurden, erweiterte sich das Spektrum der verfügbaren Möbeltypen immens. Innerhalb kürzester Zeit hatte sich aus der vergleichsweise geringen Bandbreite der Möbel in der Gotik eine Vielfalt entwickelt, die sogar die Antike selbst übertraf.

Renaissancemöbel wurden vor allem von antiken Münzen und Gemmen beeinflusst, was durch deren Verbreitung durch Bücher noch verstärkt wurde. Andrea Fulvio, der Freund Raffaels, verlegte 1517 das erste Buch, das sich Münzen widmete.[95] Deren geprägte Bilder lieferten beliebte antike Motive, die jahrhundertelang für alle möglichen Zwecke adaptiert wurden. Darunter gab es Abstrahierungen aus ihrem ursprünglichen Zusammenhang: 1548

188 Detail eines Schranks aus geschnitzter Eiche, mit Akanthusmasken, »Roma«-Köpfen im Profil und einer kandelaberförmigen Schlagleiste verziert, Beschläge aus Schmiedeeisen; portugiesisch, um 1500–1550

publizierte Enea Vico Köpfe römischer Kaiserinnen von Gemmen und Münzen und umgab sie mit erfindungsreichen und sorgfältig ausgearbeiteten Ornamenten zumeist manieristischen Stils, doch auch einigen höchst klassischen.[96] Ein zwar weniger elegantes, jedoch paralleles Beispiel sind die 157 Köpfe römischer Kaiser, die G. B. Cavalieri 1583 veröffentlichte,[97] darunter Rudolf II. (1552–1612). Außerhalb Italiens erschienen ähnliche Publikationen.[98] Diese Bücher wurden oft neu aufgelegt. Agustíns Werk über Münzen und Inschriften von 1587 wurde trotz seiner derben Aufmachung noch im 18. Jahrhundert nachgedruckt. Am besten war sicher Goltzius' Holzschnitt-Serie römischer Kaiser von 1557.[99] Aus diesen Quellen – und aus antiken Medaillons – schöpften die Möbelmacher für ihre Zigeuner-Büsten, die im 16. Jahrhundert so beliebt waren. Ein portugiesischer Schrank aus der ersten Hälfte des Jahrhunderts [188] vermischt solche Köpfe mit zeitgenössischen Motiven, etwa der antikisierenden Akanthusmaske an der obersten Tür. Trotz der Renaissance-Ornamentik ist an diesem Stück noch viel Gotisches, zum Beispiel das Muster der Eisenbeschläge, die Vertäfelung der Front und das Faltwerk der Seitenflächen.

Das antike Motiv des Tischgestells in Form von Sphingen [596] wurde in ganz Europa übernommen. Ein stark skulptural aufgefasstes Beispiel [597] befand sich 1574 im Palazzo Pitti im Schlafzimmer des Großherzogs von Toskana. Die Marmorplatte ist erneuert: Das Inventar führt eine Platte aus Amethyst (wahrscheinlich furniert) mit massiven Silber- und Ebenholzprofilen auf, wobei das Silber in *damaschina* (Damaszener) Art bearbeitet war. Die Sphingen[100] sind aus Sandelholz – ursprünglich waren sie nur zum Teil, im 17. Jahrhundert jedoch im Zeitgeschmack zur Gänze vergoldet.[101] Das Archivmaterial macht eine Zuschreibung an Vasari als Entwerfer und an den Holzbildhauer Dionigi Nigetti möglich.[102] Vasaris Vasenmotiv auf einem Tischsockel – der »abgesetzte Bogen« des Griffs demonstriert die Verwendung antiker Motive in »moderner« Manier – wurde im 17. Jahrhundert und noch später regelrecht zu einem Gemeinplatz [674].

Urnen, Vasen und Krüge waren Innovationen in der Möbelkunst, die typisch für die Renaissance sind und mit dem Herannahen des Barock mit seiner Pracht noch größere Verbreitung fanden. Im 15. Jahrhundert finden wir sie noch in Zusammensetzung mit anderen Motiven, erst im 16. Jahrhundert erlangten sie Unabhängigkeit. Sie verschmolzen sehr leicht mit der Groteske und anderen Ornamenten, wobei ihre vornehmsten Modelle aus einer angesehen Raffael'schen Werkstatt, nämlich der des Polidoro da Caravaggio (1490 bis um 1535) kamen. Er hatte mit Giovanni da Udine an den Loggien des Vatikan mitgearbeitet. Udine hatte das Interesse Caravaggios an der Natur geweckt, das die Vasen reflektieren. Etwa seit 1540 wurden Caravaggios Gemälde in Drucken verbreitet, wobei die wichtigsten 1582 enstanden. Seine Arbeiten sollten über Jahrhunderte von Einfluss sein.[103]

Neue Möbeltypen waren Tische mit einem einbeinigen Balustergestell, zuweilen kunstvoll kanneliert, strigilliert und godroniert nach antiken Vasen und anderen Vorbildern; rechteckige Tische mit schwer geschnitzten Wangen, die bis auf eine Rollwerkkartusche an jedem Ende sehr antikisierend aussehen, und Pfeilertische – in Vorwegnahme des Empirestils – mit einbeinigem Sphinxgestell. Dazu zählen auch Tische mit gedrechselten Beinen in Anlehnung an konvex/konkav gedrechselte römische Sofas und byzantinisch/romanische Arbeiten. Tische mit Beinen in Delphingestalt gab es etwa ab 1490.

In dieser Zeit entstand ein Tischtypus, dem zwar antike Vorbilder fehlen, der jedoch überzeugend »antik« aussah. Die Platte lag nicht auf Beinen oder Wangen, sondern auf einem massiven, drei- oder vierseitigen Sockel, der vom antiken Altar oder den Gestellen von Kerzenständern in Form eines Dreifußes abgeleitet ist. Gegen Ende des 18. Jahrhunderts wurde er wieder für den Empirestil charakteristisch. Ein besonders schönes Beispiel ist der um 1540 wohl in Bologna entstandene »Guicciardini-Tisch«, der mit dem Intarsientischler Fra Damiano Bergamo in Zusammenhang gebracht wird [192]. Er hat tatsächlich eine Form, die das frühe 19. Jahrhundert vorwegnimmt [407], jedoch verraten die Lebendigkeit der Schnitzereien und der Dekoration seine wirkliche Entstehungszeit. Die Art des Entwurfs der achteckigen Platte, intarsiert mit mosaikartigem, geometrischem Muster aus Oktogonen, umgeben von naturalistischen Früchten und Blumen und gerahmt von Flechtband, wird traditionell Vignola zugeschrieben, der gemeinsam mit Serlio Intarsien entworfen hat, die Fra Damiano ausführte. Der Fuß ist mit zierlichen Akanthusranken beschnitzt und steht auf Löwentatzen.

In starkem Kontrast zur Beschränkung solcher Tische durch antike Vorbilder steht ein Sesselentwurf Peter Flötners [190] der

189 Der »Farnese-Tisch« aus weißem und gefärbtem Marmor, Alabaster und Halbedelsteinen, entworfen von Jacopo Barozzi da Vignola; italienisch, um 1565–1573

190 Entwurf für einen Sessel von Peter Flötner; deutsch (Nürnberg), nach 1535

rechts **191** Thron aus Eisen von Thomas Rucker; deutsch (Augsburg), 1574

192 Der ›Guicciardini-Tisch‹ aus geschnitztem, teilvergoldetem und intarsiertem Nussbaum und anderen Hölzern, wohl von Jacopo Barozzi da Vignola entworfen, ausgeführt von Fra Damiano da Bergamo; italienisch (wohl Bologna), um 1540–1550

dazu dienen könnte, ein phantastisches Märchen der Gebrüder Grimm zu illustrieren, denn er zeigt deutlich die Anleihen, die hier bei der Groteske genommen wurden. Flötner lebte in Nürnberg, war wohl in Augsburg ausgebildet worden und unternahm möglicherweise zwei Reisen nach Italien. Die Rückenlehne des Sessels endet in zwei geflügelten Puttenköpfen, die mit den Zähnen eine Girlande halten. Sie ähnelt sehr den Girlanden in illuminierten Handschriften des 15. Jahrhunderts, die im späten 18. Jahrhundert wieder große Beachtung finden sollten. Die beiden aufrechten Kanthölzer der Lehne zeigen Kandelaberformen, die in Details von antiken Liegesofas aus Bronze beeinflusst sind, Blattwerk bildet die Armlehnen. Sie werden von Schildträgern gehalten, die selbst wiederum auf globentragenden Putten sitzen. Zwei Schabracken mit Troddeln bilden die Lehne. Es mag sich dabei um den Sesselentwurf handeln, um den Flötner 1531/32 von Kardinal Bernhard von Cles gebeten wurde – »ein vergnüglicher Sessel aus Holz mit Leder bezogen, in dem man tagsüber ausruhen und schlafen kann«.[104] Im Zusammenhang mit »vergnüglich« sollte man daran erinnern, dass Kritiker des 16. Jahrhunderts Boschs Gemälde so bezeichneten.[105]

Solch aufwändige Sessel blieben nicht bloße Entwürfe auf dem Papier. »Ein Sessel ganz aus Eisen mit vielen ziselierten Figuren, Geschichten und Triumphzügen, ausgeführt mit höchster und außergewöhnlicher Handwerkskunst« taucht zwischen 1607 und 1611 in einem Inventar der Kunstkammer Kaiser Rudolfs II. in Prag auf. Er wird mit dem Sessel identifiziert, der von Thomas Rucker, der in Augsburg arbeitete, signiert und datiert ist [191].[106] Der obere Teil ist von einer Renaissance-Variante des Faltstuhls abgeleitet, aber der untere Teil der X-Form ist durch eine Art Tischgestell aus »abgesetzten Bogen« ersetzt. Die willkürliche »Kunsthandwerks«-Ikonographie des »Triumphs des Eisenschmieds« – Rucker machte auch Besteck, Schwerter und wissenschaftliche Instrumente – umfasst Rüstungen, die Trojanischen Kriege, Land- und Seeschlachten und einen römischen Triumphzug. Die Traumszene Nebukadnezars an der eisernen Lehne illustriert die Deutung Daniels: »Und ein viertes Reich wird hart wie Eisen sein.« (Könnte dies eine astrologische Anspielung sein?) Man war davon ausgegangen, dass die vier Weltreiche auf dem Sessel dargestellt seien – das der Perser, der Griechen, Ägypter und Römer[107] oder das der Babylonier, Perser, Griechen und Römer – je nach der bevorzugten Interpretation. Daraus schloss man, dass der Sessel ursprünglich für einen »hohen städtischen Würdenträger« gemacht worden sei – vielleicht einen martialischen Bürger mit einem speziellen Interesse an Weltreichen?

Das Paradebett

Das Paradebett der Renaissance schöpfte hauptsächlich aus vier antiken Quellen, die sich gegenseitig befruchteten, woraus gewöhnlich eine hybride Form resultierte. Zu nennen wären der antike, mittelalterliche und Renaissance-Baldachin [193, 196], das antik römische Sofa oder Bett [21, 31], antike und »moderne« Groteskenmotive und antike Architektur und andere Kunstwerke aus Stein, wie etwa Sarkophage [10, 65].

Eine interessante und schöne Form, die mit Betten kombiniert wurde, war der Baldachin, Pavillon oder *padiglione*. Antiken Ursprungs, weckte er im Verlauf der Jahrhunderte allerlei unterschiedliche Assoziationen und evozierte in der Renaissance die Antike, Rittertum, Liebesgetändel sowie den religiösen und säkularen Staat. Es folgt eine Definition von 1611: »Padiglione: ein Pavillon oder Zelt im Feld, auch Baldachin … eines Bettes. Auch Tabernakel oder Prunktuch.«[109] Der Ausdruck umfasste auch die Draperien, die prächtige Betten umgaben [180, 261], textile Ornamente im religiösen Bereich wie Fransen und Schabracken, die ihre Apotheose in Berninis immens hoher Confessio im Petersdom erreichten [264], den Staats- oder Ehrenbaldachin [193] und das Militärzelt (und von daher das römische und mittelalterliche Generals-Hauptquartier, das im 18. Jahrhundert als Innendekoration auftaucht). Aufwändige Beispiele der militärischen wie amourösen Verwendung des Padiglione erscheinen in Stundenbüchern und Romanen (kriegerische Anspielungen laufen über in das zivile Bett). Der Padiglione hatte eine aulische Bedeutung, vergleichbar mit der der *sella curulis*, und im Königsthron unter dem Baldachin trafen sich beide. Die ehrende Funktion wurde auch im Be-

193 Baldachin, gestützt von kandelaberförmigen Säulen; Miniatur aus einem Manuskript der *Canzoniere e triomphi* von Petrarca; italienisch (Urbino), 1474–1482

194 Bett mit Baldachin, Schabracken und »archäologischen« konvex/konkaven Drechselarbeiten. Aus einem Fresko der *Geburt Mariä* von Girolamo Santa Croce oder Giulio Campagnola in der Scuola del Carmine in Padua; italienisch, wohl um 1500

gräbniskult übernommen. In Antike wie Renaissance schwebten über Sarkophagen geflügelte Genien, die Baldachine hielten. Ein schönes Beispiel krönt das Porträt des Dogen Tomaso Mocenigo von 1423 in SS. Giovanni e Paolo in Venedig.

Wenn er nicht von der Decke hing, hatte der Padiglione, wie das antike Zelt, immer einen oder mehrere Pfosten, und Zeltstangen mögen in der Antike die Vorbilder für Bettpfosten gewesen sein. Exotische und orientalische Assoziationen ranken sich darum – ein Wandgemälde aus Pompeji zeigt eine Figur in asiatischem Gewand auf einem reich verzierten Thron unter einem Padiglione aus einem sehr dünnen Stoff. Dahinter ist ein zeltartiger Kanopus mit Schabracken und Fransen [196]. Einen sehr ähnlichen, von oben gehaltenen Padiglione sieht man auf einem Gemälde von 1510.[110] Dies ist ein ebenso frei erfundener Versuch einer historischen Rekonstruktion wie ein anderes antikisierendes Bett – komplett mit Baldachin, Lambrequins und Balusterbeinen – in den Loggien Raffaels. Da sie in antiken Groteskendekorationen verwendet wurden (berühmte Beispiele überlebten in der Domus Aurea), wurden Baldachin und Lambrequin zu Schlüsselmotiven der »modernen« Groteske. Ihr Rückgang fällt mit dem allgemeinen Verschwinden der Groteske zusammen, ebenso wie ihre Wiederverwendung mit der Groteske im 18. Jahrhundert parallel läuft [349].

195 Bett mit Baldachin und passendem Kamin, Wiege und Tisch: *Die Geburt Johannes des Täufers*, französische Kopie eines italienischen Gemäldes, um 1550

196 Römisches Zelt mit Schabracken und thronender Figur in asiatischer Kleidung, nach einem Wandgemälde im Haus des Lautenspielers, Pompeji

Der anhaltende Exotismus des Padiglione wurde durch die theatralische Verwendung als Baldachin oder Katafalk anlässlich von Festen und Triumphzügen – sowohl wirklichen wie gemalten – verstärkt. Besonders beliebt waren Miniaturen in Manuskripten von Petrarcas *Triomphi* [193]: Triumphzüge prägten die Vorstellungswelt der Renaissance und förderten die »Staats«-Konnotation des Baldachins. Das Exotische wurde durch die Schabracken intensiviert – eine zierliche, orientalisierende Groteske zeigt ein für Nebukadnezar als passend empfundenes Bett mit Baldachin und Lambrequins – und beide verschmolzen in der Chinoiserie. Exotismen schlossen Funktionalität nicht aus. Das Wort »Kanopus« (engl. *canopy* = Baldachin) leitet sich vom griechischen Wort für Moskitonetz ab, und die *moschetti* des 15. Jahrhunderts waren Baldachine aus leichtem Stoff. Die Vorhänge des an der Decke befestigten Padiglione sind meist geöffnet. Der Himmel mit Pfosten hat andere Ursprünge. Es heißt, dass die Bettvorhänge erst ab 1490 tatsächlich am Bett selbst befestigt wurden, als in Italien Pfostenbetten auftauchten. Dies kann nicht mit letzter Sicherheit bestätigt werden (S. 76).

Das antike Sofa, meist mit Baldachin und oft mit Pfosten, erfährt eine Wiederbelebung auf italienischen Gemälden und Stichen des 15. Jahrhunderts. Mantegna ist hier der Hauptvertreter, durch seinen archäologischen Ansatz ging er Raffael voraus. Er stellte akkurat die konvex/konkav gedrechselten Beine des Sofas dar, auf dem Judith Holofernes enthauptet.[111] Kandelaberformen, abgeleitet aus der antiken Skulptur, erschienen auf Gemälden Piero della Francescas und anderer archäologisch orientierter Maler. Sie sind in bemerkenswerter Vielfalt und Ausführlichkeit in Skizzenbüchern des späten 15. Jahrhunderts überliefert [163][112] und verschmelzen die konvex/konkaven Drechselarbeiten mit der Kandelaberform der Groteske. Ein berühmtes Beispiel für ein Bett mit kandelaberförmigen Pfosten malte Carpaccio um 1490.[113] Die heilige Ursula ruht in ihrem Bett mit einem einfachen architektonischen Kopfteil mit Segmentbogen, einem Himmel mit schlichten Schabracken und außerordentlich schlanken, gedrechselten Pfosten, die aus Metall sein müssen. Die horizontalen Intarsien auf dem Bettkasten kommen (mit Ausnahme des Kreismotivs) dem horizontalen Groteskentyp Ghirlandaios nahe. Die Vorlagen für die Pfosten könnten von antiken Bronzemöbeln oder anderen antiken Kunstwerken aus Bronze stammen. Die Ähnlichkeit mit kandelaberförmigen Grotesken ist möglicherweise zufällig. Ein Bett, das in der *Hypnerotomachia Poliphili* aus dem selben Jahrzehnt abgebildet ist,[114] hat einen Bettkasten auf schweren Tatzen, die vom antiken Sarkophag oder dem Wangentisch abgeleitet sind, einen Himmel mit Schabracken und Pfosten, die aussehen wie eine Kombination aus Renaissance-Baluster und Formen konvex/konkaver Drechselarbeit. Der Einfluss der Letzteren manifestiert sich in dem rudimentären Blattwerk, das die Sockel zweier Pfosten umrankt – ein Motiv, das von antiken Sofas her bekannt ist (der Illustrator war jedoch nachlässig und hat es an einem der Sockel weggelassen).

Die Bettpfosten der *Geburt Mariä* in Padua [194] kommen antik römischen Drechselarbeiten recht nahe. Das Entstehungsdatum des Freskos ist umstritten, jedoch seine Lokalisierung im Padua Mantegnas machen ein frühes Datum für das »archäologisierende« Bett glaubwürdig – um 1500 oder kurz danach. Ob reale Betten wie dies gemalte existierten, ist nicht bekannt, jedoch wahrscheinlich.

Das Gleiche kann man über ein Liegesofa sagen, das Giulio Romano in Raffaels Loggien [181] malte. Sein Gestell und die Bei-

197 Entwurf für ein Baldachinbett mit Schabracken und kandelaberförmigen Pfosten, die aus Meerjungfrauen und Löwentatzenfüßen »entspringen«; deutsch (Nürnberg), um 1530

ne sind recht genau der Antike [12, 30] nachempfunden, wobei ein Bronze-Original die Armlehnen und ein steinernes Vorbild die Beine beeinflussten. Das Gestell nimmt deutsche, archaische Möbel der Zeit um 1840 bis 1850 vorweg, die dann in französischer Hochglanzpolitur erstrahlten. Giulio malte ein weiteres antikisierendes Bett in einer Szene mit *Amor und Psyche*, das aus antiken und »modernen« Ornamentmotiven besteht, gleichzeitig jedoch völlig von einem tatsächlich römischen Bett abweicht – es repräsentiert einflussreiche, antikisierende Varianten, die in der zeitgenössischen Möbelkunst reflektiert[115] und im frühen 19. Jahrhundert wiederholt wurden. Die Dekoration aus Groteskenmasken, Akanthus, Girlanden und einer erotischen Komposition mit Nymphen und Satyrn vor einem Hintergrund aus antiker Draperie ist ganz im Renaissancestil gehalten. Giulio malte auch ein Bett mit antiker Draperie an Sockel und Pfosten in gedrechseltem römischem Typus,[116] es ist jedoch weniger überzeugend als Mantegnas Betten. Zu dieser Zeit wurden solche Betten möglicherweise angefertigt. Ob dem so war oder nicht, sei dahingestellt, doch diese Beispiele zeigen, dass ein Künstler wie Giulio Romano Prototypen für mindestens drei unterschiedliche »antike« Betten schaffen konnte.

Die voll ausgebildete, plastische Groteske des 17. Jahrhunderts wurde sehr gern an Bettpfosten verwendet. Sie variiert im Typus. So finden sich beispielsweise auf den Zeitgeschmack getrimmte Ornamente des 15. Jahrhunderts, archäologisierende Imitationen der konvex/konkaven Drechselarbeiten und kandelaberförmige Bettpfosten, die Betten des späten 18. Jahrhunderts vorwegnehmen. Peter Flötner zeigt auf einem Holzschnitt ein luxuriöses Bett [197] mit kandelaberförmigen Pfosten, die von römischen Drechselarbeiten beeinflusst sind, und Ornamenten aus anderen antiken Quellen. Darunter fallen die klassische Architektur (das Gebälk des Himmels), antike Sarkophage und Skulpturen (die haarigen Tatzenfüße, die Akanthusranken, die Figuren in Rüstungen mit Fackeln) und die Groteske (die Lambrequins, die Nymphen-Karyatiden mit Körben auf dem Kopf). Die große Nähe zu dem Bett aus der *Hypnerotomachia* lassen dort das Vorbild vermuten. Der geschwungene Umriss der Seitenteile jedoch ist eine neue Erfindung.

Nicht alle Betten hatten einen Himmel. Ein Beispiel aus Florenz aus der ersten Hälfte des 16. Jahrhunderts wurde mit strigillierten Pfosten angefertigt, die von Akanthus-»Kelchen« gehalten werden, die Vasen und Balustern ähnlich sind. Das Kopfteil ist von einer gegenläufigen Volute aus groteskenartigen Delphinen mit Kartuschen bekrönt. Die Urnen an den Pfosten sollten bald allgegenwärtig werden.[117]

Die Zufälligkeit bildlicher Beweisführung lässt sich an zwei nahezu identischen Gemälden aus dem 16. Jahrhundert demonstrieren, von denen eines aus Frankreich[118] [195], das andere aus Italien stammt.[119] Die französische Version bildet ein Bett und einen Kamin mit gelängten Karyatiden ab, während die italienische Version weniger dünne Karyatiden mit hohen Körben auf ihren Köpfen an deren Stelle zeigt. In dem französischen Interieur steht ein kleiner, runder Tisch auf Geißfüßen, der auf einem antiken Original beruht, wohingegen der italienische Tisch dickere Beine hat. Auf dem französischen Bild spielen Kinder mit einer Wiege, die auf dem italienischen Gegenstück zu einem Hocker geworden ist. Welches der beiden Gemälde ist früher entstanden? Möglicherweise eher das italienische als das französische. Es ist wahrscheinlicher, dass der Tisch mit Tierfüßen, basierend auf antiken Steinmetzarbeiten, ursprünglich in Italien entstanden ist, und von dem französischen Maler verfeinert wurde. Die Termenfiguren sind italienisch im Typus; man findet sie beispielsweise auch in den Gärten der Villa Farnese in Caprarola. In Frankreich haben sie ihren raumgreifenden Charakter eingebüßt. Beide Gemälde wurden entsprechend ihrer Nationalität von renommierten Möbelhistorikern bemüht, um französisches oder italienisches Mobiliar zu illustrieren. Wäre nur die französische Version erhalten, so wären die Möbel unwidersprochen als typisch französisch akzeptiert worden.

Auf dem Bett liegen zwei Matratzen. Für das Gebiet der Toskana ist belegt, dass dort traditionell drei oder mehr Matratzen benutzt wurden[120] – ein seltsames Zusammentreffen, wenn es denn für die Region charakteristisch sein sollte, denn die Ureinwohner der Toskana, die Etrusker, waren bekannt für ihre aufgetürmten Matratzen.

Die karge Möblierung des Raumes, in dem das Bett dominiert, reflektiert die Wirklichkeit. Er gibt genügend Dokumente, aus denen ersichtlich wird, dass die Großen jener Zeit in großen, nahezu leeren Gemächern schliefen. Als König Heinrich III. von Frankreich 1574 im Palazzo Foscari in Venedig logierte, standen in seinem Schlafzimmer nur ein Bett, ein vergoldeter Sessel unter einem Baldachin aus Goldbrokat und ein schwarzer Marmortisch.[121] Die Schlichtheit der Ausstattung wurde durch die außerordentliche Sorgfalt kompensiert, die aufgewendet wurde, um den königlichen Status eines jeden Möbelstücks hervorzuheben.

IV *Kapitel 4* Die Einflüsse der klassischen Architektur

198 Geschnitztes und bemaltes Entwurfsmodell für die Fassade des Doms von Florenz von Bernardo Buontalenti; italienisch, um 1587

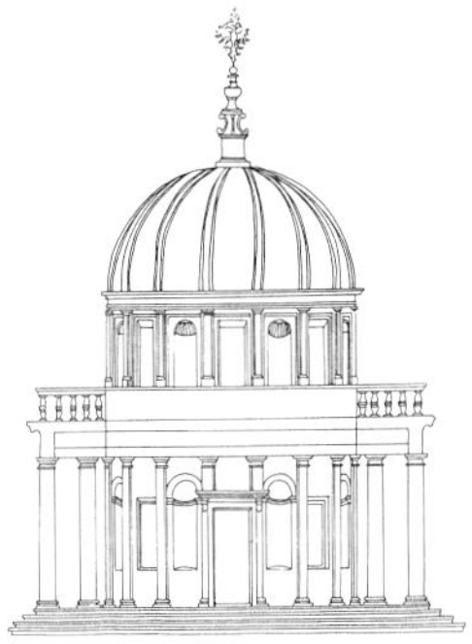

199 Tempietto S. Pietro in Montorio von Bramante in Rom, 1502

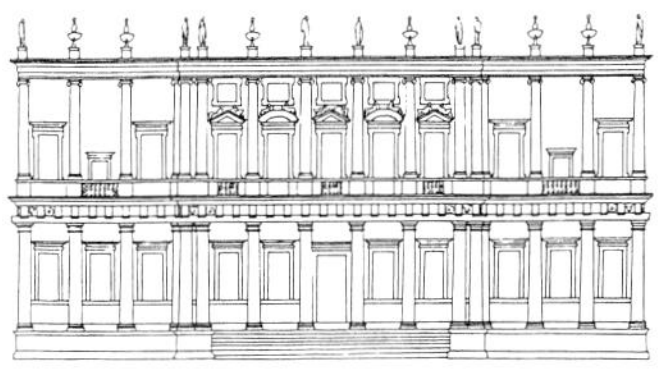

200 Palazzo Chiericati, Vicenza, nach einer Zeichnung von Palladio, um 1550

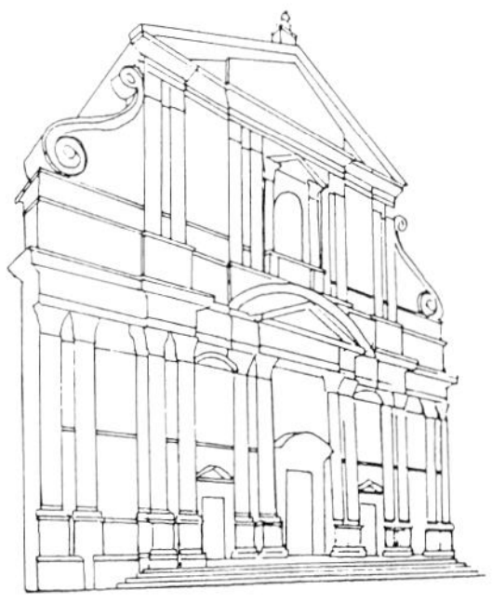

201 Fassade der Kirche Il Gesù, Rom, von Giacomo della Porta, um 1580

Die italienische Architektur des 16. Jahrhunderts entwickelte sich stetig weg von der antikisierenden Klassik, die durch Gebäude wie den Tempietto Bramantes in Rom (1502) [199] repräsentiert wird, hin zu barocker Expressivität. Die Spannungen sind oft am einzelnen Gebäude spürbar. Beispielsweise wird das Theatralische, Dramatische und die kräftige Rustizierung des Palazzo del Tè des Giulio Romano in Mantua von 1527 bis 1534 [230] von feinen klassischen Details begleitet. Schwere Rustika gibt den Palazzi Palladios Kraft, obwohl sein Name sonst mit kühlen Portici mit ionischen und korinthischen Säulen [200] assoziiert wird, bekrönt von ruhigen Giebeln und Statuen. Das dynamische Motiv an Giacomo della Portas Fassade von Il Gesù in Rom [201] ist eine Weiterführung der riesigen Voluten Albertis, die den Giebelaufsatz von S. Maria Novella in Florenz flankieren [154]. Sie wurden zum Inbegriff barocker Formensprache (Teil V). An einem Augsburger Tischkabinett aus der Zeit um 1600 ist sie nahezu wörtlich übernommen.[122] Die enge Verbindung zwischen Architektur und Möbelkunst wird an einem polychromen Entwurfsmodell für den Dom von Florenz von Buontalenti evident [198].[123] Auf einem Untergestell, das im Maßstab den oberen Geschossen angepasst ist, könnte es auch die Fassade eines Prunkkabinetts der Spätrenaissance sein. Einige Motive sind der römischen Theaterdekoration entnommen, andere, wie die Balustrade oder die Rollwerkkartusche unter dem Giebel, kommen aus der zeitgenössischen Innenarchitektur. Die schwellende Riesenvolute von Il Gesù ist eine Fanfare des Proto-Rokoko.

Seit etwa 1530 entwickelte sich in Frankreich die Klassik in der Architektur und der Bildhauerei gemeinsam mit der Groteske, ließ später den Rhythmus des Barock anklingen und ging gegen Ende des 17. Jahrhunderts in den französischen Klassizismus über. Es überrascht nicht, dass Frankreich als Vermittler der verschiedenen Epochen der Klassik auftritt, denn in Frankreich war die Klassik immer latent. Die hochgotischen Kathedralen von Amiens und Bourges demonstrieren das traditionelle Interesse an Harmonie und Klarheit, und der Bildhauer Jean Goujon entwickelte einen Stil, der verblüffende Ähnlichkeiten mit der griechischen Antike aufweist. Goujon arbeitete mit Philibert Delorme (gest. 1579) zusammen, dem berühmtesten französischen Architekten des 16. Jahrhunderts, und er war der erste Franzose, der in Rom drei Jahre lang (1533–1536) die Antike studierte.

Delormes illustrierte Architekturbücher waren höchst einflussreich. Im 16. Jahrhundert wurden solche Kompilationen (im Gegensatz zu Ornamentstichen) zu wichtigen Vorlagen für die Möbelkunst. Sie wurden hauptsächlich in Italien und Frankreich herausgegeben (während nahezu des gesamten 16. Jahrhunderts publizierten die Franzosen weit mehr Stiche römischer Antiken). Viele der römischen Blätter waren für ein reisendes Publikum bestimmt, jedoch gab es auch umfangreiche Druckwerke römischer Gebäude und anderer antiker und neuzeitlicher Kunstwerke, die ausführlich genug waren, um von Gelehrten und Entwerfern genutzt zu werden. Es gab Bücher über antike Ruinen, Rekonstruktionen und Skulpturen (oft in einem Band), Bücher über Architekturregeln – von denen einige die antiken Bauwerke als Vorlagen für eigene Erfindungen, gewöhnlich mit Grotesken angereichert, nutzten (S. 123–125) – und Bücher über antike Kunstwerke wie Münzen, Gemmen, Altäre und Sarkophage.

Nur wenige der zahllosen Publikationen können hier erwähnt werden. Ausgezeichnet ist das Werk Antonio Labaccos von 1552, das Ansichten antiker Ruinen und Rekonstruktionen durch Grund- und Aufrisse antik römischer Bauten bereichert. Innerhalb von 24 Jahren erlebte es sieben Auflagen.[124] Für Labacco schien die klassische Architektur nicht das Werk von Menschen, sondern von Giganten zu sein.[125] Antoine Lafréry gab 1575 einen Prachtband über antike Gebäude und Skulpturen heraus [126]. Es bildet römische Bauten sowohl als Ruinen als auch in Rekonstruktion ab. Der Skulpturenteil zeigt die Personifikation des *Nil*, sowie das Flachrelief *Besuch des Bacchus*, das heute in der Townley Collection in England zu finden ist und möglicherweise die Möbel Henry Hollands beeinflusst hat. 1547 kam Vitruv erstmals auf Französisch heraus, 1548 publizierte Walter Rivius eine Ausgabe in Nürnberg, die sich neben anderen ausdrücklich auch an Schreiner wendet.[127]

Wie erwartet, neigen die italienischen Ausgaben über die Prinzipien der römischen Architektur mehr zu Vitruvs klassischer Formensprache als zur anti-klassischen Groteske. Architekten legten oft ihre eigenen Entwürfe bei, wie es Palladio in seinem überragenden Werk *I Quattro Libri dell'architettura* von 1570[128] praktizierte. Es ist sicher das berühmteste Buch des 16. Jahrhunderts über römische Architektur. Dieses ausführliche und kohärente Œuvre ist seit Jahrhunderten in Gebrauch. Das vierte Buch war besonders für all diejenigen von Nutzen, die sich für antik römische Entwürfe interessierten. Viele der wichtigsten Tempel, wie die in Nîmes (Provence) und Tivoli (bei Rom), sind abgebildet. Unter den Detail-Stichen wird der Fries des Tempels von Antoninus und Faustina mit seinen Kandelabern und Greifen gezeigt, der tausendmal wiederholt über Jahrhunderte zu den gängigsten Motiven der Möbelkunst zählen sollte. Beinahe ebenso einflussreich war der Fries des Tempels der Fortuna Virilis mit seinen Putten, Bändern und Fruchtgehängen. Nur ein einziges »modernes« Gebäude war unter den Abbildungen: der Tempietto Bramantes.

Sebastiano Serlio (1475–1554) arbeitete ab 1541 in Frankreich und gab in Italien wie in Frankreich einige Architekturtraktate heraus, deren Abfolge einigermaßen verwirrend ist.[129] Sie stellen eine der wichtigsten Quellen für Außen- wie Innenarchitektur des 16. Jahrhunderts dar, wobei Serlios Klassik auch Möbelentwerfer beeinflusste. Stilistisch hatten Architekten und Möbelhersteller vieles gemein, manchmal wurden Architekturen mehr oder weniger unmittelbar auf Möbelentwürfe übertragen. Italienische Damen stützten sich beim Gebet auf römische Miniatur-Triumphbogen [202], was kaum verwundert, waren diese doch seit vielen Jahren in den Gesangbüchern der Kirche abgebildet [212].

Portale und Kaminaufbauten aus Stein oder Holz sehen oft wie überdimensionierte Möbelstücke aus und haben dieselben Ornamentmotive wie anderes Mobiliar im Raum. Beispielsweise zieren Karyatiden sowohl das Bett als auch den Kamin der franco-italienischen Schlafkammer [195]. Monumentale Portale aus Holz waren oft von Architekten entworfen und von Handwerkern ausgeführt, die auch Möbel anfertigten. Handwerksmeister reisten – im Escorial in Spanien gibt es hervorragend intarsierte Portale von deutschen Kunstschreinern –, und reisende Meister bedeuten reisenden Stil. Serlio bemerkte, dass Kamine eigentlich riesige Ornamente in Wohnräumen seien,[130] und illustriert viele Entwürfe streng architektonischer Aufbauten mit kräftigen Voluten, Karyatiden und bossenartigen Oktogonen. Die Basen sind schlicht kanneliert oder enden in Tatzenfüßen. Serlio verwendet in einem Entwurf für einen geschwungenen Kaminaufbau [203] – der Schwung mildert den Übergang zur flachen Wand dahinter – ein Motiv, das auch an Sarkophagen und von ihnen abgeleiteten Truhen

202 Betbank aus Nussbaumholz, italienisch (wohl Florenz), 1500–1550

vorkommt. Die geschwungenen Aufsätze an Kastenmöbeln des 17. Jahrhunderts [245] könnten Sarkophage zum Vorbild haben oder eben solche Kaminaufbauten.

Derartige »Architekturmöbel« machten oft einen »steinernen« Eindruck. Ein Pietra-dura-Tisch aus dem frühen 17. Jahrhundert [204], monumental, kräftig und einfach mit stark kontrastierenden Konturen und Farben, ist formal einem Kaminaufbau verwandt. Die viel verwendeten Bossen und sogar der Schlussstein finden sich hier. Die sich verjüngenden Beine sind von Termen – oder Karyatiden – abgeleitet, jedoch ohne die stützenden Pfosten, sodass sie schlanker wirken. Sie wurden Jahrhunderte lang verwendet [248]. Das Muster des Sockels schöpft aus derselben architektonischen Quelle wie Parkettböden und Kassettendecken. Den Typus des freistehenden Tisches auf einem Sockel gibt es in zierlicheren Varianten und mit fragileren Ornamenten.

Möbel waren motivisch oft gleich gestaltet mit anderen architektonischen Elementen der Innendekoration. Details aus der Platte des Vignola-Tischs [189] korrespondieren mit dem Fußboden und der Decke, die Vignola für die Villa Farnese in Caprarola entwarf.[131] Die quadratischen, rechteckigen, sechs- und achteckigen Holz-Kassetten kunstvoller, antiker Decken wurden in Stein, Stuck und Malerei transponiert, wie auch die antiken Vertäfelungen und Kassetten selbst in unterschiedlichen Materialien angefertigt worden waren [15]. Vertäfelungen und Kassetten wurden bereits im byzantinischen Möbelbau [84] wie auch in der Renaissance verwendet. Was könnte schöner im Einklang stehen als schwere Schränke und Kabinette, deren Verzierungen mit denen der Wände, Decken und Böden verwandt sind? Nicht selten »wanderten« Verzierungen, wie etwa die Godronierung, von Möbeln an die Decke [225], und die inneren Himmel von Baldachinbetten waren meist den Raumdecken sehr ähnlich. Manchmal lässt sich kaum entscheiden, ob einzelne Entwürfe für Möbel oder Decken gedacht waren.[132] Eine Londoner Serlio-Ausgabe von 1611 war an »Kunst-Macher aller Art« adressiert und empfahl, die Deckenentwürfe durchaus auch an Möbeln zu verwenden. Ein holländischer Schrank aus der Zeit um 1640 folgte dieser Empfehlung insofern, als ein Serlio-Entwurf, der für eine Deckenverzierung gedacht war, unverändert als Vorlage für die Türen verwendet wurde (derselbe vielseitige Entwurf diente Borromini für die Kuppel in S. Carlo alle Quattro Fontane in Rom).[133] Ein weiterer niederländischer Eichenschrank, 1607 datiert [205] und akzentuiert durch kannelierte ionische Pilaster, ist mit Füllungen versehen, die wie Deckenkassetten aussehen. Der Fries ist mit geschnitzten Konsolen und geflochtenem Bandwerk dekoriert. Trotz seiner manieristischen Details ist der Schrank von klassischer Zurückhaltung geprägt.

Nicht nur der Triumphbogen stellt eine der Migrationen von Architekturmotiven zu Dekorationen [212] und Möbeln [202]

203 Entwurf für einen Kamin von Sebastiano Serlio, erstmals 1537 in Buch IV seiner *Architettura* publiziert; italienisch, gedruckt in Venedig 1584 (aus *Tutte l'opere d'architettura di Sebastiano Serlio*)

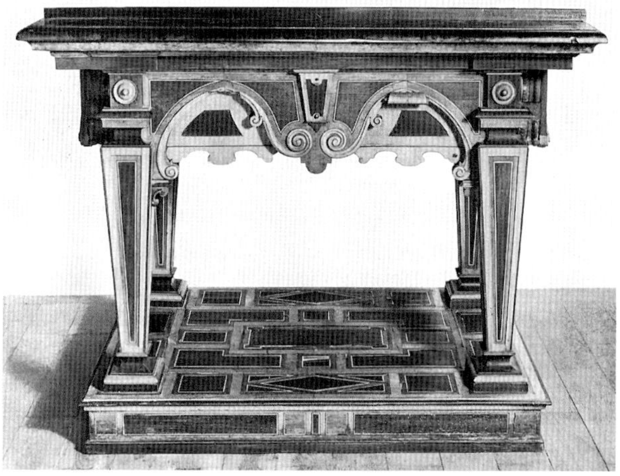

rechts oben **204** Freistehender Tisch mit Pietra-dura-Einlagen aus verschiedenfarbigen Marmorsorten; deutsch (München), um 1625–1630

links **205** Schrank aus geschnitztem Eichenholz; Holland, 1607

oben **206** Zweigeschossiger Schrank aus geschnitztem Eichen- und Ebenholz; Holland, um 1630–1650

dar, auch die Hierarchien der Säulenordnungen, wie an der Außenseite des Kolosseums in Rom, zählen hierzu: korinthische über ionischer über dorischer Ordnung. Serlios Abbildung der Innenwand des Pantheon ist einem architektonischen Kabinettschrank bereits sehr ähnlich.[134] Die eigentlich klare Struktur eines niederländischen Schranks der Spätrenaissance aus Eichen- und Ebenholz [206] wird durch schwere Dekorationen verschleiert. Die zweigeschossige Fassade ist mit ionischen über korinthischen Halbsäulen gegliedert (die ionischen Karyatiden »Glaube«, »Liebe« und »Hoffnung« sind im Gewand des 15. Jahrhunderts wieder belebt), die unter kannelierten Schäften mit Ranken und Vögeln verzierte Basen haben. Etwas früher wäre hier eine Groteskendekoration zu erwarten gewesen. Das breit gelagerte Sockelgeschoss erinnert an Arbeiten Michelangelos in der Bibliotheca Laurentiana in Florenz, hier ist es jedoch von Löwen getragen. Die tiefe Rahmen- und Füllungs-Konstruktion der Türen und Seiten ist gleich der von Kassettendecken, wobei die geschnitzten inneren Täfelchen Szenen aus dem Leben der heiligen Susanna nach den Stichen Maarten van Heemskercks von 1563 zeigen. Der Fries in der Mitte ist ein Flachrelief mit Jagdszenen in einem Wald, der obere zeigt figürliche Ranken, die dem Ohrmuschelstil nahe stehen. Die etwas abgeflachten Kugelfüße scheinen eine Art knappste Drechselarbeit zu sein.

Die konkurrierenden Stile, die von Raffael und Michelangelo geprägt worden waren – Raffael war klassisch in seiner gelassenen Ruhe, Michelangelo expressiv in seinem stürmischen Zorn –, lassen sich an Cassoni nachvollziehen. In antikischem Geschmack wurden sie mit Säulenordnungen und Kassetten geziert in Kombination mit skulpturalen Architekturdekorationen. Sie unterscheiden sich von michelangelesken Versionen in »hellenistischem Barock«, die die monumentale Größe und den verhaltenen Prunk im Geist des antiken Rom ausstrahlen. Der Bildhauer und Architekt Jacopo Sansovino (um 1486–1570), der in seinem klassischen Stil stark von Raffael beeinflusst war, kam 1527 nach Venedig und errichtete großartige Gebäude in »modernstem« Stil. In der Folge ist in der Möbelkunst eine vermehrte Verwendung antiker Motive zu beobachten. Entsprechend ist ein venezianischer Cassone mit einem lebhaften Relief in der Art eines römischen Tempelfrieses geziert [207]. Der Kranz in der Mitte umgibt eine Wappenkartusche mit Rollwerk und wird von einem weiblichen und einem männlichen Kentauren mit Schweifen aus Akanthusranken flankiert. Aus der Mitte der Ranken entspringen tierische und menschliche Torsi, und das Ganze wird von Putten, Schnecken, Vögeln und Bändern bevölkert. Die scharf konturierten Ranken zeigen dieselben antiken Einflüsse, denen die Lombardi ihre ausgezeichneten Arbeiten verdanken [157]. Die natürlich belassene Schnitzerei hebt sich von dem vergoldeten, gepunzten Hintergrund ab und wird von einem kräftig godronierten Sockel getragen.

Architekturperspektiven wurden vielfach als Möbeldekorationen eingesetzt und dadurch verfeinert, dass antike Bauwerke, auch Ruinen, mit berühmter, »moderner« klassischer Architektur kombiniert wurden. Die Regeln der Perspektive waren von Italien aus durch Dürer in Deutschland verbreitet worden, dessen *Unterweisung der Messung*, erstmals 1525 in Nürnberg gedruckt, bis 1528 vier Neuauflagen in Paris und Nürnberg erlebte.[135] Über Perspektiven und wie sie in Dekorationen angewendet werden sollen, wurde besonders in Italien und Deutschland eine Reihe von Büchern veröffentlicht. 1601 publizierte der Architekt und Perspektivenmaler Hans Vredeman de Vries in Antwerpen die *Variae Architecturae Formae*, einen Reprint früherer Entwürfe aus unterschiedlichen Quellen, darunter zwanzig ovale Perspektivzeichnungen aus einem Buch Du Cerceaus.[136] Sie dienten als Vorlagen für Intarsien und Marketerien, wobei auch Ruinenperspektiven enthalten sind.

Die *Geometria et Perspectiva* des Lorenz Stoer (Augsburg 1567) wirkte sich auf die Möbelkunst ebenfalls außerordentlich fruchtbar aus. Seine Bilder sind von anderer Art [209], sonderbare geometrische Formen sind verquickt mit Ruinen, die selbst wiederum Teil von geometrischem und figürlichem Rollwerk sind. In der Mitte des Ganzen hängt ein gespickter Streitkolben in gotisierendem Stil. Stoers Bilder wurden vielfach für Marketerien verwendet, die zu dem Zeitpunkt eine Hochblüte erlebten. Zwei Beispiele mögen eine Vorstellung dieser Errungenschaft geben. Der so genannte »Wrangel-Schrank«, ein Tischkabinett, das 1566 in Augsburg hergestellt wurde [208], zeigt die Nähe zu Stoer – obwohl er vor der ersten bekannten Ausgabe Stoers entstanden ist. Hinter den kunstvoll dekorierten Türen (Vögel und Affen) verbirgt sich eine zweigeschossige Fassade mit korinthischen Alabaster-Säulen, die durch Arkadenfelder und »Schubladen-Friese« strukturiert wird. Den vielfarbigen Marketerien sind Schnitzereien aus Buchsbaumholz beigefügt sowie antike Köpfe, deren Vorbilder auf Münzen zurückgehen. Dies ist vielleicht der erste Kunstschrank und sicher eines des berühmtesten Kabinette.

Das zweite Beispiel ist der zweigeschossige Thurgauer Schrank des Monogrammisten »HS« von 1565 [178]. Die dorischen und ionischen Pilaster sind mit Kandelaberformen verziert, die aus Vasen wachsen. Zahnschnitt akzentuiert das Gebälk beider Geschosse. Die obere Füllungstafel ist mit einer zierlichen, eher gotisch-maurischen als klassischen Perspektive intarsiert, wobei Ruinen in eine dreiteilige Arkade gesetzt wurden. Sie sind ihrerseits von einer Arkadenreihe durchkreuzt, die von den Bogenreihen darunter in

207 Cassone aus geschnitztem und vergoldetem Nussbaumholz; italienisch (Venedig), um 1540

208 Der »Wrangel-Schrank«, ein Tischkabinett für Kuriositäten, mit Marketerien und Schnitzereien in Buchsbaum und verschiedenen anderen Holzarten, von denen einige grün gebeizt und durch glühenden Sand schattiert wurden; deutsch (Augsburg), 1566

unten **209** Entwurf für eine Marketerie von Lorenz Stoer, publiziert in Augsburg 1567 (aus *Geometria et Perspectiva*)

unten rechts **210** Tischkabinett mit perspektivischen Marketerien aus verschiedenen Holzarten; Mühlhausen, um 1550

leicht veränderter Form wieder aufgenommen wird. Die diesem Möbel zugrunde liegende Struktur wurde Jahrhunderte lang wiederholt und taucht an Empire- und Biedermeier-Möbeln wieder auf.

Es gab viele Arten der perspektivischen Dekoration. In England finden sich an den so genannten »Nonsuch chests« zum Teil grobe Einlegearbeiten, die wohl von eingewanderten deutschen oder flämischen Handwerkern in gotisierendem Stil angefertigt wurden. Es ist nicht klar, ob diese Stücke ihren Namen von den grotesken Phantasie-Architekturen des Nonsuch-Palastes König Heinrichs VIII. herleiten. Serlios wohlbekannte Perspektiven mit komischen, aber auch tragischen Szenen, die 1584 publiziert wurden, zeigen emblematische Züge. Gotische Architekturen und offene Arkaden wurden der Komödie für angemessen erachtet, die großen Persönlichkeiten der Tragödie jedoch bewohnen Häuser in klassischem Stil.[137] Hatten die Perspektiven ursprünglich eine tiefere Bedeutung, die heute nicht mehr nachvollziehbar ist? Einige sind erstaunlich streng und kubisch. Formal einfach, aber so verwirrend verschachtelt in ihrer Anlage, manchmal anmutend, als wollten sie archäologische Ausgrabungen darstellen, scheinen sie mit ihren Treppenfluchten und darüber liegenden Podesten die Labyrinthe der *Carceri* Piranesis aus der Mitte des 18. Jahrhunderts vorwegzunehmen. Es ist kaum anzunehmen, dass solche Rätsel rein dekorativ gewesen sein sollen.

IV *Kapitel 5* Die Groteske und ihre Mischformen, 1530–1680

211 Terme in Komposit-Ordnung von Hugues Sambin; französisch, publiziert in Lyon 1572 (aus *L'Œuvre de la diversité des termes)*

Die bisher vorgestellten Ideen und Ornamente vermischten sich zu einem außerordentlich fruchtbaren, oft verwirrenden, hybriden Stil,[138] der promiskuitiv Motive aus der antiken Architektur, Skulptur und Ornamentik mit denen der Groteske und Maureske verquickte. Er ist überall zu finden, angefangen von Gebäuden, Innenräumen und Möbeln bis hin zu Grabmalen und Brunnen. Vom Standpunkt der Ästhetik aus bedeutete er den neuerlichen »Sieg der Barbaren« (es gab starke Einflüsse aus Flandern und Deutschland) – einen Sieg jedoch, der durch antike Inhalte und Allusionen nobilitiert wurde.

Oft kommt mehr als ein gotischer Zug hinein, selbst Giulio Romano schwelgte in gotisierenden Entwürfen für eine Kirche in Bologna.[139] Gotische Motive drangen auch in die figürliche Ranke ein, die eine starke gotische Tradition hatte. Es gibt Drucke, die liebevoll »gotische« Pflanzen abbilden, wie den Kohl, ein plebejisches Gemüse, in Begleitung der Feige und des arkadischen Akanthus. Die Ungeheuer an deutschen und flämischen Möbeln sind den Fabelwesen illuminierter Handschriften nahe verwandt. Am Ende des 16. Jahrhunderts erlebten Nürnberg und andere Städte das Wiederauferstehen der Gotik. Die Groteske ließ sich leicht in eine »gotische« Groteske verwandeln [211].

Im 16. Jahrhundert begnügte man sich nicht damit, nur zurückzublicken und das enorm reiche und komplexe Vokabular zu übernehmen (wie es im 19. Jahrhundert geschah). Es wurden höchst wichtige neue Ornamente erfunden, beispielsweise das Rollwerk und die Kartusche. Und eine weit reichende Erfindung auf intellektuellem wie literarischem Gebiet wurde gemacht, die Möbelkunst und Raumtextilien nachhaltig beeinflussen sollte: die Emblematik.

Die Emblematik

Die Renaissance interessierte sich leidenschaftlich für die Emblematik, so abstrus und trivial sie auch heute erscheinen mag. Ein Emblem besteht aus einem prägnanten Motto, das als Überschrift über dem Bild prangt, dem Bild selbst und dem Epigramm darunter, das meist in Versform abgefasst ist. Die Illustrationen schöpften aus mehreren Quellen, wobei antike Mythologien eine wesentliche Rolle spielten. Die Epigramme stammen oft aus Sprichwortern und Wahlsprüchen.

Im antiken Griechenland nahmen Städte wie Privatpersonen Embleme und Motti an. Der schöne und amouröse General Alkibiades zog sich den allgemeinen Unwillen durch seinen goldenen Schild zu, der kein für sein Land übliches Zeichen trug (in Athen wäre dies Athene gewesen, eine Olive oder eine Eule [413]), sondern stattdessen einen Eros mit Donnerkeil.[140] Bereits in der Antike gab es emblematische Wandgemälde, die den Emblemen der Renaissance sehr ähnlich sind, wie beispielsweise in Pompeji, wo es ein Bild mit dazugehörigem Epigramm gibt.[141] Das einflussreiche pompejanische Gemälde *Perseus und Andromeda* wird in einem griechischen Gedicht exakt wiedergegeben.[142] Die Throne der Gottheiten [396, 452], die sich oft gemalt an römischen und pompejanischen Wänden finden, wurden von Renaissancemalern in Grotesken übernommen und könnten als Embleme ohne literarischen Inhalt interpretiert werden.

Das neuzeitliche Bildemblem wurde von Andrea Alciati erfunden, der eigentlich nur Epigramme herausgeben wollte,[143] doch der Drucker fügte Bilder hinzu. In dem Vorwort seines *Emblematum Liber* von 1531, dem sicher am weitesten verbreiteten Emblem-Buch, beschreibt Alciati die vielfältigen Anwendungsmöglichkeiten von Emblemen: »Wenn jemand etwas Leeres füllen möchte, zieren, was bar ist … mag er sich aus diesem Emblembuch bedienen wie aus einem wohl gefüllten Schrank, etwas, das er an die Wände seines Hauses schreiben möchte, in die Scheiben seiner Fenster gravieren, an Vorhänge, Portieren, Bilder, Vasen, Siegelringe, Kleider, an einen Tisch, an die Lehne eines Sofas, in eine Rüstung, ein Schwert … Damit wird den Dingen des alltäglichen Gebrauchs Sprache gegeben.«[144]

Die ägyptischen Hieroglyphen sind den Emblemen verwandt. Embleme versuchten eine neuzeitliche Variante zu sein, da die Hieroglyphen durch die kryptischen Berichte antiker Autoren missverstanden worden waren.[145] Die Hieroglyphen-Begeisterung in Italien wurde von einem Werk des Horapoll (Horus Apollo) aus dem 4. Jahrhundert angeregt, der für einen ägyptischen Priester gehalten wurde. Filippo Fasanini übersetzte es 1517 aus dem Griechischen ins Lateinische und erwähnte Hieroglyphen-Applikationen an Betten, Türen und Decken.[146] Alberti kannte das Werk Horapolls und berichtet, die Ägypter hätten ihre Symbole folgendermaßen verstanden: Ein in Stein gehauenes Auge habe für einen Gott gestanden, ein Geier für die Natur, eine Biene für einen König, ein Kreis für die Zeit, ein Ochse für den Frieden und so fort.[147] (Man denke an die Bienen auf napoleonischen Möbeln; eine Tunika, die mit Bienenmustern verbrämt war, fand man im Grab des Merowingerkönigs Childerich.) Ein größeres Interesse an der ägyptischen Emblematik als an deren Ästhetik demonstriert Pinturicchio in den Borgia-Appartements im Vatikan, wo er zierliche ägyptisierende Phantasien und Hieroglyphen anbrachte. Das ägyptische Thema war eine Anspielung auf die genealogischen Forschungen, die der Borgia-Papst Alexander VI. hatte anstellen lassen – und den »Beweis« eines Dominikanermöchs, dass er von der ägyptischen Gottheit Osiris-Apis abstamme (obwohl jeder wusste, dass er von niedriger Herkunft war).[148]

Eine Passage eines Renaissance-Schriftstellers über Intarsien hilft, die Relevanz der Emblematik für Renaissancemöbel darzulegen. Sie macht den immensen Unterschied klar zwischen dem wörtlichen Verständnis des 20. Jahrhunderts und der Kultur des Assoziierens, deren Einfluss bis in die Möbelkunst des 17. Jahrhunderts reichte. Ausgehend von der Ethymologie des Wortes »Emblem« aus dem Griechischen als Bezeichnung für Mosaiken oder eingelegte Metallarbeit (was auch Alciati in seinem Vorwort vermerkt), führt der Autor folgendes an: »Alles ist das Können von Verstand und Hand, der eine wählt aus, die andere fügt die verschiedenen Holzstücke zusammen, die von bestimmter Farbe und bestimmter Maserung oder bestimmtem Muster sind, oder auch hell und klar oder verschattet und dunkel sind, und die, wenn sie zusammengefügt sind, die gewünschte Wirkung entfalten … Aber wenn diese Wirkung nicht durch das Zusammenfügen vieler Holzstücke entsteht, sondern aus einem einzigen Brett hervorgebracht wird, an dem die Muster zufällig durch das Spalten entstanden sind … in solchen Intarsien möchte man es erscheinen lassen, als ob die Natur die Kunst nachahme; so erfindet man einen Weg, dass Kunst nicht von der Natur unterschieden werden kann [208]. Ist nicht die Quelle dieses Wunders, und deshalb der Freude an solchen Arbeiten, die Tatsache, dass man eine Sache verwendet hat, um damit eine andere auszudrücken? Die Täuschung ist insofern umso unschuldiger, als in einer insgesamt falschen Anlage kein Teil ist, das nicht doch wahr wäre. Das gleiche gilt, wenn wir etwas aus der Geschichte nehmen [186], aus Fabeln [229], aus der Natur und der Kunst [216] … Die Freude an der Täuschung entsteht dann, wenn so viel Angemessenheit und Übereinstimmung in gegenseitigem Maß zwischen der Wahrheit und ihrem Abbild besteht, dass

212 Kartusche aus »eingerissenem Papier« über einem Triumphbogen mit architektonischem Überbau: Miniatur aus einem in Cesena geschriebenen Graduale; italienisch, 1486

das Ganze sozusagen kein Kunstwerk aus dem Verstand, sondern das Hervorstreben der Natur ist, als ob die Natur selbst es geschrieben hätte, wie eine Geheimschrift…«[149]

Das ist Glanz, der magische Sand, den der Zauberer in die Augen streut, und es hilft, die Bedeutung nicht nur von bildlichen Einlegearbeiten, sondern auch von kostbaren Steinen darzustellen, die sie für den Renaissancemenschen durch die Wiederbelebung des griechischen Interesses für Steine und deren magische Assoziationen hatten. Es illustriert auch die Bedeutung, die Metalle hatten, Ebenholz, Perlen, Lapislazuli, Bernstein, Halbedelsteine, mit denen die Renaissancekabinette dekoriert wurden, Palissys Vorstellung von Natur und Alter (S. 123) und so fort. Die Ikonographie war nicht auf die hohe Kunst der Malerei und Skulptur beschränkt, sie wohnte allen Dingen inne, mit denen sich der Renaissance-Mensch umgab. Die Wahl der Motive für Möbel (wie für Poesie) war von damals allgegenwärtigen, jedoch heute vergessenen Überlegungen beeinflusst. (Wer liest heute ein Sonett mit dem Hintergedanken, dass es eigentlich ein Epigramm ohne Bild ist?)

Dieses Buch konzentriert sich mehr auf visuelle Erscheinungsformen als auf Bedeutungen. Doch erwähnt sei Maria Stuart, die eine Tagesdecke für ein Prunkbett bestickte und folgende Embleme mit einarbeitete: »Ein Baum in einem Friedhof, umgeben von den Gebeinen toter Männer: *Pietas revocabit ab Orco.* Eine Sonnen- und eine Mondfinsternis *Ipsa sibi lumen quod invidet aufert* [wobei sie wohl nach Königin Elizabeth schielte] … Ein Rad, das von einem Berg hinab ins Meer rollt *Piena di dolor voda de Speranza*, der offenbar ihr eigener ist, und es sollte heißen *Precipitio senza speranza*«,[150] und so weiter – alle natürlich emblematisch auf ihre unglückliche Lage bezogen.

Die Groteske eignete sich besonders gut für Embleme.[151] Pirro Ligorio (um 1513–1583) beobachtete, dass die emblematische Bedeutung der Groteske auf zwei Ebenen liegt. Eine umfasste allgemein die Phantastik und ihre traumähnlichen Ausformungen, mit der sie Bibelstellen wiedergab und die Vergänglichkeit des Lebens anklingen ließ. Für Ligorio wie für Alciati repräsentierten Grotesken etwas in der sittlichen Ordnung, was nicht ist, »antike Bilder … die einen Sittenkodex dokumentieren, unter anderem die Bedeutung von Unsterblichkeit, Süßes, das bitter wird, Tod, Neid, Haß, Lust und alle Laster.«[152] Die andere Ebene der emblematischen Bedeutung von Grotesken ist die, wie sie in der Möbelkunst verwendet wurde: Der Satyr [211] und die nackte Frau, was für Laszivität stand, die (trügerische) Schönheit der Sirene, die den Verrat des Liebhabers symbolisierte, der Sphinx bedeutete Klugheit [232, 597] und so weiter.[153] Ungeheuer hatten in der Emblematik die Bedeutung von Gottheiten,[154] und die monströsen Metamorphosen des Ovid symbolisieren profane Wünsche, die in Eitelkeit münden.[155] Mit der Natur und deren Metamorphosen verbundene Vorstellungen tauchen in den Bronzegüssen von Paduaner Bildhauern auf und wurden von dem deutschen Goldschmied Wenzel Jamnitzer und seinen Nachfolgern zu naturalistischen Ornamenten verarbeitet – Insekten, kleinen Echsen, Früchten und Gräsern –, deren Entsprechungen wir auf niveauvollen Möbeln wiederfinden [267]. Sie tauchen aber auch in den Fröschen, Kröten, Schmetterlingen und Raupen auf, die als lebendige Metamorphosen die Blumen-Stillleben bevölkern und die im 17. Jahrhundert eine so auffällige Möbeldekoration werden sollten.

Der Einfluss der Emblematik hielt viel länger an, als man gemeinhin annimmt, und vermischte sich schließlich mit ikonologisch zu deutenden Bildern. Die Letzeren waren bildhafte Allegorien von Begriffen wie Tugenden, Lastern, Jahreszeiten, Kontinenten, Sinnen, Künsten, Flüssen, Musen und vielen mehr. Sie gleichen auch in Ableitung der Hieroglyphik Emblemen ohne literarischen Gehalt. Die frühesten derartigen Darstellungen, die auch am meisten Beachtung fanden, wurden in der *Iconologia* des Cesare Ripa veröffentlicht (1593 und 1603), die viele Neuauflagen erlebte. Eine Prachtausgabe wurde in Perugia in fünf Bänden 1764 und 1767 publiziert. Winckelmann versuchte 1776 die Ikonologie in klassizistischem Gewand zu reformieren.[156] George Richardson, ein Schüler Adams, gab 1778 eine Version des Ripa heraus,[157] wobei die Bilder denen im Haus der Vettier (Pompeji) und anderen antiken Quellen sehr ähnlich sind. Vieles taucht auch als Marketerie oder Bemalung an Hepplewhites und Sheratons Möbeln auf. Zu diesem Zeitpunkt war die Unterscheidung zwischen Emblem und Allegorie bereits verwischt. Sheraton schlug vor, da Kentauren »wohl eine rebellische Rasse waren, sollte man sie dort einsetzen, wo man das Verwerfliche solchen Verhaltens zeigen möchte«, und Greifen »bitte schön, sollten dort verwendet werden, wo man Begierde ausdrücken möchte; oder man stellt sie über Schränke, in denen Schätze aufbewahrt werden«. Jedoch »im Gegensatz zu diesen Eitelkeiten, darf ich nicht vergessen, dass wir ›doch … nur einen Gott, den Vater [haben], von welchem alle Dinge sind.‹ 1. Kor. 8,6«.[158]

Ganze Passagen von Thomas Hopes Möbelbuch (S. 216) sind von emblematischen Anspielungen durchdrungen, sogar ganze Räume samt dem Mobiliar sind einem Thema unterworfen. Er versah eine Wiege (wahrscheinlich die seines Sohnes) mit der Aufschrift SPES (Hoffnung) und verzierte sie mit vergoldeten Bronzen, mit den Allegorien der Nacht, des Schlafs und des Traums, wozu er Mohnkapseln verwendete.[159] Percier und Fontaine gingen ähnlich vor. Die Möbel des napoleonischen Frankreich waren zutiefst emblematisch: »Diese Kämpfer, die so viele Kronen nach Hause brachten, dass sie sie auf ihre Armlehnen spießten, das alles ist, muß ich sagen, sehr einnehmend!«[160] Die Seiten des *Art Journal*, die über die Große Weltausstellung von 1851 in London berichten, triefen nur so von Allegorien und Emblemen. Eine kleinere Renaissance erfuhr die Emblematik im Symbolismus des Jugendstils (S. 310) und im Surrealismus (der die psychologischen Theorien, die damals in Wien aufgestellt wurden, verarbeitete und das Equivalent des 20. Jahrhunderts zur Hexenkunst der Renaissance darstellt, jedoch ohne deren religiösen Hintergrund).

213 Einfluss flämischer Expressivität auf das Groteskenornament: Rollwerkrahmen aus »abgesetzten Bogen«, »eingesperrten Körpern« und Fabelwesen nordischen Typs umgeben das Gemälde *Der Tribut an Cäsar* über einem Kamin, entstanden unter der Leitung Philibert Delormes im Schloss Ecouen; französisch, nach 1547

Dieser Exkurs hat uns weit von der Renaissance entfernt, aber es hat sich gezeigt, in welch umfassendem Maß die Emblematik in allen Kulturkreisen anzutreffen ist.

Phantasien

Der visuelle Stil der Früh- und Hochrenaissance war rational. Wenn schreckliche Ungeheuer gebraucht wurden, holten Ucello oder Raffael sie sich aus der Gotik. Filarete besann sich für die Bronzetüren im Petersdom auf mittelalterliche Grotesken. Klassische Ungetüme waren oft sehr schön oder majestätisch. Verrocchio ließ Harpyien wieder auferstehen,[161] Antonio Rossellino setzte Einhörner auf das Grabmal für den Kardinal von Portugal, und Andrea del Castagno verwendete eindrucksvolle Sphingen an Sitzbänken.[162] Einige Fabelwesen der Renaissance – die Engel Botticellis, die geflügelten Putti der *Sixtinischen Madonna*, die Meerjungfrauen der *Galathea*[163] – sind zu Urbildern der Schönheit geworden. Aber selbst schöne Unwesen kommen in der Kunst der Hochrenaissance nicht vor. In der *Schule von Athen* werden sie nicht dargestellt, und Michelangelo beraubte seine Engel ihrer Flügel und erfand so die berühmten *ignudi*.

Alles Monströse war dem Realismus der Renaissance unterworfen. Aristoteles, der einen Reiz in der hässlichen Wahrheit fand, fungierte hier als intellektuelle Autorität. Er stellte fest, dass alle Menschen gleichermaßen natürliche Freude an der Imitation und beim Betrachten der Werke der nachahmenden Kunst hätten. Mit noch größerem Vergnügen sähen wir die Darstellung von Objekten, die wir, wenn sie wirklich wären, nicht ohne Schmerz betrachten könnten: Abbildungen der abscheulichsten und schrecklichsten Tiere, Leichen und ähnliches.[164] Die Künstler der Renaissance weiteten den Reiz des Wahren auf das Gebiet des Hässlichen aus und verliehen Ungeheuern Überzeugungskraft, indem sie sie aus realen Elementen zusammensetzten, wie Cennini empfahl.[165] Leonardo malte ein furchterregendes Biest aus einzelnen Teilen von Eidechsen, Igeln, Molchen, Schlangen, Libellen, Grashüpfern, Fledermäusen und Glühwürmchen und ließ es Feuer und Rauch speiend aus einer Höhle treten.[166] In seinem *Trattato* gibt er Anweisungen für ein Fabelwesen. Michelangelo empfahl Ungeheuer an passender Stelle.[167]

Fabelwesen waren nur ein Teil der Phantasien, wenngleich ein wichtiger. Dem kurzen Regiment der harmonischen Rationalität der Hochrenaissance folgten die Phantasien der *maniera*, des Manierismus.

Federico Zuccaro, ein Theoretiker des 16. Jahrhunderts, einer der vielen, die Phantasien als bildende Kraft für das gesamte Universum der Künste einschätzten, legte eine bunt gemischte Liste all ihrer Manifestationen vor: »In der Malerei, Skulptur und Architektur, in Stuck, Stein, Marmor, Bronze, Eisen, Silber, *Holz, Ebenholz, Elfenbein* [Hervorhebung des Autors] und anderen Materialien … darunter Harpyien, Fruchtgehänge, Uhren, Schimären … all diese Dinge bereichern die Kunst und bringen große Schönheit hervor.«[168]

Die Möbelkunst, wie auch andere Kunstzweige, wurde von den alles vereinnahmenden manieristischen Phantasien stark beeinflusst. Enea Vico behauptete, dass seine bekannten 24 Vasen und Kannen, die er 1543 publiziert hatte, nach der Antike gestaltet seien, jedoch sind sie als übertrieben und manieriert zu bezeichnen. Die schwellenden, manchmal verdrehten Formen balancieren auf unverhältnismäßig kleinen Sockeln und geben Raum für unterschiedlichste Ungeheuer und Metamorphosen. Beispielsweise beugt sich ein weibliches Unwesen an einer gebauchten Vase nach hinten hinunter, wobei das Haar zu einem Akanthusgriff wird. Eine Kanne im Victoria and Albert Museum in London[169] zeigt ein ähnliches weibliches Wesen mit Fledermausflügeln und zwei Schwänzen, die einen dicken Knoten bilden, während sich eine riesige Vogelklaue in ihre Brust krallt. Die Lippen an Vicos Vasen wie auch seine Kerzenhalter zeigen oft den sich entwickelnden Ohrmuschelstil (S. 129, 130–134). Die Motive seiner Vasen, darunter auch Satyrn und Krabben, tauchen in der Möbelkunst ganz Europas auf.

Das Schöne und das Hässliche

Viele der dekorativen Phantasien des 16. Jahrhunderts sind mit der Groteske verwandt. Die Groteske entwickelte zwei Extreme, die sich zu Zwischentypen vermengten. Die Groteske, die Pinturicchio, Perugino und Raffael schufen, war erstaunlich hedonistisch, festlich, kapriziös und irrational, farbenfroh, lyrisch und epikureisch. Eine englische Beschreibung von 1612 bringt es auf den Punkt: »Die Form [der Groteske] ist eine allgemeine und … eine unnatürliche oder unordentliche Komposition, ausschließlich zur Freude bestimmt, und besteht aus Menschen, Tieren, Vögeln, Fischen, Blumen etc., ohne (wie wir sagen) Reim noch Grund, je größer die Vielfalt, desto größer der Genuss … man darf nackte Knaben zeichnen, die auf Ziegen, Adlern, Delphinen etc. reiten und mit ihren Windmühlen oder Schaummuscheln spielen; den Schädel eines Widders, an Perlschnüren und Bändern aufgehängt; Satyrn, Tritonen, Affen, Füllhörner, Hundehaufen, Gurken, Kirschen oder alle Arten wilder Ranken und Reben nach eigener

214 »Dorisches« Küchenstück von Wendel Dietterlin; deutsch, publiziert in Straßburg 1598 (aus *Architectura)*

Erfindung mit tausenderlei eitlem Spielzeug, sodass man gar nicht zu phantastisch werden kann.«[170] Die Beschreibung antizipiert die Grotesken des Rokoko und Klassizismus.

Der zweite Typus der Groteske war dunkel, bedrohlich und hässlich. Ein Humanist aus Ferrara, der 1541 starb, verfasste folgendes Epigramm:

> Sunt quaedam formosa adeo, deformia si sint:
> Et tunc cum multum displicuere, placent.
> *Einige Dinge sind schön, auch wenn sie verformt sind,*
> *und gefallen, indem sie großes Missfallen erregen.*[171]

Dies drückt eine geläufige Vorstellung aus, die auf alle Künste zutrifft. Beispielsweise schrieb Castiglione über Musik, es sei ein großer Fehler, zwei vollkommene Konsonanzen hintereinander zu setzen, und verfocht die Meinung, dass auf einen harmonischen Akkord eine unangenehme Dissonanz folgen solle.[172] Die Madrigale des Gesualdo folgen dieser Anweisung wörtlich. Hässlichkeit schloss Stil nicht aus. Bronzino porträtierte die bestürzende Hässlichkeit der Dichterin Laura Battiferi[173] mit einem wunderschönen Ergebnis. Vieles in der Kunst des späten Michelangelo ist von hässlicher Schönheit.

Hässliches, vereint mit einem spöttischen und perversen Humor, kommt in der Groteske des 16. Jahrhundert vielfach vor und führte zu der modernen, abwertenden Bedeutung des Wortes »grotesk«. Das expressive Element, das durch die un-vitruvianische Irrationalität der Grotesken Eingang in die Renaissance gefunden hatte, kam vor allem aus der nordeuropäischen Kunst (obwohl die Gorgonenhäupter des archaischen Griechenland hässlich genug sind). Es ist vor allem auf den Bildern des deutschen Malers und Kupferstechers Wendel Dietterlin (1551–1599) anzutreffen. Flämische Stiche sind in der Regel extremer als deutsche, dabei ist es ausgesprochen schwierig, noch extremer als der vom Oberrhein stammende Dietterlin zu sein. In seinen wilden, energiereichen, verzerrten Stichen sind Grausamkeiten lebendig dargestellt, meist in Gestalt von Bluthunden, die Hirsche oder Einhörner reißen [217]. Die Anti-Klassik wird offensichtlich in seiner Verspottung der »dorischen« Küchenszene, in der ein Karyatiden-Koch ein Hackebeil und geschlachtete Vögel am Gürtel hängen hat [214]. All das ist ein Spiel, aber doch eins, das garstig wird – »grotesk«.

Thomas Mann bemerkt zum Thema »solcher altertümlich-neurotischen Unterteuftheit«, dass den Deutschen immer die »drastische, obszön humoristische Figur des ›Teubels‹ näher [gestanden habe] als die obere Majestät«. Diese Teufelsfigur kam aus einer Unterwelt, die Deutsch (oder Flämisch) sprach und von anderen zeitgenössischen Unterwelt-Neurosen begleitet wurde (um 1490 begannen die Hexenverfolgungen): phantastischen, menschenfeindlichen Gedanken an dunkle Winkel und Folterkammern, an die schwarze spanische Tracht mit ihren Halskrausen, an Gier statt Liebe.[174] Eine ihm verwandte bildliche Darstellung dürften die Grottenbewohner sein [236], sein Geist manifestiert sich im Kult des Hässlichen, der in das Groteskenornament eingedrungen war (Dietterlin und andere bezogen ihre Ideen zuweilen direkt von Bosch), und seine Grausamkeit manifestiert sich in der Verwendung von Rollwerk, das Lebewesen einschließt [215]. Die neue Groteske – Ruskin bezeichnete sie als aus der Verderbtheit hervorgegangen und »vermischt mit clownartiger, bestialischer Satire«[175] – spielte die führende Rolle in der Mode des 16. Jahrhunderts für aggressiv unharmonische Dekorationen und Möbel. Renaissancemöbel in grotesker Manier rufen oft Missfallen hervor, und das mit Grund: Ihre Hässlichkeit ist, auch wenn sie von der Klassik abgeleitet ist, oft beabsichtigt und offensichtlich [223], alte germanische Teufelsgrimassen schauen aus klassischem Laubwerk hervor, klassische Karyatiden und Termen sind selbst zu Teufeln geworden [211]. Die Ähnlichkeit des Teufels mit Pan vervollständigt die Verbindung zwischen Hölle und Arkadien.

Rollwerk und Kartusche

Im 16. Jahrhundert wurden zwei neue Ornamente erfunden: Rollwerk und Kartusche. Das Rollwerk ist eine Zusammenstellung aus gedrehten und gerollten Bändern [176], die den Rahmen der Kartusche bildet [213]. Das Rollwerk verschwand gegen Ende des Jahrhunderts, wohingegen die Kartusche zu einem wesentlichen Bestandteil des Barock und des Rokoko wurde. Beide Motive waren für die Möbelkunst von Bedeutung.

Rollwerkkartuschen tauchen erstmals an den 1534 begonnenen, höchst originellen und einflussreichen Dekorationen in der Galerie König Franz I. von Frankreich in Schloss Fontainebleau auf und waren bald allgegenwärtig. Das Schema eines Medaillons mit Szenen aus der klassischen Geschichte oder Mythologie oder mit einer Landschaft, die in einer Rollwerkkartusche von Figuren oder Tieren durchsetzt ist, leitet sich direkt von der römischen Groteske ab.[176] Die beiden Italiener, die sie erfanden – Rosso Fiorentino (1495–1540) und Primaticcio (um 1504–1570) – ließen sich von der Decke der Sixtinischen Kapelle inspirieren. Die stuckierte und bemalte Galerie Franz I. wird von plastischen Formen beherrscht: von Figuren, üppigen Früchten und Rollwerk. Truthähne, Elefanten und Drachen tragen zu dem intendierten Exotismus bei, dazu kommen Groteskenmasken, kleine stuckierte Szenen, Karyatiden, Satyrn, Putten, Girlanden, Medaillons und vieles mehr.[177] Primaticcios wunderbare gräzisierende Version der mächtigen Figuren Giulio Romanos wurden fester Bestandteil französischer Dekorationen [213]. Die manierierte Überlängung seiner Formen wurde typisch für die preziösen französischen Arbeiten, die hundert Jahre später entstanden, wie beispielsweise die Bronzefiguren an den Möbeln Riesners und anderer [377, 401]. Der scharfkantig gebrochene, »abgesetzte Bogen« fand Eingang in die Möbelkunst und wurde zu einem wichtigen plastischen Motiv barocker Möbel (S. 154–157).

Mutmaßungen über die Ursprünge des Rollwerks bezogen oft die Banderolen der gotischen Kunst des 15. Jahrhunderts mit ein, die wehende und gerollte Formen annehmen [147], sowie die eingerissenen und sich einrollenden Blätter Papier in italienischen Illuminationen des späten 15. Jahrhunderts [212]. Jedoch müssen die »abgesetzten Bogen« und die »Löcher« im Rollwerk ein Erbe der Maureske sein [176], wie auch die gegenläufigen Ranken [110], die wiederum mit dem antiken Rankenwerk verwandt sind. Rollwerk fesselte die Kupferstecher, und in Fontainebleau etablierte sich eine Schule für grafische Künste. Die wohl einflussreichsten Stiche der dortigen Dekorationen lieferte Antonio Fantuzzi, der zwischen 1537 und 1550 selbst daran gearbeitet hatte. Fontainebleau liegt auf dem Weg zwischen Italien und Flandern und die neuen Ornamente wurden in beiden Ländern wie auch im übrigen Europa begierig aufgenommen.

215 Groteskenentwurf von Cornelis Floris mit »eingesperrten Körpern«, Muscheln, Wasser und einem Proto-Ohrmuschelornament; flämisch, publiziert in Antwerpen 1556 (aus *Veelderleij veranderinghe van grotissen ende compartimenten)*

Der »eingesperrte Körper«

Es war in Flandern, wo sich das Rollwerk in Fesseln verwandelte [215] und man das grausame und spielerische Thema »eingesperrte Körper« nannte – als ob das grausige Spektakel des An-den-Pranger-Stellens zu Dekorationszwecken genutzt würde. Eine Frühform findet sich im Rollwerk in Fontainebleau.[178] In Ecouen [213] sind bei Primaticcio die Arme der Damen und die Körper der männlichen Figuren in das Rollwerk »eingetaucht«. Der Flame Cornelis Floris spielte bei der Entwicklung der »eingesperrten Körper« eine Hauptrolle. Von einem italienischen Zeitgenossen wird Floris als ein »großer Architekt und Bildhauer [gelobt] … der als erster seines Landes [Flandern] die Groteske aus Italien übernommen und überzeugend eingesetzt hat.«[179] (Nahezu dasselbe sagt er über Frans Floris und Jan van Scorel.)

Woher kommt der »eingesperrte Körper«? Die Idee ist ein Merkmal der Kunst des 16. Jahrhunderts, aber sie reicht weiter zurück. Es gibt antike Lampen, die dem Konzept nahe kommen, wenn beispielsweise ein Sphinx von Ranken gehalten wird. An romanischen Kapitellen finden sich wilde Tiere und Vögel, die von Flechtwerk gebändigt sind. Löwen beißen sich selbst beim Versuch, sich zu befreien. In den Initialen illuminierter Handschriften [68] wickeln sich Flechtwerkknoten bisweilen bedrohlich um Figuren. (Wurde Cornelis Floris von ihnen inspiriert? Die ersten eindeutigen Renaissancebeispiele des »eingesperrten Körpers« finden sich in ähnlichen Initialen.)[180] Gotische Ranken wickeln sich um Wappentiere [147], jedoch ohne böse Absicht. Mauresken haben etwas Beengtes in ihren einander überlappenden Windungen, aber die Ranken sind eher Leinen als Fesseln.

Wo auch immer sein Ursprung liegt, der »eingesperrte Körper« fesselte die Vorstellung des 17. Jahrhunderts und taucht allerorten in Dekorationen und an Möbeln auf.

Die Grotte

Die italienische Renaissance war die erste Kultur, die die Kunst und den Lebensstil einer ausgestorbenen Zivilisation völlig absorbierte. In der Wiederbelebung der Antike konnten die Künstler eine gewisse Melancholie kaum vermeiden, schon deshalb nicht, da die meisten Entwürfe auf sepulkraler Kunst basierten. Für die Renaissance war die Groteske ein Motiv, das aus der Vergangenheit und von den Toten kam, und nicht ein moderner Orientalismus wie für Vitruv. (Man beachte den »tödlichen« Spitznamen des Groteskenmalers, der darin versank – *Morto* da Feltre.)

In der Antike gab es Grotten sowohl als künstliche Elemente der Gartengestaltung wie als heilige Höhlen von Orakeln oder Gottheiten. Höhlen haftete die Angst vor plötzlicher Gefangenschaft an, die Angst vor dem steinernen Grab, die Urangst vor dem Tod. Die Höhle war auch der Höllenschlund, und Vergil, der im Mittelalter als Zauberer angesehen worden war, beschreibt den Eingang zur Hölle als eine tiefe schroffe Höhle, gewaltig und gähnend weit.[181] In der mittelalterlichen Kunst und in der Renaissance wird sie oft mit Zähnen und Augen dargestellt.

In der Renaissance waren die Grotten nicht Räume, in denen sich häusliches Leben abspielte, wie zur Zeit der Römer, sondern sie galten als die Unterweltkammern der Groteske. Sie waren geheimnisvolle Orte des Schreckens, uralte Plätze, wo sich Dämonen aufhielten, wie sie Cellini und sein Lehrling in den Ruinen des Kolosseums gesehen hatten.[182] Im 16. Jahrhundert hielt ein Kardinal Grotesken in Kirchen nur für Darstellungen der Hölle, der Verdammnis und der Laster für angemessen.[183] Die Künstler, die die Ruinen nach Groteskenmalereien absuchten, begegneten allerlei wildem Getier, das mit Geisterbeschwörungen assoziiert wird: Kröten, Fröschen, kreischenden Uhus, Eulen und Fledermäusen.[184] Hölle, Altertumssehnsucht und allerlei Getier trafen sich in einem rauschenden, italienischen Fest der Unterwelt des 16. Jahrhunderts, das Vasari beschreibt. Die Gäste gelangten durch das Maul eines Drachen in einen Saal, der mit den Qualen der Verdammten ausgemalt war. Dort erhielten sie ein »infernalisches Festmahl«, wobei eine Pastete aufgetragen wurde, die aussah, als sei sie aus »Schlangen, Eidechsen, Taranteln, Kröten, Fröschen, Skorpionen und Fledermäusen …« Das Thema des Festes war der Raub der Proserpina, Inbegriff des unterweltlichen Mythos.[185]

Krabbelgetier fand schnell Eingang in die Groteske und prangte auch an den modischen Halbedelstein-Arbeiten der Renaissance-

216 Kunstschrank aus geschnitztem Ebenholz mit Pietra-dura-Einlagen; deutsch, Geschenk der Stadt Augsburg an Gustav Adolf von Schweden 1632

Goldschmiede. Es ist unwahrscheinlich, dass es antike Grotten geziert hätte, in der Renaissance ist es jedoch im Überfluss vertreten [236]. Zügellose Grottenphantasmen wurden durch Bernard Palissys Beschreibungen seiner Schöpfungen für den Duc de Montmorency und Katharina von Medici angeregt.[186] Er war überwältigt von den reizvollen romantischen Kommotationen von bildnerischen Darstellungen der »Zeit«. Sie wurde mit Felsen, Pflanzen und natürlichen Formen ausgedrückt, mit Wasser, Muscheln, Meerestieren und Reptilien, schönen und kostbaren Halbedelsteinen. Diese Ideen, obwohl nicht auf Grotten beschränkt, waren latent vorhanden und verhalfen den Grotten zu einer Bedeutung, die sie zur Kunstform erhoben: Die Grottenromantik überdauerte die Renaissance, trug entscheidend zur Entwicklung von Barock und Rokoko bei und bleibt bis heute spürbar.

Palissy porträtiert die Antike als von der Zeit angenagt: Eine Terme in einer Grotte sei »wie eine alte Statue, die von Luft oder Frost zerfressen ist, um ihr ehrwürdiges Alter zu zeigen,«[187] eine andere müsse wie ein rauer Fels aussehen, von Pflanzen überwuchert, um ihr Alter darzustellen.[188] Das Altertümliche sei eher rau als sanft, große Felsen müssten mit unendlich vielen Auswüchsen und Einbuchtungen übersät und mit Moosen und Meerespflanzen bewachsen sein.[189] Die Vorstellung der von der Zeit angenagten Rohheit, verbunden mit Statuarik und Architektur, wurde Allgemeingut[190] und erreicht ihren expressiven Höhepunkt in den Arbeiten deutscher Entwerfer: Ein wilder Ruinenbogen, gestützt von einem Einhorn und einem Hirsch, die von Hunden gerissen werden [217], wird von michelangelesken Liegefiguren bekrönt sowie von Ziegen, die hoch auf den Ruinen thronen. Der Schlussstein ist mit einer Fledermaus in Relief verziert, die aussieht, als sei sie direkt von der Domus Aurea hergeflogen.

Das Interesse an Organischem und die Vorstellung von der Erde als »Nährboden«, aus dem »wunderbare und monströse« Dinge hervorkommen, war nicht auf Grotten oder Gartenphantasien beschränkt. Aus den oft roh gehaltenen Sockeln von Goldschmiedearbeiten entsprangen detailliert ausgeführte Figuren. Die Paläste des 16. und 17. Jahrhunderts wachsen oft aus übertrieben rustizierten Geschossen, wobei der Pitti-Palast in Florenz, dessen Fassade zur Straße hin völlig mit Rustika versehen ist, wie ein felsiger Auswuchs aussieht, in dessen Innerem Schätze verwahrt werden. Kryptengewölbe wurden mit Trompe-l'œil-Malereien versehen, die sie wie Grotten aussehen ließen. Bezeichnenderweise dehnte der Töpfer Bernard Palissy die Idee ins Innere aus: »In einen kleinen Raum habe ich einige wunderbare und monströse Dinge hineingetan, die dem Nährboden der Erde entnommen sind ... «[191] Es ist kein Wunder, dass Schränke auf felsige Sockel gestellt wurden, bevölkert mit Gottheiten und anderen mythologischen Wesen, die großartigen Gartendekorationen ähnlich sind.

217 Arkade in einer Ruine von Wendel Dietterlin; deutsch, publiziert in Straßburg 1598 (aus *Architectura)*

Palissys Grotten waren voller Muscheln, darunter eine Figur, die in Antizipation Arcimboldos völlig aus Muschelmaterial war.[192] Es entstand ein allgemeiner Handel mit Grotten-Materialien, die aus der davon wimmelnden See gefischt wurden. Sie wurden nicht nur von den italienischen »Rocailleuren« benötigt, die weit reisten und in ganz Europa Grotten kreierten, sondern auch von Goldschmieden und Schreinern. In Palermo und Genua wurden bearbeitete und rohe Korallen gehandelt.[193] Muscheln wurden in Metall, Marmor und Halbedelsteinen imitiert, aber auch oft im Rohzustand verarbeitet. Die Generalstaaten schenkten dem französischen König Schneckenhäuser im Wert von 6000 Florin, und der Kaiser hatte einen Raum, der auf diese Weise dekoriert war.[194] Perlmutt und Bernstein waren immens beliebt.

Die Wirkung der Grotten Palissys wurde durch den vielfarbigen Glanz und das Schillern polierter Halbedelsteine noch gesteigert, »denn Nischen, Säulen, Basen und Pilaster würde ich gern aus seltenen Steinen in verschiedenen Farben ... aus Porphyr, Jaspis, Kalzedon und mehreren Sorten Achat, Marmor und gesprenkelten grauen Steinen anfertigen«.[195] Eine vergleichbare Wirkung hatten Renaissanceschreine! Der kühl sinnliche Reiz solcher Materialien war bekannt, nun erhielten sie eine zusätzliche Bedeutung. So entstanden die Kunst- und Sammlungsschränke, die überaus kostbar und kunstvoll – vor allem in Deutschland hergestellt – in ganz Europa Verbreitung fanden [216].

Stichwerke und Möbelvorlagen: Grotesken und Hybriden

Groteskenstiche wurden in der Möbelherstellung und anderen Branchen verwendet. Eine weitere wichtige Quelle für die Möbelkunst waren die gebundenen Vorlagenwerke, die spielerisch höchst erfindungsreiche Groteskenvariationen der antiken Architektur darstellen: extravagant, ungereimt, anti-klassisch, nicht selten derb, aber reich ornamentiert und von einer prachtvollen Wirkung. Die Motive der Kupfer-Blätter, nordisch im Geist, manchmal wild expressiv, materialisierten sich an Möbeln in ganz Europa. Daneben gab es weiterhin die klassisch orientierten Bände Palladios und Serlios (S. 113).

Drei Namen sind besonders erwähnenswert. Du Cerceaus vielseitige Kompositionen aus der Zeit von 1550 bis etwa 1565 umfassen ein gewaltiges Spektrum antiker und neuzeitlicher Architekturen und stellen die früheste große Gruppe von Möbelentwürfen dar [228]. Vredemann de Vries, ein versierter Architekturzeichner, bildet, beeinflusst von Du Cerceaus Buch von 1559, antike Architekturen ab, die mit reichlich unklassischem Ergebnis der allgegenwärtigen Groteske unterworfen sind. Er gab wohl 1588 das erste Vorlagenbuch für Möbel heraus [219]. Und schließlich Wendel Dietterlin, dessen *Architectura* den fünf Säulenordnungen entsprechend in fünf Teile gegliedert ist, und bei dem man zuweilen im Tosen fremdartiger Bildwelten eine seltsam bestückte dorische oder korinthische Säule [214] entdeckt.[197]

Trotz seiner Klassik hatte Serlio eine Grenze überschritten: Wie ein Historiker des 19. Jahrhunderts bemerkte, entsprach sein Stil manchmal nicht der Bau-, sondern der Schreinerkunst. In

218 Ornament-Entwurf in dorischer Ordnung von Gabriel Krammer; publiziert in Prag 1600 (aus *Architectura)*

rechts **219** Entwurf für Tische, Hocker und Fußbänke, einen Ecktisch und einen Stuhl von Hans Vredeman de Vries; wohl in Wolfenbüttel um 1588 publiziert (aus *Differents pourtraicts de menuiserie a scavoir…)*

dieser Hinsicht ist Serlio der direkteste Vorläufer Dietterlins.[198] Die Architekturbücher Serlios, de Vries' und Dietterlins sind in der Tat voller Entwürfe, die die direkte Abhängigkeit der Möbelkunst von der Architektur belegen. Beispielsweise zeigt ein Blatt Dietterlins Vasen, ein Gebälk mit Giebel und kannelierte dorische Pfeiler,[199] Motive, die denen luxuriöser zeitgenössischer Kabinette ähnlich sind. Andere zeigen Türgewände, Nischen, Fenster, Gebälk und Pilaster, die leicht für den Möbelbau übernommen werden konnten.[200] Die Bücher von allen dreien belegen die gegenseitigen Einflüsse der Baukunst aus Stein und der Möbelkunst aus Holz: Serlios »rustikale« Türen, Kamine und ein hölzerner Bogen Dietterlins[201] (seine Säulen werden von Schwalbenschwänzen zusammengehalten), lehnen sich an die Theorien sowohl Vitruvs als auch Albertis an, die lehrten, dass einfache Holzprototypen sich erst in der Folge zu steinernen Architekturformen entwickelt hätten. Diese Theorie sanktionierte stillschweigend auch den entgegengesetzten Prozess, bei dem sich Steinformen in Holzmöbel, Türgewände und Kredenzen verwandelten [225]. Sie bekräftigte auch das Bewusstsein für angemessene Konstruktionen, die die Entwerfer von Holzobjekten mit denen steinerner Objekte teilten. Das innovative Möbelbuch des Vredeman de Vries drückte die Hochachtung vor dem Handwerk aus, indem er Holzwerkzeuge wie antike Trophäen und Baldachine auf dem Titelkupfer arrangierte. Die meisten Blätter geben die Holzart an, in der die jeweiligen Möbelstücke ausgeführt werden sollten, und an manchen Stellen sind die Schwalbenschwänze wie Ornamente gezeichnet.

Die Möbelentwürfe des Vredemann de Vries [219] enthüllen, wie Stühle und Tische wie Nebenprodukte von Architektur abgehandelt werden können und doch, trotz der kannelierten Pfeiler, Bogen mit Schlusssteinen und Konsolen, ihre Zweckmäßigkeit nicht einbüßen. Zwei Tische sind mit nach außen weisenden Beinen gestaltet, die dem Klismos verwandt sein müssen. Das gedrechselte, romanisch inspirierte Tischbein fehlt bemerkenswerterweise. Der Stuhl ist dem italienischen *sgabello* [231] und der *caqueteuse* [222] verwandt. Solche Entwürfe machen deutlich, wie sehr die Architekturbücher von den Möbelentwerfern geschätzt wurden, und Ideen daraus, die explizit auf die Bedürfnisse der Möbelhersteller angepasst wurden, tauchten alsbald auf. Ein Beispiel dafür ist die *Architectura* des Gabriel Krammer, die 1600 in Prag herauskam. Die Stiche zeigen Architekturen, die gerade dabei sind, zu Möbeln zu mutieren. Eine Darstellung, überschrieben mit »Dorica« [218], zeigt überreich dekoriertes Gebälk, Säulen und Pilaster. Dorische Kapitelle zieren Pilaster, die zu Voluten geworden sind, Nischen verwandeln sich in Hängeschränke, groteske Attikazonen und Obelisken sitzen auf Kabinetten statt an Gebäuden. Auf anderen Blättern ist das untere Geschoss eines Schrankes wie ein Palast rustiziert, Ideen, die in weniger sicheren Händen zu einem architektonischen Delirium hätten werden können [225].

Auf den Seiten dieser Architekturbücher, die die Groteske stilistisch verarbeiten, trafen sich mehrere Welten, und eine überwältigende Fruchtbarkeit, ein üppiges Wachsen ist spürbar. Die Auswahl ist schwierig, jedoch sollten einige Motive besonders wichtig für die Möbelkunst werden. Eines ist das Übereinanderlegen der antiken Säulenordnungen, Karyatiden und Termen mit Groteskenornamenten und Rollwerk. Sie wurden wiederkehrend

220 Strigillierte und verzierte »Salomonische« Säulen, Ausschnitt aus der *Beschneidung* von Giulio Romano; italienisch, frühes 16. Jahrhundert

rechts **221** Schrank aus geschnitztem Nussbaumholz, Franz Pergo zugeschrieben; schweizerisch (Basel), 1619

222 Caqueteuse *(caqueter* – schwatzen) aus geschnitztem Eichenholz; französisch, 1535

überhäuft mit den seltsamsten Phantasien, die meist den grottenähnlichen Konzeptionen von »Natur« und »Zeit« nahe waren. Hugues Sambin (1520 bis um 1601), der in Dijon tätig war, erfand teuflische Satyrtermen, die als »gezeichnet nach der Antike, was immer gefällig ist,« beschrieben wurden.[202] Offensichtlich sind sie von den berühmten »Della-Valle«-Satyrn in Rom beeinflusst, von denen Philibert Delorme Abgüsse als Kaminstützen in Fontainebleau verwendet hatte.[203] Velarien, Rollwerk, Monster und Pflanzengewirr ersetzten an Gebälk die priesterliche Bedeutung antiker Girlanden und Bukranien. Die Säulen waren bis über ein Drittel ihrer Länge mit Groteskenmotiven besetzt oder wurden völlig unter ihnen erstickt. Delorme verzierte sie mit dekorativen Bändern, da er dem Missverständnis aufgesessen war, dass die griechischen Säulen aus Monolithen bestünden und die Verbindungsstellen verdeckt werden müssten.[204] So herausgeputzte Ordnungen wurden jedoch weiterhin der hehren Bezeichnungen dorisch, ionisch und korinthisch für würdig erachtet.

Plastische Karyatiden und Termen, oft stark überlängt, wurden von zahllosen pittoresken »Zutaten« zugedeckt (einen Vorläufer überraschender Ornamentmotive stellt das vielbrüstige antike Bild der Diana von Ephesus dar), etwa die Körbe auf den Köpfen, die in Groteskenstillleben bereits zu sehen gewesen waren. Klassische Ungeheuer, von Steinmetzarbeiten abgeleitet, wurden mit plastischen Details aus Groteskenmalereien versehen. All diese Phantasien finden sich an Betten und Schränken, besonders Karyatiden [195] und laubumwundene Säulen [221].

Häufig werden die Architekturmotive übersteigert. Giebel, Voluten, Konsolen, Vasen, Figuren und Obelisken schmücken die Attikazonen der Fassaden, Ordnungen und Gebälk – Geschoss über Geschoss und an den Seiten gehalten von den in Rollwerk übersetzten Gesù-Voluten – und bilden ihrerseits Fassaden *en miniature*, die noch dichter dekoriert sind als die Fassaden selbst. Die Motive wurden als Kopfteile von Betten, als Bekrönung der Lehnen von Sesseln und an Kabinetten weiter verkleinert. Das Motiv der Fassade als Möbeldekoration wurde weit in das 18. Jahrhundert hinein verwendet, wobei sich die Details mit den Moden in der Architektur veränderten.

Die Säulenordnungen wurden in die gebauchten Formen, die im 16. Jahrhundert so beliebt waren und in fast aggressiver Weise Betten, Tische und andere Möbelstücke »aufblähen«, integriert. Sie waren von den Kandelaberformen [163] des 15. Jahrhunderts angekündigt worden und verbanden sich nun mit den neuen, mehr raumausgreifenden architektonischen Grotesken, die sich durchsetzen sollten. Beeinflusst von den antiken Vasen und Balustern der Renaissance, kannelierte, strigillierte oder godronierte man die Bauchung oder verzierte sie mit anderen klassischen Details. Grobe Variationen dieser Baluster finden sich als Pfosten der Himmel an Betten in *Elizabethan-* und *Jacobean*-Stil und Anrichten der englischen Renaissance. Die ionische Ordnung wurde gern verwendet, zuweilen mit vereinfachten Voluten, die dem antik griechischen äolischen Kapitell ähnlich sind [14, 51]. An einfacheren oder primitiveren Möbelstücken gibt es weniger Windungen, Bauchungen und andere Motive, die kunstvollen Stützen ein so barbarisch üppiges Aussehen verleihen. Sie wurden geglättet oder vereinfacht, um die bekannte Baluster-Säule des 17. Jahrhunderts hervorzubringen, die mit zurückhaltenden Ornamenten nüchtern belebt wird.

Die »Salomonische« (geschwungene) Säule wurde ebenfalls mit zusätzlichen Ornamentmotiven versehen. Das Schwingen und Verdrehen war in der Antike bereits Gestaltungsthema gewesen und hatte an Möbeln Verwendung gefunden [10]. Die »Salomonische« Säule wurde durch das Mittelalter hindurch verwendet, und selbst die Kelten hatten sich an ihr versucht [71]. Die Kosmaten besetzten sie mit Juwelen, und auch in der gotischen Ornamentik taucht sie auf, besonders in Italien [141]. Durch Raffael und andere Renaissancekünstler wurde sie auch in der Hochrenaissance verwendet. Als Geißelsäule Christi erhielt sie sowohl eine religiöse als auch eine östliche Konnotation. Michelangelo und Giulio Romano bildeten die »Salomonische Säule« im Inneren des Tempels Salomo in Jerusalem ab. Michelangelos Gemälde ist verloren,[205] Giulios hingegen existiert noch. Giulios Säulen [220] haben den lockeren Schwung – ganz anders als die, mit denen er den herzoglichen Palast in Mantua schmückte –, der die »Salomonischen« Säulen in den Musterbüchern Du Cerceaus charakterisiert, die für die Möbelkunst so einflussreich werden sollten. Diese Form wurde später zugunsten einer starken Drehung aufgegeben, die ein beherrschendes Motiv im Möbelbau des 17. und frühen 18. Jahrhunderts wurde. Die kräftige Drehung kommt gelegentlich an italienischen Möbeln des 16. Jahrhunderts vor, doch ein kunstvoller Schrank des Franz Pergo oder Perregault [221], eines Protestanten aus Burgund, der den Stil Hugues Sambins nach Basel brachte, wird von zwei korinthischen »Salomonischen« Säulen dominiert, die allerdings weniger stark »schwanken« als die Säulen bei Giulio. Der Schrank ist von unterschiedlichen Quellen beeinflusst, darunter Vredeman de Vries, Du Cerceau, Stoer und Dietterlin.[206]

»Salomonische« und andere Säulen wurden oft als Bettpfosten verwendet, vor allem als der Barock nahte. Der Entwurf konnte akademisch korrekt sein – toskanisch, dorisch, ionisch oder korinthisch –, er war es jedoch selten, denn der Drang des 16. Jahrhunderts zu prächtiger Ausschmückung war zu stark. Ein Holzschnitt von Peter Flötner aus der Zeit um 1540 [224] zeigt ein vergleichsweise schlichtes Bett, an dem, trotz der grotesken Kandelaber-Dekoration im unteren Drittel, Architekturmotive vorherrschen: kannelierte und glatte korinthische Pfeiler, ionische Pilaster zwischen Muschelnischen, ein Bukranion-Fries mit Girlanden und vieles mehr. Das Kopfteil hat architektonische

223 Geschnitztes Hochzeitsbett mit Himmel aus Clausholm, Jütland, von Peter Jensen, Kolding; dänisch, um 1640–1650

rechts **224** Entwurf für ein Bett mit kandelaberförmigen korinthischen Säulen, teilweise wohl in Esche auszuführen, von Peter Flötner; deutsch (Nürnberg), um 1540

ganz rechts **225** Interieur von Bartholomäus van Bassen; holländisch, um 1620

Muschelnischen, die etwas später wohl zu manieristischen Attiken geworden wären. Die bekrönenden Putten mit Füllhörnern kommen eher aus der klassischen Skulptur, die Delphine an den Ranken dagegen haben ihre Vorbilder in der Groteske. Die Binnenzeichnung der Pfeiler und am Fries deutet die lebhafte Maserung der Esche an, einer Holzart, die in Deutschland im 16. Jahrhundert besonders oft verwendet wurde.

Ein Bett aus Clausholm in Jütland – bedingt durch die Entfernung Jütlands von den Modezentren als altmodisch zu bezeichnen – ist etwa hundert Jahre später entstanden [223]. Es verbindet Einflüsse der Groteske mit denen der italienischen Skulptur des

16. Jahrhunderts. Die kielförmige Kuppel ist mit geschmeidig hingestreckten Grotesken versehen, die oberen Kapitelle der Bettpfosten sind als korinthisch gewandete Figuren in michelangeleskem Typus ausgeführt (das Vorbild Michelangelos ist unübersehbar). Kopfteil, Fußteil und die Seitenbretter – alle kunstvoll beschnitzt – vereinen italianisierende Motive mit der expressiven nordeuropäischen Groteske.

Es gibt Entwürfe Du Cerceaus für kunstvoll dekorierte Himmelbetten, die auf typisch französische Weise Zierlichkeit mit Stabilität verbinden. Du Cerceau entwarf auch seltsame Objekte, die bisher für Möbel gehalten wurden [228] – was durchaus sein könnte. Sollen sie vielleicht Ruhebetten darstellen? Als Betten bereiten die Entwürfe Probleme. Bis zu welcher Höhe reichen die Matratzen? Sollte das abgeschnittene Ornament am Fußteil einen Baldachin oder Padiglione tragen? Wie sollte man seine Beine in diesem Bett verstauen?

Die »Betten« ähneln vielmehr römischen Kutschen [65 C], die auch aus massivem Silber angefertigt wurden.[208] Sie sind auch bestimmten antiken Badewannen verwandt, wie beispielsweise einer hellenistischen, an deren Fußende ein Paar verstümmelter Füße zeigt, wo eine Figur an nahezu derselben Stelle wie in Du Cerceaus Entwurf stand.[209]

Es lassen sich Argumente dafür finden, dass die Entwürfe tatsächlich für Badewannen gedacht waren, denn es gab in Frankreich einen ausgedehnten Badekult (das Porträt der beiden barbusigen aristokratischen Damen aus Fontainebleau, die in einer Badewanne sitzen, ist unvergesslich), und sollte Du Cerceau eine Badewanne entworfen haben, so wäre sie mit Sicherheit äußerst kunstvoll ausgefallen. Jedoch was immer der Zweck dieser Objekte gewesen sein mag, jedes »Bett« sieht auch wie ein antiker Thron aus Stein aus, dem ein Fußteil hinzugefügt wurde. Jedes ist mit Ornamenten verziert, wie sie sich an Sarkophagen und in anderen antiken Quellen finden [10, 65]. Die zierlichen Girlanden kommen ebenso an Flachreliefs antiker Altäre vor wie in der dekorativen Malerei der Renaissance. Die Ungeheuer, die »die Kutschen ziehen«, sind der Groteske entnommen, aber als Skulpturen behandelt. In der Tat könnten die Entwürfe sowohl in Marmor als auch aus Holz angefertigt werden.

Ein wunderbares französisches Kabinett in Hardwick Hall [226], das in einem Inventar von 1610 erwähnt ist, hat eine deutliche architektonische Struktur. Es wird von einem grotesken Triumphbogen dominiert, der sich auch in Renaissance-Gärten finden ließe. Der Bogen ließ sich leicht für den Möbelbau adaptieren, doch die Groteske verändert ihn sehr im Vergleich zum klassischen italienischen Triumphbogen [202, 212]. Die erhobene Hand der linken Termenfigur mit den charakteristisch gespreizten Fingern ist direkt von Michelangelos *Moses* abgeleitet. Die höchst klassische Rosette erinnert daran, dass Frankreich das Land Philibert Delormes ist. Das Kabinett ist ganz im Stil Du Cerceaus gehalten, wie er sich in der Zeichnung [227] manifestiert. Kabinett wie Zeichnung zeigen reiche Architekturornamente, gebrochene Giebel, Grotesken-Termen, Trophäen und schwere Girlanden aus Blumen und Früchten. Die Pflanzen, die vom mittleren Giebel herabhängen, erinnern an den Bogen Dietterlins [217] und belegen das gleiche Interesse für Gräser, das auch zeitgenössische Goldschmiedearbeiten auszeichnet: Wurden solche Effekte, in Holz nicht realisierbar, vielleicht in vergänglichem Material ausgeführt? Mit Sicherheit rekurrieren die Bettbaldachine und die Aufhängungen von Deckenlüstern, die man im 18. und frühen 19. Jahrhundert mit Seiden- und Papierblumen verzierte, auf diese Effekte. In der ephemeren Festarchitektur wurden oft billige Materialien verwendet; auch zeitgenössische Gärten schmückte man mit leicht Verderblichem.

226 Kabinettschrank aus geschnitztem Nussbaumholz in Hardwick Hall, Derbyshire, in der Art Jacques Androuet Du Cerceaus; französisch, spätes 16. Jahrhundert

oben rechts **227** Entwurf für einen Kabinettschrank von Jacques Androuet Du Cerceau; französisch, um 1560

rechts **228** Entwurf von Jacques Androuet Du Cerceau für ein Sitzmöbel oder eine Badewanne; französisch, spätes 16. Jahrhundert

229 Tisch aus geschnitztem Nussbaumholz in der Art des Hugues Sambin; französisch, um 1575

230 Palazzo del Tè, Mantua, nach einer Zeichnung von Giulio Romano, 1527–1534

Truhen in spärlich möblierten Räumen erlaubten es, die müden Knochen auszuruhen, und so wurde die *cassapanca* erfunden, eine Truhe, die mit einer Rückenlehne versehen ist. Sie taucht erstmals in Norditalien auf und wurde seit dem frühen 15. Jahrhundert in der Toskana verwendet. Ein gutes Beispiel aus Spanien ist 1553 datiert und wurde von Adrián Lombart entworfen [170]. Die Truhe ist mit plastischen Dekorationen reich beschnitzt, die groteske Monster mit kühnem Akanthus mit den von der Antike abgeleiteten »Roma«-Büsten vereinen. Ein anderer weit verbreiteter Typus ist der italienische *sgabello*, der sehr unterschiedlich dekoriert sein konnte. Die flache Lehne und die vordere Wange konnten die Motivik antiker Sarkophage aufnehmen, einen Baluster, Voluten oder Groteskenmasken. Ein *sgabello* wird Franz Cleyn (1582–1658) um 1625 zugeschrieben [231], einem Dänen, der in Italien gewesen war und 1625 in die Mortlake Tapestry Manufaktur in England aufgenommen wurde.[210] Die Lehne hat die Form einer Muschel, wie sie für italienische Renaissance-Nischen typisch ist. Die Front ist mit einer Groteskenmaske im Profil, Voluten und Girlanden dekoriert. Cleyn hatte sich offensichtlich von den Grotesken-Tapisserien aus Bacchiacca inspirieren lassen, deren pummelige Putten und Ornamente in die englische Dekoration und Möbelkunst Eingang fanden.

Tische waren in der Regel von der Antike abgeleitete Wangentische, die mit Groteskenmotiven verziert wurden. Ein geschnitzter Nussbaumtisch aus Toulouse [229] wird von zwei geflügelten Fabelwesen gestützt, die an den Füßen nicht sehr fest mit Schabracken gefesselt sind. Mit seinen Groteskenmasken und seinem Rollwerk ist er den Entwürfen Hugues Sambins verwandt (S. 125), und die Masken oben und am Gestellsockel weisen den Weg zu den Abstraktionen des Ohrmuschelstils.

Ein bemerkenswerter Tisch in Hardwick Hall [232], der möglicherweise französisch ist,[211] wird im Inventar von 1601 als »Zeichentisch, geschnitzt und vergoldet, auf Meeres-Dogen, eingelegt mit Marmor und Holz« beschrieben.[212] Zu dieser Zeit waren Auszugstische verbreitet, Du Cerceau hatte um 1550 die ersten Entwürfe dafür geliefert. Die gewulstete Form der Zarge ähnelt den Basen von Sarkophagen und ist an vielen Möbeln aus der Zeit zu finden, wie etwa Betten, die dadurch leicht das Aussehen von Särgen bekamen. Wiegen ohne Baldachine sind den Sarkophagen sogar noch ähnlicher.

Der Tisch hat nicht nur Gemeinsamkeiten mit Entwürfen des Vredeman de Vries.[213] Die »Meeres-Dogen« sind einer Zeichnung Du Cerceaus von 1560 sehr ähnlich, wo hundeköpfige Sphingen, die ein Diadem tragen, mit Schlappohren, zwei Flügelpaaren und einem Fischschwanz behängt mit Früchten und Blumen-Girlanden zu sehen sind. Eine weitere Ähnlichkeit ist auf einem Porträt Königin Elizabeths von England zu entdecken, auf dem Stuhlbeine der gleichen Art dargestellt sind.[214] Da diese flinken Kreaturen auf dem Rücken von Schildkröten stehen, könnten sie die beliebte römischen Redensart *festina lente* illustrieren (spute dich langsam).[215] Möglich: Die Schildkröte verkörpert sicherlich nachdenkliche Trägheit. An der Decke Alloris in den Uffizien ist eine Schildkröte abgebildet, an deren Panzer ein Segel mit dem Motto *festina lente* aufgezogen ist. Jedoch ist eine andere Interpretation in Betracht zu ziehen. Ein weit verbreitetes Emblem Alciatis, *Matrimonium*, trägt das Motto: »Mulieris famam, vulgatum esse oportere« (Der Ruf einer Frau sollte aller Welt bekannt sein). Es zeigt Venus auf einer Schildkröte stehend. Dem Epigramm zufolge bedeutet die Schildkröte, dass die Frau zu Hause bleiben und schweigen solle – nach Plutarch steht die Schildkröte für die »ideale Häuslichkeit des Weibes«.[216] Zufällig ist dieses Emblem in einer frühen Alciati-Ausgabe einer Darstellung zweier Eroten (wohl die himmlische und die irdische Liebe) mit einem geflügelten und geschwänzten Fabelwesen gegenübergestellt, das als Harpyie mit behaarten Tierpfoten bezeichnet ist und den »Meeres-Dogen«, bis auf deren menschliches Gesicht, äußerst ähnlich ist. Das Motto lautet: »Bonis a divitibus nihil timendum« (Von reichlich Gutem ist nichts zu befürchten). Der Hund steht in der Emblematik für Treue und häusliche Anhänglichkeit.

»Bess von Hardwick«, die Besitzerin von Hardwick Hall, war, abgesehen von der Königin, die reichste Frau in England und eine Matriarchin, die mit eiserner Hand regierte. Ihre Enkelin, Arabella Stuart, war die potenzielle Thronfolgerin, weswegen man diplomatisch mit ihr umgehen musste. Das Letzte, was Bess sich nachsagen lassen wollte, war, sich in Staatsaffären zu mischen (sie war entsprechend widerlich zu ihrem eingesperrten Schützling Maria Stuart). Embleme sind nie ganz eindeutig, jedoch ergibt, auf Hardwick bezogen, die häusliche Konnotation mehr Sinn. Für Bess Hardwick wäre es einfach gewesen, einen französischen Schreiner zu beauftragen, bestimmte Embleme einzuarbeiten (wie es üblich war, das Wappen auf Porzellan malen zu lassen). Hat sie vielleicht in Emblembüchern geblättert, um etwas Passendes für ihren Tisch zu finden, der im Privatkabinett ihrer Repräsentationsräume stand, dort, wo sie die wichtigsten Gäste empfing? Womöglich ließ der Tisch sie Folgendes wissen: »Ich mag reich sein und ich mag mächtig sein, meine Enkelin mag das passende Werkzeug für den Gegen-König James als Thronfolger sein, aber ihr braucht euch nicht zu fürchten; ich bin nur eine alte Witwe in ihrem Heim, ich werde zu Hause bleiben und schweigen.«

Die Anti-Klassik des 17. Jahrhunderts: der Ohrmuschelstil

Ein Stil, der sich im späten 16. Jahrhundert entwickelte, verwendete Formen, die den fleischigen, gerollten Falten und Rissen des Ohrs ähnlich sind, weshalb er Ohrmuschelstil genannt wird. Trotz des seltsamen Namens lässt sich kaum erahnen, welche »Unterwelt«-Qualitäten des expressiven Nordens damit zu Tage traten.

Aus der Groteske und der Grotte geboren, fügte der Ohrmuschelstil der Fleischigkeit des Rollwerks eine fließende Bewegung hinzu, die die Formen quasi wegschmelzen ließ und gewissermaßen deren Auflösung betrieb, bis die Konturen völlig unregelmäßig wurden. Die »Löcher« des Rollwerks wurden größer, bis sie

231 Wangenstuhl für eine Halle aus geschnitztem und bemaltem Nussbaumholz, Franz Cleyn zugeschrieben; englisch, um 1635

232 Tisch aus Nussbaum, Obsthölzern, Rosenholz und Marmor, nach Jacques Androuet Du Cerceau in Hardwick Hall, Derbyshire; französisch oder englisch, um 1580

wie die Risse in verwesender Haut aussahen. Der Ohrmuschelstil trägt Aspekte des Proto-Rokoko (S. 285, 295) und des Proto-Jugendstils [650] in sich. Er ist eher schmelzend und locker wie der Jugendstil, weniger geschmeidig und elastisch wie das Rokoko. Die Motive des Ohrmuschelstils kommen aus dem Wasser und dem Meer (wie im Rokoko). Er ging von den Niederlanden aus, die stets von der See bedroht waren. Eines der häufigsten Bilder ist ein riesiger gähnender Rachen, über dem kleine böse Augen glühen, wobei das Ganze wie die Unterseite eines Rochens aussieht. Das Motiv des geöffneten Mauls war in Italien entwickelt worden, doch erst in den Niederlanden kamen die Gefahren des Wassers hinzu. Delphine, Muscheln (die Rippen der Jacobsmuscheln waren ein verbreitetes Motiv), Felsen, Korallen und Seeungeheuer wurden häufig verwendet. Einige dieser Motive sind in ihrer heimischen Umgebung, einer melancholischen Grotte, in der Zeichnung von Jacques de Gheyn [236] für den Prinzen von Oranien kurz nach 1620 versammelt. Die Bestandteile der Grotte – Muscheln, Wassertiere, Salamander, der Stempel des Alters, ausgedrückt durch den bärtigen Gefangenen – erinnern an die Grotten-Phantasien Palissys, so wie die Kröten, Schlangen und die Eule an die Ängste des Malers erinnern, der im 15. Jahrhundert die Grotten besucht hatte. Die Motive, die im Ohrmuschelstil Gänsehaut verursachen sollten, wurden bereits im 16. Jahrhundert erfunden.

Italienische Künstler waren durch die antike groteske Akanthusmaske, die auch Michelangelo zu seinen Proto-Ohrmuschel-Masken inspiriert hatte, dem Ohrmuschelstil schon sehr nahe gekommen [343]. Ohrmuschelformen können im Keim bereits in den Zeichnungen Enea Vicos ausgemacht werden (darunter die »bösen Augen«[217]). Eine Maske vom Grabmal Papst Pauls III. (gest. 1549) von Guglielmo della Porta im Petersdom in Rom ist deutlich im Proto-Ohrmuschelstil entworfen [234]. Die italienischen Stichwerke des 17. Jahrhunderts trieben den Ohrmuschelstil voran, wie etwa eine Kartusche von Agostino Mitelli (1609–1660) mit hervorstehenden Ohren, die aussieht wie *en route* zwischen Rollwerk und Rokoko [237]. Dasselbe kann man auch an einem ganz anderen Entwurf beobachten, der von Stefano Della Bella 1646/47 in Paris publiziert wurde [235], wo sich hinter der Kartusche aus Fischen und Muscheln das Meer ausbreitet.

Die Nieder-Weltlichkeit des Ohrmuschelstils kommt aus den Niederlanden und von dem nekromantischen Hof in Prag. Wichtigste Quellen sind Frans Floris [215], der Anleihen bei Vico nahm, und Cornelis Bos. Der bärtige Gefangene in der Grottenzeichnung de Gheyns [236] ist den Arbeiten Floris' eng verwandt, und einige der Unwesen erinnern an Vredeman de Vries oder die grauenvollen, zerschmetterten Kreaturen Erasmus de Hornicks, eines produktiven Zeichners, der sich direkt auf Bosch bezog. Möglicherweise werden die morbiden Assoziationen der Grotte durch das traditionell starke Interesse der Niederländer an der Vanitas-Symbolik offenkundig. Nach 1600 wurden sowohl in Prag als auch in Holland Leichen öffentlich seziert. Anatomische Publikationen wurden von Künstlern begeistert aufgenommen, sodass ein 1634 in Den Haag publizierter Band sich explizit nicht nur an Chirurgen, sondern auch an Maler, Bildhauer und Kupferstecher wandte.[218]

233 Kabinettschrank auf einem Untergestell, aus Fichten- und Eichenholz mit Birnbaumfurnier, Einlagen aus »Ruinenmarmor«, Lapislazuli und anderen Steinen, innen mit Eschen- und Nussbaumholz eingelegt; österreichisch, um 1650–1700

234 Maske aus Marmor vom Grabmal Papst Pauls III. im Petersdom, Rom, von Guglielmo della Porta; italienisch, um 1650

235 Kartusche eines Titelblatts, entworfen von Stefano della Bella, publiziert in Paris 1646/47 (aus *Paisages maritimes)*

Inwieweit das Rollwerk bei der »Verflüssigung« des Ohrmuschelstils Pate stand, zeigt deutlich ein Entwurf für einen Schrank [239], der 1642 von Crispin de Passe II. (um 1593 bis nach 1670) herausgegeben wurde. Die Kartuschen der Türfüllungen unter der Muschel auf der linken Seite sind deutlich im Ohrmuschelstil gehalten (die »bösen Augen« des Rochens sind oben auf der oberen Kartusche zu sehen). Die Alternative rechts hat oben Rollwerk und unten eine Kassette, die von Decken oder Fußböden abgeleitet ist.

Der niederländische Ohrmuschelstil kam erstmals in den Arbeiten des Utrechter Goldschmieds Adam van Vianen (um 1565–1627) zur vollen Blüte. Der Archetypus, eine vergoldete Silberkanne von 1614,[219] war mit »Grotesken oder Schnakkerey, wie es genannt wird, komponiert[220]... und war ein höchst außergewöhnlicher Gegenstand«.[221] Der Kommentar zeigt, dass der Stil als fremd empfunden wurde. Fremd oder nicht, jedenfalls taucht die Kanne in mindestens zehn holländischen Stillleben auf. Der Stil fand auch in England Anklang, wo 1623 in London Ohrmuschel-Zeichnungen durch einen holländischen Goldschmied vertrieben wurden.[222] Etwa zehn Jahre später wurde Adams Sohn Christiaen van Vianen zum Hofgoldschmied König Karls I. ernannt. Christian von Vianens Schwiegersohn, John Cooqus, fertigte 1674 ein silbernes Prunkbett durchgängig im Ohrmuschelstil an – Metall blieb das Material,[223] in dem er sich am kompromisslosesten ausdrücken ließ, was sich auch daran zeigt, dass sich kaum Holzmöbel in diesem Stil erhalten haben. Karl II. schenkte das Bett Nell Gwyn[224], Schauspielerin und Mätresse des Königs, was in gewisser Weise angemessen war.

Die wenigen erhaltenen Holzmöbel zeigen eine völlige Hingabe, einen expressiven Extremismus, zu dem der Stil fähig war. In vielen Fällen sind die Ohrmuschel-Motive sehr dezent angebracht, wie an einem prachtvollen Ebenholzkabinett von 1640. Dort tauchen sie nur in den horizontalen Füllungen unterhalb der Türen auf [246]. Die wenigen zeitgenössischen Möbelabbildungen machen deutlich, dass zuweilen radikale Transformationen aufgetreten

236 Zeichnung für die Grotte in Den Haag von Jacques de Gheyn II.; flämisch, um 1620

237 Entwurf einer Kartusche von Agostino Mitelli, italienisch, um 1630

238 Schrank von Friedrich Unteutsch; deutsch, publiziert in Frankfurt um 1640 (aus *Neues Zierathenbüchlein)*

sein mögen – wohl durch den Einfluss der Malerei. Rembrandt, der orientalische und exotische Anklänge zeigt, bildet Ohrmuschel-Möbel in einem extremen Stil ab, und ein ihm nahestehender Maler, Gerbrandt van den Eckhout (1621–1674), fertigte Möbelzeichnungen in vergleichbarer Manier an. Einige Entwürfe zeigen einen zügellosen Ohrmuschelstil, wie auch der Schrank von Friedrich Unteutsch von 1640, einem Schreiner aus Frankfurt [238]. Er hat deutliche »Ohren« an den Seiten und ist mit schwellenden, hängenden C-Ranken, vermischt mit Ohrmuschel-Ornamenten, verziert.

Ein niederländischer Tisch aus vergoldetem Nussbaumholz aus der Zeit um 1660 [240] hat geradezu schmelzende Füße, die halb animalisch, halb vegetabil aussehen. Die Maske in Form einer Kartusche besteht aus schier zerfließendem Rollwerk, wobei sie Ähnlichkeiten mit einem Entwurf Van den Eckhouts hat.[225] Ein zurückhaltenderes, englisch-holländisches Ohrmuschel-Gestell in Ham House trägt ein japanisches Kabinett [241]. Darüber hängt ein Bilderrahmen im Ohrmuschelstil, der in englischen Häusern der Restaurationszeit ausgesprochen weit verbreitet war. Das Motiv oben in der Mitte deutet ein Gesicht an, ohne dass es eigentlich ausformuliert wäre. Ebenfalls in Ham House befindet sich eine Gruppe von Stühlen von 1673 im Ohrmuschel-Chinoiserie-Stil, wobei zwei Extravaganzen zu einem exotischen Ganzen vereint werden [242]. Holländische Handwerker erwiesen sich als außerordentlich befruchtend für die englische Möbelkunst des 17. Jahrhunderts und sind dafür verantwortlich, dass viele Möbelstücke der Restaurationszeit im Ohrmuschelstil angefertigt sind.

Ein österreichischer Kabinettschrank aus der zweiten Hälfte des 17. Jahrhunderts [233] hat die »Ohren« des Ohrmuschelstils und zeigt Verwandtschaft mit dem Stich Unteutschs [238]. Mit seinen 18 korinthischen Säulen und der Attikazone wirkt es monumental und sehr architektonisch. Die anhaltende Ruinenbegeisterung manifestiert sich in den vielen Täfelchen aus »Ruinenmarmor«, die die Front des Kabinetts verkleiden: außerordentlich verstörende, natürliche Bilder, die an die flüchtigen, aber traurig stimmenden Stiche römischer Ruinen von Etienne du Pérac aus

239 Entwurf für einen Schrank mit alternativen Ausführungen von Crispin de Passe II.; holländisch, publiziert in Utrecht 1642 (aus *Officina arcularia)*

ganz rechts **240** Tisch aus geschnitztem und vergoldetem Nussbaumholz mit Marmorplatte; holländisch, um 1660

dem Jahr 1575 erinnern. Die Expressivität des Ohrmuschelstils paart sich nicht mit antiker Grandeur.

Während der Renaissance, dieser außerordentlich fruchtbaren und vielfältigen Epoche, sind deutlich die beiden widerstreitenden Strömungen der Klassik und der Anti-Klassik ablesbar. Diese beiden Pole durchziehen die gesamte Geschichte der Kunst, ja die fortdauernde Auseinandersetzung mit der Antike ist eines der wesentlichen Themen der Kunstproduktion.

Für die Möbelkunst bedeutete die Epoche der Renaissance eine sprunghafte Zunahme an Möbeltypen, die für unterschiedliche Zwecke geeignet waren. Der gedrechselte Klismos und seine Derivate lösten allmählich die sehr einfach zusammengesetzten Brettstühle ab, die mit ihrer zerlegbaren Konstruktion und der daraus resultierenden hohen Mobilität in gewisser Weise die noch wenig gefestigten gesellschaftlichen Strukturen der Epochen vor der Renaissance spiegeln. Die kleinen Schubladenkästen der Gotik – leicht tragbar durch die seitlichen Griffe – sollten in der Renaissance allmählich durch das Aufeinandersetzen zu den monumentalen Prunkmöbeln werden, die nur vom Barock übertroffen wurden.

Eine der wesentlichen Errungenschaften der Renaissance ist der gegenseitige dekorative Bezug von Innenraum und Möbeln. Die neu erfundenen Ornamente, wie die kandelaberförmige Groteske, die Arabeske, das Rollwerk und die Kartusche, wurden in Gesamtentwürfe integriert, wobei in einem Raum ein Thema bestimmend war, jeweils abhängig von der Nutzung. Mit unterschiedlich genutzten Räumen, in denen nach Funktionen unterschiedene Möbel standen (Schlafzimmer, Esszimmer, Küche), bahnte sich eine Entwicklung an, die in Schloss Versailles unter König Ludwig XIV. ihren Höhepunkt erreichen sollte.

241 Bilderrahmen aus geschnitztem, vergoldetem Holz von John Norris, Hofrahmenmacher, und ein japanisches Lackkabinett auf einem geschnitzten, vergoldeten Holzgestell, wohl holländisch, in Ham House, Surrey; beides um 1575

242 Stuhl aus Buche mit Lackmalereien in Ham House; englisch, um 1673

Barocke Kontraste V

V *Kapitel 1* Der Hochbarock und seine extremen Formen

vorhergehende Seite **243** Prunkkabinett aus Ebenholz mit Pietra-dura-Arbeiten und Halbedelsteinen eingelegt, Entwurf von Domenico Cucci; Paris, 1681–1683

Die Vorläufer des Barock: Italien und Frankreich

Im 17. Jahrhundert wurde der europäische Geschmack von der Kunst des Barock beherrscht. Jedoch waren sowohl die barocke Architektur als auch barocke Dekorationen heftig umstritten. Im Jahr 1685 kritisierte André Félibien, ein Anhänger der französischen Klassik, die rastlose Bewegung und die vielfach »aufgebrochenen« Fassaden barocker Bauten: »ein Durcheinander hervorstehender und sich zurückziehender Reliefs ... vielköpfig wie eine Hydra und mehrarmig wie Briareos ... mit einer unendlichen Anzahl an Winkeln und Unebenheiten«.[1] Thomas Hope, ein britischer Klassizist des Regency, verdammte Bernini und seine Zeitgenossen Fontana und Borromini aufgrund ihrer »gedrehten [Salomonischen] Korkenziehersäulen, ihrer Lockenwickler-Architrave und der Giebel, welche nach unnatürlichen Formen gebildet wurden, ... [die] dem schlechten Geschmack zur schlimmsten Zeit des spätkaiserlichen Rom noch zum Beispiel gereicht hätten«. Weiterhin beschied er, »weitaus mehr Ausführungen und Details ... dienen dem Zweck der Verzerrung aller möglicher Gegenstände ... Stühle, Tische, Kaminaufsätze, Kerzenhalter, Wandleuchter und Bilderrahmen«.[2] Hope beschränkte seine scharfe Kritik auf architektonische Details, denn die barocke Innenarchitektur bot ihm keine große Angriffsfläche, da sie im Gegensatz zu Räumen des Rokoko eher klassisch orientiert ist. Die Säulenordnungen werden angewandt, Wandflächen klar strukturiert: Die barocke Galleria des Palazzo Colonna in Rom vermittelt nicht jene Doppeldeutigkeit des Rokoko, wie sie im Kaisersaal der Würzburger Residenz zu finden ist.

Im spätkaiserlichen Rom finden wir die Grundlagen der barocken Architektur des 17. Jahrhunderts mit all ihren Schwüngen und Gegenschwüngen und der Verwendung der gebrochenen Giebel, Lambrequins und Festons an den Fassaden, die der Innenausstattung mit ihren drapierten Stoffen nachempfunden ist. Nirgendwo kann man dies besser erkennen als in der übertriebenen, proto-barocken Bühnenausstattung der *scaenae frons* des römischen Theaters, die in den Grotesken der Wanddekorationen wieder aufgegriffen wird. Dieser Rückgriff auf die Antike korrespondiert mit der rhetorischen Opulenz der Lyrik dieser Zeit: »Alles kunstreich, tadellos, alles herrlich, alles groß.«[3] Großes Zeremoniell vollzog sich in Prunkappartements mit entsprechendem Mobiliar, das bühnenartig disponiert wurde und sich beträchtlich von den übrigen Zimmern des Hauses unterschied. Mit Hilfe von Wandtischen, Kerzenleuchtern und Spiegeln setzte man die Räume in beeindruckender Weise in Szene. Die Flucht prächtiger Empfangsräume reihte sich in dramatischer Steigerung von prachtvollen, öffentlichen Sälen bis hin zu exquisit ausgestatteten, kleineren privaten Kabinetten.

Die meisten der repräsentativen Gegenstände hatten keinerlei Gebrauchsfunktion, die Kommode als nützliches Aufbewahrungsmöbel beispielsweise wäre in Italien als Prunkmöbel undenkbar gewesen. In Frankreich dagegen wurde das Zeremoniell des *lever* und *coucher* des Monarchen derart verfeinert, dass man ohne solche Schaustücke wie eine Kommode nicht mehr auskam. Das Schlafzimmer Ludwigs XIV. in Versailles, jenes »Allerheiligste«, in dem allabendlich der König öffentlich hinter brokatenen Vorhängen entkleidet wurde, war so ausgerichtet, dass der Sonnenkönig – ein apollinischer Halbgott (in heidnischen Tagen hatte sich Konstantin der Große mit Apollo gleichsetzen lassen) – den Sonnenaufgang beobachten konnte – zumindest theoretisch. In Wirklichkeit flüchtete sich der König aus dem Paradebett in sein privates Schlafzimmer. Ein Leben auf einer immerwährenden Bühne bedeutete für die Akteure dieses Theaters ständige Anstrengungen, und so schuf man Rückzugsmöglichkeiten wie private Appartements oder kleine Schlösschen wie Marly (das bezeichnenderweise als eine Reihe privater Appartements in eigenen Gebäuden konzipiert war). Das Appartement, eine als Zimmerflucht angeordnete Reihe von Gemächern, ist eine Erfindung der Renaissance (ein Vorläufer, die erste in sich abgeschlossene Einheit von Privaträumen seit dem Ausgang des Mittelalters, entstand um 1460 in Urbino). Mit diesen Orten des privaten Rückzugs entstand der Bedarf nach einer neuen Art Möblierung für den Privatgebrauch.

Repräsentative, barocke Interieurs wurden oft als Einheit geschaffen, von einer Gruppe von Künstlern unter der Leitung eines übergeordneten Entwerfers. So wie in der Dichtung viele Metaphern und Bildnisse in einem Gesamtkunstwerk kulminieren, wurde auch Möbeln als Teil eines harmonischen Ganzen eine neue Bedeutung zugemessen. Ein wunderbares barockes Möbelstück lässt sich nicht ungestraft aus seinem stilistischen und proportionalen Zusammenhang reißen.

Die Konsoltische der Galleria im Palazzo Colonna in Rom sind sowohl Möbelstücke als auch Skulpturen; als Zierstücke durften sie bildhauerisch empfunden sein, und das ohne Hemmung. Tatsächlich brachten die neuartigen Dekorationsideen Ensembles als neue Möbeltypen hervor. Spiegel, die all diese wunderbaren Neuerungen noch vervielfältigten, wurden ein »Muss« – die Möglichkeit, seit 1688 größere Glasflächen herzustellen, war Ergebnis, nicht Ursache dieser neuen Mode der möglichst großen Spiegel. (Über die »Spiegel-Manie« entstanden überraschende, liebevolle Spötteleien: »Dann sagte die Gnade *Es hängt ein Spiegel alldort im Speisesaal, der geht mir nicht aus dem Kopfe; wenn ich den Verstand darob verlier', hat mich das Elend beim Schopfe.*«)[4]

Schon Zeitgenossen berichteten, dass der französische Architekt François Mansart der Erste gewesen sei, der in die Gestaltung der Wandflächen über den Kaminen Spiegel integrierte. Man kombinierte Spiegel auch mit Pfeilertischen, zuerst als zusammengestellte Einzelteile und später tatsächlich als Einheiten angefertigt, wobei der Pfeilertisch oft als Konsoltisch an der Wand und vor allem am Fensterpfeiler angebracht wurde. Diese Form setzte sich im späten 18. Jahrhundert durch und war bis weit über das Rokoko hinaus verbreitet.

Das herausragende Genie des Barock war Gianlorenzo Bernini (1598–1680), ein Universalkünstler, dessen vorwiegendes Betätigungsfeld in der Bildhauerei lag. Sein Hauptinteresse galt der kraftvollen, lebendigen Plastizität, und er setzte in bis dahin ungekanntem Maße die *licenza* um, die von Michelangelo und seinen Nachfolgern in die bildenden Künste eingeführt worden war. Die von der Bildhauerei dominierte Kunst des italienischen Hochbarock stellte die bedeutendste anti-klassische Kunst seit dem Ausklang der Gotik dar (nur das Rokoko sollte sie später noch übertreffen). Der Barock wurde auch außerhalb Italiens begeistert aufgenommen, vor allem in den katholischen Gebieten Deutschlands. Der Hang der Deutschen zum Expressiven erklärt unter anderem, warum Barock und Rokoko dort einen so besonders starken Aufschwung nahmen – zuweilen erinnern die ekstatischen Skulpturen des deutschen und österreichischen Rokoko an die nordischen Skulpturen der Spätgotik. Die Expressivität barocker Kunst wurde jedoch nicht überall anerkannt und geschätzt. In Italien wurden gleichzeitig mit den größten barocken Extravaganzen Möbel und Accessoires hergestellt,[5] die einem Klassizismus des Spät-Rokoko vorgreifen. Der Erzbarockkünstler selbst, Bernini, urteilte über den klassischen französischen Maler Poussin, er sei der »größte und weiseste Maler, der jemals gelebt hat«.[6] Raffael und seine Schüler übten einen »klassizierenden« Einfluss aus, der ein Gegengewicht zu Michelangelos *licenza* darstellte. Jedoch übten beide, sowohl Michelangelo als auch Raffael, einen gewissen Einfluss auf die eklektische Kunstrichtung der Carracci-Brüder aus, wobei sich der Einfluss der Carracci und Paolo Veroneses (eines klassischen Malers) wiederum in den Arbeiten Simon Vouets [272] bemerkbar machte, dessen italienisch inspirierte Grotesken seinerseits einen wichtigen Beitrag zur französischen »barocken Klassik« lieferten. Da neue Entwicklungen nur langsam weitergegeben wurden, erreichte man in weitab von künstlerischen Zentren gelegenen Ländern wie Deutschland erst im 18. Jahrhundert die Grenzen der neuerworbenen Freiheit künstlerischen Ausdrucks.

Im 17. Jahrhundert begann Frankreich, mit Italien als Vorreiter des guten Geschmacks gleichzuziehen. Während des 16. Jahrhunderts hatte sich dort eine reiche Tradition entwickelt, und im Jahre 1608 begann Heinrich IV., künstlerische Schöpferkraft zu zentralisieren, indem er im Louvre für geschickte flämische und französische Kunsthandwerker Werkstätten einrichten ließ. Kunsthandwerker spielten in Frankreich eine aktivere Rolle als in Italien, wo die bildenden Künstler Vorrang hatten. Dennoch schlug sich der italienische Einfluss auch in Frankreich sehr stark nieder. Allen voran konnte die aus Italien kommende Königin Maria Medici (1573–1642) ihren italienischen Geschmack bei den Ausstattungen für ihre Räume durchsetzen. Der politisch einflussreiche Minister Mazarin (1602–1661), ebenfalls ein gebürtiger Italiener, war zudem ein eifriger und nahezu stilbildender Kunstsammler. Ein Reiseführer aus der Zeit um 1685 zeugt sowohl vom italienischen als auch vom internationalen Geschmack seines Hôtel Mazarin:[7] »Der Großteil der Decken ist überaus schön. Sie wurden von einem gewissen Grimaldi geschaffen, der zu diesem Zweck im Jahre 1648 aus Italien berufen wurde, zusammen mit Romanelli, einem Schüler des Pietro da Cortona, der die Malereien der Galerie beaufsichtigte«,[8] die Appartements im Erdgeschoss seien »voller niederdeutscher [deutscher oder holländischer?] Kunstschränke, chinesischer Porzellane und japanischer Lackarbeiten, alles von zartester und schönster Machart«.[9] Besagter Giovanni Francesco Grimaldi arbeitete bis 1651 in Frankreich und entwarf unter anderem Möbel. Die Möbelkunst der Mazarin-Zeit wurde von dem Holländer Pierre Gole [244] und dem italienischen Künstler Domenico Cucci [243] dominiert.

Barocke Einflüsse aus Italien konnten sich gegenüber dem französischen Geschmack nie recht behaupten, und seit dem Regierungsantritt König Ludwigs XIV. im Jahre 1660 wurde die Erschaffung eines französischen Stils Teil seiner Politik. Egal wie gut oder schlecht seine Ideen auch waren, dieser willensstarke Herrscher, »Le Grand Monarque«, hatte sein eigenes Programm, das er sowohl im Krieg als auch in der Kunst durchsetzte. Der Autokrat hatte einen entschiedenen Geschmack, und sein Auge galt als unfehlbar. Saint-Simon behauptete, dass der katastrophale Ausgang seiner späteren Kriege durch eine Kette von Umständen bedingt war, die damit begann, dass dem König eines Tages auffiel, dass ein Fenster seines Schlösschens Petit Trianon um einige Zentimeter schmaler war als die anderen.[10] Wie Perikles auf dem Parthenon weiterlebt, so lebt Ludwig XIV. in Versailles fort. Seine politischen Erfolge mögen dahin sein, der Stil »Louis-quatorze« jedoch stand die folgenden Jahrhunderte hindurch in Interieurs und Mobiliar für höchsten Anspruch und Qualität.

Ludwig XIV. gab der klassischen Antike den Vorzug vor dem anti-klassischen Barock. In Anlehnung an Franz I. begann er, der französischen Kunst eine klassische Richtung zu geben. Er lehnte Berninis Entwürfe für den Louvre ab und verbannte sein »unziemliches« königliches Reiterporträt (nach vielen Abänderungen) in die Außenbereiche des Parks von Versailles. Im Jahr 1666 gründete Colbert die Académie Royale in Rom, um »le bon goût et la manière des Anciens«, den guten Geschmack und die Traditionen aufrecht zu erhalten. Die Académie Royale bewunderte Raffaels Loggien und die Galleria Farnese der Carracci-Brüder, dämpfte die barocken Exzesse jener Zeit und beobachtete den Hang zum Barock bei LeVau, dem Architekten Ludwigs XIV., mit Misstrauen. Den Anhängern der Klassik war die Groteske suspekt. Félibien lehnte sie als »barbarisch und lächerlich« ab, indem er sich auf Vitruv bezog. Callot, der wiederum Berain beeinflusste (S. 153), warf er »zusammenhanglose, gewundene Figuren« vor.[11] Die Akademie für Architektur gab sich ebenso konservativ. Als Ludwig XIV. selbst sich dem keimenden Rokoko zuwandte, bezeichnete sie diese Tendenzen, die sich an Kaminsimsen manifestierten, missbilligend als »gotisch«.[12]

Ludwig XIV. unterstützte die Veröffentlichung von Antikendarstellungen als Teil seines Programms. Diese Bücher bildeten das Rohmaterial für neue klassische Entwürfe, und ihr Einfluss kann nicht hoch genug eingeschätzt werden. Im 17. Jahrhundert spielten sie als die Hauptquelle der Kenntnis antiker Stilrichtungen eine größere Rolle als die bisher zirkulierenden Künstlerzeichnungen. Der Zeitgeist unterstützte den König. Viele Schüler der Akademie waren begierig, Aufmerksamkeit zu erregen und zu veröffentlichen. Die bedeutsamste Bewegung war das Bestreben der Altertumsforscher nach enzyklopädischem Sammeln und Ordnen. Sie begann mit den bisher unveröffentlichten vierzig Bänden Pirro Ligorios über antike Funde[13] und J.-J. Boissards Enzyklopädie aus den Jahren 1597 bis 1602. Hier wurden die Antiken nach Typen unterschieden in üppigen Illustrationen stark »verbessert« dargestellt, und einige von ihnen, darunter auch Darstellungen antiker Möbel, fanden Aufnahme in Montfaucons Enzyklopädie des frühen 18. Jahrhunderts. Cassiano dal Pozzo, ein antikenbegeisterter Freund von Rubens, sammelte Material, das zwar nie veröffentlicht wurde, aber von weit reichendem Einfluss war [477].[14]

Im Jahr 1650 – noch vor der Thronbesteigung Ludwigs XIV. – veröffentlichte Fréart de Chambray auf Grundlage der Zeichnungen Pirro Ligorios ein mit schönen Stichen ausgestattetes Werk über antike und moderne Architektur[15], dem langer und anhaltender Einfluss beschieden war. John Evelyn, der Herausgeber der britischen Ausgabe von 1664, teilte Karl II. mit, das Buch enthalte »den Kern und das Wesentliche von nicht weniger als zehn klugen Schreibern sowie fast die doppelte Menge der vornehmsten Bauwerke, die wir kennen«.[16] Ihm folgte die einflussreiche Publikation über antike Skulpturen von François Perrier.[17] Félibiens großartige Kompilation *Statues et bustes antiques* aus dem Jahr 1679, die vom König selbst finanziert wurde, stellte in eindringlichem und imposantem Stil die glanzvollen Ergebnisse der königlich bestallten Künstler und Handwerker dar, die den Lehren der antiken Bildhauerei gefolgt waren. Eine Gruppe äußerst ansehnlicher »moderner« Skulpturen, viele davon aus der Werkstatt Charles Lebruns (1619–1690), führt den Reigen antikisierender Skulpturen an, die mit ihren antiken Vorbildern zu wetteifern scheinen.[19] Der durch Félibiens Werk dargestellte Geschmack findet sich in den Goldbronze-Tafeln wieder, die ein beherrschendes Motiv der zeitgenössischen französischen Möbelkunst werden sollten. 1682 erschien als Krönung der königlichen Publikationen über die Antike der Band von Antoine Desgodetz über antike Bauwerke Roms, »genauestens vermessen und maßstabsgetreu abgebildet«. Dieser Band sollte wachsende Berühmtheit erlangen und bis ins 20. Jahrhundert hinein in Gebrauch sein.

Der bedeutendste französische Architekt seiner Zeit war Mansart, der Palladio, Vignola und Michelangelo bewunderte, dessen eigene Arbeit aber meisterhaft, ja oft streng klassisch ausfiel. Mit den beliebten und begehrten Grotesken Jean Berains [273] konnte Mansart sich nicht anfreunden.[20] Der König wiederum bevorzugte Lebrun als Innenarchitekten, um seine wichtigsten Projekte umzusetzen. Ab 1663 leitete er die ein Jahr zuvor gegründete Manufacture Royale des Meubles de la Couronne, in der anfäng-

oben **244** Kabinettschrank mit Marketerien aus Schildpatt, Elfenbein sowie grün gefärbtem Walbein, Ebenholz, Buchsbaum, Königsholz und Palisander, weiteren Hölzern und vergoldeten Bronzebeschlägen, Pierre Gole zugeschrieben; Paris, um 1660

oben rechts **245** Prunkschrank aus Ebenholz mit vergoldeten Bronzen sowie Marketerien aus Schildpatt und Messing, A.-C. Boulle zugeschrieben; Paris, um 1700

rechts **246** Kabinettschrank aus geschnitztem und gedrechseltem Ebenholz; französisch, um 1640

lich nur Gobelins und später auch andere Ausstattungsstücke für die königlichen Paläste hergestellt wurden (daher die Kurzbezeichnung »Gobelins«). Lebruns Vorliebe galt dem Barock, aber er war ein Schüler Vouets und zudem von Poussin beeinflusst [330], der auf Raffael rekurrierte – es hieß, dass Poussin, »hätte er seine Fresken auf zerfallenes Mauerwerk aufgetragen … die Welt hätte überzeugen können, es handele sich um das Werk eines antiken Malers … eine solche Übereinstimmung war zwischen seinen Gemälden und dem, was von alter Kunst entdeckt worden ist.«[21]

Im Spannungsfeld zwischen Barock und klassischen Einflüssen entstand ein selbstständiger französischer Stil, als dessen Meisterwerke die Spiegelgalerie in Versailles von 1678, die Entwürfe von Jean LePautre [256, 257] und die Möbel Andre Charles Boulles gelten [245, 275]. Percier und Fontaine, die großen französischen Dekorateure, deren herausragende Entwürfe das Directoire und Empire prägen sollten, fassten die Situation wie ein Leitmotiv für dieses Buch zusammen: »Möbel und Mobiliar stimmen stets mit der Geisteshaltung überein, die den Schöpfungen der Architekten, Bildhauer und Maler zugrunde liegt. Goldschmiedearbeiten der Epoche Ludwigs XIV. sind vom Stil Lebruns geprägt. Die Schränke und Gueridons Boulles zeugen in Linienführung, Form und dekorativen Rahmungen [Kartuschen] vom Einfluss Mansarts.«[22]

Die kreativen Zentren des Barock lagen in Frankreich und Italien. Attraktive, aber auch aufgrund nationaler und regionaler Unterschiede sowie politischer und religiöser Gegenkräfte weniger stark ausgebildete Stilvarianten entstanden unter anderem in England und Holland.

247 Kabinettschrank aus Ebenholz, Alabaster und Elfenbein mit vergoldeten Bronzen nach einem Entwurf von Giovanni Battista Foggini, angefertigt von Adam Suster; italienisch (Florenz), 1704

oben rechts **248** Kabinettschrank aus Ebenholz mit Pietra-dura-Arbeit aus Amethysten, Lapislazuli, Jasper und Achaten, mit vergoldeten Bronzen und anderen Materialien; italienisch (Florenz), 1726–1732

Klassischer Barock

Wirbelnde, oft gewaltige Bewegung ist ein wesentliches Merkmal der barocken Kunst, wobei (im Gegensatz zum Rokoko) nicht nur lineare, sondern auch raumgreifende Formen vorherrschen, die ihre klassische Herkunft verraten. Wo das Element der Bewegung fehlt, wird der klassische Ursprung evident. Zweckmäßigerweise unterscheidet man bei Barockmöbeln stilistisch zwischen einem »extremen« und einem modifizierten oder »klassischen« Barock. »Extremer« Barock sticht durch dynamische und manchmal gewundene Formgebung hervor. Viele traditionale Merkmale der Klassik haben sich dagegen im »klassischen« Barock erhalten.

Eines der Charakteristika von Prunkmöbeln der Spätrenaissance und des Barock ist die Betonung reicher, kostbarer Oberflächen und die bevorzugte Verwendung edler Materialien wie Elfenbein [249] und Ebenholz [246]. Elfenbein war seit der Antike höchst geschätzt und erinnert in Verbindung mit vergoldeten Bronzen an das Gold und Weiß der antiken, chryselephantinen Möbelstücke. Man war uneins, ob Weiß eine edlere Farbe als Schwarz sei. Aristoteles hielt Weiß für die edelste, Schwarz dagegen für die geringste Farbe, was in einem Bericht aus dem Jahr 1584 (der die Vorliebe des Jahrhunderts für Schwarz dokumentiert) relativiert wird. Entgegen aristotelischer Meinung halten viele Schwarz für edler als Weiß, denn »il nero mantiene sempre il suo stato« – es ändert sich nicht.[23] Ist es Zufall, dass schwarz-weißer *Nero-antico*-Marmor als Hintergrund für die Darstellung der Adelswappen auf dem Tisch im Palazzo Farnese [189] verwendet wurde? Das majestätische Schwarz von Ebenholz, das fast so hart und schwer wie Stein ist, hatte zwei Vorteile: Es stellte den perfekten Kontrast zu mehrfarbigen Intarsien dar [248], und alleine verwendet bildete es die Vorgabe für jene Epoche des »spanischen Schwarz mit Halskrause«, das zu einer europaweiten Mode schwarz-weißer Kleidung wurde. Seit dem späten 16. Jahrhundert importierte man Ebenholz über Portugal nach Europa, und in der Mitte des 17. Jahrhunderts war es vor allem in den Niederlanden, Italien und Augsburg allgemein verbreitet. Seine hohe Wertschätzung zeigt sich in dem Usus der Stadt Augsburg, zur Garantie seiner Echtheit das Material mit der Zirbelnuss, dem Stadtsiegel, zu kennzeichnen.

Die Reichen und Mächtigen sammelten begierig antike Steingefäße, die mit Gold, Emaillen und Gemmen montiert und verschönert wurden. Mit der Zeit entwickelte sich eine Kunstform, in der begabte Juweliere antike Stücke meisterlich nacharbeiteten. Pietra-dura oder Comesso-Arbeiten waren eine künstlerische Technik in ähnlich antikisierendem Geschmack wie Intarsien, wobei Holz durch Mineralien ersetzt wurde: Kleine *tesserae* (Plättchen) aus Halbedelsteinen wurden entweder in dunklen Schiefer oder ein anderes Untergrundmaterial eingelegt und angeklebt, sodann polierte man die gesamte Oberfläche sorgfältig. Diese wohl ein-

249 Kabinettschrank aus Zedernholz, mit so genannten Flamm- oder Wellenleisten aus gedrechseltem und furniertem Elfenbein, aus Ham House in Surrey; vermutlich flämischen Ursprungs (Antwerpen), um 1665

drucksvollste polychrome Technik, die je in der Möbelkunst verwendet wurde, unterschied sich nur insofern vom *opus sectile* [44] (auch *opus Alexandrinum* = Fußbodenmosaik), als für die abgebildeten Gegenstände ihre natürlichen Farben gewählt werden konnten. Schon im Jahr 1379 wird in einem Manuskript aus Padua die Pietra-dura-Arbeit eines Florentiner Handwerkers beschrieben,[24] aber Vasari bezeichnet noch 1562 eine solche Oberflächenbearbeitung an zwei Tischen als bemerkenswerte Neuerung.[25] Mailänder Werkstätten belieferten die europäischen Höfe mit Exemplaren, die in dieser speziellen Technik angefertigt waren, bis die Großherzöge von Florenz die Arbeiter abwarben und 1599 offiziell eine eigenständige Manufaktur gründeten – das Opificio delle Pietre Dure. Sie belieferten sowohl die europäischen Fürstenhäuser als auch solvente Privatpersonen.

Im Barock verwendete man Pietra dura in großem Maß und auf vielfältige Weise von den Fußböden bis zu den Decken. In Rom entwickelte sich seit dem frühen 17. Jahrhundert das Bildmosaik, eine verwandte Technik, die sich im Wesentlichen darin unterscheidet, dass das Trägermaterial nicht sichtbar bleibt, sondern verdeckt wird. Eine weitere wieder belebte antike Technik, die für die Möbelkunst Bedeutung erringen sollte, war die Imitation von Marmor, wobei Pigmente aus gemahlenem Marmor mit Leimwasser zu so genannter Scagliola vermischt wurden, einer Masse, die sich als »malerischer« und vielseitiger erwies als Pietra dura. Zudem wurde flach geschliffener »Landschaftsmarmor«, der auf scheinbar mysteriöse Weise Gebirgsformationen mitsamt ihrer Vegetation abbildet, in die Vorderseiten von Möbelstücken eingesetzt [233].

Sechs Kabinettschränke und ein Schrank, die alle innerhalb eines Zeitraums von etwa 80 Jahren hergestellt wurden, geben uns trotz einiger hervorstechender barocker Elemente einen allgemeinen Eindruck formvollendeter Klassik. Sie alle zeichnen sich durch überwiegend gerade Linien und kubische Formen aus und sind aus »edlen« Materialien angefertigt.

Der prachtvolle schwarze Ebenholzglanz jenes wundervollen Kabinettschranks französisch-flämischer Herkunft von etwa 1640 [246] bringt die Noblesse der Farbe Schwarz zur Geltung. Dieses Stück, das aus einem Untergestell mit Aufsatz besteht, kombiniert formal den Tisch mit einer Truhe. Die Ornamentik dieses besonderen Stücks schöpft aus unterschiedlichen Quellen, darunter lassen sich sowohl manieristische Motive erkennen als auch solche aus dem Ohrmuschelstil. Die pfeilerartigen Hinterbeine enden in Wellenprofilen in deutschem oder holländischem Stil, während die verschlungenen Motive, die die Figurenreliefs vorn und auch an den Seitenteilen umgeben, ursprünglich aus dem Islam stammen und viele »abgesetzte Bogen« aufweisen. Trotz dieser Eklektik ist die Gesamtwirkung eher klassisch als barock, denn die korinthischen Pilaster der Aufsatzfront und die ionischen Säulen des Tischs verleihen dem Stück eine ruhige Würde, deren Wirkung nur durch die welligen Formen am Tablier des Tisches unterbrochen wird. Es tauchen keine Fabelwesen auf – weder Akanthusmonster noch andere. Französische Kabinettschränke dieser Art belegen die Entstehung einer französischen barocken Klassik weit vor der Herrschaft Ludwigs XIV. und wurden lange Jean Macé (1602–1672) zugeschrieben, der aus Blois stammte und eine Ausbildung in den Niederlanden genoss, bis er von Maria Medici nach Frankreich zurückgerufen wurde. Der wirkliche Schöpfer dieses Möbels ist nicht nachweisbar, jedoch gibt es viele ähnliche Kabinettschränke aus dieser Zeit, von denen einige aus Antwerpen importiert wurden.[26] In Frankreich wurden deren Herstellungstechniken bald heimisch, sodass im Verlaufe des Jahrhunderts die Schreiner, die tropische Hölzer verwendeten, nach dem Ebenholz – französisch *ébène* – nur noch *ébénistes* genannt wurden. Ein *menuisier* dagegen stellte geschnitzte Möbel her. Die flämischen Handwerker verdingten sich europaweit: Beispielsweise diente Gerrit Jensen vier englischen Herrschern in Folge.[27]

Dem Ebenholzkabinett folgt eines, das komplett mit Elfenbein verkleidet ist und vermutlich ebenfalls in Antwerpen um 1665 hergestellt wurde [249].[28] Die Elfenbein-Täfelchen sind als Flammleisten geschnitzt und am Korpus befestigt. An den streng kassettierten Türen und den Pilastern des Gestells kann das edle Material seine Wirkung voll entfalten, und auch an diesem Stück findet sich keinerlei barocke Bewegung.

Ähnlich in seiner klassischen Statik, aber anstelle von feierlichem Glanz von unbekümmerter Üppigkeit geprägt, zeigt sich ein weiterer Kabinettschrank um 1660 [244]. Er wurde Pierre Gole (1620 bis um 1690) zugeschrieben, der als gebürtiger Amsterdamer im Jahre 1643 nach Paris kam und schon bald von Kardinal Mazarin und Ludwig XIV. Aufträge erhielt. Seine meisterhaften Schildpatt-Furniere (eine im 16. Jahrhundert wieder entdeckte Handwerkskunst der Antike) sowie besondere Marketerien waren die Grundlagen einer Technik, die Boulle später weiter entwickelte. Hier aber behauptet sich die kunstvolle florale Marketerie gegenüber einer allgegenwärtigen Klassik (S. 151). Die Verwendung von Elfenbein zur Darstellung der Kannelierung an Pilastern und Säulen unterstützt den architektonischen Charakter, der durch die Balustrade mit den aufgesetzten Vasen aus vergoldeter Bronze aufgelockert wird. Die Formen der vergoldeten Bronzebeschläge haben jedoch nichts von der antikisierenden Pracht eines Boulle-Möbels.

Ein Prunkkabinett aus Ebenholz mit Pietra-dura-Arbeiten, das zwischen 1681 und 1683 von Domenico Cucci in den Gobelins geschaffen wurde [243], ist ein gutes Beispiel für den italienischen klassischen Barock, der zur Bildung des Stils Louis-quatorze beitrug. Die Linienführung des Korpus ist nirgends geschwungen, die Karyatiden wirken wie versteinert ohne die gestenreichen Arme, die man von einem älteren Stück Cuccis kennt.[29] Sogar die Pietra-dura-Darstellungen der Pflanzen und Vögel erscheinen trotz ihrer Leichtigkeit immer noch sehr streng durchkomponiert. Der Gesamteindruck des Stücks ist unbestreitbar prunkvoll, doch die komplizierten Bewegungen des Sockels mit dem reichen Akanthus und verkreuzten Stierbeinen sind kaum klassisch zu nennen. Die insgesamt eher düstere Pracht dieses Kabinetts ist der üppigen italienischen Kirchenausstattung des Barock verwandt, in der vergleichbare Techniken zur Anwendung kamen. Cucci, ausgebildet in Rom, ging 1660 nach Paris und arbeitete schon vier Jahre später in den Gobelins, wo von seinen Arbeiten wesentliche Impulse für André-Charles Boulle und ganz allgemein den Stil Louis-quatorze ausgingen.

Ein Prunkschrank, der um 1700 entstanden und André-Charles Boulle (1642–1732) zugeschrieben ist [245],[30] zeichnet sich durch angenehme Proportionen, dramatische Farbgebung und exakte, ausschweifende Ornamentierung aus. Barocke Bewegung ist hier nicht zu finden – die vollkommen statische Gestaltung des Kranzes erinnert sehr an einen Kaminaufsatz von Serlio [203]. Die Marketerien aus Ebenholz, graviertem Messing und Schildpatt werden jedoch von den vergoldeten Bronze-Montierungen dominiert, wodurch das Stück schon allein dadurch ganz anders wirkt als der nur wenig frühere Cucci-Kabinettschrank. Sowohl die Bourbonen-Lilie als auch das Monogramm deuten darauf hin, dass er für die französische Krone gearbeitet wurde. Bildhafte Elemente sind durch die vergoldeten Bronzeplaketten vertreten und zeigen *Apollo und Daphne* und *Apollo schindet Marsyas,* beides Themen aus Ovids berühmten *Metamorphosen.* Diese Arbeiten können durchaus von Zeichnungen Raffaels zu den *Metamorphosen* inspiriert sein, die sich, wie man mit größter Sicherheit annehmen kann, in Boulles Sammlung befanden, möglicherweise über den Umweg einiger Versionen von Rubens. Ursprünglich besaß der Schrank konisch gedrehte Füße.[31]

Ein äußerst architektonischer italienischer Kabinettschrank [247] aus dem Jahr 1704, der als in »forma di tempio« – in »Tempelform« ausgeführt – inventarisiert wurde,[32] ähnelt noch mehr barocken Kircheninterieurs als das von Cucci ausgeführte Möbel, obwohl die überschwängliche Form durch die zugrundeliegende Strenge gemäßigt wird, die vielen Barockwerken eigen ist. Der Entwurf stammt von Giovanni Battista Foggini (1652–1725), einem Bildhauer und Architekten aus Florenz, der nach seiner Ausbildung in Rom ab etwa 1690 beim Großherzog von Toskana in Diensten stand. Zu seinen Aufgaben gehörte es, die Werkstätten der Galleria dei Lavori zu beaufsichtigen, in denen mit Marmor, Ebenholz und Metallen gearbeitet wurde. Dieses Kabinett ist aus Ebenholz und Alabaster mit vergoldeten Bronzen von Adam Suster gefertigt. Die von Vittorio Crosten eingearbeiteten Elfenbein-Intarsien spiegeln die skulptural-naturalistische Auffassung Fogginis. Die Elfenbeinfiguren stammen hauptsächlich aus deutscher Herstellung und waren der Medici-Sammlung entnommen. Oben thront mittig Balthasar Stockamers *Caritas,* links von Kopien antiker Vorbilder, rechts von Nachahmungen des *David* von Bernini flankiert. Die Elfenbein-Tafel in der Mitte stammt vermutlich ebenfalls aus Deutschland.

Das letzte Möbel dieser Gruppe [248] gehört wohl zu den schönsten Werken des Opificio delle Pietre Dure in Florenz. Rund dreißig Handwerker dürften gemeinsam an einem solchen Stück gearbeitet haben. (Als diese traditionelle Werkstätte 1737 geschlossen wurde, fanden die Kunsthandwerker anderweitig Unterkunft und Arbeit.[33]) Das *Badminton Cabinet,* das sich bis vor kurzem noch in dem Herrenhaus befand, für das es seinerzeit in Auftrag gegeben worden war und in dem es 250 Jahre lang gestanden hatte (für die englischen Häuser vielleicht einer der tragischsten Verluste der Möbelkunst seit dem vergangenen Krieg), wurde 1726 bis 1732 für den dritten Duke of Beaufort angefertigt. Das Möbel ist eindeutig dem klassischen Barock zuzuordnen: Die Form der Beine verweist auf Serlio und das 16. Jahrhundert [204], und die Düsterkeit der Pietra-dura-Arbeit (abgesehen von dem zentralen Blumenbouquet) geht auf botanische Illustrationen zurück.

Vergoldete Bronzen

Das Verfahren, Gold und Bronze mittels Quecksilber zu verbinden, war seit langem bekannt: Der Mönch Theophilus beschrieb es schon um 1100 in seiner *Diversarium artium schedula.* Diderots Beschreibung in seiner Enzyklopädie von 1751 bis 1772 weicht kaum davon ab.[34] Vergoldete Bronzen wurden vorwiegend in Italien verwendet, am häufigsten in Kirchenbauten des 17. Jahrhunderts: Für die »Salomonischen« Spiralsäulen an Berninis Baldachin im Petersdom [264] wurde sogar die bronzene Dachabdeckung am Portikus des Pantheons geopfert. Vergoldete Bronzen trugen zu dem vielfarbigen Glanz italienischer Prunkkabinette bei. Ludwig XIV. hatte ein Faible für Bronzearbeiten, und die Kunsthandwerker, die Mazarin nach Frankreich holte, verwendeten sie häufig. Unter ihnen befand sich nicht nur Pierre Gole, der Bronzehandwerker, sondern auch Philippe Caffiéri, »avant tout sculpteur«[35], und allen voran Cucci, der zunächst als »ébeniste«, später auch als »fondeur« bezeichnet wird,[36] wie es die königlichen Haushaltsbücher der »Bâtiments du Roi« belegen. Cucci verzierte seine Kabinette üppig mit Bronzen [243].

Der Grund für die reichliche Verwendung von Bronzen in der Innenausstattung lag darin, dass Ludwig XIV. mit seinen Kriegen die königlichen Kassen ruinierte, sodass 1688/89 zwanzig Tonnen prachtvollster Silbermöbel, hervorragend im Entwurf und von höchster Handwerkskunst, eingeschmolzen werden mussten.[37] Aus Mangel an Silber musste der mittellose König auf Goldbronze zurückgreifen, und man ersetzte die geschmolzenen Silbergegenstände durch ganz oder teilweise feuervergoldete Bronzen. Cucci fertigte für den König als Ersatz für seine silbernen Kerzenhalter mindestens ein halbes Dutzend Stücke aus vergoldeter Bronze an.[38] Im Jahr 1689 verbot ein königliches Edikt die Verwendung von reinem Silber zur Herstellung von Möbeln und Zierrat.

In gewisser Weise verstärkte die Verwendung von Ormoulu den Eindruck von Luxus – Bronzen verdrängten das Schmiedeeisen aus der Innendekoration, und man begann, Türklinken, Fensterbeschläge und Treppengeländer aus Bronze herzustellen. Spiegel wurden in Bronze gerahmt. Der Schrank von Boulle [245] ist ein typisches Beispiel für die Einheit von marketierten Oberflächen mit Applikationen aus vergoldeter Bronze, die sicher die herausragendste und folgenreichste Erfindung der Möbelkunst des französischen *Grand Siècle* ist. Sie dominierte die französischen wie europäischen, stilistisch einflussreichen Möbel bis zum Ende des Zweiten Kaiserreichs im Jahr 1870 und wurde von den französischen Barockmöbeln ebenso übernommen wie von den Rokoko-Möbeln Frankreichs, Englands, Deutschlands und Italiens, von der Möbelkunst des englischen, französischen und schwedischen Klassizismus, vom Empire-Stil der Franzosen und der Europäer überhaupt sowie nicht zuletzt von der weltweiten Bewegung des Art Nouveau. Wo es an Material oder Kunstfertigkeit mangelte, ahmte man vergoldete Bronze häufig nach, indem man auf Holz »Malergold«, eine Ölvergoldung auftrug. Die meisten Stücke des *American Empire* bestehen aus diesem »Notbehelf«.

Eine wichtige Funktion der Bronzebeschläge der Zeit Ludwigs XIV. und auch später bestand darin, die empfindlichen Ecken und Kanten der Möbel mit Boulle-Marketerien und anderen Furnierarbeiten zu schützen. Dem gleichen Zweck dienten bronzene *Sabots* (Überschuhe) an Möbelfüßen [275]. Marketerien in Boulle-Technik, eine der für die Epoche charakteristischsten Erfindungen, ist ein weiteres Beispiel für die frappierende Originalität, die aus der Beschäftigung mit der Vergangenheit resultiert. Bei dieser Technik, die das Können eines Gold- oder Waffenschmieds mit dem des Möbel-Schreiners verband, vereinten sich Messing, Zinn und andere Metalle mit Holz (meistens Ebenholz) und Schildpatt (dessen Farbigkeit durch unterlegte pigmentierte Pasten oder Folien variiert werden konnte). Diese Form erwuchs einerseits wie natürlich aus älteren Entwicklungen der Marketerie, muss jedoch

250 Kabinettschrank aus Ebenholz und Schildpatt mit Hinterglas-Bildern nach Motiven aus Ovids *Metamorphosen*, das Untergestell verziert mit Mohren-Karyatiden; Italien (Neapel), um 1650–1670

251 Stützelement eines Tisches mit *Pan und Dionysos* aus mattem und poliertem Marmor; hellenistisch (Kleinasien), um 170 v. Chr.

auch sicher durch zwei weitere Einflüsse befördert worden sein: zum einen durch Metall-Einlegearbeiten, wie man sie von antik römischen Möbeln her kannte [31], und zum anderen durch die Erwähnungen luxuriöser Schildpatt-Intarsien an Möbeln und Türumrahmung in antiken Schriften (S. 35–36). Wenn uns auch heute eine solche Arbeit als die Quintessenz des Louis-quatorze-Stils erscheint, vor allem wenn in den Marketerien Groteskenentwürfe Berains verarbeitet sind (S. 153), muss sie Boulle und seinen königlichen Auftraggebern doch untadelig »antik« erschienen sein.

»Extremer« Barock: der Einfluss der hochbarocken Skulptur

Trotz seiner antiken Vorläufer war der »extreme« Barock eigentlich eine »moderne« Erfindung. Um 1730 bis 1740 beklagten französische Kritiker des Rokoko, dass die Bildhauerei zur »Hure« der Architektur geworden sei. Dabei hinkten sie allerdings der Zeit etwas hinterher, denn in Italien war dies bereits hundert Jahre früher der Fall gewesen – das Ergebnis war ein Barockstil in seiner extremsten Form. So effektiv die Architektur auch für raumgreifende Gestaltungen sein mag, so wird sie doch durch die Bildhauerei weit übertroffen. Skulpturale Elemente wurden in die Architektur übernommen, und für die Möbelkunst bedeutete dies nicht nur Darstellungen von Göttern und Märtyrern und Ornamente wie Draperien, Akanthus und Kartuschen, sondern eine grundlegende Veränderung der Formen.

Die Kunst der figürlichen Darstellungen der Antike zog Künstler und Kunsthandwerker ständig in ihren Bann. Rubens, der ja nicht gerade für die marmorhafte Steifheit seiner Figuren berühmt ist, empfahl allen Künstlern das Studium der antiken Vorbilder und schrieb über sie, dass »wir in unserer irregeleiteten Zeit so degeneriert sind, dass wir nichts dergleichen zustande bringen …«[39]

Die barocke Kraft der hellenistischen Skulptur ist kaum noch mit den klassischen Werten vereinbar. Das wohl berühmteste Beispiel, die *Laokoon-Gruppe*, die sowohl die Kunst[40] wie auch die Möbel des Barock zutiefst beeinflusste, wurde an gestischer Expressivität von seinen italienischen Barockkopien noch übertroffen. Die hellenistische Skulptur [25, 251] hatte in den »protobarocken« hellenistischen Möbelstil Eingang gefunden, und diese Tradition wurde nachhaltig wieder belebt (S. 64). In der Möbelkunst des 17. Jahrhunderts verwendete man stilistisch fortgeschrittene freiplastische Figuren – als Gegensatz zum Basrelief – in bisher ungekanntem Ausmaß.

Figuren der Frühantike – wie beispielsweise eine Karyatide aus dem Erechtheion – sind symmetrisch und statisch und sollten meist nur von vorne betrachtet werden. Hellenistische Skulpturen jedoch waren kunstvoll komponiert und geben verschiedene Blickwinkel und Bewegungen, wodurch sich die Asymmetrie nicht nur »einschlich«, sondern sogar betont wurde. Genau diese Art der Skulptur wurde nun in der Möbelkunst begeistert aufgenommen, wobei Bernini den ausschlaggebenden Anstoß lieferte. Er entwarf einen Spiegel für Königin Christina von Schweden [254], wobei er ihn als untergeordnetes Element in eine Wandskulptur integrierte. Diese ist eine Anspielung auf die *Vanitas*, eine der gegenreformatorischen Todsünden (die oft Spiegel enthält). Die Darstellung der »Zeit, die die Wahrheit enthüllt«, war eine bissige Botschaft an eine Dame, die in den Spiegel sah, und besonders an eine Königin, die auch eine Mörderin war. Bernini war selbst ein tief religiöser Mann, und seine Darstellung der »Zeit« erinnert an den Zorn des rächenden Gottes in Michelangelos Fresken der Deckengewölbe in der Sixtinischen Kapelle. Eine Skulptur des *Martyriums des Heiligen Laurentius* von 1618 steht auf einem skulpturhaften Holztisch, der einen in Flammen stehenden Baum darstellt; beides schuf Bernini im Alter von zwanzig Jahren.[41]

Das Problem bei Bildhauer-Möbeln liegt darin, dass die Schnitzereien von hoher Qualität sein müssen. In der Tat gehören Prunkstücke skulpturaler Barockmöbel eher in die Kategorie der

oben und gegenüber **252, 253** Tisch zum Aufstellen von Porzellan, aus geschnitztem Buchsbaum und anderen Holzarten, sowie ein Stuhl aus geschnitztem Buchs aus der Werkstatt von Andrea Brustolon; italienisch (Venedig), um 1700

254 Spiegelentwurf für Königin Christina von Schweden von Gianlorenzo Bernini; italienisch (Rom), um 1670

oben rechts **255** Prunkkabinett aus Ebenholz mit Marketerien aus verschiedenen, teils eingefärbten Hölzern, Zinn, Messing sowie anderen Materialien, getragen von geschnitzten, bemalten und vergoldeten Figuren, von A.-C. Boulle; Frankreich, um 1675–1680

»schönen« als der »angewandten« Künste. Das wichtigste Kriterium ist die Darstellung der menschlichen Figur. Die kraftvoll durchgearbeiteten Mohren beispielsweise, die ein neapolitanisches Ebenholz-Kabinett mit Goldhöhungen und Schildpattfurnieren aus der Zeit um 1650 bis 1670 [250] stützen, sind gut, aber nicht überragend. Dieses Möbel lebt durch seine Bemalung und seine Schnitzereien. Die dekorativen Szenen nach Ovid sind lebhaft in Lapislazuli-Blau und Venezianisch-Rot hinter Glas gemalt, und das römisch-barocke Untergestell weist neben diesen Mohren noch Akanthus und eine Kartusche auf. Der starke Kontrast zwischen dem architektonischen Aufsatz, der bis auf das verkröpfte Gesims und die gedrehten Säulen in der Mitte statisch wirkt, und den lebhaften Bewegungen des Unterbaus ist typisch für diese Zeit und erklärt sich womöglich zum Teil durch die Zusammenarbeit unterschiedlich spezialisierter Kunsthandwerker. Ein ähnlicher Kontrast findet sich in einer frühen Arbeit von Boulle [255], die ziemlich sicher in den Gobelins gefertigt wurde. Dieser reich verzierte, aber schlicht konstruierte Kabinettschrank wird von Karyatiden des Herkules und (eventuell) der Omphale getragen, die in italienischem Stil geschnitzt sind. Durch das Inkarnat und die Vergoldung der Karyatiden wird der stilistische Gegensatz zwischen Figuren und Schrank noch betont.

256 Entwurf eines »Lit à la Romaine« von Jean Le Pautre; französisch, publiziert in Amsterdam um 1690 (aus Ornemens pour les maisons)

rechts **257** Kabinettschrank entworfen von Jean Le Pautre; französisch, publiziert in Amsterdam um 1690 (aus Ornemens pour les maisons)

gegenüber **258** Paradebett, geschnitzt von Leonhard Sattler, bemalt von Matthias Müller, Augustinerchorherrenstift St. Florian; österreichisch, 1711

An einem Tisch mit dazugehörigem Armsessel [252, 253] von Andrea Brustolon (1662–1732) vermischen sich die Einflüsse Berninis und Pietro de Cortonas mit Elementen der Groteske (letztere besonders deutlich an den Armlehnen und Beinen ablesbar). Es gelang dem Bildhauer kaum, seine stilistischen Quellen miteinander zu verbinden, die wie in Berninis Spiegel für Königin Christina [254] vor allem aus der Skulptur kommen. Die Tischplatte trägt eine von Flussgöttern umgebene Gruppe, die sich an Berninis Vierflüssebrunnen orientiert – dieses berühmte, leicht zugängliche, spektakuläre Monument lieferte einen Fundus für barocke wie auch für spätere Möbel [263].

Das Urbild für die dargestellten Gottheiten findet sich in einer literarischen Metapher, die älter als jede bildliche Darstellung ist und schon alt war, als Ovid eine Gruppe von Flussgöttern mit ihren Urnen beschrieb:

> Dort *Spercheos* in Pappeln, und dort der Stürmer *Enipeus*,
> Greisend *Apidanos* auch, und sanft *Amphrysos* und *Aeas;*
> Bald auch andere Ströme, die, wo sie das wilde Gelust trug,
> Niederlenken ins Meer die der Windungen müden Gewässer.[42]

Brustolons Götter halten Vasen aus Porzellan anstatt überfließender Urnen.

Ein österreichisches Paradebett von 1711 [258] gibt uns Rätsel auf: Hatte es einst einen Baldachin, der von den Speerträgern am Kopfende gehalten wurde? Österreich wurde von seinem unmittelbaren Nachbarn Italien künstlerisch stark beeinflusst, und hier zeigt sich deutlich der Einfluss italienischer Barockbildhauer: Dieses Bett wurde von Kunsthandwerkern, einem Bildhauer und einem Maler geschaffen. Mit seiner lebhaften Vielfarbigkeit antizipiert es das süddeutsche Rokoko, wobei noch auf strenge Symmetrie geachtet wird. Dargestellt sind Szenen aus den Türkenkriegen, beispielsweise ein gebundener Gefangener, abgeleitet von in Ketten liegenden Barbaren, wie man sie auf antiken Münzen und Sarkophagen findet.

Das skulpturale Bett [256] von Jean Le Pautre (1618–1682), einem federführenden Entwerfer von Dekorationen und Mobiliar des Louis-quatorze und barocker Klassizist mit ausgeprägter skulpturaler Kunstauffassung, spielt mit maritimen Phantasien: Tritonen zu seinen Füßen, Delphine und eine Venus vom Typus der *Galatea* in einer Muschelschale am Kopfende. Die Bezeichnung »Lit à la Romaine« für dieses Bett soll eigentlich andeuten, dass Bettvorhänge getrennt von einer Liegestatt angebracht sind.[43] Dem mag so sein, doch sollte man bedenken, dass eine Liegestatt dieser Art mit getrennten Vorhängen und ohne Pfosten als »antiker«, »römischer« galt als das Baldachinbett – mit Recht. Geschnitzte Draperien und völlige Freiheit in der Verwendung von plastischen Figuren galten als »moderne« römische Gestaltungselemente, was ebenfalls die Verwendung dieses Begriffs beeinflusst haben mag. Ein von Le Pautre entworfener Schrank [257] ist mit den üblichen Verzierungen wie geschnitzten Girlanden, Greifen, Hermen und Sphingen und mit Akanthus versehen.

Barocke Draperien

Draperien wurden schon immer dem jeweiligen Stil untergeordnet. Die griechischen Bildhauer, die sich auf den menschlichen

259 Ballsaal des Palazzo Albrizzi; Venedig, um 1700

260 Bettentwurf mit Akanthus-Dekoration von Johann Unselt; deutsch, publiziert in Augsburg 1690 (aus dem *Neuen Zierathen-Buch*)

Körper konzentrierten, verwendeten feinstes ägyptisches Leinen, um die Konturen der darunter verborgenen Form andeuten zu können. In der Spätgotik drapierte man Gewänder in scharfen, abgewinkelten, bewegten Falten. Italienische Maler der Frührenaissance wie Mantegna und Botticelli ahmten die wehenden Gewänder der antik römischer Bildhauerei und Malerei nach. In der Hochrenaissance wurden Draperien üppiger, schwerer und würdevoller, später dann gestaltete man sie zunehmend leichter und spielerischer, bis schließlich im 17. Jahrhundert ihre expressiven Formen in ganz Europa in Bildhauerei, Malerei, Innenarchitektur und Möbelkunst wogten, wehten und strömten.

Bernini trug entscheidend zu dieser Entwicklung bei. Jeder war von seinen Draperien fasziniert, und das mit Recht. Sein Können war breit gefächert, wie unterschiedlichste Stimmen belegen: Eine Kritik aus dem 19. Jahrhundert besagt, er »gestaltet [Draperien]… ganz nach den Regeln der Malerei«, während eine hundert Jahre ältere Kritik auf seine »griechischen Draperien [in Anlehnung an griechische Bildhauerei] … in natürlichen und schönen Faltenwürfen, die wie nass wirken« anspielt.[44] Bernini beherrschte die ganze Bandbreite von windverwehter Leichtigkeit bis zu schwerer Opulenz. Er brachte sein Interesse für expressive Draperien zunehmend in seine Arbeit als Innenarchitekt ein – ein berühmtes Beispiel sind seine Stuck-Draperien, die er um den Bogen der Sala Ducale im Vatikan (1656–1657) schlang. In seinem Entwurf für den Spiegel der Königin Christina dienen Draperien zur Harmonisierung von Gegensätzen [254]. Bettvorhänge und Draperien waren für Bernini Vehikel seiner Phantasie, und so setzten sich im späten 17. Jahrhundert überreich gefältelte, in weiten Bogen drapierte Textilien als Merkmal von Prunkbetten durch. Natürlich haben sich nur wenige erhalten.[45] Der französischen Vorliebe für klassische Zurückhaltung entsprechend waren französische Prunkbetten meist groß, schwer und kastenartig. Dennoch entstand 1672 für eine Geliebte Ludwigs XIV. ein Wunderwerk an frivoler Leichtigkeit [261], ganz nach Ovid: »Non bene conveniunt … maiestas et amor«[46] (Majestät und Liebe passen nicht zusammen).[47]

Geschnitzter Akanthus und Kartusche

Die Ornamentik wurde durch die raumgreifende Bewegung der barocken Bildhauerei ebenso beeinflusst wie die Darstellung des menschlichen Körpers; als besonders wichtige Elemente erwiesen sich der barocke Akanthus und die barocke Kartusche.

Die aus der Antike tradierten Formen des Akanthus wurden für den jeweiligen Zweck adaptiert. Die dreidimensional arbeitenden Künstler des Barock – Architekten, Bildhauer und Holzschnitzer – bevorzugten den reich verzierten Akanthus der Hadrianischen Epoche, der grob modelliert war mit stark hervortretendem Relief. Dieser hatte sich, besonders in Italien, durch das

gegenüber **261** Bettentwurf für das Trianon de Porcelaine; Versailles, 1672

rechts **262** Geschnitzter, vergoldeter Spiegelrahmen; Modena, um 1650

unten **263** Paradebett aus geschnitztem und vergoldetem Mahagoni, wahrscheinlich von John Linnell entworfen und von James Gravenor angefertigt; Kedleston Hall, Derbyshire, britisch, um 1762

frühe Mittelalter hindurch gehalten und wurde in den vertikalen Akanthus-Ranken in den Loggien Raffaels [365] in neuer Frische und in neuartiger Farbigkeit wieder aufgenommen. Die Holzschnitzer des italienischen Barock verliehen diesem Akanthus-Typus große Lebhaftigkeit, und seine skulpturale Kraft wirkt sogar auf flächigen künstlerischen Medien wie Wandbehängen, Teppichen und Marketerien. Akanthus eroberte als Möbelmotiv das gesamte barocke Europa, wobei er sich durch seine üppigen Zusammenballungen deutlich von den klaren Ranken des Augusteischen Stils unterschied [52], die bei Künstlern und Möbelentwerfern in der Renaissance so beliebt waren. Ob üppig oder klar, beide Stile unterschieden sich von dem feinen, um nicht zu sagen zerbrechlich wirkenden Akanthus der Berain'schen Groteske [273] und einer Boulle-Marketerie [499], die, wie schon beschrieben, über Vico, Du Cerceau und andere letztendlich von der antiken gemalten Groteske abgeleitet ist.

Bernini hat zusammen mit anderen römischen oder römisch orientierten Bildhauern wie beispielsweise seinem Assistenten Giovanni Paolo Schor (1615–1674) viel zur Weiterentwicklung des barocken Akanthus beigetragen, der sich besonders zur Gestaltung von Bilder- und Spiegelumrahmungen eignete. Antike Wandgemälde täuschen Rahmen vor, in denen ein ruhigerer Akanthus verwendet wurde[48]. Davon beeinflusst wandten sich Holzschnitzer des Barock von der geraden Linienführung ab und produzierten Rahmen mit extravagantem, verschnörkeltem Akanthus, der sich bombastisch um den Spiegel herum bis auf die Wand ausbreitete [262]. Im 17. Jahrhundert stellte man in Bologna hervorragende Akanthus-Rahmen dieser Art her. Im späten 17. Jahrhundert wurden in ganz Europa Stühle mit Akanthus verziert. Reisende italienische Stuckateure hatten den barocken Akanthus als Dekorationsmotiv in Österreich und Deutschland eingeführt, und Musterbücher machten ihn allen Handwerkern zugänglich.[49] Entwürfe des Augsburger Schreiners Johann Unselt zeigen etwa einen Lehnstuhl, der ganz aus Akanthus zu bestehen scheint. Sie enthalten auch ein Bett, das von einschüchternd kraftvollem Akanthus beherrscht wird [260], der die kandelaberförmigen Säulen teilweise umschließt; am Kopfende verbirgt sich in der Akanthus-Verzierung eine Muschelschale.

Im Verlauf des 17. Jahrhunderts entwickelte sich die Kartusche, oft üppig von Akanthus umschlossen, auf ihren Höhepunkt im Rokoko zu. Kartuschen wurden manchmal so asymmetrisch angeordnet, dass sie wie zur Seite geweht wirkten [237] – eine Andeutung künftiger Gestaltungsentwicklungen.

Der italienische Einfluss, der im frühen 18. Jahrhundert in England vorherrschte, ist noch in Möbeln, die um 1760 für Keddleston Hall gefertigt wurden, zu sehen. Die Meeres-Sofas eines John Linnell für den Salon zeigen den Einfluss des italienischen Barock (Berninis römische Brunnen beeinflussten verschiedenste Arbeiten in diesem Haus),[50] und der Betthimmel eines üppigen Paradebetts [263] wird von Palmen getragen, die sehr an italienischen Akanthus erinnern.[51] Es wurde vor Ort von James Gravenor aus Mahagoni geschnitzt, der auch Pfeilerspiegel und korinthische Kapitelle aus Alabaster für den Salon hergestellt hatte.[52]

Die »Salomonische« gedrehte Säule und übersteigerte Drehungen

Das Motiv, das das barocke Ideal schlechthin ausdrückt, ist die gedrehte »Salomonische« Säule. Dieses einzige gewundene Motiv architektonischen Ursprungs schafft den Eindruck einer steten Spiralbewegung von der Basis bis zum Kapitell. Auch an barocken Möbeln war es so beliebt, weil es statischen Elementen wie Tisch- oder Stuhlbeinen und Schrankfüßen eine ständige Bewegung verlieh. Oft gestaltete man diese Windungen exzessiv. Im 17. Jahrhundert findet die gedrehte Säule ihre großartigste Ausprägung in den Säulen von Berninis Baldachin im Petersdom [264]. Seine kraftvollen, mit floralen und anderen Ornamenten verzierten Formen verbinden sich mit der Drehung und der Oberflächen-Strigillierung. Berninis Baldachin zeigt einen Makrokosmos an neu interpretierten, antiken Motiven, die im Betthimmel, den Lambrequins und dem kielförmigen Kranzaufsatz des Paradebetts wiederkehren. Die gedrehten Säulen und gestenreichen Skulpturen an Paradebetten setzten sich schließlich auch an anderem Mobiliar wie großen Bibliotheksschränken und Prunkkabinetten durch und kehrten schließlich in der Neogotik wieder.

Zwei Schränke mögen die barocke »Salomonische« Säule illustrieren. Der erste, vermutlich um die Mitte des 17. Jahrhunderts in Amsterdam entstanden, zeichnet sich durch fast gerade korinthische Säulen aus [265]. Er ist mit Ebenholz und anderen tropischen Harthölzern, Perlmutt und Elfenbein furniert. Die Perlmutt-Ein-

264 Bronzebaldachin im Petersdom, nach einem Entwurf von Gianlorenzo Bernini; italienisch (Rom), 1633 vollendet

265 Anrichte, gedrechselt, geschnitzt und furniert mit Ebenholz und anderen Hölzern, Perlmutt sowie Elfenbein; niederländisch (vermutlich Amsterdam), um 1650–1675

links **266** Fassadenschrank aus Nussbaumholz mit gedrehten »Salomonischen« Spiralsäulen; deutsch (Augsburg), um 1700

oben **267** Aufsatzkabinett mit Gestell aus geschnitztem Palisander mit vergoldeten Kupferbeschlägen; portugiesisch, um 1725

lagen der Säulen sind den prächtigen Verzierungen der Säulen Berninis verwandt, jedoch stark vereinfacht. Die tiefen Kassetten (wohl von Stuckdecken der Renaissance beeinflusst) und das Kranzgesims sind mit Wellenleisten verziert. Bei dem zweiten Schrank handelt es sich um ein Augsburger Möbel aus der Zeit um 1700 [266], das wie eine zweigeschossige Fassade angelegt ist. Das Attikageschoss ist die modifizierte Version eines Typus, der in lokalen Varianten in Nord- und Mitteleuropa üblich war. Die 27 gedrehten »Salomonischen« Säulen, die die Ädikulen flankieren, sind nach antikem Vorbild in korinthischer über ionischer Ordnung gestaltet und zeigen Windungen in entgegengesetzten Richtungen.

Englands Protestanten hielten »Salomonische« Säulen für papistisch (die des Portals von St. Mary's Church in Oxford waren mit ein Grund für die Enthauptung des Erzbischofs Laud). In der Zeit der Restauration jedoch, unter der Herrschaft des verkappten Katholiken König Karl II. (1660–1685), hielten sie dennoch Einzug in den Restoration-Stil englischer Möbel und sind besonders häufig an Stühlen zu finden, wo sie zusammen mit den horizontal gegenläufigen Voluten des Cecilia-Metella-Sarkophags [477] und in michelangelesker *licenza* vertikal verwendet sind. Die gleiche Art Stuhl tauchte auch im übrigen Europa, vor allem in Holland, auf und wurde in Indien in großer Zahl zum Export angefertigt. Die der Architektur entsprungene »Salomonische« Säule wurde teilweise durch umeinandergewundene Spiralen bereichert oder ersetzt, entweder mit oder ohne rudimentäre Basen und Kapitelle. Frei von statischen Notwendigkeiten bekamen diese Windungen oft sehr phantasievolle Formen. Doppelt umeinander gewundene Korkenzieherformen tauchen häufig in der antiken Groteskenmalerei auf [35], oft mit höchst erfindungsreichen Einfällen.[54] Es gibt einen englischen Tisch mit Kerzenständern und -haltern, einem Kelch und Trinkgefäßen [268], alles aus Pockholz und Elfenbein gearbeitet und mit parallel gedrehten Säulen, Wellenleisten und flach geschnitzten Rosetten verziert. Die nebeneinander angeordneten Spiralsäulen der Kerzenständer beruhen auf antiken Vorbildern, die Rosetten auf den Tellern der Kerzenhalter dagegen haben eine eigenartige Ähnlichkeit mit Ornamenten, die Jahrhunderte früher an gotischen Truhen verwendet und wohl über die Volkskunst tradiert [128] wurden. Spiralformen wurden häufig mit anderen ge-

268 Ein Tisch für Getränke, Kerzenhalter, Kerzenständer und Kelche aus Pockholz und Elfenbein; englisch, 17. Jahrhundert

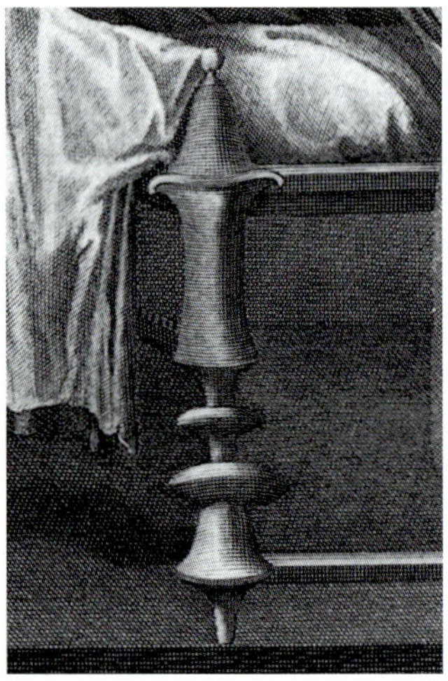

269 Ein gedrechseltes Detail an einem (wohl aus Metall gefertigten) Stuhlbein, abgebildet in einem römischen Wandbild; aus einem Stich publiziert in Neapel 1762 (aus *Delle Antichità di Ercolano: Le pitture antiche d'Ercolano)*

270 Aufsatzkabinett aus geschnitztem Palisander, mit gelb lackierten Beschlägen; portugiesisch, um 1650

drechselten Ornamenten kombiniert, wie die spindelförmigen Zieraufsätze des Kelchs zeigen. Sind auch andere Drechselmotive von der Volkskunst zur »hohen Kunst« aufgestiegen? Dies ist sehr wahrscheinlich: Einfachere gedrechselte Möbelverzierungen wurden schon immer als Nachschöpfungen von Vorbildern aus der Antike [21], aus Byzanz [82] oder der Romanik [98] angepriesen, bevor sie in der Gotik in die Volkskunst übernommen wurden.[55] Immerhin konnten mit einer einzigen Fertigungstechnik verschiedenste Ergebnisse erzielt werden. Aus Möbeln dieser Art lässt sich schließen, dass diese Techniken weit verbreitet waren. Ein Tisch aus Deutschland weist beispielsweise sowohl Spiralsäulen als auch einfachere gedrechselte Teile auf.[56]

Beeindruckend kraftvoll wirken Möbel mit Drehungen und »Salomonischen« Säulen aus Spanien und Portugal. Einige iberische Drechselarbeiten erinnern so stark an spätantike Vorbilder [269], dass man an der Datierung zweifeln könnte. Die Beine des Untergestells an einem portugiesischen Aufsatzkabinett um 1650 [270] beispielsweise[57] kommen dem Klassizismus dänischer Möbelkünstler wie M. G. Bindesbøll [515] nahe, der nachweislich auf spätantike Vorbilder zurückgriff. Konnte dieses portugiesische Kabinett, das eher einem volkstümlichen Geschmack entsprach,[58] eine solche Wirkung ausüben?

Diese Art gedrehter Säulen kam allerdings mit der Entwicklung der Barockklassik in der französischen Möbelkunst in der zweiten Hälfte des 17. Jahrhunderts aus der Mode. Auch dem französischen Rokoko waren sie fremd. Trotzdem führten sie ein stilles Eigenleben bis ins darauf folgende Jahrhundert hinein, gegen dessen Ende sie wieder aufgenommen wurden: Thomas Hope, ein strenger Gegner des Rokoko, fand gedrehte Säulen interessant, und auch Ruskin mochte sie seltsamerweise – wenn auch nicht so, wie man sie im Barock verwendet hatte!

V *Kapitel 2* Die Groteske an Barockmöbeln

271 Aufsatzkabinett mit Marketerien aus Königsholz, Ebenholz, Palisander, Ahorn und anderen Holzarten, Jan van Mekeren zugeschrieben; niederländisch, um 1700

Blumen

Im 17. Jahrhundert wurde es Mode, Möbel reich mit Blätter- und Blumendarstellungen zu verzieren. Die Verwendung naturalistischer Formen in der Möbelkunst hatte in diesem Ausmaß keine Vorläufer. Der Geschmack der Antike schrieb formale und geometrische Darstellungen von Flora und Fauna vor. Erst der anti-klassische Geschmack der Gotik erlaubte die Verwendung naturalistischer Blütendarstellung als Architektur-Dekoration und in der Miniaturmalerei. In der Möbelkunst jedoch tauchte sie erst im 15. Jahrhundert auf, als Cassone-Maler, die größtenteils von Miniaturisten beeinflusst waren, reichlich Blumen in ihre Bemalung aufnahmen. Im Zuge des Aufschwungs, den die Botanik im 16. Jahrhundert durch den Import neuer Pflanzenarten aus dem Osten nahm, entstanden Kupferdrucke von Pflanzen, wie beispielsweise in den Tafelbildern von Hans Leckner aus dem Jahre 1560 mit naturalistisch kombinierten Blumen und Früchten,[59] die viele Kunsthandwerker inspirierten. Die erste Darstellung einer Tulpe wurde 1561 veröffentlicht,[60] ein zartes Vorspiel zu jenem »Tulpenrausch«, der brave holländische Kaufleute dazu verleitete, ein Vermögen für eine einzige Tulpenzwiebel auszugeben.

Im 16. Jahrhundert entwickelte sich in der Malerei das Motiv des floralen Stilllebens. Einer der Vorreiter war Giovanni da Udine, was die starke Verbindung zwischen Stillleben aller Art und der anti-klassischen Kunst der Groteske dokumentiert. Diese Verbin-

272 Kupferstich einer grotesken Wanddekoration, Entwurf von Simon Vouet für das Palais Royal in Paris, publiziert in Paris 1647, von Marcel Dorigny (aus dem *Livre de diverses grotesques)*

dung hielt an. Hoefnagel beispielsweise, der schon früh Blumen malte, beschäftigte sich auch intensiv mit der Groteske. Auch Sticker und Emaillierer verwendeten sehr früh Blumenmotive. Schon im Jahre 1657 konnten die Besucher des Kabinetts der Anna von Österreich im Louvre einen Tisch sowie Guéridons und Stuhllehnen aus blauem Email bewundern, die mit winzigen Blumen bemalt waren.[61] Blumen und Vögel, ausgefallene Formen neu entdeckter Pflanzen sowie fein gearbeitete Bouquets, die mit Akanthus und Vögeln umgeben waren, hielten Einzug in die Möbeldekoration. Zumeist wurden sie in der Pietra-dura-Technik gefertigt, weil auf diese Weise die Intarsien mit dem verwendeten schwarzen Marmor am besten kontrastierten [243, 248]. Solche »botanischen« Möbelverzierungen waren neben anderen, einfacheren Kompositionen lange Zeit *en vogue.* Das Aufsatzkabinett von Pierre Gole [244] zeigt sich lösende Blumenbouquets. Die ewige Anziehungskraft der Blumenmotive in der Kunst der Stickerei führte dazu, dass botanisch exakte Blüten auch in der mit Seidenfäden verzierten Perlenstickerei an englischen Kabinettschränken eingesetzt wurden.[62]

Ab etwa 1650 ersetzte man in der niederländischen Möbelkunst die »unterirdischen« Ohrmuschel-Motive durch ebenfalls anti-klassische, jedoch »oberirdische« Pflanzenmotive. Diese Trendwende erklärt sich aus der zeitgenössischen holländischen Blumenmalerei, die einen Mittelweg zwischen rein botanisch-korrekter Abbildung und ausufernder Üppigkeit suchte, wie sie zum Beispiel in den »floralen Feuerwerken« des französischen Malers J.-B. Monnoyer (1634–1699) zu finden sind. Diese Stilrichtung wurde bis in das Zeitalter des Rokoko bewahrt, in dem man florale Ornamente an Möbeln sogar dreidimensional gestaltete [315]. Die holländische Blumenmalerei verband sich mit dem antiken *Candeliera*-Motiv, das aus einer Vase emporstrebt, wobei Blumen zunehmend die antike Ornamentik ersetzten. Blumenvasen fanden mit Hilfe der Marketerie Eingang in die Möbelkunst. In Gegenden, wo es keine versierten Marketeure gab, begnügte man sich mit gemaltem Zierrat. Heute sind die meisten Marketerien zu Schattierungen von Braun verblasst, aber an manchen geschützten Bereichen zeugen leuchtende Stellen noch von den einstmals lebhaften Farben. Um Hell-Dunkel-Effekte zu erzielen, wurde das Furnierholz mit heißem Sand behandelt, Detailzeichnungen wurden mit dünnen schwarzen Linien eingraviert.

Ein Aufsatzkabinett [271], Jan van Mekeren (1658–1733) aus Amsterdam zugeschrieben, ist aus großen ebenen Flächen konstruiert, um diese »Malerei in Holz« zeigen zu können. Die Marketerie ist aus Königsholz, Elfenbein, Palisander, Olivenholz und Ahorn zusammengesetzt. Abgesehen von dem Rankenmuster der seltsam platzierten Tische, auf denen die Vasen stehen (die Asymmetrie ist orientalisch inspiriert), sind alle Ornamente floral. Diesem Kabinettschrank fehlt jegliche barocke Bewegung.

Monnoyers Arbeiten wurden in Drucken weit verbreitet, und seine Blumengirlanden in Kombination mit barockem Akanthus, die Boulles frühe Werke zieren, erreichten höchste Vollendung. Prachtvolle, riesige, alles bedeckende Bouquets breiteten sich aus Vasen heraus üppig aus und wurden von konventionellen Ornamenten umrahmt. In Boulles späteren Möbelentwürfen traten an die Stelle der Blumen Grotesken in der Art des Berain und strenger klassische Goldbronze-Reliefs in antikisierendem Stil.

Der Einfluss der Groteske auf Barockmöbel

Die im Verlauf des 17. Jahrhunderts entwickelten Varianten der Groteske beeinflussten die Möbelkunst bis in die Zeit des Rokoko und noch weit darüber hinaus, wenn man die Möbel mit einbezieht, die in Boulle-Technik angefertigt sind. Die stilistischen Wechselwirkungen während dieser langen Periode sind komplex. Ein praktisches, aber relativ grobes Unterscheidungsraster erhält man, wenn man die Einflüsse der französischen Groteske in zwei Haupttypen dividiert, die vor allem von zwei Künstlern verbreitet wurden: von Vouet [272] mit seiner skulpturalen, klassischen Groteske und von Berain [273] mit einer eher linearen, anti-klassischen Groteske. Hinzufügen könnte man die deutsche Groteske, wie sie von dem Nürnberger Paul Decker (S. 156) in einer für das Genre charakteristischen Weise entworfen wurden. Sie alle fanden in Kupferstichen weite Verbreitung.

Christopher Wren berichtet 1655 aus Frankreich, er habe »etliche Exemplare in *taille-douce* [Kupferstiche] erworben, um meinen Landsleuten Beispiele für Ornamente und Grotesken zu zeigen, von denen die Italiener sogar behaupten, die Franzosen beherrschten diese Kunst besser als sie selbst«.[63] Darunter befanden sich mit Sicherheit Stiche, die die bekannten Grotesken Simon Vouets (1590–1649) seiner 1643 im Palais Royal entstandenen Arbeiten für Anna von Österreich abbildeten. Nach fünfzehnjährigem Aufenthalt in Rom kehrte Vouet 1627 nach Paris zurück und wurde zum »Premier peintre du Roi« ernannt. Die Ausstattung des Palais Royal, wie sie 1647 in Stichen festgehalten ist [272], war gedrängt und prächtig, skulpturhaft, schwer und symmetrisch und enthielt antike Ornamente wie Girlanden, Pan-Figuren, Putten, Sphingen und Weihrauchbehälter. Sie haben keine Gemeinsamkeiten mit dem luftigen, flüchtigen Charakter italienischer oder später entstandener Grotesken eines Berain oder Audran (S. 170), sondern zeugen eher vom Einfluss der Carracci, denn sie sind statisch, manchmal durch üppig mit Akanthus überwucherte Podeste bodenverhaftet, die Louis-quatorze-Möbel antizipieren. Die Verzierungen sind zwar von Kandelaber- und *Candeliera*-Motiven der antiken Groteskenmalerei geprägt, doch wirken sie eher würdevoll als bizarr. Eindeutig bleibt jedoch der Einfluss antiker Steinmetzarbeiten, denn die Girlanden und Sphingen kommen eher von einem Tempelfries als der Domus Aurea, und der Akanthus zeichnet sich eher durch die verfeinerte Linienführung und scharfkantige Modellierung des Meißels aus als durch den spontanen Farbauftrag der antik römischen Malerei. Diese Entwürfe konnten, geringfügig adaptiert, auch als Flachreliefs aus Marmor oder Bronze oder sogar als vollplastische Skulpturen ausgeführt werden. Grotesken in der Art Vouets im französisch klassischen Stil unter Ludwig XIV. wurden öfter als goldbronzierte Reliefs denn als farbige, flache Gemälde ausgeführt. Tatsächlich haben Vouets Grotesken mehr gemein mit klassizistischen Dekorationen des späten 18. Jahrhunderts wie etwa denen der Brüder Rousseau im Appartement Marie-Antoinettes in Versailles – die sich auch im Mobiliar manifestieren –, als es auf den ersten Blick erscheint.

Tatsächlich wäre es für jegliche Groteske schwierig, klassischer zu sein als die von Vouet. Sie folgen genau den Vorlieben von Le Pautre, dessen Deckengestaltungen aus Kombinationen von Ovalen, Kreisen und Rechtecken bestehen und viele gewichtige klassische Ornamente aufweisen. Vouet verwendet oft Voluten, verzichtet aber (obwohl Le Pautre Stiche für Desgodetz' *Edifices antiques de Rome* angefertigt hatte) auf die Elemente der Säulenordnungen, Kapitelle, Säulen und Pilaster. Sein Entwurf für ein Kabinett [257] zeigt auf den Füllungen kräftige skulpturale Grotesken.

Die Groteske des anderen französischen Meisters dieses Genres, Jean Berain (1640–1711), stellt den Gegenpol zum Vouet'schen Typus dar. Sie ist im Sinne Vitruvs anti-klassisch, denn sogar die als Koch gestaltete Karyatide Dietterlins [214, 273] taucht wieder auf! Vouet arbeitet skulptural, Berain dagegen linear und orientiert sich an Einflüssen der antiken Groteske [33] sowie der französischen Groteske des 16. Jahrhunderts. Seine künstlerische Phantasie manifestiert sich im Bandwerk aus geraden Linien und Ranken, die am Ende in einem zierlichen Akanthus aufgehen. Theatralische und exzentrische Figuren (ähnlich den Drucken von Callot), kapriziöse Vögel und andere Tiere lassen sich auf dem Bandwerk nieder, ruhen sich aus oder winden sich darum herum. Die stärker herausragenden Figuren stehen oder sitzen auf luftigeren Konstruktionen, oft unter einem Baldachin. Berains Darstellungen drücken eine Atmosphäre aus (anders als bei Vouet) – einen Vorgeschmack auf das Rokoko, bei dessen Entwicklung Berain eine führende Rolle spielte. Karyatiden, Termen, Sphingen, Füllhörner, Trophäen, Masken, Pfauen, Putten, Weinlaub, Gitterwerk, Pyramiden, Faune, Satyrn, Nymphen, heidnische Götter und Göttinnen und andere klassische Requisiten treiben hier ihr Unwesen. Dann und wann erscheint eine Figur aus der Commedia dell'Arte. Berain benutzte oft Gartenmotive, da er 1677 als königlicher Gartenarchitekt bestallt wurde. Welche Motive findet man in seiner Groteske nicht? Nun, es gibt keine Grotten und nichts, was in das Reich des Düsteren oder Expressiven gehören würde.[64]

273 Detail eines Grotesken-Ornaments von Jean Berain; französisch, um 1700

Berains Stil wurde durch die Verbreitung seiner Entwürfe durch Kupferstiche, die in Augsburg und den Niederlanden kopiert wurden, verwässert.[65] Sie zeigten Darstellungen seiner Möbel sowie Entwürfe für verschiedene Tafeln, die als Vorlagen für bemalte oder marketierte Wandverkleidungen, intarsierte Parkette, Textilien, Boulle-Kommoden oder -Schränke sowie für viele andere Zwecke verwendet wurden. Gerade durch die Vielseitigkeit ihrer Anwendungsmöglichkeiten wurden sie zu einem wichtigen Element späterer dekorativer Grotesken der Klassizisten wie etwa Adam, da sie die Grundlagen zu einheitlichen, innenarchitekonischen Gesamtentwürfen bildeten. Ein Entwurf Berains für eine Kommode ist sowohl mit zierlichen Intarsien nach Art der Groteske als auch üppigen klassischen Schnitzereien verziert. Mit ihren schweren Formen und auswärts gewölbten Fronten folgt sie Vorbildern klassischer und barocker Sarkophage. Vor allem die im nächsten Jahrhundert sehr massiv geformten Auswölbungen deuten sich hier schon leicht an.[66]

In der Möbelkunst wird die Groteske hauptsächlich in drei Bereichen eingesetzt: als flächenfüllende bildhafte Dekoration, als ebenfalls zweidimensional angelegte individuelle Akanthusranke oder als Bandwerkmotiv sowie als plastische Versionen der ansonsten flachen Vorbilder.

Flache, Berain'sche Grotesken zieren zwei Eichentüren, die mit Ebenholz, graviertem Messing und Schildpatt furniert sind [499]. Caylus betonte, dass Boulle durch seine gründlichen Studien und seinen natürlichen Geschmack als in seiner Kunstfertigkeit führend anerkannt wurde,[67] und in der Tat gelten die klassisch inspirierten Möbel, die mit seinem Namen verbunden werden, als beeindruckende Schöpfungen des 17. Jahrhunderts – so beeindruckend, dass sie durch das 18. und 19. Jahrhundert hindurch bis ins frühe 20. Jahrhundert in weitgehend unverändertem Stil nachgebaut wurden. Mit dieser Art von Möbeln sind Grotesken-Marketerien untrennbar verbunden, dennoch schuf man auch viele Stücke in Boulle-Technik ohne bildhafte Grotesken, was möglicherweise durch die oben erwähnten Vorurteile gegenüber der Groteske bedingt war. Klassische und bildhauerische Aspekte der Marketerie auf einem Schrank von Boulle [245], an dem die Darstellung von »Herbst« und »Winter« nachweislich von Skulpturen der Parterre d'Eau in Versailles beeinflusst sind,[68] unterscheiden sich grundlegend von der gelösten Launigkeit der Grotesken-Figuren Berains. Dagegen entspricht der zierlich sich kräuselnde Akanthus in der Marketerie entschieden dem Stil Berains, der in starkem Gegensatz zu dem dreidimensionalen Akanthus in Form eines vergoldeten Bronzebeschlags direkt daneben steht. Ein ähnlicher Kontrast zwischen zierlicher Marketerie und skulptierten Bronzebeschlägen zeigt sich an einem mit Sicherheit von Boulle angefertigten Möbel, einer Kommode [275], die er 1708 für das Schlafzimmer Ludwigs XIV. im Grand Trianon im Park von Versailles lieferte. Auch dort finden sich keine Grotesken, obwohl das ausdrucksstarke Bandwerk der Marketerie mit den »abgesetzten Bogen« natürlich auf Grotesken-Entwürfe rekurriert.

Der »abgesetzte Bogen«, Band- und Gitterwerk

Ein Merkmal der Möbelkunst des 17. und frühen 18. Jahrhunderts ist die zunehmende Verwendung des Motivs des »abgesetzten Bogens«. Zunächst wurde das Motiv als Oberflächenverzierung eingesetzt, entwickelte sich aber bald schon zu einem strukturellen Element an sich. Man kombinierte es zumeist mit geometrischem und geschwungenem Bandwerk.[69] Die vielfältigen Wandlungen dieser Motive machen eine eindeutige Zuordnung schwierig, denn sie variieren zwischen einer Verwendung in klar gestaltetem Akanthus bis hin zum Anthemion. Beispielsweise ist ein solcher »abgesetzter Bogen« in der Bewegung der Vorderfront eines chinoisen

Schreibmöbels in Boulle-Technik nicht auf den ersten Blick zu erkennen [274].

»Abgesetzte Bogen« bestimmen die Linienführung der Boulle-Kommode [275], die auch an Sarkophage des Barock und der Renaissance denken lässt. Wäre sie etwas schmaler und länger, könnte man die Kommode als ein Bureau Plat bezeichnen, und tatsächlich wird sie auf dem Lieferschein aus dem Jahr 1708 als »bureau« geführt. Sie ist vielleicht das früheste Exemplar dieses Typs. Die eigenartige Weise, in der der Korpus von den exzentrischen Füßen geradezu umschlungen wird, erinnert entfernt an die Konstruktion von Kutschen. Im Kutschenbau kommt der »abgesetzte Bogen« häufig vor. An einem Würzburger Schreibschrank aus dem Jahre 1716 [276] ist der »abgesetzte Bogen« plastisch in den vertikalen Voluten, die die Schubladen seitlich tragen, sowie im Profil der Schubladen und des Sockels verwendet. Die kunstvolle Marketerie besteht aus Nussbaum und anderen Holzfurnieren, Schildpatt, Elfenbein, Zinn und Messing.[70] In ihrem munteren Durcheinander verbindet sich geometrisches mit geschwungenem Flechtwerk, finden sich die Baldachine der Groteske, Blumen und Vögel, und ein zögerlicher Ansatz von Perspektive. Die Füllungstafeln sind von türkisch inspirierten Friesen mit sich wiederholenden spitzbogenförmigen Mustern umgeben.

Das geometrische und geschwungene Flechtwerk lässt sich auch an einer sehr gemischten Gruppe von Kunstwerken demonstrieren: an einer englische Stuckdecke in der Speke Hall, Lancashire, aus der Zeit König Jakobs, an einem Stuhl, der Franz Cleyn zugeschrieben wird [231], an einem Fußbodenmosaik, das Bernini 1648 für das Grabmal der Santa Francesca Romana in der Kirche S. Maria Nuova in Rom schuf,[71] und einer Boulle-Kommode [275], an einem Konsoltisch von William Kent [295] und schließliche an einer amerikanischen Aufsatzschreibkommode [280]. »Abgesetzte Bogen« und Bandwerk waren nicht nur in der Möbelkunst allgegenwärtig, sondern auch an kostbaren Damast- und Seidenstoffen aus der Zeit, die als Wandverkleidungen und Möbelbezüge verwendet wurden.

Die enge Verbindung dieser Motive zur Groteske hielt sich noch lange. In vielen Groteskenentwürfen dienen »abgesetzte Bogen« dazu, »kleine Tische« [273] zu konstruieren, die halb Muster und halb Möbel sind. Ein wundervoller silberner Tisch aus Madrid [277] wirkt so, als ob solchen Ornamenten eine feste Form gegeben worden sei. Seine Beine haben die Form von »abgesetzten

274 Schreibmöbel mit polychromen Chinoiserien in Boulle-Technik aus Perlmutt, lapislazuli-blau gefärbtem Muschelkalk, Ebenholz, Amarant, Königsholz, Messing und vergoldeten Bronzen, die oberste Platte ist parkettiert; französisch, um 1720

275 Kommode mit Schildpatt- und Messing-Marketerie (Boulle-Technik), vergoldeten Bronzebeschlägen sowie einer Platte aus Marmor, von A.-C. Boulle; französisch, 1708

rechts **276** Schreibschrank mit Marketerien aus Nussbaum und anderen Hölzern sowie Schildpatt, Elfenbein, Zinn und Messing, aus der Werkstatt des Servatius Arend; deutsch (Würzburg), 1716

unten **277** Tisch aus massivem Silber, dessen Platte eine gravierte Darstellung von *Venus und Adonis* zeigt; spanisch oder deutsch, 17. Jahrhundert

unten rechts **278** Sofa aus geschnitzter, gedrechselter und bemalter Buche, mit zeitgenössischem Genueser Samt bezogen, angefertigt von Philipe Guibert, wohl nach einem Entwurf von Daniel Marot; englisch, etwa 1700–1705

279 Aufsatzkabinett mit Marketerien aus Ahorn und eingefärbtem Bein auf einem Ebenholz-Untergrund, auf einem Untergestell mit gedrehten und geschnitzten Säulen, wohl von Lorenz Corbianus; dänisch, 1679

Bogen« und die lineare Qualität der Beine und der Tischfläche, die beide so dünn wie möglich gehalten sind, betont die enge Verbindung zwischen ornamentalem Muster und tatsächlichem Möbel. Die Tischfläche selbst ziert eine Groteske in der Art Berains – *Venus und Adonis.* Als Ganzes betrachtet ist dieser Tisch ebenso ein Stück vollkommener Groteske wie der von Peter Flötner für Kardinal Bernhard von Cles herstellte Stuhl [190], obwohl beide absolut unterschiedlich geartet sind.

In den Arbeiten des Daniel Marot (1663–1752) herrschen »abgesetzte Bogen« und Bandwerk vor. Einige Entwürfe von Berain übernahm er fast unverändert, wobei sich auch der Einfluss von Jean Le Pautres Sohn Pierre geltend macht. Marot wurde in Paris in eine Dynastie von Künstlern und Kunsthandwerkern geboren, die im Dienste des Königs standen. 1685, als durch die Aufhebung des Edikts von Nantes der Protestantismus geächtet wurde, verließ er Frankreich und trat in den Dienst des Briten William III., des Feindes seines Königs. Auf diese Weise kam der höfische Stil Louis-quatorze nach Holland und England. Die Verfolgung der Hugenotten war nicht der einzige Grund für den Exodus vieler französischer Kunsthandwerker und Entwerfer. Auch Katholiken verließen um 1690 das Land, da die Gobelins und andere Manufakturen aufgrund von Verfolgung und finanziellem Ruin geschlossen werden mussten. Ein Sofa von Philippe Guibert [278], der 1697 bis 1698 Möbel für den Kensington Palast und Windsor Castle lieferte,[72] zeigt den Stil Marots und ist vielleicht sogar von ihm selbst entworfen. Es ist aus teilweise schwarz gebeiztem und vergoldetem Buchenholz gefertigt, nach weit verbreiteter Genueser Art mit Samt über Seide bezogen und mit Quasten und Troddeln verziert. Seine französisierten Formen zeigen Ornamente, die von der Architektur inspiriert sind, obwohl die kannelierten und godronierten Baluster der Beine auch den antiken konkav/konvexen Drechselarbeiten verwandt sind – was in der Gestaltung der hinteren Sofabeine offen zutage tritt.

Marots Entwürfe für Betten gehören zu seinen berühmtesten Arbeiten – riesengroße Konstruktionen, mit Pfauenfedern überdacht, üppig dekoriert mit Fransen und Behängen, sodass kein Holz mehr zum Vorschein kommt.[73] »Abgesetzte Bogen« und Bandwerk gehören meist zu den hervorstechendsten dekorativen Motiven.

Das barocke Bandwerk geht zurück auf antikes, geschwungenes Flechtwerk, ein einfaches Muster, das besonders beliebt und in ständigem Gebrauch geblieben war [107]. Es wurde in Musterbüchern immer wieder veröffentlicht [281]. Ein dänischer Kabinettschrank von 1679 [279] zeigt auf den Türen eine besonders schöne Marketerie, wobei hier die innen verbleibenden runden Felder, die in der Antike gern gefüllt wurden [59], mit üppigem Akanthus und zwei exquisiten Papageien besetzt wurden.[74] Die Marketerie aus Ahorn und gefärbtem Bein auf einem Ebenholzgrund zeigt Tulpen, Nelken, Päonien, Falter und andere Insekten. Die dreidimensionalen verflochtenen Bogen, die die Beine des Untergestells verbinden, variieren ebenfalls das gängige antike Muster – es erscheint in einem im 11. Jahrhundert ungeschickt restaurierten Mosaik aus dem 6. Jahrhundert [282]. Ähnliche Flechtmuster [281] wurden für die einfachen, flachen Marketerien und die plastischen Gestellverbindungen der dezenten anglo-dänischen Möbel des späten 17. und des frühen 18. Jahrhunderts, oft aus Nussbaum- und Königsholz, sehr gerne verwendet.

»Abgesetzte Bogen« sowie geometrisches und geschwungenes Flechtwerk sind auch in den Arbeiten von Paul Decker (1677–1713) wichtige Gestaltungselemente. Seine Grotesken zeigen sich von Berain und Marot beeinflusst, weisen aber vor allem die Hauptmerkmale des Bandwerks und des »abgesetzten Bogens« auf, die sich als typisch für den deutschen Barock erweisen sollten. Die Wände und Parkette des aus dem frühen 18. Jahrhundert stammenden Spiegelsaals in Schloss Pommersfelden [287], die eher italienischen Barockkapellen als zeitgenössischen französischen Palästen ähneln, sind vollständig mit einem komplizierten Miteinander »abgesetzter Bogen« und geometrischer und geschwungener Bänder bedeckt. Orientalisch anmutende Ornamente wie Lambrequins und Spitzbogen zieren die Decke. Das kunstvoll eingelegte Holzparkett ist mit den gleichen Techniken und Mustern wie die Möbel hergestellt, etwa die Marketerie auf der Platte des Konsoltischs.

Einige der weniger kostspieligen Nachahmungen der eingeschmolzenen Silbermöbel aus Versailles haben sich in Europa, auch in England und Deutschland, bis heute erhalten. Ein prachtvoller silberner Kaminschirm aus Augsburg [283] wird von Voluten bekrönt, aber auch »abgesetzter Bogen« und Bandwerk tauchen hier wieder auf.

1705 schuf Paul Decker Entwürfe für großartige Silbermöbel, darunter eine Kommode, von deren Ecken so etwas wie gekrönte Pfauenköpfe hervorstehen, die selbst einem König Ludwig II. von Bayern gefallen hätten.[75]

rechts **280** Aufsatzschreibkommode mit geschnitztem, gedrechseltem und furniertem Mahagoni auf Fichtenholz, nach Nathaniel Gould; nordamerikanisch (Salem, Massachusetts), um 1779

281 »Divers ornements pour les tables« (aus *Dessins pour tables, bureaux et autres ouvrages de marqueterie* von Jean Langlois)

282 Flechtwerk aus dem 6. Jahrhundert (oben) und fünf Jahrhunderte später (unten) auf einem Fußbodenmosaik der Abteikirche von Pomposa, Italien

rechts **283** Versilberter Kaminschirm auf einem Holzkern, mit einem Relief signiert von »J. A. Thelott«, das Mars, Venus und Cupido zeigt; die weiteren Arbeiten stammen von Jakob VI. Drentwett; Augsburg, 1732–1733

Französische Kunsthandwerker, die ab 1680 für die Kreise des Englischen Hofes arbeiteten, führten neue Techniken ein, darunter die verfeinerte Technik der Ölvergoldung, die exquisite Glanzlichter ermöglicht, aber auch jeden Fehler der Oberfläche gnadenlos sichtbar macht; sie wurde auf verfeinertes Gesso aufgetragen, eine Art *Pastiglia*-Technik. Die in die Vergoldungen gepunzten Motive beruhen fast immer auf Bandwerkmustern, »abgesetzten Bogen« und einem zierlichen Akanthus Berain'scher Art. Eine solche Hochzeitstruhe, die komplett mit grotesken Akanthusmasken, Godronierungen, Muscheln und Lambrequinzipfeln bedeckt ist, wurde für Sir William Bateman gefertigt [286], den Sohn eines reichen Londoner Kaufmanns, als dieser die Enkelin des ersten Herzogs von Marlborough heiratete. Bateman scheint großes Interesse an den Sehenswürdigkeiten seiner *Grand Tour* gezeigt zu haben,[76] daher vielleicht die Form dieser Truhe. Die barocke Sarkophag-Form ist von Berain und anderen französischen Vorbildern beeinflusst, und in der Tat nähert sie sich in Gesso-Version einem Kommodentypus des Louis-quatorze, wobei dessen rahmende Elemente aus vergoldeter Bronze gefertigt und die verbleibenden Flächen in Boulle-Technik marketiert gewesen wären. Ein Blick auf einen Entwurf von Berain macht die Ähnlichkeiten deutlich.[77] Die Füße der Bateman-Truhe sind Löwenpranken auf Kugeln, ein typisches Motiv der Cosmaten und der Romanik.

In der ersten Hälfte des 18. Jahrhunderts erfuhren das barocke Bandwerk und das Motiv des »abgesetzten Bogens« einen bedeutenden Aufschwung. Letzteres findet sich vor allem in einer kraftvollen Variante von Barockmöbeln wieder, die William Kent (um 1685–1748) entwarf – und seine Talente reichten noch weiter (S. 164–165). Kent war ausgebildeter Maler, was ihn (obwohl er ein schwacher Maler war, der mit seiner Architektur und seinen Möbeln haderte) in die Tradition der barocken Maler und Dekorateure stellt, deren letzter großer Meister Lebrun war, der Hauptvertreter des klassischen Barock. (Im späteren 18. Jahrhundert sollte die Kombination Architekt/Dekorateur/Möbelentwerfer üblich werden, wobei trotz der Talente der Architekten des 18. Jahrhunderts etwas verloren ging.) An Kents barocken Stücken fällt unmittelbar die kraftvolle Bewegtheit ins Auge, die durch die (oft in dachziegelartiger Überlagerung gestalteten) Voluten und die »abgesetzten Bogen« entsteht, wenn auch die »abgesetzten Bogen« in den palladianischen Interieurs, die er entwarf, mehr im Hintergrund bleiben. Die kraftvollen Voluten, schwungvollen Kreisformen und Sphingen der herrlichen Konsoltische aus vergoldetem Holz in Houghton Hall [295] sind ebenso verwandt mit den Arbeiten Giulio Romanos wie mit dem Le Pautres oder Marots.

Thomas Chippendale (1718–1779) benutzte die raumgreifenden »abgesetzten Bogen« in seinen Entwürfen für geschwungene Kommoden sowie für Schreibtische und andere Möbelstücke. Seine Entwürfe für *commode tables* beispielsweise [320][78] zeichnen sich durch das »französische Element« der Rokoko-Ornamentik aus. Er kombinierte sie mit der Form des barocken »abgesetzten Bogens«, die in Deutschland noch üblich war. Diese Mischung kann man an ehrgeizigeren Entwürfen im späteren Chippendale-Stil beobachten, vor allem an Schreibschränken oder Highboys (Kommodenschrank auf hohen Füßen) aus dem englisch-beeinflussten Nordamerika. Ein sehr massiver Schreibschrank aus Massachusetts [280] kombiniert frei den »abgesetzten Bogen« in seinem Giebel (die Blätterknäufe sind ergänzt) mit einer geraden Front, Brieffächern und Messingbeschlägen. Das Muschelmotiv im Schrankinneren geht auf Kent und antike Vorbilder zurück. Das Möbel ist im Stil des einzigen Kabinettschrank-Herstellers in Massachusetts gehalten, der nachweislich eine Ausgabe von Chippendales *Director* besaß, obwohl es offenbar nicht von seiner Hand stammt.[79]

284 Aufsatzkabinett mit Furnier aus Königs- und Ebenholz (außen mit *Oyster veneer* aus quer zum Stamm geschnittenem Furnier, das zusammengesetzt ein Muster ergibt, das an Austernschalen erinnert), mit gedrechselten und gepunzten Silberbeschlägen, Ham House, Surrey; englisch-holländisch, um 1690

Der »häusliche« Barock in Holland und England

In den protestantischen Ländern pflegte man nie wirklich die Extravaganzen des Barock, die im Ruch eines staatlichen oder kirchlichen Absolutismus standen. Man bevorzugte klassische Schlichtheit, sodass barocke Elemente auf eine Verzierung oder einen Schnörkel beschränkt blieben, oder ganz fortgelassen wurden. Diese Zurückhaltung zeigt sich auch an den großen, kassettierten Schränken [205, 206] und den Kabinettschränken, die in vielen niederländischen Interieurs die Hauptmöbelstücke darstellten.

Vor dem Hintergrund von Hollands Größe als Seefahrernation im 17. Jahrhundert und der Tatsache, dass 1688 ein Holländer (William III. von Oranien) den englischen Thron bestieg, wurde ein bereits bestehender englisch-holländischer modifizierter Barockstil gefördert und verschmolz im England des frühen 18. Jahrhunderts mit der klassischen Stilströmung des Palladianismus – allerdings nicht ohne Spannungen, die besonders in der Arbeit von Kent, dem herausragenden Vertreter dieser Allianz [292, 294, 295], deutlich wurden. Die unterschwellige englisch-holländische Vorliebe für klassische Stile zeigte sich vor allem darin, dass man, als der noch extremere anti-klassische Stil des Rokoko aufkam, weiter an einem gemäßigten Barock festhielt. Die protestantischen Kolonien Nordamerikas waren sogar noch konservativer, so konnte der Schreibschrank aus Massachusetts [280] noch 1779, als sich bereits das Spätrokoko und der Klassizismus durchsetzten, in barockem Stil angefertigt werden.

Der englisch-holländische Stil zeigt sich am überzeugendsten an einem Aufsatzkabinett aus Nussbaum aus der Zeit um 1675 [284], das den Eindruck biederer Häuslichkeit vermittelt – und das, obwohl die gedrehten »Salomonischen« Beine des Untergestells ursprünglich sogar versilbert waren.[80] Die gedrückten Kugelfüße wichen bald den noch einfacheren »Brettfüßen« [522].

Die britische Vorliebe für häusliche Einfachheit erreichte ihren Höhepunkt in den schlichten Möbeln der Zeit Queen Annes (die durch und durch *bourgeoise* war) und ihres Nachfolgers, König Georg I. Die sorgfältig ausgewählten, jedoch anspruchslosen Furniere einer bescheidenen Kommode *(bachelor chest)* aus der Zeit um 1710 [522] verbergen nicht, dass dies ein Gebrauchsmöbel ist, in dem sich kein patrizischer Staub ansammeln würde. Die einzige lebendige Note entsteht durch die Messinggriffe.

Die »britische Häuslichkeit« versöhnte sich so weit mit dem Barock, dass modifizierte »abgesetzte Bogen« einen Queen-Anne- oder frühen *Georgian* Stuhl [285] zieren durften, dessen flache Rückenlehne die Balusterform mit einbezieht. Diese Stühle besaßen meist geschwungene und verzierte Klauen- oder Ballenfüße

rechts **285** Stuhl mit scharlachrotem Japan-Lack und geflochtenem Sitz von Giles Grendey; britisch mit spanischen Einflüssen, um 1735–1740

286 Hochzeitstruhe aus geschnitzter Eiche und Fichtenholz, verziert mit geschnitztem und vergoldetem Gesso, James Moore d. Ä. zugeschrieben; britisch, um 1720

gegenüber **287** »Abgesetzte Bogen« und Bandwerk-Motive aus dem Spiegelsaal von Schloss Pommersfelden, mit aufeinander abgestimmten Marketerien an Tischplatten und Parketten, alle Entwürfe von Ferdinand Plitzner; deutsch, 1714–1718

oder waren als *cabriole legs* geformt. Sie waren lange Zeit beliebt und verbreiteten sich in den amerikanischen Kolonien Englands und zum Teil auch in Europa – nach Portugal und Spanien wurden sie in großer Zahl exportiert. Der Londoner Schreiner Giles Grendey engagierte sich sehr im Handel mit Spanien; der Stuhl, etwa aus der Zeit um 1735 bis 1740 [285], gehörte zu einem großen Angebot von zweiundsiebzig verschiedenen Möbeln, das Lehnstühle, Tagesliegen, Kerzenständer und Tische umfasste.[81]

Bandwerk wurde auf vielfältige Weise eingesetzt. Es zierte die Rückenlehnen von Stühlen mit nach Art des Rokoko geschwungenen und verzierten *cabriole legs*, die 1740 von William de La Cour in London publiziert wurden, einem Maler und wohl Hugenotten. Man findet Bandwerk auch häufig in aufwändig gestalteten Parkettböden und in Dekorationen, die italienische Stuckateure in britischen Herrenhäusern schufen. Beispielsweise zeigt eine relativ schlichte Stuckdecke in Temple Newsam House in Yorkshire [289], die ebenfalls in diesem Zeitraum angefertigt wurde, nur einfaches Bandwerk, das von Akanthus und Blumengirlanden umgeben und nach Art der Groteske angeordnet ist. Diese Innendekorationen machen deutlich, warum das barocke Bandwerk immer wieder an englischen Möbeln erschien. Ein Entwurf [288] von 1766, der H. Copland zugeschrieben wird, zeigt zum Beispiel weitgehend das gleiche Grundmuster wie die Stuckdecke in Temple Newsam.

Zweifellos manifestiert sich Bandwerk am nachhaltigsten in den von Chippendale publizierten Stuhllehnen. Die im Jahr 1762 veröffentlichten Abbildungen [290] zeigen an zwei Stühlen Beine im Rokoko-Stil, die in Verbindung mit den geraden Rückenlehnen (anstelle von Rokoko-Kartuschen [355]) eigenartig wirken. Eine starke Annäherung an den ersten Entwurf besteht in einem nordamerikanischen Möbelstück.[82] Durch seine Schlichtheit und doch Vielseitigkeit eignete sich einfaches Bandwerk ebenso für Mobiliar in amerikanischem Kolonialstil wie für ein hochherrschaftliches englisches Interieur. Geschwungenes Bandwerk passte zu gotisierenden ebenso wie zu exotischen Details [468] und wurde – oft in Kombination mit rokoko-artig verzierten *cabriole legs* – bei der Herstellung englischer Stühle noch in den 60er und 70er Jahren des 18. Jahrhunderts verwendet – ja selbst noch an einer Rückenlehne, die in der 1794er-Ausgabe von *Hepplewhite's Guide*[83] abgebildet war, dort allerdings von klassizistischen Ornamenten, einem Dreifuß und drapierten Festons, überlagert.

288 Entwurf eines Stuhl für eine Halle, vermutlich von H. Copland; britisch, 1766 (aus *The Chair Maker's Guide*, von Robert Manwaring u. a.)

oben rechts **289** Ausschnitt aus der Stuckdecke der Long Gallery, Temple Newsam House, Surrey, Yorkshire, 1745–1747

290 »Chairs, No. IV«, ein Entwurf von Thomas Chippendale; Großbritannien (aus *The Gentleman and Cabinet Maker's Director*, 1762)

VI
Kampf der Stile: Englischer Klassizismus, Rokoko und *goût grec*

VI *Kapitel 1* Klassizismus im frühen 18. Jahrhundert

292 Houghton Hall, Norfolk, Salon entworfen von William Kent, einschließlich der architektonischen Türeinrahmung und der teilvergoldeten Mahagonisessel, bezogen mit dem ursprünglichen Wollvelours aus Utrecht; britisch, ca. 1730

vorherige Seite **291** Der Sammler Ange-Laurent Lalive de Jully mit einigen seiner *Goût-grec*-Möbel (S. 179–180) auf einem Gemälde von Jean-Baptiste Greuze; französisch, ca. 1759; im Hintergrund sein großes *Bureau plat* [332]

Enzyklopädischer Klassizismus

Die europäischen Stilarten des 18. Jahrhunderts waren vom Rokoko und von den neuen Formen des Klassizismus beherrscht. Diese gegensätzlichen Stilarten, die sich als Rokoko-Klassizismus am Ende des Jahrhunderts vereinigten, besaßen zwei Zentren – Paris und Rom. Ersteres stand für Mode und Rokoko, letzteres für Autorität und Antike. Auch andere italienische Städte hatten ihre Attraktion: Vicenza und die Brentagegend standen im Mittelpunkt der Palladio-Begeisterung, Florenz und Venedig waren die wichtigsten Orte der *Grand Tour,* und Neapel gewann durch die Entdeckung von Pompeji und Herculaneum an Bedeutung. Trotzdem blieb Rom die Gebieterin des Klassizismus und das Zentrum der Altertumsforschung: Jeder Maler, Architekt, Handwerker oder aufgeweckte Student, der sich für die klassische Antike interessierte, begab sich dorthin, wollte sich dorthin begeben – oder, endlich angelangt, blieb dort. Viele antike Kunstwerke wurden von Sammlern aus Italien fortgeschafft, aber die Gebäude und Sammlungen blieben unübertrefflich und spielten eine wesentliche Rolle bei der geistigen Entstehung des neuen europäischen Klassizismus. Italiens Söhne selbst waren es, die sich überall in Europa niederließen und die gerade aufgekommene klassizistische Lehre von zu Hause mitbrachten. Nicht wenige von ihnen gingen nach Russland.

Der Rokoko-Stil regierte niemals unangefochten. Während seiner Blütezeit in Frankreich und Deutschland entstanden bemerkenswerte, von der Renaissance abgeleitete Bauten und Kunstwerke in der klassischen Tradition, vor allem in England [292]. Gleichzeitig gab es feindselige, gegen das Rokoko gerichtete Veröffentlichungen. Mit der Zeit hat die damalige polemische Literatur an Schärfe verloren. Sogar der *Essai* des gefürchteten Kritikers Laugier (S. 177), vor dem 1753 die europäischen Architekten und Dessinateure zitterten, verlor schnell seine Schockwirkung. Nicht Polemiken sorgten am nachhaltigsten für die Entwicklung neuer klassizistischer Stilarten, sondern Bücher mit Darstellungen der klassischen Antike. Viele davon waren bereits im 16. und 17. Jahrhundert erschienen, einschließlich jener, die der großzügigen Förderung Ludwigs XIV. zu danken waren (S. 137) und die während des 18. und 19. Jahrhunderts ständig in Gebrauch blieben. Eine Liste »der verschiedenen Werke …, die mir am nützlichsten waren bei meinem Versuch, die verschiedenen hier beschriebenen Möbelstücke neu zu beleben«, liefert Thomas Hope mit viel Sinn für Didaktik am Ende seines Buches *Household Furniture and Interior Design* von 1807 – des besten und wirkungsvollsten Buchs über Möbelmuster im englischen Regency-Stil (S. 216–217).[1] Hopes Liste spricht für sich selbst (siehe Vorbemerkung zur Auswahlbibliografie): Sie konzentriert sich auf die Werke jener Gelehrten, Altertumsforscher und Architekten, die das Wissen um antike Gebrauchskunst und Bauwerke erweiterten sowie neue Erkenntnisse aufgriffen. Die Liste enthält aber auch Werke mit Entwürfen von Hopes Zeitgenossen wie zum Beispiel von Percier, Fontaine und Flaxman.

Solche Bücher dienten vielfältigen Zwecken. Selbst als die »archäologische« Authentizität höchstes Ansehen genoss, begnügten sich Baumeister nicht damit, sich von alter Architektur inspirieren zu lassen, Maler nahmen sich nicht nur alte Gemälde zum Vorbild und Möbelentwerfer nicht nur alte Möbel. Im Gegenteil, es gab einen ständigen Ideenaustausch. Möbelentwerfer versetzten Motive von Tempelgesimsen oder von römischen Lampenschalen auf Kommoden und Kredenzen; Inneneinrichter schmückten Wände mit Bordüren, die sie griechischen Vasen entlehnt hatten, und bald darauf wiederholte sich das Muster auf den Möbeln. Baumeister krönten ihre Bauwerke und Kunstschreiner ihre Schränke mit Vasen, Pyramiden und sogar Miniaturtempeln; Wappenschilde wurden zu Ofenschirmen (im römischen Altertum waren Decken und Wände mit Wappenmotiven bemalt); Kandelaber dienten als Tischuntersatz, Totenurnen als Teekannen und Sarkophage als Weinkühler. Auf Teppich oder Parkett schritt man über das Deckenmuster, das sich auch auf Tischplatten wiederfand. Nichts entkam der Metamorphose: Dieses brillante Vertauschen und Kombinieren kommt einer Ovid'schen Mythologie des Unbelebten gleich. Manchmal war eine Metamorphose gar nicht nötig: Der Unterschied zwischen einem römischen Weihrauchkästchen, veröffentlicht von Montfaucon [64], und einer Louis-quatorze-Kommode ist eigentlich nur eine Sache des Maßstabs. Das Gleiche gilt für einen *Dejeuné table* von George Smith und einen pompejanischen Lampenfuß aus Bronze [459, 460].

Santi Bartoli, Montfaucon und Caylus

Drei der Sammelsurium-Liebhaber waren besonders einflussreich: Santi Bartoli, Montfaucon und Caylus. Sie blieben Autoritäten, trotz einer nachfolgenden Flut von Folianten über die Antike und obwohl ihre Genauigkeit später durch strengere klassizistische Maßstäbe in Frage gestellt wurde.[2]

Ab den späten 1660er Jahren erschien eine Reihe ungeheuer einflussreicher Bücher von Poussins Schüler Pietro Santi Bartoli (ca. 1635–1700) mit Abbildungen antiker Bauwerke, Gemälde, Dekorationen und Gebrauchsgegenstände.[3] Sie wurden bis zum Ende des 18. Jahrhunderts und darüber hinaus nachgedruckt. Als passionierter Altertumssammler besaß Santi Bartoli sein eigenes »ausgewähltes, reiches Museum«,[4] und »selbst als Greis hinderten ihn weder Leibesfülle, ermüdendes Treppensteigen, noch irgendeine andere Mühsal, in die Ausgrabungsstätten hinabzusteigen, beherrscht von seiner Leidenschaft, seinen Sinnen und, man könnte sagen, von seinem Instinkt ... «[5] Nach dem Tod seines Mitarbeiters Bellori wurde Santi Bartoli vom Papst zum »Apostolischen Antiquar« ernannt, ein Ehrentitel, der 1700 auf Bartolis Sohn Francesco überging. Vater und Sohn lieferten farbige Zeichnungen römischer Dekorationen an Sammler und Kunstliebhaber – aber nur gelegentlich, da sie fürchteten, Kopien könnten ihr Monopol brechen. Für diejenigen, die sich mit Ausschmückung und Einrichtung von Häusern beschäftigten, stellten solche Bilder eine wertvolle Ergänzung zu Buchveröffentlichungen dar. Englische Sammler waren begierig nach diesen Zeichnungen.[6] Möglicherweise wurde Robert Adam durch Bartolis Werke auf die Idee gebracht, Giuseppe Manocchi (S. 198) einzustellen.

Zwischen 1719 und 1724 schuf der gelehrte Benediktinermönch Bernard de Montfaucon (1655–1741) den bis dahin umfassendsten Überblick über die antike Welt. Er bediente sich für seine vielen verschiedenen Illustrationen freizügig bei Santi Bartolis Werken sowie bei anderen früheren Graveuren. Die Illustrationen waren nach Themen geordnet und reichten von den Göttern Griechenlands und Roms über Kostüme bis hin zu Begräbnissitten. Hier war das gesamte römische Brauchtum versammelt: »Waffen, Schiffe, Siege, Triumphzüge, Opfer ... Tempel, Tore, Mausoleen – Volutenteile«[7], alles, was ein Maler, Stuckateur oder Möbelentwerfer eventuell brauchen könnte, und noch vieles mehr. Die fünfzehn Bände von *L'Antiquité expliquée et représentée en figures* wurden sofort zur wichtigsten Bildquelle für alle Lebensbereiche der europäischen Antike – in zwei Monaten verkaufte man achtzehnhundert Exemplare,[8] die von unschätzbarem Wert bleiben [6, 20, 39, 40, 57].

Das dritte Mitglied des Triumvirats, Comte de Caylus (1692–1735), war ein Edelmann des *Ancien Régime*, der aufgrund seiner hohen gesellschaftlichen Stellung den Zeitgeschmack entscheidend beeinflusste. Zwischen 1752 und 1767 erschien sein berühmtes *Receuil d'Antiquités égyptiennes, étrusques, grecques, romaines et gauloises.* Wie der Titel besagt, sollte dieses Werk das gesamte, bis dahin bekannte Altertum behandeln. Obwohl reich bebildert in mehr oder weniger guter Qualität, ist es der Text, der fast ebenso einflussreich war wie die Illustrationen.

293 Geschnitzter Mahagonischrank im architektonischen Stil William Kents; britisch, 1740–1750

Englischer Klassizismus im frühen 18. Jahrhundert

Bücher lieferten den Stoff für die Entwerfer, aber die wichtigste Schubkraft des britischen Klassizismus war die *Grand Tour.*

Die *Grand Tour* war ein im 17. Jahrhundert aufgekommenes gesellschaftliches Muss, aufgrund dessen junge britische Adlige oder Gentlemen zur schmerzlosen Entfernung ihrer rauen, unbedarften Schale auf den europäischen Kontinent geschickt wurden. Die *Grand Tour* wirkte der Neigung der Inselbewohner zur Philisterhaftigkeit entgegen. Dieser erzieherische Effekt machte das 18. Jahrhundert zum großen Jahrhundert britischer Entwurfskunst. Von Kennern des Regency wurde die nachlassende gesellschaftliche Notwendigkeit für die *Tour* als Hauptgrund für zunehmend schlechten Geschmack und Provinzialismus im späten 18. und frühen 19. Jahrhundert betrachtet. Vor allem bei Antiquitäten war der Einfluss der *Tour* spürbar: Es gab viele individualistische Häuser und Möbel in grandios klassizistischem Stil. Verwaltet wurde die *Grand Tour* von der 1733–1734 in London gegründeten *Society of Dilettanti,* einer Art Diktatur des guten Geschmacks, die mindestens eine Romreise zur Aufnahmebedingung erklärte und Expeditionen in die Klassik sowie Veröffentlichungen darüber finanziell unterstützte.

Englische Häuser waren voller Beutestücke der *Grand Tour* [348], wobei sich antike Skulpturen besonderer Beliebtheit erfreuten. Bei Gemälden konzentrierte sich der Kunstgeschmack auf die wiederbelebte Klassik der Renaissance, auf Raffael, Carracci, Pous-

294 Entwurf von William Kent für einen Tisch in Chiswick House; britisch, 1744 (aus John Vardy, *Some Designs of Mr. Inigo Jones and Mr. William Kent)*

295 Beistelltisch, vergoldetes Holz mit akanthusförmig geschwänzten Sphingen und einer Kartusche mit dem Motto und Emblem des Hosenbandordens; in Houghton Hall, Norfolk, entworfen von William Kent; britisch, ca. 1730

sin und Guido Reni, in der Architektur auf das Werk Andrea Palladios. Die palladianische Architektur des Lord Burlington (1694–1753) machte in der englischen Whig-Aristokratie nachhaltig Furore und tauchte in England sowie auf dem europäischen Festland und in Nordamerika immer wieder auf. Ein im Palladio-Stil gebautes Haus einzurichten war keine leichte Aufgabe, besonders nicht für einen Pedanten wie Burlington. Palladio schweigt, wie Vitruv, was die Einrichtung betrifft. Burlington hatte 1715 in Italien William Kent (S. 157) auf einer *Grand Tour* kennengelernt. Beide verbündeten sich, und die Lösung nahte in Form des Burlington'schen Palladianismus in Bezug auf das Äußere, im Inneren versehen mit Möbeln im Kent'schen barocken Klassizismus – eine Kombination, die Englands charakteristischen *Grand Style* der ersten Hälfte des 18. Jahrhunderts ausmacht. Kents Malausbildung in Rom bei Benedetto Luti, einem Schüler des Raffael-Nachfolgers Maratta, traf den Geschmack Burlingtons. Kents architektonische Innenausstattung bestand aus einer gelungenen Mischung zwischen Inigo Jones, Palladios britischem Nacheiferer aus dem frühen 17. Jahrhundert, und Burlington'schem Palladio-Stil. (Hierzu gab es italienische Renaissancevorläufer. So entstanden zum Beispiel Decke und Türeinfassung im *Blue Velvet Room* des Chiswick House im Stile von Jones und Kent, nach einem Muster des 1615 verstorbenen Cherubino Alberti[10]). Kents dekorative Wandgestaltung [292] wirkte sich auf seine Möbel so aus, dass auch sie eine klassische und palladianische, von antiken Architekturmotiven beherrschte Richtung bekamen [293, 294], deutlich zu unterscheiden von den großen, opulenten Möbelstücken mit den unterbrochenen Linien an prominenter Stelle [295]. Welchen Stil Kents Möbel auch aufweisen, sie wirken immer etwas aggressiv.

Kent war der erste englische Architekt, der sich ernsthaft für Möbelentwurf interessierte. Wie Horace Walpole später sagte: »Er konnte Bücherregale entwerfen, Schränke und Kaminsimse … kurzum alles, und mehr als das, was die Raumausstatter von heute erstreben.«[11] In Houghton Hall in Norfolk [292, 295] entwarf Kent »alle Ornamente im gesamten Haus«.[12] Bücherregale, Schränke und Zierspiegel, versehen mit Säulen, Pilastern, Gebälk, und die Giebel der Kent'schen Türeinrahmungen und Kaminsimse waren es, die den neuen Klassizismus am deutlichsten offenbarten. Kent war einer der ersten, der für Ausstattung und Möbel Mahagoni verwendete (eine billige Holzart, entgegen der anderslautenden Legende von der Kostspieligkeit dieses Materials),[13] und zwar als Massivholz, sodass seine Möbel »eher an Stein erinnerten denn an Holz«[14], und oft waren sie schwer vergoldet. Ein Mahagonischrank aus der Zeit von 1740 bis 1750 in Kent'scher Tradition [293] betont das Noble, das die Franzosen für Mahagoni einnehmen sollte, als sie nach dem Ausflug ins Rokoko zum Klassizismus zurückkehrten. Die Kartusche im unteren Mittelteil ist eher Barock als Rokoko. Ganz deutlich ist der starke griechische Einschlag; er zeigt sich bei Kents Arbeiten (vielleicht via Louis-quatorze-Möbel), lange bevor der *goût grec* in Frankreich aufkam (S. 179–180). Er benutzte auch reichlich Muschelmotive, Akanthus und Girlanden. Zu Kents klassizistischen Vorlieben gehört es, auf Beistelltische Marmor- oder Kunstmarmorplatten nach italienisch-französischem Vorbild zu legen.

Ein kleiner vergoldeter Holztisch für Chiswick House [294] enthält alle Bestandteile antiker Steinmetzkunst, einschließlich des mit leerem Blick nach vorne gewandten Hauptes sowie der griechischen Ornamente. Der kannelierte Sockel der »Vase« ähnelt stark einem Detail am »Grab des Agrippa« – dem berühmten Sarkophag in Rom, der in der Säulenhalle des Pantheon stand und von Desgodetz und anderen bekannt gemacht wurde [65D]. Von der Seite ähnelt die »Vase« einem Motiv, das als Mittelteil an der Rückenlehne vieler Chippendale-Stühle jener Zeit vorkommt. Der solide Fuß erhöht tatsächlich die Ähnlichkeit mit einer Vase; die Schnitzerei unterblieb aber bei der Ausführung.[15] Andere englische Möbeltischler, einschließlich Benjamin Goodison, folgten, indem sie Möbel im klassizistischen Stil herstellten, zum Teil dem Vorbild antiker Gebrauchsgegenstände aus Stein entsprechend. Matthias Lock (gest. 1765) hat man einen italianisierten, weiß gestrichenen

296 Weiß gestrichener, vergoldeter Fichtenholztisch, ca. 1740

rechts **297** Entwurf für ein »Königliches Bett« in St. James Palace, London, von John Vardy; britisch, 1749

und vergoldeten Beistelltisch aus Ditchley Park zugeschrieben [296]; dieser Tisch aus Fichtenholz könnte jedoch von Lord Burlingtons Zeichner Henry Flitcroft stammen, mit dem Kent in Ditchley zusammenarbeitete.[16] Eindrucksvoll in Kent'scher Manier und klassischer Architekturtradition gefertigt: ein Herkuleskopf, umhüllt vom Fell des Nemeischen Löwen. Er ist in die Zarge geschnitzt, Muschelmotive schmücken die Seitenwangen.

Die Wellen pompöser Schwere, die man mit Kent in Verbindung brachte – Walpole nannte dessen Möbel »ungenießbar gewichtig« – verebbten, und man wandte sich leichteren Formen zu. Ein Entwurf von 1749 für ein »Königliches Bett« [297] von John Vardy (gest. 1765), der Kent gut kannte und dessen Entwürfe veröffentlichte,[17] ist inspiriert von einem Kent'schen Bett in Houghton Hall. Leider versuchte Vardy, die Kent'sche Schwere durch kandelaberförmige Säulen sowie Quastenvorhänge aufzulockern. Dem gesellt er Muschelform und gebrochene Linien hinzu, doch dann bedeckt er die Säulen mit einem schweren Ziergiebel anstelle des erwarteten leichten Baldachins.

Das Kent'sche Erbe überdauert in zwei Sesseln, entworfen in den 1750er und 1760er Jahren von englischen Architekten, die auch die Strömungen auf dem Kontinent beobachteten (S. 177–181). Der erste [301] wurde 1759 von William Chambers (1723–1796) gezeichnet, der von sich behauptete, »ein ausgemachter Möbelkenner« zu sein,[18] und der die Pariser *Goût-grec*-Kunsthandwerker kannte. Möglich, dass er mit seinem edlen, französisch inspirierten Sessel den selbstbewussten Prahlhans Kent ausstechen wollte. In Anbetracht seines Talents, seiner Erfahrung und seiner Kontakte erstaunen aber die Mängel des Entwurfs. Am meisten stört die Beziehungslosigkeit zwischen oberer und unterer Sesselhälfte; besonders die Armlehnen sind unverhältnismäßig breit im Vergleich zu den Beinen (deren Spiralform ähnelt den »fortschrittlichen« Spiralen in den Entwürfen von Neufforge und Delafosse). Chambers' Sessel wirkt unbeholfen, verglichen mit dem von Robert Adam (S. 194) ungefähr fünf Jahre später entworfenen Sessel aus vergoldetem Holz [302], »reichlich in antiker Manier geschnitzt«; er gehört zu Adams einzigem Möbelsatz, der erwiesenermaßen von Thomas Chippendale getischlert wurde.[19] Die Grundform entspricht wieder Kent [292], aber der Sessel besitzt eine verbindliche Eleganz, die bei Kent fehlt; zudem ist das klassische Ornament hier perfekt auf die Form abgestimmt. Die Rückenlehne geht ohne Unterbrechung auf »englische« Weise in den Sitz über (genau wie bei Chambers' Sessel).

298 Münzkabinett in Form eines ionischen Tempels, Mahagoni, furniert mit Sumpfkiefer, George Sandeman zugeschrieben, in Blair Castle, Perthshire; britisch, ca. 1765

Kents »antike« Möbel setzten sich aus verschiedenen alten Ornamenten zusammen. Anders ein «Architektur-Kabinett« aus Mahagoni [298] zur Aufbewahrung von Juwelen, Münzen und Medaillen: Hier richtet sich die Form als antike Architektur nach dem Inhalt. Der ionische Säulenvorbau ist dem Tempel des Septimius Severus in Rom nachempfunden – das Seitenfenster entspricht Burlingtons Palladio-Stil. Ursprung und Proportionen sind römisch, die Wahl eines eher ionischen denn korinthischen Vorbilds spiegelt jedoch das wachsende Interesse an hellenistischer Architektur und Kunst wider, das binnen kurzer Zeit das Erscheinungsbild vieler Wanddekorationen und Möbel verändern sollte. Denn während der 1750er und 1760er Jahre wurde die Suche der Briten nach einem neuen antiken Stil durch eine Flut von Neuerscheinungen über die Architektur des Altertums (S. 202) angeregt. In der Malerei wurde diese Sehnsucht in den mythologischen Gemälden des Gavin Hamilton verkörpert; seine Gemälde im Stile von Poussin enthielten präzise Darstellungen antiker Möbel und wurden sofort in Form von Stichen reproduziert.[20]

Der Architekt James »Athenian« Stuart (1713–1788) veröffentlichte sein Buch über Athens Architektur im Jahr 1762 (S. 202). Seine Interessen sind ablesbar an den Möbeln, die er zwi-

299 Dreiseitiges Podest mit Kerzenhalter aus geschnitztem, gefasstem und vergoldetem Holz und vergoldeter Bronze aus dem *Painted Room*, Spencer House, London, entworfen von James »Athenian« Stuart; britisch, 1759–1765

oben rechts **300** Armsessel aus geschnitztem, vergoldetem Holz aus dem *Painted Room*, Spencer House, London, entworfen von James »Athenian« Stuart; britisch, 1759–1765

rechts **301** Sessel des Vorsitzenden der *Royal Society of Arts*, Mahagoni geschnitzt und gedrechselt, entworfen von Sir William Chambers; britisch, 1759–1760

rechts außen **302** Armsessel aus geschnitzter und vergoldeter Buche »in der anticken Manier«, entworfen von Robert Adam und ausgeführt von Thomas Chippendale; britisch, 1764

schen 1759 und 1765 für Spencer House entwarf, einen Londoner Palast, in dem er die neue griechische Mode lancierte [367]. Dieses auf die Antike zurückgreifende Mobiliar unterscheidet sich deutlich von der französischen Reaktion auf das Rokoko der späten 1750er Jahre, bei der steinerne Piranesi-Romantik mit den antiken Trends des Louis-quatorze-Stils vermischt wurden.

Der Sessel, von Stuart für den *Painted Room* [300] entworfen, kommt aus einer ganz anderen Welt als der Sessel von Adam [302]. Einer Lehne in Kartuschenform (S. 175–176) und einer gebogenen Armlehne fügte Stuart antike Ornamente hinzu sowie unverkennbar »steinerne« Tatzenfüße. Die zu den Sesseln passenden Sofas [367] erinnern zwar an antike Steinthrone, aber die seitlichen Löwen haben lange Hälse und Schwanengefieder genau wie die Tiergrotesken an der Wand. Zur Ausstattung gehörten auch dreifüßige Podeste, die auf bemerkenswerte Weise verschiedene antike Motive aufgreifen [299]. Der Kandelaber – eine Nachbildung des fehlenden Dreifußes von der Spitze des Choregischen Monuments zu Ehren des Lysikrates in Athen – steht auf einem mit »antiken« Jungfrauen im Stil von Peruzzi geschmückten Podest oberhalb von Greifen, die einem römischen Marmordreifuß im Kapitolmuseum [10O] entlehnt sind. Das Ganze gleicht einem antiken Kandelaber [10B], doch der Sockel hat die einwärts gedrehten Volutenfüße barocker Kerzenständer. Welche Kombination! Zwei für die Zukunft bedeutsame Möbel wurden aber noch gar nicht erwähnt: im *Painted Room* eine Version des pompejanischen Sphinx-Dreifußes, der um diese Zeit vielfach wieder auftauchte (S. 195–196) und ein streng »archäologischer« Dreifuß aus vergoldetem Holz von ungefähr 1760 [303]. Viele Details wurden einem kunstvollen, von Piranesi großartig illustrierten römischen Original entnommen; sie sind anderswo viel langweiliger dargestellt.[21] Adam folgte Stuart bei den Entwürfen »archäologischer« Möbel auf dem Fuße; das »Grab des Agrippa« [65D], das zuerst von Kent als Vorlage benutzt wurde [294], diente ihm mehrmals – 1768 buchstäblich in der Originalform als Sitzbank für Lansdowne House (fehlt nur noch der Hohlraum für den Leichnam) sowie kurz nach 1775 für Kedleston Hall [22] [304], von John Linnell herausgeputzt mit Rillen, Vergoldung, Farben und Anthemien an den Kanten.

England gehörte zu den ersten Ländern, die nach der ersten Wiederbelebung der Antike bei Raffael und seinen Nachfolgern im 16. Jahrhundert einen »archäologischen« Möbelstil einzuführen versuchten. Möglicherweise veränderten Nationalismus und Patriotismus den Geschmack: Anfang 1750 wurde eine »Anti-Gallische Gesellschaft« gegründet, in der sich die englische Opposition gegen den französischen Einfluss formierte, um so der »hinterhältigen« Kunst der französischen Nation etwas entgegen zu setzen. Nur wenig später opponierten die Franzosen gegen die »Anglomanie«! Die wahren Gründe für die Neigung zum »Archäologischen« dürften jedoch im englischen Temperament zu finden sein, denn die meisten Möbelstücke in klassischer Manier entstanden während der Blütezeit des Rokoko, der Chinoiserien und der »gotischen« Mode. Durch solche Spielereien ließ sich aber eine Nation nicht erschüttern, die sogar für Blenheim Palace, den größten englischen Barockbau, nur Verachtung übrig hatte. Die Moden waren höchstens Schaumkrönchen auf der britischen Strömung, die sich im ganzen 18. Jahrhundert auf die Antike zubewegte.

303 Dreifuß aus geschnitztem und vergoldetem Holz, Treppenabsatz in Spencer House, London, entworfen von James »Athenian« Stuart; britisch, ca. 1760

304 Geschnitzte, gefasste und vergoldete Sitzbank in der Marmorhalle von Kedleston Hall, Derbyshire, entworfen von Robert Adam und gefertigt von John Linnell; britisch, ca. 1775

VI *Kapitel 2* Die Apotheose der Anti-Klassik: Rokoko

305 Rokokomöbel mit Beistelltisch, Kaminspiegel mit Wandleuchtern und Wanduhr, aus: *Le Déjeuner* von François Boucher; französisch, 1739

Der gesellschaftliche Hintergrund

Als Voltaire 1751 die Bedeutung Ludwigs XIV. würdigte, stellte er einen großen gesellschaftlichen Unterschied zu seinem eigenen Zeitalter fest: »Schließlich ist man dahin gelangt, nur noch im Geschmackvollen und im Bequemen Luxus zu treiben. Die Menge von Pagen und Livreebedienten ist verschwunden, um das Innere der Häuser behaglicher zu machen. Man hat den leeren Pomp und den äußeren Prunk den Nationen überlassen, bei denen man sich nur darauf versteht, sich vor der Öffentlichkeit zu zeigen, und bei denen die Kunst zu leben noch unbekannt ist.«[23] Seit dem Beginn des Jahrhunderts diskutierte man allerorten *l'art de vivre*. Germain Brice, Autor eines mehrfach neu aufgelegten und ergänzten Reiseführers von Paris, hatte 1713 zur neu geschaffenen Einrichtung im Hôtel de Beauvais vermerkt, der moderne Geschmack sei »unvergleichlich bequemer und angenehmer als zuvor… diese französischen Baumeister übertreffen hierin ihre Vorgänger, sogar die italienischen.«[24]

Der Begriff der *convenance* in Zusammenhang mit einem Gegenstand des täglichen Lebens taucht zum ersten Mal 1702 auf. Mit dem plötzlichen Wunsch nach »Zweckdienlichkeit« für körperliches Wohlbefinden und geistige Entspannung [305] anstelle von leerem Prunk wurden *appartements* auf diese Bedürfnisse zugeschnitten – Boudoirs, Ankleidezimmer, Speisezimmer und Bibliotheken. Deren Ausstattung galt als privat, wenn nicht gar geheim. Niemand konnte mehr von der äußeren Architektur auf das Innere eines Rokoko-Boudoirs schließen. Oft bargen die kleinsten Zimmer die größten Kostbarkeiten.

Der Bedeutungswandel brachte selbstverständlich neue Möbeltypen mit sich. Manchmal gehörten dazu technische Vorrichtungen, etwa für die mit Speisen beladenen Tische, die durch den sich öffnenden Fußboden heraufgezogen wurden, damit man bei intimen Abendessen nicht von der Dienerschaft gestört wurde. Stühle und Sessel wurden organisch dem menschlichen Körper angepasst, sogar Schränke und Kommoden wirkten organisch und nicht so sehr als ob sie der Ordnung dienten. Der Rokoko-Stil war direkt am Wandel beteiligt: Da selbst organischer Natur, war er für den organischen Umgang geeignet. Hier sind Ursache und Wirkung untrennbar miteinander verbunden. Die Sitzmöbel wurden gefährlich bequem. Als Madame Victoire, eine Tochter Ludwigs XV., gefragt wurde, ob sie ihrer Schwester in die Abgeschiedenheit des Klosters folgen wolle, antwortete sie: »Keine Sorge, meine Liebe… ich liebe die Annehmlichkeiten des Lebens viel zu sehr, dieses Sofa ist mein Untergang.«[25] Als in den 1760er Jahren der Klassizismus aufkam, wurde er allgemein akzeptiert, nur die Sitzmöbel im antiken Stil stießen auf heftigsten Widerstand. Jede Rückkehr zur Klassik, sei es in Gestalt des *goût grec* oder der des Empire, bedeutete eine Rückkehr zur Unbequemlichkeit. Den bequemen Rokokomöbeln trauerte man jedoch noch im frühen 19. Jahrhundert nach (S. 219).

Frauen spielten eine wichtige Rolle bei der neuen Lebensart. Franzosen, aber auch ausländische Beobachter stellten fest, welche Macht die Pariserin in Bezug auf die Gestaltung ihrer Umgebung ausübte. Caylus fragte: »Was ist der Grund für diese lebhafte Freundlichkeit?… Es sind die Frauen, die den Ton angeben bei allem, was in dieser großen Stadt geschieht.«[26] Vorreiterinnen waren die königlichen Mätressen. (Die beliebte Identifizierung von Rokoko mit Erotik ist durchaus berechtigt.) Der dem Dekorativen zugetane Hedonismus der Rokoko-Mätressen steht in krassem Gegensatz zu der düsteren Frömmigkeit der Madame de Maintenon. Als man dieser Karpfen zeigte, welche durch Umsetzen in klares Wasser krank geworden waren, sagte sie: »Die sind wie ich, die fühlen sich nur im heimischen Morast wohl.«[27] Die bekannteste Rokoko-Mätresse, Madame de Pompadour, interessierte sich sehr für Kunst und nutzte ihre Macht zugunsten des Post-Rokoko-Klassizismus (S. 186–193), genau wie Madame Dubarry (eine ursprünglich sehr »morastige« Dame).

Uns kommen die Manieren des 18. Jahrhunderts vielleicht steif vor, aber sie waren geradezu locker im Vergleich zu den vorherigen Jahrhunderten. Der neue Geist erwachte in Frankreich zur höchsten Blüte, wie ein Engländer bemerkte: »… von unschätzbarem Wert ist die Perfektion, die den gesellschaftlichen Umgang so sanft und angenehm schön macht«.[28] Die größere Unbefangenheit

306 Kupferstich mit Rokoko-Ornamentik: Pergola, Gitterwerk mit Sonnensegel (velarium), Palmen, Kartuschen und Wasserfall, aus einem Tapisserie-Entwurf von G.-M. Oppenord, gestochen von C.-N. Cochin; französisch, 1720–1730

307 Amor, gezogen von zwei Schmetterlingen, auf einem antiken Schmuckstück, 1736 in Rom veröffentlicht von Ridolfino Venuti (aus *Collectanea Antiquitatum Romanorum)*

der Manieren (unter Wahrung vollendeter Höflichkeit) schlug sich auch in der Kunst nieder: in der Asymmetrie einer unregelmäßigen Akanthusvolute, in der Rokokovignette, den kapriziösen Windungen der Rocaille oder auch im Interesse an der spontanen Malweise der römischen Antike. Kenner lobten an dieser Malerei »einen gefälligen und *mühelosen* Pinselstrich, einfache, aber angenehme Farbgebung, und vor allem eine *bezaubernde Kunstlosigkeit und Naivität«* (Kursivierung durch den Autor).[29] Diese *sprezzatura* oder absichtsvolle Naivität erstreckte sich auch auf andere malerische Werte, sogar bis zum Wangenrouge der Damen: »Ich liebe die Art, wie sie es auflegte, genau wie die Hofdamen in Versailles. Der Reiz liegt in der nachlässigen Art, in der es aufgetragen wird; keine versucht, den Anschein der Natürlichkeit zu erwecken.«[30]

Der Beginn des 18. Jahrhunderts in Frankreich war die erste Epoche seit der Antike, in der die Dinge des Alltags so uneingeschränkt im Vordergrund standen. Wer das Rokoko definiert, kann auf das Adjektiv »spielerisch« nicht verzichten. Das beherrschende Rokokomotiv in der Malerei und bei der Innendekoration war Eros, eine höfliche Umschreibung für Sex [349]. In Deutschland fand das Rokoko in Kirchen genauso Eingang wie in Schlössern, und überall tummelten sich Amoretten und kleine Eroten. Deren Botschaft verbirgt sich in den anmutigen Versen, die der Connoisseur und Lebemann Caylus einer mit »un petit amour« für »Madame la D…D…D…D…« gravierten Gemme [307] zum Geburtstag beilegte. Der kleine heidnische Gott »besiegt« den christlichen Heiligen:

J'apprends que c'est votre fête,
J'ignore le saint du jour,
Je croirai, sans plus d'enquête,
Que c'est celle de l'Amour.[31]

(Ich höre, heute ist Ihr Festtag,/Ich kenne den Heiligen des Tages nicht,/Ich glaube aber ohne weiteres,/Es ist Amors Tag.)

Dieses skeptische, witzige, weltliche, spontane und verhältnismäßig informelle neue Zeitalter erfand ein Möbelgenre und Dekorationen, die sich von allem Bisherigen unterschieden.

Der Einfluss der Groteske

Der Rokokostil war der am stärksten anti-klassische Stil seit den Extravaganzen der Gotik im 15. Jahrhundert. Es war kein Zufall, dass von den exotischen Chinoiserien (S. 276–289) ausgiebig Gebrauch gemacht wurde, auch nicht, dass die erste offene und ausführliche Wiederbelebung mittelalterlicher Gotik die Rokokodekorationen begleitete, zumindest in England (S. 234–237). Die Ablehnung des offenkundigen Gotizismus zu dieser Zeit in Frankreich und Deutschland mag damit zusammenhängen, dass dort der primitive »Gotizismus« vorherrschte, eine Gotik ohne Spitzbogen. Selbst die Begriffe waren austauschbar (S. 276). Viele Künstler des Rokoko (wie auch der Gotik) stammten aus Frankreich und waren dem starken antiken Einfluss Roms oder Italiens nicht unmittelbar ausgesetzt; viele, darunter Berain, Pierre Le Pautre, Audran und Watteau, kamen überhaupt nie nach Italien.

Die Anti-Klassik des französischen Rokoko-Stils zeigt sich auf vierfache Weise: Er verschmäht die klassische Anlehnung an antike Gebrauchsgegenstände aus Stein, er bevorzugt die Asymmetrie, Ornamente nehmen Gestalt an, er ist unruhig und flatterhaft, aber nicht hektisch. In erster Linie schufen Maler, Bildhauer und Kunsthandwerker das Rokoko, weniger die Architekten (was auch für den Barock zutrifft), aber damit nicht genug, der gesamte Stil wurde in einem unerhörten Ausmaß von malerischen und bildhauerischen Werten beherrscht. Viele Kunstkenner stellten das fest, darunter auch ein boshafter Kritiker, der (abgesehen von seiner Boshaftigkeit) das Rokoko treffend charakterisierte, indem er drei Schlüsselfiguren als Erfinder des *genre pittoresque* (eines auf der Malkunst beruhenden Stils) herausgriff: »Ungefähr vor fünfzig Jahren [ca. 1727] … ließ man ebenmäßige Formen fahren, und wir widmeten uns auf jede erdenkliche Weise der Verschandelung von

308 Gartensaal mit Grottenmöbeln, entworfen von J.M. Hoppenhaupt; deutsch, ca. 1755

309 Entwurf für einen Muschelbrunnen, von Pierre-Quentin Chedel; französisch, 1738 (aus *Livres des fantaisies nouvelles*)

rechts **310** Konsoltisch aus geschnitztem und vergoldetem Holz mit Marmorplatte, entworfen von Ferdinand Dietz; deutsch, ca. 1765

Wohndekorationen, alles unter dem Vorwand, eine Suite zu verschönern, heller oder lebendiger zu machen. Männer wie Lajoux [Lajoue], Pinault [Pineau], Meissonnier und ihre Epigonen ließen die Architektursprache hinfällig werden … Nur extravagante Konturen waren im Inneren zugelassen, eine wirre, wahllose Anhäufung von Motiven, kombiniert mit ausgefallenen, neckischen Ornamenten, wozu eine absurde Ansammlung von Kartuschen seitwärts gehört, von Rocaillen, Drachen, Schilf, Palmen und allen möglichen Phantasiepflanzen, die schon seit langem das Entzücken jedes Dessinateurs sind und das alles in einem Maße, dass sogar die Bildhauerei zur Mätresse der Architektur geworden ist.« [32]

Einige dieser Elemente – Drachen und Palmen, Gitterwerk und der doppeldeutige maurisch-gotische Kielbogen [465] – finden sich auf einem Druck nach Gilles-Marie Oppenord (1672–1742), der in Italien von Bernini und Borromini beeinflusst worden war [306]. Cochin sagt ironisch: »Der Große Meissonnier hat in Italien studiert und gehört deshalb nicht wirklich zu uns … klugerweise folgte er dort dem Geschmack des Borromini statt dem langweiligen der Antike … er scheut die Symmetrie.«[33] Die italienischen Vorreiter, die den Rokokostil erschaffen halfen, waren, wie die Franzosen, an guter Handwerksarbeit interessiert. Fast alle bedeutenden Kupferdrucker arbeiteten in drei Berufen: J.-A. Meissonnier (1695–1750) war Goldschmied, die Gebrüder Slodtz waren Bildhauer, Jacques Caffiéri war Bildhauer, Goldschmied und *fondeur*,[34] und alle entwarfen sie Möbel. Die Zentren für Kupferstiche mit Rokoko-Ornamenten waren die gleichen wie die für Goldschmiede: Paris, Nürnberg und Augsburg; französische Rokoko-Stiche wurden in Augsburg nachgestochen, um ihre Anzahl zu erhöhen.

Trotz des im 18. Jahrhundert von Kritikern beharrlich festgestellten anti-klassischen Charakters des Rokoko – und obwohl es tatsächlich die Strukturelemente der antiken Dekoration verwischte und zerstörte – verdankt es doch seine Ursprünge der Antike. In seiner Blütezeit schuf das Rokoko Ornamente, die sich aus der antiken, steinernen Zwangsjacke befreiten. Diese Befreiung war von der Groteske angeregt worden, der am stärksten anti-klassischen Kunst der Antike – von der das Rokoko nur ein erstaunlicher Abkömmling war, eine schauderhafte Missgeburt, gemessen an Vitruv. Caylus erklärte, dass der Dessinateur und Maler Claude III. Audran (1658–1734), ein maßgeblicher Schöpfer des Rokoko, seinen Stil von den Wanddekorationen Raffaels im Vatikan [161, 365] abgeleitet habe und Primaticcio von Fontainebleau. Watteau habe dann Audrans Ornamente imitiert sowie den leichten Pinselstrich, der einen weißen oder goldenen Grund verlangt.[35] In die »sehr zart auf weißen Grund gemalte Groteske« wurden »Blumen, Vögel und unzählige andere Absonderlichkeiten hineingesetzt, was eine wundersame Wirkung hat. Die Idee stammt aus dem Altertum, das bei Raffael wieder auflebte.«[36] [162] Mögen die Rokoko-Dekorationen noch so »original« aussehen, vor allem ihre nicht zu bändigenden Auswüchse in Deutschland, sie wurzeln doch tief in den unterirdischen Gewölben der Domus Aurea.

Einen weiteren großen Beitrag leistete die islamische Arabeske. Ihr Einfluss machte sich im Wechsel der Bezeichnung bemerkbar, die ab den 1690er Jahren die Geburt des französischen Rokoko begleitete: Aus »Groteske« wurde »Arabeske«. Dieser Wortgebrauch wurde später von Klassizisten des Nachrokoko wie Robert Adam (S. 194) beklagt (und bereitet auch heutigen Kunsthistorikern Kopfzerbrechen).[37] Typische Rokokomerkmale sind in der Groteske von Berain [273] und dem befreiten Spätbarock des Pierre Le Pautre (1648–1716) vorweggenommen:[38] Die Entwürfe Le Pautres von 1699 für Marly[39] enthalten Vertäfelungen, eingefasst von C-Bogenfriesen, worin Akanthus, Füllhörner, Blumen und Girlanden eingearbeitet sind. Berain und Le Pautre waren beide sehr erfinderisch, was die Zierleiste anging. Le Pautres Ornamentik schließlich führte zur Rokoko-Kartusche, die ein wichtiges Element in der Möbelkunst werden sollte (S. 175–176). Zwischen 1701 und 1713 wurde der neue Dekorationsstil in Schloss Versailles und im Grand Trianon eingeführt.[40]

Die Schritte von der Groteske Berains bis zum Rokoko können anhand der zeitgenössischen Kommentare verfolgt werden. Im Jahr 1693 lobte man Audran wegen der schöpferischen Neuheiten, die er der Groteske hinzufügte.[41] Bis 1713 galt er als Erster seines Faches »vor allem für Arabesken und für groteske Ornamente in der Art des gefeierten Raffael«.[42] Hier wird unterschieden zwischen Arabeske und Raffael'scher Groteske. Berain geriet außer Mode, und mit ihm verschwand die Vorliebe für dunkel glänzende Möbel. Der Pomp Ludwigs XIV. war völlig unangebracht in dieser neuen Welt, in der Weiß als die schönste Farbe galt, welche »das Licht verstärkt und das Auge erfreut«.[43]

Grottenornamente

Da der neue Stil auf der Groteske basierte, interessierte man sich auch wieder für das »Zubehör« – Felsbrocken, Quellen, Springbrunnen, Schilf und andere Wassermotive. Die furchterregenden Gestalten des 16. und 17. Jahrhunderts blieben zwar in ihrem Versteck, aber die Dessinateure des Rokoko sahen sich den Ohrmuschelstil und dessen Urformen genau an.[44]

Andererseits verlagerten sich Grotte, Gartenmuster und Ruine nach innen – manchmal alle drei zusammen. Das Ergebnis war *outré*: Ein Stich aus der Zeit um 1755 [308] zeigt einen Raum, der irgendwo zwischen Grotte und Wohnzimmer angesiedelt ist; die im Vor-Rokoko übliche Raumgliederung mit Säulen und anderen Architektur-Elementen entfällt zugunsten der Grottenform. Ver-

311 Stuhl aus Muscheln, Delphinen, und Rocaille-Ornamenten mit zwei »Perlen«, geschnitztes und vergoldetes Holz; französisch, ca. 1760–1770

rechts **312** Kerzenständer aus farbig gefasstem Fichtenholz, entworfen von Thomas Johnson, Kerzenhalterarme aus Eisen; britisch, ca. 1758

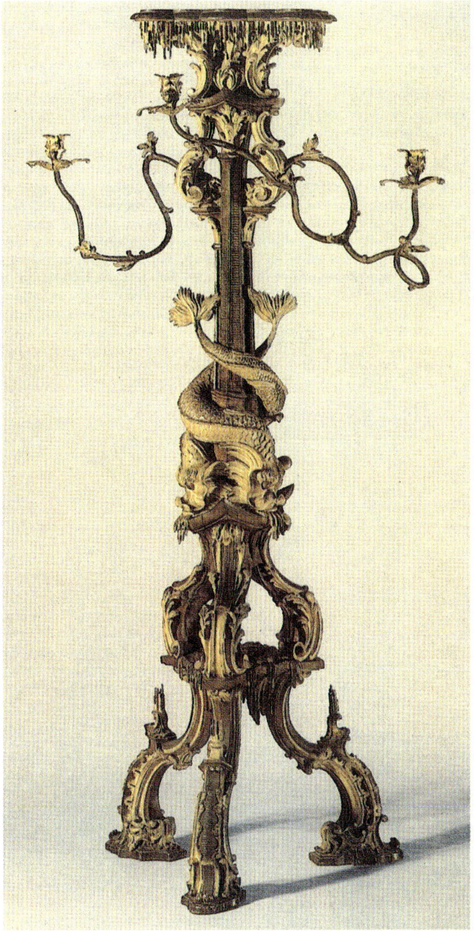

steinertes Wasser formt »Säulen«, die Spiegel sind mit Muscheln verziert, auf denen Putten kauern, welche Wasser aus Delphinvasen und Urnen auf darunter stehende Felsbänke gießen. Dazu passend sind die asymmetrischen Lehnen mit schuppenförmigen Plättchen belegt; eine Uhr steht unter einem Springbrunnen auf einer Kamineinfassung aus künstlichem Fels. Seit der Antike lieferten Muscheln ein Motiv für Architektur und dekorative Künste: Sie schmückten pompejanische Bronzeleuchter, bewohnten Renaissancegrotten und Kunstschreine [216]; nun diktierten sie jedoch als Hauptzutat der Rokoko-Dekoration [309] die gesamte Form. Jener Gersaint, für den Watteau sein berühmtes Ladenschild malte, annoncierte 1734, dass er 1735 und 1736 nach Holland reisen würde, um Muscheln für französische Sammler zu erwerben. Sein Warenkatalog von 1736 verweist auf den damals üblichen Gebrauch von Muscheln: »Sie können Architekten ebenso wie Bildhauer und sogar Maler zu neuen Formen inspirieren.«[45] Im Jahr 1742 wurde das erste systematisch bebilderte Buch über Muscheln veröffentlicht,[46] wovon bezeichnenderweise nur der Abschnitt über Muschelschalen (Konchologie) 1760 eine Neuauflage erlebte.

Muscheln, Delphine und andere Meeresmotive begegnen einem auf herrlich beziehungsreichen Stühlen und Tischen [311]. Muscheln waren es auch, die zu einem nie dagewesenen Phantasiemotiv beitrugen, das sozusagen zum Leitmotiv des Rokoko wurde: die Rocaille. Das Gehäuse der Stachelschnecke, eines Muscheltiers aus Libyen und dem Arabischen Golf, hat aufgrund seiner faszinierenden Ausbuchtungen, Dornen und Warzen vieles mit dem Ohrmuschelstil gemein [237, 235]. Die Form dieses Schneckengehäuses wurde abstrahiert und mit Grottenwerk und Korallen zu einer Gesamtheit verschmolzen: »Rocaille«-Drucke produzierten Oppenord und Meissonnier erstmals um 1720, der Begriff selbst erschien vermutlich 1736 zum ersten Mal.[47] Die Rocaille war bald so geläufig, dass sie dem Stil den Namen gab. Ein anderer Begriff für dieses Ornament, ebenso von Muscheltieren *(Chicoreus)* hergeleitet, heißt *Chicorée*: Ein Kritiker nannte 1803 das Rokoko verächtlich den »ärmlichen, unzusammenhängenden Stil, den die Entwerfer ›rocaille‹ und ›chicorée‹ nennen«.[48]

Die Rocaille war eines der schöpferischsten und ansprechendsten Ornamente, die je erfunden wurden. Manche Konsoltische wirken geradezu wie Schaum [310] – die schaumartigen, durch die Rocaille gebohrten Löcher sind Überbleibsel des Maureskenn »Loches«, das wiederum auf die »Stiele« der Akanthusverzierung der Spätantike zurückgeht [113]. Derselbe Geist steckt in der organischen Form der »Wurzel«-Stühle, deren »Löcher« manchmal die Gestalt eines Kommas annehmen, auch dies eine Maureskenform.[49] Aufgrund der abstrakten Natur und der wesenhaften Unbegrenzbarkeit der Rocaille konnten die Entwurfszeichner und Dessinateure ihrer Phantasie freien Lauf lassen. Das taten sie besonders in Deutschland, wo sie ihrer Neigung zu expressiven Gebilden frönten, dieses Mal in einem Genre, das dunkle Elemente ausklammerte, aber nicht gänzlich: Auf einem Rokoko-Ornament des J. Wachsmuth tauchen düstere »Gesichter« auf, die gelegentlich an die Masken im Ohrmuschelstil erinnern.[50]

Ein Konsoltisch von Ferdinand Dietz von ungefähr 1765 [310] ist mit Rocaillen, zu Stein geronnenem »Wasser« und ein paar verstreuten Blüten verziert. An diesem im Grunde schlichten Tisch von Dietz – nur zwei Füße und eine Tragleiste – interessiert vor allem das bezaubernde Ornament. Obwohl handwerklich perfekt gearbeitet, war der Rokoko-Stil zwanglos. Dem Rokoko verdanken wir atemberaubend phantasievolle Räume, weltliche und kirchliche, die die Pforten des Himmels öffnen und zu denen auch schlichte Möbel und eine einfache Ausstattung passen. Die Schlichtheit des Rokoko wird am deutlichsten an einem alltäglichen französischen Rokoko-Stuhl. Bei aller Kunstfertigkeit ist das Rokoko-Mobiliar nicht steif und förmlich; so etwa der deutsche Stuhl von ca. 1760 [313], der mit seinem Rocaille-Ornament auf

313 Geschnitzter Holzstuhl, teilvergoldet, in Schloss Fasanerie, Fulda; deutsch (Fulda), ca. 1760

rechts **314** Behälter mit Standfuß aus Perlmutt, vergoldeter Bronze und vergoldetem Kupfer, entworfen und ausgeführt von Pietro Piffetti; italienisch, ca. 1745

oben links **315** Stuhl aus geschnitztem und vergoldetem Lindenholz, naturalistisch gefasst, für den Gartensaal im Franckenstein-Pavillon von Schloss Seehof; deutsch (Bamberg), ca. 1763–1764

oben rechts **316** Uhr, vergoldete Bronze mit Porzellan aus Vincennes oder Mennecy; französisch, signiert »Gauron 1754«

oberhalb **317** Kommode, Einlegearbeit aus Perlmutt, Elfenbein und Schildpatt, versilberte Bronzegriffe, von H. W. Spindler; deutsch, 1769

bemerkenswerte Weise die Salonstühle des Art-Nouveau-Designers Georges de Feure vorwegnimmt. Ein opulenter Schmuckbehälter aus Perlmutt und vergoldeter Bronze auf einem Standfuß wurde für einen Turiner Palast in den 1740er Jahren von Pietro Piffetti (1700–1777) entworfen [314]. Perlmutt war seit langem »Grotten«-Material, wurde aber auch in anderem Zusammenhang verwendet (die einzige andere Arbeit Piffettis vollständig aus Perlmutt ist eine Altarfront).[51] Der Fuß ist mit Palisanderholz und Elfenbein furniert, wobei letzteres ursprünglich wohl naturalistisch eingefärbt war. Die meisten Formen und Embleme haben mit dem Meer zu tun, weshalb die Figur auf dem Deckel der muschelförmigen Schale vermutlich Neptun und nicht Minerva darstellt. Ob es wohl ein Gegenstück mit Neptuns Rivalin gab?[52]

Wassermotive beherrschen einen Kerzenhalter [312], der (bis auf die Arme) einem 1758 veröffentlichten Entwurf des englischen Kunsttischlers Thomas Johnson folgt,[53] dessen Arbeit direkt von Hoppenhaupt [308] beeinflusst wurde. Der Kerzenständer war einer von insgesamt vier für die im Palladio-Stil errichtete *Long Gallery* von Hagley Hall in Warwickshire, die ein Ensemble mit Pfeilertischen, Girandolen und Wandleuchtern bildeten – so durchflutete Grottenatmosphäre einen der größten Säle im Haus.[54] Zu den Motiven gehören Wasser, Rocaillen, Delphine, Akanthus und Gitterwerk. Die Arme des Kerzenständers sehen aus wie Zweige (sie sind aus legiertem Eisen, auf dem Festland wären sie sicher Bronze vergoldet). Das Ganze ist in brauner »Stein«-Farbe gestrichen. Johnsons Entwurf ähnelt einem Entwurf von François Cuvilliés (1695–1768), der sich seinerseits vom französischen Geschmack des späten 17. Jahrhunderts beeinflussen ließ. Der Münchner Hofzwerg Cuvilliés gehört zu den genialsten Entwurfskünstlern des Rokoko. Ein Professor bemerkt dazu: »Man kann von Johnson ohne weiteres behaupten, er habe einen Cuvilliés-Entwurf verdorben ... bei dem Versuch, ihn zu adaptieren.«[55] Wenn man die Sicherheit eines Cuvilliés mit der Unsicherheit eines Johnson vergleicht, kann man der Meinung des Professors nur beipflichten.

Natur und Gärten

Der Grottengeschmack ging einher mit dem zunehmenden Interesse des gesamten 18. Jahrhunderts an Naturalismus und an Gärten. Man sagt, das Ende des *Ancien Regime* sei gekommen, als Ludwig XV. befahl, die schnurgeraden Alleen in Versailles abholzen zu lassen.[56] Die Vorliebe für jene neuen, künstlich unregelmäßigen »Englischen Gärten« – den chinesischen *sharawaggi*[57] abgeschaut – fand ihr Pendant in der kunstvollen Asymmetrie des Rokoko. Bis zum Ende dieser Epoche gab es die »Englischen Gärten« sogar im klassisch orientierten Italien.

Seit Jahrhunderten waren in der europäischen Kunst mehr und mehr naturalistische Ornamente verwendet worden, orientalische Seidenstoffe und andere östliche Textilien waren mit Blumen übersät [580]. Die Einstellung der Franzosen im Hochbarock steckt in einem Bonmot, das dem Gartenarchitekten Le Nôtre zugeschrieben wird: »Blumen sind etwas für Kindermädchen.« Jedenfalls waren im 17. Jahrhundert Blumen und Blätter bei der Möbelgestaltung alles andere als natürlich. Ganz anderer Art sind die Blumen und Pflanzen, die allerorten das Rokoko schmücken: Scheinbar sind sie völlig ungeordnet. Rosen, Nelken und andere Pflanzen liegen verstreut zwischen Rokoko-Ranken und Akanthus, kringeln sich weit über Wellenbänder und quer über Spiegel [308] hinaus; manchmal bestehen sie nur aus dicken Blütenblättern, manchmal nur aus nackten Zweigen [312]. Die Unordnung mag naturalistischer erscheinen als die sinnlichen Marketerie-Blumenbuketts des 17. Jahrhunderts, aber es handelt sich dabei nicht wirklich um Naturalismus. Ein Fragonard-Gemälde, auf dem viele kleine Blumen verstreut sind, ist mindestens ebenso künstlich wie ein Blumenstück von Monnoyer. Oder, wie Rousseau sagt: Die Kunst verbirgt die Kunstfertigkeit.[58] Dieser Satz wurde später als »zu gekünstelt« desavouiert.

Der neue, regellose Naturalismus war nicht nur die wahre »Kunst«, sondern wurzelte auch in der Kunst der Antike. Ablesbar war das weniger an der strengen Ausrichtung auf antike Steinskulpturen als an dem lockeren Arrangement von Rokoko-Elementen, die sehr an die schwungvollen Girlanden der gemalten Groteske erinnern [32, 33, 559]. Bei Groteske und Rokoko ranken sich die Girlanden oft um Spaliere, die auch in Barock- und Rokoko-Gärten üblich waren. Außerdem schmücken sie auch fürstliche Kommoden [315, 317]. Jene Blumenkörbchen, die wir als unvermeidliche Attribute der Landmädchen in einer Boucher-Landschaft kennen oder die gut sichtbar als vergoldete Bronzebeschläge eine Kommode schmücken, wurden bereits im frühen 16. Jahrhundert von italienischen Malern von Wandmalereien der antiken römischen Paläste und von Gräbern kopiert. Viele der ersten Rokoko-Künstler, die unter anderem auch Gärten entwarfen (sowie praktisch alles, was mit dem Leben bei Hofe zusammenhing), dürf-

rechts **318** Wiege aus geschnitztem und gefasstem Holz; italienisch (venezianisch), um 1750

319 Vignette nach einem Entwurf um 1730, von Antoine Watteau

ten sich antike Gartenabbildungen aufmerksam und sachkundig angesehen haben (wie es Humphry Repton im frühen 19. Jahrhundert tat).[59] Berain gestaltete Gärten in Versailles, die Familie Slodtz entwarf sowohl Ziergitter für die Orangerie[60] als auch Möbel für das Schlafgemach Ludwigs XV. [324].

Blumen- und Gartenmotive wurden aus geschnitztem, bemaltem oder vergoldetem Holz, aus vergoldeter Bronze oder aus Porzellan dreidimensional dargestellt. Sie wurden flächig in Marketerie abgebildet, oft mit lebhaften, heute verblassten Pigmenten, sowie in Öl oder auf Porzellan in naturgetreuer Farbigkeit gemalt. Dieser Naturalismus besaß eine gewisse Ähnlichkeit mit dem gotischen Naturalismus: » ... der Erbauer der Kathedrale von Bourges liebte Hagedorn, weshalb das Portal seiner Kathedrale mit einem reichen Kranze desselben verziert war ... Da er durchaus keinen grauen Hagedorn liebte, sondern ihn grün vorzog, malte er ihn grün ... Die Leute würden wahrscheinlich einem Trachten nach abstrakten Farbenharmonien abgeneigt gewesen sein, das ihn dazu veranlasst haben könnte, seinen Hagedorn blau zu malen.«[61] Genau wie der Baumeister der Kathedrale von Bourges hätte das 18. Jahrhundert etwas gegen blauen Hagedorn gehabt, nicht jedoch gegen vergoldeten! Die Mode naturalistischer Blumen verbreitete sich überall in Europa: hier nur einige Beispiele aus Venedig [318], Paris [316], Süd- [315] und Norddeutschland [317].

Eine venezianische Wiege aus der Zeit um 1750 [318] ähnelt einer auf Grund gelaufenen Muschel auf einem blätter- und blumenumrankten Miniatur-Baum, auf dessen Zweigen kleine Vögel sitzen. Die Vorhänge, die ursprünglich vom Blätterknauf hingen, sind verloren gegangen, aber es ist gut möglich, dass der Stoff ein Blumenmuster hatte. Eine prächtige feuervergoldete Uhr von 1754 [316] ist von Porzellanblumen aus Vincennes oder Mennecy umrahmt; eine Meerjungfrau und ein Flussgott aus weißem Porzellan (beide Motive letztlich der Antike entlehnt) blicken versonnen auf einen Rocaille-Teich.[62]

Kronleuchter bestanden manchmal nur noch aus einem skelettartigen, asymmetrischen Gerippe, überhäuft mit Porzellanblumen und -blättern. Große Möbelgarnituren erhielten Gartenornamente: 1761 gestaltete der Hofmaler des Fürstbischofs von Bamberg das Audienzzimmer im Franckenstein-Pavillon von Schloss Seehof als Gartensaal mit Gitterwerk und Blumen. In diese Dekoration stellte man eine prächtige Garnitur aus geschnitztem, vergoldetem und bemaltem Lindenholz [315], deren Sofa- und Stuhllehnen Gitterwerk vortäuschen, durch das Blätter und Blumen wachsen.[63]

Viele dieser blumen- und blattwerkverzierten Möbel sind alles andere als »ländlich« zu nennen, etwa die großartige Kommode von 1769 aus Potsdam [317], angefertigt von dem aus einer bayerischen Kunstschreinerfamilie stammenden Heinrich Wilhelm Spindler, der vermutlich als junger Mann in Paris erste Erfahrungen sammeln konnte. Das zentrale Ornament der Kommode stellt die »Drei Grazien« dar, vielleicht ein von Hoppenhaupt vorgegebenes Motiv, da der Raum, in dem die Kommode stand, von ihm entworfen wurde (Grazien schmücken den Kaminsims [64]). Die Füße der Grazien sind von einer Girlande umschlungen; die Gruppe ist eingelegt in ein Gemisch aus Schildpatt, Perlmutt und versilberter Bronze und umgeben von Gitterwerk. Etliche fränkische Kommoden, möglicherweise zu Unrecht den Spindlers zugeschrieben, weisen eine Marketerie auf, deren romantischer Naturalismus an den Felsengarten »Sanspareil« der Markgräfin Wilhelmine von Bayreuth erinnert.[65]

Selbst aus echten, kunstvoll imitierten oder auch vergoldeten Zweigen und Baumwurzeln wurden Möbel gefertigt. Solche Grotten- und grotesken Gartenmöbel wurden, oft mit einem Anflug von Chinoiserien [571], während des gesamten 18. und 19. Jahrhunderts produziert und werden es immer noch.

Die Vignette

Eine wunderbare, den eleganten Schäferstil des Rokoko atmende Erfindung war die aufgemalte Vignette oder das Capriccio [319]. Meist handelte es sich um eine von luftigen Bäumen, Gräsern und Blumen eingerahmte Posse, bei der Damen und Herren auf einer Schaukel ihr Leben vertändeln, Bauern, statt zu arbeiten, Kurzweil treiben, Affen wie Menschen auftreten und ähnliches mehr.

Der Ursprung des Capriccios liegt in der Antike. »Das Capriccio als künstlerisches Genre scheint in der dekorativen Groteske verwurzelt zu sein, welche italienische Künstler im frühen 16. Jahrhundert entwickelten.«[66] Angereichert wurde das Capriccio durch Gestalten, die auf den beliebten Festen und Theateraufführungen im Italien des 16. und 17. Jahrhunderts der Volksbelustigung dienten, insbesondere durch Possenreißer der Commedia dell'Arte, Kolumbinen, Harlekine und Pulcinellos, Nachfolger also der Spaßmacher, Gaukler und Musikanten im Gefolge der kaiserlichen römischen Triumphzüge.[67] Diese italienischen Einflüsse sowie die *Petites Arabesques* eines Du Cerceau trugen zur Kunst Callots bei, der eine Ausbildung bei einem Italiener in Florenz genossen hatte.[68] Callot beeinflusste Stefano della Bella: Beide entwarfen *grottesche*, also Szenen, die von Kartuschen oder Bäumen eingerahmt waren [235]; beide beeinflussten Berain, Boulle und Audran.

So wurde der Rokoko-Vignette der Weg bereitet, aber den zündenden Funken lieferte Watteau, der sie in Licht und Luft hüllte und ihr den »pittoresken« Naturalismus verlieh sowie die Melancholie, welche »tantum mortalia tangunt«. Die Rückkehr der Commedia dell'arte nach Frankreich, von wo sie nach einer unglücklichen Satire auf die »alte Hexe« (Saint-Simon über Madame de Maintenon) verbannt worden war, versetzte Paris in Fröhlichkeit – und Watteau hatte sein aktuelles Motiv. Andere bezogen sich auf La Fontaines Fabeln, die schon in den späten 1690ern bei Audrans bezaubernd freien, auf Goldgrund gemalten Grotesken-Ornamenten für die 13-jährige Herzogin von Burgund Vorbild gewesen waren. Schoßtiere und exotische Themen lieferten weitere Sujets, desgleichen Miniaturen der kunstvoll komponierten, im Detail oft barocken Architektur-, Landschafts- und Ruinenbilder

320 Entwurf für einen *Commode Table* und zwei Kerzenständer von Thomas Chippendale; britisch, 1761 (aus *The Gentleman and Cabinet Maker's Director*, 1762)

italienischer Spezialisten – den *quadraturisti* und *vedutisti* –, die sich als Dekorationsmaler einen guten Ruf erworben hatten, nachdem die seriöse Historienmalerei aus der Mode gekommen war. Stilleben, Blumenkörbe, Waffentrophäen, Musikinstrumente, kleine antike Tempel und phantastische Konstruktionen verschiedener Art: Alles wurde zum Motiv für die Vignette. Auch der Humor, wichtiger Bestandteil der antiken Groteske, kam hinzu.

Die Bedeutung der Vignette für Möbel liegt in ihrer erfolgreichen Verwendung als Marketeriebild und gemalte Dekoration [320]; oft nimmt sie die Gestalt einer luftigen Kartusche an. Außerdem gibt es sie in dreidimensionaler Form aus Holz, vergoldeter Bronze und Porzellan bei Girandolen [325], Uhren und Spiegeln.

Gebauchte Flächen – geschwungenes Bein – Asymmetrie

Eine Konsequenz der »Skulptur als Maitresse der Architektur« war, dass Inneneinrichtungen im Rokokostil die Architekturmotive auf Zierrat reduzierten – auf Pilaster und Kapitelle; und, wenn sie einmal in voller Größe wiedergegeben waren, verloren sie an Substanz und wurden von Rokoko-Ornamenten überwuchert. Diese Tendenz wurde schon sichtbar, bevor das eigentliche Rokoko seinen Siegeslauf begann. So fehlt etwa bei den Möbelentwürfen von Jean Le Pautre [257] jegliche Säulenordnung, und die wenigen Spuren klassischer Architektur, die sich im Hochrokoko auf Dekorationen und Möbeln finden, zollen dem Vorbild wenig Respekt. (Ausnahme: Auf Marketeriebildern oder an Girandolen etc. sind die klassischen Ruinen mehr oder weniger »korrekt« dargestellt, abgesehen von geschwungenen Giebeln.)

Der Entwerfer eines Dresdener Schreibschrankes um 1750 [322] gestattete dem Rocaille-Ornament nicht nur, drei »korinthischen« Kapitellen zu entspringen, sondern auch die Kannelierung der Pilaster zu durchbrechen. Das geschah so abrupt in der Mitte, dass sich die Riefenzahl von vier (dies allein schon eine Missachtung klassischer Regeln) auf fünf erhöhte. Solche Verstöße stellten in den Augen überzeugter Klassizisten bereits zügellosen Frevel dar. Die mangelnde Korrektheit war jedoch unvermeidlich, da Korrektheit mit der Idee der organisch gewachsenen Dekoration nicht in Einklang stand. Die »organische« Dekoration wurde im 16. Jahrhundert auf Enea Vicos Titelseite [167] und in den von Vegetation überwachsenen Säulenordnungen und Bogen manieristischer Grotesken vorweggenommen [217]. Alles mündete nun in die Vorstellung von Dekoration als frei beweglichem, harmonischem Ganzen. Man beklagte, dass »die jetzt so modernen Uhren ... aus den Vertäfelungen zu springen scheinen, in die sie eingelassen sind«,[69] desgleichen Kandelaber und Girandolen [305]. An Schränken und Kommoden entwickeln sich die Griffe aus der Oberfläche heraus [322, 324]. Man fertigte Konsolmöbel, die sich buchstäblich aufzulösen schienen, hoffend, sie möchten mit dem Hintergrund verschmelzen – selbst im presbyterianischen Edinburgh wurde ein Spiegelrahmen nur durch die geradlinige Einfassung vor der Zersplitterung in tausend Stücke bewahrt.[70]

Die einzige gerade Linie an manchen Rokoko-Konsoltischen und Kommoden findet sich am Übergang zur Wand: Uhren [316], Kandelaber und Stühle [313] verzichten oft ganz darauf. Ebene Flächen im Hochrokoko fielen nicht nur der Schlangenlinie zum Opfer, die in zwei Richtungen Wellen schlägt, sondern auch der gebauchten Form, die sich vierfach wölbt [320, 322, 352]. Die Bedeutung der *serpentine line*, der geschwungenen Linie im Rokoko, drückt Hogarth aus in seiner Theorie von der schlangenlinienförmigen *Line of Beauty*.[71]

Der vom französischen Rokoko geprägte Sessel hat *cabriole legs*, also geschwungene Beine, sowie runde, ovale oder kartuschenförmige Sitze und ebensolche Rückenlehnen. Ihre Schönheit und Bequemlichkeit kann bestenfalls mit dem antiken griechischen Klismos konkurrieren. Die geschwungenen Beine sind die deutlichsten Kennzeichen des Rokoko-Stils. Man nimmt an, dass sie aus dem Fernen Osten übernommen wurden, aber sie kommen bereits in der Antike vor. Der Marmorthron des Dionysos-Priesters im Athener Dionysos-Theater hat voll ausgebildete (wenngleich riesige) kannelierte geschwungene Beine, die in Tatzenfüßen enden [23]. Wahrscheinlich hat sowohl der Osten wie der Westen abstrahierte, antike Darstellungen von Tierläufen [26] weiterentwickelt und in Volutenfüße verwandelt [20]. Die gebrochene Linienführung der Tiergelenke ging über in den abstrakten »abgesetzten Bogen« oder die Volute, wobei der unmittelbare Bezug zur Tierwelt verschwand. Einige Sessel- und Tischbeine des 17. Jahrhunderts zeigen eine bereits fortgeschrittene Entwicklung. In der Schlussphase war die gesamte Beinlinie so geglättet, dass nur noch eine einfache Krümmung übrig blieb. *Cabriole legs* weisen häufig Einkerbungen auf, die man für eine Anspielung auf die verschwundenen Muskeln halten *könnte;* allerdings sieht man ähnliche Einkerbungen auch auf anderen Rokoko-Schnörkeln! Auf einem Rokoko-Interieur [305] bietet das Tischbein ganz links im Gemälde eine Abwechslung: Der Huf bleibt als Schlusspunkt einer Reihe von Rokoko-Schnörkeln bestehen – Hufgelenke und Fell sind allerdings verschwunden.

Eine Besonderheit des Rokoko ist seine Vorliebe für Asymmetrie [311, 313, 322, 325]; beide Begriffe sind so miteinader verwoben, dass der Ausdruck *genre pittoresque* für den Rokoko-Stil insgesamt oder für Asymmetrie im Besonderen stehen könnte. Es gibt jedoch viele Vorläufer asymmetrischer Kunst, lange bevor das Rokoko diese aufgriff. Zu antiken Beispielen von Asymmetrie gehören auch Trophäen und Rüstungen [62]; groteske Dekoration scheint manchmal bewusst asymmetrisch zu sein (ein Merkmal, das im Capriccio und in der Vignette betont wird); die im 17. Jahrhundert so beliebten Japanlack-Arbeiten [577] sind immer asymmetrisch. Bei gotischen Möbeln im 15. Jahrhundert gibt es seitlich angebrachte asymmetrische Wappenschilde. Freistehende Skulpturen sind asymmetrisch, und Skulpturen trugen entschieden zur Asymmetrie antiker Einrichtungen bei [251]. Der verhaltene Ausdruck der Renaissancemöbel wurde mit Bernini äußerst gestenreich [254]. Der fließende Ohrmuschelstil war (eben wie fließendes Wasser) häufig asymmetrisch. Die Kartuschen von Mitelli [237] sind, abgesehen von den typischen Rokokomerkmalen, asymmetrisch. Die bewunderte Stachelschnecke ist in jeder Beziehung asymmetrisch. Ein anderer Faktor, der die Asymmetrie ermutigt haben mag, war die Angewohnheit der Entwerfer, verschiedene Möglichkeiten anzubieten, indem sie in einem fortlaufenden Muster einige Details änderten. Das konnte, unabsichtlich, faszinierende Wirkung haben. Ein einfacher Handwerksmann konnte

321 Geschnitzter, vergoldeter Spiegel aus Holz nach zwei zusammengefügten Entwürfen von Thomas Chippendale; irisch, ca. 1760

rechts oben **322** Schreibschrank, angefertigt für August III. von Sachsen, mit Marketerien aus Palisander und anderen Holzarten sowie Perlmutt, Elfenbein und Messing, verziert mit vergoldeten Bronzebeschlägen; Michael Kümmel zugeschrieben; deutsch (Dresden), ca. 1750–1755

rechts unten **323** Mehrzwecktisch aus geschnitztem brasilianischem Palisander, Einlegearbeiten aus Rosenholz und Elfenbein und mit Silbergriffen; portugiesisch, ca. 1770

glauben, es handele sich um einen einzigen Entwurf. Das war der Fall bei einem kuriosen irischen Spiegel von ca. 1760 [321], der zwei zusammengefügten Rokoko-Entwürfen in Chippendales *Director* folgte.[72] (War der Käufer ebenso unbedarft wie der Schnitzer?)

Die Rokoko-Volute und die Kartusche

Das Motiv, das spätere Kritiker für typisch für den Rokoko-Stil hielten, war die Kartusche, jene »bedeutungslosen Cs und Os«, jene »verworrenen Halbkreise«, wie boshafte Kritiker von Isaac Ware bis Soane und Hope dazu sagten.[73] Zwei Merkmale des Rokoko-Rankenwerks verlangen besondere Aufmerksamkeit: die Ranken selbst und auf welche Weise sie als Umrahmungen oder Einfassungen dienten.

Die Zutaten waren seit langem vorhanden, nur nannte man sie nicht Rokoko: gegenläufige S-Ranken [477] und Rankenwerk der Antike [111]; der »abgesetzte Bogen« hatte Eingang in die westliche Dekorationskunst gefunden durch die Arabeske oder, zutreffender für das Rokoko, die Maureske; gegenläufige Voluten und »abgesetzte Bogen« wurden als Rollwerk kombiniert [213]. Die Innendekoration im 16. Jahrhundert enthält viele Volutenornamente dieser Art, beispielsweise wiederholte Male in Serlios bekannten Büchern über Architektur und Dekoration, jeweils am Seitenanfang – dicke, s-förmige Ranken mit Bandwerkelementen und sanften, offeneren Akanthusvoluten sowie eine weibliche Maske in der Girlande mit Akanthusdiadem. Die Verzierungen sind einerseits typisch Rokoko, andererseits weit davon entfernt: Vor allem fehlt ihnen die lebhafte Bewegung.[74]

Bewegung kam erst im Barock auf, ebenso die weitere Entwicklung der Kartusche, die das Ornament in die Einfassung oder die Umrahmung legte. Zu den interessantesten Kartuschenrahmen im 17. Jahrhundert gehören die im Ohrmuschelstil, die kurvenreich Schnörkel und Ranken mit anderen Motiven, häufig Meeresmotiven, verknüpfen. Manchmal enthielten sie auch Landschaften oder andere Szenen in Lack oder Marketerie. Die Entwürfe für Kartuschen von Stefano della Bella, mit der für ihn typischen luftigen Gestaltung [235], wurden richtungweisend für das Rokoko. Voll ausgebildet zeigt sich die Rokoko-Kartusche in den außerordentlich dekorativen Kartuschen von Bernard Toro (1671–1731), veröffentlicht 1716 in Paris. Toro entwarf auch Tische, Vasen und andere Gebrauchsgegenstände.

Rokoko-Rankenmuster entstanden, indem man gegenläufige, »abgesetzte Bogen« in fortlaufenden, fließenden Linien aneinanderfügte, die sich verdrehten und einwärts rollten. Dazu gehören C-Ranken, Girlanden, S-Ranken, Akanthus, Rocaillen, Blumen in

Links **324** Kommode, furniert mit Königsholz und Mahagoni auf Eiche, mit einer Platte aus Breccia-Marmor, entworfen von einem der Gebrüder Slodtz und hergestellt von A.-R. Gaudreau, mit Griffen aus vergoldeter Bronze von Jacques Caffiéri; französisch, 1739

325 Entwurf für eine Girandole, von Thomas Johnson; britisch, 1755 (aus *Twelve Girandoles)*

326 Uhr aus vergoldeter Bronze in Form einer Kartusche, mit Porzellanblumen; das Zifferblatt ist signiert C.-S. Passemant; französisch, ca. 1750

geschwungenen Linien, die viel von den abstrakten, gewundenen Linien der islamischen Arabeske an sich haben. Diese Rokoko-Schwünge lieferten Umrahmungen für andere Dekorationen, und sie eroberten mutig und spontan als zartes Rankenwerk auch andere Räume.

Das Rankenmuster diente als dekorative Einrahmung für andere, untergeordnete Verzierungen wie Marketerie- oder Lack-»Bilder«. Dadurch wurde die Aufmerksamkeit auf den Rand gelenkt, besonders wenn er in feuervergoldeter Bronze erstrahlte. Umriss und Einfassung wurden zum beherrschenden Element: Die Dekoration konzentrierte sich auf die Kanten von Bilderrahmen und Stühlen (die von oben bis unten mit Schnitzwerk versehenen Rückenlehnen des vorangegangenen Jahrhunderts waren durch glatte, gepolsterte Flächen ersetzt) oder befand sich in Kartuschen auf den Kommodenflächen. Auf der Vorderseite fanden entweder eine große oder zwei einander gegenüberstehende Kartuschen Platz, oder zwei standen nebeneinander oder waren ineinander verschränkt. Da die Kartusche Vorrang genoss, musste man versuchen, die sich aufdrängenden geraden Linien der Schubladen an der Vorderseite der Kommode zu verbergen und davon abzulenken – dies geschah geradezu genial mit Hilfe feuervergoldeter Bronzen. Nicht nur die Details der Kommode waren von der Kartusche beherrscht, auch ihre Bauweise – Front, Seiten und Platte – folgte der Kartuschenform.

Rokokoranken und Kartuschen auf Möbeln gibt es in allen Varianten: ganz einfach, wie auf einer blau-weißen Kommode, die 1742 für Madame de Mailly, eine der zahlreichen Maitressen Ludwigs XV., gefertigt wurde [581], oder formvollendet auf einem Dresdner Schreibschrank [322]. Die Bronzeteile der Mailly-Kommode sind versilbert, wie es im frühen 18. Jahrhundert Mode war. Zu den Motiven gehören Akanthus, Rocaille, Blumen, zu C-Ranken sich einrollende Blätter sowie s-förmige Linien; aus dem Rankenende krümmen sich die Schubladengriffe. Die Front ist leicht gebaucht, die Marmorplattenkante folgt in gefälliger Wellenlinie.

Eine 1739 nach Versailles gelieferte Kommode [324] beweist, wie überaus beeindruckend ein Möbelstück sein kann, dem zwar jegliche Architekturmerkmale fehlen, das aber mit Ranken, Schnörkeln und Rocaillen in Kartuschenform verziert ist. Die Front zeigt eine einwärts gedrehte Linienführung, die asymmetrische Kartuschen bildet. Jede asymmetrische Kartusche hat ein Pendant, sodass der Gesamteindruck symmetrisch ist. Beide Seiten der Kommode schmücken zueinander passende asymmetrische Kartuschen. Man sieht zwar nie beide Seiten gleichzeitig, hat aber das befriedigende Gefühl, dass Symmetrie vorhanden ist. Die Kommode weist nicht eine einzige gerade Linie oder Würfelform auf, sogar die Beine sind dreieckig, wie an vielen Rokoko-Kommoden. Der Entwurf wurde aufgrund einer Zeichnung[75] den Gebrüdern Slodtz zugeschrieben, den Nachfolgern von Cucci (S. 140). Bei der Ausführung wurde die Beinlinie etwas gestreckt. Die vergoldeten Bronzebeschläge stammen von Jacques Caffiéri (1678–1755). Diese Kommode stand unter einem Spiegel im Schlafzimmer Ludwigs XV., in den Abmessungen passend zur Wandtäfelung.[76] Sein Nachfolger Ludwig XVI. ließ sie sofort nach der Thronbesteigung entfernen, da er Rokokomöbel verabscheute.[77] Manchmal gab es Probleme wegen unterschiedlicher Vergoldungen: Ludwig XV. fand 1754 die Vergoldung der *boiserie* in seinem *Cabinet Intérieur* zu »lebhaft«, da sie nicht mit der feuervergoldeten Bronze übereinstimmte; man änderte das und »S.M. en a paru satisfaite«.[78]

Die Kartusche wurde oft für Spiegelrahmen verwendet – eine große Kartusche war manchmal umgeben von kleineren Kartuschen, jede umschloss eine unregelmäßige Glaspartie. Das verlieh Uhren eine gefällige Form: Nur eine große, fast symmetrische Kartusche umrahmt das Zifferblatt einer französischen Uhr aus vergoldeter Bronze von ca. 1750 [326].[79] Girandolen wurden oft in Form asymmetrischer Kartuschen entworfen, die dann ein symmetrisches Paar ergaben; eine kartuschenförmige Girandole von 1755 von Thomas Johnson enthält eine Vignette mit einem wilden Eber, der in Ruinen schnüffelt [325]. Solche Girandolen gab es vor allem in England, sie waren die Spezialität von Matthias Lock, einem der besten englischen Rokoko-Kunsthandwerker. Johnson und Lock ließen sich beide von Bernard Toro inspirieren.

Eine einzige große Kartusche beherrscht die Vorderseite eines *Commode Table*, abgebildet mit Tafelaufsatz und zwei Kerzenhaltern in Chippendales *Director* von 1762 [320]. Das Rankenwerk konnte, nach englischem Stil, in geschnitztem Holz, aber auch in vergoldeter Bronze ausgeführt sein. Schubladen sind nicht vorhanden, und vermutlich ist die Kommode eine Attrappe, wie einige Adam-Kommoden in Osterley Park. Viele englische Möbelentwerfer versahen ihren Entwurf mit dem irreführenden Attribut »französisch«. Diese Chippendale-Kommode spiegelt aber sowohl französische als auch deutsche Rokoko-Entwürfe wider. Die Tiefe und die gespreizten Füße erinnern an die Entwürfe von François Cuvilliés, der auch die flankierenden Kerzenständer mit Delphinen beeinflusst haben dürfte.[80] Jedenfalls nennt 1762 ein Londoner Katalog für »Bücher mit Ornamenten« auch den Namen Cuvilliés.[81] Das erste (1736) in England hergestellte Rokoko-Musterbuch stammt von dem Italiener Gaetano Brunetti, wobei seine unbeholfenen Muster weit entfernt sind vom meisterhaften *Chic* des französischen Rokoko.

Chippendale verbreitete die englischen Muster mit Hilfe seiner Bücher, wobei sich nicht weniger als neun Exemplare des *Director* in Nordamerika vor 1786 feststellen lassen.[82] Ein Exemplar gehörte Katharina der Großen von Russland.[83] Portugal besaß starke Handels- und Familienbeziehungen zu England, weshalb portugiesische Möbel bis weit ins 19. Jahrhundert nach englischem Vorbild ausgerichtet waren. Ein ausgezeichneter Mehrzwecktisch [323] aus brasilianischem Palisander, mit Einlegearbeiten aus Rosenholz und Elfenbein sowie silbernen Griffen, trifft genau das englische Interesse an findigen Konstruktionen. Die verschiedenen Segmente der Tischplatte lassen sich wie Buchdeckel umklappen; man kann das Möbelstück als Spieltisch für Schach, Dame oder Backgammon, als Teetisch oder als Frisiertisch mit verstellbarem Spiegel benutzen. Seine geschwungene Form, Rokoko-Ranken und *cabriole legs* sind typisch für den Chippendale-Stil, wie er in Portugal verstanden wurde.

VI *Kapitel 3* **Die Anti-Rokoko-Reaktion**

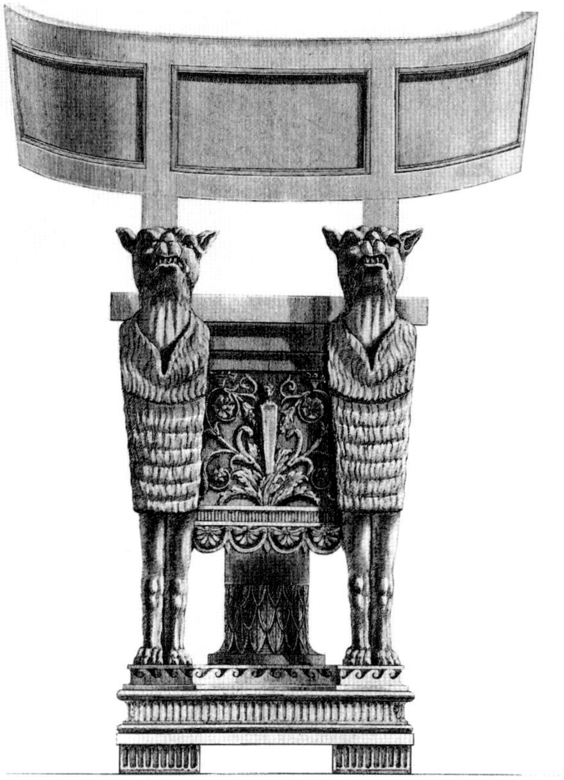

327 Klismos-Stuhl mit zwei Wölfen, von G. B. Piranesi; italienisch, 1762 in Rom veröffentlicht (aus *I Fasti …)*

Französische und italienische antike Einflüsse

Während England das klassische Altertum als Synthese aus Renaissance, Klassizismus, barockem Klassizismus und antiker Archäologie in eine eigene Form goss, entwickelten sich auf dem Kontinent neue ästhetische Lehren. Äußerst einflussreich waren der französische Kritiker Laugier und der italienische Zeichner und Baumeister Piranesi, Ersterer revolutionär durch seine fanatische Verehrung für die griechische Kunst, Letzterer durch seinen römischen Romantizismus. Laugiers beide Bücher, der *Essai* von 1753 und die *Observations* von 1765, sorgten für erhebliches Aufsehen in den Architekturwerkstätten und wurden noch im frühen 19. Jahrhundert heiß diskutiert. Piranesis Begabung setzte ungeheure Kräfte frei: Obwohl er nicht so überragend und genial war wie Michelangelo, war seine Wirkung auf die Ornamentik und Dekoration des 18. Jahrhunderts doch vergleichbar.

Die Architekturtheorien des Abbé Laugier (1713–1769) beruhen auf der Voraussetzung, dass logischer Aufbau und Schönheit untrennbar seien. Deshalb musste er sich über den Niedergang des Rokoko freuen: »Glücklicherweise … pfeift diese gefährliche Plage auf dem letzten Loch.«[84] Er forderte, dass jede nicht auf der Logik einfacher Bauweise begründete Form und jede nicht von der Konstruktion respektive Natur hergeleitete Dekoration auszurotten sei. In seinem berüchtigten *Essai* kritisiert er Säulen, Gesimse und Fassaden und lässt mehrmals mit dumpfem Klang, wie Erde auf einen Sargdeckel, das Wort *défaut* fallen, und zwar über antike ebenso wie über zeitgenössische Architekturbeispiele, die sonst allgemein anerkannt wurden (und sehr schön sind!). Pilaster sind »niemals notwendig«;[85] die »Wirkung von Arkaden ist immer schwach«;[86] Baluster sind schlecht; von Säulen getragene Bogen sind »verderbt … und verstoßen gegen die Natur«;[87] aufeinandergetürmte Giebel sind absurd, und sie dürfen niemals gebogen sein. Für Laugier war die freistehende Säule das einzig Wahre. Er zog die griechische der römischen Architektur vor[88] und bemerkte sehr wohl den Rückgriff auf die griechische Kultur unter Kaiser Augustus: »Die Genialität erreichte höchste Vollendung unter Alexanders Schwert, den Nachahmern unter Augustus aber gelangen Kopien, die den Vorbildern nahezu gleichkamen.«[89] Laugiers griechischer Geschmack war hellenistisch; er zog alles Korinthische dem Dorischen vor: »Nichts ist weniger erhaben, anmutloser und ärmlicher.«[90] Mit seiner Voreingenommenheit spiegelt er jedoch genau seine Zeit wider: Burke verehrte den Adel als »die korinthische Säule der gebildeten Stände«,[91] republikanische Extremisten dagegen bevorzugten das Dorische.

Laugiers Ansichten über Innendekoration waren von großer Bedeutung für die Möbelkunst. Er hielt Säulenordnungen in Wohnungen (außer im Vestibül) für unangemessen: Säulen »sollten nie allein zur Dekoration verwendet werden«, weil sie ihrer Natur nach ein tragender Bestandteil eines Gebäudes sein müssten. Dieses Dogma ließ sich mit noch mehr Berechtigung auf Möbel anwenden: Ohne dass Laugier es aussprach, lehnte er dreidimensionale »architektonische« Dekorationen bei Möbeln ab. In anderen Bereichen ließ er Milde walten – er akzeptierte Gebäudeteile in der Dekorationsmalerei,[92] lehnte aber bemalte Flächen als Kontrast neben weißem Stein ab, da dieser die Farben töte.[93] Laugiers Grundsätze erlauben daher sowohl bemalte Möbel als auch Möbel, die mit der »frivolen Architektur« gemalter Grotesken geschmückt sind, etwa mit Säulen in Kandelaberform. Laugier liebte außerdem Stoffbehänge und empfahl Pavillons aus Stoff in Räume zu hängen,[94] um so kunstvoll drapierte Himmelbetten zu schaffen. Er wurde als Wegbereiter des Funktionalismus des 20. Jahrhunderts (S. 270) bezeichnet, was allerdings kaum gerechtfertigt ist. Sein geschulter französischer Geschmack war zwar dogmatisch und unerbittlich, hatte aber nichts Puristisches an sich.

Es lässt sich nicht exakt angeben, wie sehr sich Laugiers Meinung auf die Möbelproduktion auswirkte – im Rokoko verzichtete man auf strenge Säulenordnungen, Säulen und Ziergiebel, lange bevor er anfing zu schreiben –, aber es ist unwahrscheinlich, dass man sie gar nicht zur Kenntnis nahm: In jedem Fall betroffen war die Architektur. Sicher, ein Blick auf die Post-Rokoko-Möbel von Adam, Percier, Fontaine und vielen anderen enthüllt die geringe Zahl »architektonischer« Merkmale (außer wenn sie über antike Gebrauchsgegenstände Eingang fanden [304]). Erst als der Empire-Stil des frühen 19. Jahrhunderts in Mode kam, traten an Möbeln dreidimensionale Säulen und Giebel wieder auf (die »verderbte Arkade« brauchte sogar noch länger bis zu ihrer Wiederkehr).

Der andere große Propagandist, Giovanni Battista Piranesi (1720–1778), liebte das antike Rom: Er war ein ebenso romantischer wie passionierter Altertumskenner. Seine Kennerschaft war allerdings nicht so weit fortgeschritten, dass er das Wort »Arabeske« nicht mehr verwendete – für ihn wären die Ranken der (erst im 19. Jahrhundert entdeckten) Ara Pacis [52] *arabeschi* gewesen.[95] Piranesi ließ sich am meisten von Steinmonumenten beeindrucken, je gigantischer, übertriebener, erlauchter und ramponierter desto besser; seine lodernde Begeisterung für die Antike steht in seltsamem Gegensatz zur mechanischen Leblosigkeit des J.-N.-L. Durand [10, 65]. Piranesi faszinierte das Volumen; selbst seine Zeichnungen nach Gemälden mit antiken Themen sehen aus wie Basreliefs aus Marmor.[96] Seine ersten Entwürfe [371] ähneln den großartigen Zusammenstellungen antiker Steinfragmente, die von Kunsthändlern und Bildhauern »wiederhergestellt« worden waren. Seine Zeichnungen von beeindruckenden Kandelabern, halb had-

328 Drei »candelabri di marmo«, 1778 in Rom veröffentlicht von G. B. Piranesi (aus *Vasi, candelabri, cippi, sarcofagi)*

329 Das Haus von Mademoiselle Guimard, Paris, 1770 entworfen von C.-N. Ledoux; französisch, 1804 in Paris von Ledoux veröffentlicht (aus *L'Architecture considérée …)*

rianisch, halb nach Renaissancevorlagen, hatten immensen Einfluss auf die Möbelkunst [328]. Seine Veröffentlichungen lieferten Ideen für alle möglichen Entwerfer. Die Macht von Piranesis romantischen, anspielungsreichen Rombildern wird an der Art und Weise erkennbar, wie die unvollständigen Bogen halb begrabener Triumphbogen sich auf moderne Architektur und Möbel übertrugen. Sicherlich, Sonnensegel *(velaria)* unter Bogen waren nichts Neues, und Kolumbarien wiesen häufig abgeflachte Bogen auf [39], aber gelegentlich ist Piranesis Beitrag unzweifelhaft, etwa bei einem von Ledoux 1770 für Mademoiselle Guimard entworfenen Haus [329], bei dem die kunstvolle Kassettierung in der abgeflachten Nische von ihm stammt.

Piranesis Skulpturornamente – Delphine, Sphingen, Greife, Akanthus und Eroten – sind überwältigend. Er entwarf Dekorationen und Möbel in einem höchst manierierten Groteskenstil [366, 371] und wie bei Borromini vor ihm »kam bei ihm eine Bizarrerie zum Tragen, die [er] an antiken Dingen gesehen hatte«.[97] In seinen Büchern sind jedoch nur fünf groteske Stuckdecken abgebildet,[98] die, von einer zweifelhaften Ausnahme abgesehen, weniger bizarr sind. Piranesis Einfluss begünstigte entschieden die »klassische«, sozusagen auf Stein gegründete Variante des Klassizismus. Seine einflussreiche ägyptische Ornamentik ist raumgreifender Art, obwohl sie im grotesken Gewand geboten wird [598].

Französischer Klassizismus um die Mitte des 18. Jahrhunderts

Das Rokoko, dieses bezaubernde skulpturenreiche Rankengewirr, stand noch in höchster Blüte, als die Architekten »Rache nahmen« und einen Möbelstil entwarfen, der ungeahnt steinern, unnachgiebig und »antik« war.

Während der späten 1730er und 1740er Jahre griff eine Gruppe französischer Künstler in Rom bestimmte Ideen auf, woraus sie einen revolutionären neuen Pariser Klassizismus entwickelten. Die Zeit war reif. Derselbe Caylus, der den Verlust von Watteaus Rokoko-Dekorationen in Schloss Meudon[99] beklagt hatte, boxte 1749 erfolgreich eine Vorschrift durch, derzufolge die Schüler der *Académie Française* nach der Antike zeichnen mussten.[100] Die ohnehin zum Klassizismus neigende französische Schule in Rom forderte bereits seit einiger Zeit ihre Schüler auf, die römischen Baudenkmäler sorgfältiger zu studieren. Die Künstlergruppe fand in Piranesis romantisch-dämonischer Interpretation der römischen Antike eine kräftige Inspiration und erfand einen Möbelstil, der zum ersten Mal seit dem Ende des 15. Jahrhunderts Form und Ornament fast ausschließlich aus steinernen antiken Gebrauchsgegenständen bezog, ohne Berücksichtigung der Groteske. Dieser Wandel ist die augenfälligste Wirkung des Klassizismus, der aber von zwei weniger offensichtlichen, genau genommen »abstrakten«, den Klassizismus lange überlebenden Effekten begleitet war.

Erstens: Das Interesse Piranesis an Gewicht und Festigkeit des Steins [327] forderte Statik und Berechnung heraus; dies ging zu Lasten des Dynamischen und Organischen – Bewegung und Spontaneität wurden durch Unbeweglichkeit ersetzt.

Zweitens: Die großen stereometrischen Gebilde wie Würfel, Kugel und Pyramide und andere, die den prächtigen Verzierungen der antik römischen Architektur zugrunde liegen, wurden nun als das geschätzt, was sie sind – als Elementarformen. Laugier ließ 1753 die witzige Bemerkung fallen (um eine Kritik wieder gutzumachen, in der er die Architektur zu einem Nichts herabgewürdigt hatte!), dass alles, was man für eine gute Architektur benötige, Genialität und ein klein wenig Geometrie sei: »du génie, & une légère teinture de géométrie«.[101]

Das Interesse an Grundformen war nicht gerade neu, denn die englischen Architekten Wren und später Robert Morris hatten sie bereits geschätzt. Die Architektur Kents und vielleicht auch seine Kastenmöbel zeigten ein Gefühl dafür; das rätselhafte Genie Hawksmoor griff darauf zurück und vermischte sie mit dem gleichen dunklen Romantizismus, der ab den 1770er Jahren das Werk der romantischen französischen Architekturklassiker durchdrang, einer Schule, die von Merkmalen wie ebenen Flächen, geraden Linien und geometrischen Kurven beherrscht war. Laugier und Piranesi waren die Geburtshelfer jener neuen Schule, die monumentale, von grundlegenden Formen geprägte Gebäude und Entwürfe hervorbrachte. Die bekanntesten Vertreter dieser Schule sind Boullée und Ledoux [329]. Im Möbelbau wirkten sich die Elementarformen bis in das 20. Jahrhundert hinein aus [666, 676].

Nicht nur die Architekten gaben das Tempo vor, auch die Maler trugen zur Verbreitung bei, etwa der große französische Maler des vorangegangenen Jahrhunderts: Nicolas Poussin. Seine »Antiken-Bilder« (er lebte in Rom) enthalten getreu abgebildete antike Möbel [330] und wurden 1768 von einem französischen Kunsttischler als Quelle der Inspiration empfohlen.[102] Im Jahr 1764 malte ein von Poussin beeinflusster Maler etwas phantasievollere »antike« Möbel, wie zum Beispiel einen Kreuzsessel, der mehrfarbigen Marmor vortäuscht [331].

Zwar überwiegen die römischen Einflüsse, es sind aber auch andere feststellbar, wie etwa der englische Palladianismus. Die Briefe, die Abbé Le Blanc zwischen 1737 und 1744 aus England an Caylus schrieb, sind erheiternd chauvinistisch; hinter der Verunglimpfung alles Englischen verbirgt sich jedoch seine Neugier auf die Geschehnisse in England. Er hielt die Werte Vitruvs in Ehren – pflichtet einer gegen die Groteske gerichteten Äußerung des Dichters Horaz bei[103] – und rühmt Inigo Jones und Lord Burlington. Der englische Palladianismus, eine Zwischenstation auf dem Weg zum strengeren Klassizismus des *goût grec*, beeinflusste die Gebäude von Soufflot, einem von Laugier hochgepriesenen Architekten und frühen Gegner des Rokoko. Während einer gemeinsamen Bildungsreise nach Italien im Jahr 1749 begleitete Soufflot den Marquis de Marigny (1727–1781), Bruder der Madame de Pompadour und (seit 1751) *Directeur Général des Bâtiments* nach Vicenza, damit dieser dort Bauten Palladios bewundern könne. Zwischen 1768 und 1769 entwarf er Marignys Haus in Le Roule im Palladio-Stil.

Goût grec

Joseph Le Lorrain (um 1714–1759), ein Maler, der in den 1740ern acht Jahre in Rom verbrachte und nach seiner Rückkehr von Caylus aufgenommen worden war, gestaltete 1756 bis 1758 für den Sammler Ange-Laurent Lalive de Jully die Einrichtung eines *cabinet à la grecque* [291]. Sein Bureau plat und der Cartonnier [332] verdeutlichen einen neuen, überraschend anderen klassizistischen Stil; er wirkt so geradlinig, streng und durch Ornamente aus vergoldeter Bronze so gewichtig und solide, dass er an Architektur-Ornamente aus Stein erinnert. Griechischer Mäander, Girlanden »wie Taue«[104], Wellenbänder und eine herkulische Löwenmaske aus vergoldeter Bronze wurden von Philippe Caffiéri (1717–1774) hergestellt, dem ersten Bronzegießer, der sich den *goût grec* zu eigen machte. All die Motive wurden regelrecht zu »Leitmotiven«: Die dramatische Farbgebung, Ebenholz und Gold, typisch für die Betonung des »Noblen« im *goût grec*, stammt von Boulle, und die Möbel im neuen Stil blickten nicht nur auf die Antike zurück, sondern auch auf diesen großen Möbelmacher des *Grand Monarque*. Alle, die den *goût grec* propagierten, wollten »das Goldene Zeitalter der Literatur und Schönen Künste in Frankreich«[105], das Zeitalter Ludwigs XIV. und Boulles, wieder erstehen lassen.

rechts **330** Römische Fußbank und Sofa: Detail aus *Moses zertritt Pharaos Krone* von Nicolas Poussin; französisch, ca. 1645

Boulle war selbst während des Rokoko nie außer Mode gekommen. Nach seinem Tod 1732 machten die in seinen Werkstätten ausgebildeten Ebenisten weiterhin Boulle-Möbel, indem sie dieselben Beschläge und Marketerie-Schablonen verwendeten. Lalive schätzte Boulle-Möbel sehr,[106] und Mariette bezeichnete des-

331 Detail eines Sessels mit Kreuzgestell aus einem Gemälde in der Serie *Das Leben des hl. Ambrosius* von L.-J.-F. Lagrenée; französisch, 1764

332 Bureau plat und Cartonnier aus Ebenholz mit vergoldeten Bronzebeschlägen von Philippe Caffiéri, entworfen von Joseph Le Lorrain für Lalive de Jullys Cabinet Flamand; französisch, 1756–1758

333 Seladonvase aus Sèvres mit vergoldeten Bronzen; französisch, 1765–1770

334 Illusionistisches griechisches Mäandermuster aus einem römischen Mosaikpflaster, 1808 in Neapel veröffentlicht (aus *Gli ornati delle pareti ed i pavimenti ... dell'antica Pompeii)*

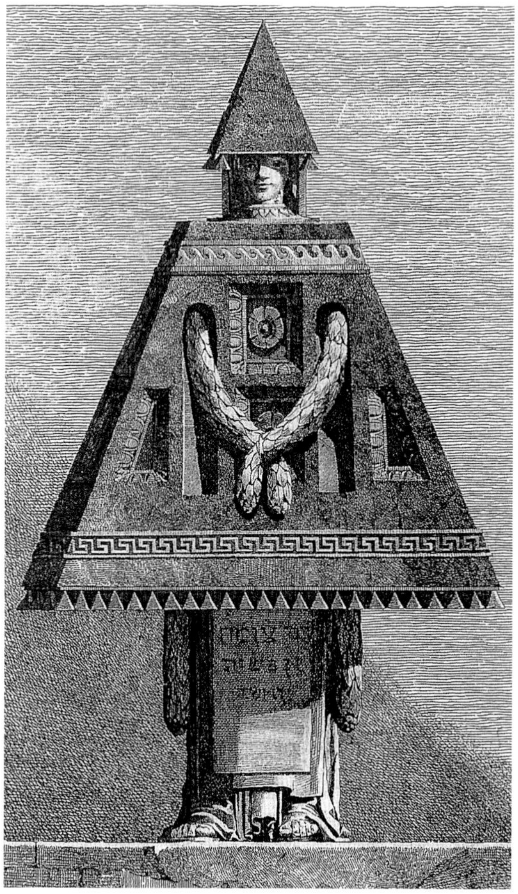

335 *Jeune moine à la grecque*, aus *Mascarade à la grecque* von E.-A. Petitot, 1771 in Parma veröffentlicht

sen Möbel als im selben Geschmack, »dem früher Boulle folgte«. Der großartige griechische Mäander war von Boulle viel verwendet worden. Weiterhin bestand allgemeines Interesse am großen Zeitalter des 17. Jahrhunderts, und die ausführenden Künstler nutzten vielfältige Quellen; so sammelte etwa der Bildhauer und *fondeur* Philippe Caffiéri, der die Bronzen an Lalives Tisch angefertigt hatte, Entwürfe von Marot, Vignola und Jean Le Pautre genauso wie von Palladio, Vitruv, Caylus, Vien und dem griechischen Abenteurer Le Roy. Bereits 1751, bevor Lalives *cabinet à la grecque* ausgestaltet wurde, waren die Entwürfe Le Pautres von einem Verleger in Paris nachgedruckt worden.[107]

Ein herrlicher, jedoch nutzloser Gegenstand auf dem Schreibtisch hilft vielleicht, die Ideale des *goût grec* zu verstehen [333]. Ein Pinienzapfen, offenbar inspiriert von dem riesigen antiken Vorbild im Belvedere des Vatikan, sitzt auf einem Deckel, der die gleiche flache Wölbung besitzt wie die Kuppel des Pantheon. Er bedeckt eine Vase von 1765 bis 1770, die mit einer schweren Girlande aus dem Löwenfell des Herkules verziert ist, einem breiten Mäander, einem gebändigten Akanthus und anderen Motiven des *goût grec*. In Stein übertragen und auf etwa drei Meter vergrößert, würde sich das kostbare Objekt aus Porzellan und vergoldeter Bronze am Ende einer Allee bestimmt gut als Kunstwerk ausnehmen. Es heißt, dass »das Urnenmotiv der Erfindungsgabe ebenso viel Spielraum lässt wie die Arabeske oder die Rocaille«.[108] Tatsächlich entstanden die auffallendsten *Goût-grec*-Entwürfe für die urnenförmigen Uhren und Vasen, die Kaminsimse, Kommoden und Wände gleichermaßen schmückten.

Der französische Klassizismus wurde manchmal *style antique* genannt, etwa im Fall von Lalives *cabinet*.[109] Der französische Begriff für den griechischen und den römischen Mäander [334] ist *grecque*.[110] Sicher benutzte Horace Walpole das Wort »grecque« in diesem Sinne, als er feststellte, bei den Franzosen »muss alles *à la grecque* sein, folglich ist auch der Spitzenbesatz ihrer Westen von einem Fries kopiert«.[111] Da *à la grecque* doppeldeutig auch »nach Art der Griechen« heißt, stehen die Ausdrücke *goût grec* und *à la grecque* eigentlich immer für mehr als nur Griechenland oder Mäandermuster. Der Architekt E.-A. Petitot, von 1746 bis 1750 in Rom, zeigt in seiner 1771 veröffentlichten Satire *Mascarade à la grecque* [335] eine Ansammlung von Symbolen, die nichts speziell »Griechisches« an sich haben (auf keinen Fall die Pyramide); und es gibt nur ein unbedeutendes Mäanderband.

Die antiken Gebrauchsgegenstände, die den *goût grec* hauptsächlich inspirierten, stammen vorwiegend aus der »griechischen« Epoche in Rom, was manchmal dazu verleitete, sie für griechischen Ursprungs zu halten. (Caylus beschrieb einen hadrianisch-griechischen Dreifuß als »griechisch«; in England wurde nur wenig später der Begriff »graekisch« unterschiedslos auch für den »griechischen« Stil benutzt, der in Wirklichkeit römisch war.) Die Leute wussten, dass viele Künstler, die im antiken Rom gelebt hatten, Griechen waren. Selbstverständlich nahm man griechische Architektur wahr: J.-F. de Neufforge (1714–1791), der Möbel erklärtermaßen im *goût grec* entwarf, wollte »die männliche, einfache und majestätische Art der antiken griechischen Architekten imitieren«.[112] Die Situation änderte sich, als *goût grec* auch die etwas später aufkommende Mode bezeichnete, griechische (»etruskische«) Vasen (S. 202–208) zum Vorbild zu nehmen. Schließlich besteht ein himmelweiter Unterschied zwischen dem geradlinigen, wirklich griechischen Stil, abgeleitet von griechischen Vasen, und dem voluminösen Stil des von Rom inspirierten *goût grec*. Es herrschte Verwirrung: In einem Brief wurde 1767 gefragt: »Wissen Eure Exzellenz, daß heute alles à la grecque gemacht sein muß, was das selbe ist wie à Herculaneum?« (S. 186–187). Natürlich war es nicht dasselbe.

Die Verfechter des *goût grec* ließen die ästhetischen Regeln des Klassizismus noch klarer hervortreten. Oft waren die Architekten zugleich Möbelentwerfer: etwa Neufforge (der nie nach Rom ging), Charles de Wailly und Jacques Gondoin. Gondoin entwarf außerdem Sesselbezüge und Seidenstoffe.[113] Einer der hervorragendsten Inneneinrichter und Möbelentwerfer im neuen Stil war

336 Entwurf für eine »Grande Galerie« von J.-C. Delafosse; französisch, 1769

337–338 Entwürfe für einen Bilderrahmen und einen Konsoltisch, von J.-C. Delafosse; französisch, 1768 veröffentlicht (aus *Nouvelle iconologie historique)*

der Architekt Jean-Charles Delafosse (1734–1789). Seine *Grande Galerie* von 1769 ist von monumentalem Ausmaß und erinnert an den Stil Ludwigs XIV. [336]. Die Bänke im *goût grec* sind so gewichtig, dass sie in die architektonische Wandmalerei regelrecht integriert sind. Auch Möbelentwerfer, die keine Architekten waren, mussten Möbel und Kunstgegenstände ersinnen, die mit dem neuen Stil der Innengestaltung harmonierten. Das daraus resultierende schwere Mobiliar – bald kam noch ägyptisierende Gravität hinzu [601] – existierte als Variante neben weniger »soliden« Exemplaren des »Rokoko-Klassizismus« der 1790er Jahre.

Delafosses Entwürfe für einen Bilderrahmen und einen Konsoltisch [337], zeigen die kompromisslose »maskuline« Härte, die oft als Vorzug des Louis-quatorze-Stils gerühmt wird.[111] Übermäßige »Maskulinität« erregte jedoch Widerspruch: Blondel meinte, die schweren Girlanden aus Eiche und Lorbeer (wie an Delafosses Rahmen) würden besser zu Triumphbogen passen. Auch Delafosses Tisch war mit Rosengirlanden und einer Maske geschmückt, die eher einer Groteske nahe kommt.

Der *goût grec* verbreitete sich rasch in ganz Europa. Ein Armsessel aus vergoldetem Holz, der das Wappen des Kurfürsten von Trier trägt, steht den Entwürfen Delafosses nahe [339], wurde jedoch wohl von einem in Deutschland arbeitenden französischen Kunsttischler ausgeführt, der dem Sessel das von Blondel geschmähte Eichen- und Lorbeerornament verlieh sowie das Wellenband und die schweren Rosengirlanden mit buchstäblich geradlinig geschnitzten Blüten. Le Lorrain ging 1754 zu Graf Carl Gustav Tessin nach Schweden und versuchte, Möbel im *goût grec* auf einem Schiff nach Russland transportieren zu lassen. Die Möbel kamen nie an. Schweden war im 18. Jahrhundert ein reiches Land und konnte sich Luxus leisten. Eine Kommode von Garnier und Durand in Schloss Gripsholm um 1762 bis 1765 [346][115] ist ein ausgezeichnetes Beispiel für *goût grec* und funktionale »Maskulinität«; die einzigen gebogten Linien befinden sich im Wellenband aus vergoldeter Bronze und an den Girlandengriffen, die sich mit einem brennenden Licht und einer Mäanderform verbinden. Die gerade Anzahl der Riefen an den Pilastern hätte ein Architekt nicht gebilligt.

Unverdünnter *goût grec* war für die meisten Geschmäcker zu stark, weshalb man weniger aufdringliche Spielarten herstellte. Möglicherweise handelt es sich bei einer Gruppe von 17 Kommoden von Jean-François Oeben (1721–1763), die in Madame de

339 Geschnitzter und vergoldeter Armsessel mit dem Wappen des Clemens Wenzeslaus, Kurfürst und Erzbischof von Trier; französisch oder deutsch, ca. 1770

340 Kommode mit Marketerien aus verschiedenen Hölzern, vergoldeten Bronzebeschlägen und Marmorplatte, hergestellt von J.-F. Oeben; französisch, ca. 1760

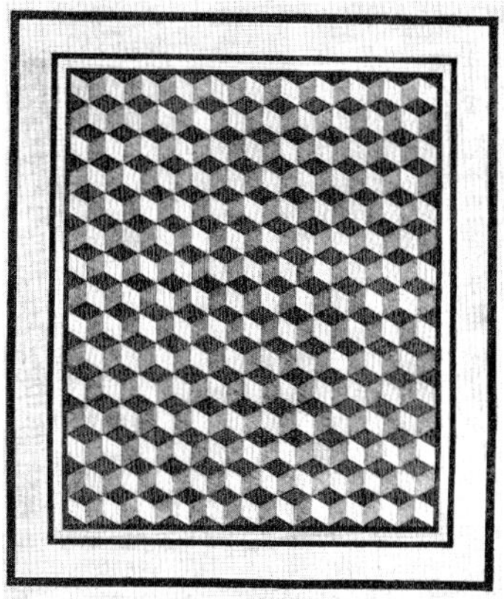

341 Illusionistisches Würfelmuster aus einem römischen Mosaikpflaster, 1808 in Neapel veröffentlicht (aus *Gli ornati delle pareti ed i pavimenti … dell'antica Pompeii)*

342 Cartonnier und Bureau plat mit Tintenfass, aus Eiche in *Vernis Martin* lackiert und teilvergoldet, eventuell entworfen von Charles de Wailly, hergestellt von René Dubois; französisch, um 1770

343 Akanthusmaske auf einem Fries am Tempel des Bacchus, Baalbek, Libanon, um 200 n.Chr.

rechts oben **344** Eckschrank, furniert mit Marketerie aus Rosenholz und anderen Hölzern auf Eiche, vergoldeten Bronzebeschlägen und Platte aus rot und braun geflecktem Marmor, eventuell von P.-A. Foulet; französisch, 1773

rechts unten **345** Mineralienkabinett mit Marketerien aus verschiedenen Hölzern und vergoldeten Bronzen, Geschenk von Gustav III. von Schweden an den Fürsten Condé, entworfen von Jean Eric Rehn, hergestellt von Georg Haupt; schwedisch, 1774

Pompadours Inventar als »à la grecque« beschrieben sind, um den Typus von Kommoden mit gebrochener Front und leicht geschwungenen Beinen.[116] Dabei verwundert es, dass bis auf einen verhaltenen Luxus offenkundige Anzeichen von *goût grec* an den Kommoden fehlen, noch nicht einmal ein Mäander ist zu finden. Das Marketeriemuster auf dem hier gezeigten Exemplar [340] ist geradewegs von römischen Mosaiken übernommen [341].

Gilles Joubert (1689–1775), ein Ebenist, der während der Regierungszeit Ludwigs XIV. aufwuchs und sich etwa um 1755 vom Rokoko abwandte, wurde zum führenden Hoflieferanten während der zweiten Hälfte der Herrschaft Ludwigs XV.; er lieferte 1773 einen großartigen Eckschrank nach Versailles für das Appartement des Comte d'Artois, des Bruders von Ludwig XVI. [344].[117] Der Schrank wird Pierre-Antoine Foulet (ab 1765 Meister) zugeschrieben.[118] Sein Stil ist fortschrittlich, aber nicht ausgefallen: Alle Linien sind gerade, höchstens abgeschrägt; das mächtige Ornament aus vergoldeter Bronze auf dem Marketeriegrund sieht martialisch aus – eine Kriegstrophäe, Lorbeerblätter und an den Ecken Ornamente mit Helmen und Fahnen (das blank geputzte Oval aus vergoldeter Bronze enthielt ursprünglich eine Trophäe mit einem Löwenfell und Köcher). Die außergewöhnliche Groteskenmaske, aus einem Akanthusblatt entstanden, scheint eher von Architekturdekorationen beeinflusst als von grotesker Malerei [343]; sie erinnert auch sehr an eine Kartusche von Federico Zuccaro (um 1543–1609), auf der die Augen auf ähnliche Weise aus dem Ende der Voluten geformt sind.[119]

Das bedeutende Bureau plat mit Cartonnier und Tintenfass, lackiert in *Vernis Martin* (S. 282) von René Dubois (1737–1799) [342] weist Trophäen und Voluten auf, die an die Inneneinrichtung von Ange-Jacques Gabriel [356] erinnern; die dünnen seilartigen Girlanden und Spiralbeine deuten auf einen verwässerten *goût grec* hin; der Fuß des Tintenfasses sowie das Podest der Trommel, auf der »Amor und Psyche« nach einem Vorbild des Bildhauers Falconet stehen, sind mit einer Strigillierung verziert; die üppigen Kurven der Karyatiden in Gestalt von Meerjungfrauen sind eher Rokoko als klassizistisch. Als Künstler wird Charles de Wailly (1730–1798) vermutet, der für Katharina die Große Entwürfe zeichnete[120] und dessen Stil in einigen Merkmalen diesem Stück ähnelt.

Das Mineralienkabinett [345], ein Geschenk von Gustav III. von Schweden an den Fürsten Condé, wurde von Georg Haupt (1741–1784) angefertigt, der in Deutschland, Paris und London

links **346** Kommode mit Rosenholz- und Amarantfurnier, vergoldeten Bronzebeschlägen und Marmorplatte, von Garnier und Durand; französisch, um 1762–1765

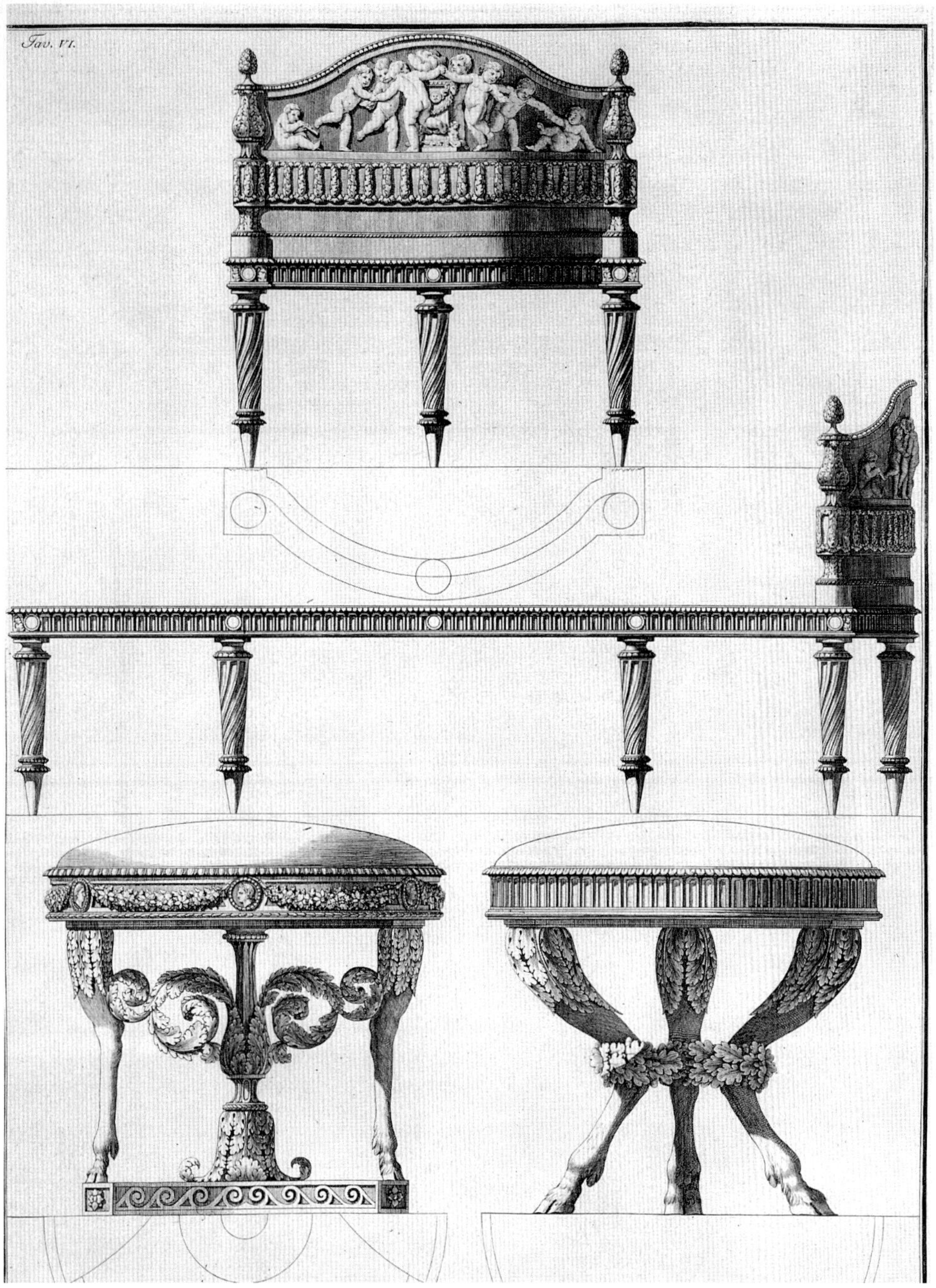

gearbeitet hatte und 1769 zum Ebenisten des Königs von Schweden ernannt wurde. Haupt ließ sich von Oeben und Riesener inspirieren, die das *Bureau du Roi Louis XV* [353] in einer Variante des Rokoko, dem Transition, hergestellt hatten. Dieser von Jean Eric Rehn (1717–1793) entworfene Schrein ist jedoch abgewandelter *goût grec* – Rehn hatte zwischen 1740 und 1745 in Paris Entwurfskunst studiert. Alle Linien sind gerade bis auf den Rundbogen, ein Motiv, das unter anderem von Boulle verwendet wurde [245]. Die vergoldeten Bronzeteile sind weniger massiv und die schweren Girlanden nicht so seilartig wie an den früheren *Goût-grec*-Möbeln. Sogar ein Staubwedel aus prächtigen Straußenfedern ist zu sehen, dem hohen Rang des Empfängers entsprechend, der seine Mineralien sehr wohl eigenhändig abgestaubt haben mag.

Die Verbreitung von *goût grec* und Klassizismus im Allgemeinen wurde unterstützt durch »antike« Einflüsse, die direkt von Italien und besonders von Rom ausgingen. Das wird deutlich an einem römischen Prunktisch, um 1770 [348], aus vergoldetem Holz und grünem Porphyrmarmor – letzterer vermutlich aus antiken Grabungsstätten geborgen: alles sehr nach dem typisch englischen *Grand-Tour*-Geschmack. Den Tisch ziert ein Ornament, das Beziehungen zum *goût grec* enthüllt, obwohl der abgewinkelte Rundbogen am oberen Ende der Beine (im Grunde gleichartig wie bei den Arkaden von Hadrians Kanopus in Tivoli und in Diokletians Palast [16, 17]) und die buschigen Akanthusblätter am Sockel an barocke Beispiele erinnern.[121]

Fortschrittlichere »antike« Möbel wurden von Giocondo Albertolli (1742–1839), einem bedeutenden italienischen Kunsthandwerker, entworfen. Albertolli, beeinflusst von Petitot, dem herzoglichen Architekten zu Parma, mischt in seinem Werk *goût grec* und den neuen »archäologischen« Klassizismus. Bis 1812, der hohen Zeit des akademischen Klassizismus, unterrichtete Albertolli das Fach Ornamentik an der Mailänder Akademie. 1781 empfahl er ausdrücklich als Vorbild »die ausgezeichneten Originale, die die antiken Marmorstatuen bieten«, und sprach sich gegen die Groteske aus. Er hoffte, dass die große Zahl guter Beispiele, die er genannt hatte, den Studenten helfen würden, »nicht so leichtfertig und töricht dem falschen und vertrockneten Stil zu verfallen, den wir in den Gewölben der antiken Bäder Roms, in den Ruinen Herculaneums und anderswo sehen und den einige bei uns einführen wollten«.[122] Seine Illustrationen enthalten auch Möbelentwürfe, die für den königlichen Palast in Monza [347] bestimmt waren. Interessanterweise sind sie dem Sessel verwandt, den Lagrenée mehr als zwanzig Jahre früher gemalt hatte [331]. Der linke Hocker ist von dem pompejanischen Dreifuß [42] beeinflusst, der rechte von einem dreibeinigen Tisch aus Marmor: Eine Ausführung des Letzteren wurde für einen Mailänder Erzbischof angefertigt,[123] und in den späten 1790ern wurde der Entwurf (anonym) allgemein in Umlauf gebracht.[124]

347 Entwurf für »Zwei Hocker in Form eines Dreifußes und ein Sofa für einen kleinen Raum der königlichen Villa in Monza«, von Giocondo Albertolli; italienisch, 1787 in Mailand veröffentlicht (aus *Alcune decorazioni di nobili sali ed altri ornamenti)*

348 Prunktisch aus geschnitztem und vergoldetem Holz und grünem Porphyrmarmor; italienisch (Rom), ca. 1770

Transition und Klassizismus VII

VII *Kapitel 1* Transition und Louis-seize

vorhergehende Seite **349**
Louis-seize-Möbel in einem Interieur mit einem Hauch *goût grec: Die Braut wird zu Bett gebracht*, Zeichnung von Pierre-Antoine Baudouin; französisch, 1767

Die Wiederbelebung der Antike, die ungefähr nach 1760 einsetzte, dauerte bis in das 19. Jahrhundert hinein an. Man nennt diese Epoche gewöhnlich *tout court* Klassizismus. Da jedoch so viel abendländische Kunst vor und nach der Renaissance »klassizistisch« genannt wurde, verwende ich hier den umständlichen, aber genaueren Begriff »Nachrokoko-Klassizismus«.[1] Der Nachrokoko-Klassizismus nahm vier Ausdrucksformen an, die zwar ineinander übergingen, aber auch mehr oder weniger »rein« existierten: das Transition genannte, abgewandelte Rokoko, das antike Formen mit denen des Rokoko verband, dann der griechische beziehungsweise »etruskische« Klassizismus, ferner der groteske, häufig den Geist des Rokoko in antiken Formen bewahrende Klassizismus und schließlich der »archäologische« Klassizismus, der sich erklärtermaßen auf griechische und römische Einrichtungen bezog (Teil VIII). Das Bild wird zusätzlich kompliziert durch den starken Einfluss klassizistischer Vorrokoko-Stile.

Neue antike Quellen

Das Erlahmen des kraftstrotzenden Rokoko führte in eine Epoche, in der die Neuerfindungen an Dekorationen und Möbeln, die immer fruchtbar gewesen waren, mit einem Mal ausuferten. Um 1750 wurde vieles wiederbelebt, sogar der *goût grec* war schon einmal dagewesen in der Ära Ludwigs XIV. In England betrieb Horace Walpole, wenn auch ziemlich erfolglos, die Wiedergeburt der Gotik. Die Wiedereinführung der Groteske setzte in England und Frankreich ein; Möbelentwerfer wie Albertolli [347] fingen an, sich im *Cinquecento* umzuschauen, und ließen sich von dessen antikem Klassizismus inspirieren; die »archäologische« Antike war bereits im Kommen. Das Tempo für den europäischen Möbelstil, der auf das Rokoko folgte, wurde von Frankreich vorgegeben, aber England und Italien leisteten wichtige Beiträge. Überall entstanden Möbel in neuen klassizistischen Einrichtungsstilen.

Neue antike Quellen lieferten aufregendes Material für Möbelentwerfer, wobei König Ludwig XIV. bei der Veröffentlichung von Antiquitäten mit leuchtendem Vorbild voranging. Der Machtwandel, den die Aufklärung mit sich brachte, führte dazu, dass vermehrt auch »Institutionen« sich dem Publikum öffneten. Königliche, fürstliche und päpstliche Sammlungen wurden umgewandelt zu Museen mit edlerer Zielsetzung als nur der Selbstverherrlichung. Bildbände oder Bestandskataloge sollten der geistigen Erbauung und der Förderung von Kunst und Kunsthandwerk dienen. Trotzdem blieben Sammlerpersönlichkeiten wichtig, ebenso wie Antiquare, die oft für Institutionen tätig waren, wie Gori[2] für das Großherzogtum Toskana sowie Winckelmann und die Visconti für den Vatikan.[3]

Klassische Skulpturen lieferten Motive für Marketerien und Möbelbronzen; bemerkenswert ist eine Publikation von Leplat aus dem Jahre 1733, in der die Dresdner Sammlungen abgebildet sind.[4] Die beeindruckenden, jedoch wenig kunstvollen Stiche zeigen Bronzen und vier Seiten »etruskische« Vasen (S. 202/203). Die hinreißenden Sammlungen des Kapitolinischen Museums in Rom, seit langem eine Quelle der Inspiration für die Möbelkunst, wurden von Bottari und Foggini zwischen 1750 und 1782 in einer Reihe von Bänden hervorragend abgebildet.[5] Die Stiche zeigen berühmte Skulpturen und Büsten römischer Kaiser und Kaiserinnen, und einer der Bände enthält »Amor und Psyche«, ein oft für Uhren und Möbel verwendetes, beliebtes Motiv.[6] Die drei aufwändig gedruckten Bände des Bartolomeo Cavaceppi[7] zeigen ausführlich und anschaulich seine eigenen oder von ihm restaurierte Skulpturen. Einige Stücke, etwa die Kopie des Kentauren aus der Hadriansvilla, galten erklärtermaßen als modern. Cavaceppis Bücher sind genau genommen ein Warenkatalog für Skulpturen, von denen etliche bereits nach England und Preußen verkauft worden waren. Die Bücher zeigen auch herrlich schwülstige Steinkandelaber in der Art, wie sie während des 18. und frühen 19. Jahrhunderts beliebt waren [424]. Auch Piranesi konnte diese Beispiele »antiker Größe« gut verwerten. Gegen Ende des Jahrhunderts erschienen sie erneut in C. H. Tathams Buch zu gewichtigen, römischen Gebrauchsgegenständen (S. 220).

Um die Mitte des 18. Jahrhunderts wurde auch den entfernten Gebieten des römischen Reiches Aufmerksamkeit zuteil: »Die Ilias entfaltet neue Schönheit an den Ufern des Skamander, und die Odyssee ist am schönsten in den Ländern, in denen Odysseus ging und Homer sang.« So schreibt Robert Wood im Vorwort zu seinem ausgezeichneten, 1753 veröffentlichten Buch über die kosmopolitische, feinsinnige Stadt Palmyra.[8] Es enthält eine schlichtweg grandiose Mischung von Motiven: »Ihre Begräbnissitten stammen aus Ägypten, ihr Luxus kommt aus Persien, und ihre Schrift und die bildende Kunst haben sie von Griechenland übernommen.«[9] Wood ließ 1757 ein Buch über Baalbeks verschwenderisch dekorierte, orientalisiert gräko-römische Tempel folgen. Robert Adam produzierte 1764 einen sorgfältig gemachten Band über den gigantischen, spätrömischen, einer Festung gleichenden Palast in Spalato (Split), in den sich Diokletian zurückzog, um Gemüse anzubauen. Adam schrieb, der Palast biete »die vollständigsten und genauesten Vorlagen, die bisher von einem Privathaus der Antike veröffentlicht wurden«.[10] Alle drei Bücher erwiesen sich als höchst bestimmend.

Am einflussreichsten waren jedoch die Bücher über Herculaneum und Pompeji, »die edelsten Raritäten, die je entdeckt wurden«.[11] Für die kunstbegeisterte Nachwelt erwies sich der heftige Vesuvausbruch als glücklicher Umstand – fast ist es so, als habe das 18. Jahrhundert unverhofft das *Art Journal* des Jahrgangs 79 n. Chr. auf seiner Türschwelle gefunden. Die verschütteten Städte lagen in tiefem Schlummer, bis man 1684 bei einer Brunnenbohrung auf das Theater von Herculaneum stieß. Dabei entdeckte Marmorteile wurden um 1706[12] nach Frankreich und nach Wien gebracht. Da der König von Neapel weitere Grabungen untersagte, ruhten bis 1736 alle Arbeiten. Im Jahr 1748 begann man dann mit Ausgrabungen im nahen Pompeji, wo die Vulkanaschenschicht leichter zu beseitigen war als die versteinerte Lava, die Herculaneum erstickte. Beide Grabungsstätten gaben verschiedene Arten von Gebrauchskunst frei: Pompeji Architektur und Wandschmuck, Herculaneum Malerei und Haushaltsgegenstände. Die Städte wurden zur Touristenattraktion: Jeder, der nach Neapel kam, besuchte sie, und manch einer veröffentlichte einen Reisebericht. Zu den populärsten Schilderungen gehört *Voyage pittoresque*, verfasst 1781 bis 1786 von Abbé de Saint-Non. Diese Reisebeschreibung enthält Rokoko-Ansichten, die in seltsamem Widerspruch zu den »klassischen« Abbildungen von Artefakten stehen.

Autorisierte Fundveröffentlichungen[13] [45, 269, 392, 452, 459, 558, 559] erschienen zwischen 1757 und 1792. Der König von Neapel ließ die Bücher nicht verkaufen, sondern versandte sie an ausgewählte Empfänger. Sie enthalten Abbildungen von Gemälden, Mosaiken, Möbeln und anderer Gebrauchskunst aus Pompeji und Herculaneum. Der Bedarf an französischen und englischen Übersetzungen provozierte 1767 den Ausruf: »Alle Gold-

350 Entwürfe für das Palais Royal, Paris: eine Türfüllung (der Schnitt in der Mitte deutet an, dass sie höher wird) und ein Sofa, von Pierre Contant d'Ivry; französisch, um 1755–1757 (aus: Diderot und Alembert, *Dictionnaire des Sciences*, Paris, 1762)

schmiede, Juweliere, Maler von Kutschen und Supraporten, Möbelmacher und Tapezierer brauchen dieses Buch … Ich habe dieses Weib, das Amoretten wie Küken verkauft, in mehr als zehn Kopien gesehen.«[14] [379] Europa und Russland wurden vom gleichen Wahn ergriffen. Die Neuerscheinungen boten ein umfangreiches Repertoire an alter Malerei, alten Dekorationen, an Ornamenten und Haushaltsgegenständen; auch widerrechtlich angefertigte und ungenaue Skizzen von Caylus und anderen wurden verwertet. Allen voran die Maler: Für Anton Raphael Mengs, einen Apostel des Klassizismus, »offenbarten die Gemälde von Herculaneum … die wahre Quelle der Schönheit«.[15] Zwischen 1796 und 1820 veröffentlichte die *Stamperia Regale* von Neapel den fürstlichsten, auf jeden Fall aber dicksten aller Buchbände mit Abbildungen der »Wände und Fußböden« von Pompeji in opulenten Schwarzweißstichen [32, 169, 334].[16]

Die Provinz-Malerei in Pompeji und Herculaneum verblasste jedoch neben der weltläufigen Eleganz der lange vorher entdeckten Domus Aurea. Um 1770 bis 1780 reproduzierten Ponce, Cameron, Smugliewicz und Brenna Pompejis Wand- und Deckendekorationen, wie zum Beispiel in den *Thermen des Titus* [33].[17]

Zwischen der geschnitzten und gravierten Gemme und dem miniaturhaften Klassizismus des Nachrokoko bestand Geistesverwandtschaft. Seit der Antike erfreuten sich Gemmen großer Beliebtheit und wurden vielfach abgebildet [49, 307]. Sie waren » … in jeder Hinsicht vergleichbar mit den edelsten Statuen der Antike«.[18] Ein höheres Lob gab es nicht. Der Glanz von Halbedelsteinen war mit feinstem handwerklichem Geschick gepaart, wobei die Sujets die gesamte Mythologie und das Leben der Antike umfassten. Das kostbare, schwierig zu bearbeitende Material stellte eine Herausforderung für die Gemmenschnitzer dar, wie die 34 bezaubernden Beispiele in Enea Vicos *Ex antiquis cameorum* von 1550 beweisen. Vicos Werk wurde 1730 mit einem zeitgenössischen Kommentar versehen und neu herausgegeben.[19] Gemmen sah man sowohl in kostbaren Bänden[20] als auch in den Arbeitsbüchern von Handwerksgesellen.[21] Die reizend heiteren Szenen mit umhertollenden Putten, Faunen, Satyrn und anmutigen weiblichen Wesen in schwanen- oder schmetterlingsgezogenen Wägelchen[22] inspirierten Künstler aller *couleur*. Oft waren die Gemmen in Kartuschen eingelassen und mit Rokoko-Arabesken umgeben. Sie blieben bis weit ins 19. Jahrhundert hinein populär. Dadurch und weil die geistesverwandten Themen auf den Wänden von Pompeji und Herculaneum [35] neue Impulse gaben, ging der Übermut des Rokoko während der strengen Herrschaft der Wiederentdeckung des antiken Griechenlands nicht gänzlich verloren.

Der asketische Zug und die Pedanterie der später erschienenen Veröffentlichungen scheinen den akademischen, blässlichen Charakter des späten Klassizismus befördert zu haben. Die frühe Renaissancekunst, die zu Zeiten Raffaels ihren Höhepunkt erlebte, besitzt eine Eleganz, Ausdruckskraft und Spontaneität, die sie in die geistige Nähe der antiken Kunst selbst rückt. Sie steht der Antike sehr viel näher als der mechanische (obwohl immer noch schöne) Klassizismus des späten 18. Jahrhunderts.

Transition

Der Rokokostil verschwand nur langsam, dennn tatsächlich bestückte man ein *Goût-grec*-Interieur [349] nicht unbedingt mit *Goût-grec*-Möbeln [337, 339]. Das Rokoko neigte doch zu sehr zur angenehmen »Leichtlebigkeit«, jedoch hinterließ der *goût grec* selbst dort, wo er nur halbherzig angenommen wurde, sichtbare Spuren. Man suchte nach Kompromissen, woraus Möbel in zwei geringfügig unterschiedlichen Stilen entstanden: Transition und »abgewandelter *goût grec*«.

Wie bei den meisten Neuerungen französischer Entwurfskunst wurde der Vorgang rational begründet: »Der maskuline Stil [*le goût grec*], der von der Mehrheit unserer Architekten heute für Dekorationen angestrebt wird, fordert dennoch … weder jenen schweren Charakter, den unsere Vorfahren [Ludwig XIV. etc.] schätzten, noch jene kleinteilige Fülle, für die wir bereits unsere [Rokoko-] Holzschnitzer getadelt haben, sondern vielmehr ein gediegenes Mittelmaß zwischen diesen beiden Exzessen … Sie [die Architekten] erkannten auch, daß zu viel Symmetrie häufig zu kalten und eintönigen Kompositionen führt.«[23] Das galt den innovativen Rokoko-Entwürfen des Contant d'Ivry für das Palais Royal der späten 1750er Jahre [350]. Die abgebildete Türfüllung samt Kanapée zeigt jenes »gediegene Mittelmaß«: eine gewisse Schwere, formale wie ornamentale Symmetrie, Verlust der organischen Spontaneität und Reduktion der üppigen Kurven. Das Kanapée erinnert fatal an die Versuche, in England Rokokomöbel herzustellen. Da dort die plastischen Formen für französisches Bandwerk fehlten, sah das Mobiliar aus wie bleiernes Barock.

Einige Transition-Möbel waren ausgezeichnet. Das *Bureau du Roi Louis XV* [353], das in der Mitte des königlichen, bereits im Rokokostil eingerichteten Privatarbeitszimmers in Versailles stehen sollte, hält die Balance zwischen Rokoko und Klassizismus. Das Bureau wurde 1760 von Oeben begonnen, von Riesener fertiggestellt (S. 192) und 1769 geliefert. Der Schreibtisch vereint die geschwungenen Formen des Rokoko mit angedeuteten *cabriole legs* mit bereits gerade geführten Konturen, die Kerzenhalter hingegen sind noch sehr dem Rokoko verhaftet. Die übrigen Bronzen sind in antikem Geschmack, bewahren sich aber ihren Schwung: Den von Bändern gehaltenen Girlanden fehlt das steif Gefrorene des *goût grec*. Die Stillleben- und Blumenmarketerien Oebens sind mit leichter Hand angeordnet, dagegen ist das Innere in der Art antiker Mosaiken verziert. Die Termenfiguren auf den Rolldeckel wurden 1763 als »quattre Termes, dans le goût grec«[24] beschrieben. Dieses Bureau ist mit einem zeitgleichen, ebenso bedeutenden Schreibtisch aus der Werkstatt des Rheinländers Abraham Roentgen (1711–93) [351] vergleichbar. Wieder sind die Schwünge äußerst moderat, und trotz einiger gebauchter Flächen ist die Bewegung des Rokoko gemäßigt. Die Marketerie zeigt naturalistische

351 Klapp-Schreibtisch mit Marketerien aus Bein, Perlmutt, Schildpatt, Silber und Messing und mit vergoldeten Bronzebeschlägen, von Abraham Roentgen; Neuwied, um 1765

352 Kommode, furniert in Gelbholz mit Marketerien aus verschiedenen Hölzern, entworfen und angefertigt für die Priorei Nostell, Yorkshire, von Thomas Chippendale; englisch, um 1770

gegenüber **353** *Das Bureau du Roi Louis XV,* auf Eiche furniert mit verschiedenen Hölzern einschließlich Birne, Stechpalme, Nussbaumwurzelholz, Amarant, Rosenholz und gebeiztem Bergahorn; von J.-F. Oeben und J.-H. Riesener, mit vergoldeten Bronzebeschlägen von Duplessis, gegossen und punziert von Hervieu; französisch, 1760–1769

Exterieurs ebenso wie perspektivische Interieurs in klassischem Geschmack.

Eine ebenso zeitgleiche, englische Kommode, angefertigt für eine Schlafkammer in der Priorei von Nostell [352], besitzt eine sanft geschwungene, gebauchte Front und nach innen gewölbte Seiten. Die einfachen, klassischen Ornamente aus Vasen, Blüten und Girlanden sind perfekt angeordnet. Eine Kommode für ein Ankleidezimmer ist formal gleich, jedoch sind die Vasen und Blüten in zwei unsymmetrische, aber dennoch ausgewogene Rokoko-Kartuschen eingebettet. Die Ausführung englischer Stücke in diesem Stil mag zwar nicht die beste sein,[25] aber der gefällige Aufbau ermöglichte es dieser Transition-Spielart mit eher geraden als geschwungenen Beinen, sich bis ins nächste Jahrhundert zu retten. In die letzte Auflage [1794] des Vorlagenbuches *The Cabinet-Maker and Upholsterer's Guide* von Hepplewhite wurden weiterhin gemäßigte Rokoko-Entwürfe aufgenommen.

Louis-seize-Möbel

Im späten 18. Jahrhundert tauchte in Frankreich bereits vor dem Tod Ludwigs XV. im Jahr 1774 ein Möbelstil auf, der im Allgemeinen »Louis-seize« genannt wird. Dieser Stil herrschte bis in die 1790er Jahre und steht für mehrere Ausprägungen, die teils vermischt, teils deutlich voneinander abgrenzbar sind. Zum einen gab es Möbel in eben erst gezähmtem *Goût-grec*-Stil, die weiterhin für den französischen Hof und den Adel hergestellt wurden und an denen sich die europäische Möbelproduktion bis in die 1780er Jahre orientierte. Für den Alltagsgebrauch schätzten die Käufer jedoch mehr das Liebliche, Leichte, Bequeme. Sie fanden dies in dem Möbelstil, der mit der Inneneinrichtung des Architekten Ange-Jacques Gabriel (1698–1782) in Verbindung gebracht wird, der 1741 zum Ersten Architekten des Königs ernannt wurde. Gabriels architektonischer Stil vereinte die reichen korinthischen Elemente des Louis-quatorze mit dem kühlen Palladianismus Italiens und Frankreichs. Er gliederte die Räume durch Vertäfelungen, die er durch klare, aber unaufdringliche architektonische Ornamentmotive wie Wellenbänder und Akanthus belebte. Säulenordnungen wurden auf ein Minimum reduziert; Blumen, Kränze und Girlanden sind reichlich vorhanden, jedoch in gebändigter Form. Gabriel »verweiblicht« die Ornamente, indem er sie unauffällig verkleinert, aber die Verkleinerungen wirken nie kleinlich oder banal, wie in Adams später Ornamentik. Gabriels Geschmack ist perfekt. Seine letzten Interieurs, wie der Salon der Königin im Petit Trianon von Versailles, sind von überwältigender Schönheit [356] – zurückhaltend, heiter und durchsichtig. Immer noch stellte man nicht benötigte Stühle und Sessel an der Wand auf, obwohl mittlerweile Ludwigs XIV. Abneigung gegen aus der Reihe tanzende Stühle als *vieux jeu,* als hoffnungslos veraltet gegolten haben dürfte. Es war die Epoche, in der man Weiß, »französisches« Grau oder andere sanfte Farben bevorzugte: »Eine Farbe ist am schönsten in Pastell: helles Grün, gedämpftes Blau, mattes Weiß, Rosarot und Veilchenblau …«[26]

Formen und Tugenden der Interieurs wiederholten sich im Mobiliar, besonders bei den Sitzmöbeln. Die Sitzmöbel widerstanden dem Klassizismus länger als jeder andere Möbeltyp. Es gibt zwar viele Rokoko-Sessel mit klassischen Verzierungen, aber bis sich die Antike richtig durchsetzen konnte, regierten in den 1790ern bereits Rosshaarpolster und harte Sitze. Ludwig XV., der gewisse Klassizismen duldete, mochte zeitlebens keine geraden und wie kannelierte Säulen geformten Stuhlbeine. Er liebte Volutenfüße. Die kartuschenförmigen Stuhllehnen des Rokoko wurden nun ersetzt durch runde oder ovale Lehnen. Wie Owen Jones anmerkt, stand die Kreisform für römischen, das Oval für griechischen Geschmack.[27] Ein Sessel von Jacques Pothier übernimmt behutsam klassische Merkmale [355]. Zwar ziert ein Mäander die Zarge, aber die kartuschenförmige Lehne des Rokoko (mit einem brav durchlaufenden, geschnitzten Rahmen allerdings) und die

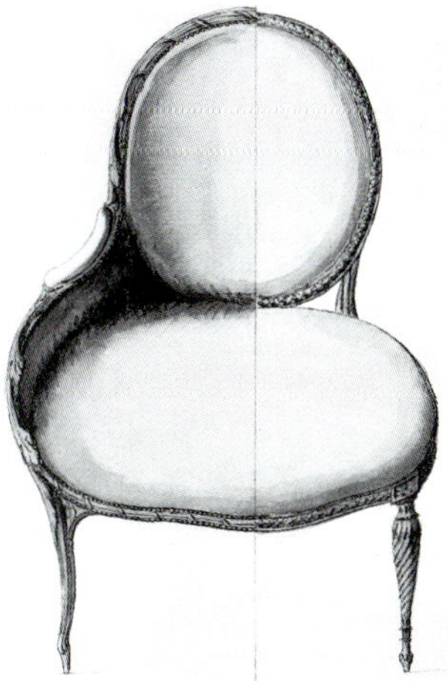

354 Entwurf für einen Sessel von Matthias Lock; britisch, um 1770

rechts 355 Sessel aus geschnitztem Holz von Jacques Pothier; französisch, um 1765

leicht geschwungenen *cabriole legs* sind beibehalten. Um 1770 entwarf Matthias Lock einen Sessel [354] mit ovaler Lehne und bot als Alternative zum abgewandelten *cabriole leg* ein gerades Bein, das eher der pompejanischen Kandelaberform ähnelt als dem kannelierten architektonischen Bein.

Möbel in diesem gebrauchsfähigen Stil wurden in ganz Europa noch lange nach dem Aufkommen anderer aktueller Moden hergestellt. Frankreich exportierte Luxusmöbel direkt. Außerdem kehrten in Paris ausgebildete Entwerfer unterschiedlichster Nationalität in ihre Heimatländer zurück und passten den französischen Stil dem heimischen Geschmack an – zur Verwirrung der Möbelhistoriker. Ein Streitpunkt war zum Beispiel, ob die Sessel im *Tapestry Room* in Osterley Park in England französischer oder englischer Herkunft seien [359]. Der von Robert Adam entworfene Raum nach einem auch andernorts wiederholten Vorbild[28] ist von der Idee her deutlich französisch; die Gobelintapisserie an der Wand datiert von 1775. Es gab aber so viel Austausch zwischen beiden Ländern, dass es gewagt ist, diese Sessel aufgrund »französischer« oder »englischer« Merkmale einordnen zu wollen (englische Kunden bevorzugten mal dies, mal das). Man kann nur verbindlich sagen, dass sie eher der französischen Tradition und deren Fortführung entsprechen als der englischen.

Ein russischer Armsessel [357] aus dem späten 18. Jahrhundert vereinigt eine ovale mit einer rechteckigen Rückenlehne. Die reiche Schnitzerei in antikisierendem Stil ist weitgehend Architektur

356 Der *Salon de la Reine* im Petit Trianon, Versailles, entworfen von Ange-Jacques Gabriel; französisch, 1762–1768

en miniature, wobei die kannelierten Beine der ionischen Ordnung entsprechen. Einige Spielarten des Louis-seize waren überaus exzentrisch. Ein sehr schlanker, russischer Frisiertisch aus »diamantverziertem« Tula-Stahl, vergoldeter Bronze und Silber mit Toilette-Utensilien, Stuhl und Fußschemel [358], wurde 1789 an Katharina die Große verkauft.[29] Der französische Stil wurde an ungewohntem, fremdem Material erprobt, das erst während des 18. Jahrhunderts in der kaiserlichen Waffenschmiede in Tula entwickelt worden war. Möbel aus Tula-Stahl waren unglaublich teuer. Schwer zu sagen, ob man in Paris so viel zu zahlen bereit gewesen wäre.

»Anglomanie«

Die Vorherrschaft Frankreichs in Geschmacksfragen schloss den Einfluss anderer Länder wie Deutschland und England nicht aus. Viele der besten Ebenisten, die in Paris arbeiteten, waren Deutsche. England exportierte eine ganze Lebensart nach Frankreich. König Louis-Philippe kleidete es in Worte: »Die Anglomanie herrschte unter den Wohlhabenden der französischen Nation während der Regierungszeit Ludwigs XIV. Das war selbst am Ende der Regierung Ludwigs XV. noch so, der darüber sehr beunruhigt war.« Besonders anglophil war »M. le Comte d'Artois, der Schloss Bagatelle baute und einen Englischen Garten anlegte«.[30] Comte d'Artois, ein enger Freund des Prince of Wales, führte hartnäckig französisches Gedankengut in England ein. Zu den englischen Exporten gehören möglicherweise der etruskische Stil (S. 203),[31] ebenso wie individuelle Motive, etwa lyraförmige Stuhllehnen. In den äußerst einflussreichen Vorlagewerken von Hepplewhite, Sheraton und anderen sind Grotesken-Details mit dem »Gabriel«-Stil verwoben, und dies wiederum brachte Anregungen nach Frankreich. Ein Stuhl von Georges Jacob (1739–1814)[471] ist wohl von einem etwas früheren Entwurf Hepplewhites mit schildförmiger Lehne [394] beeinflusst.

Der Jacob-Stuhl ist aus Mahagoni, das heißt, die englische Vorliebe für Mahagoni ging auf Frankreich über. Bereits 1768 verkaufte ein *Magasin Anglais* englische Mahagonimöbel in Paris.[32] Die Einführung von Mahagoni in Frankreich brachte auch den englischen *dining table* mit sich. François de La Rochefoucauld schrieb in seinen Memoiren: »Nach dem Essen wird das Tischtuch entfernt und es kommt der allerschönste Tisch zum Vorschein. Es ist wirklich erstaunlich, wie sehr die Engländer in ihr Mahagoni vernarrt sind.«[33] Die Versuche, den englischen Modeströmungen zu entkommen, wirken halbherzig. Marigny, ein ausgezeichneter Kenner französischer Kunst, erklärte 1779 dem Möbeltischler Garnier, dass Ebenholz und vergoldete Bronze viel »edler« seien als Mahagoni.[34] Dabei hatte er selbst im Jahr zuvor Mahagoni-Spieltische in London gekauft und Garnier zum Kopieren gegeben![35] Marignys Bewunderung für englische Produkte beschränkte sich nicht auf Möbel aus Mahagoni: »Diese englischen Sessel! Wie schön Ihre Roßhaarpolsterung der Sitze!« Marigny kaufte mehr als hundert Stühle und einige Tische von James Wyatt (1746–1813), einem wichtigen, aber faulen Pionier englischer Entwurfskunst,[36] der möglicherweise durch die Veröffentlichung eines Vorlagenbuches mehr Anerkennung gefunden hätte, jedoch erst 1826 posthum von einem Möbelmacher für seinen guten Einfluss auf »unsere bewegliche Habe zu Hause« gelobt wurde.[37]

Ein Handelsvertrag zwischen Frankreich und England von 1786 garantierte niedrige Zölle für den Import englischer Waren. Mahagonimöbel wurden nun, teilweise über Frankreich, nach Russland exportiert. David Roentgen (1743–1807), selber der »Anglomanie« verfallen, wurde 1779 für einen Mahagonitisch

357 Armsessel aus geschnitztem, gefasstem und vergoldetem Holz; russisch, um 1790

358 Frisiertisch mit Zubehör und ein Stuhl aus Tula-Stahl, vergoldete Bronze und Silber, in Pawlowsk; russisch, 1789

359 *Tapestry Room*, Osterley Park House bei London: Gobelintapisserie an den Wänden und Sitzmöbeln; französisch, 1775; Stühle, französisch oder britisch, 1776; Dreifuß-Kandelaber, Podeste und Teppich von Robert Adam entworfen

360 Halbkreisförmige Kommode, Mahagonifurnier mit Messingbeschlägen; russisch, um 1800

gelobt, der »so perfekt poliert [sei], dass Auge und Hand ihn für Marmor halten« [38] Roentgen machte für Katharina die Große wunderbare bronzevergoldete Mahagonimöbel, die den Säulenstil und die kräftigen Farben des Empire vorwegnahmen und einheimische Kunsttischler zur Nachahmung anregten [360]. Ironie der Geschichte: Aufgrund der englischen Mode entfalteten französische Militärembleme aus vergoldeter Bronze auf den erlesensten Prunkmöbeln Napoleons aus dunklem Mahagoniholz ihre aggressive Wirkung. Aber das war erst nach der von Madame Pompadour erahnten Revolution: »après le deluge!«

Königliche französische Hofmöbel

Die Louis-seize-Möbel der königlichen Familie waren bis in die 1780er Jahre formal und ornamental so verfeinert worden, dass sie völlig gesondert betrachtet werden müssen. Manchmal wirken sie wie ins Riesenhafte vergrößerte Juwelen [362]. Ein Tisch und drei Sekretäre von zwei verschiedenen Ebenisten mögen *le splendeur* und möglicherweise auch *la misère* veranschaulichen.

Architektonischer Zierrat wie Säulen, Pilaster oder Gesims fehlen. Die beiden ersten, gefertigt von René Dubois (s. S. 183), sind so unterschiedlich gestaltet, dass sie die Vielseitigkeit dieses Ebenisten zeigen, der wohl mit zwei Dessinateuren zusammenarbeitete. Cartonnier und Bureau plat mit Tintenfass in abgewandeltem *goût grec* [342], angeblich für Ludwig XV. gemacht und

361 Sekretär auf Eiche furniert, mit Marketerien aus verschiedenen Hölzern, darunter Amarant, Rosenholz, grün gebeizte Stechpalme, Ahornwurzelholz und Bergahorn, angefertigt für Königin Marie-Antoinette von J.-H. Riesener; französisch, 1780

362 Detail einer Kommode aus Japanlack, Ebenholz und vergoldeter Bronze, hergestellt für Königin Marie-Antoinette von J.-H. Riesener; französisch, um 1787

später von Katharina der Großen (S. 183) erworben,[39] unterscheiden sich sehr von einem riesigen Schranksekretär [579] mit Japanlack und vergoldeter Bronze, der nach unbestätigter Meinung ungefähr 1774, also im Todesjahr Ludwigs XV., für Katharina angefertigt worden sein soll.[40] Der Sekretär, der sowohl an Boulle als auch an das Rokoko erinnert (Dubois hat Boulle in einigen Details nachgeahmt), ist gebaucht und symmetrisch mit klassischen Ornamenten wie Akanthus, Lorbeer und Trophäen geschmückt. Dem Ornament fehlt die Steifheit des *goût grec:* Die Girlanden sind locker angeordnet, der zuoberst thronende Adler Jupiters bewegt naturalistisch seine Schwingen und reckt den Schnabel nach oben. Zwei Sekretäre des westfälischen Einwanderers Jean-Henri Riesener (1734–1806), der in Frankreich zum berühmten Ebenisten aufstieg, zeigen, wie sehr Stücke stilistisch voneinander abweichen können, die in nur fünf Jahren Abstand im Auftrag des Königshauses hergestellt wurden. Der erste Sekretär [361] wurde 1780 für Marie Antoinettes *Cabinet Intérieur* nach Versailles geliefert.[41] Mit stark modellierten, feuervergoldeten Bronzebeschlägen ist er auf Eiche mit Amarant, Rosenholz, Stechpalme, Ahornwurzelholz und Bergahorn furniert und marketiert, wobei Blumensträuße in Vasen stehen. Die florale Marketerie hatte in Frankreich um 1750 durch Ebenisten wieder Einzug gehalten, die aus Deutschland eingewandert waren, wie zum Beispiel Oeben. Sein Stil entwickelte sich zu einem Naturalismus, der das gesamte Möbelstück mit einbezog. Der Sekretär verdankt seine für 1780 altmodische Art womöglich Oeben, der vor seinem Tod bereits 1763 daran gearbeitet hatte. Die polierte Oberfläche der Beschläge wurde 1788 mattiert, auch dies ein Hinweis auf den sich verändernden Stil.[42] Die Embleme – Herkules und gallischer Hahn – sind unangemessen für die Königin. Der zweite Sekretär [363], charakteristisch für Arbeiten Rieseners nach 1770, spiegelt Marie Antoinettes romantische, emotionale Vorlieben. So ließ sie in St. Cloud eine durchsichtige Glasscheibe über dem Kaminsims anbringen, um dadurch die unverbildete Landschaft einzufangen. Sie liebte Blumen: Rosen und Kornblumen sollen ihre Favoriten gewesen sein.[43] Die für sie gemachten Möbel weisen die schönsten Blumenornamente überhaupt auf. Die Beschläge des Sekretärs, in der Art des äußerst geschickten Bronziers Pierre Gouthière (1732 bis ca. 1812), sind von ausgesuchter Feinheit. Die Blumen auf der figürlichen Akanthusvolute sind realistisch und ganz plastisch dargestellt, und Bänder erweisen sich als Schubladengriffe. Die vergoldeten Bronzeplaketten sind in der Art von Clodion gestaltet,[44] ihre Emblematik ist eine zart amouröse Anspielung. Das römischen Motiven nachempfundene, sich in endlosem Rapport kreuzende Rautenmuster umschließt Sonnenblumen.[45]

Ein weiteres Meisterwerk Rieseners ist eine Kommode, die für Marie Antoinettes *Cabinet Intérieur* in St. Cloud bestellt wurde. Die Kommode [362] gehört zu einer Gruppe, an der alte Japanlack-Tafeln wieder verwendet wurden[46] und der ein Sekretär und ein Eckschrank zuzurechnen sind, alles vermutlich von 1787.[47] Die

Kombination von Großartigkeit und Zartheit ist außergewöhnlich. Die leichte Wölbung der Seiten und die sanft hervortretende Mittelpartie der Front verleihen der massiven Form Bewegung. Nichts könnte schöner sein als der Gegensatz zu der naturalistischen Blumenfülle in den herabhängenden vergoldeten Bronzegirlanden. Der Tablier hat Bronzeapplikationen aus Füllhörnern und Blumenbouquets. Ein weiteres Meisterwerk, der Schmuckschrank der Comtesse de Provence [401], ist ein Wunder der Handwerkskunst und perfekter »Rokoko-Klassizismus«. Die Frivolität der Epoche zeigt sich auch in der Emblematik: An der Sockelzone verwandeln sich die Federn der Pfeile Amors in Pfeilerkapitelle! Der Gestellsockel selbst verweist auf das 17. Jahrhundert [244] – so wie die elegant verlängerten Karyatiden auf Primaticcios Grabjungfrauen in Fontainebleau um 1550.

Einige der bezauberndsten Möbelstücke überhaupt stammen aus dieser Zeit: klein, beweglich, äußerst luxuriös und den gesellschaftlichen Gegebenheiten einer hedonistischen, geistvollen Aristokratie gemäß. Es gibt kleine Tische, Guéridons, Schmuckschränkchen, *bonheurs-du-jour* und Nachttischchen. Tischchen dieser Art sind rechteckig, manchmal oval und oft an Beinen und Korpus sanft geschwungen. Viele sind mit Porzellanmedaillons verziert: Die Verwendung von Sèvres-Plaketten an Möbeln wurde 1763 von dem *marchand-mercier* Poirier eingeführt. (Ein *marchand-mercier* war eine Mischung aus Antiquitätenhändler und Innenarchitekt.) Ein kleiner Tisch, von Poirier für Madame Dubarry entworfen und von Martin Carlin (ca. 1730–1785) ausgeführt, einem Deutschen aus Baden, der sich um 1754 in Paris niedergelassen hatte, ist nur ein Beispiel aus dieser großen Zahl [364]. Die Sèvres-Plakette mit einer türkischen Szene ist 1771 datiert und von Dodin signiert.[48] Dieser Tisch gehörte anschließend Königin Maria Carolina von Neapel, einer Schwester Marie Antoinettes. Solche leichten Möbel von Carlin wurden nahezu ausschließlich für Damen hergestellt.[49] Auch die Herzogin von Sachsen-Teschen, eine andere Schwester Marie Antoinettes, kaufte einen Satz Poirier-Möbel mit Porzellanbeschlägen.[50]

Bis 1785 hatte sich der Geschmack bei Inneneinrichtungen geändert: Die Karriere Rieseners neigte sich ihrem Ende zu, denn der »Style arabesque« *(grotesque)* war in Mode gekommen, und die königliche Familie kaufte Mobiliar von Weisweiler (S. 285) bei dem *marchand-mercier* Daguerre, der 1777 Poiriers Geschäft übernommen hatte.

363 Sekretär auf Eiche furniert mit Marketerien aus verschiedenen Hölzern, darunter Amarant, Stechpalme und Kasuarinenholz, mit vergoldeten Bronzebeschlägen in der Art von Pierre Gouthière, Plaketten in der Art von Clodion, und eine Carrara-Marmorplatte, hergestellt für Königin Marie Antoinette von J.-H. Riesener; französisch, 1783

364 Tisch aus vergoldeter Bronze mit Plaketten aus Sèvres-Porzellan, das mittlere Medaillon mit einer türkischen Szene ist von Dodin signiert und 1771 datiert; entworfen für Madame Dubarry von Poirier und angefertigt von Martin Carlin; französisch, um 1772

VII *Kapitel 2* Die Wiedergeburt der Groteske

365 Detail aus den Loggien im Vatikanpalast, Rom, mit breiter Akanthusranke in changierenden Farben, ausgeführt unter der Leitung Raffaels, 1519 vollendet; italienisch, veröffentlicht 1772 in Rom von Marco Pagliarini (aus *Arabesques of the Vatican Loggie)*

366 Pfeilertisch und andere Möbel, entworfen für Kardinal Giambattista Rezzonico von G. B. Piranesi; italienisch, veröffentlicht 1769 in Rom (aus *Diverse Maniere d'adornare i cammini)*

Die Wiedergeburt der Groteske in ganz Europa im späten 18. Jahrhundert wirkte sich grundlegend auf die Möbelkunst aus. Die Groteske antiken Stils war zwar nicht völlig verschwunden, jedoch nicht groß in Mode. In Frankreich ging sie weitgehend im Rokoko auf.[51] Der englische Palladianismus verschmähte sie – Palladio führte die Domus Aurea in seinem Romführer nicht an,[52] obwohl Kent einige Decken in »jener grotesk' Manier … welche schon die Antiken genommen haben«[53] recht lieblos bemalt hatte. Nur in Italien war die Groteske weiterhin in Mode. Wie sehr verblassen Kents nüchterne Muster neben den 1734 gemalten großartigen Grotesken im Palazzo Doria-Pamphili in Rom! C. H. Tatham schrieb 1796: »Heutzutage modernisiert kein Italiener sein Haus, ohne dass Arabesken [Grotesken] der Hauptschmuck wären.«[54]

Der italienbegeisterte Brite ließ sich etwa ab 1755 auf groteske Innendekorationen ein, was zeitlich mit der wachsenden Abneigung gegen die erdrückende Schwere von »Tempel«-Schmuck zusammenfiel. Größere Grotesken-Entwürfe wurden in Spencer House in London von »Athenian« Stuart ausgeführt [367], sowie in Hatchlands von Robert Adam,[55] wobei Stuart Bemalungen bevorzugte und Adam Stukkaturen. Täfelung und senkrechte Akanthus-Ranken des *Painted Room* in Spencer House sind mit Raffael'schen Grotesken bemalt [365], wohl von dem aus Italien eingewanderten Biagio Rebecca.[56] Adam hatte bis Anfang der 1760er Jahre seinen eigenen Grotesken-Stil entwickelt: Der Weg führte ihn von Alessandro Algardis Skulpturen-Groteske in der Villa Pamphili über die Groteske im Stil Raffaels bis zur antiken Groteske und zu etruskischen Motiven. Seine Möbel folgen dieser Entwicklung, wobei er Wandfarben und Stuck mit Marketerien, Fassungen, Scagliola und vergoldeter Bronze (und Legierungen) vertauschte. Tatham schrieb 1795: »Die verstorbenen Messrs. Adams waren Kinder der Arabeske.« Adam erwarb Arbeitsskizzen, die Grotesken in all ihrer Wandlungsfähigkeit zeigen: antike Decken – viele davon nachgezeichnet von Giuseppe Manocchi um 1760 –, die Grotesken Raffaels im Vatikan,[57] die Stuckarbeiten von Algardi in der Villa Pamphili, Möbel aus Pompeji und vieles mehr. Sie zeigen aber auch in Stein gemeißelte Ornamente, wie etwa die herrlichen Volutensäulen vom Tor der Goldschmiede, das Medusenhaupt und den Voluten-Akanthus am Tempel des Vespasian,[58] antike Sarkophage und welliges Gitterwerk. Adam konnte alles fruchtbar anwenden.

Von den Franzosen wurde die Groteske um 1760 bis 1770 wieder belebt,[59] und sie entsandten Dessinateure und Handwerker nach England und Schweden (S. 206). Der Schotte Charles Cameron (ca. 1743–1812) nahm seinen grotesken Stil mit nach Russland, ebenso wie der Italiener Brenna. Adam beobachtete Frankreich mit einem eifersüchtigen Auge. Er tadelte die Franzosen, weil sie das Wort »Arabeske« als Synonym für »Groteske« benutzten: »Unter Groteske versteht man den schönen leichten Ornament-Stil, den die alten Römer in ›Grotten‹ verwendeten. Dieser wurde in der Renaissance imitiert in den Loggien des Vatikan [161, 162, 365] und in den Villen Madama, Pamphili [von Algardi] und Caparola [von den Tibaldi, Zuccaro, etc.] … Die Franzosen, die bis vor kurzem die Ornamente der Antike nicht anwandten [die Briten beanspruchen die Vorreiterrolle bei der Wiederbelebung der Groteske] … haben diese Ornamente mit der vagen und phantastischen Bezeichnung Arabeske gebrandmarkt, die, obwohl gänzlich verschieden von der Groteske, nichtsdestoweniger fast überall von Ignoranten damit verwechselt wird.«[60]

Diese Bemerkung zeigt, dass sich der Geschmack wandelte, und zwar in die archäologisierende Richtung des Klassizismus des 19. Jahrhunderts. Sie enthüllt auch die hohe Wertschätzung der italienischen Groteske, die nun wieder belebt und öffentlich gemacht wurde – ablesbar etwa an den sechzehn Stichen über die Ausschmückungen der Loggien, herausgegeben von Charles-Antoine Joubert, sowie an dem herrlichen Satz kolorierter Stiche der Loggien [161, 365], die 1772 veröffentlicht wurden und die Schinkel und andere sehr wohl als Palastschmuck für würdig erachteten. Nicolas Ponce nahm einige von Raffaels Grotesken in sein Buch auf. Katharina die Große ließ in der Eremitage von St. Petersburg die gesamte Loggia (verglast!) rekonstruieren. Antike und Raffael'sche Züge mischten sich unweigerlich. Vermutlich konnte Katharina die Große beide Epochen unterscheiden, aber sie beschrieb Camerons äußerst individuelle Grotesken in Zarskoje Selo als *»plus ou moins de Raphaélisme«*.[61]

Architekten und Inneneinrichter des späteren 18. Jahrhunderts fassten oft alle Grotesken unter der Benennung »pompejanisch« zusammen: Das Attribut bezeichnete vor allem die von der Antike kopierte, aber natürlich nicht auf Pompeji beschränkte Methode, Wandflächen in Kandelaberformen und andere Grotesken-Motive aufzugliedern [37]. Häufig wurden in die so entstandenen Felder Gemälde in antiker Manier eingesetzt. Das unbekümmerte »Druck-Feld«, in dem man Drucke und kolorierte Stiche direkt an den bemalten Wänden befestigte und mit Trompe-l'œil-Rahmen und grotesker Dekoration versah, war in Wirklichkeit selbst eine verkleinerte Groteskenform. Die gleiche Methode wurde an Möbeln angewandt: Englische Sheraton-Möbel weisen solche auf Satinholz gemalten Motive auf, und manchmal wurden die Drucke direkt auf die Möbel geklebt.

367 Interieur mit Akanthusranken und grotesker Wanddekoration im Stil Raffaels, mit geschnitzten, bemalten und vergoldeten Holzmöbeln; bis auf den Kronleuchter alle Entwürfe von James »Athenian« Stuart: *The Painted Room* in Spencer House, London, um 1759

Die Wiedergeburt der plastischen Groteske an Möbeln

Die wieder geborene Groteske kleidete den witzigen, anti-klassischen Geist des Rokoko in antikes Gewand. Im Jahr 1769 schuf Piranesi Entwürfe für grotesken Wandschmuck, der so »antik« war, dass er fast von den bei Santi Bartoli und Montfaucon abgebildeten römischen Gräbern hätte stammen können. Hinzu kamen Möbelentwürfe, die bewiesen, dass das gefühlvolle Rokoko den Verlust von Rocaille und Kartuschen verkraften und in einem Mobiliar wieder aufleben konnte, das sich vor allem aus antiken Steinornamenten und Bronzemöbeln zusammensetzte. Piranesi war ein Ornamentkünstler und verteidigte seine reiche Schmuckverzierung »gegen Menschen, deren ärmliches Vorstellungsvermögen sie zwangsläufig zu Liebhabern der Einfachheit macht … nicht durch die Vielfalt der Ornamente wird das Auge des Betrachters beleidigt, sondern durch unschöne Anordnung«.[62]

Die antiken Möbel, die in den mit Grotesken bemalten Räumen in Pompeji gefunden wurden, spielten eine führende Rolle bei der Bildung des neuen Möbelstils. Piranesis üppig verzierter Pfeilertisch, im Stil des »Rokoko-Klassizismus« für Kardinal Rezzonico [366] entworfen, war beeinflusst von dem Sphinx-Dreifuß, der 1765 in Pompeji entdeckt worden war [42]. Sein Stich des Rezzonico-Tisches blieb viele Jahre lang stilbildend, wie ein französischer Konsoltisch der Epoche Louis-seize [369] sowie eine schwedische Nachahmung von 1810 beweisen.[63]

Piranesi veröffentlichte zwar den Sphinx-Dreifuß als Antiquität,[64] nutzte ihn jedoch bei seinem Entwurf mehr als Ausgangsmaterial für eigene Ideen. Schnell hielt man ihn für »stilrein«, in Wahrheit war sein Stil mehr ein antiker Rokoko-»Gallizismus«. Sicher wäre es interessant, »Athenian« Stuarts Gedanken zu kennen, als dieser sich anschickte, seinen erfindungsreichen *Painted Room* in Spencer House einzurichten [367]. Zeitgenossen fanden seine Lösung angemessen: Er griff auf antike Steinvorbilder zurück, um einen Saal auszustatten, der mit einer Art Renaissance-Groteske geschmückt war. Damit bediente sich Stuart etwa der gleichen List, die schon im 16. Jahrhundert in Italien beliebt gewesen war. Er führte jedoch in den *Painted Room* eine weitere Besonderheit ein, die archäologische Kopie eines Sphinx-Dreifußes. Diese Kopie war bald nur eine von Tausenden. Der Dreifuß wurde zunehmend in mehr oder weniger originaler Form aus allen erdenklichen Materialien hergestellt: aus Holz, feuervergoldeter Bronze, Keramik, mit Mosaikplatten belegt, aus Lapislazuli, Mala-

368 Athénienne aus patinierter und vergoldeter Bronze und russischem Porzellan, entworfen von Alexander Brüllow; russisch, 1839

chit und Porzellan. Da er – ursprünglich aus Bronze – klein und formbar war, galt er als besonders geeignet für die kultivierten, viel Prunk auf kleinstem Raum liebenden Höfe. Er stand an prominenter Stelle im Boudoir [400] der Pauline Borghese, der »leichtlebigen« Schwester Napoleons. Es gibt eine vergleichsweise bescheidene schwedische Version von ungefähr 1800[65] aus vergoldetem Holz, wie sie sicher auch in England anzutreffen war, wobei das Material in Frankreich oder Russland bestimmt vergoldete Bronze gewesen wäre. Dem Sphinx-Dreifuß auf dem Porträt der Prinzessin Borghese fehlen die Volutenfüße, eine Selbstverleugnung, die im frühen 19. Jahrhundert häufig anzutreffen ist.

Auch andere antike Bronzemöbel, die die Feuersbrunst des Vesuv überlebt hatten, trugen viel zum neuen Stil bei. Der französische Künstler Joseph-Marie Vien (1716–1809), der von 1744 bis 1750 in Italien gelebt und den Rummel um die Ausgrabungen mitbekommen hatte, stellt sie in seinen Szenen des pompejanischen Alltagslebens vor Ausbruch des Vulkans dar. Seine Bilder boten dem modernen Pariser Bürger Zugang zu einem anmutig erscheinenden antiken Dasein. Hier sah man nicht die ernste Strenge des *goût grec,* sondern den hedonistischen »Rokoko«-Klassizismus hellenistischer Erholungsorte. Viens häufig reproduziertes Werk *La Vertueuse Athénienne* (Die tugendhafte Athenerin) enthielt ein zusammenfaltbares, antikes Dreifußgestell [519], das die Erfindung eines völlig neuen Möbelstückes nach sich zog, der Athénienne.[66] Die Athénienne ließ sich für alle möglichen Zwecke verwenden, als Duftbrenner oder als Blumenständer, und sie erfreute sich achtzig Jahre lang großer Beliebtheit. Eine Athénienne von 1839 [368] wurde möglicherweise für den pompejanischen Speisesaal im Winterpalais in St. Petersburg angefertigt, entworfen von Alexander Brüllow (1798–1877), einem Russen hugenottischer Herkunft. Sie ist aus Gold und patinierter Bronze, ausgestattet mit Sockel, Tatzenfüßen und Schlangen, unten mit einem Reif aus vergoldeter Bronze verbunden. Man verzichtete auf den Anschein, das Gestell sei zusammenklappbar. Das dazugehörige Porzellanbecken aus der Kaiserlich-Russischen Manufaktur ist in »etruskischen« Farben gehalten und mit einer »etruskischen« Szene versehen. Dreifüße aus Silber oder Gold galten in der Antike als *objets de luxe,* und diesem Ziel wurde nun in modernen Materialien gehuldigt.

Die nach 1760 hergestellten Möbel tendierten bis zum Ende des Jahrhunderts dazu, immer leichter zu werden. Wendet man einen Kernsatz aus einem englischen Werk über Ästhetik aus dem Jahr 1790 auf die Athénienne an, dann wäre sie geradezu die Apotheose des schönen modernen Möbels: »Alles Mobiliar ist schön, wenn es im Verhältnis zu seiner Masse klein ist, oder auch seine Einzelteile erlesen und delikat sind. Robustes oder massiges Mobiliar gilt überall als vulgär und wenig erfreulich.« Und: »Die leichtesten und schönsten [Formen der griechischen und römischen Möbel] zeichnen sich fast durchweg durch gerade oder eckige Linien aus.«[67]

Eine an Piranesi und Vien erinnernde antikisierende Eleganz spiegelt sich in den Entwürfen für zwei[68] Tische [370] wider, die Charles de Wailly (S. 183), ein Anhänger des *goût grec,* vorlegte. Die Entwürfe sind von Boulle beeinflusst, aber längst nicht so schwerfällig: Die neue frivole und leichte Art wird an den hängenden Girlanden, Dreifußgestellen und dem überraschend kurvenreichen Gitterwerk deutlich. Das Untergestell sollte sicher in Metall ausgeführt werden. Auch zwei Sessel, die Piranesi links und rechts neben seine ungewöhnliche Kamineinfassung [371] stellt, sind um Leichtigkeit bemüht: steinern nach Art Piranesis, das heißt fast wie Stein »auf Zehenspitzen«.[69] Dem Geist dieses Entwurfs entspricht auch ein auffallender italienischer Stuhl im Stil

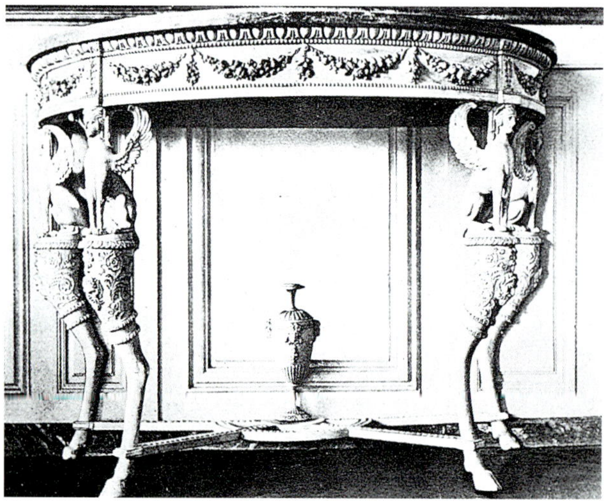

369 Ein Konsoltisch aus geschnitztem Holz; französisch, um 1780

370 Entwurf für einen Tisch von Charles de Wailly; französisch, 1760

371 Entwurf für eine Kamineinfassung und zwei Stühle von G. B. Piranesi; italienisch, veröffentlicht 1769 in Rom (aus *Diverse Maniere d'adornare i cammini)*

372 Ein Stuhl aus geschnitztem, gefasstem und vergoldetem Holz, im Stil von Michelangelo Pergolesi; wohl italienisch, um 1780

von Michelangelo Pergolesi (tätig 1760 bis etwa 1800) [372]. Alle Motive stammen aus der Antike: eine Art Faltstuhl mit der Lehne aus gekreuzten Füllhörnern [86], auswärts gebogene Beine (ebenfalls dem antiken Faltstuhl entlehnt), Adlerköpfe, Knospen, Akanthus, Baldachin (mit Kielbogen) sowie Patera-Motive. Die gewichtigen Verweise auf die Antike ändern nichts daran, dass die Gesamtwirkung durch und durch »rokokohaft« ist. Pergolesi arbeitete viel in England; in seiner Manier entwarfen Ende der 70er[70] bis in die frühen 80er[71] Jahre des 18. Jahrhunderts – unverdrossen und unenglisch – der Gotizist John Carter und andere.

Flachmuster aus der Antike und Raffael'sche Groteske

Die neuen grotesken Decken und Wanddekorationen fanden sofort Eingang in die Möbelkunst. Adams Schüler George Richardson bemerkte 1766, dass sein eigener grotesker Deckenschmuck im Stile Adams »auch mehreren anderen Professionen zu Diensten sein kann … da Gestalt [und] Ornamentik … mit Fug und Recht auch an anderen Gegenständen eingeführt werden können, die der Verschönerung bedürfen«.[72] Thomas Sheraton (1751–1806), der durch seine Veröffentlichungen weltweit Einfluss nahm, fügte 1794 hinzu, nachdem er den Sphinx, den Kentaur und den Greif beschrieben hatte, dass man solche Ornamente »an den bemalten Wänden in den Häusern des Adels« studieren könne [373].[73]

Flach aufgemalte und stuckierte Grotesken inspirierten folglich viele Möbelentwürfe. Beispiele für die Parallelen zwischen flacher und plastischer Groteske werden von Adam selbst geliefert. Wenn man die reich verzierten Grotesken-Wände im *Drawing Room* von Derby House, London [373],[74] mit dessen Spiegel über dem Kamin, den Girandolen und der für denselben Raum entworfenen Kommode [374] vergleicht, sieht man, wie weit der Austausch gediehen war. Spiegel und Girandolen, ohnehin fest mit der Wand verbunden, wurden fast immer einbezogen. Bei der Groteske in Derby House wird versucht, antike Authentizität herzustellen: Es gibt keine Manierismen im Stil Raffaels und weder Bandwerk noch »Mauresken« nach Art von Berain.

373, 374 *The Drawing Room*, Derby House, London, Inneneinrichtung in archäologisierendem Groteskenstil, mit Möbeln und Inventar wie Kommode, Spiegel, Girandolen, Türtäfelungen und Vorhängen, alles von dem Architekten Robert Adam entworfen, 1773–1774, veröffentlicht 1777 in London (aus *The Works in Architecture of Robert and James Adam)*

375 Eine »Arabeske«, die einer Girandole ähnelt, ein Entwurf von »Michel«; französisch, 1780–1785 (aus *Le Cahier d'Arabesques)*

376 Groteskenentwurf für eine Decke oder Tischplatte von Giuseppe Manocchi; italienisch, 1766

Vielleicht nahm Manocchi, der Künstler, der antike und moderne Grotesken für Adam kopierte, selbst an der Entwurfsarbeit teil [376]. Ein Entwurf von etwa 1780–1785 von »Michel« illustriert lebhaft die Wirkung der Groteske auf dreidimensionale Entwürfe [375] – buchstäblich der gesamte Entwurf ist eine Girandole mit brennenden Kerzen. Auch die französische »Arabeske« von Dugourc (1749–1825) – hier verwendet tatsächlich ein französischer Entwerfer den von Adam getadelten Ausdruck – könnte ohne weiteres als dreidimensionaler Kerzenhalter ausgeführt werden [376].[75] Ein Entwurf von Adam von 1769 für einen Spiegel aus vergoldetem Holz für Harewood House zeigt groteske Wanddekorationen in dreidimensionaler Form, einschließlich perspektivisch verkürzter Spaliere.

Flachmuster waren die unmittelbarste Art, Möbelstücke mit Grotesken zu schmücken, und wurden in der Nachfolge Adams viel verwendet. Eine ausgezeichnete »Toilettekommode«, 1773 von Thomas Chippendale für Harewood House [378] entworfen und ausgeführt, steht in deutlichem Gegensatz zu einem früheren Kommodenentwurf von Chippendale [320] und zeigt die Wirkung der klassizistischen Revolution. Die Marketerie aus verschiedenen Hölzern auf Satinholzgrund und mit betonten, mit Tusche konturierten Details reicht bis hinauf zur Platte. In Frankreich wäre sie aus Marmor gewesen, aber bei Chippendale kommen Marmorplatten nur zweimal vor.[76] Das Motiv in der Mitte, ein Velarium in einer Exedra (von Robert Adam bei der Gestaltung von Räumen plastisch genutzt) ist ein Merkmal antiker Grotesken [39D], ebenso wie die fächerförmigen Velarien und Schotengirlanden auf dem Fries.[77] Diana und Minerva sind in Ebenholzmedaillons eingelegt. Der Antike entnommene Flachmuster, farbig oder für Marketerie gedacht, wurden in englischen Vorlagewerken für Möbel zunehmend gebräuchlich, besonders bei Hepplewhite und Sheraton. Sheraton weitet die Prinzipien auch auf Uhrgehäuse aus. Seine Groteske aus der überfeinerten Spätzeit hätte man vermutlich auf das von ihm bevorzugte »strohgelbe« Satinholz gemalt.[78]

In Frankreich bemalte man edle Möbel viel seltener mit Grotesken als in England. Ein 1787 von J.-F. Schwerdfeger nach Entwürfen von J.-D. Dugourc gefertigter Schmuckschrank [377] ist reich verziert mit perlmuttumrahmten Gouachen von Degault im Stile Raffaels. Der Schrank atmet französische Eleganz. Seine Standfüße gehen formal auf das 17. Jahrhundert zurück, aber die Ornamente, Gussformen und Karyatiden verdichten sich zum Empire-Stil. Die Medaillons aus Sèvres-Biskuitporzellan imitieren Wedgwood.

Dieser Einfluss ist auch an der Farbgestaltung und den Triumphvasen auf dem Schranksekretär [383] deutlich, den G. M. Bonzanigo (1745–1820) um 1780 bis 1790 in etwas unglücklichen Proportionen entworfen hat. Die fein geschnitzten hohen Türfüllungen verdanken der leichten Renaissance-Groteske mehr als jeder anderen Epoche. Bonzanigo arbeitete für den Hof in der »italienisch-französischen Stadt Turin«,[79] und seine Möbel sind immer seltsame Mischungen. Der streng griechisch ausgerichtete Millin (S. 203) sagte 1811 von Bonzanigo: »In vielen seiner Werke beweist [er] mehr Geschicklichkeit denn Geschmack«.[80]

gegenüber, oben **377** Juwelenkabinett, Geschenk an Königin Marie Antoinette, aus Mahagoni, mit Plaketten aus Sèvres-Porzellan, Verre églomisé, Perlmutt und vergoldeter Bronze, entworfen von J.-D. Dugourc und angefertigt von J.-F. Schwerdfeger; französisch, 1787

gegenüber, unten **378** Kommode aus Satinholz und anderen Hölzern, Elfenbein und vergoldeter Bronze, entworfen und angefertigt von Thomas Chippendale für Harewood House; britisch, 1773

Andere Grotesken-Motive

Die Wiedergeburt der Groteske öffnete Fabelwesen die Spielwiese des »Rokoko-Klassizismus«. Wieder durften Künstler unter allseitigem Beifall »Eros neben einen Drachen stellen und Muschelwerk neben einen Fledermausflügel … wir sind zur Barbarei der Gotik zurückgekehrt«.[81] Nicht ganz: der Renaissance-Kult des Hässlichen und Missgestalteten lebte nicht wieder auf. Die expressive Ausdruckswut Nordeuropas war gezähmt und an die Leine gelegt worden und konnte sich erst in der Romantik des 19. Jahrhunderts wieder befreien. Die Monster, die nun die Möbel zierten, waren charmant und verspielt. Wir sehen lächelnde Sphingen mit Schmetterlingsflügeln sowie bänder- und blumenumkränzte Greife in fröhlicher Gemeinschaft mit schwebenden Amoretten, welche über Jungfrauen wachen, die in Arkadischen Landschaften vor Schmucktempeln Opfer darbringen.

Sheraton liefert eine genau Beschreibung der Monster: »Im Vatikan befinden sich Figuren, deren Oberteil weiblich und deren Unterleib Blattwerk ist … Einige Frauenfiguren sind unten Fischleib und andere Windhund. Wieder andere haben nur den Kopf eines Menschen, aus dem Blätter wachsen … ein Löwenkopf und Adlerbeinklauen sind mit Hilfe von Blattwerk gut umrissen … einerseits geflügeltes Pferd mit zwei Vorderläufen und andererseits Fischschwanz. Alles heute namenlose Kreaturen … für immer mehr oder weniger still in Ornamente gebannt. Die gelungensten wählte Raffael aus und ließ sie von seinen Schülern auf Wände und Decken der Vatikanbibliothek in Rom malen. Davon überliefern die Italiener heute meisterhafte Stiche, die ich während dieser Arbeit konsultiert habe und aus denen ich einige meiner Ideen bezog, ebenso wie aus einigen französischen Werken.«[82]

Die überlängte Karyatide gab es schon seit langem [591], aber nun erwachte sie zu neuem Leben: Adam benutzte sie oft und übertrieben in seinen Spiegelentwürfen; Weisweiler verwandelte sie in Chinesen aus dem Reich der Mitte [592]. Der Einfluss pompejanischer Wandmalerei zeigte sich an kleineren Schmucksachen wie etwa Vasen aus vergoldeter Bronze oder Porzellanblumen. Besonders ein Bild, antikisiert oder modernistisch verkleidet, verbreitete sich überall: das einer Amoretten verkaufenden alten Frau. Eine köstliche Version dieses pompejanischen Wandbildes malte Joseph M. Vien 1763. Die zarte Erotik von Viens Fassung [379], das geschmackvolle Zubehör sowie die Tatsache, dass jede dieser jungen Damen (kein altes Weib!) gewandet in antiker Manier mit hoch angesetzter Büste (»unbarmherzig … für Frauen, deren Oberkörper nicht ganz einwandfrei war«[83]), »eine von uns« sein konnte, lassen erahnen, warum man sich in der zweiten Hälfte des 18. Jahrhunderts mit Vorliebe klassizistisch einrichtete. Das Bild wurde als Stich in unzähligen Variationen verkauft und ebenso oft vom pompejanischen Original abgemalt. Mehrfach wurde es als Möbelschmuck in Form von Marketerie oder als farbiger applizierter Druck verwendet.

Die berühmten gemalten »Tänzerinnen« aus den *Antiquities of Herculaneum* ergänzten die seit langem im Repertoire befindlichen Versionen, etwa die tanzenden Musen aus Mantegnas *Parnass*,[84] die allerdings bei Peruzzi erstaunlich »antik« aussehen. Die von Santi Bartoli, Montfaucon und vielen anderen wiedergegebenen berühmten Skulpturenreliefs der Tänzerinnen besaßen bleibende Wirkung. Sie alle bevölkerten die Kommodenfronten, viele davon in »Angelika-Kauffmann-Manier«. Pompejis Gemälde erhöhten die Zahl der Eroten [36], denen der auf Genauigkeit bedachte Klassizismus nur eine schlankere Gestalt verlieh. Besonders bezaubernd jene Bilder, worauf die gewissenlosen, kleinen Monster in zweirädrigen Karren von Heuschrecken, Schmetterlingen, Greifen, Schwänen und anderen Wesen aus dem Reich von Natur und Fabel kutschiert werden. Die vergoldeten Bronzemedaillons und andere Möbelverzierungen in der Art von Clodion zeigten häufig solche Motive. Gemmen [307] boten ähnliche oder identi-

379 *Die Amorettenverkäuferin,* moderne Adaptation eines pompejanischen Gemäldes von J.-M. Vien; französisch, 1763

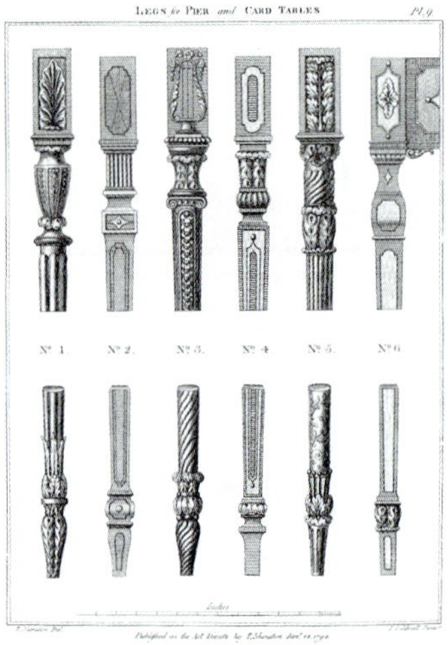

380 »Beine für Pfeiler- und Kartentische«, entworfen von Thomas Chippendale; britisch, 1794 (aus *An Accompaniment to the Cabinet-Maker and Upholsterer's Drawing Book)*

rechts **381** Entwurf für ein Sofa (S. 228) und zwei Konversationsstühle, von Thomas Sheraton; britisch, 1793 (aus *Appendix to the Drawing Book)*

sche Kompositionen an und beeinflussten so die Gestaltung auch anderer Gegenstände, etwa die als Möbelschmuck verwendeten, bezaubernden Szenen auf Wedgwood- und Sèvres-Medaillons [385].

Die Entdeckung von Pompeji und Herculaneum belebte Möbelmotive von neuem, die bereits seit dem späten 15. Jahrhundert in Umlauf waren. Eines der wichtigsten war die kandelaberförmige Säule, überall eingesetzt als dekoratives Beiwerk und oft mit verkleinerten Architektur-Ornamenten herausgeputzt. Sheratons Vorlagenbücher von 1790 spielen mit dieser Idee: Die Säulen werden mit Balustern und verlängerten Karyatiden sowie anderen Motiven vermischt und mit Riffelung, Spiralen und klassischen, aus vielfältigen Quellen geschöpften Ornamenten verziert. Sheraton verwendete sie flach für Stuhllehnen, rund für Stuhlbeine, Stuhllehnen, Bettpfosten, Uhrengehäuse, Schränke und (in Messing) an Aufsätzen von Anrichten. Die Ähnlichkeit einiger dieser kandelaberförmigen Ornamente mit denen des späten 15. Jahrhunderts ist verblüffend [163, 380]. Sheraton benutzte häufig das fächerförmige Velarium und die Muschel. Sogar sein Dreifußständer war ein Echo auf die gemalten und geschnitzten Wände, und Girandolen-Ornamente imitieren überall die luftigen Ranken der Groteske. Er stellte Girandolen unmittelbar neben einem flachen grotesken »Ornament für ein gemaltes Paneel« dar, um die enge Beziehung zwischen Möbeln und Wanddekoration zu betonen, die er im Text erklärte.[85]

Ein edles, von Cameron entworfenes Tischchen, verziert mit vergoldeter Bronze, blauem Glas, weißem Opalglas und Blattsilber [382] offenbart groteske Einflüsse anderer Art. Cameron, der offenbar einen echt »russischen« Geschmack hatte, liebte vor allem Buntglas, kostbare Oberflächen und einfaches oder getöntes Spiegelglas. Hatte er sich etwa von der römischen Literatur inspirieren lassen? In seinem Buch *The Baths of the Romans* zitiert er Statius, wenn es um Glanz und Helligkeit eines etruskischen Bades geht: »Das Licht läßt nicht nach an Herrlichkeit, die Gewölbe sind durchglüht, das gesamte Dach glitzert … fröhliche Flut entströmt Silbernem und fällt in solches; die eigene Schönheit bestaunend verharrt die Flut am glänzenden Rand.«[86] Nach dieser Beschreibung übersetzt er Seneca: »Derjenige wird heute für arm und niedrig gehalten, dessen Haus nicht mit einer Überfülle kostbarster Materialien glänzt … das nicht mit kunstvollem, buntscheckigem Stuck beladen ist nach dem Vorbild der Malerei, dessen Kammern nicht mit Glas beladen sind.« Und was die Thermen angeht: »Welche Überfülle an Statuen? Welche Zahl von Säulen sehe ich, die nichts stützen, sondern als Ornament verwendet werden … ? Wir haben einen derartigen Grad an Luxus erreicht, dass wir es für unter unserer Würde halten, auf etwas anderes zu treten als auf Edelsteine.«[87] Diese Beschreibungen passen ausgezeichnet zu den silberschimmernden Oberflächen von Camerons schönen und ausgeprägt grotesken Innendekorationen und Möbeln.

382 Tisch aus blauem Glas, weißem Opalglas, vergoldeter Bronze und Blattsilber, entworfen für den Katharinenpalast, Zarskoje Selo, von Charles Cameron; russisch, um 1790

383 Schreibschrank aus geschnitztem, gefasstem Holz, entworfen von G. M. Bonzanigo, Palazzina di Caccia, Stupinigi; italienisch, um 1780–1790

VII *Kapitel 3* Die griechische oder »etruskische« Mode, 1770–1800

384 Piedestal und Urne aus geschnitztem und gedrechseltem Holz, bemalt mit »etruskischen« Ornamenten, terrakottafarben und schwarz auf blassgrünem Grund, entworfen von James Wyatt für den *Etruscan Room* in Heveningham Hall, Suffolk; britisch, um 1784

Quellen für die Wiederkehr griechischer und »etruskischer« Formgebung

Seit der Zeit Vasaris wurde die Vorherrschaft der griechischen Kunst von Gelehrten und Kennern allgemein anerkannt: »Es ist bekannt, mit welcher Sorgfalt *Raffael, Julio Romano, Giovanni da Udine* und *Poussin* diese Denkmäler [griechische Vasen] studierten«,[88] Poussin war so gräkophil, »dass er die lateinische Art verächtlich machte, wo er nur konnte«.[89] Es erwies sich jedoch lange Zeit als schwierig, die Bewunderung in Nachahmung umzusetzen, da es (von einigen Ausnahmen, etwa den Gemmen abgesehen) nur wenige und ungeeignete Beispiele griechischer Gebrauchskunst gab. Der griechische Einfluss erreichte die »moderne« Kunst nur gefiltert und auf dem Umweg über die zahlreichen schönen Gegenstände aus der Zeit der antik römischen Wiederbelebung der griechischen Kunst (S. 22).

Im Jahr 1764 veröffentlichte Johann Joachim Winckelmann (1717–1768) seine *Geschichte der Kunst des Altertums,* ein Werk, das für die Kunst der Antike so bedeutsam ist wie John Ruskins *Steine von Venedig* für die Gotik. Winckelmann unterteilte die antike Kunst in vier von Griechenland beherrschte Zeitabschnitte: die Antike (archaisches Griechenland), das Erhabene (5. Jahrhundert v. Chr.), das Schöne (4. Jahrhundert v. Chr.) und das Dekadente (die letzten Jahrhunderte vor Christus bis einschließlich Römerzeit). Seine Bücher enthielten glänzende Passagen über das, was er als griechische Skulpturen einordnete. Thomas Hope führt im Werkverzeichnis unter der Rubrik »von größtem Wert« für ihn als Entwerfer klassisch inspirierter Möbel, Winckelmanns *Monumenti antichi inediti* (1767–1768) an.

Der bahnbrechende Begriff des »Erhabenen« war seinerseits aus der antiken Literatur abgeleitet, in erster Linie von einer Dionysius Longinus (213–273 n. Chr.) zugeschriebenen Abhandlung. Longinus lehrte Dichtkunst, aber das 17. Jahrhundert wandte seine Lehren auf die Malerei an,[90] und wenn man einer englischen Übersetzung aus der Zeit um 1740 folgt,[91] dann weitete Edmund Burke dessen Prinzipien 1756 auch auf Landschaft und Architektur aus.[92] So reifte das »Erhabene« zu voller Größe heran und schaffte es, unterstützt durch das sogenannte »Malerische«, der griechischen Architektur und Kunst des 5. Jahrhunderts v. Chr. zu Wertschätzung zu verhelfen.

Um 1760 boten neue Veröffentlichungen jedem Entwurfskünstler die Möglichkeit, sich selbst einen auf griechischer Architektur und Vasen beruhenden Stil zusammenzustellen. Die Pioniere des gräzisierenden Geschmacks waren Engländer: Das palladianische England war Griechenland näher als Frankreich während des Rokoko. Viele Denkmäler griechischer Architektur wurden erstmals in England veröffentlicht oder zumindest für Engländer, häufig auf Betreiben der *Society of Dilettanti.* Mit Messgeräten und Aufzeichnungsinstrumenten ausgerüstet, verließen Forscher Europa, um entlegene, oft pestverseuchte Gebiete aufzusuchen, wo Banditen und Bürokraten hausten. Mit den Büchern von Stuart und Revett über die gefälligeren Spätbauten auf der Akropolis beginnen ab 1762 die ersten Veröffentlichungen über Griechenland. Die hervorragendsten Bauten, darunter der Parthenon selbst, wurden 1787 abgebildet, und die Veröffentlichungsserie dauerte bis weit ins 19. Jahrhundert hinein an.[93] Es begann ein Wettstreit um Genauigkeit, und es setzte auch akademische Schelte, wie in den konkurrierenden Athen-Büchern von »Athenian« Stuart und J.-D. Le Roy amüsant nachzulesen ist.[94] Die Meinungsverschiedenheiten waren nicht nur akademischer Natur, denn die voneinander abweichenden, konkurrierenden Darstellungen, etwa des berühmten »Tempels der Winde«, lassen bis heute widersprüchliche Interpretationen zu. Indem die *Society* Erforschung und Publikationen griechischer Altertümer finanzierte, konnte sich die britische, stark klassische Tradition behaupten. Liebhaber des neuen Stils beschränkten ihn zunächst auf ihre Parks und Ziergärtchen, wohinein sie Nachschöpfungen griechischer Gebäude stellten, und zwar neben ihre gotisierenden und chinoisen Monumente im »Zuckerbäckerstil«.

Piranesi erlag Griechenland 1778 und veröffentlichte seine großartigen Radierungen der bedeutendsten primitiven Tempel Griechenlands, etwa desjenigen in Paestum. Die massive Strenge der klassisch griechischen Architektur besaß jedoch zunächst weniger Anziehungskraft als der anekdotische Charme und die eleganten Linien der Vasenmalerei. Der »herrliche und heitere Ernst« griechischer Architektur des 5. Jahrhunderts wurde von vielen als brutal und primitiv empfunden. Man wandte ein, dass das antike Griechenland eine sehr viel weniger komplexe Gesellschaft gewesen sei als »moderne« Gesellschaften. Jeder Versuch, zur strengen klassischen Einfachheit zurückzukehren, musste Differenzen hervorrufen. In Bezug auf Dekorationen und Möbel gab es ein weiteres Hindernis: Laugiers Verbot der unbegründeten Verwendung architektonischer Motive (S. 177). Schließlich wurde die griechische Architektur doch akzeptiert, und Percier und Fontaine[96] beklagten sich, die brutale dorische Säule ohne Fuß sei im frühen 19. Jahrhundert »ordre des boutiques« geworden. Weiße, dorische Marmorsäulen wurden als Möbelschmuck herangezogen, unter anderem von David Roentgen, auch wenn deren Proportionen, obwohl dorisch gemeint, schmächtig blieben.

Die griechische Mode verbreitete sich vor allem über Vasen. Man verwendete Vasenmotive beinahe vierzig Jahre früher als Motive der frühen griechischen Architektur. Gelehrte im 17. und frühen 18. Jahrhundert hatten die griechischen Vasen irrtümlicherweise »etruskisch« genannt. Dieser Fehler wurde bald erkannt, aber die falsche Bezeichnung blieb.[97] Während des gesamten 18. und 19. Jahrhunderts sprachen Leute, die genau wussten, dass es sich um griechische Vasen handelte, beharrlich von »etruskischen«, genauso bei den nachempfundenen Dekorationen und der Gebrauchskunst. Das macht es schwierig, den Begriff »etruskisch« fallen zu lassen, obwohl sein andauernder Gebrauch (einschließlich dieses Buches) die Tatsache verschleiert, dass sowohl die »etruskische« Dekoration als auch die von Rom wieder belebte, griechische Architektur griechischen Ursprungs waren, folglich auch die daraus resultierenden »etruskischen« Möbel und Dekors.

Die folgenreichste »etruskische« Veröffentlichung erschien 1766 und 1767: Es ging um eine von Sir William Hamilton, dem Gesandten am Hof von Neapel, zusammengestellte Vasensammlung. »Etruskische« Vasen wurden der Renner in ganz Europa.[98] Der Kunsthistoriker d'Hancarville pries im dazugehörigen Kommentar die Vasen als Vorbilder für bildende Kunst und Handwerk. Die Folianten bewahrten etwas von der Strenge und Eleganz griechischer Linienführung. Die abgebildeten dekorativen Motive – Architektur-Ornamente, Mäander, Anthemien, Rosetten, Lorbeerschnüre, Sternformen, verschränkte Ovale, Kreise und Bogen, gekreuzte Vierecke und Rauten – zogen viel Aufmerksamkeit auf sich, ebenso wie die wunderbaren Figuren und Möbel. Die verzierten Randleisten in rechteckigen, viereckigen oder kreisrunden Formen schienen ausdrücklich dafür gemacht zu sein, die in pompejanischen Dekorationen so beliebten Wandflächen in Felder zu

385 Sekretär furniert in Satinholz und Bergahorn und dekoriert mit Wedgwood-Plaketten; holländisch, um 1780–1795

unterteilen. Sie wurden komplett als Möbelschmuck übernommen [414]. Bei der Entdeckung eines Tisches [410], auf den Philip von Mazedonien und sein Sohn Alexander der Große gut und gerne ihr goldenes Trinkgefäß hätten stellen können, trat eine schwarze, mit Elfenbein eingelegte Marmorplatte zutage, die tatsächlich jenen »etruskischen« Vasen ähnelt, die aus Vasendekorationen zusammengemixt waren. Der Vasenschmuck mit den geraden Linien, eignete sich ideal für die Wiedergabe in Marketerie oder für Konturierungen mit Tusche. Die rot, schwarz, ockerfarben und weiß bemalte Terrakotta bot eine auffallende Farbpalette mit hohem Wiedererkennungswert.

Wilhelm Tischbein veröffentlichte 1791 bis 1795 Hamiltons zweite Sammlung griechischer Vasen. Ein wesentlicher Unterschied zur Ausgabe d'Hancarvilles besteht in der Auslassung von Zierleisten und Dekorationen. Die neuen Publikationen beschränkten sich »auf den einfachen Umriss … keine unnötigen Ornamente oder Farben sind aufgeführt«.[99] Sir William bezweckte damit, das Werk billiger und für »junge Künstler« zugänglicher zu machen. Dies mag ein Grund gewesen sein, gleichzeitig war jedoch ein deutlicher Geschmackswandel eingetreten, und man war bestrebt, die griechischen Formen exakt nachzuvollziehen – was bedeutet, dass man sich mit dem Archaischen abgefunden hatte. Hamilton erklärte: »Die in diesem Werk [d. h. dem Buch] vertretenen Künstler … mussten öfter drei oder vier Kopien der selben Vase anfertigen, bevor es ihnen gelang, die Reinheit der Figurenumrisse des Originals angemessen widerzugeben.«[100]

Gegen Ende des 18. Jahrhunderts war man bereit, griechische Unebenheiten unbereinigt hinzunehmen, wie man an einer griechischen Skulptur sehen kann, die 1794 in dem kleinen Heft *Museum Worsleyanum*[101] abgebildet ist, sowie an zwei üppigen wissenschaftlichen Bänden über griechische Vasen, 1808 bis 1810 von dem Franzosen A. L. Millin [24, 26] veröffentlicht.[102] Millin ließ die Zierleisten weg und schreckte vor dem archaischen griechischen Stil der Figuren nicht zurück. Er kritisierte vielmehr Tischbein, dieser habe die Figuren zu sehr ausgearbeitet und ihnen Anmut und Eleganz verliehen.[103] In Bezug auf die Vasen war Millins Anspruch, obwohl er sie nicht verkaufen wollte, genauso hoch wie der Hamiltons! In einer von »hemmungsloser Leidenschaft für alles Glänzende, für Feuerwerk und Diamanten« besessenen Epoche,[104] schätzte Millin griechische Terrakotta-Vasen mehr als Vasen aus Gold und Silber.

»Etruskische« Innendekoration

Zierschmuck im griechischen Stil trat zum erstenmal in der Keramik Josiah Wedgwoods auf, eines findigen englischen Fabrikanten. Seine Töpferwaren »Rosso antico« (vor 1763), »Basalt« (ab ca. 1769) und »Jasper« (ab 1774) wurden alle in einer Fabrik namens »Etruria« hergestellt und eroberten in kürzester Zeit den europäischen Markt. Wedgwood kopierte nahezu unverändert einige griechische Vasen. Aber er gab auch griechische Relief-Motive nach dem Vorbild der römischen »Portland-Vase« oder auch grotesken Stuck wieder. Auf Wedgwoodware tauchen oft griechische Möbel, etwa der Klismos, auf. Die Werbewirkung muss ungeheuer gewesen sein. Fabriken auf dem Festland imitierten Wedgwood-Reliefs, und Originale wie Kopien hielten schnell Einzug in die Möbelkunst. Das zeigt ein schlichter, eleganter, holländischer Sekretär [385], mit Bergahorn und Satinholz furniert und geschmückt mit Wedgwood-Medaillons. Das große Oval entspricht der »Marlborough-Kamee«, einer berühmten antiken Kamee, die die Hochzeit Amors mit Psyche zeigt, und auch der restliche Einlegeschmuck hat griechischen Charakter.

Der »etruskische« Stil ging von Innendekorationen in England und Frankreich auf die Möbel über. Adam behauptete von seinem Salon (1773–1774) für die Countess of Derby: »[Ich habe] eine Mode der Dekoration eingeführt … anders als bisher in Europa praktiziert … imitiert von den Vasen und Urnen der Etrusker.«[105] Der Raum war zwar sicherlich in »etruskischer Farbgebung«, aber die Dekoration enthält keine »etruskischen« Motive. Der *Etruscan Room* in Osterley von 1775 bis 1779 besitzt zwar »etruskische« Motive, die aber in der Art antiker Grotesken angeordnet sind – der Maler, Pietro Maria Bornis war Italiener. Die bemalten Stühle dieses Raumes sind mit »etruskischen« Motiven geschmückt: Anthemien, Schoten, Mäandern und Rosetten. Eine französische Variante der »etruskischen« Dekoration entwickelte sich schnell durch F.-J. Belanger (1744–1818) und Dugourc in Schloss Bagatelle (1777), möglicherweise aufgrund der »Anglomanie« seines Erbauers, des Comte d'Artois.

James Wyatt entwarf zwischen 1780 und 1784 ein »etruskisches« Vestibül in Heveningham Hall, und zweifellos stammt auch das darin aufgestellte Piedestal mit Urne [384] von seiner Hand. Die Urne ist nach Art der griechischen Vasen gestaltet, die nach d'Hancarville als Vorbild für über zweihundert Varianten dienten.[106] Die Jungfrauen auf Piedestal und Urne imitieren die schwarzfigurigen Vasen, die Anthemien und die Ornamente am Sockel sind eine Nachahmung griechischer Vasen im Allgemeinen. Nur die Form des Sockels ist einem Steinmonument nachgebildet [10 B]. Bemerkenswert für diese Epoche ist die neo-griechische Reinheit des Entwurfs. Hier wurden die für die »griechische Schlichtheit« typischen Leerflächen auf Möbel übertragen. Das bedeutete eine Neuerung, die den Weg für Thomas Hope ebnete. »Etruskische« Wanddekorationen blieben bis Mitte der 1790er Jahre ungewöhnlich. Dem Architekten Henry Holland von einer »modernen Erfindung« berichtend, schrieb Tatham erst im Jahr 1796 aus Italien von »einer neuen und geschmackvollen Methode, Räume einzurichten.« Man befestige an den Wänden gedruckte, Ornamentstreifen »im etruskischen Stil«, die von Tischbein verkauft würden.[107]

386 Kanapee aus geschnitztem, gefasstem und vergoldetem Nussbaumholz, Füllungen: Verre églomisé; sizilianisch, um 1790–1800

»Etruskischer« Einfluss an Möbeln: der Klismos

Der griechische Stil wirkte sich in der Möbelkunst sowohl formal als auch in der Ornamentik aus. Die Formen tendierten bereits in Richtung archäologischer Genauigkeit (Teil VIII). Während der modischen Vasen-Besessenheit wurden zeitgenössische Möbel im griechischen Stil gerne »etruskisch« genannt, obwohl die meisten auf den Vasen erkennbaren Möbel auch auf römischen Flachreliefs, in der Groteskenmalerei und an Statuen zu finden waren. Das Vorbild eines römischen Klismos in gräzisierendem Stil benutzte Canova für seine Plastik *Madame Mère,* ein Porträt der energischen Mutter Napoleons.

Wie zu erwarten, sind »etruskische« Motive an modernen Möbeln zuerst nur als dekorative Details auszumachen. Jacob lieferte 1787 einen Satz Stühle mit kreuzförmigem Gestell »mit einem neuen Muster im etruskischen Stil«,[108] der von dem Maler Hubert Robert (1733–1808) für Marie Antoinettes Meierei in Rambouillet entworfen worden war [387]. Die Beteiligung eines auf dekorative Malerei spezialisierten Malers der damaligen Avantgarde verwundert nicht. Die Form der Stühle hat nicht speziell mit Griechenland zu tun, aber das Ornament – mit Paterae verzierte, überlängte Rauten, Zierleisten aus Lorbeerblättern und Anthemien in einem Oval – all dies stammt von »etruskischen« Vasen. Auffallende »etruskische« Schmuckdetails auch an einem sizilianischen, geschnitzten, bemalten und vergoldeten Nussbaum-Kanapee aus den 1790ern [386]: Es ist mit hintermaltem Glas geschmückt, das Stein, Achat und Marmor vortäuscht. Die verschränkten Ovale mit den charakteristischen, sich etwas verjüngenden Enden an der Lehne, stammen von Vasenornamenten.

Es ist bemerkenswert, dass die Wiedergeburt des Klismos bis zum späten 18. Jahrhundert warten musste. Klismos-Beine und die Stühle wurden in römischem Ambiente von Raffael und Poussin abgebildet, aber selbst am Höhepunkt der etruskischen Mode blieb die Vorstellung bestehen, der Klismos gehöre zu Rom. Hope zeigt in seinem Gemälde *Römisches Atelier* einen Klismos-Typus, der genauso gut griechisch wie römisch sein kann.[109] Um 1760 wurde ein Aubusson-Teppich mit Chinoiserien nach Boucher gewebt. Erstaunlicherweise hielt man dabei einen Klismos und einen Tisch mit Klismos-Beinen für geeignet, bei der Romanze einer Chinesin mit einem Europäer als Staffage zu dienen.[110] Erst als Mitte des 18. Jahrhunderts das Interesse am Klismos richtig erwachte, wurde er eindeutig mit dem griechischen oder »etruskischen« Stil identifiziert.

Die Wiedergeburt des Klismos ging der Veröffentlichung von Hamiltons Vasen voraus: Zwischen 1760 und 1764 wurden Stühle mit Klismos-Beinen von Louis-Félix de La Rue entworfen und kurze Zeit nach 1771 von P.-L. Panzeau veröffentlicht. Der Anspruch Dugourcs, bei der Einführung des »etruskischen« Stils der Erste gewesen zu sein, wird durch einen Stuhl gestützt, der für das Türkische Zimmer in Schloss Bagatelle angefertigt wurde [388].[111] Sein Dekor ist ganz Louis-seize, aber die nach außen geschwungenen Beine und die gebogene Lehne verweisen deutlich auf den Klismos. Im Jahr 1780 entstand zusammen mit Antonio Aspruccis grotesker Inneneinrichtung für die Villa Borghese eine genauere Nachbildung des Klismos, vermutlich entworfen von dem Deutschen Kaspar (Gaspare) Seiz.[112] Die plumpen Beinformen sind eher römisch als griechisch, wohingegen die mit einem Velarium geschmückte Lehne – ein schicker Einfall ohne antike Vorläufer – wenig später italienische Stühle inspirierte, die für Katharina die Große entworfen wurden, von deren Palast aus der Klismos die russische Möbeleinrichtung eroberte. Ein früherer und viel eleganterer Klismos wurde 1787 von Joseph Bonomi (1739–1808) ersonnen, dessen Stil dem italienischen Geschmack entsprach, obwohl Bonomi achtzehn Jahre lang für die Gebrüder Adam in England tätig war (von wo aus er seine italienischen Kunden belieferte). Bonomi, der auch Antonio Asprucci zu seinen Lehrern zählte, schmückte die Gallery von Packington Hall in Warwickshire mit schwarz-roten Grotesken aus der Domus Aurea.

unten **387** Armsessel aus Mahagoni in »etruskischem« Stil, entworfen von Hubert Robert, angefertigt von Georges Jacob für Rambouillet; französisch, 1787

unten rechts **388** Sessel aus geschnitztem Holz aus dem Türkischen Zimmer in Schloss Bagatelle, wohl von J.-D. Dugourc entworfen; französisch, 1777

gegenüber **389** Grand Salon, Schloss Haga, die Wände sind von Louis Masreliez bemalt, die Klismos-Stühle von Masreliez entworfen und von Eric Öhrmark ausgeführt; schwedisch, um 1790

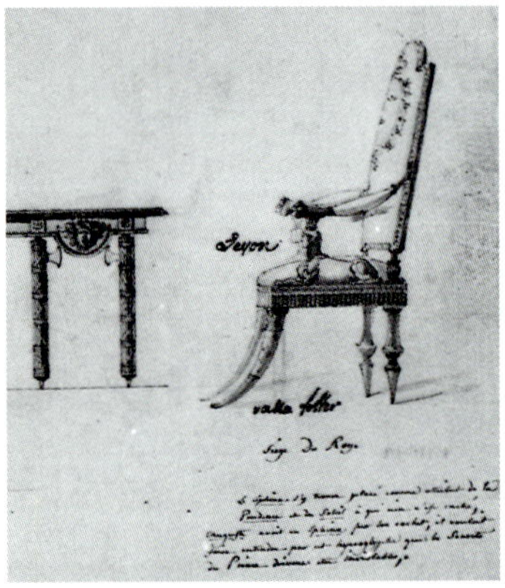

390 Entwurf von Louis Masreliez für den Stuhl des Königs im Ratszimmer von Gustav IV. Adolf im königlichen Palast, Stockholm; schwedisch, 1796

391 Sessel mit Klismos-Vorderbeinen und gedrechselten Hinterbeinen auf einem Gemälde aus dem 16. Jahrhundert, kopiert nach Gianfrancesco Penni, *Joseph deutet Pharaos Traum*, in den Loggien Raffaels im Vatikan; italienisch

Sein Vorgehen war schon früh archäologisch bestimmt. Seine Groteske wurde nahezu »authentisch«, wie auch seine Verwendung antiker enkaustischer Methoden, das heißt der Malerei mit eingebrannten Farben,[113] und sein Klismos war viel exakter als frühere Versuche:[114] Seine Form folgt der eines »gebauschten« Klismos, vielleicht aufgrund einer Bilderserie in den *Pitture antiche di Ercolano* [392]. Die umgebenden grotesken Dekorationen lieferten das Muster für die Sitzkissen, die Malerei an den Stuhllehnen jedoch war »etruskischen« Vasen entlehnt.

Diese drei frühen Beispiele des Klismos, französisch, italienisch und italienisch-inspiriert, entstanden in Zusammenhang mit einer nicht-etruskischen Innenausschmückung. Das gleiche passierte in Schweden. König Gustav III., der in Paris studiert hatte und Pompeji und Herculaneum kannte, war einem fortschrittlichen schwedischen Klassizismus zugetan. Er beschäftigte Louis Masreliez (1748–1810), der für das Diwanzimmer in Schloss Haga die erste Nachrokoko-Groteske Schwedens schuf. Das Diwanzimmer wurde 1786 fertiggestellt und war nicht von der antiken Groteske, sondern von der Renaissance beeinflusst, nämlich von Giulio Romanos *Sala degli Stucchi* im Palazzo del Te in Mantua. Der herrlichste Raum im Pavillon [389], der Grand Salon, ist mit Grotesken über Apollo, Jupiter, Juno und Minerva im Stil Raffaels geschmückt. Die wie bei Bonomini »gebauschten« Klismos-Stühle im Grand Salon wurden von Masreliez entworfen und von Eric Öhrmark (1747–1813) ausgeführt, dem begabtesten schwedischen Stuhltischler dieser Epoche. Ein anderer Klismos-Entwurf Masreliez' für den Council Room von Gustav IV. Adolf im königlichen Palast von Stockholm [390] könnte ebenfalls auf sein Interesse an Raffaels Groteske zurückzuführen sein. Ganz bestimmt geht die seltsame Zusammenstellung von gedrechselten, spitzen Hinterbeinen und Klismos-Vorderbeinen auf den Pharao-Stuhl in Raffaels »Biblischen Szenen« zurück, die zur Ausschmückung der Loggien gehören [391]. Masreliez hatte acht Jahre lang in Rom gelebt, und die Vermutung liegt nahe, dass auch für ihn Raffaels Loggien eine Quelle der Inspiration waren. Der Königsstuhl, mit der hohen Lehne des 17. Jahrhunderts, wird von Sphingen gestützt, die der Entwerfer auf der Skizze folgendermaßen erklärt: »[Sie sind] Insignien der Klugheit und der Sonne, vor der sich nichts verbergen läßt. Augustus hatte einen Sphinx auf seinem Siegel … «

Im Jahr 1794 veröffentlichte John Flaxmann (1755–1826) seine einfallsreiche Wiedergabe von Episoden aus der Ilias und der Odyssee in »etruskischem« Stil. Hope nannte sie »die schönste moderne Imitation antiker griechischer Gewänder und Einrichtungen, Rüstungen und Gerätschaften«.[115] Die Episoden überschwemmten ganz Europa. Darin sind viele Abbildungen des archäologisch exakten Klismos enthalten, und noch im selben Jahr entwarf der gebildete dänische Maler und Architekt N. A. Abildgaard (1743–1809) den Klismos in der reinsten Version des 18. Jahrhunderts [393]. Abildgaard war beauftragt worden, die neue Residenz des Kronprinzen in Schloss Amalienburg zu gestalten. Er wählte einen strengen, reduzierten, architektonischen Stil: die blauen und gelben Wände waren durch ionische Säulen gegliedert und mit Flachreliefs und Skulpturen geschmückt.[116] Für Stühle, Sofas und Tische griff er auf die Antike zurück und schuf sehr vornehme antikisierende Möbel, die in Dänemark eine bis zum 20. Jahrhundert dauernde klassizistische Tradition begründeten (S. 268–270). Ebenso wie den Klismos schuf Abildgaard eine Version des griechischen Stuhls mit Sägeschnittformen [395], dessen Rahmen mit Schrauben besetzt ist, eine Anspielung auf die Bronze-Technik der Griechen. Es besteht eine tiefe Kluft zwischen der klaren, kantigen Schlichtheit von Abildgaard und der verschwenderischen Üppigkeit des französischen Empire.

ganz links **392** Römischer Klismos mit »gebauschter« Rückenlehne aus einem pompejanischen Wandgemälde, 1760 in Neapel veröffentlicht (aus *Delle Antichità di Ercolano: Le pitture antiche d'Ercolano)*

links **393** Klismos aus vergoldetem Buchenholz, entworfen von N.A. Abildgaard; dänisch, um 1790

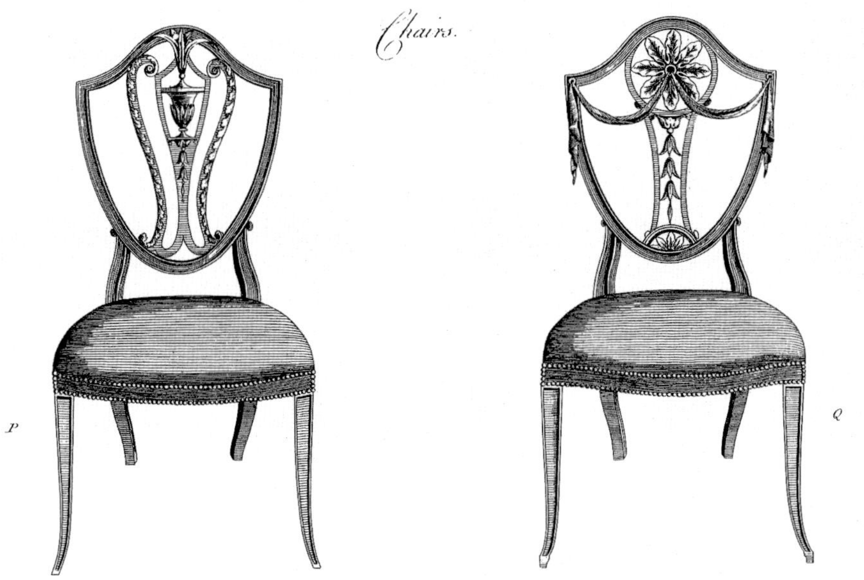

394 Entwurf für zwei Stühle mit schildförmiger Lehne von George Hepplewhite; britisch, Erstveröffentlichung 1787 (aus *The Cabinet-Maker and Upholsterer's Guide)*

Die Linienführung von Abildgaards Klismos – er wählte Holz, das gebogen gewachsen war, um die geschweifte Beinlinie zu erreichen – lässt die kommerziellen Spielarten, wie etwa den englischen Stuhl *Trafalgar,* hoffnungslos banal aussehen. Der *Trafalgar,* der Anfang 1800 auf den Markt kam, verbreitete sich überall in der englischsprachigen Welt. Er setzte sich in Indien durch, wo er bis heute auch aus Silber gemacht wird. Eine populäre Version des *Trafalgar* mit Volutenarmlehnen mag auch von einem bestimmten griechischen Thron beeinflusst worden sein, dessen flügelförmige Seitenlehnen in dicken Voluten und dessen Volutenbeine in Tatzenfüßen enden. Ein englischer Stuhl mit Hinterbeinen in Klismos-Form und gedrechselten und geriffelten Vorderbeinen (umgekehrt wie beim Masreliez-Entwurf für den *Council Room*) wurde in den 1790ern von dem frankophilen englischen Architekten Henry Holland für Samuel Whitbread entworfen. Während der nächsten vierzig Jahre diente er als Prototyp für zahllose Variationen.

Auch führende Revolutionäre Frankreichs und Nordamerikas liebten den Klismos, da er ihrer Meinung nach republikanische Tugenden verkörperte. Der nach Amerika ausgewanderte englische Architekt Benjamin Henry Latrobe entwarf Möbel für das Kapitol und das Weiße Haus, wozu in Baltimore gefertigte Klismos Stühle gehörten.

Und noch etwas gab es: Das geschwungene Bein wurde aus dem ursprünglichen Zusammenhang gerissen und als »griechisches« Detail an anderem »modernem« Mobiliar verwendet. Die vielen Beispiele reichen von Gestellen für Handwaschbecken bis zu Pflanzgefäßen. Klismos-Beine an Stühlen, die ansonsten nichts mit dem Klismos zu tun haben, sieht man im Vorlagenbuch von Hepplewhite: Die Vorderbeine zweier Stühle mit schildförmiger Lehne sind so leicht geschwungen, dass die Verbindung zum Klismos fast nicht mehr gegeben ist, aber der Entwurf ermöglicht ein anmutig geschwungenes Bein, das eher klassizistisch als rokokohaft wirkt. Solche Stühle wurden auf dem Festland ausgiebig kopiert[117] und trugen vielleicht zu einem beliebten Biedermeiertypus bei, der 25 Jahre später entstand, wobei der Stuhl eine geschrägte Lehne und leicht nach außen gespreizte Beine aufweist. Jacobs Stuhl mit schildförmiger Lehne [471] besitzt diese Merkmale vielleicht aufgrund des englischen Einflusses.

Da auf griechischen Vasen gelegentlich auch Tische mit Klismos-Beinen zu sehen sind,[118] waren sie Vorbild für verwegene Nachschöpfungen an Tischen, Schreibtischen und anderen Möbeln. Der englische Esszimmertisch aus der Zeit um 1795 stand oft auf drei oder vier klismosartigen Beinen, angeordnet in Form eines Dreifußes und an einer Mittelsäule befestigt – eine hervorragend funktionale und beliebte Erfindung. Ab etwa 1800 war das Bein oft mit einer »Hüfte« versehen [399]. Sofatische erhielten oft Klismos-Beine: Ein Entwurf von Sheraton [398] stattet die Klismos-Beine mit Tatzenfüßen und gebündelten Säulen aus, die letztendlich gotisch sind. Auf dem Gestell liegt ein sarkophagähnlicher Korpus, den Sheraton mit antiker Draperie behängt, wie sie auf Vasen und anderen antiken Gebrauchsgegenständen zu sehen ist. Das auswärts gespreizte Bein wurde oft mit einem zart gerundeten und gedrechselten Ornament versehen, das in erster Linie von griechischen und römischen Tischen und Stuhlbeinen entlehnt ist [29]: eine wunderbar lebendige Synthese, die allgemein an leichten Stühlen Verwendung fand.

Für zierliche Boudoir- und Wohnzimmermöbel, kleine Teetische, Nähtische, Etageren etc. war das Klismos-Bein besonders geeignet. Ob man die monumentale oder leichte Form wählte, hing zum Teil von der Funktion ab: Bücherregale oder Schreibtische durften massiv sein, Tischchen, Ständer und Damenschreibtische sollten eher leicht und beweglich sein. Leichte Gegenstände, die von pompejanischen Metallmöbeln beeinflusst waren, fanden ihren Weg meist in »feminine« Wohnzimmer und Boudoirs. Diese kultivierten, schlichten und charmanten Möbel-

395 Stuhl mit »Sägeschnitt«-Form aus vergoldeter Buche, entworfen von N.A. Abildgaard; dänisch, um 1800

396 Der Thron des Mars, verhüllt mit antiker Draperie, von einem römischen Wandgemälde, veröffentlicht 1757 in Neapel (aus *Delle Antichità di Ercolano: Le pitture antiche d'Ercolano)*

397 Etagere furniert mit Mahagoni, Ahorn und gebeiztem Ahorn, mit Einlagen aus weißem Kitt mit Tuschezeichnungen; Wien 1807

unten **398** Entwurf für einen Sofatisch von Thomas Sheraton; britisch, 1804 (aus *The Cabinet-Maker, Upholsterer, and General Artist's Encyclopaedia*)

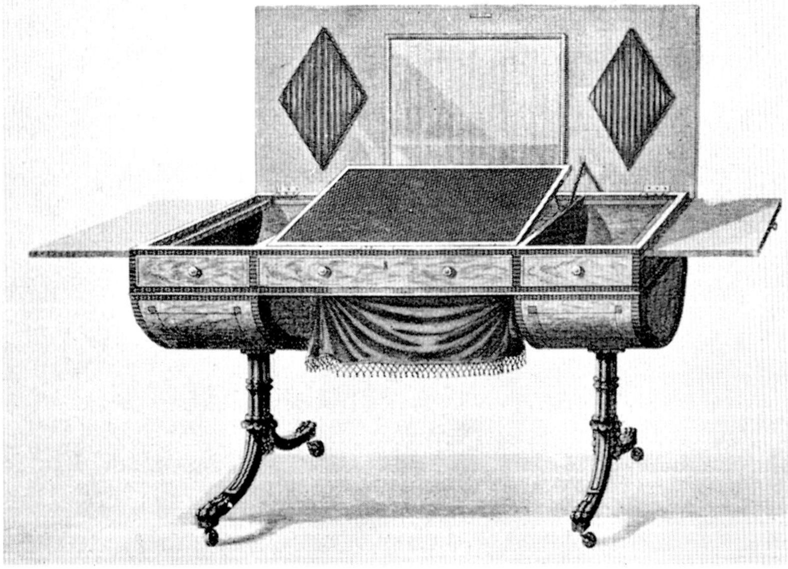

stücke kamen dem englischen Hang zur pittoresken »Unordnung« entgegen. Die Möbel wurden scheinbar absichtslos zusammengewürfelt, was in England vorübergehend zu »Harlekin«-Stühlen führte: Man stellte einen Satz völlig unterschiedlicher Stühle auf. Eine Wiener Etagere von 1807 ist typisch für diese leichten Möbel [397]. Der Mittelteil des Gestells hat die Form einer Lyra, eines Instruments, das zu jener Zeit mit Griechenland identifiziert wurde (S. 225). Die Klismos-Kurve an den Füßen endet in einer einwärts gedrehten Volute. Diese Beinform war in der Antike unbekannt. An diesem Stück ist sie vielleicht ein frühes Anzeichen für das neu erwachte Interesse am 17. Jahrhundert. Die verlängerte »griechische« Gestalt der Etagere nimmt auf bemerkenswerte Weise die Wiener Secession vorweg.

Entwerfer des frühen 19. Jahrhunderts erfanden ein massives, kurzes und dickes Klismos-Bein, um dem neuen Bedürfnis nach Gewicht Rechnung zu tragen, wobei es jedoch gelang, die Eleganz der griechischen Linie beizubehalten. Es fand sich an Sofas und Stühlen antiken Stils, jedoch in einer der Antike reichlich fremden Art. Ein Hope-Stuhl, der viel Percier verdankt, hat zum Beispiel solche Beine [411]. (Erstaunlicherweise wurde das Sofa mit richtigen Klismos-Beinen in Frankreich im 17. Jahrhundert vorweggenommen.[119]) Das Klismos-Bein an Sofas war häufig geriffelt; auch das zeigt, dass Säulen-Ornamente wie die Kannelierung einfach auf Möbelbeine übertragen wurden, die in der Antike nie (ausgenommen gerade Beine) so verziert waren. Manche Entwerfer gaben dem dicklichen Klismos-Bein Tatzenfüße, so auch Pelagio Palagi [418]. Um die Jahrhundertwende führte das erwachende Interesse am 17. Jahrhundert und an Louis-quatorze zu klismosartigen Beinen mit Voluten, wodurch der »abgesetzte Bogen« wieder auflebte.

Rokoko, »klassizistisches Rokoko«, »etruskische« und späte groteske Möbel des 18. Jahrhunderts besaßen eine seit dem Ende des alten Römischen Reiches nahezu ausgestorbene Anziehungskraft. Eine Fülle von Stühlen, Tischen, Sofas, Sekretären, Etageren und anderen scheinbar belanglosen Stücken, die auch frivolen und vergnüglichen Zwecken dienten, verlieh dem kultivierten Wohnraum eine ungeheure Ausstrahlung. Ihre mit schlichten oder auch üppigen Dekorationen geschmückten Formen besaßen einen zauberhaften Charme und waren doch zweckmäßig. Ob schlicht oder üppig, sie waren bequem und elegant – Eigenschaften, auf die man nicht gerne verzichtete. Trotz großer Bedrängnis durch Steinsarkophage, viereckige Altäre und Pylonentürme während der 40-jährigen Herrschaft der klassischen Archäologie nach 1800 konnten sich in der Möbelmode die charakteristischen Grundformen der früheren Stile behaupten.

399 Esstisch aus Mahagoni mit Messing; britisch, um 1800

Stil und Groteske im Klassizismus VIII

VIII *Kapitel 1* Klassizistische Groteske und »etruskischer« Stil

gegenüberliegende Seite **401** Jean-Henri Riesener, Schmuckkabinett aus Eichenholz mit Mahagonifurnier und vergoldeter Bronze für die Comtesse de Provence. Nach der Französischen Revolution wurde es von König Georg IV. von England erworben; französisch, um 1785.

oben **402** François-Honoré-Georges Jacob-Desmalter, Schmuckkabinett aus Eiben- und Amarantholz, vergoldeter Bronze und Perlmutt, angefertigt für Kaiserin Josephine; französisch, 1809

Seite 209
400 Jean-François Bosio, *Porträt der Paulina Borghese*, um 1805. Das Mobiliar ist in »archäologisch richtigem« Stil gehalten, die klassizistische Skulptur nach einem antiken Modell stammt von Antonio Canova.

»Archäologische« Moden

Im frühen 19. Jahrhundert erfuhr das Mobiliar der Antike eine spektakuläre Wiederentdeckung. Dank jahrhundertelanger »archäologischer« Aktivitäten von Altertumsforschern und Kunsthändlern hatte man in ganz Europa klare Vorstellungen von antiken Möbeln gewonnen. So waren bereits 1629 in Zusammenhang mit der Korrespondenz zwischen Nicolas-Claude de Peiresc, Rubens und Cassiano dal Pozzo über einen antiken Bronzedreifuß [27] Zeichnungen und Abgüsse entstanden, die ihren Weg von Rom nach Frankreich fanden.[1] Eine englische Sammlung, die 1736 an das College in Eton fiel,[2] enthielt unter anderem die Zeichnungen eines Tisches mit faltbarem Gestell [519], der nach 1760 vielfach kopiert und abgewandelt wurde. Das Interesse an exakter wissenschaftlicher Forschung wuchs zunehmend, und systematische Publikationen antiker Objekte spiegeln in Text und Bildtafeln deutlich akademischen Anspruch. Abgüsse und Modelle von Antiken zierten Studierzimmer und Bibliotheken, und die in den neu gegründeten öffentlichen Museen und Privatsammlungen ausgestellten antiken Kunstwerke wurden von Künstlern und Kunsthandwerkern genauestens studiert. Nachdem bereits Maler wie Raffael, Peter Paul Rubens, Nicolas Poussin, Anton Raphael Mengs, Gavin Hamilton oder Joseph-Marie Vien antikes Mobiliar detailliert dargestellt hatten, tauchte es in den Bildern des Vien-Schülers Jacques-Louis David (1748–1825) erstmals in seinem gesamten Spektrum von den nüchternen Formen der Römischen Republik bis hin zu den ausschweifenden pompejanischen Typen auf. Zu Beginn des 19. Jahrhunderts war damit eine nie gekannte Menge von Entwurfsvorlagen verfügbar, die einen Eklektizismus in großem Stil ermöglichte. Nachdem das ästhetische »Verdauungssystem« diese Fülle zunächst noch hatte verarbeiten können, begann es um 1840 zu streiken.

Der Comte de Caylus behauptete 1757, die Natur kenne »keinen Unterschied zwischen den Menschen außer dem, den sie selbst festgelegt hat durch die ungleiche Zuteilung von Talenten«, und sie kümmere sich »bei der Erschöpfung eines Genies« nicht um »Adel des Blutes oder ruhmreiche Vorfahren«.[3] Die französischen *philosophes* erklärten Kunst und Architektur der griechischen Stadtrepubliken für Errungenschaften einer »freien« Gesellschaft. Aus diesen unschuldigen Anfängen entwickelte sich jedoch bald eine unheilvolle Verbindung zwischen den modischen »Archäologismen« und echtem Justizmord. David entwarf antikisierende Möbel für den Duc de Chartres und malte »archäologische« Sujets für den Comte d'Artois – nur wenige Jahre bevor er selbst den Vater des ersteren mit Bruder und Schwägerin des anderen zur Guillotine geleitete. Danach kreierte er »republikanisches« Mobiliar in antikem Stil für die Nationalversammlung. Während man einerseits täglich die Köpfe von Menschen körbeweise abtransportierte, trieb man andererseits die Sorge um die Menschheit auf die Spitze, vorausgesetzt, sie trug keine Schuhe: So wies 1784 ein Gericht in Ausübung politischer Pflichterfüllung die Entwurfskünstler der Savonnerie an, dass menschliche Darstellungen nicht »mit Füßen getreten« werden dürften, ausgenommen seien Fabelwesen und Chimären. Percier und Fontaine folgten in ihrem Frühwerk diesem Verdikt.[4]

Mit der Errichtung des Kaiserreichs im Jahr 1804 ging ein Geschmackswandel von der griechischen zur römischen Antike einher, und Napoleon selbst, der über eindrucksvolle Talente und Ressourcen verfügte, »war der Überzeugung ..., dass sich die

403 »Platinraum« in der Casa del Labrador in Aranjuez, nach einem Entwurf von Charles Percier und Pierre Fontaine. Das Interieur wurde um 1800 zusammen mit dem Lüster, ebenfalls von Percier und Fontaine, dem Stuhl und dem Tabouret von Georges Jacob in Frankreich gefertigt.

Franzosen durch Prunk und äußeren Glanz« beeindrucken ließen.[5] Hatte Alexander der Große ein Exemplar des Homer unter seinem Kopfkissen liegen gehabt, so studierte Napoleon seinen Plutarch, der sich auch über den Glanz Alexandrias auslässt. Prächtiger Dekor in allen Bereichen verlieh dem napoleonischen Staat einen prosperierenden Anstrich. In Paris bevorzugte man bei der Ausstattung von Gebäuden römisch-korinthische Säulen gegenüber den schlichten dorischen und ionischen der Griechen, und die kaiserlichen Paläste waren noch überbordender in Mobiliar und Dekor, wenn auch weniger erhaben als der Hof Ludwigs XIV. Da Napoleon selbst eine Vorliebe für militärische Demonstrationen hegte (er liebte besonders Paraden), erscheinen auf dem Mobiliar seiner Zeit Militärabzeichen im Übermaß. Moderne Waffenmotive wurden in antike Trophäen integriert und in Musterbüchern veröffentlicht.[6] Auch von den Franzosen eroberte Hauptstädte wie Madrid und Neapel übernahmen die französische Interpretation »romanisierter« Antike – Mobiliar und Dekor gewannen wie niemals zuvor weiträumig eine politische Dimension. Als Reaktion darauf hielt man sich in den Kapitalen der rechtmäßigen Monarchien, besonders in London und St. Petersburg, in Architektur und Mobiliar verstärkt an griechische Motive, trotz deren beunruhigend demokratischer Implikationen. Und in Deutschland unternahm man, nachdem der napoleonische Alptraum vorüber war, den bewussten Versuch, »durch Entwicklung des griechischen Geistes wenigstens im Gemüte von einzelnen das herzustellen, was den Deutschen im ganzen schmachvoll abhanden gekommen: Begeisterung für Freiheit und Vaterland«.[7] Es lässt sich leicht nachvollziehen, wie derartige Ideen Mobiliar und Dekor des »griechischen« Biedermeier beeinflussten.

Während man sich beim Entwurf neuer Möbel an der Antike orientierte, hob eine Hand voll Abenteurer – darunter der Prince of Wales mit mehreren Mitgliedern des englischen Adels und die Franzosen Denon und Girodet – einen neuen Geschmack aus der Taufe, den des »Ancien Régime« (ein Begriff, der erstmals 1789 belegt ist). Napoleon konnte sich aus nachvollziehbaren Gründen nicht dafür erwärmen. So lehnte er ein herrliches Stück [401], das dann von Georg IV. erworben wurde, mit dem Hinweis ab: »Sa Majesté veut faire de neuf et non acheter du vieux.«[8]

Neue Herstellungsmethoden

Neue Herstellungsmethoden für Mobiliar und Ornamente waren die Vorboten eines grundlegenden Wandels. Seit Mitte des 18. Jahrhunderts[9] war man verstärkt dazu übergegangen, mit Papiermaché und anderen Materialien geschnitzte Holzornamente nachzuahmen, und seit den 80er Jahren entstanden in England Friese und Profile, Medaillons und Verzierungen zunehmend in Massenproduktion – eine Entwicklung, die sogar Auswirkungen auf die Spiegel der Adam-Brüder hatte. Entwicklungen aus der Frühzeit der englischen Industrialisierung wurden auf dem Kontinent übernommen, darunter eine Mischung aus Kreidepaste, Wachs und Öl, die um 1810 auch nach Wien gelangt war. Ein anderes Rezept mit Asche, verknetet mit Weizenkleber und Papierbrei, wurde wohl in Wien selbst erfunden.[10]

Plastische Verzierungen, die mit Meißel und Stichel bearbeitet waren, wurden durch Abgüsse und Prägungen verdrängt, Intarsien durch feuervergoldete Bronze (in vereinfachter Form kehrten sie erst nach 1814 wieder). Man begann immer häufiger, Ornamente zu »applizieren«. Symmetrie als Ergebnis traditioneller Handwerksmethoden hatte Exaktheit und Sorgfalt erfordert, die von Exklusivität und Luxus zeugten; jetzt war sie Ausdruck reiner Wirtschaftlichkeit geworden. Die Stärke und gleichzeitig die Schwäche des napoleonischen Frankreich werden offenkundig in seiner »Bewunderung für Monumentalität in der Architektur und dem Hinnehmen mechanischer Wiederholung bei kleineren Einheiten in der Verzierung«,[11] eine Beobachtung, die auch für das Mobiliar gilt, wie zwei Schmuckkabinette beweisen. Die monumentalen Formen des Exemplars für Kaiserin Josephine [402] werden nur durch etwas phlegmatische Tauben gemildert, die als Ornamente aus vergoldeter Bronze Gesims und Aufsatz schmücken. An die Stelle anmutig fließenden Dekors wie bei dem Kabinettschrank der Comtesse de Provence [401], der bekrönt ist von einer Gruppe lebhafter Putten, die um eine Krone herumtoben, tritt hier ein regelmäßiger Rapport aus kleinen Ormoulu-Verzierungen. Während das ältere Stück leicht und beschwingt wirkt, wird das jüngere von seinem Gewicht gleichsam niedergedrückt. Trotz aller Kunstfertigkeit, die es unbestreitbar demonstriert, hat man unwillkürlich das Gefühl, als sei ihm etwas abhanden gekommen.

Auf den Pariser Großausstellungen von 1798 und 1801 wurden neue Fertigungsmethoden vorgestellt, über die Percier und Fontaine abschätzig bemerkten: »Gips tritt an die Stelle von Marmor, mit Papier ahmt man Malerei nach und mit Pappe plastische Ornamente ... Doch weitaus schlimmer ist, dass man Kunst und Geschmack gleichsam zwingt, sich zu prostituieren, die Einsparungen bei der Arbeit, die Nachahmung von Materialien und die systematisierten mechanischen Abläufe, die der Ausführung die Perfektion nehmen und den Hauch von Feingefühl, die untrennbar [mit dem Entwurfs- und Schöpfungsprozess] verbunden sind.«[12] Und Thomas Hope beschwerte sich, er habe in ganz London, das doch »wimmelt von Künstlern und Händlern aller Art«, »nach mühevoller Suche ganze zwei Männer gefunden, deren Kunstfertigkeit und Talent« er »die Ausführungen der komplizierteren und anspruchsvolleren« seiner Entwürfe zutraue. Er sah sich daher gezwungen, sich »für die Ausführung sämtlicher Kompositionen, die nur gering von der Norm abweichen, Muster und Gussformen aus Italien kommen zu lassen«.[13] Eine Art Endzeitstimmung hatte sich breit gemacht: Zwar wurden weiterhin prächtige Objekte hergestellt, doch die Architekten und Kunsthandwerker des späten 18. und frühen 19. Jahrhunderts waren weit hinter ihre Vorgänger zurückgefallen, und selbst brillante Künstler wie Percier und Fontaine oder Schinkel hatten nicht mehr das Format eines Giulio Romano, Rosso Fiorentino oder Primaticcio – geschweige denn das eines Raffael oder Michelangelo.

Stilistischer Eklektizismus

Zwischen 1790 und 1840 dominierten bei Inneneinrichtung und Mobiliar in antiker Manier zwei gegensätzliche Geschmacksrichtungen, die einander teilweise ergänzten. Die eine bediente sich groteske und »etruskische« Motive, entweder in reiner oder hybrider Form, die andere entschied sich für »archäologische« Formen im Stil der griechisch-römischen Antike. Erstere, dekorativ und flächig, rekurrierte insbesondere auf die Grotesken- und die griechische Vasenmalerei, Letztere, eher architektonisch und plastisch, größtenteils auf antike Steindenkmäler, wie Percier sie 1793 in seinem Entwurf für ein Museum abgebildet hatte [423]. Beide wurden nicht selten im gleichen Gebäude verwirklicht – entweder in verschiedenen Zimmern oder kombiniert in ein und demselben Raum. Drei unterschiedliche Beispiele werden im Folgenden vorgestellt.

Der »Platinraum« (bezeichnet nach dem wertvollen Material seiner Intarsien) wurde in Paris gefertigt und in der Casa del Labrador im spanischen Aranjuez [403] installiert. Die Gestaltung von Wänden und Decke offenbart die geschickte Kombination grotesker Ornamente mit »etruskischen« Motiven, zum Großteil in Farbe und Metallguss. Die Integration von Spiegelflächen verleiht ihm räumliche Tiefe und eine geradezu »pompejanische« Mehrdeutigkeit. Die Gemälde stammen von Girodet (S. 214).

Ganz anders die Eingangshalle im selben Gebäude [404] – in ihrer Kontrastwirkung zum obigen Boudoir nicht untypisch für die Zeit und mit ihrer luxuriösen Farbenpracht ein meisterhaftes Beispiel des eher römisch als griechisch inspirierten Architektur-

404 Empfangshalle der Casa del Labrador in Aranjuez, nach einem Entwurf von Charles Percier und Pierre Fontaine; französisch, um 1800

stils. Die Wände sind durch unkannelierte korinthische Pfeiler, sehr plastische Flachreliefs und Skulpturen-Nischen gegliedert. Der Spiegel über dem Kaminsims ist von einer architektonischen Ädikula gerahmt, über der ein Streifen aus farbigem Marmor angebracht ist. Die tonnengewölbte Decke ist kassettiert und bemalt, und in den Boden aus echtem oder imitiertem Marmor wurden original römische Mosaiken integriert. Die schweren marmornen Pfeilertische, ebenfalls römisch, werden von bärtigen Männerbüsten auf massivem, schmucklosem Sockel flankiert. (Der Brunnen gehörte nicht zum ursprünglichen Konzept.) Ein »archäologischer« Einrichtungsstil von derart kraftvoller Wucht, der sich von Vorbildern aus Stein ableitete, fand meist in den marmorkühlen, architektonisch gestalteten Bereichen des Hauses mit eher maskulinem Charakter Anwendung; in Empfangshallen, Speisesälen und Bibliotheken – seltener in Salons, wie im folgenden Beispiel.

Dieses New Yorker Interieur nach der Mode des *Greek Revival* [407] stammt von Alexander Jackson Davis (1803–1892), einem Architekten, Entwurfskünstler und Journalisten, der sich später der Gotik verschrieb. Eine Atmosphäre kalter Nüchternheit und Würde, wie sie besonders »archäologischer« Einrichtung und Mobiliar im griechischen Stil mit ihren leeren, schmucklosen Wänden und Kaminen häufig anhaftet, strahlt auch dieser kühle Raum aus, in dem lediglich kannelierte ionische Säulen auf architektonische Vorbilder Bezug nehmen. Den vielfältigen Abwandlungen und Kombinationen beider Stilarten, wie sie bis um die Mitte des Jahrhunderts populär waren, ordnete sich auch das Mobiliar unter, zu dessen wichtigster Inspirationsquelle antike Objekte wurden – Architektur, Skulpturen, Sarkophage, Groteskenmalereien und nicht zuletzt Mobiliar aus Metall oder Holz beziehungsweise dessen Darstellungen auf Vasen und Reliefs. Besonders Adaptionen antiker Holzmöbel, die auf der ursprünglichen Darstellung schwer und massiv wirken, wie das Sofa mit ausgesägten Ornamenten [13], wurden bevorzugt in »architektonische« Interieurs integriert.

Ein ideologischer Disput entwickelte sich um »archäologischen« und grotesken Stil. Nachdem Winckelmann, der seine Maßstäbe aus der Steinskulptur bezog, die Groteske implizit mit dem Verdikt der Dekadenz belegt hatte, nahm man ihre Wiederbelebung im späten 18. Jahrhundert nicht kritiklos hin, und auch Robert Adams geschmäcklerisches Ornament wurde von Horace Walpole entsprechend geschmäht: Dessen Tor von Syon House wirke »wie Spitze und Stickerei, gleichermaßen *croquant* wie seine Tischrahmen … Nach [William] Kents Mahagoni-Interieurs sind wir degeneriert zum Filigran eines Adams … [James] Wyatt hat bei der Anverwandlung der Antike klügeres Urteil bewiesen.«[14] Wie Anton Raphael Mengs, ein weiterer einflussreicher Wortführer, der »die lächerliche Groteske und Arabeske nicht ertragen [konnte], über die er die Meinung von Vitruv, Plinius und anderen antiken Autoren teilte«,[15] hielt sie der Theoretiker Francesco Milizia »für einen Ausbund widerlichen Geschmacks«.[16] Nicht weniger apodiktisch äußerte sich ein spanischer Autor im Jahr 1788.[17]

Andererseits hatte die »Dekadenz« auch ihre vergnüglichen Seiten, und die Kälte des »archäologischen« Stils wurde oft durch eine ätherische Erotik gemildert, eine eigentümliche Mischung aus Liebenswürdigkeit und Kühle, die leicht ins Neckische umschlagen konnte und sich dem Manierismus des 16. Jahrhunderts, besonders dem Stil eines Correggio, verdankte. Sie machte sich in der Skulptur bemerkbar, in der Canova den Ton angab [400], oder im Mobiliar des Empire [402], auf dem die menschliche Figur als Ornament auftaucht, und ist auch in einem Gemälde aus dem Jahr 1799 [405] von Anne-Louis Girodet (1767–1824) spürbar,[18] der mit Percier und Pierre Fontaine zusammenarbeitete [403]. Dessen einflussreiche »*poésies* und … die Vorliebe für Allegorien«, die im krassen Widerspruch zur »erhabenen und kompromisslosen« archäologischen Kraft des frühen David standen,[19] entfalteten mit

405 Anne-Louis Girodet, *Mademoiselle Lange als Danae*, 1799, mit zeitgenössischem Rahmen

406 »Ansicht des Schlafzimmers von Cit[oyen]. V. in Paris« von Charles Percier und Pierre Fontaine; französisch, 1801 (aus *Recueil de décorations intérieures)*

ihrem Manierismus, der sie mit Pierre-Paul Prudhon (1758–1823) verband, grundlegenden Einfluss auf Mobiliar, Uhren und Ornamentik in ganz Europa.

Grotesker und »etruskischer« Dekor

Charles Percier (1764–1838) und Pierre Fontaine (1762–1853), die sich der Opposition gegen die Groteske durchaus bewusst waren, gelang deren perfekte Versöhnung mit dem »kühlen Marmorstil«. Wenn man nach »Heiterkeit« verlange, sei sie ein »universell verwendbares Ornament«.[20] Und vielen Auftraggebern war eine heitere Ausstrahlung lieber als Förmlichkeit, selbst bei repräsentativen Staatsräumen. Beide führten die Groteske in Dekor und Mobiliar zu ihren größten Triumphen seit der Renaissance.

Im Laufe ihrer Zusammenarbeit, die 1793 mit Entwürfen für das von Georges Jacob (1739–1814) ausgeführte Mobiliar für den Nationalkongress begann, entwickelten sie einen Stil, der strenge, oft aus dem Stein abgeleitete Formen mit prächtigem Dekor verband. Dabei mischten sie dekorative Motive aus der antiken Skulptur mit grotesken und »etruskischen« Ornamenten, deren betont lineare Ausprägung sie leicht kombinierbar machte. Klassische und anti-klassische Formen, Kühle und Opulenz traten in ein ausgewogenes Verhältnis. Ihre typische Handschrift entsprang der grundsätzlichen Überzeugung, die Kunst Pompejis und Herculaneums sei in ihrer Raffinesse eher griechisch als römisch geprägt, und die Hochrenaissance als direkter Spross der Antike lasse alle folgenden Stilformen weit hinter sich.[21] Es ist – trotz aller offensichtlichen Unterschiede – kaum vorstellbar, dass ihre Grotesken nicht von den Publikationen der Arbeiten von Adam [374] inspiriert waren.

407 Alexander Jackson Davis, Entwurf eines New Yorker Salons; amerikanisch, um 1826

1801 veröffentlichten Percier und Fontaine das Werk *Recueil de décorations intérieures*, dessen zweite Auflage von 1812 mehrmals nachgedruckt wurde, obgleich seine monochromen Bildtafeln kaum an die ausgeführten Arbeiten mit ihrer opulenten Farbwirkung heranreichten [403]. Das »Schlafzimmer für Cit. V.« [406], das sich wie etliche ihrer schmuckvollen, doch schlichten Schlafzimmerentwürfe aus der Zeit unmittelbar nach der Französischen Revolution an den »Citoyen« und die »Citoyenne« wandte, illustriert recht gut den synthetischen Stil ihrer Frühphase: Während »etruskische« Motive auf Türen und Mobilar vorherrschen, sickern im oberen Bereich der Wände groteske Ornamentformen ein. Die breiten Flächen des Armsessels, einer Kombination aus Klismos und Steinthron, sind durch Ornamente belebt. Ein von der mehrbrüstigen Göttin Artemis bekrönter Pfeiler nach Vorbild des Tempels in Ephesos, wie er auch in antikem Mobiliar vorkommt [3, oben rechts], dient als eine Art Nachtschrank, während der Konsoltisch einem antiken Sarkophag nachempfunden ist [65 D].

Percier und Fontaine verbanden in ihren Möbeln häufig einfache Grundformen mit grotesken oder »etruskischen« Ornamenten, und selbst wenn sie sich von steinernen Vorbildern ableiteten, wirkten sie eher fein. Typisch für sie sind die Entwürfe zweier Kommoden und eines Tisches [409]: Wo bei Ersteren die streng lineare Wirkung durch erlesenes, heiteres Ornament gemildert wird, gewinnt der Tisch an Anmut, was er an majestätischer Würde verliert. Obwohl beide ansonsten kaum zu vergleichen sind, ähnelt die Vorgehensweise von Percier und Fontaine in der Verbindung massiver, »maskuliner« Formen mit eher »feminin« wirkenden Ornamenten zuweilen derjenigen von Boulle. Während dieser einem glanzvollen Herrscher des Absolutismus diente, verliehen jene der würdelosen Willkürherrschaft des Empire eine gewisse Eleganz.

408 Schmuckschrank aus Mahagoni, vergoldeter Bronze und Glas mit Montierungen aus Sèvres-Porzellan; französisch, 1824–1826

409 Entwurfszeichnungen für zwei Kommoden und einen Tisch von Charles Percier und Pierre Fontaine; französisch, 1801 (aus *Recueil de décorations intérieures)*

Später milderte sich die kühle Wirkung des Stils von Percier. Die Veränderungen von zwanzig Jahren demonstriert ein Schmuckschrank von 1826 [408], für den auch eine Entwurfszeichnung existiert.[22] Obgleich seine Form nichts an Strenge verloren hat, zeigt er sich im Dekor geradezu überladen. Bekrönt von einem Pfau, dem Symbol der Venus, wirkt er in seiner Verkleidung mit Hartporzellan aus Sèvres gleichermaßen sinnlich wie kantig. Imitationen antiker Kameen liebte auch Ludwig XVIII.[23] Diejenigen im äußeren Ring alternieren mit hinreißenden Blumendarstellungen, und die Stillleben-Arrangements zwischen den Eroten erinnern in ihrer diffusen Farbigkeit und luxuriösen Unordnung teilweise an Girodets *Mademoiselle Lange* [405].

Gewisse stilistische Übereinstimmungen finden sich auch zwischen Percier/Fontaine und Thomas Hope (1769–1831), einem wohlhabenden Kunstkenner des englischen Regency, der das wohl einflussreichste Vorlagenbuch seiner Zeit hinterließ: *Household Furniture and Interior Design*, veröffentlicht 1807. Viele dieser Ähnlichkeiten sind nicht Ergebnis eines Plagiats, sondern durch die Orientierung an den gleichen antiken Archetypen zu erklären, und nur wenige Stücke Hopes, wie ein Liegesofa mit massiven Klismos-Beinen, zeigen deutlich den Einfluss Perciers.[24] Andererseits findet man bei Hope nur selten Ornamente, die aus der Groteskenmalerei abgeleitet sind. Seine wichtigste Inspirationsquelle bildete die griechische Antike: Vasen, Motive aus der Steinskulptur und solche aus dem griechischen »Renaissance«-Stil der Römer. Hope platzierte gerne von steinernen Vorbildern abgeleitete Motive an Stellen, an denen man früher groteske Formen verwendet hätte, so beispielsweise bei einem Konsoltisch, wo der Baluster eines Typs aus der Renaissance dieselbe Funktion erhält wie die groteske Kandelaberform in entsprechendem Mobiliar. Zudem wirken bei ihm Motive aus anderen Zusammenhängen oft so, als stammten sie aus der Architekturplastik. So beim Entwurf eines schmalen Tischchens und zweier Mahagonistühle mit Intarsien aus Metall und Ebenholz [411], wobei er für das Tischchen geschickt Formen eines griechischen Sofatyps und das Motiv des Volutenkelchs durch Einschub eines Blocks in der Mitte der Stütze adaptierte. Einer der beiden Stühle stellt die massiv-elegante Abwandlung eines von Percier und Fontaine geprägten Klismos dar, der hier jedoch mit etruskischen Ornamenten und einem griechischen Lyra-Motiv dekoriert ist, während beim zweiten Stuhl, ebenfalls deutlich vom Klismos inspiriert, äolische Voluten die Rückenlehne zieren. Eine Abwandlung des antik-äolischen Volutenkelchs bekrönt auch die kannelierten Beine eines »aufrechten Pianoforte«.[25]

Ein monumentaler Schreibtisch um 1810 mit Bronzemontierungen und Messingintarsien [414], dessen Ornamente rein griechisch sind, erinnert stilistisch an Hope. Vorbilder für seine kühnen Mäanderornamente finden sich bereits in Griechenland, im Louis-quatorze, im *goût grec* und im Mobiliar William Kents, während die Eule im Lorbeerkranz mit den griechischen Anfangsbuchstaben des Namens »Athena« als Emblem der Göttin häufig auf Münzen erscheint [413]. Die Kapitelle der Pilaster wiederum sind Abwandlungen des Volutenkelchs. Die Seitenfronten sind mit Löwenmasken verziert, umgeben von nach innen zeigenden

410 Detail einer runden Tischplatte aus schwarzem Marmor mit Intarsien aus Elfenbein; griechisch (Makedonien), um 350–300 v. Chr.

411 Thomas Hope, Darstellungen eigenen Mobiliars aus seinem Haus in der Londoner Duchess Street; britisch, veröffentlicht 1807 (aus *Household Furniture and Interior Design)*

rechts außen **412** Schreibschrank mit Vitrinenaufsatz für Bücher aus ebonisiertem, bemaltem und vergoldetem Mahagoni, Joseph Meeks & Sons zugeschrieben; New York, um 1825

unten **414** Schreibtisch aus Mahagoni, mit Bronzen und Messingeinlagen; britisch, um 1810

unten rechts **415** Niedriger Schrank aus Eiche, Ebenholz, ebonisiertem Holz, vergoldeter Bronze und Messing mit Marmorplatte, von George Bullock; britisch, um 1816

413 Eule der Athene auf einer Silbermünze aus Athen, um 520–510 v. Chr.

Anthemionmotiven, die ähnlich auf den Flächen platziert sind wie bei »etruskischen« Vasen oder in Wanddekorationen des Regency.

Der Entwurf eines New Yorker Salons von Alexander Jackson Davis aus den 1820er Jahren [407] zeigt deutlich den Einfluss Hopes – in der allgemeinen Wirkung, in der Anordnung der Bilder und des Spiegels an den Wänden und im Mobiliar. Konsoltisch, Stühle und Torchère, die nach europäischen Maßstäben altmodisch wirken, ähneln Typen aus Hopes Musterbuch von 1807.[26] Das Sofa dagegen mit seinen plastischen, typisch »etruskischen« Ornamenten folgt zeitgenössischen italienischen Stilvorlagen und ähnelt ein wenig dem Mobiliar Pelagio Palagis [418]. Die beiden runden Tische im Zentrum nach Prototypen aus der Renaissance [192] zitieren gleichzeitig einen bekannten Entwurf Hopes, der mehrfach abgewandelt wurde.[27]

Oft wurde beim Dekor eines Möbelstücks weitgehend aus »etruskischen« Quellen geschöpft. So kombiniert ein prächtiger vergoldeter Konsoltisch von Andreas Gärtner, um 1806 bis 1810 [438], im französischen Stil groteske Ornamente wie die Kandelaber-Form mit naiven »etruskischen« Motiven, ähnlich wie bei Percier und Fontaine. Auch George Bullock (gest. 1819), Kabinettschreiner des Regency, bediente sich für seine eleganten Möbel »etruskischer« Ornamente. 1816 und 1817 findet man sie in Ackermanns *Repository of Arts* auf Tafeln abgebildet, in Interieurs mit Wandvertäfelungen in »etruskischem« Stil[28] und ebensolchen Ornamenten auf Vorhängen und Mobiliar.[29] Bei einem seiner Schränke [415] mit Messingintarsien und vergoldetem Bronzedekor sind die Ecken der verglasten Türen durch etruskische Anthemion-Motive betont, ähnlich wie an einem Schreibtisch in gräzisierendem Stil [414]. Form und Ornamentik der Füße sind von den Ornamentbändern griechischer Vasen abgeleitet. (Das gleiche Motiv erscheint an den Wänden im Etruskischen Zimmer in Osterley House oder auf dem Mobiliar von Percier/Fontaine

416 Das Etruskische Zimmer in Racconigi, nach einem Entwurf von Pelagio Palagi; italienisch, um 1832

417 Schrank mit Nussbaumfurnier und Buchsbaummarketerie, nach einem Entwurf Leo von Klenzes; deutsch (München), 1834/35

oder Hope.) Das Motiv des Thyrsos-Stabs an den abgeschrägten Ecken findet sich ebenfalls häufig auf Vasen.

Ein prächtiger Schreibschrank um 1825 aus ebonisiertem und bemaltem Mahagoni [412], vermutlich aus New York, ist überzogen mit vergoldeten Ornamenten im »etruskischen« Stil. Die Schubladen werden durch Paneele betont, wie sie auch auf »etruskischen« Wanddekorationen erscheinen, und unter dem linear angeordneten Anthemion-Motiv, das die Schubladenfronten säumt, erkennt man ein horizontales Band aus »etruskischen« Ranken. Die Säulen sind von äolischen Kapitellen bekrönt, wie bei einem griechischen Sofatyp, der aus der Vasenmalerei bekannt ist [13] – allerdings wachsen sie hier aus korinthischem Akanthus, eine Kombination, die weder Griechen noch Römern eingefallen wäre.[30]

Die Verwendung »etruskischer« Motive förderte einen besonders sensiblen und kritischen Umgang mit dem Ornament, egal ob sparsam oder verschwenderisch, der schon erheblich zum ästhetischen Reiz der antiken griechischen Originale beiträgt. Diese Qualität zeichnet auch die Möbelentwürfe eines Leo von Klenze (1784–1864) oder Pelagio Palagi (1775–1860) aus. Klenze, der bei David Gilly, Jean-Nicolas-Louis Durand und Percier studierte und später Hofarchitekt in München wurde, entwarf in den 1830er Jahren einen Schrank [417], der von einer antiken gegenläufigen Volute [477] bekrönt ist. In seiner Ornamentik, die sich von der Vasenmalerei beeinflusst zeigt, wirkt der Schrank eher linear als plastisch, seine Türen sind ähnlich paneeliert wie Wanddekorationen im »etruskischen« Stil.

Palagi, ein Architekt und Maler, der nach eigener Aussage von Antiken »besessen« war, zeigt sich stilistisch beeinflusst von seinem früheren Kollegen Albertolli [347], von dem englischen Bildhauer John Flaxman sowie von Percier und Fontaine. Möglicherweise arbeitete er in der Bologneser Manufaktur des Conte Carlo Aldrovandi, in der ab 1794 »etruskische« Keramiken nach dem Vorbild von Wedgwood hergestellt wurden. In den 1830er und 1840er Jahren entwarf er in Turin und Racconigi Interieurs für das sardische Königshaus [416]. Das dazugehörige Mobiliar wurde von Gabriele Capello aus Turin in einer neuartigen Technik gefertigt, die besonders kunstvolle Intarsien ermöglichte.[31] »Etruskische« Intarsien springen auch bei einem Sofa aus Racconigi [418] ins Auge, dessen Polster ursprünglich mit blauen und silbernen Harfen- und Rosetten-Motiven geschmückt waren. Die typische feine Linie aus dunklem Furnier, mit der Palagi häufig Umrissformen und Ornamente betont, leitet sich direkt aus der griechischen Vasenmalerei ab. 1851 gewann er mit seinem Mobiliar in »etruskischem« Stil auf der Weltausstellung in London eine Medaille.[32]

418 Sofa aus Mahagoni mit Ahorn-Intarsien, nach einem Entwurf von Pelagio Palagi ausgeführt von Gabriele Capello und Carlo Chivasse; italienisch, um 1832

Antiker Marmor und wuchtiger Klassizismus

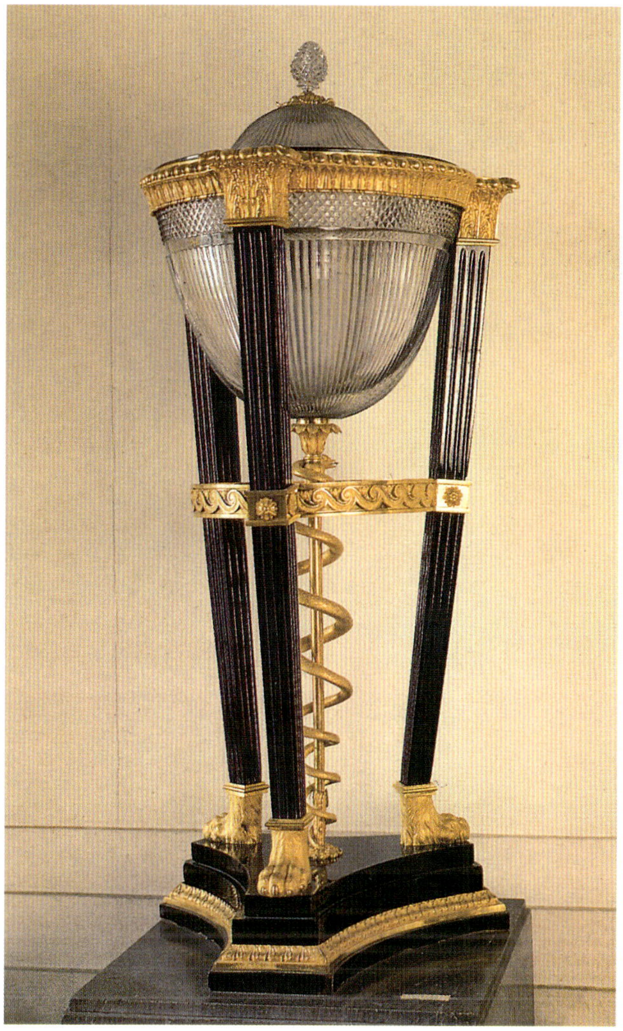

rechts **419** Urne auf einem Dreifußgestell aus gegossenem und geschliffenem Klar- und Blauglas mit vergoldeter Bronze, nach einem Entwurf von Andrej Voronikhin; russisch, um 1810

420 Duftlampe aus weißem und polychromem Marmor, ausgeführt von Blaise Ferrero; Turin, um 1780–1790

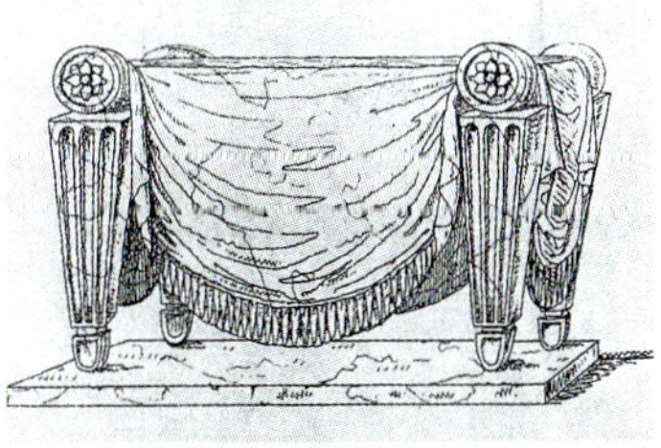

421 Schemel von einer Bildtafel mit antiken Hockern aus weißem Marmor nach römischen Originalen von C.H. Tatham, London 1799 (aus *Ancient Ornamental Architecture Drawn from Originals in Rome)*

422 Prunktisch aus weißem Marmor, Monticello, Virginia; Provenienz unsicher, um 1820

Antike Vorbilder aus Stein

Antikem Steinmobiliar – wie Sarkophagen, Ossarien, Altären –, an dessen Vorbild sich die zeitgenössischen, archäologisierenden Möbel orientierten, fehlte zwar die Eleganz des pompejanischen Stils, doch war es nahezu unübertroffen darin, majestätische Würde und Prunk zu entfalten. Allerdings hatte die Übertragung der Formen von Stein in Holz durchaus ihre Tücken, wie Beispiele des frühen 19. Jahrhunderts beweisen, denen die Stilsicherheit ihrer Vorgänger fehlt. Manch einer fühlte sich von der archaischen, medusenhaften Erstarrung abgestoßen, stichelte etwa über die »gespreizte Feierlichkeit« der Möbel von Hope, sie seien »exquisiter, bombastischer, pedantischer Schrott … zu sperrig, massiv und gewichtig für den alltäglichen Gebrauch« und würden »vom eigenen Gewicht zu Boden gedrückt«.[33] Der ägyptisierende Stil (S. 292ff.) gab sich noch gewichtiger, und die Schwanenleiber des Empire gerieten manchmal so dick, dass sie eher wie Gänse aussahen. Steinerne Ungeheuer hielten in solchen Mengen Einzug in die Möbelkunst, dass sarkastische Kommentare nicht ausblieben.[34] Vielen musste ein Bücherregal deprimierend erscheinen, das von Aufsätzen bekrönt war, die aussahen wie Graburnen,[35] oder eine Ottomane, auf der man seine Beine über einem Grabstein ausstreckte.[36] Ihre feierliche Wirkung wurde nur durch die neu aufkommende Mode prächtiger Textilien in leuchtenden Farben gemildert. Fehlten diese, so konnte ihre Härte buchstäblich Schmerzen verursachen: So zog Lady Holland »les ris et les amours« des Rokoko der Strenge des 19. Jahrhunderts vor, ebenso wie ein »gut gepolstertes Sofa einem kleinen, harten«.[37]

Die allgemeine Vorliebe für monumentale Formen setzte sich sogar bei leichteren Modellen durch. So stellten Percier und Hope ihre Versionen des Dreifußes mit Sphingen auf hohe, massive Sockel, wobei Hope auf die feierlichen Voluten ganz verzichtete.[38] Heitere Ornamente wie pompejanische Ranken und tanzende Mädchenfiguren [55] wurden in starre plastische Reliefs umgesetzt – in Frankreich in vergoldeter oder patinierter Bronze [402], in England in geschnitztem Holz. Die griechische Skulptur lieferte kräftige, frontal ausgerichtete, würdevoll blickende Karyatiden, die so aussahen, als könnten sie wirklich schwere Gewichte tragen eher junge Matronen als anmutige Mädchengestalten wie auf dem Mobiliar des Louis-seize [401]. Möbeltypen nach steinernen antiken Vorbildern, die man einst in Holz nachempfunden hatte, fanden den Weg zurück in ihr Ausgangsmaterial, wie die strenge Marmorausführung eines Holztischs von Hope (S. 217) in der Bibliothek des Hauses von Thomas Jefferson in Monticello [422].[39]

In England, wo die traditionelle Neigung zum Palladianismus in der Regency-Architektur Ausdruck gefunden hatte, tendierte man eher zu einem archäologisierenden Möbelstil. Bahnbrechend wirkten hier die frühen Schriften von Adam und Stuart [303, 304], und auch die massive Form des britischen Schreibtischs [523], die die Mode fragilerer Formen unbeschadet überdauert hatte, ließ sich problemlos in das neue antikisierende Idiom umsetzen [414] – wie kurz zuvor in gotische Stilformen [472]. Der Einfluss Italiens als Wiege der Antike machte sich, gefördert durch Piranesi, frühzeitig bemerkbar [600], und besonders Dreifüße eröffneten dem Einfallsreichtum ein weites Feld. So hat sich der Entwurf einer dreifüßigen Duftlampe aus den 1780er Jahren, den der Italiener Blaise Ferrero in weißem und polychromem Marmor ausführte [420], bereits weit vom Prototyp entfernt. Zwar zeigt er noch Merkmale eines manieristischen *goût grec*, nimmt in seiner massiven Stattlichkeit jedoch bereits den Geschmack des 19. Jahrhunderts vorweg. Beinahe ebenso fern von ihrem Vorbild erscheint eine dreifüßige Urne aus der Zeit um 1810 [419] nach einem Entwurf des Russen Andrej Voronikhin (1760–1814), der Reisen in ganz Europa unternommen und in Pawlowsk mit Vicenzo Brenna, dem Dokumentator der Domus Aurea, zusammengearbeitet hatte.[40] Sie besteht aus gegossenem und geschliffenem Klar- und

423 Charles Percier, Entwurf eines Museumsinterieurs; französisch, 1796

oben rechts **424** Leuchter aus geschnitztem Mahagoni. Entwurf und Ausführung von Vulliamy & Son; britisch, 1807

425 Lehnstuhl aus Mahagoni, teilweise vergoldet und mit Messingbeschlägen aus dem Palast in Pawlowsk bei St. Petersburg; russisch, um 1800

rechts **426** Adler »nach der Natur« von Giocondo Albertolli; Mailand, 1796 (aus *Miscellanea per i giovani studiosi*)

Blauglas mit vergoldeter Bronze, wobei ihre Beine schmaler ausfallen als bei einem eventuellen antiken Vorbild.

Der Architekt und Möbelentwerfer Charles Heathcote Tatham (1772–1842), der eigentlich nach Italien gereist war, um für Henry Holland Grotesken zu dokumentieren, fertigte stattdessen Zeichnungen an, die 1799 unter dem Titel *Ancient Ornamental Architecture Drawn from Originals in Rome* publiziert wurden und hauptsächlich Objekte aus Stein zeigten. Die Abbildung eines Hockers [421] gab Anlass zu der Vermutung, er hätte auch ein hölzernes Äquivalent entworfen, das Marmor imitiert und – mit Ausnahme des fehlenden Fransensaums – eine nahezu exakte Kopie des antiken Vorbilds darstellt.[41] Dies wäre ohne weiteres möglich, doch viele Typen aus Tathams Buch, darunter auch der besagte Schemel, waren damals bereits Allgemeingut. Wie problematisch eine solch naheliegende Zuschreibung sein kann, zeigt ein Leuchterpaar aus geschnitztem Mahagoni mit Bronzemontierungen [424] in Anlehnung an ein antikes Original [10 B], das auch bei Tatham abgebildet ist. Trüge es neben der Datierung nicht auch die Signatur von Vulliamy & Son in London, hätte man es sicherlich Tatham selbst zugeschrieben.[42] Solche antiken Leuchter aus Stein, wie der prächtige hadrianische Typ, den auch Piranesi und Tatham abbilden, wurden häufig kopiert oder zeitgemäß abgewandelt. Besonders schöne Beispiele aus vergoldeter Bronze kennt man aus der russischen Zarenzeit.

Sowohl Tatham wie Hope beriefen sich auf den Bildhauer John Flaxman. Unter dessen klassizistischen Illustrationen, die in ganz Europa *en vogue* waren, finden sich auch Möbeldarstellungen nach antiken Prototypen aus Marmor. Fand eine Form einmal Gefallen, so machte man nur selten den Versuch, sie abzuändern. So ließ die Herzoginwitwe Anna Amalia von Sachsen-Weimar-Eisenach die Kopie eines antiken Steinsitzes anfertigen, auf dem sie sich in Neapel hatte malen lassen [430]. Die gleiche Form taucht auch bei Flaxman und Hope auf, bei letzterem mit passenden »etruskischen« Ornamenten geschmückt.[43] Ein ähnliches Zitat findet sich an einem Konsoltisch, der von einem Adler getragen wird, ein Motiv, das schon vor 1750 von William Kent verwandt wurde. Der Adler als ur-römisches Symbol erscheint auch auf einem Druck von Boissard im Zusammenhang mit einer Abwandlung des Tatham'schen Hockers [421] oder an einem von Santi Bartoli publizierten Sofa.[44] Der Schriftsteller Horace Walpole schließlich besaß ein »prächtiges Flügeltier«, das man in der Nähe der Caracalla-Thermen ausgegraben hatte und dem er auf seinem Landsitz Strawberry Hill einen Ehrenplatz einräumte.[45] Der Kent'sche Adler-Konsoltisch erfreute sich im englischen Regency erneut großer Beliebtheit, wobei man die Vorbilder des 18. Jahrhunderts mit zeitgemäßen Gestellen und Platten versah.[46] Der gesteigerte Naturalismus der Versionen aus dem frühen 19. Jahrhundert, ihre bewegten Schwingen und grimmigen Schnäbel sind vermutlich auf die Veröffentlichung einer prächtigen Serie von Adlerdarstellungen »nach der Natur« durch Albertolli zurückzuführen [426].

Der antike Steinthron mit gerundeter Rückenlehne regte zahlreiche Entwürfe an, die entweder nah am Original blieben oder es als leichteren Lehnstuhl abwandelten. Percier und Fontaine etwa kombinierten ihn mit Klismos-Beinen, während ein russisches Modell aus Mahagoni mit Vergoldung besteht [425]. Diese Stuhl-

427 »Versammlungs-Sessel« aus Fichtenholz mit vergoldetem Linden- und Buchenholz, ursprünglich mit Sitz aus Rohrgeflecht, für den Council Room in Carlton House, London. Entwurf von Charles H. Tatham (?); britisch, 1812

oben rechts **428** Große Schale mit Sockel aus Korgon-Porphyr und vergoldeter Bronze; russisch (Kolyvan), 1809–1811

form – auch mit gedrechselten oder Rohr-Beinen – begann sich allgemein durchzusetzen. Für einen »Versammlungs-Sessel« von 1812 wiederum [427], der im Großen und Ganzen zwei antiken römischen Vorbildern aus S. Gregorio Magno [22] und dem Vatikan folgt, übernahm man den antiken Steintypus auch formal. Seine Rückenlehne, die an einen römischen Streitwagen [65 C] erinnert, ist mit kraftvollen Ranken geschmückt, seinen vorderen Teil bilden zwei große Sphingen.

Schon bei antikem Steinmobiliar, besonders für Tische mit runder oder rechteckiger Platte, hatte man einzelne Füße von Ungeheuern als Stützen verwandt [24, 61]. Als Folge der archäologisierenden Mode kehrten die Fabelwesen zurück – allerdings ohne den verändernden Schliff der Pariser Schulen des Rokoko oder Transition. Manchmal wurden die antiken Typen sogar gänzlich unverändert übernommen. So fertigte Hope einen Weinkühler aus einem »antiken Bad oder *lavacrum*« oder »kopierte … einen etruskischen Altar aus der Villa Borghese« in Form eines ungeheuerbewehrten »Sockel[s] einer Anrichte«[47] [411]. Letzteren hatte einige Jahre zuvor bereits Durand abgebildet, eine der von Hope selbst ausdrücklich genannten Quellen.[48] Der Sockel eines äußerst monströsen russischen Gefäßes aus Korgon-Porphyr und vergoldeter Bronze von 1809 bis 1811 [428] wurde von römischen Steinkandelabern und Dreifüßen übernommen. So beeindruckend derartiges Mobiliar auch sein mag, seine Fabelwesen wirken manchmal ein wenig penetrant. Schwäne als Armlehnen sind eine Sache, Greifen eine andere, doch jede Dame, die sich im Spiegel einer archäologisierenden Assemblage wie der des Kunsttischlers George Smith betrachtete [429], dürfte ein Zittern durchfahren haben.

429 Entwurf eines »Standspiegels zum Ankleiden« von George Smith; britisch, datiert 1804 (aus *A Collection of Designs for Household Furniture*, 1808)

»Romantischer« Klassizismus in monumentalen Formen

Die Imitationen klar definierter antiker Steintypen wurden ergänzt oder verdrängt durch weniger konkrete Einflüsse aus der Antike, die ihren Niederschlag in klassizistischen Möbelformen von betont zeitloser Wirkung fanden. Im frühen 19. Jahrhundert blieb man

430 Johann Heinrich Wilhelm Tischbein, *Die Herzoginwitwe Anna Amalia von Sachsen-Weimar-Eisenach in Neapel*, 1789

431 Der »Stein des guten Glücks« (Agathe Tyche) im Park an der Ilm in Weimar, entworfen von Johann Wolfgang von Goethe, 1777

rechts **432** Frisiertisch der Kaiserin Josephine mit Ahornwurzelfurnier und vergoldeten Bronzebeschlägen von Antoine-Thibaut Baudoin; französisch, 1809. Die vergoldeten Bronzeleuchter wurden 1837 von P.-P. Thomire angebracht.

weiterhin empfänglich für die massive Kraft antiker Steinwerke und isolierter stereometrischer Elementarformen – Kubus, Zylinder, Halbzylinder, Kugel, Pyramide, Kegel und Obelisk –, wie sie sich bereits im 18. Jahrhundert herausgebildet hatten (S. 178). Der Kult elementarer Formen, der sich in ganz Europa ausbreitete, war nicht einmal der bemerkenswerteste Auswuchs jener Saat, die Piranesi mit seinen antiken Veduten gesät hatte.

Geometrische Grundformen können auf verschiedene Weise in einem Kunstobjekt ihren Niederschlag finden. Im Barock beispielsweise benutzte man sie als Zutat für Entwürfe, die sich als Gesamtkunstwerk lesen ließen: Ein barockes Bauwerk oder Möbelstück wirkt, als seien seine einzelnen Bestandteile ganz miteinander verschmolzen; dynamisch und rhythmisch streben sie einem Höhepunkt zu. Im »romantischen« Klassizismus hingegen, wo man sich für die Formen selbst interessierte, verwendete man sie völlig anders: Seine Architektur ist dadurch gekennzeichnet, dass Kuben, Zylinder oder Halbzylinder, aus denen sich ein Gebäude zusammensetzt, selbst bei gefälligeren Beispielen [329] als separate, monolithische, klar erkennbare Einheiten bestehen bleiben. Elementare Formen besitzen eine innere Kraft, die Gebäuden, die sie unverfälscht präsentieren, eine stark emotionale Wirkung verleiht. Bei aller Originalität können sie nicht verbergen, dass sie sich an Ägypten oder Rom orientieren. Auch ihre mystische Kraft wurzelte in der Antike: Wie d'Hancarville beobachtete, »[übernahmen] die Griechen … diesen Kult der Steine, Bäume und Pfeiler aus Asien, und Pausanias berichtet uns, dass Steine einst in Griechenland göttliche Ehren genossen und gerade die missgestaltetsten am höchsten verehrt wurden«.[49] Goethe, der den antiken Geschmack maßgeblich prägte, stellte 1777 den erstaunlich monolithisch wirkenden »Stein des guten Glücks« auf [431], der seinerseits zurückgeht auf ein Renaissance-Emblem aus Kugel und Kubus: Die Kugel rollt, während der Kubus bewegungslos verharrt, und »wie Fortuna [das Glück] auf einer Kugel schwebt, thront Hermes [die Kunst] auf einem Kubus«,[50] das heißt, »die Kunst bleibt unbeeinflusst von den Schwankungen des Glücks«.

433 »Bureau mécanique« Napoleons aus Mahagoni und vergoldeter Bronze nach einem Entwurf von Giovanni Socci; italienisch, 1807

434 Schreibtisch mit Bücherschrank aus Mahagoni, Satinholz und Ahorn mit Einsätzen aus Verre églomisé nach einem Entwurf von Thomas Sheraton; Baltimore, um 1811

Mit Abflauen des Rokoko-Klassizismus wurden die grundlegenden Möbelformen zunehmend von einer selbstbewussten Geometrie bestimmt, eine Entwicklung, die im frühen 19. Jahrhundert ihren Höhepunkt fand. Mit dem *goût grec* als Vorläufer fanden wieder kubische Formen Eingang in die Möbelkunst. Französische Sekretäre aus den 1770er und 1780er Jahren etwa sind meist schlicht und eckig, während unter anderem in England und Frankreich die *Demi-lune*-Kommode aus einem einfachen, manchmal etwas abgeflachten Halbzylinder in Mode kam. Dabei ließ man die Oberfläche oft unverziert, um zu verhindern, dass Ornamente die Schlichtheit der Form beeinflussten, wie auch bei der *encoignure* in Form eines Viertelzylinders, die sehr beliebt war. Auch eine halbrunde russische Mahagonikommode um 1800 [360] steht in dieser anglo-französischen Tradition des späten 18. Jahrhunderts. Zusammengesetzt aus zwei gestaffelten Halbzylindern, ist sie an Korpus und Beinen mit geraden »Kanneluren« aus Messing eingelegt. Ein anderes auffällig schlichtes Beispiel der Verwendung von Elementarformen ist Giovanni Soccis »Bureau mécanique« von 1807, von denen sich ein Exemplar im Besitz Napoleons befand [433]. Geschlossen bildet dieser Schreibtisch ein vollendetes (griechisches) Oval, in das auch der dreibeinige Stuhl integriert ist. Um die gewünschte Form zu erzielen, verwendet dieser Entwurf gerundete Schubladen – ein Alptraum für Ordnungsfanatiker –, während die Einlegearbeiten aus Messing schlichte Rechtecke bilden. Das einzige Stilmerkmal, das eindeutig auf die Antike verweist, sind die Beine des griechischen Klismos. Stilistisch gesehen hat dieser italienische Schreibtisch dieselben französischen Wurzeln wie die russische Kommode. Socci könnte den Entwurf eines Bibliothekstisches von Sheraton gesehen haben,[51] bei dem ein traditioneller Schreibtisch in halbmondförmige Enden ausläuft, ebenso gut könnte ihn – trotz aller Unterschiede – die imperiale Aura eines Stuhlentwurfs von Piranesi [327] inspiriert haben. Dieser war auf einen Sockel gesetzt, was normalerweise Thronen vorbehalten blieb.

Im frühen 19. Jahrhundert trat erstmals auch Mobiliar aus Übersee international in Erscheinung. Zwar hatten Musterbücher, wie die Chippendales, den englischen Stil in ganz Nordamerika verbreitet, doch derartige Vorlagenwerke können keine anspruchsvolle eigenständige Tradition begründen. Diese Wirkung kann nur von Möbeltischlern und -entwerfern ausgehen, die in großer Zahl in ein Land einwandern, wie es französische Künstler im späten 17. Jahrhundert in England getan hatten oder französische und italienische im 18. Jahrhundert in Schweden. Diesmal säten britische, französische und deutsche Kunsthandwerker ihre Talente in Nordamerika, und das ganze 19. Jahrhundert hindurch trugen einige der schönsten Stücke die Handschrift von Immigranten. In Indien hingegen benötigte man derartige Hilfe nicht: Die Kultur der Mogulen mit ihrer Eleganz und Raffinesse verlieh anglo-indischen Möbeln im 18. Jahrhundert eine anspruchsvolle Ästhetik, die provinziellem Mobiliar aus den Kolonien der Neuen Welt völlig versagt blieb. In gewissem Maße war Qualität auch eine Frage der Mittel, denn noch im 18. Jahrhundert konnte man sich in Nordamerika eine Bemalung mit groteskem Dekor kaum leisten.

Die Entwürfe Sheratons mit seiner Betonung isolierter Elementarformen fanden in Europa wie Amerika beträchtlichen Anklang. In seinen Musterbüchern von 1791 bis 1794 etwa findet man neben dem bereits erwähnten Bibliothekstisch auch einen von hohen Halbzylindern flankierten Schreibtisch, während seine funktionalen Eck-Waschständer jeweils aus Viertelzylindern bestehen. Der strenge Entwurf eines »Bücherschrank[s] für eine Ordensschwester« in seinem *Cabinet Dictionary* von 1803 diente als Vorlage für einen Schreibtisch mit Bücherregal aus Mahagoni, Satinholz und Ahorn, der 1811 in Baltimore entstand [434].[52] Der Schrank ist aus Ovalen und Rechtecken aufgebaut und von zwei Kugeln bekrönt; seine gedrechselten Stützen wechseln zwischen Baluster- und Kandelaberform. Die Einsätze in Verre églomisé zeigen pompejanische Tänzerinnen, wie sie damals allgemein beliebt waren.

Architektonische Motive – wie voll ausgearbeitete Säulen, Giebelaufsätze, schwere Sockel oder dachziegelartige Dekorationen – waren zwar nie ganz aus der Möbelkunst verschwunden, doch jetzt kehrten sie in monumentaler Form zurück. (Hope hingegen hatte, wohl beeinflusst durch Laugier, Säulen und Giebel vermieden.) Der Schmuckschrank für Kaiserin Josephine aus Eiben- und Amaranthholzfurnier mit Montierungen aus vergoldeter Bronze und Intarsien aus Perlmutt [402] zeigt massive kubische Formen. Nur die vorgeblendeten Säulen sind rund gearbeitet, sogar das Gestell besteht aus rechteckigen Pfeilern. Strenge und Schlichtheit dieser Formen waren jedoch kein Grund, sie aus Boudoirs zu verbannen. 1808, im Jahr der Schlachten von Wagram und Talavera, wurde ein Frisiertisch an die französische Kaiserin geliefert [432], der aus Zylindern und Kuben besteht, wobei besonders die runde und ovale Form von Spiegel, Sockel und Marmorplatte ins Auge fällt. Er könnte kaum schlichter sein (die Leuchter wurden erst 1837 hinzugefügt). Seine einfache Linienführung bringt die Schönheit des hellen Ahornfurniers vollendet zur Geltung. Einheimische Holzarten, wie bei Frisiertisch und Schmuckschrank Josephines, waren damals groß in Mode. Besonders Esche, Nussbaum, ungebeizter Bergahorn, Ulme

verbinden … Gerade diese Strenge trägt nicht unerheblich zu dem allgemeinen Charakter von Schönheit, Würde und Größe bei.«[54] Ackermann besuchte regelmäßig seine deutsche Heimat, und auch das Sofa, das als französisch bezeichnet wird, sieht im Grunde eher deutsch aus.

Kompaktere Biedermeiermöbel könnten auch von Sheratons *Drawing Book* inspiriert worden sein, das 1794 in Leipzig erschienen war, doch schon die unveränderte Beliebtheit des »romantischen« Klassizismus in der Architektur Nordeuropas und Skandinaviens nach Sheratons Verbannung aus Paris durch Napoleon sorgte dafür, dass diese Formen weiterhin auffällig dominierten. Der Architekt Friedrich Gilly (1772–1800), ein glühender Anhänger dieser Richtung, unterrichtete den jungen Schinkel an der Berliner Bauakademie. Sein Einfluss wird deutlich in dessen Entwurf eines Sekretärs aus dem Jahr 1811, der sich architektonischer Formen bedient, ohne sich stilistisch festlegen zu lassen [436].

Karl Friedrich Schinkel (1781–1841) gehört sicherlich zu den interessantesten Künstlern des frühen 19. Jahrhunderts. Als Maler, Baumeister, Innenarchitekt und Entwerfer für Glas, Porzellan und Metall war er in erster Linie von Antike und Renaissance beeinflusst, ohne daneben seine Faszination von der Gotik und zeitweise auch vom Funktionalismus (S. 267) zu verleugnen. Sein früher Entwurf zeigt sich in seiner Monumentalität ebenso selbstbewusst wie vergleichbare Architektur. Die Fassade artikuliert sich in Quadrat- und Rechteckformen, und über einem Giebel »à la Cecilia Metella« [477] thront eine schwere Vase, die an die trompetenförmigen Körbe auf griechischen Vasen erinnert, während im Zent-

435 Schreibschrank mit Furnier in Mahagoni und ebonisiertem Birnenholz und Montierungen aus vergoldeter Bronze; österreichisch (Wien), um 1820

436 Sekretär mit Furnier aus Birkenwurzelholz und Montierungen aus Gusseisen nach einem Entwurf Karl Friedrich Schinkels. Ausführung von Bernhard Wanschaff; deutsch (Berlin), 1811

und Obsthölzer wie Birne oder Kirsche fanden in großen Mengen Verwendung, und auch fein gemaserte Wurzelhölzer waren ausgesprochen populär. Die häufig wiederholte Feststellung, die Kontinentalsperre Napoleons im Jahr 1806 habe die Verwendung einheimischer Hölzer erzwungen, mag wohl ein Quäntchen Wahrheit beinhalten, doch in diesem Fall war die Mode stärker als jede Blockade. Schon 1801 hatte Landon vehement für diese Holzarten plädiert,[53] und in England hatte man sich schon früh dafür interessiert.

Von Geometrie bestimmt war auch ein »Französisches Sofa«, das Ackermann im April 1815 in seinem *Repository* abbildete: »Die Umrisse von Sitz und Rückenlehne werden von gleich großen Radien gebildet und von kleinen Ovalen durchschnitten, mit denen sie sich zu einer lang gezogene Ellipse oder einem Oval

437 Arbeitstisch in Form eines Globus auf dreifüßigem Gestell, Mahagoni und Nussbaum mit vergoldeten Bronzebeschlägen; österreichisch (Wien), um 1820

438 Konsoltisch aus vergoldetem Holz aus dem Ankleidezimmer der bayerischen Königin im Königsbau der Münchner Residenz. Entwurf: Andreas Gärtner (?); deutsch, um 1806–1810

rum der Komposition ein kreisrundes Ornament sitzt. Das Furnier aus Birkenwurzelholz ist mit Montierungen aus nüchternem Gusseisen geschmückt. Insgesamt kaum mehr als Biedermeier zu bezeichnen, zeigt das Stück zwar die typischen Merkmale, doch es fehlt ihm die ungewöhnlich harmonische Verbindung mit dem flachen Holzbrett, die für diesen Stil so charakteristisch ist.

Ein Wiener Mahagoni-Schreibschrank um 1820 zeigt in der Kombination von geometrischen Formen und glatten Flächen den Biedermeierstil in seiner konsequentesten Ausprägung [435]. Dominiert wird er von einem Kreis aus dunkel gebeiztem Birnenholz, der seinerseits ein Rechteck einschließt, das auf den ersten Blick wie ein Quadrat wirkt. Die geometrische Strenge wird gemildert durch die beiden Greifen und die Füße in Form von Löwentatzen, die in diesem Fall realistisch geformt sind. Bei anderen Beispielen aus dem Biedermeier sind die Tierfüße breit ausgearbeitet, ähnlich wie bei den abstrahierten Darstellungen auf griechischen Vasen.

Warum sind Biedermeiermöbel so flach? Ihre Flächigkeit war offensichtlich ein wichtiges Merkmal: »Das Streben nach dieser Ausdrucksform überwindet sogar die sonst ausschlaggebende handwerkliche Konzeption und ist damit Beweis dafür, daß Stilwillen letzten Endes doch immer stärker ist als das Streben nach Werkgerechtigkeit ... So ist das Handwerkliche mit allen seinen Vorzügen, aber auch mit seinen Einschränkungen eines der wichtigsten stilbildenden Elemente des Biedermeier.«[55] Die flächige Wirkung des Biedermeiermobiliars hat also rein stilistische Hintergründe. Sie prägt nicht nur die großen, undekorierten, kubischen Architekturflächen des Klassizismus, sondern begegnet uns bereits auf dem Mobiliar griechischer Vasendarstellungen [3]. Dort allerdings ist sie Folge der Maltechnik, die ihrem Wesen nach graphisch und dekorativ ist und kaum Schattenwirkungen oder Perspektive kennt. Doch Flächigkeit zeichnete auch konkretes Mobiliar aus, etwa Kommoden [9], und war nicht nur Ergebnis malerischer Konvention. So betonen bereits antike Kastensärge aus Ägypten und Russland, die in direkter Verbindung zu zeitgleichen griechischen Kommoden stehen, das einzelne Brett [441].

Eine weitere griechische Erfindung von großem Einfluss, das Sofa mit ausgesägten Ornamenten, geht überraschend klar vom einzelnen Brett aus, aus dem es gefertigt wurde. In seiner primitiven Linearität so ganz verschieden von den Konventionen, die an europäischen Sitzmöbeln vor dem Durchbruch der »etruskischen« Mode gültig waren, wurde es nun mit Begeisterung aufgegriffen und beeinflusste sogar solche Typen des Biedermeier, die sich eines ganz anderen Vokabulars bedienen. So zeigt ein Sofa [440], das an sonsten dem »ausgeschnittenen« Sofatyp kaum ähnelt, wenn man es von der Seite betrachtet, die gleiche Flächigkeit.[56]

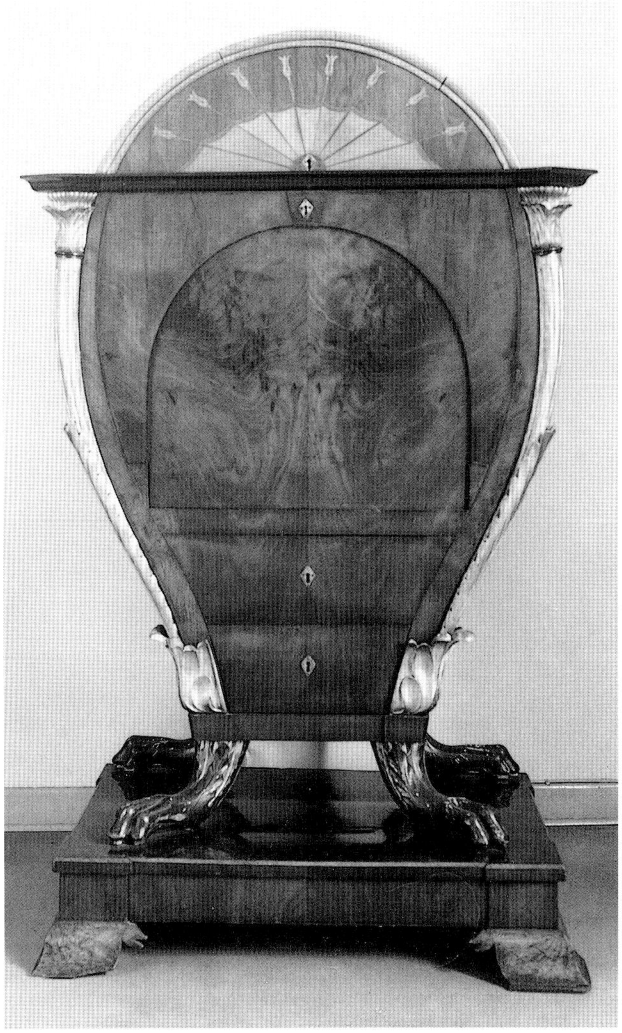

439 Sekretär mit Mahagoni- und Ahornfurnier mit ebonisiertem Birnenholz und vergoldeten Schnitzornamenten; deutsch (Hannover), um 1815

Eine andere Form, die im klassizistischen Mobiliar des Post-Rokoko wieder auftaucht, ist die der antiken Lyra. Griechen und Römern gleichermaßen bekannt, avancierte sie durch häufige Darstellungen auf griechischen Vasen zum Leitmotiv des »etruskischen« Stils. In emblematischer Funktion findet man sie oft auf Sekretären – Apollon, der Gott der Musik und Künste, war auch für die Literatur zuständig. So leitet sich ein Wiener Sekretär in Mahagoni um 1810 in seiner Grundform von einer Lyra ab[57] – seine geschnitzten und vergoldeten Akanthus-Blätter und Tatzenfüße sind plastisch und energisch ausgeführt, ebenso die abstrahierten Füllhörner, die seine Seitenflächen schmücken. Bei einem anderen Stück findet man Lyrasaiten als Montierungen an der Vorderfront.[58] Die letzte Entwicklungsstufe der Biedermeierversion dieses Motivs schließlich, bei der das Volumen sich ganz der Fläche ergeben hat, zeigt ein Sekretär um 1815 aus Hannover [439]. In seiner Ornamentik ist er ganz griechisch, und seine Tatzenfüße sind nach außen gedreht wie bei antiken griechischen Tischen.

Ein meisterhafter Tisch um 1830 in *bois clair* von dem Pariser Spezialisten Louis-François Puteaux wird von Lyren getragen, deren plastisches Gewicht sich von Vorbildern aus der antiken Skulp-

tur ableitet [442].[59] Die Intarsien (die damals Marketerien zu verdrängen begannen) weisen etruskische Motive in Hülle und Fülle auf, während sich das Muster der Platte an antiken Mosaiken orientiert. Auch Schwäne, ein beliebtes Motiv aus der römischen Antike, das bereits in Griechenland erscheint, kann man darauf erkennen. Stilistisch ähnelt der Tisch ein wenig den Werken Pelagio Palagis. 1830 gab Puteaux die kunsthandwerkliche zugunsten einer industriellen Fertigung auf – man kann nur sagen: leider![60]

Auch kleinere Möbelstücke folgten diesen Stilvorgaben. So balanciert ein Arbeitstisch für Damen [437] einen perfekten Globus, wie man ihn nur sehr schwer aus Holz fertigen konnte. Er ist mit Tierkreiszeichen dekoriert und sitzt auf einem dreifüßigen Gestell. Eine pompejanische Wandmalerei wiederum, die in mehreren Publikationen verbreitet worden war [444], könnte ein Tischchen [443] inspiriert haben.

440 Sofa mit Pinienkorpus, furniert mit Birkenwurzelholz und anderen Hölzern; Wien, um 1825

441 Hölzerner Kastensarg aus Abusir, Ägypten; hellenistisch

442 Louis-François Puteaux, Tisch mit Furnier in Esche, Bergahorn und Amarantholz; französisch, um 1830

ganz oben **443** Mehrzwecktischchen mit Furnier in Nussbaum und Kirsche; Wien, um 1820

oben **444** Opfertisch nach einem pompejanischen Wandgemälde mit Darstellung einer Opferszene zu Ehren des Gottes Bacchus, veröffentlicht 1765 in Neapel (aus *Delle Antiquità di Ercolano: Le pitture antique d'Ercolano)*

VIII *Kapitel 3* Spiel der Phantasie

445 Thron mit Füllhörnern und geflügelten Sphingen als Sinnbild der Fruchtbarkeit und Weisheit auf einer Kalzedongemme mit Darstellung des Augustus und der Roma; römisch, 1. Jahrhundert n. Chr.

rechts **446** Jean-Baptiste-Claude Odiot und Pierre-Philippe Thomire, Wiege des zukünftigen Königs von Rom aus vergoldetem Silber; französisch, um 1810

447 Faltstuhl in »perspektivischer« Ansicht auf einer römischen Münze, 44 v. Chr.

448 Duncan Phyfe (zugeschrieben), Sofa aus Mahagoni und gespaltenem Rohr; New York, um 1820

So stark die »archäologischen« Einflüsse im frühen 19. Jahrhundert auch gewesen sein mögen, bei Mobiliar wurde vielfach auch in Revieren außerhalb jener Grenzen gewildert, die die antiken Prototypen vorgaben. So wurde der antike Faltstuhl oder -hocker, der *curulus*, phantasievoll abgewandelt und aufgrund der damit verbundenen Assoziationen an die römische Republik besonders von der Französischen Revolution als fester Bestandteil ihrer grimmigen Ikonographie vereinnahmt. Er mag auch den New Yorker Kunstschreiner Duncan Phyfe (1768–1854), einen gebürtigen Schotten, der sich stilistisch teilweise an Hope orientierte, zu einer Möbelgruppe mit x-förmigen Beinen aus Mahagoni und Rohr angeregt haben [448]. Die Ausrichtung der Sofabeine resultiert hier offensichtlich aus einem Missverständnis der perspektivischen Konventionen bei antiken Münzdarstellungen, auf denen die Beine von Faltmöbeln anscheinend in gleicher Ebene angeordnet sind [447]. Das Firmenschild erklärt diesen Typ sogar kurzerhand zu einer amerikanischen Erfindung!

Auch Napoleon schätzte den Faltstuhl, wenn auch aus anderen Gründen. In Zusammenhang mit der Wiederbelebung des höfischen Zeremoniells wurde der Faltstuhl als Herrschersessel reaktiviert. So kann man mehrere Tabourets für Napoleons Hof dem Stil Louis-quatorze zuordnen. Für seine Feldzüge dagegen benutzte der Kaiser ein funktionaleres Modell [526]. Die imperiale Aura des x-förmigen Gestells war wohl auch der Anlass, es für eine Wiege des späteren Königs von Rom zu verwenden [446], auf dem alle Hoffnungen der neuen Dynastie ruhten. In diesem Fall wird es aus zwei überkreuzten Füllhörnern gebildet, die offensichtlich Fruchtbarkeitssymbole auf antiken Thronen oder Gemmen aufgreifen [86, 445]. Gekreuzte Füllhörner begegnen uns auch auf Emblemen des 16. und 17. Jahrhunderts, zusammen mit dem Motto »Virtuti fortuna comes – Den Tüchtigen begleitet das Glück«.[61] Die Häufung von Symbolen an der Halterung des Baldachins – Reichsadler, Siegesgöttin und Lorbeerkranz [65] – verstärkt noch die Botschaft, und möglicherweise verhinderte nur das zarte Alter des künftigen Königs, dass man als weiteres Motiv dieses Kontexts noch die Trophäe hinzufügte.

Die Vorliebe Napoleons für solch militärische Assoziationen förderte die Entwicklung und weiträumige Verbreitung eines Stuhltyps mit Beinen aus gekreuzten Säbeln. Die x-förmige Konstruktion fand Eingang in archäologisierende Neuschöpfungen, und auch die Ausgrabungen in Pompeji und Herculaneum förderten Varianten des Typs zu Tage, bei denen die Beine beispielsweise in Vögelköpfen endeten [10 D]. Er gleicht einer beliebten Abwandlung aus den 1790er Jahren mit einem runden Element, das sich nach unten verjüngte.

Das Aussehen des modischen Sofas änderte sich zwischen 1795 und 1805 grundlegend.[62] Ein typisch englisches Polstersofa mit Bezugsstoff, der eindeutig vom antiken Velarium inspiriert ist, zeigt ein Entwurf Sheratons von 1793 [381]. Das schmale Bein in Anlehnung an den antiken, konvex gedrechselten Typ, der sich zum Boden hin fast punktförmig verjüngt, war eine von den Römern und Griechen übernommene Form, die man seit den 1780er Jahren bevorzugt für Tische und kleinere Möbelstücke verwendete. In den folgenden zwanzig Jahren wurden diese zierlichen Sitzmöbel zunehmend durch schwerere Typen verdrängt, die auf antiken Modellen basierten. Doch je weiter sie sich vom Ursprung entfernten, desto derber wurden sie im Entwurf. Besonders ein bestimmter Typus des Volutensofas, der, zurückgehend auf englische und deutsche Vorbilder, in den Vereinigten Staaten hergestellt wurde, hatte seine eleganten Linien ganz verloren und wurde, als er schließlich nach Peru gelangte, geradezu monströs.[63]

Die drei Haupttypen des antiken Sofas – mit Volutenenden, eckigen Linien oder sich elegant verjüngenden Lehnen, die in der Form an eine Lyra erinnern [10 L, 20, 450] – waren bereits in der Renaissance wieder entdeckt worden. Doch nun tauchten sie in so vielen Abwandlungen und Interpretationen auf, dass es den Rahmen eines solchen Buches bei weitem sprengen würde, sie eingehend zu beschreiben.

Der Entwurf für ein Volutensofa in antikem Stil [454], angefertigt vermutlich um 1800, beweist, dass es bei Designern und Polsterern üblich war, für reiche oder anspruchsvolle Kunden Modelle anzufertigen, die aus Holz, Terrakotta, Wachs, Textilien oder mehreren dieser Materialien bestehen konnten. Dieses Beispiel ist allerdings hinsichtlich seiner aufwändigen Machart und perfekten Ausführung äußerst ungewöhnlich. Das Sofa besteht aus elegant geschnitztem Mahagoni, die Einsätze in Verre eglomisé zeigen mythologische Embleme und antike Szenen, seine Montierungen aus vergoldeter Bronze Grotesken, Palmwedel und Rosen; die grünen Samtdraperien sind mit Silber bestickt und mit Muscheln besetzt. Die Halsbänder der geflügelten Hunde (traditionell Sinnbild ehelicher Treue), die innerhalb der volutengeschmückten Armlehnen

kauern, tragen die Aufschrift »Fidelidad conyugal« (Eheliche Treue) sowie die Initiialen C und M, mit deren Hilfe man Karl (Carlos) IV. von Spanien und seine notorisch untreue Gattin Maria Luisa als Auftraggeber ausmachen kann – wohl eines der unerquicklichsten Paare, die je auf einem Thron saßen. Ihre Züge hat Goya in seinen Bildern für die Nachwelt schonungslos festgehalten. Antike Sphingen bilden die Füße des Ruhemöbels. In Kombination mit den Hunden könnten sie wie bei einem 200 Jahre älteren Beispiel [232] die allegorische Verbindung von der Treue zur Weisheit schlagen. Hier könnte der Hund jedoch noch eine zusätzliche Bedeutung annehmen, denn nachdem Karl IV. König geworden war, »beschäftigte er sich ernsthaft nur noch mit der Jagd«,[64] und auch der königliche Jagdsitz, die Casa del Labrador [403, 404], wurde von einer ganzen Phalanx von Künstlern, darunter zahlreiche Franzosen, exquisit ausgestattet. In seiner eigenwilligen Ornamentik könnte dieser auffällige Entwurf sogar auf Dugourc hindeuten [377].

Eine frühe englische Variante des lyraförmigen Kanapees entwarf Henry Holland.[65] Er war durch die französische Außen- und Innenarchitektur beeinflusst und beschäftigte französische Entwurfskünstler und Handwerker. Das Voluten- oder Lyrasofa mit gedrechselten Beinen, Klismos- oder Tierfüßen war im frühen 19. Jahrhundert besonders in England und den deutschsprachigen Ländern beliebt, und Sheraton veröffentlichte 1802 den häufig kopierten Entwurf für eine »Griechische Bank«.

Ein anmutig geschwungenes Kanapee mit spulenförmig gedrechselten, spitz zulaufenden Füßen trägt auch Madame Récamier auf ihrem berühmten frühen Porträt von David. Möglicherweise gehörte es zur Ausstattung des Ateliers von Jacob aus dem Jahr 1787. Dreißig Jahre später wurde die alternde Schönheit noch einmal auf einer achtfüßigen Version des gleichen Modells gemalt, verarmt und in Mitleid erregender Abgeschiedenheit in der Abbaye Du Bois.[66] 1805 porträtierte Baron Gérard sie im mittleren Alter [449] in einem antiken Gewand von äußerst transparenter Textur auf einem Sessel mit volutenförmiger Lehne und gedrechselten Beinen nach dem Vorbild der römischen Antike, die mit Blattmotiven geschmückt sind. Letztere blieben bis weit in die 1830er Jahre *en vogue*.

Das Drechseln kam allgemein stark in Mode: Die übertrieben gerundeten, spulen- oder spindelfömigen Formen vieler antiker Sofas und Stühle wurden für Möbel aller Art im großen Stil wieder entdeckt, unter anderem für Tische, Regale und Schreibtische, wobei die gedrechselten Partien in den 1840er Jahren immer massiver wurden. Auch die gedrechselte Balusterform, wie sie sich in der Renaissance aus vereinzelten Vorbildern entwickelt hatte, die man schon in der Antike aufgegeben hatte, wurde wieder belebt und die beliebteste archäologische Alternative zur Kandelaberform. Ein

oben links **449** Sessel im antiken Stil; Porträt der Madame Récamier von François Gérard; französisch, 1805

links außen **450** Römisches Sofa mit Volutenlehne und gedrechselten Füßen auf einer Reliefdarstellung vom Tod Meleagers, veröffentlicht 1783 in Rom von J. Barbault (aus *Monuments antiques)*

links **451** Sofa und Stuhl aus Holz, Eisen und vergoldetem Eisen für das Palais Prinz Wilhelms in Berlin nach einem Entwurf von K. F. Schinkel; Ausführung von B. Wanschaff, 1811

manieriert wirkender Sessel von Abildgaard aus der Zeit um 1790 [453] weist alle wichtigen Drechselformen auf: runde, Spulen-, Spindel- und Balusterformen.[67]

Antike Einflüsse in anderer Anordnung spiegelt eine äußerst kunstvolle Gruppe Schinkels von 1829 [451], die äolische Voluten mit verschlungenen Ranken, wie sie auch auf griechischen Vasen erscheinen [3], den pompejanischen Dreifuß mit Sphingen [42] und pompejanische Wandmalereien [35] verbindet. Ihre Seitenteile enthalten sogar gotische Anspielungen! Große Kanapees, meist in Kombination mit einem Sofa- oder großen Rundtisch,

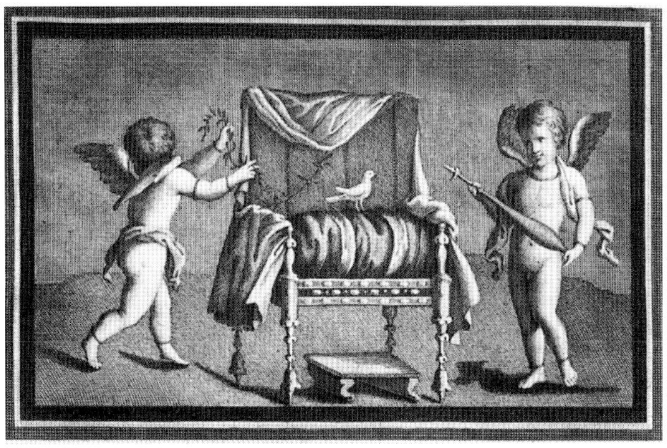

452 Thron der Venus, nach einem römischen Wandgemälde, veröffentlicht 1757 in Neapel (aus *Delle Antichità di Ercolano: Le pitture antiche d'Ercolano)*

ganz rechts **453** Gedrechselter Lehnstuhl aus teilvergoldeter Buche nach einem Entwurf von Nikolai A. Abildgaard; dänisch, um 1790

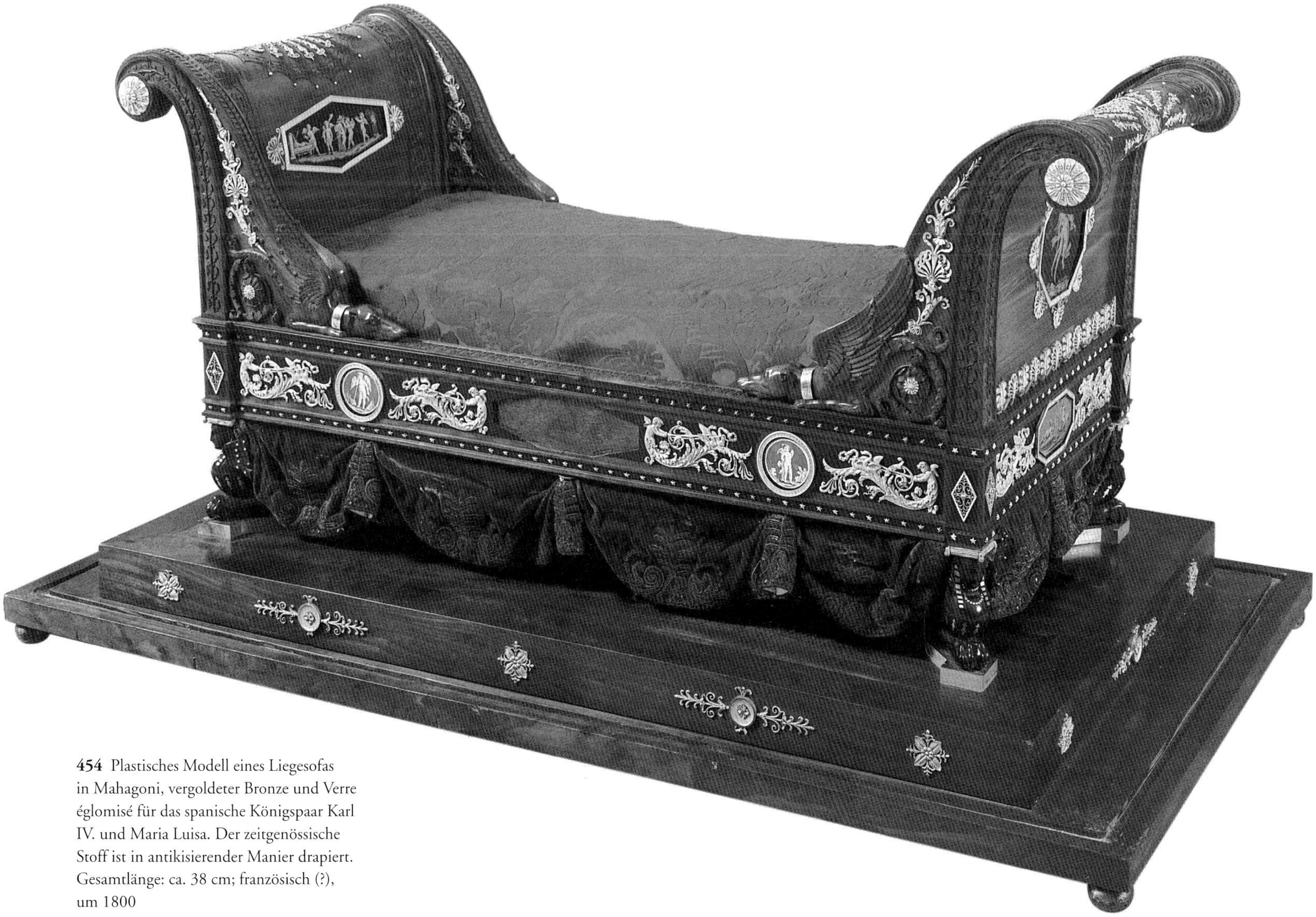

454 Plastisches Modell eines Liegesofas in Mahagoni, vergoldeter Bronze und Verre églomisé für das spanische Königspaar Karl IV. und Maria Luisa. Der zeitgenössische Stoff ist in antikisierender Manier drapiert. Gesamtlänge: ca. 38 cm; französisch (?), um 1800

waren zum Nonplusultra des Ankleidezimmers geworden, sollten die Aufmerksamkeit auf sich ziehen und mussten folglich Grandeur ausstrahlen. Im besonderen Maße besaß sie der eckige Typus, von dem Percier und Fontaine für Napoleon prächtige Exemplare entwarfen. Im Bestreben, Sofas monumental und architektonisch wirken zu lassen, brachte man an der Rückwand eine rechteckige Platte oder einen Fries an und kombinierte Volutenenden mit quadratischen Füßen.[68]

Das Sofa setzte sich auch im Schlafzimmer durch, wo es häufig das traditionelle Bett verdrängte. Antike Basreliefs und griechische Vasen dienten dabei als wichtigste Innovationsquelle, wenngleich Gemälde des 16. Jahrhunderts den Möbeltyp bereits vorweggenommen hatten [181]. Die Veränderung war äußerst wirkungsvoll. An die Stelle des Säulenbetts mit deutlich ausgearbeitetem Kopf- und Fußteil und kunstvoll drapierten, festongeschmückten Vorhängen trat ein Liegemöbel, dem alles traditionelle Zubehör fehlte. Dieser neue, unprätentiöse Stil macht auch vor herrschaftlichen Schlafräumen nicht Halt: So präsentiert sich

455 Schlafzimmer der Königin Luise von Preußen mit Mobiliar aus Birnenholz, Entwurf von K. F. Schinkel; Berlin, Schloss Charlottenburg, Neuer Pavillon; 1810

oben rechts **456** Entwurf eines »Feldbetts« von George Smith; britisch, datiert 1805 (aus *A Collection of Designs for Household Furniture*, 1808)

rechts **457** Geschnitztes und furniertes Sofa; spanisch, um 1850

gegenüberliegende Seite **458** Toilettetisch mit Stuhl aus geschnittenem Glas, Stahl, Verre églomisé und vergoldeter Bronze für Madame Desarnaud-Charpentier, Entwurf von N.-H. Jacob; französisch, 1819

459 Bronzeständer für Kohlebecken oder Lampen nach Ausgrabungen in Herculaneum, veröffentlicht 1792 in Neapel (aus *Delle Antiquità di Ercolano: Le lucerne ed i candelabri d'Ercolano)*

460 Frühstückstisch (»Dejeuné Table«), entworfen von George Smith, die Platte besteht wohl aus Porphyr; britisch, datiert 1805 (aus *A Collection of Designs for Household Furniture*, 1808)

Schinkels Entwurf für das Schlafzimmer Königin Luises in Schloss Charlottenburg [455] als kunstvoll, wenn auch beinahe übertrieben schlicht. Die mit rosafarbenen Tapeten bezogenen Wände wurden mit weißem Musselin verhängt, im ungekünstelten Faltenwurf antikisierender Draperien [39 E], in ihrer gesamten Anordnung symbolisch für Morgentau und Sonnenaufgang.[69] Die Bettenden sind von einem Ornament bekrönt, das von einem in die Länge gezogenen, girlandenverbundenen ionischen Kapitell abgeleitet ist. Das Bett selbst steht auf einem Podest, wie man es auch von Percier und Fontaine kennt, und der ganze Raum ist auf schlichteste Weise mit antikisierenden Draperien gestaltet, die die Festons allgemein verdrängten. Doch nicht jedem gefiel sein Bett nackt und »antik«. So zeigt ein Entwurf von Percier und Fontaine für eine »Madame B. … à Paris« einen Kompromiss: ein frei stehendes Liegemöbel nach Vorbild des antiken Sofas mit Volutenenden, das mit antiker Draperie und Ornamenten verschwenderisch dekoriert ist, bekrönt von Musselin mit Posamenten.[70]

Frei stehende römische Bronzekandelaber [45], die selbst auf einen etruskischen Typus zurückgingen, wurden wieder entdeckt und für eine Vielzahl von Objekten adaptiert, von exakten Kopien des antiken Vorbilds bis hin zu Ofenschirmen, Teekästchen und Handarbeitstischchen. Bei Hängeleuchtern ahmte man antike Bronzekronleuchter und andere hängende Lampenformen aus Bronze und Alabaster nach. Der Grableuchter aus dunkler Bronze bildete eine auffällige Abweichung vom festlichen Glanz anderer Modelle – Kronleuchtern mit einem magischen Netz von Brillanten, formal inspiriert durch die hängenden Girlanden auf Groteskenmalereien, oder dekoriert mit großen Mengen voluminöser Anhänger in der modischen Tradition massiver Elementarformen. Antike Modelle beeinflussten aber auch Goldbronzeanfertigungen jenes Typs, den beispielsweise Perciers Kronleuchter mit geflügelten Pferden in Aranjuez verkörpert [403]; er zitiert ein wohl bekanntes Modell von Boulle.

Antike Metallgegenstände verschiedenster Art dienten als Vorbild für Objekte fern ihres ursprünglichen Zwecks. So veröffentlichte George Smith 1808 den Entwurf eines Frühstückstischs aus dem Jahr 1805 [460], der – sieht man von Platte und Basis aus Porphyr ab – unverändert das Gestell eines antiken Kohlebeckens übernimmt, das 1792 in dem Werk *Delle Antiquità di Ercolano* abgebildet ist [459].

Ein anderes Gestell aus demselben Band, das von drei Delphinen als Symbolen der Aphrodite getragen wird, übte starken Einfluss auf Tischentwürfe aus. Ähnlich könnte die Abbildung eines rustikalen Leuchters [45] Smith zu seinem ungewöhnlichen »Feldbett« inspiriert haben [456]. Die Idee seines groben, skelettartigen Giebels mit Kranz könnte teilweise auf Laugier zurückgehen, der den rustikalen Holztempel als Archetyp der griechischen Architektur hervorhebt.

Während Percier und Fontaine den grotesken Überschwang allgemein zügelten, legten andere Entwurfskünstler den Grotesken in ihren phantastischen Exzessen keinerlei Beschränkungen auf. Höchster Phantasiereichtum ließ besonders das Sofa zur Experimentierbühne werden wie niemals zuvor. Tierfüße, Delphine, Füllhörner, Schwäne, Rosen – das ganze Arsenal heidnischer Mythologie fand hier einen Platz. Phantasie wird auch auf den Flugblättern La Mesangères (1761–1831) augenfällig, der zwischen 1802 und 1835 eine *Collection de meubles et objets de goût* als Beilage eines Modemagazins herausgab, ebenso in den Entwürfen des Wieners Joseph Danhauser (1780–1829), in denen der phantasiereiche Einsatz von Draperien als kunstvolle Abwandlungen grotesker Baldachine kreativ bis an die Grenzen getrieben wird. Ein spanisches Sofa aus der Mitte des 19. Jahrhunderts schließlich pervertiert die antike Form vollends, indem es sie maritim romantisiert [457].

Häufig lagen Phantasie und Leichtigkeit ebenso im Material wie in der Form begründet. Ein besonders kühnes Ensemble von 1819, bestehend aus Frisiertisch und Stuhl [458] nach einem Entwurf des David-Schülers Nicolas-Henri Jacob (1782–1871), wurde von »L'Escalier de Cristal«, dem Laden der Madame Desarnaud-Charpentier im Palais Royal in Paris verkauft. Die Gruppe ist auf Stahlrahmen montiert und war aus vergoldeter Bronze mit glitzerndem Glas in Diamantschliff gefertigt, einer Materialkombination, auf deren Erfindung Madame Desarnaud-Charpentier selbst Anspruch erhob. Die Tischplatte besteht aus Verre églomisé in Schwarz und Gold auf Blau, die Stuhllehne in Lyraform wird von Delphinen gebildet, während die Tischbeine sowohl auf den Faltstuhl wie auf das Füllhorn anspielen. Vermutlich gehörten sowohl der Frisiertisch als auch der Stuhl zum Mobiliar des Château de Rosny, das sich im Besitz der Herzogin von Berry befand und in einer Beschreibung von 1828 als »gleichermaßen kunstvoll und erlesen« bezeichnet wird.[71] Antiker Luxus und Glanz waren damals längst überholt.

Die eklektischen Stile IX

IX *Kapitel 1* Die Wiederbelebung der Gotik

vorhergehende Seite **461** Salon in Eaton Hall, Cheshire, von William Porden; britisch, 1826 (aus J. Buckler, *Views of Eaton Hall)*

Die Anfänge: Quellen und Publikationen

In der Baukunst trat der gotische Stil im Verlauf des 16. Jahrhunderts völlig in den Hintergrund, und seine baulichen Grundsätze gerieten allmählich in Vergessenheit. Allerdings gab es interessante Ausnahmen, Anfang des 17. Jahrhunderts beispielsweise die akademisch geprägte Rekonstruktion der Ruinen des gotischen Ostflügels der Abbaye aux Hommes in Caen – hier hatte sich die Renaissance nicht durchsetzen können. Bemerkenswerte Beispiele für das Überleben (oder die Wiederbelebung?) der Gotik finden sich gegen Ende des 16. Jahrhunderts in der deutschen Kunst: Wendel Dietterlin zeigt in seiner *Architectura* (1593/98) antike Motive, die grotesk überlagert sind und die überdrehte *Fin-de-siècle*-Stimmung der Spätgotik widerspiegeln. Trotz gelegentlichem Wiederaufflackern kam die gotische Ornamentik in eleganten Interieurs ganz aus der Mode, im volkstümlichen Mobiliar hinterließ sie jedoch bereits vor dem *Gothic Revival* des 18. Jahrhunderts und später auch unabhängig davon deutlich erkennbare Spuren.

Die Verbindung der Gotik mit grotesker Phantastik setzte sich mit Unterbrechungen im 17. und 18. Jahrhundert fort: Nach der Mode des 15. Jahrhunderts gekleidete weibliche Wesen lustwandeln gelegentlich in Bérain'schen Grotesken, und vermutlich fand die gotische Ornamentik gerade auch durch die Groteske Eingang in das Rokoko. Auf den Tapisserien nach Bérain aus den Jahren nach 1680 für das Haus Beauvais prangen seltsame gotische Gewölbe, Baldachine und hängende Fialen [569]. Ein anderer Wandbehang aus derselben Kollektion wird von wuchtigen gotischen Kielbogen beherrscht, die von schmächtigen grotesken Pfeilern gestützte gotische Gewölbe rahmen.[1] Das gotische Element wird im Rokoko vielfach nur angedeutet. So verlängert Gilles-Marie Oppenord beispielsweise das antike Velarium zu einem »Spinnengewebe«, das auf die spätere Synthese des Velariums mit dem gotischen Fächergewölbe vorausweist.[2] Als im 18. Jahrhundert in England das Interesse an der Gotik wieder aufflammte, ernteten ihre – Vitruvs Regeln völlig zuwider laufenden – irrationalen Auswüchse mehr Lob denn Tadel: Der »Trendsetter« des Geschmacks in der Regency-Zeit, Richard Payne Knight, dessen Neigungen auf die Antike gerichtet waren, behauptete, »die überladenen, kapriziösen, sinnentleerten Ornamente [und das sind exakt Vitruvs Einwände gegen die Groteske]« an der Kapelle des King's College in Cambridge erzeugten als Ganzes »ein reicheres, prächtigeres und von größerer Leichtigkeit geprägtes Gebäude als jedes andere bekannte, ganz gleich ob antik oder modern«.[3]

462 Tom Tower, Christ Church, Oxford, entworfen von Sir Christopher Wren; englisch, 1681–1682

Bereits seit dem 17. Jahrhundert hatte in England eine Rückbesinnung auf die gotische Architektur eingesetzt, und man kann generell sagen, dass das *Gothic Revival* in Architektur, Wohnkultur und Kunsttischlerei während der folgenden Jahrhunderte ein englisches Phänomen darstellt. Die Literatur und die romantische Assoziationstheorie spielten dabei eine entscheidende Rolle: »Es war die Wiederentdeckung der klassischen Literatur, die zur Nachahmung der klassischen Kunst anregte. Und die Begeisterung für mittelalterliches Sagen- und Märchengut, alte englische Traditionen und für die ritterlichen Helden im Konflikt zwischen England und Schottland weckte mit der magischen Kraft der Assoziation bei den romantischeren Naturen unserer *Sires* und *Grandsires* erst das Interesse für die gotische Architektur und ließ sie deren Schönheit erkennen.«[4] Die Klosterruinen, Hinterlassenschaften der Regierungszeit Heinrichs VIII., betrachtete man von Anfang an (S. 90) mit romantisch verklärtem Blick, und die gotischen Überreste verbanden sich im Geiste mit dem Kult antiker Stätten. Ab 1730 waren die englischen Parks übersät von falschen wie echten gotischen Ruinen.

Gotisierende Gebäude wurden in England ab etwa 1650 errichtet, und die Essays zur Architektur von Sir Christopher Wren [462] fanden große Beachtung. 1699 schrieb die Zeitschrift *London Spy*, die Kapelle Heinrichs VII. in Westminster verdiene die Bewunderung des gesamten Universums, und das alte Northumberland House sei schöner als jedes andere moderne Gebäude.[5] Sir John Vanbrugh baute gotische Schlossanlagen nach. Nicholas Hawksmoors gotische Türme im Gothic Quadrangle des All Souls College in Oxford[6] strebten in märchenhafter Schönheit zum Himmel empor. 1711 erhoben sich besorgte Stimmen, dass »unsere derzeitige Begeisterung« für die Gotik, die sich im Stadtbild von London in einer überstürzten Produktion gotischer (»Gothick«) Spitztürmchen niedergeschlagen hatte – eines rein gotischen Elements, ganz gleich wie »klassisch« es gewandet ist –, der »Zensur« späterer Zeiten zum Opfer fallen könnte.[7] Der das schrieb, konnte nicht ahnen, dass die Hinwendung zur Gotik noch weiter zunehmen würde, bis man Häuser – bekrönt von einem ganzen Wald gusseiserner Fialen – mit kompletten gotischen Interieurs [461] ausstattete.

Die meisten Gebäude des frühen *Gothic Revival* bedienten sich des Stils eher aus dekorativen als aus baulichen Gründen, doch einige französische Architekturtheoretiker betonten die bautechnischen Qualitäten der Gotik.[8] Der Abbé de Cordemoy pries im Jahr 1714 Michelangelo, er habe sich auf den Geschmack der Antike eingelassen, dabei aber auch das Gute der Gotik beibehalten;[9] es überkomme einen beim Betreten gotischer Kirchen unweigerlich ein Gefühl von Bewunderung »und eine insgeheime Freude, gepaart mit Verehrung und Respekt«.[10] Soufflot und Laugier hielten beide sehr viel von den architektonischen Prinzipien der Gotik, und Soufflot wandte sie auch an. Dennoch blieb das Interesse der Franzosen an der Gotik rein theoretisch, während die Engländer ihr Land mit gotisierenden Bauten überzogen, gotische Fenster in Palladianische Villen einsetzten, sich gotische Wohnzimmer, Galerien und Bibliotheken einrichteten und vornehme Matronen sich würdevoll auf gotischen Sesseln in Pose setzten.

Welche Quellen standen der Innenarchitektur des frühen 18. Jahrhunderts zur Verfügung? Es existierte immer noch eine Vielzahl beeindruckender sakraler und säkularer gotischer Bauten, wobei letztere in Flandern und Deutschland häufiger und prachtvoller ausgestaltet waren als in England. Auch gotische Gemälde hatten überlebt, speziell aus dem 15. Jahrhundert [146], und illuminierte Miniaturen [138] waren ein Genre, das bei Sammlern auf reges Interesse stieß. An gotischen Möbeln hatte sich wenig erhalten, und zu Lebzeiten Horace Walpoles (1717–1797) herrschte eine ziemliche Stilverwirrung – die Vorstellungen über Möbel aus dem Mittelalter oder dem 16. und 17. Jahrhundert waren völlig durcheinander geraten. Auch der große Gotik-Kenner der Regency-Zeit, William Beckford, bewegte sich dabei keinesfalls auf sicherem Terrain. Die geringe Zahl akademischer Studien über die Gotik erschwerte Architekten, Künstlern und Handwerkern den Zugang, und die vorhandenen Werke waren eher für Altertumsforscher gedacht, als dass sie sich als Vorlagen für Entwürfe geeignet hätten. Zwei frühe Arbeiten waren Wenzel Hollars Illustrationen zu William Dugdales *Monasticon Anglicanum* (1655–1773) und Dugdales *History of St Paul's Cathedral* (1658); Letzteres ist allerdings besser illustriert. Auch Montfaucons *Les Monuments de la monarchie française* (1729–1733) muss erwähnt werden, ein Sammelsurium, das allerdings kaum Beispiele des gotischen Flamboyant-Stils enthielt. Die Differenz zwischen diesen einsamen Pionierleistungen und den unzähligen Veröffentlichungen zur Antike ist enorm, doch mit der Zeit wuchs auch die Zahl an Büchern über die Gotik.[11]

Die Rückbesinnung auf die Gotik im 18. Jahrhundert: Interieurs und Mobiliar

Um 1670 setzte in der Kunsttischlerei die Phase der Nachschöpfungen gotischer Vorbilder ein: Die normannische Kathedrale von Durham wurde mit einem Chorgestühl im »Perpendicular-Stil« ausgestattet. Über das Anwesen Longleat berichtete eine Dame: »Ich erinnere mich, wie sich mein Vater immer wieder darüber beklagte, dass mein Großvater die gotischen Fenster im Erdgeschoss hat herausreißen lassen ... Der derzeitige Lord Weymouth gab dann die Wiederherstellung der alten Fenster in Auftrag.«[12] Um 1724 wurde es üblich, gewisse englische Interieurs in gotischem Stil zu gestalten: »Ich glaube, dass die gotische Bauweise für eine Galerie, eine Bibliothek oder dergleichen die beste ist, da sie auf der Vorstellung eines Waldes basiert, dessen Laubkronen den Decken solcher Räume seltsamerweise sehr stark ähneln«, schrieb der Altertumsforscher William Stukeley,[13] der sich 1740 mit der Behauptung hervortat, das Münster von York übertreffe das Pantheon und den Petersdom,[14] die zwei größten Meisterwerke der antiken und der neuzeitlichen Architektur. Gotische Entwürfe für englische Interieurs kamen von Chippendale, Kent, Walpole, Wyatt und Beckford. Walpole war der *spiritus rector*, Beckford aber machte gotisches Interieur »salonfähig« – die wichtigste Voraussetzung für eine Wiederbelebung der Gotik in der Möbelkunst.

Das erste Bauvorhaben, das sich wohl für die Ausstattung mit gotischen Möbeln anbot, war die strohgedeckte Merlin's Cave (Merlins Höhle) in Kew, eine von William Kent für Queen Caroline entworfene und 1735 fertiggestellte Garten-Attraktion, in der drei Säulen ein gotisches Gewölbe tragen. Bei den beiden mit Ziergiebeln bekrönten Bücherschränken in klassisch Kent'schem Stil bestand das einzige gotische Element darin, dass sie mit zierlichem, zweigartigem Dekor ausgestattet waren.[15] Kents gotische Entwürfe erstreckten sich auf viele Bereiche: Nach 1720 gestaltete er Esher Place in Surrey, und in den späten 1730er Jahren ein gotisches Esszimmer für Rousham. Gegen 1740 setzte sich dann das *Gothic Revival* in England als gängiger Stil durch.

Batty Langley, Kents einflussreichster Nachfolger, baute in seinem Buch *Gothic Architecture Improved by Rules and Proportions* (1742), worin er Entwürfe in gotischem Stil veröffentlichte, auf Kents Arbeit auf. Auch die spöttische Haltung der wachsenden Zahl an Möchtegern-Puristen konnte 1787 und später Neuauflagen nicht verhindern.[16] Langley verdankt Kent viel. Er unternahm den Versuch einer Synthese von Gotik und Antike, indem er den Kielbogen und den Vierpass auf klassische Strukturen übertrug – ein Versuch, eine gotische »Ordnung« aufzustellen, vergleichbar mit dem Kanon der Groteske im 16. Jahrhundert. Er empfahl den *Saxon style* für »alle Arten von Privatgebäuden, speziell für die Ausstattung von repräsentativen Prunkräumen, für Esszimmer, Eingangshallen, Treppenaufgänge etc. Des weiteren für Portiken, Überdachungen, Tempelchen und Pavillons in Gärten, Parks etc.«. Ein weiteres nützliches Handbuch mit »Muster-Entwürfen im gotischen Stil samt passenden Dekors« wurde 1759 in London von Paul Decker jun. veröffentlicht.[17] Es war eigentlich für Gartenarchitekten gedacht, doch ließen sich die abgebildeten Entwürfe vielseitig anwenden: »Eine nicht nur als Zierrat (wie auf der Abbildung) gedachte gotische Konstruktion; mit einer anderen oberen Abdeckung lässt sie sich leicht in ein Zelt, ein Tempelchen oder einen überdachten Bankett-Saal etc. verwandeln« [463] – aber auch für ein Gueridon oder einen Standspiegel nutzen. Der gesamte zweite Teil des Buches war gotischen Vertäfelungen gewidmet, »dabei sind verschiedene Fries-Vorlagen für Tischler und Schreiner angefügt«. Viele davon könnte man allerdings gleichermaßen für chinesisch wie für gotisch halten (S. 277). Fakt ist, dass Schmuckfriese, ganz gleich ob chinesisch und/oder gotisch, bei Möbelentwürfen ganz groß in Mode kamen. Deckers Buch beschäftigt sich ausführlich mit Dekor in Form von Zweigen: »In viele [Gartenhäuschen] ... sind natürliche Baumstümpfe, echte Zweige und Baumwurzeln einbezogen ... was vom Stil her etwas gänzlich Neues darstellt.«

Vielfach werden Künstler, die sich der Wiederbelebung eines vergangenen Stils verschreiben, mit vielerlei Schwierigkeiten konfrontiert. Das *Gothic Revival* der 1750er Jahre war jedoch keine hochernste und von hehren Idealen getragene Angelegenheit, wie etwa die Wiederbelebung der Antike in der Renaissance. Vielmehr lässt sie sich in ihrer kapriziösen Verspieltheit und Inkonsequenz mit den damals ebenfalls »modischen« Chinoiserien (S. 278–289) vergleichen. Es wurde lediglich ein bestimmter Stil, *Gothick* genannt (das überzählige »k« ist ein Schnörkel des Rokoko), zeitgenössisch-eleganten Grundformen aufgepfropft. Das *Rococo Gothic* wurde vom *Neoclassical Gothic* abgelöst, bei dem man Motive gotischer Architektur auf antike Formen, wie etwa den Dreifuß, übertrug. Anschließend folgte das *Gothic* des 18. und 19. Jahrhunderts, bei dem gotische Ornamente an (vielfach antiken) Formen aufgebracht wurden, was der wachsenden Vorliebe für gravitätisch anmutendes Interieur Rechnung trug. Erst in den 30er Jahren des 18. Jahrhunderts trat das echte *Archaeological Gothic* in Erscheinung.

463 »Eine gotische Struktur, nicht nur als Schmuck ... «, Entwurf von Paul Decker, veröffentlicht 1759 in London (aus *Gothic Architecture Decorated)*

464 Ein mit Krabben verzierter Kielbogen mit Nase am Grab Lord Berkeleys in der Kirche St. Mark's, Bristol, 1461

465 Entwurf für Stühle in gotischem Stil von Matthew Darly; britisch, 1750 (aus *A New Book of Chinese, Gothic and Modern Chairs)*

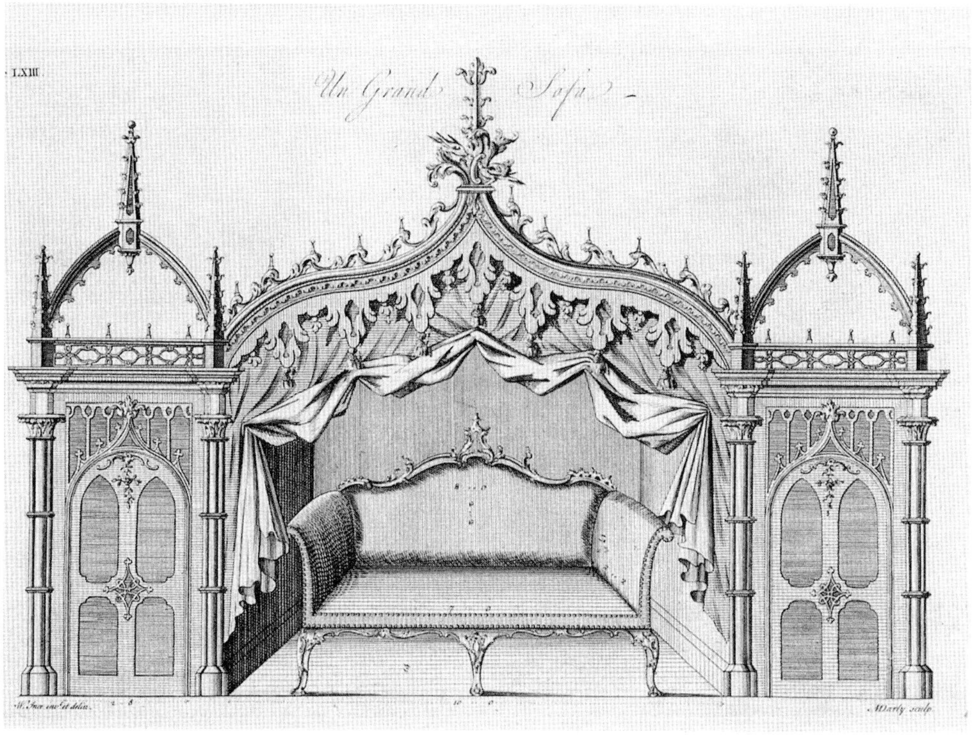

466 Entwurf für einen gotischen Bücherschrank von Thomas Chippendale; britisch, datiert 1753 (aus *The Gentleman and Cabinet-Maker's Director,* 1762)

467 Entwurf für *»Un Grand Sofa«* von William Ince; britisch, um 1762 (aus *The Universal System of Household Furniture)*

Die früheste Veröffentlichung mit Möbelentwürfen des *Gothic Revival* war Matthew Darlys *A New Book of Chinese, Gothic and Modern Chairs* (1750, 1751) [465]. Bei den darin abgebildeten Stühlen offenbart sich ein unproportioniertes und unpraktisches Stil-Gemisch. S-förmig geschweifte Beine *(cabriole legs)* sehen wie Säulenbündel aus; sie zeigen Akanthus-Motive, langgezogene »maureske« Durchbrüche, von denen manche eine Wandlung hin zum *Gothic* vollzogen haben, ebenso wie Vierblatt-Motive, Nasen und C-Voluten im Rokoko-Stil und geschwungenes Flechtwerk sowie geometrische Friese. Neben diesem Ornament-Wirrwarr nehmen sich die ersten rein gotisch gehaltenen Entwürfe (von Chippendale in der Ausgabe des *Director* von 1754) maßvoll und überlegt aus – und sie stellen eine echte künstlerische Leistung dar. Chippendale verband gekonnt gotische, chinesische und Rokoko-Ornamente mit zeitgenössischen Möbelformen. Seine kunstvollen Kombinationen ernteten freilich bei ernsthaften Ästhetik-Puristen nur Spott und Hohn. In seinen beliebten Muster-Büchern werden Möbel aus den zugehörigen Interieurs völlig losgelöst dargestellt, eine Praxis, die der wachsenden Tendenz zu stilistischer Fragmentierung Vorschub leistete.

Zu Chippendales bekanntesten gotisierenden Entwürfen gehören seine mit reichlich kapriziösem Zierrat versehenen Stühle, die Spitz- und Kielbogen, Lanzettblätter, Arkaden, Krabben und Nasen mit Rocaillen und Rokoko-Voluten kombinieren. Reiche Verwendung finden auch die doppeldeutigen *Gothick-* oder chinesischen Friese.[18] Die Rückenlehnen sind vielfach gotischen Fenstern und Arkaden nachgebildet – der Baukunst entlehnten Motiven –, wie sie auch im Mobiliar des Mittelalters geläufig waren [118, 131]. Gotische »Chippendale-Phantasien« in Reinkultur lassen sich an einer großartigen Arbeit für die Tischlergilde aus dem Jahr 1754 (dem Erscheinungsjahr der ersten Ausgabe des *Director)* bewundern, einer Mischung aus gotischen, antiken, chinesischen und Rokoko-Motiven. Von Chippendale stammen auch Vorlagen für gotische Bücherschränke, wovon einer, der erstmals im *Director* von 1754 veröffentlicht [466] ist, in der Mitte den – immens beliebten – Kielbogen trägt. Dieser ist zugleich gotisch [464] wie auch orientalisch, und der Gegenschwung seiner Spitze ermöglichte eine Integration in die Rokoko-Ornamentik. Die Glastüren gleichen zwischen Säulenbündel gestellten Lanzettfenstern und sind mit Maßwerk-Profilen versehen. Das ganze Stück ist überreich mit Blattwerk und Krabben geschmückt, die Kapitelle tragen Blattranken, Trauben und Weinlaub. Trotz solcher Stilmischungen sind Chippendales gotisierende Bücherkabinette schlichter gehalten und weniger exzentrisch als seine Stühle. Sie dienten daher auch als Vorbilder für die vergleichsweise nüchternen Bücherschränke im Stil der »architektonischen Gotik«, wie sie im späteren 18. und frühen 19. Jahrhundert aufkamen.

Ähnliche Formen wie bei Chippendale lassen sich auch bei dem um das Jahr 1762 entworfenen, künstlerisch weniger anspruchsvollen, aber dennoch interessanten »Alkoven mit gotischem Zierrat« ausmachen, »wobei das eingepasste Sofa eine ganze Zimmerseite einnimmt«[19] [467]. Der Kielbogen ist mit Lambrequins dekoriert, und das Flechtwerk an den Türen ähnelt demjenigen an den Rückenlehnen von Chippendale-Stühlen. Das ganze Ensemble ist fassadenartig ausgeführt [462], und das Rokoko-Sofa weist keinerlei gotische Züge auf. Eine solche Allianz von *Gothick* und Rokoko war bis ins 19. Jahrhundert hinein sehr beliebt.

1747 begann Horace Walpole mit der gotischen Umgestaltung von Strawberry Hill, was von schwärmerischen, der Gotik zugewandten Naturen begeistert aufgenommen wurde: 1764 veröffentlichte er *Das Schloss von Otranto,* die erste *Gothic novel* (»Schauerroman«), Schundliteratur zwar, aber nicht ohne Reiz, der die meisten der gelangweilten Sophisten und Ästheten zu Schwelgereien in der Gotik verführte. Er löste eine echte Modeströmung aus, und seitdem erfuhr das *Gothic Revival* in England eine wirksame Unterstützung durch literarische Ergüsse. In den Jahren nach 1820 verlieh Sir Walter Scott der gestelzten Phrasenhaftigkeit der *Gothic novel* etwas mehr Würze – und durch seine Fähigkeit, mittelalterliche Geschichte zum Leben zu erwecken, wurde er zum literarischen Wegbereiter der »archäologischen Gotik«.

Walpole besaß »eine ganz ureigene skurrile Genialität, und dies in allem, was er anpackte … Mit dem Erhabenen und dem Schönen hatte er nichts im Sinn, doch der dritte Bereich, das Unheimliche, war sein Metier.«[20] Strawberry Hill, sein Landsitz bei London – von dem Altertumsforscher Sir William Chambers als »barbarische Hütte«[21] bezeichnet und von Beckford, dem Rivalen auf dem Feld der Gotik-Begeisterung, als »gotische Mausefalle« geschmäht –, war für Walpole »mein gotischer Vatikan, mein Griechenland, mein Rom«, frei nach dem Zitat aus Popes *Dunciad:* »Ein gotischer Vatikan! Von Griechenland und Rom/ säuberlich befreit.«[22] Säu-

468 Sessel des Vorstandes der Londoner Tischlergilde *(Joiners' Company)* aus Mahagoni, geschnitzt von Edward Newman; britisch, 1754

berlich befreit oder nicht, das Haus ist voller antik anmutender Machwerke. Die Bücherwände der Bibliothek [470], von einem Stich Sir William Dugdales zur St. Paul's Cathedral inspiriert, sind eindeutig dem gotischen Architekturstil zuzuordnen. Sie zitieren, ebenso wie Berains Tapisserien, den Kielbogen, doch haben sie, anders als bei Berain oder auch bei Chippendale, nichts Märchenhaftes an sich. Dafür an anderer Stelle umso mehr – schimmert doch im gotischen Fächergewölbe der Galerie das Spiegelglas. Auch die Decke in der Bibliothek, 1754 von Andien de Clermont (einem Spezialisten der Groteske) bemalt, ist in gotischem Stil gehalten. Man versteht, dass bei Künstlern, die sich mit antiken Formen auskennen, Einflüsse davon in ihren Werken weiterwirken, aber auch Walpole selbst zeichnete sich nicht durch übermäßige Stiltreue aus. Antike Urnen kauern neben den gotischen Bücherregalen, und er selbst sitzt in einem für damalige Verhältnisse modernen Sessel. Man vermutete, der Sessel könnte dem Künstler gehört haben,[23] doch J. H. Muntz ging zum Skizzieren der Bibliothek sicher nach Strawberry Hill, und warum sollte er seinen Auftraggeber (und dessen Sitzmöbel) nicht *in situ* zeichnen? Walpoles Freund, der Dichter Gray, liefert eine Erklärung für den modernen Sessel: »Jeder bequeme Stuhl ist auch ein moderner Stuhl, denn unsere Vorfahren kannten solche noch nicht.«[24]

469 Armlehnstuhl aus beschnitztem, bemaltem und teilvergoldetem Holz, entworfen 1761 von Robert Adam; britisch, gefertigt 1777–1780

rechts **470** Bücherschränke, Sessel und Urne in der Bibliothek von Strawberry Hill auf einem Porträt von Horace Walpole von J. H. Muntz; britisch, späte 1750er Jahre

Doch gab es erstaunlicherweise nur wenige frei stehende Möbel im Stil des *Gothic Revival* in Strawberry Hill. Die Stühle für die große Halle wurden 1755 geliefert. Wie bei manchen Chippendale-Stücken waren ihre Lehnen denen von Sitzmöbeln im mittelalterlichen Architektur-Stil nachempfunden, die mit Maßwerk, inspiriert vom *English Decorated Style*, verziert waren. Diese sind zwar recht dekorativ, doch fehlt ihnen der eigentümliche Reiz von Chippendales ein Jahr zuvor kreiertem *Gothick Style*. Sie sind ebonisiert, vermutlich angeregt durch das hoch gepriesene ostindische Ebenholz-Mobiliar aus dem 17. Jahrhundert, von dem Walpole dachte, es wären Möbel der Tudor-Zeit (auch Beckford erlag diesem Irrtum). Die Bedeutung des Mobiliars in Strawberry Hill liegt darin, dass es sich dabei vermutlich um das erste komplette, bewusst eklektische – und darüber hinaus immens einflussreiche – Interieur handelte. Gerechtfertigt durch die aus dem Pittoresken abgeleitete Doktrin des »Schnörkels« und vertreten von so einflussreichen Figuren wie Beckford und dem englischen Prinzregenten fand die Gotik-Welle schließlich weltweite Verbreitung.

Ein prächtiger Bibliothekstisch aus Mahagoni und Fichte [472] wurde um 1758 für Pomfret Castle angefertigt, das Stadthaus der Gräfin von Pomfret im Stil des *Gothic Revival* in der Londoner City. Der Entwurf stammte wohl von Henry Keene oder Sir Roger Newdigate, beides begeisterte Verfechter der Gotik-Welle.[25] Die meisten Details – etwa Säulenbündel und Vierpass – sind eindeutig gotisch, doch weisen nur die Nasen in den großen Rosetten dieses Hauptmotiv als gotisch aus. Andererseits findet sich ein im Wesentlichen identisches Flechtwerk-Motiv an antik römischen Decken, ebenso wie an einer Decke mit Groteskenbemalung von Robert Adam in Mersham le Hatch (als Hauptmotiv, ins Zentrum eines Velariums platziert)[26] und nicht zuletzt auch auf den grotesken Deckenentwürfen von Adams Gehilfen, George Richardson, der über sie ausdrücklich sagte, dass sie »auch mehreren anderen Professionen zu Diensten sein kann« (S. 197).[27] Die Form des Tisches und seine Akzentuierung durch Säulen, Friese und Plinthe entsprechen fast exakt den jeweiligen Teilen des klassizistischen Chippendale-Schreibtischs, der früher in Harewood House in Yorkshire stand.[28] Das Knieloch wird von einem Rundbogen und nicht etwa von einem Spitzbogen überwölbt.

In seltsamem Kontrast zu dem Chippendale-Stuhl aus dem Jahr 1754 [468] steht Robert Adams früheste Möbelvorlage [469] – ein bereits 1761 entworfener, aber erst zwischen 1777 und 1780 ausgeführter Sessel. An diesen beiden Stühlen erkennt man deutlich die Unterschiede zwischen den in eklektischer Freiheit gestalteten Möbeln und anderen, bei denen man sich von historischen Vorgaben leiten ließ. Adams Stuhl nahm Anleihen beim Krönungssessel in Westminster Abbey: bei der Grundform, den Arkaden, dem Vierpass und dem Schwung der Armlehnen. Abgesehen

471 Mahagoni-Stuhl von Georges Jacob; französisch, um 1795

472 Bibliothekstisch aus beschnitztem Mahagoni und Fichtenholz, gefertigt für Pomfret Castle in London; britisch, um 1758

473 Rosettenfenster an der Südseite der Kathedrale von Amiens

474 Entwurf für »Ein gotisches Bett«; britisch, 1827 (aus Ackermanns *Repository)*

von einigen Details, unter anderem etwa den Akanthus-Putten und den Beinen aus Säulenbündeln, könnte man seine Entstehung auch hundert Jahre später datieren. Dieses Genre der Gotik wurde vom Baumeister und Dekorationskünstler James Wyatt (S. 190) weiterentwickelt. Wyatt war ein äußerst einflussreicher Vertreter des *Gothic Revival,* der dieser Stilrichtung auch treu blieb, als sie gegen Ende des 18. Jahrhunderts abzuklingen schien. Wäre Wyatt nicht bei einem Kutschenunglück ums Leben gekommen, der Royal Pavilion in Brighton wäre heute sicher völlig gotisch.[29]

Im späteren 18. Jahrhundert griff das englische *Gothic Revival* auf ganz Europa über, Russland eingeschlossen. Nur Italien zeigte ihm die kalte Schulter: Seine Haltung findet vermutlich ihren besten Ausdruck in den Worten Bonomis (S. 204), der 1807 über die »schweren Wolken der Gotik [im 14. Jahrhundert]« klagte und fortfuhr: »Ich kann nicht umhin, die Wiederbelebung solcher Absurditäten in diesem Land [England] zu bedauern, das eigentlich einmal ein gutes Stilempfinden besaß ... «[30] Frankreich hingegen war nicht abgeneigt, vermutlich als Folge der herrschenden Anglomanie. 1780 inszenierte der Schwager Königin Marie Antoinettes für sie ein Turnier-Fest mit fünfzig Rittern in mittelalterlichen Rüstungen. 1791 wurde das Théatre du Marais in Paris in »gotischem Stil ... ganz nach der Bauweise unserer alten Kapellen«[31] rekonstruiert. Ein Mahagoni-Stuhl von Georges Jacob [471] spielt dezent mit gotisierenden Motiven: Der Schild mit den spitz zulaufenden Ecken war eine gotische, keine antike Form und findet sich an Möbeln des 15. Jahrhunderts. Jacob überzeichnete den Bogen, um das »Gotische« daran noch stärker zu betonen. Die nicht ganz eindeutige Gestalt der Rosette erinnert dennoch an das gotische Rosettenfenster [127]. Der Entwurf basiert vermutlich auf der typischen schildförmigen Lehne und den modifizierten Klismos-Beinen [394] der Hepplewhite-Stühle. Dennoch blieben dies Ausnahmen, und die Einstellung der Franzosen zur englischen Gotik-Begeisterung wird in Madame du Deffands spitzzüngigem Kommentar auf den Punkt gebracht: » ... ziemlich natürlich für ein Land, das noch keinen eigenen Geschmack herausgebildet hat.«[32]

Nach 1790 wurden die überlebenden Teile der französischen Skulpturen aus der Gotik, die im Namen der Freiheit zerstört worden waren, in einem »Gotik-Museum« in Paris zusammengetragen, wo sie große Aufmerksamkeit erregten, doch im Großen und Ganzen hielten die Franzosen an ihrer ablehnenden Haltung zu dieser Stilepoche fest. Die beiden wichtigsten Stilbildner der napoleonischen Zeit verabscheuten die Gotik: Percier behauptete, sie sei »nicht für uns« geschaffen, und bedauerte, dass die Engländer ihre »Vorliebe für gotische Spitzbogen, Säulenbündelchen und bunte Glasfenster« »exportierten«. Fontaine merkte an, es liege alles schon zu weit zurück, um wieder auf moderne Gestaltung angewandt zu werden.[33] Damit blieb England für die Gotik die bestimmende Macht – für beide Seiten kein reiner Segen.

Die Verbreitung des Gothic Revival

Das *Picturesque Gothic* des 19. Jahrhunderts verdankt seinen Erfolg in England zwei begeisterten Protagonisten, starken Persönlichkeiten mit außergewöhnlichen Fähigkeiten. 1797 begannen der Millionär William Beckford (1760–1844) und sein Architekt Wyatt mit dem Bau der unerhört erhaben wirkenden Fonthill Abbey, die in ganz Europa Erstaunen und in England immense Bewunderung erregte. Der englische König Georg IV. ließ daraufhin Schloss Windsor in den Jahren nach 1820 zum größten Schlossbau des *Gothic Revival* in Europa umgestalten. Schlösser im Stil der Regency-Zeit schossen wie Pilze aus dem Boden, und die Mode griff auch auf das europäische Festland über. Sowohl Georg IV. als auch Beckford besaßen einen eklektischen Geschmack, und weder Windsor (von ein paar Räumen abgesehen) noch Fonthill wurde mit rein gotischem Mobiliar ausgestattet, denn beide boten kaum den geeigneten Rahmen für solche Interieurs.

Bücher mit zeitgenössischen Vorlagen gotischer Möbel, sowohl für Möbeltischler als auch für Laien gedacht, waren in England auf dem Markt, und zwei davon fanden auch europaweit Verbreitung. George Smiths *Household Furniture* aus dem Jahr 1808 präsentiert zahlreiche gotische Entwürfe. Sein »Krippenbettchen« im Tudorstil [475] unterscheidet sich auffallend von der 1811 für Napoleon II., den König von Rom, gefertigten Wiege [446]. Die zweite Publikation, Rudolf Ackermanns *Repository,* erschien in regelmäßigen Abständen, inspiriert durch die Kreativitätsschübe bekannter Gotik-Experten, die darin ihre gotischen Entwürfe prä-

475 Entwurf für eine Wiege von George Smith, britisch, datiert 1807 (aus *A Collection of Designs for Household Furniture and Interior Decoration,* 1808)

476 Entwurf für eine Causeuse von L. N. Cottingham; britisch, um 1842

sentierten. Zwischen 1825 und 1827 stachen zahlreiche wild mit Spitztürmchen versehene Vorlagen von Pugin sen. und jun. ins Auge. Diese zeigen das Idealbild der frühen »architektonischen Gotik« des 19. Jahrhunderts. Ein nüchterner gehaltenes »gotisches Bett« von 1827, das aus »Palisander mit Ormoulu-Verzierungen« [474] gefertigt werden sollte, entspricht dem Stil Heinrichs VII. »Die Pfosten an den vier Ecken sind jedoch früheren Datums und erinnern an das Schnitzwerk am Grab von Edmund Crouchback, Earl of Lancaster, in Westminster Abbey.«[34] Es war die Zeit, in der man an »gotischen Whist-Tischen« Karten spielte oder am »gotischen Pianoforte« saß[35], bevor man sich auf die »gotische Liegestatt« zurückzog – in einem Raum mit »gotischem Frisiertisch« und »gotischem Spiegel«.

Dem Beispiel Fonthill und Windsor folgten weitere Bauvorhaben im gotischen Stil, von denen einige, so etwa die extravagante Eaton Hall, durchgehend mit gotischem Mobiliar ausgestattet wurden. Dort wurden Bilderrahmen im Stil des Neo-Rokoko für die Wände von Räumen gewählt, die ein ansonsten rein gotisches Interieur besaßen [461]. Diese bewährte Kombination der beiden großen anti-klassischen Stile, des Rokoko und der Gotik, wurde noch bis weit ins Zeitalter der archäologischen Gotik hinein gepflegt. Ganze Möbel-Ensembles im Neo-Rokoko-Stil wurden dezidiert für Räume im Stil des *Gothic Revival* angefertigt.[36] Den Versuch einer Synthese zwischen Gotik und Rokoko unternimmt der Entwurf einer verschnörkelten Causeuse [476] von L. N. Cottingham. Das Mobiliar von Eaton gilt als eines von vielen Beispielen, bei denen gotische Dekorationselemente antiken Formen appliziert wurden. Diese reizvoll wirkenden Stil-Unreinheiten *à la Gothick* hatte man mit ähnlichem Wohlwollen akzeptiert wie das Stilgemisch der von Gemälden Claude und Gaspard Poussins inspirierten »Pittoresken Architektur«, die nach den Worten von Payne Knight aus dem Jahr 1806 »griechische und gotische Architektur am selben Gebäude mit dem schönsten Effekt ständig vermengte, und kein Kritiker hat sich je über stilistische Inkongruenz beklagt«.[37] Gotisches Mobiliar zeigt häufig Anklänge antiker Formen und Ornamente. Man erhob keine Einwände gegen den Eklektizismus, solange das Ergebnis ansprechend aussah. Ein bezaubernder Entwurf in der Augsburger Möbeltradition aus den ersten Jahren nach 1800 kombiniert gotisches Maßwerk mit zierlich ausgestellten Klismos-Beinen [479]. 1825 hieß es im *Repository* von einem Sofa, das demjenigen in Eaton Hall stark ähnelte [461], man habe eine moderne Form beibehalten »um die eigenartigen Charakteristika der gotischen Kunst [das gotische Maßwerk] mit den heute am besten geeigneten Möbelformen kombinieren zu können«[38] – mit anderen Worten, die Bequemlichkeit siegte über die Prinzipien der streng archäologischen Gotik.[39]

Gotische Formen wurden auch mit denen der Antike kombiniert. Elemente antiker Sarkophage oder solcher aus mittelalterlichen Kathedralen vermengen sich bei einem schwedischen Bett aus der Zeit um 1830 [478]. Das Kopfteil ist mit einer gegenläufigen Volute über einem griechischen Mäanderfries verziert, die beide dem »Sarkophag der Caecilia Metella« nachgebildet sind [477]. Auf den Voluten sitzt ein vegetabiles Schmuckelement, das Ähnlichkeit mit dem spätantiken [74] und romanischen Akanthusblatt aufweist. Das Fußteil trägt Fialen in Form antiker Öllämpchen über antiken Lorbeerkränzen und Säulenbündeln – antike Spielereien gehen Hand in Hand mit gotischen Spitzbogen und Nasen.

Nach der Restauration der Bourbonen im Jahr 1815 etablierte sich in Frankreich die Gotik als die von monarchischen und ka-

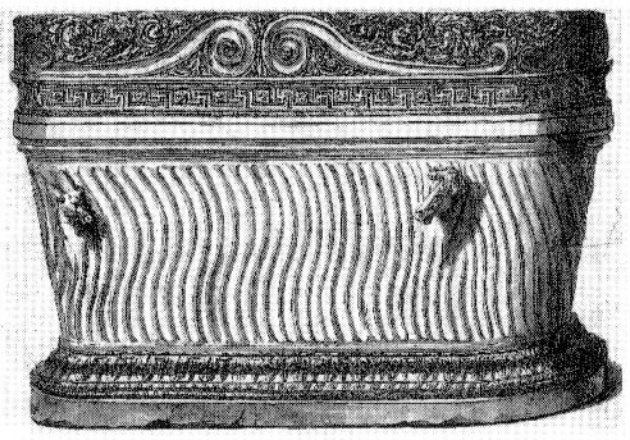

oben **477** Ein römischer strigillierter Sarkophag, der »Sarg der Caecilia Metella«; eine Pietro Testa zugeschriebene Zeichnung, aus dem Papiermuseum in Cassiano dal Pozzo, frühes 17. Jahrhundert

unten **478** Bett aus geschnitztem Mahagoni; schwedisch, um 1830

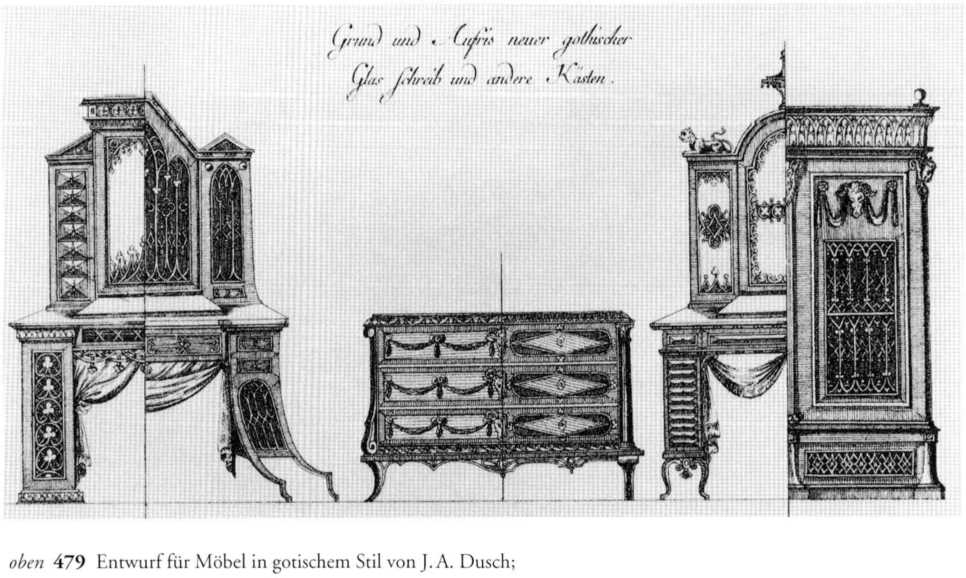

oben **479** Entwurf für Möbel in gotischem Stil von J. A. Dusch; deutsch (Augsburg), um 1800 (aus *Entwürfe zu gothischen Möbeln)*

480 Bücherschrank mit Kommoden aus geschnitztem Eichenholz, ein Geschenk des österreichischen Kaisers an Königin Viktoria, entworfen von Bernardo de Bernardis und Josef Kranner, ausgeführt von Carl Leistler & Sohn; Wien, 1851

tholischen Kräften getragene Gegenbewegung zu dem von Charles Percier und Pierre-François Fontaine geprägten Klassizismus der napoleonischen Zeit. Ein eifriger Fürsprecher war Chateaubriand, der im Exil die englische Gotik kennen gelernt hatte. Im späteren 18. Jahrhundert waren in Frankreich sowohl der »Troubadour-Stil« in der Malerei als auch ein wahrer Kult um die Person des Königs Heinrich IV., *Henri Quatre* (gest. 1610), aufgekommen. Die »Troubadour-Malerei« ging auf in der umfassenderen gotischen Bewegung (die selbst von dem Maler Jean Ingres Besitz ergriff), und der Kult um Heinrich IV. wurde nicht zuletzt von Ludwig XVIII. gefördert.[40] Beim Begräbnis des Königs 1824 in Nôtre Dame trugen die königlichen Prinzen »die violetten höfischen Trauergewänder« und solche, »die denen der letzten Valois-Könige nachempfunden waren«.[41] Englischer Einfluss zeigt sich auch an einem Paar erlesener Stühle aus vergoldetem Holz (1817–1820), Teilen eines »gotischen Kabinetts« für die Familie Osmond von François Jacob-Desmalter [482].[42] Abgesehen von der atypischen Girlande am Ansatz der Rückenlehne könnten die Osmond-Stühle von Entwürfen aus dem *Repository* abstammen. Ganz ähnliche Exemplare, als Beweis für die internationale Wirkung englischer Interieurs, finden sich auch in Laxenburg bei Wien.

481 Uhr aus Goldbronze als Nachbildung der Kathedrale von Reims von Bavozet frères et soeurs; französisch, um 1835

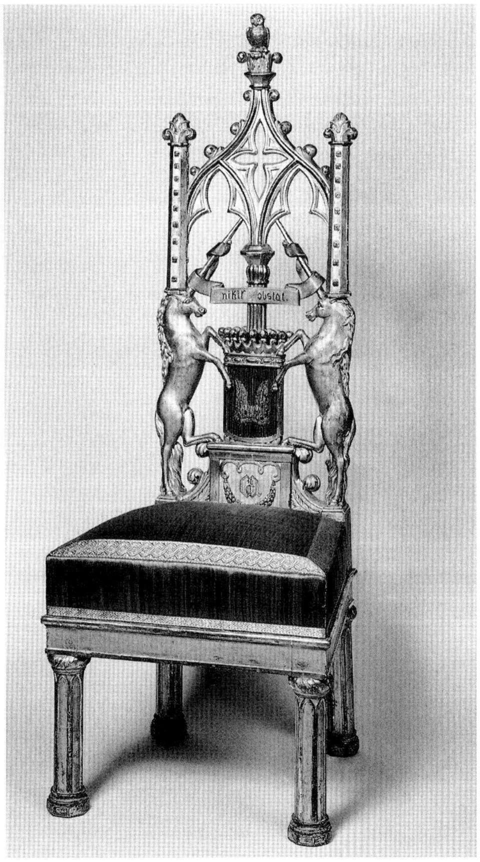

482 Stuhl in beschnitztem, bemaltem und vergoldetem Holz von Jacob-Desmalter aus dem *Cabinet gothique* der Familie Osmond; französisch, 1817–1820

Die französische Begeisterung für die Gotik führte zu einigen seltsamen Spielereien. Ein Beispiel dafür waren etwa die goldbronzenen Nachbildungen der Westfassade der Kathedrale von Reims [481]. Sie dienten zur Umrahmung offener Kamine in gotischen Wohnzimmern, tauchen aber auch in Form von Uhren auf. Diese Mode war vermutlich von Victor Hugos Roman *Notre Dame de Paris* (1831) angeregt worden: 1836 hatte man dem Schriftsteller eine Uhr geschenkt, deren Gehäuse aus einem Modell von Notre Dame bestand.[43]

Bei den germanischen Völkern bildeten sich eigenständige Charakteristika für Mobiliar im gotischen Architekturstil heraus. Eine eichene Wiener Aufsatzkommode mit Bücherkabinett, bekrönt von Bronzefiguren, war ein Geschenk des Kaisers von Österreich an die englische Königin Viktoria [480]. Dieses Gebilde aus überkuppelten und spitztürmchenbesetzten Apsidenkapellen war auf der Weltausstellung von 1851 neben Paxtons innovativem eisernem Dach ausgestellt. Kein mittelalterliches Möbel für den häuslichen Gebrauch hatte jemals so ausgesehen! John Ruskin muss über die einander kreuzenden und mit Maßwerk gestalteten Perlstabprofile besonders empört gewesen sein: »Der Kernpunkt und Wert des deutschen Maßwerks besteht hauptsächlich darin, die Formen guter Maßwerke von oben nach unten zu kehren und sie auseinander zu schneiden, wo sie richtigerweise fortlaufend sind. Fundament und Gliederung sofort zu zerstören, alles in der Luft aufzuhängen und so viel als möglich die Augenscheinlichkeiten eines Beginns und die Wahrscheinlichkeiten eines Endes zu verbergen, sind die hauptsächlichsten Ziele deutscher Baukunst, wie moderner deutscher Theologie!«[44] Maßwerk und Inschriftenbänder, beide gotischen Ursprungs [108], erscheinen auch auf einem Stück, das König Ludwig I. von Bayern 1850 als Geschenk erhielt [484]. Die verspielt-romantische Anmutung des Möbels ist von der gleichen Art, wie sie unweigerlich zum Drama Richard Wagners und zur viel verspotteten Romantik Ludwigs II. und seines Märchenschlosses Neuschwanstein führen musste, mit dessen Bau 1869 begonnen wurde. Doch war die Neogotik mehr als ein Spiel mit Spitztürmchen und Krabben. Sie inspirierte den *Freischütz* ebenso wie die Vorstellung der englischen Romantik von der *Haunted Glen*. Das Esszimmer im Jagdschlösschen der Familie Ohrada aus der Mitte des 19. Jahrhunderts, ein Nebengebäude des überladenen Neogotik-, Neorenaissance- und Neobarock-Schlosses Hluboka in Böhmen, zeigt die Vorliebe deutscher Adeliger für Geweihmöbel [483]. Stilistisch gesehen stehen sie den vegetabilen Möbeln des 18. Jahrhunderts näher, doch an die Stelle zierlicher Verspieltheit tritt die Wildheit der deutschen Expressivität im frühen 16. Jahrhundert, und man denkt unwillkürlich an einige besonders furchterregende Stiche von Wendel Dietterlin. Dies alles verkörpert Anti-Klassizismus in Reinkultur.

Die Neogotik im späten 19. Jahrhundert

Zwar wirkte das leichtfüßig-verspielte *Gothick* des 18. Jahrhunderts bis in die 1830er Jahre hinein fort, doch war ihm durch die Ernsthaftigkeit des neuen Jahrhunderts der Untergang beschieden. Mario Praz charakterisierte das 19. Jahrhundert als eine Zeit, die »jede Art von Exotismus und Eklektizismus bejahte, um die gereizten Sinne zu beruhigen, und den Mangel an tiefem Glauben und echtem Stil auszugleichen …«[45]

483 Geweihmöbel im Bankettsaal des Jagdschlösschens Ohrada im Park von Schloss Hluboka (Frauenberg) der Fürsten Schwarzenberg in Südböhmen, 1840–1847

Besagte Ruhelosigkeit und das Fehlen eines authentischen Stils wurden auch bereits von Zeitgenossen diagnostiziert, gleichfalls der weit verbreitete schlechte Geschmack bezüglich der Wohnkultur: »Hat ein Stück eine schlichte und wohlgeratene Form ... werden es die Möbelhändler lediglich als ›gefällig‹ bezeichnen.«[46]

Die Käufer von Möbeln entstammten oftmals einer Schicht, die sich vordem nur in geringem Maße mit Stilbildung auseinandergesetzt hatte – in England wurde sie *commerce*[47] genannt. Mit *commerce* sind jedoch nicht die »Industriellen« gemeint, auf die der Begriff in jüngster Zeit oft fälschlicherweise angewandt wird,[48] sondern er bezeichnete vielmehr verächtlich die »Neureichen«, Leute, die viel Geld, aber wenig Geschmack oder Bildung hatten und die protzige Zurschaustellung der eleganten Zurückhaltung vorzogen. Thomas Hope hatte sich ganz bewusst von den »Neureichen« und den aktuellen Modeströmungen abgesetzt und versicherte, seine Möbel seien darauf ausgelegt, mehreren Generationen zu dienen. Der Niedergang des guten Geschmacks in England ging einher mit dem Aufkommen einer spießbürgerlichen Mittelklasse, die Interesse an stilvollem Ambiente verabscheute. Sidney Smith kommentierte Hopes Möbel-Buch folgendermaßen: »Ein Mann mit Geschmack wird diese Tatsache ... zweifellos allen unter Beweis stellen wollen, sowohl mit seiner Einrichtung als auch seiner Kleidung. Er wird sich hierzulande jedoch mit Sicherheit lächerlich machen, sollte er solch nichtigen Belangen allzu große Mühe und Beachtung widmen.«[49] Wenn Ignoranz, Selbstgefälligkeit und Wohlstand mit industrieller Fertigung einhergehen, ist Hopfen und Malz verloren. Charlotte Brontë, die auf dem europäischen Festland gelebt hatte, schrieb 1845, »die Engländer übertreffen alle Völker auf Gottes Erde an Torheit; sie hängen unterwürfiger als jeder Sklave daran, ein bestimmtes Erscheinungsbild aufrechtzuerhalten, schlimmer als die Unterwürfigkeit der Italiener gegenüber den Pfaffen, der Russen gegenüber ihrem Zaren, schlimmer als der

484 Ein geschnitzter Schreibtisch aus Eiche mit Einlegearbeiten aus Palisander, Ebenholz, Perlmutt, Mahagoni, Zinn, Messing und Schildpatt sowie mit Verzierungen aus Goldbronze und Emaille; ein Geschenk der Münchner Kunsthandwerker an Ludwig I. von Bayern, entworfen von Peter Herwegen, ausgeführt von Leonard Glink und Franz Xaver Fortner; München, 1850

Hang der Franzosen zur Eitelkeit und der Deutschen zum dunklen Bier ... Sparsamkeit bei Kleidung, Essen und Wohnkultur [sind] gleichzusetzen mit Stillosigkeit.«[50]

In Frankreich suhlten sich ein erstarkendes Bürgertum und aristokratische Parvenus im Luxus: Mazois, »einer der gelehrigsten Schüler des Monsieur Percier«, verglich 1824 den zeitgenössischen französischen Geschmack mit der Dekadenz, die der Ära Neros folgte, und ebenso mit jener Zeit, als »die edle und schlichte Vornehmheit der Griechen durch die Prunksucht der Barbarenvölker verdrängt wurde, wobei Asien das leuchtende Vorbild abgab«.[51] Talleyrand, der große Staatsmann des *ancien régime*, schrieb, der Luxus der [europäischen] Höfe, die von Napoleon begründet wurden, sei absurd und weder deutschen noch französischen Ursprungs. Er sei ein Luxus, den man von den anderen Nationen abgeschaut und dabei von allen ein wenig übernommen habe. Er lege jedoch andererseits sehr wenig vom Wesen der alten französischen Königshöfe an den Tag, wo man den Prunk so wunderbar unter dem Zauber von Stil und Geschmack zu verbergen gewusst habe. Der neue Luxus zeichne sich vor allem durch seinen Mangel an Schicklichkeit aus, und gerade in Frankreich, wo diese Tugend von vornherein nicht sehr stark ausgeprägt sei, werde der Spott nicht lange auf sich warten lassen.[52] Talleyrand starb 1838, und es ist ihm durchaus zuzutrauen, dass er sich aus der Hölle über einen geradezu abstrus luxuriösen französischen Frisiertisch mit Toilettegarnitur aus Silber, vergoldetem Silber, beladen mit Emailleschmuck, Granaten und Smaragden [486] lustig macht, den der führende Silberschmied Frankreichs F.-D. Froment-Meurice (1802–1855) für die Herzogin von Parma anfertigte. An diesem Louis-quatorze-Tisch treten verschiedene Stilrichtungen miteinander in Wettstreit: Der Spiegel trägt einen gotischen Spitzbogen, und beide Kassetten sind nahezu rein gotisch gehalten. Die Kandelaber sind

gegenüber **485** Salon im Stil der Neogotik; französisch, um 1836

dem Nachrokoko und dem Klassizismus zuzuordnen und weisen Elemente der Neorenaissance auf.[53] Gefertigt zwischen 1845 und 1851 wurde der Frisiertisch bei der Weltausstellung in London präsentiert (S. 244).

Akademische Kopien boten einen sicheren, wenn auch wenig aufregenden Ausweg aus solcher Stil-Anarchie: Sie erstreckten sich auf alle Epochen – Antike, Gotik, Renaissance und Rokoko. 1856 nannte es Owen Jones »das Zeitalter der Nachbildungen ... wo man sich damit begnügt, die Werke der Vergangenheit zu copieren, ohne den Geist welcher die Originale beseelte«.[54] »Sklavisch getreue« Kopien entstanden (wann immer Handwerker genug Kunstfertigkeit besaßen) in so exzellenter Qualität, dass man sie ebenso gut als Fälschungen einstufen könnte. Noch heute werden in Museen etliche »Renaissance«- und »Louis-quatorze«-Möbelstücke fälschlicherweise als Originale ausgewiesen, wobei die Täuschung vielfach durch die Verwendung alter Schnitzereien oder Boulle-Marketerien perfektioniert wird.[55] Derartige Nachbildungen werden in diesem Buch nicht behandelt, aus Gründen, die an dem einzigen aufgeführten Beispiel deutlich werden [510].

1802 verfiel Napoleons Innenminister auf die Idee, »in jedem Departement und in Paris Museen einzurichten, um in regelmäßigen Abständen die Produkte der heimischen Manufakturen auszustellen. Dieser glänzende Einfall wurde sogleich in die Tat umgesetzt.«[56] Napoleon veranstaltete mit seinen Beutestücken aus den privaten und öffentlichen Museen Europas einen Triumphzug durch Paris, anschließend wurden die Kunstwerke in den Louvre verbracht. Im Laufe des 19. Jahrhunderts verstärkte sich europaweit der museale Einfluss auf die Möbelkunst, denn immer mehr öffentliche Ausstellungen wurden eingerichtet und die Sammlungen von den Entwerfern der Manufakturen eifrig studiert.

486 Toilette-Ensemble der Herzogin von Parma, gefertigt aus teilvergoldetem Silber und verziert mit Emaille, Granaten und Smaragden von F.-D. Froment-Meurice; französisch, 1845–1851

487 Gotische Buffets des 15. Jahrhunderts aus illuminierten Manuskripten kopiert, veröffentlicht von Henry Shaw in London 1836 (aus *Specimens of Ancient Furniture)*

Leider genügte es nicht, sich die großen Kunstwerke der Vergangenheit bloß anzusehen. Im frühen 19. Jahrhundert gelangte man in Europa an einen Punkt, wo selbst die Fähigkeit, antike Ornamente lebendig und überzeugend nachzubilden – die den Entwurfszeichnern und Kunsthandwerkern in allen Bereichen zur zweiten Natur geworden war – allmählich nachließ und versagte. Altbekannte Motive wurden nicht mehr in der gewohnten Meisterschaft ausgeführt, und ein Historiker des 19. Jahrhunderts kommentierte die mindere Qualität der aus napoleonischer Zeit stammenden Versionen der berühmten Greifen des Antoninus-und-Faustina-Tempels gegenüber denen aus der Renaissance folgendermaßen: »Das 15. Jahrhundert war dem Ersten Reich mit seiner Vorliebe für dieses Motiv vorangegangen, doch während es [in der napoleonischen Zeit] wuchtig und eintönig wirkt, strahlte es in der Renaissance Vornehmheit und Anmut aus.«[57]

Gelegentlich gaben Architekten innovative Anregungen für das Mobiliar ihrer Bauwerke, doch war ihr geringes Interesse an Innenausstattungen allgemein bekannt. Der englische Erneuerer der Wohnkultur, Charles Eastlake (S. 248), äußerte 1878 die Ansicht, es bestehe »eine enge Beziehung zwischen der nachlassenden handwerklichen Qualität unserer Manufakturen und der braven, langweiligen Kunst selbst unserer besten Maler in den frühen Jahren der gegenwärtigen viktorianischen Epoche«.[58]

Den Geschmack eines typischen Vertreters des englischen Regency, des Interieur-Spezialisten John Gregory Crace, spiegelt sein Kommentar von 1829 zu Soufflots bedeutendem Kirchenbau Ste-Geneviève aus dem Jahr 1757 und seiner Komischen Oper im Stil des Spätrokoko: Erstere sei »leicht und wunderschön«, doch »ließen sich bei den Details zahlreiche Mängel finden«. Das wahrhaftige eklektische Tohuwabohu der Letzteren hingegen würdigte er als »das Ordentlichste, was ich bisher in Paris zu sehen bekam«.[59] Auch der eigene Stil der Firma war eklektisch: Der Herzog von Devonshire beschrieb die von den Craces 1844 in der Unteren Bibliothek in Chatsworth aufgebrachten Wandgemälde in groteskem Stil als »ein Zwischending zwischen einem illuminierten Manuskript und einem Café in der Rue de Richelieu«.[60]

Um 1850 erkannte man in England allenthalben, dass man auf dem Gebiet des Designs katastrophal schlecht dastand. Und selbst nach zwanzig Jahren versuchter Reformen zog William Morris 1878 eine negative Bilanz: »Was die dekorativen Künste anbelangt, muss ich einfach feststellen, dass wir darin nicht nur allen unseren Vorgängern unterlegen sind, sondern dass sie sich auch in einem Zustand von Anarchie und Desorganisation befinden.«[61] Die Klagen konzentrierten sich insbesondere auch auf die »kommerzielle Ausrichtung« und den Niedergang der Handwerkskunst. Nach den Worten eines Zeitgenossen war die Kunstschreinerei »keineswegs mehr so gut und so kunstvoll wie im frühen georgianischen Zeitalter, und ein Großteil der einfachen Schnitzereien wird ja inzwischen tatsächlich auch von Maschinen bewältigt«.[62] Zwischen 1843 und 1845 wurden in England fünf Patente für Schnitzmaschinen eingereicht, und 1845 wurde die kommerziell erfolgreichste von Thomas Jordan patentiert. Sie konnte sogar Schnitzereien mit Unterschneidungen herstellen und wurde von Barry für das hektarweise anfallende Schnitzwerk der Vertäfelungen für den Westminster Palace (nach Pugins Entwürfen) ausgewählt – was die Kosten um 60 Prozent senkte.[63]

Das Aufkommen der industriellen Möbelfertigung begünstigte ein Ereignis, das – im Guten wie im Schlechten – beträchtlichen Einfluss auf das Design gewann: die gigantische Trade Exhibition (Handwerksmesse), die als feste Einrichtung bis zur Pariser Weltausstellung 1925 bestand und auch später noch abgehalten wurde. Frankreich und England waren die Protagonisten dieser Idee, die ursprünglich von Napoleon stammte. Auf das französische Möbeldesign wirkte der damit einhergehende Wettstreit sehr belebend, und zwischen 1845 und 1880 formierte sich die »Union Centrale des Arts Décoratifs« mit dem Ziel, ein Kunstgewerbemuseum[64] zu begründen. Das Bestreben Prinz Alberts und der britischen Regierung, auch das britische Design voranzubringen, führte zur ersten Weltausstellung, der Londoner *Great Exhibition* von 1851. Gleichzeitig finanzierte man ein Museum of Ornament (um 1850 ein wichtiges Thema), aus dem schließlich das Victoria and Albert Museum hervorging.[65] 1864 folgte Wien mit seinem Museum für Angewandte Kunst dem britischen Modell, und andere Länder zogen nach. Ein völlig anderer Ansatz, den Herausforderungen der Massenherstellung zu begegnen, bestand in der Gründung von »Handwerksgilden«, den *guilds*, die ihrerseits einen beträchtlichen Einfluss auf das Design ausübten (S. 249).

Reformierte Gotik: Pugin und Viollet-le-Duc

In dem neu anbrechenden Zeitalter wurde das *Gothick* zum Anachronismus: Als es aufhörte, vergnügliches Beiwerk zu sein, musste etwas anderes an seine Stelle treten – doch was immer es sein mochte, es musste ernsthaft wirken. Frühe Angriffe auf seine stilistische Freizügigkeit waren zwar erfolglos abgeprallt, und einige Jahre lang hatte das *Gothick* sogar gleichsam unter einer durch die Stilunsicherheit der Puristen selbst geschaffenen Käseglocke verbracht: »Auf die Frage, was denn *reine Gotik* ausmache, bekommt man keine zufrieden stellende Antwort: Es gibt keine Regeln – keine Proportionen – und folglich auch keine Definitionen.«[66] Diese Lücke wurde jetzt geschlossen.[67] Wie Charles Eastlake (1836–1906), der kenntnisreiche und fortschrittliche Kritiker und Designer, der zum Hauptstreiter für die Reformgotik avancierte, später einmal bemerkte, bedeutete »die Veröffentlichung praxisnah und sorgfältig illustrierter Bücher über gotische Architektur einen Wendepunkt des *Gothic Revival*«.[68] Dies galt auch für Henry Shaws gelehrte Abhandlung *Specimens of Ancient Furniture* (1836) [487]. Das Bewusstsein und der Geschmack der Epoche verlangten nach akademisch »korrekten« gotischen Möbeln, und der »Schmetterling« des *Gothick* wurde als reine Kuriosität in den Schaukasten verbannt, und zwar von zwei Architekten, dem Briten A. W. N. Pugin (1812–1852) und dem Franzosen E. E. Viollet-le-Duc (1814–1879).

Pugin verwandte in den 1830er Jahren und auch später beträchtliche Energie darauf, einen akademisch korrekten und einheitlichen gotischen Stil als nationale Architektur zu etablieren, was Eastlake folgendermaßen kommentierte: »Pugin erklärte uns als Erster und mit großem Geschick die wahren Prinzipien dessen, was er nicht zu Unrecht als ›christliche Kunst‹ bezeichnete.«[69] Seine Theorien zur Gotik waren moralistisch, puritanisch und radi-

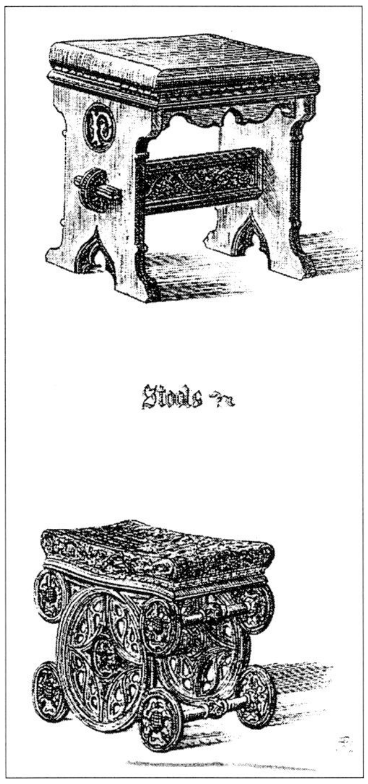

488 Illustrationen gotischer Hocker von A. W. N. Pugin. Das obere Beispiel gilt als vorbildhaft, das untere als nicht akzeptabel; veröffentlicht in London 1835 (aus *Gothic Furniture in the Style of the Fifteenth Century)*

489 Bücherschrank aus Eiche und Messing, entworfen von A. W. N. Pugin und ausgeführt von der Firma Crace; britisch, um 1851

kal, und er kleidete sie in die für die religiöse Praxis des 19. Jahrhunderts übliche evangelikale Sprache. Sie hatten manche Gemeinsamkeiten mit denen von Laugier, der seine Prinzipien in die rationalistische Ausdrucksweise des 18. Jahrhunderts gefasst hatte (S. 177). Pugin stammte von französischen Vorfahren ab, seine Entwürfe zeigen kontinentale Einflüsse, und seine Auftraggeber verteilten sich auf ganz Europa.[70] Seine Vision, die ihn antrieb, fand ihren dramatischsten Ausdruck in der langen, rhapsodischen Lobrede auf das mittelalterliche Paris in Victor Hugos berühmtem Roman *Der Glöckner von Notre Dame.* Hugos Beschreibungen der Schönheit des gotischen Paris finden ihren Widerhall in Pugins Vergleichen gotischer mit zeitgenössischen Stadtbildern, die sehr zu Ungunsten der Letzteren ausfallen.[71]

Viollet-le-Duc, Archäologe, Enzyklopädist und Verfasser von noch heute gültigen Standardwerken, darunter einem Lexikon des französischen Mittelalters und mittelalterlicher Möbel (1858–1875),[72] lehrte an der nach den neuen Prinzipien reformierten Ecole des Beaux-Arts in Paris. Intellektuell war er Pugin überlegen,[73] als Designer fehlte ihm jedoch dessen schöpferische Brillanz: Ihm gelang kein Bauwerk von der zugleich malerischen wie auch kraftvollen Ausstrahlung der Houses of Parliament in London, deren gotisches Gewand und Interieur Pugin entworfen hatte.[74] Anders als dieser stellte er die Gotik nicht über alle anderen Stile, doch stimmte er mit Pugin (und Morris) darin überein, dass in Architektur, Kunst und Innenausstattung eines Gebäudes die Einheit des Stils gewahrt werden sollte. Er beklagte den vielfach geäußerten Wunsch, die Verwendung von Maschinen zu vertuschen oder zu ignorieren, und stellte sich nicht gegen einen »ehrbaren« (un-gotischen) Einsatz von Metall in der Architektur, womit er die Saat für eine reiche Ernte legte. In den Jahren nach 1840 »restaurierte«, oder besser gesagt »re-kreierte« Viollet-le-Duc zahlreiche bedeutende gotische Bauten, darunter (ab 1858) Schloss Pierrefonds samt Innenausstattung und Mobiliar. Das Resultat wirkt jedoch geradezu niederschmetternd: Eifer und Intelligenz sind eben kein Ersatz für kreatives Talent.

Pugins radikaler Moralismus, auf Möbel angewandt, betonte die »Ehrlichkeit« der Konstruktion und der Materialien [488]. Er lehnte camouflierendes Furnier ab und legte großen Wert darauf, dass die Bauart eines Möbels wieder sichtbar werde.[75] Auf die Ornamentierung angewandt lautete Pugins hehre Forderung: »Ornamente sollen als Bereicherung der Grundstruktur eines Bauwerks dienen« – was ganz der Maxime von Owen Jones entsprach (S. 37).

1851 entwarf Pugin die Ausstattung des »Mittelalterlichen Hofs« der Weltausstellung, des einzigen Bereichs, der mehr der Präsentation eines künstlerischen Stils als wirtschaftlicher oder nationaler Selbstdarstellung diente. Der eichene Bücherschrank mit Messing-Zierrat [489], bei dem er schlichtem Holz als dem »authentischeren Material« gegenüber den vergoldeten Furnieren der Regency-Gotik den Vorzug gab, ist typisch für eine bestimmte Linie seiner Arbeiten. Das Stück ist in der für das 18. Jahrhundert typischen Dreiteilung konzipiert, und unterhalb der Galerie verläuft am Gesims die gotische Version eines Zahnschnittfrieses. Es bleiben genug Holzflächen unverziert, um das Dekor voll zur Geltung zu bringen, weshalb das Möbel trotz des reichen Zierrats nicht verschnörkelt wirkt. Die nebeneinander gestellten Lanzettbogen als eine Art »Hintergrundmotiv« für die kurvilinearen gotischen Rauten – was dem flachen Relief den Anschein größerer räumlicher Tiefe verleiht – waren bereits in den 1820er Jahren bei Pugins gotischen Möbelentwürfen im *Repository* verwendet worden. Pugins gotische Möbel wurden vielfach kopiert, bis sie allmählich zum so genannten *Stockbroker Tudor* verkamen. Dasselbe Schicksal erlitt auch Pugins gotische Architektur. Mit Gültigkeit für den Möbelbau wie auch für die Architektur äußerte Charles Eastlake 1878, es sei »bedauerlich, wie viele Monstrositäten unter der Sammelbezeichnung ›gotisch‹ bis in alle Ewigkeit sanktioniert werden … «[76]

Die »Reformierte Gotik« in England und Frankreich – Die Präraffaeliten

In den ab 1850 aufkommenden Strömungen der Reformierten Gotik und der Arts-and-Crafts-Bewegung waren Pugin, William Morris und John Ruskin die Protagonisten; in den 1870er und 1880er Jahren wuchs der Einfluss von Ruskin und Morris stetig.

John Ruskin (1819–1900) war wie Pugin ein radikaler Moralist. »[Seine] Arbeit als Kunstkritiker schloss stets auch ethische und politische Erwägungen mit ein.«[77] Bei ihm paarten sich Genie und Dogmatismus: »Dieser ganze Humbug ödete mich an und machte mich wütend. Was für Esel müssen das sein vierzig Meilen von Neapel hierher zu fahren, nur um das zu sehen … « – Paestum![78] Dennoch war er der größte Kunstkritiker seiner Zeit oder überhaupt, und seine Ansichten kleidete er in eine Prosa voll magischer Kraft. Der erste Band von *The Stones of Venice,* »eine der seltenen, unabdingbar notwendigen Äußerungen des Jahrhunderts«,[79] erschien 1851, im Jahr der Weltausstellung. Ruskin nannte darin sechs Charakteristika der Gotik: »*Savageness* (oder ungebrochene Kraft), *Changefulness* (oder Freude an Veränderung), *Naturalism* (oder Liebe zur Natur), *Grotesqueness* (oder gestörte Imagination), *Rigidity* (oder Konsequenz) und *Redundance* (oder Großzügigkeit). Bei dieser Aufzählung fällt sofort auf, dass Begriffe wie Vornehmheit, Verspieltheit, Künstlichkeit, Überschwang und Inkonsequenz fehlen – die Haupteigenschaften des *Gothic Revival* im 18. Jahrhundert.

Den Anhängern der Gotik bot die Natur den reichsten Schatz an Formen und Ornamenten. 1807 hatte Hope bereits »jungen Künstlern« dringend ans Herz gelegt, »zu diesen höheren, ergiebigsten Quellen erlesener Schönheit emporzusteigen, von denen ich selbst all meine Ideen bezog und die allein einen unerschöpflichen Vorrat an stets wandelbaren und neuartigen ästhetischen Reizen hervorbringen. Ich meine … die Gestaltungen der Natur.« An zweiter Stelle rangierten bei ihm die »Monumente der Antike«.[80]

491 Schränkchen *Die Backgammon-Spieler,* entworfen von Philip Webb, ausgeführt von der Firma Morris & Company und bemalt von Edward Burne-Jones; britisch, 1861

links 490 Kabinettschrank aus schabloniertem und vergoldetem Fichtenholz und Mahagoni, entworfen von William Burges und bemalt von Edward Poynter und anderen; britisch, 1858

492 Die drei Marien und der Engel am Grab, aus dem *Benedictional of St. Aethelwold;* englisch, um 975–980

493 Stühle und andere Einrichtungsgegenstände entworfen von William Morris, Tapisserie *The Knights of the Round Table summoned to the Quest by the Strange Damsel* der Firma Morris, die Figuren von Edward Burne-Jones; britisch, um 1890

494 Ein runder, bemalter Fichtenholztisch nach einem Entwurf von William Morris; britisch, um 1856

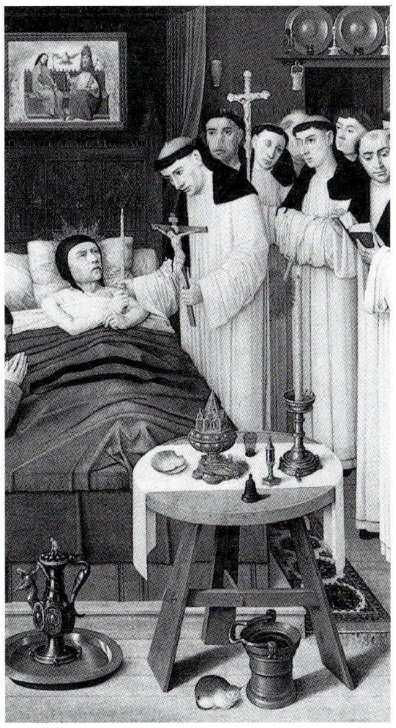

495 Runder zerlegbarer Tisch: Detail aus dem Gemälde *Der Tod des hl. Augustinus* des Meisters des hl. Augustin; flämisch, um 1490

William Morris vertrat exakt dieselbe Ansicht: »Eure Lehrer seien die Natur und die Geschichte.« Dabei definierte er »Geschichte« als »antike Kunst« und empfahl den Besuch von Museen als Inspirationsquellen für gutes Design.[81] Pugin und Ruskin betonten zudem die Bedeutung des Studiums von Pflanzen, der Strukturen von Blumen und Blättern, vor allem aber stellten sie die Gotik an die Stelle von Hopes »Antike«. Ruskins Beharren auf dem gotischen Naturalismus stieß auf Widerspruch bei Owen Jones und Christopher Dresser (S. 37–38), die den stilisierten, geometrisierten Natur-Ornamenten der Antike den Vorzug gaben. Dahinter stand der keineswegs neuartige Gedanke, dass sich in der Natur das Göttliche manifestiere: »Den Himmel … in einer wild wachsenden Blume erblicken«, wie Blake es genannt hatte.

Die britische Neogotik nach 1850 offenbart ein bunt gescheckte Terrain, auf dem romantische Mittelalterverklärung [493], Utilitarismus, moralischer und ästhetischer Puritanismus, Funktionalismus und exzentrischer Intellektualismus um die Vormachtstellung rangen. William Morris (1834–1896), edelmännisch, utopisch und unkonventionell, verkündete in mittelalterlich anmutenden Versen und evangelienhafter Prosa seine soziale und ästhetische Botschaft, die er mit seiner 1861 gegründeten Firma für Möbel-, Tapeten- und Textilgestaltung umsetzen wollte.

Nach 1850 stand das britische Möbeldesign gehobenen Niveaus unter dem Einfluss einer eigenwilligen britischen Malerschule – der Präraffaeliten. Ihr künstlerisches Anliegen bestand in der exakten Nachbildung der Natur in einem insbesondere auf die italienische Malerei des 15. Jahrhunderts gegründeten Stil. Als Vorläufer gilt die 1809 gegründete deutsche Bewegung der »Nazarener«, die Gebet und Malerei zu vereinen suchten. Die Präraffaeliten besaßen zwar größeres Talent als die Nazarener, doch währte ihre schöpferische Periode nur von 1848 bis in die späten 1850er Jahre. Sie gerieten in Vergessenheit und wurden erst spät im 20. Jahrhundert wieder entdeckt. Unter den ersten acht Mitgliedern von Morris' Firma befanden sich fünf Präraffaeliten,[82] die sich allesamt auch der Bemalung von Möbeln widmeten.

Der präraffaelitische Hintergrund der Gründungsmitglieder von Morris' Firma bewirkte, dass ihre Möbel Einflüsse der italienischen bemalten Cassoni [140, 159], der bemalten Möbel des mittelalterlichen Nordeuropa [101], der Malerei des 15. Jahrhunderts sowie illuminierter Manuskripte [122] vermischten. Ein Kabinettschränkchen, *Die Backgammon-Spieler* von 1861 [491], strahlt wie viele von Morris' frühen Möbeln einen dilettantischen Charme aus. Der Entwurf stammte von Philip Webb (1831–1915), den Morris kennen gelernt hatte, als sie beide bei G. E. Street, einem führenden Architekten des *Gothic Revival,* unter Vertrag standen. Die Malerei (Öl auf Leder) lieferte Edward Burne-Jones (1833–1898). Dieses Bild ist allerdings kein gutes Beispiel für Burne-Jones' wahres Talent (im Nachhinein entdeckte man ihn als das heimliche Genie der viktorianischen Malerei), auch ist es nicht ganz mittig platziert: Eine gewisse naive Unbedarftheit, eine der störenden Unarten der Präraffaeliten, war gewollt und zeigte sich auch an ihren Möbeln, was 1861 zu folgendem Kommentar Anlass gab: »Diese bemühte ›Ehrlichkeit‹, die darin gipfelt, Eisenbeschläge mitten in einem Bild zu platzieren, ist eine der vielen Sünden, die wir den Mediävalisten austreiben müssen.«[83]

Das *Gothic Revival* brachte einige eklektizistische Außenseiter hervor, unter ihnen Gaudí (S. 311–312) und Burges – Künstler, deren Originalität ans Exzentrische grenzt, eher Phantasten denn Erneuerer. William Burges (1827–1881), ein Architekt der Neogotik und ihrer »wilden« oder »kraftvollen« Variante, entwarf ab 1858 architektonische Möbel: Nie waren englische bemalte Stücke der viktorianischen Zeit prunkvoller und spektakulärer als hier [490] – Vermutlich wurde der abgebildete Kabinettschrank von einem gotischen Vorbild in der Kathedrale von Noyon inspiriert,[84] den Burges 1853 sah. Im Gesamteindruck hat er gewisse Ähnlichkeiten, und auch die Bemalung lässt Verwandtschaft erkennen, doch ist Burges' Schrank horizontal, nicht vertikal ausgerichtet, und abgesehen von den gotischen Spitzbogen der unteren Bilderreihe könnte man ihn bezüglich der Form und Ornamentik ebenso gut als romanisch einstufen – selbst die Inschriften gleichen eher Unzialen als gotischen Buchstaben. Auch die aufgemalten Dachziegel wurden nach romanischer Manier in der Art von Cloisonné-Metallarbeiten ausgeführt (transparente Glasuren auf Metallblech, »von Burges in einem Manuskript des Mönchs Theophilus aus dem 11. Jahrhundert entdeckt«,[85] waren bereits im 18. Jahrhundert und in der Regency-Zeit häufig angewandt worden). Insgesamt ähnelt das Schränkchen mit seinem Dach und den Fialen den Möbeln und Gebäuden romanischer Buchmalereien [492], doch könnte man den Stil der Bemalung von Edward Poynter (1836–1919) auch dem »primitiven« französischen Neoklassizismus der 1840er Jahre zuordnen.

Charles Eastlake, einer der Gemäßigten – »Ich verstehe nicht genau, warum man Furnier aus ›moralischen‹ Gründen ablehnen sollte«[86] –, kritisierte an den bemalten Möbeln aus Morris' Firma, dass sie zum einen durch ihre Bemalung übermäßig teuer würden und Möbel zum anderen »durch ihre kunstvolle Bauweise wirken sollten«.[87] Eastlakes kluge und nüchterne Schriften, deren Wirkung bis nach Amerika ausstrahlte, lasen alle, die von sich meinten, einen guten Geschmack zu haben. Seine durchaus sinnvollen Adaptionen der volkstümlichen Gotik auf moderne Möbel wurden jedoch missverstanden, und gereizt schrieb er: »Andauernd werben amerikanische Firmen mit so genannten ›Eastlake-Möbeln‹, mit deren Produktion ich nicht das Geringste zu tun habe und für deren Gestaltung verantwortlich zu sein ich mich schämen würde.«

Ein »Esszimmer« von 1867 [496] präsentiert eine Anhäufung überdimensionierter, kommerzialisierter »Eastlake-Zutaten«: Das

496 Ansicht eines Speisezimmers, entworfen von Bruce Talbert; britisch, 1867 (aus *Gothic Forms applied to Furniture, Metal work and Decoration for Domestic Purposes)*

Buch, dem der Entwurf entstammt, erschien ein Jahr vor der Erstausgabe von Eastlakes *Hints on Household Taste*, und der Verfasser, der Designer Bruce Talbert (1838–1881), begann sein Vorwort mit den Worten »Jede Arbeit sei mit Hingabe getan«. Talbert, der seine Laufbahn als Holzschnitzer begonnen hatte, schrieb durchaus kenntnisreich – ob er sich dabei fachlich beraten ließ oder nicht, ist Ansichtssache [516]. 140 Jahre Sonneneinwirkung konnten seinen Möbeln den Schrecken nehmen, mehr als seinen Entwürfen, in deren Formen und Dekorationen sich gotische und und mehr noch romanische Elemente mischen; manche Vorlagen zeigen sogar keltische Züge.[88] »Ziel des Verfassers war es, die Bauweise so einfach und unverfälscht zu halten wie möglich«, [89] und so sind denn auch Dübel und Rahmenkonstruktionen auf dem Stich deutlich erkennbar (Talbert hatte Dietterlin und Vredeman de Vries studiert). Er lehnte den gotischen Architekturstil wegen seines »verschwenderischen Umgangs mit Ornamenten ab, der meist nur den an Steinmetzarbeiten üblichen Zierrat von Maßwerk, Strebepfeilern und Krabben wiederholt … und den Tischlerarbeiten damit einen gänzlich unerwünschten, monumentalen Charakter verleiht.«[90] Mit monumental meinte Talbert nicht einfach »groß« – das hätte ihn nicht gestört –, sondern »großspurig und anmaßend«, ebenso herabsetzend, wie er diesen Begriff auf einen Kabinettschrank von Fourdinois [512] angewandt hatte.

Furniere und Lackierung lehnte Talbert ab: »Der Verwendung von Leim verdanken wir diese täuschenden Konstruktionen, die heutzutage gängige Praxis sind. Leim verführt zum Furnieren und dieses zum Lackieren … im Altertum kannte man die Geheimnisse des Leimtopfs noch nicht«[91] (man kannte sie schon, machte aber nicht immer Gebrauch davon). Die »Täuschung« durch Furniere war in jener Zeit eine gängige Metapher: 1836 ließ Dickens einen Stuhl protestieren: »So behandelt man kein echtes spanisches Mahagoni. Verdammt, nicht einmal wenn ich furniert wäre, könnte man mich weniger respektvoll behandeln.«[92] Trotz seiner Einwände ließ Talbert Furnier an kleinen Schmuckpaneelen jedoch gelten (in Deutschland wurde es im 16. Jahrhundert zu diesem Zweck verwandt). Auch »Mattlackierung … ohne den Hochglanz der französischen Lacke« war für ihn akzeptabel. Es scheint paradox, dass trotz solcher puritanisch geprägter Vorstellungen die großartigen Arbeiten der Hochblüte viktorianischen Designs überhaupt möglich waren, und man fragt sich, wie weit die britischen Verfechter der »Ehrlichkeit« beim Möbelbau wohl gehen mochten. In einem Roman von 1879 sagt denn auch eine Figur über die damalige Quelle des englischen Nationalstolzes, die heimische Landschaft: »Die Schönheit ist überwältigend. Sie ist wundervoll anzusehen, aber um darin zu leben, ziehe ich Hässlichkeit vor. Ich kann mir vorstellen, dass man Hässlichkeit lieben lernt – sie hat etwas Ehrliches.«[93] Das war schön und gut, solange man die Wahl hatte.

Die Arts-and-Crafts-Bewegung – Das Volkstümliche

Friedrich Schinkel charakterisierte den Funktionalismus als »trocken und starr mit wenig Freiraum«. Außerdem vermisste er daran zwei wesentliche Komponenten: die historische und die poetische (S. 267). Er starb zu früh, um eine in England aufkommende Bewegung miterleben zu können, die ihn mit Sicherheit fasziniert hätte – die Weiterentwicklung der Reformgotik zu einer »ehrlichen« Bauweise und zu einem Stil, der innovative Vorstöße in andere historische und poetische Gefilde sowie in die der Volkskunst und zu den nationalen Wurzeln unternahm. Die britischen Möbelstile des 20. Jahrhunderts hatten ihren eigentlichen Ursprung in der volkstümlichen Gotik, die in England in den 1860er Jahren eine Hochkonjunktur erlebte. Als Arts-and-Crafts-Bewegung trat sie in den späten 1880er Jahren ihren Siegeszug durch ganz Europa an und verband sich in Wien mit griechischen, byzantinischen, etruskischen und Biedermeier-Motiven zu einem gehobenen Stil, der zugleich funktional und repräsentativ wirkte (S. 270–271, 317–320) und dem asketischen Funktionalismus des 20. Jahrhunderts den Boden bereitete.

In Großbritannien hatte sich im 18. Jahrhundert Interesse an der Volksdichtung geregt. Man sammelte Balladen, die von Dichtern des Regency, wie Walter Scott, William Wordsworth und Samuel Coleridge, nachempfunden wurden. Gleichzeitig führte man die echte Balladendichtung in lebendiger Tradition, aber neuem Gewand bis in die viktorianische Zeit fort – und das Gleiche galt auch für bestimmte volkstümliche Möbeltypen. Stühle in rustikalem Stil mit vielfältigen, nach romanischen und byzantinischen Vorbildern gedrechselten Partien wurden von Walpole als »gotische« Möbel gesammelt. Die Gotik-Verehrer des frühen 19. Jahrhunderts hatten diesen Möbeln keine Beachtung geschenkt, später änderten sie jedoch ihre Einstellung. Nicht nur die spitztürmchenlosen Exemplare der mittelalterlichen volkstümlichen Möbel, sondern auch alte und zeitgenössische Stücke dieses Genres lieferten ihnen fortan Anregungen – eine geradezu revolutionäre Wendung.

Morris' erster Entwurf eines Möbels der Volks-Gotik datiert in die 1850er Jahre, als er mit Burne-Jones in London eine Wohnung teilte. 1856 berichtet Dante Gabriel Rossetti über ihn, er habe einen Schreiner beauftragt, »einige ganz und gar mittelalterliche Möbel anzufertigen … Tische und Stühle wie Incubi und Succubi«.[94] Ein von Morris vermutlich zur gleichen Zeit kreierter Tisch [494] zeigt eine solide, sichtbare Konstruktion in gotischem Stil, wobei das Holz unverfälscht zur Geltung kommt. Als Vorbild diente ihm das schlichte Mobiliar auf mittelalterlichen Gemälden [495] und illuminierten Manuskripten. Der Tisch wurde im Versammlungsraum eines Dorfes aufgestellt, wofür er sich zweifellos sehr gut eignete. Zeitgenössische rustikale Möbel beeinflussten auch Morris' beliebten »Sussex chair«, der so »traditionell altenglisch« wirkt (wobei er, nebenbei bemerkt, auch Anleihen bei den Chinoiserien nahm), dass er schon wieder als eine – elegantere – Nachahmung gelten kann. Diese Mode verging jedoch bald, sowohl in der englischen Möbelkunst als auch an den rustikalen Möbeln selbst. Eine der Formen, deren Wiederbelebung sie dennoch begünstigt hatte, war die Caqueteuse des 16. und 17. Jahrhunderts [222], die für die avantgardistischen Möbelentwerfer, darunter Charles Rennie Mackintosh, enorme Bedeutung erlangte. Das Gleiche galt für den Vargueño der spanischen Renaissance [117].

Die Arts-and-Crafts-Bewegung begann 1859 mit Philip Webbs Entwurf des »Red House«, des Wohnhauses von William Morris. Es wurde von Burne-Jones, Webb, Rossetti und Morris selbst ausgestattet, und der ganze Zauber der präraffaelitischen

497 Entwurf für eine Bibliothek von Will Bradley; amerikanisch, 1901 (aus *The Ladies' Home Journal,* 1902)

Kunst legte sich darüber. Präraffaelitische Gemälde und Tapisserien repräsentieren die Ideale, nach denen ihre Jünger strebten. Das Mobiliar lässt sich keiner bestimmten Epoche zuordnen, es ist in mittelalterlichem Stil gehalten und passt in Illustrationen von Geschichten wie Thomas Malorys *Morte d'Arthur* [493]. Morris' schlichte Möbel benötigen den Gegensatz der kühn gemusterten Raumtextilien, die er (ab 1856) entwarf. Auf der Londoner Weltausstellung von 1862 wurden Arbeiten seiner Firma erstmals einer breiten Öffentlichkeit zugänglich gemacht. Sie fanden sogleich Beachtung und wurden vielfach imitiert. Auch Eastlake trug zur wachsenden Beliebtheit mittelalterlich geprägter Möbel bei. Der anheimelnde »altenglische« und Queen-Anne-Architekturstil, der in den 1870er Jahren mit dem Red House aufkam, wirkte auch auf Voysey und Mackintosh.

Der Ausdruck »Arts and Crafts« passt zu jenem nostalgischen Idealismus, der sich zum Ziel gesetzt hatte, der Arbeiterklasse handgefertigte Möbel mit gutem Design zu bieten und zugleich den damit beschäftigten Tischlern eine befriedigende Tätigkeit zu verschaffen. Bereits 1807 hatte Hope mit seinen Entwürfen im Sinn, dass sie einen guten Einfluss auf die »rein mechanischen Tätigkeiten« ausüben sollten, und er versuchte (mit einer ebenso gewichtigen Sprache wie seine Möbel) dazu beizutragen, »dass wir für jenen Teil der Gemeinschaft, der durch die völlige Substitution der Handarbeit bei der Herstellung der meisten Gegenstände des täglichen Lebens durch die Maschinen die einfacheren Tätigkeiten für immer verloren hat, statt der menschenunwürdigen Subsistenz eine würdige Form der Arbeit schaffen, bei der Maschinen nie die geistigen Fähigkeiten des Menschen nachahmen oder ersetzen können«.[95] Ruskin hatte in *The Stones of Venice* weitere apokalyptische Klagen geführt, die Morris mit folgenden Worten kommentierte: »Ruskin erteilt uns hier die Lektion, die Kunst sei Ausdruck der Freude eines Menschen an seiner Arbeit.«[96] Morris' Motto gegen ästhetische und soziale Fehlentwicklungen lautete, »der Künstler müsse sich mit dem ›Handwerker‹ verbinden – denn anderenfalls wird keine lebendige dekorative Kunst entstehen können«.[97] Das Ringen um gute Formen führte zu politischer Aktion: »Mr. Burne-Jones … ist einer jener Radikalen, deren Radikalismus eng mit dem Sozialismus verknüpft ist … er ist der enge Freund einer oder zweier Personen, die dank ihrer Begeisterung für einige zweifelhafte Anliegen eine nahezu sinistre Berühmtheit erlangt haben: Einer davon ist Mr. William Morris.«[98]

Der Idealismus blieb der hohen Kosten wegen auf der Strecke, denn handgefertigtes, »moralisch korrektes« Mobiliar konnten sich praktisch nur die Begüterten leisten. Morris war sich dessen sehr wohl bewusst, lehnte jedoch die Schlussfolgerung ab, dass preisgünstige, schöne Volks-Möbel lediglich in Form gelungener Industrieprodukte möglich seien. Nur wenige Erzeugnisse aus Morris' eigener Firma waren günstig: Der »Sussex chair«, eines der billigsten Stücke, kostete 1865 etwa acht Shilling[99] und 1910 nur noch sieben.[100]

Ironischerweise verwandelte das Interesse an volkstümlichen Möbeln diese in »Antiquitäten«, was ihre Preise in die Höhe trieb. Als der gleichnamige Held in *Jude the Obscure* um 1895 die »altehrwürdigen Utensilien« seiner Tante an Interessenten aus dem Landadel verhökern musste, pries der Auktionator eine »›antike Sitzbank aus Eichenholz als ein einzigartiges Exemplar altenglischer Möbelkunst, von Interesse für jeden Sammler!‹ – ›Die gehörte meinem Urgroßvater‹, sagte Jude, ›ich wünschte, wir hätten das arme alte Ding behalten können.‹«[101]

Die englische Arts-and-Crafts-Bewegung organisierte sich in »Gilden«. Der altertümliche Name hinderte sie jedoch nicht daran, mit kaufmännischem Geschick die von ihren Mitgliedern entworfenen und gefertigten Gegenstände zu vertreiben, zum Teil unterstützt von werbewirksamen Zeitungsartikeln. Verschiedene Verbände[102] boten britisches Design auf Messen in ganz Europa an sowie in Magazinen, vor allem in der 1893 gegründeten Zeitschrift *The Studio,* die mit großem Engagement für fortschrittliches Design in den angewandten Künsten eintrat. Kenntnisreiche Verfechter ästhetischer Theorien wie Morris, Owen Jones, Dresser, Ruskin und andere trugen im späten 19. Jahrhundert stark zum Ansehen der avantgardistischen britischen Dekorationskunst in Europa bei – aber auch die starke wirtschaftliche und politische Stellung Großbritanniens. Wie Tatham in den 1790er Jahren festgestellt hatte, fordern die Künste einer »vorherrschenden« Nation zur Imitation heraus, ganz gleich, ob berechtigt oder nicht.[104] C. F. A. Voysey (1857–1941), Architekt und Mitglied der Art Workers' Guild, der in den 1890er Jahren Möbel kreierte, genoss im frühen 20. Jahrhundert einen guten Ruf auf dem europäischen Festland. Er wollte allerdings mit seinen Jüngern nichts zu tun haben, verabscheute William Morris' Atheismus, lehnte Mackintosh (»die Spuk-Schule«) ab und fand die modernen Gebäude der 1930er Jahre schlichtweg hässlich. In der Überzeugung, die Natur sei die »Mutter der Künste«, war Pugin sein wahrer Lehrmeister. Auch gehörte er zu jenen, die zur Wiederbelebung der keltischen Ornamentik beitrugen.

Kommerzialisiertes modernes britisches Design, bestens sortiert im Londoner Kaufhaus von Arthur Lazenby Liberty (ab 1875), verstärkte den britischen Einfluss weiter. Der »Liberty Style« spielte für die britische Arts-and-Crafts-Bewegung dieselbe Rolle wie Samuel Bings Pariser Geschäft »A l'Art Nouveau« für den französischen *Japonisme* und das Art Nouveau.

Die englische Architektur des *Domestic Style* förderte in den 1880er Jahren die Entwicklung der amerikanischen *Shingle-Style*-Architektur, die außen wie innen vor allem Holz als Baumaterial verwendete und weite Räume in Innern vorsah. Der hölzerne Modellentwurf einer Bibliothek aus dem Jahr 1901 [497] von Will Bradley (1868–1962) vereint zahlreiche stilistische Tendenzen der Möbel- und Dekorationskunst der vorangegangenen vierzig Jahre und spiegelt den Einfluss von Baillie Scott,[105] Carl Larsson [539], Voysey, Mackintosh und den Sezessionisten (S. 317). Vornehmheit und Strenge verschwanden, Behaglichkeit und Charme blieben erhalten. Die klobigen Formen, die nahezu peinlich »nackte« Konstruktion, die auffälligen Eisenbeschläge, die »rustikalen« Wandmalereien, die Teppiche mit ihren formalisierten Mustern, der offene Kamin im Stil von Voysey, die Fenster mit den Rautengittern, die wuchtigen Deckenbalken: All das schafft eine Raumatmosphäre, in der Schneewittchen und die sieben Zwerge sich zu Hause gefühlt hätten.

IX *Kapitel 2* Louis-quatorze und andere wieder belebte Stile

Die Hintergründe

Anders als im 19. Jahrhundert das *Gothic Revival*, dessen Wurzeln im 18. Jahrhundert lagen, entsprang die Wiederbelebung des Louis-quatorze-Stils, des Neorokoko und der Neorenaissance ausschließlich dem Geschmack des 19. Jahrhunderts.

In Frankreich war das Louis-quatorze nie ganz untergegangen, und man baute weiterhin Möbel dieser Art. Nach der Revolution erwarben französische Möbelkenner, unter ihnen Denon und Girodet, Stücke im Louis-quatorze-Stil. Selbst Napoleon, der zur Repräsentation seines Hofs – »es ist kein Hof, es ist eine Macht«[106] – einen eigenen Stil kreieren wollte, beauftragte F. H. G. Jacob-Desmalter mit der originalgetreuen Kopie einer Louis-quinze-Kommode nach dem Geschmack des 17. Jahrhunderts.[107] Die dazu erforderlichen Handwerkstechniken wurden nach wie vor praktiziert. England leistete zur Wiederbelebung all dieser Stile einen wesentlichen Beitrag: Bereits 1790 gab es erste Anzeichen von Interesse, als englische Sammler, an der Spitze der Prinz von Wales und William Beckford (der »reichste Bourgeois Englands«) sowie Lord Hertford, der Begründer der Wallace Collection, große Mengen von Möbeln aufkauften, die aus den geschändeten Palästen Frankreichs nach England strömten. Ihre Stilrichtungen umfassten französischen Barock, Rokoko, Transition und Klassizismus. Als Folge davon wurden bei der Fertigung von Möbeln im englischen Regency-Stil Techniken und Motive in der Manier von A. Ch. Boulle imitiert. 1801 lobte Charles Tatham, ein Vertreter des Klassizismus, Jean Le Pautre in den höchsten Tönen und billigte daher wohl auch dessen Arbeiten.[108] Tathams Skizzen zeigen sein Interesse an der Form des »abgesetzten Bogens«, wie er im 16. Jahrhundert an Möbeln auf den Gemälden von Paolo Veronese auftritt[109], und dieser findet sich auch an einem um 1800 für Southill Park in Bedfordshire gearbeiteten Tisch. Londoner Kunstschreiner, vor allem Thomas Parker und Louis Le Gaigneur, schufen exakte Kopien von Louis-quatorze-Möbeln. Le Gaigneur verkaufte ein Bureau Mazarin an Georg IV., das später in den 1930er Jahren als echtes *Louis quatorze* durchging. Auch wurden Teile alter Möbel in neue Stücke eingefügt, wie bei einem Schränkchen der Wallace Collection [499].[110] George Bullock, ein englischer Kunstschreiner, ließ sich vielfach von den kubischen Louis-quatorze-Möbeln und ihren Marketerien in Boulle-Manier inspirieren [245].

498 Entwurf für ein Sofa aus vergoldetem Holz für den Ballsaal von Windsor Castle; anglo-französisch, späte 1820er Jahre

499 Zwei Türen mit Marketerien aus Messing und Schildpatt wohl von A.-C. Boulle, wobei die älteren Türen aus der Zeit um 1700 in einen neu angefertigten Korpus aus dem frühen 19. Jahrhundert eingesetzt wurden – jedoch in falscher Anordnung, denn die beiden Hornbläser standen einander einst sicher gegenüber; französisch

Wie zu erwarten, zog die Leidenschaft für Louis-quatorze-Möbel eine entsprechende Gestaltung der zugehörigen Interieurs nach sich. Zuvor hatte man englische Ausstattungen aus dem 17. Jahrhundert imitiert, wofür sich erste Beispiele bereits in den 1760er Jahren finden lassen.[111] Um 1820, beispielsweise bei Christopher Wren, erfreuten sich Interieurs im *Jacobean* und *Tudor Style* großer Beliebtheit. Die Prunkgemächer in Windsor Castle wurden zwischen 1805 und 1812 für Georg III. barockisiert, und dabei wurden Decken sowie Schnitzarbeiten im Stil von Antonio Verrio und Grinling Gibbons geschaffen. Beckford entwarf für Fonthill Abbey »anglo-italienische« (»Renaissance«-) Interieurs, die allerdings den Einsturz des Gebäudes nicht überdauerten und von denen nur eine kurze Erwähnung ohne Abbildung erhalten blieb.[112]

Georg IV. trat entschieden für die Wiederbelebung vergangener Stilepochen ein. Als Prinzregent veranlasste er 1815 die Gestaltung des Royal Pavilion in Brighton (S. 285) im Stil des Transition und Klassizismus[113], wobei er sich auch von der Mode der Chinoiserien anstecken ließ. 1813 hatte er mit dem *Golden Drawing Room*[114] in Carlton House erste Vorstöße in Richtung Louis-quatorze unternommen, die in Form von Spiegelrahmen, Möbeln und Kunstobjekten eine deutliche Hinwendung zum Geschmack des Sonnenkönigs verrieten. In anderen Räumen prangten blaue Teppiche mit goldenen Bourbonenlilien und eine Fülle alter französischer Möbel. In den 1820er Jahren gelang ihm überdies bei der Ausstattung der restaurierten gotischen Bausubstanz von Windsor Castle eine höchst prunkvolle Wiederbelebung des Louis-quatorze in England. Im Gegensatz zu vielen anderen derartigen Interieurs war diese gut konzipiert und in exquisiter Manier ausgeführt worden. Einer der wichtigsten damit befassten Dekorationskünstler war J. J. Boileau (gest. nach 1851), ein Altmeister seiner Kunst, den bereits Georg III. über dreißig Jahre zuvor engagiert hatte. Noch zu Zeiten des Rokoko geboren, war er um 1785 erstmals aus Frankreich nach England gekommen und hatte dort für Henry Holland und William Beckford gearbeitet. Interieurs und Mobiliar in Windsor Castle waren im klassischen französischen Barock – mit einem Hauch von Inigo Jones und William Kent – sowie im Louis-quatorze-, Louis-quinze- und im Empire-Stil gehalten. Die riesigen gotischen Fenster waren mit schweren, üppigen Lambrequins dekoriert. In Windsor trug der König eine unglaubliche Fülle großartiger Barock- und Rokoko-Möbel sowie Kunstgegenstände aller Epochen zusammen und kombinierte sie mit zeitgenössischen Stücken von höchster Qualität. Das Ganze wirkt zwar äußerst imposant, ist jedoch mit dem leisen »Moschusgeruch« des Regency behaftet und lässt den höfischen Glanz des echten *Louis quatorze* vermissen.

500 Französische Neorokoko-Möbel sowie ein Neorenaissance-Stuhl in einem Raum für den Herzog von Orléans und seine Familie von Prosper Lafaye und Richard Flatters; französisch, 1845

In den 1820er Jahren hielt der nun voll erblühte Louis-quatorze-Stil in britischen Adelsschlössern, Londoner Stadthäusern und nicht zuletzt auch in Crockfords Puppenhaus Einzug.[115] Ein Besucher aus Deutschland kritisierte seine »geschmacklosen Auswüchse, seine inflationäre Vergoldung und die verwirrende Mixtur aus Stuck und Gemälden etc.«.[116] Kunstkritiker beklagten auch die »unkorrekte« Verwendung der Symbole und Ornamente: Diese würden »irrtümlicherweise Ludwig XIV. zugeschrieben, sind aber in Wirklichkeit aus der Zeit Ludwigs XV., und dazu noch in degenerierter Form«.[117] Von Anbeginn an wurden die schlechte Qualität der Entwürfe und die mangelhaften handwerklichen Fertigkeiten beklagt – so simulierte man Schnitzereien durch billige Papiermaché-Teile oder »Jackson-Putty« (eine Kittmasse), die auf den hölzernen Untergrund aufgebracht wurden. Dieselben Techniken wendete man auch bei Wandverkleidungen und Möbeln an. Wo immer möglich, versuchten Architekten und Raumausstatter echte Vertäfelungen und Möbel aus dem 18. Jahrhundert zu beschaffen, deren qualitative Überlegenheit sie sehr wohl erkannt hatten. Entwürfe wirken erst durch Spontaneität und einfallsreiche Ornamente. Fehlen Kreativität und Talent, kann durch keine noch so große Anstrengung Qualität herbeigezaubert werden – denn »der einsichtige Dekorateur weiß sehr wohl, dass jeder geschickte Lehrbub dergleichen [Ornamente aus Papiermaché] fabrizieren kann«.[118] Armer Cuvilliés!

Die Wiederbelebung der alten Stile wurde begleitet von Nachdrucken früherer Publikationen mit manieristischen, barocken und Rokoko-Entwürfen. Eine englische Publikation von 1845 beispielsweise rühmte sich seiner »Auswahl an Vorlagen aus den Werken von Dietterlin, Berain, Blondel, Meissonnier, Le Pautre, Zahn, Boetticher sowie der besten französischen und deutschen Dekorationskünstler«.[119] Der Titel lässt auf einen breit angelegten historischen Überblick schließen, doch die nicht zuzuordnenden Bildseiten vermitteln lediglich den Eindruck eines undifferenzierten Eklektizismus. Bisweilen gaben die Nachdrucke auch Anlass zu »parodistischen« modernen Versionen alter Entwürfe [508].

Die Wiederbelebung des Rokoko

Ein bedeutender Raum in Windsor Castle, der Ballsaal, wurde für Georg IV. in einer erlesenen Form des wieder belebten Rokoko-Stils mit kapriziösen Louis-quinze-Rocaillen und Gobelins geschmückt. Die Londoner Firma Morel und Seddon entwarf das Mobiliar, vermutlich gemeinsam mit Boileau und dem König.

501 Sofa aus Holz und Papiermaché über einem Stahlrahmen, mit aufgemalten Schmuckmedaillons, Vergoldung und Perlmutt-Intarsien auf schwarzem Grund; britisch, um 1855

502 Armlehnstuhl und Fußschemel aus beschnitztem und vergoldetem Holz, mit originalem Bezug; spanisch, um 1860

1826 ging Morel nach Frankreich, um sich dort von neuen Mustern anregen zu lassen.[120] Auch das Sofa [498] im reinen Louis-quinze (abgesehen von den gerade abgeschnittenen Regency-Fransen, die in Kombination mit den geschwungenen Beinen und der Zarge seltsam anmuten) wurde eigens dafür angefertigt.

Frankreichs wohlhabende Schichten bevorzugten »authentische« Reproduktionen des Möbeltyps, wie er von Louis Le Gaigneur in England kreiert worden war. Ein Gemälde von 1845 [500] zeigt vermutlich eine Wohnung im Tuilerien-Palast, nämlich die des Herzogs von Orléans (1810–1842), eines kultivierten Mannes, der ebenfalls Möbel modernen Gepräges bei Kunsttischlern wie Alexandre-Louis Bellangé [528] in Auftrag gab. Hier gesellt sich ein Louis-quinze-Schreibtisch (auf dem eine Figur der Johanna von Orléans steht) zu Kabinettschränken im Boulle-Stil – alles garantiert hochwertige Kopien – sowie einem Eichenholzstuhl in der Manier des 17. Jahrhunderts, und das Fenster ist mit Lambrequins geschmückt.

Das Neorokoko wurde im Nu kommerzialisiert, wobei vieles die einstige zauberhafte Eleganz vermissen lässt und unweigerlich an Contant D'Ivrys »Nachrokoko-Klassizismus« des 18. Jahrhunderts [350] erinnert. Manche Gegenstände mit höchstem ästhetischem Anspruch entsprangen der Massenherstellung. Das bedeutendste Beispiel ist der immens beliebte englische *Balloonback*-Polsterstuhl, der in zahlreichen Versionen seinen Siegeszug durch Europa und Amerika antrat. Die Variante mit den ausgewogensten Proportionen verband zierliche *cabriole legs* mit leeren, runden Kartuschen als Rückenlehne (eine in die Breite gezogene Kartusche, die der späteren ausgereiften Form des Polsterrückens voranging, bildete sich in den 1830er und 1840er Jahren heraus). Die Beine waren bisweilen – eher zu ihrem Nachteil – aufwändig gedrechselt und geriffelt oder aber wunderschön ornamentiert mit zierlichen Adaptionen antiker konkav/konvex gedrechselter Formen, kombiniert mit einer leichten Laibung, die letztendlich auf das Klismos-Bein zurückgeht. Bequem, leicht, praktisch und gefällig wie er war, fand der *Balloonback Chair* sowohl in Salons als auch Speisezimmern Platz, wobei seine Ornamentik jeweils der Raumfunktion entsprach. Salon-Stühle waren meist aus Nussbaum- oder Satinholz und mit geschnitzten Louis-quinze-Blüten dekoriert, die meist etwas gewichtiger gehaltenen Speisezimmerstühle hingegen aus Mahagoni oder Palisander und mit klassischen Ornamenten verziert. Für prunkvollere Interieurs wurden diese Stühle häufig vergoldet.

Entwürfe im Neorokoko-Stil boten sich für die tiefe Knopfpolsterung an, die der Einsatz von Sprungfedern ermöglicht hatte. Diese Polsterung war im 18. Jahrhundert bei Gymnastik-Stühlen und Kutschen eingesetzt und jeweils 1826 sowie 1828 für die Verwendung im Möbelbau patentiert worden.[121] Sie passte zur in der hochviktorianischen Epoche übertriebenen Vorliebe für gerundete Formen, wie sie sich beispielsweise an der Kontur des Ellbogens einer Dame auf einem Gemälde präsentieren, an ihren Grübchen am Handrücken und dem gewölbten Hals, ebenso aber auch an der abgebildeten geschwungenen Causeuse [476]. Eastlake klagte, das Wort »elegant« werde unterschiedslos auf alle Objekte mit gerundeten Formen angewendet,[122] und vom Louis-quatorze-Stil müsse man sagen, dass »so schlecht und verdorben dieser im Grunde auch war, [er] doch ein gewisses Ambiente von Luxus und Grandeur ausstrahlte ... Sein schlimmstes Merkmal waren jedoch seine extravaganten Formen, und genau diese wurden bei späteren Polstermöbeln beibehalten.« Sofas und Stühle ließen jegliche »Geradlinigkeit der Komposition vermissen, und diese abscheulichen Vorstellungen über Verschönerung nennt man dann auch noch ›Formgebung‹«.[123]

Im späten 18. Jahrhundert entstanden in England die ersten Möbel aus Papiermaché über einem Holzkern.[124] Zwischen 1836 und 1851 hatte man das Verfahren weiter verbessert, und das Material konnte nun selbst für Stühle und Sofas verwendet werden. Papiermaché-Möbel waren eine Spezialität von Jennens und Bettridge, einer Firma aus Birmingham, die auch ein Patent für Perlmutt-Einlegearbeiten besaß. Möbel wie das Neorokoko-Sofa [501], dessen Rückenlehne mit gegenläufigen C-Bogen verbunden ist, bezeichnete der Maler Richard Redgrave als »ein mit barbarischem Prunk versehenes Gebilde, eine Beleidigung für das Auge, das sich mit keiner anderen Herstellungstechnik, mit der es zusammenkommt, verträgt«.[125] Vielleicht urteilte er etwas zu streng, denn die Stücke wirken ein wenig wie intarsierte Lackmöbel aus dem Fernen Osten, von denen sie auch Anregungen empfangen hatten.

Um die Mitte des Jahrhunderts brachte die Wiederbelebung früherer Stile Möbel hervor, deren Entwurfsqualität unter allem Niveau lag. Ein reich beschnitzter und vergoldeter Stuhl mit Fußschemel der »isabellinischen Periode« in Spanien [502] illustriert die Wuchtigkeit vieler Möbel des Neorokoko. In ihm verbündete

503 Eichenholzmöbel nach einem Entwurf von William Beckford für Lansdown Tower in Bath; britisch, Abbildung von 1844 (aus English & Maddox, *Views of Lansdown Tower, Bath)*

504 Schreibtisch aus Rosenholz mit Appliken aus Goldbronze von François Linke; französisch, um 1890

505 Bett aus laminiertem und geschnitztem Palisander von J. H. Belte;. New York, um 1856

sich *Louis quinze* mit einem Stil, der dem venezianischen Barock des Andrea Brustolon [252, 253] nahe steht. Das Möbel wimmelt von geschnitzten Putten, deren oberstes Paar die Tauben der Liebesgöttin Venus auf dem Kopf trägt. Der Putto auf der rechten Armlehne hat die Haltung eines Bacchanten oder pompejanischen Tänzers eingenommen. Trotz der geschwungenen Form und der Dekoration lässt der Sessel die harmonisch fließenden Formen des echten Rokoko vermissen.

Ein amerikanisches Bett [505] aus laminiertem Palisander, einer teuren Form von Sperrholz, wurde in der Manufaktur des deutschen Einwanderers J. H. Belter gefertigt, die nach 1840 in New York ihre Arbeit aufnahm.[126] Sperrholz hatte bereits im 18. Jahrhundert in England Verwendung gefunden, zum Beispiel an den Stühlen Robert Adams für die Bibliothek in Osterley House.[127] Im frühen 19. Jahrhundert wurde es in Österreich sehr häufig von den Möbeltischlern des Biedermeier eingesetzt, von denen Belter zweifellos das Verfahren übernommen hatte, das er verfeinerte und 1847 und 1858 zum Patent anmeldete.[128] Das Bett ist eher im Barock- als im Rokoko-Stil gehalten – der Charakter und die Motive des Schnitzwerks sowie die Schwünge und Gegenschwünge sind eher dem 17. als dem 18. Jahrhundert zuzuordnen. Die weitläufigen, schmucklos belassenen Flächen heben sich wohltuend von dem überbordenden *horror vacui* ab, der so manches von Belters Stücken beeinträchtigt. Die infolge der »Französischen Politur« hochglänzenden Oberflächen trugen viel zu ihrer Anmutung großbürgerlicher Gediegenheit bei.

Mobiliar im Stil des Neorokoko wurde bis zum Ende des Jahrhunderts und länger gebaut. Ein Schreibsekretär (um 1890) von François Linke (1855–1946) aus Rosenholz, einer brasilianischen Palisanderart, mit reichen Goldbronze-Montierungen [504] gewann bei der Weltausstellung 1900 in Paris eine Goldmedaille. Die Urkunde rühmte das Stück als ein »Beispiel dessen, was möglich ist, wenn man Anregung bei den klassischen Vorbildern der Louis-quinze- und Louis-quatorze-Möbel sucht, ohne diese großartigen Arbeiten auch nur ansatzweise kopieren zu wollen«.[129] Der Schreibtisch gleicht einem französischen Bureau plat, das sich in ein fremdes Zimmer verirrt hat, wo es vom Oberteil eines deutschen Schreibschranks verführt wurde. Seinen abfallenden, bronzevergoldeten Kurven fehlt allerdings die blitzblanke Lebendigkeit der Stücke des 18. Jahrhunderts. Dieses Vorzeigemöbel atmet bereits den Geist des Art Nouveau, dessen Durchbruch aber noch auf sich warten lässt.

Die Wiederbelebung der Renaissance

Einige der frühesten und erlesensten englischen Neorenaissance-Möbel entstanden für Lansdown Tower, ein Landhaus William Beckfords oberhalb von Bath. Es wurde zwischen 1824 und 1827 nach den »vom klassischen Geschmack seines Besitzers bestimmten Entwürfen«[130] in zurückhaltendem, italisierendem Renaissance-Stil errichtet. In einem Buch von 1844 heißt es, »die ersten Ausschmückungen [vermutlich die Möbel] dieses bezaubernden Gebäudes wurden einige Jahre zuvor verkauft, und es wurde anschließend in klassischer Manier so umgestaltet, wie es sich jetzt präsentiert«.[131]

Die Innenausstattung ist vermutlich teilweise von Interieurs inspiriert, wie sie auf italienischen Gemälden des späten 15. und frühen 16. Jahrhunderts abgebildet sind [132] – Beckford war passionierter Gemäldeliebhaber und besaß eine erlesene Sammlung –, und sein Einrichtungsstil [503] bestätigt obige Annahme. Die Möbel haben gewisse Verwandtschaft mit dem italienischen, von der Antike inspirierten Mobiliar des 16. Jahrhunderts, das im vorliegenden Buch mit der Raffael'schen Tradition (S. 105–106) in Verbindung gebracht wird. Dazu gehören etwa die Hängeschränke, die ähnlich auf den Gemälden Carpaccios und anderer auftauchen, und die Möbel an der Wand, die dieselben rechteckigen Strukturen sowie architektonischen Pfeiler und Pilaster wie Renaissance-Möbel aufweisen. Der mit einem Rundbogen gestaltete »Wandtisch« (mangels einer genaueren Bezeichnung), der links von dem

506 Bett aus gedrechseltem und geschnitztem Eichenholz, entworfen von Thomas Hopper, in Penrhyn Castle, Gwynedd; britisch, um 1825–1830

507 Stuhl aus gedrechseltem und mit Eichenlaub bemaltem Eichenholz, entworfen von M. G. Bindesbøll nach dem Stuhl auf Raffaels Gemälde *Madonna della Sedia;* dänisch, um 1840

gegenüber **508** Raumausstattung im Stil der Neorenaissance in Park Avenue, New York, entworfen von Léon Marcotte in den 1840er Jahren und dargestellt in *The Brown Family* von Eastman Johnson; amerikanisch, 1869

großen Schrank in der Mitte steht, dient offenbar ausschließlich dekorativen Zwecken. Der Form nach ähnelt er der italienischen Betbank [202] des 16. Jahrhunderts, wobei sich weitere Beispiele auf Renaissance-Gemälden finden lassen [156]. Der Faltsessel aus Ebenholz ist eine exakte Imitation seiner Vorgänger aus der Renaissance und dem 17. Jahrhundert.

William Beckfords Neorenaissance-Möbel zeigen noch weitere stilistische Einflüsse. Manche Details, wie die Knöpfe und das Tableau des rechten Hängeschränkchens, die dorischen Kapitelle des mittleren Schranks sowie die Form des Dreifußes sind in griechischem oder wieder belebtem griechisch-römischem Stil der Antike gehalten. Die mit Polsternägeln und Fransen verzierten Sessel in den Salons bildeten eine raffinierte Synthese zwischen ihrer für das 17. Jahrhundert typischen Form einerseits und ihren spitz zulaufenden »griechischen« Beinen sowie den Rückenlehnen mit Anklängen an die geschwungene Form des Klismos andererseits.[133]

Unpassend sind dagegen die Fialen des mittleren Schranks. Sie ähneln denen der Laterne auf dem Campanile von Lansdown Tower, der »nach rein griechischem Vorbild« gestaltet wurde.[134]

Die Entstehung des Mobiliars von Lansdown Tower fällt in dasselbe Jahrzehnt wie ein Stuhl [507] des Dänen Michael Bindesbøll (1800–1856), der die pompejanische Innenausstattung des Thorvaldsen-Museums in Kopenhagen gestaltete. Der Entwurf zu diesem Stuhl wurde zweifellos durch ein Sitzmöbel angeregt, das auf Raffaels *Madonna della Sedia*[135] abgebildet ist. Er war für die Eingangshalle eines Kopenhagener Hauses vorgesehen, in dem auch eine Kopie von Raffaels *Sixtinischer Madonna*[136] hing. Möbel desselben Renaissance-Typus wurden von drei dänischen Malern, Constantin Hansen, G. C. Hilker und Jørgen Roed, entworfen. Es bestand also, sowohl bei Beckford als auch bei den Dänen, ein enger Zusammenhang zwischen dem Interesse an der Renaissance-Malerei und den Reproduktionen »klassischer« italienischer Möbel des 16. Jahrhunderts.

In den 1830er Jahren ging der *Jacobean Style* in England eine Allianz mit dem »Normannischen Stil« ein. Bereits bei George Smiths Entwürfen (von 1808) im Stil des *Gothic* hatte sich ein Interesse für romanische Möbel offenbart. Die meisten dienten zwar als Vorlage für die vergoldeten und furnierten Möbel des vornehmen Regency-Stils, andere wiederum bilden schlichte, romanisch anmutende Eichenholzstühle ab. Smiths tastendes Bemühen um Authentizität zeigt sich auch in seiner Aussage von 1826, es sei »ein großer Fehler« gewesen zu glauben, gotische Möbel seien in Anlehnung an die gotische Architektur entworfen worden (er hatte unrecht): »In jenen Tagen waren die Möbel für den häuslichen Gebrauch massiv und schwer, und ihr Zierrat bestand vornehmlich aus deutlich hervorgehobenen Leisten sowie anderen Elementen, die eher runde oder tauartig gedrehte Formen aufweisen. Viele der Ornamente … kann man als Arabesken bezeichnen [die romanische Akanthus-Ranke], und in manchen Fällen haben sie auch viel von den Grotesken [gotischen Ungeheuern] an sich.«[137]

Die zunehmende Beliebtheit »romanischer« Möbel und Interieurs in den 1830er Jahren kam daher keineswegs überraschend. Es war jedoch schwierig oder gar unmöglich, den Möbel-Stil der normannischen Oberschicht wieder zu beleben. Das Mobiliar jener Zeit war nur sehr spärlich gewesen, und wenn es überlebt hatte, dann nicht in der Form von Nachtkästchen, Frisiertischen, Chiffonières oder Ähnlichem. Englische Möbelbauer nutzten daher bei ihrer Verwendung romanischer Details zusammen mit Neorenaissance-Formen den Vorteil, dass die Romanik viele der gleichen antiken Motive wie der *Jacobean Style* verwendet hatte. Diese Vorgehensweise lässt sich sehr gut in Penrhyn Castle nachvollziehen, dem zwischen 1821 und 1841 errichteten »Schein-Schloss« eines »einfachen Gentleman vom Lande, dessen Vater vermutlich eine Käserei besaß«.[138] Auf den dargebotenen Geschmack passt zweifellos nur die Bezeichnung »neureich« (S. 240–241). Romanische Architektur-Elemente, wie man sie bei den Möbeldarstellungen in illuminierten Manuskripten oder bei erhaltenen Stücken [94, 96] findet – tauartige Profile, vielfältige Facettierungen und Zackenfriese – wurden in Eiche, Kalkstein und Penrhyn-Schiefer nachgebildet. In einem Schlafzimmer mit einer im Stil des 17. Jahrhunderts, aber mit romanischen Details gestalteten Decke prangt ein pompöses Bett aus Eichenholz [506]. Seine gedrehten Pfosten (die an jene der Ädikulen auf den byzantinisch beeinflussten Mosaiken erinnern [133]) ruhen auf Sockeln in der Form romanischer Kapitelle und werden getragen von Balustern von der Art massiver, italienischer Renaissance-Tische. Kopfteil und Baldachin nehmen offensichtlich Anleihen beim *Jacobean Style* und beim normannischen Stil.

Details im *Jacobean Style* fallen dem Betrachter auch auf einem Gemälde von 1869 ins Auge, das einen Salon in Upper Manhattan [508] zeigt. In den späten 1840er Jahren hatte eine wohlhabende amerikanische Familie den französischen Ebenisten Léon Marcotte (1824–1887) mit der Gestaltung der Innenausstattung und Möbel ihres neuen Hauses in einem extravaganten, eklektizistischen Neorenaissance-Stil beauftragt. Marcotte hatte sich um 1849 in New York niedergelassen und avancierte zu einem der prominentesten Raumausstatter für diese wohlhabende Klientel. Auf dem Bild wirft Mrs. Brown ein wachsames Auge auf ihre Umgebung. Der Maler arbeitete mit Hilfe von Detailfotografien, die man nicht nur vom Inneren des Hauses, sondern beispielsweise auch von der Fingerhaltung der Hausherrin aufgenommen hatte. Kurz darauf zogen die Browns in ein riesiges Haus an der Park Avenue (wo zum Teil auch heute noch »Renaissance-Palazzi« stehen) und verpflanzten das gesamte Zimmer dorthin.[139] Dort oder im Marquana-Haus (S. 260) stand vermutlich das kunstvolle Bett [511] aus Vogelaugen-Ahorn, das Marcotte zugeschrieben wird (S. 258). Scharfkantig geschnitzte Bänder, Festons, Frührenaissance-Baluster und ein Cherubim erinnern genauso an den Adam-Stil wie an die Re-

E. Johnson
1869

509 Hocker aus farbig glasierter Keramik von Josiah Wedgwood & Sons nach einem Entwurf von Vredeman de Vries; britisch, 1875

rechts **510** Kabinettschrank im Barockstil mit Ebenholzfurnier und Elfenbein-Intarsien; norditalienisch, um 1880–1890

511 Bett aus Vogelaugen-Ahorn, schlicht gemasertem Ahorn und amerikanischem Whitewood, Léon Marcotte zugeschrieben; amerikanisch, um 1878–1884

naissance. Die Kombination aus Strigillierung mit ovalen Paterae am Fußteil ist Entwürfen Adams verwandt, während die rechteckige Füllung an das späte 18. Jahrhundert gemahnt.

Immer noch im Neorenaissance-Stil gehalten ist ein Kabinettaufsatzschrank der Pariser Firma von H.-A. Fourdinois [512] aus dem Jahr 1867. Die Form (zum Beispiel die säulenförmigen Beine) und der Zierrat sind von den franko-flämischen Schränken [227, 244] des späten 16. und frühen 17. Jahrhunderts beeinflusst, und er ist mit lebendigem, feinem Schnitzwerk sowie mit dem neuen Verfahren der *Marqueterie en plein* dekoriert, bei dem Ebenholz mit helleren Holzarten intarsiert und dann beschnitzt wird. Trotz einer Fülle manieristischer Details ist er doch mit seinen Medaillons und der Präzision der Schnitzornamente (insbesondere der Helmbusch und die Füllhörner unter dem mittleren Medaillon sind Louis-seize) Möbeln des späten 18. Jahrhunderts verwandt. Die Minerva-Figuren, Symbole für Malerei und Baukunst, zeigen hingegen die klassizistische Anmutung des frühen 19. Jahrhunderts. Bei den vier Kontinenten, symbolisiert durch die nach unten verlängerten Karyatiden, verschmelzen manieristische, klassizistische und Louis-seize-Züge des frühen 19. Jahrhunderts zu einem einzigen Dekor-Element.

Im Jahr seiner Fertigstellung verglich Bruce Talbert den Schrank von Fourdinois [512] mit einem spätelisabethanischen oder im *Jacobean Style* gehaltenen Buffet, dem Conishead-Priory-Schrank, mit seinen zwiebelförmigen Balustern, der in Shaws *Specimens of Ancient Furniture* abgebildet war: »Verglichen mit dem Schrank von Fourdinois …, gibt es große Unterschiede. Das Eichenholz des englischen Stücks weist zugegebenermaßen nicht die gleiche exquisite und vollendete Verarbeitung auf wie die französische Arbeit. Diese ist jedoch bisweilen auch zuviel des Guten … Seine Kosten [des Schranks von Fourdinois] betrugen £ 2700, ein Betrag, der selbst für Millionäre kein Pappenstiel ist … Die

Konstruktion ist völlig unpraktisch und wirkt monumental… [Die Möbel unseres täglichen Bedarfs] sollen eine wohnliche Atmosphäre schaffen, ohne übertrieben vornehm und anmaßend zu wirken, und jegliche Nachäffung architektonischer Prinzipien ist zu vermeiden.«[140] Aus ihm spricht der restriktive Puritanismus der Arts-and-Crafts-Bewegung [496].

Ein 1630 von Vredeman de Vries erstmals veröffentlichter Renaissance-Entwurf diente als Anregung für einen Wedgwood-Gartenhocker aus glasierter Keramik von 1875 [509]. Sein lebendiges und farbenfrohes Trompe-l'œil – man müsste allerdings halb blind sein, um diese optische Täuschung nicht sofort zu erkennen – ist attraktiver als mit sirupartigem, durch Beimengung von gebrannter Umbra dunkel gefärbtem Lack behandelte, auf alt getrimmte Möbel.

Ein norditalienischer Kabinettaufsatzschrank von 1880 bis 1890 [510] – die kunstvolle Nachschöpfung eines Barockmöbels – verwendet die barocken Kontraste von Ebenholz und Elfenbein oder Alabaster [247]. Seine späte Entstehung verrät sich ganz offensichtlich am Stil der Figuren auf den Elfenbein-Medaillons an der Front, besonders an der sinnlichen viktorianischen Nymphe (Hebe?) ganz rechts. Die Medaillons erinnern ein wenig an jene im *Pâte-sur-pâte*-Stil des französischen Keramikers Marc Solon, der 1866 Entwürfe veröffentlicht hatte, die auf Vorbildern aus dem 16. Jahrhundert basierten.[141]

Die Wiederbelebung des Klassizismus

Alternativen zu Neorenaissance und Neorokoko boten sich sowohl im Rückgriff auf die Antike selbst als auch auf die klassizistischen Stile des späten 18. Jahrhunderts.

Bisweilen wurden die Letztgenannten jedoch in einen für das 19. Jahrhundert typischen, überladenen Stil umgesetzt, wie im Falle eines »reich und kunstvoll verzierten« Schrankes aus England,

512 Kabinettschrank aus Eiche, Ebenholz, Buchsbaum und anderen Hölzern sowie eingelegten Marmortäfelchen von H.-A. Fourdinois; Paris, 1867

der 1867 von Wright & Mansfield für die Pariser Weltausstellung in einem wieder belebten »Adam-Stil« angefertigt wurde. Diese Firma übernahm in Großbritannien im Lauf der nächsten Generation aufwändige Innenausstattungen in Neo-Adam-Stil und war führend »in der besagten gefälligen Gestaltungsart, durch die glücklicherweise viele bezaubernde Kreationen berühmter Kunstschreiner des 18. Jahrhunderts aufs Neue in unseren Häusern Einzug hielten. Die schönsten Entwürfe von Chippendale, Hepplewhite und insbesondere Sheraton wurden unter den Händen dieser begabten Hersteller wieder zum Leben erweckt.«[142] Solche Rückgriffe auf vergangene Stilformen gab es nicht nur in England. Auch Kaiserin Eugénie betrieb einen wahren Marie-Antoinette-Kult und stattete die Räume in St-Cloud, Compiègne und den Tuilerien im Louis-seize-Stil aus, wobei sie echte Stücke und Kopien mischte. Gegen Ende des Jahrhunderts kamen in den avantgardistischen Kreisen Skandinaviens [539] und Wiens alte Biedermeier-Möbel wieder in Mode und wurden kurze Zeit später auch nachgebaut.

Manche Stile, darunter der »etruskische« und der »pompejanische«, waren nie ganz ausgestorben. Die französischen Möbel des frühen 19. Jahrhunderts ergaben sich nie völlig dem archäologisch korrekten Stil, und so waren die griechische Kargheit und die römische Wuchtigkeit oft mit einem Hauch pompejanischer Eleganz überzogen. Auch in Preußen stützte sich K. F. Schinkel auf den »pompejanischen« Stil, und die Veröffentlichung neuer Bücher, wie der *Pompeiana* (1817–1819, 1832) von Sir William Gell, dessen Arbeiten »ihren Weg nicht nur in jeden Winkel Großbritanniens, sondern auch auf den Kontinent fanden«,[143] förderte die Verbreitung der neuen Motive. Gell versicherte, »der antiken Kunst werde durch den unermüdlichen Eifer von M. Ternite größere öffentliche Aufmerksamkeit zuteil, und sie erhalte nun eine zwar ver-

513 Antikisierende Möbel im Atrium der Maison Pompéienne in Paris auf einem Gemälde von Gustave Boulanger; französisch, 1861

rechts **514** Sessel aus Zedern- und Ebenholz mit Intarsien aus Elfenbein, Perlmutt und Muschelkalk, entworfen von Sir Lawrence Alma-Tadema für einen amerikanischen Auftraggeber; britisch, 1884–1887

unten **515** Stuhl aus gedrechseltem und vergoldetem Holz, rot, weiß und blau bemalt, entworfen von M. G. Bindesbøll; dänisch

spätete, aber verdiente Bewunderung«.[144] Ternites regalfüllende Bände (1839–1859) umfassten Texte auf Deutsch, Französisch und Englisch. Sie stießen auf anhaltendes Interesse, wie etwa gegen Ende des Jahrhunderts bei Franz von Stuck (S. 317). Der pompejanische Stil rief jedoch auch viele Kritiker auf den Plan: Owen Jones beispielsweise behauptete 1856, er sei »so launenhaft, dass er ganz außer dem Bereich der wahren Kunst liegt«. Er sei sehr gefällig, doch obgleich zwar selbst nicht gänzlich vulgär, so begebe er sich doch oft in bedenkliche Nähe des Gewöhnlichen.[145]

1860 baute Alfred-Nicolas Normand in Paris für Napoleon III. die »Maison Pompéjenne«. Der Entwurf verarbeitete Einflüsse der Diomedes- und der Pansa-Villa in Pompeji, und die Innenausstattung war ganz im Dritten pompejanischen Stil gehalten. Das Haus steht nicht mehr, aber seine Vollendung wurde in einem Gemälde zelebriert [513], das einen Beleg dafür bietet, dass das Atrium mit Arbeiten von Théophile Gautier und Emile Augier geschmückt war. Die Antike wurde zu neuem Leben erweckt: Von seinem Sockel blickt Kaiser Napoleon, als Augustus verkleidet, auf Figuren in römischen Gewändern herab, darunter ein gelangweilt dreinblickender junger Mann, der es sich, halb liegend, auf einem konkav/konvex gedrechselten Sofa bequem macht; neben den Säulen sind Jardinièren in antik römischem Stil aufgestellt. Wüsste man nicht, dass das Atrium auf dem Gemälde tatsächlich einmal existiert hat, würde man das Bild für eine Nachahmung der Malerei Sir Lawrence Alma-Tademas (1836–1912) halten, dessen penibel dargestellte, »authentische« Szenen antiken Lebens – abgesehen von ihrer geradezu überirdisch transparenten Farbgestaltung – ziemlich hohl und banal wirken. Viele davon zeigen groteske Interieurs, und Alma-Tadema entwarf für die auf seinen Gemälden abgebildeten Räume ein Sofa, das am einen Ende im griechisch-archaischen, am anderen im pompejanischen Stil mit konkav/kon-

516 Anrichte aus gedrechseltem und furniertem Ebenholz mit Marketerien aus Buchsbaum, Myrte, Perlmutt und Elfenbein, entworfen von Bruce Talbert; britisch, 1878

517 Anrichte aus gedrechseltem, ebonisiertem und teilvergoldetem Holz, entworfen von E. W. Godwin; britisch, um 1876

vexen Drechselarbeiten gestaltet war. Solche gedrechselten Elemente regten auch zu freier Gestaltung an [515]. Bindesbøll verwendete – angeregt sowohl durch Nikolai Abildgaard [453] als auch von der Kunst Griechenlands und Pompejis – für den Stuhl, der auf den ersten Blick wie aus dem 17. Jahrhundert aussieht, gedrechselte Stäbe – bis man seinen Raffael'schen Stuhl [507] gesehen hat. Auf antiken Formen beruhende Möbel wirken oft merkwürdig zeitlos – manche Stücke Bindesbølls haben sogar eine faszinierende Ähnlichkeit mit iberischen Möbeln des 17. Jahrhunderts, die sicher ähnlichen Wurzeln entspringen.[146]

Drechselarbeiten in antikem Stil schmücken auch die Beine eines kunstvollen ebonisierten Kabinettschränkchens von E. W. Godwin (1833–1886) [517]. Sein Dekor – Goldgravur auf schwarzem Grund – besteht aus der linienförmigen, verschlankten Version vorwiegend »etruskischer Motive«, die sich an englischem Mobiliar des späten 19. Jahrhunderts allgemein steigender Beliebtheit erfreuten. Vom Gesamteindruck her erinnern das schlichte Untergestell und die antikisierenden gedrechselten Beine an hochwertige deutsche Möbel im »etruskischen« Stil der 1840er Jahre.

Auf solche »etruskischen« Ornamente griff man immer wieder gerne zurück. Das Marquand-Haus in New York, dessen Besitzer Gemälde von Vermeer, Rembrandt, Van Dyck und Hals sein eigen nannte, hatte ein Japanisches und ein Maurisches Zimmer sowie ein Speisezimmer im Stil der englischen Renaissance. Es gab dort auch einen »griechischen Salon«, dessen Entwurf, ebenso wie der für das Mobiliar, von Alma-Tadema stammte. Ein aufwändig verzierter Sessel [514] ist in »etruskischen« Farben gehalten, die durch Einlagen aus Ebenholz, Elfenbein und Perlmutt in das bräunlichrote Zedernholz erzielt wurden. Sein Dekor (sowie die nicht mehr erhaltene, originale Polsterung)[147] ist dem Vorbild etruskischer Vasen nachempfunden, und die Form erinnert an die steinernen Thronsessel der Antike. Das Marquand-Haus beherbergte vermutlich auch das eklektizistische Bett Marcottes [511].[148]

Der »etruskischen« Farbpalette begegnen wir auch an einem Schrank von Bruce Talbert [516], und zwar im Zusammenspiel von Buchsbaum-, Myrten- und Ebenholz sowie Perlmutt und Elfenbein. Überreich verziert mit antiken Göttinen und ihren Emblemen wurde er bei der Weltausstellung 1878 in Paris unter dem Namen »Juno-Schrank« bekannt. Die vorwiegend der griechischen Antike entlehnten Ornamente der Intarsien sind eng verwandt mit jenen an Pelagio Palagis Sofa und Klenzes Schrank [417, 418]. Die aufrechten Flächen zwischen den unteren Fächern und seitlich davon ähneln den Musterfriesen, die die Füllungen von Palagis Etruskischen Räumen in Racconigi [416] begrenzen, und in beiden Fällen bilden quadratische Eckornamente den Abschluss. Die Figuren ähneln im Stil denen Palagis, und bei ihm kann man auch immer noch die fließende Eleganz der griechischen Linie erahnen, die bei dem »für das Entwerfen von Figuren gänzlich ungeeigneten«[149] Talbert abhanden kam. Die Voluten rechts und links der Pfauenfedern am Giebel von Talberts Schrank wechseln zwischen Schwarz und Weiß, ähnlich wie die oben an Klenzes Schrank [417]. Der »etruskische« Rand an Talberts Schubladen im untersten Geschoss des Aufsatzes ist ähnlich gestaltet wie an Klenzes Schranktüren. Talbert ließ sich bei diesem Möbel noch von ganz anderen Quellen inspirieren, unter anderem vom Buffet im *Jacobean Style;* dennoch stellt es, im Vergleich zu den beiden Stücken von Palagi und Klenze, nicht viel mehr dar als einen bloßen Kompromiss aus widerstreitenden historischen Anleihen.

Klare Linien und Funktionen X

vorhergehende Seite **518**
Interieur mit »gotischem« Tisch und regionaltypischem Mobiliar: *Beim Frühstück* von L. A. Ring; schwedisch, 1898

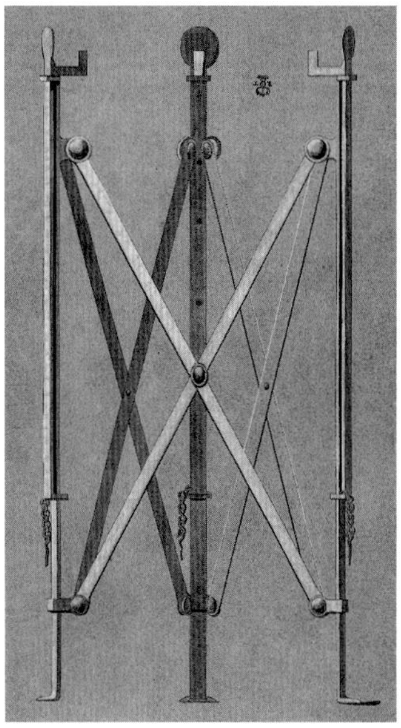

519 Aus Bronze gefertigter römischer Falttisch aus Pompeji; Zeichnung des frühen 18. Jahrhunderts

520 Römischer Korbstuhl; Marmorrelief, in Neumagen gefunden

Theorien zu Schlichtheit und Zweckmäßigkeit in der Antike und im 18. Jahrhundert

Der Gedanke, dass Einfachheit, Funktionalität und Schönheit zusammengehören, geht auf das antike Griechenland zurück. Griechische Philosophen und Politiker huldigten dieser Auffassung. Aristoteles sah »das Gute des Menschen der Leistung des Menschen innewohnen«,[1] eine These, die er aus der Ästhetik heraus begründete und als Selbstverständlichkeit ansah: »Wie nämlich für einen Flötenspieler, einen Bildhauer und überhaupt für jeden Künstler und für jeden, der eine Leistung und ein Handeln hat, in der Leistung das Gute und das Rechte liegt, so wird es wohl auch vom Menschen gelten, wenn anders auch ihm eine besondere Leistung zukommt.« [2]

Er verknüpfte also »das Gute« mit dem Schönen und dem Nützlichen. Zurückhaltung galt als von Grund auf griechische Tugend: Staatsmänner wurden nicht müde, den Gegensatz zwischen der in Griechenland üblichen genügsamen Schlichtheit und der orientalischen Prunksucht der Achämeniden hervorzuheben. Persische Möbel waren »nicht zum Gebrauch entworfen, sondern zur Zurschaustellung von Luxus«: Als Alexander der Große, ein eher klein gewachsener Mann, in Susa den hohen Thron des Großkönigs Dareios III. [6] erklommen hatte, hingen seine Füße ein gutes Stück über der untersten Stufe, und ein Page musste ihm ein niedriges Speisetischchen als Schemel unterschieben.[3]

Die Wertvorstellungen der Griechen und Perser trafen sich in der hellenistischen Kunst und prägten von da an zwei Jahrtausende lang das Möbeldesign. Dabei unterscheidet sich der griechische Funktionalismus von dem theoretischen Utilitarismus des 19. Jahrhunderts, der Ethik und Ästhetik vorantrieb. Es liegt folglich nahe, ihn als »Designer-Funktionalismus« zu bezeichnen, wobei künstlerischem Wert und Gebrauchswert dieselbe Bedeutung zukommt und Schönheit nicht unbedingt eine Begleiterscheinung des Nützlichen darstellt. Zwar ist »Designer-Funktionalismus« häufig schlicht, braucht aber keineswegs grob oder primitiv zu sein: Vielmehr ist ihm »Eleganz« zu Eigen, ein Begriff, der, von »auswählen« abgeleitet, ursprünglich die Bedeutung von »Geschmack« hatte.

Entwurf und Herstellung eines Möbelstücks stellen heute zwei verschiedene Arbeitsgänge dar, obwohl sich diese »Zweigleisigkeit« unvorteilhaft auf den zu produzierenden Gegenstand auswirken kann. Die Griechen vertraten hier eine andere Ansicht, was sich schon in der Sprache zeigt: Das Griechische kennt nicht zwei Wörter für »Kunst« und »Handwerk«, sondern nur eines: *techne*. Und die »einheitlichen« Griechen fertigten Möbel, die in Einklang mit sich selbst standen – schön und nützlich zugleich.

Angeregt von den neu entdeckten Schriften des Architekturhistorikers Vitruv, tauchte der schlicht-schöne Funktionalismus der Griechen Anfang des 18. Jahrhunderts in Frankreich, Italien und England wieder auf. Cordemoy, dessen innovative Theorien Laugier und Lodoli inspirierten, meinte, die Alten hätten lediglich das gut geheißen, was sich, so Vitruv, »in Übereinstimmung mit Verstand und Wahrhaftigkeit«[4] befinde – ein Diktum, das man im England des 18. Jahrhunderts auch auf die Gartengestaltung übertrug: »Who builds or plants, this rule should know / From truth and use all beauties flow.«[5]

Ende der 1750er Jahre lösten die hellenistischen Funktionalismus verherrlichenden Schriften Laugiers einen regelrechten Architekturskandal aus (S. 177). Um etwa dieselbe Zeit wandte Carlo Lodoli (1690–1761) die funktionalistischen Grundsätze auf Möbel an. Lodoli zufolge sollten »Schultern die Form der Rückenlehnen von Stühlen, Gesäße die Form ihrer Sitzflächen« bestimmen.[6] Darüber hinaus experimentierte er selbst mit funktionalem Design. Er »ließ ein Stuhlmodell anfertigen, das mehr oder minder einem altrömischen Stuhl entsprach. Dieser Stuhl wurde damals zwar nicht allgemein übernommen, doch wir sahen einen ähnlichen, den ein venezianischer Patrizier nach Paris gebracht hatte. Der Lodoli-Stuhl besaß nicht nur eine konkave Lehne, wie man sie in Frankreich findet, sondern auch einen bemerkenswert konkaven Sitz – eine Mode, die rasch von den Engländern aufgegriffen wurde. Eines Tages stellte er seinen Stuhl neben einen jener wuchtigen, quadratischen mit Kalbsleder bezogenen Sessel, die an den Armlehnen derart mit metallenen Beschlagsnägeln und Reliefs ›verziert‹ sind, dass man die Ellbogen unmöglich aufstützen kann, ohne Schmerzen zu leiden. Wer auf einem solchen Sitzmöbel Platz nehmen möchte, muss sich regelrecht darauf werfen – und wird doch unweigerlich, bedingt durch die Höhe, Härte und Wölbung der Sitzfläche, sogleich wieder herabrutschen.«

Lodoli, der Unbequemes ablehnte und Funktionalität, wenngleich nicht Schlichtheit schätzte, ist dennoch nicht der Vorläufer des ästhetischen Funktionalismus des 20. Jahrhunderts, als der er häufig dargestellt wird (der Klassizismus Winckelmann'scher Prägung erhebt höhere Ansprüche: »Nach diesem Begriff soll die Schönheit sein wie das vollkommenste Wasser aus dem Schoße der Quelle geschöpft, welches je weniger Geschmack es hat, desto gesunder geachtet wird, weil es von allen fremden Teilen geläutert ist.«[7]). Lodolis Funktionalismus war liebenswürdigerer, umfassenderer Art. Stühle konnten »ganz nach Wunsch mit Schnitzwerk verziert, bemalt und vergoldet sein, wenn das persönliche Bedürfnis nach Luxus dies erfordert, solange nur Bequemlichkeit und Stabilität nicht darunter leiden. Setzen Sie sich erst auf den einen und dann auf den anderen und entscheiden Sie, ob es klüger ist, sich einer überkommenen Autorität zu beugen oder dem gesunden Menschenverstand zu gehorchen.« Die perfekte Kombination sei »Solidität bei scheinbarer Leichtigkeit und Bequemlichkeit trotz Ornamentierung«. Lodoli »hatte nichts gegen Mode – er stand ihr sogar wohlwollend gegenüber: Ohne den eigentlichen Gebrauchswert von Gegenständen zu beeinträchtigen, bringt sie … bezaubernde Abwechslung ins Spiel.« Er hielt Zweckmäßigkeit für zwingend und die Gondel (er war Venezianer!) für vollendet funktional und gleichzeitig vollendet schön.[8] Ab 1753 fanden Lodolis Ideen weite Verbreitung.[9] Chippendale verwendete seine Pläne, und Hogarth berief sich bei der Erläuterung seiner Theorie von der »Line of Beauty« auf die Gondel. Sie erinnern zudem an den Spruch Salomos über die Schönheit des Funktionalen: »Drei Dinge sind mir zu wunderlich, und das vierte weiß ich nicht: Des Adlers Weg im Himmel, der Schlangen Weg auf einem Felsen, des Schiffes Weg mitten im Meer, und eines Mannes Weg an einer Magd.« (Die Sprüche Salomos, 30. Kapitel, Vers 18 und 19).

Der Klassizismus der zweiten Jahrhunderthälfte hob die Erlesenheit und Strenge hervor, verherrlichte die »edle Einfalt und stille Größe« antiker Statuen[10] und lehnte zugunsten der archaischen Kunst eines Homer die komplexe Verfeinerung eines Vergil und den üppigen Luxus Roms ab. Man schätzte wieder das Numinose unbehauener Steine und übertrug dieses auf regelmäßige Formen. Der einflussreiche »Revolutionsarchitekt« Ledoux [329] vertrat die Ansicht, elementare Formen folgten den Naturgesetzen und besäßen die geometrische Reinheit von Naturphänomenen, die man am besten auf einer schlichten Oberfläche bewundern könne. All diese Einflüsse verbanden sich zu einer neuen, raumgreifenden, säulen- und pfeilerlosen Baukunst und einer (ebenfalls neuen) funktionalistisch-klassizistischen Theorie. Vitruvs eigene Befürwortung von Verstand und Wahrhaftigkeit im neo-griechischen Sinne stand in Einklang mit dem Idealismus des 18. Jahrhunderts. Dabei war »Wahrhaftigkeit« eng mit »Tugendhaftigkeit« verbunden, und beide galten als dem Erhabenen nahe, das Sarastro in Mozarts *Zauberflöte* preist. Dieser hochfliegende Idealismus hatte jedoch rein gar nichts gemein mit jener moralistischen Vorstellung von Tugend, wie sie im 19. Jahrhundert aufkam und später in den dogmatischen Funktionalismus des 20. Jahrhunderts übernommen wurde.

521 Satyr trägt einen Klismos. Detail einer griechischen Vasenmalerei

Schlichtes, funktionales und mechanistisches Mobiliar in der griechischen Antike und im 18. Jahrhundert

Griechische Möbel verbinden häufig praktischen Nutzen und Nutzanwendung mit extremer Einfachheit. Der Klismos, dessen formvollendete Eleganz nie übertroffen wurde, ist ungemein zweckmäßig. Er zeigt ganz offen seine Dübel [521] und verdankt seine Bequemlichkeit der organisch geformten Rückenlehne. Die geschwungenen Beine waren keiner Designerlaune entsprungen, sondern ein Geniestreich, der Standfestigkeit auch auf unebenem Boden garantiert. Der portable griechische Tisch ist gewöhnlich schlank und schmucklos; manchmal spreizen sich die Beine nach unten hin, ein Merkmal, das man auch bei Melkschemeln findet, die wie die griechischen Tische aus Stabilitätsgründen dreibeinig sind. Falthocker und Dreifuß präsentieren sich zumeist in äußerster Schlichtheit, die in Zusammenhang mit der griechischen Tendenz zu einer Flora und Fauna entlehnten Abstraktion steht (etwa bei den naturalistischen Tierfüßen [26]). Die Begeisterung für Abstraktion und Geometrie zeigt sich zudem an den kubischen Altartischen. All dies überrascht wenig, bedenkt man, dass es doch Euklid, ein Grieche, war, der die klassische Geometrie mitsamt ihren Kreisen, Dreiecken und Rechtecken entdeckte.

Der ästhetische Funktionalismus der Griechen überlebte selbst die Pompsucht des alten Rom, und nicht einmal die Römer hielten es für unter ihrer Würde, einen simplen Korbstuhl in Marmor abzubilden [520]. Byzantinische Illuminationen zeigen, manchmal neben »modischen« Ziergegenständen, einfache Möbel nach antikem Vorbild. Der »Mobilitäts«-Funktionalismus des Mittelalters wiederum verfügt über eine Ästhetik zweckgebundener Art: Seine Zurückhaltung ist nicht die bewusste, kultivierte Selbstbeschränkung griechischer Entwürfe (die im Scherenstuhl [122] die Zeiten überdauerte), wenngleich – die Möbelentwürfe des Vredeman de Vries [219] belegen es – der ästhetische Reiz offen sichtbarer Konstruktion und unbemalter Oberflächen lange Zeit geschätzt wurde [95, 143, 519].

Der Entwicklung der Funktionalismustheorie des 18. Jahrhunderts ging gewollt edles und wunderschön furniertes, dabei aber schlichtes und funktionales Alltagsmobiliar voraus, wie es in England Anfang des 18. Jahrhunderts in Mode kam: die einfache Kommode [522], der »Queen-Anne-Stuhl« und andere Stücke, deren Zweckmäßigkeit bisweilen regelrecht überrascht. Chippendale etwa veröffentlichte in den 1760er Jahren einen Entwurf für einen »Bibliothekstisch« [523], der außer einer – zudem entbehrlichen – Ornamentleiste keinerlei Verzierungen aufweist. Ein größerer Gegensatz zu seinem im selben Musterbuch gezeigten *Commode Table* [320] ist kaum denkbar.

Dieser »empirische« englische Funktionalismus des 18. Jahrhunderts unterscheidet sich deutlich von dem Interesse an griechischer Eleganz, das um 1760 einsetzte. Mit der *Goût-grec*-Mode kam ein schlichterer Kommodentyp auf, die (im Lodolischen Sinne modische, aber funktionale) *Commode à la grecque* [340], die es in luxuriöser Ausstattung, aber auch fast gänzlich unornamentiert gab. Die reichen Bronzemontierungen und kunstvollen Furnierarbeiten französischen Luxusmobiliars verdecken die oftmals dahinter liegende funktionelle Schlichtheit, wie es beispielsweise ein Satinholz-Sekretär zeigt, der 1787 von Daguerre an den Duc d'Harcourt, den Hauslehrer des Dauphins, geliefert wurde [527].[11] Im selben Jahr präsentierte Hepplewhite, dessen Musterbücher zahlreiche schlichte Modelle enthalten, zwei ebenso »empirische« wie »elegante« Kommoden [524]. Die sparsame Gestaltung der unteren rückt sie in die Nähe eines Klismos, der sichtlich auch die Form ihrer Beine beeinflusst hat.

Hepplewhites zurückhaltende Formensprache setzte sich in vielen der frühen, zweckmäßigen Möbelentwürfe Sheratons fort. Sein zusammenklappbarer Feldstuhl von 1803[12] könnte einer grie-

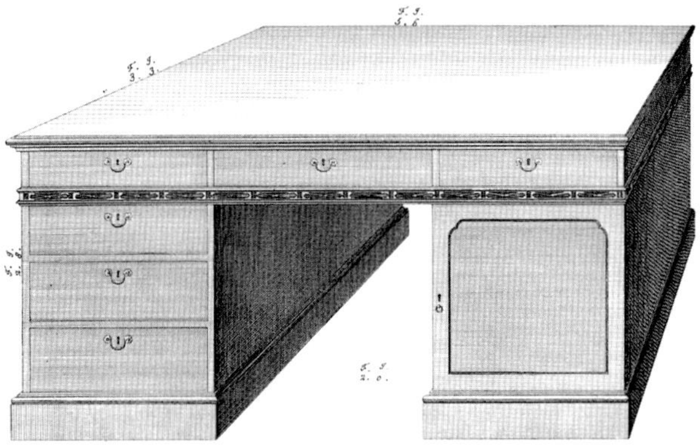

rechts, oben **522** Mit Nussbaumholz furnierte Kommode mit Messingbeschlägen; britisch, um 1710

rechts, Mitte **523** Entwurf für einen *Library Table* von Thomas Chippendale; britisch, 1753 (aus *The Gentleman and Cabinet-Maker's Director*, 1762)

rechts, unten **524** Entwurf für zwei Kommoden von George Hepplewhite; britisch, 1787 (aus *The Cabinet-maker and Upholsterer's Drawing-Book)*

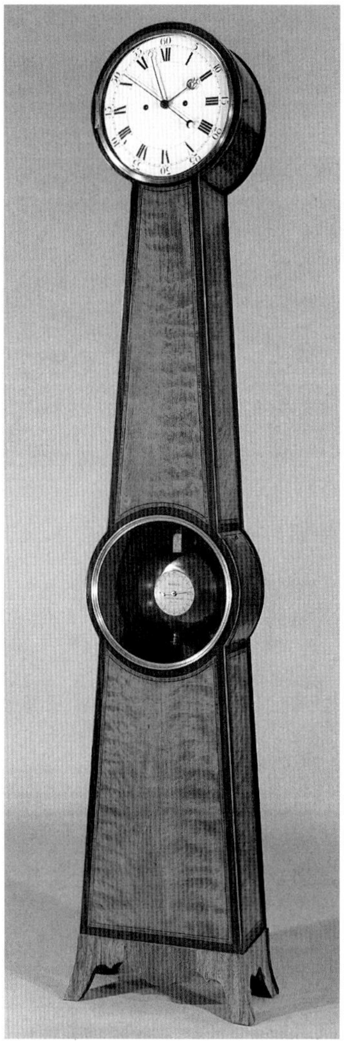

525 Bodenstanduhr aus Mahagoni, Königsholz und Buchsbaum; signiert J. J. Merlin; britisch, um 1780–1790

526 Faltstuhl aus Buchenholz und rotem Marokko-Leder; benutzt von Kaiser Napoleon; französisch, 1805–1810

rechts, oben **527** Mit Satinholz furnierter Sekretär, gestempelt von C.-C. Saunier, verkauft von Daguerre; französisch, 1787

rechts, unten **528** Sitzbank aus Mahagoni und Mahagonifurnier, entworfen und hergestellt von A.-L. Bellangé für den Louvre; französisch, 1834

chischen Vasenmalerei entnommen sein. Die »etruskische« Mode der 1790er Jahre verhalf griechischer Schlichtheit zu weiter Verbreitung, bis nach Skandinavien [393], und inspirierte den am Klismos orientierten englischen Esstisch [399]. Frühe Beispiele sind häufig so schmucklos, dass sie nicht einmal Rohrgeflecht aufweisen (andere wurden von Händlern nachträglich verziert).

In England gingen stilistische Zurückhaltung und Funktionalität Hand in Hand mit wachsendem Interesse an wissenschaftlichen und technischen Neuerungen. Die allgemeine Wissenschaftsbegeisterung erfasste bildende Künstler und Dichter in ganz Europa, von relativ unbekannten Malern wie Joseph Wright of Derby in England bis hin zu Goethe, der intensive Studien zur Optik betrieb. Europäische Designer entwarfen Mehrzweckmöbel mit allen erdenklichen technischen Raffinessen, und Tüftler wie James Cox stellten Uhren und zauberhafte, teils überaus kunstvolle Automaten her.

Schon immer hatten Schließvorrichtungen die Aufmerksamkeit auf sich gezogen, und im 17. Jahrhundert kam es vor, dass reich geschmückte Schlösser zuweilen die ganze Oberfläche einer Kassette einnahmen. Uhren galten als Krönung der »Hausgebrauchsmechanik«, und sogenannte Skelettuhren scheuten sich nicht, ihr Werk von allen Seiten sichtbar zu präsentieren. Eine Bodenstanduhr (ca. 1780–1790) [525] von John Joseph Merlin (1735–1803) zeigt sich in einem schlichten Gehäuse, das Wiener Entwürfen der 1820er Jahre – um nicht zu sagen des frühen 20. Jahrhunderts – vorgreift (die nicht dazu passenden Beine dürften jünger sein).[13] Doch ihre Funktionalität ist nur Schein – sie verstößt gegen sämtliche Konventionen der Uhrmacherei.[14] Merlins beruflicher Werdegang veranschaulicht den Internationalismus seiner Zunft: Der gebürtige Flame hielt sich (möglicherweise auf Einladung der *Académie des Sciences*) Anfang der 1750er Jahre in Paris auf, wo er einen höhenverstellbaren Stuhl für Gichtkranke sah.[15] In England, wo er sich 1760 auch niederließ, baute er ihn mit viel Erfolg nach.

Sheraton schuf einfallsreiche und anregende Vorlagen für zweckmäßiges Mobiliar. Sein *Library Table* ist bei aller kunstvollen Dekoration von funktionaler Schlichtheit, und seine Handwaschtische enthalten zahlreiche nützliche Vorrichtungen.[16] Sheratons elegante und fragile Entwürfe erfreuten sich in ganz Europa bis ins 19. Jahrhundert hinein großer Beliebtheit. Unter dem Einfluss der englischen Vorliebe für mechanische Spielereien spezialisierten sich die großen Ebénisten Oeben, Roentgen und Riesener auf kostbar ornamentierte, raffiniert ausgestattete Mehrzweckmöbel mit allerlei technischem Beiwerk. Riesener arbeitete viel für Marie Antoinette.

Dieselbe Gleichsetzung frühgriechischer Stilelemente mit Republikanismus, die Ludwig XV. und Georg III. Historienmalerei beziehungsweise dorische Säulenordnung hatte ablehnen lassen, triumphierte endlich in der strengen Formensprache des *Directoire*, das enger an die Antike angelehnt und klassisch »korrekter« war als alles Vorhergegangene und dem Funktionalismus des 20. Jahrhunderts den Boden bereitete. Trotz seiner Vorliebe für ornamentreiches Mobiliar benutzte Napoleon auf seinen Feldzügen einen nüchternen Faltsessel [526], der erkennbare Ähnlichkeit zu den Sitzmöbeln römischer Kaiser aufweist, wie Darstellungen auf Triumphbogen bezeugen. Napoleon besaß auch ein *Bureau mécanique* (1806) von Socci [433], dessen Zweckmäßigkeit freilich vorgetäuscht anmutet.

Die antiken Gestaltungsideale übten sich noch in Zurückhaltung, als der Zeitgeschmack sich bereits raschen Schrittes auf den Weg zum prunkvollen Überschwang begeben hatte. 1834 schuf der für seinen strengen Stil bekannte A.-L. Bellangé[17] eine Sitzbank aus Mahagoni und Mahagonifurnier [528] als Teil einer umfangreichen Garnitur, die Pierre Fontaine für die neue historische Abteilung im Louvre entworfen hatte. Zweifellos dürfte Fontaine die gelungene Kombination aus Funktionalität und Ornamentierung gefallen haben: Die Lyraform wirkt stabil, aber doch elegant, und obwohl die Stege das zu tragende Gewicht ahnen lassen, bilden die zierlichen, gedrechselten Ringe an ihren Enden einen gefälligen Abschluss.

Schlichtheit und Funktionalität der Biedermeier- und Shakermöbel

In der Zeit bis 1830 gab es Biedermeier von solcher Abstraktion und Schlichtheit, dass österreichische Designer des ausgehenden 19. Jahrhunderts darauf zurückgriffen und es so wesentliche Wirkung auf das Design des 20. Jahrhunderts hatte.[18]

Die immer wieder gehörte Behauptung, Biedermeiermöbel seien »bürgerlich«, stimmt nur insofern, als das (im 19. Jahrhundert enorm angewachsene) Bürgertum sie gern und viel kaufte. Die Tatsache, dass zahllose mit entsprechendem Mobiliar vollgestopfte

rechts **529** Möbel von Joseph Danhauser für das Musikzimmer der Erzherzogin Sophie im Schloss Laxenburg bei Wien. Nach einem Aquarell von J. S. Decker; österreichisch (Wien), um 1820

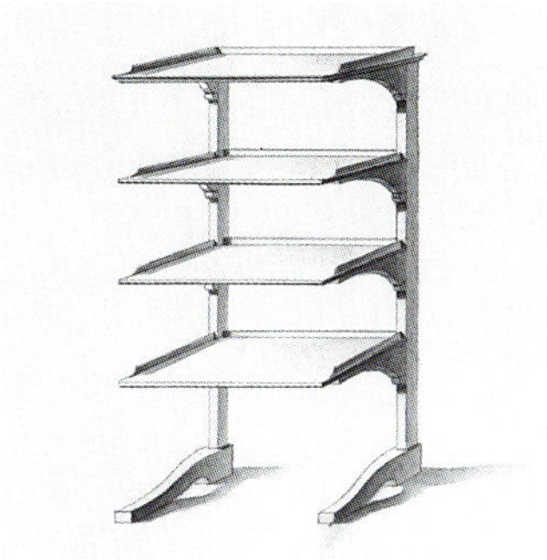

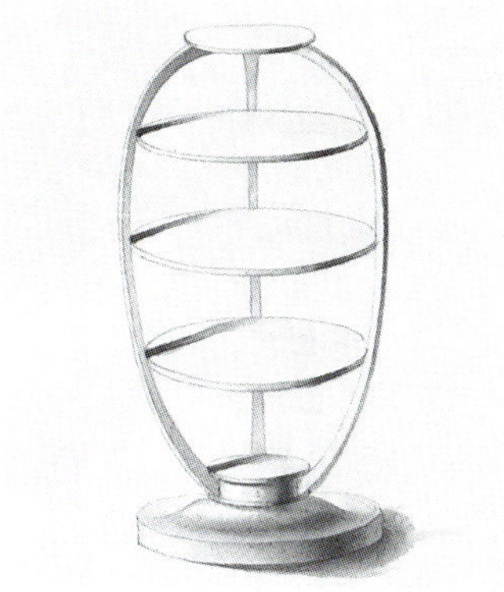

530, 531 Zwei Entwürfe für Etagèren von Joseph Danhauser; österreichisch (Wien), 1815–1820

rechts **532** Entwurf für eine Schaukelliege von Joseph Danhauser; österreichisch (Wien), um 1815

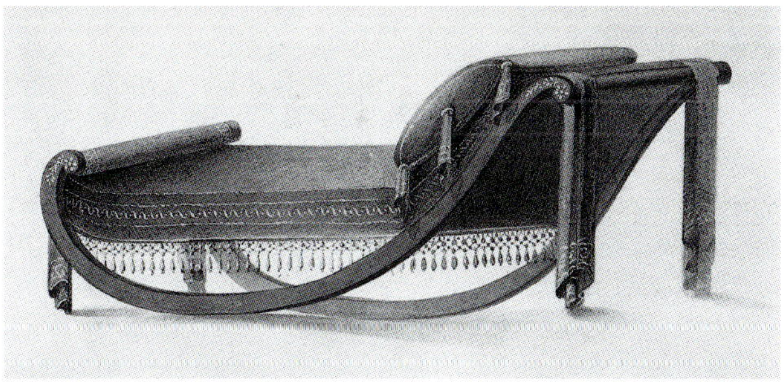

533 Nachttisch aus Mahagoni und Messing; wienerisch, 1827

Interieurs vom Mittelstand bewohnt wurden, macht das Biedermeier dennoch nicht zu einem »bourgeoisen« Stil. Vielmehr war es, genauso wie andere bedeutende Stilrichtungen der Epoche, ein Stil der Fürstenhäuser, des Landadels und der Kaufleute. Es konnte manieriert, ungemein kunstvoll ausgeführt, aber auch von dezenter Bescheidenheit sein. Und es gab übertrieben reduzierte, ja geradezu puristische Versionen. Diese aristokratische Schlichtheit war von griechischen Vasen und deren »präzise[n] Konturen, jene[r] charakteristische[n] Vornehmheit der Antike«[19] (Aristoteles hatte das Prinzip angedeutet),[20] von der »elementaren Formensprache« des Empire [432] sowie vom empirischen Funktionalismus des 18. Jahrhunderts inspiriert.

Die Möbel des Musikzimmers der Erzherzogin Sophie auf Schloss Laxenburg [529], das der Wiener Bildhauer und Möbelfabrikant Joseph Danhauser (1780–1829) in den 1820er Jahren entwarf, sind trotz ihrer formalen Strenge eindeutig Palastmobiliar. Keinerlei bürgerliche Gemütlichkeit – obwohl die Stücke furniert waren. Herr und Frau Biedermann hätten sie in ihrer guten Stube sicher nicht haben wollen. Die erhabene Schlichtheit der erzherzoglichen Danhauser-Möbel war ebenso bewusst gewählt wie die neo-griechische Strenge der Abildgaard-Möbel des Königs von Dänemark [393]. Erzherzogin und König schätzten griechische Zurückhaltung – ob aus den Werkstätten Danhausers oder Abildgaards. Dass dennoch viele Zeitgenossen den Geschmack der Erzherzogin teilten, zeigt sich an der noch heute vorhandenen Menge dezent-nüchterner Möbel. Der ästhetische Reiz, den einfache Entwürfe auch auf sozial tiefer stehende Bevölkerungsschichten ausübten, kommt in einem Gemälde von 1814 zum Ausdruck [534], auf dem selbst die Vorhangschnur zentrale Bedeutung erlangt. Das Resultat ist »griechische« Schönheit einer anderen Ordnung.

Denkt man sich Kissen, Fransen, Quasten und die Holzdekoration weg, bliebe von einer um 1815 von Danhauser gefertigten Schaukelliege [532] nichts als eine schlichte Volute. Die Originalität dieses Designs liegt in ihrer gewagten Eleganz, ihrer (mutmaßlichen) Bequemlichkeit – und nicht zuletzt in der reizvollen Vorstellung, den Ruhenden mit einem Schubs auf den Boden befördern zu können.

Keinerlei historische Anklänge findet man hingegen bei einem 1827 entstandenen Betttisch aus Mahagonifurnier und massivem Mahagoni [533], der sich problemlos in ein Schlafzimmer der 1930er Jahre fügen würde. Er ist schwerlich »bürgerlich« zu nennen und kolportiert zudem auf der Unterseite ein Stück deutsche Geschichte: »An diesem Tische, dessen S. M. der höchstseelige Kaiser Franz bei Unpäßlichkeit sich oft bediente, schrieb er seine letzten Worte.«[21] Unter Danhausers Entwürfen für Etagèren findet man überraschend kompromisslose Stücke.[22] Eine, wohl als Papierablage gedacht [530], ähnelt der auf Kestings Gemälde [534] rechts im Bild, ist jedoch noch sparsamer konzipiert (so fehlen et-

gegenüber **534** Norddeutsche Möbel in: *Lesender bei Lampenlicht* von Georg Friedrich Kersting; deutsch, 1814

wa Profile und die klassische Verjüngung der Beine). Eine andere [531] besteht aus übereinander positionierten Scheiben und erinnert an einen eiförmigen stummen Diener, wie er in den 1930er Jahren aufkam. Der schlichte Fuß verrät den Einfluss der klassischen Säulenbasis. Zwar sind keine weiteren Anklänge an die Antike auffällig, doch werden die klassischen Proportionen eingehalten (wie auch die Architektur der Moderne diese häufig übernimmt). Der abstrakte Funktionalismus solcher Stücke dürfte mit großer Wahrscheinlichkeit Teil eines umfassenden Gestaltungskonzepts gewesen sein. Man findet sogar Biedermeiermöbel mit Dekorationen im Stil der griechischen Vorliebe für offene Konstruktion. Pugin und die Reformer waren nicht die einzigen Stationen, über die das Konzept der sichtbaren Konstruktion gegen Ende des 19. Jahrhunderts nach Wien und München gelangte.

Etwa 1835 äußerte sich Schinkel zu seiner eigenen Ästhetik-Odyssee in einer Art und Weise, die auch ein Licht auf das Hin- und Hergerissensein zwischen Phantasie und Funktionalismus bei Danhausers Möbeln wirft. Schinkel schreibt: »Aber ich sah zugleich, daß unser Gebrauch von diesem angehäuften Schatz oft sehr heterogener Gegenstände [Formenschatz aus anderen Kulturen und Jahrhunderten], willkürlich sey (…) Sehr bald gerieth ich in den Fehler der rein radicalen Abstraction, wo ich die ganze Conception für ein bestimmtes Werk der Baukunst aus seinem nächsten trivialen Zwecke allein und aus der Construction entwickelte, in diesem Falle entstand etwas Trockenes, Starres, das der Freiheit ermangelte und zwei wesentliche Elemente: das Historische und das Poetische ganz ausschloß.« [23]

Das Historische und Poetische sucht man bei Danhausers Etagèren sicherlich vergeblich. Schinkel fährt fort: »Ich forschte weiter, sah mich aber sehr bald in einem großen Labirinth [historischer Anspielungen] gefangen.« In einem ebensolchen Labyrinth dürfte auch Danhausers Phantasiemobiliar »gefangen« gewesen sein,[24] das dem eines La Mesangère ähnelt – aufregend exzentrisch, aber häufig eben auch plump und schwerfällig.

Zu einer folgen- und weitreichenden Entwicklung führte 1819 die Eröffnung einer Möbelwerkstatt in Boppard am Rhein durch Michael Thonet (1796–1871). In den 1830er Jahren experimentierte Thonet erfolgreich mit Bugholz und ließ sein Verfahren in Wien, wohin er 1842 umgesiedelt war, auch patentieren. Die bereits in der Antike bekannte Technik (S. 16) war 1769 in Großbritannien (für Kutschenräder) patentiert und auch in Frankreich angewandt worden. Sheraton erwähnt sie in seinem *Cabinet Dictionary* von 1803.[25] Um 1845 fertigte Thonet für das Palais Liechtenstein in Wien einen Stuhl aus vergoldetem Bugholz [535] mit verschlungener Lehne und zierlichen Rokoko-Beinen. Sieht man einmal von der Vergoldung ab, wurde er zum Vorbild massenproduzierter, preiswerter, leichter, gut transportabler Stühle, häufig mit auswärts geschwungenen Klismos-Beinen und runder Lehne. In den 1850er Jahren waren solche Stühle in ganz Europa weit verbreitet.

535 Stuhl aus vergoldetem Bugholz, hergestellt von Thonet für das Palais Liechtenstein, Wien; österreichisch (Wien), 1843–1846

536 Bugholzwiege aus Buche, entworfen von J. & J. Kohn und gefertigt von Thonet; österreichisch (Wien), um 1904

Möglichkeiten und Anforderungen der Bugholztechnik schufen einen neuen funktionalen, schlichten – und ausgesprochen dekorativen Stil. Grundmotiv ist eine Ableitung der klassischen Volute. In einer Wiege aus dem Jahr 1904 [536] verbinden sich Funktionalismus und Abstraktion mit historischen Elementen: Dreidimensionale antike Ornamente, Volute und Godronierung werden in die in der griechischen Kunst so bewunderte lineare Kontur eingebunden. Der berühmte Bugholzschaukelstuhl von Thonet weist die organisch geformte Lehne des Klismos auf.

Bisweilen besteht eine merkwürdige Ähnlichkeit zwischen zwei an sich entgegengesetzten Extremen – so dem »intellektuellen« Modernismus von Danhausers Mobiliar und der religiös motivierten Enthaltsamkeit der Shakermöbel. Erklärbar wird dies durch die – beiden gemeinsamen – griechischen Werte sowie ein Kulturen übergreifendes Streben nach Einfachheit, das sich in einer stilistisch verwandten Schmucklosigkeit äußert.

Die Shaker sind eine 1774 gegründete amerikanische Sekte, deren Glaube »kostspielige und extravagante« Möbel verbot.[26] Ein Dokument der Shaker aus dem Jahr 1823 vereinte Funktionalismus und Schlichtheit mit einem sparsamen Ästhetizismus: »Vollendet … genannt werden darf ein jeglicher Gegenstand, der auf vollkommene Weise den Zweck erfüllt, für den er entworfen wurde …«[27] Dies ging so weit, dass 1845 Gesetze erlassen wurden, die zum Beispiel Messingknäufe und mit Blumen bemaltes Mobiliar verboten.[28]

Was dabei herauskam, war freilich nicht jedermanns Geschmack. Ein Engländer, der 1842 eine Shakergemeinde besuchte, berichtet von einem »trostlosen Raum, in dem mehrere trostlose Hüte an trostlosen Haken hingen und die Zeit von einer trostlosen Uhr verkündet wurde, die sich jedes einzelne Ticken mühsam abzuringen schien … An der Wand standen sechs oder acht harte, hochlehnige Stühle, die derart an der allgemeinen Trostlosigkeit teilhatten, dass man sich lieber auf den Boden gesetzt hätte …«[29] Nun kam dieses Urteil aus dem Munde eines Mannes, der den übermäßig schwülstigen, überpolsterten, überdekorierten englischen Wohnstil gewohnt war, jenes elegante »Puderperücken-und-Zopf«-Mobiliar,[30] das man schon damals weithin auf Dachböden verbannt hatte. Der Kontraposition zu Letzterem verdanken Shakermöbel – Entwürfe von Hepplewhite und Sheraton belegen es – eine Art klassizistischer Zurückhaltung und »etruskischer« Schlichtheit. So weist ein auf 1837 datierter Shaker-Dreifuß aus Kirschbaumholz die Füße eines antiken Falthockers auf, ein um 1850 gefertigter Tisch aus Kirschbaum, Kiefer und Ahorn wirkt wie ein vereinfachter Sheraton-Tisch, und eine Truhe mit der Jahreszahl 1827 ähnelt einer Hepplewhite-Truhe mit charakteristisch geschwungenem Tablier. Diese englischen Stilmerkmale hatten wesentliche Wirkung auf das Biedermeier ausgeübt, und tatsächlich zeigen Form und Dekoration eines recht primitiv geschreinerten Shaker-Nähtischchens [538] (um 1860, die Fußstütze ist jünger) deutliche Verwandtschaft mit englischen und eleganten Biedermeierstücken [617].[31] Viele der bei Shaker-Einbaumöbeln

537 Bücherschrank aus cremeweiß und grün bemalter Kiefer, entworfen von Jørgen Roed, bemalt von G. C. Hilker; dänisch, um 1850

538 Nähtischchen aus Kirschbaum, Ahorn und Pappel, Shaker-Arbeit; amerikanisch, um 1860

angewandten Techniken sind deutsch,[32] und Shaker- wie Biedermeiermöbel wurden oftmals mit Schellack poliert,[33] wenngleich man in Shakergemeinden ansonsten kaum Bezüge zur deutschen Kultur findet. Einem Kenner wird freilich sofort auffallen, dass viele Shakermöbel trotz englischer Einflüsse eher kontinentaleuropäische denn englische Empfindsamkeit widerspiegeln.

Skandinavischer Klassizismus – Arts and Crafts

Der Einfluss der Antike auf den dänischen Möbelstil (S. 206–207) blieb stets präsent und wirkte sich mildernd auf die geschwungenen Formen des dänischen Jugendstils aus.[34] Der zwischen 1840 und 1900 gängigste Stuhl war eine Klismos-Version des Schinkel-Schülers G. F. Hetsch. Einflussreiches klassizistisches Mobiliar wurde um die Mitte des Jahrhunderts für dänische Interieurs entworfen, deren Esprit und Stil von späteren Designern aufgegriffen und bis zur Jahrhundertwende – wenn nicht darüber hinaus – fortgesetzt wurde.

Einer der namhaftesten dieser Innenausstatter war Jørgen Roed, der Raffaels *Sixtinische Madonna* für jenes Kopenhagener Haus kopierte, für das Bindesbøll Raffael'sches Renaissancemobiliar entwarf [507]. Sein Bücherschrank [537] könnte, wäre da nicht die »sündige« Bemalung, fast aus einer Shakerwerkstatt stammen. Die pompejanisch und etruskisch, aber auch vom grün-beigen »Hepplewhite« des ausgehenden 18. Jahrhunderts inspirierte Dekoration präsentiert kleine Frauenköpfe in etruskischen Tondi inmitten schmuckloser pompejanischer Türpaneele [32]. Es handelt sich um Kopien bekannter pompejanischer Bilder im Stil »reduzierter« Angelica-Kauffmann-Vorlagen. Die Dame rechts ist allgemein unter dem Namen »Sappho« bekannt. Unter den aufgemalten Schmuckleisten findet man »etruskische« Wellenmuster, verflochtene Kreise mit kleinen Punkten und linearen Ranken. Die demonstrative Zurückgenommenheit des gesamten Entwurfs ist ausgesprochen »griechisch«, der Bezug zur Secession und dem skandinavischen Design des 20. Jahrhunderts unübersehbar. Mit geringfügigen Veränderungen könnte Roeds Bücherschrank in einer Küche oder, poliert, auch in einem Wohnzimmer des 20. Jahrhunderts stehen, ohne irgendwie aufzufallen.

Auch bei Arts-and-Crafts-Möbeln wurde höchster Wert auf Schlichtheit und Zweckmäßigkeit gelegt. Morris und Burne-Jones verkündeten einen »gotischen Funktionalismus« [494]. Aufgelockert wurde die Arts-and-Crafts-Ernsthaftigkeit durch Japonismen (S. 300–302). Japanische Architektur und Möbel unterstrichen, ebenso wie die Reform-Gotik und andere regionale Bewegungen, bauliche Werte und handwerkliche Spontaneität. E.W. Godwin, der wohl vielseitigste britische Vertreter des Japonismus, stellte an seine Möbel eine ganze Reihe von Anforderungen. Erstens sollten sie preiswert und funktionell sein: 1876 notierte er zu seiner berühmten, bereits 1867 entworfenen Anrichte [629], sie hätte, »aus Gründen der Wirtschaftlichkeit, aus Kiefern- oder Tannenholz gefertigt und anschließend ebenholzschwarz gebeizt werden [sollen]. Es gab keinerlei Zierleisten, keine ornamentalen Metallarbeiten, kein Schnitzwerk … Zweitens sollte sie ein-

539 Eklektisch zusammengewürfeltes Mobiliar in: *Das Schlafzimmer von Mama und den kleinen Mädchen* von Carl Larsson; schwedisch, um 1894–1897

fach sauber zu halten sein«[35] – ein aus ästhetischer Sicht wertfreier, aber etwas bourgeois anmutender Gesichtspunkt. War griechische Schlichtheit etwa mitbedingt durch die Furcht vor Staub? Drittens sollte die Anrichte bescheidene Ruhe ausstrahlen: »In unserer hektischen Zeit ist es für das häusliche Wohlbefinden von besonderer Wichtigkeit, dass die Gegenstände des täglichen Gebrauchs von ruhiger, einfacher und unaufdringlicher Schönheit sind.«[36] Godwin wurde als »der erste Designer des 19. Jahrhunderts [bezeichnet], der sich primär um Zweckmäßigkeit und nicht um oberflächliche stilistische Dinge bemühte«. Er sei deshalb im ausgehenden 19. Jahrhundert »von österreichischen und deutschen Entwerfern und Gestaltern bewundert« worden.[37] Funktionalität ohne Stil ist jedoch ein Unding, und selbstverständlich war Godwin, genau wie vor ihm Danhauser, mit beidem befasst. Zwar sprach er gern über Funktionalität, doch was seine Möbel auszeichnet, ist vor allem sein überaus origineller Stil, in dem ägyptische, griechische und japanische Elemente zusammengeführt sind [624].

Die Vorliebe für regionaltypisches, eher rustikal zu nennendes Mobiliar, die im ausgehenden 19. Jahrhundert ganz Europa erfasste, inspirierte, Hand in Hand mit den weiß bemalten französischen Louis-seize-Möbeln der 1890er Jahre (S. 320), skandinavische Avantgarde-Interieurs. Der schwedische Maler Carl Larsson (1853–1919), der einige Jahre in Frankreich gelebt hatte, möblierte sein Haus mit eben aus der Mode gekommenen Stücken in zeitgenössischer Stilvielfalt.[38] Ein Dachgeschoss-Schlafraum [539] (um 1894–1897) enthielt zwei fast primitiv zu nennende Betten, einen Klapptisch, weiß gestrichene klassizistische Stühle unbestimmbaren Alters und ein rustikal bemaltes Biedermeierbett. Und dieser »Landhausstil« fand sich nicht nur bei Künstlern: Ein bezauberndes schwedisches Gemälde aus dem Jahr 1898 [518] zeigt die Dame des Hauses – nicht etwa die Hausdame! – beim Frühstück in einem Zimmer mit »gotischem« Tisch, »modernem« Landhaus-Stuhl und passender Anrichte, die blau gestrichen sind.

In Dänemark setzte sich der klassizistische Einfluss ins 20. Jahrhundert hinein fort. Der wohl namhafteste Designer Kaare Klint (1888–1954), Gründer der Möbelklasse der dänischen Kunstakademie in Kopenhagen, stand unter anderem unter dem Einfluss Bindesbølls. Ihm ist die anhaltende Beliebtheit des dänischen Sessels mit bogenförmiger Lehne zu verdanken, dessen Form direkt vom Klismos abgeleitet ist. Edvard Thomsen, der gleichfalls an der Akademie lehrte, schuf 1923–1924 Stücke, die auf die klassischen Entwürfe Bindesbølls für das Thorvaldsen-Museum rekurrieren, und führte die Klismostradition mit einem Stuhl fort, den er als dänisches Gegenstück zum Thonetstuhl konzipiert hatte. 1930 entwarf er einen Stuhl [540], der das gebogene Schulterbrett und die auswärts geschwungenen Hinterbeine des Klismos mit einer senkrechten Lehne, geraden Vorderbeinen und waagrechten Armstützen auf senkrechten Trägern kombinierte. Diese Armstützen sind dem berühmten Sphingen-Armsessel entlehnt, der – abgebildet in der *Antichità d'Ercolano* von 1765 sowie häufig danach [10 E] – unter anderem 1794 Abildgaard,[39] 1828 Schinkel[40] und um 1840 Bindesbøll[41] angeregt hatte. Im Thomsen-Stuhl verbinden sich die historisierenden Einflüsse zu einem gelungenen Beispiel schlicht-funktionalen Designs des 20. Jahrhunderts.

540 Buchenholzsessel, entworfen von Edvard Thomsen; dänisch, 1930

oben, Mitte **541** Bugholzsessel aus Buche, Schichtholz und Aluminium, entworfen von Otto Wagner und hergestellt von Thonet für die Postsparkasse Wien; österreichisch (Wien), 1904

oben, rechts **542** Sessel aus gebeizter Buche (»Sitzmaschine«), entworfen von Josef Hoffmann für das Sanatorium Purkersdorf und gefertigt von Jacob & Josef Kohn; österreichisch (Wien), 1904

Doktrinäre Schlichtheit und Funktionalität im frühen 20. Jahrhundert: die Bedeutung der Maschine

In Deutschland, Österreich und Frankreich (S. 317–327) war der Klassizismus tief genug verwurzelt, um die Jahrhundertwende zu überdauern, doch wurde er bald mit schicken neuen (oder alten, aber neu gewandeten) Doktrinen konfrontiert, die mittels revolutionärer oder expressionistischer Äußerungen und Aktionen das öffentliche Interesse weckten.

Die Propagandisten ersetzten das (von den Griechen, Laugier und Lodoli übernommene) aristotelische Prinzip, dass das Gute dem Nützlichen innewohne, durch den Gedanken der »unpersönlichen« Maschine als exemplarischer Möbelform. Das neue Evangelium des Maschinenzeitalters wurde zunächst von Dichtern und Schriftstellern wie Emile Zola und Oscar Wilde[42] sowie H. G. Wells verkündet, der 1905 jene »hirnverbrannte Quälerei« brandmarkte, »die unsere kranke Welt als Ornament bezeichnet«.[43]

1897 war Adolf Loos (1870–1933) aus Amerika nach Österreich zurückgekehrt, wo im selben Jahr erstmals ein »modernes, funktionales« Interieur präsentiert wurde, in dem »gefällige und dennoch logische Formen« weitestgehend an den modernen Funktionalismus angepasst waren – wie ein Zeitgenosse[44] einen im Wiener Museum für Kunst und Industrie ausgestellten Damensalon beschrieb (denselben klassifizierte Loos später als »unseren lieben altdeutschen Renaissance-Ankleideraum im modernen Gewand«[45]). Loos, den ein Zeitgenosse als Produkt amerikanischer Kultur bezeichnete (und in der Tat ist in seinen 1898 entstandenen Entwürfen der Einfluss Gustav Stickleys [1857–1946] erkennbar), startete in der *Neuen Freien Presse* einen Feldzug wider den schlechten Geschmack und brachte darin Gedanken zum Ausdruck, die denen Josef Hoffmanns (1870–1956), der Interieur als »Gesamtkunstwerk« postulierte,[46] diametral entgegengesetzt waren. Daraus entwickelte sich ein Disput, in dem die vorhandenen, ausgereiften Konzepte klassischer Schlichtheit und Funktionalität durch die Kakophonie der Ornamentierung überstimmt wurden. Diese neuen Ideen beeinflussten die Einstellung zum Möbeldesign ganz gravierend, doch verhallte der Theaterdonner in den realisierten Entwürfen. Schließlich sitzt es sich auf einem Pulverfass nun einmal nicht sonderlich bequem. Dass letztlich die klassische gegenüber der mechanistischen Gestalt die Oberhand gewann, lässt sich an drei Möbelstücken ablesen, einem von Wagner und zweien von Hoffmann [541, 542, 544].

Der Architekt Otto Wagner (1841–1918) erhielt 1894 einen Ruf an die Wiener Akademie, wo Hoffmann zu seinen Schülern zählte. Er folgte der Doktrin, dass Ornamente Teil des Ganzen sein müssen, und wurde 1899 Mitglied der Secession, einer 1897 gegründeten avantgardistischen Gruppe von Wiener Künstlern. Als Architekt war Wagner Anhänger eines strengen Klassizismus, fasziniert von Funktionalismus und Technik sowie beeinflusst von riesigen Glas-und-Eisenkonstruktionen wie dem Kristallpalast und Bahnhofsbauten. (Ob er wohl wusste, dass schon die Gewölbe der Caracalla-Thermen von Eisenverstrebungen gestützt worden waren?) Das Skelett seiner Postsparkasse in Wien (1903–1906) bestand aus Aluminium, und Füße und Beschläge des Stuhls, der dafür nach Wagners Entwurf [541] von der Firma Thonet produziert wurde, sind aus demselben Metall, mit sichtbaren Nieten. Bei Vorderbeinen und Lehne handelt es sich um ein durchgehendes Stück Buchenholz, die leicht konkaven Füße spielen vermutlich auf griechische Formen an. Einer Quelle zufolge waren die »Löcher im Schichtholzsitz … zu einem Muster mit abnehmendem Durchmesser gebohrt, doch handelt es sich lediglich um dezente Dekoration ohne historischen Bezug«.[47] Tatsächlich waren kleine Kreise (ursprünglich von Dachbalkenende abgeleitet [19]) ein beliebtes Motiv etruskischer Dekoration, der Wien bekanntlich viel verdankt. Ein gusseiserner englischer Vorzimmerstuhl, 1833 als »etruskisch« bezeichnet, ist auf ähnliche Weise mit simplen runden Löchern dekoriert.[48]

Ein kleiner Tisch, den Josef Hoffmann 1902 als Beitrag zum Thema »Geometrischer Modernismus« entwarf [544], besteht aus einer runden Marmorplatte auf einem offenen Ahornkubus. Die Formen sind reine Geometrie und frei von jeglicher Ornamentierung. (Seine Schwäche für Rechtecke brachte ihm übrigens den Spitznamen »Quadratl-Hoffmann« ein.) Der Tisch folgt Hoffmanns 1901 veröffentlichtem Diktum, demzufolge rechtwinklige Formen der Natur des Holzes entsprächen. (Marmor besaß scheinbar keine entsprechende »Natur« und durfte daher rund sein.) Immerhin finden sich gerundete Holzformen (dampfgebogene Buche) bei der 1904 entworfenen »Sitzmaschine« [542], die von Jacob und Josef Kohn hergestellt wurde. Gewisse Elemente dieses Möbels haben ihren Ursprung im Biedermeier: dekorative Aussparungen, Quadrate und Rechtecke sowie die Rundungen, die Danhauser schon vor der Bugholzära einführte. Zudem besitzt der Stuhl »Bauhaus-Eier« – dieser respektlose Ausdruck stammt von Osbert Lancaster[50] –, die als Stöpsel verkleidet ein Verstellen der

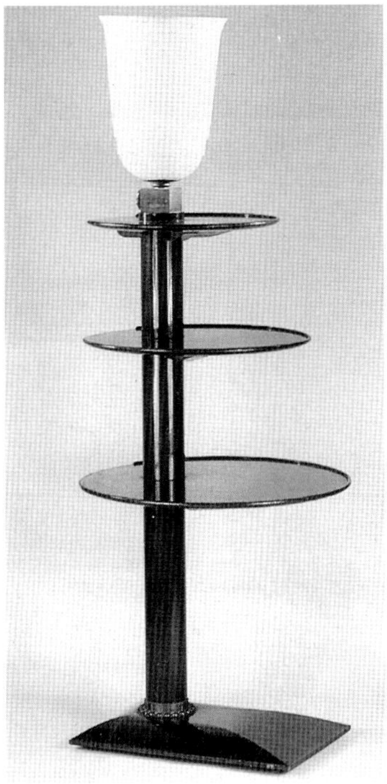

oben **543** Nachttisch aus Makassar-Ebenholz mit einer Alabasterlampe, entworfen von J.-E. Ruhlmann für einen indischen Vizekönig; französisch, 1921

oben, Mitte **544** Tisch aus Marmor und dunkelbraunem Ahornholz, entworfen von Josef Hoffmann; österreichisch (Wien), 1902

oben, rechts **545** Sofatisch »Schroeder 1« aus lackiertem Schichtholz, entworfen von Gerrit Rietveld; niederländisch, 1923

Lehne erlauben und als Verzierung unter Armlehnen und Sitz auftauchen. Wahrscheinlich sind sie ägyptischen Ursprungs und würden treffender »Biedermeier-Bälle« (S. 297) genannt. Allen historisierenden Stilzitaten zum Trotz erscheint Hoffmanns Sessel – nicht zuletzt in seiner klaren Zurschaustellung der Affinität zwischen Bugholz- und Metallmöbeln – kompromisslos »modern«. Kein Wunder, dass die Firma Thonet schließlich auch Metallmöbel fertigte.

Diese drei Stücke im Hinterkopf, wenden wir uns zwei infamen Schmähschriften zu. Adolf Loos vertrat 1908 in seinem Artikel *Ornament und Verbrechen* die Meinung, das erste Ornament sei ein Erotikum gewesen, das er den Urmenschen vorbehalten wissen möchte. Wer heute Wände mit Ornamenten beschmiere, sei ein Verbrecher. Loos verglich ein ornamentiertes Bauwerk mit einem tätowierten Menschen, und »der moderne mensch, der sich tätowiert, ist ein verbrecher oder ein degenerierter«. Diese aus hysterisch übersteigertem Ekel resultierende Doktrin – weit entfernt von der Schlichtheit der stets von Toleranz begleiteten griechischen Antike – beschwört die Erinnerung daran, dass das damalige Wien die Stadt Egon Schieles war. Von ähnlich puristischem Nihilismus geprägt ist das italienische Futuristische Manifest aus dem Jahr 1909, das die Tugenden der Maschine pries und einen radikalen Antihistorizismus propagierte, der allen Ernstes die Sprengung sämtlicher antiken Denkmäler forderte.[50] Dabei war der ganze Wirbel im Grunde überflüssig, denn die Ziele der radikalen Bewegungen waren teilweise bereits umgesetzt oder auf dem besten Wege dazu. Trotzdem hatten die Doktrinen natürlich Wirkung auf Möbeldesign und Architektur und »begleiten den Modernismus in all seinen Folgestadien wie ein dunkler Schatten«.[52] Ja, ihr Einfluss zeigt sich sogar in der chinesischen »Kulturrevolution«.

Freilich beschränkte sich der Drang zu Schlichtheit und Funktionalismus nicht auf streitbare Theoretiker. Der französische Art-Déco-Designer Jacques-Emile Ruhlmann (S. 324), über den sich Le Corbusier mit den Worten mokierte, er glaube noch an dekorative Kunst (er fand Ruhlmanns ungewöhnliche Furniere so exotisch wie Kolibris),[53] war sichtlich vom Biedermeier geprägt [435, 676]. Bisweilen gehen Ruhlmanns Entwürfe erkennbar in Richtung des abstrakten Funktionalismus: Drei von ihm 1925 präsentierte Stahlrohrstühle antizipieren selbst Le Corbusier,[54] und sein Nachttisch [543] aus Makassar-Ebenholz gleicht einem asketischen Modell Danhausers.[55] Für die Lampe wählte er Alabaster, bevorzugtes Material für Empire-Lampen und Fensterglas-Ersatz bei den alten Römern. Auch ein Gerrit-Rietveld-Tisch von 1925 [545], ausschließlich aus ineinander gesteckten »Elementarformen«, könnte auf Danhausers Zeichentisch entstanden sein – wären da nicht die Primärfarben der De-Stijl-Bewegung, die man von den abstrakten Bildern Mondrians kennt.

Einem eher alltäglich-»modernen« kubischen Stil begegnet man in einer von Serge Chermayeff (1900–1996) entworfenen Anrichte [546]. 1928 organisierte der Russe gemeinsam mit Paul Follot (S. 322) bei Waring & Gillows in London eine Ausstellung französischer und englischer Möbel und Dekorationsgegenstände. Diese Anrichte stand im Speisezimmer. Das Furnier besteht aus Nussbaum und Koromandelholz, und auch die Griffe sind – vielleicht aufgrund eines unterschwelligen rustikalen Einflusses? – aus Holz. Chermayeff lehnte Ornamente rigoros ab und propagierte einen »so reinen Stil, wie ihn die Griechen zur Zeit des Perikles endlich erreicht hatten«.[56]

546 Anrichte (Sideboard) mit Nussbaum- und Koromandelholzfurnier, entworfen von Serge Chermayeff und hergestellt von Waring & Gillows; britisch, 1928–1929

ganz oben **547** Liege (LC4) aus verchromtem Stahlrohr, lackiertem Stahlblech und Pferdefell, entworfen von Le Corbusier, Pierre Jeanneret und Charlotte Perriand und hergestellt von Thonet; französisch, 1928

oben **548** Liege aus laminierter Buche, Zebraholzfurnier und Schichtholz, entworfen von Marcel Breuer und adaptiert von Isokon; zu der Liege gehört ein Polster; britisch, 1936

rechts **549** Der Barcelona-Sessel aus hochglanzverchromtem Federstahl und Leder, entworfen von Ludwig Mies van der Rohe; deutsch, 1929

Metall, Schichtholz und Fiberglas als Materialien des 20. Jahrhunderts

Schon in frühester Zeit gab es Metallrahmen für Stühle und Tische. Im 18. und 19. Jahrhundert wurden Konsoltische und Sofas im Stil des Rokoko und Klassizismus aus Stahl gefertigt (und meist mit Goldbronze verziert). Auch Russland hat kunstvolles Metallmobiliar hervorgebracht [358]. Gusseiserne Gartenmöbel waren im 19. Jahrhundert fast allgegenwärtig, ebenso das Messing- oder Eisenbett, und das eiserne »Feldbett«, ein funktionales, flach zusammenklappbares Möbel, weist oft eine Ästhetik auf, die auch Funktionalisten des 20. Jahrhunderts noch begeistert.

Angesichts dieser Historie überrascht es, dass avantgardistische Metallmöbel im 20. Jahrhundert weithin auf Unverständnis stießen.[57] Nun mag dies zum Teil damit zusammenhängen, dass sie so völlig anders aussahen als die von der »Landhaus-Lobby« propagierten wuchtigen Eichenblöcke, vielleicht missfiel auch einfach der bewusste Bezug zur Maschine, und zudem hatte der Volksgeschmack unter schlechten Möbelkopien gelitten. Unzweifelhaft drängt sich glänzendes Chrom optisch in den Vordergrund, was damals in vielen Kreisen als unfein galt. Aber was auch immer der Grund gewesen sein mag – noch 1929 hieß es: »Wir erinnern uns nicht, 1925 ein einziges aus Metall gefertigtes Möbelstück gesehen zu haben, und wir lassen uns nicht auf Diskussionen ein, ob das erste in Deutschland oder Frankreich entstanden ist … Metallmobiliar tauchte gleichzeitig an so vielen Orten auf, dass man es als kollektive Erfindung … der Gesellschaft als Ganzes ansehen kann.«[58]

Deutscher Hauptverfechter war der Architekt, Staatsdiener und Journalist Hermann Muthesius (1861–1927), der, obwohl selbst nie als Gestalter tätig, das Möbeldesign wesentlich prägte. Er befürwortete die Grundsätze der britischen Arts-und-Crafts-Bewegung,[59] zugleich aber einen für Maschinenfertigung geeigneten Stil und propagierte aus Einzelteilen zusammensetzbare Möbel, so genannte Element-Möbel, wie sie in den USA bereits für Bücherregale auf dem Markt waren. 1910 stellte eine Dresdner Werkstatt »Typenmöbel« her.[60] Muthesius' Einsatz führte 1907 zur Bildung des Deutschen Werkbundes, einer Vereinigung deutscher Künstler und Fabrikanten, deren Ideale später ins Bauhaus übergingen. Diese Staatliche Schule für formale Gestaltung (Unterrichtsfächer waren Kunst, Kunsthandwerk, Industriedesign und Architektur) wurde 1919 von dem Architekten Walter Gropius gegründet, der die Weimarer Kunstakademie und die dortige Kunstgewerbeschule zusammenlegte. 1925 siedelte das Bauhaus nach Dessau um und wurde 1933 von Hitler (der 1934 auch den Deutschen Werkbund aufhob) geschlossen. Die von beiden Institutionen propagierte kollektive Standardisierung widersprach dem späteren Individualismus Henri van de Veldes (S. 313), Gropius' Vorgänger in Weimar, der kompromisslos postulierte, jeder Künstler sei ganz und gar leidenschaftlicher Individualist. Nie werde er sich aus freien Stücken einer Instanz unterwerfen, die ihm eine Norm, einen Kanon, aufzwinge.[61]

Der deutsche Maschinenkult und der Einsatz von Metall bei Möbeln fanden den Beifall französischer Theoretiker, insbesondere Le Corbusiers,[62] der als junger Mann die »ketzerischen« Schriften von Ruskin, Owen Jones und Viollet-le-Duc gelesen hatte. Le Corbusiers (1887–1965) und der Maler Amédée Ozenfant (1886–1966) waren früher Anhänger des Kubismus gewesen, bezichtigten diesen 1918 in ihrem *Après le Cubisme* jedoch, zur Dekoration verkommen zu sein, und forderten an seiner statt eine unpersönliche Kunst, die, frei von Ornamentierung und Individualismus, vom Maschinenzeitalter inspiriert war: den Purismus. Die Wurzeln von Le Corbusiers Theorien lassen sich zu Platons Ideenlehre und griechischer Schlichtheit zurückverfolgen. Hinzu kommt das Erbe des romantischen Klassizismus – in Le Corbusiers eigenen Worten: »Würfel, Kegel, Zylinder und Pyramiden sind die großen Urformen«,[63] ein Satz, den auch Ledoux hätte äußern können. Der Futurismus hatte Häuser als »Riesenmaschinen« bezeichnet. Le Corbusier verlieh diesem Bild einen nur geringfügig humaneren Anstrich: das Haus als »Wohnmaschine«.

Eine Folge des *Modern Movement* war die Beschränkung von Vielfalt und Ausdrucksmöglichkeiten der Möbel für minimalistische Interieurs. Zu der bewussten Standardisierung kam noch ein weiterer Grund: Möbel definieren sich über die gesamte Innenausstattung und Kunst. Ein streng puritanischer Zugang, ohne jegliche Dekoration und Ornamentik, mag zwar jene geschmacklosen Elemente eliminieren, die viele Möbelstücke erst hässlich machen, begrenzt aber auch deren Ausdrucksfähigkeit. Dies erklärt teilweise die widerstandslose Akzeptanz von Einbauschränken und -regalen, die kompakte Einzelstücke wie Schränke, Anrichten und Bücherregale zunehmend verdrängen – selbst Schreibtische findet man fast nur noch in Büro oder Arbeitszimmer. Daher sahen sich die Designer gezwungen, ihr Augenmerk auf Stühle, Tische, Vitrinen und andere »Kleinmöbel« zu richten. Trotz (oder wegen?) dieser ungünstigen Voraussetzungen entstanden gerade in dieser Zeit einige besonders gelungene Entwürfe, die heute als »moderne Klassiker« gepriesen werden. Die besten fügen sich in Interieurs ganz unterschiedlicher Prägung, darunter sogar solche mit ausgesprochen üppiger Dekoration. Besonderen Erfolg verzeichnete der verchromte Stahlrohrsessel, den Ludwig Mies van der Rohe (1886–1969) für den deutschen Pavillon der Weltausstellung in Barcelona 1929 entwarf [549].

Wie Le Corbusier und Walter Gropius war Mies van der Rohe Schüler von Peter Behrens und behielt, einst großer Anhänger Schinkels, zeitlebens eine Schwäche für die verschwenderische Pracht von Marmor, Bronze und Buntglas. Seine oft zitierte Maxime »Weniger ist mehr« atmet den Geist griechischer Schlichtheit. Der Barcelona-Sessel (es existiert auch ein passender Hocker) weist deutliche Bezüge zur Antike auf, und auch der Pavillon, für den er konzipiert war, erinnert an die offene Bauweise pompejanischer Häuser. Auf den ersten Blick scheint der Sessel eine Synthese aus klassischem Faltstuhl und Klismos, und diese Assoziation ist sicherlich berechtigt. Doch gibt es einen häufig abgebildeten ägyptischen Stuhl [605], der den hieratischen Kreuzgestellsitz mit einer an den Thron Tutanchamuns [4] erinnernden Lehne kombiniert und dessen Beine – das ist trotz aller Ornamentenfülle deutlich auszumachen – denen des Barcelona-Sessels im Grunde gleichen.[64] Leider ist Mies van der Rohes Stuhl bei aller Schönheit und Schlichtheit von Entwurf wie Material her nicht bequem (hier kann Robsjohn-Gibbings' akademisch-»archäologischer« Klismos [S. 323–324] als weit »funktionaler« gelten).

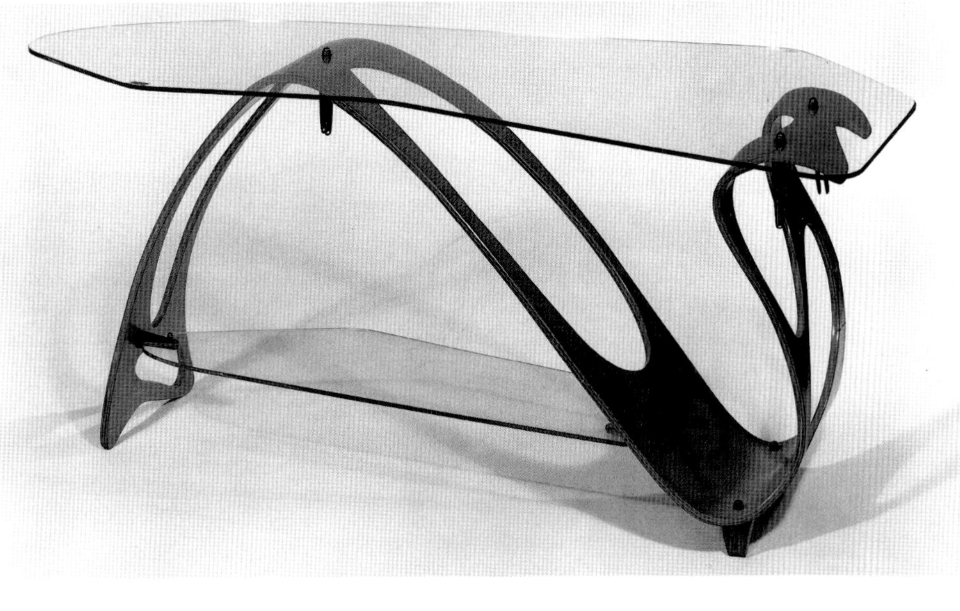

550 Teetisch aus Ahornschichtholz, Glas und Messing, entworfen von Carlo Mollino, italienisch, um 1950

Bei zwei anderen »modernen Klassikern« handelt es sich um Spielarten zum Thema Chaiselongue. Die erste [547] besteht aus verchromtem Stahlrohr, das die Biegsamkeit von Bugholz mit extremer Belastbarkeit und metallisch hartem Glanz verbindet. Nach einem Entwurf von Le Corbusier und anderen wurde die Liege 1928 von Thonet hergestellt. Allen Unterschieden zum Trotz existiert eine gewisse Verwandtschaft zwischen dieser Chaiselongue, der Danhauser-Schaukelliege [532], der Thonet-Wiege [536] und einer um 1880 gefertigten Schaukelchaiselongue aus Bugholz.[65] Die Rundung von Le Corbusiers Untergestell gleicht dem Danhausers, doch hat Le Corbusier seine Liege im Knie abgewinkelt, und alle Schnörkelverzierung der Wiege verbirgt nicht die Ähnlichkeit zu den Alu- und Stahlrohrformen.

Die zweite Chaiselongue [548] ist ein Entwurf von Marcel Breuer (1902–1981), der im Anschluss an seine Studienzeit am Bauhaus die Leitung der dortigen Möbeltischlerei übernahm. Zu seinem ersten Stahlrohrstuhl soll ihn sein Fahrrad inspiriert haben. Mechanistisch, unpersönlich und kühl – alles war auf den Kopf gestellt: Die Mittel lösten den Zweck ab, und technisch bedingt funktionale Formen bekamen an Möbeln rein dekorativen Charakter (so ist der vom Veloziped inspirierte Sessel unbeweglich!). Dabei trägt der »unpersönliche« Stuhl sogar einen Namen: Wassily-Sessel, nach Kandinsky, der ihn überschwenglich lobte.

Breuer begann 1932, Aluminium als Werkstoff für Möbel zu verwenden, und die abgebildete Chaiselongue sollte zuerst in Aluminium und Stahl ausgeführt werden. 1936 brachte die britische Firma Isokon (Isometric Unit Construction), deren Designabteilung Walter Gropius seit 1935 leitete, eine Version aus formgebogenem Schichtholz auf den Markt, die den »Inselgeschmack« eher ansprechen sollte.[66] Die Sitzfläche des neuen Entwurfs besteht aus einem durchgehenden Stück Schichtholz mit verzapften Armlehnen und »Beinen«.

Schichtholz war schon im alten Ägypten bekannt (S. 16), doch wurde es ab den 1870er Jahren durch neue Sägetechniken und Klebstoffe ständig verbessert. Seit 1912 war Finnland Hauptlieferant, und die Stabilität bei gleichzeitiger Leichtigkeit prädestinierte das Material im Ersten Weltkrieg zum Einsatz im Flugzeugbau. Die Schichtholzversion von Breuers Liege gleicht dem Metallprototyp bis auf einige wenige Modifikationen, die unter dem Einfluss der schwungvollen Linie eines Schichtholzstuhls stehen, den Alvar Aalto 1931/1932 entwarf[67] und der einem »funktionalen« Biedermeier,[68] Thonetschen Bugholz- und Wiener-Werkstätte-Möbeln näher verwandt ist als den strengen Formen des ursprünglichen Breuer-Stuhls. Die Schichtholzversion von Isokon – Breuer war leidenschaftlich in das Projekt involviert[69] – wies dort Schwachstellen auf, wo Sitz und Rahmen verzapft waren, weshalb Letzterer verstärkt werden musste. Das Design wurde in den 1950er und 1960er Jahren auch verändert. In der Literatur sind diese Liegen zumeist ohne die dazugehörigen Polster abgebildet und wirken dadurch furchtbar unbequem – ein Beitrag zum Thema »funktionalistische« Ästhetik?

Die Grundideen eines geschwungenen um 1950 entstandenen Teetisches [550] von Carlo Mollino (1905–1973), der das Formenrepertoire von gebogenem Schichtholz und Glas voll ausschöpft, entstammen eindeutig den fließenden Linien abstrakter Gemälde und Skulpturen: Nicht wenige Möbel des 20. Jahrhunderts verdanken der bildenden Kunst mehr Anregungen als der Raumausstattung – obwohl die Grenzen in einer Zeit, in der Malerei und Plastik längst zu wesentlichen Bestandteilen der Innendekoration avanciert sind, natürlich verschwimmen.

Ein neuer Werkstoff – Fiberglas beziehungsweise glasfaserverstärkter Kunststoff – bot Stabilität und Flexibilität ohne die Schwere von Metall oder die Sprödigkeit von quer gemasertem Holz. Erster Designer eines Fiberglasstuhls für die Serienfertigung war Charles Eames (1907–1978).[70] Ein 1951 entstandenes Modell aus

551 Sessel mit Nussbaumfurnier; österreichisch (Wien), um 1820

552 Sessel aus formgegossenem, glasfaserverstärktem Kunststoff und emailliertem Stahldraht, entworfen von Ch. Eames und gefertigt von H. Miller; amerikanisch, 1951

glasfaserverstärktem Kunststoff und dezentem schwarzem Metall [552] vereint in harmonischer Weise zwei Traditionen – die des Biedermeiersessels [551] mit lyrenförmiger Sitzschale und die des Stahlgestänges, das seinerseits an den römischen Metallfalttisch [519] erinnert. Ein anderer Sessel aus Rundstahl [554], 1952 von dem Bildhauer und Lehrer für Metallarbeit Harry Bertoia (1915–1978) entworfen, präsentiert sich in einer scheinbar funktionalen Dürftigkeit, der jedoch beinahe blütenähnliche Gestaltung von Sitz und Lehne entgegenstehen. Bertoia und Eames kannten sich, und ihre Sitzmöbel weisen komplementäre Aspekte auf.

Auch die Stühle und der Tisch, die Eero Saarinen (1910–1961) aus weißem Kunststoff und Fiberglas mit einem Trompetenfuß aus Aluminiumguss [553] konzipierte, gelten heute als »Klassiker der Moderne«. Ein Jahre später erschienener Artikel beleuchtet die zeitgenössische Einstellung: Die »von dem amerikanischen Architekten Eero Saarinen entworfene *Pedestal-Group* verkörpert ein revolutionäres Konzept des Möbeldesigns … Durch den Verzicht auf konventionelle Beine … wollte Saarinen ›mit dem Wirrwarr der Beine aufräumen. Ich wollte aus einem Sessel wieder eine *Einheit* machen. Sämtliche bedeutenden Möbel der Geschichte, vom Thronsessel Tutanchamuns bis hin zu den Stühlen Chippendales, bildeten immer eine strukturelle Einheit.‹«[71]

Nun gibt es verschiedene Auffassungen, was man unter »struktureller Einheit« verstehen will – ein Thronsessel Tutanchamuns [4] wurde aus zwei Bauteilen gefertigt. Man fragt sich zudem, weshalb Saarinen das Biedermeiermobiliar unerwähnt ließ, von dem sich seine Entwürfe doch sichtlich herleiten – schließlich ist schwer vorstellbar, dass der gebürtige Finne in völliger Isolation gelebt haben soll. Ein in diesem Buch abgebildeter Biedermeiertisch [443] mag für sich selbst sprechen. Saarinens Entwürfe sind schön und funktional, aber doch wohl kaum »revolutionär« – das einzig wirklich Neue daran war das Material. Eine tatsächlich »strukturelle Einheit« lieferte hingegen der dänische Architekt Verner Panton (geb. 1926) im Jahr 1960 [555]: Dieses erste »organisch« aus einem Stück gegossene (hinterbeinlose) Sitzmöbel war bezeichnenderweise stapelbar – die ultimative hierarchielose Stuhlform.

Der Reiz dieser neuartigen Werkstoffe und Formen gab dem im 19. Jahrhundert begründeten (naiven) Glauben an die spirituellen Kräfte innovativer Materialien gewaltigen Auftrieb. Der Rezensent eines Buches über Kunststoffe meinte im Jahr 1997, »Kunststoff [sei] in der modernen amerikanischen Gesellschaft zu einer wichtigen Metapher geworden … Seine Allgegenwart sowie seine Rolle … in der Definition des Alltagslebens [hätten] ihm die Macht verliehen, unsere innersten Ängste und Hoffnungen zu verkörpern«.[72]

Hier drängt sich die Frage auf, welche Art von Kunst eine Gesellschaft hervorbringen kann, deren »innerste Ängste und Hoffnungen« von Kunststoff – oder irgendeinem anderen Material – verkörpert werden! Die tiefsten Ängste und Hoffnungen der Ägypter, die für die Grabkammer Tutanchamuns einst Möbel aus Elfenbein, Ebenholz und Gold fertigten, wurden von diesen kostbaren Werkstoffen sicher nicht »repräsentiert«. Und auch die hehren Ideale der Shaker dürften schwerlich in dem denkbar schlichten Kiefern- oder Obstbaumholz ihres Mobiliars zu finden sein.

Das vielleicht brillanteste Konzept besteht darin, aus einem herkömmlichen, ganz unspektakulären Material – Holz – etwas gänzlich Neues – und doch Altes! – zu erschaffen. 1952 entwarf der Italiener Gio Ponti (S. 326) einen Stuhl aus Esche [556], dessen elegantes, formvollendetes Design bis auf die abgewinkelte Lehne vollkommen der Tradition entspricht und der doch so leicht ist, dass man ihn mit einem Finger hochheben kann. Hatte Ponti Lodolis Ausführungen zur Leichtigkeit gelesen? Hatte er jene griechischen Vasenmalereien gesehen, auf denen Stühle und Hocker ganz lässig geschultert werden [521]? Wie auch immer: Mit seiner »Superleggera« hat Ponti den Kreis zwischen Schlichtheit und Funktionalität des klassischen Altertums und den klaren Linien und Funktionen des 20. Jahrhunderts geschlossen.

553 Zwei Armlehnstühle (»Tulip-Chairs«) aus Kunststoff, Fiberglas und Aluminium, entworfen von Eero Saarinen und hergestellt von Knoll; amerikanisch, 1957

rechts **554** Sessel (»Diamond-Chair«) aus handgeschweißtem Rundstahl, entworfen von Harry Bertoia und gefertigt von Knoll; amerikanisch, 1952

rechts, Mitte **555** Stapelbarer Stuhl (»Panton-Chair«) aus formgegossenem Polyester und Fiberglas, entworfen von Verner Panton 1960, erstmals hergestellt von Herman Miller 1967; dänisch

unten **556** Die »Superleggera« (Superleichte) aus Esche, entworfen von Gio Ponti; italienisch, 1952

XI Exotische Einflüsse: China, Japan, Indien, Ägypten, Afrika

XI *Kapitel 1* »Fernöstliche Pracht«

vorhergehende Seite **557** Saal in Frogmore House (S. 287) im Chinoiserie-Stil der Regency-Zeit; britisch, publiziert in London von William Pyne 1817 (aus *Royal Residences)*

558 Fischerszene aus einem römischen Wandgemälde, publiziert in Neapel 1760 (aus *Delle Antichità di Ercolano; Le pitture antiche d'Ercolano)*

559 Architektonisches Capriccio aus einem römischen Wandgemälde, publiziert in Neapel 1757 (aus *Delle Antichità di Ercolano; Le pitture antiche d'Ercolano)*

Zur Beschreibung des Fernen Ostens dienten viele Jahrhunderte lang die Beiwörter »herrlich« und »hinreißend« nahezu als feststehende Begriffe, und selbst große Dichter fanden die häufige Wiederholung nicht abgedroschen. Generelle Vorstellungen über den dort herrschenden unermesslichen Prunk beruhten jedoch auf vagen Kenntnissen und Irrtümern, was sich allerdings nur zum Teil durch die große räumliche Distanz erklären lässt. Es liegt auch an der Vieldeutigkeit des Ornaments an sich.

Befruchtende Vieldeutigkeit

Seit jeher gehen ornamentale Motive zeitlich und räumlich auf Wanderschaft und finden weitab, fern ihrer Ursprünge, eine neue Heimat: Vielfach gelangt ein Motiv auf ganz verschiedenen Wegen zum selben Zielort und erreicht ihn in mehreren Varianten. Abendländische Motive folgten vier Hauptrouten: Die erste ging von einem gemeinsamen archaischen Erbe aus – so haben viele griechische Motive ihren Ursprung in Ägypten. Einige sowohl in Griechenland als auch in China heimische stammen dagegen aus der Gegend des heutigen Rumänien.[1] Ganz anders als diese sich langsam vollziehenden Übertragungen verliefen die bewussten Übernahmen fremder Stile durch hoch entwickelte Kulturen, die neue Anregungen suchten (etwa im antiken Rom die Auseinandersetzung mit Ägypten) oder die Nachahmung der Kunst höher entwickelter Kulturen durch weniger zivilisierte Länder (wie die frühislamischen Anleihen bei Byzanz und die kulturelle Überlegenheit der islamischen Welt gegenüber dem Abendland im Mittelalter). Daneben gab es auch die zufälligen, sporadischen Einflüsse, die entlang der Handelsstraßen ihre Wirkung zeigten – so entwickelte sich möglicherweise vor 200 n. Chr. der chinesische Faltstuhl aus einem römischen Vorbild.[2] Die gewaltsamste Variante war die Eroberung: Hellenistische Motive gelangten durch die Feldzüge Alexanders des Großen nach Ägypten und Indien.

Die ägyptische, griechische, römische, islamische, chinesische, japanische und indische Kunst haben viele Motive gemeinsam, und Entwerfer und Schriftsteller des 18. Jahrhunderts bemerkten und kommentierten die auffälligen Übereinstimmungen.[3] Die Tatsache, dass sich viele fremdartige Motive im Westen bereits fest eingebürgert hatten, begünstigte eine bewusste Nachahmung exotischer Stile. Und tatsächlich können sich Motive aus unterschiedlichen Quellen so sehr gleichen, dass ihre Bezeichnungen austauschbar werden: Zum Beispiel verleiteten um 1780 die Ähnlichkeiten zwischen Mäandern und einander überschneidenden Kreisen oder Rauten [561–568] auf griechischen Vasen und auf Gefäßen mit chinesischem und japanischem Dekor Charles Cameron zu dem Vorschlag, das Hauptgebäude des Chinesischen Dorfes bei Zarskoje Selo solle mit »verschiedenen chinesischen Elementen« dekoriert werden, darunter »Gesimse und Ornamente *à la grecque*«.[4] Aufgrund solcher Vieldeutigkeiten konnte auch der Maler Thomas Jones im 18. Jahrhundert von den kurz zuvor entdeckten Hadrianischen Fresken der Villa Negroni in Rom [37] behaupten, die Ornamente seien ganz im chinesischen Stil gemalt,[5] und auch Horace Walpole stellte fest: »Die Funde in Herculaneum bezeugen, dass man für die Ausschmückung der privaten Gemächer sehr häufig eine leichte und phantastisch anmutende Bauweise mit ausgeprägt indischem [er meinte »chinesischem«] Charakter wählte.« Diderot sprach von Grotesken als von einer »bizarren Vielfalt, ohne Rapport oder Symmetrie, wie in ›Arabesken‹ [Rokoko] oder Chinoiserien«.[6] Eine so enge Verwandtschaft ist bei Kunstgegenständen aus Schwarzafrika oder von den Südseeinseln, die erst im frühen 20. Jahrhundert in Europa in Mode kamen, ausgeschlossen – daher wirken europäische Möbel, die solche Motive verwenden, oftmals so »aus dem Rahmen fallend« [642, 644].

Mit dem Begriff der Gotik, der in der Renaissance abfällig die mittelalterliche Kunst der »barbarischen« Goten bezeichnete, wurde die Verwirrung komplett. Die Schriften von Jean-Louis Cordemoy aus den ersten Jahren des 18. Jahrhunderts beleuchten die zeitgenössische Auffassung von den Beziehungen zwischen der Gotik, der Maureske, dem Barock und der Groteske. Cordemoy war von einem Jesuiten beeinflusst, dem »gelehrten Pater Tournemine«,[7] der vorgeschlagen hatte, die *Gothique Moderne* solle in Maureskenstil umbenannt werden.[8] Tournemine wandte sich gegen die Auffassung, die gotische Architektur gehe auf die Goten zurück: Er teilte die Gotik in eine *Gothique Ancienne* (Spätantike und Romanik) und eine *Gotique Moderne,* die ihren poetischen und märchenhaften Charakter den Mauren verdankt, »oder den Arabern, deren Architektur vom gleichen Geschmack geprägt ist wie ihre Dichtung. Bei beiden wirkt sich die Überfeinerung und der überflüssige Zierrat zum Nachteil aus und beraubt sie jeglicher Schlichtheit. Ihre überbordende Phantasie … machte ihre Bauten so exzentrisch wie ihre Ideen.« Cordemoy definierte die »Gotik«, in Gefolgschaft Tournemines, als »Ordre Gothique ou Arabesque«[9] – eine verblüffende Vermählung des Klosters mit dem Harem. Doch darin steckt mehr als ein Körnchen Wahrheit. Cordemoy, der lieber den Ausdruck *Arabesque* als *Moresque* verwendete, trug zur allgemeinen Begriffsverwirrung noch weiter bei, denn in der Zeit seiner Veröffentlichungen stand »arabesk« in Frankreich allgemein für die Synthese des Arabesken mit dem Grotesken, aus der dann das Rokoko hervorgehen sollte (S. 170).

Diese Konfusion war aber auch Ausdruck der poetischen Traumwelt, wie sie dem Gebrauch der Huka oder der Opiumpfeife entsprang. Sie bot mehr Freiraum als die aus exakterer Kenntnis und Begrifflichkeit resultierende »archäologische« Pedanterie. Diese war bereits erkennbar: »Gotisch« diente als (meist abschätziger) Oberbegriff für jeglichen anti-klassischen Überschwang. Er wurde von ablehnenden Kritikern nicht nur auf die mittelalterliche Gotik, sondern auch auf die Groteske, Chinoiserien und das Rokoko angewandt, jenen neuen, großen und völlig anti-klassischen Stil. Die konservative Französische Akademie der Architektur etwa vertrat 1710 gegenüber den aufkommenden Strömungen des Rokoko folgende Ansicht: »Unsere Akademie lehnt viele der neuen Stile ab, da sie verderbt sind und viel Gotisches an sich haben.«[10] Ein englischer Autor nannte 1728 Vitruvs Ablehnung des Grotesken eine »Ermahnung an jene Maler seiner Zeit, die solchem Zierrat verfallen waren, den wir heute als *Gothick* bezeichnen würden«.[11] Präsident Charles des Brosses schrieb 1739 über das Rokoko: »Die Italiener [offensichtlich die konservativen Anhänger der Klassik] werfen uns vor, wir würden in Frankreich … zum Geschmack der Gotik zurückkehren, und unsere Kaminverkleidungen, unsere goldenen Schnupftabakdosen und unser Tafelsilber sähen derart verschnörkelt und verzerrt aus, als ob wir verlernt hätten, mit Kreis und Rechteck umzugehen und unsere Ornamente nun keinerlei Regeln mehr folgten.«[12] Auch ein französischer Kritiker bejubelte um 1780 den Erfolg des *goût grec* und die Abkehr von der »Gotik«: »Der Comte de Caylus hat in uns den griechischen Geist wieder zum Leben erweckt, und wir haben endlich unsere gotischen Formen über Bord geworfen.« Mit »gotisch« meinte er hier allerdings das Rokoko.[13] Er freute sich zu früh: Die Gotik (das heißt das *Gothick)* hatte England bereits erobert!

560 Der Götze »Matzou«, publiziert in Amsterdam 1675 von Olfert Dapper (aus *Gedenkwürdige Verrichtung … in dem Kaiserreich Taising oder Sina)*

561 Mäander an der Kassettendecke der Propyläen in Athen (nach Owen Jones, *Die Grammatik der Ornamente)*

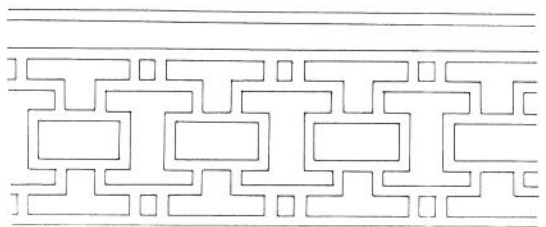

562 Fries an einem chinesischen Gemälde (nach Owen Jones, *Die Grammatik der Ornamente)*

563 Mäanderartiger Fries an der Kassettendecke der Propyläen in Athen (nach Owen Jones, *Die Grammatik der Ornamente)*

564 Randverzierung einer griechischen Vase, publiziert 1766 von P. F. D'Hancarville

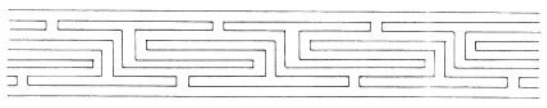

565 Gitterartige Randverzierung eines chinesischen Gemäldes (nach Owen Jones, *Die Grammatik der Ornamente)*

566 Ornament an den Propyläen in Athen (nach Owen Jones, *Die Grammatik der Ornamente)*

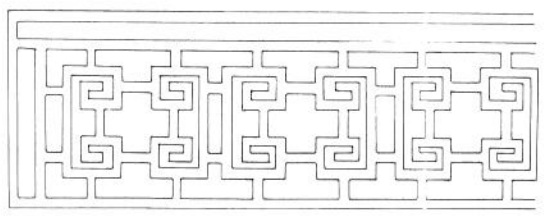

567 Durchbrochenes Muster eines chinesischen Gemäldes (nach Owen Jones, *Die Grammatik der Ornamente)*

568 Ornament einer griechischen Vase (nach Owen Jones, *Die Grammatik der Ornamente)*

Die begriffliche Verschwommenheit und die Mehrdeutigkeit des Ornaments betraf auch viele weit verbreitete Motive. Dekorationen im Grotesken-Stil boten dafür zahlreiche Beispiele. Anhand einer Beschreibung aus dem 20. Jahrhundert der sparsam verwendeten, asymmetrisch angeordneten Motive einer römischen Wandmalerei [558] könnte man ebenso gut auch auf eine japanische Lackarbeit schließen: »Die Tatsache, dass das räumliche Zurücktreten der Einzelthemen nicht messbar und die visuellen Bezüge der verschiedenen Elemente untereinander nicht eindeutig sind, verleiht ihnen einen fast traumartigen Charakter.« Eine andere Beschreibung dazu erinnert an die chinoisen »Weidenmuster« auf Porzellantellern: »Eine Gestalt auf einer Brücke ist fast halb so groß wie der daneben stehende, zwei Stockwerke hohe Turm.«[14] Die reife römische Kunst zeigt Spuren vermutlich chinesischer Einflüsse (S. 36): kleine Tempel mit nach oben geschwungenen Pagodendächern, kapriziöse Kompositionen [559], Schlangen und Drachen. In Herculaneum fand man Bronze-Kerzenhalter in der Form von Bambusrohr gestaltet [45]. Baldachine und Lambrequins, die dekorativen Grundelemente des Rokoko und der Chinoiserien, hatte man bereits in der Antike mit Exotik in Verbindung gebracht. Das lässt sich aus einem pompejanischen Wandgemälde schließen, das einen Mann in asiatischer Kleidung auf einem reich geschmückten Thronsessel [196] zeigt. Chinesische Felsdarstellungen haben auffallende Ähnlichkeiten mit denen antiker Malereien, wie der berühmten und vielfach nachgeahmten »Barberini-Landschaft«.[15] Künstliche Felsen findet man auch häufig an Uhren, Konsoltischen und anderen Möbelstücken. Bambus-Nachahmungen sehen oft wie schlankere Versionen griechischer und römischer Drechselarbeiten aus [29]. Das antike Velarium ähnelt dem gotischen Fächergewölbe, was sich Architekten und Entwerfer zunutze machten, indem sie gotische Details in Grotesken-Dekorationen integrierten. Antikes und maurisches geometrisches Flechtwerk waren bisweilen identisch, ebenso die mit Nasen versehenen Rautenformen der Gotik und der Moghul-Kunst. Diese stilistische Offenheit trug dazu bei, dass die Möbel eines der am stärksten von der Vernunft geprägten Jahrhunderte mehr Poetisches aufzuweisen haben als alle anderen. Sie ermöglichte »Misch-ehen«, die bezaubernde Nachkommen hervorbrachten, unter anderem die chinois neogotischen Chippendale-Stühle [468] und die in Frankreich so beliebten chinois-etruskisch-pompejanischen Konsoltische [592]. Diese Schwierigkeiten der stilistischen Zuordnung erklären auch, warum Georg IV. in den 1820er Jahren in seinem Gotischen Speisezimmer auf Schloss Windsor Grotesken-Tapisserien von Audran aufhängen ließ – und warum ein Mitarbeiter von Sotheby's 1970 in die Falle tappte, indem er diese als »Wandbehänge im chinesischen Stil«[16] auswies.

Im 19. Jahrhundert änderte sich die Einstellung zu diesen Stilmischungen und reichte von moralischer Empörung, rassistischer Intoleranz (ein neues Phänomen – »der zivilisierte Geist revoltiert«, wie ein britischer Dekorationskünstler 1827 über die Chinoiserie schrieb)[17] bis zu einem Hang zu kultureller Anpassung, einer erweiterten Form der »archäologischen« Pedanterie, die ihr Feld nun auf die »Ethnografie« (ein Begriff, der 1834 aufkam) ausdehnte. Für Christopher Dresser galt dabei Folgendes: »Vielfach muss ich mich erst über die Religion, Staatsform, das Klima und die Sitten und Gebräuche eines Landes informieren, denn nur wenn ich den Glauben und die Lebensweise der Bewohner verstehe, kann ich den Geist ihrer Ornamentik begreifen.«[18] Eine solche Verpflichtung zur Authentizität hätte die ungebundene schöpferische Kraft des Rokoko erstickt.

569 *Die Audienz des Kaisers*, ein Beauvais-Wandteppich; französisch, Entwurf um 1685–1690

570 »Zweig«-Sessel; chinesisch, Qing-Dynastie, 18. oder 19. Jahrhundert

571 Gartentisch, entworfen von George Edwards und Matthias Darly; britisch, 1754

Frühe Kontakte Europas mit China und Japan

»...oh, erzählen Sie mir doch von den Chinesinnen, sind ihre Augen wirklich so lang und schmal ... und tragen sie wirklich so lange Zöpfe bis auf den Rücken hinunter oder nur die Männer, und wenn sie ihr Haar so straff nach hinten frisieren, verletzen sie sich dabei nicht, und warum hängen sie überall Glöckchen an ihre Brücken und Tempel und Hüte – oder tun sie das gar nicht?« Leicht parodiert gibt Dickens hier die Vorstellungen einer überschwänglichen und vielleicht leicht beschwipsten englischen Dame im Jahr 1855 wieder.[19] Vor 1850 geborene Europäer hatten von den fernöstlichen Ländern noch ein überaus exotisches Bild, in das man sich später gar nicht mehr hineinversetzen kann. Für sie war die fernöstliche Kunst prachtvoll und aufregend andersartig, und die Menschen, die man bis zum 19. Jahrhundert im Westen selten zu sehen bekam, hatten befremdliche Gebräuche. Unscharfe Differenzierungen verliehen der Ferne zusätzlich etwas Geheimnisvolles und ließen Legenden und Idealisierungen ins Kraut schießen. In China vermählte sich eine diesseitsgewandte Philosophie mit einer verfeinert-exquisiten Sinnenfreude, die man fast mit dem Dixhuitième Frankreichs vergleichen könnte. Voltaire zog daher den Großen Khan dem Sonnenkönig vor und verglich die perfekte heidnische Gesellschaft Chinas mit der ganz und gar nicht perfekten christlichen Gesellschaft Ludwigs XIV.[20] Einer solch kritischen Gegenüberstellung hielt nicht einmal die Antike stand. So schrieb 1665 ein Holländer von der berühmten Porzellan-Pagode in Nanking: »An kunstvoller Ausführung, Schönheit, Erfindungsreichtum, Emaillekunst und Pracht übertrifft sie all die hochgepriesenen Werke unserer antiken Vorfahren ... Sie ist in so exquisiter Manier in Grün, Rot und Gelb emailliert und glasiert, dass man meinen könnte, sie bestehe rein aus Gold, Smaragden und Rubinen.«[21] Hier war der Blick des Reisenden wohl so sehr von seinen hohen Erwartungen und schwärmerischen Phantasien vorgeprägt, dass er geneigt war, glasierte Keramik für Smaragde und Rubine zu halten.

Die einstigen Handelskontakte Roms mit dem Fernen Osten waren durch die Wirren des frühen Mittelalters abgebrochen, und erst im 13. Jahrhundert ermöglichte die Eroberung Chinas durch die Mongolen eine Wiederaufnahme regulärer Handelsbeziehungen mit dem Abendland. Ein von Ludwig IX. von Frankreich an den Hof des Großen Khan gesandter franziskanischer Mönch verfasste 1254 erste Berichte, die in Europa eine Sehnsucht nach dem Wunderbaren nährten.[22] Zu diesen frühen Werken zum Thema gehören auch die fiktiven Reiseberichte »Sir John Mandevilles« über China, die zwischen 1357 und 1371 erschienen; sie wurden bis ins 17. Jahrhundert hinein immer wieder nachgedruckt. Phantasie und Faszination der Europäer erhielten auch durch die folgende chinesische Abschottungspolitik neue Nahrung: Um 1350 kam die Ming-Dynastie an die Macht und schloss die Grenzen Chinas für Europäer bis ins frühe 16. Jahrhundert.

Im 16. Jahrhundert wurden die Handelsbeziehungen wieder aufgenommen, vor allem durch die Portugiesen, die 1517 in Kanton und 1542 in Japan landeten. Weitere Reiseberichte wurden im Westen veröffentlicht, und jener von Juan González de Mendoza erlebte 66 Auflagen in sieben Sprachen.[23] Im 17. Jahrhundert wurde der Handel intensiver, im Jahr 1600 wurde die britische, 1662 die holländische Ostindische Handelsgesellschaft gegründet. Religiöser Eifer führte die Jesuiten nach China und Japan, und sie entwarfen Paläste für den Kaiser von China. Als 1664 die französische Westindische und die Ostindische Compagnie gegründet wurden, gab »König [Ludwig XIV.] der Gesellschaft mehr als sechs Millionen heutiger Francs [geschrieben 1751] und drängte wohlhabende Leute, Beteiligungen zu kaufen. Die Königin, die Prinzen und der gesamte Hofstaat boten dazu zwei Millionen auf.«[24] Ein schwer wiegender Einbruch erfolgte 1639, als Japan seine Grenzen für Ausländer schloss und bis zur gewaltsamen Öffnung durch die Amerikaner 1854 jeglichen Zutritt ins Land verweigerte. Bis dahin gab es folglich keinerlei illustrierte Bücher über Japan.

Der Einfluss der illustrierten Bücher

Von allen exotischen Stilen übten Chinoiserien und Japonismus[25] den nachhaltigsten Einfluss aus. Chinoiserie-Entwerfer holten sich Anregungen aus illustrierten Büchern mit Abbildungen von Mandarinen, Adeligen und Bauern in ihrer typischen Kleidertracht, von Gebäuden, Pflanzen, Tieren , Gärten, Booten – alle Details aus dem »Reich des Himmels«, wie China genannt wurde, dienten als Sujets.[26] Auch als Inspirationsquelle für Architekten waren diese Bücher unerlässlich, denn als Vorlage benötigten sie mehr als einen mit Lackmalerei verzierten Wandschirm, und ohne sie hätte Perrault wohl kaum 1671 und 1672 für den Louvre und die Tuilerien jene prunkvollen Appartements planen können »im Stil der hoch stehendsten Nationen der Welt, der Italiener, der Deutschen, der Türken, der Perser, der Moghul-Fürsten, des Königs von Siam, des Kaisers von China etc.«.[27] Für Gebäude wie Interieurs, die nach fernöstlichen Illustrationen oder Stichen der Entwerfer gestaltet wurden, wünschte man sich vielfach auch eine Ausstattung in chinoisem Stil.

Jan Nieuhof schloss sich 1655 einer Gesandtschaft der holländischen Ostindischen Kompanie nach China an. Zehn Jahre später veröffentlichte er ein Buch in holländischer Sprache, das sogleich ins Englische, Französische und Lateinische übersetzt wurde.[28] Es war reich illustriert, und viele seiner Bilder erschienen auch in anderen Publikationen. Die Figur auf Nieuhofs Titelseite diente als Vorlage für die Beauvais-Tapisserie im Stil Berains mit dem Titel *Die Audienz des Kaisers*, die um 1685 bis 1690 [569][29] entworfen wurde. Auf Nieuhofs Buch folgte 1667 das des Jesuiten Athanasius Kircher,[30] das 1670 ins Französische übersetzt wurde und ebenfalls die Abbildung der *Audienz des Kaisers* enthielt. Weitere nützliche Bücher waren der *Atlas japannensis* und der *Atlas chinensis* von Arnoldus Montanus von 1670 und 1671; beide enthielten jeweils mehr als hundert Abbildungen. 1675 veröffentlichte Olfert Dapper ein Buch über China,[31] das dem Künstler und Dekorateur mit exotischen Neigungen reiche Auswahl bot [560]: Gärten, Kostüme und Genreszenen unterschiedlichster Art erschienen vor dem Auge des Betrachters. Entwerfer durchforsteten diese Werke nach Material für ihre eigenen Vorlagenbücher: Peter Schenck d. J. zum Beispiel verwendete die Illustrationen aus Dappers Buch in seiner Veröffentlichung von 1702, und viele Stoffdessinateure taten dasselbe.[32]

Die mehrstöckige Pagode – für abendländische Betrachter eines der exotischsten und fremdartigsten fernöstlichen Motive – wurde

572 Zwei Konsolen aus geschnitztem und vergoldetem Holz, entworfen von C. F. Adelcrantz oder J. E. Rehn und gebaut von Johan Ljung, im »Stickerei-Salon« (Sydda Rummet) des Chinesischen Pavillons von Drottningholm; schwedisch, um 1760

mit am häufigsten abgebildet. Die bei Nieuhof abgebildete Porzellan-Pagode von Nanking wurde in Versailles als Ludwigs XIV. berühmtes Trianon de Porcelain nachgebaut. Kirchers merkwürdig nüchtern gehaltene Pagode, »Turris Novizonia Sinensium« , mag als Vorbild für die erhaben wirkende, klassizistische Pagode in Chanteloup gedient haben;[33] sie findet sich im späten 17. Jahrhundert großformatig auch auf den Wänden eines ansprechend gestalteten Chinoiserie-Kabinetts in Schloß Troia bei Prag wieder.[34] Fischer von Erlachs sorgfältig zusammengestellter Sammelband von 1725[35] enthielt eine von den früheren Darstellungen Nieuhofs und Dappers deutlich abweichende Version der Pagode von Nanking. Thomas Hope ließ sich von den (korrekten) Theorien Vitruvs zur Entwicklung des Tempelbaus zu der irrigen Annahme verleiten, die chinesische Architektur lasse sich auf ihre nomadischen Traditionen zurückführen: »Die Paläste sehen aus wie eine Agglomeration von Zelten, und gerade die Pagoden oder Türme mit ihrer leichten Bauweise sind nichts anderes als mehrere von ihnen übereinander gestellt … die dadurch entstehenden Räumlichkeiten ähneln geradewegs einem Zeltlager.«[36] Vielmehr entspringen die geschwungenen chinesischen Dächer, ermöglicht durch eine lang anhaltende Bautradition, die solche Kurvenformen ohne Schwierigkeiten bewältigen konnte, vorwiegend ästhetischen Präferenzen.[37]

Raumausstatter und Entwerfer verfügten nun über authentische Vorbilder nicht nur für Pagoden, sondern auch für die chinesische Version des Baldachins mit seinen konkaven Schwüngen und den Anklängen an seine antiken Versionen (S. 110–111), und auch der Geograf Richard Hakluyt berichtet, dass sich unter den chinesischen Beutestücken, welche die im Dienst Königin Elisabeths I. stehenden englischen Piraten den Spaniern 1592 abjagten, mehrere Baldachine befunden hätten.[38]

Die Bewunderung für chinesische Gärten, wie sie von Reisenden beschrieben und abgebildet wurden, führte im frühen 18. Jahrhundert zur Mode des »englisch-chinesischen« Gartens, die ganz Europa erfasste. Unzählige chinesische Gartenpagoden folgten, die passendes Mobiliar benötigten. Die bizarr verschlungenen Formen der chinesischen »Zweigmöbel« [570] sowie die verstreuten chinesischen Felsformationen, die ihren Ursprung in der Gartenkunst hatten, gaben Impulse für die rustikalen Möbel und die Felsbrocken, die mit der Grotten-Mode (S. 170–171) einhergingen; auch die Verzierung von Spalieren und Möbeln mit chinesischem Gitterwerk war beliebt [571]. Die Bilderwelt chinesischer Gärten hielt Einzug in die Innenräume und bestimmte die Gestaltung von Figuren, »Parasols« und Blütenzweig-Kerzenhaltern, wie den »Garten-Girandolen« Thomas Johnsons [325]. Manche chinesische Gartenarchitektur war äußerst aufwändig gestaltet. Ein frühes Beispiel dafür ist die zwischen 1716 und 1719 im Nymphenburger Schlosspark in München erbaute Pagodenburg. Weitere großartige Beispiele sind das Chinesische Teehaus Friedrichs des Großen im Park von Sanssouci, dessen üppig verzierte palmenartige Säulen vermutlich von Kirchers Bild des stattlichen *Ficus Indica Arbor Paradisi* inspiriert wurden.[39] Davon angeregt sind vielleicht auch die oben mit Lambrequins verzierten Stützen der Konsoltische im Chinesischen Pavillon in Drottningholm [572].

Eines der Standardwerke über China wurde 1757 von dem englischen Architekten William Chambers [573] veröffentlicht.[40] Es beeinflusste Mobiliar [557] und Interieurs in ganz Europa, unter anderem in den Pavillons von Drottningholm und Brighton [572, 590]. In seinem nüchternen Stil erweist es sich bereits als Produkt des Klassizismus. Die Auswirkungen des romantischen Klassizismus in Frankreich auf die Chinoiserie-Mode waren ver-

573 Chinesische Möbel von Sir William Chambers, publiziert in London, 1757 (aus *Designs of Chinese Buildings, Furniture, Dresses, Machines and Utensils*)

heerend, denn zeltartige und kubische Formen lassen sich nun einmal nicht gut miteinander vereinbaren. Chinesische Gemälde aus europäischen Sammlungen ergänzten die illustrierten Bücher: 49 Mappen mit Bildern wurden Ludwig XIV. 1697 als Geschenk überreicht, und Watteaus chinesisch beeinflusste Entwürfe zeigen seine Vertrautheit mit der chinesischen Malerei.[41] Im späteren 18. und frühen 19. Jahrhundert lieferten kleine, für den Export angefertigte Gouache-Bilder Motive für Raumdekorationen und Mobiliar und wurden in chinesischen »Bilderzimmern« aufgehängt. Auch Originalmöbel aus China wurden importiert: Ein chinesischer Faltstuhl mit Fußschemel, einst im Besitz Philips II., steht im Escorial, und eine Inventarliste der Medici (1598) führt einige Möbel auf, die mit Sicherheit chinesischen oder indischen Ursprungs sind.[42] Die Beute der oben erwähnten englischen Seeräuber umfasste 1592 auch für Spanien bestimmte Ebenholzbetten.[43]

Welche verschlungenen Wege die Künste aus China und Japan auch immer zurückgelegt haben mochten, bevor sie im Westen als Chinoiserie- und Japonaiserie-Mode ankamen, das Resultat war immer stark von den dort gerade vorherrschenden Stilen geprägt – sei es Barock [574], Rokoko [581], Klassizismus [592] oder Art Déco [637]. Auch der Einfluss chinesischer und japanischer Farbkombinationen spielte eine große Rolle, denn in beiden Ländern wurden damals die Bauten nicht nur von der Form, sondern auch von der Farbgebung her konzipiert. Dies hatte sowohl ästhetische als auch funktionale Gründe: Um das Holz vor Alterung und Parasiten zu schützen, wurde beispielsweise seit etwa 1100 v. Chr. das leuchtend rote Quecksilberoxid verwendet. Fernöstliche Objekte waren in Farben gehalten, die entweder von den starken Kontrasten zwischen Schwarz, Gold, Scharlachrot, Blau und »Chinesischgelb« geprägt waren oder von den helleren komplementären Tönen Lila und Gelb, Rosa und Blau, Grün und Rosa – speziell bei bestimmten Stoffarten, Tapeten und Porzellanen. Die letzteren Farbkontraste haben eine gewisse Ähnlichkeit mit den ausgeklügelten Grotesken-Farbschemata der manieristischen Maler in Italien. In der abendländischen Dekorations- und Möbelkunst spiegelte sich dann die gesamte Bandbreite wider, vom in Schwarz, Rot und Gold gehaltenen Chinesischen Pavillon in Drottningholm bis hin zu den (ursprünglich) in Lila und Gold gefassten Stühlen des Royal Pavilion in Brighton [589].

Seide, Porzellan und Lack[44] – diese drei magischen Materialien sollten zu einigen der einflussreichsten Motiven inspirieren.

Die Lackkunst und ihre Techniken

Lackarbeiten dienten als gute Motivquelle für Stoffe und Wanddekorationen. Sie zählten zu den am meisten geschätzten Produkten aus Fernost und eigneten sich gut zur Weiterverarbeitung in der abendländischen Möbelkunst. Die handwerklich und künstlerisch erlesensten Lackarbeiten kamen aus Japan, häufig als große Tafeln,

gegenüber, links **574** Aufsatzkabinett aus Fichtenholz und Eiche, der Aufsatz ist mit Lackarbeiten verziert und das Gestell versilbert; englisch, um 1690

gegenüber, rechts **575** Entwurf einer chinoisen Szenerie von Valentin Sezenius; deutsch, 1623–1626

rechts **576** Lackierter Kabinettaufsatz aus Eichenholz, mit goldenen und silbernen chinoisen Malereien verziert; englisch, um 1620

die von europäischen Kunsthandwerkern zerteilt und für andere Zwecke verwendet wurden. Japan-Lack hatte eine ebene, meist schwarzglänzende Oberfläche mit erhabenem Golddekor. Chinesischer Koromandel-Lack war in Ritztechnik gearbeitet, und seine wilden, dynamisch wirkenden Kompositionen scheinen aus einer völlig anderen Welt zu stammen als die eleganten, sparsam verzierten Lack-Idyllen der Japaner. Diese fernöstlichen Lackarbeiten waren sehr kostbar und wurden daher häufig kopiert.

Erste Anzeichen der China-Mode in Europa ließen sich bereits um 1600 erkennen: Ganze Räume wurden im fernöstlichen Stil dekoriert, Chinoiserie-Möbel in großen Mengen hergestellt und kostbare Lackarbeiten im japanischen Stil von den Europäern nachgeahmt. Um 1615 wurde auf Schloss Rosenborg in Kopenhagen ein Raum mit grünen »Lack-Paneelen« ausgestattet, möglicherweise das früheste erhaltene Beispiel in Europa. 1616 erschienen die ersten Chinoiserie-Stiche, ein Zeichen, dass seitens der Kunsthandwerker Interesse an diesen Sujets bestand.[45] Zwischen 1623 und 1626 gab Valentin Sezenius ein Sammelwerk mit Stichen heraus, auf denen chinoise mit grotesken Stilelementen vermischt wurden – der Beginn einer langen Partnerschaft [575]. Ein englischer Kabinettschrank aus der Zeit um 1620 [576] ist mit einer Lackarbeit aus Blattgold und -silber auf schwarzem Grund verziert (ein weiteres Stück dieser Art imitiert japanische Lackarbeiten mit Perlmutt-Intarsien). Der Dekor kombiniert chinesische Figuren und Blattwerk mit europäischen Details, wie einer Windmühle, einem Galgen und einer Kirche – ein frühes Beispiel der für chinoisen Dekor so typischen Inkonsequenz. Die Schubladen, innen scharlachrot bemalt, sind mit einem Flechtbandornament umrahmt. Der chinoise Dekor beschränkt sich auf die Oberflächengestaltung, die Form ist westlich geprägt. Europäische Lackarbeiten sind von unterschiedlicher Qualität, von den gröbsten Nachbildungen, die niemanden täuschen können, bis zu vollendeten Imitationen, die mit bloßem Auge nicht von Originalen zu unterscheiden sind. Nahezu von Anbeginn boten Lackarbeiten ein weites Feld für krude Kopisten ebenso wie für echte Könnerschaft. Die Abbildungen von Valentin Sezenius eigneten sich gut als Vorlagen für beide, ebenso wie die detaillierten Anleitungen in *Treatise of Japanning and Varnishing* von Stalker und Parker (1688). Die Autoren stellen darin die kühne Behauptung auf, es gebe ein Land, »das die ganze heutige Pracht des Vatikans und die vergangene des Pantheons übertreffe, und das ist Japan«.

Die Türen der japanischen und chinesischen Kabinette, die ab dem späteren 17. Jahrhundert in großen Stückzahlen nach Europa exportiert wurden, boten große Flächen für Lackarbeiten. Die Aufsätze wurden mit imitiertem Japanlack versehen, und Originale wie Imitationen auf Gestelle aus europäischer Produktion gesetzt. Drei Lackkabinette [241, 574, 577] präsentieren einen europaweit verbreiteten Typus. Einer davon [574] ist eine englische Lackarbeit, wobei auf einen Untergrund aus Trompe-l'œil-Schildpatt goldene und silberne Verzierungen aufgebracht sind. Die beiden anderen sind japanisch, und die stilistischen Unterschiede werden sofort deutlich. Das gilt auch für die Gestelle, von denen zwei englisch sind und eines vermutlich holländisch ist: Die einzige Gemeinsamkeit stellen ihre Metallbeschläge dar, die einen reizvollen

577 Aufsatzkabinett mit vier japanischen Lackpaneelen in einem englischen Korpus, der mit Aventurinlack bemalt ist, auf einem beschnitzten und vergoldeten englischen Fichtenholzgestell, wohl von James Moore entworfen; britisch, um 1715

578 Entwurf einer Wanddekoration von Nicola Fiore für den Vorraum zum Badezimmer der Königin im königlichen Schloss in Caserta; italienisch, 1775

579 Schrank-Sekretär mit Lackarbeiten und vergoldeten Bronzen von René Dubois und J. Boyer; französisch, um 1774 (siehe S. 192)

Kontrast zum schwarzen und goldenen Lack bilden. Einer [241] ist im englisch-holländischen Ohrmuschelstil gehalten. Der englische Kabinettaufsatz hat ein Gestell und eine Bekrönung (letztere fehlt in der Regel, bei dieser sind einzelne Verzierungen verloren gegangen) und zeigt die für den französischen Barock typischen »abgesetzten Bogen« und rechtwinklig angesetzten Baluster-Beine; die Vögel, der einzelne Lambrequin und der Blumenkorb sind fernöstliche Anklänge, die beiden letzteren kommen aber auch in der Antike vor. Das dritte Kabinettschränkchen (um 1715) [577] ruht auf einem beschnitzten Weichholz-Gestell mit Gesso-Dekor, das trotz der Akanthus- und Muschelornamente aufgrund seiner Form und des Mäandermusters fernöstlich wirkt.

Auch Stühle wurden häufig lackiert, wie beispielsweise ein englisches Stück (um 1673) mit einem chinoisen Rahmen und deutlichen Einflüssen im Ohrmuschelstil [242]; ein anderer (um 1735–1740), rot und golden lackiert [285], präsentiert einen Typus, der viel besonders nach Portugal exportiert wurde, wo sein Stil auf die einheimische Produktion übertragen wurde. Stühle dieser Art wurden in China speziell für den Export nach Europa hergestellt.[46]

Die Geheimnisse der Lackherstellung hatte ein Jesuit zur Zeit Cosimos III. von Florenz gelüftet. Der Sammelbegriff »Vernis Martin« für die hochbegehrten Lack-Imitate, die im 18. Jahrhundert zur Verfügung standen [342], leitet sich ab von den Gebrüdern Martin aus Frankreich, die das Verfahren perfektionierten.[47] Sie ahmten fernöstliche Lackarbeiten nach, indem sie einen hochglänzenden Firnis in vierzig oder mehr Schichten auftrugen, vielfach in einem grünen Farbton. Sie hatten aber auch Konkurrenz. 1713 erhielten Pierre de Neufmaison, Claude Audran und Jacques Dagly die Patentrechte für »die Herstellung eines Lacks zur Anwendung auf allen Arten von Leinen und Wollstoffen, Seide, Leder und anderen flexiblen Materialien, in allen Farben, zur Anwendung auf Möbeln«. Ihr Atelier eröffneten sie in den Gobelins.[48]

Eine preisgünstigere Methode der Holzdekoration mit Lack-Imitat bot die Verwendung von Drucken, die ausgeschnitten, bemalt und mit Klarlack überzogen wurden. Es gab Spezialisten, die nur die Vorlagen herstellten: 1737 produzierte Gabriel Huquier (1695–1772) zwölf Bogen solcher Ausschneide-Motive, und auch die Manufaktur Remondini aus Bassano in Venetien stellte solche Drucke her. Besonders hoch im Kurs stand die China-Mode im Venedig des 18. Jahrhunderts, wo durch den Karneval die Lust am »Verkleiden« groß war. Venedigs nachgeahmte Lackarbeiten – *lacca contrafatta* oder *lacca povera* – sind eine Gattung für sich. Obgleich bisweilen grob gefertigt, wirkt die Kombination von übertrieben bombastischen Kurven der Möbel und chinoisem Dekor, das auch aus Papier ausgeschnitten und vielfach auf hellgrünen, taubenblauen oder gelben Grund aufgebracht wurde, bezaubernd frisch und lebendig. Chinoiser Dekor wurde meist als Lackmalerei oder seltener in *tôle peint* (bemaltem Blech) ausgeführt, einer Neuheit, die in den 1760er Jahren perfektioniert und in den 1770er Jahren zu einer Spezialität bestimmter französischer Ebenisten wurde.[49] Lackarbeiten, echte und vorgetäuschte, wurden weiterhin für prunkvolle Dekorationen an klassizistischen Möbeln eingesetzt. Die erlesene Vornehmheit des Japanlacks passte jedoch besser zum französischen Geschmack als die kraftvollere chinesische

Inventarliste der Medici von 1553 erwähnt »tela di Portugallo pinta«, mit ziemlicher Sicherheit ein indisches Chintz-Muster.[50] 1625 wurde in England eine Weberei zur Herstellung von Raumtextilien mit indischen Motiven gegründet. Die Übernahme floraler Ornamente von japanischen Lackarbeiten, chinesischen Stoffen, Porzellan-Dekors und Tapetenmustern im Stoffdesign förderte auch die Verwendung von Blumenmotiven auf Möbeln, wo sie sich weltweit und über Jahrhunderte hinweg großer Beliebtheit erfreuten. Im 18. Jahrhundert konnten viele Leute fernöstliche Stoffe nicht von den ausgezeichneten französischen Imitationen unterscheiden.

Bereits im 16. Jahrhundert war chinesisches Porzellan in Europa weit verbreitet, und die Mächtigen ließen es sich nach eigenen Wünschen herstellen: Kaiser Karl V. hatte Teller mit seinem Monogramm, und sein Sohn Philip II. von Spanien besaß bereits über 3000 Stücke. Im späteren 17. Jahrhundert wurde chinesisches Porzellan modisch in Schränken zur Schau gestellt. 1687 verfügte das Hôtel Mazarin in Paris über »*Germain* [d. h. flämische] Kabinettschränke [249], Porzellane und Truhen voller Lackarbeiten, wunderbar leicht und zierlich«.[51] Die Verwendung von Porzellan setzte sich durch, und bald wurden orientalische Porzellane in Europa erst aus Fayence und dann aus Porzellan nachgemacht.

Orientalisierende Raumtextilien gingen oft einher mit chinoisem Mobiliar und wurden zur Polsterung verwendet, doch nur wenige Stücke haben überlebt. Auch für die Bettausstattung boten sie sich an: Bereits 1615 war es nicht einfach für Lady Arundel, passende Vorhänge für ihr »bedde of Japan«[52] zu finden. Für die prächtigsten Betten wurden echte chinesische Stoffe verwendet. Durch besondere Umstände hat sich ein Prunkbett aus dem 18. Jahrhundert mitsamt seinen ursprünglichen bestickten chinesischen Seidenvorhängen erhalten [580]. Es war vermutlich das Hochzeitsbett der englischen Prinzessin, die 1734 mit dem buckligen Prinzen von Oranien vermählt wurde. Mit demselben Stoff bespannte große Paneele lassen vermuten, dass das ganze königliche Schlafgemach damit ausgekleidet war. Das Bett ist in der Tradition von Daniel Marot gehalten und war bereits 1734 schon etwas altmodisch. Gleich nach der Hochzeit ging es als Geschenk an eine der Brautjungfern und wurde bis 1985 nicht wieder aufgebaut.

So prächtig die barocken Chinoiserien auch waren, sie bildeten, anders als die des Rokoko, nie eine Synthese mit dem europäischen Stil, sondern rangierten nur als schmückendes Beiwerk der barocken Grundform. Die Grotesken von Berain und Audran allerdings, die sich zu einer solchen Synthese geradezu anboten, integrierten fernöstlichen Dekor mit Leichtigkeit, und die beiden verschmolzen zum chinoisen Rokoko: Raumdekoration und Mobiliar selbst wurden völlig eins [578]. Rokoko und Chinoiserien gingen so ineinander auf, dass man sogar die Ursprünge des Rokoko (allerdings vergeblich) im chinoisen Dekor suchte.

580 Prunkbett in Eiche und Fichtenholz mit Vorhängen aus bestickter chinesischer Seide in Calke Abbey; britisch, frühes 18. Jahrhundert

581 Kommode mit versilberten Bronzemontierungen, angefertigt von Matthieu Criaerd, mit blau-weißen Chinoiserien wohl von Alexis Peyrotte bemalt; französisch, 1743

Variante. Die bildlichen Darstellungen waren meist auch das einzige fernöstliche Element eines Möbelstücks, bei der Form wurde häufig der westliche Stil beibehalten.

Seiden- und Porzellan-Dekors in der Möbelkunst

Für die europäische Dekorationskunst waren chinesische und japanische Seidenstoffe und Porzellanwaren ebenso einflussreich wie die Lackarbeiten. Chinesische Seidenstoffe genossen schon immer einen legendären Ruf, und seit dem Ende des 13. Jahrhunderts erschienen fernöstliche Motive auch auf Seidenstoffen aus Italien. Etwa ab 1350 kombinierte in Lucca hergestellte Seide chinesische mit islamischen und italienischen Ornamenten, was rasch auch auf andere Bereiche der Dekorationskunst übergriff, während sich das Zentrum der Stoffherstellung von Lucca nach Venedig verlagerte. Man übernahm dabei auch Muster und Motive fernöstlicher Porzellanwaren und Lackarbeiten, dazu kamen indische Motive. Eine

582 Kabinettschrank aus Sèvres-porzellan und vergoldeter Bronze, entworfen von Léon Feuchèr; französisch, 1843–1844

Eine Rokoko-Kommode [581] illustriert, wie stark die Möbel an chinoise Interieurs angepasst wurden und wie stark Porzellan und Raumtextilien ihr Erscheinungsbild beeinflussen konnten. Die Kommode wurde von dem Ebenisten Matthieu Criaerd für Madame de Mailly gefertigt, eine Mätresse Ludwigs XV., und 1743 in ihr Château in Choisy geliefert. Zu jener Zeit waren in Blau und Weiß gehaltene Interieurs in Mode, die zu den blau-weißen Porzellanen passten. Madame de Mailly suchte sich für ihre Bettausstattung und die Polsterbezüge einen Seidenstoff aus, der dem blau-weißen Porzellandekor nachempfunden war. Auch die Möbel, darunter diese Kommode, wurden passend dazu bemalt, vermutlich von Alexis Peyrotte (1699–1769), der 1749 zum *Peintre du Roi* ernannt wurde und – als Spezialist für chinoises Dekor – Möbel und Stoffe für die königlichen Paläste entwarf. Die Bemalung innerhalb der versilberten Bronzekartuschen imitiert nicht nur chinesisches Porzellan, sondern auch mit Raffinesse die so genannten *Découpures*, Stichvorlagen, die von Damen der Gesellschaft und anderen ausgeschnitten und auf weit billigere Möbelstücke aufgeklebt wurden; Peyrotte selbst hatte solche *Découpures* herausgegeben.

Ab 1730 wurden ganze Wände mit Malereien im Stil chinesischen Porzellans bedeckt, das spektakulärste Beispiel dafür, bei dessen Entwurf vermutlich Giambattista Tiepolo mitwirkte, entstand 1763 in Aranjuez in Spanien. Kleinere Einrichtungs-Accessoires, wie Uhren, Kandelaber, Girandolen und kleine Tische, wurden im ganzen 18. und bis ins 19. Jahrhundert hinein mit orientalischem und chinoisem Porzellan- und Keramik-Zierrat versehen. Ein hoher Stand- und ein Kerzenleuchter aus dem Brighton Pavilion, beide um 1818 geschaffen, zeigen einige Gestaltungsmöglichkeiten auf. Der Standleuchter aus dem Bankettsaal trägt chinoisen goldenen Zierrat an einer Säule aus Spode-Steinzeug [585]. Ihr Dunkelblau imitiert das Sèvres-Blau, das wiederum dem monochromen, chinesischen Porzellan nachempfunden war. Eine stilisierte Lotosblüte dient als Lampenschirm, die Drachen sind aus Goldbronze, doch die Delphine sind aus geschnitztem, vergoldetem Holz und entstammen antiker Tradition. Der Kerzenleuchter hingegen ruht auf einer Säule aus Masons *Ironstone China*, einer Nachahmug der zu Exportzwecken hergestellten polychromen, chinesischen *Famille-jaune*-Porzellanwaren.

Porzellan, in diesem Falle Sèvres-Porzellan, wurde großzügig in einem ambitionierten »Cabinet Chinois« von 1843 bis 1844 [582] eingesetzt, das einer kurzen, aber fruchtbaren Zusammenarbeit zwischen Sévres und dem *architecte décorateur* (wie er sich selbst nannte) Léon Feuchère entsprang. Als gelernter Theaterausstatter schuf Feuchère bemerkenswert virtuose Entwürfe in den meisten gängigen Stilrichtungen, unter anderem in maurischem Stil, und 1842 adaptierte er für Sèvres in außergewöhnlich kostbarer und prunkvoller Ausführung eine *vase arabe* eines Museums in Granada.[54] Es überrascht nicht, dass sich trotz der augenfälligen und konsequenten chinoisen Gestaltung des Kabinettschrankes – unter den Malern, die an den Darstellungen chinesischer Szenerien und den Plaketten arbeiteten, war Emile Borget, der tatsächlich in China studiert hatte[55] – auch Stilmerkmale anderer Kulturen eingeschlichen haben. Antiker Einfluss zeigt sich in der dreiteiligen Gliederung der Fassade, ein Hauch islamischer Kunst an seinen Bekrönungen in der sowohl chinesischen wie auch türkischen Form des Kielbogens, und schließlich erinnern die Säulenbündel an den Ecken sowohl an Pompeji als auch an die Alhambra.

Pagodendächer, Bambus-Dekor und chinoises Gitterwerk

Die übliche Art, Möbeln eine fernöstliche Pracht zu verleihen, bestand meist in der Ausstaffierung ihrer Grundformen mit chinoisem Zierrat. Der chinoise Einfluss mochte dabei subtil sein – zum Beispiel beruhte möglicherweise im 17. Jahrhundert die Vorliebe für Ebenholz und schwarz gebeizte Buche auf der Attraktivität der hoch im Kurs stehenden schwarzen Lackarbeiten aus Japan. Die in der Nachfolge Chippendales erschienenen Musterbücher für Kunsttischler enthielten chinoise Möbelentwürfe und Motive, die man nach eigenem Gusto verarbeiten konnte.

Im 17. Jahrhundert hatte man chinoisen Dekor im Wesentlichen zur Oberflächengestaltung eingesetzt, im 18. Jahrhundert beeinflusste er auch die Formgebung. Dreidimensionale Motive, entlehnt beispielsweise von chinesischen Gebäuden und Gitterwerk, Ungeheuern, exotischen Tieren und Pflanzen, Figuren in fernöst-

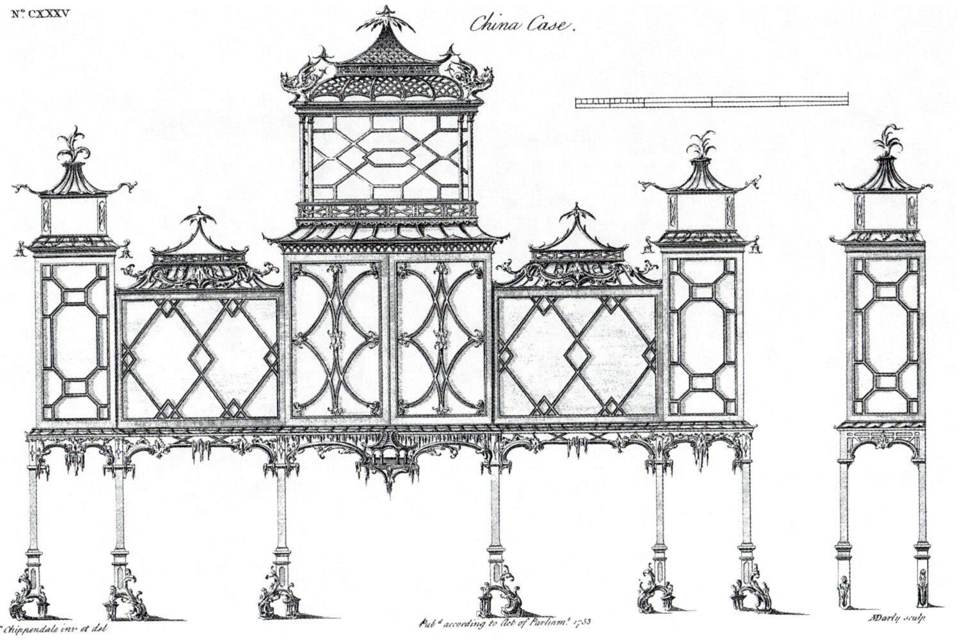

583 »Porzellanschrank«, entworfen von Thomas Chippendale; britisch, 1753 (aus *The Gentleman and Cabinet Maker's Director,* 1762)

584 Uhr aus vergoldeter Bronze, Marmor und Email von D. F. Dubois; französisch, spätes 18. Jahrhundert

licher Tracht, zierten jetzt die chinoisen Möbel. Ein im Abendland eng mit der leichten Bauweise der Chinesen assoziiertes Material war Bambus: Marco Polo berichtete von »einem Palast aus Bambusrohr … über und über vergoldet und innen hervorragend ausgestattet … Er ruhte auf vergoldeten und lackierten Pfeilern, jeder von einem vergoldeten Drachen umschlungen, dessen Schwanz die Säule stützt, während der Kopf und die Klauen zu beiden Seiten als Träger des Architravs dienen.«[56] Bambus ließ sich durch seine Ähnlichkeit mit antiken Drechselarbeiten [29] als »Bambus-Imitat« auch problemlos in der abendländischen Möbelkunst einsetzen. Auch Rohrgeflecht für Stuhlsitze und -rücken wurde nach 1660 vielfach verwendet. Es vermittelte immer eine leicht fernöstliche Anmutung, obgleich ein solcher Stuhl sonst nichts Exotisches an sich haben mochte: Hepplewhite schrieb, Stühle mit Lackarbeiten sollten auch mit Sitzflächen aus Rohrgeflecht ausgestattet werden.[57] Chinoise Muster wurden bisweilen auf das Rohrgeflecht aufgemalt. Kompliziertes chinesisches Gitterwerk wurde an Möbeln aus Bambus-Imitat und Rohrgeflecht nachgeahmt, entweder plastisch aus Holz oder vergoldeter Bronze oder auch als Bemalung nachempfunden.

Dreidimensionale Pagodendächer, Baldachine, Parasols und dergleichen, kombiniert mit Bambus-Imitat und Gitterwerk, waren häufig verwendete Schmuckelemente chinoiser Möbel und Interieurs – ein Beispiel dafür ist der Gartentisch, der von einem von Zweigen gestützten Baldachin überspannt ist und auf einem Gestell aus chinoisem Gitterwerk ruht [571]. Die mit Sicherheit vorhandenen Bezüge zwischen der europäischen und fernöstlichen Grotten-Mode sind verblüffend und gehen vermutlich auf die Antike zurück, denn man entdeckte eine Verwandtschaft zwischen den hellenistischen künstlichen Felslandschaften und themengleichen fernöstlichen Darstellungen des Mittelalters.

In den 1750er Jahren waren Chinoiserien in England sehr modern, und an dem Sessel des Vorstandes der Tischlergilde von 1754 wurden Pagoden-Formen mit gotischen kombiniert [468]. Chippendales Entwürfe im chinoisen Rokokostil sind voll von solchen Ornamenten: Sein »China Case« [583] – ein chinoises Möbel zur Aufbewahrung von *china* (Porzellan) – hat nicht weniger als fünf konkav geschwungene Dächer, zwei davon sind stufenförmig gestaltet. Das Mittelteil sieht tatsächlich aus wie eine Pagode und zeigt auch die Drachen, die im ursprünglichen Gebäude als Dachrinnen dienten. Mehrere dieser Dächer, die Füße und die Zarge sind mit Rocaillen verziert, wobei die Füße auf die Rokoko-Kartusche verweisen. Das Gitterwerk des Mittelteils ist wiederum mit Vegetabilem besetzt, während die beiden angrenzenden Felder eher in »etruskischem« Stil gehalten sind. Diese Ornamentkombinationen findet man insbesondere bei leichteren Möbeln – wie Etagèren und kleinen Tischen – mit Anpassungen an die jeweilige Mode bis weit ins 19. Jahrhundert hinein, und sie wurden nochmals, vor dem Ende des Jahrhunderts, wieder belebt.

Eine klassizistische Uhr aus Marmor und Ormoulu, vermutlich um 1790 [584],[59] hat zwei konkave Pagodendächer und obenauf eine Figur mit einem Parasol. Als weiterer Zierrat dienen Drachen und Glöckchen, alle mit echt chinesischer Anmutung, des Weiteren Gitterwerk unter dem Zifferblatt sowie an der zierlichen Balustrade am Sockel (die man auch dem »etruskischen« Stil zurechnen könnte) schuppenartig angeordneter Dachziegel-Dekor wie bei Pagodendächern und antiken Sarkophagen und nicht zuletzt kandelaberförmige klassizistische Säulen, dekoriert mit Akanthusmotiven und Strigillierung. Die Säulen mögen als »Rechtfertigung« für das Pendel mit Apoll-Maske und Strahlenkranz herhalten, das ansonsten für diese Uhr nicht authentisch zu sein scheint.

Beispiele für die Variationen, die bei klassizistischen und chinoisen Motiven möglich waren, zeigen ein Konsoltisch und zwei Stühle. Der Konsoltisch [592] ist eines von zwei Modellen, die um 1790 im Chinesischen Salon in Carlton House standen. Beide tragen fernöstliche, »etruskische« und pompejanische Ornamente und sind von Adam Weisweiler (etwa 1750–1810), einem versierten Pariser Ebenisten, im Stil des Transition zwischen Rokoko und Klassizismus angefertigt. 1819 wurden sie in zwei »etruskische« oder Chinoiserie-Salons im Brighton Pavilion verbracht,[60] deren Wanddekorationen man nach Motiven der beiden Tische gestaltete. Ihr Gitterwerk aus Goldbronze lässt sich sowohl chinesisch als auch etruskisch deuten. Beide haben spitz zulaufende, antikisie-

585 Standleuchter aus Porzellan, vergoldeter Bronze, geschnitztem Holz und bemaltem Glas, wohl von Frederick Crace für den Bankettsaal des Brighton Pavilion entworfen; britisch, um 1818

rechts **586** Sekretär aus vergoldetem und mit Lackarbeiten verziertem Eichenholz von René Dubois; französisch, um 1772

rende Füße, dekoriert mit einem von der Strigillierung abgeleiteten Spiralmotiv. In allen anderen Punkten unterscheiden sie sich. Der abgebildete Tisch hat Säulen in Form chinesischer Mandarin-Karyatiden, der andere pompejanische, kandelaberförmige Stützen aus vergoldeter Bronze, die in einen Vorhang übergehen, der motivisch bereits auf einem antiken grotesken Wandgemälde auftaucht.[61] Die rechteckige Plakette in der Mitte der Zarge zeigt ein fernöstliches Velarium, das von Drachen gehalten wird, eine chinoise Version berühmter antiker Motive, wie der Kandelaber und die Greifen am Fries des Antoninus-und-Faustina-Tempels.

Ein Armlehnstuhl aus der Zeit um 1790 [587] von François Hervé, einem französischen Emigranten und Kunsttischler, trat ebenfalls die Reise vom Chinesischen Salon in Carlton House in den Brighton Pavilion an. Der Stuhl ist ein herausragendes Beispiel dafür, wie schwierig es ist, den Dekor eindeutig zuzuordnen. Viele der Elemente – etwa Gitter und Schlangen – könnten auch der klassischen Antike entsprungen sein. Die Reliefverzierung unten an der Sitzfläche tendiert zum »Etruskischen«, die um die Rückenlehne zur Chinoiserie, wofür auch der scharfe rechte Winkel der Lehne spricht. Die Vogelköpfe an den Armlehnen ähneln in ihrer glatten Modellierung und allgemeinen Anmutung dem ägyptischen Falken. Die chinesische Figur in der Mittel der Rücklehne wurde vermutlich nachträglich hinzugefügt.[62]

Der Stuhl von Hervé lässt sich mit einem in Rot und Gold gehaltenen Armlehnstuhl [588] vergleichen, der 1784 von Charles Cameron für den Großen Chinesischen Salon in Zarskoje Selo nach Russland geliefert wurde; gebaut wurde er von Jean-Baptiste Charlemagne.[63] Die bemalten Polsterbezüge sind erhalten, an der Rückenlehne befindet sich eine eher klassische Grisaille. Schlangen zieren die Rückseite, und Eidechsen huschen die Armlehnen hinab; Blätterranken winden sich an den Rändern, und das runde Siegel oder Monogramm am Ansatz der Armlehnen und an den Beinen ist chinesisch, doch finden sich ähnliche Motive auch in der griechischen Kunst [663].

Echte chinesische Objekte und Motive waren auch unabhängig von chinoisen Rokoko-Interieurs sehr beliebt. Selbst in der Hochblüte des Rokoko versah man monochrome chinesische Porzellanwaren und Sèvres-Imitationen mit *Goût-grec*-Bronzemontierungen, was sich unpassend anhört, aber zauberhaft aussieht. De Wailly veröffentlichte 1760 Entwürfe von Vasen in klassizistisch-chinoisem Stil. In dieser Manier ist auch ein von René Dubois

590 Ausstattung und Mobiliar (von 1815) des Korridors im Brighton Pavilion, entworfen von Frederick Crace; britisch, datiert 1826, von John Nash 1827 in London publiziert (aus *Views of the Royal Pavilion, Brighton)*

gegenüber
links **587** Armlehnstuhl aus beschnitztem, vergoldetem und bemaltem Buchenholz von François Hervé aus dem Chinesischen Salon von Carlton House in London; britisch, um 1790

Mitte **588** Armsessel aus beschnitztem, vergoldetem und bemaltem Holz, Entwurf von Charles Cameron für den Katharinen-Palast in Zarskoje Selo mit dem originalen seidenen Bezug, bemalt mit chinoisen Motiven; russisch, 1784

rechts **589** Armsessel aus vergoldetem Holz, ursprünglich zum Teil lila bemalt, aus dem Musiksalon des Brighton Pavilion, vermutlich von Robert Jones entworfen, angefertigt von Bailey und Saunders; britisch, um 1822

[586] gemarkter Sekretär gehalten, der vielleicht in Zusammenhang steht mit einer in Paris 1772 erschienenen Anzeige für »Sekretäre in chinesischem Stil, dekoriert mit Malereien und Montierungen«.[64] Dieses Beispiel hat eine europäische Form und einen eindeutig fernöstlichen Dekor. Ein nach oben geschwungenes Pagodendach (eine Ausnahme bei französischen chinoisen Möbeln und vermutlich von Chambers Buch angeregt) ruht auf einem Gitterwerk aus Monogrammen oder Siegeln. Die Front zieren reizvolle Lackmalereien nach Boucher und Pillement,[65] Glöckchen, ein Sonnendach und weiteres Gitterwerk. Die Goldbronze-Verzierung an den Eckrändern erinnert an die Darstellung eines römischen Bronzeleuchters [45].

Chambers fertigte Illustrationen echter chinesischer Möbel [573], gedacht für Entwerfer, die »authentische« Formen den stilistischen Phantasiegebilden vorzogen. Diese Haltung wurde im späteren 18. Jahrhundert durch den Import großer Mengen chinesischer Rattan-Möbel unterstützt. Mit solchen Stühlen ausgestattet war auch ein Zimmer [557] in Frogmore, dem vornehmen klassizistischen Feriensitz des englischen Königshauses. In diesem Raum ist alles (abgesehen von der Dame, und selbst die trägt eine nach fernöstlicher Manier hochgesteckte Frisur) im chinoisen oder ostasiatischen Stil gehalten. Die Wände sind mit echten japanischen Lackarbeiten verkleidet und die Porzellanvasen entweder chinesische Exportware (direkt gegenüber dem Betrachter) oder europäische Fayencen (auf dem Schrank?). Der Sekretär sieht ebenfalls so aus, als sei er nach europäischen Vorgaben in China gefertigt worden. Die Bambusstühle und kleinen Tische wirken so fragil, dass man sie sicher erst nach der Ankunft zusammenbaute. Die Tischplatten waren manchmal aus dem modischen Satinholz. Eine große Anzahl solcher Möbel kam kurz nach 1800 auch in den Brighton Pavilion. Meist waren sie mit eingesetzten Filigran-Arbeiten dekoriert, die bisweilen gewisse Ähnlichkeit mit maurischen Flechtmustern oder etruskischem Gitterwerk besitzen.[66] Solche Interieurs, die von einem Zeitgenossen folgendermaßen beschrieben wurden: »Dem *Concetto* in der Dichtkunst vergleichbar, outriert und von zweifelhaftem Geschmack, doch in ihrer Art so perfekt wie möglich«,[67] würde man heute als »ethnisch« bezeichnen: Ihre artifiziellen Chinoiserien – Felslandschaften, Bambusgitterwerk, Marmorierung und die generelle, rein auf die ländliche Atmosphäre ausgerichtete Inkonsequenz – wurden zum großen Teil von den zu Exportzwecken geschaffenen, in zarten Farben gemalten chinesischen Gouachebildern inspiriert. Einige dieser Möbel, beispielsweise die vorgetäuschten Wandkabinette, stellte man ab 1815 im Korridor des Brighton Pavilion [590] auf. Trotz ihrer späten Datierung und – durch die Entfernung der Lackpaneele – schlichten Gestalt vermitteln sie immer noch eine Vorstellung des früheren »ethnischen« Stils.

Auch bei den Chinoiserien orientierte man sich später am archäologischen Klassizismus, und es gibt zahlreiche monumentale Lackmöbel mit klobigen Klauenfüßen im »archäologischen« Stil.

591 Römische groteske Deckenmalerei mit überlängten Karyatiden, publiziert in Paris 1789 von Nicolas Ponce (aus *Arabesques antiques des Bains de Livie et de la Ville Adrienne)*

Der um 1820 für den Musiksalon in Brighton angefertigte Armlehnstuhl [589] ist mit chinoisem Mäander (hier eindeutiger als sonst üblich), Bambusformen, Krokodilköpfen, Schuppenmustern und Fledermausflügeln verziert. Ursprünglich war der Stuhl lila bemalt und vergoldet.

Chinesische Figuren: Drachen, Vögel und Affen

Die Europäer waren geradezu hingerissen von den rätselhaften Physiognomien und den farbenprächtigen Kostümen der Chinesen, und Figuren in fernöstlicher Tracht bevölkerten häufig chinoise Szenerien. Ein prachtvoller Schreibtisch in polychromer Boulle-Technik [274] zeigt eine Gruppe farbenfroh gekleideter Mandarine sowie Flamingos, Pfauen, Papageien, Kraniche, Enten, Gänse, einen Vogel Strauß, Bäume und Pflanzen auf einem glänzenden Untergrund. Die frühlingshafte Frische der Szenen erinnert an spätmittelalterliche illuminierte Manuskripte oder an die Bemalung italienischer Cassoni. Die Goldbronze-Montierungen zeigen Blumen und Früchte. Unter den vielfältigen verwendeten Materialien befinden sich Messing, Ebenholz, Palisander, Amarant, Perlmutt und unterschiedlich eingefärbte Muscheln.

Bemalung und Marketerien zeigen häufig Szenen aus dem chinesischen Alltagsleben. Viel genutzte Quelle dafür waren die reiz-

592 Konsoltisch aus Eiche mit Ebenholzfurnier sowie vergoldeter und bemalter Bronze, Griotte-Marmor und Spiegelglas von Adam Weisweiler; stand zunächst im Chinesischen Salon von Carlton House in London; französisch, 1787–1790

593 Rollschreibtisch mit Marketerien aus Buchsbaum, Weißbuche, Ahorn, Rosenholz, Elsbeere und wohl Maulbeere sowie Montierungen aus Goldbronze von David Roentgen; deutsch (Neuwied), um 1775–1780

594 Kommode mit Schildpattfurnier, vergoldeten Bronzen und Marmorplatte; französisch, um 1735

vollen Stiche von Jean Pillement (1728–1808), die deutlich unter dem Einfluss der Chinoiserien Watteaus und Bouchers standen. Ein Rollschreibtisch [593] des rheinländischen Kunsttischlers David Roentgen (1743–1807) zeigt Marketerien, bei denen zarte Anklänge nicht nur an China, sondern auch an Pompeji offenbar werden.[68] Januarius Zick (1730–1797), der seit den frühen 1770er Jahren Marketerien für Roentgen entwarf, nahm für seine Chinoiserien ebenfalls Anleihen bei Pillement, verband sie jedoch mit stilistischen Elementen, die er von seinem Lehrmeister Anton Raphael Mengs übernommen hatte, einem glühenden Verehrer (und Fälscher!) pompejanischer Kunst, auf den sogar Winckelmann hereingefallen war.

Lebensgroße Mandarine und chinesische Edelfrauen in prunkenden, echt chinesischen Roben bevölkerten in Drottningholm [572] und Brighton die Chinesischen Salons. Figuren von Chinesen ersetzten häufig auch die Mohren und andere Standfiguren, die traditionell als Stützen für Kerzenhalter und Konsoltische gedient hatten. Ein Kerzenhalter-Entwurf von Chippendale [320] zeigt eine Figur in nicht ganz authentischer Tracht. Der Konsoltisch von Weisweiler [592] wird von überlängten Mandarin-Karyatiden gestützt, die eine gewisse Ähnlichkeit mit einem gängigen grotesken Motiv haben. Es besteht ebenfalls aus verlängerten Karyatiden, die ein »Gebälk« tragen, das bereits auf einen Tisch verweist [35, 591]. Ein Beispiel dafür, isoliert abgebildet, damit die Ähnlichkeit noch stärker hervortritt, wurde 1779 veröffentlicht und war um 1790 immer noch sehr aktuell.[69]

Von allen in der Möbelkunst verwendeten chinesischen Motiven ist der Drachen das spektakulärste und exotischste. Bereits in der frühen Antike fand es Eingang in die abendländische Kunst. Eine erneute Begegnung mit seinen Ursprüngen machte das Ungeheuer wieder quicklebendig, was sich in einigen prachtvollen, flammenartigen Varianten zeigt [585]. Eine französische Kommode (um 1735) mit Schildpattfurnier von einem unbekannten, aber begnadeten Ebenisten, besitzt im Vergleich dazu teilnahmslos dreinblickende, beinlose Drachen als Eckkaryatiden [594] sowie Ormoulu-Dekor in Form von Pagoden und fernöstlichen Figuren. Die Blumenmotive an den Griffen erinnern an die ostasiatischen stilisierten Blumenzweige, während ansonsten Form und Ornamentik abendländisch geprägt sind. Bisweilen gab es eine wahre Inflation an Drachen, wie etwa an manchen Kunstwerken für den Royal Pavilion in Brighton, was nicht weiter überrascht, da der Prinzregent für seine niedrigen Wandschränke dringend »größere Drachen«[70] forderte. Schlangen, ein bedeutendes Motiv der Antike [10 J], wurden ebenfalls mit Chinoiserien assoziiert.

In chinoisen Malereien und Marketerien tauchen oft Affen auf. In Kirchers Illustrationen[71] werden sie in ihrer heimischen Umgebung dargestellt, und eine ganze Horde tummelt sich in der Illustration eines japanischen Tempels (1670) von Erasmus Franciscus.[72] In der Dekorationskunst sind sie nichts Neues, denn sie kommen bereits in kykladischen Wandmalereien von 1600 v. Chr. vor, in antik römischen Grotesken (dort bisweilen in einem exotischen Kontext, wie etwa den ägyptisierenden pompejanischen Dekorationen), an einem gotischen Reliquiar des 14. Jahrhunderts (S. 82), sowie in der italienischen Groteske des 16. Jahrhunderts, und sie bevölkern auch die grotesken und chinoisen Entwürfe von Valentin Sezenius. Bei Berain erscheinen die frühesten chinesischen Figuren und Äffchen um 1699.[74] Kurz darauf kamen die »Singeries« auf, schmückende Darstellungen von Affen in menschlichen Situationen. Die alte und wohlbekannte Assoziation von Affen mit Lüsternheit gab dem Motiv eine pikante Note, und eine Heldin aus Lord Rochesters Skandalroman sagt zu ihrem exotischen Haustierchen: »Küss mich, du kleiner Miniaturmann; wie drollig du bist, wie niedlich, wie japanisch.«[75] Audran sagte dieses Genre besonders zu, und es wanderte von der Grotesken- zur Staffeleimalerei, schmückte bemalte Kaminschirme und auch Möbel.

In Marketerien und Boulle-Arbeiten sind Affen ein häufiges Motiv, und Boulles Söhne fertigten Möbel im *goût de la Chine*.[76]

Türkische und indische Möbel

Vor dem 19. Jahrhundert kann man oft nur schwer chinesische von indischen Einflüssen unterscheiden. »Chintz« wurde bereits erwähnt (S. 283), und auch die »Singeries« könnten durch den Import indischer Textilien mit angeregt worden sein, die Vishnu zeigen, wie er im Kampf gegen die Dämonen von Affen unterstützt wird. Exotische Stilmischungen gab es seit dem 16. Jahrhundert: Der portugiesische Stil, der mit Manuel I. (1495–1521) in Verbindung gebracht wird, wurde zum Teil von indischen Tempeln, Moghul-Moscheen und Grabmälern inspiriert. Dietterlin zeigt einen prachtvollen Elefanten,[77] der eine mit Lambrequins und grotesken Köpfen verzierte Satteldecke sowie eine Sänfte trägt, die aussieht wie ein antiker Altar. Berain bevölkerte seine Entwürfe mit Indianern, Arabern und Mohren. In den Jahren 1737 bis 1741 schuf Desportes seine »Teintures des Indes« für die Gobelins, auf denen Afrikaner, Elefanten sowie Bananenstauden dargestellt sind. Vom 17. Jahrhundert an wurden unter anderem aus Goa Ebenholzmöbel im abendländischen Barockstil mit indischem Gepräge importiert. Im 18. Jahrhundert wurden in Indien englische Möbelstile unter Verwendung einheimischer Materialien, wie Sandelholz und Elfenbein, nachgebaut, und ihr Zierrat spiegelte indische Einflüsse wider. Chippendale-Möbel dieses Typs fanden ihren Platz im Chinoiserie-Korridor Georgs IV. im Royal Pavilion in Brighton.

Auch die Türkei galt als »exotisch«, und in den Groteskenmalereien des 16. Jahrhunderts finden sich häufig türkische Figuren. Türken [258] und türkische Symbole, beispielsweise der Halbmond, zierten Betten und andere Möbel. Im späten 18. und frühen 19. Jahrhundert kam eine türkische Mode auf, doch zu Innendekorationen gab es nur wenige bildliche Quellen, deshalb waren sie vielfach nur halbherzig. Das Türkische Kabinett in Fontainebleau, 1775 von Richard Mique entworfen, unterschied sich von antiken Grotesken nur durch die Einbeziehung von Halbmonden und Turbanträgern. Bisweilen waren auf Porzellanmedaillons an Möbeln türkische Szenen dargestellt [364]. Die Vorliebe für »Türkische Kabinette« im Klassizismus[78] fiel mit Napoleons Träumen von der Ausdehnung seines Reichs nach Osten zusammen. Orientalisierende Zuber-Tapeten und Draperien zierten die Wände, und Kaschmir-Schals wurden nachlässig-elegant über Möbel geworfen oder um die Schultern feiner Damen gelegt. Von Schweden bis Sizilien richtete man sich »Diwanzimmer« ein,[79] und diese waren meist mit einem Möbel aus dem Serail bestückt, das sich im frühen 19. Jahrhundert in allen Wohnbereichen durchsetzte: der »Ottomane« [461]. Bei den meisten verschwand der Rahmen völlig unter der Polsterung, doch von diesem Typus ist nahezu kein Stück mehr erhalten. Ottomanen wurden generell mit exotischem Interieur in Verbindung gebracht, obgleich sie bereits in der Antike existiert hatten.

Die Beziehungen zu Indien waren in vieler Hinsicht anders als die zu China und Japan. Der Europäer war dort kein tolerierter Besucher, den man wieder wegschicken konnte, wenn sein Aufenthalt nicht mehr genehm war oder wenn die Besucher ihre Gastgeber missbrauchten. Die Handelsbeziehungen schlugen rasch in Imperialismus um, und zur Faszination der Exotik gesellte sich ungezügeltes Besitz- und Beutedenken. Die Moghul-Kunst weist im Unterschied zur Hindu-Kunst stilistische Bezüge sowohl zur griechischen als auch (durch den Islam) zur gotischen Kunst auf und verschmolz später problemlos mit jeweils einer von beiden – oder beiden zugleich. Überraschenderweise gingen von der Architektur und Möbelkunst der Moghul-Zeit keine nachhaltigen Einflüsse auf den Westen aus.

Illustrierte Bücher über Indien – wenige, aber wunderschöne Ausgaben –, die Material für die den exotischen Einflüssen zugeneigten Architekten und Entwerfer bereitstellten, erschienen in England, vielfach von offizieller Seite gefördert. Dies galt auch für William Hodges, der zwischen 1785 und 1788 zwei Bände mit Aquatinta-Radierungen nach seinen in Indien angefertigten Zeichnungen herausbrachte.[80] Diese sind in künstlerisch freier Gestaltung in der Manier Francesco Guardis geschaffen, die architektonische Details eher andeutet als exakt wiedergibt. Dennoch hinterließ die exotische Romantik der Veranden, Minarette, Heiligtümer und phantastisch beschnitzten Erker inmitten turmhoher Palmen und Bäume mit absonderlich verschlungenem Geäst einen tiefen Eindruck, und die abgebildeten Bauten fanden in Sir Joshua Reynolds,[81] jenem glühenden Verehrer der Antike und der Kunst Michelangelos, einen besonderen Fürsprecher. Ab 1785 verbrachten Thomas und William Daniell acht Jahre in Indien und veröffentlichten zwischen 1795 und 1808 sechs Bände mit detaillierteren Ansichten. Die Theorien zum Erhabenen und Malerischen sowie das diffuse goldene Licht, das ihre Kompositionen durchdrang, machte ihre Radierungen unwiderstehlich. Die brillanten exotischen Ausstattungen des Royal Pavilion in Brighton und des Aloupka-Palasts auf der Krim, wo Elemente der Moghul-Kunst, der Gotik und der Chinoiserie vermischt wurden, wären ohne die Arbeit der Daniells nicht denkbar gewesen.[82]

Architektonische Elemente aus Indien wurden auch für Raumausstattungen verwendet sowie in verkleinerter Form in der Möbelkunst. Der Salon des Brighton Pavilion, obgleich nicht so großartig und prunkvoll ausgestattet wie die Bankett- oder Musiksäle, kombiniert mit einzigartigem Geschmack und Flair indische und chinoise Motive. Ursprünglich standen an den Wänden Ottomanen, doch sie wurden etwa 1824 durch kunstvolle Kabinette aus Elfenbein und Gold nach Entwürfen von Robert Jones [595] ersetzt – jener »chryselephantinen Kombination« der Ägypter, die anschließend von den Griechen übernommen wurde. Die Kabinette, ihrer Form nach ganz europäisch, mischen Schmuckelemente wie schwach ausgeprägte Kielbogen mit Nasen, an den Rändern verziert mit Lotosblättern aus vergoldeter Bronze (dasselbe Motiv findet sich auch in vergoldetem Holz an den Wänden), kranzgeschmückte, vergoldete Bronze-Säulen, Glöckchen, Akanthusranken sowie farbig auf Blattsilber aufgemalte Lotosblüten. Alle Schnitzarbeiten wurden innen wiederholt, da der Spiegel an der Rückwand die gegenüberliegenden Seiten reflektiert.

595 Kabinett aus vergoldetem, versilbertem und geschnitztem Holz und vergoldeten Bronzen von Robert Jones für den Brighton Pavilion entworfen; britsch, um 1824

XI *Kapitel 2* Der Einfluss der ägyptischen Kunst

596 Von Sphingen gestützter Tisch als Anrichte, Detail einer hellenistischen Sardonyx-Vase, veröffentlicht in Paris 1719–1724 von Bernard de Montfaucon (aus *L'Antiquité expliquée)*

597 Tisch aus teilvergoldetem Nussbaum- und Sandelholz, mit einer später hinzugefügten Marmorplatte, entworfen von Giorgio Vasari und von Dionigi Nigetti angefertigt; italienisch (Florenz), vor 1574

»... Jetzt gehe ich dazu über, ausführlicher über Ägypten zu berichten, weil es sehr viel Wunderliches und Werke aufweist, die man in ihrer Größe kaum schildern kann im Vergleich zu jedem anderen Land.«[83] Was Herodot bereits vier Jahrhunderte vor Christi Geburt schrieb, gilt auch heute noch. In Pompeji wandelte sich Ägyptens würdevolle Strenge zu verspielter Leichtigkeit: Hieroglyphen, Obelisken, Pyramiden, Kobras, Löwen, Krokodile und Säulen nach ägyptischem Vorbild dienten dort als Dekor-Elemente, die Sphingen verloren ihre hieratische Entrücktheit und wurden heiter ausgelassen [49]. Je mehr Rom mit dem ägyptischen Kult vertraut wurde, desto häufiger fanden ägyptische Motive Verwendung. Der berühmte Dreifuß aus dem Isis-Tempel in Pompeji [42] vermischt hellenistische Motive mit Sphingen, die auch die Mauern des Tempels zierten. Wie die Papyrusblumen dienten Sphingen als Stützen für römische Tische [44, 596], und auch die fremdartigen Götter des ägyptischen Pantheons kopierte man mit akademischer Akkuratesse [41]. Der von einem Bogen überspannte Segmentgiebel (dieser verkörperte die Mondsichel, ein Symbol der Göttin Isis[84], das später auf die Jungfrau Maria übertragen wurde) wurde im 2. Jahrhundert n. Chr. in die römische Architektur und Innenausstattung übernommen, wobei er vielfach abwechselnd mit dem Dreiecksgiebel [39 B,C] verwendet wurde. Sie avancierten zu einem gängigen Motiv der abendländischen Architektur und Möbelkunst [198, 226, 512]. Das Gleiche gilt für die Palme – ebenfalls ein Symbol der Göttin Isis – die in den römischen Ornamentschatz als häufig verwendeter Grabmal-Dekor integriert wurde[85] und später Eingang in die abendländische Möbelkunst fand [263]. Die Römer waren nicht die Einzigen, die sich mit der ägyptischen Religion beschäftigten. Das Bestehen einer griechischen Dynastie in Ägypten lud ein zu Synthesen, und im 3. Jahrhundert v. Chr. zelebrierte man in Alexandria den Isis-Kult auf Griechisch.[86] Die Eingliederung Ägyptens in das Islamische Reich 641 n. Chr. isolierte das Land tausend Jahre lang von der abendländischen Welt, und wie über China und Japan blühten die Legenden.

Ägyptische Motive im Westen von der Renaissance bis 1790

Fur die Menschen der Renaissance war Ägypten mit seiner Kunst und Architektur ein ebenso faszinierendes Rätsel wie für Herodot zweitausend Jahre zuvor. Westliche Gelehrte hatten nie wirklich Einblick in das Land gehabt, obgleich Ciriacus von Ancona die Pyramiden von Giseh in der ersten Hälfte des 15. Jahrhunderts besucht hatte. Von den Wissenschaften der Ägypter und ihrem Totenkult besaß man nur vage Kenntnisse, begegnete ihnen deshalb jedoch mit umso größerer Ehrfurcht, was zu einer fortdauernden Beliebtheit von Hieroglyphen und ägyptischen Emblemen in der Renaissance beitrug (S. 117–118).

Baumeister, Künstler und Handwerker der Renaissance zeigten großes Interesse an römisch-ägyptischen Motiven. Beispielsweise finden sich auf Andrea Mantegnas Gemälde *Der Triumph Cäsars* Stelen mit Pseudo-Hieroglyphen neben anderen antiken Beutestücken. Künstler entlehnten ägyptische und römisch-ägyptische Motive von allen möglichen Objekten, von Obelisken und großen Statuen oder auch von Urnenkrügen. Das erste Museum der Neuzeit, von Papst Sixtus IV. (1471–1484) auf dem Kapitol gegründet, beherbergte zahlreiche römisch-ägyptische Kunstwerke. Motive, inspiriert durch die Kapitolinischen Sammlungen, die römisch-ägyptischen Mosaiken und andere Kunstwerke in Rom [44], wurden in Zeichnungen festgehalten, die als Vorlagen für andere Künstler zirkulierten oder bereits als eigenständige Kunstwerke zu besichtigen waren. Zum Beispiel bemalte Giulio Romano unter der Leitung Raffaels die Decke der Sala dell'Incendio di Borgo im Vatikan mit einer Kopie der im Kapitolinischen Museum ausgestellten roten Granit-Telamone aus der Hadrians-Villa. 1559 veröffentlichte Enea Vico sein Buch *Mensa Isiaca*, das später mehrmals neu aufgelegt wurde [41]; von Künstlern, die den ägyptischen Stil favorisierten, darunter Piranesi, wurde es immer wieder als Vorlage herangezogen.

Sowohl Baumeister als auch Schriftsteller beschworen in der Folgezeit in vagen Andeutungen die Wunder Ägyptens. Im 16. Jahrhundert erwähnte Sebastiano Serlio »die unbeschreiblich wunderbaren Dinge in Ägypten«,[87] und Fréart de Chambray beschrieb im 17. Jahrhundert die Ägypter als »jene gottähnlichen Geister, denen wir in der Kunst so viel verdanken ... die unermessliche Großartigkeit ihrer Grabmale [beweist], dass sie wahre Giganten waren, Götter unter den Menschen sozusagen«.[88] Félibien war der Meinung, die »großen Werke der Perser und Ägypter, obgleich roh und schlecht poliert, sind ewige Zeugen für die Größe ihrer Könige«.[89] Solche Aussagen legten den Grundstein für die später weit verbreitete Verwendung rein ägyptischer Motive.

Römisch-ägyptische Schmuckelemente – Sphingen, Telamone, Obelisken, Pyramiden (vom spitz zulaufenden Pyramidentyp des Cestius in Rom) und Segmentgiebel – fanden Eingang in Renaissance-Bauten und -Gärten. Auch in der Möbelkunst dienten sie als Dekor, und Giorgio Vasari entwarf für den Großherzog von Florenz einen Tisch [597] (S. 108), dessen Platte von Sphingen getragen wurde. Diese sind »römischer« als jene, die man von den Möbeln im Grotesken-Stil [226] kennt. Das Sphingen-Motiv behielt seine Beliebtheit von der Renaissance bis ins 18. und 19. Jahrhundert bei. Abgesehen von ihren wehenden Akanthus-Schweifen ähneln die beiden auf einer Volute sitzenden, zu einem Tisch gehörenden Sphingen [295] von William Kent in Houghton Hall ganz dem Vasari-Typus.[90] In der Renaissance setzte man den Obelisk meist auf ein sockelartiges, manchmal auf Kugeln gestelltes Postament, was dem ganzen Gebilde, wie ein Kritiker später bemerkte, »ein rachitisches, schwaches, abstoßendes Aussehen verlieh, ... das den großartigen Prinzipien der ägyptischen Architektur völlig zuwiderläuft«.[91] Die überreich verzierten Obelisken waren vielfach nur eines aus einem ganzen Bündel von Ornamenten, die die Attikazonen der Kabinettschränke des 17. Jahrhunderts bekrönten. Die Beliebtheit der Sphingen als Schmuckmotiv setzte sich weiter fort. Die italienischen Sphingen des 17. Jahrhunderts bewahrten etwas von der römischen würdevollen Strenge, die englischen in palladianischem Stil wirkten vielfach blass und teil-

nahmslos, und Rokoko-Sphingen waren ausgelassene Geschöpfe. Frühklassizistische Sphingen wirken oft gekünstelt, wenn etwa Dugourc ihnen Schmetterlingsflügel verlieh, die er von pompejanischen Wandgemälden übernommen hatte, oder ihnen Pfauenfedern ins Haar steckte, ihre Schwänze in kunstvolle Schlingenmuster flocht und ihnen Spiegel in die haarigen Pfoten gab. Die offensichtliche Unvereinbarkeit der ägyptischen Kunst mit jener des Rokoko oder des Rokoko-Klassizismus erschwerte oder verhinderte bei den Möbeln jener Epoche eine »authentische« Übernahme ägyptischer Formen oder Ornamente.

Philippe Jullians brillantes Bonmot »Ägypten ist das China des Klassizismus« trifft in Bezug auf Möbel den Nagel auf den Kopf. Erst als der archäologische Klassizismus gerade Beine hervorbrachte und den Formen insgesamt mehr Substanz und Gewicht verlieh, kam man bei den Möbeln der Ägypten-Mode dem Ideal der ägyptischen Kunst, der Einheit von Materie und Stil, ein Stück näher: »In Ägypten herrschte eine völlige Übereinstimmung zwischen dem Objekt und dem Geschmack«, erklärte 1803 der Purist und Gegner des ägyptisierenden Stils Quatremère de Quincy.[92] Zwischen 1600 und 1750 verbesserten sich die Rezeptionsbedingungen weiter. Die römisch-ägyptischen Motive, mit denen sich die Entwerfer der Renaissance bis dahin hatten zufrieden geben müssen, konnten allmählich durch exakte Abbildungen echter ägyptischer Kunstwerke ersetzt werden, die noch eine Ahnung von der unverfälschten Kraft der alten Ägypter vermittelten. Montfaucon, Caylus (S. 163) und andere brachten in ihren Werken kompromisslos authentische Darstellungen von Mumiensärgen und Kanopengefäßen. Die Bücher aus den 1740er und 1750er Jahren, die im Anschluss an die Reisen von Pococke[93] und Norden[94] erschienen, enthielten auch ägyptische Baudenkmäler. Diese nicht romanisierten ägyptischen Motive sammelte Piranesi in seinen berühmten Entwürfen (veröffentlicht 1769) für das Caffè Inglese in Rom: Krokodile, Sphingen, Hieroglyphen, Skarabäen, Telamonen, Pyramiden und riesige Felsformationen wurden zu bizarren Phantasielandschaften komponiert – ägyptisierte Grotesken in Stein [598]. Piranesi studierte die ägyptische Kunst sehr genau: »Der Kennerblick sieht in ihr nicht nur das Großartige und Majestätische … sondern gleichermaßen auch ihre Zartheit, Fleischlichkeit und fühlbare Sinnlichkeit, wie man sie sonst nur bei den Griechen und niemals bei den Ägyptern vermutet hätte.«[95] In Frankreich, einer Rokoko-Hochburg, ließ der *goût grec* einen neuen Monumentalismus zu. Der im Stil Piranesis gehaltene Entwurf *Jeune moine à la grecque* [335] ist ein überlebensgroß dargestellter junger Mann, »gewandet« in eine Pyramide, die eher der römischen Cestius-Pyramide als der Großen Pyramide von Giseh entspricht.

Den von großer Schöpferkraft geprägten Entwürfen Piranesis folgten ägyptisierende »archäologische« Möbel auf dem Fuß. Er hatte den Weg für eine eklektische Synthese aufgezeigt, indem er in seine ägyptischen Phantasien einen etruskischen Marmorthron einbezogen hatte, der mit Hieroglyphen geschmückt war [598, 599].[96] Bis dann im frühen 19. Jahrhundert durch die Veröffentlichungen von Dominique Vivant Denon genügend Illustrationen echter ägyptischer Möbel vorlagen, übernahm man für Möbel im klassizistischen, ägyptisch beeinflussten Stil Piranesis Rezept und applizierte ägyptischen Dekor auf klassische Grundformen. Ein so konzipierter »ägyptischer« Konsoltisch ist auf einem Porträt der Marchesa Gentili Boccapaduli [600] von 1777 zu sehen; ihr für die damalige Zeit hochmoderner, gebildeter und archäologisch ausgerichteter Geschmack zeigt sich am antikisierenden Stil der Etagère. Das Mobiliar ist so avantgardistisch, dass man überrascht ist, die Marchesa in einem Kleid mit tiefer Taille aus geraffter Seide zu sehen statt in einem hoch angesetzten Musselinkleid, wie es in der Empire-Zeit Mode war. Die Marchesa kannte Piranesi, der sie bei ihrem Mobiliar beraten hatte.[97] Die Gestaltung der Tischbeine ist von den zwei roten Granit-Telamonen beeinflusst, die Giulio Romano zu einem früheren Zeitpunkt kopiert hatte, die Seiten sind mit Hieroglyphen geschmückt, und die Platte ist aus verschiedenen Marmorsorten zusammengesetzt.

Ein herrlicher italienischer Tisch von etwa 1780 aus Pappelholz, verziert mit vergoldeten Hieroglyphen und Sphinxköpfen auf einem mit Granit-Imitat bemalten Untergrund, vermittelt den für Piranesi-Möbel typischen soliden Eindruck [603]. Der Einfluss Piranesis wirkte auch im folgenden Jahrhundert weiter – zum Beispiel sind die vorderen Beine eines etwa 1805 von Voronikhin für den Griechischen Saal in Pawlowsk entworfenen Konsoltischs als verlängerte, mit Hieroglyphen verzierte ägyptische Termen gestaltet [604]. Die Materialien, aus denen er gefertigt ist, Holz mit flachen Schnitzereien und Vergoldung – und nicht etwa mit den

ganz oben **598** Entwurf von G. B. Piranesi in ägyptischem Stil mit Stühlen, die vom »Corsini-Thron« beeinflusst sind; italienisch, publiziert in Rom 1769 (aus *Diverse maniere d'adornare i cammini)*

oben links **599** Der »Corsini-Thron« aus Marmor, der 1732 entdeckt wurde; etruskisch, im Stil des 4. Jahrhunderts v. Chr.

links **600** Beistelltisch in ägyptischem Stil und antikisierende Etagère auf einem Porträt der Marchesa Gentili Boccapaduli von Lorenzo Pecheux; italienisch, 1777

601 Ein nie zur Ausführung gelangter Entwurf von L.-J. Desprez für eine Galerie im großen Schloss von Haga für Gustav III. von Schweden, 1788–1792

rechts **602** Konsoltisch aus vergoldetem und bemaltem Thujaholz mit zum Teil vergoldeten Bronzen, um 1800

ganz rechts **603** Tisch aus Pappelholz, in Nachahmung von Assuan-Granit rot, marmoriert grün und schwarz bemalt und mit Hieroglyphen verziert; italienisch, vermutlich um 1780

unten **604** Konsoltisch mit blauer Glasplatte und einer verspiegelten Rückwand, von Andrej Voronikhin für Pawlowsk entworfen; russisch, um 1805

üblicheren Bronzemontierungen –, verleihen dem Dekor eine »authentischere« ägyptische Anmutung als dies mit vergoldeten Bronzen möglich gewesen wäre.

Piranesis ägyptische Entwürfe waren Ausdruck einer allgemeinen Tendenz, und mit seinen »griechischen« Porzellanwaren verfolgte Wedgwood dieselbe Strategie. Ab 1770 brachte man schöne ägyptisierende Dekore heraus, die auf Montfaucon und der *Mensa Isiaca* basierten und in ganz Europa Verbreitung fanden. Die ägyptische Architektur war lange als die eigentliche Quelle der frühen griechischen Baukunst gewürdigt worden; die Faszination des Erhabenen brachte beide wieder in Mode, was in zeitgenössischen Bauten seinen Niederschlag fand, zunächst nur im Geiste, später auch in der Form. In den 1780er und 1790er Jahren veredelten Pyramiden, Obelisken und gewaltige ägyptische Formen die Entwürfe von Baumeistern des französischen romantischen Klassizismus und ihrer Gefolgschaft in England und Deutschland. Sie wurden auch in Raumausstattungen verwendet, und eine der berühmtesten aus jener Zeit war die »Stanza Egizia« der Villa Borghese in Rom, ausgeführt von Antonio Asprucci (1723–1808) und Sebastiano Conca zwischen 1778 und 1782.[98] Der Einfluss dieses Interieurs reichte bis nach Haga bei Stockholm, wo Louis-Jean Desprez, bekannt für seine Gemälde mit überwucherten und verfallenen klassischen Ruinen, ein gewaltiges und nie zur Ausführung gelangtes romantisch-klassizistisches Schloss für König Gustav III. von Schweden entwarf, den er in Rom getroffen hatte.

Die vorgesehene große Ägyptische Galerie [601] ist, trotz ihrer ominösen Telamone,[99] der Isis-Statue und der nicht ganz stilechten Sphingen, vorwiegend klassizistisch statt ägyptisch geprägt.

Ein Konsoltisch aus Thujaholz [602], der Piranesis Vorgaben überhaupt nicht entspricht, ist auf den ersten Blick rein im Empire-Stil gehalten. In Russland existieren jedoch vier Stücke mit den gleichen Plaketten und Friesen, daher konnten alle einer Gruppe zugeordnet werden, die 1782 aus Frankreich nach Russland importiert worden war. Als Entstehungsdatum nahm man etwa 1780 an; der Konsoltisch wurde Georges Jacob, die Bronzen wurden Thomire oder Ravrio zugeschrieben.[100] Zweifel an einer Datierung ins Empire kamen zunächst aufgrund des Frieses und der Bronze-Plaketten auf. Die kleineren sind im Louis-seize-Stil gehalten, und die mittlere ist eine Version der *Apotheose des Vergil,* »vermutlich 1786«[101] von Flaxmann für Wedgwood entworfen (tatsächlich war bereits 1778 der Entwurf für Flaxmans *Apotheose* in »sehr beliebten« kleinen und großen Versionen allgemein zugänglich[102]).

Verschiedene Hypothesen sind möglich. Dekor, wie jener am Fries, wurde bis weit ins 19. Jahrhundert in unterschiedlichem Zusammenhang verwendet (natürlich auch in »Etruskischen« Sälen[103] – jene von 1810 bis 1820 basierten hauptsächlich auf solch abstraktem Dekor). Der Tisch sieht insgesamt ganz nach Empire aus, insbesondere die große Spiegelfläche der Rückwand. Die seitlichen Plaketten von Mars und Venus im Louis-seize-Stil mit Einflüssen des Manierismus waren wohl kaum dafür gedacht, mit der Goldbronze-Version von Flaxmans *Apotheose* kombiniert zu werden. Konsoltische wurden vielfach passend zur Wandgestaltung dahinter konzipiert. Diese Überlegungen lassen folgende Hypothese zu: Könnten die unpassenden Bronze-Verzierungen nicht den Versuch andeuten, ein aufeinander abgestimmtes Möbel-Ensemble einem Raum anzupassen, der eine großformatige Version der *Apotheose* als Wanddekoration besaß? (Russland war ein guter Kunde von Wedgewood.) Manipulierte man einen Empire-Tisch, damit er in einen »Etruskischen« Saal passte?

Die Ägyptomanie des frühen 19. Jahrhunderts

Die meisten oben besprochenen Möbel datieren vor Napoleons Ägyptenfeldzug von 1798, der dann genügend Anschauungsmaterial an archäologisch korrekten ägyptischen Möbeln lieferte.

Dominique Vivant Denon (1747–1825) durchlief eine schwindelerregende Karriere, vom Kurator für Madame de Pompadours Medaillenkollektion zum Direktor des mit den Beutestücken der kaiserlichen Feldzüge gefüllten »Musée Napoléon«. Er begleitete Napoleon nach Ägypten und veröffentlichte 1802 seine Reisebeschreibung *Voyage dans la Basse et la Haute Egypte.* Das Buch traf auf eine derart intensive Ägyptenbegeisterung, dass sie von Zeitgenossen als »Manie« bezeichnet wurde. Sowohl in Frankreich als auch in England trug der Patriotismus zur Vorliebe für Objekte im ägyptischem Stil bei – die spektakulär einfache Eroberung Napoleons entsprach im Bewusstsein der Engländer Nelsons Sieg am Nil im Jahr 1798. Von Lady Hamilton wurde Nelson gepriesen als »Duke Nelson, Marquis Nile, Earl Alexandria, Viscount Pyramid, Baron Crocodile and Prince Victory«.[104]

Ein Stuhl in »korrektem« ägyptischem Stil, entworfen vermutlich von Denon, wurde zwischen 1803 und 1813 von Jacob-Desmalter in Mahagoni mit vergoldeten Bronzen [606] ausgeführt. Er ist von altägyptischen Klinen oder Stühlen inspiriert, die ganz aus der Form eines Tieres heraus entwickelt wurden [605]. Seine Löwen sind nach ägyptischer Manier ziemlich frei gestaltet (ebenso wie der Falke an Hervés Stuhl [587]). Das Schmuckelement seitlich an der Rückenlehne ist von der stilisierten Feder der ägyptischen Kunst abgeleitet, die vielfach am oberen Ende gebogen ist [615]. (Owen Jones bezeichnet es als ein »Gesetz«, dass sich Blätter »in graziösem Schwung vom Stamm weg krümmen«, und er vermutet, die Ägypter hätten »dieses Gesetz von der Feder gelernt«.)[105]

605 Thronsessel für Ramses III., nach einer ägyptischen Grabmalerei aus der Zeit der XX. Dynastie, publiziert in Paris 1809–1828 (aus *Description de l'Egypte*)

606 Sessel aus geschnitztem und teilvergoldetem Mahagoni mit Bronze-Einlagen, entworfen von Dominique Vivant Denon und angefertigt von Jacob-Desmalter; französisch, um 1803–1813

607 Der Tempel von Dendera in Ägypten; Detail eines Aquarells von Antoine Cécile, gemalt während seiner Teilnahme am Ägypten-Feldzug Napoleons, für die Publikation *Description de l'Egypte;* französisch, 1799

608 Kabinett zur Aufbewahrung der *Description de l'Egypte* mit Marketerien aus Wildkirsche und ebonisiertem Holz, geschnitzt und teilvergoldet, entworfen von Abt Albert IV. für die Abtei St. Peter in Salzburg und signiert von Johann Hoegl; österreichisch, 1822–1828

Denon besaß ein wunderbar schlichtes Münzkabinett (um 1809–1819) mit Silber-Einlegearbeiten von H.-G. Biennais (1764–1843). Die Form wurde von altägyptischen Schrankformen übernommen, die sich wiederum vom Pylon mit seinen geböschten Wänden (S. 20) herleiten lassen. Vermutlich wurde das Stück von Percier (einem Gegner Denons) entworfen und gebaut, wobei man eventuell Beschläge aus den frühen 1790er Jahren verwendete.[106] Seine vornehme archäologisch korrekte Schlichtheit steht in lebhaftem Kontrast zu der blumigen Pracht jenes Kabinetts, das zur Aufbewahrung der *Description de l'Egypte* [608], des 24-bändigen offiziellen Berichts des Ägyptenfeldzugs (veröffentlicht zwischen 1809 und 1828), diente. Entworfen wurde das Kabinett vom Abt des Klosters St. Peter in Salzburg, der durch den prunkvollen Tempel von Dendera, der im vierten Band der »Antiquities«[107] abgebildet war, zu dieser Form angeregt wurde. Die Fertigstellung dauerte sechs Jahre. Johann Hoegl, der signierte, ist ansonsten ein Unbekannter, der hier nur die Marketerien ausführte. Auch andernorts wurden ägyptische Tempel-Kabinette zur Aufbewahrung von Folianten gebaut, zum Beispiel 1838 in Amerika für das Athenaeum in Providence, Rhode Island.[108]

Thomas Hope, der Möbel von Percier und Fontaine kaufte, erwarb mehrere Exemplare von Denons Sessel [606] für sein Landhaus Deepdene. Die vornehme Schlichtheit dieses Möbels und die kunstvolle Ausführung von Perciers Münzkabinett heben sich positiv von den zwar ebenfalls großartigen, aber doch leicht protzig wirkenden, eklektisch »zusammengeschusterten« Möbeln ab, die Hope (vor 1807) für sein Haus in London entworfen hatte. Man hatte es, nach Hopes Aussage, vor allem deshalb eingerichtet, da die Farben des Gesteins seiner ägyptischen Antiken – Granit, Serpentin, Porphyr und Basalt – nicht mit seinem weißen griechischen Marmor harmonierten.[109] Der »Ägyptische« Salon – diese Bezeichnung stammt allerdings nicht von Hope selbst – wurde mit passenden Motiven dekoriert (jedoch nicht ausschließlich, es gab auch »Draperien im Stil der Antike«), und zwar in den Farben »Blassgelb, Blaugrün sowie viel Schwarz und Gold«.

Hopes ägyptische Entwürfe reichen von grazilen bis hin zu exzentrischen Formen. Ein eleganter »Kandelaber in Form einer Lotosblüte inmitten eines Büschels Straußenfedern« [411] galt als realistische Adaption eines Motivs (»jene tatsächlichen Hervorbringungen der Natur!«[110]), das sowohl 1755[111] von Norden als auch 1803[112] von Quatremère de Quincy verwendet worden war – und beide Quellen werden von Hope (uneingestandenermaßen[113]) erwähnt oder zitiert. Viel beeindruckender sind allerdings der Sessel und das Sofa in Schwarz und Gold [609, 610] aus dem »Ägyptischen« Salon, bei denen ägyptische mit griechisch-archaischen Motiven kombiniert wurden. Die Löwen an der Sitzbank und an einer Kaminumrandung sind nach dem Vorbild der bekannten ägyptisierenden Exemplare in Rom gestaltet. Unterhalb der Löwen sind Plaketten mit Darstellungen der Götter Anubis und Horus angebracht, die jenen der *Mensa Isiaca* [41] ähneln. Die Beine des Sofas erinnern an die »Aussägetechnik«, und die Seitenprofile der vorderen Beine des Armlehnstuhls weisen ebenfalls diese schablonenartige Form auf. Sie sind mit griechischen Anthemion- und Volutenmotiven Versionen der Volutenkelche aus dem 6. Jahr hundert v. Chr. verziert – zwei unglaublich bezaubernde Varianten dieses Motivs verschönerten die Brüstungen am großen Altar des Athena-Tempels von Syrakus auf Sizilien.[114] Hope beabsichtigte

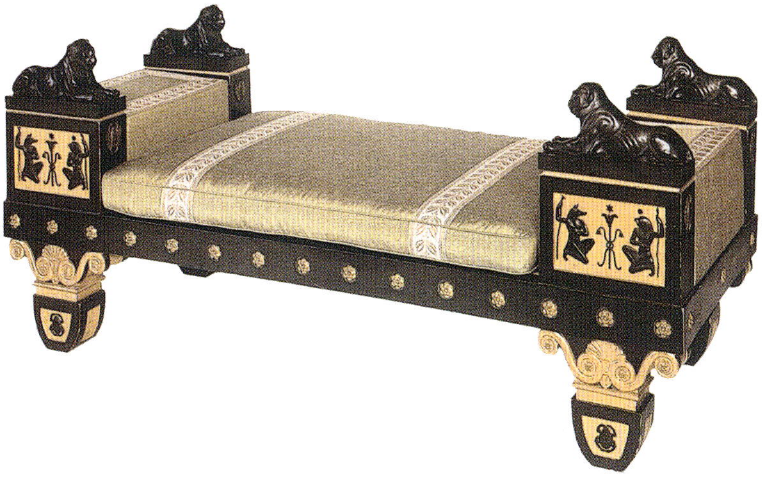

609, 610 Sessel und Sitzbank aus geschnitztem, bemaltem und vergoldetem Mahagoni, entworfen von Thomas Hope und vermutlich von ausländischen Handwerkern in London gefertigt; britisch, um 1800

611 Schrank aus Birke und ebonisiertem Holz mit Spuren von Vergoldung auf den Hieroglyphen, Johan Udbye zugeschrieben; dänisch, um 1825

offenbar, Verbindungen zwischen dem archaischen Griechenland und Ägypten aufleben zu lassen. Die Füße der Sitzbank sind mit Skarabäen dekoriert, die Seiten mit Skorpionen. Hopes Sessel lässt deutlich den Geist Piranesis erkennen, während die Rückenlehne und die hinteren Beine an den Klismos erinnern. Die Quellen seiner ägyptischen Ornamente beschreibt Hope selbst so: »Die sitzenden Priester als Armlehnen wurden von einem ägyptischen Götzenbild im Vatikan kopiert, die geflügelte Isis an der Zarge ist einem ägyptischen Mumienschrein im Institut von Bologna entnommen, die Urnenkrüge sind der Urne im Kapitol nachempfunden, und die anderen Schmuckelemente stammen von verschiedenen Monumenten in Theben, Tentyris etc.«[115] Hope folgte dem Beispiel Giulio Romanos und ging auf Motivsuche ins Kapitolinische Museum.

Es gab Vermutungen, Hopes ägyptische Möbel seien in Italien hergestellt worden.[116] Dies erscheint auch dem Autor ziemlich wahrscheinlich: Eine italienische Fertigung wäre eine Erklärung für den theatralischen Umgang mit dekorativen Details, der ungewöhnlich für England ist. Dass Hope Aufträge an ausländische Kunsttischler vergab, wurde von ihm selbst bestätigt:[117] Sowohl der Entwurf wie die Ausführung seiner bekannten »Ägyptischen Uhr« stammten (nach Meinung des Autors) von einem Italiener in Paris, und Hope setzte nur noch den Halbmond auf den Kopf der Isis.[118]

George Smith, der Hope gelegentlich plagiierte, entwarf einen monströsen Ankleidespiegel [429] mit ägyptischem Zierrat. Ein stärker architektonisch geprägtes englisches Stück – eine mit ägyptisierendem Dekor in Grün und Gold verzierte Sitzbank auf Krokodilsfüßen [612] – ist der Form nach von einem Papyrusboot auf dem Nil inspiriert, vielleicht als freie Interpretation einer jener spektakulären, »modernen« Szenerien, die sich anhand der Darstellungen in Denons Buch und der *Description de l'Egypte* eröffneten. Sie weist auf Eileen Grays »Pirogue« [644] voraus.

Es gab jedoch auch eine mächtige anti-ägyptische Fraktion. Für Laugier, dessen Theorien im frühen 19. Jahrhundert immer noch hoch angesehen waren, waren die Pyramiden »eine furchtbare Anhäufung unnatürlichen Materials, die einen frevelhaften Stolz befriedigt … Berge von Marmor zur Bedeckung eines Leichnams, für den eigentlich ein paar Quadratmeter Boden ausreichen würden.«[119] Hope brachte in seiner niveauvollen Verteidigung gut das klassisch-romantische Gefühl zum Ausdruck, dass die ägyptischen Monumente »den Geist durch ihre Monumentalität und ihrem Überdauern der Zeiten in ehrfurchtsvolles Staunen versetzen.«[120] Dennoch lehnte auch er Papp-Imitationen und sinnleere Hieroglyphen-Verzierungen ab , und seine Worte sind ein Nachklang jener missbilligenden Wertung, die der mächtige französische Kunstkenner, Quatremère de Quincy, zu diesem Thema abgegeben hatte.[121] Ägyptisierende Modetorheiten lösten in Frankreich und England öffentlichen Spott aus, vielfach zu Recht: Der anspruchsvolle Hope etwa »exponierte« eine Mumie in seinen Empfangsräumen, und der Herzog von Richmond und Gordon hielt sich eine in seinem »ägyptischen« Speisezimmer in Goodwood.[122] In seinem Buch *Recueil* von 1757 hatte Neufforge Dekorationen in Gestalt von Mumien vorgeschlagen, und um 1780 waren diese auch tatsächlich zur Ausführung gelangt; mit echten Leichnamen im Speisezimmer allerdings trieb man die Idee »archäologischer« Möbel wohl doch zu weit.

Im Biedermeier bewies man im Umgang mit ägyptischen Motiven einen vorbildlichen Geschmack; sie passten gut zu den schlichten und soliden Formen des architektonischen romantischen Klassizismus. Ein großartiger, Johan Udbye (1785–1845), einem dänischen Schreinermeister aus Stockholm, zugeschriebener Schrank aus Birkenholz [611] ist mit massiven, hieroglyphenverzierten schwarzen Obelisken geschmückt; der primitivistisch ge-

612 Sofa aus vergoldeter und bemalter Buche; britisch, um 1810

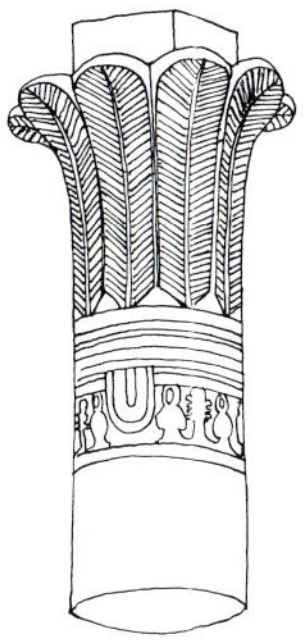

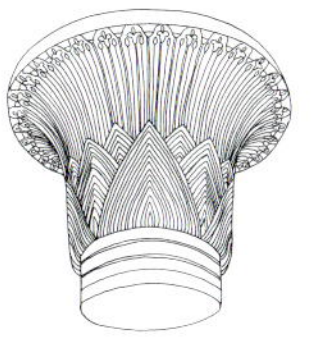

oben links **613** Ein griechisch-ägyptisches Kapitell der Römerzeit (nach Owen Jones, *Die Grammatik der Ornamente)*

oben rechts **614** Kapitell am Tempel in Luxor (Theben) in Ägypten

links **615** Ägyptischer Federwedel, Teil der damaligen Amtsinsignien (nach Owen Jones, *Die Grammatik der Ornamente)*

unten **616** Federwedel und Geier (nach E. Prisse d'Avennes, *Atlas of Egyptian Art)*

617 Schreibtisch aus gedrechseltem, geschnitztem und intarsiertem Nussbaumholz, teilweise ebonisiert; österreichisch (Wien), um 1825

staltete Sphinx zeigt die typisch ägyptische, maskuline Anmutung. Das Stück ist in keinesfalls archäologisch korrekt, und die Türen sind mit einem Halb-Velarium überkrönt. Ein voll ausgebildetes Velarium, zu sehen an einem eindrucksvollen Biedermeier-Sofa [440], imitiert auf witzige Weise die sonst üblichen Sofakissen. Die Form der Armlehnen verbindet das Füllhorn und die Lotosblüte exakt so, wie sie sich auch beim Dekor der islamischen und byzantinischen Mosaiken des Felsendoms in Jerusalem[124] wiederfindet – es überrascht, aus welch entfernten Quellen bisweilen geschöpft wurde. Unterhalb der Sitzfläche prangt das Sonnenscheiben-Motiv, und könnte die furnierte Dekoration an der Rückenlehne nicht möglicherweise auch eine stark abstrahierte Form der ägyptischen Flügelsonne darstellen? Altägyptische Versionen der Flügelsonne, die so geformt sind, dass sie sich der Bogenform anpassen (eine davon in Kombination mit der am Sofa sichtbaren konvexen Krümmung[125]) finden sich auch auf Abbildungen in *Description de l'Egypte*.

Ägyptische Motive an Biedermeier-Möbeln waren oft sehr dezent. Ein Wiener Schreibtisch aus Nussbaumholz [617] besitzt ägyptisierende, bauchig sich verbreiternde Säulenbeine,[126] verziert mit der (für Biedermeier-Möbel typischen) schwarz gebeizten, konvexen Kannelierung, die auch in der ägyptischen Baukunst eine Rolle spielt [618, 619]. Der Verbindungssteg ähnelt einer ägyptischen Tragestange. Die kleinen Säulen der gedrechselten Balustrade haben ebenfalls Kapitelle mit gestülptem Rand. Das schlanke, schwarz gebeizte Profil oberhalb der kleinen Schubladen besteht aus zwei stilisierten Federwedeln, vergleichbar denen der heiligen Geier an den Decken ägyptischer Tempel [616]. Beim abgebildeten Geier (am Schreibtisch weggelassen) sind die Wedel mit den oben gerundeten Federn graziös nach unten gebogen, ebenso wie das Profil des Schreibtischs. Das gängige Motiv des Biedermeier und später der Wiener Sezession von zwei mit einer Stange verbundenen Kugeln ziert die Abdeckung der kleinen Schubladen.

Ägypten-Mode nach 1850

Interesse an altägyptischer Kunst zeigte sich bei fortschrittlichen britischen Entwerfern ab 1840 (ein informatives Buch mit farbigen Abbildungen ägyptischer Möbel war 1839 von George Philips veröffentlicht worden[127]). Die ägyptischen Sammlungen im Britischen Museum, großenteils zwischen 1818 und 1821 durch Giovanni Belzoni zusammengetragen, waren einzigartig in Europa: »Würden wir einen Untertan des alten Ramses oder Sesostris aus seiner geteerten Schale ziehen, zum Leben erwecken und in einen Raum des Britischen Museums stellen, würde er sich sofort zu Hause fühlen und wenig von seinem heimischen Komfort vermissen, den er einst in seiner Villa in Theben genoss.«[128] Ägyptische Objekte, darunter die großartigen Skulpturen, wurden von der Museumsleitung zunächst gar nicht als »Kunstwerke« anerkannt.[129] Als jedoch Owen Jones 1856 sein einflussreiches Buch über Ornamentik schrieb, hatten die Viktorianer, die verzweifelt nach einem unverfälschten Stil suchten, in der ägyptischen Kunst bereits besondere Vorzüge entdeckt. Jones, der selbst Ägypten besucht hatte, war voll des Lobes: »Im Styl der Aegypter aber haben wir keine Spur von Kindheit oder fremdem Einfluss; wir müssen also glauben, dass sie ihre Eingebungen unmittelbar von der Natur schöpften. (...) Wir wagen daher die Behauptung, dass der ägyptische Styl, der älteste zwar, doch zugleich in allem, was den wahren Kunststyl ausmacht, auch der vollkommenste ist.«[130]

Solche hohen Ansprüche verstärkten bestehende historisierende Tendenzen, und ägyptische Möbel wurden sowohl kopiert als auch frei nachempfunden. Zwischen 1855 und 1857,[131] als auch Owen Jones' Buch erschien, entwarf der präraffaelitische Maler William Holman Hunt einen Stuhl im archäologisch-ägyptischen Stil; er wurde von der Firma Crace aus Mahagoni und Bergahorn, intarsiert mit Ebenholz und Elfenbein, angefertigt. Fünfzig Jahre später schildert William Hunt den Anlass dafür, der wieder einmal deutlich macht, welche entscheidende Rolle den Museen und den bildenden Künstlern bei der Entwicklung des Möbel-Design zukam: »Als ich mein neues Haus einrichten wollte, war ich entschlossen, soweit als möglich die üblichen modernen Möbel zu meiden (...) Um davon unabhängiger zu sein, entwarf ich selbst einen Stuhl, der von zeitloser Schönheit sein sollte und auf einem ägyptischen Vorbild im Britischen Museum beruhte. (...) Als ich meine kleine Sammlung von Kreationen meinen Freunden von der P.R.B. [Präraffaelitischen Bruderschaft] zeigte, wurden sie davon angesteckt, und Brown [Ford Madox Brown], der ägyptische Stühle bewunderte, beauftragte einen Tischler, einige Stücke in denselben Maßen herzustellen.« Browns »ägyptischer« Stuhl war eine Synthese aus ägyptischen Formen und dem englischen *ladder-back* (Sprossen-Lehnstuhl).[132]

Die Sammlungen des Britischen Museums inspirierten zu weiteren Schöpfungen. Der »Thebes stool«, ein Typus, der 1837 als »nicht unähnlich jenen in englischen Bauernhäusern«[133] beschrieben wurde – ganz anders als das von Hunt kopierte aristokratische Sitzmöbel –, wurde serienmäßig von Liberty in London produziert, der zu jener Zeit auf den rustikalen Stil setzte (S. 249). Die ägyptische Skulptur eines knieenden Vizekönigs im Britischen Museum ist nach einem Typus gestaltet, der zu einem glasierten Keramikhocker von 1880 oder aus dieser Zeit inspirierte.[134]

Christopher Dresser war ebenso wie Owen Jones von der Ägyptenbegeisterung angesteckt (S. 37–38), und beider Publikationen ebneten ägyptisierenden Möbeln den Weg in die Häuser der Mittelklasse. Ein einfacher englischer Hocker (um 1870) [621] ist mit Ornamenten ähnlich den Abbildungen in Jones' Buch bemalt[135] und ein schöner englischer Kleiderschrank (um 1878–1880) [618] ganz mit ägyptischen Motiven, unter anderem mit Hieroglyphen, Lotosblüten und Malereien aus dem »Ägyptischen Totenbuch«. Er weist oben eine Hohlkehle auf, und seine Säulen entsprechen dem konvex-kannelierten ägyptischen Typus.

Trotz dieser »akademischen« ägyptisierenden Möbel gab es auch weiterhin eklektische Möbelformen. Ein Tisch, vermutlich von Pottier und Tymus aus New York [623], stellt eine merkwürdige Kombination antiker und barocker Motive dar. Der Zierrat ist vorwiegend ägyptischen Ursprungs, während sich die Form der Beine von römischen Möbeln herleitet. Die Verbindungsstege basieren auf einer Form des späten 17. und frühen 18. Jahrhunderts

rechts **618** Kleiderschrank aus Eichen- und Fichtenholz mit gedrechseltem, bemaltem und intarsiertem Dekor; britisch, 1878–1880

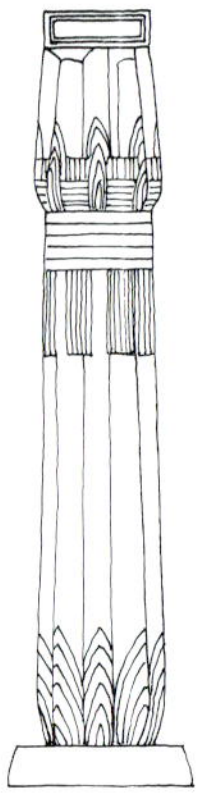

619 Ägyptische papyrusförmige Säule aus Karnak (nach E. Prisse d'Avennes, *Atlas of Egyptian Art)*

unten **620** Papyrus und Lotos im Wasser, Detail einer ägyptischen Dekoration (nach Owen Jones, *Die Grammatik der Ornamente)*

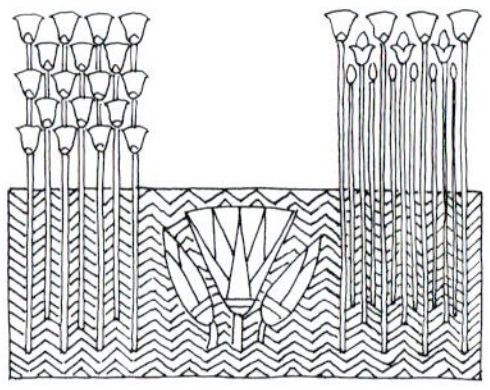

[268, 279], die eigentlich bei Möbeln aus der Zeit Ludwigs XIV. üblich war, in der Zeit Ludwigs XVI. jedoch wieder belebt und später bei den »Louis-quatorze-Möbeln« des 19. Jahrhunderts nochmals aktuell wurde. Insgesamt hat der Tisch sogar etwas Neorenaissancehaftes an sich. Eine weitere selbstbewusste Kreation, ein prächtiger Flügel von 1893 [622] aus Mahagoni, vergoldeten Bronzen und Cloisonné-Emaille, wurde in Paris für die Londoner Firma Erard gefertigt. Die sechs Figuren, die den Flügel tragen, sind freie Interpretationen des Pharao-Themas; weitere Schmuckelemente sind ein Lotosfries sowie Ibisse aus vergoldeter Bronze – Versionen römisch-antiker Monopodien. Ein Steinbock, der eine Sonne trägt, schmückt den Fuß der asymmetrischen Pedalklaviatur, die ein antikes Musikinstrument nachahmt, wobei die Pedale die Saiten verkörpern.

Spätere, ästhetisierende Ägypten-Möbel

Ab der Mitte des 19. Jahrhunderts nahm die Verwendung ägyptischer Formen und Ornamente so subtile Gestalt an, dass die Ursprünge nicht mehr klar erkennbar waren, ein völlig anderer Ansatz als die »archäologischen« Umsetzungen wie etwa der Theben-Hocker. Die schräge Rückenlehne zum Beispiel, die bei ägyptischen Stühlen [8] weit verbreitet war, an griechischen oder römischen Möbeln jedoch nicht vorkommt und daher von abendländischen Möbelentwerfern lange nicht beachtet wurde, tauchte nun in neuzeitlichen Adaptionen auf. Eine Andeutung davon findet sich bereits bei englischen Armlehnstühlen von Hope und George Smith 1807 und 1808, bei denen ein gepolstertes Kissen mit flacher Oberfläche, keilförmig geschnitten, in die Lehne eingesetzt wurde.[136] Ein von Philip Webb entworfener Armlehnstuhl,

rechts **621** Hocker, mit ägyptischen Motiven bemalt; britisch, um 1870

unten **622** Flügel aus geschnitztem, intarsiertem Mahagoni mit vergoldeten Bronzen und Cloisonné-Emaille-Montierungen; französisch, 1893

unten rechts **623** Tisch aus ebonisiertem, bemaltem und vergoldetem Mahagoni, vermutlich von Pottier und Stymus aus New York; amerikanisch, um 1870–1875

624 Stuhl aus ebonisierter Eiche, entworfen von E. W. Godwin; britisch, um 1885

625 Stuhl aus Eiche, entworfen von C. R. Mackintosh für Hill House in Helensburgh; britisch, 1904–1906

626 Stuhl aus Eiche mit Lederpolster, entworfen von Frank Lloyd Wright für sein Haus in Oak Park, Illinois; amerikanisch, 1904

1861/1862 von der Firma William Morris' gebaut, hat eine schräge Rückenlehne, die von diagonalen Streben gestützt wird; seine Oberfläche ist ebonisiert und mit vergoldeten Bändern verziert. Diese Merkmale, allesamt »ägyptisch«,[137] wurden in den englischen rustikalen Stil integriert, der den Stuhl dominierte. Christopher Dresser gefiel Webbs Stuhl, und er selbst verwendete die Schräge in einem deutlich ägyptisierenden Sofa mit Tierköpfen und -füßen (um 1880). Ein Pfosten an jeder Seite führt den Winkel beinahe bis zum Boden hinunter. Auch andere Entwerfer, darunter Dante Gabriel Rossetti, experimentierten mit der ägyptischen schrägen Rückenlehne.

Die Adaptionen von Webb, Dresser und Rossetti lassen sich mit jenen von E. W. Godwin vergleichen, der diese Form der Rückenlehne in seinen Skizzenbüchern verarbeitet hatte und für seinen »griechischen« Stuhl von etwa 1885 [624] übernahm.[138] Godwin verschmolz in seinem großartigen, originellen Entwurf gräzisierende mit ägyptisierenden Details: Der Stuhl ist ebonisiert, und die schräge Rückenlehne wird direkt zitiert. Die Pfosten der Rückenlehne sind übertrieben lang. Die Beine gehen auf einen Stuhl zurück, zu dem Godwin vom Parthenon-Fries angeregt wurde (eine andere Skizze zeigt ein ägyptisches Stuhlbein, das vom Profil her stark dem griechischen ähnelt); das Skizzenblatt ist mit »Anglo-ägyptisch« überschrieben. Viele von Godwins attraktiven leichten Tischen zeigen schwach ausgeprägte, ägyptisierende Drechselarbeiten und Formen.

Die Möbel von Charles Rennie Mackintosh (1868–1928) offenbaren seine intensive Beschäftigung mit ägyptischen Formen. Zum Beispiel zeigt eine Bleistiftzeichnung (1900) eines Spiegels für die Damen-Garderobe in den Ingram Street Tea Rooms in Glasgow, dass er in Anlehnung an einen ägyptischen Torbogen in Pylonform gestaltet wurde, sogar das Karnies wurde übernommen. Bei der tatsächlichen Ausführung des Spiegels ist der Einfluss nicht so klar ersichtlich, da plastischer zu flachem Zierrat wurde.[139] Ein kleiner Tisch hält sich eng an ägyptische Vorbilder.[140] An mehreren Stühlen ist der Einfluss der ägyptisierenden, schrägen Lehne ablesbar, zum Beispiel am Hallenstuhl aus gebeizter Eiche von 1901, entworfen für Windyhill, der von der Caqueteuse abgeleitet ist und eine übertrieben lange, pylonförmige Rückenlehne aufweist, die bis zum Boden hinunter reicht.[141] Ein weiß emaillierter Stuhl von 1903 mit hoher Rückenlehne und rechteckigen Einsätzen aus lila Glas, entworfen für die prunkvollen Räume der Willow Tea Rooms, hat »eine Rückenlehne, die … nach hinten einen konkaven Schwung ausführt und unten an einem Quersteg befestigt ist«.[142] Der ägyptische Einfluss auf Mackintosh zeigt sich auch wie der in einem eichenen Stuhl für Hill House von 1904 bis 1906 [625], dessen schräge Rückenlehne bis unten zu den Querstegen fortgeführt ist.

Mackintoshs Verwendung des Rechtecks ist möglicherweise von der ägyptischen Ornamentik beeinflusst [661], ebenso seine höchst eigenwilligen dreidimensionalen Schmuckelemente [657], die vielfach weich gerundete und gebauchte Formen aufweisen – ungewöhnliche Motive, die nichts mit den fließenden Formen des Art Nouveau zu tun haben, sondern der ägyptischen Kunst entlehnt sind, beispielsweise der Form des Sistrums oder dem gemusterten Kobrakopf [43, 658]. Wie bei Owen Jones abgebildet, sind die Segmente am Kobrakopf mit verschiedenen Farben ausgefüllt wie bei Emaille-Arbeiten. Ein häufiges Motiv in der ägyptischen Kunst ist der extrem lange, schlanke und exakt rechtwinklig verlaufende Stängel mit Lotosblüten, -knospen oder anderen Ornamenten [620]. Die geschlossene Blüte ist vielfach nur in Umrissen abgebildet, innen verlaufen kreuzförmig die Ränder des Blütenkelchs, der bei Mackintosh bereits völlig abstrahierte Formen annimmt. Sie ruhen aber immer noch auf dem hohen Stängel, der sich ganz ähnlich auch bei manchen von Mackintoshs abstrahierten Rosen findet.[143]

627 »Chieftain«-Sessel aus Palisander und Ochsenleder, entworfen von Finn Juhl; dänisch, 1949

Ein Stuhl von 1904 (demselben Jahr wie Mackintoshs Hill-House-Stuhl), entworfen von Frank Lloyd Wright (1867–1959) für sein Haus bei Chicago [626], ist zum Teil ebenso von der japanischen Holzbaukunst beeinflusst wie dessen Architektur (S. 306) – die »strikte Verwendung von Horizontalen und Vertikalen als Stützen für die schräge Fläche des Stuhlrückens entspricht seinem [Wrights] architektonischen Vokabular.« Die schräge Fläche selbst jedoch, die nach Manier Mackintoshs bis zu einem Quersteg hinab reicht, ist ägyptischen Ursprungs.[144] Auch die modernistische Architektur aus dem Chicago der 1890er Jahre, die Wright beeinflusste, war davon geprägt. Weitere Ähnlichkeiten zwischen Wrights Stuhl und den schlichten altägyptischen Sitzmöbeln [8] sind vielleicht zufällig – vielleicht aber auch nicht. Gerrit Rietveld (1888–1964) baute einige Zeit Möbel von Wright nach.[145] Die Form eines Rietveld-Stuhls von 1917 oder 1918 gleicht der eines Stuhls von Wright, und der Stuhlrücken zeigt ebenfalls ägyptische Anleihen.[146] Die »rustikalen« altägyptischen Möbel hätten Rietvelds Bestrebungen (S. 306) nach neutraler Zeitlosigkeit entsprochen.

Die schräge Rückenlehne blieb weiterhin beliebt. Der altägyptische Stuhl hat »eine bemerkenswerte Ähnlichkeit mit einem hypothetisch konstruierten Stuhl, als Illustration einer Studie über moderne Sitzmöbel und die menschliche Körperhaltung, die vor ein paar Jahren am Bauhaus in Dessau durchgeführt wurde«.[147] Schräge Rückenlehnen aus Chrom und schwarzem Leder wurden in den 1990er Jahren wieder modern, ebenso bei Möbeln, die in einer ganz anderen, nämlich der skandinavischen Tradition stehen. Der ägyptische Einfluss auf die Arbeiten von Finn Juhl (geb. 1912) ist deutlich ablesbar, wie sein »Chieftain«-Sessel von 1949 beweist.[148] Juhl, ein Architekt der Kopenhagener Akademie, war der Meinung, Möbel sollten Funktionalität mit Individualität verbinden, womit er sich offen gegen die klassische Unpersönlichkeit der Schule von Klint (S. 269) stellte. Er ließ sich von den Holzwerkzeugen primitiver Völker und von hölzernen Waffen wie Pfeil und Bogen inspirieren.[149] Nach 1945 erregte er Aufsehen, als er die Polsterung in einer als neuartig gepriesenen Weise vom Rahmen trennte (ein ähnliches Prinzip war bei Rokoko- und klassizistischen Möbeln angewendet worden [356]). Ein Sessel von 1949 [627] aus Palisander und Ochsenleder kombiniert die ägyptische doppelte Rückenlehne mit Prinzipien der Arts-and-Crafts-Bewegung und anderen Einflüssen. Die glatt gedrechselten Teile und der Schwung der Seitenstücke an der schrägen Rückenlehne wiederholen die Formen hölzerner Gebrauchsgegenstände. Die Sitzfläche und die Rückenlehne haben etwas von einem Sattel, und diese Ähnlichkeit wird durch die verwendeten Materialien noch verstärkt. Die organisch geformten, gepolsterten Armstützen erinnern an die geschwungenen Formen des Art Nouveau. Die Ägypten-Mode, die 1922 der Öffnung des Grabes von Tutanchamun folgte, führte zu überschwänglich protzigen Nachschöpfungen. Vor nicht allzu langer Zeit wurde ein Hotel in Kairo mit akademischen Kopien von schlichteren Formen altägyptischer Möbel ausgestattet. Ihre Anmutung war so »modern«, dass die meisten Gäste dies vermutlich nicht einmal bemerkten.

XI *Kapitel 3* Japonismus und afrikanische Einflüsse

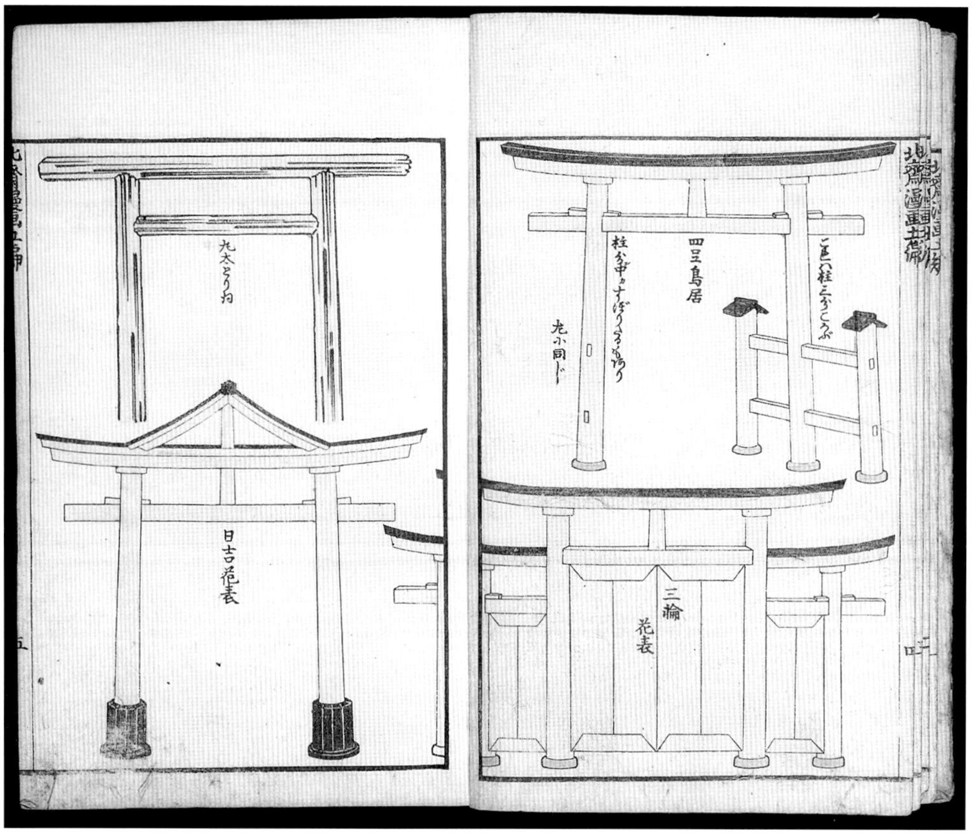

628 Vier Holzkonstruktionen aus Hokusais (1760–1849) gedrucktem Skizzenbuch *Manga;* japanisch

»Die Prinzessin zeigte sich an jenem Abend sehr rebellisch. Sie hatte lauter gebildete Leute zum Dinner geladen und behauptete vor der ganzen Runde frei heraus, sie ziehe eine japanische Vase einer etruskischen eindeutig vor.«[150]

Die rebellische Prinzessin war Princesse Mathilde, die Nichte Napoleons I. und eine bekannte Pariser Gastgeberin. Man schrieb das Jahr 1865; ihre Bemerkung findet sich in den Aufzeichnungen der Gebrüder Goncourt, die sich für den »Japonismus« und das Rokoko des 18. Jahrhunderts begeisterten (S. 311). Drei Jahre zuvor findet sich in ihren Tagebüchern folgender Eintrag: »Die japanische Kunst ist genauso großartig wie die griechische. Offen gestanden, was ist die griechische Kunst eigentlich? Keine Phantasie, keine Träume. Die Herrschaft der Linienführung. Nicht ein Körnchen Opium, so süß, so schmeichelnd ... «[151] Hier brauten sich die berauschenden Dämpfe des Symbolismus zusammen.

Die Goncourts entdeckten das gemeinsame Interesse an der Natur, das die unterschiedlichen anti-klassischen Kunstrichtungen – die japanische Kunst, die gotische und das Rokoko – teilen, sprachen es den Griechen jedoch (vermutlich im Hinblick auf ihre Ornamentik) ab.[152]

Sowohl William Burges, der englische Gotik-Verehrer [490], der ab Ende der 1850er Jahre japanische Drucke sammelte, als auch der einflussreiche Illustrator Walter Crane (1845–1915), der später eine bedeutende Rolle in der Arts-and-Crafts-Bewegung spielte (S. 249), erkannten in der japanischen Kunst »mittelalterliche« Qualitäten.[153] Es ist folglich kein Wunder, dass sich die japanische Kunst innerhalb weniger Jahre mit der volkstümlichen Form der Gotik zur Arts-and-Crafts-Bewegung und in den 1890er Jahren mit dem Rokoko zum Art Nouveau verband (S. 311).

Die japanischen Produkte, die ab 1854 als Folge der Öffnung Japans in den Westen gelangten, beschäftigten die Phantasie der Europäer. Sie kamen zu einem Zeitpunkt, als gebildete und kunstsinnige Menschen am deprimierenden Zustand der heimischen Künste verzweifelten. Ein hervorragender Kunstkenner, der amerikanische Maler John La Farge, berichtet, wie stark die Farbholzschnitte von Hokusai auf ihn wirkten, als er sie 1857 erstmals sah: »Als erstes erkannte ich, dass die Japaner bei Lack und Porzellan die Qualität der Oberflächenbearbeitung und des Materials ebenso hoch einschätzen wie das Design. Bei uns Europäern hat dieses Gefühl für Qualität in den letzten Jahrhunderten stark abgenommen.« Hokusais Holzschnitte »schienen mit großer Leichtigkeit ausgeführt, und nichts deutete auf Arbeit oder Mühe hin«.[154] Seiner Meinung nach hatte die westliche Kunst seit der Renaissance zunehmend das Gefühl für die Beschaffenheit der Materialien und die Qualität des Entwurfs verloren, bei den japanischen Kunstwerken hingegen spielte beides weiterhin eine entscheidende Rolle. Außerdem hatten sich die japanischen Künste ihre Spontaneität bewahrt (die dem Westen durch die Herrschaft der Maschinen abhanden gekommen war). Mit solchen Beobachtungen stand La Farge nicht allein: Der japanische Geschmack traf den hochviktorianischen Historismus wie ein Schock, und der Japonismus eroberte Frankreich und England im Nu. Die Goncourts berichteten 1868 voller Verachtung, auch Ungebildete und Hausfrauen der Mittelklasse seien von der neuen Mode erfasst.[155] Der Amerikaner James McNeill Whistler (1834–1903), ein kluger Kritiker und auch als Innenausstatter tätig (mit einer avantgardistischen Vorliebe für Empire-Möbel), schloss sich als Maler, Publizist und Dekorationskünstler dieser Stilrichtung an: Ab 1863 konnte man zum ersten Mal den japanischen Einfluss an seinen Bildern ablesen.

Ein Zitat des französischen Sammlers Louis Gonse aus den 1880er Jahren lautet: »Manche behaupten zu Recht, die japanischen Lackarbeiten seien die perfektesten kunsthandwerklichen Objekte, die je von Menschenhand geschaffen wurden.«[156] (Außerdem hielt er die Japaner für die »hervorragendsten Dekorateure der Welt«.[157]) Am stärksten jedoch wurde der frühe Japonismus durch den japanischen Farbholzschnitt geprägt. In Japan galt er zwar als eine proletarische Kunst, doch für den weniger erlesenen Geschmack der Europäer hatten diese Drucke etwas Aristokratisches. Ihre Linienführung, Komposition und Farbgebung erfassten viele Bereiche der Kunst. Den wichtigsten Beitrag leistete der japanische Farbholzschnitt zweifellos zu einer der vollendetsten Malschulen Europas, dem französischen Impressionismus und Post-Impressionismus. Auch in Interieurs, an Möbeln, Porzellan-, Glas- und Metallwaren sowie bei Stoffen lässt sich ein direkter Einfluss ablesen. Kakiemon, das edle japanische Porzellan mit fernöstlichem Dekor, das ab 1659 von der holländischen Ostindischen Kompanie importiert wurde, versorgte europäische Entwerfer mit reichlich Ornamentmotiven und trug damit zur Japan-Mode bei. Prägender noch waren japanische Kunstgegenstände, die anschließend an ihre Präsentation im »Japanese Court« der Londoner Weltausstellung von 1862 ganz Europa überschwemmten. Die Sammler japanischer Kunst vermehrten sich buchstäblich wie Pilze.

In vornehmen Interieurs ersetzten gedämpfte japanische Farben die krassen Farbkontraste der viktorianischen Ausstattungen: Die zarten Töne der Farbholzschnitte – hellgrüne, gelbbraune und blasslila Schattierungen – tauchten überall auf, und auch das Blau-Weiß der fernöstlichen Porzellanwaren wurde auf Kacheln imitiert und in Möbel eingesetzt. Im Gegensatz zu den japanischen For-

629 Anrichte aus ebonisiertem und vergoldetem Mahagoni, entworfen von E. W. Godwin; britisch, 1885–1888

men setzte sich der Einfluss der japanischen Farben nachhaltig durch. Er zeigt sich beispielsweise in den Raumgestaltungen und Möbeln, die die französischen Königsstile kopierten.

Die europäische Möbelkunst wurde sowohl von japanischem Mobiliar als auch von der japanischen Holzbauweise beeinflusst. Vielfach gingen an japanischen Möbeln aufwändig dekorierte und bearbeitete Oberflächen einher mit äußerster Zurückhaltung in der Formgebung. Rechteckige Schränke wurden einem asymmetrischen Entwurfsschema unterworfen, das in der Horizontale verschoben wurde und dabei beispielsweise zu aus den Möbelfronten oder -seiten heraustretenden Fachbrettern führten. Die auf den Farbholzschnitten so häufig abgebildeten schlichten japanischen Gebäude betonten die glatten Holzflächen und zeigen vielfach auch ganz offen die baulichen Strukturen und Verbindungselemente.

Während der Edo-Periode (1615–1867) waren die Gebäude stets noch weiter vereinfacht worden, was sie für die der Arts-and-Crafts-Bewegung zugewandten avantgardistischen Möbeldesigner hochinteressant machte: Das komplexe System an verzierten Konsolen, das die Deckenbalken stützte, war durch geniale Holzverbindungen ersetzt worden, die die Konsolen überflüssig machten oder sie zu Schmuckwerk degradierten [628]. Arthur Lazenby Liberty, einer der wichtigsten Importeure fernöstlicher Waren, brachte es folgendermaßen auf den Punkt: »Die Japaner sind die geborenen Zimmerleute.«[158] Godwin, der bedeutendste vom Japonismus beeinflusste englische Möbelentwerfer, schrieb: »Ihre Holzbauweise … ist eine hoch entwickelte Kunst und für alle möglichen Anwendungszwecke geeignet«;[159] sie sei bestimmt von »Schlichtheit, Bescheidenheit und Schönheit«. – »Die gewünschte Wirkung erlangte ich … durch Anordnen von gefüllten und leeren Flächen und durch eine mehr oder weniger durchbrochene Umrisslinie … Ich sehe nicht, was ich bei billigen Möbeln noch weiter verbessern könnte.«[160] Durch Hokusais Holzschnitte erhielt Godwin Anleitungen zu den grundlegenden Prinzipien der japanischen Holzbauweise.

Godwin dekorierte 1862 sein Haus in London im japanischen Geschmack und entwarf für James Whistler und Oscar Wilde Interieurs, die von den reinsten »ästhetischen« Idealen geprägt sein sollten: »Ich betrachte meine ganze Arbeit als Kunstwerk«,[161] sagte er 1873, was an die Idee des *»l'art pour l'art«* erinnert. Diese Überfeinerung schlug sich sowohl in der Farb- als auch in der Formgebung nieder. Godwins Möbel für Oscar Wilde wurden von diesem in süßlich angehauchter Poesie als »Sonette aus Elfenbein« (Esszimmerstühle) und »Meisterwerk in Perlmutt« (ein Esszimmertisch) beschrieben.[162] Wilde war jedoch nicht der einzige, der bei Godwins Arbeiten solche Töne anschlug: »Keine Beschreibung … außer vielleicht in musikalischer Form, kann einen Eindruck von der Zartheit und … Erlesenheit der schmeichelnden Farbtöne vermitteln, die den Hintergrund für die wenigen, dafür aber umso kostbareren Kleinodien in diesem exquisit und sensibel gestalteten Zimmer bilden … ein Zimmer mit einem Ambiente, das die vielen, die es betreten mögen, zum Guten oder zum Schlechten beeinflussen kann, besonders die ganz Jungen.«[163]

Eine von Godwin entworfene Anrichte [629] gehört zu einer Serie, die zwischen 1867 und 1888 auf den Markt kam. Das erste Möbel wurde als Billigversion hergestellt (S. 269), was sich als Fehler herausstellte; daraufhin ließ Godwin es nochmals aus Mahagoni fertigen. Die Stücke variieren hinsichtlich des Dekors: Das früheste, vielleicht der Prototyp, ist an den oberen Türen und den Seiten mit japanischen »Überpuderungen oder Bekrönungen« verziert, wobei die Letzteren meist als einfache Gitter gestaltet sind. An einer weiteren Anrichte (nach 1870) sind die oberen Türen mit genarbtem Leder verziert, eine andere ist ganz schlicht gehalten.[165] Die abgebildete Anrichte ist ein spätes Exemplar der Serie und von allen am aufwändigsten geschmückt: oben mit japanischen Chrysanthemen-Blüten in Gold schabloniert (das Motiv ist antiken Rosetten verwandt) und unten mit linearen, asymmetrischen Mustern verziert, die ebenso ägyptisch wie japanisch sein könnten. Alle Anrichten haben Griffringe. Godwin entwarf für Privathäuser eine ganze Palette ähnlicher Gebrauchsmöbel, von denen viele in

630 Stellschirm aus ebonisiertem und vergoldetem Holz mit Paneelen aus Japanpapier, entworfen von W. E. Nesfield und angefertigt von James Forsyth; britisch, 1867

631 »Cobweb«-Lampe aus bleigefasstem Glas, Glasmosaik und Bronze von Louis Comfort Tiffany; amerikanisch, um 1904

Serienfertigung gingen – oder als Raubkopien verkauft wurden –, doch keines reichte an die zurückhaltende und neuartige Eleganz dieser Anrichten heran.

Im europäischen Kontext waren Godwins Möbel revolutionär. Die meisten verdankten Ägypten und der Antike genauso viel wie Japan, doch trotz seines ausgeprägten Eklektizismus – »Godwin scheint verwirrt von einer gespaltenen Verpflichtung gegenüber Irland und Japan mit gelegentlicher Anlehnung an die mittelalterlichen Prachtstücke Europas«[166] – bildete sich aus den verschiedenen Einflüssen ein ganz eigener Stil heraus [517]. Seine herausragende Leistung wird deutlich, wenn man die hübsche »Studie« über japanische Stilgeschichte von W. E. Nesfield (1835–1888) aus dem Jahr 1867 betrachtet, dem Entstehungsjahr der ersten Anrichten: Dieser Stellschirm aus ebonisiertem Holz [630] besteht aus sechs hohen, schmalen Paneelen, die mit echten japanischen Aquarellen verziert sind. Seine vergoldeten und geschnitzten japanischen Motive, darunter Mäanderfriese, Chrysanthemenrosetten sowie Wellen- und Diapermuster, sind vorwiegend asymmetrisch arrangiert. Ihre akkurate Ausführung könnte darauf hinweisen, dass sie aus einem Buch über Stoffmuster, einem Band mit Holzschnitten wie Hokusais *Manga* [628] oder vielleicht sogar von Schablonen für Stoffdekors stammen.[167] Der Stellschirm zeigt wenig eigene stilistische Initiative, obgleich Nesfield sein Büro in London mit »einer schönen Sammlung persischer, indischer, griechischer und japanischer Objekte« dekoriert hatte.[168]

Um 1880 stand es hoch im Kurs, »Geschmack« und eine geschmackvolle Einrichtung zu haben. Man kaufte sogar »ästhetische Samenmischungen« für den Kanarienvogel im Zierkäfig. 1876 hieß es in der englischen *Furniture Gazette:* »Sicher gab es noch nie eine Zeit, in der die Leute so viel darüber nachgedacht, geredet, geschrieben und so übertrieben viel Geld und Zeit aufgewendet haben, um ihren Geschmack zu kultivieren und zu verwirklichen«[169] – eine Behauptung, die sich relativiert, wenn man »Mittelklasse« für »Leute« einsetzt. Die Japonismus-Welle schwappte auch über den Atlantik und beeinflusste beispielsweise die Möbel der Gebrüder Herter in New York.

Die Kluft zwischen Godwins Japonismus und dem Art Nouveau (S. 312–313) zeigt, dass Designer sich von einem fremden Stil nur das herauspicken, was ihren eigenen Vorlieben entspricht. 1871 kam Emile Gallé nach London, das gerade den Höhepunkt der Japan-Mode erlebte. Er wurde ganz vom Zauber Japans gefangengenommen. Auf manchen seiner Vasen steht neben seiner Signatur »alla japonica«,[170] und einige seiner Möbel ähneln den asymmetrischen Formen der japanischen Möbel so sehr, dass sie nahezu als Pastiches gelten können.[171] Bezeichnenderweise hegte Gallé große Bewunderung für Claude Lorrain, besonders für seine spontanen Skizzen – »die blitzartigen Eingebungen eines Genies«.[172] Gallés Vorliebe für Blumen stammte aus mehreren Quellen (S. 312), doch in der Ausführung zeigen sich starke japanische Manierismen [646]. Noch vor dem Aufkommen des Art Nouveau schrieb Louis Gonse, die Industriedesigner sollten von fernöstlichen Künstlern den richtigen Umgang mit Natur, Wahrheit, Harmonie, Asymmetrie und Einfachheit lernen – von ihrer »Leidenschaft für die Natur und ihrer religiösen Einstellung zur Arbeit, die sich bei allen Objekten aus Japan zeigen und die [den Künstler] empfänglicher machen für die Harmoniegesetze der Farbgebung, sie von Routineformeln befreien und ihnen die schlichten Grundprinzipien der Dekorationskunst enthüllen.«[173]

Louis Comfort Tiffany (1848–1933) stammte aus einer New Yorker Juwelier-Familie. Er begann als Maler (in den späten 1860er Jahren malte er in Paris) und wandte sich in den späten 1870er Jahren der Dekorationskunst zu. 1885 gründete er die Tiffany Glass Company. Er stellte in Bings Geschäft »A L'Art Nouveau« in Paris aus, und sein opalisierendes Favrile-Glas avancierte zu einem wichtigen Schmuckelement für Art-Nouveau-Interieurs. Der Lüstereffekt, der dem Glas eine schillernde Oberfläche verleiht, wie man sie manchmal auf Moortümpeln sieht, hat eine besondere Affinität zur dekadenten und symbolistischen Kunst. Ihre Form verdanken die Tiffany-Lampen im Wesentlichen der Erfindung des elektrischen Lichts, das geschlossene Lampenschirme ermöglichte. Das aus einem facettierten Gebilde aus farbigem Glas, Blei und Muscheln hervorleuchtende Licht hat eine hypnotische Intensität. Tiffanys Kunst ist vom maurischen und byzantinischen Stil beeinflusst,[174] aber seine Blumen, Insekten und andere Motive erinnern an die japanische Kunst: Heimische Motive, wie Kirschblüten und Mohnblumen, gesellten sich zu Lilien, Libellen und Clematis. Ein Lampenschirm [631] mit Hortensien und Glyzinen ruht auf einem Standfuß, der an Baumstämme erinnert, und ähnelt darin manchen exzentrischen Art-Nouveau-Möbeln. Auch sein Spinngewebe ist ein häufiges japanisches Motiv: Hokusai schuf Karikaturen von Menschen, die sich darin verfangen hatten,[175] und ein bekanntes japanisches Bild zeigt das *Geflecht der Macht* mit hilflosen Insekten – die Spinne, der Shogun, sitzt in der Mitte des Netzes.[176]

Charles Rennie Mackintosh fand das Motiv des sich wiederholenden Rechtecks sehr reizvoll und verwendete es sowohl bei flachen Mustern als auch räumlich (S. 303, 318). In seinem Chinesischen Salon von 1911 der Ingram Street Tea Rooms in Glasgow dominierten Stellschirme mit rechteckigem Gitterwerk, und die Kassentheke war vollständig damit verkleidet.[177] Das Gitterwerk wurde mit dem Zikkurat- (Stufenturm-) Motiv kombiniert, das sich an seinen Möbeln für andere Raumausstattungen wiederfindet.[178] Mackintoshs Stuhl von 1902 aus ebonisiertem Holz [632], als Lückenfüller zwischen zwei Kleiderschränken gedacht, hat eine übertrieben langgezogene und schmale Rückenlehne, die fast bis

zum Boden reicht und oben mit einem quadratischen Gitter abschließt. Die manierierte Form des Möbels schließt einen Gebrauch praktisch aus, es dient mehr als Wandschmuck. Die Rückenlehne ist nach dem Typ des *ladder-back* gestaltet und sieht auch tatsächlich fast wie eine Leiter aus. Der Begriff *ladder-back* impliziert jedoch auch rustikale Assoziationen, die zu diesem Stuhl nicht passen. Die Quadrate sind mehrdeutig. Sie könnten vom ägyptischen Stil [661], von griechischen Vasen (über die »etruskische« Mode) und von Wien beeinflusst sein (S. 318–319), oder sie könnten aus einer ganz anderen Quelle stammen – aus Japan. Die vier inneren Paneele von Nesfields Stellschirm haben in Fünferreihen angeordnete Quadrate – ebenso wie Mackintoshs Stuhl. Diese Ähnlichkeit wird noch durch die zahlreichen horizontal verlaufenden Bänder am Stellschirm unterstrichen, was auch für den Stuhl den Einfluss des Japonismus nahelegt.

Der Japonismus des 20. Jahrhunderts

1888 nahm Gonse die »Dekorationskünstler, die japanische Pastiches anfertigen« ins Gebet, sie seien dem schweren Irrtum verfallen, Formen und Dekor-Elemente, die auf ein bestimmtes Volk zugeschnittenen seien, sklavisch zu kopieren. Er wandte sich gegen eine Verwendung japanischer Motive, wie Kirschblüte, Reiher und Bambus, auf französischen Möbeln.[179] Die Lektion scheint bei den Designern des 20. Jahrhunderts, die sich vom Japonismus inspirieren ließen, angekommen zu sein. Akkurate Kopien landestypischer japanischer Motive machten subtileren Einflüssen Platz. Ideen schöpfte man nun vorwiegend aus japanischen Techniken und Materialien und aus der Hochachtung für den Geist der japanischen Kunst – ihre erlesene Kunstfertigkeit, die bedeutungsvolle Gestaltung der freien Flächen, die Faszination der Andeutungen, ihre Zierde ohne Zierrat.

Eine der Hauptquellen für neue Ideen war eine Sparte der Bildenden Kunst in Japan, die auch beim einheimischen Kenner hohes Ansehen genoss – der Stellschirm. Dieser entspringt einer uralten fernöstlichen Möbelform, die zum ersten Mal in der chinesischen Chou-Dynastie (206 v. Chr.–220 n. Chr.)[180] erwähnt wurde und im 8. Jahrhundert nach Japan kam. In den dortigen Häusern mit offenem Grundriss erfüllten die Stellschirme eine wichtige Aufgabe und galten außerdem als ernst zu nehmende Kunstwerke, vergleichbar mit den großen gerahmten Ölgemälden im Westen. Von diesen unterscheiden sich die Stellschirme durch das flexible Scharnier, mit dem sie nach zwei Seiten ausgerichtet werden können; sie haben stets eine gerade Anzahl an Paneelen. Chinesische und japanische Stellschirme kamen ab dem 17. Jahrhundert in großen Mengen nach Europa, und der Typus wurde von westlichen Künstlern und Kunsthandwerkern übernommen: Lancret, Boucher und Watteau bemalten sie mit chinoisen Singeries (Cézanne schuf einen mit Groteskenmalerei auf der Rückseite![181]). Für europäische Stellschirme wurde auch geprägtes, vergoldetes und bemaltes Leder verwendet. Die zarten, manchmal nur angedeuteten Motive der japanischen Stellschirme waren häufig auf einen goldenen oder silbernen Hintergund aufgebracht, der durch die quadratischen Flächen der Metallauflage gemustert war [634]. Diese hatten Ähnlichkeit mit den kleinen Quadraten des »etruskischen« Stils, die von Josef Hoffmann und anderen Wiener Designern aufgegriffen und manchmal zusammen mit sogenannten »Siegeln« verwendet wurden [663]. Im frühen 20. Jahrhundert kamen quadratische Blattsilber- und Blattgoldauflagen in Interieurs und an Möbeln auf: Die Mode der silbernen Wände und Decken gelangte 1922 aus Frankreich nach England, und *House and Garden* warnte, es sei »wichtig zu wissen, dass Räume, in denen Silber dominiert, nicht ohne weiteres kostbar aussehen«, denn wenn es zu dumpf gehalten sei, könne es leicht eine »düstere Kälte annehmen, wo der Raumausstatter eine feierliche Eleganz anstrebte«.[182] Fürchtete man in London etwa Unheil von den Moden aus Paris? Wenn ja, ließ man sich dennoch nicht abhalten. Der Architekt und Designer Edward Maufe, sonst nie auf Experimente bedacht, sandte

632 Stuhl mit hoher Rückenlehne aus ebonisiertem Holz, entworfen von C. R. Mackintosh für Hill House in Helensburgh; britisch, 1902

rechts **633** Stellschirm in mattem und poliertem Blattsilber mit Bronzefüßen, entworfen von A.-A. Rateau; französisch, um 1930

634 Japanischer Stellschirm mit Blattversilberung, von Hoitsu (1761–1828) bemalt

635 Sekretär aus vergoldetem und versilbertem Holz mit silbernen Schlüsseln; französisch, um 1925

636 *Die Lampe,* Ölgemälde von Juan Gris; spanisch, 1916

einen mit Blattsilber überzogenen Tisch zur Pariser Weltausstellung von 1925.[183] Die Mode hielt bis in die 1930er Jahre an, und die Wände im Theatersaal der *Normandie,* eines der großen Transatlantikschiffe, wurden noch 1935 ganz mit Blattsilber überzogen.

Einige der schönsten versilberten Art-Déco-Möbel (S. 320–322) in japanischem Stil wurden von Armand-Albert Rateau (1882–1938) geschaffen, der in mehreren, sehr verfeinerten Stilen arbeitete [671]. Ein prächtiger Stellschirm von 1930 mit drei Paneelen für seine eigene Pariser Wohnung ist der schönste seiner silbernen Exemplare [633]. Geschickt setzt er die verschiedenen Auflagetechniken des Blattsilbers ein, um das Design gut zur Geltung zu bringen. Der Hintergrund besteht aus poliertem, mit Wasser aufgetragenem Blattsilber; die Szenerie, angeblich ein Meerblick von einem Balkon in Monte Carlo, ist in mattem, mit Öl aufgetragenem Blattsilber gehalten. Die spitzen Blätter der Olivenbäume und die manierierte Perspektive des Sujets – das schlichte Balkongitter ist wie eine Leiter quer liegend am unteren Rand platziert – betonen die japanische Anmutung. Die Füße sind aus Bronze. Von diesem hohen künstlerischen Niveau stieg das Blattsilber in die Niederungen der Modegags hinab: Die Rowley Gallery in London brachte mit Blattsilber überzogene Serienmöbel auf den Markt, vielfach mit verkümmertem fernöstlichem Wellenmuster verziert.

Ein französischer Sekretär der 1920er Jahre [635] ist nach dem Muster japanischer Stellschirme mit quadratischen, matten Blattsilber-Auflagen überzogen. Seine Form verweist auf das späte 18. oder frühe 19. Jahrhundert, ebenso wie das godronierte Detail am oberen Ende der Stollen, das als manieristischer Dekor des französischen Art Déco im frühen 20. Jahrhundert sehr verbreitet war; es ähnelt den altpersischen Quasten [6]. Die Schlüssel, die als Griffe dienen, sind aus massivem Silber. Die Türen des Aufsatzes sowie die Rechtecke um die Schlüssellöcher wurden mit Blattgold und -silber in den typischen gewinkelten, asymmetrischen Art-Déco-Formen verziert. Dieser Dekor entstand vielleicht als Vereinfachung – und unter dem Einfluss des von der afrikanischen Kunst inspirierten Kubismus (S. 307) – aus den eckigen, asymmetrischen Formen der japanischen geometrischen Ornamente, besonders des Sonnenstrahlen-Motivs (in den 1920er und 1930er Jahren sehr verbreitet) oder der stilisierten Chrysantheme. Auf den kubistischen Gemälden von Juan Gris [636] zum Beispiel finden sich solche spitzen Dreiecke zuhauf. Innen ist der Sekretär mit Krokodilleder-Imitat ausgekleidet, einem »afrikanischen« Detail.

Lackarbeiten kamen in den 1920er Jahren wieder groß in Mode, sowohl an Möbeln in europäischem als auch in fernöstlichem Stil. Der Schweizer Bildhauer Jean Dunand (1877–1942) schuf zunächst Vasen aus Metall; sein Interesse an Lackarbeiten wurde durch japanische Kupferschmiede geweckt, die ebenfalls diese Kunst anwandten, und 1910 begann er sie zu imitieren.[184] 1912 lernte er bei Sougawara, einem bekannten Lackkünstler, der bereits Eileen Gray in die Geheimnisse der fernöstlichen Techniken eingeweiht hatte (hohe Luftfeuchtigkeit beim Trocknungsprozess und mehr als vierzig Schichten für den aus der Tiefe wirkenden Glanzeffekt) [641, 644].

Nach dem Ersten Weltkrieg brachte Dunand indo-chinesische Kunsthandwerker nach Paris und avancierte dort zum führenden Hersteller fernöstlicher Lackarbeiten; er wandte sie auf Möbel sowohl nach eigenen als auch nach fremden Entwürfen an, unter anderem von Ruhlmann (S. 324–325) und Legrain (S. 308). Ein großer, poetisch-bezaubernder »japanischer« Stellschirm von Dunand (um 1926–1928) [637], der einst Eileen Gray gehörte, ist mit schwarzem und silbernem Lack bemalt. Der Lack ist teilweise mit Sand vermischt und mit einer Spachtel bearbeitet, um ein abwechslungsreiches Finish zu erzeugen. Nicht alle Lackarbeiten Dunands sind »japanisch«, vieles ist auch von der schwarzafrikanischen Kunst inspiriert. Dunand dekorierte zudem Möbel in der exquisiten japanischen Eierschalen-Lacktechnik, bei der Lack mit

637 *Clair de Lune,* Stellschirm mit Lackmalerei, entworfen und angefertigt von Jean Dunand; französisch, um 1926–1928

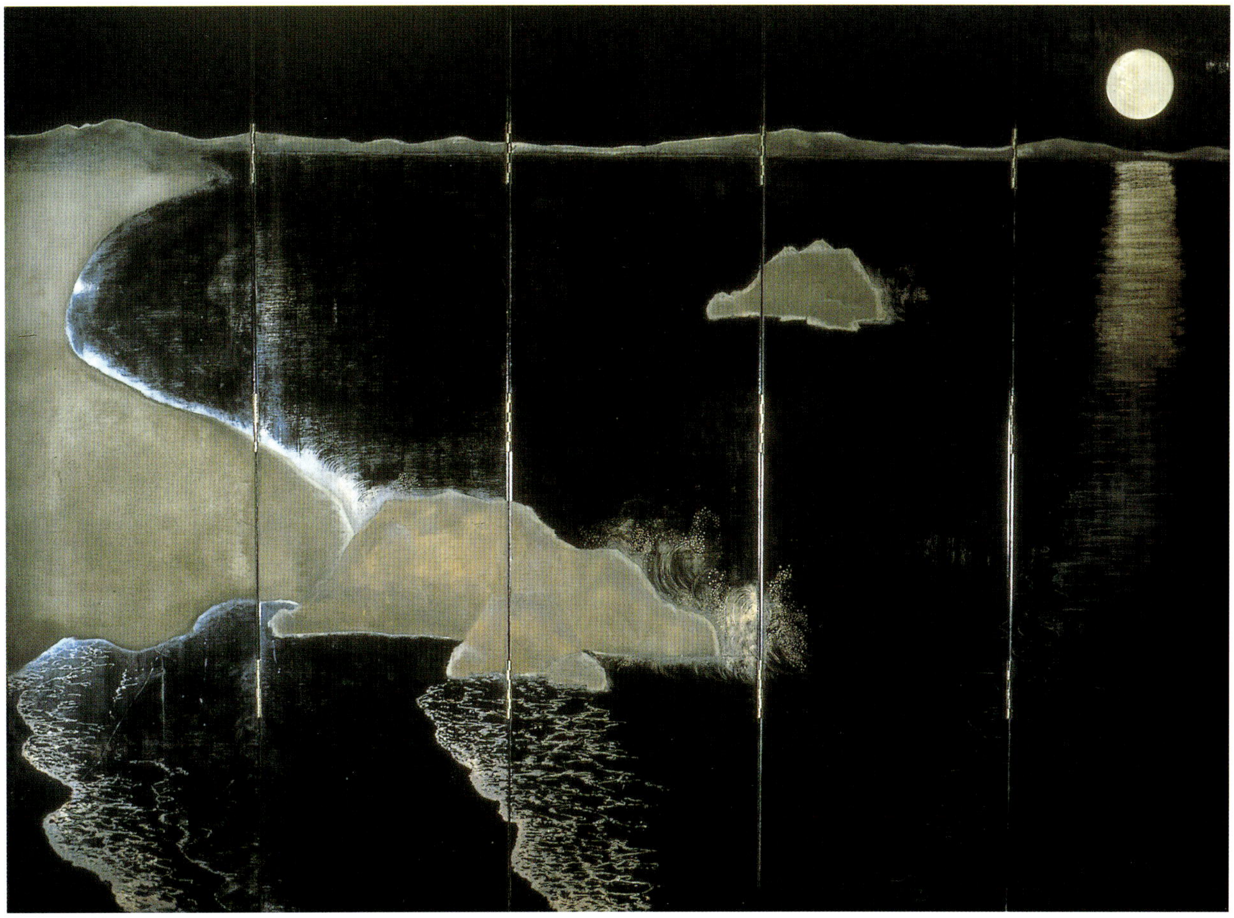

638 Konsoltisch und Spiegel aus Schmiedeeisen, Kupfer und Marmor, entworfen und angefertigt von Paul Kiss; französisch, um 1927

gemahlenen Eierschalen vermischt wird. Dunand schuf auch ganz mit Lackarbeiten gestaltete Räume: Für die Pariser Weltausstellung von 1925 entwarf er das Raucherzimmer der »Ambassade française« mit einer Decke aus Silberlack und einem angedeuteten roten Muster, schwarzen Lackmöbeln und einem cremefarbenen Teppich.[185]

Jean-Michel Frank (1895–1941), Innenausstatter und Designer, war Spezialist in der Kunst, Understatement und Luxus zu verbinden. Meister darin sind bekanntlich die Japaner, doch Frank setzte dafür vorwiegend kubische Formen ein. Er hatte eine Vorliebe für Goldlack und Chagrinleder. Letzteres verband man ebenfalls mit dem Fernen Osten; es kam um 1915 auf (Gris' Gemälde [636] zeigt ein ähnliches Muster) und blieb gebleicht und in zarte »japanische« Schattierungen eingefärbt – bis in die 1920er und 1930er Jahre modern. Auch Franks Kaffeetische im chinesischen Geschmack wurden damit überzogen. Einer davon zierte sein eigenes Wohnzimmer, aus dem er alle Fransen und Polster verbannt hatte, damit nichts den Gesamteindruck größtmöglicher Schlichtheit störe.

Der Pariser Kunstschmied Edgar Brandt (1880–1960) fertigte Möbel und andere Objekte aus Bronze, Kupfer, Silber und Gold. Einige seiner beliebtesten Motive waren Wolken, der Sonnenaufgang, Vögel (z.B. Störche) und andere Tiere (z.B. Hirsche) – alles in japanischem Stil. Bei seinen Entwürfen für Heizungsverkleidungen verwendete er japanisierende, gitterartige Bekrönungen.[186] Paul Kiss (1880–1962), ursprünglich aus Budapest, arbeitete ab 1907 mit Brandt zusammen. Von ihm stammt ein Konsoltisch mit Spiegelaufsatz aus Schmiedeeisen, Kupfer (manche der Eisendetails sind schillernd mit Kupfer überzogen) und Marmor [638]. Kiss verarbeitete dabei aus der antiken Kannelierung entwickelte Formen in Kombination mit Voluten sowie das Wolkenmotiv. Letzteres stieß im Westen eine Zeitlang auf großes Interesse, und nach Meinung von Christopher Dresser liegt sein Ursprung in der urzeitlichen Feuerverehrung: »Es besteht kein Zweifel daran, dass

rechts **639** Schrank aus geschnitztem und furniertem Ebenholz, intarsiert mit Perlmutt und Silber von Louis Süe und André Mare; französisch, um 1927

in Indien, Europa, Persien, Arabien und Japan bestimmte Motive von der Flamme und der Wolke (oder der Rauchwolke) hergeleitet wurden.«[187] Godwin präsentierte Stücke mit dem Wolkenmotiv auf seinem Stand bei der Pariser Weltausstellung von 1878 (die sechzehn Millionen Besucher anzog).[188] Bei den Designern der Wiener Werkstätte verschmolzen Wolken mit Blumenmotiven, und vielfach wurden diese Gebilde von einer durchgehenden Wellenlinie umgeben, was sich zum vorherrschenden Motiv der 1920er und 1930er Jahre entwickelte.

Auch die chinesische Kunst erlangte in den 1920er und 1930er Jahren einen gewissen Einfluss. Ein Schränkchen (von 1927) aus Ebenholz, Perlmutt und Silber [639] verbindet raffiniert französisches Rokoko mit chinoisen Formen. Vor einem Hintergrund aus Ebenholz prangt ein Blumenbouquet aus glänzendem, intarsiertem Perlmutt. Es ist ganz im Stil des 18. Jahrhunderts gehalten, nimmt hier aber eine völlig andere Anmutung an. Geschaffen wurde das Schränkchen von Louis Süe (1875–1968) und dem Maler André Mare (1885–1932), die 1919 gemeinsam die Compagnie des Arts Français gründeten, damals eines der größten Einrichtungshäuser in Frankreich. Diese Partnerschaft wurde 1928 aufgelöst.

Im 20. Jahrhundert entwickelte sich ein von der japanischen Architektur inspirierter Möbeltyp, der sich von den luxuriösen orientalisierenden Kaprizen des Art Déco grundsätzlich unterschied. Frank Lloyd Wright, ein begeisterter Sammler japanischer Holzschnitte, entwickelte – inspiriert von der japanischen Holzbauweise – einen eigenen Baustil und verlieh damit der schweren, etwas hausbackenen amerikanischen Innenarchitektur [497] mehr Leichtigkeit. Wright hatte fünf Jahre im Büro des Chicagoer Architekten Louis Sullivan gearbeitet, der die Auffassung vertrat, die Form ergebe sich aus der Funktion. Damit stand er in der Tradition von Pugin, Owen Jones, Dresser und anderen. Wrights Architektur ist bedeutender als seine Möbel, und der dänische Möbeldesigner Gerrit Rietveld wurde daher eher von Wrights architektonischen Leistungen als von seinen Möbelentwürfen angeregt. Rietveld, »ein begabter avantgardistischer Möbeldesigner, der sich auf Architektur verlegte«, war ein Mitglied der De-Stijl-Bewegung, die 1917 gegründet wurde. Sie wollte mit der veralteten Unterscheidung zwischen schönen und angewandten Künsten Schluss machen und strebte eine neue, universale Sprache der Kunst an (das erinnert an die griechische Auffassung, die hinter dem Begriff *techne* steht: S. 262).

Rietveld schrieb 1971 über seinen um 1917 entworfenen Stuhl, er habe ihn »gebaut, um zu zeigen, dass man ein ästhetisch anspruchsvolles räumliches Objekt auch aus linearem Werkstoff und maschinell herstellen konnte. Ich zerschnitt den mittleren Teil

640 Schlafzimmer, entworfen von Carlo Bugatti für das Haus Lord Batterseas in London; italienisch, um 1901

641 Stehlampe aus lackiertem Holz mit bemaltem Pergamentschirm, entworfen und angefertigt von Eileen Gray; französisch, 1923

ganz rechts **642** Stuhl aus Eichenholz, Palmholz und Pergament, entworfen von Pierre Legrain; französisch, 1924

eines Brettes in zwei Teile und erhielt dadurch eine Sitzfläche und eine Rückenlehne, dann konstruierte ich mit Hilfe von Balken in verschiedener Länge einen Stuhl. Dabei ahnte ich nicht, dass er für mich und auch für andere einmal eine so große Bedeutung erlangen und seine Wirkung so überwältigend sein würde, sogar in der Architektur.«[189] Der Stuhl war in Schwarz und Weiß gehalten. Er kombinierte Ideen der japanisch beeinflussten Architektur von Wright mit der dekorativen Malerei Mondrians. Letzterer vertrat die Auffassung, vertikale Elemente seien aktiv, horizontale passiv, und die Verbindung von beiden erzeuge zugleich Spannung und Balance. Das ist ein klassischer (architektonischer) Lehrsatz, dem alle zustimmen können – aber wir könnten ihn auch so interpretieren, dass er für den Beginn der Designkunst und nicht etwa für ihr Ende steht (ein paar von Laugiers »arcades vicieuses« hätten wohl etwas mehr Spannung in Mondrians Gemälde gebracht!). Rietveld verwandelte Wrights Werkstoffrohlinge in Mondrian'sche schwebende Ebenen. Der daraus resultierende Stuhl ist allerdings den kubischen Experimenten derer, die sich für die »elementaren Formen« begeisterten, diametral entgegengesetzt.

Der Einfluss der afrikanischen, islamischen und primitiven Kunst

Ab den 1880er Jahren ging von Nordafrika und Algerien eine besondere Faszination aus. Der italienische Designer Carlo Bugatti (1856–1940), der in den 1880er Jahren nach Nordafrika ging, übersetzte dieses Interesse in visuelle Form. Die Fotografie eines seiner Interieurs (von 1901) vermittelt einen Eindruck von seinem außergewöhnlich exotischen Stil [640], der trotz seiner eklektischen Quellen ein kohärentes Ganzes bildet. Zu diesen Quellen gehörten auch die Antike und die Renaissance (das Foto zeigt einen Faltstuhl). Elementare Formen weckten sein besonderes Interesse, und manche seiner manierierten Entwürfe sind stark vom späten Empire-Stil beeinflusst.[190] Viele seiner Dekorationen haben ihre Ursprünge im islamischen Nordafrika – weit entfernt vom süßlichen »Moresque«-Stil, von dem das zeitgenössische Art Nouveau seine Anregungen empfing – und sie waren in Materialien ausgeführt, die auch Pergament, gehämmertes Kupfer, intarsiertes Zinn, Elfenbein und Leder umfassten. Als Schmuckelemente verwendete er häufig islamische Schriftzüge. Bugattis Arbeit verdankt

643 Uhr aus versilberter Bronze, Email und Marmor von Jean Goulden; französisch, 1929

viel dem 19. Jahrhundert, doch andere Aspekte weisen auch in die Zukunft (zum Beispiel ist die Decke des abgebildeten Zimmers in Pergament-Rechtecken ausgeführt, entsprechend der Diktion der 1920er und 1930er Jahre – auf Möbel übertragen).

Zwar waren die afrikanischen Komponenten von Bugattis Stil nicht von der primitiven Kunst geprägt, doch übte auch die echte primitive Kunst, besonders die Stammeskunst Schwarzafrikas, im frühen 20. Jahrhundert einen starken Einfluss auf die europäische Kunstszene aus. Picasso, Braque und andere sammelten ab 1905 afrikanische Kunst, und mit seinem »afrikanischen« kubistischen Gemälde *Les Demoiselles d'Avignon* (1906–1907) versuchte Picasso als Erster, bildliche Inhalte in geometrische Flächen und Formen zu fragmentieren. 1911 fand in Paris eine Kubismus-Ausstellung statt.

Auch der große Förderer der frühen Art-Déco-Möbel, der Couturier Jacques Doucet, hatte sich 1912 auf das Sammeln afrikanischer Kunst verlegt. Zu dieser Zeit war der Kubismus von seiner frühen Radikalität zu einem systematischen, formalisierten Arrangement geometrischer Formen (»analytischer Kubismus«) übergegangen, und man warf ihm vor, »er sei zur bloßen Dekoration verkommen« (S. 273). Sicher war er dekorativ geworden [636] – was nichts anderes heißt, als dass seine afrikanischen Elemente an das europäische künstlerische Idiom assimiliert wurden – und folglich nahmen ihn alle dekorativen Künste in die Pflicht, auch die Möbeldesigner.

Ganz ähnlich erging es auch der afrikanischen Kunst. In Paris veranstaltete man 1922 eine große Ausstellung über die Kunst aus einem Palisander-Sofa von Marcel Coard,[191] das im Stil eines Rattan-Möbels (bei Objekten der Stammeskunst häufig verwendet) gestaltet war. Extremer sind die plumpen »afrikanischen« Formen eines Stuhls (mit einem primitiven kubistischen Design an der Rückenlehne) von 1924, entworfen von Pierre Legrain [642].

Primitive Formen bei Möbeln sind nicht immer afrikanisch beeinflusst, wie sich an einer Couch (um 1919–1920) und einer Stehlampe von Eileen Gray (1879–1976) zeigt. Die Irin hatte in den späten 1890er Jahren in London zunächst die Techniken fernöstlicher Lackarbeiten erlernt,[192] setzte um 1907 in Paris ihre Studien bei Sougawara fort und hatte 1913 in diesem Medium Perfektion erlangt. Das Sitzmöbel [644], in dunkelbraunen und silbernen Lack gefasst, ist die Nachschöpfung eines Einbaums (französisch: *pirogue*). Kannte Eileen Gray, die eine kontinuierliche Entwicklung hin zum Funktionalismus durchlief, die Gondel-Theorien Lodolis (S. 262)? Die Lampe [641] aus lackiertem Holz und Pergament ist auch von der Kunst der Südseeinseln beeinflusst. In dieser manierierten Form zeigt sich die Vermessenheit des Versuchs, die Kunst einer völlig fremden Kultur zu reinen Dekorationszwecken zu übernehmen.

Die elegante Uhr von 1929 aus versilberter Bronze, Email und Marmor von Jean Goulden (1878–1947) [643] ist die kubistische Ausführung der zahlreichen Uhren, die in früheren Epochen mit antiken, Renaissance- und späteren Skulpturen gestaltet wurden. Da sie als rein dekoratives Objekt gedacht war (was ihrem Reiz keinen Abbruch tat), sollten keine römischen oder arabischen Ziffern die künstlerische Diktion stören, und selbst die Anordnung der

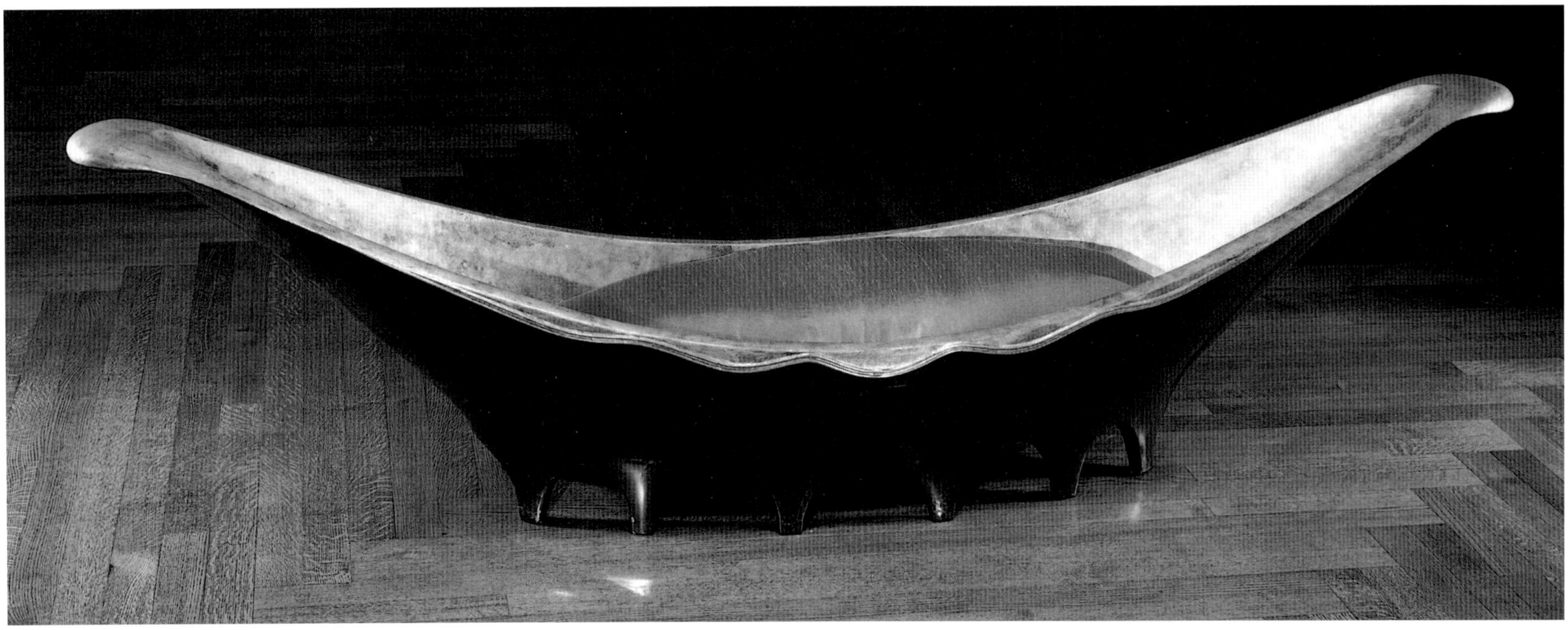

644 »Pirogue«-Sitzmöbel, dunkelbraun und silbern lackiert, von Eileen Gray; französisch, um 1919–1920

den französischen Kolonien. Dadurch wurde ins Licht der Öffentlichkeit gerückt, was längst schon Mode war. Deutlich wird das an den niveauvollen Werken von Jean Dupas, dessen facettierter, verwinkelter Stil und maskenartige Frauenköpfe mit säulenartigen Hälsen eine Synthese schaffen zwischen afrikanischer Kunst und italienischen Gemälden des 15. Jahrhunderts, unter anderem von Piero della Francesca. Dupas war der bevorzugte Dekorationsmaler Ruhlmanns, der ihn für seine bedeutendsten Innenausstattungen engagierte.

Auf die Möbel nahm die primitive Kunst in zweierlei Hinsicht Einfluss: durch Übernahme »afrikanischer« und anderer Vorstellungen und Strukturen und durch Verwendung primitiver Formen. Diese wurden nicht selten in Techniken und Materialien realisiert, die man nicht aus der afrikanischen, sondern aus der japanischen Kunst entlehnte. Afrikanischer Einfluss zeigt sich in

auffälligen Dreiecke am Ziffernblatt ist rein dekorativ und nicht funktional (für ein Kind wäre es wohl schwierig, an einer solchen Uhr die Zeit abzulesen). Goulden hatte die Email-Techniken von seinem Freund Jean Dunand gelernt und entwarf Kommoden mit Lackarbeiten, die von Dunand gefertigt wurden.

Die afrikanischen Stile wurden gerade noch rechtzeitig entdeckt. Das Wesen eines exotischen Stils ist seine Fremdheit, die einen Ausweg aus dem Altbekannten bietet, eine Abkürzung in die Traumwelten des Ästheten, den das Vertraute langweilt. Die Faszination der Exotik geht jedoch verloren, wenn Bilder von fernen Ländern zum Allgemeinplatz verkommen und »ethnisches« Kunsthandwerk der billigsten Sorte an jeder Straßenecke feilgeboten wird. Heute gibt es »fremde Welten« nur noch außerhalb unseres Planeten, und außerirdische Welten bieten wohl schwerlich Motive für unsere Möbel.

Der Stil der »Jugend« XII

XII *Kapitel 1* Jugendstil/Art Nouveau

vorhergehende Seite **645** Detail eines Mahagonihockers mit Elfenbein-Intarsien und vergoldeten Metallbeschlägen im Foyer der Stuck-Villa, München, entworfen von Franz von Stuck; deutsch, 1897

Ende des 19. Jahrhunderts sagte der Zeitgeschmack sklavischen Nachahmungen und phantasielosen Stegreifschöpfungen adieu. An ihre Stelle trat eine Bewegung, die man nicht zuletzt ihrer innovativen Originalität und Frische wegen Jugendstil nannte.

Unter dieser Bezeichnung werden gemeinhin drei verschiedene Stilrichtungen der Jahre zwischen 1890 und 1905 zusammengefasst: die weich schwingenden, bisweilen saftig-üppigen Formen des Art Nouveau in Frankreich, Belgien, Italien und Spanien, der etwas strengere, geometrischere eigentliche Jugendstil/Sezessionsstil in Deutschland und Österreich und die ebenso eigenwillige wie schöne Glasgow School um Mackintosh. Ihre stilistische Verwandtschaft – Innovationsstreben, verbunden mit einem gewissen Maß an Ornamentierung – ergab sich aus gemeinsamen Reformzielen und ähnlichen Dekorationen, allesamt durchdrungen vom dezidiert »anti-klassischen« Einfluss des Symbolismus. Die stilistischen Abweichungen lassen sich im Falle des französischen und belgischen Art Nouveau durch die prägende Wirkung von Rokoko, Gotik und maurischer Kunst erklären, während deutscher und österreichischer Jugendstil auf Klassizismus und Biedermeier sowie etruskische, byzantinische und Arts-and-Crafts-Tendenzen zurückgriffen. Einige Möbelentwerfer – Henri van de Velde gehört dazu – begannen mit einem Stil und wandten sich später einem anderen zu. Dabei sind die Unterschiede dergestalt, dass ein alle Richtungen umfassender Oberbegriff regelrecht irreführend wirkt: Was, bitteschön, haben beispielsweise ein Sekretär von Gallé [646], ein Stuhl von Mackintosh [625] und ein Bücherschrank von Koloman Moser [667] gemein? Schon aus diesem Grund beschränkt sich dieses Kapitel auf das vorwiegend florale Art Nouveau in Belgien und Frankreich, mit einem kurzen Abstecher in Mackintoshs »Spook School«.

646 »La Forêt Lorraine«, Sekretär aus geschnitzter Eiche mit Einlegearbeiten aus verschiedenen Hölzern, entworfen von Emile Gallé; französisch, um 1900

Jugendstilmobiliar hatte zwei Gesichter: Einerseits betonte es – in Anlehnung an die Ideale von Gotik, Rokoko, japanischer Kunst und britischem Arts and Crafts – Materialgerechtheit, Spontaneität und Individualität. Die bedeutendsten Entwerfer vertraten ihren eigenen, unverkennbaren Stil und signierten ihre Arbeiten, während die Produkte von Liberty anonym blieben. Zudem beschränkten sie sich nicht nur auf ein Medium – Georges de Feure zum Beispiel gestaltete Möbel, Textilien, Porzellan, Plakate, Theaterkostüme und Bücher. Und reich illustrierte Zeitschriften unterstrichen den idealistischen und künstlerischen Wert. Andererseits beeinträchtigte der Einsatz moderner Maschinen die Qualität und Einheitlichkeit vieler Jugendstilstücke. Kunstvolle Schnitzarbeiten und komplizierte Marketerien lassen sich nun einmal nicht im Schnellverfahren herstellen. Emile Gallé (1846–1904), der wohl begnadetste Möbelentwerfer des französischen Art Nouveau, setzte häufig motorbetriebene Werkzeuge ein, doch unterscheiden sich solch »kommerzielle« Gallé-Möbel sichtlich von seinen Meisterwerken. Ihren Namen verdankt die Bewegung übrigens der Galerie *A l'Art Nouveau*, die der Hamburger Kunsthändler Samuel Bing 1895 in Paris eröffnete. Bing spielte für das Art Nouveau dieselbe Rolle wie Arthur Lazenby Liberty für die Arts-and-Crafts-Bewegung. Er beteuerte stets, Art Nouveau sei einfach nur der Name einer Begegnungsstätte für hitzköpfige junge Künstler, die hier ihre erfrischend modernen Arbeiten ausstellen wollten[1], und er präsentierte Werke Mackintoshs und anderer führender *jeunes esprits ardents*.

Arts-and-Crafts-Mobiliar ist puritanisch und schicklich integer; Art-Nouveau-Möbel hingegen sind bestenfalls unschicklich, lasziv, bisweilen gar obszön. Ihre sinnlich an- und abschwellenden Formen, die pflanzenhaft fließenden Ornamentierungen waren von dem vagen Unbehagen des Symbolismus sowie von dessen Erkenntnis durchdrungen, dass Schönheit durchaus moralischem Sittenverfall entspringen könne. Symbolistische Launenhaftigkeit gewann in den letzten zwei Jahrzehnten des 19. Jahrhunderts in ganz Europa an Boden. In den 1890er Jahren, der Hochblüte des Art Nouveau, war ihr Einfluss überall spürbar. Zu den komplexen Wurzeln von Symbolismus und Dekadenz zählen Walpole'sche und Beckford'sche Gotik, Edgar Allen Poe, sadistische Orientalismen nach Art des *Sardanapal*, Beaudelaire, der schwedische Mystiker Swedenborg sowie der *Marquis divine*. Schon 1866 stellten die Gebrüder Goncourt in ihrem *Journal* fest, Leidenschaft habe ihre Ursprünge in der Sittenlosigkeit der belebten und unbelebten Natur: »Au fond, ce qui fait l'appassionnement: c'est le *faisandage* des êtres et des choses.«[2] Am deutlichsten zum Ausdruck kam diese »Unmoral« in der Literatur, die Art-Nouveau-Mobiliar nachhaltig prägte. Letzteres verlieh nämlich nicht nur Ideen, die bis dato ausschließlich in Worten existiert hatten, sicht- und greifbar Gestalt, sondern bot zudem die Möglichkeit, symbolistische In-

647 Drei türkische Ornamente (nach Owen Jones, *Die Grammatik der Ornamente*)

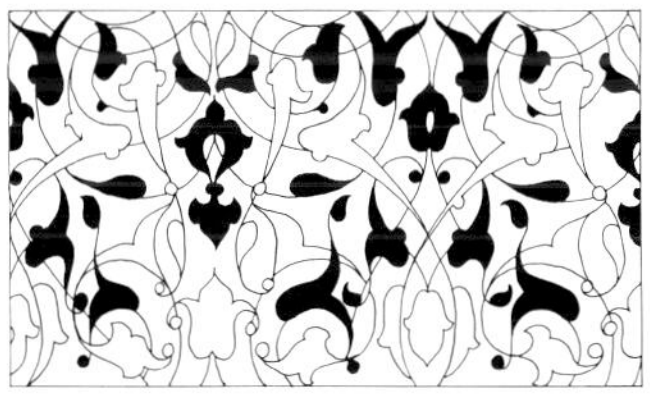

648 Ausschnitt einer Wanddekoration aus dem Palast des Sultans Abdul Aziz, Istanbul; turkisch, 19. Jahrhundert

schriften und Gedichte (buchstäblich!) in hölzerne Oberflächen einzuarbeiten. Einige französische und flämische Art-Nouveau-Möbel triefen regelrecht vor Symbolismus, und auch die Glasgow School entkam ihm nicht.

Die Reize des Symbolismus sind vergänglich, und der symbolistische Gehalt von Art-Nouveau- und »Spook-school«-Stücken erklärt ihre Kurzlebigkeit – die Pariser Ausstellung des Jahres 1900 markierte den Gipfel und zugleich Niedergang des Art Nouveau.

Die Wiener Bewegung andererseits, die sich ab 1900 weitgehend vom Symbolismus befreite und die »spukhafte« Seite Mackintoshs geflissentlich ablehnte, entwickelte sich zu einem Born der Moderne. Der dunklere Aspekt des Symbolismus zeigt sich in der Kunst Gallés, der »Vases de tristesses« aus schwarzem und mauvefarbenem Glas fertigte[3] und dessen exzentrisches Bett *L'aube et crépuscule* Morgen- und Abenddämmerung und damit den ewigen Kreislauf symbolisierte. Höchst inspirierend, gewiss, aber bestimmt kein Möbel, in dem man genüsslich seinen Kakao schlürfen möchte.

Leichter verständlich ist ein Schreibpult [646], das 1900 auf der Pariser Ausstellung gezeigt wurde. Ein Großteil von Gallés Möbelentwürfen strebt, genau wie seine Glaskunstwerke, hin zu den Sphären der Poesie. Seinen heimatlichen »lothringischen Wald« assoziierte er mit Zeilen von Baudelaire, und oben auf dem Pult sind die intarsierten Worte zu lesen: »forêt Lorraine tout y parlerait à l'âme en secret sa douce langue natale« (» … alles dort wandte sich insgeheim in süßer Muttersprache an die Seele«). Die Zeilen, die jener intarsierten vorangehen, zelebrieren auf mystische Art den Glanz alten Mobiliars in Assoziation mit seltenen Blumen, Düften, reich geschmückten hohen Decken und der dunklen Tiefe von Spiegeln (letzteres sollte später Cocteau faszinieren – Symbolismus und Surrealismus sind durchaus verwandt!):

Des meubles luisants,
Polis par les ans,
Décoreraient notre chambre;
Les plus rares fleurs
Mêlant leurs odeurs
Aux vagues senteurs d'ambre,
les riches plafonds,
Les miroirs profonds,
La splendeur orientale,
Tout y parlerait
A l'âme en secret
Sa douce langue natale.[4]

Welch eine Hymne auf die Poesie des Interieurs, gewürzt mit einer Prise Dekadenz in Gestalt der Vokabel »orientale«. Die hintergründige Bedeutung der nicht zitierten Zeilen kümmerte den symbolistischen Möbelmacher nicht. Das Gedicht endet mit den berühmtesten Worte Baudelaires, die Gallé bei anderer Gelegenheit zitierte, als er nämlich erklärte, die »forêt de Lorraine« beschwöre eine Welt herauf, in der nichts existiere außer Ordnung und Schönheit, Überfluss, Stille und Sinnlichkeit – »tout n'est qu'ordre et beauté, luxe, calme et volupté«.

Der Einfluss des Rokoko und organischer Formen

Wie viele andere Art-Nouveau-Künstler betrachtete auch Gallé Mobiliar als gewachsenen Organismus. »Unserer Idealvorstellung zufolge entspricht ein Möbelstück einem nackten Körper, dessen Organe sich wie die eines Tieres oder einer Pflanze entwickeln, mit Nerven, Fleisch, Fell, Federn, Zellgewebe, Haut oder Borke, in Knospe, Blüte und Fruchtstand … «[5]

Solche »Tier- oder Pflanzenmöbel« hätten, es wäre durchaus denkbar, ein Pendant zu der bewegungsaktiven Anatomie eines »nackten Körpers« von Mantegna, den Pollaiuoli oder dem jungen Michelangelo bilden können. Sie taten es nicht – wenngleich ein Möbelentwerfer, Carabin (1862–1932), eben diesen Gedanken bis zum Ende durchspielte und Möbelstücke aus »Menschenkörpern« fertigte.

Dennoch wirkt Art-Nouveau-Mobiliar sehr häufig fast beunruhigend lebendig, ja »organisch« gewachsen [654]. Dies kam in Formen zum Ausdruck, die ganz unterschiedlichen Quellen entstammten, unter anderem gotischen Zierbogen [108], Rokoko-Elementen [313] und Arabesken [547, 548]. All diese »Anti-Klassizismen«, deren Geschichte in anderen Teilen dieses Buches erzählt wird und deren »organische« Prinzipien zumeist auf antikes vegetabiles Rankenwerk zurückgehen, vereinten sich nun in der »antiklassischen« Kunst des Jugendstils. Dabei ist das gotische Erbe zwar vielleicht weniger offensichtlich als andere Einflüsse, aber keinesfalls weniger real. Als Art Nouveau die Bühne betrat, hatte sich die Neugotik bereits in mehrfacher Hinsicht manifestiert: Morris und Ruskin (»Fraternel, dogmatique et contradictoire Ruskin!«, wie Gallé ihn 1897 titulierte[6]) spielten nach wie vor eine Schlüsselrolle, und Viollet-le-Ducs *Entretiens sur l'architecture* (1863, 1872), das die in der gotischen Architektur begründeten Konstruktionsprinzipien predigte, erfreute sich einer wachsenden Popularität. Die Wirkung der Gotik auf Jugendstil-Ausstattung und -Möbel offenbart sich aber nicht nur in Spitzbögen, sondern auch in Motiven wie den weit ausgreifenden Stützen, die den Peitschenhieb des maurischen Stils mit den »Märchenarkaden« des Strebebogens verbinden [132, 652].

Zudem stand der Jugendstil unter dem Einfluss des Rokoko. Französische Connaisseurs und Schriftsteller rühmten seine Tugenden. Einen dieser Kenner schildert Balzac in einem Roman, der im Jahr 1844 spielt: Der verarmte Pons entdeckt in einem Pariser Antiquitätengeschäft einen Fächer von Watteau, den er als »göttliches Meisterwerk« preist, das ohne Zweifel von Ludwig XV. höchstpersönlich in Auftrag gegeben sein musste: »Welches Temperament, welcher Schwung, welche Farben! Hingezaubert in einem Augenblick – wie der elegante Schnörkel eines Kalligraphen, scheinbar gänzlich ohne Mühe!« Pons bemerkt, die Pariser hätten erkannt, »dass die berühmten deutschen und französischen Furnierkünstler des 16., 17. und 18. Jahrhunderts wahre Holz-Gemälde schufen« und dass gewisse Marketerien und Porzellane niemals mehr in dieser Qualität gefertigt werden würden.[7] Zehn Jahre nach Balzacs Roman erschien die erste der kunst-, gesellschafts- und sittengeschichtlichen Studien der Gebrüder Goncourt. Die Titel ihrer Werke, die sich auf Briefe, Dokumente und Inschriften stützen, geben einen Hinweis auf deren Inhalt. *Portraits intimes du XVIIIe siècle* (1857), *La Femme au XVIIIe siècle* (1862) und *La du Barry* (1878). Diese Betonung des »Femininen« und »Boudoirhaften« des Rokoko spiegelt sich in vielen Jugendstilmöbeln, vor allem kleineren Stücken. 1861 begannen die Goncourts eine Reihe von Romanen mit authentischer Darstellung, aber impressionistischer Sichtweise – »wie in einem Gemälde Monets«. So gesehen, »wird die Welt zu einem Objekt aus gebrochenen Mustern, widersprüchlichen Farben und unruhiger Bewegung«.[8] Wie Balzac lobten die Gebrüder das Spontane, Schwungvolle und Zierliche sowie Esprit, handwerkliche Virtuosität und Originalität des Rokoko. Das Neurokoko dagegen, mit seinen plumpen Unausgewogenheiten, fanden sie unerträglich.

Der Einfluss des Rokoko auf die fließenden Formen des Jugendstils ist unübersehbar: weich schwingende Kurven, *cabriole legs*, direkte Zitate aus der spielerischen Formensprache des Rokoko und Marketerien. Selbst so eigenwillige Künstler wie Antonio Gaudí (1852–1926), der Barock- und Renaissance-Elemente sowie natürlich sein katalanisches Repertoire gotischer und maurischer Architektur einfließen ließ, konnten sich ihm nicht entziehen. Iberisches Rokoko-Mobiliar [651] wirkte auf die »abgesetzten Bogen« und verschlungenen Armlehnen einer Bank, die um 1904

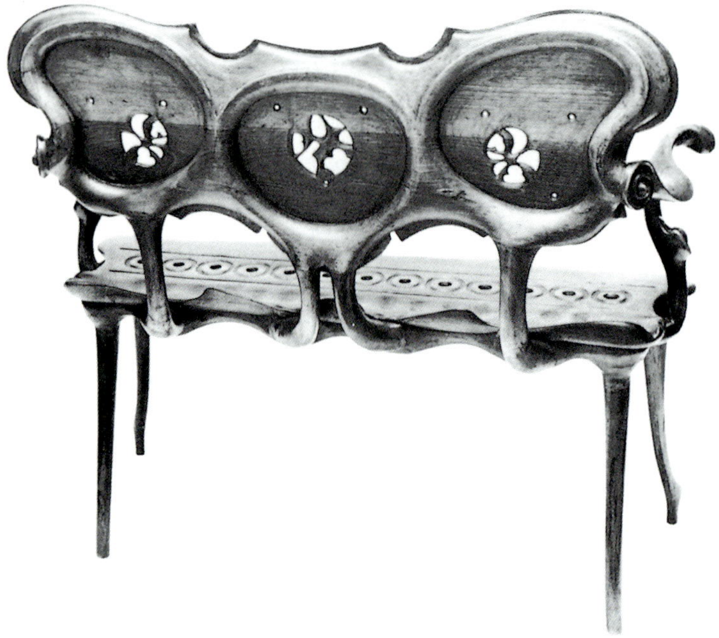

649 *Salome,* elektrische Lampe aus vergoldeter Bronze von F. R. Larche; französisch, um 1909

650 Bank aus geschnitzter Eiche, entworfen von Antonio Gaudí für die Casa Calvet in Barcelona; spanisch, um 1904

651 Bibliotheksstuhl aus geschnitztem Palisander; portugiesisch, um 1750–1775

für die Casa Calvet in Bacelona [650] gefertigt wurde. Die durchbrochenen Arbeiten in der Lehne erinnern an gotische Radfenster respektive Details aus Gaudís Votivkirche »La Sagrada Familia« in Barcelona.

Goldbronze, integraler Bestandteil französischer Rokoko-Möbel, spielte im französischen Art Nouveau eine ähnlich bedeutsame Rolle, erstreckte sich jedoch nach dem Vorbild des Empire zusätzlich auf Sitzmöbel. Gallés La-Forêt-Lorraine-Sekretär [646] ist freilich nicht vergoldet, sondern aus Eiche gefertigt, dem traditionellen Holz edelster Rokoko-Schnitzereien. Allerdings war Eiche eher das Holz des *menuisier* denn des *ébéniste*, und Beine und Schnitzwerk des Schreibpults sind einem Rokoko-Stuhl [651] verwandter als einem Rokoko-Schreibtisch. Verschlungene Art-Nouveau-Motive wiederholen bisweilen den Knorpel- oder Ohrmuschelstil des 17. Jahrhunderts, seinerseits Vorläufer des Rokoko. Tatsächlich gemahnen die fließenden Formen vieler Jugendstilmöbel an das flüssige Element, was sich in mancherlei Metaphern niederschlägt. So heißt der belgische Jugendstil »Paling Stijl«, abgeleitet von dem Wort für Aal, und die Innenausstattung von Victor Hortas Hôtel Solvay in Brüssel wurde mit »wässrigen« Begriffen belegt: »geschmeidig, fließend, durchscheinend«.[9] Vergoldete Bronzefiguren, von dem Bildhauer François-Raoul Larche (1860–1912) als elektrische Lampe [649] konzipiert, zeigen die berühmte Schleiertänzerin Loie Fuller – eine Salome, wie sie Wilde, Beardsley und Khnopff, Mucha und Klimt bezauberte und deren sinnlicher Tanz Johannes den Täufer bekanntlich den Kopf kostete. Kaum vorstellbar, dass Larche dabei nicht zumindest einen Seitenblick auf die Silberschmiedearbeiten des 17. Jahrhunderts geworfen hat. Die fließenden Linien von Schleier, Kleid, Haar und der gesamten Gestalt sind Ohrmuschel-Manierismus in Reinkultur. Auch der Bildhauer Auguste Rodin, der 1880 mit der Arbeit am so genannten *Höllentor* begann, verfügte über einen vergleichbaren Stil, dem jedoch die unverhohlen historistischen Bezüge von Larches Lampen fehlen.

Der Einfluss von Natur und Blumen

Naturalismus in der bildenden Kunst war bei Theoretikern wie Owen Jones, den die viktorianische Üppigkeit naturalistischer Ornamente anwiderte, schon früh auf Ablehnung gestoßen. Als überzeugter Anhänger der klassischen Ideale vertrat Jones die Ansicht, Nachahmung der Natur sei ein Zeichen des Niedergangs: »Zu jeder Epoche wo der Glaube an die Kunst lebendig war, wurden die Ornamente durch ideale Behandlung veredelt.« Selbst gotischen Naturalismus lehnte er ab: »Während der besten Perioden der gothischen Kunst wurden die aus Blumen bestehenden Ornamente auch conventionell behandelt, und sie verraten durchaus kein Streben auf unmittelbare Nachahmung der Natur.«[10]

Nun ist die Natur schon allein deshalb bemerkenswertes Element vieler »anti-klassischer« Jugendstilmöbel, weil zahlreiche Stücke tatsächlich »wie gewachsen« aussehen [654] – Pflanzen verliehen Jugendstilmobiliar eine Frische, die symbolistische Miasmen nicht zu besudeln vermochten –, wenngleich der Symbolismus gerade Pflanzen mit allerlei nichtigen Zeichen befrachtete. Wie Baudelaire glaubte Gallé, »Blumen und stumme Dinge« besäßen eine eigene Sprache, »le langage des fleurs et des choses muettes«, und könnten »Blumen des Bösen«, die berühmten »fleurs du mal« werden. Einmal schmückte Gallé, der Botanik studiert hatte, ein ganzes Interieur mit stilisierten Dahlien. Jugendstilpflanzen hatten im Wesentlichen zwei Wurzeln: das Europa des 18. Jahrhunderts und Japan. Im Rokoko und Postrokoko erhielten Pflanzendarstellungen eine dritte Dimension [362]: Georges Jacob versah Louis-seize-Möbel mit Sonnenblumen, Flieder, Veilchen, Mohn, Rosen und Seerosen. Blumen sind fester Bestandteil der japanischen Kunst, und viele Jugendstilblumen nahmen japanische Züge an. »Japanische« Blüten in einer »japanischen« Landschaft zieren die Vorderseite von Gallés Sekretär [646]. Für solche Einlegearbeiten verwandte Gallé exotische Hölzer, die ihn von Anfang an in ihren Bann zogen; 1889 soll er 600 verschiedene Holzarten vorrätig gehabt haben, um sie als Furnier oder für Einlegearbeiten zu nutzen.[11] Doch Blumen waren keineswegs das einzige botanische Ornament der Möbelentwerfer im Jugendstil, die ebenso die Vorliebe des 18. Jahrhunderts für naturalistische Möbel [570, 571] wieder aufgriffen. Horta etwa fand die Wurzeln innewohnende latente Energie weitaus faszinierender als die passive Schönheit von Blüten oder Früchten.

Insekten boten sich als ideale Ornamente für die Symbolisten an, die die Begeisterung der Renaissance für lebende Exempel der Metamorphose teilten. Insekten sind merkwürdige, fremdartige Geschöpfe, deren Schönheit jedoch häufig von unheilverkündender Düsternis überschattet wird. Besonderer Beliebtheit erfreuten

652 Schreibpult mit Furnier aus Birne und verschiedenen anderen Hölzern, entworfen von Léon Benouville; französisch, um 1900

653 Eine Version des libellenbeinigen Guéridon, geschnitzt und mit Intarsien aus Nussbaum und anderen Hölzern, von Emile Gallé; französisch, 1904

sich Libellen. Lalique fertigte zauberhafte Libellen-Broschen, und Gallé dekorierte seine Vasen damit. Gallés berühmter Libellen-Guéridon [653], auf den ersten Blick ein typisches Jugendstilmöbel, fällt insofern aus dem Rahmen, als sich die »anti-klassischen« Einflüsse hier offen mit Anspielungen auf die Antike verbinden. Das dreibeinige Tischchen ist nichts anderes als eine Jugendstilversion des römischen Dreifußes.

Gallés eigene Worte lassen auf eine bewusste Verwandtschaft zwischen seinem Entwurf und dem berühmten pompejanischen Dreifuß mit Satyrbeinen [5] schließen: »Wir haben versucht, die bizarre Möbelmenagerie um einige wahrhaftige Bilder zu bereichern, und die ›schwirrende Libelle‹, die einen Augenblick lang in der Bewegung innehält, hat ihre Flügel statischen Konsoltischen geliehen.«[12] Folglich sind die Flügel der »schwirrenden Libelle« in Relation zu Kopf und Körper geschrumpft, ihr Hinterleib wölbt sich nach Manier eines *cabriole leg*, und die Ringe des Leibes sind so stilisiert, dass sie an Bambus-Imitat erinnern. Diese Mutation in ein gefräßiges Monster wurde 1898 von einem Rezensenten mit den Worten kommentiert, die Vergrößerung der »zarten Insekten« habe sie in »monströse Kreaturen« verwandelt.[13] Der Schreiber erkannte also zwar ihre Monstrosität, nicht aber deren antike Abkunft.

Japanische Asymmetrie, maurischer Stil, Ohrmuschelstil und Gotik

Die für den Jugendstil und insbesondere das Art Nouveau typische Asymmetrie orientierte sich eher an Japan als am Rokoko, und verschiedene Jugendstilmöbel, darunter auch Stücke von Gallé, sind regelrechte Persiflagen auf japanisches Mobiliar. Ein Damenschreibtisch von Léon Benouville (gest. 1908), der von Gallés Schreibpult unterschiedlicher kaum sein könnte, verfügt über kleine Schubladen und Fächer, die nach japanischer Art einseitig angebracht sind, und auch die Blumendekoration ist ausgesprochen »japanisch«. Benouville wählte für seine Messingbeschläge die Gestalt von Gottesanbeterinnen und Käfern. Die Beine eines ähnlichen Stücks [652] weisen die fast filigrane Zerbrechlichkeit von Insekten auf, während die aus ihnen erwachsenden Metallbeschläge an Pflanzen, Insekten und gotische Stilelemente erinnern.

Islamische Arabesken beeinflussten nicht nur die geschwungenen Art-Nouveau-Möbel Frankreichs und Belgiens, sondern auch die strengeren Formen des Münchner und Wiener Jugendstils. Arabesken und insbesondere Mauresken hatten in Frankreich schon in der ersten Hälfte des Jahrhunderts wohlwollende Aufmerksamkeit gefunden. Owen Jones hielt die Alhambra in Granada für den Gipfel dekorativer Kunst und machte den maurischen Stil auch in Hinblick auf die beiden zeitgenössischen Konventionen Gebrauchswert und Ornament hoffähig: »Sie [die Mauren] betrachteten das Nützliche als die geeignetste Grundlage des Schönen« und hielten sich stets daran, »dass die Construction verziert, die Verzierung aber nie eigens construirt werden sollte.«[14] Auch Gallé fertigte in den ersten Jahren vom maurischen Stil inspirierte Glaswaren und Keramiken.

Die für Jugendstilkünstler interessantesten Elemente des maurischen Stils[15] waren in der Breite variierendes Rankenwerk [69, 648], der »abgesetzte Bogen« [213] und der verschlungene Knoten [67] – allesamt Schmuckmotive keltischer Kunst. Rankenwerk und »abgesetzter Bogen« finden sich unter anderem in frühen Werken von van de Velde, Horta und Guimard. Auch die geometrischen Linien, die in der Jugendstilornamentik gemeinsam mit Mauresken zum Einsatz kommen, gehen auf das geflochtene

Bandwerk Berain'scher Grotesken zurück. All diese Einflüsse sind eng miteinander verwoben – so im Werk des englischen Zeichners und Illustrators Beardsley, der seine von Grotesken, Mauresken und Rokoko-Ornamentik inspirierten Arbeiten in Bings Galerie ausstellte.

Nun leiten sich die gewundenen Formen der Art-Nouveau-Blumen nicht allein von der japanischen Kunst her, sondern auch vom Rankenwerk der Arabeske. Darüber hinaus mag es noch andere Einflüsse gegeben haben: Zeigt nicht der sanfte Schwung der typischen Art-Nouveau-Lehne des 1882/83 von A. H. Mackmurdo (1851–1942) entworfenen Stuhls das grazile Dahinsinken, das man von ägyptischen Blüten- und Knospendarstellungen her kennt?[16]

Eine Vitrine [654] des Porträt- und Kirchenmalers Alego Clapes Puig (1850–1920), der die Wanddekoration in Gaudís Palacio Guell in Barcelona übernahm und von Gaudí zum Entwurf exzessiver Art-Nouveau-Möbel angeregt wurde, präsentiert sich in einer Opulenz, die als idealer Hintergrund exotischer Sündhaftigkeit erscheint. Elemente des Möbelstücks erinnern sowohl an das Fließende des Ohrmuschelstils als auch an die Linien maurischer Kunst. Das Aufwärtsstrebende über den ungewöhnlich gekreuzten Beinen sowie der Eindruck, dass dessen organische Biegungen eher aus weichem als aus hartem Material – vielleicht einer Art Karamell? – bestehen, lassen das Schränkchen mehr wie eine expressionistische Skulptur denn als Möbelstück wirken. Die Pfauen dürften sich übrigens aus Japan hierher verlaufen haben.

Neben diesem gleichsam knochenlosen Art Nouveau wirkt eine um 1898 von dem belgischen Architekten Gustave Serrurier-Bovy (1858–1910) entworfene Sitzbank [655] wie ein strenges Schulzimmermöbel. (Van de Velde lobte den Belgier 1902 als »unzweifelhaft ersten Künstler auf dem europäischen Festland, der die Bedeutsamkeit des englischen Arts-and-Crafts-Stils erkannte und genügend Mut besaß, ihn bei uns einzuführen und zu verteidigen«.[17] In seinem 1884 in Liège eröffneten Geschäft vertrieb er Liberty-Waren.[18]) Die Einflüsse auf diese Bank sind vielgestaltig: Die Form dürfte auf den gotischen überdachten Sitz [138] zurückgehen, dazu kommen Ruskin, Morris und das britische Arts and Crafts, die Serrurier-Bovy sämtlich sehr bewunderte. Nun waren

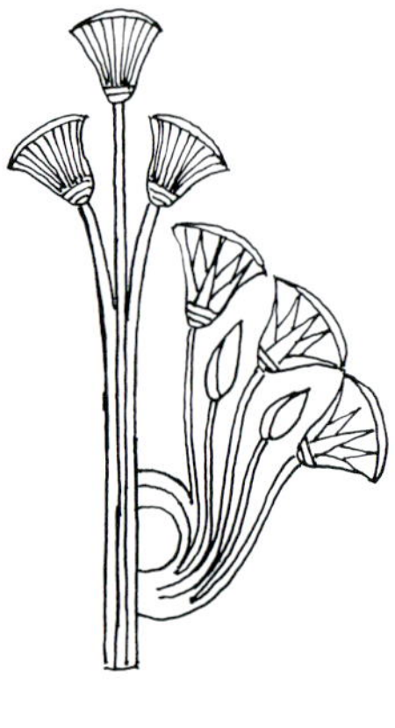

654 Vitrine aus geschnitztem und teilvergoldetem Holz, entworfen von Alejo Clapes Puig für die Casa Ibarz in Barcelona; spanisch, um 1900

656 Drei Papyruspflanzen und drei Lotosblüten; ägyptisch (nach Owen Jones, *Die Grammatik der Ornamente)*

rechts **655** Hohe Sitzbank aus Padukholz und Buntglas, entworfen von Gustave Serrurier-Bovy; belgisch, um 1898

657 Kabinettschrank aus Eiche, weiß und silberfarben bemalt und mit Mosaikglas dekoriert, entworfen von C. R. Mackintosh; schottisch, um 1903

gotische Sitzmöbel mit Baldachin in der Literatur häufig abgebildet, unter anderem bei Viollet-le-Duc . Er war es auch, der in Serrurier-Bovy den Wunsch nach »rationalen« Möbeln und einem alles durchdringenden Stil weckte: »Eine Kultur kann nicht vorgeben, über eine eigene Kunst zu verfügen, solange diese Kunst nicht alles, ja selbst die niedrigsten Hilfsmittel, durchdringt.«[19]

Japan, ein weiteres Lieblingsthema Serrurier-Bovys, wird in der Mosaikglas-Iris angesprochen. Die breiten Armlehnen der Bank, die man freilich auch bei anderen Jugendstilmöbeln antrifft, könnten vom Kolonialstil geprägt sein: Kurz vor Anfertigung der Sitzbank war Serrurier-Bovy an der Kolonialausstellung im Château de Tervueren beteiligt gewesen, die ihn verstärkt zur Verwendung exotischer Hölzer anregte (die Sitzbank besteht aus Paduk!).

Auch das Jugendstilmobiliar Henri van de Veldes (1863–1957) gehört zur »kraftvollen« Art. Der gebürtige Antwerpener wandte sich frühzeitig vom Impressionismus (einer dem augenblicklichen Eindruck verpflichteten Stilrichtung) ab und dem Pointillismus zu (der auf unbeweglichen Formen basiert und sich zur Motivsuche in die Antike begab). Dies ist insofern von Bedeutung, als van de Velde später dem belgischen Symbolismus, in dem er sich wohl nie so recht zu Hause gefühlt hatte, zugunsten der deutschen Moderne den Rücken kehrte. 1904 wurde er Leiter der Weimarer Kunstgewerbeschule, aus der später unter seinem Nachfolger Gropius das Bauhaus hervorgehen sollte (S. 272). In seiner Jugend las er Ruskin und Morris, seine frühen Möbelentwürfe belegen den Einfluss von Gotik und Arts and Crafts, doch nichts von dem Interesse an Handarbeit – es überrascht folglich nicht, dass er die Maschine akzeptierte. Spätere Arbeiten von ihm zeigen die Konstruktion ganz ungeniert: offen sichtbare Schrauben und Verbindungen. Van de Velde lehnte den Einsatz moderner Material-Imitate ab, vertrat wie Viollet-le-Duc die Ansicht, Ornament müsse Teil des Ganzen sein, und verwarf den Naturalismus zugunsten der Abstraktion.

Die Glasgow School: Mackintosh

Der zweifellos einflussreichste britische Entwerfer der Zeit um die Jahrhundertwende war Charles Rennie Mackintosh (S. 299), der über seine Kontakte nach Wien dem Möbeldesign auf dem europäischen Kontinent völlig neue Impulse verlieh. Mackintosh und seine Kollegen verkörperten den aufkommenden Wunsch nach der »Moderne«, und Glasgow und die Scottish School taten inoffiziell, was die Wiener Sezessionisten 1897 offiziell machten: Sie erteilten dem etablierten Kunstbetrieb eine Absage. Bei der achten Ausstellung der Sezession im Jahr 1900, zu der C. R. Ashbee, Mackintosh und die Schwestern Macdonald ebenso eingeladen waren wie van de Velde, lernten Hoffmann und Moser Mackintosh kennen, und Hoffmann reiste wenig später nach Glasgow. Die 1903 gegründete Wiener Werkstätte folgte denselben Leitsätzen wie Ashbees Guild of Handicrafts.

Der »Mackintosh-Stil« bezog seine Inspiration aus Gotik und Art Nouveau sowie aus folkloristischen, japanischen und ägyptischen Vorbildern, die hier zu einem ausgereiften und schlüssigen Konzept verschmolzen. Zu dessen Hauptcharakteristika gehörte eine dandyhafte Eleganz, die deutliche Ähnlichkeiten zu der wienerischen aufwies – mit dem Unterschied, dass Mackintoshs Möbel und Ausstattungskonzepte die Wiener Vorliebe für raumgreifende Quadrate durch gestreckt geradlinige Formen ersetzten. Seine Farben – Grün, Flieder, Amethyst, Schwarz und Weiß – gehen auf das Aesthetic Movement und japanische Drucke zurück. Margaret MacDonald Mackintoshs lang gezogene Frauengestalten, die seine Möbel und Arbeiten schmücken, verbinden auf merkwürdige, aber höchst wirkungsvolle Art das sinnlich-ausschweifende, in Mauresken begründete Art Nouveau mit keltischen, skandinavischen und japanischen Einflüssen (bisweilen erinnern sie an die lebensgroßen Abbildungen von Japanerinnen mit hoher Taille, breiter Schärpe und bauschigem Kimono). Einiges davon kommt auch im Werk Beardsleys und Toorops zum Ausdruck, die bisweilen als Vorläufer Mackintoshs genannt werden. Allerdings ist es wahrscheinlicher, dass die Ähnlichkeiten auf einem gemeinsamen ästhetischen Nenner beruhen.

Die preziöse Erlesenheit eines um 1903 entstandenen Kabinettschränkchens [657], das weiß gestrichene Eiche mit Mosaikglas und versilberten Paneelen kombiniert, spricht die Sprache Wiens. Gleichzeitig gehen die unterschiedlichen Einflüsse in einer höchst kunstvollen Synthese auf: Japan steuerte die silbernen Quadrate bei, in den Figuren treffen sich Griechenland und Japan, und die Rose zeigt die flächigen Blütenblätter, die zum Leitmotiv des Art Déco werden sollten. Die schmalen Profile der Seitenstollen, die sich zu zwei »Augen« verjüngen, könnten den ähnlich geformten Beinen eines griechischen *diphros* entlehnt sein, die frühere Neoklassizisten schlichtweg ignorierten.[20] Einige Mackintosh-Tische gemahnen an diese griechischen Hocker, deren Beine häufig nach oben hin anschwellen.[21] Die gleiche simple Form, bekrönt von rudimentärem Rankenwerk (das möglicherweise als Vorbild für die Mackintosh'schen »Augen« diente), findet sich in der ägyptischen Ornamentik [658 A] sowie auf griechischen Ädikulen.[22]

658 Fragment eines ägyptischen Ornaments (A), Ornament aus einem ägyptischen Grabmal (B) und Kopfschmuck eines ägyptischen Pharao mit zwei Kobras (C) (nach Owen Jones, *Die Grammatik der Ornamente)*

A 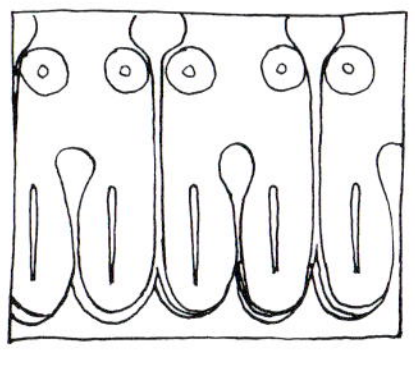 B  C 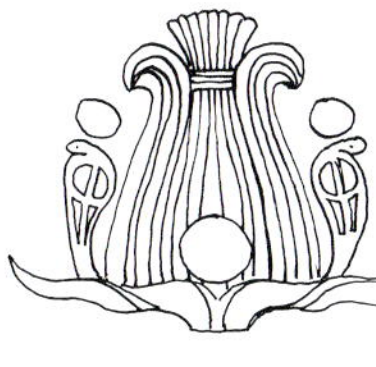

XII *Kapitel 2* Jugendstil/Neoklassizismus

659 Eine frühe Aufnahme des Foyers der Stuck-Villa in München zeigt Möbel aus Mahagoni und schwarz gebeiztem Mahagoni mit Einlegearbeiten in Elfenbein und Goldbronze; alles entworfen von Franz von Stuck; deutsch, 1897

Neoklassizismus in Deutschland und Österreich

Kurz vor der Jahrhundertwende entstanden unter dem Einfluss der Antike und früherer klassizistischer Bewegungen zwei europäische Möbelschulen, aus denen sich ein überaus vornehmer Stil entwickelte: die Wiener Sezession und die Wiener Werkstätte in Österreich sowie die Münchner Sezession, besser bekannt unter dem Namen Jugendstil (nach der in München erscheinenden Kunstzeitschrift *Jugend*). Diese beiden wurden abgelöst vom französischen Art Déco, das das gesamte Repertoire klassischer und klassizistischer Dekoration sowie das etwas abgewandelte Rokoko des ausgehenden 18. Jahrhunderts bemühte und in den 1920er Jahren seinen Höhepunkt erreichte. Auf das Art Déco wiederum folgte die Internationale Moderne der 1930er, die deutliche Anklänge an das Biedermeier und den Romantischen Klassizismus in Frankreich aufwies. Dann unterbrach der Zweite Weltkrieg die Kette.

Die den Klassizismus verherrlichende Strömung, die im späten 19. Jahrhundert Deutschland und Österreich erfasste, manifestierte sich in München in einem Gesamtkunstwerk: der palastartigen Villa Stuck, die der Maler Franz von Stuck (1863–1928) 1897/98 entwarf. Stuck, der 1892 die Münchner Sezession mitbegründete, stand (genau wie sein Malerkollege Arnold Böcklin) völlig im Bann der Antike: Seine Abbildungen kämpfender Faune sind nahezu unverändert von pompejanischen Wandmalereien übernommen,[23] bei seiner Erhebung in den Adelsstand 1905 wählte der »Malerfürst« einen Kentauren als Wappen, und nach seinem Tod wollte er in eine Toga gehüllt werden. In seiner Kunst verschmolzen griechische Architektur, Plastik und Raumausstattung mit etruskischen und pompejanischen Motiven, wobei das Ganze von einem neurotischen Symbolismus durchdrungen war, der teils direkt von Byzanz, teils von den Fin-de-siècle-Künstlern herrührte, die nichts lieber taten, als ihre eigene Epoche mit jener langen »Periode des Untergangs von Byzanz« zu vergleichen: »Eine düstere Apsis, die von mattem Gold und blutigem Purpur schimmerte und wo rätselhafte Gestalten, barbarisch und raffiniert zugleich, mit den aufgerissenen Pupillen der Neurastheniker hervorlugten.«[24] Dabei hing der Byzantinismus schon eine ganze Weile in der Luft: Alma-Tadema etwa, ein weniger origineller eklektischer Klassizist, hatte bereits 1879/80 ein »byzantinisches« Klavier entworfen.

Das eindrucksvolle Foyer der Stuck-Villa [659], dessen Ausstattung der griechischen Antike stärker verpflichtet ist als die meisten anderen Räume des Hauses, erstrahlte im Schimmer »byzantinischer« Goldmosaiken unter einer »griechischen« Kassettendecke. Es beherbergte eine Garnitur von Stuck entworfener und von einer Münchner Tischlerei angefertigter Möbel im »etruskischen« Farbschema Schwarz, Rot (Mahagoni) und Weiß (Elfenbein) sowie eine archäologisch getreue Version des pompejanischen Sphinx-Dreifußes [42].[25] Dazu gehören zwei verschiedene Hockertypen: einer mit äolischen Kapitellen und geschweiften Seitenteilen auf vergoldeten Stützen, die an einen korinthischen Spiegel (um 460 v. Chr.) in der Münchner Glyptothek erinnern, der andere [645] mit ionischen Kapitellen, einem stilisierten griechischen Blattfries, wie man es auf griechischen Vasen [48] sieht, und vergoldeten Löwenköpfen – Kopien eines gleichfalls in der Glyptothek zu bewundernden etruskischen Bronzeoriginals aus der Zeit um 540 v. Chr. In dem gewölbten Lattensitz vereinigt sich (vom Arts and Crafts inspirierte?) regional geprägte Volkskunst mit dem Archaischen. Ein zur gleichen Garnitur gehöriger Armlehnstuhl weist überwölbte Armlehnen auf, wie man sie bei jüngeren englischen Stücken wieder findet, so etwa einem Sofa (um 1867) von Godwin.[26] Stucks Möbelentwürfe sind eine kuriose Mischung aus Archaik und Avantgarde und verraten ganz klar das Erbe des griechischen »ausgesägten« Stuhles und des antiken Faltstuhls. Möglicherweise hatte er zudem altgermanische Möbel gesehen, die als Grabbeigaben entdeckt worden waren.[27]

Ähnliche Anregungen, wie Stuck sie sich holte, dürften auch bei der außergewöhnlichen Villa Kérylos (1902–1908) im südfranzösischen Beaulieu eine Rolle gespielt haben. Sie präsentierte sich als opulente Version der griechischen Antike, Resultat einer fruchtbaren Zusammenarbeit zwischen dem Historiker Théodore Reinach (1860–1928) und dem Architekten Emmanuel Pontremoli. Die Fassade ist in der Art von Hoffmanns Palais Stoclet in Brüssel (1905–1911) gehalten, lässt jedoch dessen Originalität und Vornehmheit vermissen. Möbliert war die Villa mit Reproduktionen antik griechischer Stücke.

So schön und repräsentativ Stucks Mobiliar auch ist, verblasst es doch neben dem genialen Innovationsgeist der Wiener Sezession und der Wiener Werkstätte, die die funktionale Schlichtheit klarer Linien mit den edelsten und luxuriösesten Materialien zu einem Stil von nie mehr erreichter Vornehmheit verbanden. Zu den vielfältigen Inspirationsquellen zählten ägyptische Ornamentik, byzantinische Mosaiken, romantisch-klassizistische Architektur und Biedermeierfunktionalismus sowie englische und schottische Interpretationen folkloristischer und japanischer Kunst. Die Existenzangst des Symbolismus ist präsent, doch werden die freudianischen Schatten vom Licht der griechischen Sonne gemildert.

Mit den maßgeblichsten Einfluss auf den Sezessionsstil (die Bezeichnung leitet sich von der *secessio plebis* des alten Rom her[28]) übte der Klassizismus aus – altgriechische Plastik und Baukunst, etruskische Vasenmalerei sowie römische Kunst und Architektur. Im Jahr 1895 wurde Hoffmann mit dem *Prix de Rome* ausgezeichnet, besuchte Pompeji und Sizilien und fand die Eindrücke Italiens schlichtweg »überwältigend«. Ähnlich beeindruckt zeigte sich Joseph Maria Olbrich. Er notierte 1899, die Mauern seines Ausstellungsgebäudes für die Wiener Sezession sollten »weiß und glänzend, heilig und keusch« werden. »Ernste Würde sollte alles umweben. Reine Würde, wie sie mich beschlich und erschauerte, als ich einsam in Segesta vor dem unvollendeten Heiligthume stand! … Nein, nur meine eigene Empfindung wollte ich im Klang hören, mein warmes Fühlen in kalten Mauern erstarrt sehen.«[29] Der letzte Satz bringt dabei die kalte Schönheit der Sezessionskunst – des Eis gewordenen Expressionismus' – vollendet zum Ausdruck .

In den Gemälden Gustav Klimts, die nervöse Empfindsamkeit durch extreme, zur Abstraktion hin neigende Stilisierung aufzufangen suchen, konzentrieren sich viele der genannten Einflüsse [664]. Klimt arbeitete entweder mit mosaikartig aneinandergefügten Farbfeldern oder gleich mit Mosaiken – immer aber mit sehr viel Gold. 1906 beschrieb der Kunstkritiker Ludwig Hevesi seinen Stil als ein Mosaik aus schimmerndem Metall und Emaille, zauberhaft anzuschauen wie Edelsteine, wie die Märchenwelt der byzantinischen Mosaiken von Ravenna, Palermo und San Marco.[30] Klimt gebrauchte Ranken, die zugleich mykenisch, archaisch und byzantinisch anmuten (wenige Jahre später sollten sie in den Metallmöbeln Edgar Brandts und seiner Schüler mit japanischen Wolkenformen verschmelzen [638][31]), »Edelsteine«, die auf byzantinische Mosaiken und ursprünglich wohl auf sassanidische Kunstwerke zurückgehen, sowie kleine Quadrate und Rechtecke. Hoffmann war Klimt verpflichtet, wenngleich er sich nach 1900 fast gänzlich den geradlinigen Formen der Klassik unterwarf. Hoffmanns eigenen Worten zufolge faszinierten ihn Quadrate sowie Schwarz und Weiß schon deshalb besonders, weil diese klaren Farben und Formen keiner früheren Stilrichtung angehört hatten.[32] Zurück zu Aristoteles und der Vornehmheit von Schwarz und Weiß!

Verschiedenen Quellen zufolge sind diverse Motive der Wiener den Arbeiten Mackintoshs entlehnt, und erst vor kurzem war in einer Kritik zu lesen: »Der Stil, den sie [Hoffmanns Schüler] entwickelten, wies zwar kaum Ähnlichkeiten mit den Stücken auf, die Mackintosh in Wien ausstellte, doch ihre wachsende Vorliebe für weiße Farbe, farbige Einlegearbeiten und das Quadrat als Dekoration lässt auf eine beträchtliche Kenntnis anderer von Mackintosh entworfener Möbel schließen, die in Wien nicht gezeigt wurden … Ich bin überzeugt, dass die verstärkte Verwendung geometrischer Motive in den Entwürfen der Sezessionisten auf Mackintosh zurückgeht.«[33]

Weiß und blasse, zarte Farben waren schon eine ganze Weile aktuell, sicherlich auch als Folge des Japonismus (S. 300). Whistlers *The White Girl* war 1864 entstanden; ein im späten 19. Jahrhundert gefertigter Hocker im ägyptischen Stil trägt auf weißem Grund an Owen Jones angelehnte Muster, die in einigen Details dem Stil der Wiener Sezession ausgesprochen nahe kommen [621]. Mackintosh teilte Godwins japanisch inspirierte Begeisterung für »empfindsame« Farben – Violetttöne, zartes Grün und gebrochenes Weiß –, die er gegen großflächiges Schwarz absetzte. Das Wiederaufleben des Louis-seize-Stils in Frankreich (S. 320) und anderswo [539] verhalf weiß gestrichenem Mobiliar zu noch weiterer Verbreitung.

Was das Schachbrettkaro anbelangt, könnte Mackintosh von Japan (S. 302) angeregt worden sein, doch war das Muster bereits in der altägyptischen [661], mykenischen und minoischen Kultur bekannt. Griechische Vasenmalereien bezeugen, dass es nicht nur Textilien [11], sondern auch Helme und Liegen [13] schmückte. Klimt verwendete diese Motive in einer Art und Weise, die direkt an griechische Vasen gemahnt [663, 664]. Mit großer Wahrscheinlichkeit fanden die sezessionistischen Quadrate aber eher über das Wiederaufleben des etruskischen Biedermeier als über Mackintosh Eingang. Gerade das Biedermeier bewegte sich in Österreich ja auf vertrautem Terrain: Otto Wagner und andere Wiener Entwerfer integrierten Biedermeiermöbel in ihre modernen Interieurs, und Schachbrettkaros waren gängiger Bestandteil jener griechisch inspirierten Biedermeiertextilien, die die Sezessionisten gern – und häufig nahezu unverändert – adaptierten.

Kleine Quadrate oder Karos tauchen auch in den byzantinischen Dekorationen auf, die Wagner, Hoffmann und andere Designer der Sezession auf den Gedanken gebracht haben mögen,

rechts **660** Bemalter Terrakotta-Lekythos in Form eines Sphinx; griechisch (Athen), um 400 v.Chr.

661 Ägyptischer Sarkophag mit geometrischen und anderen Ornamenten; um 2000 v. Chr.

662 Byzantinische Ornamente mit Schnörkel- und Streifenmustern, Medaillons mit Nasen und stilisierten Tieren und Bäumen in der Sala di Ruggero im Palazzo Reale, Palermo, um 1170

663 Altgriechisches Ornament – Quadrate, Flächenmäander und ein »Siegel« – einer »etruskischen« Vase; veröffentlicht in Neapel 1800–1803 von Wilhelm Tischbein (aus *Peintures des vases antiques de la collection de Son Excellence M. le Chevalier Hamilton)*

rechts **664** Voluten, Quadrate und andere Ornamente in *Erfüllung* von Gustav Klimt, einem Entwurf für die Wand des Speisesaals des Palais Stoclet, Brüssel; österreichisch (Wien), um 1905–1909

665 Ornament einer griechischen Vase (nach Owen Jones, *Die Grammatik der Ornamente)*

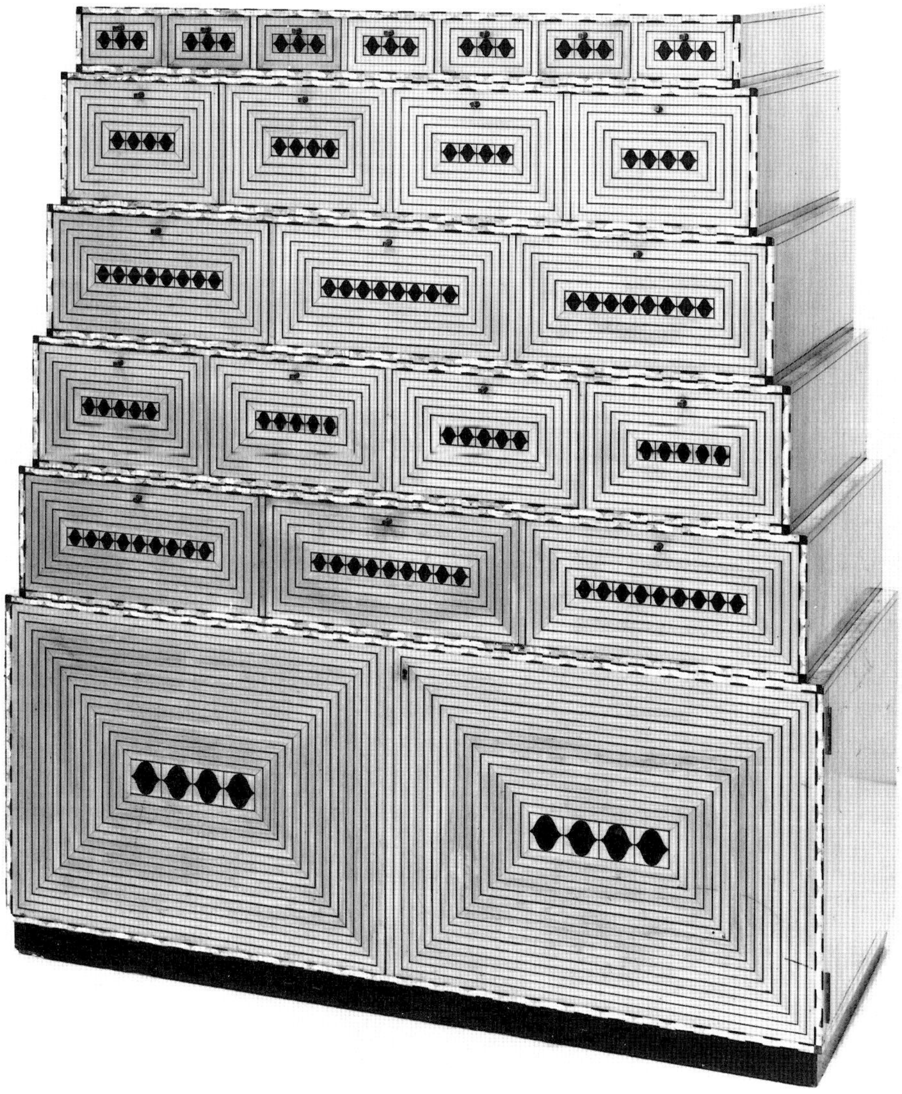

666 Kommode aus Ebenholz, Buchsbaum und Perlmutt, entworfen von Eduard Josef Wimmer-Wisgril und gefertigt von Wilhelm Niedermoser; österreichisch (Wien), 1908

Dreiecke, stilisierte »Bäume«, lang gezogene Rechtecke und bisweilen auch Mäander in langen Bändern anzuordnen, die jenen byzantinischer oder Cosmaten-Mosaiken verblüffend ähnlich sehen (Mosaiken bestehen bekanntlich aus quadratischen Steinchen!) [107, 662]. Ähnliche Zierleisten betonen die Konturen sezessionistischer Bauten und schmücken in Interieurs Wandfelder und Türrahmen sowie Möbel [666]. Die kontrollierte Kühle, strenge Pracht und hieratische Grandeur sowie die prunkvolle, häufig intarsien- und manchmal sogar edelsteingeschmückte Oberflächengestaltung der Wiener Werkstätte haben ihren Ursprung in Byzanz. Der Innenraum der von Otto Wagner entworfenen Kirche am Steinhof in Wien macht das byzantinische Erbe offensichtlich. Die Hängeleuchten von Otto Prutscher[34] verraten den Einfluss byzantinischer Lampen, wie man sie noch heute in orthodoxen Gotteshäusern findet. Aus der hellenistischen Antike hingegen stammen die plastischen Schmuckfriese, die den *goût grec* geprägt hatten. Als Blumen und Früchte uminterpretiert, wurden sie, ebenso wie die pausbäckigen Putten, an das französische Art Déco weitergereicht [669]. Ein griechischer Sphinx [660] könnte ebenso gut als Wiener Porzellanornament durchgehen. Weitere Hauptmotive der Wiener Werkstätte waren geometrische und im maurischen Stil verschlungene Ornamentleisten.

Wiener Mobiliar kann puristisch schlicht [544], aber auch außerordentlich reich verziert sein – immer jedoch zeigt es Präsenz. Olbrichs Goldener Stuhl besaß trotz üppiger Dekoration die geometrische Erhabenheit eines byzantinischen Throns,[35] und eine 1908 aus Ebenholz, Buchsbaum und Perlmutt gefertigte Kommode [666] zeigt die byzantinische Vorliebe für Streifendekors – übersetzt in eine neue Sprache. Das von dem Hoffmann-Schüler Eduard Josef Wimmer-Wisgril (1882–1961) entworfene Möbel[36] hätte dem »Quadratl-Hoffmann« sicherlich gefallen. Die voluminöse Stufenform erinnert an verschiedene antike Bauten: das zu den sieben Weltwundern zählende Grabmal Mausolos' II. in Halikarnassos (353 v. Chr.), die vier symmetrisch gestuften Türme der bei Montfaucon abgebildeten »Porte de Meste en Cilicie«[37] und die altägyptische Stufenpyramide, auf die sich Adolf Loos[38] bei seinem Entwurf für das Mausoleum für den österreichischen Kunsthistoriker Max Dvorak (1921) explizit berief. Der Dekor der Kommode erinnert an griechische und römische Kassettendecken. Weniger überspitzt und zudem am Originalplatz an der Raumdecke, schmücken die konzentrischen Rechtecke die Kärntner Bar (1908 – exakt im gleichen Jahr wie die Kommode) in Wien, eine weitere Arbeit von Loos, der übrigens auch bei seinen Möbelentwürfen Rechtecke einsetzte.

Kaum weniger meisterhaft sind ein Bücherschrank [667] sowie Schreibtisch und Stuhl, die Koloman Moser (1868–1914) im Jahre 1903 für das Frühstückszimmer einer Wiener Wohnung entwarf und deren strenge, geometrische Formen mit kunstvollen Furnierarbeiten aus Thuja und Satinholz kontrastieren. Die Quadrate gemahnen an den griechischen Mäander, während die vertikal ausgerichteten »Trompeten« ein Muster ins Gedächtnis rufen, das man häufig in hellenistischen Mosaiken[39] antrifft [668]. Eben dieses Mosaikdessin schmückte unter anderem eine fiktive, also gemalte – und teils mit Trompe-l'œil-Schildpatt verzierte – Tür einer römischen Villa in Boscoreale.[40] In Anbetracht der Verwandtschaft zwischen Portalen und Möbeln liegt es nahe, dass dasselbe

667 Bücherschrank mit Thuja- und Satinholzfurnier und Messingbeschlägen, entworfen von Koloman Moser und gefertigt von Caspar Hradzil; österreichisch (Wien), 1903

668 Detail eines römischen Mosaiks aus Pompeji, publiziert in Neapel 1808 (aus *Gli ornati delle pareti ed i pavimenti … dell' antica Pompeii)*

gegenüber **669** Frisiertisch und Stuhl aus geschnitztem, vergoldetem und bronziertem Holz, entworfen von Paul Follot; französisch, 1913

Muster auch an antikem Mobiliar Verwendung fand. Seine Ursprünge liegen in Ägypten – die »Trompete« ist der Geist der Lotosblume [620] –, doch es gleicht auch der dachziegelartigen Ornamentierung hellenistischer Sarkophage [185]. Griechischer Einfluss zeigt sich zudem an den Figuren im Messingfries des zum Bücherschrank gehörigen Schreibtisches[41] (ihre Gewänder tragen dieselben Schachbrettborten wie auf griechischen Vasen abgebildete Kleidung). Die heroische Haltung archaisch griechischer Kuroi und byzantinischer Heiliger finden sich vielfach in Architektur, Mobiliar und Porzellan der Sezession und Wiener Werkstätte wiederholt. Typisch für die Wiener Schule ist der Einsatz kleiner Glasquadrate oder -rechtecke mit schräg geschliffenen Kanten, die dem allgemein strengen Stil zusätzlich kühle Brillanz verliehen.

Französisches Art Déco

Da es das Art Nouveau niemals schaffte, die Herzen der Franzosen vollständig zu erobern, konnte weiß bemaltes Louis-seize- und Directoire-Mobiliar in den 1890er Jahren ein Comeback feiern. Sammler begannen entsprechende Stücke anzukaufen, und es entwickelte sich ein reger Markt für Rekonstruktionen. Auf Bildnissen des Modemalers Paul Helleu sitzen die Damen und Herren der feinen Gesellschaft auf solchen Möbeln Porträt. In den ersten Jahren des neuen Jahrhunderts spielten talentierte Entwerfer verschiedene Variationen zum Thema Louis-seize, Directoire und anderer neoklassizistischer Stile durch. Das französische Art Déco, dominierender Stil der 1920er Jahre, war größtenteils eine Kombination dieser historisierenden Einflüsse, verbunden mit anderen aus München und Wien, die ihrerseits jedoch ebenfalls auf neoklassizistischen Quellen basierten. Viele Art-Déco-Motive finden sich bereits 1906 in der Münchner Zeitschrift *Die Kunst*[42]. Bedeutende Wirkung übten hierbei avantgardistische Maler aus, die kubistische, futuristische und surrealistische Elemente einbrachten. Trotz dieser »anti-klassischen« Einflüssen war das Art Déco eine im Grunde neoklassizistische Strömung – aber eben erfrischend originell und Welten entfernt von den sklavischen Historizismen des zeitgleichen englischen Neoklassizismus. Schon 1915 war der Stil voll entwickelt; die Pariser Ausstellung der »arts décoratifs«, von der das Art Déco seinen Namen ableitet, hätte eigentlich zehn Jahre früher stattfinden müssen. Gezeigt wurde ausschließlich »moderne Kunst. Nachahmungen, Reproduktionen oder Persiflagen älterer Stile [waren] nicht zugelassen«.[43]

Die Internationale Moderne, die etwa 1925 aufkam und die 30er Jahre dominierte, wird häufig dem Art Déco zugerechnet, ist genau genommen aber ein eigener Stil, dessen Ursprünge in Biedermeier, afrikanischer Kunst, Kubismus und Bauhaus liegen. Natürlich existierten Überschneidungen mit dem »echten« Art Déco, doch gab es gerade im Art-Déco-Lager heftigen Widerstand gegen »diesen an Unvernunft grenzenden Rationalismus … [diese] geometrischen Abstraktionen … diese jämmerliche Nüchternheit«. Französische Designer wurden beschworen, sich vor diesem »Geist der Mäßigung, den Athen an Paris vererbte« in Acht zu nehmen.[44]

1930 lud die Société des Artistes Décorateurs den Deutschen Werkbund zu ihrer Frühjahrsausstellung ein, wo die beiden Extreme aufeinanderstießen: Die sachlich-funktionalen Entwürfe des Werkbunds (S. 272) wurden als Erinnerung an jene barbarische Existenz verunglimpft, »die viele von uns in der Kaserne kennen gelernt haben«.[45] Trotzdem trug der deutsche Einfluss dazu bei, das Art Déco etwas »abzukühlen«, und in den 30er Jahren entstandene »klassisch-moderne« Entwürfe von Designern wie Jean-Michel Frank (S. 304) und Serge Chermayeff [546] enthalten neoklassizistische Stilzitate.

Einer der ersten Möbeldesigner, die dem Art Déco eine eigene Formensprache verliehen, war Paul Follot (1877–1941), der an-

gegenüber, oben **671** Bronzemöbel von A.-A. Rateau im Schlafzimmer der Modeschöpferin Jeanne Lanvin; gesamte Innenausstattung von Rateau; französisch, 1920–1922

gegenüber, unten **672** Tisch aus geätztem Glas und verchromtem Stahl von René Lalique; französisch, um 1930

fangs den Präraffaeliten und auch der Gotik verpflichtet war, sich ab 1909 aber der neuen Bewegung anschloss. Seine – allem tief sitzenden Neoklassizismus zum Trotz – immens originelle Ausdrucksform zeigt sich in einem Frisiertisch mit Stuhl [669], der bereits 1913 entstand.[46] Obwohl beide Stücke erkennbar historisierende Tendenzen nach Manier des *goût grec* aufweisen, zeugen die plastisch ausgearbeiteten Füllhörner samt stilisierten Blüten und Früchten doch von einem gewissen Einfluss der Bildhauerei und einem Hang zur Abstraktion. Andere Merkmale – etwa die fließenden Linien des Stuhlrückens und die Neigung der Füllhörner – sind hingegen deutliche Nachklänge des Art Nouveau.

Dekorateure, die gleichzeitig als Designer und Modeschöpfer arbeiteten, und professionelle Dekorateure, die *keine* (Innen-) Architekten waren, darunter auch eine ganze Reihe Frauen, spielten im Art Déco eine Schlüsselrolle. Der erste Art-Déco-Designer war jedoch ein Mann, der Couturier Paul Poiret, der unter dem Eindruck der Wiener Werkstätte 1912 eine Schule für angewandte Kunst einrichtete, die für ihre leuchtenden Farben und schwungvolle Strichführung berühmt wurde.[46] Auf diese »Maison Martine« wirkten sowohl folkloristische Elemente (die via Wiener Werkstätte vom britischen »Landhausstil« kamen) als auch neu-griechische sowie die weltberühmten Ballets Russes. Poiret leugnete zwar russische Einflüsse, die den Geschmack seiner Klientel dennoch stark geprägt haben dürften, und dies nicht nur in Frankreich. »›Wir hören, Ihr plant die halbe Kathedrale abreißen zu lassen‹, sagte Miss Wookie betrübt, ›und ein Fenster im Stil der Ballets Russes einzubauen. Ist das wahr?‹«[47]

Jean Ajalbert, Leiter der Beauvais-Wandteppich-Manufaktur, beschäftigte zwischen 1920 und 1934 Avantgardekünstler und -designer wie Dufy und Follot. Letzterer entwarf unter anderem das gepolsterte Sitzmöbel-Ensemble *Le Parc* [670]. Die Bezüge der Manufaktur Beauvais präsentieren sich im stilvollen Prunk des französischen Art Déco, geprägt vom Atelier Martine und den Balletts Russes: ein klassisch formeller Garten mit Bögen und Wasserspielen, umgeben von leuchtend farbigen Art-Déco-Blumen, in denen sich bäuerliche und japanische Kunst die Hand reichen, während das Gitterwerk des Sitzes an die Lehnen für das Schloss Seehof gefertigter Stühle [315] erinnert, bei denen formale und rustikale Elemente ebenfalls verschmelzen. Diese Blumen muten vollkommen anders an als die kühlen stilisierten Rosen von Entwerfern wie Ruhlmann. Doch gerade die gefüllte Rose, wie sie auf *Goût-grec*-Möbeln [339] und Arbeiten Mackintoshs [657] erscheint, eroberte in den 1920er Jahren die gesamte Welt der Einrichtung und blühte bald auf Kommoden und Tapeten, Teppichen und Vasen. Die zurückhaltende Eleganz der Rahmen aus bemaltem und teilvergoldetem Nussbaum verweist auf das französische Rokoko: nur eine leichte Wölbung anstatt geschweifter *cabriole legs.*

670 Bemalter und teilvergoldeter Nussbaumfauteuil und -stuhl, gepolstert mit Beauvais-Tapisserie; Stücke aus dem Ensemble *Le Parc,* entworfen von Paul Follot; französisch, um 1925

Einflüsse des klassischen Altertums

Die griechische Antike war wieder modern, und Poiret gehörte zu ihren eifrigsten Anhängern. In der Bekleidungsindustrie hatte es schon früher griechische Moden gegeben, Anfang des 19. Jahrhunderts etwa und in den »Regency-Revival«-Illustrationen von Walter Crane und Kate Greenaway (selbst Poirets berühmter Befreiung der Frau vom Korsett war im frühen 19. Jahrhundert ja die skandalöse, weich und figurbetonend fließende »Griechen«-Mode vorausgegangen). Griechischer Einfluss begleitete die Avantgardemalerei: Picasso, Mitbegründer des Kubismus, durchlief in den 1920er Jahren eine ausgeprägt neoklassizistische Phase. Die Komposition seines Gemäldes *Guernica* (1937) leitet sich, unabhängig von allen revolutionären Tendenzen, von griechischen Vasen und Gravuren ab.[48]

Der direkte Einfluss antiker Möbel und Ornamente im Gegensatz zur Wirkung klassizistischer Elemente manifestierte sich erneut in den 1920er und 1930er Jahren. Besonders individuell kommen ihre Motive an dem grün patinierten Bronzemobiliar von Armand-Albert Rateau zum Ausdruck, dessen originelle (Möbel- und Ausstattungs-)Entwürfe eine außergewöhnliche exotische Note beinhalten und auf griechische, etruskische, römische, minoische, syrische und persische Stilzitate zurückgreifen. Trotz dieses Eklektizismus wirken Rateaus unverkennbare Arbeiten ausgesprochen edel [671]. Auch der Designer und Ausstatter Diego Giacometti schätzte antike Möbel und entwarf Tische, Leuchten und Lüster, deren korrodierte Optik an angerostete Metallmöbel erinnert, wie Archäologen sie in Pompeji und Herculaneum freilegten. Für Jean-Michel Frank fertigte er zudem ausgezeichnete Gipsnachbildungen altägyptischer Lampen.

Klassische Motive wurden in einen ganz und gar neuen Möbeltypus umgewandelt. René Lalique (1860–1945) schöpfte aus allen erdenklichen Stilrichtungen und verknüpfte sie zu wunderschönen, originellen Gestaltungsideen. Er besaß ein exquisites Gespür für Farb- und Linienmelodik, das vielen seiner Werke poetische Schönheit verlieh. Lalique begann als Goldschmied, wandte sich aber 1901 der Glaskunst zu. Die kühle Klarheit eines Glastisches mit verchromtem Stahlgestell aus der Zeit um 1930 [672] brachte die Verbindung Glas–Metall, die im Grunde keineswegs neu war [458], auf den neuesten Stand. Obwohl das Möbel weder Säulenbasen noch Kapitelle aufweist, ist der Bezug zur klassischen Kannelierung klar erkennbar, und die Wölbung des Sockels erinnert an den Trochilus eines Säulenfußes. Die Vielseitigkeit von Ornamentierung wird an der Verwandtschaft zwischen dem rechtwinkligen Dekor der Tischplatte und den geraden Linien und rechten Winkeln in den Gemälden Piet Mondrians offensichtlich, der jedoch einen völlig anderen Möbelstil inspirierte.

An einem Punkt der Geschichte, den man aus Gründen »politischer Korrektheit« nach wie vor weithin ignoriert, wurde der Klassizismus bedauerlicherweise größenwahnsinnig. Deutschland hatte – politisch bedingt – zwar auf der Ausstellung 1925 keinen Stand gehabt, übte jedoch durch seine revolutionäre Avantgarde beträchtlichen Einfluss aus. In den 1930er Jahren unterdrückte das nationalsozialistische Regime diese Avantgarde dann aber zugunsten eines bedrohlichen Klassizismus nach Manier des Architekten Albert Speer (der übrigens auch Möbel entwarf).

Nun ging das anhaltende Interesse an antiken Vorlagen Hand in Hand mit fortschreitender Ignoranz: Entwerfer, jahrhundertelang an klassischen Motiven geschult, bekamen jene Zersplitterung zu spüren, die jegliches Lernen seither zunehmend lähmt. Die naive Bekehrung des angloamerikanischen Dekorateurs T. H. Robsjohn-Gibbins (1905–1976) zur griechischen Kunst 1933 (Unternehmungen wie die Villa Kérylos, S. 317, waren offenbar von ihm unbemerkt geblieben) verdeutlicht, dass mittlerweile tatsächlich manch ein erfolgreicher Designer keinerlei Vorbildung in Sachen antike Kunst besaß. Aber lassen wir ihn die Geschichte selbst erzählen: »Ich entwarf die Ausstattung einer Londoner Firma … Die eleganten Räume waren eine Mischung aus Queen Anne, georgianischen und spanischen Stilrichtungen … Ich ging häufig ins British Museum, [wo ich] auf einem griechischen Leuchter einen Miniaturstuhl sah. Wie ich später herausfand, wurde er … Klismos genannt. Durch diese Entdeckung aufmerksam geworden, betrachtete ich die bemalten griechischen Vasen mit ganz neuen Augen und erblickte Stühle, Sofas, Hocker, Truhen und Tische … Es ist schwer zu beschreiben, welche Erregung mich erfasste.« Er »sah Möbel, die jung waren, an denen die Jahrtausende spurlos vorübergegangen waren« (eine Reaktion, die genau an die Plutarchs auf die Akropolis erinnert, S. 32). »Diese Möbel strahlten Lebendig-

673 Eichenstuhl von Gunnar Aagaard Andersen; dänisch, 1964

rechts **674** Frisiertisch mit Paduk- und Amarantfurnier und Einlegearbeiten aus Ebenholz und Elfenbein; von J. E. Ruhlmann; französisch, 1919–1923

675 Zwei Stühle aus Palisander, gefärbtem Chagrinleder und Perlmutt, entworfen von Clément Rousseau; französisch, um 1925

keit aus. Nichtsahnend war ich in eine völlig neue Welt geraten«[49] (er meinte natürlich eine sehr alte!). 1936/37 bildete Robsjohn-Gibbins einen »griechischen« Raum nach – mit griechischem Mobiliar, griechischem Mosaikboden und gewachsten Gipswänden. Nachdem »alle Besucher gegangen waren, setzte ich mich hin und schaute mich um. Es erweckte überhaupt nicht den Eindruck, als seien die Stühle und Tische um mich herum vor mehr als zweitausend Jahren entworfen worden. Die Zeit besaß keinerlei Macht, war hinfällig.«

Von Robsjohn-Gibbings entworfene Möbel sind auf raffinierte Weise »beruhigender« als die Originale. Die Zargen seiner Hocker sind beispielsweise nicht so übertrieben hoch wie die der griechischen Vorläufer. Ferner erwähnt Robsjohn-Gibbings – obwohl er von der Wissenschaftlerin Gisela Richter unterstützt wurde – nie die Möglichkeit, dass der Original-Klismos aus Bugholz hergestellt worden sein könnte.

Einer ganz anderen, kraftvolleren Variante griechischer Neubelebung begegnet man in den archaischen Formen eines (in der Tradition Abildgaards [393, 395] stehenden) Dänen: Ein 1964 von Gunnar A. Andersen entworfener Stuhl vereint die Stärken der klassischen Antike mit denen folkloristischer Kunst [673].[50]

Der Einfluss von Biedermeier und kubischer Moderne

Der Möbelstil der 1920er und 1930er Jahre war in vielfacher Hinsicht dem Dekorativen und Funktionalen des Biedermeier verpflichtet. Diese Aspekte kamen hauptsächlich via Sezession und Wiener Werkstätte zur Wirkung, wenngleich auch die Publikation illustrierter Bücher über Biedermeiermobiliar in den 1920er Jahren das echte Biedermeier wieder verstärkt in den Blickpunkt rückte.[51] Zudem war das raumgreifende französische Empire von Einfluss. Die »grande sévérité [des] années 1930«[52] – in anderen Worten: die Moderne – verdankte beiden viel. Es wäre falsch, »moderne« kubische und volumetrische Formen allein kubistischen und funktionalistischen Einflüssen zuzuschreiben.

Die dekorativen Bestrebungen des Biedermeier-Erbes zeigen sich in zwei kunstvoll gearbeiteten Stühlen von Clément Rousseau [675]. Beider Lehnen kommen dem Biedermeier sehr nahe – lediglich die elementare Kreisform (die das eher »taillierte« Biedermeier ersetzt) verweist auf das Art Nouveau. Die Motive unterhalb des Sitzes – halb Sonnenstrahlen, halb Chrysantheme – sowie die Blüten, die die Rückenlehnen schmücken, tragen entfernt japanische Züge.

In der Werkstätte Jacques-Emile Ruhlmanns (1879–1933), des wohl namhaftesten Innenausstatters und Möbeldesigners des Art Déco, wurden ausgesprochen edle (und entsprechend teure) Stücke aus kostbaren Materialien gefertigt. Zwischen Entwurf und Fertigung vergingen manchmal bis zu acht Jahre.[53] Ruhlmanns neoklassizistischer Stil basierte auf dem Vorbild anderer neoklassizistischer Strömungen; Zitate aus der Antike blieben die Ausnahme. Nachhaltigen Einfluss übten der »Revolutionsarchitekt« und -entwerfer Ledoux [329], das Empire und der Biedermeierfunktionalismus aus. Bisweilen betrachtete Ruhlmann den Neoklassizismus auch durch die Brille der Sezessionisten. Jedenfalls wurde sein Stil immer sachlicher und schlichter. Ein Frisiertisch präsentiert sich als Gipfel des Luxus [674]: Das Gestell an sich zeigt den Einfluss von Empiretischen, die »Kanneluren« der tragenden Vase rücken diese in die Nähe einer klassischen Säule. Die Punktereihen sowie die Voluten unterhalb des Glases scheinen Wien und »etruskischen« Vasen verwandt, während das Dekor der Ebenholz-Elfenbein-Intarsien der Tischplatte an vergrößerte Chagrinmusterung und sogar die Einlegearbeiten auf dem 1922 entdeckten Thronsitz Tutanchamuns [4] erinnert. Das perfekte Rund des Spiegels ist eine Elementarform. All diese Elemente fügen sich meisterhaft zu einem Ganzen, das nicht im geringsten historisierend wirkt. So sehr sich der Frisiertisch von Ruhlmanns 1921 entworfenen

»Sonnen«-Bett [676] unterscheidet, steht hinter beiden doch derselbe Gedanke. Hier freilich diente biedermeierliche Geometrie als Vorlage. Die Furnierhölzer sind schlicht, aber kunstvoll so angeordnet, dass sie Sonnenstrahlen gleichen, und das Kopfteil, in das zwei Nachttischchen integriert sind, bestimmt mit seinen drei riesigen Kreisen das Gesamtbild.

Die oben angesprochenen an der Klassik orientierten feudalimposanten, repräsentativen Stilrichtungen waren nichts für zaghafte Gemüter, die vermutlich schon allein die kostbaren Materialien abgelehnt hätten, mit denen man diese Möbel assoziiert. So beschränkte sich auch das britische Regency Revival auf eine elitäre Minderheit, und das wohl stattlichste neoklassizistische Anwesen Großbritanniens, The Grange in Hampshire, stieß auf Ablehnung, als es mitsamt Inventar dem Staat zum Kauf angeboten wurde.[54] John Betjeman brachte die vorherrschende Stimmung auf den Punkt: »Den Kubismus mochten wir nicht, aber uns gefiel das Reine, Einfache, Skandinavische [540] … Marmor, Bronze und Gold waren out, Pastelltöne in.«[55] Rein, einfach, skandinavisch … Der Weg war frei für »Habitat«.[56]

Der Einfluss von Groteske und Surrealismus

Maler und Bildhauer behielten ihren Einfluss auf das Möbeldesign und zeigten sich insbesondere in den 1930er Jahren aktiv. Ihr Aktionsradius war bemerkenswert. Zwei überaus produktive Künstler, gleichermaßen fasziniert von Antike und Renaissance (und auch dem Gotischen nicht abgeneigt), waren Gio Ponti (1892–1979) und Pietro Fornasetti (1913–1988). Als Italienern galt ihr spezielles Interesse natürlich italienischen und römischen Altertümern. (Um die Leichtigkeit und Stabilität von Aluminum zu demonstrieren, fertigte Ponti 1930 einen großen Prunktisch, dessen Beine nahezu »archäologisch« reine Nachbildungen römischer konkav/konvexer Drechselarbeiten waren.)[57] Der Architekt Ponti arbeitete auch als Maler und entwarf Geschirr, Möbel, Bestecke und Stoffmuster. Seine ebenso distinguierten wie witzigen Designs greifen häufig Themen aus der Antike auf, und seine Möbel erforderten großes handwerkliches Geschick.[58] Ein Bett und ein Kleiderschrank [677], in Zusammenarbeit mit Piero Fornasetti entworfen, zeugen von der Kombination aus Phantasie und Funktionalität, die alle Gemeinschaftsprojekte der beiden auszeichnet.

676 »Sonnen«-Bett aus Makassar-Ebenholz und weißer Eiche, von J.-E. Ruhlmann; französisch, entworfen 1921

677 Bett und Schrank aus bedruckter Hartfaserplatte und laminiertem Holz mit passend bedruckter Tagesdecke, entworfen von Gio Ponti und Piero Fornasetti; italienisch, 1951

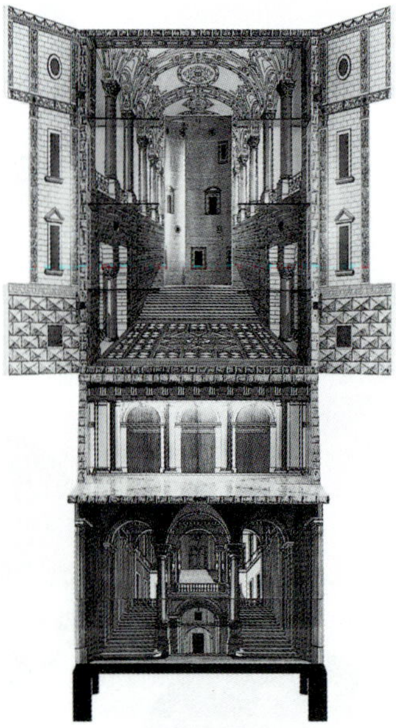

678 Sekretär aus Hartfaserplatte und laminiertem Holz, entworfen von Gio Ponti und Piero Fornasetti; italienisch, Erstentwurf 1951, Aufsatz und Beine später von Fornasetti verändert

Die Motive innerhalb der geometrischen Felder sind abstrakt – wirken sie aber nicht in gewisser Weise wie Aufnahmen bewegten Lichts? Und erinnert nicht auch das Kopfteil an Flugzeugflügel, die sich gleichfalls im Licht bewegen? Andere Arbeiten von Fornasetti machen deutlich, dass die Muster ähnlich angeordnet sind wie bei »pompejanischen« grotesken Malereien. Beispielsweise zeigt der »Paravento Pompeiano«, ein deutlich der grotesken Malerei verpflichteter Wandschirm aus dem Jahr 1952, exakt dieselben asymmetrischen Quadrate, diesmal jedoch mit (grotesk dargestellten) antiken Objekten gefüllt.

Überhaupt zählte die Groteske zu Fornasettis wichtigsten Inspirationsquellen. Beispiele sind unter anderem die Fische und Schlangen, mit denen er – beeinflusst von Mosaiken – Teller schmückte. Seine Vorliebe für die Grotesken – wer käme schon auf die Idee, einen Gladiatorenfuß samt Bein als Schirmständer dienen zu lassen – bildet einen merkwürdigen Gegensatz zu der teutonisch-ernsten Erhabenheit des Modern Movement.

Fornasetti bediente sich traditioneller Designmethoden und sammelte Themen aus Antike, Renaissance und Manierismus, indem er antiquarische Architekturbücher und andere »Enzyklopädien« durchforstete – eines seiner Lieblingsmotive, die strahlende Sonne, dürfte einem frühen Emblembuch entnommen sein.[59] So dekorierte er Pontis Schränke, Kommoden, Schreibmöbel und Stühle mit etwas, das man »perspettiva povera« [678] nennen könnte: nicht Marketerie, nicht einmal Bemalung, sondern bedrucktes Papier, Schwarz auf gebrochenem Weiß, das auf Holzfaserplatten geklebt wurde. Vom Handwerklichen her sind diese Stücke perfekt, und sie entfalten echten Charme.

Ebenfalls in den 1930er Jahren wurde auch der alte Ruinenkult wiederentdeckt. Diderots Ausruf von 1767 »Oh! les belles, les sublimes ruines! … une douce mélancolie«[60] könnte als Motto einen Garderobeschrank zieren [679], der 1939 entstand – in einem Jahr, das vielen Ruinen vorausging, die alles andere als »sublimes« und »douces« waren. Auf einen Korpus von klassischer Primitivität sind hier jedoch nicht die malerisch elegischen Ruinen eines Hubert Robert gemalt, sondern die brutalistischen Piranesis und des Romantischen Klassizismus. Der Schöpfer des Möbels, Eugène Berman (1899–1972), dessen Initialen auf einem dem »Schlussstein« angehefteten Stückchen Trompe-l'œil-Papier erscheinen, war Exilrusse und ein renommierter Maler und Bühnenbildner. Mit Berman wären wir beim Surrealismus angekommen. Der unterschwellige Irrationalismus surrealistischer Möbel folgte einem Credo, das viel mit dem Symbolismus der 1880er und 1890er Jahre gemein hatte. Die Einflüsse reichten über Baudelaire bis in die symbolische Traumwelt der Groteske zurück. (1792 wurde die Arabeske – im Sinne der Groteske – passenderweise als »Träume der Malerei« bezeichnet.[61]) Dabei war surrealistische Phantasie größtenteils nichts anderes als das groteske »Haus des Schlafes«[62], das zugunsten der Lehre des Wiener Hexenmeisters jeglichen – oder fast jeglichen – mythologischen Inhalts beraubt worden war. Die surrealistische Ära Dalís, Buñuels, Cocteaus und Schiaparellis war zugleich eine Zeit, in der neubarocke Dekoration in gewissen Kreisen Kultstatus erlangte: Ein Trendsetter war Carlos de Beistegui, der, seine ursprüngliche Begeisterung für Le Corbusiers »unbewohnbare Maschine« Lügen strafend, seine Wohnung an den Champs-Elysées mit barocken und neubarocken Stücken ausstattete. In England verwandelte Edward James das von Lutyens erbaute Monckton House in Sussex in ein surrealistisches Meisterwerk. Leider wurden Mobiliar und Kunstwerke nach James' Tod verkauft und in alle Winde zerstreut. Eines der vollständigsten surrealistischen Interieurs war unwiederbringlich zerstört. James, der sowohl mit Berman als auch Dalí befreundet war, wurde von letzterem als »Kolibri-Dichter« bezeichnet, der »aphrodisierende Hummer-Telefone bestellte, die besten Dalís kaufte und natürlich der reichste [seiner] Freunde war«.[63] Dalí lebte mehrere Jahre auf James' Kosten in Sussex und entwarf Ausstattungsgegenstände für den Landsitz.

In der Bibliothek von Monckton House (deren Filzwände ein Mekka für Motten waren!) standen zwei von Dalís berühmten »Mae-West-Lips«-Sofas (um 1936) [680]. Das Lippenmotiv war schon früher auf Bildern von Dalí aufgetaucht. Auf einem Entwurf[64] sieht man hinter einer Portiere (aus dem Haar von Mae West) das »Lippen«-Sofa vor einem von zwei »Augen«-Gemälden flankierten »Nasen«-Kamin. Realisiert wurde das Sitzmöbel erstmals in Paris von Jean-Michel Frank, der es für Schirapelli mit pinkfarbener Seide bezog. Die Monckton-Sofas, mit einem Bezug aus hell- und dunkelrosafarbenem Filz, entstanden bei Green and Abbot. Das Design ist eine brillante Synthese aus Surrealismus und

679 Garderobe aus Fichtenholz mit Öl auf Leinwand, entworfen und bemalt von Eugène Berman; französisch, 1939

Neubarock. Die natürliche, simple Lippenkontur überspielt die Übergänge zwischen der sinnlich geschwungenen Polsterung und den Linien zeitgenössischer Polstermöbel im Stil des Neubarock und Rokoko, wobei die Silhouette der »Oberlippe« als abstrahierte Version der ständig überarbeiteten gegenläufigen Volute angesehen werden kann, die häufig klassische Sarkophage und Altäre zierte [477]. Diese Kombination althergebrachter Formen mit witzigen Innovationen ist ein Charakteristikum sowohl der »neuen Groteske« Fornasetti'scher Spielart als auch praktisch allen surrealistischen Mobiliars. Als wesentlicher Bestandteil des surrealistischen Schocks ist es unterhaltsam und bisweilen sogar schön – hat aber stets einen parodistischen Unterton, der beklommen macht. Und es birgt seine Gefahren:

Der Komponist: »Man könnte das Spiel potenzieren, indem man mit Formen spielte, aus denen, wie man weiß, das Leben geschwunden ist.«

Der Teufel: »Ich weiß, ich weiß. Die Parodie. Sie könnte lustig sein, wenn sie nicht gar so trübselig wäre in ihrem aristokratischen Nihilismus.«[65]

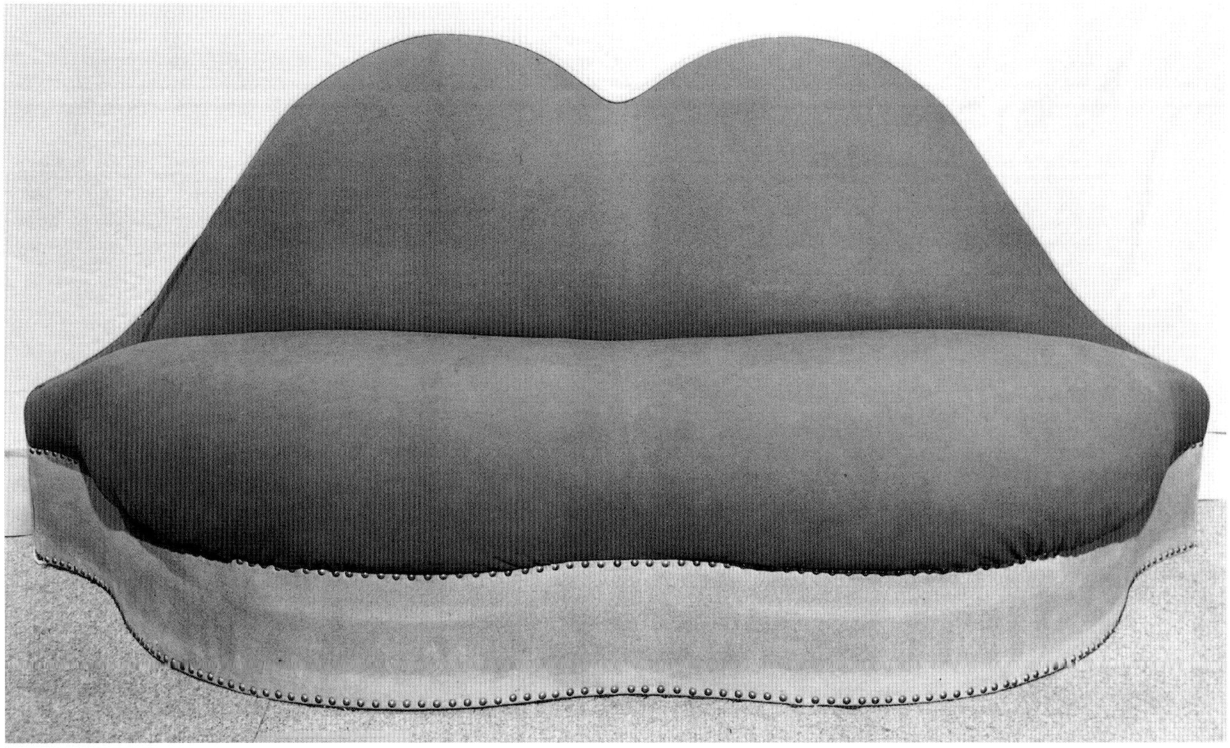

680 Das Sofa »Mae West Lips«, entworfen von Salvador Dalí und mit rosafarbenem Filz bezogen von Green and Abbott, um 1936

Epilog

Bauer: »Ach, Herr, Jupiter kenn' ich nicht; mit dem hab' ich all meine Lebtag nicht getrunken.«[1]

Wie steht es nun mit der Gegenwart – und wie mit der Zukunft? Vielleicht lässt sich diese Frage besser beantworten, wenn wir uns die Umstände genauer ansehen, unter denen die Möbel früherer Zeiten entstanden.

Selbst die bescheidensten Gegenstände des täglichen Gebrauchs leben von der Größe der Vergangenheit. Einen »Mülleimer« ziert »bescheidene Kannelierung – ein letzter Widerhall der Säulenschaftkanneluren«, und auf seinem Deckel erscheinen Kreise, die »wie kleine Wellen von einem phantastischen alten Mittelpunkt ausgehen«.[2]

Möbel, natürlich keineswegs »Müll«, aber dennoch eine mindere Kunstform, kommen am besten als Teil eines als Interieur bezeichneten Ganzen zur Geltung – und zwar insbesondere dann, wenn dessen Dekoration einem fähigen Künstler oder Architekten oblag. Nicht von ungefähr waren die bedeutendsten Möbelstücke zurückliegender Epochen in aller Regel Teil eines größeren Ausstattungskonzeptes oder wurden speziell für ein bereits bestehendes Interieur entworfen und gefertigt. Je mehr Möbel als unabhängige Einzelstücke betrachtet werden, desto unglaubwürdiger und beiläufiger wird ihr Design aller Wahrscheinlichkeit nach ausfallen.

Erleben die schönen Künste eine Blüte, floriert die »angewandte« Kunst, darunter das Möbeldesign, mit ihnen. Sind Erstere im Niedergang begriffen, macht auch Letztere eine Tiefphase durch. Bezüglich der Befindlichkeit zeitgenössischen Mobiliars muss die erste Frage somit lauten: Was haben heutige Architektur, Plastik und Malerei zu bieten, das jenem förderlich sein könnte? Weitere Fragen wären: Bildet unsere Gesellschaft eine kulturelle Einheit, die über die von Kapitalismus, Materialismus und Konsumdenken oktroyierte hinausgeht? Gibt es einen originären kreativen Einrichtungsstil (abgesehen von den mannigfaltigen Arten des Eklektizismus, der schwerpunktmäßig immer auch Möbel vergangener Stilepochen einschließt)? Dürfen die Künste auf Förderung durch kritische, intellektuell und wirtschaftlich unabhängige Stellen rechnen? Und: Sind wir von unserer Gesellschaftsform und ihren Werten überzeugt?

Das Selbstbewusstsein jeder Gesellschaft unterliegt Schwankungen und ist von Epoche zu Epoche unterschiedlich stark ausgeprägt. Die Römer betrachteten sich, was die Künste anging, als Eleven der Griechen, lobpreisten ihre eigenen Errungenschaften aber dennoch überschwänglich. Das frühe 16. Jahrhundert hielt sich für allen anderen Epochen überlegen, die Antike, das heißt Rom, freilich ausgenommen. Im 18. Jahrhundert klopfte man sich ob der Aufklärung und der Entdeckung der Bequemlichkeit auf die eigene Schulter. Und die führenden Innenausstatter des frühen 19. Jahrhunderts, Percier und Fontaine, vertraten die Ansicht, seit dem 16. Jahrhundert hätte es »keine Generation diesem mehr gleichtun können, umso mehr obschon sie glaubten, dasselbe überflügelt zu haben«.[3] Mitte des 19. Jahrhunderts dann waren Kunstsachverständige überzeugt, das Möbeldesign sei nie schlechter gewesen. Die Schuld daran schob man vielfach dem »Handel« zu – nicht der Industrialisierung, sondern einer ignoranten betuchten Klientel, die ständig nach Neuem verlangte. Im frühen 20. Jahrhundert erkannten Künstler aller Sparten, dass die kulturelle Ära, die in der Renaissance ihren Anfang genommen hatte, endgültig beendet war, und sie stellten revolutionäre Gedanken zur Ästhetik vor, die einem kulturellen Bildersturm Tür und Tor öffneten. Alles geriet ins Wanken, und die Werte verschoben sich derart, dass ein prachtvoller Renaissancetisch [189], der über Jahrhunderte hinweg hoch gepriesen worden war, von der Sammlung Leverhulme weg *diretissimo* in der Versenkung verschwand und nur deshalb gerettet werden konnte, weil ein »scharfes Auge unter einem Haufen Krempel rein zufällig das Wappen der Farnese ausmachte«.[4]

Im weiteren Verlauf des von Kriegen und sozialen Umwälzungen erschütterten 20. Jahrhunderts nahmen die Dinge erneut eine andere Entwicklung. Dem »Handel« – oder ungebildeten Geschmack – folgte eine »geschmackliche Proletarisierung«[5] (oder »Verdummung«, wenn man so möchte), hinter der zum einen »Anti-Elitedenken« (eine andere Bezeichnung für aggressive Proletarisierung) und zum anderen *political correctness* stand (die unter anderem die Sprache und damit das Medium korrumpiert, über das in aller Regel der intellektuelle Ideenaustausch erfolgt). In Aldous Huxleys ach so prophetischem Werk *Schöne Neue Welt* hat allein noch der Wilde Zugang zur Poesie; alle anderen – reglementierten und geklonten – Menschen unterstehen der Diktatur Fords (nach dem Automobilbaron) und dem Wahlspruch »Gemeinschaftlichkeit, Einheitlichkeit, Bestandigkeit«. 1932 schien das alles noch Utopie.

Egal, was die Zukunft bringt – wir sollten uns nicht beklagen.

Anmerkungen

Trotz sorgfältiger Recherchen konnte nicht für jede Anmerkung eine deutsche Ausgabe herangezogen werden. In diesen Fällen wurden die Quellenangaben, wie von Morley gegeben, beibehalten. Zusätzliche Angaben neuerer Nachdrucke eines Werkes stehen in Klammern, wenn aus einer früheren Ausgabe zitiert wurde

Vorwort/Zur Terminologie *S. 7–8*

1 P. Mainardi, *H.N.C.A. Newsletter*, V, Nr. 1, 1998, S. 6.
2 J. Fleming/H. Honour, *Lexikon Antiquitäten und Kunsthandwerk*, München 1984, S. 253f.
3 Die Zeichnungen Giovannis da Udine von den Stuckornamenten des Kolosseums wurden von Caylus als »Grotesken« gestochen in: *Recueil d'Estampes d'après les plus beaux tableaux … dans le cabinet du Roi*, Paris 1729.

Einführung/I Das Altertum *S. 10–44*

1 Plutarch, *Von großen Griechen und Römern* [Bib. C], Vita des Perikles, 12.
2 *Michel de Montaigne: Essais* (*Essais*, Paris 1588), Üs. Hans Stilett, Frankfurt 1998, Buch III, Kap. 9, S. 332.
3 Herodot [Bib. C], Buch II, 53.
4 Hesiod [Bib. C], S. 303.
5 *The Letters of Madame: The correspondence of Elizabeth-Charlotte of Bavaria … 1652–1722*, Hg. u. Üs. G. S. Stevenson, London 1924/25, S. 185.
6 Mme. de Sevigné, *Letters from the Marchioness de Sevigné*, Üs. um 1730, London 1927, I, S. 96. Der Fußschemel (*tabouret*) war Herzoginnen vorbehalten, die in Gegenwart des Königs sitzen bleiben durften.
7 *Memoirs of the Duke of Rovigo*, London 1826, S. 177.
8 Siehe C. Graham, *Ceremonial and Commemorative Chairs in Great Britain*, Bath 1994.
9 Einhard, *Das Leben Karls des Großen. Nebst Auszügen aus: Der Mönch von St. Gallen über die Taten Karls des Großen*, Hg. Alexander Heine, Üs. Wilhelm Wattenbach, Essen/Stuttgart 1986, S. 86.
10 J. Beckwith, *Early Christian and Byzantine Art*, Harmondsworth 1970, S. 44.
11 F. Bacon, ‚On vicissitude of things', in: *Essays or Counsels, Civil and Moral*, London, o. J., S. 189.
12 A. Riegl, *Stilfragen. Grundlegungen zu einer Geschichte der Ornamentik*, 1893, Faks.-Nachdr. München 1977, S. 22.
13 Rev. Sydney Smith in der *Edinburgh Review*, Juli 1807, S. 478.
14 Athenaios, *Das Gelehrtenmahl* [Bib. C], I, 31, 18b.
15 G. Richter, *The Furniture of Greeks, Etruscans and Romans*, London 1966, S. 14.
16 ibid., S. 15.
17 Plato, *Der Staat* (*Politeia*), Hg. u. Üs. Kral Vretska, Stuttgart 1999 (1952, erg. Ausg. 1982), X, 596b-597b.
18 Homer, *Ilias*, [Bib. C], XVIII, 368. Diese goldenen Tische wurden auch als Sonnenscheiben interpretiert, die – wie die Sonne selbst – beweglich waren. Vgl. R. Graves, *The Greek Myths*, Harmondsworth 1960, S. 88.
19 Pausanias, *Beschreibung Griechenlands* [Bib. C], V (Elis), I, 17-19.
20 Richter (s. Anm. 15), S. 51.
21 H. S. Baker, *Furniture in the Ancient World*, London 1966, S. 297.
22 ibid.
23 Der Begriff »gedrechselt« wird in Kapitel 1 verwendet, um eine bestimmte optische Wirkung zu beschreiben, was nicht unbedingt die Anwendung dieser Technik impliziert; hier und an späterer Stelle bezieht er sich zudem auf Nachahmungen gedrechselter Teile in Metall.
24 E. Simpson, *Early Application of Lathe in Antiquity* (noch nicht erschienen), vermittelt einen guten Überblick über den augenblicklichen Diskussionsstand.
25 Die Technik des Drechseln im engeren Sinn könnte bis in die Spätphase des Neuen Reiches zurückgehen. Vgl. G. Killen, 'Ancient Egyptian Carpentry' in: *The Furniture of Western Asia, Ancient and Traditional*, Hg. G. Hermann, Mainz 1996, S. 19.
26 Richter (s. Anm. 15), S. 125.
27 Baker (s. Anm. 21), S. 60f.
28 Athenaios, *Das Gelehrtenmahl* [Bib. C], V, 25, 197a.
29 ibid., V, 28 (S. 410, 199d).
30 C. L. Ransom, *Couches and Beds of the Greeks, Etruscans and Romans*, Chicago 1905, S. 41.
31 ibid., S. 41.
32 ibid., S. 50.
33 Athenaios, *Das Gelehrtenmahl* [Bib. C], II, 31, 48f.
34 A. Lucas, *Ancient Egyptian Materials and Industries*, London 1926, 1989, S. 238.
35 M. Andronicus, *Vergina: The Royal Tombs and the Ancient City* (*Bergina*), Üs. Louise Turner, Athen 1984, S. 124–133, 207.
36 Juvenal, *Satiren* (*Satirae*), Hg. u. Üs. Joachim Adamietz, München/Zürich 1993, XI, S. 239.
37 Sog. Bett der Juja (Ägyptisches Museum, Kairo), vgl. Baker (s. Anm. 21), S. 72
38 J. Carcopino, *Daily Life in Ancient Rome*, Aylesbury 1956, S. 42.
39 ibid., S. 75.
40 Richter (s. Anm. 15), S. 122.
41 Petronius, *Satyrgeschichten* (*Satyricon*), Hg. u. Üs. Volker Ebersbach, Leipzig 1984, 'Fragment über den Bürgerkrieg', 119, S. 126.
42 Abb. bei Baker (s. Anm. 21), S. 38.
43 ibid., S. 31.
44 Homer, *Odyssee* [Bib. C], XXIII, 195ff.; zit. nach der Übersetzung von Johann Heinrich Voß (1781).
45 E. Simpson, K. Spitydowicz und V. Dorgue, *Gordion. The Study, Conservation and Reconstruction of the Wooden Furniture from Gordion*, Ankara 1992.
46 Baker (s. Anm. 21), S. 80, der Howard Carter zitiert.
47 Plinius d.Ä., *Naturkunde*, [Bib. C], XVI, 233.
48 Richter (s. Anm. 15), S. 117.
49 Abb. bei Andronicus (s. Anm. 35), S. 194.
50 Catull, *Carmina*, Hg. und Üs. Werner Eisenhuth, München 1962, Carmen LXIV, 265f.
51 C. McCorquodale, *The History of Interior Decoration*, Oxford 1983, S. 13.
52 Richter (s. Anm. 15), Abb. 56.
53 Denon [Bib. A], Taf. LXXXI.
54 Montfaucon [Bib. A.], Suppl., Taf. II, nach Abb. XXIX.
55 *Antiquità di Ercolano. Le Pitture Antique d'Ercolano*, II, Neapel 1760, Taf. XXV, S. 159.
56 Ammianus Marcellinus [Bib. C], I, S. 321.
57 C. Aldred, *Egypt to the End of the Old Kingdom*, London 1984, S. 72.
58 In der Eingangshalle der Grabpyramide des Djoser in Sakkara.
59 A. Riegl (s. Anm. 12), S. 67.
60 Pausanias, *Description of Greece* [Bib. C], IV, Messenien, S. 407.
61 Das Denkmal des Lysikrates und der Tempel des olympischen Zeus, Athen.
62 Aristoteles, *Poetik* [Bib. C], Kap. 7.
63 Lt. Plutarch, *Von großen Griechen und Römern* [Bib. C], Vita des Marcellus, 17. Möglicherweise beeinflusste dieser Bau auch Etienne Louis Boullées symbolisches Denkmal für Sir Isaac Newton (1784).
64 W. I. Macdonald und J. A. Pinto, *Hadrian's Villa and its Legacy*, New Haven 1995, S. 18.
65 ibid., S. 196.
66 ibid., S. 15.
67 M. E. Edey, *The Lost World of the Aegean*, o. O. 1975, S. 58, 59.
68 H. Boardman, Hg., *Classical Art*, Oxford 1993, S. 20.
69 Die Füße griechischer Liegesofas waren oft im Boden versenkt.
70 Plinius d. Ä., *Natural History* [Bib. C], XXXVI, 101, vgl. A. Boethius, *The Golden House of Nero*, University of Michigan 1960, S. 27.
71 *Handbook of Roman Art*, Hg. M. Henig, Oxford 1983, S. 93.
72 F. Cramer, *Astrology in Roman Law and Politics*, Philadelphia 1954, S. 201, 172.
73 Macdonald und Pinto (s. Anm. 64), S. 51. Auch der Tempel der Venus und Roma wurde von Hadrian gegen den Widerstand seines Architekten Apollodorus entworfen.
74 Dreifuß im Archäologischen Museum in Brüssel.
75 Caylus, *Recueil* … [Bibl. A], II, Tl. 3, Taf. LIII (überarbeitet 1766 von Cavaceppi).
76 Metropolitan Museum, New York, um 3100 v. Chr.
78 Jones, *Grammatik der Ornamente* [Bibl. A], S. 39.
79 Baker (s. Anm. 21), S. S. 26.
80 ibid., S. 89.
81 Ein ähnlicher Stuhl aus *The Antiques of Athens* (1794), abgebildet bei J. Morley, *Regency Design, 1790–1840*, London 1993, S. 362, heute in Treffont Manor, Salisbury.
82 Richter (s. Anm. 15), Abb. 354, 574.
83 Millin [Bib. A], II, Taf. LIII.
84 Ein Thron mit sechs ausgeschnittenen Scheiben in der Mitte und an beiden Seiten bei Richter (s. Anm. 15), Abb. 286. Dort auch Sofalehnen, die mit Löwen und »Sternen« bemalt sind, vgl. Abb. 320.
85 Ransom (s. Anm. 30), S. 46f.
86 Es findet sich zuweilen die Behauptung, dass »ausgeschnittene« Teile nicht an den Seiten Verwendung fanden. Sie wird jedoch durch Darstellungen auf griechischen Skulpturen offenkundig widerlegt.
87 Die breitere Front konnte zuweilen auch von der Seite aus nach außen gewandt erscheinen, wie bei der Skulptur der »Apotheose des Zeus« (6. Jahrhundert v. Chr.) im Akropolismuseum in Athen.
88 Richter (s. Anm. 15), Abb. 328.
89 Ransom (s. Anm. 30), Anm. S. 47.
90 Richter (s. Anm. 15), Abb. 487.
91 Vgl. die zusammengesetzten Fragmente im Museum in Vergina, Makedonien. Eine ältere und ausführlichere Beschreibung bei Andronicus (s. Anm. 35), S. 123–36.
92 Lt. freundlicher Auskunft von Professor Elizabeth Simpson.
93 Vgl. Tischbein, *Recueil* [Bib. A], I, Taf. 18.
94 Vgl. Millin [Bib. A], I, Taf. 111.
95 Richter (s. Anm. 15), Abb. 334.
96 Vgl. Tischbein, *Peintures des vases antiques*, IV, Taf. XXXIV.
97 Richter (s. Anm. 15), S. 102.
98 Pausanias, *Beschreibung Griechenlands* [Bib. C], I (Attika), 27,1.
99 O. Wanscher, *Sella Curulis, the Folding Stool, an Ancient Symbol of Dignity*, Kopenhagen 1980, S. 70.
100 ibid., S. 16, 124.
101 Athenaios, *The Deipnosophists* [Bib. C], V, XII, 512.
102 Ein etruskisches Relief aus dem 3. Jahrhundert v. Chr. zeigt einen Faltstuhl, der an an einem Pfeiler hängt, vgl. Wanscher (s. Anm. 99), S. 107.
103 ibid., S. 132.
104 Athenaios, *Das Gelehrtenmahl* [Bib. C], II, 31, 48f.
105 *Antichità di Ercolano: Le pitture*, II (s. Anm. 55), Taf. XXI.
106 Richter (s. Anm. 15), Abb. 484.
107 Quintus Curtius Rufus, *History of Alexander* (*Historiae Alexandri Mangi Macedoni*), Üs. J. C. Rolfe, London 1946, II, S. 497.
108 Athenaios, *The Deipnosophists* [Bib. C], V, XII, 512.
109 ibid., XII, 538.
110 ibid., XII, 535.
111 Ein fransenbesetztes Untergewand aus Leinen, wie es Herodot zufolge die Ägypter trugen, war auch bei Persern und Griechen verbreitet.
112 Athenaios, *The Deipnosophists* [Bib. C], XII, 525.
113 Horaz, *Epistulae* II, 1, 156f., Üs. Wilhelm Schöne, in: *Sämtliche Werke*, München 1982.
114 *Antichità di Ercolano: Le pitture* (s. Anm. 55), V (1779), Taf. LXXXII, S. 365.
115 M. P. Vitruv, *Baukunst*, II, Buch VII, Kap. V, S. 113-4. Der lateinische Begriff »harpaginetuli« wird von T. Vallaurius in seinem *Lexicon latini italique sermonis*, I (7. Aufl. 1879), übersetzt als »piccolo graffio« (kleiner Kratzer) mit Verweis auf Vitruv. In der Ausgabe von dessen *De Architectura Libri X*, Pordenone 1990, S. 328, 329, ist er jedoch ersetzt durch »pro fastigiis appaginecuIi«, was hier unübersetzt bleibt. Gemeint sein könnte: »gestreifte [kannelierte] Rohre für die Spitze des Daches«.
116 Zit. bei J. Evans, *Pattern, a Study of Ornament in Western Europe from 1180 to 1900*, Oxford 1931, II, S. 109.
117 Die Griechen versahen neuen Marmor mit opakem Firnis.
118 Plutarch, *Von großen Griechen und Römern* [Bib. C], Vita des Perikles, 13.
119 J. J. Pollitt, *Art in the Hellenistic Age*, Cambridge 1986, S. 187, 188.
120 Borromini [Bib. B], S. 15.
121 Von Sestos aus Pergamon.
122 Richter (s. Anm. 15), Abb. 111.
123 Athenaios, *The Deipnosophists* [Bib. C], III, 855.
124 Pausanias, *Beschreibung Griechenlands* [Bib. C], I (Attika), 20, 4.
125 *Encyclopaedia Britannica*, New York 1910–11, XXII, S. 617.
126 Athenaios, *Das Gelehrtenmahl* [Bib. C], V, 25, 196b/c
127 Richter (s. Anm. 15), S. 119, die Athenaios zitiert.
128 ibid., Abb. 95, 92.
129 Vgl. Prisse d'Avennes [Bib. A], Taf. I.20.
130 Richter (s. Anm. 15), Abb. 107.
131 Plinius d. Ä., *Naturgeschichte* [Bib. C], X, III, 91.
132 Original in S. Vitale in Ravenna.
133 Ovid, *Metamorphosen* [Bib. C], II, 737–8: »ebore et testudine cultos, Tres habuit thalamos.«
134 *Handbook of Roman Art* (s. Anm. 71), Taf. 16; s. S. 99.
135 O. Elia, *Le Pitture del Tempio di Iside*, Rom 1942, S. 7, Taf. 4, »Ekklesiasterion«.
136 ibid., »Sacrarium«, S. 21, Abb. 25.
137 Ransom (s. Anm. 30), S. 87.
138 Vgl. die Abb. »Orestes, Pylades und Iphigenie« in: *Antichità di Ercolano: Le pitture* (s. Anm. 55), I, Taf. XII, S. 67.
139 *Antichità di Ercolano: Le lucerne ed i candelabri d'Ercolano*, I, Neapel 1792, Taf. LX, S. 300.
140 ibid.
141 Montfaucon [Bib. A], II, Tl. II, CXXXIX.
142 Sie gehörte Kardinal Bembo. Vgl. E. Scamuzzi, *La »Mensa Isiaca« del Regio Museo di Antichità a Torino*, Rom 1949.
143 *Egyptomania*, Ottawa 1994, Kat. 13.
144 Alberti, *Zehn Bücher über die Baukunst* [Bib. C], Buch VI, 2, S. 293-294.
145 Jones, *Grammatik* [Bib. B], S. 4, 20–23, 29, 39, 61, 74, 92.
146 Dresser [Bib. B], S. 1, 117, 3, 4 18, 10, 9, 40, 9, 141, 107.
147 Riegl (s. Anm. 12), S. 212.
148 Vgl. *Oxford Dictionary*.
149 Diodoros von Agyrion, um 50 v. Chr., Buch I, zit. nach Ausgabe London 1933, Anm. 1, S. 222.
150 Es gibt auch andere Erklärungen, vgl. Riegl (s. Anm. 12), S. 344–6, S. 264.
151 Ausführlich bei Riegl (s. Anm. 12), S. 60-1, 341, 345; ebenso Boardman (s. Anm. 68), S. 20.
152 P. Oliver-Smith, 'Representations of Aeolic Capitals on Greek Vases', in: *Essays in Memory of Karl Lehmann*, Hg. Lucy Sandler, New York 1964, S. 234.
153 Vgl. M. Pallottino, *Etruscologia*, Mailand 1982, S. 319.
154 Die Frontal- bzw. Seitenansicht des Akanthus-Blatts ist eine »realistische« Abwandlung der abstrakten griechischen Palmette bzw. Halbpalmette.
155 Vgl. J. M. C. Toynbee und J. B. Ward Perkins, 'Peopled Scrolls, a Hellenistic motif in Imperial Art', in: *Papers of the British School at Rome*, London 1950.
156 R. Firbank, *Inclinations* (1916), Kap. XIII.
157 Ein englischer Möbelspezialist verwendete die »italienischen« Termini *candelabra* (Sing.) und

candelabre (Plur.) – die eigentlich nicht aus dem Italienischen stammen –, zur Bezeichnung solcher Dekorationen, die hier (wie im Italienischen üblich) *candeliera* genannt werden. Der Autor dankt Giovanni Caselli and Dr. Luca Leoncini für ihre Hilfe bei der Klärung der Begriffe.
158 Dieser Begriff war in Europa vom späten 18. bis ins frühe 20. Jahrhundert gebräuchlich.
159 Athenaios, *The Deipnosophists* [Bib. C], V, XII, 519.
160 Piranesi, *Antichità Romane* [Bib. A], II, LIX: »guisa di vasta conchiglia«.
161 Im größeren Baderaum, inzwischen praktisch verschwunden..
162 Brenna u.a. [Bib. A], Nr. 10.
163 Athenaios, *The Deipnosophists* [Bib. C], V, XII, 514.
164 Plutarch, *Von großen Griechen und Römern* [Bib. C], Vita des Themistokles, 16.
165 Richter (s. Anm. 15), Abb. 284.
166 Athenaios, *The Deipnosophists* [Bib. C], III, S. 868.
167 Macdonald and Pinto (s. Anm. 64), S. 162.
168 Riegl (s. Anm. 12), S. 308.
169 ibid., S. 309.
170 Ciampini [Bib. A], S. 78, 80.
171 Die Tatsache, dass sich manche Autoren unterschiedlicher Bezeichnungen für ein und das selbe Grundornament bedienen, bietet Anlass zur Verwirrung. Hier wird die Bezeichnung »Guilloche« für die klassische und »Flechtband« für die nicht-klassische Ornamentform verwendet.
172 Ebenso die Masken des japanischen und des griechischen Theaters. Vgl. S. Noma, *Japanese Theater*, Kobe 1993, S. 8, 9.
173 P.-F. D'Hancarville, *Antiquités étrusques, grecques et romaines*, Paris 1785, I, S. 12.
174 Ovid, *Metamorphosen,* [Bib. C], I, 83: »in effigiem moderantum cuncta deorum«, ›Bildete jen‹ [die Menschen] in Gestalt der allversorgenden Götter
175 Athenaios, *Das Gelehrtenmahl* [Bib. C], XII, 591.
176 Griechische Satyrn trugen ursprünglich spitze Ohren, Bockshörner und Schwänze. In der römischen Dichtung gab man ihnen später längere Hörner und Ziegenhufe wie den römischen *fauni*, die einen etwas anderen Typ darstellen. Das sorgte für Verwirrung.
177 Plutarch, *Lives* [Bib. C], Vita des Philopoimen, Tl. II, S. 343.
178 [Pompeii], *Gli ornati* [Bib. A], S. 4.
179 Plutarch, *Von großen Griechen und Römern* [Bib. C], Vita des Philopoimen, 21.
180 B. E. Perry, Hg., *Babrius and Phaedrus*, London 1965, S. 258–59.

II Der Niedergang der Klassik, 300 – 1450 *S. 46–64*

1 E. Gibbon, *Decline and Fall of the Roman Empire*, London 1818, II, S. 181. Es erscheint an dieser Stelle sinnvoll, den allgemein gebräuchlichen Begriff »Barbaren« beizubehalten, der später die Bezeichnung »Germanen« ablöste. (Letzterer ist weiter gefasst und bezieht auch andere Stämme mit ein, z. B. die Hunnen; vgl. R. Hachmann, *Die Germanen*, München 1971.)
2 J. Beckwith, *Early Christian and Byzantine Art*, Harmondsworth 1970, S. 10.
3 ibid., S. 16.
4 H. Pirenne, *Mohammed and Charlemagne*, London 1965, S. 258.
5 J. H. Harvey, *The Mediaeval Architect*, London 1972, S. 171.
6 T. Hobbes, *Leviathan*, London 1983, S. 381.
7 Pirenne (s. Anm. 4), S. 131.
8 ibid., S. 258.
9 *Encyclopaedia Britannica* (s. Anm. I/125), X, S. 300.
10 Pirenne (s. Anm. 4), S. 177.
11 J. Romilly Allen, *Celtic Art in Pagan and Christian Times*, London 1912, S. 246–263ff.
12 s. Anm. I/171.
13 P. Brown, *The Book of Kells*, London 1980, S. 83.
14 M. Gough, *The Origins of Christian Art*, New York/Washington 1964, S. 187.
15 Romilly Allen (s. Anm. 11), S. 149, vergleicht die Grundformen der Blattornamente in der spätkeltischen Kunst mit denen der Arabeske. Vgl. Jones, *Grammatik* [Bib. A], S. 172.
16 Vgl. H. Schmitz, *Das Möbelwerk*, Leipzig o. J. (Berlin <3>1936), S. 36, mit einer Variante dieses Typs.
17 P. Eames, *Furniture in England, France and the Netherlands from the Twelfth to the Fifteenth Century*, London 1977, S. 211–212.
18 Bede, *A History of the English Church and People*, Harmondsworth 1977, S. 102.
19 Richter (s. Anm. I/15), Abb. 505.
20 M. Biddle und B. Clayre, *Winchester Castle and the Great Hall*, Winchester 1983.
21 Bodleian Library, Oxford, Ms. Rawl. liturg. d.6 (15857), um 1470–80.
22 Gibbon (s. Anm. 1), I, S. 233.
23 A. Grabar, 'The Message of Byzantine Art', in: *Byzantine Art and European Art*, Athen 1964, S. 61.
24 Riegl (s. Anm. I/59), S. 273.
25 Gibbon (s. Anm. 1), VII, S. 121.
26 Unter dem Einfluss der Apostelkirche in Konstantinopel. Vgl. Beckwith (s. Anm. 2), S. 76
27 Über profane Einrichtung gibt es kaum Zeugnisse, s. ibid., S. 161. Leider wird man somit die byzantinische Kunst niemals in ihrer ursprünglichen Intention als umfassendes ästhetisches Konzept ermessen können.
28 ibid., S. 75.
29 Pirenne (s. Anm. 4), S. 134.
30 Der Begriff »Thron« als Bezeichnung für Sessel weltlicher, seltener auch geistlicher Häupter, scheint sich erst nach dem Mittelalter durchgesetzt zu haben, laut freundlicher Auskunft von Mr. Ronald Lightbown.
31 Beckwith (s. Anm. 2), S. 53.
32 McCorquodale (s. Anm. I/51), S. 32.
33 Vgl. Elfenbeinschatulle, Norditalien oder Rom, um 375 n. Chr., bei Beckwith (s. Anm. 2), Abb. 34.
34 E. Simpson, 'Furniture in Ancient Western Asia', in: J. M. Sasson, Hg., *Civilisations of the Ancient Near East*, New York 1995, S. 1660.
35 N. Oikonomedes, 'The Contents of the Byzantine House from the Eleventh to the Fifteenth Century', in: A. Veselovskij, Hg., *Dumbarton Oaks Papers*, Washington 1990, S. 123, Anm. 43.
36 *The Works of Liutprand of Cremona*, Hg. F. A. Wright, London 1930, S. 237–38.
37 ibid., S. 207–8.
38 S. Runciman, *Byzantine Style and Civilisation*, Harmondsworth 1975, S. 89.
39 z. B. Konstantinos VII Porphyrogenitus, *Le Livre des cérémonies*, Hg. und Üs. A. Vogt, Paris 1935, I, S. 87, 88.
40 Humphreys, *Antiquity Explained* [Bib. A], III, S. 69.
41 W. S. Heckscher, 'Relics of Pagan Antiquity in Mediaeval Settings', *Journal of the Warburg Institute*, London 1937, Nachdr. 1965, I, S. 212.
42 ibid.: Ein transparenter Stein besitzt »claritatem Dei, et lumen eius simile lapidi pretioso tamquam lapidi iaspidis, sicut crystallum«.
43 ibid., S. 209.
44 Wie beim Mathildenkreuz in Essen, Abb. ibid., S. 217.
45 Gough (s. Anm. 14), S. 88.
46 Heckscher (s. Anm. 41), S. 215.
47 Schmitz (s. Anm. 16), Abb. S. 22, 23.
48 Ruskin, *Steine von Venedig* [Bib. C], II, V, 1, S. 138.
49 Die Vorstellung des Unversehrten oder Perfekten könnte auch hier eine Rolle gespielt haben, denn »inkrustierte Architektur ermöglicht als einzige vollkommenen und dauerhaften farblichen Schmuck«, Ruskin, *Stones of Venice* [Bib. C], II, V, S. 73.
50 Baker (s. Anm. I/21), S. 141, Abb. 214: Sitzmöbel aus dem Arbeiterviertel von Deir el-Medina.
51 Beckwith (s. Anm. 2), S. 106.
52 Schmitz (s. Anm. 16), Abb. S. 10.
53 Nationalbibliothek Athen, Ms. 56, fol. 4v.
54 ibid., Ms. 57, fol. 265v.
55 Beckwith (s. Anm. 2), S. 116.
56 Pirenne (s. Anm. 4), S. 131.
57 ibid., S. 132.
58 ibid., S. 133.
59 ibid.
60 Beckwith (s. Anm. 2), S. 100.
61 ibid., S. 47.
62 McCorquodale (s. Anm. I/51), S. 51.
63 Beckwith (s. Anm. 2), S. 70.
64 Duchesse d'Abrantes, *At the Court of Napoleon, memoirs of the Duchesse d' Abrantes*, Adlestrop, Glos., 1991, S. 247.
65 Vgl. M. Weinberger, 'The Chair of Dagobert', in: L. F. Sandler, Hg., *Essays in Memory of Karl Lehmann* , New York 1964, S. 381 und Anm. x, S. 376, fasst den bisherigen Forschungsstand zusammen.
66 Wanscher (s. Anm. I/99), S. 220.
67 So sitzt z. B. im Reimser Ebo-Evangeliar aus dem 9. Jahrhundert der Evangelist Lukas auf einem Hocker, dessen Löwenbeine denen des »Dagobert-Throns« ähneln; vgl. Grabar (s. Anm. 23), Abb. 18.
68 Beckwith (s. Anm. 2), S. 159.
69 z. B. für Flavius Anastasius, Konsul des Jahrs 517 (Victoria & Albert Museum, London), oder für Clementinus, Konsul 513 (Liverpool Museums).
70 L. Grodecki, F. Mutherich, J. Tarulon und F. Wormald, *Il Secolo dell'anno mille*, Mailand 1974, S. 267.
71 J. Laver, *A Concise History of Costume*, Norwich 1969, S. 52.
72 z. B. Beckwith (s. Anm. 2), Abb. 179, 180, 181.
73 ibid., S. 70.
74 Evangelist Lukas (British Museum, London, Add. Ms. 28815 F, fol. 162v); Abb. in: G. Matthew, *Byzantine Painting*, London 1950.
75 J. M. Roberts, *Der Triumph des Abendlandes* (*The Triumph of the West*, London 1985), Üs. Elisabeth Sautter, Düsseldorf/Wien 1986, S. 97.
76 C. R. Dodwell, *The Canterbury School of I llumination*, Cambridge 1954, S. 41–47. Siehe auch *The Eadwine Psalter*, Hg. M. Gibson, T.A. Heslop und R. Pfaff, Pennsylvania 1992, S. 183.
77 Eames (s. Anm. 17), Kat. 1, 2, 10.
78 Romilly Allen (s. Anm. 11), S. 226.
79 V. Chinnery, *Oak Furniture, The British Tradition*, Woodbridge, Suff., 1986, S. 98–101.
80 L. Feduchi, *Historia del mueble*, Barcelona 1994, Abb. 105, S. 178.
81 Hl. Augustinus, aus einem Augustinus-Kommentar, 1130–60 (Bibliothèque Municipale, Douai).
82 Wanscher (s. Anm. I/99), S. 232.
83 C. Martin, *L'Art roman en France* , Paris 1910, Tafel LXIII.
84 W. Oakeshott, *The Mosaics of Rome*, London 1967, S. 98.
85 ibid., Tafel XXVIII.
86 Das Mittelmeer barg seine eigene Gefahren: ganze Horden islamischer Piraten. In Voltaires ironischem Roman *Candide* aus dem 18. Jahrhundert verspeisen sie sogar die linken Hinterbacken der reisenden Damen.
87 Das Grabmal Bohemunds I. (gest. 1112), Führer im Ersten Kreuzzug, in Canosa di Puglia trägt kufische Inschriften afrikanischen Ursprungs; vgl. K. Watson, *French Romanesque and Islam*, Aarp 1972, S. 5.
88 F. Rossi, *Mosaics, A Survey of their History and Techniques*, London 1970, S. 88.
89 Vgl. die Kanzel des Doms von Ravello von 1272.
90 *Thronende Madonna* aus S. Trinità, um 1280 (Uffizien, Florenz).
91 *Madonna Rucellai*, 1285 (Uffizien, Florenz).
92 Etwa die *Madonna mit Kind* für Ognissanti, um 1310 (Uffizien, Florenz).
93 Uffizien, Florenz.
94 A. Schiaparelli, *La Casa fiorentina e i suoi arredi nei secoli XIV e XV*, Florence 1908, S. 270.

III Die »zugespitzten« Stile *S. 66–84*

1 Die gegenteilige Ansicht, der islamische Beitrag zur französischen Gotik sei »künstlerisch unbedeutend« (E. Male 1923, zit. nach K. Watson, 'Islamic Contributions to Western Architecture', *Boletín de arqueologia medieval*, 7, 1993, 2), wurde von Viollet-le-Duc in seiner *Encyclopédie* (1866) mit großem Einfluss und nationalistischen Untertönen vertreten – obgleich Viollet-le-Duc selbst Marcel Dieulafoy gedrängt hatte, in Syrien und Persien nach den Anfängen der gotischen Architektur zu suchen. Vgl. A. U. Pope, 'Possible contributions to the beginning of Gothic architecture', in: *Beiträge zur Kunstgeschichte Asiens in memoriam Ernst Diez*, Istanbul 1963, S. 1, 2.
2 In Qasr-ibn-Wardan, Syrien: Pope (s. Anm. 1), S. 20.
3 D. Talbot Rice, *Islamic Art*, London 1993, S. 45: Moschee von Ibn Tulun, Kairo (876–879). Er fand sich bereits bei den Grabmalen mit gotischen Spitzbogen in Lykien (heute Türkei); ca. 6. Jahrhundert v. Chr.
4 ibid.; erscheint im 8. Jahrhundert, zum Beispiel beim Bagdad-Tor in Raqqa, Abb. S. 30.
5 ibid., S. 83; B. Brend, *Islamic Art*, London 1991, S. 29.
6 K. A. C. Creswell, *Early Muslim Architecture,* Teil I, *Umayyads, ad 622–650*, Oxford 1932, S. 168.
7 z. B. war die sassanidische Palmette vom Diokletians-Palast in Spalato beeinflusst.
8 Jones, *Grammatik* [Bib. A], S. 101.
9 C. Piccolpasso, *The Three Books of the Potter's Art,* Üs. und Einf. B. Rackham und A. Van de Put, London 1934, S. 51, Taf. 44b, »una rabesca … o voglian dire grotescha«.
10 Riegl, *Stilfragen*, (s. Anm. I/59), S. 265.
11 Jones, *Grammatik* [Bib. A], Taf. XXXVIII.
12 Siehe E. Marec, *Hippone la Royale,* 'Antique Hippo Regius'. Anm. von Giovanni Caselli: »Alexandria war die Inspirationsquelle für manche dieser afro-orientalischen Motive, denn es stand in Kontakt mit Palmyra und Palmyra mit Dura-Europos; während des gesamten Mittelalters bestanden auch Kontakte zwischen Palmyra und Ägypten.«
13 Motive aus Ninive und Persien (vgl. Jones, *Grammatik* [Bib. A], Taf. 23–25) zeigen Bezüge sowohl zu Byzanz als auch zur islamischen Kunst.
14 ibid., Ninive und Persien, Taf. XIV, 12 und 19.
15 Jones, *Grammatik* [Bib. A], S. 110.
16 Riegl (s. Anm. I/59), Abb. 187, Randverzierung in der Moschee von Cordoba, datiert 965.
17 Schiaparelli (s. Anm. II/94), S. 249, über geometrische Einlegearbeiten: »La sua origine prima e certo orientale; i nostri artefici pero, piuttosto che i modelli arabi e bizantini, imitarvano le decorazioni a mosaico … Badia di Fiesole, S. Miniato al Monte, S. Giovanni«.
18 Feduchi (s. Anm. II/80), Abb. 190–92.
19 ibid., Abb. 196, ein ähnlicher Schrank, unrestauriert und offen.
20 Jones, *Grammatik* [Bib. A], Taf. XXXII, 1–7, aus der Moschee des Sultans Qalaun in Kairo (1284–85).
21 Siehe *Meuble español estrado y dormitorio,* Madrid 1990, S. 166: »La composición de los frentes difiere del resto de las tipologías del ultimo gotico europeo, y entronca con los de la Antiguedad y de la Alta Edad Media, como los representados en el Mausoleo de Gala Placidia y en el Codex Amiatinus.«
22 Talbot Rice (s. Anm. 3), Abb. 35, S. 42.
23 J. Harvey, *Mediaeval Craftsmen*, London 1975, S. 156.
24 Ruskin, *Steine von Venedig* [Bib. C], I, I, 17, S. 22.
25 Harvey, *Architect* (s. Anm. II/5), S. 20 (Poggio Bracciolini and Cencio Rusticio).
26 J. Summerson, 'An Interpretation of Gothic', *Heavenly Mansions and other essays on architecture*, London 1949, S. 13.
27 ibid., S. 16.
28 ibid., S. 15.
29 ibid., S. 16–17.
30 Siehe auch T. Raquejo, 'The »Arab Cathedrals«', Maurische Architektur, betrachtet von britischen Reisenden, *Burlington Magazine,* CXXVIII, Aug. 1986.
31 Harvey, *Architect* (s. Anm. II/5), S. 94.
32 Pope (s. Anm. 1), S. 23–24.

33 Das »Fenster der Erscheinung«, das bei Omaijaden-Palästen des 8. Jahrhunderts nicht vorkommt (es kann auf das Neue Königreich in Ägypten zurückgeführt werden): S. Ferber, *Islam and the Medieval West,* I, Albany 1975, S. 68.
34 A. Fikry, *L'Art roman du Puy et les influences islamiques*, Paris 1934, führt aus, der Baumeister von Le Puy müsse an einer islamischen Akademie ausgebildet worden sein.
35 Siehe A. Grabar, 'Le Succès des arts orientaux à la cour byzantine sous les Macédoniens', in: *Münchner Jahrbuch*, 3, Fol. III, 1951.
36 Watson, *French Romanesque* (s. Anm. II/87), S. 2.
37 ibid, S. 6. Die Reise eines Abtes von Cluny nach Spanien 1142 »resultierte in einer direkten Übertragung islamischer Kultur in das lateinischsprachige Abendland«: J. Knitzeck, *Peter the Venerable and Islam,* Princeton 1964.
38 Watson, 'Islamic Contributions' (s. Anm. 1), S. 118.
39 Wie die der Normannen nach Spanien im Jahr 1064.
40 Pope (s. Anm. 1), S. 15.
41 Im Sassaniden-Palast in Sarvistan: ibid., S. 21.
42 ibid.
43 Riegl (s. Anm. I/59), S. XIII.
44 Eine Deckenmalerei im Grotesken-Stil in Bukovice, Tschechien, auf der Hasen die Rolle der Menschen einnehmen.
45 Eames (s. Anm. II/17), S. 88.
46 ibid., S. 189.
47 ibid., S. 216.
48 D. Strong und D. Brown, Hg., *Roman Crafts*, Wallop, Hants, 1976, S. 159.
49 In der Broschüre zu Melrose des Ministry of Works, S. 10–11, mit freundlicher Genehmigung von Emily Lane.
50 Abb. Feduchi (s. Anm. II/80).
51 Harvey, *Architect* (s. Anm. II/5), S. 131.
52 ibid., S. 153.
53 Eames (s. Anm. II/17), S. 1, verwendet *»Armoire«* (mit Türen) zur Unterscheidung von *»Cupboard«* (ein offenes Regal), in ihrem Buch eine sinnvolle Unterscheidung, in anderen Kontexten wäre sie jedoch ganz willkürlich.
54 Feduchi (s. Anm. II/80), Abb. 149.
55 Harvey, *Craftsmen* (s. Anm. 23), S. 181.
56 Auch im Basler Historischen Museum.
57 Eames (s. Anm. II/17), S. xix.
58 Zum »Stammbaum« des Löwenthrons als Typus siehe R. A. Jairazbhoy, *Oriental Influences in Western Art*, London 1965, S. 279–81.
59 Beckwith (s. Anm. II/2), S. 31 (die *Cotton Genesis*).
60 Eames (s. Anm. II/17), S. 75. H. Colvin, *History of the King's Works,* I, S. 497–98.
61 Eames (s. Anm. II/17).
62 ibid., S. 81; Inventarliste des Herzogs von Burgund.
63 ibid., Kat. 28, S. 101.
64 Verkündigung, *Heures à l'usage de Rouen,* um 1500 (Bibl. de l'Arsenal, Paris, ms. 416, fols 18v und 19r), Abb. in : G. Ritter, *Manuscrits et peintures de l'école de Rouen*, Paris 1913.
65 Eames (s. Anm. II/17): »grand tablier double marqueté par dedans pour jouer aux tables et aux échecs«, Inventar der Comtesse d'Avelin, Château des Baux, 1426, S. 4.
66 ibid., S. 57: Aliénor de Poitiers, um 1484–91, »Madame de Charrolois n'avoit que quatre degrez sur son dressoir, & Madame la Duchesse sa fille en avoit cinq … nulles Princesses ne debvoient avoir cinq degrez, fors seulement la Royne de France … mais cela ne peut deroger, ny abolir les anciens honneurs & estats que sont faits & ordonnez par bonne raison & deliberation«, S. 257–68.
67 ibid., S. 274, 275.
68 Harvey, *Craftsmen* (s. Anm. 23), S. 155.
69 Siehe V. Klingsbald, *Catalogue raisonné de la collection juive du Musée de Cluny*, Paris 1981, S. 94–96.
70 Siehe Schiaparelli (s. Anm. II/94), I.
71 ibid., S. 241.
72 C. Cennini, *The Book of the Art,* Üs. C. J. Herringham, London 1899, Kap. 145, S. 122.
73 ibid., Kap. 170, S. 150.
74 ibid., Kap. 144, S. 121.
75 Siehe Schiaparelli (s. Anm. II/96).
76 P. Young, J. Darrah, J. Pilc und J. Yorke, 'A Sienese Cassone', *The Conservator,* Nr. 15, 1991, S. 45–54.
77 Das an Möbeln verwendete Gesso war eine Mischung aus Schlämmkreide und Kleister, manchmal unter Beigabe von Leinöl und Leim.
78 Evans (s. Anm. I/116), I, S. 129.
79 ibid., S. 42, 44.
80 ibid., S. 71.
81 ibid., S. 59.

IV Die Wiederbelebung der Antike in der Renaissance *S. 86–134*

1 Summerson (s. Anm III/26), S. 49, 48.
2 Die Verbindung Ferrareser Maler zu dem proto-grotesken Studiolo Federigo da Montefeltres veranlaßt Überlegungen zu Groteskeneinflüssen. Zu Details der Räume vgl. O. Raggio, 'Les cabinets-studioli', in: J. Delumeau und R. Lightbown, *La Renaissance,* Paris 1996, S. 213–17.
3 Waren die Delphine in ihrer Form von den phantastischen Rüstungen aus der Zeit beeinflusst?
4 G. Ciampini, *Vetera monumenta*, Rom 1690–99.
5 Filarete, 'Architekturtraktat', Mailand 1461, Buch VIII, fol. 59v.
6 R. Zulch, *Entstehung des Ohrmuschelstiles*, Heidelberg 1932, S. 14: »Hor son spelonche ruinate grotte/di stucco di rilievo altri colore/die man di cimabuba appelle giotte.«
7 Vgl. P. P. Bober, *Census of Antique Works of Art known to Renaissance Artists* (XXth International Congress of the History of Art), Princeton 1963.
8 Für diesen Hinweis sei Mr Michael Jones gedankt.
9 Pope Pius II, *Smith College Studies in History,* Hg. F. A. Gragg und L. C. Gabel, XXII, Northampton, Mass., Okt. 1936–Jan. 1937, S. 20.
10 E. Muntz, *Histoire de l'art pendant la Renaissance,* Paris 1889, S. 92: »parce que cet ouvrage merveilleux cadre sa tête dans les nues«.
11 Raphael, *Lettera sulle antichità di Roma scritta da Raffaello d'Urbino a Papa Leone X,* Rom 1834, S. 18–19.
12 Alberti, *On Painting* [Bib. C], S. 61.
13 H.-W. Kruft, *Geschichte der Architekturtheorie*, München 1985, S. 108.
14 B. Scardeone (um 1478–1574); zit. nach R. Lightbown, *Mantegna*, Oxford 1986, S. 18.
15 ibid.
16 Vasari, *Leben der Ausgezeichnetsten Maler … (Vite de' piu eccellenti architetti …)* [Bib. C], II, 2, S. 228.
17 Muntz (s. Anm. 10), I, S. 401.
18 *Codex Escurialensis* (Escorial) (28.11.12) und Giuliano da Sangallo (R.M. fig. 96 p. 309 Vol IV).
19 R. Macaulay, *The Pleasure of Ruins*, London/New York 1966, S. 4.
20 R. Weiss, *The Renaissance Discovery of Classical Antiquity*, Oxford 1969, S. 104.
21 Colonna [Bib. C].
22 C. Mitchell, 'Archaeology and Romance in Renaissance Italy', in E. F. Jacob, Hg., *Italian Renaissance Studies,* London 1950, S. 467–68.
23 Colonna [Bib. C]; zit. und üs. aus der Ausgabe London 1592, S. 67–68.
24 ibid., S. 25.
25 Filarete (s. Anm. 4).
26 Vgl. *Codex Santarelli* (Uffizien, Florenz), von Buonaccorso Ghiberti.
27 Vgl. G. Scaglia, 'Fantasy architecture of Roma antica', *Arte Lombarda Rivista di Storia dell'Arte*, Milan 1970.
28 Vgl. Matteo di Giovanni, *Vision des hl. Augustinus*, Art Institute of Chicago, U.S.A.
29 Alberti, *De Pictura*, 1435, gefolgt von *Della Pittura*, 1436, einer Version für Künstler.
30 Schiaparelli (s. Anm.. II/94), S. 265.
31 Colonna, 1592, [Bib. C], S. 58.
32 Von Antonio Manetti und Angelo di Lanzero; Entwürfe für Intarsien in der Sakristei wohl 1463 von Maso Finiguerra. A. M. Hind, *A History of Engraving and Etching*, New York 1968, S. 40.
33 Fra Luca Pacioli, *De Divina Proportione* (1509); zit. bei R. Lightbown, *Piero della Francesca*, London/New York 1992, S. 75.
34 Vasari [Bib. C], II, 2, S. 251.
35 C. Sterling, *La Nature morte de l'Antiquité à nos jours*, Paris 1952, S. 30.
36 E. H. Gombrich, *The Heritage of Apelles*, Oxford 1976, S. 28.
37 ibid., S. 28.
38 Vgl. Vasari [Bib. C], II, 2, S. 251-262.
39 P. Thornton, *The Italian Renaissance Interior 1400–1600*, London 1991, S. 149.
40 Vasari [Bib. C], II, 2, S. 252.
41 L. Faenson, *Italian Cassoni*, Leningrad 1983, Kat. 11–14.
42 Thornton, *Italian Renaissance Interior* (s. Anm. 39), S. 97.
43 L. Lanzi, *History of Painting*, London 1828, S. 331.
44 Vasari [Bib. C], II, 1, S. 53.
45 ibid., II, 1, 93: »Kleine Perspektivbilder von Paolo [Ucello] zur Umgebung von Ruhebetten, Betten und anderen Dingen sieht man in vielen Häusern von Florenz«
46 Lightbown, Mantegna (s. Anm. 14), S. 147.
47 Andrea del Sarto malte 1515 zwei *spalliere*: vgl. A. Braham in *Burlington Magazine*, CXXI, 1979.
48 Vasari [Bib. C], II, 1, 54.
49 ibid., III, 2, 141.
50 ibid., II, 2, 2.
51 J. de Arphe y Villafane, *De Varia commensuración para la esculptura, y architectura*, Seville 1585, unpag. Prolog: »que antigua-mente no avia diferecia delos Artifices q aora Ilamamos Esculptores y Architectos alos q aora son Plateros«.
52 In der Eremitage, St. Petersburg.
53 Beispiel in S. Ambrogio, Mailand, Abb. Gough (s. Anm. II/14), S. 110, 111.
54 Vgl. L. Leoncini, *Il Codice detto del Mantegna,* Rome 1993, S. 80: »e per molti aspetti il frutto di una mentalità ancora medievale o, se si vuole, gotica«.
55 Ruskin, *Steine von Venedig* [Bib. C], III, III, 39.
56 *Codex Escurialensis* (Escorial), pp. 17, opp. 18, 12, 14, 18, 33, opp. 59, 56, 69, 28.
57 Muntz (s. Anm. 10), S. 334.
58 S. Maria del Popolo, Rom (um 1488), Kapelle des Basso della Rovere, Bänder im Gewölbe.
59 Vgl. *The Painted Page, Italian Renaissance Book Illumination 1450–1550*, London/München1984, S. 79.
60 Bufalini Kapelle, Aracoeli-Kirche, Rom, zu dem frühen Zeitpunkt 1483–85.
61 S. Brizio Kapelle in der Kathedrale von Orvieto (1500–1504)
62 Vasari [Bib. C], III, 2, 138.
63 N. Dacos, *La Découverte de la Domus Aurea et la formation des grotesques à la Renaissance*, London 1969, S. 102.
64 J. S. Byrne, *Renaissance Ornament Prints and Drawings*, New York 1981, S. 60. Vicos Barlacchi Stiche von 1541 sind Kopien einer früheren Folge.
65 A. Gruber, Hg., *The History of Decorative Arts,* I, *The Renaissance and Mannerism in Europe,* New York/London/Paris 1994, S. 240.
66 »Leviores et (ut videtur) extemporaneae picturae quas grotteschas vulgo vocant«.
67 Evans (s. Anm. I/116), I, S. 25. Du Cerceaus spätere Grotesken enthalten mehr Fabelwesen in nordischem Typus.
68 *Codex Escurialensis,* fol. 58; zum Kryptoportikus vgl. Dacos, *Domus Aurea* (s. Anm. 63), S. 62.
69 Sterling (s. Anm. 35), S. 39. Der Begriff *nature morte* wurde 1756 erstmals angewendet.
70 ibid., S. 32: »Tous ces motifs … sont ceux des peintures décoratives antiques du Second et du Quatrième Style«.
71 F. Pacheco, *Arte de la pintura,* 1649, Hg. B. Bassegoda i Hugas, Madrid 1990; vgl. W. B. Jordan und P. Cherry, *Spanish Still Life*, London 1995, S. 15.
72 Vasari [Bib. C], II, 1, S. 229: Vasari bezeichnete ein Ornament einer *Verkündigung* Donatellos als »nach grotteskem Geschmack«.
73 Vgl. Beschreibungen von Stillleben von Zeuxis, Parrhasius und Peraikos. Plinius erwähnt in seinem Werk über Malerei [Bib. C] die Vermischung von Genre und Stillleben, die in gewisser Weise Jacopo Bassano vorweg nehmen.
74 Wie z. B. von Giovanni Volpato.
75 Aus einer Kopie des frühen 17. Jahrhunderts bekannt: Sterling (s. Anm. 35), S. 36, Abb. 29.
76 W. Odom, *History of Italian Furniture*, New York 1918, I, S. 223.
77 Gruber, *Renaissance and Mannerism* (s. Anm. 65), S. 290.
78 ibid., S. 337, 338.
79 ibid., S. 290.
80 Darunter H. Schönesperger, *Form- oder Modelbüchlein*, Augsburg 1523, P. Quentell, *Eyn New Kunstlich Boich*, Köln 1527, und W. Vorsterman, *Ce est ung tractat de la noble art de leguille*, Antwerpen um 1527, übersetzt als *A neave treatys as concernynge the excellency of the needleworcke.*
81 *La Fleur de la science de pourtraicture; patrons de broderie. Façon arabique et ytalique,* Paris 1530.
82 P. Flötner, *Das Kunstbuch des Peter Flötner, Zeichners, Bildhauers und Formschneiders von Nürnberg … (Gedruckt zü Zurich Rudolfi Wyzenbach formschnyder*, Zürich 1549), neu hg. Berlin 1882.
83 B. Sylvius, *Variarum protractionum quaes vulgo Maurusias vocant Libellus*, 1554.
84 F. Haskell, *History and its Images,* New Haven 1993, S. 120.
85 Der Tisch taucht in den »Bibel«-Gemälden von Guillaume Marcillat und Pedro Machuca auf: vgl. N. Dacos, *Le Logge di Raffaelo*, Rom 1977.
86 Zu sehen im *Letzten Abendmahl* von V. Tamagni in den Loggien.
87 Der Caffaggiolo Maiolica-Teller, wohl von Jacopo Fattorini (Victoria & Albert Museum, London, 1717–1855).
88 T. Hope, *An Historical Essay on Architecture,* London 1840, S. 473.
89 Vasari [Bib. C], V, S. 323.
90 ibid., II, 2, S. 54.
91 Vergleiche auch den Wangentisch aus Marmor in Leonardos *Verkündigung*, um 1481 (Uffizien, Florenz).
92 O. Raggio, 'The Farnese table … by Vignola', *Metropolitan Museum of Art Bulletin*, New York, März 1960, S. 214.
93 ibid., S. 217.
94 ibid., S. 224.
95 A. Fulvio, *Illustrium Imagines*, Rom 1517.
96 E. Vico, *Le Imagini delle Donne Auguste,* Venedig 1557.
97 G. B. Cavalieri, *Romanorum imperatorum effigies*, Rom 1583.
98 T. Gallaeus, *Illustrium imagines…quae extant Romae*, Antwerpen 1598.
99 H. Goltzius, *Vivae omnium fere imperatorum imagines*, Antwerpen 1557.
100 E. Colle, Hg., *I mobili del Palazzo Pitti, il periodo dei Medici*, Turin 1997, geht von flämischen, französischen und deutschen Vorbildern aus. Dem mag so sein, jedoch sind Einflüsse aus dem Norden weniger offensichtlich als etwa bei Alloris Grotesken an den Decken der Uffizien. Die Tischbeine werden im Inventar »Harpyien« genannt, was scheinbar eine verbreitete Unsicherheit dokumentiert (der Farnese Tisch mit »Sirenen«-Gestell wird ebenso bezeichnet: Raggio, 'Farnese table', s. Anm. 92, S. 215).
101 ibid., S. 115.
102 K. Piacenti, *Un tavolo granducale del Cinquecento*, S. 365–69 (Auszug aus einem unidentifizierten Journal, Furniture Dept, Victoria & Albert Museum, London).
103 J. B. Fischer von Erlach, *Entwurff einer historischen Architectur*, Leipzig 1725, Buch 5.
104 *Gothic and Renaissance Art in Nuremberg 1300–1550*, New York 1986, S. 444.
105 »Cose tanto piacevoli et fantastiche«; zit. aus Antonio de Beatis (1517) bei Gombrich (s. Anm. 36), S. 80–81.

106 J. F. Hayward und W. Rieder, 'Thomas Rucker's iron chair', *Waffen- und Kostümkunde,* 1976, Heft 1, München/Berlin 1976, S. 85-104.
107 ibid., S. 102.
108 ibid., S. 96.
109 J. Florio, *Queen Anna's World of Words,* London 1611.
110 *Das Leben Johannes des Täufers* von Francesco Granacci, um 1510 (Metropolitan Museum of Art, New York, 1970.134).
111 J. Morley, *Regency Design,* London 1993, Abb. S. 362.
112 Leoncini (s. Anm. 54), 53(c), 63(c).
113 M. Praz, *Die Inneneinrichtung von der Antike bis zum Jugendstil (La filosofia dell'arredamento),* Üs. Otto Emil Gantert, München 1965, Abb. S. 90
114 Thornton, *Italian Renaissance Interior* (s. Anm. 39), S. 136.
115 ibid., S. 155.
116 ibid., S. 136, von Marcantonio Raimondi, *Modi.*
117 N. Riley, *World Furniture,* London 1980, S. 28.
118 F. Watson, Einf., *The History of Furniture,* New York 1976, S. 38 (Louvre, Paris).
119 Thornton, *Italian Renaissance Interior* (s. Anm. 39), Abb. S. 142 (Prinz Ernst von Hanover).
120 ibid., S. 165.
121 McCorquodale (s. Anm. I/51), S. 77.
122 M. Riccardi-Cubitt, *The Art of the Cabinet,* London 1992, Taf. 9.
123 H. Millon und V. M. Lampugnani, *The Renaissance from Brunelleschi to Michelangelo,* London 1994, S. 577.
124 A. Labacco, *Libro d'Antonio Labacco … antiquità di Roma,* Rom 1557.
125 ibid., S. 7.
126 A. Lafréry, *Speculum romanae magnificentiae,* Rome 1575.
127 Kruft (s. Anm. 13), S. 78.
128 A. Palladio, *Die Vier Bücher zur Architektur* (*I Quattro Libri dell'architettura,* Venedig 1570), Üs. und Hg. Andreas Beyer und Ulrich Schütte, Zürich/München 1983, nach der Ausg. Venedig 1570.
129 Kruft (s. Anm. 13), S. 80–87, fasst die Abfolge der Ausgaben zusammen.
130 V. Scamozzi, *Tutte l'opere d'architettura di Sebastiano Serlio,* Venedig 1584, Buch VII, S. 68: »Li cammini veramente sono di grande ornamenti alle habitationi«.
131 Raggio, 'Farnese table' (s. Anm. 92), S. 225.
132 Vgl. S. Jervis, *Printed Furniture Designs before 1660*, Leeds 1974, Taf. 6 (Daniel Hopfer I).
133 A. Wells-Cole, 'An Architectural Source for Furniture Decoration', *Furniture History,* Leeds 1985, S. 17–18.
134 Scamozzi (s. Anm. 130), Buch III, S. 54.
135 J. Byam Shaw, *J. B. S. Selected Writings,* London 1968, S. 46.
136 *Vues d'optiques,* Orléans 1551.
137 Scamozzi (s. Anm. 130), Buch II, S. 49 und 50.
138 Er war für Zeitgenossen verwirrend. Lomazzo verteidigte 1584 die »Groteske« gegen Vitruv und seine Kommentatoren, indem er sie als »la vera, e antica forma del far le grotesche« bezeichnete und sie von der »rebesche« (arabesque) wegen ihrer Struktur gebenden Qualität unterschied (*Trattato dell'Arte de la pittura,* Mailand 1584, S. 430).
139 Gotische Schemata für S. Petronio von Cristoforo Lombardo und Giulio Romano, Prag, *Codex Chlumczansky,* fol. 96v.
140 Plutarch, *Von großen Griechen und Römern* [Bib. C], Vita des Alkibiades, 15.
141 Aus der 'Griechischen Anthologie' (seit etwa 100 v. Chr. zusammengestellt), die aus 4500 kurzen griechischen Gedichten besteht, »Epigramme« genannt aber nicht eigentlich epigrammatisch, wurden im 10. Jahrhundert gesammelt und im 14. überarbeitet. Vgl. K. Dilthey, *Epigrammatum Pompeis repertorum trias,* Zürich 1876.
142 Loeb, *Antiphilus,* Buch XVI, Epigramm 147.
143 Epigramme umschreiben die Gegenstände oder Bildinhalte: vgl. M. Praz, *Studies in Seventeenth-Century Imagery,* <2> Rom 1964, S. 22.
144 Sinngemäß in: A. Alciati, *Emblemata,* [Bib. B] S. 3.
145 Plinus, Tacitus, Plutarch, Apuleius, Clemens von Alexandria, Plotin, etc.: vgl. Praz (s. Anm. 143), S. 26.
146 ibid., S. 27.
147 Alberti, *Zehn Bücher über die Baukunst* [Bib. C], Buch VIII, 4, S. 428.
148 C. C. Via, 'Pinturicchio et la décoration … de l'appartement Borgia', *Revue de l'Art* (1991–94), S. 18.
149 D. Bartoli, *De Simboli trasportati al morale,* zit. nach Praz (s. Anm. 143), S. 19.
150 Evans (s. Anm. I/116), I, S. 156. Die Motti können so übersetzt werden: »Frömmigkeit hebt die Verbannung in die Unterwelt auf«; »Alles Licht, auf das sie ihren Blick wirft, nimmt sie für sich«; »Voll des Schmerzes, leer der Hoffnung«; »Vernichtet ohne Hoffnung«.
151 C. Acidini Luchinat, 'La grottesca', *Storia dell'arte italiana,* Turin 1982, IV, S. 185.
152 Dacos, *Domus Aurea* (s. Anm. 63), S. 181–82, zitiert Pirro Ligorio: »pitture antiche, che'l vulgo l'appella grottesche che tutte hanno significato di morali documenti …, fingendo le pene gravi, la immortalita, le cose dolci mutarsi in amari fonti … le nausee, i fastidii, gli interiti, la morte, l'emulatione, gli odii, i resentimenti, le querele, i sfocamenti dell'ira et di sanguinolenti petti, le lascivie, gli stupri, gli inganni, et tutti i mali che perturbano«.
153 ibid., S. 425: »che pur con quelle se può legriadramente accennare la lascivia nel satiro & nella donna ignuda, l'amante giocondo nel pastore e ninfa [hinreissend illustriert in dem Text Monteverdis von 1651 'Dialogo di Ninfa e Pastore'], la viltà dell'amante nella belleza della sirena, la prudenza nella Sfinge, & tutti gli altri concetti«.
154 ibid., S. 178–79: »per ciò che egli [Vitruvius] il significato, dell'animali, voleva che si mettessero nelli freggi o zophori dell'ordini, dei quali venivano significati per simboli degli iddii a'quali erano fatti tempii«.
155 ibid., S. 178–79: »sono queste cose finite nella strana pittura, che grottesca si chiama, in cui ogni strana fantasia si rappresenta in tanti accidenti, et in tanti desiderii mundani, che sono al fine tutte vanità. Perciò vi si trovano tante et varie transmutationi dall'antica schola ritrovata da philosophi pythagorici et da poeti.«
156 *Versuch einer Allegorie, besonders für die Kunst,* Dresden 1766.
157 *Iconology, or, a Collection of Emblematical Figures, moral and instructive,* London 1778.
158 Sheraton, *The Cabinet-Maker and Upholsterer's Drawing Book* [Bib. B], S. 15–16.
159 Hope, *Household Furniture* [Bib. B], S. 42.
160 M. Proust, *Remembrance of Things Past* (*A la recherche du temps perdu,* Paris 1912), Üs. C. K. Scott Moncrieff, London 1961, VI, S. 290.
161 In der Sakristei von S. Lorenzo, Florenz.
162 Ill. Thornton, *Italian Renaissance Interior* (s. Anm. 39), Taf. 184.
163 Pomponio Gaurico, *De sculptura,* 1504, verurteilt unnatürliche Mischwesen.
164 Aristoteles, *Poetik,* [Bib. C], Kap. 4.
165 Cennini (s. Anm. III/72), Kap. 70, S. 65.
166 Vasari [Bib. C], III, 1, S. 12.
167 Gruber, *Renaissance and Mannerism* (s. Anm. 65), S. 208, zitiert Francesco de Hollanda.
168 F. Zuccaro, *L'Idea de' pittori, scultori, et architetti,* Turin 1607, S. 17.
169 Victoria & Albert Museum, London, E.598-1888.
170 Henry Peacham, *Graphice,* 1612, zit. nach Evans (s. Anm. I/116).
171 Celio Calcagnini (gest. 1541), zit. nach J. Shearman, *Mannerism,* Harmondsworth 1967, S. 156.
172 B. Castiglione, *Das Buch vom Hofmann,* (*Il Cortegiano,* 1528), Hg. und Üs. Fritz Baumgart, München 1986, Buch I, Kap. 18, S. 56.
173 McCorquodale (S. Anm. I/51), Taf. 253.
174 T. Mann, *Dr. Faustus,* (*Gesammelte Werke VI*), Kap. XII.
175 Ruskin, *Steine von Venedig,* (s. Anm. II, 48), III, III, S. 39.
176 J. Hayward, *Virtuoso Goldsmiths and the Triumph of Mannerism,* New York 1976, S. 75.
177 S. Beguin, *Rosso e Primaticcio al Castello di Fontainebleau,* Genf 1965.
178 H. Zerner, *The School of Fontainebleau, Etchings and Engravings,* London 1969, Taf. 40.
179 M. Lodovico, *Descrittione di tutti Paesi Bassi,* Antwerp 1567, zit. nach S. Sune, *Cornelius Bos,* Uppsala 1965, S. 107.
180 S. Sune, *Cornelis Bos,* Uppsala 1965, Abb. 4–11, 14.
181 Virgil, *Aeneis,* Buch VI, 240–74.
182 B. Cellini, *Leben,* Üs. und Hg. J. W. Goethe (1796), Frankfurt 1981, I, Kap. 6, S. 65
183 Cardinal Paleotti: vgl. G. A. Gilio, *Due dialogi degli errori de'pittori,* Camerino 1564.
184 Zulch (s. Anm. 6), S. 14.
185 Vasari [Bib. C], V, S. 81: Ein Fest der »Gesellschaft vom Kessel«, gegründet von Giovan-Francesco Rustici.
186 B. Palissy, *Oeuvres complètes de Bernard Palissy,* Paris 1880, S. 470: »pour faire esmerveilleur les hommes … trois ou quatres vestus et coiffes de modes estranges«.
187 ibid., S. 468–69, 'Grotte pour la Royne Mère': »Et quant aux termes … il y en auroit un qui seroit comme une vieille estatue mangée de l'ayr ou dissoulte à cause des gelées, pour demonstrer plus grande antiquité«.
188 B. Palissy, *Architecture…de la grotte rustique de Monseigneur le duc de Montmorancy,* 1563, Nachdr. Paris 1919, S. 469: »il y en auroit un aultre qui seroit taillé en forme d'un rochier rustique, au long duquel il y auroit plusieurs mousses et petites herbes, et un nombre de branches de lierre … pour dénotter une grande antiquité«.
189 Palissy (s. Anm. 186), S. 468: »Notez que le grand rocher … seroit insculpé par un nombre infini de bosses et de concavités, lesquelles bosses et concavités seront enrichies de certaines mousses et de plusieurs espèces d'herbes qui ont accoustume de croitre es rochiers lieux aquatiques.«
190 Zerner (s. Anm. 178), AF 82. (Bibliothèque de l'Arsenal, Paris.)
191 Palissy, *Architecture & Ordonnance Oeuvres,* (s. Anm. 186, S. 164): »un cabinet auquel j'ay mis plusieurs choses admirables et monstreuses que j'ay tirées de la matrice de la terre«.
192 Palissy (s. Anm. 186), S. 468–70: »plusieurs lézars, langrottes, serpens et … un nombre infini de grenouilles, chancres, escrevisses, tortues et yraigues de mer, et … poisson couvert d'un nombre infiny de pissures d'eau qui … par certains … mouvemens de l'eau, … on penseroit que ledict poisson se fust démené ou couru dans ladicte eau … ung nombre de chailloux, … un aultre qui seroit tout formé de diverses quoquilles maritimes; scavoir est les deux yeux de deux quoquilles; le nez, bouche, menton, front, joue, le tout de quoquilles, voire tout le résidu du corps.«
193 Hayward (s. Anm. 176), S. 55.
194 ibid., S. 126, Quelle von 1610.
195 Palissy (s. Anm. 186), S. 470: »quant aux nyches, colonnes, pieds d'estracz et pilastres, je les vouldrais fere de diverses couleurs de pierres rares … pourphires, jaspes, cassidoines et de diverses sortes d'agates, marbres et grisons madrez«.
196 Besonders sein *Livre d'Architecture,* Paris 1559, Buch II, 1561.
197 H. Vredeman de Vries, *Différents pourtraicts de menuiserie à scavoir,* 1588?, und W. Dietterlin, *Architectura,* Straßburg 1598. Paul Vredeman de Vries, der Sohn des Hans, publizierte *Verscheyden Schrynwerck,* Amsterdam 1630, die demonstrieren, wie die Renaissance Ornamentik in der Möblekunst weiterhin Anwendung fand.
198 Muntz (s. Anm. 10), S. 299: »on dirait parfois de la menuiserie, non plus de l'architecture. A cet égard, Serlio est le vrai précurseur de Dietterlin.«
199 Dietterlin (s. Anm. 197), Taf. 65, 'Vasen', 'Gebälke', etc.
200 ibid., 49–51, 65.
201 ibid., 66.
202 Sambin [Bib. B], S. 60.
203 F. Haskell und N. Penny, *Taste and the Antique,* London 1988, S. 301–2.
204 Kruft (s. Anm. 13), S. 130.
205 Eine Kopie des verlorenen Gemäldes Michelangelos befindet sich in der National Gallery, London.
206 Gruber, *Renaissance and Mannerism* (s. Anm. 65), S. 248.
207 Jervis (s. Anm. 132), S. 25.
208 Gibbon (s. Anm. II/1), V, S. 267.
209 Im Archaeologischen Museum in Palermo.
210 G. Jackson-Stops, *The Treasure Houses of Britain,* New Haven/London 1985, S. 134.
211 See D. Bostwick, 'The French Walnut Furniture at Hardwick Hall', in: *Furniture History* London 1995.
212 Jackson-Stops (s. Anm. 211), Kat. 32.
213 H. Vredeman de Vries (s. Anm. 197), Abb. 8: ein Tisch wird von Sphingen gestützt mit eingerollten Schwänzen; Hunde stützen den Mittelteil des zweiten; ein dritter wird von geflügelten Sphingen getragen.
214 Bostwick (s. Anm. 211), Zeichnung und Porträt Abb. S. 3.
215 Jackson-Stops (s. Anm. 210), S. 108.
216 A. Alciati, *Viri clarissimi…emblematum,* Paris 1542, Nachdr. Darmstadt 1967, 223, 224.
217 A. Gruber, *L'Art décoratif en Europe,* II, *Classique et Baroque,* Paris 1992, Abb. S. 54, ein Kerzenhalter von Vico mit den »bösen Augen«.
218 ibid., S. 30.
219 Im Rijksmuseum, Amsterdam.
220 »Schnakkerey« war eine abwertende Bezeichung für Ohrmuschel-Motive.
221 Hayward (s. Anm. 176), S. 291.
222 N. Rouseel, *De Grotesco,* London 1623.
223 Vgl. die Stiche von Johannes Lutma nach 1650.
224 Gruber (s. Anm. 217), S. 40.
225 ibid., S. 79
226 É. Du Pérac, *I vestigi dell'antichità di Roma,* Rom 1575.

V Barocke Kontraste *S. 135–160*

1 Félibien, *Entretiens* [Bib. A], S. 23: »un amas confus de corps avancez & d'arrière-corps … avec autant de testes qu'une Hydra, & autant de bras que Briarée … une infinitée d'angles & d'inégalitez«.
2 Hope, *Historical Essay* (s. Anm. IV/88), S. 489.
3 Aus der Oper *Solomon* (auch: *Salomo*) von G. F. Händel.
4 J. Bunyan, *The Pilgrim's Progress* (London 1678), Hg. N. H. Keeble, Oxford 1984, S. 240.
5 z. B. durch Algardi, wie im Palazzo Doria-Pamphili in Rom zu besichtigen.
6 'Journal du Voyage du Chevalier Bernini en France par M. Chantelou', zit. in: M. Salimit et. al., *The Complete Works of Raphael,* New York 1969, S. 613.
7 Heute 'Hôtel de Lauzun'.
8 G. Brice, *Description nouvelle de ce qu'il y a de plus remarquable dans la ville de Paris,* Paris <2>1685; <7>1717, S · 53 : »La plupart des plafonds de ces appartements sont d'une exquise beauté. Il y en a d'un certain *Grimaldi,* que l'on fit venir exprès d'Italie en 1648, aussi-bien que *Romanelli,* disciple de *Pierre de Cortonne,* qui a peint dans la galerie.«
9 Entnommen der ersten englischsprachigen Übersetzung der ersten Ausgabe von Brice, *Description nouvelle, A New Description of Paris,* London 1687, I, S. 338.
10 Duc de Saint-Simon, *Erinnerungen,* Üs. Norbert Schweigert, Stuttgart 1983, S. 157–159. Louvois, der Oberaufseher dieser Bauarbeiten, hielt ebenfalls den Posten des Kriegsministers inne!
11 Félibien (s. Anm. 1), S. 24f.
12 ibid., S. 66: »La Compagnie a désapprouvé plusieurs de ces nouvelles manières, qui sont défectueuses et qui tiennent la plupart du gothique.«
13 Vgl. E. Mandowsky und C. Mitchell, *Pirro Ligorio's Roman Antiquities,* London 1963.
14 Vgl. *The Paper Museum of Cassiano dal Pozzo,* London 1993.

15 R. Fréart de Chambray, *Parallèle de l'architecture antique et de la moderne,* Paris 1650.
16 E. Harris und N. Savage, *British Architectural Books and Writers*, Cambridge 1990, S. 197.
17 F. Perrier, *Icones et segmenta nobilium,* Rom 1638, sowie *Icones et segmenta illustrium,* Paris 1645/55.
18 Félibien, *Statues et bustes* [Bib. A]. Ein Beispiel seiner Arbeit zeigt eine antikisierte »Agrippina« auf einem Stuhl mit Löwenfüßen, wie man sie in der Zeit Louis XIV. bevorzugte, vor einem Hintergrund mit typischen Boulle-Kommoden.
19 M.-A. de La Chausse, *Romanum museum sive Thesaurus, Le gemme figurate*, Rom 1700.
20 F. Kimball, *Creation of the Rococo*, Philadelphia 1943, S. 62.
21 De Piles, *The Art of Painting* [Bib. C], S. 307.
22 Percier und Fontaine, *Recueil* [Bib. B], S. 3: »toujours les formes de l'ameublement se sont trouvées dans un accord parfait avec le génie qui présidait aux inventions de l'architecte, du sculpteur, et du peintre. L'orfèvrerie du siècle de Louis XIV est empreinte du goût de Le Brun. L'armoire et le guéridon de Boule ont les contours, les profils et les cartels de Mansard.«
23 R. Borghini, *Il Riposo* (1584), Bottari, Hg., Florenz 1730, S. 187.
24 F. Rossi, *Mosaics, A Survey of their History and Techniques*, London 1970, S. 118.
25 Raggio, 'Cabinets-studioli' (s. Anm. IV/2), S. 219.
26 D. Alcouffe, 'Les Macés, ébénistes et peintres', *Bulletin de la Soc. de l'Histoire et de l'Art français*, 1971.
27 Vgl. die Kabinette aus Silber und Guajakholz von Windsor Castle, die für Königin Henrietta Maria angefertigt wurden.
28 »A large cabinet entirely faced, inside and out, with pieces of ivory must have struck the seventeenth-century beholder as something absolutely astonishing": P. Thornton und M. Tomlin, *The Furnishing and Decoration of Ham House*, London 1980, S. 34.
29 Riccardi-Cubitt (s. Anm. IV/22), Abb. S. 88.
30 Vgl. F. J. B. Watson, *Wallace Collection Catalogues, Furniture*, London 1956, S. 30–32.
31 ibid., S. 32.
32 Colle (s. Anm. IV/100), andere Zitate ibid., S. 220 ff.
33 z. B. in der Kathedrale zu besichtigen, die in Rom von Vanvitelli für Valetta, Malta, entworfen wurde.
34 P. Verlet, *French Royal Furniture*, London 1963, S. 50.
35 ibid., S. 52.
36 ibid., S. 51.
37 P. Verlet, *Les Bronzes dorés français du XVIIIe siècle*, Paris 1987, S. 52.
38 ibid.
39 De Piles, *The Art of Painting* [Bib. C], S. 89.
40 Vgl. Félibien, *Entretiens* (s. Anm. 1), I, S. 64, bzgl. des Einflusses der *Laokoon-Gruppe* auf die Carracci.
41 Im Palazzo Pitti, Florenz.
42 'Ios Verwandlung in eine Hirschkuh', in: Ovid, *Metamorphosen* [Bib C.], 'Io', S. 29.
43 P. Thornton, *Seventeenth-Century Interior Decoration in England, France and Holland*, New Haven/London 1978, S. 151.
44 Burckhardt, zit. in: G. C. Bauer, Hg., *Bernini in Perspective*, New Jersey 1976, S. 63; s. auch F. Milizia, *Dictionary of the Fine Arts*, Bassano 1797, S. 54.
45 Ein englisches Beispiel findet sich in: *Seventeenth-Century…Decoration* (s. Anm. 43), S. 168.
46 Ovid, *Metamorphosen,* [Bib. C], I, 846–47.
47 Thornton, *Seventeenth-Century…Decoration* (s. Anm. 43), S. 18, Taf. 15, zeigt ein noch üppiger gestaltetes französisches Bett mit scheinbar unendlichen Draperien aus der Tessin-Sammlung des Nationalmuseums Stockholm, das an das Trianon de Porcelaine erinnert. Nach *Versailles à Stockholm*, Stockholm, Nationalmuseums Skriftserie NS 5, 1985, S. 152–53, stammen beide Zeichnungen von Nicodemus Tessin dem Jüngeren; diese Zeichnungen zeigen das Bett wie 1672 in der Chambre des Amours aufgestellt und wurden 1687 zu Dokumentationszwecken kurz vor dem Abriss des Gebäudes angefertigt.
48 Ponce, *Descriptions* [Bib. A], Taf. 20, 21.
49 Vgl. Johann Indau (Architekt und Möbelschreiner), *Neue Romanische Ziehrate*, Augsburg 1680, und *Nova invenzione di rabeschi, e fogliami romani*, Wien 1686.
50 J. Hardy, 'The Kedleston Sofas', *Furniture History*, Leeds 1990, S. 90–91.
51 Bei dem berühmten Baldachin des Ptolemaeus Philadelphus waren »Vier von den Säulen […] Palmen nachgebildet«: Athenaios, *Das Gelehrtenmahl* [Bib. C], V, 35, 196b/c.
52 H. Hayward und P. Kirkham, *William and John Linnell*, London 1980, I, S. 112–33.
53 H.-P. Trenschel, *150 Meisterwerke aus dem Mainfränkischen Museum Würzburg*, Ausst. Würzburg 1977, Kat. 73, S. 162.
54 *Antichità di Ercolano: Le pitture* (s. Anm. I/55), IV, Taf. LXV, S. 325.
55 Zu sehen auf einem Gemälde eines Nachfolgers Rogier van der Weydens (Metropolitan Museum New York, Sammlung Robert Lehman).
56 H. Kreisel, *Die Kunst des deutschen Möbels, Spätbarock und Rokoko*, München 1970, Taf. 196.
57 F. Castro Freire, *50 dos melhores moveis portugueses* (Museu Nacional de Arte Antigua, Lissabon), S. 33.
58 ibid.
59 Victoria & Albert Museum, London (E 029. 4254–6, 1910).
60 K. Gesner in: V. Cordus, *De Hortis germaniae liber*, 1561.
61 Evans (s. Anm. I/116), I, S. 80.
62 Jackson-Stops (s. Anm. IV/210), Detailansichten S. 150.
63 Evans (s. Anm. I/116), II, S. 56.
64 In einem Entwurf Boulles für eine Tischplatte, Abb. in: Gruber, *Classique et Baroque* (s. Anm. IV/217), S. 189, fehlen typischerweise die ausgestülpten Lippen des Originals von Bos.
65 Die Gesamtausgabe wurde 1711 in Paris von Boulles Schwiegersohn, Jacques Thuret, herausgegeben: *Ornemens inventez par J. Berain et se vendent chez Monsieur Thuret.*
66 ibid., Taf. 29 (eine Kopie ohne Abbildungsnummerierung befindet sich in der British Library, London, 56.J.15).
67 Caylus, *Tableaux* [Bib. A], S. XXIII.
68 Von Thomas Regnardin und François Girardon: P. Hughes, *Wallace Collection; Catalogue of Furniture*, London 1996, II, S. 824.
69 Der Verfasser versteht unter spätbarockem »Bandwerk« hier nicht nur zweidimensionale geometrische und geschwungene Verflechtungen, sondern bezieht den räumlichen Aspekt mit ein und nennt es deshalb »geometrisches und geschwungenes Flechtwerk«, um den Bezug zur Antike besser ausdrücken zu können (H.G.).
70 C. Wilk, *Western Furniture 1350 to the Present Day*, London 1996, S. 84.
71 Eine Kopie Oppenords a. d. Jahren 1692–99 in seinem Römischen Skizzenbuch befindet sich in Berlin.
72 Details in: C. Gilbert, *Furniture at Temple Newsam House and Lotherton Hall*, Bradford/London 1978, II, S. 264–68.
73 Vollständige Beschreibungen in: Thornton, *Seventeenth-Century…Decoration* (s. Anm. 43), Kap. VII.
74 M. Bencard und J. Hein, 'Three Cabinets', *Furniture History,* London 1985, S. 147–55.
75 Kreisel (s. Anm. 56), Taf. 312.
76 Wilk (s. Anm. 70), S. 86.
77 Taf. ibid.
78 Chippendale [Bib. B (1767/1966)], z. B. Nr. LXVII, LXX, LXXII.
79 M. H. Heckscher, *American Furniture in the Metropolitan Museum of Art*, New York 1985, II, S. 277.
80 Thornton und Tomlin (s. Anm. 28), S. 64.
81 Gilbert, *Temple Newsam* (s. Anm. 72), I, S. 79.
82 Heckscher (s. Anm. 79), S. 99–100.
83 Hepplewhite [Bib. B], Taf. 8.

VI Kampf der Stile: Englischer Klassizismus, Rokoko und *goût grec* *S. 161–184*

1 Hope, *Household Furniture* [Bib. B], S. 51.
2 G. Cumberland, *Thoughts on Outline*, London 1796, S. 3. Er warnte auch vor dem *Museo Pio-Clementino!*
3 Dazu gehörten: *Colonna Traiana*, Rom 1665, *Veteres arcus Augustorum triumphis,* Rom 1690, *Le pitture antiche del sepolcro de' Nasonii nella Via Flaminia,* Rom 1680, *Admiranda Romanorum antiquitatum*, Rom, um 1690, *Gli antichi sepolcri*, Rom 1697.
4 L. Pascoli, *Vite de' pittori, scultori, ed architetti perugini*, Rom 1732, S. 231.
5 ibid., S. 233: »Ne l'età ne la corpulenza, ne la grossezza, ne la fatica di scendere, e salire, ne qualqunque altro disago ritener lo potevan dall'entrar ne' sotterranei per genio, per gusto, e dir si poteva ancora per istinto«.
6 ibid., S. 231: »che andò in Inghilterra, dove l'opere sue si stimano assaissimo«.
7 G. P. Bellori, *Le Vite de pittori, scultori et architetti moderni*, Rom 1672, S. 392. Die zitierte Liste stammt von Belloris Beschreibung der Dekorationen Algardis im Palazzo Doria-Pamphili. Die Ähnlichkeit mit Montfaucons Kategorien zeigt, wie nützlich Belloris Bücher für Künstler gewesen sein müssen.
8 Evans (s. Anm. I/116), II, S. 101.
9 Der Begriff *Grand Tour* erschien vermutlich im Jahr 1670 erstmals gedruckt, in: *The Voyage of Italy,* von R. Lassels: M. Wilson, *William Kent*, London 1984, S. 23.
10 Wilson (s. Anm. 9), S. 95.
11 ibid., S. 106.
12 ibid., S. 106, S. 96.
13 A. Bowett, 'The Commercial Introduction of Mahogany and the Naval Stores Act of 1721', *Furniture History*, Leeds 1994, S. 43–56.
14 Die Beobachtung stammt von P. Ward-Jackson, *English Furniture Designs of the Eighteenth Century*, London 1984, S. 7.
15 Wilk (s. Anm. V/70), Abb. S. 89. Die auf S. 88 vorgebrachte Theorie, der Entwurf sei eine Anspielung auf den Ursprung des korinthischen Kapitells, ist unwahrscheinlich.
16 Gilbert, *Temple Newsam* (s. Anm. V/72), II, S. 353–56. Für eine Zeichnung von Lock siehe Ward-Jackson (s. Anm. 13), Abb. 48.
17 Vardy, *Some Designs of Mr. Inigo Jones and Mr. William Kent* [Bib. B].
18 J. Harris und M. Snodin, *William Chambers Architect to George III*, New Haven/London 1997, S. 163.
19 M. Tomlin, *Catalogue of Adam Period Furniture*, London 1972, S. 3.
20 z. B. *Hektors Tod*, 1761, Stich von Domenico Cunego aus dem Jahr 1764.
21 Piranesi, *Antichità d'Albano e di Castel Gandolfo*, Rom 1764, Taf. VIII, Nachdr. J. Friedman, *Spencer House*, London 1993, S. 138.
22 G. Beard und C. Gilbert, Hg., *Dictionary of English Furniture Makers*, Leeds 1986, S. 545.
23 Voltaire, *Das Zeitalter Ludwigs XIV.*, Üs. Robert Habs, Leipzig 1885, Bd. II, S. 31
24 Brice, *Description* (s. Anm. V/8; Ausgabe 1713), S. 111: »incomparablement plus commode & plus agréable, que celuy que l'on suivoit autrefois … les architectes françois surpassent de bien loin en cet article, ceux qui les ont précédé, et les Italiens même«.
25 Mme Campan, *Memoirs of Marie Antoinette*, London, o. J., Kap. 1, S. 9.
26 Comte de Caylus, *Mémoires et réflexions 1717–1740*, in: *Le Portefeuille de M. le Comte de Caylus*, Paris 1874, S. 25. »Quelle est la cause de cette aimable vivacité? … c'est que les femmes donnent absolument le ton à tout qui se passe dans cette grande ville.«
27 Diese Geschichte wird irgendwo in den Memoiren von Saint-Simon wiedergegeben.
28 Gibbon (s. Anm. II/1), III, S. 236.
29 Mariette, *Abécédario* [Bib. A], XII, S. 173: »une touche aimable et facile, des couleurs simples, mais agréables, et surtout un naturel et une naïveté qui enchantent«.
30 J. Casanova, *Memoirs*, London 1922, I, S. 183.
31 *Le Portefeuille de M. le Comte de Caylus*, Paris 1880, S. 45.
32 Pierre Patte, zit. nach S. Eriksen, *Early Neoclassicism in France*, London 1974, S. 21, 22.
33 Cochin, Brief an den Abbé R…, 1755, zit. ibid., S. 245.
34 Gruber, *Classique et Baroque* (s. Anm. IV/217), S. 336.
35 Diese Feststellung wird anderswo wiederholt: Leblond [Bib. B], S. 400: »L'idée en vient des Anciens, Raphaël les a fait revivre, & M. Audran s'y est distingué dans ces derniers tems.«
36 Comte de Caylus, *Vies d'artistes du XVIIIe siècle*, Paris 1910, S. 6.
37 J. S. Byrne, *Renaissance Ornament Prints and Drawings*, New York 1981, vgl. S. 60: »Selbst wenn ich der Einzige sein sollte, für mich ist die Nr. 13 eine Arabeske, die Nr. 57 eine Grotesque im nachgemachten antiken Stil des 16. Jahrhunderts und die Nr. 59 eine Groteske nach heutigem Verständnis.« Sympathischer Standpunkt, dem ich aber nicht beipflichte!
38 Berains Schlafzimmerdecke im Hôtel de Mailly aus dem Jahr 1687–88 ist ein Zwischending zwischen Groteske und Rokoko.
39 Einige Kamineinfassungen wurden veröffentlicht in: *Livre de cheminées executées à Marly sur les desseins de Monsr. Mansart Surintendant…dessinées et gravées par P. Le Pautre Graveur du Roi,* Paris, um 1699.
40 Wodurch die Arbeiten aus den 1680ern abgeändert wurden; vgl. Kimball (s. Anm. V/20), S. 71.
41 Brief von Cronstrom an Tessin und Josephson: »Celui qui jouit après Berain de la plus grand renommée dans ce genre, arabesque ou grotesque, est Audran, un neveu du graveur … Audran … a de nombreux éléments dus à sa propre fantaisie«, »Il est plus exquis et plus svelte«; *Dessins du Nationalmuseum de Stockholm, Collections Tessin et Cronstedt*, Paris 1950, S. xvii.
42 Brice (s. Anm. V/8; Ausgabe 1713), S. 71–72: »Un des premiers dessinateurs du temps, sur tout pour les Arabesques & pour les ornemens de grotesques, dans le goût du fameux Raphael«.
43 Leblond [Bib. B], S. 266: »La plus belle couleur est le blanc, parce qu'il augmente la lumière, & réjoisit la vue.«
44 Boucher entwarf z. B. eine »Stein«-Vase mit ohrmuschelförmigem Hals nach Enea Vico.
45 Gruber, *Classique et Baroque* (s. Anm. IV/217), S. 333.
46 A.-J. Dézallier d'Argenville, *L'Histoire naturelle éclairée dans une de ses parties principales, la lithologie et la conchyliologie.*
47 Von J. Mondon, *Premier Livre de forme rocquaille et cartel*, Paris 1736.
48 C. Normand, *Nouveau Recueil en divers genres d'ornements* (1803), zit. nach Gruber, *Classique et Baroque* (s. Anm. IV/217), S. 329.
49 Vgl. eine Marketerie-Kommode, mit Stempel DF, Getty Museum, Abb. Gruber (s. Anm. IV/217), S. 377.
50 Gruber, *Classique et Baroque* (s. Anm. IV/217), S. 364.
51 A. González-Palacios, *Pietro Pifetti e gli ebanisti a Torino* (1992), Kat. 24.
52 François Ladatte (1706–87) u. Giovanni Paolo Venasca. S. Wilk (s. Anm.V/70), S. 94.
53 Veröffentlicht in: T. Johnson, *One Hundred and Fifty New Designs* (1761), Taf. 39.
54 Gilbert, *Temple Newsam* (s. Anm.V/72), II, p. 296; Jackson-Stops (s. Anm. IV/210), S. 435.
55 Ward-Jackson (s. Anm. 14), Abb. 357.
56 Der Begriff »Ancien Régime« wurde erstmals 1789 verwendet: Evans (s. Anm. I/116), II, S. 114.
57 Vgl. N. Pevsner, *Studies in Art, Architecture and Design*, London 1968, S. 103–4 (mit S. Lang).
58 J.-J. Rousseau, *Julie oder Die neue Héloïse* (*La nouvelle Héloïse*, Paris 1759), Üs. J. J. Gellius, München 1988 (1978), IV, 11. Brief, S. 503.
59 Morley (s. Anm. IV/111), S. 42, 45.
60 Im Jahr 1751; Gruber, *Classique et Baroque* (s. Anm. IV/217), Abb. S. 405.

61 Ruskin, *Steine von Venedig* (s. Anm. II/48), Bd. II, S. 108.
62 Verlet, *Royal Furniture* (s. Anm. V/34), S. 28.
63 D. Sutton, 'Rococo Furniture from Schloss Seehof', *Apollo*, London, Okt. 1982, S.262–64.
64 S. Sangl, 'Spindler', *Furniture History*, Leeds 1991, S. 23, 29.
65 ibid., S. 30–31.
66 M. Salmi, Hg., *Encyclopaedia of World Art*, New York/Toronto/London 1963, VI, S. 350.
67 Félibien, *Entretiens* (s. Anm. V/1), II, S. 359: »Chaque ordre de prestres, & ceux qui conduisoisent les chariots chargés de tableaux & de statues, avoient leurs basteleurs, leurs musiciens, leurs *Pantomimi* ou farceurs.«
68 ibid., S. 161: Canta-Gallina »avoit gravé plusieurs Scènes de Comédies, des Balets & des Carousels … A leur exemple Callot commença à dessiner en petit.«
69 Eriksen (s. Anm. 32), S. 228.
70 Abb. Gilbert, *Temple Newsam* (s. Anm. V/72), I, Kat. 270.
71 W. Hogarth, *Analyse der Schönheit* (*The Analysis of Beauty*, London 1753), Dresden 1995, S. 94.
72 C. Gilbert, *The Life and Work of Thomas Chippendale*, New York 1978, S. 152.
73 G. Beard, *Craftsmen and Interior Decoration in England 1660–1820*, London 1981, S. 189.
74 Man kann sie sehen in: *Discorsi sopra l'antichità di Roma di Vincenzo Scamozzi*, Venedig 1582.
75 Bibl. Nationale, Paris.
76 Watson (s. Anm. V/30), S. 55.
77 ibid., S. 54.
78 Verlet, *Royal Furniture* (s. Anm. V/34), S. 54.
79 Verlet, *Bronzes* (s. Anm. V/37): »Bronzes de large dessein que, faute de preuve, on n'ose pas attribuer aux Caffiéri«.
80 Kreisel (s. Anm. V/56), Abb. 430.
81 Webley's *Priced Catalogue*. Darin enthalten auch: Le Pautre, Pillement, Toro, Lajoue und Watteau; vgl. Gilbert, *Chippendale* (s. Anm. 72), S. 111.
82 ibid., Anm. 1, S. 90.
83 Gilbert, *Chippendale* (s. Anm. 72), S. 83.
84 Laugier, *Essai* [Bib. C], S. 104: »Heureusement … cette epidémie dangereuse est sur ses fins«.
85 ibid., S. 17.
86 Laugier, *Observations* [Bib. C], S. 113: »l'effet est toujours chétif«.
87 Laugier, *Essai* [Bib. C], S. 29: »vicieuses arcades … un usage contre nature«.
88 ibid., S. 62.
89 Laugier, *Observations* [Bib. C], S. xvi: »Le génie avoit atteint la perfection de fort sous le règne d'Alexandre, l'imitation avoit mis la copie presque à l'égalité du modèle sous le regne d'Auguste.«
90 Laugier, *Essai* [Bib. C], S. 74: »Rien de moins fastueux, rien même de plus sec et de plus pauvre«.
91 E. Burke, *Reflections upon the French Revolution*, Harmondsworth 1986, S. 245.
92 Laugier, *Observations* [Bib. C], S. 110–11.
93 ibid., S. 290 .
94 ibid., S. 112.
95 G. B. Piranesi, *Il Fasti*, Rom 1762, XII, Taf. 21: »ornata agguisa di pilastro con vari arabeschi«.
96 S. *Antichità romane* [Bib. A], III, Taf. XLV–XLVIII.
97 Borromini, *Opus architectonicum* [Bib. B], S. 15.
98 Piranesi, *Antichità romane* [Bib. A], II, Bd. XII, Taf. X, XVIII, XXX, LIX, LX.
99 Caylus, *Vies …* (s. Anm. 36), S. 6.
100 ibid., S. xxxi.
101 Laugier, *Essai* [Bib. C], S. 56.
102 A.-J. Roubo in: *L'Art du menuisier*, Paris 1768; vgl. Eriksen (s. Anm. 32), S. 68.
103 Le Blanc pflichtet einer gegen die Groteske gerichteten Äußerung des Dichters Horaz bei, die am Anfang von dessen *Ars Poetica* steht.
104 Eriksen (s. Anm. 32), S. 46.
105 ibid., S. 231, unter Berufung auf Abbé Le Blanc (1737–44).
106 ibid., S. 39.
107 ibid., S. 41.
108 ibid., S. 33.
109 ibid., S. 40.
110 In Frankreich immer noch gebräuchlich.
111 Walpole, April 1764; zit. nach Evans (s. Anm. I/116), II, S. 108.
112 Eriksen (s. Anm. 32), S. 264–65. 1763 verwendete Grimm den Ausdruck in sehr allgemeiner Bedeutung.
113 ibid., S. 162.
114 Patte (1777), nach Blondel; zit. ibid., S. 21.
115 ibid., S. 97.
116 A. Pradère, *French Furniture Makers*, Üs. P. Wood, London 1989, S. 258–60.
117 Watson (s. Anm. V/30), S. 136–37; Verlet, *Royal Furniture* (s. Anm. V/34), S. 115–16.
118 Hughes (s. Anm. V/68), II, S. 895.
119 Die Maske erinnert an eine Kartusche von Federico Zuccare (ca. 1543–1609), bei der die Augen auf ähnliche Weise aus dem Ende der Voluten geformt sind. Vgl. Abb. Gruber, *Classique et Baroque* (s. Anm. IV/217), S. 84.
120 Hughes (s. Anm. V/68), I, S. 325.
121 ibid., S. 285–87.
122 G. Albertolli, *Alcune decorazione di nobili sali ed altri ornementi*, Mailand 1787, Vorwort des Autors, (unpag.): »Se si proporranno per loro modelli gli eccelenti originali, che loro si presentano ne' marmi antichi … .Pero io d'ora in avanti fornire di un maggior numero di esemplari i giovani disegnatori, i quali spero, che con questi soccorsi non si abbandoneranno si facilmente, e si inavvedutamente all'inveri-simile e secco stile delle pitture, che si veggono nelle grotte delle antiche Terme di Roma, nelle rovine di Ercolano e altrove, che alcuni vorrebbero pure introdurre anche fra noi.«
123 A. González-Palacios, 'Disegno di Giocondo Albertolli', *Arte Illustrata*, Mai 1971, S. 25.
124 *Magazzino di mobili*, Florenz 1796–98, Nachdr. Florenz 1981, unpag..

VII Transition und Klassizismus
S. 186–208

1 Im Englischen entstehen Missverständnisse dadurch, dass, ungeachtet der Herkunft der Wörter die Großschreibung zur Bezeichnung von Stilen eingeführt wurde. Im Englischen ist *»neo-classical«* nicht irreführend, sehr wohl aber *»Neo-classical«*. Im Deutschen wurde der Begriff *»neo-classical«* nahezu durchgängig mit »klassizistisch« wiedergegeben.
2 A. F. Gori, *Museum Florentinum* (1731–66).
3 G. B. und E. Q. Visconti, *Il Museo Pio-Clementino* (1782–1807).
4 Leplat, *Recueil des marbres…à Dresde* (1733).
5 G. G Bottari, *Musei Capitolini* (1750–82); Bd IV von Foggini.
6 ibid., III.
7 B. Cavaceppi, *Raccolta d'antiche statue* (1768–72).
8 Wood, *Palmyra* [Bib. A], Vorwort.
9 ibid., S. 23.
10 Adam, *Ruins of the Palace of…Diocletian at Spalatro* [Bib. A].
11 H. Walpole, *Horace Walpole's Correspondence*, Hg. Lewis, Lam und Bennett, New Haven/London 1948, XIII–XIV, S. 222.
12 Durch Fürst d'Elboeuf.
13 z. B. T. Piroli, *Le antichità di Ercolano*, Rom 1789–95.
14 Brief von Abt Ferdinando Galiani an Bernardo Tanucci, 1767: »Tutti gli orefici, bigiuttieri, pittori di carozze, di soprapporte, tappezzieri, ornamentisti hanno bisogno di questo libro. Sa V. E. che tutto si ha da fare oggi a la grecque, che e lo stesso a Erculaneum … · Quella pittura d'una donna che vende amoretti come polli, io l'ho vista ricopiata qui in piu di dieci case«; zit. in: *Rediscovering Pompeii*, New York/London 1990, S. 78.
15 *The Works of Anthony Raphael Mengs*, London 1796, S. 28.
16 *Gli ornati delle pareti ed i pavimenti delle stanze dell'antica Pompeii* (1796–1820).
17 C. Cameron, *Baths of the Romans* (1772); F. Smugliewicz, L. Mirri und V. Brenna, *Vestigia delle Terme di Tito* (um 1781); N. Ponce, *Bains de Titus* (1786).
18 Mariette, *Pierres gravées* [Bib. A], S. ii, iii: »Comparables en tout aux plus belles Statues antiques«. Vgl. z. B. Agostini (1657–69; 267 Gemmen), Gori, Stosch (1724), Mariette (1750; 254 Gemmen), Spilsbury (1785), Raspe (1791; mehr als 15 000 Gemmen langweilig abgebildet.).
19 G. P. Bellori, *Adnotationes in XII priorum Caesarum*, Rom 1730.
20 Vgl.. Eckhel, *Pierres gravées du Cabinet Impérial des antiques*, Wien 1788 [Bib. A].
21 Vgl. Worlidge, *Select Collection of Drawings*, um 1780 [Bib. A].
22 Vgl. die vonVenuti veröffentlichten Gemmen: *Collectanea antiquitatum Romanorum*, 1736 [Bib. A].
23 Eriksen (s. Anm. VI/32), S. 41.
24 ibid., S. 73.
25 Gilbert, *Chippendale* (s. Anm. VI/72), S. 35.
26 Evans (s. Anm. I/116), II, S. 148.
27 Vgl. Jones, *Grammatik* [Bib. A], S. 62, 153: Die Griechen verwendeten immer »Schnörkel, die in ununterbrochener Linie aus einander entspringen … die Römer bewerkstelligten die Substitution des Bogens … alle baulichen Theile eines Gebäudes können das Ergebniss des Lineals und des Zirkels sein.«
28 Vgl. Newby Hall, Yorkshire und Croome Court, Worcestershire.
29 A. Kuchamov, *Pavlovsk Palace and Park*, Üs. V. Travlinsky und J. Hine, Leningrad 1975, Kat. 95.
30 Louis-Philippe, König von Frankreich, *Memoirs* 1773–1793, Üs. J. Hardman, New York/London 1977, S. 189–90.
31 Jacob fertigte Stühle im »etruskischen« Stil für englische Kunden an wie etwa den Herzog von Bedford.
32 Eriksen (s. Anm. VI/32), S. 143.
33 ibid.
34 ibid., S. 39.
35 ibid., S. 144.
36 A. Gordon und M. Dechery, »The Marquis de Marigny's Purchases of English Furniture and Objects«, *Furniture History*, Leeds 1989, S. 87–94.
37 Smith, *Cabinet-Maker* [Bib. B], S. v.
38 Pradère (s. Anm. VI/116), S. 413.
39 Watson (s. Anm. V/30), S. 185.
40 Pradère (s. Anm. VI/116), S. 296.
41 Watson (s. Anm. V/30), S. 151.
42 Hughes (s. Anm. V/68), II, S. 979.
43 Watson (s. Anm. V/30), S. 116.
44 Vgl. Hughes (s. Anm. V/68), II, S. 100: Er hält das ovale Medaillon für frühes 19. Jahrhundert, obwohl die gleiche Ausführung an einer Riesener-Kommode (Getty Museum) zu finden ist.
45 Ähnliches Motiv in: G. Dosio, *Das Skizzenbuch des Giovanntonio Dosio*, Berlin 1933. Die Berolina-Bd. 86, 87 zeigen Details einer Decke aus dem großen Bad in der Hadriansvilla (auch von Piranesi und Ponce abgebildet).
46 Verlet, *Royal Furniture* (s. Anm. V/34), S. 159.
47 ibid., S. 158–60; Pradère (s. Anm. VI/116) nennt etwas andere Daten.
48 R. Gofen, *The Calouste Gulbenkian Museum*, New York 1982, S. 88.
49 Pradère (s. Anm. VI/116), S. 349.
50 ibid.
51 Sie steckte in den Bortenrändern, die das Rokoko-Rankenwerk einrahmten.
52 *L'Antichità di Roma*, Rom 1554, S. 14.
53 Kent an Massingberd, 1716; E. Croft-Murray, *Decorative Painting in England*, London 1970, Bd. I, S. 26.
54 Tatham an Henry Holland, Rom, 4. April 1796: C. H. Tatham, *Letters and Drawings* (*Print Room*, Victoria & Albert Museum, London).
55 Ein Entwurf von 1759 existiert für den 1765 vollendeten *Painted Room* in Spencer House. Adam arbeitete ab 1758 in Hatchlands (H. Colvin, *Biographical Dictionary of British Architects*, London 1978, S. 52).
56 J. Friedman, *Spencer House*, London 1993, S. 186.
57 Soane Museum, London: Raphael, Bd. 26, 2–32, 191–201; groteske Vertäfelungen von Michelangelo, ibid., 108–9.
58 ibid., Tafel 158.
59 Ein nicht verwendeter Entwurf von 1765 für das Hôtel d'Uzès ist das erste bekannte Beispiel; Ledoux verwendete um 1766 »boiserie« in figürlicher Groteske im Hôtel d'Hallwyl, später auch gemalte Groteske. Clérisseau gestaltete die Bemalung im Hôtel Grinod de la Reynière »dans le style arabesque« im Jahr 1777.
60 Adam, *Works* [Bib. B], I, S. 5
61 Aus einem Brief von 1781; G. Loukomski, *Charles Cameron*, Üs. N. de Gren, London 1943, S. 52.
62 Piranesi, *Diverse Maniere* [Bib. B], S. 4–5.
63 H. Groth, *Neo-Classicism in the North*, London/New York 1990, Abb. 50, S. 212 (Nordiska Museet).
64 Piranesi, *Vasi* [Bib. A], VIII, unpag..
65 Groth (S. Anm. 63), Abb. S. 212, Kat. 49.
66 Siehe M. Praz, *Neoclassicism*, London 1959, S. 89–90; und S. Eriksen und F. J. B. Watson, 'The Athenienne', *Burlington Magazine*, März 1963.
67 A. Alison, *Essays on the Nature and Principles of Taste*, Edinburgh 1825, S. 368, 371.
68 Der hier nicht gezeigte Tisch wird illustriert bei Eriksen (s. Anm. VI/32), Taf. 330.
69 Der Entwurf ist möglicherweise ausgeführt worden; vgl. J. Wilton-Ely, *The Mind and Art of Giovanni Battista Piranesi*, London 1988, S. 104.
70 Ward-Jackson (s. Anm.VI/13), Abb. 273.
71 Wilk (s. Anm. V/70), S. 132.
72 Richardson, *Ceilings* [Bib. B] (in Englisch und Französisch), S. 11.
73 Und auf den »bedruckten und bemalten Seidenstoffen, die kürzlich von Mr. Eckhardt in seiner Fabrik in Chelsea hergestellt wurden«: Sheraton, *Accompaniment* [Bib. B], S. 16.
74 Bei Adam wird die Decke durch dunkle Schatten gegliedert, ebenso wie seine Bilder (es ist ein grober Schnitzer, sie mit Spotlights anzustrahlen).
75 Dugourc, *Arabesques* [Bib. B], 2, »La Terre« (Cooper-Hewitt Museum, New York).
76 Gilbert, *Chippendale* (s. Anm. VI/72), S. 46.
77 Adam benutzte ständig eine Art Tuch oder Sonnensegel (Velarium). Sein Entwurf für die Decke in Gawthorpe Hall von 1766 (Soane Museum, London, II, 168 4, 5) besteht nur aus Tüchern (Velaria).
78 Sheraton, *Cabinet Dictionary* [Bib. B], S. 314.
79 V. Alfieri, *Memoirs*, Üs. 1810, Oxford 1961, S. 31.
80 H. Honour, *Cabinet Makers and Furniture Designers*, London 1969, S. 182.
81 »contrastent un Amour avec un Dragon, & un coquillage avec une aile de Chauve-Souris … nous sommes revenus à la barbarie des Goths«; zit. nach Eriksen (s. Anm. VI/32), S. 228.
82 Sheraton, *Accompaniment* [Bib. B], S. 14
83 Geschrieben 1830 über 1809, den Höhepunkt der »archäologischen« Moden: »Zu jener Zeit trugen die Damen den Gürtel ihrer Kleider unmittelbar unter den Brüsten; das war eine Nachahmung griechischer Statuen, und es war eine unbarmherzige Mode für Frauen, deren Oberkörper nicht ganz einwandfrei war.« H. de Balzac, *Die Menschliche Komödie*, 'Szenen aus dem Privatleben: »Ehefrieden«', Üs. P. Sander, München 1971, S. 337f.
84 Vgl. *The Influence of Rome's Antique Monumental Sculptures on the Great Masters of the Renaissance*, Hg. Pogany-Balas, Budapest 1980, Abb. 222–24.
85 Morley (s. Anm. IV/111), Abb. S. 234.
86 Vgl. Cameron, *Baths* [Bib. A], S. 51: »Non lumina cessant,/ Effulgent camerae, vario fastigia vitro … / … nitent/ Argento faelix propellitur unda/ Argentoque cadit, labrisque nitentibus instat/ Delicias mirata suas.« Cameron macht einen interessanten Fehler, wenn es denn ein Fehler ist: *lumina* (Licht), ein Wort, das gut in Camerons Vokabular passt, ersetzt *limine* (Schwelle), wie es gängiger Interpretation zufolge richtig heißen muss.
87 ibid., S. 13–14.
88 Tischbein, *Collection of Engravings* [Bib. A], I, S. 34.
89 J. B. Passeri, zit. nach A. Blunt, *Studies in Western Art*, London 1963, Einleit. S. 11.

90 De Piles, *The Art of Painting* [Bib. C], S. 74.
91 Dionysius Longinus, *Vom Erhabenen* (*De Sublimitate*), [dt./gr.], Hg. Reinhard Brandt, 1966, Nachdr. Darmstadt 1983
92 E. Burke, *Philosophische Untersuchung über den Ursprung unserer Ideen vom erhabenen und Schönen* (*A Philosophical Enquiry into the Origin of our Ideas of the Sublime and the Beautiful*, London 1756), Hg. Werner Strube, Üs. Friedrich Bassenge, Hamburg 1980.
93 Zu den Veröffentlichungen gehören: *The Antiquities of Athens,* I (1762), II (1787), III (1794), IV (1814); *Ionian Antiquities,* I (1769), II (1797); und *Specimens of Ancient Sculpture* (1809).
94 ibid., II (1787), S. iv.
95 z. B. John Berkenhout, *The Ruins of Poestum*, London 1767; Thomas Major, *The Ruins of Paestum*, London 1768; G. M. Dumont, *Les Ruines de Paestum*, Paris/London 1769; P. A. Paoli, *Paestanae dissertationes*, Rom 1784 und C. M. Delargadette, *Les Ruines de Paestum*, Paris 1799. Ein Bericht über den Einfluss von Paestum steht in: *Paestum and the Doric Revival,* Hg. J. R.Serra, Centro Di 1986.
96 Percier und Fontaine, *Recueil* [Bib. B], S. 11.
97 Millin [Bib. A], S. ii–iii. Thomas Dempster (1579–1625) nannte als Erster die Vasen »etruskisch«. Er beeinflusste Gori, Caylus und Montfaucon; Winckelmann erkannte, dass sie nicht nur aus Etrurien kamen; d'Hancarville nannte sie sowohl »griechisch« als auch »etruskisch«; Passeri blieb bei »etruskisch«; Tischbein nannte sie »griechisch«.
98 D'Hancarville, *Antiquités* [Bib. A; Neapel, Ausg. 1766].
99 Tischbein, *Collection of Engravings* [Bib. A], I, Vorwort.
100 ibid., S. 10.
101 R. Worsley, *Museum Worsleyanum*, London 1794 [1798–1803]. Das genaue Veröffentlichungsdatum kann nur annähernd bestimmt werden: siehe I. Jenkins und K. Sloan, *Vases and Volcanoes*, London 1996, S. 102.
102 A. L. Millin, *Peintures des vases antiques vulgairement appelés étrusques*, Paris 1808–10.
103 ibid., S. iv.
104 H. de Balzac, (s. Anm. 83), ibid. S.307
105 Adam, *Works* [Bib. B], II, Taf. VII, VIII.
106 D'Hancarville, *Antiquités* (s. Anm. I/173), S. 12.
107 *Tatham Album*, S. 30 (Soane Museum, London).
108 Zit. nach Honour (s. Anm. 80), S. 172.
109 Hope, *Costumes of the Ancients* [Bib. A], II, Taf. 276.
110 Siehe »Le Thé« in der Serie »La Tenture Chinoise« nach Skizzen von Boucher (Louvre, Paris).
111 Honour (s. Anm. 80), S. 169.
112 Abb. A. Gruber, *L'Art décoratif en Europe,* III, *Du Néoclassicisme à l'Art Déco*, Paris 1994, S. 81.
113 S. Rigaud, »A Memoir of John Francis Rigaud«, Hg. W. L. Presley, *Walpole Soc.* (1984), S. 75.
114 Abb. *The Age of Neo-Classicism*, London 1972, S. 144b.
115 Hope, *Household Furniture* [Bib. B], S. 53.
116 T. Kappel, 'The Heir Presumptive, Abildgaard and Thorwaldsen', in: *Copenhagen as it was in 1796,* Kopenhagen 1996, S. 43–49.
117 Zu den 1795 in Leipzig von F. G. Hoffmann herausgegebenen Möbelvorlagen (*Neues Verzeichnis und Muster-Charte des Meubles-Magazin*) gehören viele Hepplewhite-Kopien.
118 Vgl. B. Richter (s. Anm. I/15), Abb. 276 ·
119 Bei zwei Terrakotta-Gruppen, *Aphrodite und Thanatos* sowie *Aphrodite und Eros,* von Rombout Pauwels (1625–92) im Musée des Beaux Arts, Lille. Bedauerlicherweise stieß der Verfasser auf diese erstaunlichen Stücke zu spät für eine Fotoveröffentlichung.

VIII Stil und Groteske im Klassizismus *S. 209–232*

1 *Paper Museum* (s. Anm. V/14), S. 233.
2 T. Ashby, 'Drawings of Ancient Paintings in English Collections, Part I – The Eton Drawings', in: *Papers of the British School at Rome,* VII (o.J.), Nr. I.
3 Caylus, *Vies* (s. Anm. VI/36), Einführung, S. xviii, iv.
4 Evans (s. Anm. I/116), II, S. 120.
5 Mme de Rémusat, *Memoirs*, London 1880, I, S. 65.
6 Dubois und Marchais, *Recueil de dessins des armures, casques, cuirasses, etc., tirés du Musée Impérial de l'artillerie de France et des cabinets particuliers* (1808).
7 So die Überzeugung eines Weimarer Gymnasialprofessors in: Thomas Mann, *Lotte in Weimar*, Frankfurt/Main 1981, S. 121.
8 H. Lefuel, *Jacob-Desmalter*, Paris 1925, S. 91.
9 1672 schlug man vor, Papiermaché für Ornamente an Bilderrahmen zu verwenden, und 1693 wurde ein Holzersatz patentiert, vgl. P. Kirkham, 'The London Furniture Trade 1700–1780', in: *Furniture History*, Leeds 1988, Kap. IX, »New Materials and Techniques«, S. 117–122.
10 C. Witt-Dörring, 'Seat Furniture from the Danhauser Factory', in: *Furniture History*, Leeds 1993, S. 149.
11 Evans (s. Anm. I/116), II, S. 125.
12 Percier and Fontaine, *Recueil* [Bib. B], S. 12.
13 Hope, *Household Furniture* [Bib. B], S. 10.
14 *Horace Walpole's Correspondence with the Countess of Upper Ossory,* Hg. W. S. Lewis und D. Wallace, London 1955, XXVIII, S. 101–102.
15 *Works* (s. Anm. VII/15), Vorwort, S. 35.
16 » … giudico disgustosa, fatua e degna di essere distrutta tutta la pittura (ed anche la scultura)«; zit. bei R. Averini, *Palazzo Baldassini e l'arte di Giovanni da Udine*, Inst. di Studi Romani 1957, S. 37.
17 F. de Guevara, *Commentarios de la pintura*, Madrid 1788, S. 68.
18 Diese Figur ist von einem antiken Typus des Diomedes beeinflusst, den man häufig auf Gemmen findet.
19 Lefuel (s. Anm. 8), S. 32.
20 Percier und Fontaine, *Recueil* [Bib. B], S. 11.
21 ibid., S. 5, 2.
22 *Un Age d'or des arts décoratifs*, Paris 1991, S. 180, 181.
23 ibid., S. 35.
24 Hope, *Household Furniture* [Bib. B], Taf. 18.
25 ibid., Taf. 23.
26 ibid., Taf. 20 (1, 2), 22 (4).
27 ibid., Taf. 39.
28 Zu den Wandvertäfelungen vgl. Morley (s. Anm. IV/111), S. 255–256.
29 ibid., Abb. S. 399.
30 Allerdings findet man sie auf den vergoldeten geschnitzten Holzschirmen byzantinischer Kirchen in Griechenland. Man könnte kühn spekulieren, dass dieses »kunsthandwerkliche« Motiv durch Immigranten nach Amerika gelangte.
31 Einige Stücke wurden von Jeanselme in Paris kopiert.
32 Vgl. L. Bandera Gregori, Filippo Pelagio Pelagi, in: *Apollo*, May 1973.
33 Smith (s. Anm. I/13), S. 478.
34 ibid., S. 484.
35 »Dwarf Library Bookcase« von G. Smith, 1804, Abb. bei Morley (s. Anm. IV/111), S. 390.
36 »Ottoman for a Music Room«, von G. Smith, 1806, Abb. bei J. Harris, *Regency Furniture Designs*, London 1961, Nr. 112.
37 *Journal of Elizabeth, Lady Holland*, London 1908, II, S. 41.
38 Hope, *Household Furniture* [Bib. B], Taf. 11.
39 Im Katalog von Monticello fälschlich identifiziert als »Etagère« aus Frankreich.
40 A. Chenevière, *Russian Furniture,* London 1988, S. 163.
41 Abb. Gilbert, *Temple Newsam* (s. Anm. V/72), II, S. 308.
42 »Wie man noch einmal ausdrücklich betonen sollte, gibt es entgegen der allgemeinen Annahme keinen Hinweis darauf, dass C. H. Tatham im eigentlichen Sinne Möbel entworfen hat.« Vgl. D. Udy, The Neo-Classicism of Charles Heathcote Tatham, in: *Connoisseur,* CLXXVII (1971), S. 271.
43 Hope, *Household Furniture* [Bib. B], Taf. 5.
44 Abb. bei Morley (s. Anm. IV/111), S. 392.
45 I. Jenkins und K. Sloan, *Vases and Volcanoes, Sir William Hamilton and his Collection*, London 1996, S. 232.
46 Exemplare mit Porphyrplatten etwa im Royal Pavilion in Brighton.
47 Hope, *Household Furniture* [Bib. B], S. 35.
48 Durand [Bib. A], Taf. 65.
49 D'Hancarville, *Antiquités* (s. Anm. VII/98), S. 120.
50 O. van Veen, *Vaenius emblemata sive Symbola*, Brüssel 1624. Goethe selbst besaß ein unvollständiges Exemplar der *Emblemata* Alciatis.
51 Abb. bei Morley (s. Anm. IV/111), S. 369.
52 Datiert mit Bleistift am Boden der Schublade: »M. Oliver married the 5 of October 1811«.
53 C. P. Landon, *Annales du Musée*, Paris 1801, S. 16.
54 Abb. bei P. Agius und S. Jones, *Ackermann's Regency Furniture and Interiors*, Marlborough, Wilts., 1984, S. 99.
55 G. Himmelheber, *Biedermeiermöbel,* (*Biedermeier Furniture*, Üs. S. Jervis, London 1974), München 1991, S. 20, 19.
56 Ein ähnliches Sofa, das dort nach Holstein lokalisiert wird (vgl. ibid., Abb. 194), stammt nach Dr. C. Witt-Dörring aus dem Wiener Raum (persönliches Gespräch mit dem Autor).
57 Abb. bei Himmelheber (s. Anm. 55), Taf. I und Abb. I.
58 ibid., Taf. I, Abb. 29.
59 Vgl. die Zeichnungen von Lyren in Hopes Skizzenbuch (RIBA, London), *Household Furniture* [Bib. B], Taf. 56, und *Costumes of the Ancients* [Bib. A], II, Taf. 200.
60 *Un Age d'or* (s. Anm. 22), Kat. 103.
61 *Clarissimi viri D. Andreae Alciati emblemata,* Paris 1542, S. 52.
62 Der Begriff »Sofa« erschien erstmals 1694, abgeleitet vom arabischen »suffa« und übernahm im 18. Jahrhundert zunächst die Bedeutung »Faul- und Lotterbett«, vgl. F. Kluge, *Etymologisches Wörterbuch der deutschen Sprache*, Berlin <20>1967.
63 Gilbert, *Temple Newsam* (s. Anm. V/72), II, Kat. 627, 628.
64 *Encyclopaedia Britannica* (s. Anm. I/125), V, S. 926.
65 Morley (s. Anm. IV/111), Abb. S. 372.
66 Praz, *Inneneinrichtung* (s. Anm. IV/113), Abb. S. 206.
67 Die Armlehnen des Stuhls von Abildgaard gehen andererseits vermutlich auf ein einflussreiches Vorbild mit ausgesägten Ornamenten zurück, abgebildet in: *Antichità di Ercolano*: *Le pitture* (s. Anm. I/55), IV, Taf. XLIV, S. 211, und an anderer Stelle [10]. Dieselbe Abbildung regte Abildgaard im Jahr 1800 wahrscheinlich noch zu einem weiteren Stuhlentwurf an [395], ebenso wie Schinkel 1828. Dieser ersetzte zwar die ausgesägten Beine durch Eigenentwürfe, behielt jedoch die stangenartigen Armlehnen und Sphingen des Originals bei.
68 Percier und Fontaine, *Recueil* [Bib. B], Taf. 65.
69 M. Snodin, *Karl Friedrich Schinkel, A Universal Man*, London 1991, S. 114.
70 Morley (s. Anm. IV/111), Abb. S. 93.
71 *Un Age d'or* (s. Anm. 22), S. 130.

X Klare Linien und Funktionen *S. 262–274*

1 Aristoteles, *Die Nikomachische Ethik (Ethica Nicomachea)*, Hg. u. Üs. Olof Gigon, München 1972, I, VI, 7, S. 66.
2 ibid., I, VI, 25, S. 65.
3 Curtius Rufus Quintus, *Von den Taten Alexanders des Großen*, (*Historiae Alexandri Magni Macedoni*), Langenscheidtsche Bibliothek sämtlicher griechischen und römischen Klassiker.Bd.95, Üs. Johannes Siebelis, Berlin <7>1919, V, 8, S. 137, 149.
4 »étoit conforme à la raison & à la vérité«; Cordemoy [Bibl. C], S. 14.
5 Zit. nach H. Honour, *Neo-classicism*, Harmondsworth 1968, S. 113.
6 Memmo [Bib. C]. Die folgenden Zitate stammen aus Bd. I, S. 84–86, Erstdr. 1786. Giovanni Caselli war bei der Übersetzung behilflich.
7 J. J. Winckelmann, *Geschichte der Kunst des Altertums*, Hg. Ludwig Goldschneider, Köln 1972, Nachdr. der Ausg. Wien 1934, Teil I, Kap. IV, S. 150.
8 Memmo [Bib. C]: »Riflettiva per la medesima causa di dar pensiero all'oggetto finale delle cose, essersi perfezionata quella parte di nautica che spetta alle gondole veneziane, che salve le patrie santuarie leggi non potevano essere ne più scorrevoli ne più ubbidienti, ne più forti ne più leggiadre in ogni loro parte, appunto perche ogni pezzo di legno aveva la sua figura proporzionata alla differente sua indole, ed era messo a luogo con ragione; che se si fosse fatto il fondo di carrubo e le coste d'abete, cioè il contrario, la gondola sarebbe stata una rovina.«
9 Die Serie von Publikationen, die Lodolis Gedanken weiterverfolgen, ist aufgelistet in: *Age of Neo-Classicism* (s. Anm. VII/114), S. 590–91.
10 J. J. Winckelmann, *Gedanken über die Nachahmung der griechischen Werke in der Malerei und Bildhauerkunst*, in: *Kunsttheoretische Schriften*, Bd. I, Baden-Baden 1962, Faks.-Nachdr. d. Ausg. Dresden 1756, S. 80.
11 Pradère (s. Anm. VI/116), S. 368.
12 Abb. Morley (s. Anm. IV/111), S. 381.
13 John Joseph Merlin, *The Ingenious Mechanick*, London 1985, S. 63.
14 Informationen freundlicherweise zur Verfügung gestellt von A. L. Odmark.
15 ibid., zu Merlins Karriere.
16 Sheraton, *Cabinet-Maker and Upholsterer's Drawing-Book* [Bib. B], III, Taf. 30.
17 *Un Age d'or* (s. Anm. VIII/22), Kat. 156.
18 Im Jahr 1903 sprach Adolf Loos von »einer Zeit, in der es keine Unterschiede zwischen englischen und österreichischen Portalen, zwischen englischen und österreichischen Möbeln und Tischlererzeugnissen gab. Aus der Kongresszeit. Aus der Zeit, die fast hundert Jahre zurückliegt … .«, *Das Andere*, 2, 15. Oktober 1903, S. 2, zit. nach: C. Witt-Dörring, 'Illusion and reality – Form and Function in Modern Furniture, *c.* 1900', *Decorative Arts Soc. Journal*, 7, Swindon, 1982, S. 24, 25. Dieser Artikel enthält eine Analyse der Beziehungen zwischen Neuerern aus Wien, Schottland und England.
19 G. Cumberland, *Thoughts on Outline*, London 1796, S. 8.
20 Aristoteles notiert in seiner *Poetik* [Bib. C], Kap. 6: »Wenn ein Maler ohne klaren Plan bloß die Farben auftrüge, so würde er nicht dieselbe wohlgefällige Wirkung hervorbringen, wie wenn er ein Bild – sei's auch bloß mit Kreide – zeichnete.«
21 *Vienna in the Age of Schubert*, Uxbridge, Mddx., Kat. 55, unpag.
22 Sämtliche hier erwähnten Entwürfe sind abgebildet in: P. und S. Asenbaum und C. Witt-Dörring, *Moderne Vergangenheit* Wien *1800–1900*, Ausst. Wien 1981, S. 221.
23 K. F. Schinkel, *Das Architektonische Lehrbuch*, Hg. Goerd Peschken, Reihe *Lebenswerk*, Hg. Margarethe Kühn, Berlin/München 1968ff, hier 1979, S. 150.
24 Vgl. Dr. Windisch-Graetz, 'Le bon goût selon M. Biedermeier', *Connaissance des Arts*, Sept. 1959, S. 76–83.
25 Sheraton, *Cabinet Dictionary* [Bib. B], I, S. 46. Eine nützliche Zusammenfassung findet sich in: P. E. Kane, 'Samuel Gragg, his bentwood fancy chairs', *Yale University Art Bulletin,* 33, no. 2, Herbst 1971.
26 T. D. Rieman und J. M. Burks, *The Complete Book of Shaker Furniture,* New York 1993, S. 20.
27 ibid., S. 22.
28 ibid., S. 25–26, 31.
29 C. Dickens, *American Notes,* Kap. XV.
30 C. Dickens, *Dombey and Son,* Kap. VII.
31 Rieman und Burks (s. Anm. 26), bzw. Kat. 58, 158, 264, 301, 315.
32 ibid., S. 46.
33 Zum Einsatz von Beizen bei den Shakern siehe: ibid., S. 60; eine Truhe S. 19, S. 114, und eine Deckentruhe, Taf. 62, S. 90, beide gelb gebeizt; Gelb wurde für Biedermeiermöbel verwendet.

34 Gelfer-Jorgensen (s. Anm. IX/135), S. 370–71.

35 E. Aslin, *E. W. Godwin, Furniture and Decoration*, London 1986, S. 7.

36 ibid., S. 7.

37 ibid.

38 G. Cavalli-Bjorkman und B. Lindwall, *The World of Carl Larsson*, La Jolla, Kalif., 1982, S. 134, 151.

39 Gelfer-Jorgensen (s. Anm. IX/135), S. 4.

40 ibid., S. 82.

41 ibid., S. 167, Kat. 158.

42 N. Pevsner, *Pioneers of Modern Design*, Harmondsworth 1984, S. 27.

43 H. G. Wells, *Kipps*, Harmondsworth 1941, S. 52.

44 Witt-Dörring, 'Illusion' (s. Anm. 18), S. 20, zit. aus: *Kunst und Kunsthandwerk* 11, Wien 1908.

45 ibid., S. 20.

46 ibid., S. 18–19, 22.

47 F. R. Brandt, *Late Nineteenth and early Twentieth Century Decorative Arts, the Sidney and Frances Lewis Collection in the Virginia Museum of Fine Arts, Richmond*, Richmond, Va., 1985, S. 114.

48 Morley (s. Anm. IV/111), Abb. 330, S. 412. Der Entwurf stammt von dem Ingenieur Robert Mallet (1810–81).

49 J. Kallir, *Viennese Design*, New York/London 1986, S. 73.

50 B. Hillier, *The Young Betjeman*, London 1989, S. 259.

51 A. Loos, 'Ornament und Verbrechen', in: *Sämtliche Schriften*, Hg. Franz Glück, Wien/München 1962ff, Bd. 2, S. 276.

52 M. Trachtenberg und I. Hyman, *Architecture, from Prehistory to Post-Modernism*, London 1986, S. 519.

53 F. Camard, *Ruhlmann, Master of Art Deco*, London 1984, S. 14.

54 ibid.

55 Windisch-Graetz (s. Anm. 24), S. 81.

56 S. Chermayeff, *Design and the Public Good*, Hg. Richard Plunz, London 1982, S. 11.

57 Detailliertere Informationen zu Geschichte und Technik früher Stahlrohrmöbel in: C. Benton, '»L'Aventure du Mobilier,« Le Corbusier's Furniture Designs of the 1920s', *Decorative Arts Soc. Journal*, 6, Swindon 1981, S. 7–17.

58 M. Battersby, *The Decorative Twenties*, London 1969, S. 60.

59 H. Muthesius, *Das Englische Haus: Entwicklung, Anlage, Aufbau, Einrichtung und Innenraum*, Berlin 1904–5.

60 Pevsner, *Pioneers* (s. Anm. 42), S. 34, 35.

61 Aussage von 1914; ibid., S. 37.

62 Pseudonym von Charles Édouard Jeanneret.

63 Trachtenberg und Hyman (s. Anm. 52), S. 527.

64 Hopes Entwurf für einen Falthocker in *Household Furniture* [Bib. B], Taf. 12 (3), zeigt ähnlich geschwungene Formen, ist dem ägyptischen Sitz aber weniger verwandt als Mies van der Rohes.

65 Wilk (s. Anm. V/70), Abb. S. 204.

66 ibid., S. 206.

67 ibid., Abb. S. 206.

68 Asenbaum und Witt-Dörring, *Moderne Vergangenheit* (s. Anm. 22), S. 219, Abb. 148, 149.

69 *Furniture Godwin and Breuer*, maschinengeschrieb. Kat., Bristol Museum, 1976, o. S..

70 N. Whiteley, '»Semi-Works of Art«, Consumerism, Youth Culture and Chair Design in the 1960s', *Furniture History*, Leeds 1987, S. 110.

71 *Overseas Review*, S. 48 (nicht datierte Fotokopie im Archiv der Möbelabteilung des Victoria & Albert Museum, London). Die »strukturelle Einheit« von Saarinens Stuhl geht mit allergrößter Wahrscheinlichkeit auf das alte Ägypten zurück: Vgl. einen Papyrus von Her-Heru und Königin Netchemet im British Museum, der Opfertische aus Keramik zeigt, deren Unterteile denen von Stuhl und Tisch fast aufs Haar gleichen. Vgl.: E. A. Wallis Budge, *The Literature of the Ancient Egyptians*, London 1914, Abb. ggü. S. 52.

72 P. Sparke, Kritik zu: J. Meikle, 'American Plastic', *Studies in the Decorative Arts, the Bard Graduate Center, IV, no. 2 (New York) 1977, S. 111.*

XI Exotische Einflüsse: China, Japan, Indien, Ägypten, Afrika, *S. 276–308*

1 *L'arte preistorica in Romania fino all'inizio dell'età del ferro*, Florenz 1972.

2 Wanscher (s. Anm. I/99), S. 279; der früheste schriftliche Beleg lässt auf einen landesfremden Ursprung schließen.

3 Dem Autor wurde mitgeteilt, dass über eine Beziehung zwischen europäischer, japanischer und chinesischer Ornamentik nichts veröffentlicht wurde, obgleich japanische Gelehrte vor dem Zweiten Weltkrieg zu diesem Thema forschten.

4 D. Shvidkovsky, *The Empress and the Architect*, New Haven/London 1996, S. 176.

5 H. Joyce, 'The Ancient Frescoes from the Villa Negroni', *Art Bulletin*, Providence, R.I., Sept. 1983, S. 423.

6 Aus Diderots *Encyclopédie:* »une variété bizarre, et sans rapport ni symétrie, comme dans l'Arabesque ou dans le goût chinois"; zit. nach Evans (s. Anm. I/116), II, S. 75.

7 Cordemoy [Bib. C]: »le R. P. Tournemine Jésuite également célèbre & par une érudition profonde, & par un goût tout particulier pour les beaux Arts, en attribue au contraire l'invention aux Mores. Ses conjectures paroissent assez bien fondées.«

8 ibid., S. 241–43.

9 Cordemoy [Bib. C], S. 280: »ou ce qui est la même chose, les Arabes, qui ont eu dans leur Architecture le même goût que dans leur Poésie. L'une & l'autre a été faussement délicate, chargée d'ornemens superflus, toujours éloignée du naturel. L'imagination … a rendu les édifices des Arabes aussi extraordinaires que leur pensées.«

10 »La Compagnie a désapprouvé plusieurs de ces nouvelles manières, qui sont défectueuses et qui tiennent la plupart du gothique«; zit. nach Kimball (s. Anm. V/20), S. 66.

11 Castell [Bib. A], S. 107.

12 In seinen *Lettres familières écrites d'Italie à quelques amis:* »Les Italiens nous reprochent qu'en France … nous redonnons dans le goût gothique, que nos cheminées, nos boîtes d'or, nos pièces de vaisselle d'argent sont contournées et recontournées, comme si nous avions perdu l'usage du rond et du carré, que nos ornements deviennent du dernier baroque«; zit. nach Gruber, Classique et Baroque (s. Anm. IV/217), S. 328.

13 Mercier in *Tableau de Paris:* »Le comte de Caylus a ressuscité parmi nous le goût grec et nous avons enfin renoncé à nos formes gothiques«; zit. nach Eriksen (s. Anm. VI/32), S. 162.

14 R. Ling, 'Studius and the Beginnings of Roman Landscape Painting', *Journal of Roman Studies,* LXVII (London 1977), S. 12, 13.

15 Beschreibung und Abb. *Paper Museum* (s. Anm. V/14), S. 113–14.

16 Sotheby's Kat., London, 9. April 1970, S. 15, Lot 160.

17 Whittock [Bib. B], S. 114.

18 C. Dresser, *Studies in Design* (London 1874), S. 3.

19 C. Dickens, *Little Dorrit* (1855–1856), Kap. XIII.

20 Voltaire, *Das Zeitalter Ludwigs XIV.* (s. Anm. VI/23), Bd. II, Kap. XXXIX, S. 203.

21 Nieuhof [Bib. A], Buch II, S. 138.

22 G. de Roubrock, *Livre des merveilles du monde* (1252–54).

23 *Histoire du Grand Royaume de la Chine* (1585).

24 Voltaire, *Das Zeitalter Ludwigs XIV.* (s. Anm. VI/23), Bd. II, S. 6.

25 In diesem Text wird der Ausdruck »Japonismus« zur Bezeichnung des seit 1854 in Europa auftretenden Stils verwendet, bei dem – mehr oder weniger direkt – japanische Kunstwerke imitiert wurden.

26 Mehr zu diesem Thema findet sich in: H. Walravens, *China illustrata: Das europäische Chinaverständnis im Spiegel des 16. bis 18. Jahrhunderts* (Ausst. Weinheim 1987).

27 »à la manière de toutes les nations célèbres qui sont au monde, à l'italienne, à l'allemande, à la turque, à la persane, à la manière du Mogol, du Roi de Siam, de la Chine etc.«; zit. nach Gruber, *Du Néoclassicisme à l'Art Déco* (s. Anm. VII/112), S. 63.

28 Nieuhof, *L'Ambassade de la Compagnie Orientale des Provinces Unies vers l'empereur de la Chine* [Bib. A].

29 Vgl. E. Standen, *European Post-Medieval Tapestries and Related Hangings in The Metropolitan Museum of Art*, New York 1985, II, S. 464.

30 Kircher, *China Illustrata* [Bib. A].

31 Dapper, *Gedenkwürdige Verrichtung… in dem Kaiserreich Taising oder Sina* [Bib. A].

32 Jean Revel, *Livre des Dessins Chinois* (1735).

33 Entworfen von Le Camus de Mézières und gebaut 1761–75.

34 Nicht Fischer von Erlachs *Historische Architektur* von 1721, wie im offiziellen Führer zu Troia angegeben (Prag, o. J.), S. 26.

35 Fischer von Erlach, *Entwurff* [Bib. A].

36 Hope, *Historical Essay* (s. Anm. IV/88), S. 21, 25. Er war der Meinung, die chinesische Architektur sei in sich so erstarrt, als sei sie »von Lähmung befallen«.

37 A. Boyd, *Chinese Architecture and Town Planning*, London 1962, S. 26–29, 39.

38 H. Honour, *Chinoiserie, The Vision of Cathay* (London 1961), S. 42.

39 A. Kircher, *China Illustrata* [Bib. A], Abb. S. 188.

40 Chambers, *Chinese Buildings* [Bib. B].

41 Honour, *Chinoiserie* (s. Anm. 38), S. 89.

42 »Una lettiera dell'Indie tutta dorata«, drei Stühle »indiane di legname nero«, »Un tavolino de Chine del indie«; zit. nach Thornton, *Italian Renaissance Interior* (s. Anm. IV/39), S. 157–58.

43 Hakluyt, zit. nach Honour, *Chinoiserie* (s. Anm. 38), S. 30.

44 ibid., S. 30; Honour weist darauf hin, dass die Römer die »Seide« nach dem griechischen Wort für »China« benannten, so wie die Engländer *china* für »Porzellan« sagen und *japan* für »Lack«.

45 Von Mathias Beitler (Victoria & Albert Museum, London, EO 6, E2157–61 1911).

46 Vgl. einen Stuhl aus Palisander und Buchenholz aus China, um 1740, Temple Newsam, Leeds, Kat. 648.

47 Zu Details vgl. W. Watson, Hg., *The Great Japan Exhibition, Art of the Edo Period 1600–1868*, London 1981, Kat. S. 99.

48 »d'établir une manufacture de vernis pour être appliqué sur toutes sortes de toiles et étoffes de laine, de soie, de cuir et autres matières ployables et de toutes sortes de couleurs, propres à faire des meubles«; zit. nach Evans (s. Anm. I/116), II, S. 59.

49 Von Macret und Saunier; Pradère (s. Anm.VI/116), S. 221, 336–37. *Tôle peinte* ist lackiertes Zinnblech.

50 Thornton, *Italian Renaissance Interior* (s. Anm. IV/39), S. 165.

51 Brice (s. Anm. V/9), S. 53.

52 Evans (s. Anm. I/116), II, S. 60.

53 Jackson-Stops (s. Anm. IV/210), S. 442.

54 Veröffentlicht in A. Laborde, *Voyage pittoresque et historique de l'Espagne* (Paris 1807–18), 4 Bde., Abb. *Un Age d'or* (s. Anm. VIII/22), S. 413–14.

55 ibid., Kat. 229.

56 Honour, *Chinoiserie* (s. Anm. 38), S. 100.

57 Hepplewhite, *Cabinet-Maker and Upholsterer's Guide* [Bib. B], S. 2.

58 Gombrich (s. Anm. IV/36), S. 13, Taf. 44–46.

59 C. Jagger, *Royal Clocks* (London 1983), S. 136, 139.

60 Morley (s. Anm. IV/111), S. 340–41.

61 Vgl. Ponce [Bib. A], Taf. 57.

62 G. de Bellaigue, 'The Furnishings of the Chinese Drawing Room, Carlton House', *Burlington Magazine* (Sept. 1967), S. 520.

63 Chenevière (s. Anm. VIII/40), S. 65, 68.

64 Pradère (s. Anm. VI/116), S. 299.

65 Details in D. O. Kisluk-Grosheide, 'A Japanned Secretaire', *Metropolitan Museum Journal,* XXI (New York 1986).

66 Zahlreiche Abb. in Morley, *Pavilion* (s. Anm. IX/29).

67 ibid., S. 338.

68 F. Dietrich, *Roentgenmöbel aus Neuwied*, Bad Neustadt 1986, S. 119; J. M. Greber, *Abraham und David Roentgen, Möbel für Europa*, Starnberg 1980, II, S. 217–19.

69 Abb. und Erläuterungen bei Morley (s. Anm. IV/111), S. 427, und *Country Life* (18. April 1991), S. 118–20.

70 In: »Abstract of Accounts of Royal Pavilion«, Brighton, gegenüber S. 10 (East Sussex County Library).

71 Kircher [Bib. A], S. 187–189.

72 Franciscus [Bib. A], gegenüber S. 1044.

73 C. Doumas, *Santorini, the Prehistoric City of Akroteri*, Athen 1957, Abb. 58.

74 J. Berain, *Desseins de cheminées dédiez à Monsieur Jules Hardouin Mansard… surintendant… des bâtiments*, Paris, wohl 1699, Taf. 2.

75 *Poems of John Wilmot, Earl of Rochester*, Hg. V. de Sola Pinto, London 1964: 'A Letter from Artemisa in the Town to Cloe in the Country', Z. 143–44, S. 83.

76 G. Wilson, 'Boulle', *Furniture History*, Leeds 1972, S. 50.

77 Dietterlin [Bib. B], S. 18.

78 Wie das »Cabinet Turc« im Hôtel de Beauharnais, Paris.

79 Im Palazzo Cinese bei Palermo sind pompejanisch-chinoise Motive in eine »pompejanische« Dekoration integriert..

80 Hodges, *Select Views in India* [Bib. A].

81 Vgl. Reynolds' *Discourse* to the Royal Academy, London, Dez. 1786.

82 Morley (s. Anm. IV/111), S. 186–87, 201.

83 Herodot [Bib. C], Buch II, 35, S. 229.

84 Vgl. J. S. Curl, *The Egyptian Revival*, London 1982, S. 21.

85 Vgl. z. B. 'Urne Sépolcrale', Montfaucon [Bib. A], V, Teil I, S. 54.

86 Curl (s. Anm. 84), S. 7.

87 Serlio [Bib. A], Buch III, S. cliii: 'Le maravigliossime cose de l'Egitto'.

88 Fréart de Chambray [Bib. A], S. 87: »les Égyptiens (ces divins esprits à qui nous avons l'obligation de la connaissance de tant de beaux arts) … à voir cette grandeur si démesurée de leurs tombeaux, avoir esté des géants, & comme des Dieux entre les hommes«.

89 Félibien, *Entretiens* [Bib. A], I, S. 6, 431: 'ces grands ouvrages des Perses & des Égyptiens, quoy que brutes & mal Polis, sont des marques éternelles de la grandeur de leurs monarques«.

90 Jackson-Stops (s. Anm. IV/210), Abb. S. 241.

91 P. Conner, Hg., *The Inspiration of Egypt*, Ausst. Brighton u. Manchester 1983, S. 16.

92 A.-C. Quatremère de Quincy, *De l'Architecture égyptienne*, Paris 1803, S. 207: »Il y eut en Égypte identité de matière et de goût«.

93 Pococke, *A Description of the East* [Bib. A].

94 Norden, *Voyage d'Égypte* [Bib. A].

95 Piranesi, *Diverse Maniere* [Bib. B], S. 14; zit. in Conner (s. Anm. 91), S. 18.

96 Später wiederverwendet bei Grognard als Modell für Stühle mit bedrucktem blauem Lederbezug für einen Ägyptischen Salon, entworfen vermutlich für die Herzogin von Alba.

97 Conner (s. Anm. 91), S. 76.

98 Mehr darüber und Abb. zu einem Stuhl der Borghese im ägyptischen Geschmack, ibid., Kat. 41.

99 Zur Skulptur ibid., S. 101–3.

100 *Masterwerk I Nationalmuseum*, Hg. C. Hernmarck, Stockholm 1954, S. 147.

101 ibid.

102 B. Tattersall, 'Flaxman and Wedgwood', in: D. Bindman, Hg., *John Flaxman* R.A., London 1979, S. 47.

103 Wie in Osterley, England.

104 Conner (s. Anm. 91), S. 28.

105 Jones, *Grammatik* [Bib. A], S. 41.

106 *Egyptomania* (s. Anm. I/143), S. 206.

107 ibid., S. 326.

108 C. Monkhouse, 'A Temple for Tomes', *Furniture History,* Leeds 1990, S. 157–64.
109 Hope, *Household Furniture* [Bib. B], S. 26.
110 ibid., S. 17.
111 Norden [Bib. A], Taf. CXLIV.
112 Quatremère de Quincy (s. Anm. 92), Taf. 1, 9.
113 Vgl. Morley (s. Anm. IV/111), S. 190–91, 343–45.
114 Im Archäologischen Museum in Syrakus.
115 Hope, *Household Furniture* [Bib. B], S. 44.
116 Von A. González-Palacios in *Egyptomania* (s. Anm. I/143), S. 189.
117 Hope, *Household Furniture* [Bib. B], S. 10.
118 Beschrieben und Abb. Morley (s. Anm. IV/111), S. 377, 384.
119 Laugier [Bib. C], S. 291: »un terrible amas de matériaux prodigue à satisfaire un orgueil outré … des montagnes de marbre pour couvrir un corps à qui il ne faut que six pieds de terrain«.
120 Hope, *Household Furniture* [Bib. B], S. 27.
121 Morley (s. Anm. IV/111), S. 343–44.
122 Conner (s. Anm. 91), S. 12.
123 *Egyptomania* (s. Anm. I/143), S. 74.
124 K. A. C. Creswell, *Early Muslim Architecture,* Oxford 1932, Teil I, S. 184.
125 *Description de l'Égypte,* Nachdr. Tours 1993, IV, Taf. 23.
126 Vgl. Denon [Bib. A], Taf. LXXIX.
127 Conner (s. Anm. 91), S. 97.
128 ibid.
129 Morley (s. Anm. IV/111), S. 191.
130 Jones, *Grammatik* [Bib. A], S. 39, 40, 42.
131 Conner (s. Anm. 91), S. 101.
132 Vgl. Parry (s. Anm. IX/94), Abb. J5, S. 164.
133 Wilkinson [Bib. A], II, S. 197, 198.
134 Abb. Conner (s. Anm. 91), S. 137, Taf. 239.
135 Die Bemalung oben auf der Sitzfläche ist vermutlich entlehnt von Taf. X,16 in Jones' *Grammatik* [Bib. A] (Conner (s. Anm. 91), S. 102); die Beine zeigen Ornamente von Taf. IV,10 und V,9; die Seiten lassen sich nicht konkret auf eine von Jones' Farbtafeln zurückführen.
136 Hope, *Household Furniture* [Bib. B], Taf. 22 (5, 6); Smith, *Collection* [Bib. B], Taf. 46, 55, 58.
137 Parry (s. Anm. IX/94), Abb. J.16, S. 172. Die »ägyptische« Kombination spricht gegen Einflüsse des 18. Jahrhunderts, wie sie im Katalog vermutet werden.
138 Aslin, *Godwin* (s. Anm. X/35), Abb. 60, 62–65.
139 Abb. R. Billcliffe, *Charles Rennie Mackintosh The Complete Furniture Drawings and Interior Designs* (London 1980), Kat. d.1900.71. Der Spiegel befindet sich im »Glasgow Art Gallery and Museum«.
140 ibid., Kat. 1904.51.
141 ibid., Kat. 1901.31.
142 ibid., Kat. 1903.20.
143 Riegl (s. Anm. I/59), S. 221, nennt als Quelle des Eierstab-Profils und des dorischen Kyma alternierende Lotosblüten und -knospen.
144 Trachtenberg und Hyman (s. Anm. X/52), S. 497.
145 Wilk (s. Anm. V/70), S. 196.
146 ibid., Abb. 196.
147 Baker (s. Anm. I/21), S. 132, Abb. 186.
148 ibid., Abb. S. 59.
149 E. Hiort, *Modern Danish Furniture* (London 1956), S. 9.
150 *The Goncourt Journals* 1851–1870, Üs. L. Galantière (New York 1987), S. 210.
151 E. und J. de Goncourt, *Mémoires de la vie littéraire* 1864–78, Buch II (Paris 1903), S. 1011, Jan. 1862: »L'art japonais est un art aussi grand que l'art grec. L'art grec, tout franchement, qu'est-il? pas de fantaisie, pas de rêve. C'est l'absolu de la ligne. Pas ce grain d'opium, si doux, si caressant.«
152 ibid., II, S. 85, 30. Sept. 1864: »Leur art [Japanese art] copie la nature, comme l'art gothique. Au fond, ce n'est pas un paradoxe de dire qu'un album japonais et un tableau de Watteau sont tirés de l'intime étude de la nature. Rien de pareil chez les Grecs.«
153 'The Japanese Court in the International Exhibition', *The Gentleman's Magazine,* Juli–Sept. 1862, S. 243–45.
154 J. La Farge, *Hokusai, a talk about Hokusai, the Japanese Painter, at the Century Club, March 28 1896,* New York 1897, S. 5–7.
155 Goncourt (s. Anm. 152), S. 465, 29 Oct. 1868: »Ce goût aujourd'hui envahissant tout et tous, jusqu'aux imbéciles et aux bourgeoises«.
156 L. Gonse, *L'Art japonais,* Paris 1883, II, p. 181: »On a dit avec raison que les laques étaient les objets les plus parfaits qui fussent sortis de la main des hommes.«
157 ibid., Buch I, S. 1: »les premiers décorateurs du monde«.
158 Gruber, *Du Néoclassicisme à l'Art Déco* (s. Anm. VII/112), S. 218.
159 A. Watson, 'Not Just a Sideboard', *Studies in the Decorative Arts,* IV, New York 1997, Nr. 2, S. 79–80.
160 ibid., S. 65
161 Aslin, *Godwin* (s. Anm. X/35), S. 8.
162 ibid., S. 19.
163 ibid.
164 Vgl. Godwin's drawing of 'Powderings or Crests', ibid., Abb. 75, S. 90.
165 Die drei Anrichten befinden sich in: Neue Sammlung, Staatliches Museum für Angewandte Kunst, München; Victoria & Albert Museum, London; The Wolfsonian Collection, Miami. Alle Abb. Watson (s. Anm. 159).
166 Aslin, *Godwin* (s. Anm. X/35), S. 11.
167 M. Komanecky and V. Butera, *The Folding Image,* New Haven/London 1984, S. 128.
168 ibid., x.
169 E. Aslin, *The Aesthetic Movement,* London 1969, S. 13.
170 P. Garner, *Émile Gallé,* London 1976, S. 56.
171 Gallé étagère in Japanese taste in the Musée de l'École de Nancy: ibid., S. 52.
172 É. Gallé, 'L'Art expressif et la statue de Claude Gelée par M. Rodin', *Écrits pour l'art* , 1908, Nachdr. Marseille 1980, S. 134–47: 'Les intuitions les plus rapides du Génie'.
173 Gonse (s. Anm. 156), I, S. 11: »cette passion de la nature, de cette religion de travail qui éclatent dans toutes les œuvres de Nippon, les rend plus sensibles aux lois harmoniques de la couleur, les dégage des formules routinières de la symétrie, leur révèle … la simplification en matière de décor«.
174 A. Duncan, *Art Nouveau Furniture,* London/New York 1982, Abb. 479–82.
175 Gonse (s. Anm. 156), II, S. 208.
176 Watson (s. Anm. 47), Kat. 88.
177 Billcliffe (s. Anm. 139), S. 13.
178 Für Derngate und Ingram Street.
179 Gonse (s. Anm. 156), S. 11: »nos artistes décorateurs du pastiche japonais«.
180 Komanecky und Butera (s. Anm. 167), S. 15.
181 ibid., S. 44.
182 M. Battersby, *The Decorative Twenties,* London 1969, S. 139.
183 Silbermöbel laufen leicht golden an: Eine empörte Lady Maufe beklagte sich 1969 beim Autor, das Victoria & Albert Museum hätte ihren »goldenen« Schreibtisch silbern umgestaltet (man hatte ihn einfach mit Silberputzmittel behandelt).
184 Battersby (s. Anm. 182), S. 39.
185 ibid., S. 42.
186 ibid., Abb. S. 38.
187 Dresser [Bib. A], S. 327.
188 Aslin (s. Anm. X/35), Taf. 28.
189 T. Brown, *The Work of G. Rietveld, architect,* Utrecht 1958, S. 38.
190 Vgl. einen Thronsessel von J. K. Bromeis, um 1835–40 (Schloss Wilhelmshöhe, Kassel; Kreisel (s. Anm. V/56), III, Abb. 503) und besonders einen Sessel, gefertigt aus Medusen-Schilden (Abb. G. Bazin, *The Loom of Art,* London 1962, Taf. 373).
191 Im Virginia Museum of Art, 85.99.
192 S. Johnson, *Eileen Gray, Designer 1879–1976,* London 1979, S. 11.

XII Der Stil der »Jugend«
S. 310–328

1 Gruber, *Du Néoclassicisme à l'Art Déco* (s. Anm. VII/112), S. 290.
2 Ein Kommentar dazu findet sich bei Praz, *Liebe, Tod und Teufel* (s. Anm. IX/45), S. 19.
3 Garner (s. Anm. XI/171), Abb. S. 135.
4 ibid., S. 139.
5 »Voilà donc notre idéal réalisé, le meuble traité comme un corps nu, orné de ses organes épanouis comme ceux de l'animal ou du végétal, en leurs nerfs, en leurs chairs, pelages, plumages, tissus, membranes, écorces, en leur bourgeonnement, floraison, fructification«: Gallé in *Revue des Arts décoratifs,* Nov.–Dez.1900**,** *Écrits pour l'art* (s. Anm. XI/173), S. 275.
6 Vgl. *French Symbolist Painters,* London 1972, Einleit. P. Jullian, S. 13.
7 H. de Balzac, *Cousin Pons* (1847).
8 *Encyclopaedia Britannica* (s. Anm. I/125), XI, S. 231.
9 »tout reste flexible, mobile, transparent«: zit. nach Gruber, *Du Néoclassicisme à l'Art Déco* (s. Anm. VII/112), S. 297.
10 Jones, *Grammatik* [Bib. A], S. 71.
11 Garner (s. Anm. XI/170), S. 70**.**
12 »Nous avons essayé cependant d'ajouter à toute la ménagerie chimérique du mobilier quelques images réelles, et la ‚frissonnante libellule', immobilisée un instant, a prêté ses ailes à la statique des consoles«: Gallé, 'Le Mobilier contemporain orné d'après la nature' (1900), *Écrits* (s. Anm. XI/172), S. 263–64.
13 Duncan (s. Anm. XI/174), S. 12.
14 Jones, *Grammatik* [Bib. A], S. 116.
15 Pevsner, *Pioneers* (s. Anm. X/42), S. 37ff. Leider lässt seine Darstellung den islamischen Einfluss völlig außer Acht.
16 Vgl. Jones, *Grammatik* [Bib. A], Taf. V(10).
17 J. Rutherford, *Art Nouveau, Art Deco and the Thirties, The Furniture Collections at Brighton Museum,* Brighton 1983, S. 12.
18 *Cahiers Henry van de Velde,* Brüssel 1970, Anm. 11, S. 10.
19 ibid.; Serrurier-Bovy, nach Viollet-le-Duc: »une civilisation ne peut prétendre posséder un art que si cet art pénètre partout, s'il fait sentir sa présence dans les ustensiles les plus vulgaires«.
20 Richter (s. Anm. I/15), Abb. 201, 209, 210, 228–30.
21 Billcliffe (s. Anm. XI/139), Kat. 1904.19A.
22 Richter (s. Anm. I/15), Abb. 193.
23 So wurde das pompejanische Wandbild (Abb. Ternite [Bib. A], Taf. VIII) 'Pan und Bock in Stosskampf' von Stuck für *Kämpfende Faune* 1889 fast unverändert übernommen (Neue Pinakothek, München).
24 Praz, *Liebe, Tod und Teufel* (s. Anm. IX/45), S. 276.
25 J.-A. Birnie Danzker und B. Hardtwig, *Franz von Stuck, die Sammlung des Museums Villa Stuck,* Ausst. München 1997, S. 192, 196, 204, 214, 215.
26 Bristol Art Gallery and Museum.
27 Vgl. ein Bronzebett im Stil von Stuck, um 650–600 v.Chr., von Eberdingen-Hochdorf (freigelegt 1970er); S. Moscati et. al., *I Celti,* Mailand 1991, S. 86–113.
28 Die Plebejer des legendären republikanischen Rom erkämpften sich das Stimmrecht von den Patriziern durch eine Aktion, die man heute Streik nennen würde. Sie legten die Waffen an und drohten, ein »Neues Rom« zu errichten. Schließlich einigten sich die beiden Seiten. Der Name »Sezession« impliziert folglich die Hoffnung auf Versöhnung.
29 P. Vergo, 'Das Haus der Secession', *Der Architekt,* V, 1, Jan. 1899, S. 5.
30 L. Hevesi, 'Modern Painting in Austria', *The Studio,* 1906, unpag.
31 Vgl. Riegl (s. Anm. I/59), S. 78, 138.
32 Zit. nach Gruber, *Du Néoclassicisme à l'Art Déco* (s. Anm. VII/112), S. 306.
33 Billcliffe (s. Anm. XI/139), S. 13**.**
34 Hevesi (s. Anm. 30).
35 Abb. *Ein Dokument Deutscher Kunst 1901–1976,* Ausst. Darmstadt 1976, V, S. 65.
36 Die Kommode wurde lange Zeit für ein Werk Hoffmanns gehalten; Dr. Christian Witt-Dörring entdeckte, dass der Entwurf von Wimmer stammt und für die Kunstschau 1908 angefertigt wurde (Information freundlicherweise zur Verfügung gestellt von Dr. Gabriele Fabiankowitsch). Es existiert ein Gegenstück in dunklem Holz. Vgl. V. J. Behal, *Möbel des Jugendstils, Sammlung des österreichischen Museums für Angewandte Kunst Wien,* München 1981, Kat. 218, 219.
37 Montfaucon [Bib. A], III, Pt I, Taf. XCVIII.
38 Abb. Mausoleum und Kärntner Bar, *The Architecture of Adolf Loos,* London 1985, S. 37, 56.
39 Beispielsweise im Oratorio del Rosario, Palermo.
40 Heute im Metropolitan Museum of Art, New York.
41 Heute im Victoria & Albert Museum, London.
42 Battersby (s. Anm. XI.182), S. 22.
43 Y. Brunhammer und S. Tise, *French Decorative Art, the Société des Artistes Décorateurs,* Paris 1990, S. 94.
44 Aussage des französischen Staatssekretärs für Kultur 1929: ibid., S. 140.
45 ibid., S. 171–79.
46 Der Stil von Clarice Cliff in den 30er Jahren ist ein späterer rustikal geprägter Ableger.
47 R. Firbank, 'Vainglory' (1915), *The Complete Firbank,* London 1975, S. 133.
48 Millin [Bib. A], S. IV. Zu den Ursprüngen des Gemäldes: E. C. Oppler, Hg., *Picasso's 'Guernica',* New York/London 1987. Dies war bislang nicht bemerkt worden. Für ein weiteres *Guernica*-Motiv vgl. die fünfte Figur von links, Abb. 26 in diesem Buch.
49 Robsjohn-Gibbings [Bib. A], S. 38.
50 Gelfer-Jørgensen (s. Anm. IX/135), S. 365, Abb. 349.
51 Bibliographie in Himmelheber (s. Anm. VIII/55), S. 87–88.
52 Gruber, *Du Néoclassicisme à l'Art Déco* (s. Anm. VII/112), S. 80.
53 ibid., S. 22.
54 Abgelehnt auf Anraten von John Summerson, John Brandon-Jones sowie Regierungsinspektor Antony Dale – so zumindest wurde es dem Autor berichtet.
55 Hillier (s. Anm. X/50), S. 260, 261.
56 Von Terence Conran in London gegründetes Einrichtungsgeschäft.
57 L. L. Ponti, *Gio Ponti: L'opera,* Mailand 1990, Abb. S. 40; gefertigt von Volontè, Mailand, und vorgestellt auf der 4. Triennale di Monza, 1930.
58 ibid., S. 136.
59 Vgl. etwa J. W. Zincgref, *Emblemata ethicopolitica,* 1619; Nachdr. Tutingham 1993, XXXVI, S. 86; vgl. auch: *Hundert ethisch-politische Embleme,* Hg. Arthur Henkel u. Wolfgang Wiemann, Heidelberg 1986, Faks.-Nachdr. d. Ausg. 1664.
60 Zit. nach Evans (s. Anm. I/116), II, S. 105.
61 'Arabesque rêves de la peinture': Watelet und Lévesque, *Dictionnaire des arts de peinture et sculpture,* Paris 1792.
62 Vgl. 'The House of Sleep' von Taddeo Zuccaro, *Italian Renaissance Drawings from the Louvre,* New York 1974, Kat. 74.
63 Aus: *The Secret Life of Salvador Dalí,* zit. nach Rutherford (s. Anm. 17), S. 60.
64 Art Institute of Chicago, Abb. ibid., S. 61.
65 T. Mann, *Dr. Faustus,* Kap. XXV.

Epilog

1 W. Shakespeare, *Titus Andronicus,* IV. Akt, 3. Szene.
2 V. Nabokov, 'The Vane Sisters', *The Stories of Vladimir Nabokov,* New York 1997, S. 621.
3 »Ne comptons-nous pas les générations, si l'on peut dire, par les formes des tables, des chaises, des meubles, des tapisseries? Quel amateur ne paie pas chèrement tous ces restes épars du goût du XVIe siècle, ce siècle qui, après une longue stérilité, parut être une sorte de rejet … de l'antiquité, et que les siècles suivants, malgré tous les efforts de l'esprit novateur, ont égalé d'autant moins, qu'ils ont cru l'avoir surpassé?«: Percier und Fontaine [Bib. B], S. 2.
4 Raggio, 'Farnese table' (s. Anm. IV/92), S. 216.
5 Ein Phänomen, das als Zeichen des unmittelbar bevorstehenden Untergangs einer Kultur gewertet wurde: A. Toynbee, *A Study of History,* gekürzte Ausg., Oxford 1954, S. 455–65.

Bibliografie

Für ein Buch, das eine so lange Zeitspanne umfasst, wie dieses, erscheint eine umfassende Bibliografie nicht besonders sinnvoll. Die folgende Liste stellt daher nur eine Auswahl der vom Autor verwendeten Bücher dar. Sie beschränkt sich auf Primärwerke, die die Gestaltung beeinflussten, und unterteilt diese grob in drei Kategorien: (A) archäologisch orientierte Bildbände zum antiken, exotischen und gotischen Stil; (B) Möbel- und Musterbücher sowie Bücher verschiedener moderner Ornamentik; und (C) Bücher, die Geschmack und Ideen der Zeit allgemein beeinflussten.

Viele Werke sind mit abgekürztem Titel genannt. Das Erscheinungsjahr ist nicht in jedem Fall das der Erstauflage. Bei zahlreichen Veröffentlichungen desselben Verfassers ist meist stellvertretend eines der Werke angegeben. Soweit möglich, sind bei übersetzten Werken die Angaben des Originaltitels und die Übersetzer mit aufgeführt. Besonders im Teil (B) waren nicht immer alle Publikationsdaten in Erfahrung zu bringen.

Die Bibliografie beinhaltet einige frühe Periodika, jedoch keine ungebundenen Drucke, Bücher mit Originalzeichnungen und Ausstellungskataloge. Aufgrund ihrer Vielzahl wurden auch Bücher zum Druckdesign aus dem 20. Jahrhundert ausgeschlossen.

Werke der neueren Forschung werden in den Anmerkungen zitiert.

Für die vorliegende Ausgabe wurde das Literaturverzeichnis um einige bedeutende und leicht zugängliche Werke deutschsprachiger Verfasser erweitert.

A
Quellen antiken, exotischen und gotischen Designs

Adam, R., *Ruins of the Palace of the Emperor Diocletian at Spalatro in Dalmatia*, London 1764, (Nachdr. Split 1996)

Aglio, A., *Architectural Ornaments*, London 1820

Agostini, L., *Le Gemme antiche figurate*, Rom 1657–69

Aikin, E., *An Essay on the Doric Order of Architecture*, London 1810

Alexander, W., *The Costume of China*, London 1805

Antichità di Ercolano: vgl. [Herculaneum]

Antonini, C., *Manuale di vari ornamenti*, Rom 1781

Apianus, P. und B. Amantius, *Inscriptiones sacrosanctae vetustatis*, Ingolstadt 1534

Aringhi, P., *Rome subterranea novissima in qua post Antonium Bosium antesignanum*, Rom 1651, Paris 1659

Barbault, J., *Les Plus Beaux Monuments de Rome ancienne*, Rom 1761

– *Monumens antiques*, Rom 1783

Barrow, J., *Travels in China*, London 1804

– *A Voyage to Cochin China*, London 1806

Bayardi, O. A., *Antichi Monumenti disotterati dalla discoperta città di Ercolano*, Neapel 1755

Becker, G. [Wilhelm] G., *Augusteum ou description des monumens antiques … à Dresde*, Leipzig 1804–11

Bellicard, J. C., *Observations sur les antiquités de la ville d'Herculaneum*, Paris 1754

Bellori, C. P., *Veterum illustrium philosophorum*, Rom 1685

Bentham, J., *The History of Gothic and Saxon Architecture in England*, London 1798

Berkenhout, J. (vermutl. von Dr. J. Longfield), *The Ruins of Poestum, or Posidania*, London 1767

Bianchini, F., *Del Palazzo dei Cesari*, Verona 1738

Bisschop, J. de [d. i. J. Episcopius], *Signorum veterum icones*, Amsterdam, um 1670

Blundell, H., *Engravings and Etchings of the Principal Statues, Busts, Bass-Reliefs … etc. at Ince*, Liverpool 1809

Boissard, J.-J., *Romanae urbis topographia et antiquitates*, Frankfurt 1597–1602

Borioni, A. und R. Venuti, *Collectanea antiquitatum romanorum*, Rom 1736

Bosio, A., *Roma sotterranea opera postuma*, Rom 1632

Bottari, G. G., *Musei Capitolini*, Rom 1750– 82

Bracci, D. A., *Commentaria de antiquis sculptoribus*, Florenz 1784

Brenna, V., L. Mirri und F. Smugliewicz, *Vestigia delle Terme di Tito*, Rom, um 1781

Britton, J., *Historical and Descriptive Accounts … of … English Cathedrals*, London 1836

Bruyn, A. de, *Omnium pone gentium imagines*, Köln 1577

Bry, J. T. und J. I. de, *Orientalisch Indien*, Frankfurt 1597–99

Buonarroti, F., *Osservazione sopra alcuni medaglioni antichi*, Rom 1698

– *Osservazione sopra alcuni frammenti de vasi antichi*, Florenz 1716

Butterfield, W., Hg., *Instrumenta Ecclesastica* (1844–47, 1850–56)

Cameron, C., *The Baths of the Romans*, London 1772, Nachdr. 1774, 1775

Cartari, V., *Le vere e nove imagini de gli dei delli antichi*, Venedig 1556, Padua 1615

Carter, J., *Specimens of ancient Sculpture and Painting* (1780–94)

– *Views of Ancient Buildings in England* (1786–93)

– *Archaeologia, Plans, Elevations, sections and specimens of the architecture and ornaments of Exeter Cathedral*, London 1797, Bath 1798, Durham 1801, Gloucester 1809

Cassini, G. M., *Novus thesaurus gemmarum veterum*, Rom 1780, 1782, 1786, 1797

Castell, R., *The Villas of the Ancients*, London 1728

Cavaceppi, B., *Raccolta d'antiche statue, busti, teste cognite ed altre sculture antiche*, Rom 1768–72

Cavalieri, G. B., *Antiquarum statuarum urbis Romae primus et secundus liber*, Rom 1569

– *Romanorum imperatorum effigies*, Rom 1583

– *Antiquarum statuarum urbis Romae icones*, Rom 1584

Caylus, A.-C. P., Comte de, *Recueil d'antiquités égyptiennes, étrusques, grecques, romaines et gauloises*, Paris 1752–67

– *Mémoire sur la peinture à l'encaustique et sur la peinture à la cire*, Genf, Paris 1755

– *Tableaux tirés d'Homère et de Virgile*, Paris 1757

Chambers, W., *Designs of Chinese Buildings, Furniture, Dresses, Machines and Utensils*, London 1757

Chiari, G., *Statue di Firenze*, Florenz, um 1790

Ciampini, G., *Vetera Monimenta*, Rom 1690–99

Clarac, Comte de, *Musée de sculpture antique et moderne … plus de 2500 statues antiques*, Paris 1826–53

Clérisseau, C.-L., *Antiquités de la France*, Paris 1778

Cochin, C. N. und J.-C. Bellicard, *Observations sur les antiquités de la ville d'Herculaneum*, Paris 1754

Cock, H., *Praecipua Romanae Antiquitatis Ruinarum Monimenta*, Antwerpen 1551

Dalton, R., *Antiquities and views in Greece and Egypt*, London 1751

Daniell, T. und W., *Oriental Scenery*, London 1795–1808

Dapper, O., *Gedenkwürdige Verrichtung der Niederländischen Ost-Indischen Gesellschaft in dem Kaiserreich Taising oder Sina …*, Amsterdam 1675

– *Beschreibung des Kaiserreichs Sina oder Taising*, Amsterdam 1676

Delargadette, C. M., *Les Ruines de Paestum*, Paris 1799

Denon, D. V., *Voyage dans la basse et la haute Egypte*, Paris 1802

Description de l'Égypte, Hg. C. L. Panckocke, Paris 1809–28, Nachdr. Köln 1997, Tours 1993

Desgodetz, A., *Les Édifices antiques de Rom*, Paris 1682

Dilettanti, Society of, *The Antiquities of Athen*, *I* (1762), *II* (1787), *III* (1794), *IV* (1814),

– Chandler, R., N. Revett und W. Pars, *Ionian Antiquities Published for the Society of Dilettanti*, London 1769, 1797

– *Antiquities of Ionia*, London 1797

– *Specimens of Ancient Sculpture*, London 1809

Dolce, F., *Descrizioni di dugento gemme antiche*, Rom 1792

Donato, Al., *Roma vetus ac recens*, Rom 1665

Dosio, G. A., *Urbis aedificorum illustriumque supersunt reliquiae*, Florenz 1569

Dresser, C., *Japan, its Architecture, Art and Art Manufactures*, London 1882

Du Cerceau, J. Androuet, *Arcs et monuments antiques d'Italie et de France*, 1560

– *Le Livre des édifices antiques romains* (1584)

Du Halde, J.-B., *Ausführliche Beschreibung des chinesischen Reichs* (*Description géographique, historique, chronologique, politique et historique de l'empire de la chine et de l atartarie chinoise*, Paris 1735), Rostock 1747–56

Dumont, G. M., *Les Ruines de Paestum*, Paris, London 1769

Du Pérac, Étienne, *I vestigi dell'antichità di Roma*, Rom 1575

Durand, J.-L.-N., *Recueil et parallèle d'édifices anciens et modernes*, Paris 1802

Eastlake, C. L., *A History of the Gothic Revival*, London 1872, (Nachdr. New York 1975), Leicester 1978

Eckhel, J. H. von, *Choix des pierres gravées du Cabinet Impérial des Antiques*, Wien 1788

Episcopius, J.: vgl. Bisschop

Ercolani, G. M., *I tre ordini d'architettura … pressi dalle fabbriche piu celebri del'antica Roma*, Rom 1744

Fabretti, R., *De columna Trajani*, Rom 1683

Félibien, A., *Statues et bustes antiques des maisons royales*, Paris 1679

– *Entretiens sur les vies et sur les ouvrages des plus excellens peintres anciens et modernes*, Paris 1685

Ficoroni, F. de', *I tali ed altri strumenti lusori degli Antichi Romani*, Rom 1734

– *Le vestigia e rarità di Roma antica*, Rom 1744

– *De Larvis scenicis et figuris comicis*, Rom 1754

– *Gemmae antiquae litteratae*, Rom 1757

Fischer von Erlach, J. B., *Entwurff einer historischen Architectur*, Wien 1721, Leipzig 1725

[Florenz] *Museum Florentinum*, Florenz 1781–92

Foggini, P. F., *Musei Capitolini tomus quartus*, Rom 1782

Franciscus, E., *Neu-polirter Geschicht-, Kunst- und Sittenspiegel ausländischer Völcker*, Nürnberg 1670

Fréart de Chambray, R., *Parallèle de l'architecture antique et de la moderne*, Paris 1650, Üs. J. Evelyn London 1664

Fulvio, A., *Illustrium imagines*, Rom 1517

Gallaeus, T., *Illustrium imagines … quae extant Romae*, Antwerpen 1598

Gell, W., *Pompeiana*, London 1817–19, 1832

Ghezzi, P. L., *Camere sepolcrali de liberti e liberte di Livia Augusti ed' altri Cesari*, Rom 1731

Goltzius, H., *Vivae omnium fere Imperatorum Imagines*, Antwerpen 1557

– *C. Julius Caesar sive Historiae imperatorum … ex antiquis numismatibus restitiae*, Brügge 1563

– *Graecia sive historiae urbium et populorum Graeciae ex antiquis numismatibus*, Brügge 1576

González de Mendoza, J., *Historia de las cosas mas notables … del gran reyno de la China*, Rom 1585

Gori, A. F., *Museum Etruscum*, Florenz 1737–43

– *Museum Florentinum*, Florenz 1731–66

– *Catalogue des marbres antiques … dans la Galerie Royale des Antiquités à Dresde*, Dresden 1812

Gough, R., *Sepulchral Monuments in Great Britain*, London 1786–96

Graevius, J. G., *Thesaurus*, Utrecht 1694–99

Gronovius, J., *Thesaurus Graecarum Antiquitatum*, Leiden 1697–1702

Guattani, G. A., *Monumenti antichi inediti*, Rom 1784–5, 1789

Hamilton, Sir W.: vgl.

– Hancarville, *Collection of Etruscan, Greek, and Roman Antiquities*

– 'Kirk's Outlines'

– Tischbein, *Collection of Engravings from Ancient Vases, mostly of pure Greek work-manship*

Hancarville, P.-F. Hugues d', *Antiquités étrusques, grecques et romaines*, Neapel 1766, Paris 1785

– *Collection of Etruscan, Greek, and Roman Antiquities from the Cabinet of the Hon. W. Hamilton* [zweisprachige Ausg. der *Antiquités*], Neapel 1766–67

– *Recherches sur l'origine … des arts de la Grèce*, London 1785

Happel, E.-W., *Thesaurus exoticorum*, Hamburg 1688

Havercamp, S., *Médailles … du Cabinet de la Reine Christine … gravées … par le célèbre Pietro Santes Bartolo*, Den Haag 1742

[Herculaneum] [*Delle*] *Antichità di Ercolano*, Hg. Accademia Ercolanense, Neapel 1757–92, darin: 'Le pitture antiche', 'Le lucerne e di candelabri'

Herwart von Hohenburg, *Thesaurus Hieroglyphicorum e museo J. G. H.*, München 1610

Hittorff, J.-I., *Architecture antique de la Sicile*, Paris 1827

– *Architecture polychrome chez les Grecs*, Paris 1851

Hodges, W., *Select Views in India*, London 1785–88

Hoffstadt, F., *Gothisches A.B.C.-Buch, das ist: Grundregeln des gothischen Stils für Künstler und Werkleute*, Frankfurt 1840

Hope, T., *Costume of the Ancients*, London 1809

Humphreys, D., *Antiquity Explained and represented in Sculptures*, Üs. von Montfaucon, q.v., London 1721

Ides, E. I., *Dreyjährige Reise nach China, von Moscau ab* (*Driejaarige Reize naar China te lande*, Amsterdam 1704), Frankfurt 1707, Nachdr. in: *Beschreibung der dreijährigen chinesischen Reise*, Hg. Michael Hundt, Stuttgart 1999

Jones, O., *Plans, Details and Sections of the Alhambra*, London, 1836–45

– *Views on the Nile*, London 1843

– *Illuminated Books of the Middle Ages*, London 1850

– *Grammatik der Ornamente* (*The Grammar of Ornament*, London 1856), (Faks.-Nachdr. Nördlingen 1987), Nachdr. Köln 1997

– *Examples of Chinese Ornament*, London 1867

Kircher, A., *China monumentis … illustrata*, Amsterdam 1667

– *La Chine*, Üs. F. S. Dalquié, Amsterdam 1670

'Kirk's Outlines': *Hamilton and Englefield Collections: Outlines from the Figures and Compositions upon the Greek, Roman and Etruscan Vases of the late Sir William Hamilton*, Hg. W. Miller, 1804

Labacco, A., *Libro d'Antonio Labacco … antiquità di Roma*, Rom 1557

Laborde, A., *Mosaïque d'Italica*, Paris 1802

– *Collections des Vases grecs de M. le Comte de Lomberg*, Paris 1813–24

La Chausse, M. A. de, *Romanum Museum sive Thesaurus*, Rom 1690

– *Le Gemme figurate*, Rom 1700

Lafréry, A., *Speculum Romanae Magnificentiae*, Rom 1545–92

Lalande, M. de, *Voyage en Italie*, Yverdun 1769, 1787–88

Landon, C. P., *Les Annales du Musée français*, Paris 1800–1809

Lauro, G., *Antiquae urbis splendor*, Rom 1612

– *Antiquae Urbis vestigis quae nunc extant*, Rom 1628

Lavallée, J., *Voyage pittoresque et historique de l'Istrie et de la Dalmatie*, Paris 1802

Le Comte, L., *Nouveaux mémoires sur l'état présent de la Chine*, Paris 1701

Legrand, A., *Galerie des antiques*, Paris 1803

Lenoir, A., *Musée des Monuments français*, Paris 1800–1806

Leplat, B., *Recueil des marbres antiques … à Dresde*, Dresden 1733

Le Roy, J. D., *Les Ruines des plus beaux monuments de la Grèce*, Paris 1758

Madden, F., *Illuminated Ornaments selected from manuscripts and early printed books* (1833)

Maffei, A., *Raccolta di statue antiche e moderne*, Rom 1704

– *Gemme antiche figurate*, Rom 1707–8

Major, T., *The Ruins of Paestum*, London 1768

Maréchal, P. S., *Antiquités d'Herculaneum gravées par F. A. David*, Paris 1780–1803
Mariette, P. J., *Traité des pierres gravées*, Paris 1750
– *Abécédario, Recueil de peintures antiques*, Paris 1851–53
Marliano, B., *Urbis Romae topographia*, Rom 1544
Martini, M., *De bello tartarico historia*, Amsterdam 1655
Martyn, T. und J. Lettice, *The Antiquities of Herculaneum*, London 1773
Mason, G. H., *The Costume of China*, London 1800
Massi, P., *Indicazione antiquaria del pontificio Museo Pio-Clementino*, Rom 1792
Mazois, F., *Les Ruines de Pompéi*, 1812–38
Mémoires … des chinois, Par les missionnaires de Pékin, Paris 1776–91
Millin de Grandmaison, A. L., *Peintures des vases antiques vulgairement appelés étrusques*, Paris 1808–10
Mirri, L.: vgl. Brenna, V.
Mitelli, G., *Dell'antichità di Roma vestige antiche*, Rom 1742
Montfaucon, B. de, *L'Antiquité expliquée et représentée en figures*, Paris 1719–24
– *Monumens de la monarchie française*, Paris 1729–33
Moreau, C., *Fragments et ornemens d'architecture dessinés à Rome, d'après l'antique*, Paris 1800
Morse, E., *Japanese Homes and their Surroundings*, London 1886
Moses, H., *A Collection of Antique Vases, Altars, Paterae, Tripods, Candelabra, Sarcophagi etc.*, London 1814
Musée Français, *Recueil complet*, Paris 1803–09
Nardini, F., *Roma antica*, Rom 1771
Nibby, A., *Descrizione della Villa Adriana*, Rom 1827
Nieuhof, J., *Die Gesantschaft der Ost-Indischen Gesellschaft in den Vereinigten Niederlanden an den tartarischen Cham und nunmehr auch sinischen Keyser* (*Het gesantschap der meerlandtsche oost-indische compagnie … tegenwoordigen Keizer van China*, Leyden 1665), 1669
Norden, F. L., *Voyage d'Égypte et de Nubie*, Kopenhagen 1755
Ogilby, J., *Africa … the Regions of Ægypt, Barbary, Lybia and Billedulgerid*, Üs. von O. Dapper, q.v., London 1670
Ornati: vgl. [Pompeji]
Orsini, F., *Imagines et elogia virorum illustrium et eruditor ex antiquis lapidibus*, Rom 1570
Overbeck, J. und A. Mau, *Pompeji in seinen Gebäuden, Alterthümern und Kunstwerken*, Leipzig 1884
Overbeke, B., *Reliquiae antiquae urbis Romae*, Amsterdam 1708
Palafox y Mendoza, J. de, *Historia de la conquista de la China*, Paris 1670
Palladio, A., *Die vier Bücher zur Architektur* (*Il quattro libri dell'architettura*, Venedig 1570), Üs. Andreas Beyer/Ulrich Schütte, Zürich 1983
– *Fabbriche Antiche disegnate da Andrea Palladio … Conte di Burlington*, London 1730
Paoli, P. A., *Paestanae dissertationes*, Rom 1784
Passeri, G. B., *Osservazioni … sopra alcuni monumenti greci e latini conservati in Venezia*, Venedig 1759–60
– *Picturae Etruscorum in Vasculis*, Rom 1767–75
– *Novus Thesaurus gemmarum veterum*, Rom 1781–97
Perrier, F., *Icones et segmenta nobilium signorum et statuarum quae Romae extant*, Rom 1638
– *Icones et segmenta illustrium*, Paris '1645' [1655]
Pignorii, L.,*Mensa Isiaca*, Amsterdam 1669
Piranesi, F., *Raccolta de' tempi antichi*, Rom, um 1780–90
– *Collection des plus belles statues de Rom*, Paris, um 1805
Piranesi, G. B.
– *Prima parte di archittettura e prospettive*, Rom 1743
– *Antichità de' tempi della repubblica*, Rom 1748
– *Opere varie di architettura, prospettiva, groteschi, antichità*, Rom 1750
– Le *Antichità romane*, Rom 1756
– *Trofei di Ottaviano Augusto*, Rom 1753
– *Della magnificenza ed architettura de' Romani*, Rom 1761
– *Lapides Capitolini*, Rom 1762
– *Antichità d'Albano e di Castel Gandolfo*, Rom 1764
– *Vasi, candelabri, cippi, sarcophagi*, Rom 1778
– *Différentes Vues de quelques restes de … l'ancienne ville de Pesto*, Rom 1778
Piroli, T., *Le antichità di Ercolano*, Rom 1789–1807
Pococke, R., *A Description of the East*, London 1745
[Pompeji] *Gli ornati delle pareti ed i pavimenti delle stanze dell'antica Pompeii*, Neapel, 1796–1820
Ponce, N., *Descriptions des Bains de Titus*, Paris 1786
– *Arabesques antiques des bains de Livie, et de la Ville Adrienne*, Paris 1789
Prisse d'Avennes, E., *Atlas of Egyptian Art*, Paris 1868–78, Teilnachdr. Kairo 1997
Pugin, A. C., Architectural Antiquities of Normandy, London 1828
– *Gothische Architekturen* (*Specimens of Gothic Architecture*, Hg. Frederick Mackenzie, London 1821, 1823, 1825), Berlin 1896
– *Gothische Ornamente* (*Gothic Ornaments*, London 1828–31), Berlin 1836
– *Examples of Gothic Architecture*, London 1831–38
Pugin, A. W. N., *Gothic Furniture in the style of the 15th century*, London 1835
– *Floriated Ornament*, London 1849
Raffei, S., *Osservazioni sopra alcuni antichi monumenti … Albani*, Rom 1771, 1772, 1773
Raspe, R. E., *A Descriptive Catalogue of a general Collection of Ancient and Modern Engraved gems … by James Tassie*, London 1791
Rickman, T., *An Attempt to discriminate the styles of English Architecture*, Liverpool 1817
Riou, S., *The Grecian orders of architecture … explained from the antiquities of Athens*, 1768
Robsjohn Gibbings, T. H. und C. W. Pullin, *Furniture of Classical Greece*, New York 1963
Rossi, D. de', *Raccolta di statue antiche e moderne*, Rom 1704
Rossi, R., *Collectanea antiquitatum Romanorum*, Rom 1736
Rudiments of Ancient Architecture, London 1789
Sadeler, M., *Vestigio delle antichità di Roma a Tivoli Pozzuolo et altri luochi*, Paris 1660
Saint-Non, J.-C.-R. de, *Voyage pittoresque de Naples et de Sicile*, Paris 1781–86
Sandrart, J. von, *Iconologia deorum, oder Abbildungen der Götter …*, Nürnberg 1680
– *L'academia tedesca della architettura, scultura e pittura, oder Teutsche Academie der edlen Bau-Bild- und Mahlerey-Künste*, Nürnberg, 1675, Faks.-Nachdr. Nördlingen 1994, darin bes.: *Leben der berühmten Maler, Bildhauer und Baumeister*, Hg. A. R. Peltzer, Nachdr. Farnborough 1971, und *Von der Hoch-Teutschen berühmten Mahler, Bildhauer und Baumeister Leben und Lob*, Nachdr. Frankfurt 1925
– *Sculpturae veteris admiranda …*, Nürnberg 1680
Santi Bartoli, F. und P., *Raccolta di camei e gemme antiche*, Rom 1727
Santi Bartoli, P., *Virgilius Maro*, Rom, um 1677
– *Colonna Traiana*, Rom 1665
– *Le pitture antiche del sepolcro de Nasonii nella Via Flaminia*, Rom 1680, 1693, 1737, 1791 [bei Hope als *Bellori Picturae Antiquae*]
– *Veteres arcus Augustorum triumphis*, Rom 1690
– *Admiranda Romanorum antiquitatum*, Rom 1690, 1693
– *Le Antiche lucerne*, Rom 1691
– *Gli antichi sepolcri*, Rom 1697, Hg. P.-J. Mariette, Paris 1757
– *Columna Cochlis*, Rom 1704
– *Museum Odescalchum*, Rom 1747
– *Picturae antiquae cryptarum Romanorum et sepulcri Nasonum*, Rom 1737, 1795
Sayer, R., *Ruins of Athens* (1759), Nachdr. Farnborough 1969
Scamozzi, V., *Tutte l'opere d'architettura di Sebastiano Serlio*, Venedig 1584
– *Discorsi sopra l'antichità di Roma di Vincenzo Scamozzi*, Venedig 1582
Schenck, P., *Picturae Sinicae*, Amsterdam? 1702
Serlio, S., *Architettura*: *IV*, Venedig 1537, *III*, Venedig 1540 I, *II*, Paris 1545, *V*, Paris 1547, 'Extraordinario Libro', Lyon 1551, *VII*, Frankfurt 1575, *VI*, Faks.-Nachdr. d. Hs. Mailand 1967, Herausg. d. vollst. Werkes i. d. 1580ern: vgl. Scamozzi
– *Il Primo Libro d'architettura* (1551)
Shaw, H., *A Series of Details of Gothic Architecture*, London 1823
– *Specimens of Ancient Furniture* (1836)
– *The Encyclopaedia of Ornament* (1842)
Smugliewicz, F.: vgl. Brenna, V.
Spilsbury, J., *A Collection of Fifty Prints from Antique Gems in the Collections of … Earl Percy etc.*, London 1785
Spitzel, G., *De re literaria sinensium commentarius*, Leiden 1660
Stosch, P., *Pierres antiques gravées*, Amsterdam 1724
Strada, J., *Kunstbuch*, Zürich 1549
– *Imperatorum Romanorum … ex antiquis numismatis*, Zürich 1559
Stuart, J. und N. Revett, *The Antiquities of Athens*, London 1762–1816
Tatham, C. H., *Etchings of Ancient Ornamental Architecture drawn from the originals in Rom*, London 1799
– *Etchings, representing fragments of antique Grecian and Roman architectural ornament*, London 1806
Ternite, W., *Wandgemälde aus Pompeji und Herculaneum*, Hefte 1-11, Berlin 1839–59
Thiry, L., *Fragmentae structurae veteris*, Orléans 1550
Tischbein, A. W., Hg., *Umrisse griechischer Gemälde auf antiken in den Jahren 1789 und 1790 in Campanien und Sicilien ausgegrabenen Vasen, jetzt im Besitz des Ritters William Hamilton* (*Collection of Engravings from Ancient Vases, mostly of pure Greek work-manship/ Recueil de gravures d'après des vases antiques … tirées du cabinet de M. le Chevalier Hamilton*, [dt./frz.], 4 Bd., Neapel 1791–94), Weimar 1796
Turnbull, G., *A Treatise on Ancient Painting and A Curious Collection of Ancient Paintings*, London 1740, 1741
Vaccaria, L. della, *Antiquarum statuarum urbis Romae*, Venedig 1584
Valadier, G. und F. A. Visconti, *Raccolta delle più insigni fabbriche di Roma Antica*, Rom 1810–18
Vecellio, C., *Habiti antichi et moderni di tutto il mondo*, Venedig 1598
Veneziano, A., *Sic Romae in impluvio ex marmore sculp.* (1536)
Venuti, R., *Collectanea antiquitatum Romanorum*, Rom 1736
Vico, Aenea, *Vases* (1543)
– *Ex antiquis cameorum et gemmae delineata* (1550)
– *Le Imagini con tutti i riversi trovati et le vite de gli imperatori*, Venedig 1548
– *Le Imagini delle Donne Auguste*, Venedig 1557
Viollet-le-Duc, E.-E., *Dictionnaire raisonné du mobilier francais de l'époque carlovingienne à la Renaissance*, Paris 1858–75
– *Dictionnaire raisonné de l'architecture française du 11<e> au 16<e> siècle*, Paris 1859–69
Visconti, F. A. und G. A. Guattini, *Il Museo Chiaramonti*, Rom 1808
Visconti, G. B. und E. Q., *Il Museo Pio-Clementino*, Rom 1782–1807
Vitruv, M. P., *Baukunst* (*De architectura libri decem*), Üs. August Rode, 2 Bd., Leipzig/ München 1796, Faks.-Nachdr. Zürich 1987
Volney, C. F. C., Comte de, *Voyage en Syrie et Égypte (Les Ruines)*, Paris 1787
Wilkins, W., *The Antiquities of Magna Graecia*, Cambridge 1807
Wilkinson, J. G., *Manners and Customs of the Ancient Egyptians*, London 1837
Winckelmann, J. J., *Monumenti antichi inediti*, Rom 1767–72
Wood, R., *The Ruins of Palmyra*, London 1753
– *The Ruins of Balbec*, London 1757
Worlidge, T., *A Select Collection of Drawings from Curious Antique Gems*, London '1768' [um 1780]
Worsley, R., *Museum Worsleyanum*, London 1794 [1798–1803]
Zanetti, A. M., *Delle antiche statue greche e romane … della libreria di San Marco*, Venedig 1740–43
Zimmermann, E. A. W., *Taschenbuch der Reisen*, Leipzig 1810

B
Muster- und Ornamentik-Bücher

Ackermann, R., *Repository of Arts*, London 1809–28
– *A Selection of Ornaments*, London 1817
– *Fashionable Furniture*, London 1823
Adam, R., *Works in Architecture of Robert and James Adam*, London 1773–8, *II* (1779), *III* (1822)
– vgl. auch Polidoro da Caravaggio
Albertolli, G., *Alcune decorazione di nobili sali ed altri ornementi*, Mailand 1787
– *Ornementi Diversi*, Mailand 1782
– *Miscellanea per i giovani studiosi del disegno pubbicata da Giocondo Albertolli*, Mailand 1796
Alciati, A., *Kunstbuch Andree Alciati von Meyland … (Liber emblematum*, Augsburg 1531), Üs. Jeremias Held, Frankfurt/M. 1580
– *Clarissimi viri D. Andreae Alciati Emblemata*, Paris 1542
– *Viri clarissimi … emblematum*, Paris 1542, Nachdr. Darmstadt 1967
– *Emblemata*, Lyon 1550, Nachdr. Chippenham 1996, Hg. B. I. Knott
Bacqueville, P. P., *Livre d'ornemens propres pour les meubles et pour les peintres*, Paris, um 1710
Baillie Scott, M. H., *Furniture made at the Pyghtle Works*, Bedford, 1901
Basoli, A., *Vari ornamenti*, Bologna 1838
Beauvallet, P. N., *Fragmens d'ornemens*, Paris 1804
Berain, J., *Oeuvres de Jean Berain* (1688)
– *Ornemens peints dans les appartemens des Tuileries*, Paris 1690
– Ornemens inventez par J. Berain et se vendent chez Monsieur Thuret, Paris 1711
– Fac-simile des oeuvres de Jean Berain, Paris 1862
– 100 Planches principales de l'oeuvre complète de Jean Berain, Paris 1882
Blondel, J.-F., *Cours d'architecture … Nouvelle édition par Pierre-Jean Mariette*, Paris 1760
Blum, H., *Quinque columnarum*, Zürich 1550
Borghini, R., *Il Riposo*, Florenz 1730
Borromini, F., *Opera del Caval. Francesco Borromini*, Rom 1720
– *Opus architectonicum*, Rom 1725
Borsato, G., *Opera ornementale*, Venedig 1822
Bos, Cornelis, Book of Moresques (vor 1544)
Boucher, J.-F., *Diverses Figures chinoises* (1731)
– *Livre de cartouches*
– *Cahier d'arabesques*
– *Nouveaux morceaux pour des paravents* (1737)
Boulle, A. C., *Nouveaux desseins de meubles et ouvrages de bronze et de marqueterie*, Paris, um 1750
Boutemie, D., *Ouvrage rare et nouveau* (1636)
Boyceau, J., *Traité de jardinage*, Paris 1638
Braun, A. E., *Specimens of Ornamental Art by L. Grüner*, London 1850
Bridgens, R., *Furniture with Candelabra and Interior Decoration*, London 1838
Brown, R., *The Rudiments of Drawing Cabinet and Upholstery Furniture*, London 1822
Brunetti, G., *60 Different Sorts of Ornaments*, London 1736
Chambers, W., *A Treatise on Civil Architecture* (1759), London 1825
Charles, R., *Cabinet Makers' Sketch Book*, London 1866
Chedel, P. Q., *Fantaisies nouvelles*, Paris 1738
Chenavard, A., *Recueil de dessins de tapisseries, tapis, et autres objets d'ameublement*, Paris 1828
– *Ornemens Gothiques*, Paris 1839

Chippendale, T., *The Gentleman and Cabinet-Maker's Director*, Ausg. 1754, 1755, 1759, 1762, 1767, 1772, Faks.-Nachdr. mit dt. Text: Stuttgart 1967
Coade, E., *A Descriptive Catalogue of Coade's Artificial Stone Manufactory … Pieces of Furniture*, London 1784
Collinson & Lock, *Sketches of Artistic Furniture*, London 1871
Columbani, P., *A New Book of Ornaments Containing a Variety of elegant Designs for Modern Pannels Commonly executed in Stucco, Wood, or Painting*, London 1775
Contant d'Ivry, P., *Les Oeuvres d'architecture de Pierre Contant d'Ivry*, Paris 1758, 1786
Copland, H., *A New Book of Ornaments*, London 1746
– *A New Book of Ornaments*, London 1752
Cotelle, J., *Livre de divers ornemens* (um 1640)
Crunden, J., *The Joyner and Cabinet-Maker's Darling*, London 1765
– *The Carpenter's Companion for Chinese Railings and Gates*, 1765
Darly, M., *A New Book of Chinese Gothic and Modern Chairs*, London 1750–51
– *A New Book of Chinese Designs*, London 1754
– *Sixty Vases of English, French and Italian Masters*, London 1768
– *The ornamental Architect or young Artist's Instructor*, London 1770
– *A New Book of Ornaments in the Present (Antique) Taste*, London 1772
Decker, P., *Groteschgen Werk von Mahler, Goldschmidte, Stucato*, Nürnberg 1700
– *Fürstlicher Baumeister oder Architectura civilis*, Augsburg 1711-16, Nachdr. Hildesheim 1978
Decker, P. [d. J.], *Gothic Architecture Decorated*, London 1759
– *Chinese Architecture*, London 1759
Dedaux, *Zimmer der Maria von Medici im Palast Luxemburg zu Paris. Sammlung von Arabesken, Wandmalerei und Ornamenten* (*Chambre de Marie de Médicis au Palais du Luxembourg, ou, Recueil d'arabesques, peintures et ornements qui la décorent* …, Paris 1838), Berlin 1877
De La Cour, William, *First Book of Ornament*, London 1741; Folgebände bis 1747
Delafosse, C., *Nouvelle Iconologie historique*, Paris 1768, 1771
Delaunay, S., *Compositions couleurs idées*, Paris 1930
Della Bella, S., *Ornamenti di fregi e fogliami*
– *Raccolta di varii capricii*, Paris 1646
– *Nouvelles inventions de cartouches*, Paris 1747
Delorme, P. de, *Nouvelles inventions de bien bastir*, Paris 1561
– *Le Premier Tome de l'architecture de P. de L'Orme*, Paris 1658
Dezallier d'Argenville, A.-J., *L'Histoire naturelle éclairée dans une de ses parties principales, la lithologie et la conchyliologie*, Montpellier 1742
Dietterlin, W., *Architectura*, Strasbourg 1598
Dresser, C., *Modern Ornamentation … for … Manufactures in Wood, Metal, Pottery etc., also for the Decoration of Walls & Ceilings*, London 1886
Dubois & Marchais, *Recueil de dessins des armures, casques, cuirasses, etc., tirés du Musée Impérial de l'artillerie de France et des cabinets particuliers* (1808)
Du Cerceau, J. Androuet, *Fragmenta structurae veteris* (1550)
– *De eo picturae genere quod grottesche Itali vocant*, 1550, Nachdr. Paris 1880; Paris 1562, 1566
– *Livre d'architecture* (3 Bd., Paris 1559, 1561, 1572)
– *Les Plus Excellents Bastiments de France*, Paris 1576, 1579
– *Oeuvre de J. A. dit de Cerceau, coupes, vases, trophées, cartouches etc.* (Paris)
Dugourc, J. D., *Arabesques*, Paris 1782
– *Recueil d'arabesques*, Paris 1802
Dürer, A., *Underweysung der Messung*, Nürnberg 1525
Dusch, J. A., *Entwürfe zu gothischen Möbeln*, Augsburg, um 1800
Eckhout, G. van den, *Veelderhande Niewe Compartimente*
– *Verscheyde Aerdige Compartimenten* (1655)
Feuchère, L., *L'Art industriel* (1842)
Flaxman, J., *The Iliad*, London 1794
– *The Odyssey*, London 1805
– *Compositions from the Tragedies of Aeschylus*, London 1795
– *Compositions from … Hesiod*, London 1817
Floris, C., *Design for Ewers*, Antwerpen 1548
– *Veelderley Verunderinghe van Grottissen* (1556, 1557)
Flötner, P., *Das Kunstbuch des Peter Flötner, Zeichners, Bildhauers und Formschneiders von Nürnberg … (Gedruckt zu Zürich Rudolfi Wyzzenbach formschnyder*, Zürich 1549), neu hg. Berlin 1882
– *Imperatorum Romanorum Imagines* (1559)
Fordrin, L., *Livre de Serrurerie de composition angloise* (Paris)
– *Nouveau Livre de serrurerie*, Paris 1723
Forty, J. F., *Oeuvres de sculptures en bronze*
Fraisse, J.-A., *Livre de desseins chinois* (1735)
Fréart de Chambray, R., *Parallèle de l'architecture antique et de la moderne*, Paris 1650
Gedde, W., *A Booke of Sundry Draughtes*, London 1615
Gibbs, J., *A Book of Architecture*, London 1728
Gribelin, S., *A New Book of Ornaments usefull to all Artists* (1704)
– (mit Félibien), *The Tent of Darius explain'd*, London 1704
Gropius, M., *Archiv für Ornamentale Kunst*, Berlin 1871–79
Grüner, L., *The Decorations in the Garden Pavilion … Buckingham Palace*, London 1846
– *Fresco Decorations … in Italy … With an Essay on the Arabesques of the Ancients*, London 1854
– *A Selection of the Art Treasures in Dresden*, Dresden 1862
– vgl. auch Braun
Guilmard, D., Hg. (bis 1882) *Le Garde Meuble*, Paris 1844–1903
– *Album du Menuisier Parisien*, Paris 1855–61
– *Les Maîtres Ornemanistes*, Paris 1880–81
Halfpenny, W., *New Designs for Chinese Temples … Garden Seats, Palings*, London 1750–52
– *Rural Architecture in the Gothick Taste*, London 1752
Has, G., *Künstlicher und Zierlicher Neuer Fünffzig Perspectifischer Stück*, Wien 1583
Hay, D. R., *Original Geometrical Diaper Designs*, London 1844
Heal, A., *Plain Oak Furniture*, London 1898
– *Simple Bedroom Furniture*, London 1899
Heideloff, C. A. von, *Der Bau- und Möbelschreiner oder Ebenist*, Nürnberg 1832–37
– *Die Ornamente des Mittelalters/Les ornements de Moyen Age* [zweispr. Ausg.], Nürnberg 1838–43
Hepplewhite, G., *The Cabinet Maker and Upholsterer's Guide* (1788, 1789, 1794), New York 1969, Nachdr. der Ausg. 1794
Hettwig, C., *Sammlung moderner Sitzmöbel*, Dresden 1882–94
– *Kunstgewerbliche Ornamentik*, Berlin 1871
Hoffmann, F. G., *Abbildungen der vornehmsten Tischlerarbeiten*, Leipzig 1789, Faks.-Nachdr. Leipzig 1978
– *Neues Verzeichnis und Muster-Charte des Meubles-Magazin*, Leipzig 1795, Faks.-Nachdr. London 1970
Hope, T., *Household Furniture and Interior Decoration*, London 1807
– *Costumes of the Ancients*, London 1809
– *Designs of Modern Costume* (1812)
Huet, C.e, *Singeries, ou différentes actions de la vie humaine* (Paris)
Huquier, G., *Nouveau Livre de trophées de fleurs et fruits étrangers*
Ince, W. und J. Mayhew, *The Universal System of Household Furniture*, London 1762
Indau, J., *Neue romanische Ziehrate* (*Nova invenzione di rabeschi e fogliami romani*, Wien 1686), Augsburg 1680
– *Wienerisches Architektur- Kunst- und Säulen-Buch*, Wien 1686
Iribe, P., *Les Robes de Paul Poiret*, Paris 1908
Jacques, M., *Vases nouveaux* (Paris)
Jamnitzer, C., *Neuw Grottessken Buch*, Nürnberg 1610, Nachdr. Graz 1966
Jamnitzer, W., *Perspectiva corporum regularium*, Nürnberg 1568
Johnson, T., *Twelve Girandoles* (1755)
– *One hundred and Fifty New Designs* (1758, 1761)
Jombert, C.-A., *Répertoire des artistes*, Paris 1765
Jones, W., *The Gentlemens or Builders Companion … Slab tables, Pier Glasses*, London 1739
Kent, W., *Designs of Inigo Jones with some Additional Designs*, London 1727
Kilian, L., *Newes Gradesca Buchlein*, Augsburg 1607
– *Newe Gradisco Buech*, Augsburg 1624
– *Lucas Kilians Neues ABC Büchlein* (*Newes ABC Büechlein*, Augsburg 1627), Berlin 1922
Kimbels, W., *Journal für Möbelschreiner und Tapezierer*, Frankfurt 1835–53
King, T., *The Modern Style of Cabinet Work Exemplified*, London 1829
– *Designs for Carving and Gilding*, London, um 1830
Krammer, G. [d. i. Kramer], *Gabriel Kramer's Architectura von den fünf Säulen sambt ihren Ornamenten und Zierden* …, Prag 1600, Faks.-Nachdr. Frankfurt/M. 1895
– *Schweiff Büchlein*, Prag 1602, ergänzter Folgeband Köln 1611
La Joue, Jacques de, *Livre de Buffets* (1735)
La Mésangère, P. de, *Collection de meubles et objets de goût*, Paris 1802–35
Landi, G., *Architectural Decorations*, London 1810
Langley, B., *Antient Architecture Restored and Improved* (1742)
– *Gothic Architecture*, London 1747
Langlois, J., *Dessins pour tables, bureaux et autres ouvrages de marqueterie* (Paris)
La Vallée Poussin, É. de, *Nouvelle Collection d'arabesques propres à la décoration des appartemens* (Paris)
Leblond, J., *Cours d'Architecture*, Paris 1691; Hg. P.-J. Mariette, Paris 1760
Le Corbusier, *Almanach d'Architecture moderne*, Paris 1925
Ledoux, C.-N., *L'Architecture considérée*, Paris 1804, 1847
Le Geay, J. L., *Collection de divers sujets de vases, tombeaux, ruines, et fontaines* (1770)
Le Noir, A., *Nouvelles Collections d'arabesques propres à la decoration des appartements*
Lepape, G., *Les Choses de Paul Poiret*, Paris 1911
Le Pautre, J., *Montans de trophées d'armes à l'antique*, Paris 1659
– *Les Cabinets*
– *Alcoves à l'italienne*, Paris 1661
– *Livre de Lit [sic] à la romaine*, Paris 1670?
– *Alcoves à la romaine*, Paris 1670?
– *Livre de miroirs tables et guéridons*, Amsterdam 1670?
– *Collections des plus belles compositions de Lepautre*, Paris 1850?
Le Pautre, P., *Cheminées et lambris à la mode*, Paris 1685?
Lock, M., *A Book of Tables, Candle Stands, Pedestals, Tablets etc.*
– *Six Tables* (1746)
– *A New book of Ornaments* (1752)
– *A New Book of Ornaments … in the Chinese Taste*
Loris, D., *Le Thrésor des parterres de l'univers*, Genf 1629
Loudon, J. C., *Encyclopaedia of Cottage, Farm and Villa Architecture and Furniture* (1833, 1842, 1843)
Magazzino di mobili, Florenz 1796–98
Malton, T., *Compleat Treatise on Perspective* (1773, 1779)
Manwaring, R., *The Carpenter's Compleat Guide to the Whole System of Gothic Railing* (1765)
– *The Cabinet and Chair-Maker's Real Friend and Companion* (1765)
Mariette, P.-J., *L'Architecture Française* (1727–38)
– *Architecture à la Mode*
Marot, D., *Oeuvres*, Den Haag 1703, Amsterdam 1713
Meissonnier, J. A., *Oeuvre de Juste Aurèle Meissonnier*, Paris 1723, 1735
– *Oeuvres*, Paris 1750
Mitelli, A., *Cartouches*, Paris 1636, 1742
Moglia, D., *Collezione di oggetti ornamentali ed architettonici*, Mailand 1837–38
Mondon, J., *Premier Livre de forme rocquaille et cartel*, Paris 1736
– *Rocailles, Trophies [sic] etc.*, Paris 1736, 1749
Monnoyer, J.-B., *Livres de plusieurs vazes de fleurs*
Moses, H., *Designs of Modern Costume*, London 1809, 1823
Neufforge, J.-F., *Recueil élémentaire d'architecture*, Paris 1757–80
Nicholson, P. und M. A., *Practical Cabinet Maker, Upholsterer and Complete Decorator*, London 1826
Nonnenmacher, M., *Der Architectonische Tischler, oder Prager Säulen-Buch*, Nürnberg 1710
Normand, C., *Nouveau Recueil en divers genres d'ornemens*, Paris 1803
– *Décorations intérieures et extérieures* (1803, 1828)
– *Nouveau Parallèle des ordres* (1819)
Oppenord, G.-M., *Livre de différents morceaux*, Paris 1744–48
– *Oeuvres*, Paris 1748
Over, C., *Ornamental Architecture in the Gothic, Chinese and Modern Taste*, London 1758
Palliser, F. B., *History of Lace*, London 1865 [Verzeichnis von Musterbüchern im Anhang]
Passe, C. de (d. J.), *Oficina Arcularia*, Utrecht 1621, Amsterdam 1642
Pélerin, J., *De Artificiali Perspectiva*, Toul 1505
Pellegrino, F., *La Fleur de la science de pourtraicture*, Paris 1530
Percier, C., und P.-F.-L. Fontaine, *Quinti Horatii Flacci Opera* (ill. Percier), Paris 1799
– *Palais, maisons, et autres édifices modernes dessinés à Rome*, Paris 1798
– *Recueil de décorations intérieures*, Paris 1801, ergänzt 1812
Pergolesi, M., *Designs for Various Ornaments* (1777–1801)
– *Original Designs … in the Etruscan and Grotesque Style* (1814)
Petit, J., *Collection de dessins d'ornement*
Petitot, E.-A., *Suite de vases*, Parma 1764
– *Mascarade à la Grecque*, Parma 1771
Peyrotte, A., *Livre de différents trophées* (Paris)
Pillement, J., *A New Book of Chinese Ornaments*, London 1755
– *Four Elements* (1759, 1774)
– *Études de différentes figures chinoises*, Paris 1758
– *Recueil de fleurs chinoises, de fontaines chinoises, de tentes chinoises, de barques chinoises* (1760, 1770)
– *Fleurs idéalles*, Paris 1770
Pineau, N., *Dessins de pieds de tables et de vases et consoles de sculpture* (Paris)
– *Nouveaux desseins de lits* (Paris)
Piranesi, G. B., *Grotteschi*, Rom 1750
– *Prima Parte di architettura e prospettive*, Rom 1743
– *Diverse Maniere d'adornare i cammini*, Rom 1769
Polidoro da Caravaggio, *Vasa a Polydoro Caravaggio … inventa Cherubinus Albertus*, Rom 1582
– *Designs for Vases and Foliage … by Robert Adam Esq.*, London 1821
Primaticcio, F., *Feuillages modernes faicts au Château Royal de Fontainebleau* (Paris)
Pugin, A. W. N., *Gothic Furniture in the Style of the Fifteenth Century*, London 1835
– *Contrasts … Between … the Fourteenth and Fifteenth Centuries and … the Present Day*, Salisbury 1836
Quentell, P., *Eyn New Kunstlich Boich*, Köln 1527
Queverdo, F. M. I., *Premier Cayer de panneaux, frises et sujets arabesques*, Paris 1788
[Raphael] M. Pagliarini, P. Camporesi, G. Ottaviani und G. Volpato, *Arabesques of the Vatican Loggie*, Rom 1772–75
– *Recueil d'Arabesques … d'après Raphael, et … d'après Normand, Queverdo, Boucher etc.*, Paris 1802
Revel, J., *Livre de dessins chinois* (1735)
Richardson, C. J., *Architectural Remains of the Reigns of Elizabeth and James I*, London 1840
– *Studies of Ornamental Design*, London 1851
Richardson, G., *A Book of Ceilings, composed in the style of the antique grotesque*, London 1776

– *Iconology, or, a Collection of Emblematical Figures, moral and instructive*, London 1778
– *A Treatise on the Five Orders of Architecture*, London 1787
– *New Designs of Vases and Tripods decorated in the Antique Taste*, London 1793
Riou, S., *The Grecian Orders of Architecture*, London 1768
Ripa, C., *Iconologia*, Rom 1593, 1603, Perugia 1764–67
Rivius, W., *Vitruvius Teutsch* (= *Marcus Vitruvius Pollio: Zehen Bücher von der Architectur und künstlichem Bauen*, dt. Erstüs.), Nürnberg 1548, Faks.-Nachdr. New York 1973
Roubo, A.-J., *L'Art du menuisier*, Paris 1768
Rouseel, N., *De Grotesco*, London 1623
Saly, J. F. J., *Vases* (1746)
Sambin, H., *L'Oeuvre de la diversité des termes*, Lyon 1572
Sayer, R., *The Compleat Drawing Book* (1757)
Schönesperger, H., *Form- oder Modelbüchlein*, Augsburg 1523
Schübler, J. J., *Medaillen Schranke*, Nürnberg 1730, 1738
Scott, W. B., *The Ornamentist, or Artisan's manual … designs selected from … Dietterlin, Berain, Blondell, Meisonier, Le Pautre, Zahn, Boetticher*, London, Dublin, Edinburgh 1845
Sheraton, T., *The Cabinet-Maker and Upholsterer's Drawing Book*, London 1794, Nachdr. 1972
– *An Accompaniment to the Cabinet-Maker and Upholsterer's Drawing Book*, London 1794, Nachdr. 1972
– *The Cabinet Dictionary*, London 1803
– *The Cabinet Maker, Upholsterer, and General Artist's Encyclopaedia*, London 1805
Shute, J., *First and Chief Groundes of Architecture*, London 1563
Smith, G., *A Collection of Designs for Household Furniture and Interior Decoration*, London 1808
– *The Cabinet-Maker and Upholsterer's Guide*, London 1826
Solis, V., *Moriske und Turckicher einfacher und duppelter art zuglein*, Nürnberg 1550
Solon, M., *Inventions décoratives*, Paris 1866
Stalker, J. und G. Parker, *A Treatise of Japanning and Varnishing*, Oxford 1688
Stör, L., *Geometria et Perspectiva*, Augsburg 1567, Faks.-Nachdr., Hg. Eberhard Fiebig, Frankfurt 1972
Sylvius, B., *Variarum protractionum quaes vulgo Maurusias vocant Libellus* (1554)
Tagliente, G. A., *Essempio di recammi*, Venedig 1527
Talbert, B. J., *Gothic Forms applied to Furniture Metal Work and Decoration for Domestic Purposes*, London 1867
– *Examples of Ancient and Modern Furniture Metal Work Tapestries Decorations etc.*, London 1876
– *Fashionable Furniture … a collection of original designs by the late Bruce Talbert, interiors by Henry Shaw*, New York, um 1880
Toro, J. B. H., *Livres de Tables de diverses formes* (Paris)
Ungewitter, G. G., *Entwürfe zu Gothischen Möbeln*, Leipzig 1851
– *Lehrbuch der Gothischen Constructionen*, Leipzig 1875
– *Gothische Holz-Architektur*, Berlin 1890
– mit Vinzenz Statz, *Gothisches Musterbuch*, Leipzig 1861
Unselt, J., *Neues Zierathen Büchlein*, Augsburg 1690
– *Neues Zierathen Buch* (1695–96)
Unteutsch, F., *Neues Zierathenbuch für Schreiner*, Nürnberg 1600
Vardy, J., *Some designs of Mr. Inigo Jones and Mr. William Kent* (1744)
Vauquer, J., *Livre de fleurs dessinées d'après nature* (Paris)
Veen, O. van, *Vaenius Emblemata sive Symbola*, Brüssel 1624
Vico, E., *Leviores et … extemporaneae picturae quas grotteschas vulgo vocant* (1541)
Vignola, G. Barozzi da, *Regeln der fünf Ordnungen der Architektur* (*Regola delli cinque ordini d'Architettura*, 1563, Amsterdam 1642), Augsburg 1725
Vorbilder für Fabrikanten und Handwerker, Hg. Technische Deputation für Gewerbe, Berlin 1821–36
Vorsterman, W., *Ce est un tractat de la noble art de leguille*, Antwerpen, um 1527; Üs. *A neave treatys as concernynge the excellency of the needleworcke*
Vouet, S., *Livres de diverses grotesques, peintes dans le cabinet et bains de la Reyne Régente, au Palais Royal*, ill. M. Dorigny, Paris 1647
Vredeman de Vries, H., *Hortorum viridariorum … Dorica, Ionica, Corinthia*, Antwerpen 1583, Nachdr. Amsterdam 1980
– *Variae architecturae formae*, Antwerpen, um 1560, Faks.-Nachdr. Amsterdam 1979
– *Panoplia* (1572)
– *Differents pourtraicts de menuiserie à scavoir …*, vermutl. Wolfenbüttel, um 1588
– *Recueil de cartouches; … caryatides; … arabesques*, alle Brüssel 1870
Vredeman de Vries, P., *Verscheyden Schrynwerck …*, Amsterdam 1630, Faks.-Nachdr. Brüssel 1869
Ware, I., *A Complete Body of Architecture*, London 1756
– *Designs of Inigo Jones and others*, London 1743
Watt, W., *Art Furniture Designed by Edward W. Godwin F.S.A.*, London 1877
Weigel, J. C. [gest. 1746], *Neu Inventirtes Laub, Bandl und Groteschengen Wirk*, Nürnberg
– *Nützliche Anweisung zur Zeichnung-Kunst*, Nürnberg 1770
Whittock, N., *The Decorative Painters' and Glaziers' Guide*, London 1827
Willson, A., *The Antique and Modern Embellisher*, London 1766
Wrighte, W., *Grotesque Architecture … Grotesque and Rustic Seats*, London 1567

C
Werke mit besonderem Einfluss auf Geschmack und Ideen der Zeit

Alberti, L. B., *Zehn Bücher über die Baukunst* (*De architectura*, um 1500 / *De re aedificatoria*, um 1485), Hg. u. Üs. Max Theuer, Nachdr. d. Ausg. Wien 1912, Darmstadt 1991
– *Ten Books on Architecture*, Üs. J. Leoni, London 1726, Nachdr. London 1955
– *On Painting* (*De Pictura*, 1435), Üs. C. Grayson, London 1991
Ammianus Marcellinus, *History* (*Historiae*), Üs. J. Rolfe, London/Cambridge, Mass., 1935
Aristoteles, *Nikomachische Ethik* (*Ethica Nicomachea*), Üs. Olof Gigon, Stuttgart 1991
– *Poetik* (*De arte poetica*), [dt./griech.], Üs. Walter Schönherr, Leipzig 1972
Athenaios [d. i. Athenaius von Naukratis], *Das Gelehrtenmahl* (*Deipnosophistae*), Hg. u. Üs. Ursula u. Kurt Treu, Leipzig 1985
– *The Deipnosophists*, London 1845
Baudelaire, C., *Sämtliche Werke/Briefe* (*Oeuvres complètes*, Paris 1868–70), [dt./frz.], Hg. Friedhelm Kemp, 8 Bd., München 1975
Bibel, Die: Altes und Neues Testament
Burke, E., *Philosophische Untersuchung über den Ursprung unserer Ideen vom erhabenen und Schönen* (*A Philosophical Enquiry into the Origin of our Ideas of the Sublime and the Beautiful*, London 1756), Hg. Werner Strube, Üs. Friedrich Bassenge, Hamburg 1980
Castiglione, *Das Buch vom Hofmann* (*Il cortegiano*), Hg. u. Üs. Fritz Baumgart, München 1986
Colonna, F., *Hypnerotomachia: The Strife of Love in a Dream* (*Hypnerotomachia Poliphili*, Venedig 1499), London 1592, (Nachdr. London 1963)
Cordemoy, J. L. de, *Nouveau Traité de toute l'architecture*, Paris 1714, (Faks.-Nachdr. Farnborough 1966)
Diderot, D., *Die Encyclopédie des Denis Diderot. Eine Auswahl* (*Encyclopédie*, Paris 1751–65), Hg. Karl-Heinz Manegold, Faks.-Neudr. Dortmund 1983
Dionysius Areopagita, *Bibliothek der Kirchenväter*, Bd. 2, Hg. Otto Bardenhewer et al., Üs. Joseph Stiglmayr, 1932, Nachdr. München 1968
Herodot, *Historien* (*Historiae*), [dt./griech.], Hg. u. Üs. Josef Feix, Zürich/München 1995ff
Hesiod, *Homeric Hymns and Homerica*, Loeb Classical Library, Hg. T. E. Page et. al., Üs. Hugh G. Evelyn-White, Cambridge, Mass., 1970
Homer, *Ilias*, Hg. Wolf Hartmut Friedrich, Üs. J. H. Voß (1793), München <3>1990 (1963)
– *Odyssee*, Hg. Wolf Hartmut Friedrich, Üs. J. H. Voß (1781), München <3>1990 (1963)
Horaz, *Oden (Carmina)*, in: *Sämtliche Gedichte*, Hg. Bernhard Kytzler, Stuttgart 1992
– *Die Dichtkunst* (*Ars Poetica*), [dt./lat.], Hg. u. Üs. Eckart Schäfer, 1972, Nachdr. Stuttgart 1989
Horapollon, *The Hieroglyphics of Horapollon* (*Hieroglyphica*), Üs. George Boas, New York 1950
Huysmans, J. K., *A Rebours*, Paris 1891, Nachdr. Paris 1978
Kant, I., *Beobachtungen über das Gefühl des Schönen und Erhabenen*, Riga 1771
Knight, R. Payne, *An Analytical Inquiry into the Principles of Taste*, 1801, Nachdr. London 1806, Faks.-Neudr. Farnborough 1972
Laugier, M.-A., *Essai sur l'Architecture*, Paris 1753
– *Observations sur l'Architecture*, Paris 1765
Lomazzo, P., *A tracte containing the artes of curious Paintinge, Carvinge and Buildinge … by Jo. Paul Lomatius painter of Milan* (*Trattato dell'Arte de la pittura*, Mailand 1584), Üs. Richard Haydocke, Oxford 1598, Faks.-Neudr. Farnborough 1970
Longinus, *Vom Erhabenen* (*De Sublimitate*), [dt./gr.], Hg. Reinhard Brandt, 1966, Nachdr. Darmstadt 1983
Memmo, A., *Elementi d'architettura lodoliana*, Mailand 1833-34, Nachdr. Mailand 1973
Mengs, A. R., *Anton Raphael Mengs' sämtliche hinterlassene Schriften* (*Opere*, Rom 1787), Hg. u. Üs. G. Schilling, Bonn 1843ff
Morris, W., Gedichte und andere Werke
Ovid, *Metamorphosen* (*Metamorphoses*), Üs. J. H. Voß, Frankfurt 1990
Pausanias, *Beschreibung Griechenlands*, Üs. Ernst Meyer, Zürich 1954
– *Description of Greece*, Üs. W. H. S. Jones, London 1926
Piles, R. de, *The Art of Painting* (*L'Art de Peinture* = Üs. von C. A. Dufresnoy, *De arte graphica*, Paris 1673), London 1750
– *Kurtzer Begriff der Theoretischen Mahler-Kunst*, Berlin 1699
Plinius (Secundus d. Ä.), *Naturkunde* (*Naturalis Historia*), Hg. u. Üs. Roderich König, München 1973ff
– *Natural History*, Üs. H. Rackham, London 1968
– *The Historie of the World*, London 1601
– *Histoire de la Peinture ancienne, extrait de l'Histoire Naturelle de Pline*, London 1725 (=Bd. 35, *Farben, Malerei, Plastik*, 1978)
Plutarch, *Von großen Griechen und Römern* (*Vitae parallelae*), Hg. u. Üs. Konrat Ziegler, Zürich/München 1991
– *Lives*, Üs. Langhorne, New York/London, o. D.
Polo, M., *Die Reisen des Venezianers Marco Polo* (*Il Milione*, 1309), Hg. Fabrizio Clerici, Üs. Ulrich Köppen, Frankfurt 1971
Rousseau, J.-J., *Julie, oder Die neue Héloïse: Briefe zweier Liebenden aus einer kleinen Stadt am Fuße der Alpen* (*La nouvelle Héloïse*, Paris 1759), Üs. Johann Gottfried Gellius, München <2>1988
Ruskin, J., *Die sieben Leuchter der Baukunst* (*The Seven Lamps of Architecture*, London 1849), Hg. Wolfgang Kemp, Üs. Wilhelm Schoelermann, Dortmund 1994
– *Steine von Venedig* (*Stones of Venice*, London 1864/65), Hg. Wolfgang Kemp, Üs. Hedwig Jahn, Dresden 1886, Faks.-Nachdr. Dortmund 1994
– *Stones of Venice*, London 1864/65
– *The Nature of Gothic: A Chapter of the Stones of Venice*, Vorwort W. Morris, London 1892
Sade, Marquis de, *Die Geschichte der Justine, oder die Nachteile der Tugend* (*Justine ou les malheurs de la vertue, Hollande 1791*), Bindlach 1992
Schopenhauer, A., *Die Welt als Wille und Vorstellung*, 1818, Hg. Rudolf Malter, Faks.-Nachdr. Frankfurt 1987
Scott, Sir W., Romane und Gedichte
Semper, G., *Der Stil in den technischen und tektonischen Künsten, oder praktische Ästhetik*, Zürich 1860, 1863, Hg. Adrian v. Butlar, Nachdr. München 1977
Shaftesbury, Earl of [d. i. A. A. Cooper], *Characteristics of Men, Manners, Opinions, Times*, London 1732
Vasari, G., *Leben der Ausgezeichnetsten Maler, Bildhauer und Baumeister von Cimabue bis zum Jahre 1567* (*Vite de' piu eccellenti architetti, pittori, et scultori italiani*, Florenz 1550–58), Hg. Julian Kliemann, Üs. Ludwig Schorn/Ernst Förster, 6 Bd., Stuttgart/Tübingen 1837–49, Faks.-Nachdr. Worms 1983-88
Vergil, *Die Aeneis* (*Aeneis*), [dt./lat.], Hg. Johannes Götte, München/Zürich 1994
– *Georgica. Vom Landbau (Georgica)*, Hg. u. Üs. Otto Schönberger, Stuttgart 1994
– *Hirtengedichte* (*Ekloga*), Üs. Dietrich Ebener, Berlin 1982
Walpole, H., *The Castle of Otranto* (1757)
Winckelmann, J. J., *Gedanken über die Nachahmung der griechischen Werke in der Mahlerey und Bildhauer-Kunst*, Dresden 1755, in: *Kunsttheoretische Schriften*, Bd. 1, Faks.-Nachdr. Baden-Baden 1962
– *Geschichte der Kunst des Altertums*, (Dresden 1764), Hg. Ludwig Goldschneider, Köln 1972, Nachdr. d. Ausg. Wien 1932

Bildnachweis

Orte oder gedruckte Quellen, die bereits in den Bildlegenden genannt sind, werden hier nicht wiederholt.

BL	Mit freundlicher Genehmigung von The British Library, London
BM	© The British Museum, London
BN	Bibliothèque nationale; Foto © Bibliothèque nationale de France, Paris
Brighton	Royal Pavilion, Art Gallery and Museums, Brighton
Louvre	Musée du Louvre, Paris
MAK	MAK – Österreichichisches Museum für angewandte Kunst, Wien
Neapel	Museo Archeologico Nazionale, Neapel
SBPK	Staatsbibliothek zu Berlin – Preußischer Kulturbesitz; Foto © bpk, Berlin
SMPK	Staatliche Museen zu Berlin – Preußischer Kulturbesitz; Foto © bpk, Berlin
V&A	© V&A [Victoria &Albert Museum, London] Picture Library
Wallace Collection	Abdruck mit freundlicher Genehmigung der Verwaltung der Wallace Collection, London

Die Zeichnungen für die Abbildungen 14, 16–19, 46–48, 113, 114, 119, 120, 125–127, 133, 151–155, 177, 199–201, 230, 464, 561–568, 613–616, 619, 620, 647, 648, 656, 658 and 665 wurden von Michael Jones angefertigt.

1 Philadelphia Museum of Art: überlassen durch die Samuel H. Kress Foundation · **2** Hulton Getty · **3** Neapel · **4** Egyptian Museum, Kairo/Kodansha Ltd · 5 Neapel/Scala · 7 Museo Archeologico Regionale, Palermo/Publifoto · **8** Museo Archeologico Nazionale, Florenz · **9** SMPK, Antikenabteilung/Jutta Tietz-Glagow ·**11** Neapel/Leonard von Matt ·**12** The Metropolitan Museum of Art, New York, Schenkung von J. Pierpont Morgan, 1917 (7.190.2076) ·**13** Kunsthistorisches Museum, Wien · **21** Archäologisches Museum, Istanbul · **22** Alinari · **25** Cabinet des Médailles, BN · **27** BM · **26**, **28**, **29** BL (688.l.11) · **30** Neapel/Scala · **31** Museo dei Conservatori, Rome/Scala · **32** V&A · **33** BL (4.Tab.56) · **34** © Gordion Furniture Project · **35** Leonard von Matt · **36** Scala · **37** Mit freundlicher Genehmigung der Verwaltung von Sir John Soanes Museum, London · **38** Monumenti, Musei e Gallerie Pontificie, Vaticanstadt/Alinari · **39** BL (7703.c.9-15) · **41** BL (604.f.32) · **42** Neapel/Scala · **44** Neapel · **49** BN · **50** Medelhavsmuseet, Stockholm · **51** Scala · **52** © Peter Clayton · **53** M. Petsas · **55** Abdruck mit Genehmigung von Leitung und Kollegium des Eton College · **56** The Metropolitan Museum of Art, New York. Rogers Fund, 1906 (06.1021.301) · **58** H. Roux ainé, L. Barré and J. Borries, *Herculanum et Pompéi* (1861) · **60** Neapel · **61** Monumenti, Musei e Gallerie Pontificie, Vatican City · **62** BL (146.i.22) · **63** Staatliche Antikensammlungen, München · **66** Museo Arcivescovile, Ravenna/Hirmer · **67** Trinity College, Dublin · **68** University Library, Cambridge · **69** BM · **70** vormals Berlin, Staatliche Museen · **71** Universitetets Oldsaksamling, Oslo · **72** Antikvarisk-Topografiska Arkivet (ATA), Stockholm · **73** Great Hall, Winchester Castle/E. Frankl · **74** Biblioteca de El Escorial · **75** Biblioteca Medicea Laurenziana, Florenz · **77** Museo Arcivescovile, Ravenna/Gabinetto Fotografico Nazionale, Rome · **78** Irak-Museum, Bagdad · **79** Museo Arcivescovile, Ravenna/Hirmer · **80** Privatsammlung · **81** V&A · **82** SMPK, Museum für Spätantike und Byzantinische Kunst/Liepe · **83** SMPK, Museum für Spätantike und Byzantinische Kunst · **84** National Library of Greece, Athen · **85** Louvre · **86** Lucca Cathedral/Alinari · **87** BM · **88** Bayerische Staatsbibliothek, München · **89** Schatzkammer, Wien · **90** Bayerische Staatsbibliothek, München · **91** SBPK, Kunstgewerbemuseum · **92** Eremitage, St. Petersburg · **93** SBPK, Handschriftenabteilung · **94** Mit Genehmigung von Leitung und Kollegium des Trinity College, Cambridge · **96** Musée Notre-Dame de Valère, Sion · **97** BN · **99** Antikvarisk-Topografiska Arkivet (ATA), Stockholm · **101** Domschatz, Halberstadt/Schütze/Rodemann Fotodesign VBK, Halle · **103** Suermondt-Ludwig-Museum, Aachen/© Foto Anne Gold · **104** Alinari · **106** Musée des Arts décoratifs, Paris/Laurent-Sully Jaulmes. Tous droits réservés · **107** Georgina Masson · **108** Martin Hürlimann · **109** © Bernard O'Kane · **110** Archivo Fotográfico, Museo Arqueológico Nacional, Madrid · **111** BL (688.i.3-6) · **115**, **116** Instituto de Valencia de Don Juan, Madrid · **117** Fundación Lázaro Galdiano, Madrid · **121** Musée du Moyen-Age Cluny, Paris/© R.M.N., Gérard Blot · **122** BL (ms. Add. 29433, f. 1) · **129** Ulmer Museum · **130** Historisches Museum, Basel/Maurice Babey · **131** Ian Whatmore, Romsey · **132** BN · **134** Musées royaux d'Art et d'Histoire, Brussels · **136** Copyright Bibliothèque royale Albert 1er, Brüssel (KBR 9967, f. 47v) · **137** Instituto de Valencia de Don Juan, Madrid · **138** Institut de France – Musée Jacquemart-André, Paris, Frankreich · **139** Scala · **140** V&A · **141** Musée du Moyen-Age Cluny, Paris/© R.M.N., Gérard Blot/C. Jean · **143** Öffentliche Kunstsammlung Basel, Kunstmuseum/Öffentliche Kunstsammlung Basel, Martin Bühler · **144** © National Gallery, London · **145** © Landeshauptstadt Hannover, Kestner-Museum · **146** Museo Nacional del Prado, Madrid · **147** Musée des Beaux-Arts, Rouen/Giraudon · **148** The Metropolitan Museum of Art, New York, The Friedsam Collection, Nachlass von Michael Friedsam, 1931 (32.100.60) · **149** Collegio del Cambio, Perugia/Alinari · **150** © National Gallery, London · **156** Galleria dell'Accademia, Venedig/Scala · **157** Alinari · **158** Eremitage, St. Petersburg · **159** The Courtauld Gallery, London · **160** The Minneapolis Institute of Arts. The William Hood Dunwoody Fund · **161** M. Pagliarini, P. Camporesi, G. Ottaviani and G. Volpato, *Arabesken aus den Loggien des Vatikans* (Rom 1772–1775) · **162** Monumenti, Musei e Gallerie Ponitificie, Vatican City/Scala · **163–165** SMPK, Kunstbibliothek · **166**, **167** V&A · **168** Palazzo Davanzati, Florenz/Scala · **169** BL (1231.m) · **170** Fundación Casa Ducal de Medinaceli, Sevilla · **171**, **172** W. M. Odom, *A History of Italian Furniture* (1918) · **173**, **174** Eremitage, St. Petersburg · **175** Bayerisches Nationalmuseum, München · **176** V&A · **178** Schweizerisches Landesmuseum, Zürich · **179** Palazzo Davanzati, Florenz/Alinari · **180** Ashmolean Museum, Oxford · **181** Monumenti, Musei e Gallerie Pontificie, Vaticanstadt/Scala · **182** V&A · **183** National Trust Photographic Library/Horst Kolo · **184** Alinari · **185** Archäologisches Museum, Istanbul · **186** Eremitage, St. Petersburg · **187** Institut de France – Musée Jacquemart-André, Paris, France · **188** Museu Municipal de Portalegre · **189** The Metropolitan Museum of Art, New York, Harris Brisbane Dick Fund, 1958 (58.57a-d) · **190** © Kupferstichkabinett, SMPK/Jörg P. Anders · **191** Privatsammlung/Courtauld Institute of Art, London · **192** Palazzo Guicciardini, Florenz/Soprintendenza per i Beni Artistici e Storici, Gabinetto Fotografico, Florenz · **193** Biblioteca nacional, Madrid · **194** Scala · **195** Musée du Louvre/© R.M.N., Daniel Arnaudet · **196** O. Elia, *Monumenti della pittura antica scoperti in Italia, La pittura ellenistica-romana, Pompei,* Fasc. I, Sez. III, *Le Pitture della Casa del Citarista* (1938) · **197** Kunstgewerbemuseum, Dresden · **198** Museo dell'Opera di S. Maria del Fiore, Florenz · **202** Palazzo Davanzati, Florenz/Alinari · **204** Bayerisches Nationalmuseum, München · **205**, **206** © Rijksmuseum-Stichtung, Amsterdam · **207** Puschkin-Museum der schönen Künste, Moskau · **208** Westfälisches Landesmuseum für Kunst und Kulturgeschichte, Münster · **210** Musée Historique de Mulhouse/Christian Kempf · **211** V&A · **212** Biblioteca Comunale Malatestiana, Cesena · **213** Musée de la Renaissance, Écouen/© R.M.N., G. Blot/J.Schormans · **214** BM · **215** V&A · **216** Museum Gustavianum, Uppsala · **217** BM · **220** Louvre/© R.M.N., R. G. Ojeda · **221** Historisches Museum, Basel/Maurice Babey · **222** V&A · **223** National Museum, Kopenhagen · **225** Hessisches Landesmuseum, Darmstadt/HLM, Werner Kumpf · **226** National Trust Photographic Library/Angelo Hornak · **229** Musée Paul Dupuy, Toulouse/Autor · **231** Lacock Abbey, mit freundlicher Genehmigung von Anthony Burnett-Brown Esq. · **232** National Trust Photographic Library/John Bethell · **233** Germanisches Nationalmuseum, Nürnberg · **234** Alinari · **236** BM · **240** Centraal Museum, Utrecht · **241** Fritz von der Schulenburg/The Interior Archive (Property: Ham House) · **242** V&A · **243** Collection of the Duke of Northumberland · **244** Privatsammlung · **245** Wallace Collection · **246** Louvre/© R.M.N., Arnaudet · **247** Scala · **248** © Christie's Images Ltd 1999 · **249** V&A · **250** Sotheby's, London · **251** Nationales archäologisches Museum, Athen/Sir John Boardman · **252**, **253** Cà Rezzonico, Venedig · **254** The Royal Collection, © 1999 Her Majesty Queen Elizabeth II · **255** The J. Paul Getty Museum, Los Angeles [André-Charles Boulle zugeschrieben mit Medaillons nach Jean Varin; Kabinett mit Unterbau, um 1675–1680. Eiche, furniert mit Ebenholz, Zinn, Schildpatt, Messing, Elfenbein, Horn, Buchsbaum, Pflaume, Thuja, gebeiztem und naturbelassenem Ahorn, Satinholz, Buche, Amarant, Zeder, Walnuss, Mahagoni, Esche; mit Schubladen aus Lebensbaum; bemaltes und vergoldetes Holz, Bronzebeschläge. H 7ft $6^{1}/_{2}$ in.; B 4 ft 111/2 in.; D 2 ft $2^{1}/_{4}$ in. (H 22.9 cm; B 151.2 cm; D 66.7 cm)] · **256** BM · **259** Alexander Zielcke · **260** V&A · **261** © Foto Nationalmuseum, Stockholm · **262** Privatsammlung, Großbritannien · **263** National Trust Photographic Library/Nadia MacKenzie · **265** © Rijksmuseum-Stichtung, Amsterdam · **266** Mainfränkisches Museum, Würzburg · **267** Museu Nacional de Arte Antigua, Lissabon · **268** V&A · **269** BL (LR.300.c.6) · **270** Museu Nacional de Arte Antigua, Lissabon · **271** V&A · **272** BM · **274** © Christie's Images Ltd 1999 · **275** Châteaux de Versailles et de Trianon/© R.M.N., Blot/Lewandowski · **276** V&A/Pip Barnard · **277** Museo Nacional de Artes Decorativas, Madrid · **278** Leeds Museums and Galleries (Temple Newsam House), Großbritannien/Bridgeman Art Library, London · **279** De Danske Kongers Kronologiske Samling, Rosenborg, Kopenhagen · **280** The Metropolitan Museum of Art, New York, Schenkung von Russell Sage, 1910 (10.125.81) · **281** BM · **282** Abbey of Pomposa · **283** De Kongers Kronologiske Samling, Rosenborg, Kopenhagen · **284** V&A · **285** Leeds Museums and Galleries (Temple Newsam House), Großbritannien · **286** V&A · **289** © Crown copyright, RCHME · **291** The National Gallery of Art, Washington. Samuel H. Kress Collection · **292** © Jarrold Publishing, Neil Jinkerson · **293** V&A · **295** The Country Life Picture Library · **296** Leeds Museums and Galleries (Temple Newsam House), Großbritannien · **297** V&A · **298** Blair Castle. The Duke of Atholl/White Horse Studios · **299** The Country Life Picture Library · **300** V&A · **301** RSA, London · **302** V&A/Pip Barnard · **303** Aus der Sammlung in Althorp · **304** National Trust Photographic Library/Nadia MacKenzie · **305** Louvre · **307** BN · **306** Cooper-Hewitt, National Design Museum, Smithsonian Institution/Art Resource, New York. Ankauf für das Museum durch das Beratergremium 1921-6-168 [Entwurf: Gilles-Marie Oppenord (1672–1742). Engraver: Charles Nicolas Cochin the elder (1688–1754). Französisch, frühes 18. Jahrhundert. Entwurf für eine Tapisserie mit Jahreszeiten-Motiv, aus »Wandfüllung«, um 1750. Kupferstich auf cremefarbenem, gerippten Papier, 267 x 340 mm] · **308** BN · **310** SMPK, Kunstgewerbemuseum · **311** Privatsammlung · **312** Leeds Museums and Galleries (Temple Newsam House), Großbritannien · **313** Hessische Hausstiftung, Museum Schloss Fasanerie, Eichenzell bei Fulda · **314** V&A · 315 The Metropolitan Museum of Art, New York, The Leyland and Emma Sheafer Collection, Nachlass von Emma A. Sheafer, 1973 (1974.356.119) · **316** Louvre/© R.M.N. · **317** Neues Palais, Potsdam. Stiftung Preußische Schlösser und Gärten, Berlin-Brandenburg · **318** Museo Correr, Venedig · **321** National Museum of Ireland, Dublin · **322** V&A · **323** Fundação Ricardo do Espirito Santo Silva, Lissabon · **324** Wallace Collection · **326** Bayerische Verwaltung der staatlichen Schlösser, Gärten und Seen, Fotoarchiv/G. Schmidt · **327** BL (147.i.14) · **328** BL (147.i.15) · **330** Mit freundlicher Genehmigung des Marquis von Tavistock und der Verwaltung des Bedford'schen Besitzes · **331** Ste Marguerite, Paris/© Photothèque des Musées de la Ville de Paris · **332** Musée Condé, Chantilly/Giraudon · **333** Dr. Andrew T. Stoga, Lazienki, Warschau · **334** V&A · **335** BN · **336** The Metropolitan Museum of Art, New York, Ankuf, Nachlass von Joseph Pulitzer, 1973 (1973.38) · **339** Wallace Collection · **340** The J. Paul Getty Museum, Los Angeles · **341** V&A · **342** Wallace Collection · **343** D. Krenker, T. von Lüpke und H. Winnefeld, *Baalbek – Ergebnisse der Ausgrabung und der Untersuchungen in den Jahren 1898 bis 1905* (1923) · **344** Wallace Collection · **345** Musée Condé, Chantilly/Giraudon · **346** Schloss Gripsholm · **347** V&A · **348** Wallace Collection · **349** National Gallery of Canada, Ottawa. Ankauf, 1984 · **351** © Rijksmuseum-Stichtung, Amsterdam · **352** National Trust Photographic Library/John Bethell · **353** Châteaux de Versailles et de Trianon/© R.M.N., Varga · **354** V&A · **355** The Metropolitan Museum of Art, New York · **356** Châteaux de Versailles et de Trianon/© R.M.N., Varga · **357** Eremitage, St. Petersburg/Kultusministerium · **359** National Trust Photographic Library/Bill Batten · **360** Katharinenpalais, Puschkin/Kultusministerium · **361** Wallace Collection · **362** The Metropolitan Museum of Art, New York, Nachlass von William K. Vanderbilt, 1920 (20.155.12) · **363** Wallace Collection · **364** Fundação Calouste Gulbenkian, Museu, Lissabon/Arquivo Fotografico · **339** M. Pagliarini, P. Camporesi, G. Ottaviani and G. Volpato, *Arabesken aus den Loggien des Vatikans* (Rom 1772–1775) · **367** © Spencer House, London · 368 Eremitage, St. Petersburg/Kultusministerium · **369** Château de Fontainebleau · **370** Musée des Arts décoratifs, Paris · **372** Cooper-Hewitt, National Design Museum, Smithsonian Institution/Art Resource, New York. Schenkung der Gräfin Costantini, 19246-1 [Stuhl im Stil von Michaelangelo Pergolesi, spätes 18. Jahrhundert, vermutlich italienisch. Holz, Farbe, Vergoldung, Polsterung] · **375** Cooper-Hewitt, National Design Museum, Smithsonian Institution/Art Resource, New York. Schenkung des Rats, 1921-6-362(5) [D175] [Entwurf: Michel (französisch, tätig 1785). Stich: Jacques Juillet (französisch, 1739–1817). Französisch, zweite Hälfte des 18. Jahrhunderts. »Entwurf fur einen Wandleuchter«, Tafel 5 des *IIe Cahier d'Arabesques à l'usage des artistes …*, Paris: Mondhare. Stich: 366 x 254 mm). Blatt: 400 x 254 mm] · **376** Mit freundlicher Genehmigung der Verwaltung von Sir John Soanes Museum, London · **377** Châteaux de Versailles et de Trianon/© R.M.N. · **378** Harewood House. Graf und Gräfin von Harewood · **379** Château de Fontainebleau · **382** Katharinenpalais, Puschkin/Kultusministerium · **383** Mit freundlicher Genehmigung von Ordine Mauriziano, Patrimonio Storico Culturale, Turin · **384** © Crown copyright. RCHME · **385** © Rijksmuseum-Stichtung, Amsterdam · **386** The Metropolitan Museum of Art, New York, Schenkung von John Richardson, 1992 (1992.173.1), photograph © 1993 The Metropolitan Museum of Art · **387** Châteaux de Versailles et de Trianon/© R.M.N. · **388** Louvre · **389** Fritz von der Schulenburg/The Interior Archive · **390** Royal Library, Stockholm · **391** Monumenti, Musei e Gallerie Pontificie, Vaticanstadt/Scala · **393** Kunstindustrimuseet, Kopenhagen/© Ole Woldbye, Kopenhagen · **395** Kunstindustrimuseet, Kopenhagen · **397** MAK · **398** The Stapleton Collection, London, Großbritannien · **399** H. Blairman & Sons Ltd, London · **400** Didier Aaron (London) Ltd · **401** The Royal Collection © 1999 Her Majesty Queen Elizabeth II · **402** Louvre/© R.M.N. · **403**, **404** The World of Interiors/Simon Upton · **405** The Minneapolis Institute of Arts. The William Hood Dunwoody Fund · **407** Mit freundlicher Genehmigung der New York Historical Society, New York City · **408** Cooper-Hewitt, National Design Museum, Smithsonian Institution/Art Resource, New York, Foto Dennis Cowley. Nachlass von Reverend Alfred Duane Pell, Leihgabe des National Museum of American History, Smithsonian Institution, 1991-31-2 [Schmuck-Kabinett, 1824–1826, Frankreich. Hergestellt in der Porzellanmanufaktur Sèvres. Porzellan mit emailliertem und vergoldetem Dekor, vergoldeter Bronze, Glas, Holz] · **410** Museum, Vergina/Autor · **412** The Metropolitan Museum of Art, New York, Schenkung von Francis Hartman Markoe, 1960 (60.29.1ab) · **414** © Christie's Images Ltd 1999 · **415** Board of Trustees of the National Museums and Galleries on Merseyside (Walker Art Gallery, Liverpool) · **416** © Edizione Gribaudo, Cavallermaggiore · **417** Bayerische Verwaltung der staatlichen Schlösser, Gärten und Seen, München · **418** The Metropolitan Museum of Art, New York, Schenkung von J. Pierpont Morgan, im Austausch (1987.62.1) · **419** Eremitage, St. Petersburg/Kultusministerium · **422** Monticello/Thomas Jefferson Memorial Foundation Inc. · **423** Musée Antoine Vivenel, Compiègne · **424** Brighton · **425** Kultusministerium · **426** V&A · **427** The Royal Collection © 1999 Her Majesty Queen Elizabeth II · **428** Eremitage, St. Petersburg/Kultusministerium. **429** The Stapleton Collection, London, Großbritannien · **430, 431** Stiftung Weimarer Klassik/Museen · **432** Châteaux de Versailles et de Trianon/© R.M.N. · **433** Château de Fontainebleau/© R.M.N., Lagiewski · **434** The Metropolitan Museum of Art, New York, Ankauf, 1969, Schenkung von Mrs. Russell Sage, 1910, und anderen Spendern (69.203). Foto © 1986 The Metropolitan Museum of Art · **435** Staatliche Kunstsammlungen Dresden, Museum für Kunsthandwerk · **436** Schloss Montbijou, Berlin · **437** Hermitage Antiques PLC, Pimlico Road, London · **438** Bayerische Verwaltung der staatlichen Schlösser, Gärten und Seen, München · **439** © Landeshauptstadt Hannover, Kestner-Museum/Ernst · **440** Privatsammlung · **441** © Landeshauptstadt Hannover, Kestner-Museum/Friedrich · **442** Musée Carnavalet, Paris/© Photothèque des Musées de la Ville de Paris, Foto Habouzit · **445, 446** Kunsthistorisches Museum, Wien · **447** Nationalmuseum, Kopenhagen · **448** The Metropolitan Museum of Art, New York, Schenkung von C. Ruxton Love, 1960 (60.4.1) · **449** Musée Carnavalet/© Photothèque des Musées de la Ville de Paris, Foto Joffre/Degraces · **451** Im Zweiten Weltkrieg zerstört. **452** Mit freundlicher Genehmigung der Verwaltung von Sir John Soanes Museum, London · **453** Kundindustrimuseet, Kopenhagen/© Ole Woldbye, Kopenhagen · **454** Museo de la Vida en Palacio, Palacio Real, Aranjuez. Copyright © Patrimonio Nacional · **456** The Stapleton Collection, London, Großbritannien · **457** Museo de Pontevedra · **458** Louvre/© R.M.N., Vivien Guy · **460, 461** The Stapleton Collection, London, Großbritannien · **462** A. F. Kersting · **463** BL (61.b.15(2)) · **467** The Stapleton Collection, London, Großbritannien · **468** V&A/Pip Barnard, mit freundlicher Genehmigung der Worshipful Company of Joiners & Ceilers · **469** Collection of The Duke of Northumberland · **470** Privatsammlung · **471** Sotheby's, London · **472** Leeds Museums and Galleries (Temple Newsam House), Großbritannien · **474, 475** The Stapleton Collection, London, Großbritannien · **476** V&A · **477** Privatsammlung · **478** © Nordiska museets bilbyrå, Stockholm · **480** V&A · **481** The Bernadotte Gallery, The Royal Palace, Stockholm.The Royal Collections/Lennart af Petersens · **482** Petit Palais, Musées des Beaux-Arts de la Ville de Paris/© Photothèque de la Ville de Paris, Foto Pierrain · **483** Copyright reserved · **484** Schloss Hohenschwangau; Wittelsbacher Ausgleichfonds Inventarverwaltung, Schloss Nymphenburg, München · **485** Musée des Arts décoratifs, Paris/Laurent-Sully Jaulmes. Tous droits réservés · **486** Musée d'Orsay, Paris/© R.M.N., Guy Vivien · **487** The Stapleton Collection, London, Großbritannien · **489, 490** V&A · **491** The Metropolitan Museum of Art, New York, Rogers Fund, 1926 (26.54) · **492** BL (ms. Add. 49598, f. 51v) · **493** Birmingham Museums & Art Gallery · **494** Cheltenham Art Gallery and Museums · **495** National Gallery of Ireland, Dublin · **496** The Stapleton Collection, London, Großbritannien · **497** The Henry E. Huntington Library and Art Gallery, San Marino, Kalifornien · **498** Privatsammlung · **499** Wallace Collection · **500** © Musée des Beaux-Arts, Dijon · **501** V&A · **502** Museo Nacional de Artes Decorativas, Madrid · **503** The Stapleton Collection, London, Großbritannien · **504** Sotheby's, London · **505** The Brooklyn Museum of Art. Schenkung von Mrs. Ernest Victor · **506** National Trust Photographic Library/Michael Caldwell · **507** Sydsjaellands Museum · **508** Fine Arts Museum of San Francisco, Schenkung von Mr. and Mrs. John D. Rockefeller III., 979.7.67 · **509** Leeds Museums and Galleries (Temple Newsam House), Großbritannien · **510** © Christie's Images Ltd 1999 · **511** The Metropolitan Museum of Art, New York, Friends of the American Wing Fund, 1986(1986.47.1) · **512** V&A · **513** Châteaux de Versailles et de Trianon/ © R.M.N. · **514** V&A/Pip Barnard · **515** Statens Museum for Kunst, Kopenhagen · **516** V&A · **517** Privatsammlung/Foto The Stapleton Collection, London, Großbritannien · **518** © Foto Nationalmuseum, Stockholm · **519** Abdruck mit Genehmigung von Leitung und Kollegium des Eton College · **520** Landesmuseum, Trier · **521** BM · **522** Preston Manor, Brighton · **525** Privatsammlung. Mit freundlicher Genehmigung: Nachlass Iveagh, Kenwood, London · **526** Musée de l'Armée, Paris · **527** Sotheby's, London · **528** Louvre/© R.M.N., Guy Vivien · **529** Stiftung Preußische Schlösser und Gärten Berlin-Brandenburg/Bildarchiv, Potsdam · **530, 531** MAK · **532** MAK · **533** Museen des Mobiliendepots, Kaiserliches Hofmobilien-depot, Wien · **534** Museum Oskar Reinhart am Stadtgarten, Winterthur · **535** Sammlungen des Fürsten von Liechtenstein, Schloss Vaduz/Johann Kräftner · **536** The Metropolitan Museum of Art, New York, Rogers Fund, 1978 (1978.413) · **537** Kunstindustrimuseet, Kopenhagen/© Ole Woldbye, Kopenhagen · **538** Collection of the Kentucky Museum, Western Kentucky University · **539** © Foto Nationalmuseum, Stockholm · **540** Kunstindustrimuseet, Kopenhagen/© Ole Woldbye, Kopenhagen · **541–543** Privatsammlung · **544** MAK · **545** Stedelijk Museum, Amsterdam. © DACS 1999 · **546** Brighton · **547** Christie's, New York. © FLC/ADAGP, Paris and DACS, London 1999 · **548** Brighton · **549** Privatsammlung. © DACS 1999 · **550** The Brooklyn Museum of Art, Schenkung der italienischen Regierung · **551** Collection Mr and Mrs Christopher Forbes · **552** Collection, The Museum of Modern Art, New York. Schenkung der Firma Herman Miller Furniture Co., USA. · **553, 554** The Knoll Group · 555 Herman Miller · **556** Cassina S.p.A, Milan · **557** The Stapleton Collection, London, Großbritannien · **560** BL (568.g.7/1-2) · **569** The Metropolitan Museum of Art, New York, Schenkung von Mrs. J. Insley Blair, 1948 (48.71) · **570** Museo Nacional de Artes Decorativas, Madrid · **571** V&A · **572** The Royal Collections/Erik Liljeroth · **573** BL (56.i.7) · **574** V&A · **575** Ashmolean Museum, Oxford · **576, 577** V&A · **578** Cooper-Hewitt, National Design Museum, Smithsonian Institution/Art Resource, New York. Ankauf des Museums, Friends of the Museum Fund, 1938-88-3487 [Nicola Fiore (Lebensdaten unbekannt), italienisch, 18. Jahrhundert. Wanddekoration für einen Vorraum zum Bad der Königin, Palazzo Reale, Caserta, Italien, 1775. Pinselmalerei mit schwarzer Tinte, Wasserarben und weißer Gouache-Farbe auf gebrochen weißem, geripptem Papier, 623 x 545 mm)] · **579** The National Trust, Waddesdon Manor/H. Maertens · **580** The National Trust. Calke Abbey, Derbyshire (Harper-Crewe Collection) · **581** Louvre/© R.M.N., Arnaudet · **582** The Royal Palace, Stockholm. The Royal Collections/Håkan Lind · **584** © Reserved · **585** Brighton · **586** The Metropolitan Museum of Art, New York, The Jack and Belle Linsky Collection, 1982 (1982.60.57) · **587, 589** The Royal Collection © 1999 Her Majesty Queen Elizabeth II · **588** Eremitage, St. Petersburg/Kultusministerium · **590** The Stapleton Collection, London, Großbritannien · **591** BN · **592** The Royal Collection © 1999 Her Majesty Queen Elizabeth II · **593** The Metropolitan Museum of Art, New York, Rogers Fund, 1941 (41.82) · **594** Privatsammlung · **595** Brighton · **597** Museo degli Argenti, Pitti Palace, Florenz · **599** Palazzo Corsini, Rom · **600** Privatsammlung · **601, 602** © Foto Nationalmuseum, Stockholm · **603** The Metropolitan Museum of Art, New York, Schenkung von Robert Lehman, 1941 (41.188) · **604** Ministry of Culture · **606** V&A · 607 Louvre · **608** O. Anrather · **609, 610** The Faringdon Collection Trust, Buscot Park · **611** Privatsammlung/Nordén Auktioner, Stockholm · **612** Brighton · **617** Privatsammlung · **618** V&A · **622** Brighton · **623** The Metropolitan Museum of Art, New York, Anonymous Gift, 1968 (68.207) · **624** V&A · **625** The National Trust for Scotland Photographic Library. Crown Copyright: Royal Commission on the Ancient and Historical Monuments of Scotland · **626** Virginia Museum of Fine Arts, Richmond. Schenkung von der Sydney and Frances Lewis Foundation. Foto: Katherine Wetzel. © Virginia Museum of Fine Arts [Frank Lloyd Wright (1867–1959). *Stuhl,* 1904. Eiche, Lederpolster 102,2 x 38,1 x 47,6 cm). Anmerkung: Unsigniert; aus Frank Lloyd Wrights Anwesen in Oak Park, Illinois] © ARS, NY and DACS, London 1999 · **627** Kunstindustrimuseet, Kopenhagen/© Ole Woldbye, Kopenhagen · **628** BM · **629** National Gallery of Victoria, Melbourne. Nachlass Felton, 1977 · **630** V&A · **631** Virginia Museum of Fine Arts, Richmond. Schenkung von Sydney und Frances Lewis. Foto: Katherine Wetzel. © Virginia Museum of Fine Arts [Tiffany Studios (New York, 1900–1938). *»Cobweb«-Lampe,* ca. 1904. Bleigefasstes Glas, Glasmosaik, Bronze, 74,9 x 50,8 cm)] · **632** Crown Copyright: Royal Commission on the Ancient and Historical Monuments of Scotland · **633** Brighton · **634, 635** Privatsammlung · **601** Privatsammlung · **636** Philadelphia Museum of Art: The Louise and Walter Arensberg Collection · **637** Brighton. © ADAGP, Paris and DACS, London 1999 · **638** Brighton · **639** Virginia Museum of Fine Arts, Richmond. Schenkung der Sydney and Frances Lewis Foundation. Foto: Katherine Wetzel. © Virginia Museum of Fine Arts [Louis Süe (1875–1968) and André Mare (1885–1932). *Kabinett,* 1927. Ebenholz, Perlmutt, Silber, 156,6 x 89,8 x 40 cm). Anmerkung: Papieretikett auf der Rückseite: Chenue Emballeur, 5 Rue de la Terrasse Paris] © ADAGP, Paris und DACS, London 1999 · **640** Foto mit freundlicher Genehmigung von Christopher Wood · **641** Virginia Museum of Fine Arts, Richmond. Schenkung von Sydney und Frances Lewis. Foto: Katherine Wetzel. © Virginia Museum of Fine Arts [Eileen Gray (born Ireland, 1879–1976). *Stehlampe,* 1923; Holz, lackiert, und Pergament, bemalt; 185,4 cm x 52 cm). Anmerkung: unsigniert] · **642** Musée des Arts décoratifs, Paris/Laurent-Sully Jaulmes. Tous droits réservés · **643** Virginia Museum of Fine Arts, Richmond. Schenkung von Sydney and Frances Lewis. Photo: Linda Loughran. © Virginia Museum of Fine Arts [Jean Goulden (1878–1947). Uhr, 1929. Bronze, versilbert, Email, Marmor; 49,5 cm x 20,3 cm x 19 cm). Anmerkung: Signiert, datiert und nummeriert auf der Rückseite, unten; XLVII 29 *Jean Goulden*] © ADAGP, Paris and DACS, London 1999 · **644** Virginia Museum of Fine Arts, Richmond. Schenkung von Sydney und Frances Lewis. Foto: Katherine Wetzel. © Virginia Museum of Fine Arts [Eileen Gray (1879–1976). *Pirogen-Sofa,* ca. 1919–1920. Lackiertes Holz, Blattsilber; 72 x 270 x 64,9 cm). Anmerkung: Nicht signiert. Für die Pariser Wohnung der Modeschneiderin Suzanne Talbot] © ADAGP, Paris und DACS, London 1999 · **645** Museum Villa Stuck (Schenkung Ziersch), Inv. Nr. M 91 1-5/Wolfgang Pulfer, München · **646** Brighton · **649** Hessisches Landesmuseum Darmstadt/Sina Althöfer · **650** F. Marcilhac · **651** Privatsammlung · **652** V&A · **653** Privatsammlung/W. Feldstein Jr · **654** Casa-Museu Gaudí, Barcelona · **656** Brighton · **657** © Hunterian Art Gallery, University of Glasgow, Mackintosh Collection · **659** Museum Villa Stuck, München · **660** Eremitage, St. Petersburg · **661** Residenzmuseum, München/Autor · **662** Publifoto · **663** BN · **664, 666** MAK · **667** Brighton · **668** BL (1231.m) · **669** Brighton · **670** Collection du Mobilier national, Paris, cliché du Mobilier national/ Jean-Claude Vaysse · **671** Musée des Arts décoratifs, Paris/Laurent-Sully Jaulmes. Tous droits réservés · **672** Brighton. © ADAGP, Paris and DACS, London 1999 · **673** Privatsammlung. © DACS 1999 · **674** V&A/Pip Barnard · **675** Virginia Museum of Fine Arts, Richmond. Schenkung von Sydney and Frances Lewis. Photo: Katherine Wetzel. © Virginia Museum of Fine Arts [Clément Rousseau (1872–?). *Stuhlpaar,* ca. 1925. Rosenholz, Haifischhaut, Polsterung, Perlmutt; 92,7 x 43,2 x 52,1 cm). Anmerkung: Signiert auf der vorderen Innenseite des Sitzrahmens, Clément Rousseau] · **676** Virginia Museum of Fine Arts, Richmond. Schenkung von Sydney und Frances Lewis. Foto: Katherine Wetzel. © Virginia Museum of Fine Arts [Emile-Jacques Ruhlmann (1879–1933). 'Sun'-Bett, 1930; Makassar-Ebenholz, Weißeiche; 195,6 x 212,1 x 217,8 cm). Anmerkung: Signiert *Ruhlmann* auf der Rückseite des Kopfteils und zweimal auf der Innenseite des Fußteils] · **677, 678** Mit freundlicher Genehmigung des Archivio Fotografico Gio Ponti, Mailand, und von Immaginazioni, s.r.l., Mailand · **679** V&A · **680** Brighton. © Salvador Dalí–Foundation Gala-Salvador Dalí/DACS 1999

Register

Kursiv gedruckte Seitenzahlen beziehen sich auf die Nummern der Abbildungen.

Fett gedruckte Seitenzahlen verweisen auf ausführlichere Darstellungen im Text.

Gebäude und Institutionen sind unter dem jeweiligen Ort verzeichnet. Namen, Lebensdaten und Berufe von Personen sind angegeben, soweit sie bekannt sind.